ISBN 978-0-365-01775-2
PIBN 11052006

1 MONTH OF
FREE
READING

at

www.ForgottenBooks.com

By purchasing this book you are eligible for one month membership to ForgottenBooks.com, giving you unlimited access to our entire collection of over 1,000,000 titles via our web site and mobile apps.

To claim your free month visit: www.forgottenbooks.com/free1052006

English
Français
Deutsche
Italiano
Español
Português

www.forgottenbooks.com

Mythology Photography **Fiction**
Fishing Christianity **Art** Cooking
Essays Buddhism Freemasonry
Medicine **Biology** Music **Ancient
Egypt** Evolution Carpentry Physics
Dance Geology **Mathematics** Fitness
Shakespeare **Folklore** Yoga Marketing
Confidence Immortality Biographies
Poetry **Psychology** Witchcraft
Electronics Chemistry History **Law**
Accounting **Philosophy** Anthropology
Alchemy Drama Quantum Mechanics
Atheism Sexual Health **Ancient History**
Entrepreneurship Languages Sport
Paleontology Needlework Islam
Metaphysics Investment Archaeology
Parenting Statistics Criminology
Motivational

REVUE

DES

ÉTUDES JUIVES

PUBLICATION TRIMESTRIELLE
DE LA SOCIÉTÉ DES ÉTUDES JUIVES

TOME VINGT-HUITIÈME

25-29
1894

PARIS

A LA LIBRAIRIE A. DURLACHER

83 bis, RUE LAFAYETTE

1894

RÉFLEXIONS SUR LES JUIFS

(SUITE [1])

III

RÔLE SOCIAL DES JUIFS [2].

*Commerce, prêts, usure, travail manuel, agriculture des Juifs,
la fortune des Juifs.*

C'est un lieu commun, admis par tout le monde sans contestation, que les Juifs sont nés commerçants et banquiers. Il est entendu que la nature les a créés pour cela, qu'ils ont un instinct
spécial et merveilleux pour les affaires et qu'ils s'en servent pour
amasser des fortunes immenses.

Autant d'affirmations, autant d'erreurs dont l'histoire et la statistique démontrent la fausseté. Quelque étonnant que cela paraisse,
c'est absolument le contraire qui est la vérité.

Tout le monde sait que les ancêtres des Juifs ont été d'abord des
pasteurs nomades, comme Abraham, et qu'après que les Hébreux
furent établis en Palestine, ils y vécurent uniquement d'agriculture. C'est à peine si l'on remarque, sous les rois Salomon, Josa-
phat et Osias, certaines tentatives, bientôt avortées, de créer pour
les Juifs des relations commerciales avec l'Inde par l'établissement de ports sur la mer Rouge. Les grands négociants de cette
époque sont les Phéniciens, tout le commerce international de
l'Asie antérieure est entre leurs mains, les Juifs sont impuissants
à leur susciter même la plus faible concurrence. Quoiqu'ils aient,

---

[1] Voyez t. XXVII, pages 1 et 161.
[2] Quelques-uns des paragraphes de ce chapitre ont été repris par l'auteur dans sa
conférence sur *le Juif de l'histoire et le Juif de la légende, Revue, Actes et conférences*, XX, p. xxxiii. [*Note de la Rédaction.*]

aussi bien que les Phéniciens, des ports (assez mauvais, il est vrai) sur la Méditerranée, et que leur situation géographique leur permette, comme aux Phéniciens, les relations par voie de terre avec les peuples voisins, et mieux qu'aux Phéniciens les relations avec l'Inde, ils restent un peuple agricole jusqu'à la fin de la royauté israélite et l'exil de Babylone. Le chapitre LXVI d'Isaïe, écrit pendant l'exil ou après le retour de l'exil, voit encore le suprême bonheur du peuple d'Israël et de l'humanité future dans la paix de l'agriculteur qui plante sa vigne et en mange le fruit (verset 21). Pour le prophète Zacharie, qui a vécu après le retour de l'exil, l'idéal du bonheur consiste dans le repos sous la vigne et le figuier (chap. III, verset 10). La plupart des personnages connus de l'époque du second temple sont ou bien des agriculteurs, ou bien des artisans ; les grandes fêtes populaires à Jérusalem, celle de la Pâque, celle de la Pentecôte, celle des Cabanes, sont et restent des fêtes agricoles, fêtes de la moisson, de la vendange ou de la récolte d'automne. La fête des prémices, à Jérusalem, était célébrée avec une pompe extraordinaire, et les princes eux-mêmes ne dédaignaient pas d'en rehausser l'éclat par leur présence.

Comment ce peuple essentiellement agricole, qui avait laissé jusque-là aux Phéniciens et à d'autres peuples voisins le monopole du commerce, pour lequel il semblait avoir absolument l'esprit fermé, est-il devenu, avec le temps, un peuple commerçant ? L'histoire prouve que ce n'est pas son prétendu instinct qui l'y a conduit, mais qu'il y a été forcé et contraint par les circonstances, par la pression des événements, par la violence même, dans les temps anciens, au moyen âge et jusque dans les temps modernes.

Le grand fait qui a produit cette étonnante métamorphose des Juifs est la perte de leur indépendance d'abord, puis leur dispersion forcée au milieu des peuples. Cette dispersion a commencé dès l'exil assyrien (740 avant l'ère chrétienne) et surtout à l'exil de Babylone (587 avant l'ère chrétienne), et par la transplantation violente du peuple hébreu dans les provinces babyloniennes, d'où une petite partie seulement est revenue après l'exil. Elle s'est continuée, en partie spontanément, en partie par force, aux époques d'Alexandre, des Ptolémées, de Pompée, qui conduisait une colonie juive à Rome ; elle a été consommée, enfin, par la destruction de Jérusalem, sous Vespasien, et la grande défaite des Juifs, sous Adrien.

Déjà la séparation des Juifs en deux tronçons, vivant, l'un dans la métropole, l'autre dans la Babylonie, mais toujours en correspondance et en contact l'un avec l'autre, et dont le temple de Jérusalem formait le lien, a dû développer chez eux le goût des voyages, l'esprit d'entreprise, les relations extérieures jusque-là insighifiantes, sinon absolument nulles. La grande secousse que produisirent dans ces régions la conquête d'Alexandre d'abord, la conquête romaine ensuite, a certainement agi dans le même sens. Les nombreuses colonies grecques fondées, après la conquête d'Alexandre, dans la Syrie et l'Asie mineure, ont introduit dans ces régions une activité extraordinaire et nouvelle, et si une partie des Juifs palestiniens s'est tournée, à cette époque, vers le commerce, elle n'a fait, sans doute, que suivre l'exemple et l'initiative des Grecs [1]. Un certain nombre de Juifs palestiniens étaient déjà répandus, antérieurement, il est vrai, dans différentes contrées [2]; mais c'est surtout après la conquête d'Alexandre que les Juifs ont pénétré dans l'Asie mineure jusque sur les rivages du Pont-Euxin, où ils se trouvent en grand nombre du temps de César. C'est à la suite des Grecs qu'ils sont allés s'établir à Alexandrie. Beaucoup d'entre eux y avaient été amenés de force par Ptolémée Ier [3] et y vinrent plus tard, chassés par les guerres qui dévastaient leur pays [4]. Pompée établit de force une colonie juive à Rome; enfin, après la destruction de Jérusalem par Titus, 40,000 Juifs furent vendus comme esclaves et traînés sur les marchés de l'Orient, d'autres furent transportés dans les mines d'Égypte et dans l'isthme de Corinthe [5].

Si les Juifs avaient pu garder leur autonomie, il est plus que probable qu'ils n'auraient pas couvert le monde de leurs colonies. Leur dispersion s'est faite par violence, elle a été accomplie par les Assyriens, les Babyloniens, les Grecs, les Syriens et les Romains. La perte de leur indépendance, les persécutions atroces d'Antiochus, les guerres continuelles que se livraient les rois grecs sur le sol de la Palestine, la conquête des Romains depuis Pompée, voilà les vraies causes de leur émigration. Ils quittaient, quand ils n'en étaient pas chassés, une patrie livrée à l'étranger, opprimée, humiliée. Quelles ressources avaient-ils dans les pays où s'établirent leurs petites colonies? Il leur était assurément impossible d'y cultiver la terre: ils ne pouvaient la posséder et ils ignoraient les procédés d'agriculture appropriés au pays. Il fallait

[1] Voir Ewald, *Geschichte des Volkes Israel*, 4ᵉ vol., 3ᵉ édit., Gœttingue, 1864, p. 306.

[2] Hertzfeld, *Handelsgeschichte der Juden des Alterthums*, Braunschweig, 1879, p. 50 et suivantes, et note 9; Roscher, p. 328, d'après Ewald.

[3] Livre d'Aristée, commencement; Josèphe, *Antiquités*, XII, 1, 1; Ewald, *l. c.*, p. 306, 307.

[4] Josèphe, *Contre Appion*, I, 22; *Antiquités*, XII, 1, 1.

[5] Josèphe, *Guerre*, II, 1, 2; 8, 2.

qu'ils devinssent négociants. C'est à cette époque que naquit chez
eux et se développa le sens du commerce.

Les anciennes colonies juives de l'Assyrie paraissent être restées
fidèles à l'agriculture [1]. Il est possible aussi que, déjà peu de
temps après l'exil de Babylone, les Juifs transportés dans ce pays,
et placés dans des circonstances particulièrement favorables pour
les relations avec l'Inde, aient fait du commerce et servi d'intermédiaires, avec le concours des Juifs palestiniens, entre l'Inde et
l'Europe [2]. Rien n'est moins sûr, cependant, et ce que nous savons
des Juifs de Babylonie de l'époque talmudique, jusqu'aux v° et
vi° siècles de l'ère chrétienne, tendrait plutôt à prouver que, dans
ce pays fertile et traversé par les eaux fécondantes des canaux, les
Juifs avaient conservé le goût de leurs ancêtres palestiniens pour
l'agriculture et pour les professions manuelles. Tous les rabbins
babyloniens dont nous connaissons la profession par le Talmud
sont ou bien des agriculteurs, ou bien des artisans. Il est plus probable que les Juifs répandus en Asie mineure se livraient au
commerce [3], quoique nous n'en sachions rien. Le seul endroit où
nous puissions dire avec certitude que les Juifs développèrent
une activité commerciale considérable, mais non exclusive, c'est
Alexandrie.

La situation exceptionnellement heureuse de cette ville, les
efforts des Ptolémées pour faire passer par l'Égypte la route commerciale de l'Inde, l'exemple des Grecs, navigateurs et commerçants hardis, les encouragements des rois alexandrins, firent des
Juifs de cette ville des commerçants incontestablement habiles et
puissants [4]. Ils avaient la surveillance de la navigation sur le Nil,
l'administration des douanes ; leurs colonies étaient répandues sur
la côte de la Méditerranée, et un bon historien du commerce n'est
pas éloigné de croire que le fameux périple attribué à Arrien
serait l'œuvre d'un Juif d'Alexandrie [5].

C'est peut-être de là plutôt que de la Palestine, c'est de Rome
également que sont venues ces petites colonies juives ou ces Juifs
isolés qui, dans les premiers temps du christianisme, se trouvaient
établis sur tous les rivages de la Méditerranée, en Grèce, en Italie,
en Gaule, en Espagne, et qui pénétrèrent peu à peu dans l'inté-

[1] Herzfeld, p. 51.
[2] *Ibid.*, p. 52. On croit même, d'après Isaïe, xlix, 12, qu'il y avait des Juifs en
Chine ou en Cochinchine, ou à Siam, déjà avant l'exil, mais ce sont de pures hypothèses.
[3] Voir sur eux, entre autres, Josèphe, *Antiquités*, XIV, xvii ; Cf. Ewald, *l. c.*
[4] Kiesselbach, *Der Gang des Welthandels* (la marche du commerce international).
Stuttgart, 1860, p. 22.
[5] *Ibid.*, p. 24.

rieur des terres. Beaucoup de Juifs aussi vinrent sans doute dans
nos contrées, à la suite des légions romaines, par exemple au
centre de l'Allemagne et dans les provinces rhénanes. Mais ces
colons étaient d'abord peu nombreux et ne formaient qu'une partie
infime du judaïsme, le gros des Juifs, en Palestine et en Babylonie,
était resté agriculteur ou artisan. A Alexandrie même, le commerce était si peu leur occupation exclusive que, suivant les traditions talmudiques, la grande synagogue de cette ville était
divisée en loges dont chacune était occupée par une des corporations d'artisans juifs de cette ville. Ils exerçaient aussi vaillam-
ment le métier des armes, et deux Juifs égyptiens, Onias et Dosithée,
furent chefs d'armée sous Ptolémée Philométor [1]. Il n'y a pas le
moindre doute non plus que dans le nôme d'Héliopolis, où les
Juifs égyptiens avaient un temple, ils se livraient uniquement à
l'agriculture.

On le voit, les Juifs sont devenus commerçants parce qu'ils y
ont été forcés, parce que leur indépendance leur a été ravie, et
que, détachés, par la défaite politique, du sol de la patrie, ils ont
dû chercher ailleurs, à l'étranger, sous l'empire de circonstances
exceptionnelles, leurs moyens de subsistance. Au milieu des
peuples parmi lesquels ils étaient transplantés et où la population
romano-grecque, qui n'ignorait pas l'importance commerciale de
l'Orient, avait peu à peu disparu, les Juifs furent partout, un certain temps, les seuls négociants capables de nouer des relations
avec l'Orient et de faire venir en Europe les riches produits des
régions asiatiques, particulièrement de l'Inde : épices, poivre, ca-
nelle, gingembre, étoffes de coton, de laine, de soie, maroquins,
pelleteries, corail, perles, papier, huile, vin de Palestine, cire,
ivoire, aloès, alun, camphre, muscade, réglisse, cumin, feuilles de
laurier, bois de sandal, oiseaux rares, tels que perroquets, paons,
etc. [2]. « Les Juifs seuls pouvaient, à cette époque, procurer ces
marchandises orientales à des peuples à qui manquait toute notion du commerce [3]. » Les Juifs étaient donc tout indiqués et désignés pour faire le commerce, et on a déjà vu plus haut qu'ils ne
pouvaient faire autre chose dans ces régions. Le monopole qu'ils
exercèrent, au grand profit des peuples, ne vient pas d'une adap-
tation spéciale de leur esprit et de leur caractère pour le commerce, d'une prédestination de la nature, il a été créé par leur
situation particulière, leur origine orientale, leurs relations faciles

[1] Josèphe, *Contre Appion*, II, 5.
[2] Kiesselbach, p. 24, 27, 33, 38 ; Bardinet, *Revue historique*, tome XIV (Paris,
1880), p. 6 et 8.
[3] Kiesselbach, p. 27.

avec leurs coreligionnaires et les colonies juives de l'Orient, de la Grèce, de l'Arabie, peut-être même de l'Inde (Cranganaor), et surtout celle de Constantinople. Cette ville était devenue peu à peu un centre commercial important, où affluaient, par des voies nouvelles, tous les produits de l'Inde, et son activité s'était grandement développée depuis que les Arabes avaient conquis Alexandrie et fermé ce port aux Européens [1]. C'est après les premières Croisades, et lorsque les chrétiens occidentaux apprirent le chemin de Constantinople et de l'Orient, que cessa le rôle des Juifs et que la concurrence des chrétiens, appuyée par la force, ruina leur commerce [2].

Jusque-là ils avaient rendu au monde un service signalé et qu'on ne saurait trop apprécier. Après avoir « maintenu parmi les Romains l'union commerciale de l'ancien monde, ils introduisirent les premiers éléments des relations asiatiques dans la vie agricole de l'Europe centrale [3], » et enseignèrent aux peuples occidentaux, à l'exemple des Phéniciens, que l'essence du commerce consistait (alors) dans l'échange des matières asiatiques contre les métaux européens [4]. « Si, pendant l'écroulement de l'empire romain, les marchands juifs n'avaient pas formé la chaîne entre l'Asie et l'Europe, et, en qualité d'apôtres de la propriété mobilière, apporté le premier levain social dans la vie agricole de l'Europe intérieure, la bourgeoisie, avec les villes et l'état politique qui en est sorti, serait difficilement apparue si tôt sur la scène du monde [5]. » Les nobles et les paysans « n'auraient jamais eu l'idée de nouer des relations commerciales avec les pays asiatiques, qui leur étaient totalement inconnus. La nouvelle société européenne avait besoin d'un nouvel agent économico-social qui la mît en contact avec le dehors [6]. » Cette fonction, ce furent les Juifs qui la remplirent au grand avantage des peuples et surtout de l'agriculture.

Et plus tard, lorsque les bourgeois des villes et les corporations des métiers, devenus puissants, dirigèrent seuls le mouvement de la propriété mobilière et arrachèrent aux Juifs, par la force, le grand commerce international « qu'ils avaient partout créé, la mission commerciale des Juifs ne fut pas encore achevée... Repoussé en partie des carrières urbaines, le Juif va dans la cam-

[1] Kiesselbach, p. 36 et 39.
[2] Ibid., p. 42.
[3] Ibid., p. 42.
[4] Ibid., p. 25.
[5] Ibid., p. 28.
[6] Ibid.

pagne et forme de nouveau, pour ces contrées que le commerce n'a pas encore visitées, le système des canaux capillaires, qui conduit le courant de la vie matérielle des artères principales jusque dans les extrémités les plus éloignées de l'organisme. Comme le hamster de la vie économique, il recueille les grains de la moisson tombés à côté et foulés dans la poussière, et avec le capital ainsi gagné, avant-coureur de relations d'affaires plus importantes, il fait entrer les pâtres et les paysans dans l'immense tissu de l'échange des matières premières et des objets fabriqués. Celui qui dirige son regard sur la constitution de la société européenne prise dans son ensemble et dans toutes les parties engrenées les unes dans les autres, doit avouer que le Juif, au commencement du moyen âge, a été une nécessité économique et qu'on ne saurait encore se passer de lui, même aujourd'hui, dans les pays purement agricoles[1]. »

« A cette époque (au moyen âge), dit Roscher, les Juifs ont répondu à un grand besoin économique que longtemps encore eux seuls pouvaient satisfaire : le besoin d'un commerce professionnel... Le peuple juif, qui n'est inférieur à aucun peuple du monde en richesse intellectuelle, s'était pourtant, à l'époque de son indépendance politique, sous la discipline sévère de la loi mosaïque, laissé fermer d'une façon très exclusive toutes les branches de l'économie politique pour s'adonner uniquement à l'agriculture et à l'élève du bétail. Il dédaignait d'autant plus de faire le commerce, qu'il craignait le contact intellectuel des payens, ses voisins. L'exemple du peuple phénicien, qui lui est apparenté par la race, montre qu'il condamnait aussi par là un penchant naturel à l'oisiveté. La perte de son indépendance politique, qui a entraîné, comme on sait, la dispersion des Juifs sur de vastes contrées, a changé les dispositions de ce peuple pour le commerce... Les Juifs avaient seuls les connaissances nécessaires pour le commerce, les habitudes commerciales, les capitaux, les grandes et étroites relations s'étendant sur tous les États chrétiens et mahométans du monde[2]. »

Les Juifs, cependant, ne furent pas les seuls qui, au moyen âge, répondirent aux besoins du commerce. Des négociants syriens sont à Marseille au VIᵉ siècle, des négociants grecs jouent un rôle important en Espagne au VIIᵉ siècle. En fait, les Grecs de l'empire byzantin furent, au moins pour ces régions, et durant tout le moyen âge, des négociants habiles, avec lesquels les Juifs de cet

[1] Kiesselbach, p. 46.
[2] Roscher, *Ansichten der Volkswirthschaft*, 3ᵉ édition, Leipzig, 1878, II, p. 327 et suiv., et p. 331.

empire, à la vérité opprimés par des lois affreuses, ne purent aucunement rivaliser[1]. En Italie également, les négociants juifs
furent, dès le IXe et le Xe siècle, combattus et refoulés par les négociants chrétiens[2]. Mais l'action des Juifs fut arrêtée net, dans
toute l'Europe, lorsque se formèrent la bourgeoisie et les corporations. Le commerce leur fut littéralement arraché des mains, il ne
leur resta et on ne leur en laissa que les branches inférieures,
dédaignées par les grands marchands chrétiens. Tous les moyens
de persécution furent employés pour les appauvrir : les émeutes,
les confiscations, l'exclusion des corps des marchands, consom-
mèrent leur ruine. Il ne leur resta que le commerce de l'argent
et les affaires de banque. « C'est une loi économique que ce commerce mûrit ordinairement plus tard que celui des marchandises, parce qu'il a encore un plus grand besoin de relations
internationales, et qu'en outre, tous les peuples commerçants,
quand ils sont vaincus dans le commerce des marchandises par
des rivaux plus jeunes, ont l'habitude de se retirer avec leurs
grands capitaux dans le commerce de l'argent[3]. » Toutes les
autres carrières leur étant fermées, les Juifs, qu'ils aient eu ou
non de grands capitaux, furent bien obligés d'entrer dans la
seule carrière qu'on leur laissât ouverte.

L'usure des Juifs est devenue un de ces mots qui disent tout,
qui répondent à tout, et qu'il suffit de prononcer pour soulever
l'indignation générale. Les bulles des papes et les ordonnances
des rois, les anciennes chartes, les chroniqueurs et les historiens
en sont pleins. Tant de témoignages concordants et accablants
semblent attester sans réplique le crime des Juifs anciens et le
vice d'usure des Juifs modernes.

On ose à peine le dire, et c'est pourtant l'exacte vérité, à laquelle se rallient aujourd'hui tous les savants : toute cette immense clameur repose sur un simple malentendu et une sorte de
jeu de mots. L'usure des Juifs dont il est perpétuellement question
au moyen âge n'est pas du tout l'usure telle que nous l'entendons
aujourd'hui, le prêt d'argent à un taux illégal ou abusif. Avec les
modifications profondes qu'ont subies les conceptions économiques
des peuples modernes, le mot usure a changé entièrement de sens,
il désigne une opération où le prêteur obéit à un vice odieux dont
l'emprunteur est la victime. Il n'entrerait jamais dans l'esprit d'un
écrivain ou d'un législateur moderne d'appeler usure le prêt à
intérêt à un taux légal et légitime. C'est cependant cette usure, et

[1] Roscher, *ibid.*, p. 331-332, note, et p. 335.
[2] *Ibid.*, p. 335.
[3] *Ibid.*, p. 338.

aucune autre, qu'exerçaient les Juifs au moyen âge, c'est d'elle.
qu'il est toujours question dans tous les écrits publics ou privés,.
c'est d'elle uniquement qu'ils parlent, et c'est ce mot, perpétuellement répété et aujourd'hui pris dans un autre sens, qui a fait
passer comme un axiome indiscutable que tous les Juifs de toutes.
les époques sont ou ont été d'affreux usuriers.

On étonnerait certainement beaucoup de personnes en disant.
que les Juifs, pris en général, et à part les exceptions individuelles.
comme on en rencontre partout, n'ont jamais fait de l'usure illé-
gale au sens moderne du mot, et que si, à de certaines époques, ils.
se sont livrés de préférence au commerce de l'argent, c'est qu'ils y
ont été contraints et forcés, directement ou indirectement, et
qu'en outre, ils ont rendu par là, comme on le verra plus loin, un.
service signalé. Nous ne savons pas si on trouverait un seul monument écrit du moyen âge d'où il résulterait que les Juifs en
général, ou même des Juifs en particulier, aient agi avec déloyauté
dans leurs relations commerciales ou pécuniaires avec les chrétiens. Un pareil document, à notre connaissance, n'existe pas. Au.
contraire, toutes les études modernes sur l'histoire des Juifs montrent que ceux-ci ont mis, dans leurs rapports avec les chrétiens,.
une loyauté parfaite[1]. Il existe dans les archives du département
de la Côte-d'Or un document peut-être unique en son genre, et
dont on trouverait difficilement le pareil, parmi les Juifs et les
chrétiens, dans aucune bibliothèque du monde. Ce sont les registres de compte d'une vaste association de Juifs avec le détail de
leurs opérations pendant les années 1300 à 1315. La probité, la.
loyauté, la régularité de toutes ces opérations sont au-dessus de.
tout éloge et confondent toutes les calomnies. C'est la vérité même
prise sur le fait. Il n'y a pas de témoignage plus authentique ni.
plus frappant.

D'où vient donc le préjugé si répandu et si universellement accueilli? Uniquement de ce que, pendant tout le moyen âge, l'Église
romaine défendait aux chrétiens le prêt à intérêt, et que tout prêt
à intérêt, quelque légitime qu'il fût et quelque utilité qu'il eût pour.
l'emprunteur, s'appelait *usure*. « Nous autres, modernes, nous
distinguons l'intérêt légitime, qui est fixé par la loi, de l'intérêt
illégitime, qui n'a d'autres limites que celles qu'une insatiable.

[1] Voir, par exemple, Bardinet, *l. c.*, p. 18 : « Les documents du moyen âge, qui
ne portent point de traces sérieuses d'un crime si souvent reproché aux Juifs, prouvent, en effet, que leurs excès usuraires ont été fort rares. » Et plus loin : « Nous
ne voyons rien, dans ces relations (entre Juifs et chrétiens) qui puisse faire sus-
pecter la probité et la loyauté de la majorité des Juifs. S'il s'est présenté quelques
cas où les chrétiens ont été trompés et exploités par eux, nous en trouvons d'autres
où ils leur ont bien rendu la pareille. » *Ibid.*, p. 33.

avidité consent à s'imposer elle-même. Si nous tenons compte de
cette différence, le mot *usure* nous paraîtra, dans les vieux auteurs et dans les vieux diplômes, beaucoup moins effrayant, et
nous comprendrons qu'il ait pu être appliqué au prêt à intérêt fait
dans les conditions légales. Si, lorsqu'on reproche aux Juifs d'a-
voir fait l'usure, on entend dire qu'ils ont prêté à intérêt, la question n'est pas douteuse, ils ont presque tous (?) fait l'usure ; mais si
l'on veut dire qu'ils ont prêté à un intérêt illégal, excessif, nous
croyons qu'on sera obligé d'admettre de nombreuses exceptions.
L'avarice étant un vice inhérent à la nature humaine, les Juifs
n'en ont pu être plus exempts que les autres hommes, mais vouloir
généraliser et étendre à tous un mal qui n'a dû atteindre qu'un
certain nombre d'entre eux, c'est une erreur ou tout au moins une
exagération dont nous connaissons maintenant l'origine et dans
laquelle il n'est plus possible de tomber [1]. »

On y tombe cependant sans cesse. Le préjugé créé par l'Église
est ancien et vivace. Pour l'Église, le prêt à intérêt était en soi-
même une opération illicite, impie, criminelle, contraire à la religion et à la morale, par suite blâmable et infamante. En le défendant, elle s'appuyait sur divers passages de l'Ancien-Testament [2] et sur un passage de saint Luc : « Prêtez les uns aux
autres sans en attendre aucun bénéfice, *Mutuum date, nil inde
sperantes* [3]. » Le prêt d'argent à intérêt n'était pas seul interdit,
toute opération, commerciale ou autre, qui pouvait donner un bénéfice était soumise à la même prescription par suite du même *nil
inde sperantes*. Le titre XIX du livre V des Décrétales de Grégoire IX est rempli de prescriptions à ce sujet, et déjà dans le
Décret de Gratien [4] se trouve recueilli un passage de saint Jean
Chrysostôme sur saint Mathieu qui, prenant pour point de départ
l'histoire des marchands chassés du Temple, condamne absolument toute opération mercantile ayant pour objet un bénéfice
quelconque. Les usuriers (prêteurs à intérêt) surtout étaient frappés des foudres de l'Église : ils étaient comparés à des brigands
(*raptori œquiparatur*), les clercs usuriers étaient destitués, les

---

[1] Bardinet, *ibid.*, p. 17-18.

[2] Lévitique, chap. XXV, verset 37 : « Tu ne donneras pas (à ton frère) ton argent
à usure ni tes vivres à bénéfice », et Deutér., XXIII, 21 : « A l'étranger tu peux
prêter à intérêt, à ton frère tu ne prêteras pas à intérêt. » Cf. Exode, XXII, 24;
XXIII, 9, et Deutér., XV, 3, 7, 8. Voyez l'application dans Purgoldt, *Rechtsbuch* (du
XVIe siècle), édition Ortloff, Iéna, 1860, VIII, ch. 31. « Qualiter utriusque Testamenti
pagina condemnentur. » (Concile de Latran, 1179 ; Décrét. de Grégoire IX, livre V,
titre XIX, ch. 3 et ch. 4.)

[3] Évangile de saint Luc, ch. VI, verset 35; cf. Décrét. de Grégoire IX, *ibid.*,
chap. 10 (Urbain III, 1186).

[4] Partie I, distinction 89, ch. 11.

usuriers laïcs étaient repoussés de la communion de l'autel, privés de la sépulture religieuse, éloignés de la confession [1]. De là cette grande et profonde antipathie pour les usuriers, banquiers et prêteurs à intérêt.

Mais le prêt à intérêt est une des conditions indispensables du développement matériel et économique des peuples. Il était impossible de s'en passer, à moins de rester sur les degrés inférieurs de la civilisation. Cela est si vrai que, malgré les défenses formelles de l'Église, beaucoup de chrétiens prêtaient de l'argent à intérêt. « Presque partout, écrit le pape Alexandre III, le crime des usures s'est répandu avec force, *invaluit* [2]. » L'Église trouva un moyen de tourner la difficulté. L'Ancien-Testament permettait aux Juifs de prêter à intérêt aux non-Juifs, et de l'aveu même de l'Église rien n'obligeait les Juifs à se soumettre au précepte de l'Évangile *mutuum date*. Le prêt à intérêt de Juifs à chrétiens était donc licite, l'Église pouvait le permettre sans scrupule [3]. Ce fut une invention ingénieuse. Les prêteurs d'argent, dont on avait absolument besoin, étaient donc tout trouvés, et on conciliait ainsi les prescriptions religieuses avec les nécessités impérieuses de l'économie politique. Il se passa ici, avec une importance autrement grande, quelque chose d'analogue à ce qu'ont fait, en tout temps, les Juifs dévots pour satisfaire leurs besoins matériels sans violer la loi religieuse du repos sabbatique. Ils paient de pauvres chrétiens pour exécuter, le samedi, de petits travaux (allumer du feu ou de la lumière) que l'Ancien-Testament défend d'accomplir en ce jour, mais que le chrétien peut accomplir sans péché. Le prêteur d'argent juif remplit, durant tout le moyen âge, une fonction analogue. Il exécutait une opération illicite pour le chrétien, mais permise au Juif selon la religion juive aussi bien que la religion chrétienne. Ce fut un service immense que les Juifs rendirent aux États chrétiens. « Il y a principalement trois progrès économiques que les peuples modernes doivent, en grande partie, aux Juifs du moyen-âge. Le premier, c'est l'institution de l'intérêt des capitaux, sans lequel tout développement du crédit et même toute formation du capital et de la division du travail sont absolument impossibles [4]. » — « Comme propagateurs (*Trœger*) du commerce

---

[1] Décrét. de Grégoire, *ibid.*, ch. 1 à 7. Voir, sur toute cette question, Neumann, *Geschichte des Wuchers in Deutschland*, Halle, 1865, p. 1 à 27.

[2] Décrét. de Grégoire, *ibid.*, ch. 3, en 1179.

[3] Si elle s'y opposa plus tard, ce ne fut qu'une tentative molle et isolée. Innocent III, 1200, et concile de Latran, 1216; Décrét. de Grégoire, *ibid.*, ch. 12 et ch. 18.

[4] Roscher, *ibid.*, p. 332.

et du crédit personnel, les Juifs se montrèrent, partout où la circulation de l'argent était interrompue par des obstacles intérieurs, un chaînon d'un prix inestimable et indispensable[1]. » C'est ainsi que le Juif devient le grand et presque l'unique prêteur d'argent, le banquier officiellement reconnu et institué par la loi religieuse et la loi civile. Sa banque est une sorte d'institution publique et il remplissait une des fonctions importantes de l'État.

Ce qui précède montre déjà que ce ne fut pas volontairement et par un goût inné que les Juifs se livrèrent au commerce d'argent : ils y furent poussés, comme aux opérations commerciales, par les circonstances, le milieu, l'état social, les lois civiles et religieuses, la connivence de l'Église, des princes, du clergé, des seigneurs, du peuple, quelquefois même par la force. On leur fermait toutes les autres branches de l'activité humaine. Si, dans les premiers temps du moyen âge, il leur était permis de posséder des terres[2], ce droit leur fut peu à peu enlevé, et on pourrait citer des milliers d'ordonnances qui l'attestent. Du reste, les terres disponibles étaient rares : le régime de la féodalité maintenait indivises les propriétés territoriales, les seigneurs ne les aliénaient pas volontiers, et les Juifs n'auraient pu les acquérir de leurs mains qu'en se soumettant à la formalité de l'hommage avec serment prêté sur l'Évangile. En outre, amenés qu'ils étaient par les circonstances à se livrer au commerce international, il leur était difficile de s'établir en des lieux fixes, car le commerce à cette époque, avec l'insuffisance des moyens de communication, exigeait des déplacements continuels[3].

Nous avons déjà dit qu'ils étaient de même exclus de tous les métiers, repoussés par les corporations. « Ils ne peuvent avoir aucune terre..., exercer des métiers leur est défendu par les corporations et les patrons, ainsi ils sont exclus de leur société et on ne les laisse pas travailler. S'ils font du commerce, personne n'achète chez eux, c'est pourquoi ils sont obligés de faire de l'usure[4]. » — « La possession de la terre leur est interdite, l'agriculture rendue impossible[5]. » — « Toute l'organisation de la vie professionnelle et des corporations, au moyen âge, excluait les

---

[1] Neumann, *ibid.*, p. 292.

[2] Par exemple à Spire, 1084 et 1090 (Roscher, 326) ; en Silésie, 1204 (*ibid.*, 336); à Vienne, en 1267 (*ibid.*, 337) ; en Pologne, en 1447 (*ibid.*, 337-38) ; en France, comme de nombreuses ordonnances l'indiquent.

[3] Kiesselbach. p. 44-45.

[4] Purgoldt, *Rechtsbuch*, VIII, chap. 31. Cf. Neumann, p. 305, note.

[5] Stobbe, *Die Juden in Deutschland*, Brunswick, 1866, p. 105. Cf. p. 177-178, où il est prouvé que la possession des terres leur était interdite, depuis une certaine époque, en Allemagne comme partout ailleurs.

Juifs des métiers et du commerce, et il ne leur restait aucun autre moyen de subsister que le petit commerce et l'usure[1]. »

Il y avait bien d'autres causes qui les y obligeaient. En réalité, ils n'étaient tolérés que pour cela, c'était là leur fonction, c'est uniquement pour qu'ils prêtent à usure qu'on leur accorde le droit de domicile, qu'ils sont appelés dans divers États européens ou rappelés promptement après avoir été expulsés. Sur trente et un articles du privilège de 1244 accordé aux Juifs par le duc Frédéric d'Autriche[2], il y en a douze ou treize qui ont spécialement pour objet de régler les prêts des Juifs, les gages qui leur sont remis, les procès qui peuvent en résulter. Et ce privilège est devenu une espèce de modèle imité partout, en Bohême, en Moravie, en Allemagne, en Silésie, en Hongrie[3]. Il est clair que le rappel des Juifs en France, en 1315, n'a pas d'autre but. Dans les différents États italiens, on voit, avec la plus grande évidence, que les villes appellent les Juifs uniquement pour qu'ils y fondent des banques de prêt populaires, et les conventions faites avec eux à ce sujet ne traitent absolument que cette seule question[4]. Le même phénomène se produisit en Allemagne, et il n'est pas rare que les constitutions qui leur sont accordées dans ce pays les obligent formellement de faire des prêts à tout emprunteur[5]. Les Juifs étaient donc obligés, par une conspiration universelle de toutes les forces sociales, de faire l'usure (prêt à intérêt). Les empereurs, les rois, les seigneurs, les bourgeois, les villes, les particuliers, le paysan lui-même ont recours à eux[6]. L'économie publique et privée de l'époque, on le sait, était livrée à un gaspillage incroyable, en proie à une perpétuelle indigence. Peuples, villes, souverains, particuliers, chez tous le besoin d'argent est immense, inextinguible.

Ce qu'il y a de plus grave, c'est que les Juifs ne pouvaient pas prêter à bon marché, et cette nécessité est si bien reconnue, que les privilèges qui leur sont accordés fixent généralement le maximum de l'intérêt qu'ils prendront à un chiffre assez élevé. Il leur était absolument impossible de ne pas percevoir de gros intérêts, puisqu'une grande partie de ces intérêts était destinée à rentrer dans la caisse de leur seigneur sous forme d'impôts écrasants. Voilà pourquoi les souverains les excitent à prêter à un

---

[1] Stobbe, p. 105.
[2] On en peut voir le texte dans Stobbe, p. 297.
[3] Stobbe, p. 301 et suiv.; Neumann, p. 297 et suiv.
[4] Voir, par exemple, *Revue des Études juives*, II, 176 et suiv.; V, 218 et suiv., et *Hebräische Bibliographie*, VI, 64.
[5] Neumann, p. 396.
[6] *Ibid.*, p. 316.

taux plus élevé que celui des prêteurs chrétiens [1]. Cette intention est si manifeste que, par exemple, le roi de France Charles V, au milieu des désastres de la guerre de Cent ans, double subitement et porte à 4 deniers par livre et par semaine le maximum légal de l'intérêt perçu par les Juifs, qui jusque-là avait été de 2 deniers [2]. Dans aucun pays l'intérêt des Juifs n'a été aussi élevé qu'en Autriche, où on voit, au moins une fois, percevoir un intérêt de 174 0/0, parce que dans aucun pays les finances publiques n'ont été si mal administrées [3]. Assez souvent, néanmoins, le taux des prêts des Juifs était le même que celui des prêteurs chrétiens et quelquefois même ils réussissaient à prêter à meilleur marché. Il est assez difficile de connaître, dans l'application et le détail, le chiffre annuel de l'intérêt perçu par eux, parce que, ordinairement, le maximum légal est fixé pour le prêt à la semaine et que ce prêt a toujours été beaucoup plus cher et peut-être moins oppressif que le prêt à l'année [4]. Aujourd'hui encore le prêt à la semaine atteint quelquefois des taux fabuleux. Au moyen âge, les Juifs de France percevaient le plus souvent, dans le prêt à la semaine, deux deniers par livre (ce qui fait environ 43 0/0 par an) [5], et cet intérêt était parfaitement perçu aussi dans ce pays par les prêteurs chrétiens, même à des époques plus récentes, où le taux de l'intérêt avait généralement baissé [6]. Dans le sud de la France, au xv⁰ siècle, les Juifs percevaient 12 et 9 0/0 par an, tandis que les Lombards, dans le nord, percevaient plus de 50 0/0 [7]. Dans l'Aragon, les Juifs ont le droit de prêter à 20 0/0 [8]; dans la Castille, depuis Alphonse le Sage, ils prêtent 3 pour recevoir 4, c'est-à-dire à 33 0/0 [9]. En Italie, on voit leur prêt à la semaine, à

---

[1] Comparez l'intérêt de 2 deniers par semaine et par livre permis aux Juifs de France en 1206 et en 1218, et les 15 0/0 permis aux chrétiens indigènes (*Ordonnances des rois de France*, II, 304 et 311). Il est vrai que les chrétiens étrangers pouvaient prêter au même taux que les Juifs, et ils ne s'en faisaient pas faute.

[2] *Ordonnances des rois de France* (1370 et 1372), V, 493.

[3] Neumann, p. 323.

[4] *Ibid.*, p. 321.

[5] Isambert, *Recueil des anciennes lois*, I, 199 et 236 (Philippe Auguste 1206, 1218).

[6] Par exemple, 2 deniers par livre et par semaine perçus par les (chrétiens) étrangers, 1378, *Ordonnances*, VI, 336, 1380, *Ordonnances*, VI, 478; 2 deniers parisis par semaine pour 16 sous parisis (c'est-à-dire, un intérêt plus grand que celui des Juifs) perçus par les Lombards, 1382, *Ordonnances*, VI, 654; en 1461, *Ordonnances*, XV, 251. Cf. Bardinet, p. 30, 31, note. Comparez aussi Ducange, au mot *usurarii*, où l'on voit très bien, par des actes de 1220, 1291 et 1311, que les chrétiens ne se faisaient pas faute de prêter à usure et à 25 0/0 par an ; voir plus loin les *Ordonnances des rois de France*, 1330, 1356, etc.

[7] Bardinet, *ibid.* Voir note précédente.

[8] Amador de los Rios, *Historia de los Judios de España*, I, 393 (*Ordonnances*, de 1228 et de 1234). Cf. Ducange, *l. c.*, 25 0/0 en 1240.

[9] *Ibid.*, I, 458 ; II, 63 (1253 et 1265).

Pirano, ne pas excéder 20 0/0 , tandis que les banques (chrétiennes ?) de Trieste prêtaient à 40 0/0 [1]. Dans la Sicile, les intérêts perçus par eux descendent même à 10 0/0 [2]; à Venise, le
maximum leur est fixé, en 1381, à 12 0/0 [3] ; à Mantoue, en 1454, à
17 1/2 0/0 [4]. Enfin, en Allemagne, il oscille le plus souvent entre
20 et 25 0/0 [5]. Cet intérêt moyen de 20, 25 à 30 0/0, perçu par les
Juifs à peu près dans tous les pays, n'était certainement pas trop
élevé pour l'époque, où la rareté du numéraire et les risques à
courir étaient incomparablement plus grands que de nos jours.
Même à la fin du moyen âge et encore au XVIIe siècle, les banquiers chrétiens prenaient un intérêt au moins aussi élevé, plus
de 50 0/0 en Belgique pour le prêt à la semaine, 20 à 40 0/0 pour
le prêt à l'année en Allemagne [6].

Les Juifs cependant supportaient des charges et étaient exposés
à des risques autrement grands que les chrétiens. « Ce n'est pas
seulement l'amour du lucre qui les amena, là où ils n'avaient pas
de concurrents, à exploiter les besoins de leurs ennemis, les chrétiens. Cette conception, après examen des sources, n'est pas seulement étroite, elle est injuste. Sans parler des frais considérables que leur causaient la garde des gages, l'obligation d'avoir
toujours des capitaux prêts [7], que l'on pense comment les empereurs et les potentats inférieurs les opprimaient et les exploitaient sans le moindre égard, et quelquefois d'une façon véritablement indigne [8]. » Ils étaient écrasés d'impôts que leurs maîtres
augmentaient à volonté, l'impôt des Juifs était, pour ainsi dire, la
part du trésor royal ou seigneurial dans l'usure, le roi et l'empereur étaient les associés des Juifs et partageaient avec eux les
bénéfices, où ils se faisaient la part du lion. « Ils faisaient l'usure
avec les Juifs [9], » et, à une certaine époque, c'était, en Allemagne,
une expression consacrée pour indiquer qu'une ville ou un seigneur avait le droit de posséder des Juifs, de dire qu'il pouvait
« user des Juifs [10]. » Si le peuple a crié contre les Juifs en exagé-
rant de beaucoup ses dettes, « à qui la faute, si ce n'est aux chrétiens [11] ? » Ajoutez la pression effrayante subie par les Juifs, l'ins-

[1] *Revue des Études juives*, II, 176. Cf. V, 219.
[2] Neumann, p. 323.
[3] *Hebr. Bibliogr.*, VI, 64.
[4] *Ibid.*, I, 17.
[5] Neumann, p. 321, 323.
[6] *Ibid.*, p. 408.
[7] Imposée officiellement.
[8] Neumann, p. 324.
[9] Neumann, p. 317.
[10] *Die Juden nutzen.*
[11] Neumann, p. 331.

tabilité de l'état social, la pauvreté ou la détresse commune des débiteurs, les retards inévitables des payements, le risque spécial du Juif, l'annulation partielle ou totale de ses créances par le pouvoir royal ou le clergé, l'expulsion, le pillage, l'émeute qui le menacent sans cesse, que de raisons pour que le prix de son argent soit cher, et qu'une plainte universelle, quoique injuste, s'élève contre l'usure des Juifs !

C'est ici que se montre, dans toute sa force, l'influence néfaste du préjugé religieux. On a déjà vu plus haut que les Juifs n'étaient pas seuls à faire l'usure et que les intérêts qu'ils prenaient n'étaient guère supérieurs à ceux que prenaient beaucoup de prêteurs chrétiens. De même, les monts-de-piété qui furent créés au XVᵉ siècle, c'est-à-dire à une époque où la pénurie monétaire était beaucoup moins grave, et qui recevaient de la piété chrétienne un prêt gratuit de capitaux ou des dons, prêtaient à 10 et 15 0/0 d'abord [1], quoiqu'ils eussent, pour la sûreté de leurs créances, des gages et des garanties bien meilleurs que n'en avaient les Juifs [2]. Déjà vers la même époque, les intérêts pris par les Juifs étaient tombés à 10 0/0 et à 8 0/0 par an [3]. Les banques chrétiennes et les usuriers chrétiens ne manquaient pas au moyen âge, et si d'ordinaire le public préférait recourir aux Juifs; c'est qu'il y trouvait certainement quelque avantage. « Le fait de prêter à 10 ou 12 pour cent (dans le Comtat Venaissin), et par exception à 15 ou 16 pour cent, à une époque où l'argent valait 20 pour cent et même davantage, ne peut être aujourd'hui considéré comme un crime d'usure : à ce taux, les Juifs ne vendaient l'argent qu'à moitié prix [4]. » Quoi d'étonnant, après cela, qu'en Angleterre, en France, en Italie, le peuple s'élève également contre les usuriers chrétiens et que les princes soient quelquefois obligés de les chasser [5]. En Angleterre, Richard de Cornouailles, le frère même du roi Henri III, se fait donner le monopole du commerce de banque ; le synode de Bamberg (Allemagne), en 1491, se plaint des chrétiens qui, pour éluder le canon ecclésiastique, prêtent leur argent aux Juifs pour en tirer de l'usure [6]. De très bonne heure des banquiers italiens sont établis en France (XIIᵉ siècle), puis en Allemagne, en Angleterre, en Suisse, sous le nom de Lombards, Caorsins, etc. [7]. Les sommes

---

[1] Neumann, p. 414.
[2] *Ibid.*, p. 419.
[3] *Ibid.*, p. 324.
[4] Bardinet, p. 31.
[5] Neumann, p. 41.
[6] *Ibid.*, p. 390.
[7] *Ibid.*, p. 366-368. Cf. Depping, *Les Juifs dans le moyen âge*, Paris, 1834, p. 208 et suiv.

qu'ils prêtaient aux rois et aux particuliers sont considérables et probablement bien supérieures à celles dont disposaient les Juifs [1]. Les Caorsins étaient si répandus en Angleterre, au XIIIe siècle, « qu'à peine il y avait quelqu'un qui pût échapper à leurs filets [2]. » En France, particulièrement, on rencontre les Lombards (prêteurs ou changeurs italiens) un peu partout à côté des Juifs. Dans le dénombrement des habitants de Paris des années 1296 et 1297, on trouve, à côté du chapitre des Juifs, celui des habitants Lombards [3], dont l'unique occupation était certainement l'usure. Dans les deux manuscrits de la Côte-d'Or dont il est question plus haut, de nombreux Lombards paraissent à côté des Juifs, ils sont le plus souvent les créanciers des Juifs pour des sommes considérables. Il n'y a pas de doute que, dans nombre de circonstances, les Juifs n'aient été uniquement des prête-noms derrière lesquels se dissimulaient les chrétiens et que leurs créances ou leurs usures n'aient été souvent des créances et des usures chrétiennes faites par leur intermédiaire [4].

Dans tous les cas, les banquiers italiens répandus en grand nombre en Occident ont fait l'usure comme eux, avec des capitaux plus considérables et une puissance financière plus efficace. « La supériorité financière des Italiens » sur les Juifs a été reconnue de tous [5]. Les Juifs du Comtat Venaissin ne pouvaient pas se lancer dans la « haute banque, où ils ne pouvaient guère flotter à côté des capitaux florentins et lombards, qui excellaient à s'y reproduire [6]. » — « Les actes des notaires du XVe siècle (toujours dans le Comtat) témoignent constamment de la supériorité commerciale des chrétiens sur les Juifs [7]. » — « Pour le chiffre des affaires, ils (les Juifs) demeurèrent toujours au-dessous des chrétiens ; pour l'importance, ils ne purent même pas se mesurer avec eux... En résumé, au moyen âge, leur banque resta toujours faible, inactive, impuissante, et quand bien même ils mériteraient le reproche d'usure qu'on leur adresse si souvent, le mal produit par leur prétendue avidité ne pourrait jamais avoir atteint des proportions bien considérables [8]. » — « Les plaintes pour usure adressées de tous les points de la chrétienté au pape Urbain V nous fournissent la preuve manifeste et des injustes rigueurs des

---

[1] Neumann, p. 389 ; Depping, p. 213.
[2] Matthieu Paris, *Historia major Anglorum*, ad annum 1235 (Paris, 1646, p. 286).
[3] *Revue des Études juives*, I, 64.
[4] Bardinet, dans *Revue historique*, Ve année, tome XIV (1880), p. 8.
[5] *Ibid.*, p. 9.
[6] R. de Maulde, dans *Bulletin historique et archéologique du Vaucluse*, I, p. 64.
[7] Bardinet, *ibid.*, p. 9.
[8] Bardinet, p. 17.

tribunaux ecclésiastiques (envers les Juifs) et de la prudente réserve des Juifs en matière de prêt à intérêt. Ces plaintes sont pour
la plupart dirigées contre des banquiers chrétiens, des Lombards,
des Florentins. Il y en a fort peu contre les Juifs[1]. » La plainte
contre les Lombards était vive, générale, justifiée ou non ; leurs
usures les rendirent odieux[2]. Rien qu'en France il y a une foule
d'ordonnances des rois contre les usuriers chrétiens, principalement les Lombards, « à cause de leurs excessives et insuppor-
tables usures[3]. » — Il est venu à notre connaissance, dit le roi
Charles V, par la complainte des gens desdits trois états, que
grande partie d'iceux ont été moult travaillés et grevés pour
cause de la persécution des dettes des Lombards usuriers[4]. » Et
Charles VI dit : « Savoir faisons que comme par clameur de notre
peuple, ayons entendu que... moult fraudes, griefs et oppressions
et autres maléfices ont été faits... par gens chrétiens qui ont
baillé argent à usure[5]. » Et ailleurs : « Entendu avions, par la
clameur du peuple..., moult de fraudes, griefs qui ont été faits et
commis et par gens chrétiens qui ont baillé argent à usure, fait
mauvais contrats[6]. » Le cri contre les usuriers lombards devient
si grand, qu'ils finissent par se faire expulser absolument comme
les Juifs[7]. Les Juifs n'avaient donc ni le monopole ni le génie de
l'usure, et les chrétiens savaient l'exercer aussi bien et mieux
qu'eux. Mais le préjugé s'est uniquement souvenu de l'usure des
Juifs et a oublié celle des chrétiens.

Le préjugé de l'usure des Juifs modernes est maintenant expliqué. Il repose sur un malentendu qui dure depuis des siècles.
Tout Juif est un usurier, c'est entendu, le mot Juif et le mot usurier sont même synonymes. A la vérité, l'action historique du
moyen âge sur les Juifs ne peut point être effacée en un jour.
Jusqu'au commencement de ce siècle, les Juifs, exclus de l'agriculture et des métiers, étaient en grande partie commerçants ou banquiers et ne pouvaient être autre chose. On leur rendra cette justice que, dès que d'autres carrières leur ont été ouvertes, ils se sont
efforcés d'y entrer, à tel point qu'il ne manque pas de personnes
pour trouver qu'ils s'y précipitent avec trop d'ardeur. Cette méta-

---

[1] Bardinet, p. 19.
[2] Voir *Mémoires de l'Académie impériale de Dijon*, 2e série, tome XIII, année 1865,
p. 229.
[3] *Ordonnances*, II, p. 60 (12 janvier 1330).
[4] *Ibid.*, III, p. 142 (mars 1356).
[5] *Ibid.*, VII, 768 (février 1388).
[6] *Ibid.*, VII, p. 328 (28 janvier 1389).
[7] *Ordonnances* de janvier 1268 (I, 95) ; de 1274 (I, 299) ; de décembre 1331. Cf.
Neumann, p. 366, note 5, qui parle d'expulsions de 1256 et de 1277.

morphose s'est accomplie avec une promptitude et une célérité
vraiment incroyables, et si quelque chose peut étonner, ce n'est
pas qu'il y ait encore beaucoup de négociants et de banquiers
juifs (pourquoi n'y en aurait-il pas, d'ailleurs?), mais qu'il n'y en
ait pas en nombre beaucoup plus considérable.

De tout ce qui précède il résulte clairement :

1° Que les Juifs ont rendu de très grands services aux peuples
européens en leur enseignant le commerce, en créant, malgré
l'opposition de l'Église, cet instrument de crédit et d'échange
sans lequel l'existence d'un État est impossible, et en développant,
au grand avantage de l'agriculture et de l'industrie, la circulation
des capitaux ;

2° Qu'en se livrant en grande partie au commerce et à l'usure
(prêt à intérêt), les Juifs du moyen âge n'ont nullement obéi à un
goût national ou à un instinct particulier, mais qu'ils y ont été
amenés par la force des circonstances, par les lois d'exclusion,
par la volonté formelle des rois et des peuples, et qu'on leur a fait,
pour les y contraindre, une sorte de violence matérielle et morale
contre laquelle toute résistance était impossible ;

3° Que, s'ils ont appliqué à ce genre d'opérations leur intelligence, qui est grande et vive, leurs concurrents chrétiens ne leur
ont nullement été inférieurs et les ont écrasés de tout temps par
la puissance plus grande de leurs capitaux ;

4° Que, de plus, ce commerce d'argent n'a guère profité aux
Juifs, le plus souvent pauvres ou de fortune médiocre, mais qu'il
s'est fait au profit des rois, des seigneurs et des villes ;

5° Que les intérêts pris par les Juifs, loin d'être excessifs, vu
la rareté du numéraire et les risques extraordinaires courus par
eux, étaient quelquefois même inférieurs aux intérêts pris par les
chrétiens; que les Juifs n'ont pas exercé l'usure au sens moderne
du mot, et que les cris contre l'usure des Juifs sont dus, en
grande partie, à la mauvaise économie politique du moyen âge et
surtout au préjugé contre le prêt à intérêt, préjugé engendré et
entretenu par l'Église catholique romaine et qui persiste encore
aujourd'hui.

Il est arrivé aux Juifs, pour la banque, ce qui leur est arrivé
pour le commerce. Après avoir, dans l'une ou l'autre, servi d'ini-
tiateurs et de maîtres, ils en ont été exclus ou expulsés. Le commerce leur a été fermé par la législation ; la banque, par les
émeutes, les pillages, les expulsions et les massacres, qui ont fini
par les ruiner. Il n'y a pas le moindre doute qu'un grand nombre
de persécutions contre les Juifs, depuis le xive siècle, « sont un

produit de la jalousie commerciale [1] ». Au lieu d'être considérés comme des concitoyens dont la prospérité contribue à la prospérité générale, ils sont traités comme des étrangers dont on se débarrasse quand et comme on veut. On se sert d'eux tant qu'ils sont nécessaires, on les foule aux pieds dès qu'on croit pouvoir se passer de leur concours. La justice la plus élémentaire aurait demandé qu'il leur fût gardé au moins quelque reconnaissance pour les services rendus : ils n'ont recueilli que la haine, le mépris et l'insulte. Le Juif, pendant tout le moyen-âge, a été l'esclave et le jouet des chrétiens. Moitié par incitations d'apparences affectueuses, moitié par violence, ils l'ont amené dans des voies au bout desquelles on lui présentait un appât qui devait toujours lui échapper. Il a servi, avec un zèle et un dévouement remarquables, à des fins qu'il ignorait, et quand son œuvre a été accomplie, il a été brisé et d'autres se sont emparés du fruit de son immense labeur. Jamais le *sic vos non vobis* ne s'est manifesté avec plus de cruauté ni d'injustice. Le Juif a été la grande dupe de l'histoire. Le christianisme qu'il a enfanté et préparé s'est tourné contre lui avec colère, le commerce et la banque qu'il a enseignés aux peuples occidentaux lui ont été ravis, il a été livré cent fois à l'exaction et au pillage. Entre Juifs et chrétiens, l'exploiteur n'est pas le Juif, mais le chrétien ; l'exploité n'est pas le chrétien, mais le Juif.

S'il est vrai que les Juifs n'ont, par instinct, aucune préférence pour le commerce en général et le commerce d'argent en particulier, d'où vient qu'ils ne sont pas plus adonnés qu'on le voit ou qu'on le dit à l'agriculture et aux professions manuelles ? On aurait le droit de répondre qu'en réalité le choix d'une profession est libre [2], que tout homme utile est respectable de quelque manière qu'il soit utile, mais il faut, en outre, rappeler ici les causes historiques si puissantes qui ont remanié, par une action séculaire et violente, le caractère juif et lui ont imprimé une empreinte profonde. C'est un fait si connu que les Juifs, au moyen âge et jusque dans les temps modernes, ont été exclus des travaux agricoles et des professions manuelles, qu'il est parfaitement superflu d'y insister. Tout le monde le sait et en convient, on en trouve les preuves partout et par milliers. Ce que l'on sait moins et ce qui n'a pas été apprécié à sa juste valeur, c'est que partout où les Juifs l'ont pu, ils se sont livrés avec ardeur aux professions manuelles et à l'agriculture.

---

[1] Roscher, p. 333.
[2] Dans *Vollständige Verhandlungen*, p. 205, Von Vinke dit : « Le commerce est une occupation au moins aussi noble que l'industrie et l'agriculture. »

Sans remonter aux temps bibliques, l'histoire des Juifs, à partir du premier siècle de l'ère chrétienne et même auparavant, montre à quel point le travail était en honneur chez eux. L'Ancien Testament n'a-t-il pas dit : « Six jours tu travailleras, et feras tout ton ouvrage[1], » et l'institution du Sabbat n'est-elle pas justement la grande consécration et la récompense du travail de la semaine ? Les maximes des rabbins sur le travail sont nombreuses et belles. « Aime le travail[2]. » — « Le travail manuel est aimé de Dieu[3]. » — « Qui n'enseigne pas une profession manuelle à son fils est comme s'il en faisait un brigand[4]. » — « Toute science sans travail est vaine[5]. » — « Plus grand est celui qui se rend utile par le travail que celui qui craint Dieu[6]. » — « Enseigne à ton fils un métier convenable[7]. » — « Aussi bien qu'on est obligé de nourrir son fils, on est obligé de lui enseigner une profession manuelle[8]. » — « Procure-toi un métier à côté de l'étude[9]. » — « Grande est la vertu du travail, il honore celui qui s'y livre[10]. » — « Le plus beau travail est le travail de la terre ; quoiqu'il soit beaucoup moins profitable, il doit être préféré à tout autre[11]. » — Comme aux prophètes, l'avenir messianique apparaît aux rabbins sous les traits d'une société agricole où l'on jouit d'une félicité complète. « Dans l'avenir, tous ceux qui ont à présent des métiers se livreront à la culture de la terre et abandonneront les métiers quoiqu'elle rapporte moins[12]. »

Ces maximes ne sont pas des paroles vaines. Les docteurs talmudiques prêchent d'exemple. Le plus grand nombre de ceux dont nous connaissons la profession, depuis le 1er siècle avant l'ère chrétienne jusqu'aux IVe et Ve siècles après l'ère chrétienne, tant en Palestine qu'en Babylonie, sont des agriculteurs ou des artisans[13]. On trouve parmi eux un grand nombre d'agriculteurs, et principalement parmi les rabbins les plus célèbres. Eliézer b. Hyrcan et son fils, José b. Halafta, Rab, Samuel, R. Hunna,

---

[1] Exode, xx, 9.
[2] Abot, I, 10.
[3] Tosifta Baba Kamma, chap. 4.
[4] Kidduschin, 29 a.
[5] Abot, II, 2.
[6] Berakhot, 8 a.
[7] Mischna Kidduschin, IV, 13.
[8] Kidduschin, 30 b, ligne 20.
[9] Midrasch Rabba Kohélet, 9, 9. Cf. Berakhot, 35 b, ligne 14.
[10] Nedarim, 49 b, ligne 5 en bas ; Gittin, 67 b, ligne 9 en bas.
[11] Rabbi Eliézer dit (Yebamot, 63 a) : « Qui n'a pas (ne cultive pas) de terre, n'est pas un homme... (et cependant) il n'y a pas de profession moins lucrative que celle de l'agriculture. » (Cf. Judenemancipation, p. 307, note 3.)
[12] Yebamot, 63 a, ligne 20 en bas, par allusion à Ezéchiel, xxvii, 29.
[13] Meyer, Arbeit und Handwerk im Talmud, Berlin, 1878.

R. Nahman, R. Papa, Abbaï, R. Assé, Mar Zutra, exercent les
métiers et professions de cordonnier, tanneur, meunier, boulan-
ger, potier, charpentier, maçon, serrurier, forgeron, ouvrier en
cuivre, argentier, orfèvre, fabricant de coton ou ouvrier en coton,
tisserand, vigneron, pâtre. Les petits marchands sont vus de mauvais œil, car ils sont des voleurs [1]. On se rappelle les corporations
de métiers et leurs loges, dans la synagogue d'Alexandrie, pour
les orfèvres, argentiers, maréchaux, ouvriers en cuivre et tisserands [2].

Cette tradition des métiers et de l'agriculture se continue chez
les Juifs, pendant le moyen âge, aussi longtemps que cela est possible. Lorsque Benjamin de Tudèle, vers le milieu du xiie siècle
(avant 1173), fit son célèbre voyage, il rencontra partout des Juifs
artisans et agriculteurs : des teinturiers à Brindisi, chez les
Druses à Saint-George, à Jérusalem, à Bethléem, à Jaffa, et
autres villes de la Palestine [3] ; des ouvriers en soie et en pourpre
à Thèbes au nombre de 2,000, et à Constantinople [4] ; des ouvriers
en verre à Antioche et à Tyr [7] ; 200 agriculteurs sur le mont Par-
nasse [5] ; des agriculteurs et des éleveurs de bétail dans le Yémen,
des agriculteurs dans les monts Kasbin [6]. Tout le monde sait qu'en
Arabie, et particulièrement dans le Yémen, il y avait, au vii[e]
siècle, des tribus juives guerrières et agricoles très puissantes
d'abord, mais qui finirent par être exterminées par les Arabes.
En Espagne, jusqu'à l'époque où commencèrent les grandes persécutions (1391), les Juifs, tout en cultivant avec éclat les lettres
et les arts, exerçaient toutes les professions manuelles, les arts
industriels, les professions d'orfèvres, doreurs, fondeurs, charpentiers, maréchaux-ferrants, armuriers, cordonniers, tanneurs,
bouchers, pâtres, agriculteurs [8]. Dans la liste des Juifs de Tala-
vera, des années 1477 et 1487, publiée par M. Fitel Fita, se
trouvent, entre autres, des serruriers, des forgerons, des armuriers, des bâtiers, des vanniers, des corroyeurs [9]. « Si quelque
chose, a dit M. Renan, résulte du travail que nous avons inséré
dans l'*Histoire littéraire de la France* (tome XXVII) sur la situa-

[1] *Kidduschin*, 82 a, ligne 15 en bas.
[2] *Succa*, 51 b, ligne 21 en bas.
[3] *Voyages de Rabbi Benjamin fils de Jona de Tudèle*, trad. franç. de Baratier,
Amsterdam, 1734, p. 36, 71, 77, 98, 103, 105, 123.
[4] *Ibid.*, p. 39 et 51.
[5] *Ibid.*, p. 60 et 72.
[6] *Ibid.*, p. 39.
[7] *Ibid.*, p. 170 et 192.
[8] Amador de los Rios, *Historia de los Judios de España*, II, 521.
[9] Dans *Boletin de la real Académia de la historia*, tome III, Madrid, 1883, p. 321
et suivantes.

tion des Juifs au moyen âge, c'est qu'avant la fin du XIIIᵉ siècle les Juifs exerçaient exactement les mêmes professions que les autres Français [1]. » La loi des Visigoths (XIII, 3; 6) leur défend de travailler dans les champs le dimanche [2], le clergé, tant en France qu'en Espagne, réclame continuellement la dîme de leurs champs, et, en 1208, le pape Innocent III se plaint amèrement au duc de Nevers que les chrétiens, en France, fassent fabriquer leur vin par les Juifs, que le vin de la messe soit souvent fabriqué par des Juifs [3]. Dans les pays sur lesquels n'a pas soufflé l'esprit du moyen âge, les Juifs ont continué ces professions. En Algérie, par exemple, la conquête française les a trouvés exerçant les métiers de maçons, menuisiers, ferblantiers, vitriers, fabricants de cordes [4]. Ils demeuraient en partie dans le désert, sous la tente, chez les Beni-Menasser, les Beni-Mzab, ou dans les gourbis, dans les pays kabyles, où ils vivent encore aujourd'hui avec les Arabes, portent les armes et conduisent la charrue. On les rencontre en nombre assez considérable depuis les confins du désert jusqu'à Tombouctou, ils y sont adonnés aux travaux de sol et ne sont pas plus étrangers au métier des armes que les Arabes nomades [5].

Dans nos pays européens, on voit que les Juifs modernes se sont livrés aux professions manuelles au fur et à mesure que la législation le leur a permis et malgré les difficultés qu'ont rencontrées d'abord les apprentis et ouvriers juifs à se placer chez des patrons chrétiens ou à se faire tolérer par leurs compagnons chrétiens [6]. Des écoles professionnelles juives ont été fondées en France, à Paris [7], à Strasbourg [8], à Mulhouse [9]; des sociétés juives d'encouragement au travail existent dans la plupart des communautés juives d'Allemagne [10]. L'*Alliance israélite univer-*

---

[1] Renan, *Le Judaïsme et le Christianisme*, p. 22.

[2] Cassel, dans Ersch et Grüber, p. 59, note 62.

[3] Cf. Graetz, VII, 12.

[4] *Univers israélite*, I, 10, et *Archives Israélites*, I, 269; II, 45 et 104, d'après le baron Baude, *l'Algérie*, Paris, 1841.

[5] *Univers israélite*, II, 379 et 504, d'après le *Courrier de Marseille*.

[6] Voir *Verhandlungen der bayerischen Kammer der Abgeordneten im Jahre, 1831*, Munich, s. d., p. 82.

[7] Reconnue d'utilité publique par décret du 13 avril 1878.

[8] L'École israélite d'arts et métiers du Bas-Rhin (Strasbourg) a obtenu une médaille d'argent à l'exposition universelle de Paris en 1867 (*Archives israélites*, 1867, p. 716).

[9] Il y a encore des œuvres d'apprentissage israélites à Bordeaux, à Bayonne et à Marseille.

[10] Voir, par exemple, *Allgemeine Zeitung des Judenthums*, 1849, p. 696, et 1843, p. 75 (Francfort-s/M.); 1841, p. 163 (Arad, en Hongrie); 1867, p. 239 (Nassau); *Jahrbuch*, de Wertheimer, 5616 (Vienne, 1856, p. 103 (Vienne); p. 110-111 (Pesth, école de métiers et d'agriculture); etc.

selle a créé des œuvres d'apprentissage dans un très grand nombre de villes d'Orient et d'Afrique, à Constantinople, Salonique, Andrinople, Roustchouk, Smyrne, Jérusalem, Tunis, Tanger, Tétuan [1], et une école agricole à Jaffa, fondée en 1869. Dès 1809, c'est-à-dire quelques années à peine après la Révolution, il y avait en France, quoique la population juive y fût très restreinte, « 2,360 enfants voués aux travaux utiles » et 250 fabriques dirigées par des Juifs [2]. En 1830, le député André disait à la Chambre que les Juifs étaient devenus tailleurs, forgerons, imprimeurs, graveurs, horlogers [3]. D'après une communication du gouvernement de Bavière, déjà en 1819, il y avait dans ce pays, 252 familles d'agriculteurs juifs, 169 Juifs exerçant des métiers et 839 apprentis [4], et, en 1831, les Juifs de Bavière avaient fondé plusieurs sociétés d'apprentissage, dont une à Munich [5]. En Prusse, d'après les tableaux de statistique soumis par le gouvernement à la diète en 1843, sur 1,000 Juifs, on comptait 193 artisans, 42 journaliers, 22 professions (Gewerbe), 10 agriculteurs [6]. Vers 1844, sur 1,853 familles juives demeurant dans la Silésie supérieure, il y avait 477 métiers, 254 apprentis ouvriers [7]. La Société pour le développement de l'industrie parmi les Israélites, à Berlin, place, en 1825, 6 patrons et 98 apprentis israélites; en 1827, 29 apprentis; en 1829, 22 apprentis [8]. Des sociétés du même genre étaient établies, à cette époque, à Dessau, à Offenbach, à Minden, à Cassel [9]. Les tailleurs de diamants d'Amsterdam sont en grande partie juifs et « les maîtres lapidaires se louent beaucoup de leur probité [10]. » « Les Juifs de Rome, écrivait un auteur français en 1821, sont négociants, marchands, fripiers, tailleurs, médecins, chirurgiens, courtiers, porte-faix, matelassiers, chapeliers, carrossiers, etc. [11]. » Ce sont là quelques exemples entre mille. On en trouvera d'autres dans divers ouvrages [12]. Dans certaines provinces de la Russie et en Galicie, la plupart des métiers sont presque uniquement exercés par les

---

[1] *Bulletin de l'Alliance israélite universelle* (2e semestre 1882), p. 36.

[2] Halphen, *Recueil des lois*, p. 327.

[3] *Ibid.*, p. 407.

[4] *Verhandlungen der bayerischen Kammer ...im Jahre, 1831*, rapport de la Commission, p. 22.

[5] *Verhandlungen*, p. 23.

[6] *Allgemeine Zeitung des Judenthums*, 1849, p. 118-120.

[7] Freund, *Zur Judenfrage in Deutschland*, II, Breslau, 1844, p. 59.

[8] Geitel, *Gesuch der Bekenner des jüdischen Glaubens*, Brunswick, 1831, p. 47.

[9] *Ibid*, p. 46 et 47.

[10] *Notice sur l'état des Israélites en France*, Paris, 1821, p. 60.

[11] *Ibid.*, p. 75.

[12] Par exemple sur Copenhague, *ibid.*, p. 45; sur la Pologne, Niebuhr, I, 25; sur

Juifs [1]. Il en est de même en Moldavie : les Juifs y sont maçons, serruriers, charpentiers, ferblantiers, tailleurs, cordonniers, horlogers, relieurs, chapeliers, selliers, etc. [2]. Il n'y a pas de région au monde où le travail manuel soit plus répandu parmi les Juifs. A Salonique, tous les porteurs du port sont juifs ; à Damas, sur 1,600 chefs de famille israélites, il y a 850 tisserands, 15 menuisiers, 15 maçons, etc. [3]. Qu'il suffise de rappeler ici, pour finir, ce que disait, en 1807, sur les Juifs de Galicie, M. Schultes, professeur de chimie et de botanique à l'Université de Cracovie : « Ici, la civilisation est au plus bas degré. Le paysan ne connaît ni ses devoirs de citoyen, ni ceux de mari ou de père, il ne connaît qu'une chose, l'eau-de-vie... Une seule espèce d'hommes paraît mériter, en Galicie, de demeurer dans ce pays aussi beau que fertile. Je ne parle pas des Allemands..., je parle des Israélites. Ce sont eux qui sont les tailleurs, savetiers, tapissiers, carrossiers, vitriers, orfèvres, graveurs, ils polissent les pierres, cultivent les champs qu'ils ont en ferme mieux que leurs voisins chrétiens, parce qu'ils apportent les semailles du dehors. La bière qu'ils fabriquent est la seule potable... Je n'ai jamais emprunté de l'argent chez les Juifs, comme ceux qui écrivent ou agissent contre leurs créanciers, au lieu de les payer [4]. »

L'agriculture a moins bien réussi chez les Israélites, si l'on en croit l'opinion générale, car les observations précises manquent. On sait, d'une manière vague, qu'il existe de nombreux agriculteurs ou fermiers juifs en Hongrie ; on est sûr qu'il en a existé beaucoup en Pologne dans le moyen âge et avant la terrible persécution de Chmielnicki (1648) ; on sait, enfin, d'une manière vague aussi, qu'il y a des colonies agricoles juives dans le sud de la Russie, mais on prétend qu'elles ne prospèrent pas, soit que les conditions de leur établissement aient été mauvaises, soit pour d'autres raisons qui dépendraient ou ne dépendraient pas de leur volonté. On peut voir, par exemple, par les relations arrivées récemment sur une séance de l'assemblée provinciale de Marioupol, en Russie, comment des hommes aussi compétents que M. Clauss, ancien fonctionnaire au ministère des biens domaniaux et auteur de l'ouvrage (russe) intitulé *Nos colonies*, s'ex-

la Turquie, Niebuhr, I, 45 ; sur l'Asie, Tournefort, *Voyages*, le tout d'après Wolf et Salomon, *Der Character des Judenthums*, Leipzig, 1817, p. 186 et 187.
[1] *Economiste français* du 4 juin 1881.
[2] *Echo de l'Orient* (Bruxelles), n° du 14 février 1873.
[3] *Oriental Advertiser* (journal de Constantinople), 4 juillet 1883.
[4] *Annalen der Literatur und Kunst des Oesterreichischen Kaiserthums*, livraison de septembre 1807, d'après Geitel, *Gesuch der Bekenner des jüdischen Glaubens*, p. 43.

prime sur les conditions défavorables dans lesquelles se sont établies les colonies juives du sud de la Russie et comment elles n'ont pas reçu le concours efficace dont elles auraient eu besoin [1]. En somme, il faut le dire franchement, il semble que les essais agricoles des Juifs, dans le plus grand nombre des cas, n'aient pas encore donné de résultats remarquables. L'école agricole de Jaffa est trop jeune pour que ses effets se fassent sentir dès à présent en Palestine ; plus jeunes encore sont les agriculteurs roumains qui travaillent dans le pays même [2] ou qui sont allés s'établir récemment en Palestine [3], ou les colonies agricoles russes établies depuis un an en Amérique. On dit beaucoup de bien de ces colonies. Ceux qui les ont fondées sont des hommes forts, robustes, appliqués au travail. Une colonie de 100 personnes est établie à Burleigh Country, près de Saint-Paul, dans le Minnesota [4] ; d'autres, près de Washington et près de Baltimore [5]. Une colonie assez importante se trouve à Vineland, elle est composée de quatre-vingts familles, le journal *The New Times* du 11 mai 1883 en a dit : « Parmi tous les travailleurs, nos colons juifs occupent le premier rang. Jeunes et vieux, le matin et le soir, ils ne semblent jamais prendre de repos [6]. » A cinq milles de Vineland, une autre colonie a été accueillie et est occupée par le général Barbridge. Enfin, des colonies de Juifs russes sont établies dans le Dacota (trente-huit familles), dans l'Orégon, dans l'Arkansas (douze familles), et près de Cotopaxi, dans le Colorado [7], on dit qu'elles sont toutes prospères. L'avenir montrera si ces expériences répondront aux espérances qu'elles ont fait naître.

La difficulté que ressentent les Juifs à s'adonner à l'agriculture provient de causes très diverses et qui sont très graves. La première et la plus importante, c'est que la tradition leur manque. Le moyen âge les a, dans beaucoup de pays, éloignés de force de l'agriculture, et même dans les pays où ils pouvaient s'y livrer autrefois, comme en Grèce, ils ont été obligés plus tard ou de l'abandonner ou de s'expatrier. Or, rien n'est plus difficile que de devenir agriculteur. On est agriculteur de père en fils, c'est un héritage qu'on recueille. Il est facile, relativement, d'apprendre un

[1] Journal russe *Woschod*, 1883, n° 43, p. 1026, d'après le journal *Zaria*. Cf. *Revue des Etudes juives*, IV, p. 137.
[2] *Bulletin mensuel de l'Alliance israélite universelle*, juillet 1883.
[3] *Ibid.*, aux environs de Beyrouth et de Caïffa.
[4] Rapport (allemand) écrit (et lithographié à Vienne, juillet 1883), par Théodor Berger, p. 5.
[5] *Ibid.*, p. 8 et 10.
[6] *Ibid.*, p. 20.
[7] *Ibid.*, *passim.*

métier dans l'espace de quelques années, le travail agricole demande une pratique plus longue, une foule de notions de détail pour varier le travail selon les lieux, la saison, la température, le temps qu'il fait, le progrès des plantes, etc. On pourrait dire, en imitant un mot célèbre, qu'on devient artisan, mais qu'on naît agriculteur. Il faut ajouter que les persécutions dont les Juifs ont été l'objet ont, au moins dans certains pays, affaibli leurs forces physiques et les ont rendus impropres, pour quelque temps encore, à l'agriculture. Un Juif de la Palestine ne peut lutter, pour la force physique, avec un fellah arabe. Il n'en est pas de même partout, sans doute, ni surtout en Russie, où il y a des Juifs dont la force musculaire paraît très développée. Dans beaucoup d'autres pays, cependant, il faudra qu'un régime politique nouveau permette aux Juifs de réparer leurs forces épuisées par la souffrance et l'oppression.

Ce qui manque ensuite aux Juifs, c'est la sécurité sans laquelle il n'y a pas de travail agricole possible. Rien qu'à voir les craintes qui se sont élevées en 1808 en Alsace, ou dans ces dernières années en Roumanie, lorsqu'on a pu penser que les Juifs y acquerraient des terres, on peut imaginer la jalousie que les agriculteurs juifs exciteraient chez les paysans chrétiens. Si on peut taxer d'exagération les prophéties de malheur qui ont généralement précédé les actes d'émancipation des Juifs, il est permis de dire qu'elles auraient pu se vérifier, si les Juifs avaient été ou étaient devenus tout de suite agriculteurs et propriétaires de terres.

Enfin et surtout, il manque aux Juifs les capitaux nécessaires pour l'agriculture. Le paysan qui a hérité de ses pères un champ, une charrue, un bœuf, ou qui a reçu des terres du gouvernement (comme en Russie et en Roumanie), est dans une tout autre situation que le Juif, qui est obligé de tout acquérir, d'avoir des provisions jusqu'à la récolte, et qui, enfin, à cause de son inexpérience, risque de compromettre, par des erreurs inévitables, le peu qu'il possédait et le fruit de ses efforts. La question est, on le voit, des plus ardues, personne ne peut s'étonner qu'elle ne soit pas plus avancée ; il faut attendre du temps, des efforts combinés des gouvernements et des administrations et corporations israélites, qu'elle reçoive une solution satisfaisante.

Il est permis de le dire pourtant, cette question touche à des problèmes sociaux très ardus et très dangereux. L'argument qu'on fait valoir contre les Juifs pourrait être tourné contre d'autres avec tout autant de raison. On dit, à tort ou à raison : les Juifs ne sont pas agriculteurs ; mais le paysan pourrait se demander, à son tour, pourquoi c'est précisément lui qui est chargé de la fonction agricole et non telle ou telle classe de personnes. On a constaté, par exemple, que, dans l'Est de l'Europe, « la classe moyenne, la population urbaine qui remplit les carrières commerciales et professionnelles, est partout formée principalement par les Allemands ; c'est le cas en Hongrie, en Pologne, et même encore en partie en Bohême, et cette classe a au-dessus et au-dessous d'elle deux sociétés distinctes, celle des paysans et celle de la noblesse [1]. » Si l'on soulève de pareilles questions, il n'y a pas de raison pour que les revendications s'arrêtent justement aux Juifs. En réalité, le choix des carrières n'est pas libre, malgré les apparences contraires, « il est déterminé dans son ensemble [2]. » On se plaint que les Juifs ne soient pas devenus agriculteurs, connaît-on, dans les autres parties de la société, beaucoup de citadins ou d'ouvriers qui le soient devenus ? Les fonctions sociales sont, en général, dévolues, par une habitude séculaire, à des classes spéciales de la société, une action historique toute puissante maintient, malgré les exceptions plus ou moins nombreuses, cette division traditionnelle du travail et oppose à toute modification dans la distribution des rôles une résistance presque invincible [3]. Les Juifs sont agriculteurs là où ils ont pu l'être dans tous les temps (par exemple en Afrique), ils ne le sont pas encore là où il leur a été défendu, pendant le moyen âge, de se livrer à l'agriculture. Ce n'est pas dans un espace de cinquante ans que l'on peut modifier une situation créée par une action historique de plus de dix-huit siècles. C'était une erreur et une illusion de s'imaginer que les Juifs, avec la meilleure volonté du monde, pourraient, dans l'espace d'un demi-siècle, se transformer en agriculteurs. Une loi rigoureuse enferme les hommes dans les carrières où ils se trouvent depuis si longtemps et ne leur permet pas d'en sortir facilement. Les tentatives très sérieuses des Juifs pour développer chez eux le travail agricole sont venues se heurter contre cette espèce de fatalité. Il faudra des efforts énergiques et prolongés pour la vaincre.

Tout usurier est riche, donc tous les Juifs sont riches, donc ils boivent la sueur du peuple : c'est encore la légende. Il n'est sans doute pas défendu aux Juifs d'être riches, il n'y a aucune raison pour qu'ils ne cherchent pas à l'être aussi bien que d'autres, il y a de bonnes raisons, au contraire, pour que l'État se félicite de

[1] L. Gumplowicz, *Der Rassenkampf*, Innsbruck, 1883, p. 210.
[2] *Ibid.*, p. 208.
[3] *Ibid.*, p. 208 et 209.

leur prospérité, là où elle existe, puisqu'elle fait partie de la prospérité publique.

L'idée que l'on avait autrefois que toute fortune acquise par les uns se fait au détriment des autres est une idée fausse et condamnée par la science économique. Toute fortune est généralement (et à part les exceptions) créée par celui qui la possède (ou par ses ancêtres), ce n'est pas un capital qui change de mains, mais un capital de formation nouvelle qui n'existait pas auparavant, qui vient s'ajouter aux capitaux anciens et grossir la fortune publique. Si les Juifs sont riches, ils le sont donc au grand avantage du pays où ils demeurent. Au point de vue théorique, il serait donc à souhaiter qu'ils eussent la fortune qu'on leur attribue si gratuitement, mais la vérité est qu'ils sont pauvres. On a déjà vu plus haut qu'au moyen âge leurs capitaux ne pouvaient pas entrer en comparaison ou en lutte avec les capitaux de leurs concurrents chrétiens, et quand, par hasard, ils avaient amassé quelque bien, on le leur arrachait par la violence. La richesse des Juifs de nos jours est tout aussi imaginaire. De même que l'on accuse tous les Juifs du méfait commis par l'un d'eux, de même on leur attribue libéralement à tous la fortune possédée exceptionnellement par quelques-uns d'entre eux. Le sentiment de jalousie et d'envie contre eux est si fort, qu'il trouble toutes les imaginations. C'est ce qui explique comment les paysans d'Alsace ont pu croire que les Juifs possédaient tous leurs biens, comment les paysans de Roumanie et de Hongrie craignent que les terres ne passent aux mains des Juifs. Le rêve des fortunes fabuleuses des Juifs, de leur puissance pécuniaire, de leur empire sur la presse, hante les esprits et leur inspire souvent de ridicules paniques.

Il est sans doute difficile d'arriver, sur cette question de la fortune des Juifs, à un résultat scientifique, les matériaux manquent et on n'entrevoit même pas la méthode qu'il faudrait suivre dans une recherche de ce genre. Quelques indications peuvent cependant suffire. Il est bien vrai qu'il existe à Paris et dans deux ou trois capitales quelques Juifs, pas en grand nombre, qui ont de grandes fortunes, mais n'y a-t-il qu'eux qui en aient ? Il existe en Angleterre des pairs qui possèdent des provinces entières, qui sont probablement beaucoup plus riches qu'aucun Juif ou qu'aucune famille juive du monde. Si nous en croyons des tables qu'on vient de publier à Paris, la fortune foncière du duc de Norfolk serait de 225 millions de francs ; celle du marquis de Bute, de 193 millions ; celle de plusieurs ducs et comtes, de 192, 147, 146, 143, 142 millions, sans compter leur fortune mobilière. Combien y a-t-il de Juifs en Europe (s'il y en a) qui possèdent des fortunes de ce genre et d'où vient que tout le monde parle avec envie de la fortune de MM. de Rothschild, tandis que personne ne parle de la fortune du duc de Norfolk ? Quelques sommités financières mises à part, que l'on pense au reste des Juifs. Même dans les pays où leur situation est la meilleure, ils sont pauvres, quelquefois même misérables.

Ils n'ont pas la propriété territoriale, qui est partout le fondement de la richesse. Ces Juifs d'Alsace qu'en 1808, dans un moment d'effarement, on considérait comme des millionnaires, sont pauvres, un député français l'a reconnu à la Chambre en 1830[1]. L'auteur de ce travail se rappelle qu'il y a vingt ans encore, quand il y avait parmi les Juifs alsaciens un homme possédant 200 à 300 mille francs, il était connu dans toute la province comme propriétaire d'une fortune fabuleuse. A Paris même, il y a bien des signes qui indiquent la pauvreté relative des Juifs. On pensera ce qu'on voudra de l'argument suivant, il paraîtra faible à quelques-uns, nous le croyons très frappant. La communauté juive de Paris est composée de 36,000 à 40,000 âmes. Il y a quelques années, elle a voulu construire une belle synagogue consistoriale, elle a fait un grand effort pour accomplir ce projet qui était populaire. La ville de Paris a pris à sa charge la moitié des frais, et cependant la communauté a été impuissante à édifier une synagogue que l'on puisse comparer, pour la valeur architectonique, à la moindre église d'une petite ville de province. Si cette indication paraissait insuffisante, en voici une autre. Les œuvres juives de Paris sont soutenues par environ 2,500 personnes au plus, qui sont toujours les mêmes et parmi lesquelles on en compte un grand nombre dont le maximum de contribution est de 6 à 10 fr. par an. Sur les 36,000 à 40,000 Juifs de Paris, il n'est pas exagéré de penser qu'il y a 8,000 pères de famille, 5,000 d'entre eux, au moins, sont donc incapables de contribuer, malgré leur bonne volonté certaine, aux dépenses de la communauté. N'est-ce pas un signe évident de la modicité de leurs ressources?

La situation des Juifs dans les pays où elle est la plus prospère n'est certainement pas meilleure que celle des Juifs de France, au contraire. Il suffit, pour s'en convaincre, de voir les quartiers des Juifs pauvres de Londres, d'Amsterdam, de certaines villes allemandes ou autrichiennes. On admet généralement qu'il y a 6 à 7 millions de Juifs sur la terre, dont environ 5 millions en Europe. Sur ce nombre, on peut considérer comme relativement prospères, quoique sans grande fortune, les Juifs de France (60,000), d'An-

---

[1] Halphen, p. 406. Ce député était de l'Alsace.

gleterre (70,000), d'Italie (35,000), de Belgique et de Hollande (70,000), une partie de ceux d'Allemagne (soit 500,000) ; ceux des parties non galiciennes de l'Autriche (soit 300,000), une partie de ceux des Etats-Unis d'Amérique (soit 200,000), de la Suisse (6,000), soit au maximum 1,300,000. Dans toutes les autres parties du monde, les Juifs sont dans une situation des plus précaires ; dans la Turquie d'Europe et d'Asie, en Roumanie, en Serbie, en Bulgarie, au Maroc, en Algérie, en Tunisie, dans la Tripolitaine, en Asie-Mineure, en Perse, ils sont dans la misère. Dans les provinces de l'est et du sud de la Russie, leur situation n'est pas meilleure, dans la Galicie autrichienne elle est affreuse. Sur sept millions de Juifs, il y en a donc un peu plus d'un septième, dont la situation, certainement inférieure à celle des chrétiens est à peu près supportable, les autres sont dans un profond dénuement [1]. Et voilà ce que c'est que la fortune des Juifs.

ISIDORE LOEB.

(La suite au prochain numéro.)

---

[1] Pour la statistique des Juifs, voir Schimmer, *Statistik des Judenthums in den im Reichsrathe vertretenen Königsreischen*, Wien, 1873, p. 4, et Engelbert, *Statistik des Judenthums im Deutschen Reiche*, Francfort-s/M., 1875, p. xi.

PROBLÈMES BIBLIQUES

DÉDIÉS A M. JOSEPH DERENBOURG

Cher et vénéré Maître,

Les mémoires qui suivent devaient figurer parmi les écrits qui vous furent offerts lors de votre quatre-vingtième anniversaire. Des circonstances favorables m'ont permis de les rendre plus dignes de la destination à laquelle je les avais affectés. Je suis très heureux de vous les dédier aujourd'hui dans un état moins imparfait qu'ils n'eussent été il y a trois ans

J. OPPERT.

I

AHASVEROS - XERXÈS.

Le premier éclaircissement que le déchiffrement des textes cunéiformes ait fourni aux études bibliques et à l'histoire des Juifs fut l'identification de l'Ahasveros d'Esther, d'Esdras et de Daniel avec le roi Xerxès, fils de Darius. Cette découverte est vieille d'un siècle ; à peine Grotfend avait-il, en 1802, lu les noms de Darius, de Xerxès et d'Hystaspe sur les textes perses de Persépolis copiés par Niebuhr, qu'il conclut à l'identité du nom de Xerxès avec celui du roi immortalisé par le livre d'Esther. Quoique la lecture qu'il proposa ne fût pas complètement correcte, il avait reconnu, dans le groupe perse qui donne le nom du fils de Darius, les lettres *kh*, *sh* (ou *s*), *a, r, s, a;* son erreur minime le conduisit même à la vérité principale, la lecture *Khasvarrsha* étant plus rapprochée du groupe arien véritable que la prononciation réelle, qui ne fut trouvée que quarante-cinq ans plus tard[1]. Le nom doit se prononcer *Khsayârsâ,* sonnant presque comme *Xayarsa,* mais la question de savoir si la vraie prononciation de *s* est *ch* ou *s* reste sans solution.

Le *kh* aspiré avant la sifflante n'était pas du goût des Sémites babyloniens, ni des Touraniens de la Médie. Aussi ces derniers se contentaient-ils de l'approximatif *Iksersa,* tandis que les Grecs, que l'accumulation de deux consonnes n'embarrassait pas, renchérirent sur la difficulté première, en redoublant incorrectement le *x* grec. Quelques auteurs, néanmoins, transcrirent le nom perse par *Xerses* et *Xersius.* En somme, le mot se présentait aux Sémites sous ce squelette de consonnes :

Kh	s	y	r	s
ח	ש	י	ר	ש

Le roi Achéménide, dans les traductions assyriennes de ces textes perses, choisit celles de *Khisi y arsa, Khisi arsa,* en faisant litière de la terminaison vocalique, en variant ces formes avec celles de *Khisi y arsu, Khisiyarsu* ou *Khisi arrsù* et *Khisi' arsu.* Comme le provençal et surtout l'espagnol, voire même notre langue d'oil, qui répugnent souvent à un groupe de deux consonnes, les Sémites se tirèrent d'affaire, soit par l'insertion d'une voyelle entre les deux consonnes initiales, soit par la prothèse d'une voyelle. Imprononçable qu'il était dans sa rude forme arienne, il se défigura dans la bouche des Babyloniens qui, dans leurs documents juridiques, devaient dater par années du roi perse. Le nom de *Khsâyârsâ* a pu ainsi se modifier de mainte manière. Nous trouvons, en dehors des formes officiellement adoptées, celle de *Khar si' arsi,* puis celles d'*Aksi y arsu, Akhsi arsu,* et même *Aksi' yarsu,* puis celle d'*Akkis-arsu,* qui toutes se réduisent à la forme perse citée plus haut.

Nous devrions donc avoir la transcription hébraïque *Ahasveros,* provenant d'*Akhsiyars,* qui, en effet, se retrouve dans les auteurs syriaques. On pourrait croire, d'autre part, que le *v,* introduit de bonne heure dans la leçon hébraïque, dût être mis sur le compte de l'oreille juive peu exercée. Il n'en est rien : le plus ancien texte du règne de Xerxès, datant tout au plus de trois mois après son avènement (publié, avec d'autres, par le R. P.

[1] J. Oppert, *Das Lautsystem des Altpersischen,* 1847.

Strassmaier, dans les Mémoires du Congrès des Orientalistes
de Stockholm) et écrit à Sippara (*Sepharvaïm*), nomme le roi
Akhsuvarsi. Ce curieux document est daté du 7 Tèbet de l'année
de l'avènement du roi, et, comme les derniers documents de Darius descendent jusqu'au mois d'Éloul de la même année, c'est
entre octobre et décembre de l'an 485 que Xerxès monta sur le
trône de ses pères. Voici ce petit monument, malheureusement
fruste et, à cause de cela, difficile à traduire :

« Lettre de Marduk-kin-abal et de Marduk-belsunu à Nadin-
» Naba, préposé à la mensuration des offrandes destinées au Dieu
» Soleil.

» O notre frère, que Bel et Nebo décrètent pour notre frère paix
» et longue vie !

» Huit cors et deux boisseaux sont le reste de l'offrande due
» pour le mois de Tèbet : donne-les à Ribat [1]. Car du mois de
» Marchesvan (sont encore à payer? lacune) trois cors..........
» (donc) Ribat et (?) a livrés.

» Le 7 Tèbet, de l'année de l'avènement de Xerxès (*Akhsu-*
» *varsu*), roi de Babylone et des pays. »

Voilà donc le prototype de l'hébreu Ahasveros et du grec
'Ασσουῆρος. Mais le nom, barbare pour l'oreille sémite, se trouve
un mois plus tard, dans un document du 22 Sebat, écrit *Akkis-*
arsu, et, cinq jours plus tard, le 27 Sebat, il revêt la forme
d'*Akhsivarsu*, plus ressemblante à la première. Dans un autre
texte, de l'année de l'avènement, qui finit avec Adar, mais où le
mois est oublié, le roi est nommé *Aksiyarsu* [2], avec le changement de l'aspirée *kh* en simple *k*. Ce texte a trait à une livraison
de cinq cors de blé par la femme *Arlin*, nourrice (*museniqtu*)
d'*Iltakhsakh*, fille du roi, entre les mains de Kurundu et de
Sapa-Kalbi. Ce document provient de la ville de *Sahira*, encore
inconnue.

Il faut encore noter un texte relatif à une livraison de briques
imposée par un nommé Kibi-Bel, fils d'un Perse, Mardiniya,
qui lui-même avait déjà pris un nom babylonien. La pièce est
datée du 1er Tammouz de l'an 4 du roi, nommé ici *Akkasiarsi*,
avec deux *k* ; cette orthographe, se rapprochant de la vocalisation
d'*Akhasveros*, montre encore une fois l'incertitude et l'hésitation
avec lesquelles on prononçait le nom de ce monarque, qui, dans ce

---

[1] *Ribat* n'est pas *le quart*, mais un nom propre, celui d'un fils de Gasun.

[2] C'est ainsi qu'il faut lire, au lieu de la forme impossible que porte le texte publié par M. Evetts.

document, comme dans presque tous les autres, à partir de sa première année, se fait intituler roi de Perse, de Médie, de Babylone
et des pays.

Plus tard, on semble s'être habitué à la forme plus juste
d'*Akhsi y arsu*; un document daté de Babylone même, 2 Tammouz
de l'an 5 (4 juillet 480 av. J.-C.), montre que le roi de Perse était
encore en possession de Babylone, qui, quelques mois plus tard,
allait lui être enlevée par l'usurpateur patriote, Samas-erba.

On voit les fluctuations qu'a subies le nom arien *Khsāyarsā*.
L'une de ces altérations, qui n'est pas la plus forte, celle d'*Akhsu-
varsu,* a pu s'éterniser sous la forme d'Ahasveros. Nous sommes
donc mieux informés que Josèphe, les Alexandrins et les Targoumim, qui identifiaient Ahasveros avec Artaxerxès.

II

Il y a près de trente ans, j'ai publié une étude historique sur les
livres d'Esther et de Judith. J'ai démontré comment ce dernier
livre, inconnu même à Josèphe, si jaloux des gloires juives, n'avait
pu être composé que du temps de la révolte terrible de Barcokhba,
sous Hadrien. Tout y est de pure invention : jamais il n'y eut de
Juive s'appelant Judith, *la Juive* ; le nom de la ville introuvable de
Béthulie se révèle comme un nom allégorique, dans le grec Bet-
yloa, maison du Seigneur ; Arphaxad n'a jamais été un roi de
Médie, c'est le fils aîné de Sem ; jamais il n'y eut de roi d'Assyrie du
nom de Nabuchodonosor, et ses homonymes non imaginaires de
la Chaldée n'ont jamais prêché comme un rabbin converti ; jamais
un capitaine assyrien ne porta le nom perse d'Olopherne, *Uru-
frana* en arien, et le grotesque Achior est une invention du
patriote romancier, auteur de cette glorification ·de l'assassinat
politique. Tout y trahit le manque de la réalité. Quelques savants
ont oublié les débats du concile de Trente, dont une forte minorité repoussa la réception du livre de Judith dans le canon de
l'Eglise ; ils n'ont pas craint le ridicule en assignant à l'histoire de
Judith une place quelconque dans les annales de l'Assyrie.

Il en est tout autrement en ce qui concerne le livre d'Esther.
Tout le fond est historique, et si, plus tard, l'histoire vraie
a pu être enjolivée on enlaidie par quelques faits inacceptables,
la critique philologique démontre que ce livre n'a pu naître
qu'à une époque où la langue perse, éteinte bientôt après les
conquêtes d'Alexandre, était encore en pleine vie. Non seule-

ment, il ne se trouve pas dans tout ce livre un seul mot, un seul nom propre qui ne puisse être regardé comme appartenant à l'idiome de Cyrus et de Darius, mais tous les faits s'accordent bien avec les dates de l'histoire connue.

Le livre d'Esdras parle des tracasseries auxquelles les Juifs furent exposés après leur retour en Palestine. On y lit, chapitre IV, v. 5-7 :

« Et ils (les ennemis) subornèrent des conseillers pour contre-
» carrer leurs desseins, pendant tous les jours de Cyrus, roi de
» Perse, jusqu'au règne de Darius, roi de Perse.

» Et dans le règne d'Ahasveros, au commencement de son
» règne, ils écrivirent des calomnies contre les habitants de Juda
» et de Jérusalem.

» Et dans les jours d'Artasastha, Bischlam, Mithridate et Tabel
» et les autres collègues écrivirent à Artasastha, roi de Perse. »

Comme on voit, Ahasveros est encore ici, comme Xerxès, placé entre Darius (521 à 485) et Artaxerxès (465 à 424).

Le livre d'Esther s'occupe d'un fait qui se rattache à toutes les menées signalées par le livre d'Esdras.

Xerxès monta sur le trône en automne 485 (avant l'ère chrétienne) et régna jusqu'en 465. Donc, la troisième année de son règne commencerait, d'après le mode d'ailleurs toujours suivi dans la Bible, avec l'automne de 483 ; mais dans le livre d'Esther on suit la computation chaldéo-perse, qui compte les années de Nisan à Adar, et le commencement de l'année six mois plus tard ; ce qui ne fait, dans ce cas, presque aucune différence.

Le roi fit un grand festin auquel il convia tous les satrapes de ses 127 provinces : c'est à peu près le nombre des pays soumis à la domination de Xerxès, d'après les indications des auteurs grecs et des. inscriptions perses, en comptant toutes les peuplades énumérées dans ces documents. Dans cette description, nous remarquons tout de suite (v. 3) un mot perse, *frathama*, qui, dans les textes du roi Darius, désigne les chefs, les premiers, et que le livre hébreu transcrit correctement par *partemim*.

Le roi, on le sait, veut faire venir la reine Vasti (Vahisti en perse), mais celle-ci, contrairement à la loi et à la coutume (*datam uta daina*, transcrit par *dat u din*[1]), ne veut pas venir. La reine avait reçu les femmes des grands, comme le roi avait traité les maris ; le mauvais exemple donné par la souveraine pouvait en-

---

[1] Le mot *dât* est devenu hébreu, mais il est d'origine perse. Le mot *dîn* n'est pas le sémitique *dîn*, « jugement », mais le perse *daïna*, le zind *daêna*.

gager les épouses à ne point obéir à leurs seigneurs et maîtres.
L'invitation avait été faite dans les formes voulues par l'étiquette
perse, et les sept chambellans (*sarisim* en hébreu) portent tous
des noms iraniens. En voici les noms dans leurs formes conso-
nantiques avant la vocalisation adoptée par les Massorètes :

MHUMN (*Mehuman*), perse *Vahumana*, persan *Bahman*, « le ma-
  gnanime », avec le changement si fréquent du *v* ou du *b* en *m* [1].
BZTA (*Bizta*), perse *Barila*, « muni, heureux ».
HRBUNH (*Harbona*), perse *Uvarbâvâ*, « splendeur du soleil »,
  génitif *Uvarbauna* ou *Uvarbavana*, prononcé *Khvarbauna*,
  comme, du perse écrit *Uvarazmiya*, les Grecs ont formé
  Χορασμια, les Persans *Khvârizm*, et comme du perse *Uvakhsa-*
  tara les Grecs ont fait Κυαξάρης, d'*Uvaçpa*, Χοάσπης. La combinaison *Uva* était, dans la prononciation, précédée d'une
  forte aspiration, ce qui explique seul la transcription des
  contemporains, qui voulaient rendre la prononciation populaire. De même, de *Paisiyâuvâdâ* les Grecs ont fait le nom de
  la ville de *Pasargades*.
BGTA (*Bigta*), perse *Bagita*, « divin ».
ABGTA (*Abagta*), perse *Avagita*, « instructeur ».
ZTR (*Zètar*), perse *Zatar*, « vainqueur ».
KRKS (*Karkas*), perse *Karkaça*, « vautour ».

Les noms des conseillers du roi, les Orosanges d'Hérodote (en
perse *Uruthañha* [2]), qui le décident à renvoyer la reine sont :

KRSCHNA (*Karschena*), perse *Karsana*, « tueur ».
SCHTR (*Schètar*), perse *Saïtar*, « dominateur ».
ADMTA (*Admata*), perse *Admata*, « indompté », grec *Admetos*.
TARSCHISCH, perse *Darsis*, conservé dans la forme *Dadarsis*,
  nom d'un général perse sous Darius ; évidemment changé
  sous l'influence de *Tarsis*, le fameux nom géographique, à
  moins que *Tarsis* ne soit véritablement le nom perse.
MRS (*Mères*), perse *Marça*.
MRSNA (*Marsena*), perse *Marithna*, « qui se souvient ».
MMUKN (*Memukan*), probablement le perse *Vimukhna*, « délivré ».

Voilà quatorze noms évidemment perses, dont la signification
peut, il est vrai, être contestée, mais il ne faut pas oublier que la

---

[1] On sait que l'écriture assyrienne ne fait aucune distinction entre le *m* et le *v*, et
qu'on pourrait lire *Vadaï* et *Dariyamus*, si l'on n'avait d'autres indications à ce
sujet.
[2] Le *th* est toujours à prononcer comme le grec θ, le th anglais.

plupart des noms donnés exactement par le roi Darius lui-même
échappent encore à notre interprétation. Pour cette catégorie,
nous n'avons qu'à choisir dans le nombre. Que veulent dire *Vin-
dafranā*, Intaphernès, *Ulāna*, Otanès, *Vidarna*, Hydarnes, et les
noms de leurs pères, que nous n'avons pas besoin d'énumérer?

Le roi Ahasveros se souvient plus tard de Vasti et cherche à
la remplacer. Nous passons sur les incidents curieux qui précèdent le choix d'Esther. Néanmoins, les noms des eunuques pré-
posés à la garde des femmes ne sont pas perses, ce sont Hegaï et
Schaasgues, noms appartenant à des langues inconnues, parlées
par des nations vaincues dont les enfants étaient soumis à la
cruelle mutilation qui les rendait aptes à leur triste emploi.

C'est au mois de Tèbet de l'an 7 d'Ahasveros que le roi reçoit
à Suse, dans son palais, la Juive Esther, cousine de Mardochée.
Cette date correspond donc au mois de janvier 477 avant l'ère
chrétienne.

Quittons un instant le récit biblique et contrôlons-le par les
données classiques qui nous sont parvenues, bien que très rares
et insuffisantes. Après la soumission de l'Egypte révoltée, Xerxès
pensa à châtier la Grèce et à venger la défaite subie par son père.
Au temps même où la Bible place le grand festin, Xerxès assem-
bla, selon Hérodote, les g ands de son empire pour préparer l'expédition contre les Hellènes (Hér., vii).

Les années 482 et 481 sont consacrées à ces préparatifs; au
printemps, Xerxès part avec son armée, traverse l'Asie mineure,
arrive aux Thermopyles, est battu en septembre à Salamine, se
trouve le 2 octobre, jour de l'éclipse, sur le sol de l'Asie, et passe
à Sardes l'hiver de 480 à 479. Les défaites infligées le même jour
à ses armées à Platée et à Mycale le décident à regagner le plus
tôt possible ses États. C'est donc dans la seconde moitié de l'année
479, 9, 522 selon notre comput myriadique (qui fait précéder l'ère
chrétienne de 10,000 ans), que Xerxès revoit sa capitale, Suse.
Déjà en janvier 478 on fait les démarches au sujet de l'enrôlement des femmes, et, au mois de janvier 477 avant J.-C , Esther
est reçue par le roi.

Hérodote (ix, 108) dit expressément que Xerxès était à Sardes,
en Lydie, lorsque la nouvelle de la défaite de Mycale lui arriva.
Il voulut, dans cette capitale, nouer une intrigue avec sa belle-
cœur, la femme de Masistès, son frère, mais, repoussé, *il partit en
hâte pour Suse* (ἀπήλαυνεν ἐς Σοῦσα). Il fut donc à la même époque,
dans l'hiver 479-478, à Suse, où le drame biblique se joue également. Toutes ces coïncidences sont d'autant plus curieuses que
la répudiation de Vasti se lie à une tragédie domestique racontée

par le Père de l'histoire. A Suse, en 478, étant tombé amoureux de sa bru Artaynté, fille de Masistès et de la femme qui l'avait éconduit, Xerxès fut plus heureux avec la fille qu'avec la mère. Il éveilla la jalousie féroce de la reine Amestris ou Amastris, qui fit retomber la culpabilité sur la mère vertueuse. Masistès, indigné, s'enfuit en Bactriane, où il souleva les populations contre son frère, mais, vaincu, il périt dans la lutte.

Ces événements se passaient au temps même où, selon le texte biblique, Esther devint la favorite du roi ; mais conclure de là, comme on l'a fait, qu'Amestris était Esther elle-même, serait contraire à tout ce que nous savons de cette reine. Le nom d'Amestris correspond au perse *Amaçtris*, « enchanteresse », et Esther est le perse *Çtãrã*, « étoile ». Son nom juif était Hadassah, « myrte », qu'elle changea contre un nom arien. Mais d'autres circonstances encore constituent une individualité différente à la cruelle reine : elle était fille d'Otanès (Hér., VIII, 61), mère d'Artaxerxès, d'Hydarnès, de Rodogune et d'Amytis, qui était déjà mariée et connue pour ses débordements (Ctésias, fragm.). Elle était donc plus âgée qu'Esther ; de plus, elle était payenne et fit, dans sa vieillesse, enterrer vivants quatorze enfants en l'honneur du dieu infernal (Hér., 114). On ne comprend donc guère cette absurde identification dont quelques théologiens n'ont pas craint de se rendre coupables.

Le cousin d'Esther, Mardochée, Mordekhaï, porte un nom babylonien et même entaché d'idolâtrie, c'est *Mardukaï*, forme dérivée de Marduk, le dieu Mérodach ; contre l'objection que soulèverait l'impiété du nom, nous citerons le nom même de Zorobabel, nom porté par plusieurs Chaldéens, *Ziru-Babil*, « semence de Babylone ». Ce qui est plus grave, c'est la forme même du nom : ordinairement ce sont les noms de lieu ou de mois, mais jamais ceux des dieux, qui forment des noms propres d'hommes avec la finale *aï*.

Mardochée entend à la porte du roi le complot régicide des chambellans *Bigtan* et *Térés = Bagatana*, « divin » (comme *Utana* Otanès), et *Tiris*, mot qui se retrouve dans le nom de Tiridate.

Le roi fait consigner le fait dans les annales des rois de Perse : c'est dans ces documents que puisait l'historien des Perses, médecin d'Artaxerxès Mnémon, Ctésias de Cnide.

Le nom du fameux Haman, fils de Hamadata, se dit en perse *Hamanâ*, « le respecté », fils du Haumadata, « créé par le divin Homa ». Ce nom se rencontre comme celui d'un témoin dans un acte d'Artaxerxès (*Corpus inscriptionum semiticarum, inscr. aram.*).

Il était Agagite, appartenant aux Agag ou Agaz, tribu *médique* citée dans les textes du roi Sargon [1]. Le nom de sa femme, Zères, retrace le perse *Zaris*, « la dorée », le zend *Zairis*.

Nous ne nous arrêterons pas au nom du chambellan *Hatak, Hâtaka*, en perse « bon », et nous passons au drame lui-même. Les traits qui dessinent le caractère d'Ahasveros cadrent absolument avec tout ce que nous savons de Xerxès lui-même, que les historiens grecs n'ont pas flatté. Le fond du récit biblique est authentique ; mais faisons abstraction de quelques détails invraisemblables, comme celui des ennemis qui se seraient laissés massacrer par les Juifs sans résistance aucune : c'est tout aussi peu croyable que les 120,000 chrétiens tués, lors de la prise de Jérusalem, par Kosrou Parviz en 612. La vengeance atroce exercée sur les fils de Haman est, par contre, rendue possible par les faits relatés au sujet d'Intaphernes, Œobazus et d'autres. Les noms, tous perses, des fils immolés donnent au récit une sorte d'authenticité. Les voici :

PRSCHNDTA (*Parschandala*), perse *Prasnâdata*.

DLFUN (*Dalfon*), perse *Darpava*, gén. *Darpauna*, « fier ».

ASPTA (*Aspata*), perse *Açpâtha*, « soldat », persan *Sipâh*.

PURTA (*Porata*), perse *Puruvata*, « ancien ».

ADLYA (*Adalia*), perse *Adalya* (pour *Adardiya*), « courageux ».

ARYDTA (*Aridata*), perse *Ariyadata*, « créé d'Arya ».

PRMSCHTA (*Parmaschta*), perse et zend Paramaistā, « occupant le premier rang ».

ARYIZ (*Arisai*), perse *Ariaçâya*, « l'ombre d'un Arya ».

VYZTA (*Vezata*), perse *Vahyazdâta*, « créé par le Tout-Puissant », Ormazd, nom porté par un faux Smerdès, cité dans l'inscription de Behistun, en grec Oeosdatès.

Pour achever cette démonstration, examinons maintenant les mots étrangers cités dans le livre d'Esther : ils portent tous le cachet de la langue perse, ils ne se retrouvent plus en parsi ni en persan moderne, langues qui, après Alexandre, vinrent successivement supplanter l'idiome des Achéménides. Ce sont :

Dat u din, data uladaina, « la loi et la doctrine ».

Parthemim, perse *frathama*, « les premiers ».

Patseguen, perse *patilhañhana*, « ordre », dans Esdras *parschéguén*, perse *parilhañhana*.

---

[1] Agagi ne signifie donc pas « descendant d'Agag » et n'est pas opposé à dessein au nom de Mardochée qui est dit descendre du père de Saül, l'adversaire d'Agag.

Akhasdarpenim, perse *khathrapāvana*, dans les décrets de Mausole, ἐξαιθραπεύοντες, changé en σατράπης.

Akhasteranim, perse *akhsatara*, « mulets ».

Purim, perse *pura*, dont le livre d'Esther nous apprend la signification de « sort » ou de « dé ».

Ce sont des mots perses, comme ceux qui se trouvent dans Esdras et Daniel : *pitgam*, perse *patigama*, persan *peygam*, « la parole » ; *pilbag*, perse *palibaga*, « portion » ; *nischtevan*, perse *nistāvan*, « ordre », d'où le persan *nishan*.

La philologie et la chronologie s'accordent donc avec l'archéologie pour prouver que le livre d'Esther a été écrit du temps des Achéménides. Un écrivain plus moderne aurait surtout fait litière de la chronologie, témoin le livre de Daniel, composé sous une influence grecque et où l'ordre des temps est cruellement méconnu. Esther entre dans le palais de Xerxès en janvier 477 : elle s'y maintient encore, dans le harem, quoique le roi ne s'occupe pas d'elle pendant trente jours, au mois de Nisan de l'an 12, c'est-à-dire en avril 473. Le 23 Sivan, jour de la révocation de l'édit d'extermination, tomba le 12 juin, et le 13 Adar le mardi 24 février en 472 av. J.-C. — 471, 9, 529. Les intercalations des mois embolimiques n'étant pas sûrement constatées du temps de Xerxès, le 13 Adar pouvait être le mercredi 25 mars.

III

On a encore soulevé contre l'authenticité des faits relatés dans le livre d'Esther des objections qu'il est facile d'écarter. Comment peut-on expliquer le silence des auteurs classiques, qui ne mentionnent pas l'histoire de l'héroïne juive pendant une époque qui nous est si bien connue ?

Nous répondrons à cette question que, d'abord, l'argument *ex silentio* n'a pas une grande valeur ; ensuite, que le point capital du problème est lui-même très attaquable. Nous ne savons presque rien de l'histoire de Xerxès postérieurement aux guerres Médiques, car les récits sur les combats de Chypre et sur la victoire de l'Eurymédon, arrivée dans les dernières années, ne nous apprennent rien sur ce monarque. Il nous est rapporté seulement que, vers 465 av. J.-C., Xerxès fut tué par Artaban, son confident, en même temps que son fils aîné, Darius, et que le meurtre du frère et du père fut vengé par Artaxerxès, très jeune alors. Les récits de Ctésias, de Diodore de Sicile et de Justin sont les seuls renseignements sur les agissements de ce prince au sujet desquels les inscriptions, peu nombreuses d'ailleurs, n'apportent aucun éclaircissement.

La raison principale de notre ignorance est l'absence complète de tout ouvrage traitant de l'histoire des Perses. De toute la littérature si riche consacrée à ce sujet, nous ne possédons qu'une œuvre, la vie d'Artaxerxès Mnémon de Plutarque. Nous n'avons plus les *Persica*, ou histoire spéciale de la Perse, de Ctésias de Cnide, de Dinon de Rhodes, de Denis de Milet, de Charon de Lampsaque, d'Aristide de Milet, d'Agatharchide de Samos, de Baton de Sinope, de Chrysermus de Corinthe, de Ctésiphon, de Pharnucus de Nisibis et d'autres ; nous avons aussi à déplorer la perte des histoires générales où la Perse prenait une grande place, comme celles de Théopompe de Chios, de Duris de Samos, de Nicolas de Damas, sans parler de beaucoup d'autres ayant traité de l'histoire de l'Asie et de l'Egypte, en grande partie très renommés dans l'antiquité. Tous ces travaux ont péri, et la découverte des inscriptions é laire toujours des points incertains jusqu'alors.

Faut-il rappeler que longtemps on croyait qu'Hérodote avait dû vivre jusqu'en 408, parce que, dans un passage (i, 130), il parle de la défection des Mèdes après l'avènement de Cyrus, et que l'on ne connaissait que celle qui arriva, d'après les Helléniques de Xénophon (I, 219), sous Darius Ochus, vers la fin de la guerre du Péloponnèse? L'inscription de Béhistun a néanmoins révélé, en 519, une révolte qui ne put être maîtrisée qu'après une guerre sanglante, et montré que les mots « après (ὑστέρω χρόνα) ils firent défection » ne peuvent être d'aucun poids pour la biographie du Père de l'histoire.

Ainsi le silence des auteurs grecs sur Esther n'est nullement prouvé, et certes il a dû en être question dans les nombreux ouvrages dont nous avons à regretter la perte; de cette perte seule vient l'impossibilité de contrôler le récit biblique.

Comme nous l'avons dit, les dernières années de Xerxès nous sont presque entièrement inconnues. Nous n'avons pas même de contrat babylonien descendant au-delà de la neuvième année, tandis que nous en possédons qui émanent de la première année d'Artaxerxès.

Ce fait nous suggère des considérations qui se rattachent à Xerxès, mais dans un autre ordre d'idées.

IV

Le nom d'Ahasveros se trouve aussi une fois dans le livre de Daniel (ix, 1), où il est dit :

« Dans la première année de Darius, fils d'Ahasveros, de la race de Mède, qui *fut chargé* de la royauté sur les Chaldéens. »

Ce passage et d'autres du même livre ont, depuis des siècles, été discutés et interprétés de maintes manières. Toutes les identifications ont été proposées ; Darius le Mède était Astyage, ou Darius fils d'Hystaspe, ou Nabonide le Babylonien. Le problème se compliquait par la personne de Belsazzer, le Balthasar des Septante, qui devait avoir été vaincu et tué par ce même Darius le Mède. Belsazzer passait pour Evil-Merodach, puisque celui-ci était bien le fils de Nabuchodonosor, et que le livre de Daniel donne à Belsazzer la même origine : selon d'autres, c'était Labasi-Marduk, fils de Nériglissar, ou encore Nabonide. Mais toutes ces opinions ont été émises sans aucun commencement de preuve à une époque où les documents contemporains étaient inconnus. La découverte de ces derniers a rendu le problème plus insoluble encore, et la réponse devient plus difficile qu'elle n'a jamais été.

La publication des milliers de textes juridiques datés, entreprise par le R. P. Strassmaier, nous a mis à même de fixer la chronologie babylonienne jusqu'à un, mois, pour ne pas dire jusqu'à un jour près. Les livres des Rois, des Chroniques, d'Esdras, de Néhémie, les prophéties de Jérémie et d'Ezéchiel reçoivent par ces découvertes la plus brillante des confirmations ; il en est de même pour les fragments de Bérose, le canon astronomique des rois de Babylone, dont se servait Ptolémée et, en général, pour tous les auteurs classiques qui se sont inspirés de ces documents originaux.

Seul le livre de Daniel raconte des faits qui sont en contradiction avec tous les documents profanes et avec les autres livres de la Bible, voire même avec ses propres renseignements. Ce livre est composé à l'époque des Macchabées, sous l'influence hellénique, sous l'empire de la civilisation et de la langue grecques, dont il emprunte des mots, à une époque où la connaissance historique pouvait être obscurcie par des récits fabuleux et des légendes miraculeuses.

On s'est demandé si le livre de Daniel, écrit en grande partie en hébreu, en partie moindre en chaldéen, était l'œuvre d'un seul ou de plusieurs auteurs. Peu importe pour la question historique, sujette à caution dans l'un et dans l'autre cas. Mais dans la multitude des faits relatés dans ce livre, il y a un fond de vérité, et il s'agit de discerner ce qui est vrai et ce qui est inventé.

Le livre débute par une inexactitude chronologique : il est dit que Nabuchodonosor vint à Jérusalem dans la troisième année de Jojakim, roi de Juda, assiéger et prendre Jérusalem. Le roi babylonien monta sur le trône en mai ou juin 605 av. J.-C. — 604, 9,396, et ne régnait pas encore à l'époque indiquée par le livre de Daniel. C'est la quatrième qu'il devait écrire : mais n'insistons pas trop sur cette légère incorrection. Le roi de Babel fait amener dans sa capitale des jeunes gens pour les faire instruire dans la langue et la science des Chaldéens ; quatre sont spécialement désignés par Aspenaz, le chambellan. Ils portent les noms, bien hébraïques, de Daniel, Hanania, Misaël et Azaria. On change leurs noms ; mais Daniel seul reçoit un nom bien assyrien Beltsazzer, *Baltasu-usur*, בלטאצר, « protège sa vie », d'où la forme Balthasar, appliquée faussement au roi Belsazzer, *Bel-sar-usur*, « Bel protège le roi. » Hanania et Misaël troquent leurs noms contre des noms perses, Sadrach et Mesach (*Khsathraka* et *Mesaka*), mais Azaria portera dorénavant le nom araméen d'Abednego. L'assyrien *Abidnagu*, « fuyant sa contrée », ne serait pas bien appliqué à ce jeune homme plein d'espérance. Ces jeunes gens ne veulent rien recevoir de la table du roi, qui est désignée par un mot perse employé à Persépolis ou à Suse un siècle plus tard, *pilbag, patibaga*. Cette intrusion d'un mot arien, exprimé en babylonien par *pissatu*, démontre l'origine récente du récit. Le terme babylonien de *Melzar*, *Mil-uzur*, « trésorier », ne saurait écarter cette anomalie. Nous passons sur l'engraissement miraculeux et les habitudes des jeunes gens : Daniel devient puissant et vit jusqu'à la première année de Cyrus, donc jusqu'en 539 av. J.-C. Cela est possible : amené à Babylone en 605, il y a dû atteindre entre 80 et 90 ans. Néanmoins, le même livre se contredit : malgré sa mort, Daniel prophétisa encore dans la troisième année du même roi. Les tentatives faites pour expliquer cette contradiction n'ont fait que rendre plus étrange l'erreur et la faire ressortir davantage[1]. Et quel

---

[1] Quand on dit que quelqu'un « a vécu jusqu'à une époque déterminée », cela veut dire qu'il est mort à cette même époque. Rien de plus. Selon quelques exégètes, cela signifierait que Daniel aurait encore vu le retour des Juifs sous Cyrus. Cette idée aurait été exprimée autrement que par une donnée purement chronologique. Si Daniel a encore prophétisé dans la *troisième* année de Cyrus, il ne viendrait à l'es-

âge pouvait avoir Daniel et ses compagnons l'année suivante, en 604 ou 603, quand, dans sa seconde année, Nabuchodonosor vit un songe que Daniel lui expliqua ? Car c'est bien dans sa première année que ces enfants furent enlevés de Jérusalem, transportés à Babel et instruits avec célérité dans les sciences encore en vogue.

Dans le troisième chapitre, il est question de la statue de la vallée de Dura, que nous avons pu visiter ; nous avons rendu compte, dans notre *Expédition en Mésopotamie* (t. I, p. 239), d'un tumulus, le *Muchallat*, « l'aligné », qui a pu bien être le piédestal d'une statue colossale. Mais à l'inauguration de cette œuvre d'art ne se rattache pas seulement l'aventure des trois hommes dans la fournaise ardente ; ce qui est plus grave, dans la description des instruments de musique employés à cette occasion figurent, entre autres, les *sabuka, psanterin* et *sumponiah*, c'est-à-dire, des mots grecs (σαμβύκη, ψαλτήριον et συμφωνία). Nous ne parlons pas des termes perses parsemés dans le texte araméen. Passons aussi sur l'éloge que Nabuchodonosor fait du Dieu des Juifs, et que les textes authentiques rendant sa manière de penser nous permettent d'apprécier.

C'est avec les légendes touchant Belsazzer et Darius le Mède que commencent les difficultés inextricables. Qui est Belsazzer fils de Nabuchodonosor, et Darius fils de Xerxès de la race des Mèdes ?

Il y eut un semblant de solution et une grande joie parmi les assyriologues, les philologues et les théologiens, lorsque Rawlinson découvrit, dans un cylindre du temple Sin, du dieu de la Lune, le nom de *Bel-sar-usur*, fils bienaimé de Nabonide, roi de Babylone. Ce *Bel-sar-usur* בעלשראצר était bien, disait-on, le Belsazzer du livre de Daniel. Cette opinion n'est plus soutenable, car nous connaissons la suite des règnes sans interruption, presque d'un mois à l'autre, depuis Nabuchodonosor jusqu'à Xerxès. Mais d'abord, le roi cité par Daniel s'appelait-il exactement *Bel-sar-usur* ? Belsazzer peut aussi rendre *Bel-suv-usur*, « Bel protège le nom ». Nabuchodonosor mourut en août 562 av. J.-C., 9, 439, entre le 27 Tammouz et le 26 Eloul. Evil-Merodach, comme l'affirment les livres des Rois et Jérémie, lui succéda, et il délivra le 25 ou le 27 Adar 561, c'est-à-dire le 29 février ou le 2 mars, le roi Jéchonia de Juda. Le règne d'Evil-Merodach a pu être interrompu,

prit de personne de douter de son existence pendant la première année. Même un quart d'heure avant sa mort, M. le marquis de la Palisse était encore en vie. Par un excès de dévotion poussé à l'absurde, on devient irrespectueux pour la Bible : la vraie déférence consiste dans le respect du sens exprimé, de ce qui est écrit.

pendant six mois au plus, par un usurpateur, Bel-sum-iskun, que
le roi a pu écarter avant sa mort violente; le fils de Nabuchodonosor fut assassiné par son beau-frère, Nergal-sar-usur, le Nergal-
schareser de.Jérémie, fils de Bel-sum-iskun, « roi de Babylone [1] ».
Cet assassin arriva au trône entre le 4 Ab et le 12 Eloul. Donc
c'est dans ces 38 jours d'intervalle que tombe le meurtre d'Evil-
Merodach, au mois d'août 560. Il régna jusqu'en avril 556, entre
le 2 Nisan et le 12 Iyar; son fils, Labasi-Marduk, lui succéda et fut
mis à mort entre le 12 et le 18 Sivan, jours où Nabonide monta sur
le trône.

C'est donc vers le samedi 20 juin 556 — 555, 9, 445, que ce monarque saisit le pouvoir. Il y resta jusqu'au jour (mercredi 28 octobre 539) où Cyrus entra dans la ville sainte des Chaldéens.
En dehors des indications purement chronologiques, nous possédons les fragments d'une chronique des dernières années de Nabonide qui, entre autres, nous donne les dates de la campagne que
Cyrus mena contre Babylone. Il y est question plusieurs fois du fils
du roi en compagnie des grands qui restèrent à Accad, tandis que
le monarque lui-même ne vint pas à Babylone pour les fêtes de
Nisan, mais resta à Tema. Il se peut que le fils du roi fut ce
même Bel-sar-usur dont l'inscription d'Ur fait mention; en tout
cas, il disparut bientôt. Car dix-huit ans plus tard, en automne
521, Darius eut à combattre Nidintabel, qui se proclama roi avec le
titre de Nabuchodonosor, fils de Nabonide, et nous avons de nombreux textes de ce temps.

Par tout ce qui précède, on voit qu'il n'y pas la moindre place
pour un roi Belsazzer, dont la *troisième* année est citée au premier verset du sixième chapitre. Il ressort avec évidence que ce
Belsazzer, s'il a régné, ne pourra être rangé parmi les rois de
Babylone avant Cyrus. Et puisqu'il n'est pas probable que l'écrivain hagiographe ait inventé ce nom, il faut lui assigner une
époque plus récente.

Le livre de Daniel ne cite pas seulement le règne de Belsazzer
deux fois (an premier et an trois), mais rattache à ce nom le fameux festin, l'histoire de Mané, Thécel, Pharès, et sa mort après
ses orgies luxueuses.

Après lui, vient Darius, qui reçoit le royaume (ix, 1), et qui est
seulement chargé de la royauté (אשר המלך). Il est satrape de race
médique et il a, lors de son avènement, soixante-deux ans.

Cette dernière circonstance ajoute encore aux difficultés de la
question. Par qui pouvait être élevé à la royauté ce vieux prince,

----

[1] C'est à cette date qu'il faut s'arrêter maintenant.

fils de Xerxès ? Ce n'est pas par Astyage, que Nabonide nomme *Istuvegu* et qui, selon le roi babylonien, fut dépossédé par Cyrus en 553 av. J.-C. Darius n'était pas non plus le sujet de Cyrus, qui établit (la *Chronique* le dit expressément) comme gouverneur Gobryas, cité par la Cyropédie de Xénophon. D'ailleurs, le livre de Daniel, qui se réfère à l'an premier de ce prince, le présente comme un des prédécesseurs du fondateur de l'empire perse.

Durant tout le règne de ce dernier, les documents écrits à Babylone se suivent sans discontinuer; il en est de même pendant les cinquante ans qui vont jusqu'à la mort de Darius I. Nous avons jadis eu l'idée d'identifier ce roi avec Darius le Mède, et nous croyions qu'il reprit Babylone, quand il avait soixante-deux ans, vers 488 av. J.-C. Cette hypothèse doit être abandonnée, la continuité des textes nous prouve que ce roi ne cessa jamais de régner à Babylone et ne permit jamais à un Balthasar quelconque d'y entrer.

Cette durée de soixante-deux ans ne saurait être attribuée à aucun roi de Perse. Cyrus est le seul qui atteignit 70 ans, Cambyse n'arriva peut-être pas à la quarantaine. Darius mourut à 65 ans, Xerxès, Artaxerxès I et Darius II environ à 55 ; Artaxerxès Mnémon ne dépassa pas 67 ans; Ochus et Darius Codoman moururent peu âgés. Si Darius était fils de Xerxès, il ne pouvait guère atteindre sa soixante-deuxième année antérieurement à 438 av. J.-C. Il ne pouvait être appelé Mède que parce qu'il était issu d'une femme de cette nation.

Il peut y avoir eu un satrape âgé, d'origine médique, qui a gouverné la Chaldée après la défaite d'un usurpateur, mais ce ne pourrait être le Belsazzer de la Bible. Serait-ce un fils de Xerxès ? Ce monarque avait bien un fils nommé Darius, mais il périt jeune en même temps que son père, et il ne régna jamais. Quant à Belsazzer, il se peut qu'on doive le placer dans les dernières années de Xerxès, qui saccagea Babylone avec tant de férocité en revenant de Grèce, pour se venger de la révolte de Samaserba. Les douze dernières années de ce règne ne nous ont fourni, jusqu'aujourd'hui du moins, aucun texte babylonien. On pourrait donc, jusqu'à nouvel ordre, admettre que le Belsazzer de Daniel répond à un *Bel-sar-usur* ou *Bel-sum-usur*, ou *Bel-suv-usur* (Bel — protège le nom) qui a pu usurper le trône à Babylone.

Darius le Mède, si les données de Daniel sont authentiques, pourrait avoir joué son rôle sous Artaxerxès-longue-main ou Darius Ochus.

On a voulu avancer que ce Ahasveros était Cyaxare, roi de
Médie; mais cette opinion ne saurait guère militer pour l'authenticité du récit. Un historien de l'époque aurait écrit le nom de
Cyaxare, *Vak-istarra* en médique, *Uvakhsatara* en perse, dans la
forme hébraïque חרחשתר, *Khorakhschatar*, et ne l'aurait nullement confondu avec Ahasveros. Darius le Mède aurait été le frère
du roi Astyage, et aurait dû régner du temps du grand Nabuchodonosor, à Babylone même. Le roi de Médie régna de 627 à
587; un autre Cyaxare, fils d'Astyage, connu par la Cyropédie de
Xénophon, ne pouvait pas avoir un fils avant le temps de Cyrus,
ayant l'âge de soixante-douze ans. Toute cette hypothèse sombre
sous un amas d'impossibilités.

Aucun autre expédient ne pourra être inventé pour sauver la
narration de Daniel en entier et telle qu'elle se lit actuellement.
Nous savons que dans les temps précédant l'avènement de Nabonide (556 avant J.-C.), les Mèdes, sous Astyage, s'emparèrent
d'une partie du nord de la Mésopotamie, qu'ils saccagèrent la ville
de Harran et détruisirent le temple de Sin, situé dans cette ville.
Nabonide nous apprend qu'il releva ce sanctuaire situé assez loin
de Babylone. Mais on ne saurait admettre que les Mèdes aient
jamais envahi la capitale de la Chaldée, aucun texte ne nous
l'apprend et tous les documents témoignent énergiquement contre
une hypothèse pareille. Nous ne pensons pas qu'on puisse s'imaginer qu'un certain Belsazzer, *Bel-sar-usur*, fils de Nabuchodonosor, se soit établi à Harran, et qu'il y ait été tué par un Darius,
fils de Xerxès, de race médique. Au surplus, le texte de Daniel
parle d'un Belsazzer ayant régné à Babylone pendant trois ans
au moins. Or, cela n'a jamais été avant les temps de Darius, fils
d'Hystaspe.

Attendons patiemment et peut-être longtemps que des documents, inconnus encore, éclaircissent ce point si obscur aujourd'hui.

Cette démonstration fait voir toute la divergence qui existe entre
les données contenues dans le livre de Daniel et celles des autres
écrits bibliques. Nous avons pu prouver que même la forme du
nom Ahasveros était justifiée par des textes originaux, com-
plices de cette altération du nom de Xerxès, qui ne se doutait
guère, en signant les décrets à l'égard des Juifs, qu'un jour son
nom s'éterniserait dans celui du Juif-errant.

II

LA DATE EXACTE DE LA DESTRUCTION
DU PREMIER TEMPLE DE JÉRUSALEM

La chronologie des peuples de l'antiquité est toujours, en grande partie, ou vague ou incertaine. Une seule nation, néanmoins, se distingue très avantageusement, sous ce rapport, de toutes les autres, ce sont les Chaldéens, si renommés, dans les époques les plus reculées, pour leurs hautes connaissances en astronomie et dans les sciences congénères. Nous possédons jusqu'ici à peu près quatre mille textes datés par années, mois et jours des règnes de Nabuchodonosor jusqu'à celui de Darius I, et ces riches matériaux nous ont mis à même de déterminer, à un ou deux jours près, les dates signalées par ces documents. L'abondance des contrats et jugements nous fait connaître lesquelles des années lunaires avaient un mois intercalaire; aidés par deux éclipses de lune, signalées dans l'an 7 de Cambyse, nous avons un jalon chronologique pour y rattacher toute cette suite de données successives.

Les années citées dans les livres historiques de la Bible se comptent à partir de l'avènement des rois. Nous avons mathématiquement prouvé ce fait dans notre travail intitulé *Salomon et ses successeurs*. Les synchronismes des premiers rois d'Israël et de Juda, surtout pendant le règne d'Asa, ne laissent aucun doute à ce sujet, et toutes les difficultés chronologiques n'ont été écartées que par la connaissance de ce principe, suivi encore de notre temps par les rois d'Angleterre et le Pape. Citons un exemple : Osias, roi de Juda, règne 52 ans; dans la 52me année de son règne, Pékah monte sur le trône d'Israël, et Osias meurt dans la deuxième année du règne de Pékah. Comment cela est-il possible ? La n^{me} année veut dire que $n - 1$ année et une fraction se sont écoulées depuis l'époque à partir de laquelle on compte : si nous exprimons par les lettres grecques les fractions, nous aurons :

$$\begin{array}{lr} \text{Osias règne avant Pékah..} & 51 + \alpha \\ \text{Osias règne avec Pékah...} & 1 + \beta \\ \hline \text{Osias règne en tout..} & 52 + (\alpha + \beta) \end{array}$$

où α et β peuvent être des fractions très petites. Le roi Osias ou Azaria a régné un peu plus de 52 ans.

Toute autre manière de comprendre ces données mène à des absurdités : admettre, par exemple, que le mois d'Adar ou le mois d'Éloul d'un règne commençant un règne nouveau compterait pour une année entière, est une hypothèse qui ne résiste pas à cette objection que presque tous les rois devraient, dans ce cas, être morts en Adar ou en Éloul.

Cette manière de compter les années à partir de l'avènement est celle des livres bibliques. Les Assyriens désignaient les années par éponymes, sorte d'archontes ou de consuls : les Babyloniens se servaient d'années royales courant de Nisan (Mars-Avril) à Nisan ; le monarque qui succédait pendant l'année à son prédécesseur désignait les premiers mois du règne par les mots de « commencement du règne », et l'an 1 commençait avec le Nisan suivant. C'était là l'année *officielle*; mais dans les contrats, il se trouve des indications démontrant que le peuple n'ignorait nullement le mode de computation qui part du véritable commencement du règne.

Nous sommes maintenant assez heureux pour pouvoir rattacher la dernière partie de l'histoire de Juda à ces dates si précises de la chronologie babylonienne. Ce jalon se trouve, il est unique.

Il est dit, à la fin des livres des Rois (II, xxv, 27), que dans le douzième mois de l'*année de son règne* (שנת מלכו), le 27ᵐᵉ jour du mois, Evil-Merodach, roi de Babel, fils de Nabuchodonosor, fit sortir de sa prison Jechonia, roi de Juda, dans la 37ᵐᵉ année de sa captivité.

Jérémie (LII, 31) raconte le même fait, mais parle du 25ᵐᵉ jour, au lieu du 27ᵐᵉ; cette divergence est une preuve de la précision avec laquelle les dates de l'histoire de Babylone étaient consignées. La différence résulte de la faute d'un copiste qui, dans l'un des passages, s'est trompé de deux jours. Mais rien ne peut nous étonner dans la constatation de cette scrupuleuse observation des détails; en effet, les textes de Nabuchodonosor vont jusqu'à l'an 43, le 27 Tammouz, et le premier texte de son successeur, Evil-Merodach, émane du 26 Éloul suivant : c'est dans ces 57 jours que le changement de règne a eu lieu. La néoménie de Nisan de cette année tomba le vendredi 16 mars julien, 10 mars grégorien de l'an 562 av. J.-C. — 561 des astronomes, 9, 439 :

c'est l'an 43 de Nabuchodonosor que mourut ce roi, en juillet ou
août. L'an d'Evil-Merodach, qui eut treize mois, commença le samedi 3 avril 561 av. J.-C. — 560, 9, 440. Nabuchodonosor mourut,
et son fils Evil-Merodach lui succéda donc entre le 15 juillet et
le 11 septembre 562 av. J.-C., 9, 439. Le 25me jour selon Jérémie,
ou le 27me jour selon les Rois, du 12me mois ou Adar, tombe
donc le dimanche 29 février julien ou le mardi 2 mars de 561 av.
J.-C. — 560, 9, 440. C'est la date de la délivrance de Jéchonia
ou Jojachin.

*Cette date est jusqu'à ce jour, de toutes celles qui sont conte-
nues dans la Bible, la seule qu'on puisse fixer dans la suite des
temps à* UN *ou* DEUX JOURS *près.*

Le fait est d'une importance capitale.

Les textes sacrés disent, de plus, que ce fut dans la 37me année
de la captivité de Jéchonia que le nouveau roi de Babel mit fin à
sa longue captivité. Cette 37me année commença donc le 1er mars
598 — 597, 9, 403, et finit le 1er mars 597 av. J.-C. — 596, 9, 504.
C'est donc dans le courant de l'année 9, 403, que Nabuchodonosor
envahit Jérusalem pour la seconde fois : nous tâcherons plus tard
de préciser encore l'époque.

II

Remontons plus haut, à l'avènement du terrible roi chaldéen.

Un texte de Sippara mentionne le mois d'Iyar de l'an 21 de Nabopolassar et, immédiatement après, le mois de Tammouz de l'année du commencement de la royauté (*sanat rês sarruti*) de Nabuchodonosor [1]. C'est donc entre les mois d'Iyar et de Tammouz que
doit se placer l'avènement de Nabuchodonosor, et cela en 605 av.
J.-C., — 604, 9, 396.

L'an 1 de ce roi commença au mois de Nisan avec toutes les
cérémonies d'inauguration d'un nouveau règne, le 31 mars 604 av.
J.-C. Le comput astronomique d'Hipparque, suivi par Ptolémée,
commence l'an 144 de Nabonassar avec le 21 janvier. Cette *première* année officielle de Nabuchodonosor eut treize mois; donc
l'an 21 du règne de Nabopolassar, interrompu déjà entre Iyar et

---

[1] Ce texte a été publié par R. P. Strassmaier, à qui on doit la presque totalité de
tous les documents qui nous fournissent ces données d'une surprenante exactitude.
Le terme qui indique le « commencement de la royauté » est, selon un usage antique
et mystique, généralement écrit en sumérien *muga sak namnugalla*. Voir *Zeitschrift
für Assyriologie*, IV, p. 145.

Tammouz, n'a pas dû être embolimique : la néoménie de Nisan
eut lieu le 10 avril 605 av. J.-C., vers midi. Le mois d'Iyar tombe
le 9 mai, et le mois de Tammouz finit le 6 juillet. Malheureusement, le texte des offrandes au dieu du Soleil à Sippara (Sepharvaïm) ne donne pas le quantième de jour. Mais, sans grande
chance d'erreur, on peut affirmer que Nabuchodonosor succéda à
son père vers le mois de juin 605 av. J.-C.

C'est à partir de cette époque que le calcul biblique compte les
années de Nabuchodonosor. Sa première année court donc de
mai-juin 605 à mai-juin 604; elle correspond, d'après Jérémie
et tous les témoignages bibliques, à l'an 4 de Jojakim, roi de
Juda. C'est dans cette année même que Nabuchodonosor défit, à
Carchemis, sur l'Euphrate, le Pharaon Nécho, et mit fin pour toujours à la puissance des Egyptiens en Syrie. Le roi chaldéen, fort
jeune encore, au dire de Bérose de Chaldée, ne s'accorda aucun
repos ; c'est dans cette même année qu'il assiégea et prit Jérusalem pour la première fois. Il pilla les trésors du temple, mais il
laissa Jojakim sur son trône. Sept ans plus tard, le fils de Josias
mourut, laissant la couronne à Jéchonia, son fils. Ce jeune
homme de dix-huit ans ne régna que 3 mois selon les Rois (II,
xxiv, 8), 3 mois et 10 jours d'après les Chroniques (II, xxxvi, 9),
qui lui donnent seulement huit ans d'âge. Car le roi de Babel,
étant venu à Jérusalem, enleva le roi avec son entourage et le
conduisit à Babylone, où il devait rester en captivité pendant près
de trente-sept ans. Jéchonia fut remplacé par son oncle Matania,
qui se nomma, comme roi, Sédécias. Ce fut, dit le texte biblique
(Rois II, xxiv, 12), dans la huitième année du roi chaldéen, donc
entre mai-juin 598 et mai-juin 597.

Nous pouvons déjà rétrécir les limites entre lesquelles cet événement eut lieu : avec une admirable précision, les textes bibliques ont renfermé l'enlèvement de Jéchonia entre mars 598 et
597, dans les passages des Rois et de Jérémie cités plus haut. Mais
ce n'est pas entre mai-juin 598, 9, 403, et mars 597, 9, 404, que se
place le second siège de Jérusalem, car immédiatement après son
avènement, le roi de Babylone eut à défaire les Egyptiens à Car-
chémis, et à marcher sur la Judée. Quelque diligence qu'il pût
faire, il n'aurait pu arriver avant la fin de l'été ou l'automne, et
c'est à cette époque, vers le mois d'octobre 605 av. J.-C., — 604,
9, 396, qu'il faut placer le premier siège de Jérusalem sous Jojakim.
Quelle date plus précise pouvons-nous assigner à l'avènement de
Sédécias?

En tout cas, le dernier roi de Juda a dû monter sur le trône
avant le 10 Tèbet (Rois, II, xxv, 1, et Jér., lii, 4), date de l'in-

vestissement de Jérusalem, car cette date serait trop rapprochée de la limite inférieure que nous assigne le calcul de la 37ᵐᵉ année de la captivité de Jéchonia (1ᵉʳ mars 597). Si Sédécias était devenu roi en janvier 597, les passages mentionnés auraient parlé des 36 ans de la chute de Jéchonia, ce qui aurait été conforme aux usages bibliques. Le 10 Tèbet de la 9ᵐᵉ année de Sédécias, le roi de Babylone parut devant Jérusalem, et si, comme tout semble l'indiquer, ces années commencent avec le 10 Tèbet, la ville sainte aurait soutenu un siège de trente-deux mois lunaires, ou de 945 jours. Cet investissement aurait duré depuis le mois de janvier 589 jusqu'au mois de juillet ou d'août 587.

Si, au contraire, l'avènement de Sédécias eut lieu après le 10 Tèbet, le siège n'aurait duré que 19 ou 20 mois : mais le roi n'aurait régné qu'à peine dix ans et demi, tandis que la Bible fixe partout son règne à onze ans, non accomplis complètement, puisqu'il fut dépossédé et atrocement maltraité dans sa *onzième année*.

Jéchonia régna donc, avec une petite limite d'erreur, de juillet à octobre 598 avant J.-C., et son père avait tenu le sceptre presque onze ans, depuis l'automne 609 avant J.-C. jusqu'en juillet 597.

La 4ᵉ année de Jojakim peut donc être fixée depuis l'automne 606 avant J.-C. jusqu'à la même époque en 605, 9,396. Cinq mois avant la fin de cette quatrième année de Jojakim, où eut lieu la bataille de Carchemis, Nabuchodonosor était déjà monté sur le trône. La donnée de Daniel (ɪ, 1), qui fait venir le roi chaldéen à Jérusalem dans la *troisième* année de Jojakim, est donc, comme toutes les dates de ce livre, contredite par tous les autres témoignages bibliques. Dans cette *troisième* année, Nabopolassar était encore roi de Babylone, et son fils ne régnait pas encore.

Revenons maintenant aux dates qui intéressent spécialement la capitale, son investissement et la destruction du temple.

III

a. Le 10 Tèbet (10ᵉ mois), ainsi que nous l'avons dit, de l'an 9 de Sédécias, la ville fut investie.

b. Le 9 Tammouz, les Chaldéens firent irruption dans la ville.

c. Le 10 Ab, d'après Jérémie, le 7 Ab, d'après le texte des Rois, le temple fut incendié.

Ces deux événements tombent dans l'an 11 de Sédécias, l'an 19 de Nabuchodonosor. Un autre passage de Jérémie (xxxɪɪ, 1) parle de l'an 10 de Sédécias, de l'an 18 de Nabuchodonosor, pendant laquelle les Chaldéens assiégeaient déjà la ville, capitale de la Judée.

Or, d'après les Rois (II, xxiv, 12), la première année de Sédécias coïnciderait avec l'an 8 du conquérant. Cette année première commença en octobre 598 avant J.-C. et ne peut être l'année *huitième* officielle, qui commença seulement en avril 597. C'est dans la septième année officielle de Nisan à Nisan qu'eut lieu le fait auquel le texte des Rois fait allusion. C'est donc la huitième année de Nabuchodonosor, en comptant depuis son avènement au trône en mai-juin 606, 9,396.

Mais, si la première et la huitième des deux rois s'accordent pour le 10 Tèbet, la neuvième de Sédécias sera la seizième de Nabuchodonosor, puisque l'avènement de Sédécias tombe entre le 10 Ab et le 10 Tèbet. Cela est conforme à l'indication du livre des Rois. Il en est autrement pour les dates du 9 Tammouz et du 10 Ab de l'an 11 de Sédécias, qui tombent dans l'an 19 de Nabuchodonosor. En un mot, la différence des années de règne sera pour les dates renfermées entre mai et octobre de huit unités, et, pour celles qui sont comprises entre octobre et mai, elle ne sera que de sept.

Il suit de là, comme nous l'avons indiqué, que le siège de Jérusalem a duré 32 mois ou 945 jours. Si l'avènement de Sédécias avait eu lieu après le 10 Tèbet, sa durée n'aurait été que de 20 mois ou 590 jours, ou de 19 mois ou 560 jours.

Pendant ces 32 mois, le siège fut une fois levé; les Égyptiens s'approchèrent de Jérusalem, et les Chaldéens se retirèrent. L'accès de la ville devint libre : mais Jérémie prédit avec raison (xxxvii, 5) que les ennemis reviendraient. Nous ne savons pas combien de temps dura cette délivrance passagère.

Ce long laps de temps n'a rien qui étonne dans l'antiquité : Nabuchodonosor lui-même assiégea Tyr pendant treize ans. Quoique le siège de Babylone par Darius, que Hérodote évalue à vingt mois, n'ait pu durer aussi longtemps, ainsi que le prouvent des textes datés, l'investissement par les troupes de Sardanapale se prolongea au moins pendant quatre ans, de 651 à 647, et pendant onze ans se traînèrent les tentatives des Assyriens pour prendre la ville chaldéenne. Car nous avons deux textes du règne de Saosduchin, l'un de l'an 10, du 29 Iyar, donc de juin 658, qui dit :

« En ce temps, les ennemis entouraient la ville; il y eut famine dans le pays, et le prix de 3 cabs de blé fut 1 drachme d'argent [1], à cause de la pénurie. »

---

[1] Ce passage est un des plus curieux et rappelle II Rois, vi, 25. Mais il est con-

Dans un autre texte du même règne, de l'an 18, le 10 Marhesvan, donc octobre 650, on lit :

. « Dans ce temps, il y eut famine et maladie dans le pays : la mère n'ouvrait pas la porte à sa fille. »

Cette situation coïnciderait avec le dernier siège de Babylone, à la fin duquel Saosduchin périt dans les flammes.

Nous citons ces textes pour démontrer que le siège de Jérusalem a bien pu durer deux ans et demi, à partir du jour où les Chaldéens parurent devant la ville, le 10 Tébet, ou le 17 décembre 590 ou le 15 janvier 589 avant J.-C. Le roi n'était pas toujours présent et ne dirigea pas constamment les opérations : le temple fut brûlé par ordre de Nebozaradan, *Nabu-zir'-iddin*, « Nabo a donné de la semence », et se trouvait dans la Syrie à Riblah, où l'on amena devant lui le roi juif. Mais quoi qu'en disent les livres saints, qui ne jugeaient le malheureux prince qu'avec la réprobation méritée par l'apostasie du peuple, Sédécias semble avoir été un homme d'une grande énergie. Sous le règne de Jojakim, son frère, en 605, le roi de Babylone s'était facilement emparé de Jérusalem : il en fut de même lors de la seconde invasion qui amena la captivité de Jéchonia. Sédécias avait été mis sur le trône par le vainqueur ; néanmoins, il prit, en prince patriote, toutes les mesures nécessaires pour se défendre contre le puissant envahisseur, et la troisième expédition chaldéenne trouva la capitale de la Judée en situation de résister longtemps. Nous savons d'ailleurs que l'investissement n'a pas été complet dès le début, et que les assiégeants ont dû, pendant quelque temps, lever le siège. D'après Jérémie (xxxii, 1), la ville était cernée dans l'an 18 de Nabuchodonosor, l'an 10 de Sédécias, c'est-à-dire vers le commencement de 588. Même la manière dont le prophète fut traité et incarcéré ne parle pas contre l'esprit politique du roi de Juda. Que ferait, en définitive, un chef assiégé d'un homme qui constamment jetterait la consternation et le découragement parmi les masses, si éprouvées déjà par la crainte et l'angoisse de l'investissement ? Sédécias fit ce que tout autre commandant de place forte aurait fait à sa place, il s'assura de la personne du prophète et le retint prisonnier dans une captivité assez douce. Si les appréciations de Jérémie avaient eu pour effet d'amener les Juifs à se rendre à Nabuchodonosor, cela n'aurait en rien modifié la sévérité de l'ennemi. La famine et la misère firent leur œuvre : le 9 Tammouz (fin juin 587) les Chaldéens envahirent la ville, et ce

cordant sur l'évaluation de la mesure qu'on avait à tort traduit par *épha*. Le *cab* est probablement la 27ᵐᵉ partie d'un empan cube, 20 litres : en sorte que 2 l. 2 valaient une drachme ou 1 franc 87 centimes.

roi, énergique jusqu'alors, chercha son salut dans la fuite. Il fut
pris et amené devant Nabuchodonosor, qui le traita d'une manière
cruelle. Les enfants de Sédécias furent tués en présence de leur
père, et lui-même, après avoir subi cette torture morale, fut
aveuglé, enchaîné, conduit à Babylone, où il mourut emprisonné.
Un tel châtiment, infligé par un homme qui ne paraît pas avoir été
l'un des princes assyriens les plus féroces, s'explique par la colère
inspirée par le patriotisme et la valeur du dernier roi de Juda.
Loin de se décourager, Sédécias avait soutenu le combat vaillam-
ment et avec une intelligence incontestable : malgré ses qualités,
il succomba, et subit la peine de sa défaite.

La durée de cette héroïque résistance ressort précisément des
considérations chronologiques que nous avons à examiner maintenant.

Quelle est l'année de la destruction de Jérusalem dont nous
avons déjà préjugé les conséquences dans les chiffres donnés ci-
dessous? C'est l'année 587 avant J.-C., — 586, 9, 414.

IV

. C'est à quoi nous contraint la fixation exacte de la délivrance de
Jéchonia, du 29 février ou 2 mars 561 avant J.-C. — 560, 9, 440.

On avait souvent donné comme années, celle de 588 ou de 586.
Examinons ces chiffres :

1° La date de 588 n'est pas admissible. Quand même on admet-
trait pour l'époque de l'avènement de Sédécias le mois de mai-
juin 598, le mois d'août de 588 tomberait bien dans l'an 11 du roi
juif, mais l'année véritable du règne chaldéen en serait toujours
la dix-huitième, et l'année officielle la dix-septième ; dans aucun
cas, ce ne serait la dix-neuvième ;

2° Le mois de juillet-août 586 serait bien l'année officielle dix-
neuvième, commençant avec Nisan (avril) 586, mais ce serait la
vingtième du règne véritable;

3° Puis, si l'on comptait même par années officielles de Sédécias, ce serait toujours la douzième; car l'an I serait, en tout cas,
le mois de Nisan de l'an 597, en abaissant la limite extrême au
mois de mars 597. Si l'on admettait même la date la plus reculée,
celle de mars 598 serait avant l'an 586, dans la treizième officielle
et véritable.

Donc, encore, cette supposition doit être écartée. Il ne reste que
l'an 587.

La dix-neuvième de Nabuchodonosor commence en mai-juin 587, la onzième de Sédécias entre mai-juin 598 et mars 597 : donc, c'est dans cette onzième année qu'a dû tomber le mois de juillet-août 587.

Cela démontre mathématiquement encore une fois que, *pour les calculs* BIBLIQUES *des livres des Rois*, TOUTES LES ANNÉES, *même celles des rois de Babylone, se comptent uniquement à partir de l'avènement au trône*.

Tous les autres systèmes doivent être abandonnés.

V

L'année étant connue, il s'agit maintenant de déterminer le jour. On ne saurait, à cette heure, indiquer les années embolimiques des années 595 à 580. Les documents nous manquent encore aujourd'hui, mais ils peuvent être découverts demain. La néoménie du mois de Nisan tomba en 587 ou le 22 mars julien vers 7 heures du soir, ou le 21 avril vers 8 heures du matin, temps moyen de Jérusalem. La première supposition semble la plus probable, l'équinoxe du printemps tombant le 27 mars, et la date du 20 avril étant, en règle générale, regardée comme tardive.

La néoménie d'Ab devait alors être la nouvelle lune qui eut lieu le 18 juillet, à 10 heures, temps moyen de Jérusalem. Le filet du croissant lunaire put donc être visible le 19 au soir, et le 10 Ab serait tombé le vendredi 28 juillet julien, 22 juillet grégorien de l'an 587 av. J.-C., — 586, 9, 414, le 1,507,231e jour de la période julienne, dont se servent les astronomes.

Dans l'autre hypothèse, ç'aurait été le dimanche 27 août julien, 21 août grégorien. D'après le nouveau calendrier juif, le neuvième jour du mois d'Ab ne peut pas tomber plus tard que le 13 août grégorien.

Nous nous arrêtons à cette dernière date du dimanche 27 août jour 1,507,261 de la période Scaliger. Le Talmud (traité *Taanit*, 29 a) nous dit que, d'après Rabbi José, les deux temples furent détruits tous les deux le samedi soir, à l'expiration de l'année sabbatique, alors que fonctionnait la classe de Jehoyarib. Or, pour le second temple, cette donnée est sûrement exacte. La néoménie d'Ab tomba vers le matin du jeudi 26 juillet; donc le 9 Ab tomba le 5 août, qui fut réellement un dimanche. Quoi qu'on puisse nous objecter, même de la part des savants juifs, sur l'authenticité des traditions se rattachant au premier temple,

nous ne voyons aucune raison pour négliger cette pieuse rémi-
niscence. Le jour désigné par Jérémie pouvant tomber sur le
premier jour de la semaine, et non pas sur l'un des six autres,
nous acceptons cette donnée qui peut décider la question. Nous
fixons donc la première catastrophe à 239,582 jours ou 34,226 semaines avant la seconde, c'est-à-dire au dimanche 27 août
julien, 21 août grégorien de l'an 587 avant J.-C., 3174 de l'ère
juive moderne.

La date de la destruction du second temple par Titus, en 70, a
été fixée de différentes manières; mais le jour dénommé déjà
au siècle dernier, celui du 5 août, est sans doute le seul qui
puisse être maintenu. La guerre judaïque a été racontée par M. de
Saulcy, dans un excellent ouvrage; l'auteur a visité Jérusalem
pour se rendre un compte exact de l'état des lieux, et, sous ce
rapport, cette œuvre ne pourra être refaite ni mieux faite. Mais,
sous le rapport de la chronologie, les données proposées par
M. de Saulcy ne sauraient être adoptées. Titus parut devant la
ville le jour de Pâque, que le savant académicien fixe au 7 mars;
or c'est une date impossible pour la fête des pains azymes. Nous
n'insistons pas sur le fait que le 7 mars était un mercredi, où
de nos jours la fête ne tombe jamais; mais la nouvelle lune
avait eu lieu le premier du mois, donc le 7 mars coïncidait avec
le 6 Nisan, et non avec le 15 du même mois. La néoménie de
Nisan tomba le trente mars, et le jour de Pâque fut le samedi
14 avril julien, 12 avril grégorien. C'est à cette date que commença
le siège de Titus, le 14 xanthicus, comme dit Josèphe. Les mois
macédoniens des Séleucides de Josèphe correspondent aux mois
juifs dans leur suite de Hyperbenretaeus-Tischri à Gorpiaeus-
Elul, et ce sont des mois lunaires; le calendrier julien des mois
romains n'a été appliqué que bien plus tard par les chrétiens de
Syrie; les Juifs, qui se sont servis de l'ère des Séleucides jusqu'en
1040, 4800 de l'ère judaïque, ont employé le calendrier moderne de Rabbi Hillel. Du temps de Josèphe, xanthicus n'était
pas avril, mais Nisan, et loûs n'était pas août, mais Ab. La fête de
Pâque ne tomba pas aussi tôt du temps de Titus, L'art de vérifier
les dates donne, pour le 10 août, un vendredi, c'était le 15 Ab. La
vraie date reste donc, en admettant pour la néoménie véritable le
jeudi 26 juillet, vers 5 heures du matin, temps moyen à Jérusalem, et le 27 juillet, pour le 1 Ab, est le 5 août 70, 3 août grégorien, le dimanche, comme le Talmud l'indique.

Le 8 juillet donné par M. de Saulcy était un dimanche, mais
correspondait au 12 Tammouz.

Si la destruction du premier temple tomba le 7 comme le portent les Rois (ii, 25), ce serait le mardi 25 juillet ou le jeudi 24 août.

Ces deux dates sont, bien entendu, celles de la destruction du temple salomonien.

La date du 9 Ab est admise aujourd'hui comme coïncidant également avec la prise de Jérusalem par Titus, qui, nous l'avons dit, eut lieu le dimanche 5 août 70.

Entre les deux catastrophes se place un intervalle de 656 ans.

Nous avons pu, avec le secours des documents contemporains, préciser avec une rigueur mathématique le jour même d'un des événements les plus tragiques et les plus considérables de l'histoire ancienne. Ce sont les textes datés par les rois de Babylone qui nous ont permis d'atteindre un résultat que l'on ne pourrait proposer pour aucun événement de l'histoire grecque et romaine, à moins que le fait ne soit fixé par la mention d'une éclipse. Mais, en dehors de ces rares données, telles que les batailles d'Arbèles et de Pydna ou la mort d'Hérode, il n'y a dans l'histoire, avant Jules César, aucun fait que l'on puisse fixer et préciser aussi nettement que la prise de Jérusalem par Nabuchodonosor.

J. OPPERT.

CONSPIRATION DE R. NATHAN ET R. MÉÏR

CONTRE LE PATRIARCHE SIMON BEN GAMALIEL

La particularité que les savants ont pu relever toutes les fois qu'ils ont entrepris de puiser aux sources du Talmud pour peindre un événement plus ou moins important de l'histoire des Juifs, s'est également présentée quand il s'est agi de raconter la conspiration de R. Nathan et R. Méïr contre Simon ben Gamaliel : on ne saurait trouver nulle part un récit complet, relatant les détails importants et les circonstances spéciales de cet événement, pas plus qu'on ne saurait former un tout complet avec les diverses données disséminées ci et là. Ce phénomène, si fréquemment observé par les savants, provient, comme on sait, de ce que le Talmud, en rapportant un fait quelconque de la vie du peuple juif, se propose rarement, pour ne pas dire jamais, de raconter simplement ce fait, mais a en vue de s'en servir comme argument pour un but spécial. Il en résulte qu'il ne rapporte que les détails utiles au but qu'il poursuit, ou qu'il ne prend l'événement en considération qu'autant que le permet le cadre du sujet principal qu'il traite. De là vient, par exemple, qu'en parlant des incidents qui ont eu lieu le jour de la destitution de R. Gamaliel II, destitution qui fut d'une importance capitale pour le développement de la *Halakha*, le Talmud ne décrit pas l'événement lui-même, et on n'arrive à le connaître qu'à l'aide des maigres détails qui, dans le Talmud, sont rattachés accidentellement aux *Halakhot* discutées en ce jour. Il en est de même d'un autre événement, moins grave quant aux conséquences, important néanmoins comme fait unique en son genre, nous voulons parler de la destitution de R. Nathan comme *ab-bèt-din*, et de R. Méïr, comme *hakham* de l'Académie d'Ouscha, et de leur expulsion de ce Collège.

Deux courts passages (*Horayot*, 13 *b*, et Jer. *Bikkourim*, III, 65 *c*) rapportent ainsi la cause immédiate de la querelle. Le Patriarche Simon ben Gamaliel voulait que les honneurs lui fussent rendus d'une nouvelle manière, qui rehaussât sa dignité de *nassi* et effaçât l'égalité qui, jusqu'alors, avait régné entre les trois dignitaires. Il décida, en l'absence de R. Nathan et de R. Méïr, qu'à l'entrée du nassi tout le peuple réuni se lèverait, tandis qu'à l'entrée de l'ab-bèt-din, le premier rang seulement, de chaque côté, se tiendrait debout jusqu'au moment où il aurait pris possession de son siège, et que devant le hakham, l'un ne se lèverait qu'après l'autre. Lorsque, la fois suivante, Nathan et Méïr vinrent assister à la séance du Synhédrin et s'aperçurent de la modification apportée au règlement, ils complotèrent en secret contre le Patriarche, pour le faire destituer de sa dignité. Dans le but de gagner toute l'assemblée à leur projet, ils résolurent d'adresser à Simon ben Gamaliel des questions embarrassantes sur la *Halakha* pour rendre manifeste l'insuffisance de son savoir et l'obliger ainsi à se démettre. Prévenu à temps, le Patriarche, bien armé et préparé, put soutenir l'interrogatoire des conspirateurs. Comme punition, ils furent exclus de l'école. Ils ne s'étaient guère attendus à ce dénouement, eux qui, déjà d'avance, s'étaient partagé les dignités : R. Nathan, à titre de rejeton du roi David, devait être Patriarche, et R. Méïr ab-bèt-din ! Dès lors, ils soumirent à l'assemblée leurs questions difficiles par écrit et la mirent ainsi plus d'une fois dans l'embarras, si bien qu'ils paraissent avoir été de nouveau admis, à l'instigation de R. José ben Halafta [1]. Comme nous voyons, l'on ne dit pas ce qui avait poussé le Patriarche à cette innovation, et on passe sous silence les détails de la querelle, sa durée et ses conséquences.

En lisant ce récit assez bien fait, quoique si sobre, l'on ne peut s'empêcher de se demander si, par hasard, le Talmud n'a pas eu la pensée que des personnages comme R. Nathan et R. Méïr, remarquables l'un par sa naissance et l'autre par sa pénétration et sa grande érudition, aient tenté de convaincre leurs collègues du Synhédrin de l'injustice dont ils avaient été victimes et de les gagner à leur cause. Ou faut-il admettre que ces deux docteurs aient renoncé à ce moyen si légitime et tu leur ressentiment au sujet de la sévérité du Patriarche ? N'ont-ils pas également fait

[1] Graetz, *Geschichte der Juden*, IV, 2. éd., 204 ; IV, 3. éd., 188 ; Weiss, *Zur Geschichte der Tradition*, II, 176 ; Blumenthal, *Rabbi Méïr*, 126.

éclater aux yeux du peuple l'incapacité de Simon ben Gamaliel, qu'ils voulaient rendre manifeste à l'école, en l'embarrassant par des questions de *Halakha ?* Sans doute, et les textes le prouvent, R. Nathan était de caractère assez conciliant pour se résigner à la punition qui lui était infligée, mais R. Méïr, qui ne désarmait pas aussi facilement, n'a-t-il pas tenté d'agir sur ses collègues ? Lorsque, quelques dizaines d'années auparavant, R. Gamaliel blessa R. Josué dans une séance du Synhédrin, l'offense infligée à un docteur estimé provoqua un violent tumulte, et le Patriarche y perdit son siège. Ne s'est-il pas élevé une seule voix contre Simon ben Gamaliel ? On conçoit que personne n'ait osé protester en pleine séance contre le Patriarche, car on ne pouvait approuver entièrement l'attaque injustifiable de R. Méïr, et le Patriarche veillait au bon ordre avec rigueur ; mais, hors de l'école et sous forme de conférence, la question pouvait être discutée en pleine rue et dans les réunions de prière. En un mot, il n'est pas vraisemblable qu'un événement de cette nature n'ait pas vivement intéressé le public. Mais alors l'*Agada* devrait refléter les diverses opinions qui se sont fait jour dans cette affaire, d'autant plus que, dans leurs sentences, les *agadistes* de tous les temps indiquent toutes les agitations de la vie juive, toutes ses pensées, toutes ses aspirations.

On peut supposer que les attaques dirigées contre le Patriarche se sont présentées, comme celles, par exemple, qui visent le gouvernement tyrannique des Romains, sous une forme qui ne les laissait deviner qu'aux initiés. Si, donc, nous parvenons à reconnaître, dans les observations des *Tannaïtes* de ce temps, notamment dans celles de R. Méïr, une allusion à la personne du Patriarche et à celle de son adversaire R. Nathan, nous aurons à notre disposition une nouvelle source où nous pourrons puiser des indications sur les péripéties de la querelle entre Simon ben Gamaliel et R. Méïr. Sans doute, il faudra procéder avec beaucoup de prudence, car, dans cette recherche, l'on ne saurait oublier qu'il se peut que ce qui, dans l'*Agada*, semble surprenant et inexpliqué, ait été inspiré par l'exégèse d'un mot, et que l'on n'a le droit d'y voir des intentions et des allusions qu'autant que l'on n'en trouve pas l'origine dans la Bible.

Arrêtons-nous d'abord à R. Méïr. On peut affirmer, d'après quelques-unes de ses sentences, qu'il argumente pour dénigrer Juda, fils de Jacob. Il exprime, en quelque sorte, cette tendance sous la forme d'un principe [1] :

---

[1] *Sanhédrin*, 6 b.

לא נאמר בוצע אלא כנגד יהודה¹ שנאמר ויאמר יהודה אל אחיו
מה בצע כי נהרוג את אחינו וכל המברך את יהודה הרי זה מנאץ
שנאמר ובוצע ברך נאץ ה'.

« En parlant d'une personne qui poursuit la conciliation, le
Psaume x, 3, vise Juda, car il dit à ses frères, dans Genèse,
xxxvii, 26 : « Quel avantage avons-nous, si nous tuons notre
frère », et quiconque loue Juda blasphème, car il est dit : « Quiconque approuve celui qui propose un arrangement offense
Dieu. » Il faut avouer que la conduite de Juda ne méritait pas
ce jugement sévère, et que le verset du Psaume n'en fournit l'occasion que parce que l'expression מה בצע, dans Genèse, xxxvii,
26, a été détournée de son vrai sens. Pour voir quelque chose de
répréhensible dans la conduite de Juda et accuser de blasphème celui qui le louerait, il ne suffit pas d'être d'avis de condamner l'arbitrage entre les parties en lutte, il faut encore éprouver de l'antipathie, sinon de la haine, pour le fils de Jacob. Les
paroles de R. Méïr sont d'autant plus étonnantes que, de son
temps, les circonstances exigeaient, au contraire, que les personnages vénérés de la Bible, auxquels appartient aussi Juda,
fussent déchargés des fautes que leur attribue explicitement
le texte biblique [2], et que R. Méïr lui-même prend la défense
des fils de Samuel et s'efforce d'expliquer dans un sens apolo-
gétique les fautes qui leur sont reprochées (I Samuel, vii, 3) [3] ;
il semble donc impossible qu'il ait voulu imputer gratuitement
une faute à Juda. Nous connaissons aussi celui qui, d'après
l'opinion de R. Méïr, aurait commis un blasphème en louant
la conduite de Juda ; c'est son adversaire ordinaire, R. Juda ben
Ilaï, qui semble s'être donné pour tâche, à l'encontre de R. Méïr,
de glorifier la tribu de Juda. Il dit, en effet, que le fait blâmé par
R. Méïr est, au contraire, mentionné à la louange de Juda [4].
En effet, celui-ci prit la parole en trois circonstances, en présence de ses frères, qui le reconnurent pour leur roi : Genèse,
xxxvii, 26 ; xliv, 14 et 18. R. Juda b. Ilaï, dans son admiration
pour les mérites de Juda, va jusqu'à supposer [5] que celui-ci ne
fut pas seulement enterré en Terre sainte, comme Joseph et ses
autres frères, mais fut même placé dans le caveau des patriar-

¹ Dans Tosefta *Sanhédrin*, I, 3, et dans Jer. *Sanhédrin*, I, 18 *b*, il y a, au lieu de
יהודה, אחי יוסף ; toutefois, la première leçon est exacte, puisque c'était bien Juda
l'auteur de cet acte.
² Voir *Monatsschrift*, 1893, p. 115.
³ *Sabbat*, 56 *a*.
⁴ *Genèse rabba*, ch. 84.
⁵ *Sifrè* sur Deut., xxxiii, 7.

ches Abraham, Isaac et Jacob. En outre, c'est Juda qui aurait tué Ésaü [1]. Il va sans dire que R. Méïr ne peut admettre une glorification de ce genre, que rien, d'ailleurs, ne justifie, et qu'il se refuse à accorder à Juda aucun avantage sur ses frères. Devant cette divergence d'opinions si caractéristique, il convient d'examiner quel en est, en réalité, le motif : à cette époque, il n'existait pourtant plus de jalousie entre les tribus, qui les aurait poussées à rappeler leurs avantages.

Comme R. Juda b. Ilaï insiste sur ce fait que Juda fut reconnu roi par ses frères, nous sommes amené à supposer que, dans cette controverse, il ne s'agit pas tant de la personne et des qualités personnelles de Juda, que de sa dignité, reconnue par ses frères. Si nous considérons, en outre, l'origine de la famille princière qui, du temps de R. Méïr et de R. Juda b. Ilaï, était à la tête des Juifs, et l'attitude du premier vis-à-vis du Patriarche, dont il était l'ennemi déclaré, alors que le second entretenait avec lui des relations d'étroite amitié [2], nous arriverons aisément à concevoir la véritable signification de la controverse dont nous avons parlé. Pour ce qui concerne l'origine du Patriarche, nous savons, par un rouleau trouvé à Jérusalem [3], que son aïeul Hillel, le fondateur de la dynastie, descendait du roi David : or, comme celui-ci était, comme on sait, issu de la famille de Juda, les Patriarches pouvaient faire remonter leur origine, non seulement jusqu'à David, mais aussi jusqu'à Juda [4]. D'après le livre de Ruth, IV, 20, le premier ancêtre royal de David, et aussi de la maison des Patriarches, était Nahschon b. Amminadab, lequel peut également être considéré comme l'ancêtre de cette maison, ainsi que le prouve un passage obscur de *Sanhédrin*, 12 a : עמוסי יריכי נחשון בקשו לקבוע נציב אחד ולא הניחן ארמי הלז : « Les descendants de Nahschon voulaient fixer la néoménie, mais les Romains le leur interdirent. » Nous voyons donc que les Patriarches ont souvent rappelé qu'ils étaient issus de Juda, autrement le sens de cet avis aurait été incompréhensible. Il est nécessaire de rappeler surtout que

---

[1] *Ibid.*, et *Schoher tob*, sur ch. XVIII, 41. Voir *Le livre des Jubilés*, XLVI, 16.

[2] Il était chargé officiellement de décider en matière religieuse dans la maison du Patriarche (voir *Menahot*, 104 a ; Jer. *Schekalim*, VIII, 11 b ; Frankel, דרכי המשנה, p. 158 ; Weiss, II, 174 ; Bacher, *Agada der Tannaiten*, II, 194). Son père, R. Ilaï, était aussi en rapports intimes avec R. Gamaliel (voir Tos. *Pesahim*, I, 27 ; *Eroubin*, 64 b).

[3] Jer. *Taanit*, IV, 68 a ; *Ketoubot*, 62 b ; *Genèse rabba*, ch. 98.

[4] Dans l'Agada postérieure, on considère comme admise, sans donner aucune explication, la parenté de David avec Juda, parce que la Bible en parle explicitement. Ainsi, dans *Schoher Tob.*, sur ch. V, 2. הנה אלי אנכי עני זה שבטו של דוד ... שנחנה לו שמועה שנאמר שמע ה' קול יהודה. Cf. *Sifré* sur Deut., XXXIII, 7, § 348.

Hillel descendait de la tribu de Juda, chose d'ailleurs incontestée, parce que dans le Talmud un second passage rapporte cette autre tradition. On raconte, en effet [1], pour peindre la modestie du Patriarche Juda Ier, qu'un jour il avoua à R. Hiyya que, si l'exilarque venait en Palestine, il ne renoncerait pas à sa dignité, comme le firent jadis les Béné Batyra par abnégation, mais qu'il lui rendrait de grands honneurs, et cela parce qu'il descendait de Juda, par un fils de David, tandis que le Patriarche ne descendait que de Benjamin, par une fille de David [2].

Laissons, pour le moment, de côté cette dernière relation au sujet de l'origine du Patriarche, et portons notre attention sur la première. En tenant compte de ce qui précède, il paraît certain que R. Méïr, en accusant notre aïeul Juda d'une faute que la Bible ne mentionne pas, voulait atteindre son descendant R. Simon b. Gamaliel, et combattre l'opinion de R. Juda b. Ilaï, qui défendait et glorifiait le Patriarche [3]. Le Talmud rapporte explicitement que R. Simon b. Gamaliel était un ami de la paix et de la conciliation (בוצע). En bien des endroits, il rend hommage à la paix et en préconise la conservation (voir Bacher, *Agada der Tannaïten*, III, 328), et il dit quelque part (Tos., *Sanhédrin*, I, 9 ; b. *Sanhédr.*, 5 b) : « Un accommodement conclu par deux juges est irrévocable : il est permis, au contraire, d'annuler tout jugement rendu par deux juges, si la partie adverse le désire. » R. Méïr pouvait donc l'appeler à bon droit בוצע, ce en quoi R. Eliézer b. Yosé hagguelili paraît avoir été d'accord avec lui, car lui aussi désapprouve l'effort tenté pour amener une transaction entre les parties en lutte et, s'appuyant sur ce même verset, il déclare blasphémateur celui qui loue un tel בוצע. Josué b. Korha, au contraire, recommande la conciliation des parties. Nous ne savons rien des relations de R. Eliézer, ni de celles de R. Josué avec le Patriarche, de sorte que nous ne pouvons dire que de R. Méïr qu'il déclarait le procédé de R. Simon ben Gamaliel répréhensible pour établir qu'il était indigne du Patriarcat.

Mais, si réellement R. Méïr, en blâmant Juda, pensait à R. Simon b. Gamaliel, nous devons trouver des textes où les mérites

---

[1] Jer. *Kilayim*, IX, 32 b, et *Genèse rabba*, ch. 33.

[2] Voir, pour les différentes versions de ce passage, Neubauer, *Mediaeval jewish Chronicles*, p. 28.

[3] Les Agadistes postérieurs se sont aussi fondés, dans leurs attaques contre le Patriarche, sur des versets de la Bible, mais ceux-ci étaient plus explicites : tels Bar Kappara, dans J. *Moed Katan*, III, 81 a ; *Lévit. rabba*, ch. 28 ; Graetz, IV, 3e édit., p. 199 ; — Simon b. Lakisch dans J. *Sanhéd.*, II, 20 a ; J. *Horayot*, III, 47 a ; *Gen. rabba*, ch. 78 ; Graetz, 227 ; — Juda b. Nahmani dans *Sanhéd.*, 7 b ; Graetz, 228 ; — José de Maon, J. *Sanhéd.*, II, 20 d ; *Gen. rabba*, ch. 80.

de R. Nathan, proposé par R. Méïr comme Patriarche, soient mis
en relief et attribués, de même, à un personnage de la Bible. Essayons de démontrer que ces textes existent.

Comme R. Nathan, également issu de race royale, descendait
des exilarques de Babylone, il fallait trouver pour lui une tribu
d'où fussent issus également des rois, mais qui fussent les ennemis
de la dynastie de David, dont les Patriarches se disaient les descendants : on pourrait ainsi parler, par allusion, de l'inimitié
entre R. Simon b. Gamaliel et R. Nathan. Or, la maison royale de
Saül remplit ces conditions, car ses fils Jonathan et Méphiboset
furent dépossédés du pouvoir par David. Donc, dans le cas où
R. Méïr attribuerait des qualités aux fils de Saül, nous devons
rapporter ces qualités à R. Nathan. Mais, avant tout, il s'agit de
déterminer quel est l'aïeul du roi Saül, afin que nous puissions
faire remonter l'origine de R. Nathan, non seulement à la famille
de Saül, mais jusqu'à Benjamin, l'aïeul de cette famille, comme
nous avons montré pour Simon ben Gamaliel qu'il descendait, non
seulement de David, mais aussi de Juda. Juda est-il représenté
comme coupable, Benjamin doit apparaître exempt de péché, et
R. Méïr est obligé d'attribuer à Benjamin tous les mérites imagi-
nables, tandis que R. Juda b. Ilaï, dont R. Méïr conteste l opinion relative à Juda, doit contester à son tour, les vertus attribuées par son adversaire à Benjamin. Et, de fait, il existe une
controverse entre les deux Tannaïtes sur la question de savoir
laquelle des deux tribus l'emporte sur l'autre. Nous comprenons
maintenant pourquoi ces docteurs, qui s'occupent généralement
des problèmes les plus sérieux, se mirent à examiner avec passion laquelle des douze tribus eut le courage, lors du passage de
la mer Rouge, d'entrer la première dans la mer. D'après R. Juda
ben Ilaï, la tribu qui a manifesté sa confiance en Dieu, dans cette
circonstance, a eu comme récompense la royauté, ce qui veut
dire, pour ce *Tanna*, la dignité du Patriarcat [1]. Dans la *Mekhilta*
sur Exode, xiv, 22, R. Méïr dit : « Lorsque les tribus se trouvèrent au bord de la mer, elles discutèrent pour savoir laquelle des-
cendrait la première : Benjamin s'avança résolûment. Alors les
princes de Juda, piqués de jalousie, accablèrent de pierres les
Benjamites. En récompense, le pays de Benjamin fut choisi pour

---

[1] La question de savoir en quoi la tribu de Juda méritait la royauté est déjà soulevée par R. Tarfon dans Tos. *Berakhot*, IV, 16 (voir Bacher, *Agada der Tannaïten*,
I, 354) ; quatre docteurs y font des réponses différentes. M. Kaufmann a bien voulu
appeler mon attention sur le mémoire d'Oppenheim, dans le הדוקר, I, 97 et suiv.
Ce dernier voit dans ces réponses le point de vue particulier auquel se sont placés
ces Tannaïtes pour juger la réintégration de Gamaliel II dans ses fonctions de Patriarche. Lui aussi voit dans Juda la personne du Patriarche.

le lieu de résidence de la majesté divine[1] ». On voit, par ce passage, qu'on admet l'hypothèse d'une rivalité entre les deux tribus, alors que la Bible est muette sur ce sujet, rivalité dont l'histoire ne parle qu'une seule fois, à l'époque où la maison de David combattit contre le fils de Saül (II Sam., II, 10-31) ; c'est précisément ce combat, comme nous l'avons montré et montrerons encore, qui servit à peindre la lutte entre R. Nathan et le Patriarche. D'autre part, d'après Juda b. Ilaï, c'est Nahschon b. Amminadab, prince de la tribu de Juda, qui descendit le premier dans la mer, et cette tribu reçut en récompense la couronne royale[2]. Cette controverse, qui n'a pas de fondement dans l'exégèse de la Bible, paraîtrait ridicule si l'histoire n'en expliquait l'origine et le sens. Les mots du Psaume LXVIII, 28, n'ont pas provoqué la controverse même, ils ont seulement servi de prétexte au récit et à la peinture d'événements spéciaux.

Maintenant que nous avons découvert la raison qui a inspiré la glorification de la tribu de Benjamin, que l'Écriture ne mentionne pas une seule fois, nous comprendrons aussi les autres opinions, anonymes celles-là, au sujet de l'importance et de la grandeur de cette tribu. Nous lisons dans une *Baraïta*[3] : ארבעה מתו בעטיר של

.מחש ואלו הן בנימן בן יעקב ועמרם אבי משה וישי אבי דוד וכלאב בן דוד

Dans une seconde[4] : שבעה לא שלט בהן רמה ותולעה ואלו הן

Comment Ben- .אברהם יצחק ויעקב משה ואהרן ומרים ובנימן בן יעקב

---

[1] Bacher, *Agada der Tannaiten*, II, 50, voir aussi p. 51, note 1, jusqu'où s'étend la remarque de R. Méïr.

[2] Le Patriarche R. Juda 1er expose cette pensée plus longuement. Il ne peuvait mettre en doute que la tribu de Benjamin reçut en lot l'honneur de posséder sur son territoire le sanctuaire de Jérusalem, honneur nullement inférieur à celui de posséder la royauté ; il essaie, alors, de placer, au moins, une partie du sanctuaire sur le territoire de ses ancêtres. De la ses paroles dans *Sifrè* sur Deut., XXXIII, 12 : לא יסור שבט מיהודה זו לשכת הגזית שניתנה בחלקו של יהודה • L'emplacement où était élevée la cour suprême appartenait à Juda » (cf. la version défectueuse en contradiction avec celle-ci, dans Rabbinovicz sur *Zebahim*, 118 b). Ce n'est pas sans raison qu'il attribue cette partie du sanctuaire à la tribu de Juda : elle est la plus importante, celle où se décida la vie spirituelle du peuple juif, de sorte que, s'il est vrai que l'autel se trouvait sur le sol de Benjamin, la partie du territoire où fut enseignée la Tora et où furent prises toutes les décisions, était aussi à Jérusalem sur le territoire de Juda. Cette tendance se manifeste aussi dans la Baraïta de *Sanhédrin*, 5 a : לא יסור שבט מיהודה אלו ראשי גליות שבבל שרודין את ישראל בשבט ומחוקק מבין רגליו אלו בני בניו של הלל שמלמדים תורה ברבים. On fait remarquer dans ce passage, non sans dédain, que si le pouvoir politique appartient à l'exilarcat de Babylone, le pouvoir spirituel est représenté par les Patriarches de la Palestine (voir l'idée contraire dans la *Lettre* de Scherira, dans *Medieval jewish Chronicles*, 27, de Neubauer). R. Juda 1er s'efforçait, pour faire paraître son aïeul exempt de péché, d'écarter toutes les fautes de David : déjà Rab en avait saisi le motif (*Sabbat*, 56 a).

[3] *Sabbat*, 55 b; *Baba Batra*, 17 a.

[4] *Baba Batra*, 17 a.

jamin a-t-il mérité cette distinction d'être placé au même rang
que les patriarches Ahron, Moïse et Miriam ? On s'efforcerait
en vain de trouver dans la Bible le moindre vestige d'actes divins
accomplis par Benjamin, qui auraient donné l'essor à la légende
de sa sainteté. Mais dès que nous admettons que R. Méïr, ou l'un
de ses partisans dans la lutte contre le Patriarche, est l'auteur
de ces paroles, lequel auteur désigne R. Nathan sous le nom de
Benjamin et le déclare digne du Patriarcat en l'égalant ainsi aux
plus éminents personnages du Pentateuque, la signification de
tous ces passages devient claire. La première Baraïta, dans laquelle Benjamin apparaît en compagnie de personnes assez obscures, exige un minutieux examen, qui, d'ailleurs, confirme tout
ce que nous ont enseigné les textes précités. Cependant, au premier coup d'œil, on sera frappé d'y voir figurer Jessé, père de
David, absolument ignoré, et Kilab, fils de David, qui n'est connu
que de nom. Il paraît également singulier que le père et le fils de
David soient comptés au nombre des personnes exemptes de péché, mais non David lui-même ; ce dernier doit donc être considéré comme pécheur. Mais si nous nous rappelons, comme nous
l'avons démontré, que David désigne le Patriarche Simon b. Gamaliel, il nous semble tout naturel que son ennemi ne l'ait pas
compris parmi les hommes sans péché. Si notre hypothèse est
juste, il faut aller plus loin et considérer Jessé et Kilab, les plus
proches parents de David, mentionnés dans la Baraïta, comme représentant des personnages de l'entourage du Patriarche. L'ennemi de R. Simon était tenu de parler avec la plus grande déférence du père de R. Simon, Gamaliel II, et de son fils Juda Ier,
tous deux Patriarches, d'établir un contraste entre eux et R. Simon et de les déclarer innocents des fautes dont lui était coupable. A ces deux personnages, l'auteur a associé R. Nathan,
sous le couvert de Benjamin, en le déclarant digne de figurer à
côté des patriarches.

Pour expliquer comment il se fait que Kilab mérita l'honneur
d'être mentionné parmi les personnages célèbres, il convient de
rappeler qu'il est nommé, à côté de son père David, dans un texte
également de l'époque de R. Méïr : l'examen de ce passage nous
donnera la conviction qu'il s'agit ici aussi de R. Simon b. Gamaliel et de son fils R. Juda Ier. Kilab est, en effet [1], représenté
comme un grand docteur de la Loi, que Dieu accorda au roi
David, pour le venger de l'affront que Méphiboset lui avait infligé
dans la *Halakha*. Voici le texte même de cette intéressante Ba-

---

[1] *Berakhot*, 4 a.

לא מפיבשת שמו ¹ אלא איש בשת שמו ולמה נקרא שמו מפיבשת : raïta
שהיה מבייש פני דוד בהלכה לפיכך זכה דוד ויצא ממנו כלאב. Nous
savons déjà qu'il faut lire R. Nathan sous le nom du fils de Saül et
que ce R. Nathan est représenté comme membre de la maison
royale de Saül, laquelle voulait conquérir le trône ; le texte n'offre
donc plus de difficulté. Il n'y avait, du reste, pas d'autre personnage
dans la Bible qui eût été plus propre à figurer R. Nathan dans sa
lutte pour la conquête du Patriarcat. Et si même nous n'avions eu
que cette dernière Baraïta, nous aurions deviné aussitôt, en nous
basant sur ce seul fait que Méphiboset a embarrassé le prince ré-
gnant par des questions de *Halakha*, qu'il s'agit ici de R. Nathan,
qui, grâce à ce même procédé, poussa dans ses derniers retran-
chements le Patriarche R. Simon b. Gamaliel (*Horayot*, 13 b, et
Jer. *Bikkourim*, III, 65 c). La raison pour laquelle, parmi les
nombreux fils de David, on a choisi Kilab, qui est absolument
ignoré, pour désigner R. Juda Ier, est bien simple. D'après le premier livre des Chroniques, III, 1, le second fils de David est Daniel,
descendant d'Abigaïl. Comme au seul nom de Daniel s'associe
l'idée de la plus grande sagesse, ce fils de David était bien choisi
pour représenter le Patriarche R. Juda Ier, qui passait pour le plus
grand et plus éminent docteur de la Loi. Or Daniel porte le nom de
Kilab dans le passage correspondant de II Samuel, III, 3 ; ce nom
a été substitué au premier sans qu'il y ait, sans doute, pour cela
un motif spécial, une allusion quelconque renfermée dans ce mot².
Peut-être les mots כלאב וּגְמְשֵׁנֵיהוּ, qui pouvaient faire penser à
Mischna, ont-ils été appliqués pour cette raison à R. Juda, qui,
en effet, discutait avec R. Nathan, lequel avait un jour couvert
son père de honte et l'avait une fois traité grossièrement³. La
première Baraïta comme la seconde ont pour auteur, comme le
prouve le sens général, un contemporain de R. Juda dévoué au
Patriarche, et qui rendit aussi justice à R. Nathan et reconnut sa
supériorité⁴ : R. Juda était, en effet, l'élève de R. Méïr et l'ami de

---

¹ Voir Samuel Edels et Rabbinovicz sur ce passage. M. Friedmann, dans le *Bét
Talmud*, I, 25, considère אלא איש בשת שמו comme une addition postérieure. En
dépit de l'observation faite dans *Yebamot*, 79 a, Jer. *Sanhédrin*, VI, 23 d, à propos de
II Samuel, 21, 7 (וירחמל המלך על מפיבשת בן יהונתן) : מפני שהיה מפיבשת
גדול בתורה, Méphiboset désigne ici le fils de Saül, à qui David arracha le trône
(II Sam., 2, 10). Cf. Jer. *Kiddouschin*, V, 65 c, et Tossafot *Yebamot*, 79 a.

² R. Yohanan fait déjà cette observation à ce sujet : לא כלאב שמו אלא דניאל
שמו ולמה נקרא שמו כלאב שהיה מכלים פני מפיבשת בהלכה. Voir Raschi,
sur ce passage, *Berakhot*, 4 a. V. Josèphe, *Antiquités*, vii, 1, 4, et Bloch, *Die Quellen des Flavius Josephus*, 49.

³ *Baba Batra*, 131 a ; Weiss, dans son introduction à la *Mekhilta*, p. xxxiii ; Bacher, *Agada der Tannaiten*, II, 437, note 2.

⁴ Nous rencontrons encore le nom de Méphiboset dans *Eroubin*, 53 b, (voir Kohut

R. Nathan. Au lieu de Méphiboset, que la Bible représente comme
un prétendant au trône abandonné de Dieu, le parti opposé au Patriarche choisit, pour personnifier R. Nathan, le second fils du roi
Saül, Jonathan, dont le noble caractère produit une impression
toute différente. Représenté ainsi par Jonathan, R. Nathan devint,
aux yeux de ses partisans [1], un homme qui, par modestie et par
abnégation, renonça à la fonction dont il était digne : c'est sous
cette physionomie qu'il nous apparaît dans ce passage, maintenant
facile à comprendre [2] : שלשה הניחו כתרן בעולם הזה וירשו חיי העולם
הבא ואלו הן יונתן בן שאול ואלעזר בן עזריה וזקני בתירה « Trois personnes ont déposé leur couronne en ce monde et ont conquis la
vie future : Jonathan fils de Saül, Eléazar ben Azaria et les anciens de Batyra. » Si réellement il s'agit ici de Jonathan, fils de
Saül, l'ordre dans lequel sont nommés les personnages ne serait
pas justifié par la chronologie, car les Benè Batyra renoncèrent à
leur dignité en faveur de Hillel, et R. Eléazar b. Azaria abdiqua
en faveur de Gamaliel II. Jonathan devait donc être nommé en
dernier lieu. Mais R. Nathan est facile à reconnaître sous le nom
de Jonathan, et il est, à juste titre, nommé le premier : l'auteur de
cette déclaration ouvre la série par celui-ci, son contemporain,
puis viennent à leur place R. Eléazar b. Azaria et les Benè Batyra,
les plus anciens dans la série. On fait ressortir chez tous les trois
la modestie et l'abnégation dont ils firent preuve à l'égard de la
maison patriarcale de Hillel. Dans ce passage ainsi compris, R.
Nathan, dont le nom ressemble tant à celui de Jonathan, se trouve
mieux à sa place que Jonathan [3].

On s'étonnera que, dans notre démonstration, nous ne puissions
pas citer des paroles de R. Nathan même où il se serait prononcé sur
la question qui le touchait. Mais, si nous songeons qu'il a été poussé

היכן ר' אבהו צפרן אמר להן נתיעץ במכתיר והנגיב (כתר .s .s. ,Lewy et
למסיבשת. Il désigne probablement aussi un docteur qui s'éleva contre le Patriarche, à l'époque de R. Abahou, comme R. Nathan s'était révolté contre R. Simon b. Gamaliel. Il serait trop long d'établir ici quel est ce docteur.

[1] La preuve qu'il avait des partisans, c'est que R. Yôsé b. Halafta réussit à faire
admettre de nouveau les deux conjurés, exclus de l'école, R. Méïr et R. Nathan.
R. Yôsé serait-il, par hasard, le אבי משה qui est nommé dans la Baraïta que
nous avons citée plus haut? Car c'est bien lui qui, dans Jer. Berakhot, II, 5 b, fait
l'éloge de la sainteté et de la vertu de R. Méïr de Séphoris.

[2] Jer. Pesahim, VI, 33 a.

[3] La même opinion a été émise par R. Juda Iᵉʳ, le fils de R. Simon b. Gamaliel,
dans Baba Mecia, 85 a : שלש כנורותנין הן ואלו הן אבא ורבני בתירא ויונתן
בן שאול. L'ordre chronologique y est observé, et Jonathan est bien ici réellement
fils de Saül. Il est évident que le Patriarche a opposé ce texte à celui d'en haut,
dont la pointe était dirigée contre son père, pour écarter de ce dernier le reproche
d'avoir manqué de modestie et pour le placer au rang des hommes célèbres par leur
modestie extraordinaire.

à la révolte contre le Patriarche par R. Méïr, et qu'il se réconcilia
ensuite avec R. Simon b. Gamaliel, nous comprendrons pourquoi il abandonna entièrement les soins de la lutte à son ami R.
Méïr, d'un caractère plus fougueux et plus ambitieux. R. Méïr
s'en chargea, nous savons avec quelle âpreté, d'autant plus que
dans la cause de R. Nathan, il vit la sienne propre. Il existe un
seul texte de cette époque où R. Nathan désapprouve publiquement l'innovation, hostile à son égard; dans les honneurs à rendre
au ab-bèt-din à son entrée dans l'assemblée du Synhédrin, et où
il indique, en même temps, les témoignages de respect qu'il entend recevoir. « Lorsque Josué, dit ce texte [1], entrait dans l'assemblée, Moïse ordonnait à l'interprète d'interrompre son exposé,
jusqu'à ce qu'il se fût assis à sa place. » Ces paroles sont assez
explicites pour que l'intention en soit évidente, et elles confirment
notre hypothèse au sujet de la façon dont les adversaires du Patriarche dissimulaient leur protestation contre ses procédés. R.
Nathan fait observer que la paix dont parle la bénédiction sacerdotale signifie בית דוד מלכות שלום « la paix de la royauté de la
maison de David [2] ». Peut-être entend-il par là que c'est une faveur
de Dieu de vivre dans la meilleure intelligence avec la maison du
Patriarche. Ses relations avec cette maison ne peuvent que corroborer cette façon d'entendre ses paroles.

Il nous reste à expliquer le texte du Talmud où R. Juda Ier
déclare lui-même qu'il descend de la tribu de Benjamin, et qu'il ne
fait partie de la famille de David que par un membre féminin de
cette famille. Tout d'abord, il convient de nous demander d'où
R. Juda a tiré cette information et quel mobile l'a poussé à cette
déclaration, qui était pourtant de nature à amoindrir son prestige
aux yeux du peuple, qui ne le reconnaissait comme chef, lui ainsi
que ses pères, qu'en vertu de sa descendance de David. D'après
la façon dont il s'exprime à ce sujet, il a l'air de trahir ce secret
pour la première fois, comme si auparavant il l'avait caché ou
ignoré, de sorte que nous devons admettre que cette révélation, qui ne pouvait avoir été faite par des amis de la maison
du Patriarche, avait été produite au grand jour à la suite d'une
enquête entreprise par les adversaires. En effet, nous savons
qu'il y eut à cette époque une enquête sur les familles de la
Babylonie, et comme la famille de R. Juda Ier avait quitté la
Babylonie avec Hillel, les recherches s'étendirent aussi sur son
arbre généalogique, et de curieuses révélations furent ainsi divul-

---

[1] *Sifrè* sur Nombres, xxvii, 18.
[2] *Sifrè* sur Nombres, vi, 26.

guées. Le Talmud raconte que dans l'entourage du Patriarche Juda, des voix s'élevèrent qui exprimèrent des doutes sur la pureté des familles juives de la Babylonie [1], et que R. Juda chargea son élève Hanina, ou, d'après d'autres, le père de celui-ci, Hama, d'écarter tout soupçon dans les esprits sceptiques [2]. Les doutes portèrent aussi, indirectement ou peut-être directement, sur la famille de R. Juda, comme le prouve l'observation indignée de ce dernier : קוצים אתם משימים בין עיני.

Il se servit de ces termes dans une circonstance analogue, quand il connut le projet d'examiner les registres des familles de la Babylonie [3]. C'est à un sentiment analogue que paraît faire allusion ce court passage [4] où il est dit qu'un homme vint annoncer à R. Juda Ier que sa femme avait eu avec lui, étranger, des relations coupables, et que, par suite, les fils du Patriarche étaient illégitimes [5]. Le résultat de ces recherches a sans doute été celui-là même que R. Juda Ier nous rapporte au sujet de sa propre origine, à savoir qu'il était seulement descendant d'une fille de la maison de David, mais que son ancêtre était un Benjamite [6]. Il est plus que probable que R. Hiyya a dû contribuer pour beaucoup à la découverte de ce fait. Le rouleau qui rapporte que Hillel était issu de la race de David dit, en effet, de R. Hiyya qu'il descendait de Schefatya, fils de David : il n'ajoute pas, toutefois, qu'il était un rejeton de David [7]. Cette distinction caractéristique dans la désignation des deux personnages nous porte à supposer que cette relation est due à un docteur dévoué à la maison du Patriarche, qui ne se borna pas, pour vaincre l'orgueil et l'ambition de R. Hiyya, à rappeler que Hillel était un descendant de David, mais désigna comme aïeul de R. Hiyya le fils de David, et non David lui-même. R. Juda Ier a dû redouter cette ambition pour un motif quelconque, car dans Jer. *Kilayim*, IX, 32 *b*, il déclare à R. Hiyya qu'il rendrait les plus grands honneurs à l'exilarque ba-

---

[1] *Kiddouschin*, 71 *a*. Voir *Monatsschrift*, 1879, 497.

[2] Bacher, *Agada der palàst. Amoräer*, I, p. 1, note 3.

[3] *Sanhédrin*, 38 *a* ; voir plus loin.

[4] *Sabbat*, 30 *b*.

[5] Un autre individu vint chez R. Hiyya (En Yakob lit ici aussi Rabbi, voir Samuel Edels), l'ami de R. Juda, qui était également un descendant d'une famille babylonienne issue de David, et lui rapporta que la mère de celui-ci (de R. Juda) avait commis un adultère et que R. Hiyya, par conséquent, ou Rabbi, était son fils ; voir Rabbinovicz.

[6] Pouvait-il affirmer quand même que ses descendants et lui étaient des rejetons de David ? Une observation agadique de R. Josué b. Lévi répond à cette question : celui-ci dit, dans *Meguilla*, 12 *b*, que le père de Mardochée était de la tribu de Benjamin, et que sa mère était de la tribu de Juda ; c'est pourquoi, dans Esther, II, 5, il est appelé *Judéen*, par rapport à sa mère.

[7] Jer. *Taanit*, IV, 68 *a* ; *Ketoubot*, 62 *b*.

bylonien s'il venait en Palestine. Ce n'est pas par pur hasard qu'il en fait la déclaration à R. Hiyya, car celui-ci était également originaire de la Babylonie et descendait de la même famille : il avait, sans doute, plus d'une fois, rappelé à R. Juda Ier qu'il lui était égal par la naissance, et c'est sous l'impulsion de la même pensée qu'il se permit, lors de la translation en Palestine du cadavre de l'exilarque de Babylonie, de lui annoncer, en manière de plaisanterie, que celui-ci, que R. Juda Ier avait résolu d'accueillir avec vénération, était enfin arrivé. Il est même probable que R. Hiyya avait des prétentions au Patriarcat, et que, lorsque R. Juda déclare qu'il rendrait des honneurs à l'exilarque, représentant de la maison de David en Babylonie, mais qu'il ne lui céderait pas sa dignité, il entend par là dire son fait à R. Hiyya et l'éconduire [1]. Ce n'est pas davantage sans intention que R. Juda Ier [2] demande une autre fois à R. Hiyya s'il aurait dû offrir les sacrifices expiatoires prescrits au nassi dans le Lévitique, IV, 22, dans le cas, où à l'époque du temple, il aurait commis le péché dont il est question dans ce verset. R. Hiyya fit une réponse catégorique : cette prescription, dit-il, ne peut s'appliquer au Patriarche, puisque celui-ci avait comme puissant rival l'exilarque de Babylone. De plus, le fait que les fils de R. Hiyya déclarèrent un jour, sous l'influence du vin [3], que le Messie ne viendrait pas avant la fin de l'Exilarcat en Babylonie et du Patriarcat en Palestine, ce fait, dis-je, trahit incontestablement l'opinion qu'on professait dans l'entourage de R. Hiyya sur R. Juda Ier et sa dignité. M. Weiss remarque donc avec raison qu'il manquait aux relations de ces deux docteurs cette amitié franche qui fait les liaisons solides [4] : il paraît même que R. Juda Ier se faisait violence pour vivre en bonne intelligence avec R. Hiyya, qui, lorsqu'il était irrité, pouvait devenir désagréable, fort de l'égalité de sa naissance et de sa vaste érudition.

On peut conclure de notre étude que les Patriarches de la Palestine se sont parfois trouvés dans une situation désagréable, souvent pénible, par suite de l'immigration de docteurs issus de la race de David : ils se voyaient obligés, en effet, même lorsqu'ils se distinguaient par leur érudition, de leur témoigner du respect, parce qu'ils en étaient aussi dignes que les Patriarches. C'est à

---

[1] La version araméenne dans *Ketoubot*, 62 *b*, qui rapporte que le mariage du fils de R. Juda Ier avec la fille de R. Hiyya fut empêché par suite de l'inégalité de naissance, le premier étant un descendant de Schefatya, fils de David, et R. Hiyya étant un descendant du frère de Schefatya, a, sans aucun doute, pour origine la tension des rapports entre les deux rabbins et la lutte occasionnée par l'orgueil de R. Hiyya.

[2] *Horayot*, 11 *b*.

[3] *Sanhédrin*, 38 *a*.

[4] *Zur Geschichte der Tradition*, II, 190.

cela que R. Nathan devait sa dignité officielle d'ab-bèt-din et
R. Hiyya la haute considération dont il était honoré dans la maison de R. Juda Ier : c'est à cela aussi qu'il faut attribuer l'élection
de R. Eléazar ben Azaria au Patriarcat : ils descendaient d'Ezra,
ainsi qu'on l'affirme explicitement [1]. En outre, nous avons vu
que, lorsque R. Simon b. Gamaliel s'avisa de restreindre les honneurs rendus au Babylonien R. Nathan, sa situation fut ébranlée
par les attaques, dissimulées et ouvertes, que l'ambitieux ami de
R. Nathan dirigea contre le Patriarche. Les attaques cachées se
manifestèrent sous forme de griefs à l'adresse du patriarche Juda
fils de Jacob et du roi David, les deux aïeux de R. Simon, pendant qu'on exaltait, au contraire, les mérites du patriarche Benjamin et des deux fils du roi Saül, mérites qui étaient attribués
ainsi à R. Nathan, rival du Patriarche. Les investigations que
nous avons ainsi faites et dont nous venons d'exposer le résultat,
aideront peut-être à trouver dans le vaste domaine de l'*Agada*
d'autres indications sur les événements historiques, et à mettre
au jour de nouveaux matériaux qui permettront de résoudre les
problèmes de ce genre.

ADOLPHE BUCHLER.

---

[1] Jer. *Yebamot*, I, 3 *b* ; *Taanit*, IV, 67 *d*.

USAGES JUIFS

D'APRÈS LA LITTÉRATURE RELIGIEUSE DES MUSULMANS

La doctrine de l'Islam, telle qu'elle s'est formée dans la tradition (Hadîth) musulmane, a professé à l'égard des Juifs des enseignements qu'on peut considérer, en général, comme tolérants.
Cette tradition enseigne, en effet, la bienveillance envers les
adeptes des diverses religions [1] et prescrit l'amour du prochain
même envers les autres croyants, et cela au nom du même prophète qui se montra si inexorablement cruel dans sa lutte contre
les Juifs arabes [2]. Du reste, on ne se montra, en réalité, intolérant
qu'envers les Juifs d'une partie de l'Arabie proprement dite [3], et
seulement pendant la période de formation de l'islamisme ; mais
dans les provinces conquises, on s'efforça de se montrer humain et
tolérant envers les autres croyants. La légende relative à la « maison des Juifs » de Bostra [4] montre qu'on considérait comme une
chose toute naturelle de respecter leurs anciens droits de propriété.
Il n'est pas seulement recommandé expressément aux Musulmans
de garantir la sécurité de la personne des « protégés », c'est-à-dire
des adeptes des autres cultes (*mou'âhad*) [5], mais ils sont tenus
d'accorder leur protection à tout opprimé, quelle que soit sa reli-

---

[1] Dans les instructions que Mahomet donna à Mouad ben Djebel, qui partait pour
le Yémen, il dit « qu'aucun Juif ne doit être persécuté pour sa foi » (Al-Beladori,
éd. de Goeje, 71).

[2] Cf. Wellhausen, *Muhammed in Medina*, 81.

[3] Ceux qui expulsèrent les Juifs de l'Arabie invoquèrent ces paroles attribuées à
Mahomet « que dans la péninsule arabique il n'y a pas de place pour deux religions
différentes », לא יבקין דינאן פי, ou bien לא יגתמע דינאן פי גזירה אלערב,
ארץ אלערב (Al-Muwatta, IV, 71). Il existe des divergences, exposées dans le
commentaire de Zurkâni (*s. l.*), sur les limites géographiques de la région où ces paroles de Mahomet devaient être appliquées.

[4] Porter, *Five years in Damascus*, 2e édition, p. 235, Londres, Murray, 1870.

[5] Al-Buchâri, *Kitab-el-Diya*, n° 30.

gion. L'intolérance manifestée à l'égard d'une personne d'une
autre croyance est très sévèrement blâmée. Comme Salih ben Ali,
gouverneur musulman du Liban, maltraitait les tribus soumises,
Al-Auzâ'i lui écrivit une lettre d'admonestation, dont nous ne
voulons citer ici que la fin : « Je t'engage très sincèrement à
prendre en considération l'avertissement du Prophète, qui a dit :
Celui qui opprime un protégé et lui impose une charge trop lourde
pour ses forces, celui-là, moi-même je serai son accusateur (au
jour du jugement) [1]. »

Mais si les *hadith* enseignés au nom du Prophète sont animés
d'un esprit de tolérance qu'on ne rencontre pas toujours dans le
Coran [2] et la conduite de Mahomet, il faut dire aussi qu'il y a des
degrés dans cette tolérance manifestée par l'enseignement traditionnel à l'égard des autres croyants. On sait que le *hadith* est
l'expression de la tendance religieuse qui prédomina successivement dans les divers milieux musulmans pendant la période de
développement de l'islamisme. Toutes les écoles politiques, théologiques ou sociales ont essayé d'exprimer leurs conceptions sous
forme de *hadith*. Aussi existe-t-il des *hadith* qui sont en contradiction avec l'esprit de bienveillance qui règne dans les traditions canoniques. Les idées fanatiques, repoussées par l'islamisme
orthodoxe et accueillies par les Schiites dans leurs livres religieux, qui déclarent impur tout mécréant [3], ces idées-là ont également pour elles l'autorité d'un *hadith*, qui n'a pourtant pas réussi
à s'imposer comme article de foi à la généralité des croyants.
Ainsi, Amr ben Rabah al-Abdi, de Basra, par exemple, raconte,
d'après une tradition qu'il fait remonter jusqu'à Mahomet, que ce
dernier rencontra un jour l'ange Gabriel et lui tendit la main ;
l'ange refusa de la toucher. « Lave-toi d'abord, dit-il au Prophète, car tu as touché la main d'un Juif [4]. » C'est sous l'influence d'un sentiment de ce genre que la loi hanbalite ne défend pas précisément, mais désapprouve de serrer la main d'un
Dsimmi [5].

Ce sentiment d'intolérance à l'égard des autres religions se développa principalement à la suite de la modification qui se produisit dans l'esprit gouvernemental quand la dynastie des Abbassides fit prévaloir ses tendances théocratiques. Sans doute, ces

---

[1] Al Beladori, éd. de Goeje, 162.

[2] Dans bien des cas, le *hadith*, né sous l'influence des faits, abolit une prescription
du Coran.

[3] Voir *Zâhiriten*, 61-63.

[4] Dans Al-Dahabi, *Mizan al-itidâl*, II, 232 ; le même fait, rapporté d'après
d'autres sources, *ibid.*, 275.

[5] Cf. le passage d'un code hanbalite dans *Monatsschrift* de Graetz, 1880, p. 308, 11.

princes respectaient les droits des autres croyants qui leur étaient
garantis par les anciennes traditions, et, d'un autre côté, les Juifs,
dans leurs relations avec les Musulmans, étaient assez prudents
pour honorer Mahomet comme prophète des païens [1], afin de ne
pas donner prétexte à leurs maîtres de les accuser de blasphème.
Mais il n'est pas moins vrai que les adeptes des autres cultes
étaient traités plus durement par les khalifes Abbassides que par
leurs prédécesseurs, parce que les Abbassides considéraient l'Etat
comme une *communauté religieuse* et que, par conséquent, ils
ne se croyaient pas seulement investis du pouvoir temporel,
comme leurs prédécesseurs, mais aussi, jusqu'à un certain point,
du pouvoir spirituel. Grâce à ces tendances théocratiques, l'esprit
de fanatisme qui présida [2] à tous les actes gouvernementaux
d'Omar, au début de l'Islamisme, et qui, sous les Omayades,
n'exerça pas beaucoup d'influence sur la vie publique, se réveilla
pendant le règne des Abbassides, où il put se présenter sous une
forme théologique et, par conséquent, être érigé plus facilement
en doctrine religieuse. Dans la consultation que le khalife Haroûn
al-Raschid se fit rédiger par son théologien Abou Yousouf sur
la façon d'administrer l'Etat, on trouve un chapitre spécial pour
conseiller au khalife d'appliquer des lois d'exception aux *Ahl
al dsimma* et de les obliger à porter des vêtements distinctifs
(*gijar*) [3]. Ce fut aussi à l'époque des Abbassides qu'on émit l'idée,
certainement irréalisable, d'exclure les mécréants de toute fonction [4], et qu'on tint la main, comme je l'ai montré ailleurs [5], à
l'application stricte de la loi défendant aux Juifs et aux Chrétiens
de construire de nouveaux temples.

Tous les théologiens musulmans sont unanimes sur ce point que
leurs coreligionnaires ne doivent pas suivre les mœurs des autres
croyants, principalement des Juifs et des Chrétiens, et qu'ils sont
tenus d'observer d'autres usages, surtout dans le domaine religieux. *Khâlifouhoum*, c'est-à-dire « distinguez-vous d'eux », c'est
là un principe que la littérature religieuse invoque très fréquemment pour justifier le caractère spécial de pratiques religieuses ou
autres prescrites aux Musulmans. Mais, s'il est ordonné à ces derniers de se distinguer des autres croyants, ce n'est pas par haine
contre les religions étrangères, mais plutôt parce qu'on a obéi à
une sorte de sentiment de particularisme et qu'on éprouvait une

---

[1] Voir *Appendice*, I.
[2] Kremer, *Geschichte der herrschenden Ideen des Islams*, 332-333.
[3] *Kitab al-Charag*, 72-73, éd. de Boulacq, 1302.
[4] Voir *Appendice*, II.
[5] *Z. D. M. G.*, XXXVIII, 674.

certaine aversion à faire comme des croyants dont le Prophète est censé avoir aboli les doctrines religieuses. Que Mahomet, au nom de qui on rapporte ce principe, l'ait réellement formulé lui-même, ou qu'il lui ait été attribué simplement par quelques théologiens ou par le consentement tacite de tous les Musulmans, la chose importe peu. Ce qui est certain, c'est que la littérature religieuse des Musulmans en est si pénétrée qu'on peut le considérer comme une des lois fondamentales de l'islamisme.

Nous devons pourtant ajouter que l'étude historique du développement de l'islamisme populaire [1] et doctrinaire prouve que ce principe n'a pas été mis toujours en pratique. Les emprunts faits aux autres religions et l'imitation ont été un important facteur dans la formation de ce qu'on appelle la doctrine musulmane, et le Prophète lui-même, désireux d'instituer quelques pratiques, ne semble pas toujours avoir hésité à s'adresser aux Juifs [2]. Et de fait, bien des usages ont été empruntés par les Musulmans aux Juifs, avec lesquels ils avaient, du reste, des relations fréquentes et étroites [3]. Sans parler des lois qui, d'après M. Kremer, ont passé du droit romain dans l'islamisme par l'intermédiaire de la *Halakha* juive [4], on peut montrer par de nombreux exemples l'influence directe de la loi et des coutumes juives sur la formation de la doctrine musulmane, et il serait intéressant de rechercher ce que l'islamisme a pris au judaïsme, en ne restreignant plus ces investigations aux éléments de l'Aggada [5], comme on l'a presque toujours fait jusqu'à présent, mais en les étendant jusqu'à la *Halakha*. Je me contenterai ici de citer quelques faits isolés.

[1] Pour prouver que des usages religieux étrangers se sont introduits dans l'Islamisme populaire, on pourrait citer bien des faits d'après l'ouvrage *Al-Madkhal* de Muhammed Al-Abdari (Alexandrie, 1293, 3 volumes). J'ai trouvé que bien des usages observés pour l'inhumation et pendant le deuil, et blâmés par l'auteur, qui attaque violemment tout ce qui est contraire aux sunna (au commencement du 3e volume), sont des imitations de coutumes juives.

[2] Voir, par exemple, plus loin, au nº 9 de notre article.

[3] Dans l'entourage immédiat de Mahomet, on cherchait à se mettre au courant des choses juives. Al-Buchâri, dans son *Kitab al-Ahkam*, nº 40, cite un fait assez intéressant. D'après cet auteur, Mahomet invita son secrétaire, Zeyd ben Thabit, d'étudier « l'écriture des Juifs », כתאב אליהוד, pour qu'il pût se charger de la correspondance du Prophète avec les Juifs et lui lire leurs lettres, חתי כתבת ללנבי צלעם כתבה ואקראתה כתבהם אלא כתבוא אליה. S'agit-il ici simplement des caractères hébraïques (cf. Sprenger, *Das Leben und die Lehre des Mohammed*, III, p. xxix) ou de la langue hébraïque? Faut-il supposer que déjà à ce moment, les Juifs écrivaient la langue arabe en caractères hébraïques? Un *hadîth* parallèle rapporte que Zeyd consacra un demi-mois à cette étude. Un passage du *Usd al-gaba*, II, 223, 9, rapporte que ce même Zeyd, sur l'ordre du Prophète, apprit le syriaque pour traduire certains écrits composés dans cette langue.

[4] Kremer, *Culturgeschichte des Orients unter den Chalifen*, I, 535.

[5] D'après Al-Buchâri, *Da'awât*, nº 37, Aïscha aurait reçu, à Médine, de deux vieilles femmes juives les idées relatives au חבוט הקבר.

De nombreux recueils de traditions[1] racontent longuement que Mahomet voulant un jour appliquer la loi biblique à un couple adultère juif, les Juifs, pour faire infliger aux coupables un châtiment moins rigoureux, cachèrent au Prophète que, d'après la Tora, ils devaient être lapidés ; mais le converti Abdalla ben Salam fit connaître la vérité au Prophète. C'est ainsi que le fait principal est rapporté dans les diverses versions des recueils canoniques. Mais il existe également une relation traditionnelle considérée comme apocryphe[2], qui nous paraît particulièrement instructive au point de vue de l'action exercée par le judaïsme sur l'islamisme. Elle se trouve dans l'*At-tahkîk fî ahadîth al-ta'lîk* d'Abou-l-Farag Ibn al-Gauzi (ms. 1772 de la bibliothèque de l'Université de Leyde), f° 256 *b*. Nous donnons ici le texte de ce passage :

.. עֵן מג׳אלד בן אלשׁעבי עז ג׳אבר עז אתי אלנבי צלّעם יהודי
ויהודיה קד זניא פקאל׳ לליהוד מא נמנעכם אן תקרימוא עליה אלחד
פקאלوא כנّא נפכר אד כאן׳ אלמלך לנא פלמّא אן ד׳הב מלכנא פלا
נג׳תרי עלי אלפעל פקאל׳ פכّאל כהם איתוני באעלם רג׳לין פיכבّ פאתوذ
באבני צוריא פקאל להמא אנתמא אעّלם מן וראבّמא קאلا יקولون קאל׳
פאנשّדכמא באללّה אלّי אנזל אלתוריّה עלי מוסי כיף תג׳דون חדّالما
פי אלתוריّה פקالا אלّا שהד ארבעה אנהם ראה ידכّלה פיהא כמא
ידכّל אלמّיל פי אלمכחلّה רגם קאל איתוני באלשّהود פשّהد
ארבעّה פרג׳מהמא אלנبي צلّעם.

Il est hors de doute que ce récit a été arrangé pour justifier l'adoption du châtiment[3] qui, d'après les légistes musulmans, doit être infligé pour crime d'adultère. Du reste, il y a encore une autre anecdote où l'on voit que du temps du khalife Omar, cette même loi relative à l'adultère a été appliquée dans les mêmes conditions[4]. Il est impossible d'admettre que ce soit par pur hasard que le droit musulman, pour punir l'adultère, exige la même condition que le droit talmudique et la formule dans les mêmes termes כמכחול בשפופרת (*Maccot*, 7 *a*), d'autant plus que le *hadith*

---

[1] Al-Muwatta, IV, 3 ; Al-Buchâri, *Tauhid*, n° 51 ; *Muharabûn*, n° 10 ; *Manakib*, n° 26 ; *Tafsir*, n° 31 ; cf. *Z. D. M. G.*, XXXII, 345.

[2] A propos de ce *hadith*, Ibn al-Gauzi fait observer, dans son *Epikrisis,* qu'il n'est rapporté que par Mugalid qui, d'après Ahmed [ben Hanbal] et Yahya [ben Ma'in], ne mérite aucune créance (לْיס בשׁי) et dont les informations, à en croire Ibn Hibbân, ne peuvent pas servir d'arguments légaux (לا יג׳וز אלאחתהגאג׳ בה).

[3] Al-Mâwerdi, *Constitutiones politicæ,* éd. Enger, 383, 8 : פי אלمرود׳ בدכול אלמכחلה ; cf. Al-Balâdori, éd. de Goeje, 315-6. Parmi les codes, je ne mentionne que Kudûri, éd. Kasan, 104 , *Muchtasar al-wikaja, ibid* , 168.

[4] *Agani*, XIV, 146.

que nous avons rapporté plus haut montre clairement qu'on avait
pris des informations, pour cette loi sur l'adultère, auprès des
Juifs. Peut-être même ce *hadith* n'a-t-il pas été accueilli dans les
recueils de traditions authentiques précisément parce qu'il révèle
trop ouvertement l'influence juive, car on ne voulait pas avouer
que le droit musulman eût emprunté un de ses paragraphes à la
législation juive (à la *Taurât*, comme disent les Musulmans). On
voit donc que des éléments étrangers se sont glissés dans l'islamisme, quoiqu'en théorie, on ait adopté de très bonne heure le
principe, que les théologiens appellent *moukhâlafat ahl al-Kitâb*,
« l'action de se distinguer des gens du livre », c'est-à-dire des
Juifs et des Chrétiens. Bien des lois, bien des rites et même bien
des usages de la vie ordinaire n'ont d'autre raison d'être, d'après
l'exposé des motifs, que le désir, chez les Musulmans, de ne pas
imiter les autres croyants et de se distinguer d'eux le plus possible.
C'est là un trait caractéristique de l'islamisme, dans la position
qu'il a prise vis-à-vis des religions fondées sur un livre, et particulièrement du judaïsme [1].

En 1880, j'ai publié dans la *Monatsschrift* de Graetz (XXIX,
302-315, et 355-365), sous le titre de *Ueber jüdische Sitten und
Gebräuche aus muhammedanischen Schriften*, une série de faits
prouvant que souvent les théologiens musulmans ont institué des
pratiques pour la seule raison d'empêcher leurs coreligionnaires
de faire comme les autres croyants. Je vais donner ici une suite
à cette étude, sans avoir pourtant la prétention d'épuiser le sujet
et de ne plus laisser rien à glaner derrière moi. Nous aurons
en même temps l'occasion de montrer que bien des usages sont
qualifiés dans la littérature religieuse musulmane comme étant
spécialement juifs, sans que cette qualification puisse être aucunement justifiée.

USAGES RITUELS [2].

1. La Soura II, 182, voulant indiquer la durée du jeûne du Ramadan, dit : « Mangez et buvez (pendant la nuit) jusqu'à ce que

---

[1] On remarquera, dans les citations qui vont suivre, que ceux qui rapportent les
traditions ajoutent arbitrairement par ci par là le mot ואלכצאורי (et les Chrétiens)
au mot אליהוד (les Juifs).

[2] Les ouvrages contenant les *hadith* sont cités ici d'après les éditions mentionnées
dans la préface du 2ᵉ volume de mes *Muhammedanische Studien*.

vous puissiez distinguer le fil blanc du fil noir de l'aurore; ensuite observez un jeûne absolu jusqu'à la nuit », ‎וכלוא ואשרכרוא חתי‎, ‎יתבין לכם אלכים אלאביץ מן אלכיט אלאסוד מן אלפגר– חם‎ ‎אלליל אלי אלציאם אחמרוא•‎ A ce propos, on trouve dans les *Hadith* (voir principalement Al-Buchârî, *Kitâb al-çaum*, nᵒˢ 16-20; Muslim, III, 78-81) divers récits pour prouver que le Prophète tient beaucoup à ce que les vrais croyants ne commencent leur jeûne qu'à l'aube; ils doivent considérer les heures précédant l'aurore comme faisant encore partie de la nuit, pendant laquelle il est prescrit d'interrompre le jeûne du Ramadan. La tradition ajoute même que Mahomet fit observer que, pour commencer chaque jour le jeûne, il ne faut pas s'en rapporter à Bilâl, son muezzin favori, qui a l'habitude d'annoncer la prière du matin avant l'heure réglementaire, mais à l'aveugle Ibn Oumm Maktoûm, accoutumé à faire cette annonce au moment précis. Par conséquent, il ne faut pas négliger de manger le jour du jeûne avant l'aube, car c'est un repas béni : ‎תסחרוא פאן פי אלסחור ברכה•‎ Cette prescription, toute particulière au jeûne musulman, est indiquée comme devant le distinguer du jeûne des *Ahl al-Kitâb*, c'est-à-dire, dans ce cas spécial, du jeûne des Juifs. Dans Al-Dârimî (*Sounan*, p. 214), un client d'Amr ibn al-'Aç, le conquérant de l'Egypte, raconte que son patron ordonna à ses serviteurs de lui préparer un repas pour le matin du jour de jeûne (‎אן נצנע לה אלטעאם יתסחר‎ ‎כה‎). Le repas servi, il y goûta à peine, et lorsqu'on lui en demanda la raison, il répondit : « Je n'ai pas fait préparer ces aliments parce que j'avais faim, mais parce que j'avais entendu de la bouche du Prophète que ce qui distingue notre jeûne de celui des *Ahl al-Kitâb*, c'est le repas du matin. » Les recueils de *hadith*, sans rapporter le récit du client d'Amr, mentionnent le principe qui en est la conclusion comme une sentence du Prophète : ‎פצל‎ ‎מא בין ציאמנזא וציאם אהל אלכתאב אכלה אלסחר‎ [1].

2. Mais, s'il est prescrit de tarder à commencer le jeûne, il est également ordonné de s'empresser de le rompre à la fin de chaque jour du Ramadan (Al Buchâri, *Kitâb al-çaum*, nᵒ 45). « Quand la nuit approche, quand le jour disparaît et que le soleil se cache, on rompt le jeûne », ‎אלא אקבל אלליל ואדבר אלנהאר‎ ‎ונאכת אלשמס פקד אפטר אלצאים‎ (Muslim, III, 83). Le Prophète aurait particulièrement fait remarquer la grande importance que la tradition attache à la rupture rapide du jeûne. On fait intervenir Dieu lui-même, qui déclare qu'il aime les hommes

---

[1] Muslim, III, 82; Abou Dawud, I, 234; Al-Tirmidi, I, 136 Al-Nasâi, I, 195.

en proportion de leur empressement à rompre le jeûne : קאל
אללה עֿז וגֿלّ אחבّ עבאדי אלّ אעגֿלהם פטרא (Al-Tirmidi, I, 135).
Et ailleurs : « Mon peuple conforme sa conduite à ma sunna
tant qu'il rompt son jeûne avant l'apparition des étoiles », לא
תזאל אמתי עלי סנתי מא לם תנתטֿר בפטרהא אלנגֿום (Ibn Hibban
et Al-Mustadrik, dans Al-Kastallâni, III, 448). Ce dernier passage, qui ne se trouve pas dans les deux *Sahîh*, laisse déjà entrevoir qu'il s'agit là aussi de faire autrement que les Juifs. Cela est
dit explicitement dans la version qu'Ibn Maga, 123, donne de
ce *hadîth* : עגֿלוא אלפטר פאן אליהוד יוכֿרון, « hâtez-vous de
rompre le jeûne, car les Juifs tardent à le faire. » Et Abou Da-
woud, I, 135, dit : לא יזאל אלדין טֿאהרא מא עגֿّל אלנאס אלפטר לאןّ
אליהוד ואלנצארי יוכֿרון « la religion ne cessera pas d'être victorieuse tant que les hommes se hâteront de rompre le jeûne, car
les Juifs et les Chrétiens y mettent de la lenteur. »

3. Les matériaux livrés par la tradition au sujet de l'institution
du jeûne d'Aschoura [1], fixé à l'origine par Mahomet au dix du
premier mois (Muharram), sont assez confus; ce jeûne répondait
certainement au *Yom Kippour* juif. D'après quelques récits, ce
jeûne aurait déjà été observé à La Mecque; d'après d'autres, Mahomet l'aurait établi à Médine, en imitation du *Yom Kippour* des
Juifs, qui auraient déclaré que ce jeûne était si important pour eux
parce qu'il leur rappelait la ruine de Pharaon et la délivrance des
Israélites. Quand Mahomet commença à se soustraire totalement
à l'influence juive, il abolit le jeûne d'Aschoura et le remplaça par
le Ramadan, laissant pourtant aux croyants la faculté d'observer
également l'Aschoura, que lui, dit-on, continua à célébrer : הדֿא
יום עאשורא ולם יכתב אללה עליכם ציאמה ואנא צאים פמן אחב
מנכם אן יצום פליצם ומן אחבّ מנכם אן יפטר פליפטר. Les éléments
nécessaires pour juger en connaissance de cause jusqu'à quel point
l'islamisme s'est laissé influencer par le Yom Kippour se trouvent
abondamment dans Muslim, III, 98-103; plus brièvement dans
Al-Buchâri, *Kitâb al-çaum*, n° 69, et Ibn Maga, 125. Pour l'objet
particulier de notre étude, le récit suivant présente un intérêt très
grand ; il ne se trouve pas dans Buchâri, mais n'est rapporté que
dans Muslim (p. 102), et est attribué à Abdallah ibn Abbas : חין
צאם רסול אללה צלעם יום עאשורא ואמר בציאמה קאלוא יא רסול
אללה יום תעטֿמה אליהוד ואלנצארי פקאל רסול אללה פאדֿא כאן
אלעאם אלמקבל אן שא אללה צמנא אליום אלתאסע קאל פלם יאת

---

[1] Cf. Sprenger, *Leben und Lehre des Mohammed*, III, 53.
[2] Voir plus haut, page 80, note 1.

אלעאם אלמקבל חתי תופֿי רסול אללה צלעם « Quand le Prophète
commença à jeûner le jour d'Aschoura et ordonna (aux autres) de
jeûner, on lui dit : O Prophète, c'est là un jour qui est célébré par
les Juifs et les Chrétiens ! Il répondit : L'année prochaine, avec
la volonté de Dieu, nous jeûnerons le neuvième jour (pour nous
distinguer des Juifs). L'année suivante, le prophète était déjà
mort. » Al-Tirmidi (I, 145) attribue même à Ibn Abbas ces paroles : צומוא אלתאסע ואלעאשר וכאלפוא אליהוד, « Jeûnez le neuvième et le dixième jours et distinguez-vous ainsi des Juifs ». Une
tradition rapportée par Ahmed ben Hanbal (dans Al-Kastallâni,
III, 482) va plus loin : צומוא יום עאשורא וכאלפוא אליהוד וצומוא
קבלה יומא ובעדה יומא, « Jeûnez le jour d'Aschoura, mais, pour
vous distinguer des Juifs, jeûnez un jour avant (le 9) et un jour
après (le 11). »

4. Le « jeûne d'Aschoura » des Juifs excitait l'étonnement des
Musulmans parce qu'ils trouvaient absurde qu'un עיד, un jour
de fête, où, d'après l'aveu des Juifs de Khaïbar, « ils faisaient
mettre à leurs femmes leurs bijoux et leurs plus beaux atours[1] »,
qu'un tel jour fût en même temps un jour de jeûne. C'est pour
éviter une telle contradiction qu'on leur interdit de consacrer le
vendredi à un jeûne qu'ils se seraient imposé, parce que ce jour
est considéré comme férié et ne peut pas être attristé par un
jeûne, à moins que le vendredi ne fasse partie de toute une série
de jours de jeûne, comme pendant le Ramadan. Aussi n'était-il
permis de jeûner le vendredi que si l'on jeûnait en même temps le
samedi (Al-Buchâri, l. c., n° 63 ; Muslim, l. c., 105 ; Al-Tirmidi, I,
145 ; Ibn Maga, 124). Les hadith si brefs mentionnés dans ces
passages sont ainsi complétés dans le Mustadrak (cf. Usd al-
gaba, III, 92) : יום אלגמעה עיד סלא תגﻠﻮא יום עידכם יום צאמכם
אלא אן תצומוא קבלה או בעדה. A une époque plus ancienne, il
paraît encore y avoir eu contestation au sujet de cette question, car
Malik ibn Anas (mort en 795) dit dans son Al-Muwatta, II, 127 :
« Je n'ai jamais entendu dire par un théologien ou un légiste ou par
quelque autre personne qui ait de l'autorité dans ces questions
qu'il est défendu de jeûner le vendredi; c'est, au contraire, une
œuvre pie. J'ai vu un homme très instruit jeûnant un vendredi; il
avait même choisi intentionnellement ce jour pour jeûner », לם
אסמע אחדא מן אהל אלעלם ואלסקה ומן יקתדי בה ינהי ען ציאם
יום אלגמעה וציאמה חסן וקד ראית בעץ אהל אלעלם יצומה וראראה

כאן יתחראה. Mais nous avons vu plus haut qu'un siècle après Malik, l'opinion qu'il avait rejetée était rapportée dans divers recueils
de traditions au nom même de Mahomet et mentionnée comme
faisant loi. Plus tard, on justifia la défense de jeûner le vendredi
en disant qu'il ne fallait pas imiter les Juifs, qui observent leur
jeûne principal pendant un jour de fête. Ainsi, on lit dans Al-
Dahabi, *Mizan al-i'tidal*, I, 222 : לא תצומרא יום אלגמעה תתכלונה
עידא כמא סעלרת אליהוד ואלנצאר ולכן צומרא יומא קבלה ויומא
בעדה. Et ailleurs (Al-Kastallâni, III, 471) : לא יתשבה באליהוד פי
אסראדהם צום יום אלאגתמאע פי מעבדהם, « il ne faut pas res-
sembler aux Juifs, qui ont désigné, pour y jeûner, le jour où ils
se réunissent dans leurs temples. » Comme, dans la suite de ce
passage, il est aussi question des Chrétiens, il ne peut s'agir que
du vendredi-saint.

5. D'après les *hadith* qui font autorité [1], le temps pendant lequel on peut réciter la prière du soir (*al-magrib*) commence au
coucher du soleil et dure jusqu'à la disparition complète de la
lueur rouge (*al-shafak*) qui accompagne le coucher du soleil. Ensuite, quand l'obscurité arrive, commence le temps de la prière de
la nuit (*al-isha*). Bien des sentences relatives à cette question re-
commandent instamment de faire la prière du soir le plus tôt possible, dès que l'heure règlementaire a sonné, et de ne pas attendre
jusqu'à l'extrême limite du temps où il est permis de la faire.
Voici ce qu'on lit dans Ibn Maga, 30, et Al-Bagawi, *Masabih al-
sunna*, I, 31 : לא תזאל אמתי עלי אלפטרה [2] מא לם יולרוא אלמגרב
חתי תשתבך אלנגום, « mon peuple (dit le Prophète) ne cessera pas
de persister dans la vraie foi tant qu'il ne retardera pas la prière
du soir jusqu'au moment où les étoiles paraissent en grand
nombre. » Un autre fait prouve encore combien on tenait à ce que
la prière du soir fût récitée le plus tôt possible, c'est qu'on met
dans la bouche du Prophète une sentence par laquelle il défend
instamment d'appeler le coucher du soleil *al-isha*, à la manière
des Bédouins (Al-Buchâri, n° 18). Le théologien Al-Shafii tenait tellement à faire réciter la prière du soir le plus tôt possible, qu'après avoir indiqué jusqu'à quel moment on pouvait la
réciter, il revint sur sa première indication et avança cette
limite [3]. Il est vrai que les autres théologiens ne se sont pas rangés à son avis.

---

[1] Les textes sont faciles à trouver dans les ouvrages spéciaux, dans le chapitre
relatif aux heures des prières (*Mawâkit al-çalât*), voir particulièrement Al-Tirmidi,
I, 35.

[2] Bag., בכיר. « dans le bien ».

[3] *Minhag al-talibin*, éd. Van den Berg, I, 60, Batavia, 1882.

Cette recommandation de réciter le plus tôt possible la prière du soir a été également inspirée par le désir de se distinguer des Juifs, qui ne font cette prière que « lorsque les ténèbres apparaissent », אנתטאר מצאהדאה אלאטלאם אליהוד (*hadith* d'Ahmed ben Hanbal, d'après Al-Zurkani, I, 23, 2, et Ibn Hagar, *Içaba*, IV, 276).

6. On lit dans Al-Dahabi, *Mizan al-t'tidal*, II, 87 : בן עבאדה אבן אלצאמת סאלת רסול אללה צלעם ען קול אלנאס תקבّל אללה מّא ומנכם קאל לאך ען אהל אלכתאב וכרהה. « Oubada ben Al-Samit raconte : J'ai interrogé le Prophète sur l'habitude qu'ont les gens de se dire les uns aux autres (après la prière) : Puisse Dieu exaucer notre prière et la vôtre ! Le Prophète me répondit : C'est une habitude empruntée au « peuple du Livre », et je la désapprouve »

7. Dans Al-Muwatta, I, 358-360, est examinée la question de savoir s'il faut autoriser les femmes à prendre part aux prières publiques dans les mosquées. On cite alors cette parole du Prophète : « N'éloignez pas les servantes de Dieu des mosquées de Dieu. » Par contre, on raconte d'Omar qu'il ne permit qu'à contre-cœur à sa femme d'aller dans les mosquées. La conclusion est donnée par Aïscha : « Si le Prophète, dit-elle, avait pu voir de son vivant comment se comportent maintenant les femmes, il leur aurait défendu de pénétrer dans les mosquées, comme on l'a fait pour les femmes des Banou Israil[1]. » Celui qui rapporte ces paroles demanda alors à la personne qui les lui communiqua s'il était vraiment interdit aux femmes des Banou Israil d'entrer dans les mosquées ; la réponse fut affirmative. Le commentaire de Zurkâni (p. 360) complète, d'après une autre source, ces paroles d'Aïscha, qui aurait ajouté que les femmes des Banou Israil avaient l'habitude de mettre des chaussures en bois[2] et coquetaient avec les hommes dans les mosquées : כּל נסא בני אסראייל יתّכّלן ארגלא מן כשב יתשוֹפן ללרّגאל פי אלמסאגד פחרם אללה עליהן אלמסאגד.

8. Dans Al-Tirmidi, II, 162 : ען אנס קאל כאנת אליהוד אלّא חאצת אמראّה מנהן לם יואכלוהّא ולם ישארבוהّא ולם יגّאמעוהّא פי אלביורת פסّל אלנבי צלّעם ען דלך פאנזّל אללה תעّ ויסّלונך עّן אלמחיץ קל הו אדّי פאמרהם רסול אללה צלّעם אן יואכלוהן

---

[1] Il est assez singulier qu'Al-Zurkâni n'applique pas ces mots au peuple juif en général, mais aux fils du patriarche Jacob.

[2] On veut certainement désigner par là la chaussure que, dans l'Orient moderne, on nomme *Kabkâb* ou *Kubkâb*. Voir E. Lane, *Manners and Customs of the modern Egyptians*, 5e éd., I, 55, Londres, 1871.

וישׁתארבותהׁן ואן יכונוא מעהׁן סי אלביות ואן יסעלוא כל שׁי מא בֿלא
אלנכאה סקאלת אליהוד מא יריד אן ידע שׁיא מן אמרנא אלא
כֿאלפֿנא פֿיה, « d'Anas (ben Malik). Celui-ci raconte : Les Juifs ne
mangent ni ne boivent avec une femme qui a ses menstrues et
ne restent pas avec elle dans la même maison. On interrogea le
Prophète à ce sujet, et Dieu lui fit cette révélation (Soura, II,
222) : « Ils te consultent sur la menstruation ; réponds que c'est
un dommage [séparez-vous des femmes quand elles sont dans cet
état et n'en approchez pas jusqu'à ce qu'elles soient redevenues
pures]. » Le Prophète ordonna donc de manger et de boire avec
elles, de demeurer dans la même maison, et, en général, de faire
tout, mais non de cohabiter. Alors les Juifs dirent : Il veut que
rien ne reste de ce qui nous a été prescrit sans qu'il le change. »
Dans Al-Buchâri, *Kitab al-Hejd*, n° 6, dans Muslim, I, 359, et
dans Al-Muwatta, I, 103, on trouve citée la loi d'une façon très
brève, sans les détails donnés par Al-Tirmidi et sans aucune mention des Juifs. Al-Tirmidi aussi cite ailleurs (I, 29), sur cette question, un *hadith* plus bref, où il ne parle pas des Juifs. Dans le
Kitab al-tafsir, d'où nous avons extrait le passage ci-dessus d'Al-
Tirmidi, les deux Sahih n'ont fait aucune remarque sur le verset
du Coran. On voit donc que ce *hadith* ne se trouve pas dans les
anciennes versions, et il n'est pas impossible qu'il ait pris la
forme qu'il a dans notre texte à l'époque où la secte caraïte était
déjà organisée [1].

Nous ferons remarquer, en passant, que l'usage d'isoler complètement la femme pendant l'époque de la menstruation semble
avoir déjà existé chez les anciens Arabes, avant l'islamisme.
Le fait suivant, rapporté dans Agani, II, 37, 18, offre pour cette
question une certaine importance. On isola la fille d'un prince de
la tribu de Kudaa, en Mésopotamie, au moment de ses menstrues,
פֿאברגת אלי אלרבֿץ, et elle fut emmenée hors de la partie habitée
de la ville. Cette coutume a peut-être été adoptée sous l'influence
des Perses. La raison invoquée pour expliquer cet usage (Yakut,
II, 282) ne peut naturellement pas servir pour le juger [2].

9. Dans *Usd al-gaba*, IV, 324, Mohammed, fils du converti
Abdallah ben Salam, raconte : « Le Prophète vint chez nous et
nous dit : Allah vous a loués (vous, Juifs) pour les questions de

---

[1] Cf. Schwarz, *Die Controversen der Schammaiten und Hillelilen*, I (Vienne,
1893), et les citations faites dans cet ouvrage.

[2] Sur l'éloignement des femmes, pendant la période des menstrues, du culte public chez les anciens Arabes, voir S. Wellhausen dans les Comptes rendus de la Société royale des sciences de Gœttingue, 1893, p. 455, note 3.

pureté, ne voulez-vous pas me donner de renseignements sur ce point? Ils répondirent : Nous trouvons écrit dans la Taurat qu'il faut se purifier avec de l'eau. » אתאנא רסול אללה צלעם פי ביתנא. ספאל אן אללה תע' קד אתני עליכם פי אלטהור אסלא חבברוני קאלוא אנא נגדה מכתובא עלינא פי אלתוראה אן אלאסתנגא באלמא. On suppose donc, dans ce récit, que Mahomet voulait connaître des Juifs certaines prescriptions. *Ibid.*, 323. Dans ce passage, le Prophète, pour connaître ces lois, s'adresse aux *Ançar*, qui lui disent : כאן פינא אהל אלכתאב וכאן אחדהם אדא גא מן טרסיה אללא גסל באלמא. Nous trouvons encore ailleurs un texte (*ibid.*, 158) où nous voyons qu'on cherche à rendre ridicules les Juifs; voici ce que les Ançar disent de leurs voisins juifs : כאן לנא גיראן מן אליהוד כאנוא יגסלון אדבארהם מן אלגאיט פנסלמא כמא גסלוא.

10. Al-Tirmidi, I, 139, et Abou-Dawud, II, 91 : ען אבי האשם יעני אלרמאני ען זאדאן ען סלמאן קאל קראת פי אלתוראה אן ברכה אלטעאם אלוצו קבלה' פדכרת דלך ללנבי צלעם [פאכברתה במא קראת פי אלתוראה]' פקאל רסול אללה צלעם ברכה אלטעאם אלוצו קבלה ואלוצו בעדה. « Abou Haschim rapporte au nom de Zadan et celui-ci au nom de Salmân. Ce dernier raconta : J'ai lu dans la Taurat que le repas est béni par l'ablution qui le précède [2], et j'en ai informé le Prophète et lui ai communiqué ce que j'avais lu dans la Taurat. Il me dit : Le repas est béni par l'ablution faite avant et après. »

11. D'après Abu-Dawud, II, 43, Ahmed ben Hanbal dans son *Musnad* et d'autres ouvrages de Sunan, dans Al-Zurkani, II, 20. Al-Shaarani, *Kashf al-gumma* (Caire, 1281), I, 240. D'abord le Prophète avait l'habitude de se lever [4] devant chaque cadavre [5], et de rester debout jusqu'à ce que le cadavre fût inhumé. Un jour, un rabbin juif passa devant lui et lui dit : Nous aussi nous agissons ainsi. Alors le Prophète s'assit et dit : Asseyez-vous pour faire autrement qu'eux. » וכאן רסול אללה צלעם יקום פי אלגנאזה חתי תוצע. פי אללחד פמר בה חבר מן אליהוד פקאל הכדא נפעל פגלס אלנבי פקאל אגלסוא באלפדהם.

---

[1] Dans Al-Tirmidi, בעדה.

[2] Les mots entre crochets ne se trouvent que dans Al-Tirmidi.

[3] D'après Al-Tirmidi, « qui le suit ».

[4] Même devant le cadavre d'un Juif, et à quelqu'un qui s'en étonnait il répondit: *Aleisat nafsan*, « n'est-ce donc pas une âme ? » (Al-Buchâri, *Kitab al-ganaiz*, n° 49 ; cf. *Revue de l'histoire des religions*, XVI, 160).

[5] *Muhammedanische Studien*, II, 224.

12. Il est d'usage chez les Musulmans de marcher vite avec le cercueil, et pour expliquer cette coutume une tradition dit « qu'il ne faut pas aller à pas lents avec le cercueil, comme le font les Juifs », ולא תדבّוא בהא כדביב אליהוד (Al-Abdari, *Madchal*, III, 26).

13. Un *hadith*, mentionné dans le *Musnad* d'Ahmed ben Hanbal (qu'on trouve dans Al-Kastallâni sur Al-Buchâri, *Kitab al-ganaïz*, nᵒ 79, II, 505), explique ainsi la différence qui existe chez les musulmans et les « gens du Livre » dans la manière de procéder à la sépulture des morts : אללחד לנא ואלשק לאהל אלכתאב, c'est-à-dire « nous enterrons nos morts en pratiquant une niche latérale (לחד) dans la fosse, tandis que les gens du Livre fendent simplement la terre (שק) pour y creuser la fosse. »

II

DOGMES.

14. Au point de vue dogmatique, la plus grave accusation dirigée par les polémistes musulmans contre la religion juive est qu'elle enseigne le תגסים, c'est-à-dire qu'elle donne des attributs corporels à la divinité [1]. Cette accusation, dont les premières traces se trouvent dans les *hadith* [2], est partout répétée dans les écrits polémiques des musulmans et s'appuie le plus souvent sur des textes aggadiques [3].

Parmi les divergences dogmatiques qui, dans les temps anciens, ont été exprimées sous forme de *hadith*, je n'en veux citer qu'une seule. On rapporte au nom de l'Ançar Thabit ben Al-Harith, tombé à la bataille de Bedr aux côtés de Mahomet, les paroles suivantes (*Usd al-gaba*, I, 221) : « Les Juifs, en perdant un petit

---

[1] Cf. *Monatsschrift* de Graetz, 1880, p. 409 ; Fürst, *Geschichte des Karäerthums*, I, 167.

[2] Al-Buchâri, *Tauhîd*, nᵒ 20; *Tafsîr*, nᵒ 263, et un long passage dans Kastallâni, VII, 114 et 358.

[3] Voir Ibn Hazm, dans *Jeschurun*, de Kobak, 1872, p 98 suiv. Ibn Tejmiya (décédé en 1328), qui eut lui-même beaucoup à souffrir à cause de certaines idées entachées d'anthropomorphisme (*Zahiriten*, 190), dit des Juifs, dans un écrit de polémique dirigé contre les Chrétiens : ומן גלאה אלמגّסמה אליהוד מן יחכי ענה אנה קאל אן אללה תע' בכי עלי אלטופאן חתי רّמד ועאדתה אלמלאיכה ואנّה נזם חתי עץ ידה וגّרי מנהא אלדם ודלא כפר ואצّה.

enfant, ont l'habitude de dire : c'est un צדיק (c'est-à-dire que cet enfant, mort innocent, participera à la béatitude céleste). Mahomet l'entendit et dit : Les Juifs mentent; Dieu ne crée pas d'âme dans le sein maternel sans décider d'avance si cette âme sera sauvée ou damnée. C'est à ce point que se rapportent les paroles du Coran, LIII, 33 : כאנת יהוד תקול אלא הלך להם אלסגיר קאלוא הו צדיק פבלג דלך אלנבי צלעם פקאל כדבת יהוד מא מן נסמה יכלקהא אללה חע' פי בטן אמה אלא אנה שקי או סעיד פאנזל אללה חע' הלה אלאיה הו אעלם בכם אלא אנסאכם אלך.

15. Al-Scharani, *Kashf al-gumma*, II, 113 : קאל אבן עבאס רצֵי אללה ענהמא וכאנת אליהוד תקול אלעזל הו אלמוׄודה אלצגרי פקאל אלנבי צלעם כדבת יהוד אן אללה עז וגל לו אראד אן יכלק שיא לם יצרסה, יסתטע אחד אן, « Ibn Abbas raconta (au prophète) : Les Juifs disent qu'empêcher de concevoir, c'est, en petit [1], ensevelir des enfants. Le Prophète répliqua : Les Juifs mentent; si Dieu veut appeler quelque chose à la vie, personne ne peut l'en empêcher. »

III

HABITUDES DE LA VIE ORDINAIRE.

16. Dans un article de la *Monatsschrift* (1880, 310 suiv.), il est question du *sadal*, que Mahomet considère comme exclusivement juif et qu'il défend aux croyants d'imiter. Ce *sadal* désigne une certaine façon de porter le vêtement supérieur pendant la prière [2]. Les recueils de traditions parlent pourtant encore d'un autre *sadal* qui est également indiqué comme un usage juif. On peut voir, sur ce sujet, Al-Buchâri, *Kitab al-manakib*, n° 23; Libâs, n° 70; Al-Nasâï, II, 229; Ibn Maga, 267; cf. *Lisán al-arab*, XIII, 354 : כאן אלנבי צלעם יֻחב מואפקה אהל אלכתאב פימא לם יומר פיה וכאן אהל אלכתאב יסדלון אשעארהם וכאן אלמשרכון יפרקון פסדל אלנבי צלעם נאציתה הם פרק בעד. « Le Prophète aimait à se trouver d'accord avec les gens du Livre pour les cas où il ne lui était pas ordonné (de faire le contraire). Les gens du

---

[1] Allusion à la coutume de certaines tribus païennes arabes qui ensevelissaient leurs filles toutes vivantes.

[2] Le passage publié dans la *Monatsschrift* (1880, p. 356) sur le *Taylasan* (טלית) se trouve dans Al-Buchâri, *Kitab al-magasi*, n° 40.

Livre[1] portaient les cheveux flottants, les païens faisaient une raie. Alors, le Prophète qui portait d'abord les cheveux flottants, les partagea ensuite par une raie[2]. »

17. Les recueils de *hadîth* contiennent tous un chapitre intitulé *Bab al-khidab*, sur l'action de teindre les cheveux gris[3]; ils rapportent que le Prophète aurait ordonné aux musulmans de se teindre les cheveux et la barbe devenus gris[4] (en blond ou en fauve, mais pas en noir[5], lit-on dans le Muslim). On a voulu prouver par les reliques de ses cheveux que le Prophète lui-même s'était teint, quand il fut devenu grisonnant. On rapporte que c'est son aïeul Abd al-Muttalib qui le premier pratiqua cet usage chez les Arabes (*Lisân al-arab*, I, 345). Cette question de la teinture des cheveux est aussi traitée dans l'ancienne littérature profane. On mentionne dans le *Fihrist*, 135, 25 (cf. 136, 1), un ancien ouvrage intitulé אלשיב ורם אלכצׂאבאת כתׄאב, « Sur la teinture des cheveux et l'action de blâmer la vieillesse. » Plus tard, la littérature spéciale (adab) s'occupe fréquemment de ce sujet.

Si nous nous arrêtons si longuement ici sur cette question, c'est qu'elle rentre également dans le cadre de cette étude, car plusieurs passages des recueils de traditions justifient cette habitude des musulmans de teindre leurs cheveux gris en disant qu'ils agissent ainsi pour se distinguer des Juifs et des Chrétiens. On lit dans Al-Buchâri, 67 : פכׄאלפוהם לא יצבגון ואלנצׄארי אליהוד אן, « les Juifs et les Chrétiens ne se teignent pas; faites donc le contraire », et dans Tirmidi : באליהוד תשבהוא ולא אלשיב גﬞירוא, « changez vos cheveux blancs pour ne pas ressembler aux Juifs. »

18. Par contre, un détail de la toilette féminine, considéré comme spécialement juif, est fortement blâmé, c'est l'usage des femmes juives d'ajouter d'autres cheveux aux leurs, ce qu'on appelle רצׄל

---

[1] D'après la leçon du *Lisân al-Arab* : « Lorsque le Prophète arriva à Médine, etc. » Il ressort de ce passage qu'il s'agit ici principalement des Juifs.

[2] Dans la capitulation imposée aux habitants chrétiens de Jérusalem par le vainqueur Omar, il est dit, entre autres : « nous ne les imiterons (les musulmans) ni dans leur façon de s'habiller..., ni dans leur habitude de partager leurs cheveux אלמיﬞזר פרק מן מרק ולא). Mugir al-din, *Al-ins al-galil* (Caire, 1283) 225, 15.

[3] Voir, par exemple, Al-Buchâri, *Kitab al-libas*, n°s 66 et 67; Muslim, IV, 442. Al-Tirmidi, I, 325 ; Al-Nasaï, II, 214 . Ibn Maga, 266.

[4] Cf. *Muhammedanische Studien*, II, 19, 10; *Revue de l'histoire des religions*, XXVIII, 114.

[5] On trouve naturellement dans la tradition musulmane des pensées toutes contraires à celles que nous citons ici. Ibn Maga, 273, 2, appelle les cheveux gris נור אלמומן, « la lumière du croyant », et dit qu'il ne faut pas s'en séparer.

אלמשר. Mahomet a lancé un anathème violent contre celles qui
pratiqueraient cet usage (Al-Buchâri, *Libas*, n° 83 ; Muslim, IV,
454), et le récit suivant nous montre avec quelle sévérité les théologiens jugent cette habitude [1]. On raconte, en effet, que le khalife
Mouaviya, ayant mis la main sur un faux chignon pendant son
pèlerinage, ordonna à un prédicateur de tonner contre cette coutume du haut de la chaire, à Médine, où il exhiba le corps du
délit (Al-Muwatta, IV, 63 ; *Usd al-gaba*, IV, 686) et prononça ces
paroles : « Les Banou-Israïl sont déchus parce que leurs femmes
usaient de tels moyens [2]. » Ce récit, tel qu'il est rapporté dans Al-
Nasaï, II, 229, fait ainsi parler Mouaviya : « Je n'ai vu que des
Juifs pratiquer de tels usages. »

APPENDICE.

-

Al-Scheybânî (décédé vers 795-803), dans son « Droit de guerre
musulman », dit (d'après le ms. de la bibliothèque de l'Université de
Leyde, Warner 373, f° 35 *a*) :

קאל (מחמד אלשיבאני) פאמא אליום בבלאד אלערַאק ישהדון אליהוד
אן לא אלה אלא אללה ואן מחמדא רסול אללה ולכנהם יזעמון אנה
רסול אלי אלערב לא אלי בני אסראייל[1] ויתמסَכון בטאהר קולה תעَ הו
אלّדי בעת פי אלאמיין רסולًא מנהם פמן יקרّ מנהם באן מחמדא רסול
אללה לא יכון מסלמא חתّי יתברّא מן דינה מע דלך ויקרّ באנה
דכל פי אלאסלאם חתّי אذا קאל אליהודי או אלנצראני אנא מסלם
או אסלמת לא יחכם באסלאמה לאנהם ידَّעון דلך פאן אלמסלם הו
אלמסתסלם ללחק אלמנקאד לה ודהם יزעמון אן אלחק מא הם עליה
פלא יכון מטלק הדא אללפט פי חקהם דליל אלאסלאם حتّי יתברّא
ען דינה וכذלך לו קאל בריء מן אליהודיّה ולם יקל מע دلך דכלת
פי אלאסלאם פאנّה לא יחכם באסלאמה لאنّה יחתמל אנّה תברّא מן
אליהודيّה ودכל פי אלנצראניّה פאן קאל مع דلך דכלת פי אלאסלאם
פדينَרَ[?] יזול הדا הלא אלאחתמאל.

[1] Ils s'élèvent très souvent contre les tours en cheveux portés par les femmes,
« qu'ils comparent aux protubérances des chameaux de la Bactriane ». Voir Al-
Damiri, I, 144 (*hadith* de Muslim), cf. *Z. D. M. G.*, XXVIII, 320, note 1.

[2] Voir *Wiener Zeitschrift für die Kunde des Morgenlandes*, 1892, p. 101, note 2.

[3] *Ibid.*, f° 432 : לאنהם גמیعا יקולون הדا ליס מן נצראני ולא יהודי
ענדנا נסאלה אלא قال הذه אلכلمة פאذا אستפסرתה קال רסול
אללה עליכם לא אלי בני אסראييל.

« Muhammed al-Scheybânî dit : Aujourd'hui, tous les Juifs reconnaissent dans les régions de l'Irak *qu'il n'y a pas de Dieu hormis Allah et que Mahomet est l'envoyé de Dieu*, mais ils prétendent qu'il n'a été envoyé comme prophète que chez les Arabes et non pas chez les Israélites [1]. Ils s'attachent à la lettre du passage du Coran (Soura LXII, 2): Il est Celui qui envoya vers les gens sans livre (les Arabes) un messager d'entre eux. Si donc quelque Juif reconnaît que Mahomet est un envoyé de Dieu, il ne peut pas encore être regardé comme musulman, jusqu'à ce qu'il déclare avoir rompu avec son (ancienne) religion et avoue clairement qu'il a embrassé l'islamisme. Et même si un Juif ou un Chrétien dit: Je suis musulman, ou je professe l'islamisme, il ne peut pas encore être considéré comme adepte de l'islamisme, parce qu'ils déclarent que le *mouslim* est celui qui se soumet à la loi de la vérité [2] et se laisse guider par elle seule ; or, ils prétendent que ce qu'ils confessent est la vérité. Donc, quand il s'agit d'eux, ce qualificatif qu'ils s'appliquent (le nom de mouslim) ne prouve pas qu'ils aient la vraie foi ; il faut qu'ils déclarent avoir répudié leur (ancienne) religion. De même, si un Juif dit : J'ai quitté le judaïsme, et qu'il n'ajoute pas : Je suis entré dans l'Islam, il ne doit pas passer pour musulman, car après être sorti du judaïsme, il se peut qu'il soit entré dans le christianisme. Déclare-t-il, au contraire, qu'il est entré dans l'Islam, alors il n'existe plus d'équivoque. »

II

Si la loi religieuse musulmane avait défendu au chef de l'État de nommer des adeptes d'autres religions à des emplois administratifs, elle n'aurait pas pu être observée. On sait qu'il était indispensable, surtout dans les premiers temps, de recourir à des étrangers, pour qu'il n'y eût pas d'interruption dans la marche du gouvernement [3]. On était tout disposé à les remplacer, partout où cela était possible, par des musulmans, et plus d'un Abbasside fanatique s'efforça de les mettre complètement de côté [4]; mais on avait absolument besoin d'eux pour l'administration jusque dans les temps les plus récents, et la nécessité avait raison du préjugé. Cette nécessité existait aussi bien dans les provinces musulmanes de l'Est que dans celles de

---

[1] Cf. *Jeschurun* de Kobak, IX, 24.

[2] Dans le sens usuel de l'expression. Ainsi, זבת ירושלם הבת שדיא יראה שהיה כשך ומושלם לבוראו (*Pesikta di R. Kahana*, 125a); ומושלמת לי בא והשלים עצמו להקב״ה וקבל עליו (*Tankouma*, éd. Buber, Genèse, p. 46) עול מלכות שמים (*ibid.*, p. 63). Cf. Steinschneider, [*Hebr. Bibl.*, XX, 108] *Polemische und apologetische Literatur*, 266, note 56.

[3] Cf. Karabacek, *Ergebnisse aus den Papyrus Erzherzog Rainer*, Vienne, 1889, 12 p.

[4] Kremer, *Culturgeschichte des Orients unter den Chalifen*, II, 167.

l'Ouest[1] (comme en Andalousie). Le khalife fatimide Aziz, qui, il est vrai, avait épousé une chrétienne, nomma les Juifs et les Chrétiens aux plus hauts emplois de l'État, mais il n'hésita pas à les sacrifier à la fureur du peuple, qui lui reprochait sa tolérance[2].

Al-Mawerdi (décédé en 1058), qui avait toujours la tendance à prendre en considération, dans sa doctrine juridique, la situation du moment, déclare expressément que pour l'exécutif on peut employer des non-musulmans. Mais quand il s'agit de fonctions où l'on peut être appelé à s'occuper d'affaires religieuses (au tribunal, à la police, etc.), il veut qu'on ne les confie qu'à des musulmans libres[3]. A l'époque où le khalifat avait décliné et où le khalife n'était plus chef religieux que de nom, adressant en termes onctueux quelques conseils[4], s'il en avait le courage, à celui qui détenait réellement le pouvoir, il arriva bien une fois (en 1107) que le khalife, obligé par le sultan de rétablir dans ses fonctions un vizir qu'il avait destitué par ordre de ce même sultan, engagea le souverain à ne pas confier d'emplois publics aux *Ahl al-dimma*[5]. Mais précisément de ce que le chef religieux se soit cru obligé d'adresser un tel avertissement au sultan, nous pouvons conclure qu'en tout temps on avait l'habitude de nommer des non-musulmans à des emplois publics. Seulement les théologiens[6] continuaient à s'occuper de cette question et ne cessaient de conclure que l'État ne devait confier aucun poste aux « gens du Livre ». Il est vrai que pour des théologiens subtils, qui voulaient régenter le monde de leurs cabinets et l'obliger à se conformer à l'idéal proposé par la sounna, et qui n'avaient pas la charge d'administrer réellement l'État, pour ces docteurs l'idée de confier toutes les fonctions d'un pays musulman exclusivement à des musulmans orthodoxes n'avait rien d'étrange. Mais le pouvoir temporel, qui devait compter avec les exigences du temps et de la situation, ne se conformait jamais aux vœux des théologiens.

Comme spécimen de cette persistance des docteurs musulmans à vouloir exclure les Juifs de tout emploi administratif de l'État, nous donnons ici une consultation du grand théologien schafiite Yahya al-Nawawi, du XIIIe siècle. Ce document est emprunté à son petit ouvrage, peu connu, *Al-Manthurât*, d'après un ms. de la bibliothèque de l'Université de Leipzig, D. C.. n° 189. Comme le montre le contenu, cette consultation n'examine pas un cas hypothétique, un simple point de casuistique, mais elle s'applique à un fait réel.

---

[1] On trouve dans Ibn Khaldoun, *Histoire des Berbères* (texte), II, 340) un fait intéressant qui s'est passé à Fez à l'époque des Mérinides.

[2] Ibn Al-Athîr, éd. Boulacq, IX, 29, pour l'année 380; *ibid.*, 43, pour l'année 386; cf. Kremer, *l. c.*, I, 188.

[3] *Constitutiones politicæ*, éd. Enger, 351, 12; 361, 4. Cf. Kremer, *Culturgeschichte des Orients*, I, 457.

[4] *Muhammedanische Studien*, II, 64.

[5] Ibn al-Athîr, éd. Boulacq, X, 171, à l'année 501.

[6] Cf. quelques pièces éditées par M. Steinschneider dans *Polemische und apologetische Literatur*, 55, n° 36; 77, n° 62; 104, n° 82. Voir, sur cette même question, Catalogue des mss. du Caire, VII, 210, 20; 355, 17.

TEXTE DE LA CONSULTATION DE NAWAWI.

מסילה : רגל יהודי ולّי צירפיא סי בירﭏ מאל אלמסלמין לחן
אלדראהם אלמקבוצة ואלמצרופה' וינקדהא ויתחמד סי דלך קולה
הל תחלّ תוליתה אם לא והל יתﭏב ולّי אלאמר עלי עזלה
ואסתבדאל תקה מסלם בדלה והל יתﭏב אלמסאעד ﭏ עזלה .

אלﮔואב : לא יחלّ תוליה אליהודי דלך ולא יﮔרז אבקאוד ולא
יחلّ אעתמאד קולה סי שי מן דלך ויתﭏב ולי אלאמר וסקה אללה
תﻉ סי עזלה ואסתבדאל מסלם תקה ויתﭏב אלמסאעד סי עזלה קﭏ
אללה תﻉ יא אידﭏ אלדין אמנוא לא תתﺧדوا בﻆאנﭏ מן דונכם
לא יאלונכם כבﭏא ודﻭא מא ענתם אלי אכר אלאיה ומעﻨﭏ לא
תﺧﺧدوا מן ידאבﭏ בואטן אמורכם מן דונכם אי גירכם והם
אלכסﭏר לא יאלונכם כבﭏא אי לא יקﺻרון סﻱﭏ יקדרון עלי איקﭏﻉﻪ
בכם מן אלمסﭏד ואﻷﭏدי ואﻷﻀﭏﻲ וקד בדﭏ אלבגﻀﭏ מן אסואההם
יקולון ﻨﺧن אﻋדאוכם .

TRADUCTION.

Demande. Un Juif a été nommé inspecteur des monnaies à la caisse d'État musulmane, il est chargé de peser les monnaies qui entrent et qui sortent et d'examiner si elles ne sont pas fausses et si elles ont leur poids, et son opinion dans ces questions est acceptée comme valable. Cette nomination est-elle licite (au point de vue de la loi religieuse)? Le gouverneur sera-t-il récompensé (par Dieu) s'il destitue ce Juif pour le remplacer par un musulman digne de foi, et celui qui aide le gouverneur (pour cette destitution) accomplit-il une œuvre pie?

Réponse. Il n'est pas permis de nommer un Juif à un tel emploi et on ne peut pas l'y maintenir, et il n'est permis d'ajouter foi à sa parole pour aucune affaire dépendant de cet emploi. Le gouverneur, que Dieu l'aide! accomplit une action méritoire en le destituant et en le remplaçant par un musulman digne de foi, et quiconque l'aide pour cette destitution aura du mérite. Allah dit (Coran, soura III, 114): « O vous qui croyez, ne mettez pas votre confiance en des gens qui ne sont pas des vôtres, ils ne cessent pas de vous nuire, leur désir est que vous soyez ruinés », etc Cela veut dire que vous ne devez pas nommer ceux qui vous sont étrangers à des emplois qui leur permettent de pénétrer vos affaires jusqu'au fond, et cette défense s'applique aux mécréants... ils ne reculeront devant rien pour vous nuire et vous causer des dommages et des préjudices. « Leur haine se manifeste par la bouche », c'est-à-dire ils disent franchement: « Nous sommes vos ennemis. »

IGN. GOLDZIHER.

RECHERCHES SUR LE SÈFER YEÇIRA

LES PERMUTATIONS DES LETTRES EMPLOYÉES PRIMITIVEMENT COMME
MÉTHODE D'ENSEIGNEMENT.

Les permutations des lettres de l'alphabet hébreu avaient pour
but, à l'origine, d'apprendre aux enfants à épeler et de les exercer
à la lecture. Saint Jérôme (fin du ıv⁰ siècle) parle de cet usage dans
son commentaire sur Jérémie, xxv, 26 [1]. Saadia, au x⁰ siècle,
rapporte qu'en Palestine et en Egypte, les enfants avaient coutume de consigner dans leurs cahiers (livres) 22 combinaisons de
l'alphabet, pour apprendre, par ce moyen, à épeler [2]. De semblables tableaux étaient aussi en usage chez les Juifs d'Allemagne
au xıı⁰ siècle [3]. On a conservé un abécédaire de ce genre, rapporté
de l'Orient; il se trouve dans la bibliothèque du regretté Jellinek.
Pour rendre l'enseignement de la lecture intéressant, on donnait
aux noms des lettres et aux combinaisons des syllabes un sens
quelconque, le plus souvent un sens éthique. Les explications de
ce genre, destinées à la jeunesse, étaient parfois données par
des enfants particulièrement intelligents [4] ou par des élèves des

---

[1] Propter memoriam parvulorum solemus lectionis ordinem vertere et primis ex-
tremas miscere, ut dicamus αωβψ : sic et apud Hebræos primum est א, secundum ב,
usque ad vigesimam secundam et extremam literam ת, cui penultima est b, legimus
itaque אתבש. Voir Lœw, *Graphische Requisiten*, p. 42; Berliner, *Beitræge zur hebr.
Grammatik im Talmud und Midrasch*, p. 12.

[2] *Commentaire sur le S. Yeçira*, publié par M. Lambert, p. 104.

[3] Elazar Rokéah dit (*Rokéah*, § 296) : ד"אבג עליו שכתוב הלוח הלוח ורמביאים
ק"חשר של וציבה וכל, אחריו והתינוק א"ב מן ואות אות כל הרב וקורא
אחריו. ...ורהתינוק. Cf. *Bét ha-Midrasch*, VI, xxxx, et Güdemann, *Erziehungswe-
sen*, I, 5.

[4] On attribue des explications de ce genre à R. Eliézer et à R. Josué encore enfants, Jer. *Meguilla*, I, 9; cf. *Ber. rab.*, 1, et mes *Beitræge*, p. 98.

classes élémentaires [1]. Il y eut même des savants distingués qui ne dédaignèrent pas de composer des abécédaires de ce genre, témoin l'alphabet אטבח de R. Hiyya (*Soucca*, 52 *b*). L'opuscule אותיות דר' עקיבה est aussi un produit, plus récent, de cette littérature.

Ce qui avait été destiné d'abord à l'esprit simple de la jeunesse allait bientôt servir à l'usage d'un mysticisme raffiné. Comme les mystiques admettaient que le monde a été créé par le verbe de Dieu, ils se croyaient obligés d'attribuer également une vertu créatrice aux lettres qui composent le verbe. On sait le rôle important qu'ont joué les lettres dans les cosmologies des gnostiques, notamment dans celle de Marc. Aussi se laissait-on aller facilement à voir dans les permutations des lettres les différentes opérations et combinaisons accomplies par Dieu pendant la création. Au lieu de s'en tenir à la simple expression de la Bible : « il dit et cela fut », les mystiques imaginèrent une création accomplie au moyen de combinaisons de lettres [2]. C'est ainsi que les 22 combinaisons des abécédaires devinrent les portes, שערים, du *Sèfer Yeçira*, au moyen desquelles Dieu a créé le monde [3].

---

[1] Au sujet de R. Akiba, il est dit dans *Abot di R. Natan*, VI : הלך הוא ובנו וישבו אצל מלמדי תינוקות. א"ל רבי למדני תורה, אחז ר' עקיבא בראש הלוח ובנו בראש הלוח. כתב לו אלף ולמדה, בית ולמדה. אלף (אתב"ש donc) ולמדה... הלך וישב לו בינו לבין עצמו אמר : יציר אלף זו למה נכתבה, בית זו למה נכתבה... Dans *Schabbat*, 104 *a*, on lit : אתו דרדקי לבי מדרשא ואמרו מילי דאפילו בימי יהושע בן נון לא אתמר כורותייהו : אלף בית, אלף בינה, גמל דלת, גמול דלים... אתבש, אותי תעב אתאודה לו... אחס בטע גיף... אחס בטע גיף, אני חס עליהם... מסני סבעטו בגוף... On raconte aussi de Jésus, qu'étant enfant, il a expliqué la forme de l'alphabet hébreu, selon d'autres de l'alphabet grec; voir Jellinek, *Bet ha-Midrasch*, VI, XII.

[2] *Berakhot*, 58 *a* : אמר רב יהודה אמר רב יודע היית בצלאל לצרף אותיות שנבראו בהם שמים וארץ... *Hekhalot*, dans Jellinek, *Bet ha-Midrasch*, V, 175 et 185, אותיות שנבראו בהן שמים וארץ, אותיות שנבראו בהן ימים ונהרות...

[3] 22 lettres multipliées par 21 donnent 462 combinaisons (car une lettre multipliée par elle-même ne donne pas de combinaison, mais une simple répétition). Comme la moitié de ces combinaisons ressemble à l'autre (רב = בר), il reste 231, les רל"א שערים du *Sèfer Yeçira* (d'après Saadia). Pour la signification des lettres dans la doctrine religieuse des Mahométans et dans le Soufisme, voir Goldziher, *Z. D. M. G.*, XXVI, 780, 782. Le Brahmane Padmanava s'exprime ainsi, au sujet de la puissance des lettres, dans les *Mille et une nuits* (I, 115, traduction Habicht) : « Il y a deux sortes de talismans, le talisman cabbalistique et le talisman astrologique. Le premier, le plus précieux, opère ses œuvres merveilleuses à l'aide de lettres, mots et prières... Sache, mon fils, que les lettres sont en rapport avec les anges, qu'il n'y a point de lettre qui ne soit subordonnée aux anges ; chaque lettre a pour maître un ange .. Les lettres forment les mots; les mots composent des prières, et ce sont les anges représentés par les lettres et réunis dans les prières prononcées ou écrites qui opèrent ces miracles si étonnants pour le commun des mor-

Le texte du *Séfer Yeçira* contenait çà et là un tableau des combinaisons des lettres, à en juger par certains manuscrits[1] et par Dounasch[2] et Raschi[3]. La plupart des manuscrits se bornaient à indiquer le nombre des combinaisons, sans donner aucun tableau. Quant au nombre de ces combinaisons, les textes et les commentateurs ont, de tout temps, varié sur ce point. Saadia (IV, 4) trouva le chiffre de 221 dans tous les manuscrits qu'il eut sous les yeux, mais il le corrige en 231. Le chiffre de 221 est aussi mentionné par Barzilaï (Commentaire, 208-209), par Elazar Rokéah au nom de Juda le Pieux (Commentaire, éd. Mantoue, p. 93; éd. Przemysl, 4*d*), par le Pseudo-Saadia (éd. Mantoue, 95 *b*) et le Pseudo-Rabad. Dounasch a lu 222, et les autres commentateurs ont lu 462 ou 231, ce qui revient au même (voir Saadia et Barzilaï, *l. c.*). Les textes et les commentateurs diffèrent aussi au sujet de l'ordre dans lequel se suivent les combinaisons.

II

LA PHONÉTIQUE DU *Séfer Yeçira*.

La linguistique chez les Juifs, comme chez les Indiens[4] et les Arabes[5], doit son origine, non pas à l'esprit scientifique, mais à un besoin religieux. Lorsque la langue des livres sacrés cessa d'être une langue parlée, il fallut songer à composer des livres auxiliaires, destinés à enseigner la langue et à en fixer la prononciation, pour pouvoir réciter les vieilles prières. Chez les Juifs, le besoin de ces livres se fit sentir de très bonne heure, car au retour de la Babylonie, l'ancienne langue hébraïque n'était plus la

---

tels. Cf. la formule hébraïque que l'on récite en présence de métamorphoses, *ibid.*, XII, 31. Pour la puissance des lettres, d'après Mughira (VIII° siècle), voir Scharastani, traduction de Haarbrücker 1, 203, et Graetz, *Monatsschrift*, 1859, p. 115; pour les talismans et la puissance des lettres dans le *Soufisme*, voir Ibn Khaldoun, *Prolégomènes*, traduits par de Slane, III, 188 et suiv.

[1] Par exemple, le texte accompagnant le commentaire ms. de Nahmanide, qui est dans deux mss. de Jellinek, et le texte du commentaire de Giquatilla.

[2] Ms. Munich, n° 92, 20° : ‎‏רהנעתק משם בעל ספר יצירדי בזווגם עכל‏ ‎‏שוזי אותיות תעות לפי רוב השנים וטפטות המעתיקים חלוף עצות‏ ‎‏בני אדמ בעין זה. ראנו בעזרת שמיט נתקן היצניך‏

[3] *Schabbat*, 104 *a* : ‎‏אמר ליה אח"ס בט"ע גי"ף, אלטא ביתא היא אצל‏ ‎‏א"ה ב"ש וכולן סדרורות בס' יצירה.‏

[4] Weber, *Vorlesungen über indische Literaturgeschichte*, 2° éd., p. 12 et 23.

[5] Fluegel, *Die grammatischen Schulen der Araber*, p. 17; Ibn Khaldoun, *Prolégomènes*, III, 310.

langue usuelle [1], et déjà à cette époque, il était nécessaire d'expliquer la Bible [2].

La littérature rabbinique contient des observations lexicographiques, grammaticales et massorétiques, qui paraissent remonter à une époque très reculée. On y trouve aussi disséminées quelques traces d'un système phonétique.

Les Écritures saintes désignent comme organes de la parole les lèvres (bouche), la langue et le gosier (Isaïe, LVIII, 1). D'après le livre d'Hénoch, Dieu donna aux hommes le souffle (מנשם), la langue et la bouche (אף), afin qu'ils puissent parler (LXXXIV, 1; cf. XIV, 2). Déjà dans la littérature rabbinique on essaie de classer les lettres d'après les organes qui servent à les articuler. Ainsi, on lit dans *Bereschit rabba*, ch. 12 : בדהבראם, ר' אבהו בשם ר' יוחנן אמר בדהבראם בה"א בראם, ומה ה"י זה כל האותיות תופסין את הלשון וזה. אינו תופס את הלשון, כך לא בעמל ולא ביגיעה ברא הקב"ה את עולמו.

Le Midrasch sur les Psaumes, ch. 62, fait cette remarque à propos du ה : אין בה ריחוש שפתים ולא חריצות לשון.

On distingue donc le ה, comme lettre aspirée, des labiales et des linguales. Voici ce que la *Pesikta rabbati*, p. 153 (éd. Friedmann), dit des organes de la parole : אמר ר' שמואל בר נחמני אם מבקש אתה לידע כחו של דבור מה שברא הקב"ה בלשון הזה — פעמים סאדם מדבר דבר והוא כופף' ארץ לשונו, ויש דבר שהוא פשוט עד שיניו...

Ainsi, dans ce passage, les dents sont aussi considérées comme servant à prononcer certaines lettres. Les Midraschim font donc allusion à quatre groupes de lettres, les aspirées, les labiales, les dentales et les linguales.

Les Grecs ne connaissaient que trois organes d'articulation : les lèvres, les dents et le palais (οὐρανός) [3] ; les grammairiens latins y ajoutent la langue et le gosier [6]. Il se peut que les prédicateurs et les linguistes de la Palestine (comme Samuel ben

---

[1] Néhémie XIII, 24 : ובניהם חצי מדבר אשדודית ואינם מכירים לדבר יהודית.

[2] *Ibid.*, VIII, 7-8 : מבינים את העם לתורה... ויקרא בתורה... בספר בתורת האלהים מפרש ושום שכל ויבינו במקרא.

[3] On sait que chez les Sémites, les lettres aspirées allaient toujours en s'affaiblissant; le ה pouvait donc être considéré comme la consonne la plus légère. Le ע même se changea avec le temps en esprit doux, et fut appelé voyelle par saint Jérôme (*Onomastica sacra*, éd. Lagarde, VI, 29 ; X, 25, et ailleurs). Cf. *Berakhot*, 32 a : שכן דבי ראב"י קורין לאלפין עיינין...

[4] Dans le ms. du *Bereschit rabbati*, on lit : רופף.

[5] Brücke, *Grundzüge der Physiologie und Systematik der Sprachlaute*, 2e éd., 126.

[6] *Grammatici latini*, éd. Keil, VIII, p. 307.

Nahmani) aient utilisé les remarques des grammairiens grecs et romains.

Le *Sèfer Yeçira* émet, au sujet de la prononciation des lettres, des assertions intéressantes à divers égards. Il établit une classification des lettres de l'alphabet hébreu d'après deux méthodes : d'après l'endroit où se produit le son et d'après l'intensité du son. D'abord, il répartit les lettres en cinq groupes, d'après les cinq organes de la parole (II, 3); mais il procède autrement que les grammairiens. Les grammairiens juifs désignent pour chaque groupe un seul organe, chose notoirement fausse, « car la plupart des sons sont produits par l'effort réuni de deux ou trois organes; la langue, notamment, suivant ses différentes positions, agit sur tous les sons émanant du milieu de la bouche et de l'arrière-bouche [1]. » D'après le *Sèfer Yeçira*, la langue aide à la production de tous les sons; d'autres organes encore contribuent à exprimer la plupart des sons. Voici ce que dit la version la plus longue du *Sèfer Yeçira* :

עשרים ושתים אותיות, יסוד שלש שלש אמות [2], שבע כפולות, ושנים עשר [3] פשוטות. וכלן חקוקירת בקול, חצובורת ברוח, קבועורת בפד בחמשה מקומות: אהה"ע, בומ"ף, גיכ"ק, דטלנ"ת, זסשר"ץ. קשורות בראש הלשון כשלהבת בגחלת.

אהה"ע משתמשות בכוף הלשון ובבית הבליעה [4].
בומ"ף בין השפתים ובראש הלשון [5].
גיכ"ק על שלישיתה של לשון נכרחת [6].
דטלנ"ת בראש הלשון משמשת עם הקול [7].
זסשר"ץ בין השנים ובלשון שכובה ושטוחה [8].

On le voit, le *Sèfer Yeçira* suit un système différent de celui des grammairiens. Il faut surtout remarquer ce qu'il dit du groupe גיכ"ק. Les grammairiens l'attribuent au palais; Efodi seul [9] ne se range pas à leur avis, il considère ces lettres (avec le ר) comme linguales. Le *Sèfer Yeçira* estime que ce groupe על שלישיתה של למון נכרחת.

---

[1] Böttcher, *Lehrbuch*, § 146.
[2] Ainsi lisait Saadia, I, 1, et non pas : עשרים ושנים אותירת יסוד, שלם שלש אמות, voir Lambert, p. 29, note 5.
[3] אורתיות הגרון chez les grammairiens.
[4] ארתירת השפתים.
[5] ארחירת החיך.
[6] ארחירת הלשון.
[7] ארחירת השנים. — C'est ainsi que ce passage est reproduit par Donnolo (éd. Castelli, p. 42), comparé avec le commentaire d'Élazar Rokéah (éd. Przemysl, 4 *b*) et II, Mantoue. Saadia (IV, 3) a des variantes insignifiantes. La plus courte version (I, Mantoue) n'a pas ce passage.
[8] *Maasé Efod*, ch. VI.

En outre, le *Sèfer Yeçira* classe les lettres d'après l'intensité du son qu'on émet pour les articuler. Il les répartit ainsi : 1° en muettes, qui ne résonnent pas ; le type de ces muettes est, pour le *Sèfer Yeçira*, le מ qu'il appelle מ"ם דוממה ; 2° en lettres qui produisent un bruit. En tête de ces sifflantes se trouve le ש, auquel il donne la qualification de שורקת[1] ; 3° en lettres qu'on énonce sans produire de bruit : א est le type de ce groupe[2].

Les trois lettres אמ"ש sont donc les sons fondamentaux (אמות, mères), auxquels se rattachent tous les autres sons. Cette classification des sons articulés est étroitement unie au système général du *Sèfer Yeçira*. Le מ muet est pour lui le symbole de l'eau, élément dans lequel vivent les poissons muets[3] ; le ש sifflant symbolise le feu qui pétille ; le א, enfin, « le son le plus faible, qui se forme dans le poumon plutôt que dans le gosier, comme le spiritus lenis des Grecs[4] », représente l'air. L'air tient le milieu entre le feu (ciel), qui aspire vers le haut, et l'eau qui tend vers le bas; ainsi, le א a sa place entre les muettes et les sifflantes, il n'est pas muet, il n'est pas davantage sifflant.

A qui l'auteur du *Sèfer Yeçira* peut-il bien avoir emprunté cette division physiologique de l'alphabet? Les Grecs avaient une autre classification. Comme lettres ayant un son (γράμματα φωνηεντα),

---

[1] Pour Platon aussi, le *s* était une sifflante, opposée au *b*; cf. Brücke, *l. c.*, 120.

[2] iv, 1 : מ"ם דוממה שי"ן שורקת אל"ף חוק מכריע בינתים. Dans certaines versions, ces mots se trouvent déjà au ch. ii (voir Pseudo-Saadia, éd. Mantoue, 95 *b*: il y renvoie au commencement du ch. iii) ou iii (voir Nahmanide sur iii, 2).

Pour mieux faire comprendre cette division, je vais citer ici un passage tiré des *Gesammelten sprachwissenschaftlichen Schriften* de Raumer, p. 21 : « Toutes les consonnes se décomposent en consonnes dont on peut étendre le son, et en consonnes dont on ne peut pas étendre le son. Autant que le souffle le permet, on peut sans interruption prolonger le son de *sss*. Pour *t* et *p*, cela est impossible. La raison de cette différence est dans la manière dont on prononce le *s* et le *p*. On peut placer la langue de façon à ce que le son du *s* se produise au moment où sort le souffle, sans que la langue change de position... Il en est autrement de la lettre *p*. Avant de prononcer le *p*, les lèvres se ferment entièrement. L'air exerce une pression contre cet obstacle qui arrête le souffle. Dès que les lèvres s'ouvrent, le son du *p* se produit, et cesse aussitôt... Les muettes diffèrent ainsi des aspirées. Les muettes s'expriment en fermant entièrement les organes et en les ouvrant brusquement, elles ne s'entendent donc qu'un instant. Les aspirées se forment tout simplement par le rapprochement des organes, et elles s'étendent indéfiniment comme les voyelles. » Le *Sèfer Yeçira* ne parle pas seulement de l'extinction du son, mais aussi de son intensité, et c'est ainsi qu'il distingue entre les sifflantes (ש) et les aspirées (א). Le *m* est pour lui le son fermé par excellence, parce que les lèvres se ferment en prononçant cette lettre. Les grammairiens indiens comptent aussi le *m* avec les muettes (voir plus loin), bien qu'en l'exprimant le nez s'ouvre et qu'ainsi c'est avec les lettres nasales que le *m* devrait être compté.

[3] IV Ezra, vi, 48 : ὕδωρ κωφὸν καὶ ἄψυχον. Κωφόν signifie sans doute ici « insensible », la version latine le rend par *muta*, ainsi font les autres traducteurs.

[4] Gesenius, *Lehrgebäude*, § 3, 3; cf. Ibn Djanah, רקמה, ch. ii. L'hypothèse de Graetz (*Gnosticismus*, p. 117) se trouve ainsi écartée.

ils ne connaissaient que les voyelles. Les sifflantes étaient appelées par eux demi-voyelles (ἡμίφωνα), et ils les plaçaient entre les voyelles ayant un son et les muettes (ἄφωνα). Plus tard, les Grecs comptent le *m* avec les lettres à demi-son, et non avec les muettes. Le système du *Sèfer Yeçira* se rapproche plutôt de celui des grammairiens indiens, qui divisent les consonnes de la façon suivante : 1° en lettres fermées ou muettes (spar'sâs), qui comprennent aussi les cinq nasales, car elles exigent aussi « que les organes de l'articulation soient absolument fermés, et que le canal nasal seul reste ouvert. » Pour les Indiens, le *m* est donc aussi une lettre muette; 2° en demi-voyelles : *j, r, l, v*; 3° en sons aspirés (ûs'mâ), qui comprennent le *h* et les sifflantes [1]. Les sifflantes sont, comme dans le *Sèfer Yeçira*, opposées aux muettes. Le *Sèfer Yeçira* est donc d'accord avec les grammairiens indiens sur les points principaux, sauf qu'il divise encore les lettres aspirées en sifflantes et en aspirées. Dans le *Sèfer Yeçira*, il ne peut naturellement pas être question de demi-voyelles; il n'existe pas de lettres-voyelles dans l'alphabet sémitique.

Le célèbre grammairien arabe Sibawaïhi (vers la fin du VIIIe siècle) adopta le système des Indiens, et il semble presque que l'auteur du *Sèfer Yeçira* ait puisé dans Sibawaïhi. Mais alors il faudrait placer la composition du *Sèfer Yeçira* au plus tôt vers le IXe siècle. Or, cet ouvrage remonte certainement plus haut que le IXe siècle; tous les savants sont d'accord sur ce point. Il y a des raisons plausibles qui prouvent qu'il est plus ancien que l'Islam. Il est impossible d'y découvrir l'influence arabe; de plus, il ne connaît pas les points-voyelles, qui, eux aussi, paraissent avoir été créés avant l'établissement de l'islamisme, et qui trahissent tout au plus l'influence syriaque, mais non arabe [2].

Si l'on admet que l'auteur du *Sèfer Yeçira* a vécu en Perse [3], on peut admettre l'influence directe des Indiens. Ainsi s'expliquerait le dragon (תלי) [4] du *Sèfer Yeçira*, que ne connaissaient ni les Grecs ni les Romains, et qui joue un si grand rôle chez les Indiens (et les Chinois). Mais il n'est pas impossible que le système phonétique du *Sèfer Yeçira* ait pris naissance sur le sol juif, sans

---

[1] Raumer, *l. c.*, 385.

[2] Voir Derenbourg, *Manuel du lecteur*, p. 469 et 505; Geiger, *Zeitschrift*, X, 20 et *Z. D. M. G.*, XXVII, 148. — Les Soufis divisaient l'alphabet arabe d'après les quatre éléments, en lettres de feu, d'air, d'eau et de terre. Les lettres *a, m* et *s* étaient pour eux des lettres de feu (Ibn Khaldoun, *Prolegomena*, III, 189).

[3] D'après Saadia, ce livre vient de la Palestine, mais ses arguments ne sont pas valables; voir mes *Beiträge*, p. 47.

[4] M. Harkavy, dans son exposé de אתליא תלי, a suffisamment démontré que תלי ne dérive pas de l'arabe, comme l'a pensé M. Steinschneider.

l'intervention de quelque influence du dehors, comme cela s'est passé chez les Indiens. Les mêmes causes produisent les mêmes effets. Les Indiens avaient sur leurs livres sacrés et leur langue les mêmes idées que les Juifs sur la *Tora* et sa langue. D'après la théologie indienne, le *Véda* existait dans l'esprit de la Divinité bien avant le commencement du temps[1]. De même, les Rabbins disent : אלפים שנה קדמה תורה לבריאת עולם (*Ber. rab.*, ch. 8, et passim). La langue aussi est sacrée pour les Indiens; c'est auprès de Dieu qu'elle a tout d'abord séjourné[2]. D'après les Rabbins, Dieu créa le monde en se servant de la langue sacrée (*Ber. rab.*, ch. 18). Par suite de la haute opinion qu'on professait pour le *Véda* et sa langue, il arriva que, déjà vers l'an 600 av. J.-C., les écoles théologiques de l'Inde se mirent à compter tous les versets, tous les mots, toutes les syllabes, et à en fixer la leçon[3]. Le même fait se produisit de bonne heure chez les Juifs[4]. Les considérations de linguistique dans les *Sutra* eurent pour but de fixer le texte des prières (chants) et la correction dans la prononciation[5]. Ce fut là l'origine, chez les Indiens, de la grammaire et de l'étude de la prononciation des lettres, dont les résultats furent consignés plus tard dans le *Prâtisâkhyâ's*. La spéculation philosophique s'associa bientôt à la linguistique. « La langue a de tout temps été l'objet de la philosophie, et non exclusivement de la philologie[6]. » Cela fut surtout vrai des langues qui passèrent pour divines. Aussi trouve-t-on dans les *Brâhmana*, à côté de prescriptions et d'explications linguistiques, des spéculations philosophiques[7]. Dans les quatre premiers siècles de l'hégire, la grammaire, la lexicographie et la philosophie étaient de même étroitement unies chez les Arabes[8]. Chez les Juifs, les choses ont dû se passer de la même façon. Le besoin de conserver et d'expliquer l'Ecriture sainte donna naissance à la linguistique et à la théosophie.

Il se forma avec les temps des cosmologies qui avaient leurs racines dans la linguistique. Nous en avons trouvé des traces dans la littérature midraschique. Un massorète du xe siècle croit encore que l'étude de la langue de la Bible fait aussi connaître les

---

[1] M. Müller, *Essay's*, traduction allemande, I, 16.

[2] *Ibid.*, I, 99.

[3] *Ibid.*, I, 9.

[4] *Kiddouschin*, 30 a : לסיכך נקראו סופרים, שהיו סופרים כל האותיות שבתורה...

[5] Weber, *Vorlesungen*, p. 22.

[6] Steinthal, *Geschichte der Sprachwissenschaft*, p. 2.

[7] Weber, *Vorlesungen*, p. 12.

[8] Flügel, p. 10.

voies secrètes de Dieu et ses œuvres nombreuses [1]. Une pareille union de la linguistique et de la philosophie, voilà le système du *Sèfer Yeçira*, dans lequel l'étude des sons articulés, que nous avons exposée, forme comme le point de départ.

III

LA DOUBLE PRONONCIATION DES LETTRES בגד כפרת.

Le *Sèfer Yeçira* connaît la prononciation douce et la prononciation dure des sept lettres בגד כפרת. Ces lettres sont, dans son système, le symbole (תבנית) de sept états et de leurs opposés : vie et mort, paix et guerre, sagesse et sottise, richesse et pauvreté, beauté et laideur, fertilité et dévastation, domination et servitude. C'est avec ces sept lettres qu'ont été créées les sept planètes, qui, d'après la théorie de l'astrologie, produisent lesdits états et leurs opposés (ch. ıv). On invoque comme preuve de l'âge relativement récent du *Sèfer Yeçira* le fait que cet ouvrage connaissait la propriété des lettres בגד כפרת [2]. Examinons donc ce qu'il faut réellement penser de cette preuve.

Les linguistes ne sont pas d'accord sur l'époque où naquit la double prononciation. Suivant les uns, elle a existé de tout temps ; suivant les autres, elle est d'invention plus récente. Graetz incline vers la seconde hypothèse et va jusqu'à soutenir que les Juifs, au VIIᵉ siècle, ont emprunté la double prononciation aux Syriens [3]. Mais cette opinion ne résiste pas à la critique : par contre, on peut affirmer, sur la foi d'indices irréfutables, que déjà avant l'ère chrétienne, certaines lettres avaient une prononciation douce et une prononciation dure.

Il est vrai que les deux prononciations n'ont pas été les mêmes

---

[1] *Dikduké ha-Theamim* (éd. Baer et Strack, p. 5 : אלה תולדות האורחירות מוערות, מזהב ומפז חמורות... ובחר אלהינו בתורה ובכתב... נדמה לעץ שתול על מעינותיו... ולא יכזבו מימי עינותיו, וכל צמא ישתה מימי ישועה, והשותה בוחנו באורחותיו, בדבריו וצרוף מלוהיה, וחסרותיו ויתרותיו... יפתחו לו סוד נתיבותיו, ובצדק יתישרו ארחותיו, ויבין בלבו וכליותיו, וישיג אורח חנינותיו, כי מאד רבו מפלאותיו, והלב מביע, כנחל נובע... וכנסי הראה מקבלות מן הלב, והראה לגרון, והגרון בחיך, והחיך בבית הבליעה ולשון, והלשון בניב שפתים... טובה חכמה מגבורה, ומוסיפה ומעדיפה אורה, ועניים מאירה, ונפש מגבירה, ורפתי מטבירה.

[2] Lambert, *Commentaire*... par le Gaon Saadia, p. ıv.

[3] Graetz, *Monatsschrift*, 1884, p. 511.

en tout temps : elles ont passé par bien des phases avant d'arriver à l'état où les trouvèrent les ponctuateurs, qui les fixèrent au moyen du daguésch. Et même après l'invention de ce point diacritique, la prononciation dure fit encore des progrès ; nous pouvons le constater d'après l'apparition successive du daguésch doux [1]. Les anciens ne connaissaient évidemment pas les règles qui furent établies et perfectionnées avec le temps, mais il faut se garder de confondre le daguésch doux et ses règles avec la double prononciation, qui a existé bien avant ce daguésch. Si les ponctuateurs n'avaient pas constaté dans certaines lettres une prononciation dure et une prononciation douce, point n'eût été besoin d'inventer un signe distinctif.

Quant à la haute antiquité des deux prononciations, des mots phéniciens et hébreux en témoignent, qui ont passé dans la langue grecque, ou ont été transcrits en grec et en latin, puis les mots grecs et latins qui se rencontrent dans les anciens textes hébreux. Ces témoignages, je vais les réunir ici [2]. Il va sans dire que je me bornerai aux lettres בכפת, car les langues grecque et latine n'ont pas de vraies aspirées pour les quatre autres lettres.

פ. Cette lettre avait, en général, même au commencement du mot, un son doux, et on la rend le plus souvent par φ, *ph* ou *f*, mais elle a dû aussi avoir une prononciation dure, car elle est parfois transcrite par un π, *p*. Si, chez les Grecs, ἄλφα correspond à אלף, κάππα correspond à כף et κόππα à קוף. Dans les mots phéniciens suivants, le π est mis aussi pour פ : κόπρος = כפר, νέτωπον = נטפה, ἴασπις — ישפה, πάλλαξ = פלגש, κάρπασος = כרפס [3]. Dans les *Septante*, il y a : Πιιθῶ — פתם, Σαλπάδ = צלפחד (aussi dans Philon), πάσχα = פסח (Philon [4], Josèphe, le Nouveau-Testament, etc.). Les Septante, Philon, Eusèbe et saint Jérôme [5] écrivent le premier פ dur, le second doux dans פוטיפר et פוטיפרע On sait que Καπερναούμ est mis pour כפר נחום. Dans Josèphe, le פ de tous les noms composés avec כפר [6] est dur. Il est certain que, dans ces mots, les Phéniciens et les Juifs avaient, pour le פ, la prononciation dure, car il n'existe dans la langue grecque aucune règle qui fasse perdre au פ son aspiration.

[1] Ewald, *Grammatik der hebräischen Sprache*, § 59, 2.

[2] Cf. Gesenius, *Lehrgebäude der hebräischen Sprache*, § 20 ; Böttcher, *Ausführliches Lehrbuch der heb. Sprache*, § 158 ; Frankel, *Vorstudien zu der Septuaginta*, 95 et suiv., et Hoffmann, *Z. D. M. G.*, XXXII, 746.

[3] Gesenius, *Monumenta*, p. 384, et son *Vörterbuch*, au commencement du פ.

[4] Voir Siegfried, *Philo der Alexandriner*, p. 196.

[5] Dans leurs *Onomastica*, éd. Lagarde.

[6] Dans ἀσέπτι = אסכפה (Levy, *Phönizische Studien*, I, 31) et Σαρέπτα = צרפת, le פ a perdu l'aspiration selon la règle grecque de l'assimilation.

Lorsque le ס est redoublé, il est rarement rendu par deux π comme dans κάππα, mais le plus souvent par πφ : σάπφειρος = ספיר, Σίπφορα = צפורה. De même, le כ et le ת redoublés sont rendus par χχ et τθ. Cela vient-il de ce que, dans la langue grecque, deux aspirées de même nature ne peuvent subsister l'une à côté de l'autre (Σαπφώ, Βάκχος, ᾽Ατθις)?

On pourrait conclure, d'après cette manière de transcrire, que les lettres סכת restaient aspirées même doublées, car si elles avaient eu la prononciation dure, on les aurait rendues par deux lettres dures correspondantes. Cette conclusion pourrait se justifier par ce fait que certains auteurs, qui faisaient peu de cas de l'orthographe grecque, transcrivaient les doubles ס et ת par deux aspirées de même nature, par exemple : ᾽Εφφαθά = הפתח (Marc, VII, 34). Eusèbe écrit Θαφφουέ = תפוח (Jos., XVI, 6), ᾽Εθθα = עתה (ibid., XIX, 13)[1]. Saint Jérôme écrit Affara = הפרה (ibid., XVIII, 23), Afferezi = הפרזי. Mais une telle conclusion serait contraire à la signification du daguésch fort, et aussi à ce fait qu'en syriaque également le redoublement des lettres supprime l'aspiration[2]. Aussi nos ponctuateurs évitent, dans certains cas, deux aspirées, les Samaritains presque toujours[3]. Après ces considérations, il semble invraisemblable qu'anciennement on ait observé la prononciation douce dans les lettres סכת redoublées[4]. Il faut chercher ailleurs la raison pour laquelle on les a rendues par des dures et des douces.

Les adversaires de la double prononciation du ס invoquent, à l'appui de leur opinion, une assertion de saint Jérôme d'après laquelle le savant père de l'Église affirmerait que les Juifs de son temps ont toujours, sans exception, appliqué au ס la prononciation douce. Il y a là, je crois, un malentendu. Saint Jérôme ne fait qu'exprimer son avis sur la façon de prononcer le ס hébreu, mais il ne dit pas comment il était, en réalité, prononcé de son temps. Un examen attentif des paroles de saint Jérôme semble, au contraire, montrer que son opinion est en opposition avec la prononciation adoptée. En plusieurs endroits, saint Jérôme sou-

---

[1] Par contre, Eusèbe écrit, comme les Septante, ᾽Ιόππη = יפן (Jos., XIX, 46), bien que le ס soit pour nous aspiré, sans doute pour ce motif que ce mot avait jadis été prononcé avec un פ dur.

[2] Gesenius, *Lehrgebäude*, § 20.

[3] Voir Nöldeke, *Nachrichten der Göettinger Universität*, 1862, p. 352, et 1868, p. 491.

[4] Renan, *Eclaircissements tirés des langues sémitiques sur quelques points de la prononciation grecque*, p. 8, conclut de cette transcription, qu'en grec πφ se prononçait comme *f*. Il semble donc croire que les lettres redoublées en hébreu ne perdaient pas leur aspiration.

tient que le פ hébreu n'est pas un *p*, mais un *f* (dans Isaïe, ii, 5, et dans l'*Onomasticon*, p. 61 et 69). En outre, il dit à propos de ויטע אהלי אפדנו (Daniel, xi, 45) : « Notandum est *p* litteram Hebræus sermo non habet, sed pro ipsa utuntur פ, cujus vim græcum φ sonat. In isto autem loco (אפדנו) apud Hebræos scribitur quidem פ, sed legitur *p*. » A plusieurs reprises, notamment dans ce passage, saint Jérôme s'élève contre ceux qui prononcent פ d'une façon dure, non seulement dans אפדנו, mais encore en d'autres mots. Il ne dit pas que ce n'était pas leur habitude, mais que c'était une erreur. Saint Jérôme était si fortement convaincu de la justesse de son opinion que, dans son ouvrage sur les noms propres, il considère le פ comme doux même là où, dans la pratique, le פ était notoirement dur. A propos du mot פסח, il dit : « *Fase*, transitus sive transgressio, pro quo nostri pascha legunt » (*Onomastica sacra*, p. 64). Or, nous savons que, dans פסח, les Juifs, déjà avant l'ère chrétienne, prononçaient le פ dur (voir plus haut). Il est impossible qu'il l'ait ignoré; malgré cela, il rejette cette prononciation en se fondant sur des raisons théoriques, et il se plaît à lire *fase* pour rester fidèle à son opinion sur le פ hébreu. Saint Jérôme pouvait rejeter la prononciation dure du פ en d'autres cas, d'autant plus qu'il était prévenu contre la prononciation des Juifs de son temps [1]. Mais s'il conserve le פ dur dans אפדנו, ce n'est pas sans un motif plausible. אפדן est un mot persan (voir Gesenius), et au xᵉ siècle encore le פ y avait conservé une prononciation toute particulière, comme l'atteste Saadia dans son commentaire sur le *Sèfer Yeçira* (p. 64). Saint Jérôme admettait la prononciation dure du פ dans un mot non hébreu, comme il le fit pour le mot פרס.

Nous arrivons à la même conclusion en examinant les mots grecs et latins qui sont entrés plus tard dans la langue hébraïque. Daniel, iii, 5, emploie פ pour φ dans סומפניה = συμφωνία, mais aussi pour π dans פסנתרין = ψαλτήριον. De même, les rabbins mettent פ indifféremment pour φ, *f*, et pour π, *p*. Exemples : פרגמטיא = πραγμάτιον, פומפי = πόμπη, פודגרוס = ποδαγρός, פיטולין = capitolium, אמפרטור = imperator; le פ est donc mis très souvent aussi pour π. En Palestine, la prononciation douce du פ était dominante même au commencement du mot; en Babylonie, c'était la prononciation dure, comme on peut s'y attendre, même à la fin du mot. C'est pourquoi en Palestine le פ est sou-

---

[1] Solent irridere nos (Judæi) imperitiæ, maxime in aspirationibus et quibusdam cum rasura gulæ literis proferendis, quasi rh (Commentaire sur Tite, iii; cf. sa préface sur Daniel).

vent remplacé par le ר : אפטר ,טורזא = טמזא , גיותנרתא = גיפתנרתא = אוטר. Pareil échange ne se rencontre jamais dans le Talmud de Babylone [1].

כ. Pour la lettre כ, nous rencontrons les mêmes particularités que pour פ. Les mots sémitiques qui ont passé dans la langue grecque et les noms propres dans les traductions grecques et latines de la Bible montrent que, pour le כ, on employait, dans la plupart des cas, la prononciation douce, même au commencement du mot (Χανααν, Αχαδ). Cependant, il est parfois dur, même à la fin du mot. La prononciation du כ était double, comme le prouve son nom de Κάππα chez les Grecs, de Χαφ dans l'alphabet des Septante dans les Lamentations, et de Caph dans l'*Onomasticon* de saint Jérôme. Exemples de la prononciation dure du כ pris chez les Grecs : κόμινον = כמון, κύπρος = כפר, φῦκος = פוך, κίνυρα = כנור, καδδὸς = כד [2]. Dans les Septante : Σαβάθακα = סבתכא, Κεφιρά = כפירה (Josué, IX, 17), σαβὲκ = סבך (Genèse, XXII, 13; de même Théodose). Josèphe et le Nouveau-Testament écrivent, comme nous le savons déjà, Καπερνάουμ = כפר נחום. Josèphe écrit de même : Κάρμελ = כרמל, Καρχέμης = כרכמוש, Ἄχη = עכו (sans redoublement). Le Nouveau-Testament : χόρος = כר (Luc, XII, 7), καῖφας = כימא. Saint Jérôme écrit Carmel = כרמל (les Septante : χάρμελ) et Caleb = כלב [3].

Lorsque le כ est redoublé, on écrit d'abord un x puis un χ : Σοκχώθ = סכות (Juges, VIII, 5 et aussi Symmachus sur Gen., XXXIII), Αχχο = עכו (Juges, I, 31, de même Eusèbe et saint Jérôme). Voir plus haut, à propos du פ.

Les Rabbins aussi prononçaient, en général, le כ d'une façon douce. Le χ grec, ils le nomment כי (voir Levy, כי, I), et כ est mis pour χ dans beaucoup de mots grecs, comme dans אוכלסא = ὄχλος. Mais le כ est parfois aussi mis pour x : מסכתר = ψυκτήρ, כליא = χολία, כלונסא = καλινός. Les deux prononciations du כ sont interverties dans : כרכומא = χαράκωμα, כוכלת = κοχλιάς. Au lieu de

<hr>

[1] Suivant les prescriptions des docteurs de la Palestine aussi bien que des docteurs de la Babylonie, on doit bien accentuer les lettres de même son qui, dans la prière du Schema, se trouvent placées les unes à côté des autres, afin qu'aucune d'entre elles ne soit passée sous silence. Entre autres exemples, on cite עטב ,הכנף פתיל בטדך (*Berakhot*, 15 b; *Jer. Ber.*, II, 4). Il en résulte, que פ et כ placés a la fin et au commencement de ces mots avaient, sinon le même son, du moins un son à peu près pareil. On ne saurait conclure de là à l'égalité complète des sons. Voir Graetz, *Monatsschrift*, 1881, p. 513; Berliner, *Beiträge zur hebräischen Grammatik in Talmud und Midrasch*, p. 22.

[2] Gesenius, *Monumenta*, 384.

[3] La Vulgate a, en outre, caphira = כפירה, casaloth — כסלות, cabul = כבול (Josué, XIX, 1, mais il y a chabul dans I Rois, IX, 7), cozbi = כזבי, charcomis = כרכמוש. Saint Jérôme, dans son *Onomasticon*, écrit ces mots avec *ch*.

κράσπεδον, dans le Nouveau-Testament, Onkelos écrit כריססדין.
En Babylonie, le כ avait une prononciation plus dure qu'en Palestine, c'est pourquoi le ק l'y remplaçait souvent : קובא, = קובה,
(espace voûté). Le כ est doux dans le mot כואנגר, mot persan
חואנכר.

ת. Le ת est ordinairement considéré comme une aspirée et est
rendu par θ [1]. Mais il a été parfois dur et transcrit par τ. Ἀχίτοφελ
= אחחופל (Septante et saint Jérôme), Ἀσταρόθ = עשתרות, Χέτ =
חת, Κήτιοι = כתי, Ταχός = תחש, Γατερ = גתר.

Lorsque le ת aspiré est redoublé, il est rendu par τ suivi de θ :
Ματθανία = מותניה (Ezra, x, 26). Eusèbe le rend par deux θ : Ἔθθα =
עתה (Josué, xix, 13), Γεθθά = גת. Lorsque le ת dur est redoublé,
on le rend par deux τ : Χετταῖος = חתים (saint Jérôme : hettim).

Chez les Rabbins, le ת est généralement pour θ, parfois aussi
pour τ : בותניא = Βατανία, בותרא = βοτρύς.

Il se peut que, dans quelques exemples que j'ai cités, la double
prononciation ne soit pas la seule raison des différentes trans-
criptions. Mais cela est vrai pour la plupart des cas, et il est acquis que, dès l'antiquité la plus reculée, les lettres בכת avaient, à
côté d'une prononciation généralement douce, une prononciation
dure. Il en a, sans doute, été de même des autres quatre lettres.
Reste à savoir quelle était la prononciation primitive. Etait-elle
douce, comme le croit Ewald [2], ou dure, comme le soutiennent
Nöldeke [3] et Böttcher [4] ? Quant à nous, il nous suffit d'avoir établi
ce fait que l'antiquité la plus reculée connaissait déjà une double
prononciation. Si donc le *Séfer Yecira* connaît une double prononciation d'un certain nombre de lettres, on ne saurait nullement en inférer que ce livre n'est pas ancien.

　　　　　　　　　　　　　　　　　　　　　　　· A. EPSTEIN.

(A suivre.)

---

[1] Dans les Septante, il y a Νέφτω — נפתוח (Josué, xv, 9); saint Jérôme dit
Neptoe.
[2] *Grammatik*, § 30.
[3] *Mandæische Grammatik*, p. 36.
[4] *Lehrbuch*, § 158.

NOTES

SUR

L'HISTOIRE DES JUIFS D'ESPAGNE

LES JUIFS A BARCELONE.

Dès le commencement du quatorzième siècle, la communauté juive de Barcelone, « la communauté des princes et des éminents », selon l'expression de Harizi, s'acheminait de plus en plus vers la décadence. Il ne subsista bientôt plus de vestige de son anciennes splendeur. Le roi Jaime et ses successeurs, Alphonse IV et Pedro IV, conférèrent, il est vrai, aux Juifs de la capitale de la Catalogne certains privilèges; mais ceux-ci étaient loin de contrebalancer les préjudices que leur causaient les lois d'exception et d'écrasants impôts. Grâce à un décret royal du 28 mai 1316, ils étaient à l'abri des poursuites judiciaires les jours de sabbat et des fêtes, et de l'exécution, le jour du sabbat [1]; mais, d'autre part, les redevances que réclamaient aux chrétiens les commerçants et les marchands juifs ne devaient pas entraîner la saisie. Les Juifs de Barcelone avaient le privilège de lever les lits au palais royal [2]; par contre, ils étaient tenus, toutes les fois que le roi ou la reine visitait la ville, de pourvoir aux lits des officiers de la maison royale, et cette obligation dégénéra en un véritable abus, si bien que la fourniture des lits devint pour eux une charge écrasante. A la réunion des députés des communautés d'Aragon, qui fut tenue à Barcelone en septembre 1354 et qui avait pour but d'examiner

---

[1] Orden por no proceder en Sabados y dias festivas contra los Judios de Barcelona ; *Arch. de la Corona de Aragon*, reg. 212, fol. 148; Esencion de ejecusiones en Sabados a los Judios de Barcelona; *ibid*.

[2] Privilegio para proveer de Camas al Palacio real de Barcelona a los Judios de Barcelona ; *Arch. de la Corona de Aragon*, reg. 487, fol. 257. Le privilège est daté du 1er mars 1333.

les propositions à soumettre au roi D. Pedro IV, il fut aussi question de la fourniture des lits [1] ; on ne fournirait désormais plus que les lits qui étaient employés au service immédiat et personnel du roi et de la reine, c'est-à-dire au service de deux huissiers, six chambellans, un concierge, un panicier, et six ou sept divers serviteurs [2]. On arrivait à peine à s'acquitter des impôts : les frais de table, à eux seuls, coûtaient déjà aux Juifs de Barcelone 2400 sueldos par an [3].

Génés dans le trafic, exclus de la société, ils succombèrent sous le poids de lois spéciales d'exception. Il leur était sévèrement interdit de vendre des livres de messe ou de prière pourvus d'images saintes [4]. Ils ne pouvaient débiter la viande abattue selon leur rite que dans la rue des Juifs ou à son entrée : en cas d'infraction à cette défense, le vendeur encourait une amende de 20 sueldos [5]. Le vendredi saint, aucun Juif ou Juive ne pouvait se risquer à sortir de sa maison ou de la Juderia [6]. Toutes les fois qu'un Juif ou une Juive rencontrait un ecclésiastique muni du Saint-Sacrement, un arrêté des conseillers municipaux, daté du 11 avril 1302, les condamnait à se mettre à genoux, sous peine d'une amende de dix sueldos, ou de dix jours de prison [7]. Un Juif baptisé ne pouvait, pas plus qu'une femme chrétienne, franchir le seuil de la rue des Juifs ou d'une maison juive : une femme chrétienne ne pouvait pas davantage entrer dans la maison d'une Juive ni le jour ni la nuit : tout contrevenant à cette loi était chaque fois condamné à payer une amende de cent sueldos ou à purger cent jours de prison [8].

---

[1] La pièce a été publiée dans *Héchaluz*, I, p. 25 : עוד דיסכמנו להשתדל להקל מעל הקהלות עול הוצאת המטות שעושים ומבקשים מהם בני חצר אדונינו המלך יר"ה... יען כי הוא מסא כבד עלינו.

[2] D'après Amador de los Rios, *Historia de los Judios de España*, II, 297, cette modification fut mise en vigueur dès l'année 1351.

[3] *Documentos inéditos del Archivo general de la Corona de Aragon*, XII, 241.

[4] *Libros de Crides e ordinacions* (Arch. municipales de Barcelone), Libro de 1326/7, fol. 34 : Negun Juheu ne neguna juya no gos tenir no portar por vendre ne per altro ratio missal nengu ne altre libre, etc.

[5] *Libros de Crides e ordinacions*, 4. idas de Deciembre de 1318 : Tota carn que jueu aja degolada sin uenuda al cail juhic o a la porta del cail jubic e no en altre loch. E qui contra asso fara pagara de ban e gasguna uegada xx sol.

[6] *Libros de Crides e ordinacions*, Libro de 1321, fol. 38. A fiesta del sant Cors d. n. S. negun juheu ne neguna juya estrany ne present no gossen exir dijous mati fora dels Cayls o de urs albercha mas que sien enclosos.

[7] *Libros de Crides e ordinacions*. Ordenaren los couseylers de la ciutat, que tot juheu se dega amagar o agenollar tota uegada que encontre algu preuere... E qui contra asso fara pagara per ban e gasguna uegada x sols o estara x dies al costell.

[8] *Libros de Crides e ordinacions*, Libro de 1319 : Item que negun batiat qui sia estat jueu no gos entrar en lo Cail ne en casa de juheu. Item que neguna fembra crestiana no entre ne gos entrar en lo Cail juhic, ne en casa de jueu ne de juya de dia ne de nit.

A tout Juif il était interdit de demeurer hors de la Juderia, à tout Chrétien de lui louer un logement. Défense formelle aux filles de joie juives de paraître à l'intérieur de l'enceinte de la ville [1]. Défense aux Juifs de porter des vêtements, dont les Chrétiens avaient coutume de s'habiller : défense de se réfugier dans une maison chrétienne [2].

Cette dernière interdiction fut publiée un an avant que la grande catastrophe ne fondît sur les Juifs d'Espagne. C'est à Séville que fut donné le signal de la violente tempête qui se déchaîna sur les communautés juives. Le dimanche 9 juillet 1391, une foule, avide de rapine, composée de Castillans et d'étrangers, fit irruption dans la ville juive à Valence. Le gouverneur, les conseillers municipaux ne pouvaient prendre les Juifs sous leur protection. Leurs maisons furent pillées, quelques centaines de personnes massacrées, un grand nombre accepta le baptême, un petit nombre seulement ne dut son salut qu'à la fuite [3]. La grande synagogue fut convertie en une église de Saint-Christophe, la petite devint la chapelle de Santa-Maria-de-Gracia [4].

Le 2 août, c'est à Palma sur Mallorca que sévit le carnage : trois jours après, le 5 août, la nouvelle se répandit à Barcelone, que la ville juive de Palma était prise et que le plus grand nombre de ses habitants y compris le gouverneur de l'île, étaient tués [5]. C'était un samedi, alors que beaucoup d'habitants de la campagne se trouvaient encore réunis dans la ville, à l'occasion de la fête de Saint-Dominique, qui touchait à sa fin, deux bateaux de Valence débar-

---

[1] *Libres de Crides e ordinacions*, Libro de 1370 e 1374 : Neguna juhia publica no gos star dins los murs de la ciutat; cf. Consultations *Zikhron Yehouda* (Berlin, 1846), n° 17.

[2] *Libres de Crides e ordinacions*, Libro de 1390 : Que juheu algu no uaje en habit de crestia e que algu nol gosa cullir en casa...

[3] Crescas indique dans sa lettre le nombre des Juifs qui demeuraient alors à Valence, à savoir mille familles (d'où dans Graetz, VIII, 66, « à peu près 5,000 âmes »); Danvila (*Revue*, XIV, 267) va jusqu'à 15,000 âmes. D'après Crescas, 250 personnes périrent : quelques centaines d'après la Relation, qui fut écrite le 10 juillet 1391, sur l'ordre du Conseil de la ville de Valence, par le greffier Bart. Villalor. Cette relation a été publiée par Vic. Boix, *Historia de la Ciudad de Valencia*, I, 440, puis par Amador de los Rios, *l c.*, II, 595 et suiv.

[4] Dans un rapport publié, d'après un manuscrit de l'Escuriale, par notre savant ami le R. P. Fidel Fita, sur *Estrajo de las Juderias Castelanas en 1391* (*Boletin*, XVI, 433) , et dans le rapport rédigé par Juan de Vallseca (Vallesica), qui, lorsqu'il était Juif se nommait, en 1383, Haym Havent risch de Palma, ou plutôt de Barcelone, *Revue*, IV, 60, on lit : « et fuit in eadem aljama edificata capella sancti Christoforis. » On lit en propres termes dans le manuscrit du *Diarium* de la ville de Barcelone (*Rub. de privilegiis contra judeos*) : en la sinagoga major del Call se fou eglesia d. Sant Christofal y altre de St. Maria de Gracia.

[5] Les sources, au sujet du sac de Barcelone, sont la lettre de Crescas et le rapport publié par M. Fidel Fita (voir la note précédente); cf. mon article *Zur Geschichte der Juden in Barcelona*, *Monatsschrift*, XV, 85 et suiv.

quèrent à Barcelone environ cinquante Castillans. Vers le soir [1],
comme sur un mot d'ordre, matelots, ouvriers, paysans et femmes
se précipitèrent, au cri de : A bas les Juifs ! sur la grande rue
juive, Call major, située tout près de la résidence royale et de la
place Saint-Jaime, et entourée d'une enceinte. Ils s'emparèrent des
maisons, se livrèrent, avec ardeur au vol, au pillage, durant toute
la journée et la nuit suivante. Cent Juifs, à peu près, furent mis à
mort, les autres se réfugièrent dans le château (Castillo-Nuevo).

Pour protéger les Juifs, le gouverneur et les autorités de la
ville firent occuper militairement le quartier juif et le château :
l'équité l'exigeait et aussi le bon renom de la ville. Plusieurs Castillans furent arrêtés avec leurs larcins et conduits en prison. Le
lendemain, le grand conseil, composé de nobles, de militaires, de
commerçants et de notables citoyens, fut convoqué et décida de
faire pendre dix meneurs parmi les Castillans, qui avaient déjà
trempé dans le pillage de la Juderia à Séville et à Valence. Guil-
lermo de San-Clemente, gouverneur de Barcelone, demanda l'exécution immédiate de la sentence : aussitôt la populace en furie
poussa le cri de : Vive le peuple, vive le roi ! et attaqua, avec
des traits et des pierres, les représentants de la ville et San-
Clemente ; un citoyen estimé, un bon chrétien, nommé Jacob Soler,
fut tué, plusieurs autres furent grièvement blessés. La populace
s'empara de la prison et délivra les coupables. Vers le soir, au
son des cloches, ils attaquèrent le château. Ce fut un combat
acharné, qui se prolongea fort avant dans la nuit. Le lendemain
seulement, le château fut pris d'assaut. Parmi les Juifs qui n'avaient
pas quitté le château la nuit auparavant, et qui avaient trouvé abri
dans les maisons chrétiennes, les uns furent tués, les autres contraints au baptême. Plus de trois cents Juifs furent mis à mort en
ce jour et les jours suivants, « beaucoup d'entre eux bénissaient
en pleine rue le nom de Dieu. »

Le 10 août, ce fut le tour de Girone, et trois jours après, la rue
des Juifs à Lérida fut emportée. Soixante-dix-huit Juifs y furent
tués, tous les autres passèrent au christianisme. La synagogue fut
convertie en une église et reçut le nom de Sancta Maria del Miracle : les néophytes venaient y faire leurs dévotions [2].

Les événements de la Catalogne firent une profonde impression
sur le roi D. Juan ; il fut surtout vivement ému de la destruction

---

[1] Dans le rapport *Estrajo*, on lit : « inter horam none et horam vesperiorum » ;
dans le *Diarium* de la ville de Barcelone « pres dinar ».

[2] Villanueva, *Viaje literario*, XVI, 247 : forem morts 78 juheus. Tots los altres
Juheus se bategaren, e feren eglesia de la synagoga y meterenli nom Sancta Maria
del Miracle, en la cual los conversos tenen vuy lo sementer.

du riche quartier juif de Barcelone, qui était son patrimoine ainsi que celui de son épouse Violante. Par décret du 10 septembre 1392, avec le consentement de sa femme, il résolut, sans autre forme de procès, de faire disparaître à jamais la Aljama de Barcelone avec tous ses anciens privilèges. Il défendit aux Juifs de s'y assembler désormais, ou d'y accomplir aucun acte religieux [1]. Cependant, trois semaines étaient à peine écoulées que le roi modifiait sa résolution. La Aljama de Barcelone avait donné aux anciens rois et à lui-même d'importants subsides, ordinaires et extraordinaires ; elle avait rendu de nombreux services de toute nature, et, à ce souvenir, il fit savoir publiquement, le 2 octobre 1392, qu'il voulait fonder dans la ville de Barcelone une nouvelle Aljama et lui conférer les libertés et privilèges dont avait joui l'ancienne, maintenant détruite. Il accordait l'autorisation à tous les Juifs qui avaient habité l'ancienne Aljama, ainsi qu'à ceux qui voulaient se fixer dans la nouvelle, d'élever une autre Aljama autonome et de former une communauté religieuse : tous les droits, honneurs et privilèges leur étaient assurés, ainsi que le libre exercice de leurs cérémonies, usages et pratiques. Il leur assignait pour domicile la rue de Sanahuja avec toutes ses maisons et dépendances, et, pour l'exercice de leur culte, la synagogue qui s'y trouvait et qui avait été autrefois destinée à cet usage : cette rue était située près du château (Castillo-Nuevo) dont nous avons déjà parlé. Pour cimetière, il leur assignait leur ancien champ de repos près du Monjuich (Montagne juive) avec le hall situé sur la route près du torre de Misavila, au-delà du couvent de Saint-Paul, hall qui faisait partie du cimetière et où ils pouvaient procéder aux cérémonies d'inhumation, prononcer des oraisons funèbres, pratiquer, en un mot, leurs anciens usages [2]. Pour déterminer les Juifs à s'établir de nouveau à Barcelone, le roi leur fit, par décret du 3 octobre 1392, des concessions comme nul régent ne leur en avait encore accordé de pareilles. En effet, en vertu de ce décret, tous ceux qui voulaient se fixer alors ou plus tard dans la nouvelle Aljama, étaient exemptés, pendant trois ans, de tous les impôts directs et indirects, de tous les présents volontaires ou obligatoires ; ils étaient également dispensés de l'obligation de fournir les lits pendant le séjour du roi ou de la reine, et d'avoir soin des lions et autres animaux, — on sait que les Juifs de Barcelone et des autres villes du

---

[1] *Documentos inéditos del Archivo General de la Corona de Aragon*, VI, 436. Ce document et les suivants ont été publiés par moi *in extenso* dans *Monatsschrift*, XV, 91 et suiv.

[2] *Documentos inéditos*, VI, 438.

royaume y étaient contraints, — toutefois cette dernière disposition n'entrait en vigueur qu'à partir du jour où les Juifs contribuables s'élèveraient au nombre de deux cents. Le roi promettait, en outre, de protéger, pendant cinq ans, la Aljama, et ses habitants contre toute perquisition de la part du gouverneur ou d'autres fonctionnaires, notamment contre toute enquête à la suite de délations ou d'accusations [1].

Ces privilèges et ces promesses ne réussirent pas à déterminer le retour des Juifs à Barcelone.

Alors quelques nouveaux convertis résolurent d'élever une église de la Sainte-Trinité dans la rue de Sanahuja sur l'emplacement même de la synagogue.

A l'effet d'obtenir du roi la permission de construire, une pétition lui fut adressée, le 23 juin 1395, signée par Arnauld Maçana, trésorier royal [2], les médecins Pedro de Podio [3] et Francisco de Pedralbis [4], Bernardo de Pino et Ludovico de Jonqueriis. Le roi accorda très volontiers cette autorisation [5].

A Barcelone on ne vit plus de synagogue, plus d'Aljama ou de Juderia, plus de Call ou rue des Juifs, mais aussi de Juifs pas davantage [6]. Le roi Martin, le successeur de D. Juan, avait, il est vrai, dès l'année 1401, décrété qu'en considération de la persécution qui avait sévi à Barcelone, toute Juderia ou toute rue des Juifs était interdite [7]. Néanmoins, il semble qu'après la catastrophe, quelques Juifs s'étaient fixés dans la riche ville de commerce, d'autres ne paraissent y avoir séjourné que temporairement. Le 26 décembre 1424, D. Alphonse V, sur le désir de « ses chers et fidèles conseillers », conféra à la ville de Barcelone un privilège irrévocable : dans la ville de Barcelone, son territoire, à aucune époque, ni d'aucune manière, il ne pouvait être construit de Juderia ou Call; il était interdit aux Juifs de posséder soit maison, soit domicile dans cette même ville ou sur son territoire ; tous les Juifs qui, lors de la publication de ce privilège, se trouveraient dans la ville ou sur son

[1] *Documentos ineditos*, VI, 441.

[2] Les Maçanas appartenaient aux familles les plus estimées de Barcelone. En l'année 1383 y vivaient Astrug Maçana et Lobell Maçana (*Revue*, IV, 62), Juan Maçana olim Salomo Maçana (*ibid.*, IV, 59).

[3] Un Francisco de Podio portait comme Juif le nom de David Cortes, et Jacob de Podio se nommait Salomo Toraif (*Revue*, IV, 61).

[4] Francisco Pedralbis portait comme Juif le nom de Moses Falco (*Revue*, IV, 58).

[5] *Documentos ineditos*, VI, 443. Ainsi que je l'ai appris à Barcelone, cette chapelle a été détruite il y a une vingtaine d'années.

[6] D'après Sal. Aben Verga, *Schevet Yehuda*, n° 45, la communauté de Barcelone cessa d'exister en 1393 ; d'après la lettre de Crescas, déjà après la persécution, en août 1391, « il n'y avait plus de nom juif connu ».

[7] *Rub. de privilogiis contra Judeos, anno* 1401 (*Diarium* de la ville de Barcelone).

territoire, devaient, dans un délai de soixante jours, à partir du jour même de la publication, quitter leur domicile et s'établir en d'autres villes ou en d'autres endroits du royaume. Dans le cas où, ce délai écoulé, un Juif serait aperçu dans la ville, il devait être flagellé sans pitié, et ne pouvait désormais être toléré que s'il se convertissait à la foi chrétienne. Néanmoins, sans porter atteinte à ce privilège, un Juif pouvait circuler dans la ville ou sur son territoire pour affaire commerciale ou pour tout autre motif : il pouvait s'y arrêter quinze jours, mais à la condition d'habiter dans un hôtel public et de porter les marques distinctives prescrites aux Juifs[1]. Si, après le délai de quinze jours, ou pendant ce laps de temps, il était aperçu dans une maison privée, ou non revêtu de ces marques distinctives, il encourait la peine de la flagellation. Le Juif qui avait fait un séjour de quinze jours dans la ville ne pouvait pas y retourner avant deux mois écoulés[2].

Cette loi fut promulguée[3] à Barcelone le 12 février 1479 et le 10 août 1480. Cela prouve que les Juifs avaient usé de l'autorisation de séjourner temporairement dans la ville.

II

LES JUIFS A SARAGOSSE.

Saragosse, la ville la plus riche d'Aragon, devait son état florissant principalement aux Juifs, qui y demeuraient en grand nombre au XIIIᵉ et au XIVᵉ siècle et y faisaient un commerce très étendu. Le commerce de draps et d'étoffes était en majeure partie entre leurs mains. Par décret du 5 novembre 1288, le roi Alphonse III fixa les endroits de la grande Juderia, depuis la Picatoria jusqu'à la Corregoria, où les marchands d'étoffes juifs pouvaient ouvrir des magasins et vendre leurs marchandises[4]. A

---

[1] En vertu d'une ordonnance, datée de Valence, 14 avril 1393, les Juifs étaient obligés « de portando in veste superiori rotum bicolorem scilicet pallidam et vermilia et super aliis », ou, comme il est dit en un autre endroit « rodella vermella del ample del palmell de la ma posada en los pits en tal forma que per tot hom sia vista. »

[2] Ce privilège daté de Barcelone, 26 décembre 1424, rapporté dans les extraits de *Rub. de privilegiis contra Judeos*, a été publié, traduit en catalan, par notre estimable ami D. José Fiter é Inglés dans son intéressant ouvrage : *Expulsion de los Judios de Barcelona* (Barcelone, 1876).

[3] Voir D. José Fiter é Inglés, *l. c.*, 14.

[4] Décret daté de Huesca, 5 novembre 1288, *Act. de ayuntamiento de Zaragoza*, cf. Amador de los Rios, *Historia de los Judios de España y Portugal*, II, 71.

côté de ce commerce, ils cultivaient plusieurs branches de l'industrie. Il y avait tant de cordonniers juifs dans cette ville, célèbre autrefois, comme encore aujourd'hui, par ses fabriques de cuir et ses nombreux cordonniers, qu'ils formèrent une société, espèce de confrérie, dont les statuts furent ratifiés par le roi le 6 mai 1336. Tous les membres de cette corporation étaient tenus d'assister chez chacun d'entre eux à la célébration du mariage ou au repas donné à l'occasion de la circoncision, de lui faire une visite tous les samedis en cas de maladie, de recueillir son dernier soupir, de lui rendre les honneurs suprêmes, et, pendant les jours de deuil, de réciter les prières dans la maison mortuaire. Quiconque s'était soustrait à l'une de ces obligations devait verser chaque fois une amende d'un dinero dans la caisse de la société [1].

A cette époque vivait à Saragosse le médecin Samuel Alatzar, qui, à titre de médecin particulier du roi, obtint pour lui et sa famille des libertés et des faveurs particulières [2]; puis R. Azaria Aben Jacob, qui était à la fois médecin et rabbin de la communauté de Saragosse. Grâce au consentement du roi, ce rabbin inconnu eut le pouvoir de nommer un suppléant. Il jouit, d'ailleurs, de libertés et de concessions qui lui furent renouvelées à plusieurs reprises [3]. Le juif Azmael Aven Baruch [4] était également en faveur particulière auprès du roi : Azmael était, nous le supposons du moins, le frère du distingué Bonet Aven Baruch de Lérida.

D. Alphonse III, que nous avons nommé, confirma le privilège que son père D. Pedro avait accordé aux habitants chrétiens de Saragosse, privilège en vertu duquel ceux-ci n'étaient pas tenus, même après avoir prêté serment, de rendre aux Juifs l'argent qu'ils leur avaient emprunté [5].

Les revenus que la ville tirait des bains juifs pendant la durée de deux ans à partir du 1er mai 1266, le roi D. Jaime I les consacra à la construction du grand pont sur l'Ebre [6].

[1] *Coleccion de Documentos inéditos d. Archivo General de la Corona de Aragon*, XL, p. 131 et suivantes ; cf. *Allg. Zeitg. d. Judenthums*, année 56, p. 438.

[2] *Arch. de la Corona de Aragon*, reg. 860, fol. 20; reg. 863, fol. 205 ; reg. 147, fol. 87 : « Fiscio de S. M. el Judio Samuel Alatzar.

[3] *Arch. de la Corona de Arayon*, reg. 477, fol. 147 ; reg. 860, fol. 213. Il reçut en l'année 1313 la permission de nommer un suppléant.

[4] *Arch. de la Corona de Aragon*, reg. 163, fol. 58.

[5] *Act. de ayuntamiento de Zaragoza Pet. 1, 4, 32, dat. Zaragoza, 22 de mayo, de 1286.*

[6] *Act. de ayuntamiento Pet. 1, 5, 26, dat. Lérida, 16 de mayo de 1266.* Avec la permission du roi, les Juifs Mose et Gadella Aveneramu achetèrent un abattoir à Saragosse, *Arch. de la Corona de Aragon*, ao. de 1329.

Ainsi que dans d'autres villes d'Espagne, la Juderia à Saragosse était également entourée d'une enceinte et munie de portes, qui devaient rester fermées le jeudi gras et le vendredi saint. Pour les clefs ou plutôt pour la garde et l'ouverture temporaire des portes en ces dits jours, les Juifs étaient obligés, en vertu d'un arrêté du conseil municipal en date du 14 avril 1442, de payer un impôt annuel de 200 sueldos [1].

Les Juifs de Saragosse, qui, à l'occasion de leur visite dans la ville en l'an 1486, offrirent au roi et à la reine si tyranniques de riches présents, à savoir : douze vaches richement parées, autant de moutons, un service de table en argent [2], porté par douze Juifs, en outre, un bocal en argent très précieux sur un grand plat en argent, ces mêmes Juifs étaient obligés, eux aussi, six ans après, ainsi que leurs coreligionnaires, de quitter la ville et le pays. Aussitôt que fut promulgué l'édit d'expulsion, la ville réclama une somme de quatre mille sueldos que leur devait la Juderia [3], et quelques semaines après que les Juifs eurent quitté la ville, les conseillers municipaux résolurent d'élargir les rues de la Juderia et de la désigner sous le nom d'un nouveau quartier de la ville [4].

M. KAYSERLING.

---

[1] *Act. de ayuntamiento de 1442* : En la sesion de 14 de avril de 1442 sè acordo el reparto de 200 sueldos pagados por el clavario de la Aljama de los Judios por razon de la guarda del Jueves de la Cena y Viernes santo.

[2] Bernaldez, *Historia de los Reyes Catolicos*, cap. 46 ; Amador de los Rios, *l. e.*, III, 293.

[3] *Actos de ayuntamiento de 1492* (14 mayo).

[4] *Actos de ayuntamiento de 1492* : En 14 de setiembre de 1492 los Jurados acordaron ensanchar las Calles de la Juderia que calificaban de barrio nuevo.

DOCUMENTS INÉDITS

SUR

LES JUIFS DE MONTPELLIER AU MOYEN AGE

Les documents suivants, que nous avons eu la bonne fortune de découvrir aux Archives municipales de Montpellier, sont extraits du Registre des notaires de cette ville de l'année 1301-1302. A cette époque, Montpellier possédait la communauté juive la plus importante du Languedoc. Nous avons déjà fait connaître une partie des membres qui la composaient[1]. Nos documents nous permettent d'ajouter à cette liste un certain nombre d'autres noms :

Crescas ou Creschas d'En Mascip.	(fol. 5 v°; fol. 13 v°; fol. 74, 103, 106 et 133).
Bon Mascip, de Narbonne[2].	(fol. 5 v°).
Dulcia, de Noves.	(fol. 6).
Astruc d'En Abram[3].	(fol. 5 v°).
Samiel, fils de Vivas, de Nosséran.	(fol. 25 v°).
Vivas, de Nosséran.	(Ibid., pièces ann.).
Astruc d'En Mascip.	(fol. 70 v°).
Crescon Cohen.	(fol. 25 v° et 74).
Crescas Cohen.	(fol. 74 et 75).
Bonanasc, de Béziers.	(fol. 25 v°).
Mossé, de Villemagne.	(fol. 13 v°).
Benjamin, de Carcassonne.	(fol. 51 ; pièces ann.).

---

[1] *Revue des Études juives*, t. XIX, p. 266, et t. XXII, p. 265.

[2] Bon Mascip ou Bonmancip possédait la seigneurie directe sur un certain nombre de ténements appartenant à la Léproserie de Narbonne. Saige, *Les Juifs du Languedoc*, p. 74.

[3] Astruc d'En Abram (Abba Mari ben Abraham) s'associa à l'excommunication prononcée à Barcelone contre les études philosophiques ; ses biens furent confisqués, en 1306, par Philippe-le-Bel. *Les Rabbins français*, p. 693; cf. Saige, *loc. cit.*, p. 128, 310 et 317.

Ester, sa femme.	(fol. 51 ; pièces ann.).
Astruc, son fils.	(*Ibid.*).
Astrugue, femme d'Astruc.	(*Ibid.*).
Boninazas ou Boninzsas, de Carcassonne.	(*Ibid.*).
Régina, femme de Boninzas.	(*Ibid.*).
Profag, fils de Vivas, de Nosséran.	(fol. 51, 106 v°; pièces ann.).
Davin, fils de Salomon Cohen, beau-père de Profag.	(fol. 51 v°; pièces ann.).
Vital de Melgueil [1].	(fol. 53 v°).
Jusseph ou Jusse, de Narbonne [2].	(fol. 65 v°).
Mayrone d'En Salvat.	(*Ibid.*).
Jusseph, fils d'Astruc d'En Mascip.	(*Ibid.*).
Salomon, de Lunel [3].	(fol. 65 v° et 120 v°).
Salomon Cohen, de Lunel, et ses fils : Ferrussol, Durant, Mascip et Mossé [4].	(fol. 74, 75 v° et pièces ann.).
Juce Ferrier, de Capestang.	(fol. 65 v°).
Bonafos Cohen, d'Alais.	(fol. 66).
Astruc, fils de Salomon, de Montpellier [5].	(fol. 70 v°).
Vital, de Lunel.	(fol. 76).
Ferrussol, son fils.	(*Ibid.*).
Bondia, fils de Crescas Cohen.	(*Ibid.* et 75 v°).
Blanche, femme de Crescas Cohen.	(*Ibid.*).
Isaac ou Isac, d'Avignon [6].	(fol. 74, 75 et 106).
Profag, de Marseille [7].	(fol. 97, 106 et pièces ann.).
Davin, de Villefort, habitant de Pamiers [8].	(fol. 103 et 106).
Jaco, de Nosséran, et Salomon son fils.	(fol. 106 v°).

[1] Vital, frère de Salomon ben Moïse de Melgueil, habitait un certain temps Narbonne ; il paraît dans l'enquête sur les Juifs du Roi en 1284 et dans les ventes des biens confisqués à Narbonne en 1306. Saige, p. 126, 214 et 285.

[2] Jusse ou Joseph Cohen figure, en qualité d'expert d'écritures hébraïques, dans un conflit qui s'était élevé, en 1267, au sujet de la propriété d'un mans, entre le vicomte de Narbonne et deux Juifs, Vital, fils de David, de Narbonne, et Vital, de Florensac. En 1284, il est recherché comme Juif du Roi. Saige, p. 56, 197 et 214.

[3] Il s'agit probablement du rabbin Salomon ben Yehouda, un des signataires de la lettre envoyée par Abba Mari à Salomon ben Adret, de Barcelone. *Rabbins français*, p. 664.

[4] Salomon ben Isaac, que M. Neubauer identifie avec Maestro Selamias, doyen de Lunel, fut médecin à Montpellier. Il joua un grand rôle dans la dispute entre les orthodoxes et les philosophes. *Les Rabbins français*, p. 624, 667 et suiv.

[5] Salomon ben Moïse ben Mordekhaï et Isaac ben Abraham ben Jacob (voir plus loin) étaient partisans des études philosophiques et surtout de l'étude des livres de Maïmonide. Les biens de Salomon de Montpellier furent confisqués, en 1306, à Narbonne. *Les Rabbins français*, p. 693, et Saige, p. 282.

[6] Voir note 1.

[7] Il est question ici du célèbre Profatius Judaeus (Jacob ben Makhir), le médecin-astronome de Montpellier, qui fit une opposition vigoureuse à Abba Mari ben Moïse et à ses partisans.

[8] David, de Villefort, est l'auteur d'un ouvrage sur le calcul du calendrier. Délégué de la communauté de Pamiers, il reçut de l'inquisiteur, en 1297, les lettres de confirmation des privilèges des Juifs du diocèse. Saige, p. 118 et 238.

Bonet, d'Agde, et Fava, sa femme.	(fol. 120 v°).
Durant, de Lunel[1].	(fol. 120 v° et 134).
Mossé, d'Agde.	(fol. 134 v°).
Abram, de Lunel[2].	(fol. 134).
Samiel, frère d'Astruc, de Carcassonne.	(pièces annexes).
Jacob, fils de Benjamin, de Carcassonne.	(*Ibid.*).
Samiel, de Lunel, et Salamias, son fils[2].	(*Ibid.*).
Abraham, de Lodève.	(*Ibid.*).
Ester, mère d'Astruc, de Carcassonne.	(*Ibid.*).
Vivas, fils de Mossé, de Perpignan, frère de Régina, femme de Boninzas, de Carcassonne.	(*Ibid.*).
Ferrier, de Capestang.	(*Ibid.*).
Firmin b. Ajam, marchand de chandelles	(*Ibid.*).

Les Juifs de Montpellier habitaient pour la plupart le quartier de Castel-Moton, où était également située leur synagogue. Il existe encore quelques vestiges de cette dernière dans le sous-sol de la maison qui porte le n° 1 de la rue Barallerie[4].

Les hommes de Montpellier, ainsi s'exprime l'article XII de la charte du 15 août 1204, peuvent, quand ils le veulent, vendre tous leurs biens, en emporter le prix avec eux et s'en aller où il leur plaît, sans empêchement.

Le seigneur et son baile sont tenus d'accorder sans contradiction l'investiture à l'acquéreur, pour toutes les ventes que les hommes de Montpellier voudraient faire des biens sur lesquels le seigneur a droit de lods... L'intercession de la femme est valable, ajoute l'article 39 de la même charte, quand elle donne, quand elle dispose de ce qui lui appartient en propre, quand elle renonce à son privilège... quand il s'agit de dot, etc.[5].

Nous trouvons un exemple de cette intervention d'une femme juive dans une charte que nous publions. En 1302, Blanche, femme de Crescas Cohen, déclare renoncer expressément à tous les droits qu'elle a en raison de sa dot contre Ferrussol, Mossé, Durant et Mascip, fils de Salomon Cohen, de Lunel[6]. Ces der-

---

[1] Siméon ben Joseph, surnommé En Duran ou Don Duran, fut un des partisans les plus dévoués d'Abba Mari. *Les Rabbins français*, p. 664, 695 et suiv.

[2] Les rabbins Abraham ben Abba Mari et Samuel ben Salomon, de Lunel, adhérèrent à l'excommunication prononcée à Barcelone. Le fils de Samuel, Salamias, est probablement le prince En Salmias auquel Abraham Bédersi adressa un poème. *Les Rabbins*, p. 692 et 712.

[3] Voir p. 119, note 4.

[4] *Registre des notaires de la ville de Montpellier*, 1301-1302, fol. 20. *Ibid.*, Pièces annexes.

[5] Germain, *Hist. de la commune de Montp.*, t. I, p. 66 et 83.

[6] *Pièces justificatives*, n° IV.

niers renoncent, à la même date, aux droits que leurs femmes pourraient avoir contre Bondia Cohen, leur cousin, à l'occasion de leurs dots, de donations ou de conventions quelconques [1].

Les Juifs jouissaient à Montpellier d'un traitement particulièrement bienveillant. Les bailes leur rendaient toujours justice soit dans leurs contestations mutuelles, soit dans leurs différends avec les chrétiens. C'est ainsi qu'en 1301, le baile P. Imbert enjoint à Samiel, fils de Vivas, de Nosséran, d'avoir à payer à Crescon Cohen et à son frère Bonanasc, de Béziers, en vertu d'une transaction passée entre eux, la somme de 33 livres et cinq sous melgoriens [2]. Il oblige, la même année, Jean Olive, cultivateur, à s'acquitter envers Mossé, de Villemagne, d'une somme de 13 livres de monnaie courante, et Pons de l'Orme, marchand, à payer à Vital, de Melgueil, 25 livres de la même monnaie [3].

En 1291, Jean Blegler, orgier, contracte une dette de 13 livres melgoriennes envers Salomon, de Lunel. Onze ans plus tard, en 1302, il adresse à Salomon une demande de restitution de l'acte qui reconnaissait cette dette. Le juge de la bailie devant lequel l'affaire est appelée déboute Orgier de sa demande [4].

Au mois de juin 1302, Mossé, d'Agde, fils d'Abram, de Lunel, est accusé de s'être servi, à Montpellier, d'actes faux. Durant, de Lunel, qu'il a choisi pour son procureur, charge que, dans une autre circonstance, ce dernier avait également remplie au nom de Fava, femme de Bonet, d'Agde [5], obtient pour lui pleine et entière rémission de la part du baile [6].

Pareille rémission est accordée à Salamias, de Lunel, et à son père Samiel poursuivis pour avoir médit du roi de Majorque et du tribunal de la bailie et à quelques autres Juifs, dont les noms nous sont inconnus, accusés d'avoir eu commerce avec une femme de mauvaise vie [7].

L'exercice du droit de propriété fut de tout temps reconnu aux Juifs de Montpellier, qui pouvaient acquérir librement et paisiblement des immeubles au même titre que les autres habitants.

Le 12 mai 1301, Crescas d'En Mascip achète, moyennant le

---

[1] *Registre des notaires*, fol. 75 v°.
[2] *Pièces justificatives*, n° II.
[3] *Registre des notaires*, fol. 43 v° et 53 v°.
[4] *Pièces justificatives*, n° VI.
[5] *Pièces justificatives*, n° VII.
[6] *Ibid.*, n° VIII.
[7] *Ibid.*, n°° IX, XI et XII.

prix de 40 livres de monnaie courante, à Blanche et Jeanne, filles de Philippe d'Orlhac, marchand, une maison sise à Montpellier au quartier de Castel-Moton, grevée d'un cens de cinq deniers melgoriens envers le roi de Majorque et d'un cens de vingt sols envers les héritiers de Simon de Castanheto. Cette maison confrontait, d'un côté, celles de Bonmancip, de Narbonne, et d'Astruc d'En Abraham et, de l'autre, celle de Dulcia, de Noves [1].

Le 2 juin de la même année, Blanche et Jeanne d'Orlhac cèdent à Bernard Garrigas, marchand, une créance de 300 livres tournois, laquelle créance était principalement garantie par la maison dont Crescas d'En Mascip s'était rendu acquéreur et qu'il détenait à titre précaire *quod hospicium dictus Iudeus constituit se interim nostro nomine precario habere et tenere* [2].

Quelques jours plus tard, le baile enjoint à Crescas d'En Mascip d'avoir à payer à B. Garrigas, dit le marchand, auquel les sœurs d'Orlhac avaient cédé leurs droits, la somme de cent livres tournois à valoir sur les 300 livres qu'il leur devait [3]. Le document auquel nous empruntons ce fait contient également le reçu de la somme de 75 livres donné par B. Garrigas à Crescas d'En Mascip.

Le 19 janvier 1302, Gilles de Toulouse, mercier de Montpellier, et sa femme Marie vendent à Jusseph, de Narbonne, pour le prix de 80 livres de monnaie courante, un pâté de maisons sises à Montpellier au lieu appelé « Puy Peccador » et confrontant les maisons de Mayrone d'En Salvat, de Salomon, de Lunel, et de Jusse Ferrier, de Capestang [4].

Dans cet acte, les vendeurs prennent l'engagement de faire approuver les clauses de l'éviction par toutes personnes ayant des droits ou des actions sur les dites maisons à quelque titre, pourvu que ce ne soit pas des Juifs ou des Juives ou des personnes ayant ou devant avoir à l'avenir cause ou action avec des Juifs ou des Juives, *a quibuscumque personis, jura vel actiones in dicta domorum tenentia quocumque modo habentibus, dum tamen non Judeis seu Judeabus vel jus, causam vel actionem à Judeis tel Judeabus non habentibus vel habituris in futurum.*

Les formalités de la tradition ou de l'ensaisinement remplies [5],

---

1 *Pièces justificatives*, n° I.
2 *Registre des notaires*, fol. 13 v°, 14.
3 *Ibid.*, fol. 133.
4 *Registre des notaires*, fol. 65 v°, 66 v°.
5 Voir, sur les formalités de la tradition, Viollet, *Précis de l'histoire du droit français*, p. 518 et 520.

Jusseph, de Narbonne, en signe de prise et de rétention de la dite possession, entra dans les dites maisons, en ouvrit et en ferma les portes *qui quidem Jusseph totam dictam domorum tenentiam recipiens et carum possessionem civilem et naturalem visu, affectu et actu corporali apprehendens, in signum apprehense et retente dicte possessionis intravit predictas domos et clausit et aperuit hostia earum.*

Astruc, de Carcassonne, habitant de Carpentras, vend, le 16 mai 1302, en son nom et au nom de son frère, Boninzas, d'Arles, à Profag, fils de Vivas, de Nosséran, procureur de Davin Cohen, fils de Salomon Cohen, son beau-père, une maison sise au quartier de Castel-Moton, moyennant le prix de 5300 sols de monnaie courante, somme dont il lui délivre une quittance générale le 17 novembre de la même année[1]. Cette maison était récemment échue à Astruc et à son frère par suite d'un partage avec leurs autres frères, Samiel et Jacob. Elle était grevée d'un cens de quatre deniers envers le roi de Majorque et confrontait les maisons de Samiel, de Lunel, et d'Abraham, de Lodève[2].

Dans ce document figurent encore les noms suivants : Astrugue, femme d'Astruc, Regina, femme de Boninzas, Ester, mère d'Astruc et femme de Benjamin, de Carcassonne, Vivas, fils de Mossé, de Perpignan, et Ferrier, de Capestang, un des témoins instrumentaires[3].

Deux autres Juifs, Jusseph, fils d'Astruc d'En Mascip, et Astruc, fils de Salomon, de Montpellier, paraissent dans une quittance générale que leur ont donnée, le 8 février 1302, Guilhem et Jean Olivier, merciers, pour la restitution de trois actes juridiques qu'ils avaient donnés en gage à Jusseph et à Astruc[4].

Au nombre des Juifs, propriétaires d'immeubles, il nous faut citer encore Profag, de Marseille, et Davin, de Villefort, Juif de Pamiers. Le premier achète, en mars 1302, à Jeanne Gas fille d'Estève Lobet, pour le prix de 105 livres de monnaie courante,

---

[1] *Pièces justificatives*, n° III.

[2] *Ibid.*, n° X.

[3] Nous venons de découvrir aux Archives municipales de Montpellier deux autres noms juifs; ce sont ceux d'Astruge de Lunel, de Clermont-l'Hérault, et de La Crestas, juive, qui prêtèrent aux consuls de Cognac, diocèse d'Agde, le premier 50 francs, et la deuxième 40 francs d'or. Louvet, Armoire B, cassette 10, inv. fol. 69.

[4] Nos ete, confitemur vobis, Jusseph, filio quondam Astrugi d'En Mascip, et Astrugo, filio Salomonis de Montepessulano, Judeis, quod vos plene restituistis nobis illa tria instrumenta publica, que vobis pignori tradideramus, pertinentia ad quoddam hospitium, quod vobis specialiter obligavimus pro triginta et duabus libris, in quibus nos vobis eramus obligati cum publico instrumento, etc. *Registre des notaires*, fol. 70 v°.

une maison sise rue de la Blanqnerie et grevée d'un cens de 4 deniers envers le roi de Majorque [1].

Après l'accomplissement des formalités de la tradition du contrat, le vendeur garantit contre toute éviction l'acheteur auquel
il engage une pièce de champ de laquelle, dit-il, je me constitue,
en ton nom et au nom des tiens, détenteur et possesseur à titre
précaire *quam campi peciam instituo me, tuo et tuorum nomine, precario tenere et possidere.*

Le second de ces Juifs, Davin, de Villefort, se rend acquéreur,
le 3 avril 1302, moyennant le prix de 500 livres de monnaie courante ou 250 livres de la nouvelle monnaie en France, de deux
maisons sises au quartier de Castel-Moton et ayant appartenu à
Gabriel Catalan, marchand de soie de Montpellier. Parmi les confronts de ces maisons on rencontre celles d'Isaac, d'Avignon, et de
Crescas d'En Mascip [2].

Le baile de Montpellier fait sommation à Davin d'avoir à payer
à Catalan, nonobstant la quittance que ce dernier lui avait donnée, la somme de 490 livres de monnaie courante ou de 245 livres
en monnaie de deniers doubles de France pour solde du prix
d'achat de ces deux maisons. Davin jure *ad sanctam legem Moysi
ab ipso corporaliter sponte tactam*, et s'engage suivant la forme
et la teneur des nouveaux statuts de Montpellier commençant par
ces mots : « Si par un chrétien, » lesquels statuts il étend et applique à lui et à ses biens, de sa certaine science, pour les choses
susdites, quoiqu'ils ne semblent devoir être appliqués qu'aux seuls
chrétiens, *secundum formam et tenorem statuorum novorum
Montispessulani, incipientium « Si per christianum », que sta-
tua in me et bonis meis prorogo et extendo et eisdem me et
mea, ex certa scientia; subicio propredicties, licet non videantur
extendi nisi solum ad christianos* [3].

Le Registre des notaires contient également d'intéressants
comptes de gestion de tutelle et de curatelle que nous publions.

Le 14 février 1302, Ferrussol, fils de Vital, de Lunel, et Ferrussol-
Cohen, se présentent en même temps que Mossé Cohen, frère et tuteur de Durant et de Mascip, fils de Salomon Cohen, devant le baile
et le juge de la bailie pour leur demander décharge complète de
leur gestion dont les comptes ont été vérifiés et reconnus exacts
par Crescas d'En Mascip, Mossé Cohen et plusieurs autres Juifs
importants de Montpellier.

---

[1] *Registre des notaires*, fol. 97; *ibid.*, pièces annexes.
[2] *Registre des notaires*, fol. 103.
[3] *Pièces justificatives*, nº V.

L'inventaire dressé par les tuteurs renferme sur Salomon Cohen certaines indications qu'il nous paraît intéressant de reproduire ici.

On sait que le médecin Salomon, fils d'Isaac, de Lunel, jouissait d'une très grande influence à Montpellier, où il avait une clientèle fort nombreuse [1]. C'est grâce à son puissant appui que Jacob ben Makhir, dit en provençal *Don Prophet Tibbon* et en latin *Profatius Judaeus*, réussit à entraîner à son opinion la majeure partie de la communauté israélite dans l'affaire de l'excommunication lancée, en 1305, à l'instigation d'Abba Mari, *Don* ou *En Astruc*, de Lunel, par le rabbin Salomon ben Adret, de Barcelone, contre tous ceux qui se livraient aux études philosophiques et aux interprétations allégoriques de la Bible [2].

Cette haute situation, Salomon Cohen la devait également à sa grande fortune. Nous avons vu qu'il était en possession de plusieurs immeubles. Notre document nous apprend qu'au nombre de ses débiteurs figuraient les plus grands seigneurs de la région, Rosselin, seigneur de Lunel, Guiraud Adhémar, seigneur de Montels, et plusieurs autres chrétiens considérables de Marsillargues et autres lieux.

Nombreux également étaient ses biens mobiliers. Ils se composaient, en général, de livres hébreux, de bagues en or et en argent, ornées de pierres précieuses, d'émeraudes, de diamants, de saphirs, de turquoises et d'autres objets en or, argent et métal ; de matelas, coussins, couvertures, vêtements de soie ; de vases, jarres, bassins, marmites en métal, chaudrons en cuivre, mortiers en métal ; de cuves, carafes et autres vaisselles et ustensiles de maison, etc. [3]

Les Juifs, mentionnés dans l'acte, dont nous venons de faire une courte analyse, jurent suivant la formule que nous avons citée [4], « ad sanctam legem Moysi ab ipsis... corporaliter sponte tactam. »

SALOMON KAHN.

---

[1] *Les Rabbins français*, p. 684.

[2] Graetz, *Geschichte der Juden*, t. VII, p. 38 et suiv.; *Les Rabbins français*, p. 650-694.

[3] *Pièces justificatives,* n° XIII.

[4] Voir plus haut, p. 124.

PIÈCES JUSTIFICATIVES

Vente par Blanche et Jeanne, filles de feu Philippe d'Orlhac, marchand, a Crescas d'En Mascip, d'une maison sise a Mont-pellier, au quartier de Castel-Moton.

(12 mai 1301).

Item, iiii-idus Maii.

Nos, Blancha et Johanna, filie quondam Philippi de Orlhaco, mer-catoris, et Guillelme, filie quondam magistri B. Colombi, phisici, quondam conjugum vicefunctorum, asserentes nos majores. xv. an-nis et carere omni curatore, de voluntate, consilio et assensu ex-presso Bertrandi de Orlhaco, patrui nostri, et Columbete, amite nostre, presentium, quod nos, predicti Bertrandus et Columbeta, ve-rum esse fatemur, nos, inquam, predicte sorores et queque nostrum in solidum, per nos et nostros futuros successores et heredes, etc., bona fide et bono animo, etc., vendimus, damus, cedimus et conce-dimus et titulo pure et perfecte vendicionis derelinquimus tibi, Cres-cas d'En Mascip, Judeo, ut plus offerenti et danti, et tuis et quibus tu vel tui volueritis, ad amnes tuas tuorumque voluntates in vita et in morte perpetuo plenarie faciendas, dando, vendendo, ete, excep-tis tamen sanctis, clericis et militibus, cum consilio tamen laudimio et directo semper dominio illustris domini, Jacobi, Dei gratia regis Majoricarum, domini Montispessulani, et successorum suorum vel ejus bajuli curie sue Montispessulani, in hiis tamen dumtaxat casi-bus, in quibus de consuetudine Montispessulani domino Montispes-suli competit et debet dari laudimium, et censu seu usatico annuo quinque denariorum Melgoriensium, dicto domino regi Majoricarum, domino Montispessuli, suisque successoribus, annis singulis perpe-tuo solvendo et prestando in festo sancti Micahelis, et etiam alio censu seu usatico annuo viginti solidorum monete curribilis, singu-lis annis perpetuo solvendo et prestando in festo sancti Micahelis heredibus quondam Symonis de Castanheto, videlicet totum quod-dam nostrum hospicium sive stare, cum operatorio, solario, sutulo et omnibus juribus corporalibus et incorporalibus et pertinentiis suis, quod est in Montepessulano, in loco voccato Castrum Mutonis, et confrontatur cum domo Bon Mascip de Narbona, Judei, et cum hos-picio pro indiviso Johannis Romei, sederii, et Astruc Den Abram pro indiviso, et ex alia cum hospicio heredis quondam Dulcie de Novis,

Judee (?) [1], et ante cum hospiciis Gabrielis et Petri Catalani, sederiorum, carreria in medio, qua itur a canabasseria de Petrono versus Blanquariam, et ex alia parte cum alia carreria publica qua itur a Castromutone versus domum consulum. Precio autem hujus vendicionis scimus, asserimus et vere confitemur nos a te habuisse et numerando recepisse quadringentas libras monete curribilis, quod precium scimus et asserimus fore amplum, etc., et quod a nemine alio tantum precium potuimus reperire, licet hoc disquiri fecerimus diligenter, de quibus tenemus nos a te quamplurimum pro paccatis, etc.; in quibus renunciantes, etc.; verum si plus valent, etc. de quo quidem hospicio et de omni jure possessionis et proprietatis me et meos prorsus exuendo, etc., et te verum dominum, etc., cujus siquidem staris sive hospicii nudam et vaccuam possessionem tibi et tuis de presenti derelinquentes in signum perfecte vendicionis et utilis dominii seu quasi predicti hospicii, in te et tuos pleno jure translati, tradimus tibi de presenti instrumenta scriptionalia et alia ad jus, possessionem et proprietatem predicti hospicii pertinentia, per quam etiam instrumentorum traditionem inducimus te et te indictum (*sic*) Intelligimus et esse volumus in possessionem hospicii predicti, et nichilominus volumus concedimus quod tu vel tui, auctoritate propria, nobis irrequisitis, etiam melioratis, possitis, et valeatis, quandocumque et quotiescumque volucritis, predicti hospicii corporaliter nancisci seu apprehendere naturalem possessionem et civilem totaliter retinere, sciens et constanter asserens, etc., etc.

Testes P. Clari, notarius, Jo. Oliverii, Ja. Penarerii, Guillelmus Ricardi, corraterii, Guillelmus Andree, et ego, etc.

(Registre des notaires de la Ville de Montpellier, 1301-1302, fol. 5 r°, 6 v°.)

II

SOMMATION DU BAILE DE MONTPELLIER A SAMIEL, FILS DE VIVAS DE NOSSÉRAN (?), D'AVOIR A PAYER A CRESCON COHEN, LA SOMME DE 33 LIVRES 5 SOLS MELGORIENS. — MONTPELLIER, 16 AOUT 1301.

Item, XVII. kalendas Septembris.

Curia Montispessulani, etc., videlicet dominus P. Imberti, bajulus dicte curie, de voluntate partium infrascriptarum, precepit, causa cognita et in juditio confessata, Samieli, Judeo, filio Vivas de Naserena, presenti, confitenti et hoc presens preceptum gratis recipienti, quod det et solvat, dare et solvere teneatur Crescon Cohen, Judeo, presenti et petenti, triginta et tres libras et quinque solidos Melgoriensium monete curribilis, per hos terminos, scilicet XIIII. libras et

---

[1] Ou *Judei*. A la fin du mot Judee, on peut lire, presque sur la dernière lettre, un trait de la haste supérieure d'une *e*, qui aurait été corrigée en *i* (?).

x. solidos in festo Sanctorum Omnium et residuum in festo Assumptionis Beate Marie, quas se debere cognovit (?) dicto Crescon, ex causa amicabilis compositionis et transactionis facte inter me (?) et vos de omnibus et singulis que dictus Crescon et Bonanasc de Biterris, frater suus, posset a dicto Samiele petere, exigere et habere quacumque occasione, ratione seu causa.

Testes dominus Jo. de Claperiis, viceb [ajulus], Petrus Stephani et ego, etc.

(Registre des notaires de la Ville de Montpellier, 1301-1302, fol. 25 v°.)

III

QUITTANCE GÉNÉRALE DONNÉE PAR ASTRUC DE CARCASSONE, FILS DE FEU BENJAMIN DE CARCASSONNE, EN SON NOM ET AU NOM DE BONINAZAS, SON FRÈRE, A PROFAG, FILS DE VIVAS DE NOSSÉRAN (?), PROCUREUR DE DAVIN COHEN. — MONTPELLIER, 17 NOVEMBRE 1302.

Item, xv° kalendas Decembris.

Ego, Astrugus de Carcassona, Judeus, filius quondam Benjam[i]n de Carcassona, nomine meo proprio et nomine procuratorio Boninazas de Caracassona (*sic*), Judei, fratris mei, confiteor et cognosco tibi, Profag, Judeo, filio Vivas de Naserena, Judei, procuratori et nomine procuratorio Davini Cohen, Judei, soceri tui, pro dicto Davino stipulanti et recipienti, quod tu, tam per te quam per alium seu alios, per diversas solutiones diversis temporibus atque locis factas, solvisti mihi seu alii pro me, plene et integre, illos quinque milia et CCC. solidos mone[te] curribilis, quos alias cognovi me a te habuisse pro precio venditionis per me, nominibus quibus supra, tibi, nomine procuratorio dicti Davini, facte de quadam domo, que est in Montepessulano et in loco voccato Castrum Mutonis, de qua quidem venditione plene constat per instrumentum publicum inde scriptum per Johannem Grimaudi, notarium Montispessulani. De quibus siquidem quinque milibus et CCC. solidis teneo me a te et dicto Davino, s[o]cero tuo, nominibus quibus supra, quamplurimum pro paccato et contento, in quibus renuncians, etc., et de predictis facio tibi, nomine procuratorio quo supra stipulanti et recipienti, et dicto socero tuo plenam absolutionem, etc., et pactum de non petendo, etc., et de non agendo prout melius, etc.

Testes Guillelmus de Denosa, scriptor, Durantus Buxi, macellarius, et ego, etc.

(Registre des notaires de la Ville de Montpellier, 1301-1302, fol. 51 r°.)

IV

RENONCIATION PAR BLANCHE, FEMME DE FEU CRESCAS COHEN, A TOUS
LES DROITS QU'ELLE AVAIT CONTRE FERRUSSOL, MOSSE, DURANT ET
MASCIP COHEN, FILS DE FEU SALOMON COHEN DE LUNEL, EN RAI-
SON DE SA DOT. — MONTPELLIER, 14 FÉVRIER 1302 (N. ST.).

Item, xvi° kalendas Martii.

Ego, Blancha, Judea, uxor quondam Crescas Cohen, per me et
meos libero, quitio penitus et absolvo vos, Ferrussol, Mosse, Durantum et Mascipum Cohen, Judeos, fratres, filios quondam Salamonis
Cohen, Judei, de Lunello, et quemlibet eorum et bona vestra ab omnibus et singulis que a vobis et quolibet vestrum et in bonis vestris
petere et exigere possem, occasione dotis mee seu quacumque alia
occasione, ratione seu causa, tacita seu expressa, seu quoquo alio
modo, qui dici, exprimi seu excogitari possit. De quibus universis
et singulis reputans me a vobis et quolibet vestrum quam plurimum
pro paccata et contenta, facio vobis, stipulantibus et recipientibus,
et cuique vestrum plenam et generalem absolutionem, etc, et pactum de non petendo et de non agendo, etc., prout melius, etc.

Testes Johannes de Claperiis, Johannes de Sancto Tiberio, notarius Montispessulani, Jacobus de Salicatis, campsor, Imbertus
Datzieu, corraterius, Guillelmus Colombi, scriptor, et ego, etc.

(Registre des notaires de la Ville de Montpellier, 1301-1302, fol. 75.)

V

SOMMATION DU BAILE DE MONTPELLIER A DAVIN DE VILLEFORT, HABI-
TANT DE PAMIERS, D'AVOIR A PAYER A GABRIEL CATALAN, MAR-
CHAND DE SOIE DE MONTPELLIER, LA SOMME DE 490 LIVRES 1 E
MONNAIE COURANTE OU 245 LIVRES EN MONNAIE DE DENIERS DOUBLES
DE FRANCE, POUR SOLDE DU PRIX DE L'ACHAT DE DEUX MAISONS. —
MONTPELLIER, 3 AVRIL 1302.

Item, tercio nonas Aprilis.

Curia Montispessulani illustris domini, regis Majoricarum, videlicet
dominus Petrus Imberti, bajulus dicte curie, de voluntate partium
infrascriptarum, precepit, causa cognita et in juditio confessata,
Davino de Villaforti, Judeo, habitatori Appamiarum, presenti, vo-
lenti, confiteuti et hoc presens preceptum gratis recipienti et foro,
jurisdictioni et examini presentis curie se et sua, ex certa scientia,
subicienti, quod det et solvat, dare et solvere teneatur Gabrieli Ca-

talani, sederio Montispessulani, presenti, petenti et instanti, et suis, quadringentas et nonaginta libras monete curribilis, que faciunt summam denariorum duplorum illustris domini regis Francie ducentas et xlv libras, hinc ad quindenam post festum proxime instans Pasche Domini, apud Appamias, infraduos dies postquam dictus Gabriel dictum Davinum apud Appamias requisierit et ipsum admonuerit quod dictas. cccc. nonaginta libras monete predicte apud Appamias sibi solvat, et idem Gabriel instrumentum presentis obligatiouis eidem Davino apud Appamias presentaverit et paratum se obtulerit, facta dicta solutione, dictum instrumentum eidem reddere et eundem de toto dicto debito totaliter absolvere et quitare. Que omnia fuerunt de voluntate dictarum partium statuta et etiam per ipsas partes in pactum sollempne deducta.

Quas quidem cccc. lxxxx. libras monete predicte predictus Davinus cognovit et confessus fuit in judicio, coram dicto domino bajulo, se debere predicto Gabrieli, presenti et petenti, restantes penes ipsum Davinum dicto Gabrieli ad solvendum de precio quingentarum librarum, quarum precio dictus Gabriel vendidit dicto Davino duas domos, sitas in Montepessulano, licet in instrumento dicte venditionis inde scripto per me, Johannem Grimaudi, notarium Montispessulani, contineatur dictum Gabrielem confessum fuisse se totum dictum precium a dicto Davino habuisse et recepisse et in hüs idem Gabriel renunciaverat exceptioni non numerate peccunie et non habite, prout in instrumento dicte venditionis continetur etc. Pro quibus universis et singulis tenendis, perficiendis et complendis, idem Judeus obligavit, ex certa scientia et expresse, dicto Gabrieli se etomnia bona sua presentia et futura et specialiter et precise predictas duas domos cum omnibus suis pertinentiis, quas dictus Gabriel dicto Judeo vendidit, sitas in Montepessulano, in loco vocato Castrum Mutonis, quarum una confrontatur cum domo Jacobi Penarerii, mercerii, et cum domo P. Catalani, sederii, altera vero confrontatur cum dicta domo dicti P. Catalani et cum hospicio B. Valarauga et cum hospiciis Ysaac de Avinione, Judei, carreria in medio, et cum hospiciis Crescas Den Mascip, Judei, carreria in medio, quas quidem domos tibi ypothecavit specialiter propredictis, constituens inde se predictas domos nomine precario dicti Gabrielis interim tenere et possidere, quousque in predictis omnibus et singulis dicto Gabrieli et suis sit plene et integre satisfactum, ita tamen quod hec specialis obligatio seu ypotheca non deroget in aliqua generali nec e converso, set quod uni per alteram accrescat virtus efficacior et in aliquo non decrescat; volens insuper et concedens idem Judeus et in pactum sollempne dicto Gabrieli deducens quod curia predicta Montispessulani vel Appamiarum seu alia quacumque (*sic*) curia ecclesiastica vel secularis, sub cujus jurisdictione dictum Judeum vel ejus bona contigerit reperiri, si defficeret in solutione predicta, possit et valeat hoc presens preceptum et contenta in eo celeri exsequutioni mandare in bonis ipsius Judei et persona, tenendo ostatica circa dictam curiam Montispessulani, ut est moris, et nichilominus res, bona et pignora ipsius capiendo et incontinenti ea vendendo et distrahendo et de eo precio dicto creditori in dicto debito et expensis et interesse ob moram dicte solutionis quocumque modo factis et passis plenarie satisfaciendo, non attentis dilationibus quindencim (*sic*) dierum et sex septimanarum et aliorum quindecim dierum, qui secundum consuetudines Montispessulani conceduntur post dictas sex septimanas ad res captas vendendas. Quibus dilationibus et aliis quibuscumque de jure, usu vel consuetudine seu statuto indultis et concessis, idem Judeus scienter renunciavit et expresse, et nichilominus voluit et concessit idem Judeus quod predicta curia Montispessulani seu alia quacumque (*sic*) possit et valeat predicta omnia et singula exsequi contra ipsum et bona sua, secundum formam et tenorem statutorum novorum Montispessulani, incipientium « Si per Christianum », que statuta in me et bonis meis prorogo et extendo et eisdem me et mea, ex certa scientia, subicio pro predictis, licet non videantur extendi nisi solum ad Christianos, volens etiam et concedens quod utraque exsequtio, scilicet realis et personalis, simul vel separatim fieri valeat sive possit, ita quod altera alteram non inpediat seu retardet, renuncians, etc. Prescripta universa et singula dictus Davinus vera esse constanter asseruit et ea tenere, servare, perficere et complere et contra non venire idem Davinus dicto Gabrieli, stipulanti sollempniter et recipienti, promisit et juravit ad sanctam legem Moysi, ab ipso corporaliter sponte tactam, etc.

Testes Johannes de Claperiis, vicebajulus dicte curie, B. Basterii, notarius, Poncius Gauffridi, corraterius, et ego, etc.

(Registre des notaires de la Ville de Montpellier, 1301-1302, fol. 106.)

VI

SENTENCE DU JUGE DE LA BAILIE DE MONTPELLIER, DÉBOUTANT JEAN BLEGIER, ORGIER, DE SA DEMANDE DE RESTITUTION PAR SALOMON DE LUNEL, D'UN ACTE DE RECONNAISSANCE D'UNE DETTE DE LA SOMME DE 13 LIVRES MELGORIENNES. — MONTPELLIER, 11 MAI 1302.

Item, quinto idus Maii.

Noverint universi quod Johannes Blegerii, ordearius, existens in curia Montispessulani illustris domini, regis Majoricarum, coram discreto viro, domino P. de Tornamira, legum doctore, judice dicte curie, dixit et proposuit coram eo, presente ibidem Salamone de Lunello, Judeo, quod dictus Salamon habet et detinet in debito injuste quoddam instrumentum, in quo ipse dicebat se fuisse obligatum dicto Judeo, XI. anni sunt elapsi, in XIII. libris Melgoriensium, quas quidem XIII. libras idem Johannes dixit et asseruit, sub juramento quod ultro absque alia delatione seu cognitione de presenti ad sancta

Dei Ewangelia prestitit, in presencia dicti domini judicis et dicto Judeo presente, se exsolvisse Judeo memorato, quare peciit et cum instancia requisivit dictum Judeum per dictum dominum judicem compelli ad reddendum sibi dictum instrumentum, juxta et (*sic*) formam et tenorem consuetudinis Montispessulani, que incipit « Si quis habens aliquem obligatum », et dictus dominus judex dictum juramentum dicti Johannis Blegerii non admisit, potissime cum dictus Judeus coram dicto domino judice, sicut (?) idem dominus judex asseruit, proposuerit justas causas, que petitis per dictum Johannem obstare dicuntur, prout in actis dicte curie continetur.

Testes B. Monator., Poncius Calvayroni, advocati, P. Stephani, scriptor, Guillelmus Dentremans et ego, etc.

(Registre des notaires de la Ville de Montpellier, 1301-1302, fol. 120 v°.)

VII

Constitution de Durant de Lunel, comme procureur de Fava, Juive, femme de Bonet d'Agde. — Montpellier, 14 mai 1302.

Item, pridie idus Maii.

Ego, Fava, Judea, uxor Boneti de Agatha, Judei, facio et constituo procuratorem meum Durantum de Lunello, Judeum, ad agendum et deffendendum, etc., ratum, etc., relevans, etc.

Testes Poncius Calvayroni, Guillelmus Colombi, scriptor et ego, etc.

(Registre des notaires de la Ville de Montpellier, 1301-1302, fol. 120 v°.)

VIII

Sentence de rémission donnée par le baile de Montpellier en faveur de Mosse d'Agde, fils de feu Habram de Lunel. — Montpellier, 23 juin 1302.

Noverint universi presentes pariter et futuri quod nos, Petrus Imberti, bajulus curie Montispessulani illustris domini, regis Majoricarum, domini Montispessulani, auctoritate et potestate officii dicte bajulie, quod gerimus, per nos et nostros futuros successores, bajulos curie predicte, partimus, solvimus et omnino nunc et in perpetuum remitimus Mosse de Agatha, Judeo, filio quondam Habraee de Lunello, et tibi, Duranto de Lunello, Judeo, nomine procuratorio ejusdem Mosse, instanti, petenti et recipienti, et etiam tibi, notario infrascripto, tamquam publice persone, pro dicto Mosse stipulanti et

recipienti, omnem penam et mulctam corporalem et peccuniariam,
civilem et criminalem exilium perpetuum et temporale, relegationem
et deportationem ac bonorum suorum publicationem et confiscatio-
nem et quamcumque aliam penam, ordinariam et extraordinariam,
si qua eidem Mosse vel in bonis suis, de jure, usu vel consuetudine
aut etiam de facto, per dictum dominum, regem majoricarum, dominum Montispessulani, aut per dictam curiam seu per nos, ex officio
nostro predicto, vel successores nostros futuros, bajulos curie predicte ordinarie vel extraordinarie posset vel deberet infligi seu im-
poni pro eo et ejus occasione, quia dictum, significatum vel procla-
matum fuit dicte curie seu ad nostram et dicte curie noticiam seu
audienciam est et fuit delatum quod dictus Mosse falso, dolose et
culpabiliter utebatur et usus fuerat in Montepessulano falsis ins-
trumentis sive falsis cartis, facientes auctoritate et potestate predicta, qua fungimur, officio bajulie predicte, per nos et nostros
futuros successores, bajulos curie predicte Montispessulani, predicto
Mosse et tibi, dicto Duranto, nomine procuratorio ejusdem Mosse,
pro eodem instanti, petenti et recipienti, et etiam tibi, predicto notario, tamquam publice persone, pro dicto Mosse stipulanti et recipienti, de predictis plenissimam absolutionem, remissionem, qui-
tationem et bonum finem, nunc et in perpetuum, et pactum validum
et sollempne de non petendo aliquid inde a dicto Mosse seu in bonis
suis et de non ulterius agendo contra ipsum vel ejus bona et etiam
de non ulterius ipsum vexando, inquietando vel aliter ipsum in judicio evocando, modo aliquo, jure, ratione vel causa, pretextu et
occasione aliqua premissorum, volentes et concedentes per nos et
nostros futuros successores, bajulos curie predicte Montispessulani,
prefato Mosse, quod ipse, una cum bonis suis, possit et valeat libere,
tanquam liber, remissus et absolutus a predictis omnibus et singulis, stare, manere et habitare in Montepessulano et toto ejus dis-
trictu et territorio ac etiam ire et redire salvus, tutus et securus,
cum omnibus bonis suis, sub protectione, tuhitione et securitate
dicti domini regis majoricarum, domini Montispessulani, et dicte sue
curie Montispessulani et nostra et successorum nostrorum futuro-
rum, bajulorum curie predicte, non obstantibus predictis, dicte curie
contra dictum Mosse delatis, significatis et denunciatis. Acta fuerunt
hec in Montepessulano, anno Dominice Incarnationis millesimo CCC°
secundo, scilicet nono kalendas Julii, domino Philippo, rege Francie,
regnante, presentibus testibus vocatis et rogatis, Nicolas Imberti,
mercatore, Bernardo Basterii, piperario, Duranto Pelegrini et me,
Johanne Grimaudi, publico Montispessulani et dicte curie notario
majore, qui mandatus et requisitus hec scripsi. — Inde sumpsi instrumentum.

[Registre des notaires de la Ville de Montpellier, 1301-1302, fol. 134 r°.)

IX

Sentence de rémission donnée par le baile de Montpellier en faveur de Renaude de Lyon, femme de mauvaise vie, accusée d'avoir eu commerce avec plusieurs Juifs. — Montpellier, 23 juin 1302. Cf. N° XII (?).

Noverint universi quod nuper pervenit ad audientiam curie Montispessulani illustris domini, regis [Majoricarum, domini] Montispessulani, videlicet domino Petro Imberti, bajulo dicte curie, quod Raynauda de Lugduno [......... instinctu (?)] diabolico, Deum nec hominem reverens, scienter, in contemptum ac vituperium sacre fidei Christiane, permisit s[e...... car] naliter cognosci a pluribus et diversis Judeis et pluribus et diversis Judeis se commiscuit, faciendo se c[ar]naliter cognosci ab eisdem, que nedum dictis malis contenta, ymo mala malis accumulans, in blasfemiam et contemptum sacratissime fidei Christiane, plures mulieres Christianas sollicitavit et donis et promissionibus induxit quod permiterent se cognosci carnaliter a Judeis et hominibus fidei Christiane alienis et quod, ipsa tractante, suadente et ordinante, quamplures Judei et homines fidei Christiane alieni plures mulieres Christianas cognoverunt et rem cum eis habuerunt, et licet alias de predictis in predicta curia, domino R. de Conchis tunc dicte curie bajulo existente, fuerit diligens et sollempnis inquisitio facta, prout in actis dicte curie plenius continentur, cujus cause inquisitionis instantia perierit, lapsu bienii diu est jam transacti, et predicta inquisitio debeat renovari et de novo ad inquirendum super predictis procedi debeat, curia, volens et cupiens de predictis inquirere veritatem et (sic), ea reperta, possit inde facere quod justicia suadebit, processit de novo ad inquirendum super predictis, prout in actis dicte curie et processu dicte inquisitionis plenius continetur. Facta igitur diligenti inquisitione cum dicta Raynalda super contentis in dicto titulo, testibusque receptis in causa inquisitionis predicte et eorum attestationibus publicatis alioque ordine judiciario in predictis rite observato, prout hec et alia in actis predicte inquisitionis plenissime continentur, die igitur presenti, ad audiendam diffinitivam sententiam Johanni Corrigerii, procuratori dicte Raynalde in causa inquisitionis predicte perhemptorie assignata, discreti viri, domini P. Imberti, bajulus, et P. de Tornamira, legum doctor, judex predicte curie, sedentes pro tribunali, in solario dicte curie, ubi placita audiuntur, presente, petente et instante dicto Johanne corrigerii, procuratore predicto, processerunt in dicta causa ad diffinitivam sententiam in modum videlicet infrascriptum. Ad hec nos, prefati P. Imberti, bajulus, et P. de Tornamira, legum doctor, judex predicte curie, visis et diligenter attentis predicto titulo et contentis in eo, nec non dicto (sic) dicte

Raynalde et attestationibus testium in predicta causa inquisitionis receptorum et etiam toto processu inquisitionis predicte, habito super hiis diligenti consilio et communicato nobis super hiis plurium consilio peritorum, die igitur presenti ad audiendum diffinitivam sententiam in predicta causa, dicto procuratori predicte Raynaude perhemptorie assignata, quam etiam diem ad audiendum diffinitivam sententiam in dicta causa dicto procuratori ad cautelam de imo (?) assignamus, adhibitis et servatis omnibus et singulis que in forend (?) diffinitiva (?) sententiis servari et adhiberi solent et debent, sedentes pro tribunali, sacrosanctis Dei Ewangeliis positis coram nobis, ut nostrum de vultu Dei prodeat juditium et occuli nostri videant equitatem, facto venerabili signo crucis, in nomine Patris et Filii et Spiritus Sancti amen, predictam Raynaudam, licet absentem, et te, dictum Johannem Corrigerii, procuratorem ejusdem, presentem, per diffinitivam sententiam absolvimus ab omnibus et singulis in dicto titulo contentis. Lata fuit hec sententia per dictos dominos bajulum et judicem, pro tribunali sedentes, insolario dicte curie, ubi placita audiuntur, anno Dominice Incarnationis millesimo ccc° secundo, scilicet nono kalendas Julii, domino Philippo, rege Francie, regnante, in presentia et testimonio Petri Capitis Probi Hominis, jurisperiti, Johannis de Sancto Tiberio, notarii Montispessulani, R. de Latis, burgensis, Po. Calvayroni, et mei, Johannis Grimaudi, publici Montispessulani et dicte curie notarii majoris, qui mandatus et requisitus hec scripsi et signo meo signavi. — Inde sumpsi instrumentum.

(Registre des notaires de la Ville de Montpellier, 1301-1302, fol. 143.)

X

VENTE PAR ASTRUC DE CARCASSONNE, HABITANT DE CARPENTRAS, EN SON NOM ET AU NOM DE SON FRÈRE BONINZAS DE CARCASSONNE, A PROFAG, FILS DE VIVAS DE NOSSÉRAN (?), D'UNE MAISON SISE A MONTPELLIER, AU LIEU APPELÉ CASTEL-MOTON. — MONTPELLIER, 16 MAI 1302.

xvii° kalendas Junii.

Ego, Astrugus de Carcassona, Judeus, habitator de Carpentracio, nomine meo proprio et nomine procuratorio Boninzas de Carcassona, fratre meo (sic), habitatoris Arralathi, ut de mea procuratione plenius constat per instrumentum publicum inde scriptum per Bertrandum Alasandi, notarium domini episcopi Carpentracensis, sub anno Domini. M°. CCC°., xxvi. die Januarii (sic), a quo etiam promito me facturum et curaturum, etc, vendo tibi, Profag, Judeo, filio Vivas de Naserena, procuratori Davini Cohen, filio quondam Sal[amonis] Cohen, soceri tui, nomine procuratorio ejusdem, ementi et recipienti, et quibus volueris, ad omnes tuas voluntates, exceptis tamen sanctis, clericis, etc, cum consilio tamen laudimio et directo semper dominio illustris domini, regis Majoricarum, vel ejus bajuli curie sue Montispessulani, in hiis tamen dumtaxat casibus, etc, et usatico. IIII°ʳ d. in festo Sancti Michahelis, videlicet totam unam domum nostram, mihi et dicto fratri meo pro indiviso communem, que noviter ad me et dictum fratrem meum pervenit ex divisione dudum facta inter me, nominibus quibus supra, ex parte una, et Samielem et Jacob, fratres meos, ex altera, sitam in Montepessulano, in loco vocato Castrum Mutonis, et confrontatur cum domo Samielis de Lunello et retro cum domo Samielis de Lunello et ex alia parte cum hospitio quondam Abrahe de Lodova, quod nunc est de helemosina et ante cum carreria publica, qua itur a carreria Blancharie versus Petronum; precio autem hujus venditionis confiteor me a te habuisse quinque milia et trescentos solidos monete curribilis, in quibus renuncians, etc, promito sub juramento, etc. ab Astruga uxore mea, et a dicto Boninzas, fratre meo, et a Regina, ejus uxore, et etiam ab Jacob de Carcassona et ab Ester, matre mea, etc; dictam venditionem de presenti laudavit Samiel de Carcassona, et etiam laudàvit Vivas, filius quondam Mosse de Perpiniano, etc, pro Regina, sorore sua.

Testes Terrerius de Capitestagno, Judeus, Guillelmus de Albais, Laurentius Martini, Guillelmus Andree, clericus.

(Registre des notaires, 1301-1302, pièces annexes.)

XI

Sᴇɴᴛᴇɴᴄᴇ ᴅᴇ ʀᴇ́ᴍɪssɪᴏɴ ᴅᴏɴɴᴇ́ᴇ ᴘᴀʀ ʟᴇ ʙᴀɪʟᴇ ᴅᴇ Mᴏɴᴛᴘᴇʟʟɪᴇʀ ᴇɴ ғᴀᴠᴇᴜʀ ᴅᴇ Sᴀʟᴀᴍɪᴀs ᴅᴇ Lᴜɴᴇʟ ᴇᴛ ᴅᴇ sᴏɴ ᴘᴇ̀ʀᴇ Sᴀᴍɪᴇʟ ᴅᴇ Lᴜ-ɴᴇʟ, ᴘᴏᴜʀ ᴀᴠᴏɪʀ ᴍᴇ́ᴅɪᴛ ᴅᴜ ʀᴏɪ ᴅᴇ MᴀᴊᴏʀQᴜᴇ ᴇᴛ ᴅᴜ ᴛʀɪʙᴜɴᴀʟ ᴅᴇ ʟᴀ ʙᴀɪʟɪᴇ ᴅᴇ Mᴏɴᴛᴘᴇʟʟɪᴇʀ. — Mᴏɴᴛᴘᴇʟʟɪᴇʀ, 14 ᴍᴀʀs 1302 (ɴ. sᴛ.).

Pridie idus Martii.

Dominus bajulus fecit remissionem Salamiate de Lunello, filio Samielis de Lunello, et dicto patri et (?) dicto filio, de hiis que dictus Salamias dicebatur dixisse in vituperium domini regis Majoricarum et curie sue Montispessulani, quod in dicta curia non fiebat jus nec justitia inveniebatur, etc, fecit remissionem.

Testes Johannes de Claperiis, vicebajulus, Stephanus Vitalis notarius.

(Registre des notaires de la Ville de Montpellier, 1301-1302, pièces annexes.)

XII

SENTENCE DE RÉMISSION DONNÉE PAR LE BAILE DE MONTPELLIER EN
FAVEUR DE P. TALON, NICOLAS GERRARD ET FIRMIN BEN AJAM (?).
— MONTPELLIER, 2 AVRIL 1302. CF. N° IX (?) [1].

Anno Dominice Incarnationis millesimo. CCC° secundo, scilicet.
IIII° nonas Aprilis, fuit lata diffinitiva sententia per dictos bajulum
et judicem, in causa inquisitionis, quam curia fecit contra P. Taloni
et Nicolaum Gerrardi et Firminum Ben Ajam [2], et fuerunt abso-
luti a contentis in titulo, presentibus Johanne Gerrardi, patre dicti
Nicolai et Po. Calvayroni, procuratore P. Taloni, et Johanne de
Torona, deffensore Firmini Ben Ajam chandelerii, a qua senten-
cia P. de Sancto Martino, procurator regius, appellavit, Apostolos
petendo.

Testes P. Capitis Probi Hominis, Marchus de Tornamira, jurisperiti, Guillelmus Colombi, P. Stephani, scriptores, Berengarius de
Turre, Firminus Francisci, advocati, et ego, etc.

(Registre des notaires de la Ville de Montpellier, 1301-1302, pièces annexes)

XIII

COMPTES DE GESTION DE TUTELLE ET CURATELLE DE BONDIA, FILS DE
CRESCAS COHEN, PAR FERRUSSOL, FILS DE VITAL DE LUNEL, SON
CURATEUR, ET FERRUSSOL COHEN, SON TUTEUR, ET DE DURANT
ET MASCIP, FILS DE FEU SALOMON COHEN, PAR MOSSE COHEN,
LEUR FRÈRE ET LEUR TUTEUR. — MONTPELLIER, 14 FÉVRIER 1302
(N. ST).

Noverint universi, presentes pariter et futuri, quod Ferrussol,
Judeus, filius quondam Vitalis de Lunello, curator Bondie, filii
quondam Crescas Cohen, et ipse idem Bondia, una cum Ferrussol
Cohen, Judeo, filio quondam Salamonis Cohen, patruo dicti Bondia,
olim tutore ejusdem, et Durantus et Mascipus Cohen, fratres, filii
quondam dicti Salamonis Cohen, una cum Mosse Cohen, fratre ipsorum Duranti et Mascipi, olim tutore eorumdem, existentes in curia

---

[1] Cette pièce, inscrite au dos d'un court inventaire de différentes pièces de procédure produites devant le notaire, paraît se rapporter au document n° IX et fournir
les noms qui manquent dans ce dernier

[2] Ce nom n'est pas suivi de la qualification *Judeus*, qui accompagne toujours les
noms des Juifs dans les documents juridiques. Il est écrit, la première fois, en un
seul mot et, la seconde fois, en deux mots, par suite d'une coupure de fin de ligne.

Montispessulani illustris domini regis Majoricarum, coram discretis viris, dominis P. Imberti, bajulo, et P. de Tornamira, legum professore, judice dicte curie, dixerunt et proposuerunt coram eis quod dictus Ferrussol Cohen fuit olim tutor dicti Bondia et quod dicta tutela, dicto Bondia facto majore. xiv. annis, diu est expiraverat, et predictus Mosse olim fuit tutor dictorum Duranti et Mascipi et quod dicta etiam tutela diu est expiraverat, ipsis factis adolescentibus, et etiam altero eorum majore facto annis. xxv; item, dixerunt et proposuerunt quod predicti Ferrussol, Mosse, Durantus et Mascipus fratres et etiam dictus Bondia, eorum nepos, successerunt virilibus portionibus dicto quondam Salamoni Cohen, patri dictorum fratrum, anno quondam paterno dicti Bondia ; item dixerunt et proposuerunt quod, predicto Ferrussol de Lunello cur*atore* dato dicto Bondie, predicti Ferrussol Cohen et Mosse reddiderunt ipsis curatori et dictis Bondia, Duranto et Mascipo computum et plenariam rationem de omnibus et singulis que predicti Ferrussol Cohen et Mosse et quisque eorum gesserunt et administrarunt tamquam tutores seu protutores, gestores vel administratores seu quoquo alio modo de bonis dictorum Bondia, Duranti et Mascipi et cujusque eorum, que ipsis obvenerunt ex hereditate dicti quondam Salamonis Cohen, et aliis quibuscumque bonis predictorum Bondia, Duranti et Mascipi, et specialiter dictus Ferrussol reddidit conputum et rationem de hiis que gessit et administravit de bonis que dicto Bondia obvenerunt ex hereditate dicti quondam Crescas Cohen, patris sui, et generaliter dicti Ferrussol et Bondia reddierunt (*sic*) ipsis conputum et rationem plenariam de omnibus et singulis que dicti Mosse et Ferrussol et quisque eorum gesserunt et administrarunt quoquo modo de bonis dicti quondam Salamonis Cohen, tempore quo vivebat, et post ejus mortem usque in hunc presentem diem, que quidem conputa et rationes fuerunt inter ipsos, sicut dixerunt, sepe et sepius calculata et iterata, in quibus conputis audiendis dixerunt se adhibuisse et ipsis assossiasse secum Crescas den Mascip, Judeum, socerum dicti Duranti, et Mosse Cohen, Judeum, consanguineum dicti Bondia, presentes, et plures alios probos viros Judeos, in quibus conputis dixerunt se non invenisse aliquem errorem et dicta conputa reputabant bona, vera, sufficientia et legalia, et de ipsis predicti Bondia et ejus curator et Durantus et Mascipus tenebant se a dictis Ferrussol et Mosse et a quolibet ipsorum pro paccatis et contentis.

Quibus conputis auditis, attentis et inspectis tenoribus inventariorum confectorum per dictos Mosse et Ferrussol et quemlibet eorum, conputatis expensis et impensis factis per dictos Mosse et Ferrussol et quemlibet eorum in predictis Bondia, Duranto et Massipo et quolibet eorum et bonis eorumdem ac etiam solutis quibusdam debitis, quibus predicti Bondia, Mascipus et Durantus et quisque eorum tenebantur efficaciter obligati, dixerunt se reperire quod dictus Ferrussol habebat pro reliquis rationum dicti Bondia de

bonis dicti quondam Creschas, patris sui, decem libras monete curribilis ultra illas triginta libras, quas dictus Ferrussol dicitur solvisse Blanche, matri dicti Bondia, de dote sua, et etiam ultra. xx.
libras, quas dictus Ferrussol dicitur solvisse in doctrina et indumen-
tis et tallus dicti Bondia, et ultra dictus Ferrussol dicitur habere
quintam partem pro indiviso, dictum(?) Bondiam pro dicto quondam
Crescas, patre suo, contingentem de omnibus et singulis bonis et
rebus dicti quondam Salamonis Cohen, videlicet nominum et creditorum, que nobilis quondam dominus Ronsolinus, Lunelli dominus
solus, dicebatur debere dicto quondam Salamoni, et etiam quorumdam aliorum debitorum, que dictus quondam dominus Ronsolinus,
una cum quibusdam hominibus de Marcelhanicis, dicebatur debere
dicto quondam Salamoni, et etiam quorumdam aliorum debitorum,
que dicebatur debere dicto quondam Salamoni Cohen dominus Gui-
randus Ademarus, dominus de Montilio, et etiam quorumcumque
aliorum creditorum[1] sive nominum, que per quascumque personas
et ubicumque deberentur dicto quondam Salamoni et etiam libro-
rum Judaycorum et annulorum aureorum et argenti cum lapidibus
maragdum, dyaman, saphirorum, turquesarum et aliorum quorumcumque in auro et argento consistentium et etiam in moneta, quam
etiam culcitrarum et pulvinariorum, lodicrum (?) et cohopertoriorum,
lundorum (?) et de cerico, concharum, orcarum et bassinorum ac
etiam ollarum de metallo et cutaborum de cupro et morteriorum de
metallo et quarumcumque supelectilium et utensilium hospicii ac
etiam doliorum et tine vinarie et quorumcumque aliorum bonorum
mobilium, inmobilium et se moventium ac jurium corporalium et
incorporalium dicti quondam Salamonis Cohen ; dictus autem Mosse
dicitur habere tantum pro reliquis rationum bonorum dictorum
Duranti et Mascipi quintas partes pro indiviso, quemlibet dictorum
Mascipi et Duranti tangentes, de bonis predictis, juribus, nominibus
et creditis dicti quondam Salamonis Cohen, patris quondam ipsorum, que quidem reliqua predicti Ferrussol et Mosse Cohen obtulerunt se incontinenti, ad preceptum dictorum dominorum bajuli et
judicis, libere reddere et restituere predictis Bondia, Mascipo et
Duranto, prout ad quemlibet ipsorum noscitur pertinere, dum tamen de predictis gestione et administratione et reliquis predictis et
omnibus et singulis suprascriptis a dictis Bondia, Duranto et Mascipo et quolibet eorum, auctoritate et decreto previis dictorum dominorum bajuli et judicis, plenissimam absolutionem et tutissimam
liberationem possint consequi et habere.

Quare petierunt et cum instantia supplicarunt predictis dominis
bajulo et judici per ipsos debere precipi predictis Ferrussol et Mosse
ut dicta reliqua predictis Bondia, Duranto et Mascipo, prout ad
quemlibet ipsorum pertinet, reddant et restituant, quibus restitutis,
decernant et decernere debeant predicti domini bajulus et judex

---

[1] Mot répété.

ipsos Bondia, Durantum et Mascipum et quemlibet eorum debere facere, de predictis omnibus et singulis, predictis Ferrussol et Mosse
et cuilibet eorum plenissimam et tutissimam absolutionem et quita-
tionem, cui faciende interponant auctoritatem suam judiciariam pariter et decretum ; et dicti domini bajulus et judex, auditis et plenius intellectis omnibus et singulis superius propositis, petitis et
requisitis coram eis, inquisita et comperta de predictis plenissima
veritate, exactis et receptis super hiis juramentis tam a predictis
Ferrussol et Mosse Cohen, quam etiam a dicto Ferrussol, curatore
dicti Bondia, et etiam a predictis Crescas Den Mascip et Mosse Cohen,
qui suis juramentis dixerunt et asseruerunt se interfuisse redditum
(*sic*) dictorum conputorum et rationum et eas bene et diligenter
audivisse et examinasse et sepe et sepius iterasse et non invenisse
in eis errorem aliquem nec quod dicti Ferrussol. Mosse seu alter
eorum in eisdem aliquam fraudis seu doli machinationem adhi-
buerint, que quidem conputa bona, vera, legalia et sufficientia repu-
tarunt, causa cognita et discussa, preceperunt predictis Ferrussol et
Mosse et cuilibet eorum ut predicta reliqua et omnia et singula bona
dicti quondam Salamonis Cohen, ad dictos Bondiam, Durantum et
Mascipum pertinentia, predictis Bondia, Duranto et Mascipo, prout
ad quemlibet pertinere noscitur, libere reddant et restituant indi-
late ; quibus restitutis, decreverunt et decernendo cognoverunt predictum Bondia, auctoritate dicti sui curatoris, et predictos Durantum et Mascipum et quemlibet eorum debere facere predictis Ferrussol et Mosse Cohen et cuique eorum de predictis omnibus et
singulis plenissimam absolutionem et tutissimam liberationem, cui
faciende auctoritatem suam judiciariam interposuerunt pariter et
decretum ; quibus siquidem precepto, decreto et auctoritate dictorum dominorum bajuli et judicis precedentibus, predicti Bondia,
auctoritate dicti sui curatoris, et ipse idem curator et predicti Durantus et Mascipus, existentes presentialiter coram dictis dominis
bajulo et judice, cognoverunt et confessi fuerunt in juditio, predictis
Ferrussol et Mosse Cohen, Judeis, presentibus, et cuique eorum,
quod ipsi de omnibus et singulis que gesserunt et administrarunt
quoquo modo de bonis ipsorum Bondia, Duranti et Mascipi et cujusque eorum et dicti quondam Salamonis Cohen, ante ejus mortem et
post usque in hunc presentem diem, reddiderunt ipsis bonum,
verax et legale conputum et plenariam rationem, quod quidem conputum assuerunt bonum, verax et legale, in quo nullum errorem
dixerunt se invenisse, licet diligens et sollicita calculatio fuerit inter
eos adhibita et servata et sepe et sepius iterata, et etiam plene et
integre absque aliqua diminutione restituerunt et reddiderunt ipsis
et cuique eorum, prout ad quemlibet pertinet, omnia et singula reliqua dictarum rationum superius expressata et etiam plura alia
superius non expressata nec non et omnia et singula bona dicti
quondam Salamonis Cohen, ad ipsos Bondiam, Durantum et Mascipum pertinentia, prout ad quemlibet ipsorum noscitur pertinere, etc.

Acta fuerunt hec in dicta curia Montispessulani, anno Dominice Incarnationis millessimo ccc°, primo, scilicet sextodecimo kalendas Martii, domino Philippo, rege Francie, regnante, in presencia et testimonio Johannis de Sancto Tiberio, notarii Montispessulani, Johannis de Claperiis, vicebajuli dicte curie, Jacobi de Salicatis, campsoris, Imberti Atzieu, Guillelmi Colombi, scriptoris dicte curie, et mei, Johannis Grimaudi, publici Montispessulani et dicte curie notarii majoris, qui mandatus et requisitus hec scripsi.

De prescripta nota ego, Johannes Laurentii, notarius Montispessulani, sumpsi instrumentum.

(Registre des notaires de la Ville de Montpellier, 1301-1302, fol. 74-75.)

NOTES ET MÉLANGES

UN ÉPISODE DE L'HISTOIRE DES JUIFS D'ANCONE

Les deux documents qu'on lira plus loin se rattachent à l'histoire de la persécution des Juifs dans les Etats Pontificaux sous Paul IV. L'un des épisodes les plus connus de cette histoire est l'intervention des Juifs de Constantinople et, en particulier, de la célèbre Dona Gracia Naci en faveur des Marranes d'Ancône et de Pesaro. L'on n'ignore pas que le Sultan Soliman écrivit, en mars 1556, à l'instigation de Dona Gracia, une lettre au pape, par laquelle il le sommait de mettre en liberté les prisonniers d'Ancône et de leur rendre leurs biens confisqués. Cette curieuse lettre nous a été conservée dans le Recueil de Ruscelli (*Lettere dei Principi*)[1].

C'est la réponse de Paul IV à cette réclamation du Sultan, ainsi qu'une lettre qui l'accompagne et la commente, que l'on trouve dans le manuscrit 348 de la bibliothèque de Grenoble, aux pages 82 v° et 106. Ce manuscrit a pour titre : *Lettres et Mémoires de M. de Gabre, evesque de Lodève, ambassadeur à Venize, de M. de Lansac et de la Vigne, ambassadeurs à la Porte ès années 1555, 1556, 1557.*

Magno Turcarum principi Sultano Solimano. Paulus episcopus servus servorum Dei magno Turcarum principi Sultano Solimano amorem divini amoris et timorem.

His diebus proximis accepimus litteras tuas gratissimumque nobis fuit ea te a nobis petere ac sperare quæ libenter nos tibi concessuri sumus quoties sine ipsius Dei ac domini nostri Jesu-Christi

---

[1] Cf. *Emek Habakha*, p. 141 (trad. J. Sée).

et fidelium ejus offensione fieri poterit. Quare quod ad hebreos atti-
net de quibus ad nos scripsisti et quorum nonnulli a Judicibus et
magistratibus nostris Anconæ ob eorum delicta in carcerem conjecti
custodiri curantur, simul atque desiderium tuum cognovimus, quantum cum eodem domino Deo potuimus ut tibi satisfierit mandavimus
et eorum personas ac bona relaxari et tibi condonari voluimus ; de
quibus dilectus filius Michael charissimi in Christo filii nostri Henrici Francorum regis christianissimi apud te orator tecum [loquetur],
ad quem hac de re diligenter perscribi fecimus, jam et si bona jure
ipso camere nostre appostolice debita et applicata sunt ; sed cum
plures ex iis, sacro antea baptismate suscepto, et christianam reli-
gionem palam ac diu professi, turpiter atque impie ab ea discesse-
rint seque ad judaicam superstitionem vitamque converterint in
maximum excelcæ ac divinæ majestatis contemptum, proptereaque
leges omnes humanæ ac divinæ eos capite damnarint, eorum personas nullo pacto a nobis liberari fas est, nisi Deum et Justitiam
gravissime offendamus. Quæ cum ita se habeant animoque tam libenti
cœtera tibi concesserimus ac quid quid tua causa facimus ita fecerimus ut id omne nobis sed tibi soli ab hebreis referri acceptum veli-
mus, hoc ipsum tantum quod nec possimus nec debemus te in bona
(*sic*) partem accepturum esse confidimus, præsertim cum pro certo
habeamus quod a nobis factum est eadem ratione abste factum iri si
quem forte ex tuis ac fide ac legibus vestris discessice scies. Quod
vero præterea nostros qui tua sunt in potestate et qui cum tuis
mercaturam et cetera ejusmodi exercent te invissimi (*sic*) amice trac-
taturum, hoc etiam nobis summopere gratum fuit ; idemque nos
erga tuos facturi sumus, dummodo sine Dei ac illius fidelium offensione. Sivis idem orator[1] pluribus exponet ; inter in [2] Deus ac dominus noster Jesus Christus in animæ tuæ perpetuam salutem ac
pacem, mentem tuam et cor tuum ad veram majestatis ipsius cogni-
tionemque cultumque et amorem pro infinita sua misericordia
dignetur convertere, qui omnipotens est et qui cum patre et spiritu
sancto vivet et regnat in secula seculorum. Dati Romæ apad sanc-
tum Petrum sub anullo piscatoris Die prima Junii MDLVI Pont.
nostri anno secundo.

Au dessus : *Copia de la lettre du Pape au grand Seigneur.*

* * *

Illustrissimo signor mio.

Nostro signore hebbe grandiosissimo piacere dimender per la
lettera di V. S. ill[ma] [1] buoni offitii fatti da lei col gran signore a bene-
ffitio di christiani et ha lodata infinitamente la diligenza et amore-

---

[1] Michel de Codignac.
[2] = *Interim.*

volezza di quella, di che a fatto far testimonio al re Christianissimo per monsr illustrmo et reverendissimo Caraffa legato a sua Maestà, et ringratiatonela assai. Ha veduto volentieri la Lettera di cotesto principe, per la quale s'è risoluto S. Sta di far tutto quello che, salvo l'honor di Dio et la dignità di questa santissima sede, ha potuto, come V. S. illma vedera per la copia del Breve che gli scrive Sua Sta la qual sara con questa. Apero ha ordinato che tutti i levantini giudei o altri che non si trova che siano stati christiani, ancorche per altri eccessi si fossino potuti castigare severamente, per esser sudetti di quel principe sieno relassati con tutte le robbe et crediti loro, et voleva sua Sta ch'el segretario Cocciardo ricevesse le robbe et persone per portarle a detto segnore al qual ne fa dono: ma havendo detto segretario recusato di farlo, ha ordinato che si tengono a instanza di quel principe, o che si faccia dar loro sicurtà di portarsi alla porta di quello. De portughesi, i quali essendo stati battezzati et vissuti molto tempo sotto la nostra santa lege, et di poi in dispregio di Jesu Christo havevono rinegata la fede sua et avano trapassati al Judaismo, s'é risoluta in questo modo, che da quelli, che ostinatemente hanno voluto perseverare in questa perfidia, ne sia fatta la giustitia, come farebbe el gran signore di coloro che nati sotto la lege sua, la rinegassero. Tra i quali trovendosi quel Jacopo Morro, agente de la signora Gratia Nasi, no a sua Sta potuto perdonargli, poiche non si é voluto coregere. Ha bene ordinato che tutta la robba di detta signora, la quale era sotto la cura sua, sia consegnata a chi verrà per essa in nome di lei accompagnato di una lettera di V. S. illma : il che a fatto Sua Sta con molto danno della sua camera, ma volentieri per gratificarne cotesto principe. Que (*sic*) gl'altri, che, caduti nel medesimo errore, anno detto di volere emendarsi, vuole che si tenglino fin che si conosca bene se la loro conversione é di cuore o finta per timore della morte. Potra V. S. illma render certo il gran signore che tutti i suditti et tributarii suoi, i quali non habino rinegata la fede christiana, che saranno securi et ben trattati in tullo lo stato di sua Beatitudine ; per il qual effetto sua Sta hà ordinato che bisognando il luoghotenente di Ancona proveda loro di habittatione comoda, se bene bisognasse incommodar i christiani, accio non si habino à mescolare insieme. Ben prega la S. V. illma che faccia opera che di costa sieno fatti i medesimi buoni trattamenti a tutti i christiani, che sara cosa gratissima a nostro signore ; et sia certa che in tutto quello che sua Beatitudine potra gratificare cotesto principe senza offesa di Dio et della dignita sua, lo faro sempre volentieri ; si come Sua Sta s'offerisse prontissima a ogni honore et comodo de V. S. illma ; la qual desidera somamente che si voglia degnare di tener protettione di quei poveri Religiosi del monte Sion, i quali s'intende che patiscano aggravii, senza saputa et voluntà di cotesto signore dal quale desiderarebbe ancora ottenere che rihavessero quel luogo che gia soleva esser loro et nessono stati privati. N° Sigr Dio garda la persona di V. S. illma a la quale Io di cuore mi offero et raccordo, di Roma a li vi di giugno del MDLVI.

Au dessus est escript : *Copia de Lettera du duc de Paliano à Cotignac.*

⁎

On s'explique aisément pourquoi ces deux lettres se trouvent dans une collection de papiers diplomatiques français. La France s'était, on le sait, attribué, dès le début de ses relations avec la Porte, le rôle de protectrice des Chrétiens du Levant. Bien que cette protection s'étendît, à l'origine, à tous les chrétiens indistinctement, Grecs ou Latins, la France était plus particulièrement la représentante de la Latinité en Orient; l'ambassadeur de France à Constantinople se trouvait par là-même être, en quelque sorte, le chargé d'affaires du Saint-Siège, le défenseur de ses intérêts spirituels et temporels.[1] Il était l'intermédiaire obligé des relations entre la Porte et Rome.

On peut maintenant reconstituer tout cet épisode de l'échange des lettres entre Soliman et Paul IV. A la suite de la persécution d'Ancône, Gracia Naci s'adresse au sultan, mue non seulement par son zèle pour ses coreligionnaires, mais aussi par son intérêt personnel, puisque son agent à Ancône, Jacob Morro, avait été emprisonné, et les biens qui lui étaient confiés, confisqués. Soliman écrit au Pape la lettre que Ruscelli nous a conservée. D'autres lettres y étaient sans doute jointes, entre autres une lettre de l'ambassadeur de France, Michel de Codignac, au duc de Paliano, neveu du Pape, alors tout puissant auprès de lui, pour lui expliquer l'affaire et peut être pour recommander particulièrement les intérêts de Gracia Naci (Codignac était en bons rapports avec Joseph Naci). Le baron Pierre Cochard (Cocciardo), secrétaire d'ambassade, dont le nom paraît souvent dans les négociations du Levant à cette époque, fut envoyé en mission spéciale, à cet effet, de Constantinople à Rome. Il passa par Venise. On a de lui une lettre[2] écrite de cette ville le 24 avril 1556, où il annonce qu'il va partir pour Rome « portant a nostre saint Pere les lettres du grand Seigneur » et où il réclame le paiement de ses frais de voyage, dont il a dû faire l'avance. A Rome, le Pape voulut, on a pu le

[1] Bien des atteintes ont été portées depuis le xvi⁰ siècle à ce monopole religieux et politique de la France en Orient. Elle a perdu depuis 1878 son rôle de représentante du Saint-Siège, qui a maintenant à Constantinople un délégué spécial.

[2] Bibliothèque nationale, Fonds français, n° 20456.

voir, faire mettre sous sa garde les personnes et les marchandises des Juifs en faveur desquels étaient écrites les lettres dont il était porteur. Mais Cochard déclina prudemment une mission un peu bizarre sans doute pour le secrétaire du roi de France. Il se contenta de rapporter à Constantinople les réponses dont nous publions le texte.

Le Pape, dans sa lettre, dont la forme est particulièrement amicale, établit une distinction entre les Juifs Levantins et les Marranes portugais. Quant aux premiers, il relâche les personnes et rend les biens, non sans regret pour le bénéfice qui échappe « à la chambre apostolique ». Quant aux seconds, le Saint-Siège les considère comme des convertis retombés dans le judaïsme, c'est-à-dire comme des relaps, et les condamne à mort. La lettre se termine par des remerciements pour les bons traitements que le Sultan a promis par réciprocité pour les chrétiens trafiquants dans ses Etats, et par des souhaits de conversion qui étaient de style dans toute lettre adressée à un prince non-chrétien.

La lettre du duc de Paliano à Michel de Codignac, ambassadeur de France, ne fait que commenter celle du Pape. Elle nous apprend que parmi les Portugais condamnés à mort se trouve Jacob Morro, agent de Gracia Naci, mais que les biens de celle-ci, dont Morro avait la garde, ont été mis de côté jusqu'à ce qu'on vienne les réclamer au nom de Dona Gracia. Ceux des Marranes qui ont déclaré vouloir s'amender, c'est-à-dire redevenir chrétiens, ont été provisoirement épargnés jusqu'à ce que l'on sache si leur conviction est bien sincère. Enfin le légat du Pape à Ancône a reçu ordre de pourvoir au logement des Levantins sujets du Sultan et d'éviter ainsi toute collision avec la population chrétienne. Le duc de Paliano termine sa lettre en recommandant à la sollicitude du Sultan les chrétiens d'Orient et particulièrement les Religieux du mont Sion. Ces « religieux » était les Franciscains qui après de nombreuses vexations de la part des autorités turques avaient été définitivement expulsés de leur couvent du Mont-de-Sion par un firman du Sultan du 2 juin 1551. Malgré les instances du roi de France, du doge de Venise et du roi de Portugal, ils n'y furent point rétablis et s'installèrent dans un autre couvent en 1559 [1].

PAUL GRUNEBAUM.

---

[1] Ch. Schefer, *Introduction aux Voyages de Jean Chesneau et de M. d'Aramon.*

LE YOSIPPON ET LE ROMAN D'ALEXANDRE

Un des attraits du Yosippon, cette chronique juive qui a fait époque dans notre littérature, est précisément tout ce qui ne touche pas les Juifs : ce sont ces rudiments d'histoire universelle, populaire et fabuleuse, reflet de l'état des sciences au siècle et dans la région qui ont vu naître le Pseudo-Josèphe. La partie qui serre de plus près les faits ne nous intéresse guère ; ce n'est pas à cette source que nous irons demander, comme nos devanciers du moyen âge, des renseignements authentiques sur les événements qui ont suivi la Restauration jusqu'à la ruine de Jérusalem. Elle n'est instructive que pour le jour qu'elle nous ouvre sur la révolution qui se produisit dans ces milieux juifs de l'Italie au xe siècle : qu'un auteur de ce temps ait connu, outre les apocryphes, Flavius Josèphe ou un de ses imitateurs latins ou grecs, et eu l'idée de le faire passer en hébreu, c'était une nouveauté dans ce petit monde qui semblait avoir rompu tout lien avec la science profane et qui, en histoire, jurait encore uniquement par le Talmud.

Un des chapitres qui, avec le récit légendaire des premiers siècles de Rome, sont consultés avec le plus de curiosité par les médiévistes, est le deuxième qui raconte au long le Roman d'Alexandre. C'est une bonne fortune, pour l'histoire de ce Roman, de pouvoir tabler sur un texte aussi ancien et qui remonte incontestablement au xe siècle. J'ai déjà signalé ici l'importance de ce document pour l'histoire de la version de ce Roman intitulé : *Historia de Prœliis*, ne doutant pas un instant de l'authenticité de ce chapitre (*Revue*, III, 246). Depuis, étant revenu sur cette question, j'ai cru reconnaître, à certains indices intrinsèques, que ce chapitre n'est qu'une interpolation, d'ailleurs peu ancienne, car le texte du Yosippon qui a servi aux versions arabes ne le contenait pas [1]. Il manquait à ces inductions une preuve directe : l'existence d'un bon manuscrit hébreu qui serait, lui aussi, dépourvu de cette addition. Jusqu'ici on ne connaissait qu'un seul manuscrit de notre chronique juive, celui de la Bibliothèque nationale (n° 1280), dont le copiste, Juda ben Masconi (*alias* Moscono), nous révèle lui-même qu'il l'a rédigé en se servant de plu-

[1] קובץ על יד, II, p. XII.

sieurs manuscrits qui se complétaient l'un l'autre. Cette preuve
existe aujourd'hui. La Bibliothèque Bodléienne d'Oxford a acquis
récemment un ms. hébreu, où, entre autres morceaux d'histoire,
se trouve la copie du Yosippon[1]. Or, dans ce manuscrit, qui est
sûrement du commencement du xiv° siècle, tout notre chapitre ii
manque.

Ajoutons, à ce propos, que ce texte du Yosippon, autant que
m'a permis de le constater un examen sommaire, n'offre guère
de variantes avec l'édition de Venise; les noms propres, par
exemple, y sont orthographiés de la même façon, et toute la partie fabuleuse du premier chapitre s'y trouve. On en jugera, d'ailleurs, bientôt par la publication qu'en prépare un de nos savants
collaborateurs. Espérons que l'éditeur, plus heureux que Gagnier
et Zunz, saura reconstituer l'identité de tous les écrits utilisés par
l'auteur italien de cette pseudo-chronique.

ISRAEL LÉVI.

---

[1] Voir la description de ce ms. dans Neubauer, *Mediaeval jewish Chronicles*, p. xix
et suiv.

BIBLIOGRAPHIE[1]

BERGER (Samuel). **Quam notitiam linguæ hebraicæ habuerint Christiani medii aevi temporibus in Gallia.** Paris, 1893; in-8° de XII + 61 p.

Plus de dix siècles se sont écoulés depuis saint Jérôme, qui a appris l'hébreu pour traduire la Bible, jusqu'à Reuchlin, l'auteur de la première grammaire hébraïque écrite pour des chrétiens, et dans ce long intervalle bien peu de savants chrétiens ont étudié la langue hébraïque et réussi à s'en rendre assez maîtres pour lire des ouvrages hébreux dans l'original. Pendant toute cette période, qui a presque commencé et fini avec le moyen âge, les Juifs seuls étudiaient et savaient l'hébreu, et cette langue était si peu connue dans les milieux ecclésiastiques qu'à l'aurore des temps modernes, en apprenant que des chrétiens aussi commençaient à connaître l'hébreu, un moine disait publiquement dans un sermon (p. 56) : « Alia jam oritur lingua, quam vocant hebræam, hanc qui discunt, efficiuntur Judæi. » Pourtant le mot d'ordre lancé par saint Jérôme au sujet de la *hebræa veritas,* et qui a produit la traduction latine de la Bible adoptée par l'Eglise et appelée la *Vulgate,* n'a pas été totalement oublié pendant le moyen âge, et dans certains milieux chrétiens on se donnait la peine, pour étudier la Bible, de recourir au texte original et d'utiliser l'exégèse juive. Ce fait est clairement démontré, par une série de preuves tirées de divers manuscrits, dans le travail si savant et si intéressant que nous avons sous les yeux.

L'auteur répartit d'une façon claire ses nombreux matériaux sous quatre rubriques : première partie, *Analecta vetera* (p. 4-16); deuxième partie, *De interpretationibus nominum hebraicorum* (p. 17-25) ; troisième partie, *De schola Rogeri Baconis* (p. 26-48); quatrième partie, *De translatione sacræ scripturæ ex hebraico.*

La première partie commence par traiter brièvement des *Quæs-*

[1] *Par suite de l'abondance des matières,* la REVUE BIBLIOGRAPHIQUE *et la* CHRONIQUE *sont ajournées au numéro prochain.*

tiones hebraicæ in libros Regum et Paralipomenon attribuées faussement à saint Jérôme et éditées (par Martianay) avec les œuvres de cet écrivain. Ces « Questions » datent du commencement du IXᵉ siècle, comme le prouve la mention qu'en fait Raban Maur dans la préface de son commentaire sur le livre des Rois : « Hebræi cujusdam modernis temporibus in scientia legis florentis capitula traditionem Hebræorum habentia ». On voit donc que l'auteur des « Questions » est un Juif converti, qui écrivit un commentaire sur le livre des Rois en prenant pour base de son travail la traduction latine de saint Jérôme et en utilisant dans une très large mesure ce qu'il savait de l'exégèse traditionnelle juive. Il est hors de doute que cet ouvrage déjà ancien peut être considéré jusqu'à un certain point comme faisant partie de la littérature midraschique, et l'étude que M. Joseph Lehmann, directeur du séminaire israélite de Paris, se propose d'en faire, à ce que nous apprend M. Berger, formera une excellente contribution à l'histoire de l'ancienne exégèse juive de la Bible. Je ferai seulement remarquer en passant que, dans la *Jubelschrift* publiée en l'honneur de M. Graetz (p. 314-323). M. Rahmer a longuement traité de quelques fragments de ces « Questions ». Pour faire mieux apprécier la valeur de cet ouvrage, M. Berger dit que nous ne possédons pas de Midrasch sur Samuel qui soit antérieur au Xᵉ siècle. Pourtant le *Midrasch Samuel*, récemment édité par M. Buber (voir *Revue*, XXVI, 302) remonte certainement plus haut.

D'après Martianay, qui paraît avoir raison, c'est à l'auteur des « Questions » qu'il faut attribuer la paternité des *Scholia hebraica* sur divers livres de la Bible latine, dont s'occupe le deuxième chapitre de notre travail. Les livres sur lesquels nous possédons ces scolies se suivent dans l'ordre suivant, qu'il est intéressant de remarquer : le Pentateuque, Josué, Ruth, Samuel, les Rois, Job, les Psaumes. M. Berger dit : « Unde quis colligere possit scholiastem exemplar manibus tenuisse, in quo (quod rarissimum est inter codices sacros) hagiographa quæ dicuntur libros Regum excipiebant, vel liber Job libris Samuel anteponebatur. » Au lieu de *Job*, dans ce passage, il faut sans doute lire *Ruth*.

Le troisième chapitre donne des détails intéressants sur des manuscrits qui contiennent l'alphabet hébreu et l'alphabet samaritain avec le nom des lettres. Le plus ancien de ces mss. (lat., 11505, à la Bibliothèque nationale), très précieux, qui contient la Bible, est de l'année 822 et offre, par conséquent, le plus ancien modèle connu de l'écriture samaritaine. Dans une note qui précède l'alphabet samaritain, ce ms. fait cette réflexion singulière sur les Samaritains : « Hi sunt Samaritæ qui et patriam consuetudinem conservant, ignem colentes et judaica mandata. » C'est probablement le passage de II Rois, XVII, 31 (שורפים את בניהם באש לאדרמלך וענמלך) qui a fait dire à notre ms. que les Samaritains adoraient le feu. M. Berger donne ensuite, d'après un ms. du Xᵉ siècle, la transcription du texte hébreu de deux passages des Psaumes (XLV, 2.6, et ii, 8-12) ; ce document offre un très grand intérêt, parce qu'il nous fait connaître la prononciation de l'hébreu de ce temps, ce dont il sera encore question plus loin.

Dans le quatrième chapitre, l'auteur raconte les efforts faits par Etienne Harding, deuxième abbé de Cîteaux (commencement du xii° siècle), pour expurger la Vulgate des fautes et des additions des copistes et pour établir un texte correct de la Bible latine. Dans ce but, Étienne, qui ne savait pas l'hébreu, sollicita le concours de Juifs compétents. Il dit à ce sujet : « Judæos quosdam in sua scriptura peritos adivimus, ac diligentissime lingua romana ab eis inquisivimus... Qui suos libros plurimos coram nobis revolventes et in locis illos ubi eos rogabamus hebraicam sive chaldaicam scripturam romanis verbis nobis exponentes, partes vel versus, pro quibus turbabamur, minime reppererunt. » C'est là un témoignage précieux qui atteste l'existence de relations scientifiques entre Juifs et chrétiens au moment le plus brillant de l'école exégétique juive du nord de la France, et qui vient s'ajouter aux documents que nous possédons déjà sur les controverses, le plus souvent amicales, qui avaient fréquemment lieu entre les rabbins et les prêtres catholiques sur des questions religieuses et exégétiques. (Cf. *Revue*, XIII, 131).

Le cinquième chapitre, le dernier de la première partie de notre travail, contient des extraits d'un ms. de la bibliothèque Saint-Marc de Venise, qui nous apprennent que Nicolas Manjorica, contemporain de l'abbé Etienne de Cîteaux, poursuivait le même but que lui, faisant appel, lui aussi, aux Juifs et à leurs traditions exégétiques pour établir un texte correct de la Bible latine. A la fin de sa préface, il mentionne un Juif qui lui a rendu service pour ce travail (Hebræi quo dissertore utor). Parmi les observations exégétiques de ce Nicolas, M. Berger en relève un grand nombre pour lesquelles il arrive à démontrer qu'elles sont empruntées au commentaire de Raschi ou à des Midraschim, mais il n'indique pas l'origine de la remarque suivante faite à propos de Genèse, iii, 15 : « Tradunt Hebræi *Reseph* demonis esse nomen qui principatum teneat inter alios et propter nimiam velocitatem etiam volatile nuncapetur, ipsumque esse qui in Paradiso sub figura serpentis sit mulieri locutus et ex maledictione qua a Deo condemnatus est accepisse nomen, siquidem de reseph reptans venire interpretatur. » Moi non plus je ne connais dans la littérature juive aucun passage qui puisse justifier l'identification du serpent du Paradis avec le démon רֶשֶׁף. Mais que le mot רֶשֶׁף signifie démon, c'est Raschi qui le dit pour Deutéronome, xxxii, 24 (לחמי רשף השדים נלחמו בהם שנאמר ובני רשף יגביהו עוף), et pour Job, v, 17 (בני רשף שדם מלאכים ורוחות ורהם שדים)[1]. Nicolas a été ainsi amené à dire que ce démon est aussi appelé « volatile » par ce fait que רשף a également le sens d' « oiseau », comme l'explique Raschi dans Ps., lxxviii, 48 (לרשפים

---

[1] D'après le talmud babyl., *Berakhot*, 5 a : אין רשף אלא מזיקין.

‎לעוסות‎), et Ibn Ezra dans Deut., xxxii, 24 (‎עוף אכולי רשף לחמי‎)•
Peut-être aussi a-t-il songé a l'expression de ‎מעופף שרף‎ (Isaïe, xxx,
6), où le serpent appelé ‎שרף‎ est qualifié de « volatile », ailé, épithète
qui aurait été, ensuite, appliquée à ‎רשף‎, dont le nom, par métathèse,
est identique à ‎שרף‎; c'est peut-être aussi cette ressemblance entre
‎שרף‎ et ‎רשף‎ qui a donné lieu à l'identification de ‎רשף‎ avec le serpent du Paradis. Mais ce ne sont là que des hypothèses, que nous
émettons faute d'arguments plus probants.

La deuxième partie de l'étude de M. Berger traite d'abord des
explications de mots hébreux, rangés par ordre alphabétique, qu'il
a trouvées dans divers mss. et dont les auteurs ont pris pour modèle saint Jérôme et lui ont emprunté également une partie de leurs
matériaux. En premier lieu, M. Berger rend compte d'un glossaire qu'il
a découvert dans un ms. du xiie siècle (de la bibliothèque d'Avranches,
no 407) ; ce glossaire donne 175 mots hébreux avec leur traduction
latine et grecque, et dont 113 sont empruntés à saint Jérôme. L'auteur
de cette liste ne peut avoir connu les autres mots, ajoutés à ceux de
saint Jérôme, que par ses études personnelles. Ce document aussi
est intéressant pour l'histoire de la prononciation de l'hébreu. Qu'il
me soit permis de faire sur ce glossaire les observations suivantes.
Enner, lucerna, n'est pas pour ‎נֵר‎, comme le croit M. Berger, mais
pour ‎הַנֵּר‎; de même, *Ebarc*, fulgur, n'est pas pour « Barec », mais
pour ‎הַבָּרָק‎; *Aadama* est ‎הָאֲדָמָה‎, et *Aram*, excelsus, ‎הָרָם‎. M. Berger
ne dit rien pour *Ad*, gloria, c'est sans doute l'abréviation de *Adar*,
‎הָדָר‎, de même que *Batu*, virgo, est l'abréviation de *Batula*. *Marot*,
spelunca, est ‎מְעָרוֹת‎ (Isaïe, xxxii, 14), et *Olo*, tabernaculum, est
peut-être ‎אָהֳלוֹ‎, transcrit avec son suffixe.

Dans le deuxième chapitre, M. Berger s'occupe des explications de
mots hébreux datant du xiiie siècle et se trouvant dans des mss. de
Paris. Un de ces mss. contient, sous le titre de *Prologus super interpretationibus*, un traité très intéressant sur les lettres hébraïques et
les signes-voyelles, et sur la manière de les prononcer, avec quelques
notes grammaticales. Plus loin je dirai un mot des renseignements
donnés par ce « Prologue » sur la prononciation de l'hébreu, je veux
seulement signaler ici une particularité historique remarquable
mentionnée par ce ms. L'auteur anonyme de ce « Prologue » fait
observer qu'il a commencé à écrire l'hébreu de gauche à droite,
quoiqu'on ait l'habitude de l'écrire de droite à gauche, « scientes
pro certo sicut a nominatissimis eorum magistris accepimus quia
infra septem ab anno presenti qui est ab incarnatione Verbi
MCCXXXIIII plurimi eorum et maximi ad fidem nostram conver-
tentur nisi infra predictum terminum [advenerit] Messias quem
tamdiu frustra expectaverunt eo quod signa sua non viderunt sed
penitus omnia defecerunt et jam non inter eos a multis retro temporibus propheta [surrexit] ». Ainsi cet auteur, qui écrivait en 1234,
justifie son innovation d'écrire l'hébreu de gauche à droite, parce
qu'il est certain, « d'après ce que lui ont affirmé les plus célèbres

maîtres des Juifs, que dans sept ans la plupart et les plus notables
d'entre les Juifs se convertiront au christianisme, si le Messie n'est
pas venu jusque-là. » Nous savons encore par d'autres sources qu'en
France, les Juifs attendaient le Messie pour la fin du cinquième millénaire de l'ère juive. L'auteur des *tosafot* sur le Pentateuque
(‏פ‎ 19a)[1] dit : ‏גלות אדום לסוף ה' אלפים יכלה במהרה בימינו מסי מורי‎
‏אבי ז"ל‎. Comme nous le voyons par notre « Prologue », dans les milieux chrétiens on comptait que les espérances messianiques des
Juifs amèneraient finalement leur conversion, d'autant plus que le
roi saint Louis favorisait leur baptême par tous les moyens. Ce fut à
ce moment qu'un savant juif, du nom de Donin, embrassa le christianisme et se fit appeler Nicolas. Peu après sa conversion, eut lieu
entre lui et quatre rabbins français, sur l'ordre du roi, la célèbre
« disputation » de Paris. Il ne me semble pas téméraire d'admettre
que la date de cette controverse (20 tammouz 5000 = 24 juin 1240)
avait été choisie en vue des espérances attachées par les Juifs à la
dernière année du cinquième millénaire, pour que les Juifs déçus
dans leur espoir de voir arriver le Messie, fussent amenés par cette
polémique contre leur religion à accepter plus facilement le baptême.

Le troisième chapitre, le plus étendu, nous montre les efforts accomplis pour établir un texte correct de la Bible latine; ce travail
donna naissance à ce qu'on appelle les *correctoria*, et le plus illustre
de ceux qui s'y livrèrent fut Roger Bacon, le « doctor mirabilis ».
Les auteurs de ces *correctoria*, que M. Berger examine attentive-
ment, montrent qu'ils savaient l'hébreu et recouraient fréquemment
au texte original. Mentionnons, entre autres, le *correctorium* du do-
minicain Hugues de Saint-Chair, dont nous signalons l'observation
sur Genèse, I, 2, parce que le mot ‏רִיחַ‎ y est transcrit *Rouha*, ce qui
prouve qu'il ne prononçait pas correctement le Patah furtif; le *Correctorium Vaticanum*, dont l'auteur, nommé dans un ms. d'après le
témoignage du père Denifle, était le frère mineur Willermus (Guillaume) de Mara, élève de Roger Bacon; le *correctorium* de Gérard
de Hoyo (Hoyum = Huy, en Belgique). Le *Correctorium* de Guillaume de Mara, d'après un ms. de Toulouse, fournit à M. Berger
l'occasion de nombreuses remarques très intéressantes. Nous apprenons, par exemple, que, pour établir un texte correct, l'auteur a
comparé des mss. hébreux de la Bible de l'Espagne et de la France ;
dans un ms. hébreu plus moderne manquait le mot ‏ממה‎, dans
Josué, xix, 48 : « Sed postea inveni antiquos hebreos gallicanos habere et item postea inveni exemplaria hispana habere. » Kennicot a
eu également trois mss. où ce mot manque. A propos de Deut.,
xxx, 7, Guillaume de Mara dit : « Hebreus autem hyspanus habet
qui persequentur te. » D'après cette note, un ms. espagnol de la
Bible a ‏יִרְדְּפוּךָ‎. au lieu de ‏רְדְפוּךְ‎. A II Samuel, x, 10, il cite égale-

---

[1] Cité par Zunz, *Zur Geschichte und Litteratur*, 87; voir aussi ses *Gesammelte
Schriften*, III, 227.

ment, d'après un ms. espagnol, la leçon *Absaï* (אַבְשַׁי), au lieu d'Abisaï. Il constate les nombreuses additions contenues dans la Bible latine par rapport au texte hébreu, mais il n'est pas d'avis de les supprimer : « Si omnia quæ hebreus non habet subtrahentur, decem millia verborum calumpniabuntur. » Cette remarque, qu'il fait à propos de Juges, ı, 11, il la répète à Josué, xv, 9 : « Si tantum de textu sunt quæ sunt in hebreo, decem milia verba que interpretes ad evidentiam posuerunt destruentur. » Il cite le *Perus* (פירוש), mot qui, pour lui, signifie le commentaire de Raschi, mais il mentionne aussi d'autres commentateurs hébreux. Pour le mot תלתלים de Cantique, v, 11, il dit : « Alii hebrei dicunt significare congeriem videlicet crinium. » Il s'agit peut-être d'Ibn Ezra, qui fait dériver ce mot de תֵּל. A propos d'Isaïe, xxxiii, 19, où il traduit עַם נוֹעָז par *populum impudentem*, il dit : « Liber etiam hebreorum mahaberet hoc testatur. » D'après M. Berger, c'est le *Mahbérét* de Menahem ben Sarouk. Mais cette explication du mot נועז ne se trouve pas dans le lexique de Menahem, ni dans le *Mahbérét* d'Ibn Parhon.

Quelques-unes de ses remarques attestent qu'il savait la grammaire hébraïque. En expliquant פִּי הַחִירוֹת (Exode, xıv, 2), il dit : « *Phi* idem est quod os, *hiroth* est ille locus, *ha* articulus qui gallice dicitur le. » A ce nom hébreu il compare le nom français « le Rone » et « Bouche le Rone ». A propos de Josué, x, 38 (דְּבִירָה), il parle du ה locatif : « Casus hebreus est cum videlicet consignat terminum motus, ut si diceremus venit Debira, venit Ebrona, manet in Debir, stat in Hebron. »

Ce même ms. de Toulouse (nᵒ 402) auquel sont empruntées ces diverses remarques du *Correctorium* de Guillaume de Mara, contient encore d'autres observations, évidemment du même auteur, qui ne se rapportent pas à la rectification du texte de la Vulgate, mais ont pour but de mieux faire comprendre le texte de la Bible. Cet ensemble de notes exégétiques, désignées sous le nom de *Notabilia*, est précédé d'une courte étude sur les lettres hébraïques et grecques. Enfin, le ms. se termine par une série de chapitres où l'on traite des questions les plus diverses ayant toutes pour but de déterminer le sens du texte biblique. Après un examen attentif, on reconnaît qu'il s'agit là d'une série de réponses adressées par un moine versé dans la langue hébraïque et la littérature juive à un ou plusieurs collègues qui ignoraient l'hébreu. M. Berger résume son opinion sur l'auteur de ses savantes réponses en déclarant que depuis Charlemagne, aucun chrétien ne connaissait aussi bien la littérature hébraïque : « Doctor noster ejus fuit in hebraicis litteris doctrinæ, quam vix in alio viro christiano a temporibus Caroli magni invenire est. » Il n'ose pas précisément attribuer ces « Réponses » à Roger Bacon, quoiqu'il y ait rencontré des passages qui se trouvent mot pour mot dans les œuvres de Bacon, mais l'auteur devait certainement lui tenir de très près.

A en juger par les extraits des « Réponses » donnés par M. Berger, nous ne pouvons qu'admettre avec lui que l'auteur anonyme était, en effet, familiarisé avec le texte hébreu de la Bible et les ouvrages juifs postérieurs. Cet auteur raconte de quelle façon il a acquis un important ouvrage hébreu ; nous tenons à citer textuellement ses paroles, qui prouvent une fois de plus que les savants juifs et chrétiens entretenaient d'excellentes relations scientifiques. Voici ce qu'il dit : « Et sciatis quod missi sunt mihi quidam libri hebraichi de Alemannia a quodam judeo ingeniosissimo qui me novit ex fama tantum et jam aliquotiens scripsit mihi in hebreo et ego sibi. » Il ajoute plus loin que c'étaient les livres astronomiques d'Abraham, c'est-à-dire, comme le dit très justement M. Berger, le *Sèfer Haibbour* d'Abraham ben Hiyya, « subtilissimi et pulcherrimi et utiliores quam alias videram ». Peu de temps auparavant, il avait essayé de se faire envoyer ces livres de l'Espagne, mais inutilement. « Et diu laboraveram ad habendum aliquid de libris illis, quia per alia scripta judeorum noveram eos esse editos, et pluries scripseram cuidam judeo noto meo qui moratur in civitate tholetana in Hispania, ut quæreret mihi libros illos et jam semel rescripserat quod non inveniebantur Tholeti nisi pauca capitula ex eis. » Ainsi, il correspondit avec des Juifs de Tolède et d'Allemagne, et cela en langue hébraïque. Ce qui prouve qu'il savait manier la langue hébraïque, c'est qu'il a rendu par des mots hébreux, transcrits en caractères latins, le verset araméen de Jérémie, x, 11. Voici cette traduction, transcrite en caractères hébreux : [1] כֵּן תֵּאמְרוּן לְהוֹם אֱלָהַיָּא. On אֲשֶׁר הַשָּׁמַיִם וְהָאָרֶץ לֹא עָשׂוּ יֵאבַדוּ מִן הָאָרֶץ וּמִן תַּחַת הַשָּׁמַיִם אֵלֶּה. voit que c'est mot pour mot, et dans le même ordre, le verset araméen. Outre le traité astronomique d'Abraham ben Hiyya, notre auteur cite encore les ouvrages hébreux suivants : *De primatione lunœ* (d'après M. Berger, le chapitre du *Mischné Tora* de Maïmonide intitulé קדוש החדש) ; *Liber Semamphoras* (ספר שם המפרש), attribué au roi Salomon [2], dont il n'a vu, dit-il, que la quatrième partie, qu'il résume clairement ; *Liber de serie mundi* (סדר עולם). Raschi est toujours cité par lui sous le nom de *Glosa hebraica* ou simplement *Glosa*. Il connaissait bien les œuvres des grammairiens juifs, car pour désigner les caractères de l'alphabet hébreu il traduit les termes mêmes employés en hébreu. Ainsi il dit : *mem aperta, mem clusa* (מם פתוחה מם סתומה) ; *nun obliqua, nun recta* (נון עקומה נון ישרה). Quant aux renseignements que nous fournit cet auteur sur la manière de prononcer l'hébreu, nous y reviendrons plus loin. Signalons encore une remarque singulière et incompréhensible qu'il fait

---

[1] Le ms. a « que quem », ce qui répondrait à פְּכֵן ; mais il semble que le mot *que* a été écrit par erreur.

[2] Cf. Steinschneider, Catalog. Bodl., col. 2300.

[3] Il dit une fois : « Hebrei non habent comparationem, sed cum volunt dicere iste est melior illo dicunt iste est bonus ab illo (c'est-à-dire זה טוב ממנו).

sur un prétendu nom donné par les Juifs au Messie : « Nec legi nec
intellexi quod Judei Messiam vocent hammenonem, quod si inve-
nirem hoc esset mihi ratio dicti, quia hec dictio hammenon potest
interpretari sol noster et Judei expectent quod Messias debeat eos
illuminare et instruere et docere. » D'après lui, ce nom dérive donc
de חַמָּה, avec le suffixe נוּ, « notre soleil », exactement חַמָּחֵנוּ. Il est
difficile de deviner lequel des termes employés pour désigner le
Messie a pu donner naissance à ce nom, évidemment altéré, de *hammenon*. M. Berger suppose que c'est מְנַחֵם, mais ce nom n'a pas une
ressemblance suffisante avec hammenon. Je me permets de proposer
une autre hypothèse. Peut-être notre auteur anonyme a-t-il lu
quelque part l'énumération des différents noms du Messie faite d'a-
près le passage connu de *Sanhedrin*, 98 *b*, et qu'il y avait l'un à côté
de l'autre les deux noms מנחם ינון [1]. En supposant que les deux
premières lettres du premier nom aient été effacées ou aient disparu
d'une façon quelconque, il serait resté : חם ינון, qui aurait pu être
lu facilement *Hammenon*. Voici une autre énigme à résoudre. Notre
auteur dit : « Balthasar rex fecit panem magnum [et ministravit
vinum quod habet letificare viventes et argento]. » La première
partie de ce passage est la traduction du commencement du chap. v
de Daniel, mais les mots entre crochets n'ont plus aucun rapport avec
le livre de Daniel. C'est qu'en effet ces mots sont de *Kohélét*, x, 19,
et c'est à eux que s'applique la remarque de notre auteur, qui cite à
leur sujet l'explication de Raschi ; ces mots sont וייך ישמח חיים
והכסף. Cette erreur, qui semble due à l'ignorance d'un copiste, a
échappé à l'attention, pourtant si vigilante, de M. Berger. — Pour
Isaïe, xxxii, 19, et lii, 11, notre auteur cite les explications de Raschi, qui voit dans ces versets une allusion à Edom, c'est-à-dire à
Rome. Dans nos éditions de Raschi, le mot אדום est remplacé par
פרס, changement qui a été fait fréquemment, à cause de la censure.
C'est par cette explication qu'il faut compléter la remarque de
M. Berger, p. 43, note 3. Notre auteur dit : « Scitote quod glosa hebraica semper per Ydumæos intelligit christianos et per regnum
Edom regnum christianorum. » Tout en n'admettant pas avec Raschi
qu'Isaïe ait prédit, dans xxxii, 19, la destruction de Rome, métropole du christianisme, il prie pourtant les lecteurs (c'est-à-dire ceux
qui lui ont adressé des questions) de ne pas enseigner publiquement cette interprétation : « nec vos hoc debetis dicere in scholis ».
Et il ajoute cette observation : « Multa mirabilia sunt in glosis et
hic et alibi frequenter que nec auderem transferre nec dicere, quia
que nimis essent dura et odiosa. »

La quatrième partie s'occupe principalement d'une traduction
latine de la Bible conservée dans plusieurs mss., surtout à Oxford,
qui n'est pas une révision de la Vulgate, mais a été faite directement d'après le texte hébreu. Cette traduction, née également,

---

[1] Menahem, Yinôn, ce dernier d'après Psaumes, lxxii, 17.

d'après la supposition de M. Berger, dans l'école de Roger Bacon, présente cette particularité qu'elle met le mot *ar* (probablement une abréviation de *articulus*) partout où l'hébreu a la particule אֶת ou l'article הַ. Voici, par exemple, le premier verset de la Bible : « In principio creavit Deus ar cœlum et ar terram. » Comme M. Berger le remarque avec raison, ce petit mot joue ici le même rôle que le mot σὺν dans la traduction d'Aquila. Il me paraît intéressant de donner ici quelques extraits de la traduction de cet Aquila chrétien et latin du xiii° siècle, avec les passages parallèles de la Vulgate (éd. V. Loch).

Josué, i, 2.

Mose servus meus mortuus est nunc surge transi ar Jordanem istum tu et omnis populus ar iste ad ar terram quam ego daturus sum eis filiis Israel.	Moyses servus meus mortuus est : surge et transi Jordanem istum tu et omnis populus tecum in terram quam ego dabo filiis Israel.

Cantique, i, 4.

Trahe me post te, curremus. Induxit me ar rex talamos suos, exultabimus et letabimur in te, memorabimus dilectionum tuorum plus vino. Recti diligunt te.	Trahe me : post te curremus in odorem unguentorum tuorum. Introduxit me rex in cellaria sua ; exultabimus et lætabimur in te, memores uberum tuorum super vinum. Recti diligunt te.

Cant., ii, 2.

Sicut rosa inter spinas, sic socia mea inter ar filias.	Sicut lilium inter spinas, sic amica mea inter filias.

Inutile d'ajouter des observations, ces extraits parlent assez clairement par eux-mêmes. Pour caractériser cette traduction d'une façon générale et en même temps pour prouver qu'elle est sûrement d'origine chrétienne, fait qui est indubitable, M. Berger fait la remarque suivante : « Translationem nostram ex hieronymiano ita excrevisse, ut vix aliud esse videatur quam perpetua vulgatæ versionis ad hebraicam litteram accomodatio. »

Avant de terminer, M. Berger consacre un court chapitre au plus célèbre exégète chrétien de la fin du moyen âge, à Nicolas de Lyre, à qui Luther doit tant, et qui, lui-même, a tant emprunté à Raschi. A la fin de son livre *De differentia nostræ translationis et hebraicæ litteræ*, Nicolas de Lyre dit, en effet : « Ego vero in talibus communiter secutus sum Rabi Salomonem, cujus doctrina apud Judeos modernos magis autentica reputatur. » Du reste, nous avons déjà eu l'occasion de montrer par des citations de l'étude de M. Berger de quelle autorité jouissait déjà Raschi en France auprès des commentateurs bibliques chrétiens antérieurs à Lyre. Un « épilogue », qui résume les résultats indiqués par M. Berger dans le cours de son ouvrage et donne encore quelques renseignements historiques sur l'étude de l'hébreu dans les milieux ecclésiastiques, termine ce travail si substantiel, dont les matériaux abondants sont en quelque sorte condensés et présentés au lecteur en un latin concis et élégant.

Pour finir, je veux réunir ici les plus importantes données que fournissent sur la prononciation de l'hébreu les extraits des divers manuscrits cités dans le travail de M. Berger. Je me contenterai pourtant d'utiliser les trois sources suivantes dont il a été parlé plus haut avec plus de détails : 1o désignons par O la transcription, faite au xe siècle, des deux passages des Psaumes et contenue dans un ms. qui vient probablement des environs d'Orléans; 2o par P le traité sur la prononciation des lettres hébraïques qui se trouve dans un ms. de Paris du xiiie siècle ; 3o par T les gloses et explications de Roger Bacon ou d'un savant de son entourage, contenues dans un ms. de Toulouse.

1. Prononciation des consonnes.

ב sans daguésch est transcrit dans les trois documents par *v* (u). On lit dans P (p. 23) : « ב valet idem quod valet א quando in locum ponitur consonantis. » — ד sans daguésch est prononcé dans O comme ד avec daguésch, c'est-à-dire *d*. P dit : « ד idem valet quod valet *z* » ; T aussi transcrit ד par *z*, comme תּוֹדָה = Thosa (Amos, iv, 5). T appelle la lettre צ (צָדִי) *sazi* et transcrit פִּדְמָה (Jérémie, x, 11) *quizena*, et עָבְדוּ יֹאבֵדוּ (*ib.*) *auezu iauvezu*[1]. — ח, dans O comme dans P, est *h* ou *ch* — O transcrit יִפֹּלוּ (Ps.. xlv, 6), par *gippolu*, et, de même, T transcrit יִחַן par *giten* et יִמְלָה (I Rois, xxii, 8) par *gimela*; il s'agit là naturellement de la prononciation française du *g* avant *i*, comme le remarque T (*valet quantum gi apud nos*). — כ avec daguésch est transcrit dans O par *k*, et כ sans daguésch par *ch*. P dit : « כֵּן idem valet quod valet *k* apud latinos, כֵּ valet idem quod valet heth hebreum quod de gutture emittit. » T parle ainsi du כ aspiré : « Habet sonum stridentem et non respondet ei aliqua littera latina set ut proprius potest scribi scribatur sic nomen illius littere chraph. » — ס, dans O, est transcrit *ç*; d'après P, ס est prononcé devant des voyelles comme *c* devant e et i, tandis qu'à la fin du mot, « flectitur et liquescit sicud *d* in fine latinæ dictionis. » T aussi rend ס par *c*. — O transcrit ע par *a*; par exemple, תְּרוּעָם (Ps., ii, 9), *te-roaem* ; עֵט (Ps., xlv, 2), *aet*. P dit que ע suit les mêmes règles que א, c'est-à-dire qu'on le prononce avec la voyelle dont il est muni, sauf que « modice amplius sonat de gutture cum magno impulsu ». — O rend פ avec daguésch par *p* et ס sans daguésch par *f*; P rend ces lettres de la même façon et T suit cette règle dans sa transcription. — O transcrit צ par *c*, et, quand il est double, par *tc*, exemple, חֶצְיָה (Ps., xlv, 6), *heitceha* ; הֻצַּק (*ib.*, 3), *hitecak*. D'après P, צ suit les mêmes règles que ס ; T transcrit צָפַנְיָה par *Sefanea*, et הָאָרֶץ

---

[1] C'est ainsi qu'il faut lire, et non pas *auczu tauczu*.

par *haares*. — ק est rendu par *h* dans O et P, et par *q*, *qu* dans T, qui transcrit pourtant חֲבַקּוּק par *Habacuc*. — שׁ est rendu par *s* dans O et P, et par *ss* dans T : par exemple, מֹשֶׁה, *Mosse*, דִּשְׁמַיָּא (Jér., x, 11), *dissemaia*; pourtant, au commencement du mot, T le transcrit par *s*, comme שְׁמַיָּא (*ib.*), *semaja*. — Dans O, שׁ est transcrit, comme le ס, par *ç*; P dit : « idem valet et sonat quod sady et samech ». — תּ, avec daguésch, est *th* dans O ; ainsi אֶתְּנָה (Ps., ii, 8), *ethna*, parfois c'est *t*, comme וְרָתְּחָה (*ib.*, 10), *uaatta*. ת sans daguésch est *th*, et, quand il est seul, *d*. P dit : « ת idem valet et sonat quod *t* apud latinos ; תֿ valet et sonat quod sady ved samech. » T transcrit פֶּתִי par *peti*, הַפָּרֹכֶת par *haparoquet*, תְּחוֹת par *tehoc*, תַּחַת par *tahat*, et אִלְּמָת par *ilemecz* (muette).

Ces détails sur la transcription et la prononciation des consonnes permettent de se faire une idée nette de la manière dont les Juifs français prononçaient les lettres hébraïques au moyen âge. Les aspirées et les sifflantes étaient prononcées comme les prononcent encore aujourd'hui les Juifs de l'Europe qui ne sont pas *sefardim*. Signalons la singulière règle indiquée dans P pour la double prononciation du ו et du י ; P semble avoir établi, à tort, une analogie entre ces deux lettres et les lettres בגד כפת. Voici ce qu'il dit pour ו : « Vav vero si habeat punctum parvulum intra se positum hoc modo : וּ, idem valet quod valet *u* loco posita consonantis. Quod si punctum parvulum non fuerit intra positum, set parvula virgula desuper extensa jacuerit hoc modo : וֹ, idem valet quod ו vocalis. » Il établit la même règle pour י, disant que י est consonne, comme *i* (j), et ־ֽ est voyelle. Ce sont des règles factices et ce n'est, certes, pas la prononciation de ces lettres qui les lui a fait poser.

2. *Prononciation des voyelles.*

Je tiens avant tout à faire remarquer que le *haméç* long (ָ) est rendu partout par *a*, mais on peut se demander si la prononciation de cet *a* ne se rapprochait pas de celle de la voyelle *o*. Le *haméç* bref et le *holém* sont tous deux *o*. Dans la transcription, on ne fait aucune différence entre ֵ et ֶ ; les deux voyelles sont rendues par *e*. O transcrit le *scheva* mobile par *e*, et devant les gutturales parfois par *a*. Exemple : שָׁאַל = *saal*; לְעוֹלָם = *laolam* ; il est vrai que מְלָכִים est transcrit aussi *malachim*. Quelquefois aussi, ce scheva n'est pas du tout indiqué, comme dans שׁוֹפְטֵי = *softé*. P, dans la liste des signes-voyelles, rend le scheva par *en*, c'est-à-dire, d'après M. Berger comme *en* dans la troisième personne du pluriel (savent, parlent) P ajoute cette explication : « Et sciendum quod quia vocalem illam que sonat en apud hebreos et est finalis littera harum gallicarum dictionum *sire* vel *dame* et similium, in latinis litteris invenire non valuimus, hanc formam scilicet signum nostre salutis loco illius vocalis in latinis dictionibus ponere decernimus. » T semble toujours rendre le scheva par *e*. — Citons encore la remarque suivante que fait T

sur les signes-voyelles du texte hébreu : « Punctorum et virgularum
que ex institutione primeva vocalium vicem tenent. » Il n'est question, dans aucun de ces documents, des signes des accents, mais
M. Berger fait observer à propos des fragments de psaumes transcrits dans O : « Tonus interdum per accentum acutum vil circum-
flexum indicatur. »

Je pourrais encore citer bien des détails intéressants de cette
étude, mais je craindrais d'allonger encore ce compte-rendu, qui est
peut-être déjà trop étendu. Que l'attention si grande avec laquelle
j'ai lu ce travail [1] soit du moins une preuve de ma reconnaissance
pour le profit que j'en ai tiré.

W. BACHER.

Budapest, décembre 1893.

_____

[1] Je vais réunir encore ici quelques petites rectifications. — P. 20, ligne 3, au lieu
de Ludovico IV, lire Ludovico IX; p. 40, avant-dernière ligne, au lieu de *lemisse-*
perehossam, lire *lemissepehossam* (לְמִשְׁפָּחוֹתָם); p. 41, l. 2, au lieu de *pifuocs*, lire
pifiiocs (פִּרְמִיוֹת, dans Ps., CXLIX, 6); *ibid.*, l. 3, écrire *ese iocegus* en un mot
(עֵדְיוֹתֶיךָ, dans Ps., CXIX, 129); *ib.*, l. 4, au lieu de eperi, lire aperi, traduction de
פְּתַח (Prov., XXXI, 8).

Le gérant,
ISRAEL LÉVI.

ASSEMBLÉE GÉNÉRALE

SÉANCE DU 23 JANVIER 1894.

Présidence de M. Hartwig Derenbourg, *président.*

M. le Président prononce l'allocution qu'on lira plus 'loin, p III.

M. Schwab, trésorier, rend compte ensuite de la situation financière (voir p. XIV).

M. Vernes, l'un des secrétaires, lit le rapport sur les publications de la Société pendant l'année 1893 (voir plus loin, p. XVI).

M. René Worms fait une conférence sur *Spinoza* (voir plus loin, p. XL).

Il est procédé à l'élection de huit membres du Conseil pour le renouvellement du tiers du Conseil et le remplacement de M. Adolphe Franck décédé. Sont nommés à l'unanimité des suffrages exprimés :

MM. Albert-Lévy, de l'Observatoire, membre sortant ;
    Aristide Astruc, grand rabbin, membre sortant;
    Hartwig Derenbourg, professeur à l'Ecole des langues orientales et directeur d'études à l'Ecole des Hautes-Etudes, membre sortant ;

ACT. ET CONF.

MM. J.-H. Dreyfus, grand-rabbin de Paris, membre sortant ;
Zadoc Kahn, grand-rabbin de France, membre sortant ;
Le baron Henri de Rothschild, membre sortant ;
Maurice Bloch, agrégé des lettres ;
Mayer Lambert, professeur au Séminaire israélite.

Il est procédé ensuite à la nomination du président de la Société pour l'année 1894. Est élu à l'unanimité : M. Théodore Reinach, docteur ès-lettres et en droit.

L'Assemblée générale donne à M. Théodore Reinach, président, et à M. Hartwig Derenbourg pleins pouvoirs pour représenter la *Société des Études juives* devant le Conseil d'État dans sa demande de reconnaissance d'utilité publique et pour consentir les modifications qui pourraient être requises par le Gouvernement.

ALLOCUTION

PRONONCÉE

A L'ASSEMBLÉE GÉNÉRALE DE LA SOCIÉTÉ DES ÉTUDES JUIVES

LE SAMEDI 27 JANVIER 1894

PAR

M. Hartwig DERENBOURG, PRÉSIDENT

———

Mesdames, Messieurs,

Si Adolphe Franck avait vécu quelques mois plus longtemps, il aurait été, il y a huit jours, le héros d'une touchante cérémonie. L'Académie des Sciences morales et politiques se faisait fête de lui remettre solennellement le samedi 20 janvier 1894 une médaille commémorative, qui avait même été modelée d'avance, pour célébrer le cinquantième anniversaire de son entrée dans la compagnie. La mort qui, pendant plus de quatre-vingt-trois ans, avait condescendu à ne pas briser l'enveloppe fragile de cette âme solide, aurait bien dû lui accorder, comme faveur suprême, un sursis lui permettant, comme à son ami, le vénérable Barthélemy Saint-Hilaire en 1889, la satisfaction de se voir décerner l'apothéose des noces d'or académiques.

Né à Liocourt, dans le département de la Meurthe, le 9 octobre 1809, Ad. Franck appartenait à une famille estimée de modestes agriculteurs. Son père avait un goût marqué pour l'apiculture. Quant au jeune Franck, au milieu des essaims d'abeilles élevées par son père, il se montra, comme elles, avide de butiner partout où s'offrait à lui quelque occasion favorable. Le curé de l'endroit s'intéressa à ce petit juif, malingre et studieux. Il avait reconnu en lui un élève d'avenir et ne s'était pas trompé. Dès 1843, Ad. Franck passait le premier l'agrégation de philosophie, avec une avance sur des concurrents tels que Jules Simon et Emile Saisset ; dans cette même année, il publiait *la Kabbale ou la Philosophie religieuse des Hébreux*, en attendant la seconde édition de 1889 ; enfin, en 1844, à peine âgé de trente-cinq ans, il s'imposait par la force de son talent et l'ardeur de ses convictions au suffrage de l'Académie des Sciences morales et politiques, sur la recommandation de Victor Cousin, le grand électeur d'alors. C'était le premier juif qui pénétrât sous la coupole. Aussi, dans mon enfance, le nom de Franck et sa haute situation dans le monde académique étaient-ils associés si étroitement dans le respect public que l'on disait M. Franck de l'Institut, comme on est accoutumé à dire Louis de Rouvroy, duc de Saint-Simon, le vicomte Melchior... de Vogüé, le duc Albert... de Broglie.

La philosophie spiritualiste et le judaïsme monothéiste, telles étaient les deux préoccupations du précoce membre de l'Institut. Ou plutôt ces deux conceptions se réunissaient dans sa pensée et dans sa foi, ainsi que deux anneaux d'une même chaîne. Dans sa longue carrière, il n'a varié, tout en traitant les sujets les plus divers, soit par la plume, soit par la parole dans sa chaire, j'allais presque dire, dans sa tribune du Collège de France, que par des nuances, et encore dans la forme plus que dans la pensée. Apôtre de la vérité telle qu'il la concevait, il parlait sans ménagement des doctrines qu'il réprouvait, s'acharnait contre les opinions, s'attaquait violemment aux idées, se révoltait avec indignation contre la vogue de certaines théories et dénonçait avec véhémence les sources contaminées qui lui paraissaient empoisonner l'humanité. Je ne résiste pas à la tentation d'alléguer devant vous un fragment du dernier article qu'à l'occasion d'un livre sur le pessimisme, Franck publia dans le numéro d'octobre 1892 du *Journal des Savants* : « Si l'on se passe de Dieu, il faut se passer de toute cause et, se passer de toute cause, c'est se passer de tous les effets, c'est se passer de toute existence, c'est supprimer à la fois le bien et le mal, la matière et l'esprit, Dieu, l'humanité et la nature. »

Ce testament d'un philosophe théiste, sévère pour la rébellion, ne contient pas un mot agressif contre les personnes. Jamais Franck n'a manqué de courtoisie envers ses adversaires, même alors qu'au Conseil supérieur de l'Instruction publique sous l'Empire, il siégeait comme seul représentant du judaïsme dans un concile intolérant de cardinaux, d'archevêques et d'évêques. Les polémiques excitaient sa verve implacable pour les erreurs, exempte d'animosité envers les égarés. S'il combat à outrance les fauteurs d'hérésie, comme il sait chercher, encourager, louer, défendre, stimuler ses alliés! Notre Société naissante n'a pas rencontré de patron plus zélé que lui, plus disposé à conspirer avec nous pour le succès de nos efforts en commun. Deux essais antérieurs, l'un pour constituer une Bible des familles et pour créer des instruments de pédagogie juive, l'autre pour former une bibliothèque historique du judaïsme, soit par des œuvres originales, soit par des traductions en langue française, avaient trouvé chez Franck un initiateur enthousiaste, qui ne marchandait pas plus son temps que l'énergie de son concours. La Société des Études juives allait en 1880 réaliser ces beaux rêves, d'une part en fondant une Revue périodique, d'autre part en inaugurant des conférences. Nous reprenions avec de meilleures chances de succès la tentative de nos devanciers qui, disons-le tranchement, avait avorté pour n'avoir point groupé, comme dans un faisceau, toutes les forces vives du judaïsme, pour être demeurée l'œuvre exclusive de groupes fermés, avec des exclusions préméditées.

La leçon nous a sagement profité. Car notre Société a failli verser à ses débuts dans la même ornière pour avoir méconnu la nécessité de l'union sur le terrain mouvant du judaïsme actuel. Quelle déception pour nos espérances, quel symptôme d'infériorité, si nous nous étions associés à des sentiments inconsidérés d'orgueil intransigeant à l'égard de nos ainés, de nos guides naturels! Dans une réunion préparatoire qui eut lieu chez notre premier président, M. le baron James de Rothschild, plusieurs soldats enrôlés sous notre bannière exprimèrent leur défiance à l'égard des généraux. Une jeunesse infatuée prétendit qu'il était surtout urgent de prendre ses précautions contre la géroncratie envahissante. L'anarchie des propositions fut poussée à l'extrême. La nomination du bureau provisoire, composé exclusivement d'érudits, comme MM. James de Rothschild, président ; Arsène Darmesteter et Zadoc Kahn, vice-présidents, fut un acte décisif déterminant le sens de notre orientation. Du triumvirat que nous avions élu pour diriger nos premiers pas, M. le Grand-Rabbin Zadoc Kahn reste seul sur la brèche, heureusement plus alerte, plus souriant et plus ferme à son poste que jamais. La mort impitoyable a fauché prématurément les deux autres artisans de la première heure qui, avec lui et avec Isidore Loeb, avaient sagement conduit notre Société naissante dans la bonne voie dont elle ne s'est plus écartée.

Le numéro 1 de la *Revue* porte la date de juillet-septembre 1880. Il ouvre par un article d'un de ces anciens, M. Joseph Derenbourg, qu'une minorité avait voulu éliminer par haine des supériorités. Un autre de ces précurseurs, qui sera toujours le plus jeune d'entre nous, M. Jules Oppert, nous a fait l'honneur d'être notre porte-drapeau pendant les années 1890 et 1891. Leur doyen, Adolphe Franck, un troisième épouvantail pour les mêmes cerveaux étroits, n'attendit pas que nous fissions un appel direct à son bon vouloir. Dès que la *Revue* eut donné sa mesure dans le numéro 2 d'octobre-décembre 1880, il en agréa le programme et donna sa haute et complète approbation à l'esprit qui animait la nouvelle Société. Non seulement il s'inscrivit spontanément parmi nos « membres souscripteurs », mais encore il s'empressa, dans le *Journal des Savants* d'avril 1881 (p. 212-222), de nous faire une réclame fortement motivée et qui a largement contribué à l'épanouissement de notre renommée fraîche éclose. Après avoir cité des extraits de l'Appel anonyme à nos lecteurs, dont la contexture et le style trahissent le penseur et l'écrivain qu'était notre ami Isidore Loeb, Franck ajoute :

« Tel est l'esprit qui a présidé à la création du nouveau recueil et l'on reconnaît avec plaisir que jusqu'à présent il y est resté fidèle. Aussi la liste de ses rédacteurs ne se compose-t-elle pas uniquement de noms israélites ; on remarque parmi eux des noms honorablement connus de savants chrétiens ou étrangers au judaïsme. Quant aux sujets qui y sont traités, ils appartiennent à presque toutes les branches de l'érudition : à la philologie, surtout à la philologie biblique et talmudique, à l'histoire, à l'archéologie, à l'histoire littéraire, a l'épigraphie, à l'étude comparée des religions et des controverses religieuses. On y trouve également des notices bibliographiques et des critiques d'ouvrages nouveaux que leur brièveté n'empêche pas d'être utiles et quelquefois très intéressantes. Elles appellent l'attention sur des publications savantes que leur origine étrangère ou leurs titres incompris déroberaient facilement à la connaissance du public français. »

On voit avec quelle sympathie Franck saluait l'aurore de notre Société. Elle a été une de ses dernières passions et elle s'en targue. Il a eu, pour lui faire la cour, des accents d'amoureux plein d'illusions sincères ; il lui a réservé dans son cœur une place qu'elle n'aurait pas osé revendiquer. Sa déclaration d'amour n'était pas l'explosion d'un caprice éphémère. Si nous la rappelons aujourd'hui, c'est que, loin de nous demander le secret, il nous a conviés à la répéter lorsqu'un jour nous rendrions hommage à sa mémoire. C'est ici même qu'à notre neuvième assemblée générale, le 25 janvier 1890, Ad. Franck s'exprimait en ces termes : « Pour moi, je tiens pour un des meilleurs souvenirs de ma vie l'honneur d'avoir, pendant ces neuf ans, présidé deux fois vos réunions et rempli trois fois la tâche enviée du conférencier. » Puis il ajoute avec une tendresse pleine d'expansion dont j'ai conservé l'écho dans mon oreille, tant l'orateur avait su régler ses intonations : « Si un jour quelqu'un de mes auditeurs, de mes amis ou de mes lecteurs ne juge pas au-dessous de lui d'écrire ma biographie, Je le supplie d'avance de ne pas oublier, parmi les modestes titres que je pourrai présenter à l'estime de ceux qui me survivront, les témoignages de bienveillance que j'ai reçus de la Société des Études juives. Je les place au niveau des honneurs académiques et de l'avantage que j'ai eu d'enseigner du haut de la chaire du Collège de France. »

Dès le 30 novembre 1882, Ad. Franck avait honoré notre deuxième Assemblée générale en nous apportant une conférence sur *La religion et la science dans le judaïsme*. Il nous priait

modestement d'accueillir avec indulgence sa maigre offrande,
« comme le prêtre accueillait le demi-sicle d'argent que les plus
pauvres en Israël déposaient autrefois sur le seuil du temple ». Ce
fut à notre cinquième Assemblée générale, le 17 décembre 1885,
que Franck nous entretint d'une « bien vieille histoire » qu'il sut
rajeunir, *Le péché originel et la femme d'après le récit de la Genèse.*
Il terminait son apologie de la femme par l'évocation d'une figure
idéale, dans laquelle je crois reconnaître, comme dans un souvenir
lointain, la compagne admirable qui lui avait été enlevée le 10 octobre 1867, après l'union la plus parfaite dans un ciel sans nuages.
Voici cette page exquise :

« La destinée de la femme est d'être, dans la mesure des moyens
dont elle dispose et suivant le milieu où le sort l'a placée, la divinité
du foyer, la providence des faibles et des petits, l'ange de la charité, la consolatrice des affligés, la messagère de la conciliation et
du pardon, la gardienne du feu sacré, non pas de ce feu matériel
que l'antique Rome confiait à la vigilance de ses Vestales, mais
de la flamme divine à laquelle s'allument la piété, le patriotisme,
l'esprit de sacrifice, l'amour de toute beauté morale, les saintes et
vivifiantes espérances.

» Que la femme se présente devant nous, revêtue de cette parure,
nous ne répéterons pas les paroles prononcées par Adam quand
il vit pour la première fois sa compagne : C'est l'os de mes os et la
chair de ma chair ; mais nous lui dirons, nous mettant à la place
de l'humanité : Tu es l'âme de mon âme, la vie de ma vie, la plus
chère et la plus précieuse moitié de moi-même. »

Puis Franck conclut, non sans une certaine pointe de coquet-
terie : « Mesdames, Messieurs, je finis sur ces mots. Si quelques-uns
d'entre vous me reprochent d'avoir été trop favorable à une partie
de cette réunion, ils m'accorderont du moins, en raison de mon âge,
le mérite du désintéressement. »

Adolphe Franck, que ses états de service pour la défense
de notre patrimoine moral et intellectuel avaient désigné pour la
présidence en 1888, qui fut maintenu à notre tête en 1889, ouvrit
le 19 janvier 1889 notre huitième Assemblée générale, en qualité
de président, et la ferma à titre de conférencier. Le sujet de sa

conférence était *Le panthéisme oriental et le monothéisme hébreu*. « Assurément, dit-il en tête de la première de ces deux allocutions successives, vous auriez eu le droit de demander qu'on m'appliquât la loi qui interdit le cumul des fonctions. » C'est le cumul des services rendus que notre Société s'est bien gardée de récuser chez notre regretté confrère, et nous avons peut-être abusé de l'inépuisable générosité avec laquelle il nous prodiguait les trésors de sa parole.

Le charme de ces entretiens à la fois familiers et profonds ne s'évanouira pas, ainsi qu'une impression fugitive, pour ceux qui ont eu la bonne fortune de le ressentir. La lecture attentive de ces morceaux recueillis pieusement ne saurait remplacer l'action exercée par l'orateur sur son auditoire. Il le tenait en haleine, ralentissant parfois son débit, le hâtant par des effets bien préparés, sans que jamais la clarté eût à souffrir par trop de précipitation, sans que l'attention faiblît par suite d'une articulation traînante. Et ces résultats surprenants étaient conquis par une voix grêle, d'un timbre peu sonore. L'élan chaleureux d'une âme passionnée la faisait vibrer avec éclat et lui donnait une portée qui, sans fatigue, ni pour celui qui la maniait, ni pour celui qui l'entendait, la mettait en contact avec les foules amassées dans les plus vastes salles et amphithéâtres. Franck, qui a soutenu de son appui et de ses conseils mes débuts dans les études orientales, me répétait souvent un conseil qu'à mon tour je me permets de donner, en me réclamant de son autorité, à ceux qui aspirent à bien parler dans la chaire du professeur ou dans celle du prédicateur : « On ne réussit, disait-il, à se faire écouter, ni par les éclats de voix, ni par les cris où se perdent les unités acoustiques. Il importe bien plutôt de veiller à ce que chaque syllabe parvienne isolée au pavillon de l'oreille, sans se confondre plus avec celle qui l'a précédée qu'avec celle qui la suivra. C'est le principe dont l'application m'a permis d'obtenir avec des moyens limités des résultats considérables, facilement accessibles à ceux qui suivront mon exemple. »

L'intimité de Franck avec notre Société, resserrée par sa présidence de deux ans, se relâcha lorsqu'il fut rassuré sur notre destinée, lorsqu'il sentit que désormais nous étions en état de poursuivre notre route sans lisières. Il reporta son affection, sans réserve et presque sans partage, sur la Ligue nationale contre l'athéisme, dont il fut le fondateur, l'orateur et l'écrivain. La période de la lutte pour l'existence était close pour nous et il fallait à ce paladin octogénaire ce que nous ne pouvions plus lui offrir, un champ de bataille. Le Dieu de la religion naturelle, dont la négation l'exaspérait et le faisait bondir, c'était encore pour lui le Dieu d'Israël, en faveur duquel il rompait des lances, soit dans le journal de la Ligue, dans la *Paix sociale*, soit dans des homélies fanatiques qu'échauffait le plus ardent esprit de prosélytisme. Ce fut la dernière campagne de propagande qu'ait menée cet athlète infatigable, dont les forces déclinaient sans que sa volonté pût se résigner à un repos nécessaire. Le *Journal des Savants* de 1892 ne contient pas seulement le pamphlet contre le pessimisme dont j'ai déjà parlé, mais encore, dans son numéro de mai, un long et substantiel compte-rendu, aujourd'hui d'actualité dans cette enceinte, sur la *Morale de Spinoza*, par notre conférencier d'aujourd'hui, M. René Worms. Au risque de blesser sa modestie, je citerai cette phrase du vieux philosophe sur le jeune agrégé de philosophie : « Il a une façon de présenter les choses qui lui appartient, qui atteint le plus haut degré de la clarté et de l'exactitude historique, qu'il est permis de considérer comme la quintessence de toutes les expositions antérieures à la sienne. »

Bien que Franck fût rassasié d'années, selon l'expression biblique, bien qu'il eût dépassé de beaucoup la moyenne de la vie humaine, ce fut un accident qui détermina la crise fatale le 11 avril dernier. Lors des obsèques, M. le Grand-Rabbin de France, parlant au nom du judaïsme français, se fit l'interprète éloquent de notre Société et de ses regrets unanimes. Mais notre deuil était trop profond pour consentir à se laisser confondre dans l'émotion générale des cœurs affligés. Nous avions besoin d'épancher publiquement notre douleur particulière dans cette salle même où, à trois reprises, la parole de Franck avait excité votre émotion et provoqué vos applaudissements. C'est pourquoi votre Président, sans affronter le genre périlleux de l'oraison funèbre, a cru répondre à vos sentiments intimes en venant déposer en votre nom sur la tombe de notre illustre maître et ami une gerbe de fleurs et une couronne d'immortelles.

A peine Franck avait-il publié en 1843 la première édition de sa *Kabbale* qu'un autre inconnu, Adolf Jellinek, traduisait en allemand et commentait dans des notes originales la monographie du jeune professeur français. Ces deux hommes, un moment réunis par la communauté de leurs travaux, sont de nouveau rapprochés par la mort. Après vous avoir parlé de Franck, je suis amené par le hasard des dates à vous rappeler les souvenirs qu'éveille la vie si remplie et si glorieuse de Jellinek.

Il était né le 26 juin 1821 dans un village de Moravie, vint en 1842 suivre les cours de l'Université de Leipzig, où il aborda de front les études orientales, historiques et philosophiques, et où, après son doctorat en 1845, la communauté juive se l'attacha comme prédicateur. Il y resta jusqu'au moment où en 1856 il fut appelé à déployer son talent sur une scène plus vaste, dans l'une des synagogues de Vienne, où il prêcha pour la première fois le jour de Simhat Tora en 1857, sur le thème suivant : « Chaque homme a son temps et chaque temps a son homme. » C'est à Vienne qu'il est mort le jeudi 28 décembre 1893 à l'âge de 73 ans, c'est là que son enterrement a eu lieu en grande pompe, le 31 décembre dernier.

Les deux maîtrises de Jellinek, aussi fécond comme écrivain que comme orateur, étaient de premier ordre. Isidore Loeb, qui s'y connaissait, le considérait comme l'homme le plus intelligent qu'il eût jamais rencontré. La nomenclature de ses publications, dans un Catalogue publié en 1882 par le libraire Lippe, atteignait déjà le nombre respectable de 109 numéros. Sur un exemplaire annoté de sa main, Jellinek en ajoute deux qui auraient été omises, et notez que sa production ne s'est pas arrêtée excepté dans les toutes dernières années, notez que ses articles, disséminés dans les Revues, ne sont point compris dans cette énumération. Quant à sa parole, aucun éloge ne pourrait en donner une idée approchante à qui n'en a pas connu l'impression irrésistible. Je l'ai entendu en 1867 et je m'en souviendrai toujours. Le talent oratoire de Jellinek combinait les ressources d'un art consommé servi par une voix magnifique avec un savoir étendu et sûr qu'il dissimulait sous les artifices d'un langage brillant et approprié aux circonstances. Le geste était sobre et imposant. Condamné par une surdité incurable à se replier sans cesse sur lui-même dans ses méditations et dans ses recherches, il savait mettre la science au service de la chaire et la chaire au service de la science. Comme Franck, il avait le culte de la femme, avec l'ambition de la relever sans abaisser l'homme ; comme Franck, il était un adversaire impitoyable du nihilisme religieux. Le judaïsme et la science juive ont perdu en lui un de leurs serviteurs les plus utiles et les plus fidèles, notre Société l'un de ses membres étrangers dont l'adhésion réfléchie était pour nous un titre de gloire.

Vous me permettrez de n'accorder qu'une mention trop rapide à deux hommes de bien qui se sont éteints pendant mon consulat. Jules Schweisch, ancien vice-président de la Bourse du commerce, s'était affilié à nous au premier appel, et son nom a toujours figuré sur nos listes. Il est mort le 20 août dernier à l'âge de soixante-six ans. Les Sociétés savantes ont besoin de ces amateurs éclairés qui les soutiennent par leur attachement et par leur persévérance. Nous avons perdu, le 26 mai 1893, celui qui fut notre libraire depuis la fondation, M. Armand Durlacher. Il n'avait que quarante-cinq ans. Nous ne pouvons lui donner de témoignage plus efficace de notre sympathie qu'en continuant à sa veuve toute notre confiance.

Je ne voudrais point terminer la dernière de mes allocutions par le regard rétrospectif que nous venons de jeter ensemble sur nos tristesses nécrologiques. Au moment de quitter ce fauteuil présidentiel, que j'ai été fier d'occuper et que je dois à votre extrême bienveillance, j'aimerais reposer notre vue sur des spectacles plus consolants. L'avenir de notre Société, en dépit de pertes irréparables, peut être envisagé avec sérénité. Le nombre de nos adhérents s'accroît dans une progression bien soutenue avec des cadres sans cesse élargis. La *Revue* a pu, sans amoindrissement de son crédit, combler les vides que sa rédaction a subis par la mort ou par la

défection. Les conférences de cette année ont été aussi attrayantes
que suivies. Une fois le branle donné, le mouvement ne se ralentira
plus. Nos habitués nous resteront, si nous piquons leur curiosité
par le choix des orateurs et des sujets. S'il convient de maintenir
les traditions, il serait dangereux de laisser se rouiller les ressorts
de notre activité dans l'immobilité et dans la routine.

C'est pour concilier dans un juste équilibre la nécessité d'opposer une digue aux innovations téméraires et le besoin de progrès
qui ne permet ni aux Sociétés, ni aux hommes de demeurer sta-
tionnaires que notre bureau a été composé, d'une part, d'éléments durables et permanents, d'autre part, de forces intenses, ab-
sorbantes, individuelles, mais sans cesse renouvelées et d'une
puissance éphémère. C'est ainsi que votre présidence annuelle est
une pièce à spectacle, avec de continuels changements à vue.
Grâce à vos deux secrétaires, le décor de ce côté a quelque chose
de plus persistant. Vous avez sagement compris que vos organes
essentiels ne pourraient fonctionner, s'ils étaient ainsi exposés à des
fluctuations continuelles. Notre excellent secrétaire-adjoint, M. Israël Lévi, associé aux travaux de la *Revue* et de la Société depuis
leur création, prêtera, je l'espère, longtemps encore, à mes successeurs l'appui de sa collaboration aussi ferme que souple. Quant à
notre trésorier, M. Moïse Schwab, nous avons eu la main particulièrement heureuse en lui confiant notre caisse, il y a plus d'un an,
après la mort de Michel Erlanger. Il s'est trouvé que nous avions
cru faire appel à un savant distingué, mais plus ou moins inexpé-
rimenté sur les questions budgétaires et que nous avons, au contraire, rencontré dans le traducteur du Talmud de Jérusalem le
comptable de nos deniers le plus habile, le défenseur le plus autorisé
de nos intérêts matériels, l'administrateur le plus vigilant, le plus
capable d'augmenter nos recettes et de restreindre nos dépenses.
En vous parlant de nos finances prospères, j'empiète sur le rapport
optimiste qu'il va vous présenter, mais, avant de lui donner la pa-.
role, j'ai considéré comme un devoir de louer sa gestion comme elle
le mérite, convaincu qu'il n'en dirait pas tout le bien que nous en
pensons.

RAPPORT SUR LA SITUATION FINANCIÈRE

A LA FIN DE L'EXERCICE 1893

LU PAR M. M. SCHWAB, TRÉSORIER

L'an passé, votre nouveau Trésorier avait le plaisir de vous signaler l'état satisfaisant des finances de la Société. Les événements lui ont aussitôt donné raison. Dès le lendemain de l'Assemblée générale, le plus jeune des membres du Conseil, suivant les traditions généreuses de sa famille, a bien voulu nous envoyer pour sa cotisation de *membre fondateur* une somme de 2,000 francs, puis un don de 1,000 francs. Ces 3,000 francs ont été versés au capital de fondation, dont les intérêts servent, soit à parfaire l'équilibre du budget, soit à avancer les fonds nécessaires à nos publications supplémentaires. Ces œuvres vous ont été indiquées déjà par le dernier rapport. Nous espérons que deux de ces publications seront achevées et mises à votre disposition dans le courant de cette année.

Avec non moins de plaisir, vous pourrez constater le nombre respectable d'adhésions nouvelles à notre œuvre, si vous lisez les procès-verbaux de nos séances, et j'aime à croire que vous y jetez au moins un coup d'œil.

Voici l'état des recettes et dépenses en 1893 :

RECETTES.

En caisse (net d'un remboursement de 25 fr.).....	520 fr. 65
Cotisations (y compris des arrérages de 1892).....	10.269 50
Souscription du ministère de l'Instruction publique.	375 »
Ventes diverses par le dépositaire	1.383 »
Don	1.000 »
Intérêts du capital de fondation	2.200 »
Total des recettes.........	15.748 fr. 15

DÉPENSES.

Impression du n° 51	1.300 fr.	»
— — 52	1.268	»
— — 53	1.005	55
—. — 54	1.243	20

4.816 fr. 75

Droits d'auteurs du n° 51............	781 fr.	50
— — 52............	639	»
— 53............	710	40
— 54...........	666	20

2.797   10

Souscriptions littéraires (Œuvres d'Isidore Loeb et de L. Löw)...................... ..	412	.50
Assemblée générale et trois conférences...........	795	»
Secrétaire de la rédaction et secrétaire-adjoint.....	2.400	»
Frais de bureau, impression d'avis, gratifications...	205	25
Encaissement	85	50
Distribution de cinq numéros et envois divers.....	590	»
Magasinage..................................	100	»
Affranchissements et timbres d'acquit...........	192	»

Total des dépenses	12.393 fr.	70
A déduire des recettes s'élevant à	15.748	15
Reste un solde créditeur de...........	3.354 fr.	45

Vous le voyez, la situation est bonne, et, à l'occasion du renouvellement de l'année, je vous souhaite la continuation de votre prospérité financière. Elle est à la fois l'indice et la condition de notre prospérité intellectuelle. C'est l'amour de la science et du judaïsme qui nous apportent leur obole; c'est la science et le judaïsme qui sont appelés à en profiter.

RAPPORT

SUR LES PUBLICATIONS DE LA SOCIETÉ

PENDANT L'ANNÉE 1893

IU A L'ASSEMBLÉE GÉNERALE DU 27 JANVIER 1894
PAR M. MAURICE VERNES, SECRÉTAIRE

MESDAMES, MESSIEURS,

Les travaux de la Société, au cours de l'année écoulée, se partagent presque également entre l'histoire du judaïsme depuis les temps les plus anciens, d'une part, les études talmudiques, rabbiniques, littéraires et grammaticales, de l'autre. Ils ont offert une réelle variété; des figures importantes ont été remises en lumière; des faits insuffisamment connus et appréciés nous apparaissent sous un jour différent grâce à la production de documents nouveaux. Ceux qui sont curieux d'antiquité s'intéresseront au tracé des frontières de la Palestine du temps de Josué; ceux que sollicitent les questions d'instruction trouveront une sérieuse satisfaction dans le tableau de l'œuvre scolaire des Juifs français au XIXᵉ siècle; la philosophie de l'histoire tirera son profit des recherches ethnographiques dont M. le Dʳ Jacques a exposé les résultats.

Notre président, en vous présentant à la fin de l'hiver dernier le conférencier dont je viens de vous rappeler le nom, protestait contre la réputation d'érudition morose et quelque peu chagrine que quelques-uns font à notre recueil. Il engageait nos souscripteurs à en couper plus régulièrement les feuillets, certain qu'ils y découvriraient « avec un peu d'effort peut-être, des échappées de lumière bien ménagées sur des points d'histoire, sur des traditions populaires, sur les origines, les époques, les variations et les dates de notre littérature dans l'antiquité, au moyen âge et dans les temps modernes. » Et il invitait à la fois nos collaborateurs et nos lecteurs à faire un sincère examen de conscience, à la suite duquel les premiers se résoudraient à sacrifier un peu plus à la forme et les seconds à donner à chacun de nos cahiers quelques moments d'une bienveillante attention. Les uns comme les autres devaient, en fin de compte, y trouver leur profit. — Il me semble que le conseil a été entendu, et notre comité de publication s'est efforcé, pour sa part, de ménager dans les différents numéros de la *Revue* la place à des travaux facilement accessibles à toute personne de bonne volonté ; je citerai tout particulièrement dans cet ordre d'idées les deux conférences de MM. Jacques et Bloch, l'étude de M. Salomon Reinach sur l'accusation du meurtre rituel, les Réflexions sur les Juifs de M. Isidore Loeb et l'étude consacrée par M. D. Kaufmann à Jacob Mantino, le célèbre médecin juif du temps de la Renaissance.

Dans sa conférence, intitulée *Types juifs* [1], M. Victor Jacques, qui est un anthropologiste belge d'un grand mérite, a entrepris de combattre la thèse récemment soutenue par M. Renan et adoptée volontiers par les hommes de science, ethnographes et historiens, qu'il n'y a pas de race juive, mais un type juif, produit de certaines conditions spéciales et prolongées, en d'autres termes que le judaïsme représente, non une entité ethnique, mais une religion, non un peuple, mais une église. Cette opinion de l'éminent histo-

[1] T. XXVI, *Actes et conférences*, p. XLIX.

ACT. ET CONF.

rien d'Israël, je la trouve résumée par M. Théodore Reinach dans
les termes suivants, que j'extrais de l'allocution prononcée à notre
dernière assemblée générale : « Par une heureuse inconséquence
ou plutôt par une rétractation voulue et réfléchie de ses anciens
préjugés, M. Renan en vint à reconnaître combien il avait exagéré
dans ses premiers écrits l'importance de la notion de race, de la
théorie ethnographique, particulièrement en ce qui concerne le
judaïsme. Dans un discours spécialement consacré à ce sujet, discours aussi bref que plein d'idées, il prit à partie cette vieille et ba-
nale opinion, non moins répandue chez les Juifs eux-mêmes que
chez leurs ennemis : que le jùdaïsme constitue une race fermée,
ayant conservé dès les temps les plus reculés la même composition
ethnique et dont les vices ou les vertus s'expliquent par cette lointaine origine. Textes en mains, il démontra par les preuves les plus
irréfutables que, pendant une très longue période de son existence,
environ depuis le temps d'Alexandre jusqu'à l'an 300 après J.-C.,
le judaïsme a fait, particulièrement dans les contrées d'Orient, une
propagande religieuse très active et très fructueuse; que des milliers, des myriades d'individus de toutes les races et de toutes les
nationalités sont devenus juifs, complètement juifs, et que, par
conséquent, dans le sang des juifs d'aujourd'hui il coule probablement bien plus de sang syrien, iduméen, grec, phrygien, italien,
gaulois même, que de vieux sang des beni-Israël [1]. »

M. Reinach s'applaudissait de cette démonstration qui, si elle
« peut paraître humiliante à l'orgueil nobiliaire de quelques
israélites, très fiers de se sentir physiquement les descendants
d'Isaac et de Jacob », lui présentait un avantage beaucoup plus
sérieux, celui de faire disparaître « avec le mirage de l'immutabi-
lité des races, toutes les conséquences funestes qu'en avait déduites
le fanatisme ethnique, le plus odieux et le plus stupide de tous les
chauvinismes. » Renan avait conclu de la sorte : « Chez les Juifs,
la physionomie particulière et les habitudes de la vie sont bien
plus le résultat de nécessités sociales qui ont pesé sur eux pendant
des siècles, qu'elles ne sont un phénomène de race. »

[1] T. XXVI, *Actes et conférences*, p. v.

Vous me connaissez assez, Messieurs, pour savoir avec quelle
sincérité je m'associe à ces généreuses déclarations. Quiconque
se sent fils de la Révolution de 1789, — protestants et juifs, nous
lui devons également de n'être plus des parias au sein de la patrie,
— sait et professe que les hommes doivent être jugés « non par
le sang qui coule dans leurs veines, ce sont là encore les expressions dont use M. Renan, mais par leur valeur intellectuelle et morale. » Mais, précisément parce que la reconnaissance du statut
personnel, des droits civils et politiques dans l'Europe moderne, a
cessé de dépendre d'une question d'origine, de la solution d'un
problème ethnique, nous n'éprouvons aucune répugnance à suivre
M. Jacques dans la recherche du lien familial qu'il prétend reconstituer entre les Juifs du XIXᵉ siècle et les contemporains d'Hérode, d'Ezéchias et de David ; d'aucuns, un peu plus hardis que
je ne suis moi-même, n'hésiteront pas à parler des contemporains
de Moïse et de Josué. M. Renan pourra continuer d'avoir raison
en matière de philosophie morale, sans que M. Jacques ait tort sur
le terrain proprement scientifique où il s'est cantonné.

Les types juifs actuels sont-ils en filiation directe avec les types
qui existaient en Judée avant la dispersion ? M. Renan a plaidé le
contre en insistant sur d'inévitables mélanges, sous lesquels l'élément primitif n'a pu subsister ; M. Jacques plaide l'affirmative en
mesurant les crânes, en signalant la couleur des cheveux et des
yeux, en notant les nez aquilins, droits, gros et retroussés, en tenant compte de la stature et du périmètre thoracique. Chez les Juifs
d'Europe nous constatons l'existence de plusieurs types, qui se dis-
tinguent nettement de leur entourage. Peuvent-ils être ramenés à
des types ancestraux ? En théorie, rien ne s'y oppose selon le savant conférencier. La multiplication de quelques familles donnant
naissance à des groupes considérables, n'a rien de contraire aux
données de l'anthropologie. « Pouvons-nous admettre, dit le
Dʳ Jacques, que les quelques familles juives qui ont abordé jadis a
Marseille, aient pu, à elles seules, peupler la Gaule et envoyer en
Allemagne, en Pologne et en Galicie, ces colonies si nombreuses,
dont les deux millions de membres forment le tiers des Juifs du
monde entier ? Et pourquoi pas ? N'avons-nous pas de nombreux

exemples d'un bisaïeul entouré de deux cents petits-enfants et arrière-petits-enfants? Avec un point de départ aussi restreint de quelques centaines de familles juives, établies les unes en Espagne, les autres en Gaule, prospérant les unes et les autres au point d'être représentées aujourd'hui par près de trois millions d'individus en France, en Angleterre, en Hollande, en Allemagne, en Pologne, en Autriche, dans les Principautés danubiennes et en Turquie, comment se pourrait-il que certains caractères ethniques n'aient pas été conservés? Que l'on n'oppose pas les cheveux blonds des Aschkenazim aux cheveux noirs des Sephardim. J'ai montré que es cheveux noirs sont relativement nombreux chez les premiers et que les blonds se rencontrent souvent chez ces derniers. Devons-nous pour cela croire que Aschkenazim et Sephardim descendent de tribus différentes, que les Aschkenazim sont les enfants de Benjamin, tandis que les Sephardim sont les enfants de Juda? Eh non ! Cela prouve simplement que les familles établies primitivement en Gaule, plus nombreuses sans doute que celles qui s'étaient fixées en Espagne, renfermaient par hasard un peu plus d'individus aux cheveux blonds ou châtain clair. Ce caractère spécial a été transmis fidèlement de génération en génération en même temps que cet air de famille incontestable qui fait, quoi qu'en dise Renan, reconnaître les Juifs dans la majorité des cas. » Je ne ferai qu'une remarque sur cette partie de la thèse dont je reproduis devant vous les éléments essentiels ; M. Jacques aurait pu, ce me semble, sans abandonner ses positions, convenir que les conditions d'habitat et de mélange du type juif n'étant pas les mêmes dans la péninsule ibérique que dans les régions germanique et slave de l'Europe, quinze siècles ont suffi à établir très nettement le sous-type des Sephardim, plus rapproché du modèle original et proprement sémitique, et le type des Aschkenazim, fortement nuancé par la pénétration d'éléments européens.

Le type juif, avec ses variétés qui laissent apercevoir les caractères fondamentaux, étant établi de par les recherches de l'anthropologie scientifique, il reste à le mettre en relation avec le judaïsme ancien. Ici les données ethnographiques se font très rares, et M. Jacques ne s'offensera pas si je lui fais remarquer que ses ingénieux rappro-

chements ont plutôt le caractère d'une tentative que d'une démonstration en règle, d'un essai que d'une déduction logique. Il amorce
une voie plutôt qu'il ne la livre, toute construite, à la circulation et
à l'usage ; il en indique le tracé, afin d'engager ceux que n'auront
point effrayés les prémisses de son raisonnement à la frayer par un
commun effort. « Que savons-nous de la nation juive avant la dispersion, remarque-t-il tout le premier avec un très juste sentiment
des difficultés de sa tâche? — Que savons-nous de cette nation ?
Nous l'avons dit, les documents anthropologiques nous manquent
complètement. A leur défaut, force nous est de recourir à ce que
l'anthropologie appelle, à son point de vue, les sources accessoires,
l'histoire et l'archéologie. » Le premier fait dont il y ait lieu de tenir compte, c'est de l'expansion considérable du peuple juif après
les conquêtes d'Alexandre. M. Jacques admet que cette expansion
n'a pas eu pour effet d'altérer les caractères ethniques des anciens
Juifs, au point de rendre presque méconnaissable chez eux le type
sémitique ; nous tenons sa remarque pour plausible. De là, le conférencier saute un peu brusquement à la considération des caractères
de la nation juive lors de l'établissement des Hébreux en Chanaan
et fait ressortir que, dès cette époque, elle a dû offrir une variété
de types, qui est le résultat inévitable d'un mélange de races.
« Dans la terre de Chanaan, je laisse ici la parole au Dr Jacques,
un peuple agricole, formé lui-même d'éléments divers, dont quelques-uns appartenaient certainement déjà à la race sémitique, est
envahi par une tribu sémitique nomade, les Israélites. Tantôt par
infiltration lente, tantôt par la force, ceux-ci finissent par imposer
leur nom et leur religion à un certain nombre de tribus chana-
néennes, dépourvues d'organisation politique. — En se mélangeant
à ces peuples, c'est le vainqueur qui est absorbé, mais en partie
seulement, par le vaincu. Quelle est la part qui revient à l'un et à
l'autre dans la constitution ethnique du peuple juif, » c'est ce qu'il
reste à définir.

Le type sémite, caractérisé « par des populations de taille au-
dessous de la moyenne, au crâne allongé, au nez aquilin, aux cheveux et aux yeux noirs, » s'est perpétué jusqu'à nos jours, où l'on
constate que « le peuple juif a gardé de son ancêtre sémitique la

taille et, *pro partim,* la forme du nez, la coloration des yeux et des
cheveux et la forme allongée de la tête. » Ceux des Israélites chez
lesquels on signale « la forme plus arrondie de la tête, les cheveux
blonds, les yeux bleus et le nez plus gros, plus déprimé », se retrouvent dans les monuments de l'Egypte ; ils trahissent l'influence
de l'élément mongoloïde hittite, d'une part, de l'autre, des « peuples
blonds » du Nord, dont le séjour plus ou moins prolongé dans la
région syrienne est attesté par l'histoire et les inscriptions ; en sorte
que la diversité des types juifs modernes s'explique par la diversité des types juifs anciens. M. Jacques assure que, du côté de l'anthropologie, il n'y a pas d'empêchement à admettre la continuité
de ces types dans le temps et dans l'espace. Notre fonction de rapporteur nous engage à insister sur ce que cette thèse renferme de
hardi et d'original ; en qualité d'historien, nous n'avons rien à objecter à la proposition qui consiste à voir dans la nation juive aux
temps de David et de Salomon le produit d'une fusion d'éléments
de provenance et d'origine variées. Il nous paraît cependant que
des matériaux ainsi jetés dans la fournaise a dû sortir un métal, si
l'on préfère, un alliage, d'un caractère très défini, qui s'est maintenu pendant douze siècles (de Saül à l'an 135) sans altération profonde, en dépit de crises violentes. Pouvait-on encore, à l'époque
des Hasmonéens, aux temps d'Hérode et de Trajan, reconnaître et
signaler l'influence hittite ou scandinave comme visible et aisément
reconnaissable, cela nous paraît des plus douteux. A plus forte raison pour l'époque présente. A partir du moment de la dispersion,
la famille juive, dont le type sémitique était nettement accusé, a
pu garder ses principaux caractères tout en subissant, tout particulièrement dans les pays de langues slaves et germaniques, les modifications apportées par les mariages mixtes et les conversions. La
vie isolée à laquelle le judaïsme se trouva bientôt condamné devait
être, à cet égard, un merveilleux instrument de conservation. Les
recherches de M. Jacques, forcément limitées par l'insuffisance des
documents, constituent une tentative d'une haute valeur, et votre
Société, en les accueillant, a contribué dans l'esprit le plus large et
le plus impartial au progrès des sciences historiques et anthropologiques.

Nous devons à M. Marmier des *Recherches géographiques sur la Palestine* [1] qui s'appuient sur une solide connaissance des travaux récemment accomplis en France, en Angleterre et en Allemagne. C'est là un sujet où l'on opérait à l'aveugle avant qu'il eût été dressé de bonnes cartes. On ne peut dire que l'on s'y meuve encore avec pleine sécurité, un grand nombre des identifications proposées restant sujettes à caution. Tout en rendant justice aux intentions de M. Marmier, il m'est impossible de ne pas signaler chez lui une connaissance insuffisante des travaux de l'exégèse biblique. La géographie de l'époque hasmonéenne et généralement de la période post-exilienne se heurte déjà à tant de points d'interrogation, qu'on éprouve quelque scepticisme devant la tentative de déterminer les frontières de la Palestine aux temps de Moïse et de Josué. Les données empruntées aux livres du *Pentateuque*, à ceux de *Josué* et des *Juges*, offrent assurément un grand intérêt; mais il est difficile, même pour celui qui admet partiellement leur caractère historique, de ne pas remarquer qu'elles ont subi, au plus haut degré, l'influence du point de vue dogmatique. Sous ce rapport, il convient de les rapprocher en quelque mesure de celles que renferme la prophétie d'Ezéchiel, lequel ne laisse ignorer à personne son ferme propos de subordonner les faits à la théorie. Dans tous ces textes, le départ entre le souvenir précis, c'est-à-dire le fait, et la combinaison libre, c'est-à-dire la théorie, est singulièrement délicat à effectuer; aussi je m'aperçois que M. Marmier, quand les assertions de deux des textes qu'il étudie lui paraissent inconciliables, prend bravement le parti d'admettre des localités homonymes. Il dédouble la ville de Sidon, il dédouble la ville de Qadésch; ce sont là des procédés très dangereux. Fixer l'emplacement d'une localité contestée au moyen d'un livre aussi dépourvu d'antiquité et d'autorité que le roman de Tobie, demander le sens d'un mot phénicien à l'historien latin Justin, ce sont là aussi de ces détails, — des détails point totalement dépourvus d'importance, — qui sont faits pour surprendre en pareille matière. L'étude dont je viens d'indiquer l'objet sera donc consultée avec de justes réserves. M. Israël Sack établit clairement

[1] T. XXVI, p. 1.

dans son travail sur *Les chapitres XVI-XVII du livre de Josué* [1] avec quelles précautions ces vieux textes doivent être abordés. Cherchant à expliquer comment les anomalies qui s'y rencontrent ont pu s'introduire dans le texte traditionnel, il y distingue trois fragments, d'origine antérieure à l'exil, mais qui n'ont été amalgamés que pendant la captivité de Babylone. Le compilateur aurait brouillé des éléments, dont il ne saisissait pas la portée exacte.

M. Théodore Reinach nous a donné deux dissertations très intéressantes, qui touchent aux rapports du judaïsme avec la société romaine et le gouvernement de l'empire. Dans les pages qu'il intitule *Quid Judæo cum Verre* [2] ? il élucide un point d'une réelle importance. Plutarque, dans la *Vie de Cicéron*, rapporte un bon mot célèbre qui aurait été prononcé à l'occasion du procès de Verrès. Visant directement un certain affranchi, du nom de Cécilius, qui passait pour un adhérent du judaïsme, le grand orateur aurait cherché à amuser son auditoire par une plaisanterie d'un goût douteux : Qu'est-ce que ce Juif a à démêler avec Verrès (ou avec un cochon) ? De là on a conclu volontiers à l'existence d'une colonie et d'une propagande juives en Italie dès la première moitié du premier siècle avant notre ère, dix ans avant la prise de Jérusalem par Pompée. Or le Cécilius que Cicéron aurait ici malicieusement visé, n'était, on est en mesure de le démontrer, ni juif, ni judaïsant ; le mot est positivement apocryphe. Il reste à rechercher pour quelle raison Plutarque l'a accueilli. C'est qu'il s'est créé une confusion entre Q. Cæcilius Niger, qui intervint dans l'affaire de Verrès, et un certain Cécilius de Calacté, qui a vécu au temps d'Auguste et appartenait au judaïsme. « Pour nous résumer, dit M. Reinach, voici, croyons-nous, les conclusions qu'on peut tirer de cette analyse : Cécilius Niger, l'adversaire de Cicéron, l'ancien questeur de Verrès, n'était ni juif de religion, ni affranchi de condition. — Si on lui a attribué cette double qualité, c'est par une confusion avec son homonyme et compatriote, le rhéteur Cécilius de Calacté. — Le mot *Quid Judæo cum Verre* ? est apocryphe. Plutarque l'a emprunté sans

[1] T. XXVII, p. 61.
[2] T. XXVI, p. 36.

réflexion au recueil des *Joci Ciceronis* attribué, sans doute faussement, à Tiron. — Il n'y a aucune raison d'admettre l'existence de
communautés juives ou d'une propagande juive en Italie ou en
Sicile avant la prise de Jérusalem par Pompée. »

M. Reinach a fait preuve d'une non moindre pénétration, mais
d'une patience singulièrement méritoire, dans l'étude des fragments
de papyrus grecs inscrits au Musée du Louvre sous la cote 2376
bis, qui lui ont fourni la matière de *Juifs et Grecs devant un empereur romain* [1]. Singulier attrait de ces documents mutilés, incomplets, qui projettent une vague lumière sur les ténèbres d'époques
restées enfouies dans des ombres épaisses ! Régions difficiles, d'autre
part, où l'on ne doit s'engager qu'avec la plus solide des prépara-
tions, sous peine, soit de n3 rien voir, soit, chose plus dommageable
encore, de voir ce qui n'est pas et de ne pas voir ce qui est ! Pour
quiconque a lu ces pages précises et ingénieuses, il est clair que
M. Théodore Reinach a levé un des coins du voile, tout en renon-
çant à demander aux textes ce qu'ils sont impuissants à donner ;
vous n'attendiez pas moins de sa compétence et de sa sagacité. Le-
tronne avait renoncé à rien tirer de ce document si pauvre d'aspect.
Fragments sans suite de l'époque romaine, avait-il prononcé ; *rien à
en tirer*. Brunet de Presle, sans se laisser rebuter, avait déjà dégagé
quelques résultats ; tout récemment, un savant allemand, M. Wil-
cken avait fait faire un pas important à l'interprétation et rédigé
sur notre papyrus un travail qu'il intitulait : *Ein Actenstück zum
jüdischen Kriege Trajans* ; il avait reconnu dans les fragments le
procès-verbal d'une conversation entre un empereur et une députation juive et placé la scène sous Trajan. Voici enfin les conclusions de notre savant confrère : « Bien que la date exacte de notre
papyrus puisse encore faire l'objet de bien des controverses, le sens
du colloque qu'il rapporte me parait désormais fixé. Il s'agit bien
d'une accusation portée contre les Alexandrins par les Juifs à a
suite de querelles locales, n'ayant aucun rapport ou n'ayant qu'un
rapport éloigné avec les grandes rébellions juives connues par l'histoire. Ce qu'il faut surtout retenir dans cette affaire, c'est, d'une

---

[1] T. XXVII, p. 70.

part, la mention d'un « roi juif », d'autre part, le fait de la transplantation violente des Juifs dans un quartier, « d'où ils ne pouvaient plus à l'improviste tomber sur Alexandrie. Le prétendu roi
des Juifs — où l'on pourrait être tenté de voir un pseudo-Messie —
ne me paraît pas être autre chose qu'un *ethnarque*. On sait que jusqu'au temps d'Auguste, la communauté juive d'Alexandrie avait eu
à sa tête un chef unique de ce nom. Auguste abolit cette magistrature monarchique pour y substituer une administration collective.
Il est probable que les Juifs, à un moment donné, voulurent faire
revivre l'ancien titre d'ethnarque, qui jouissait d'un prestige presque
royal ; le gouverneur Lupus s'en inquiéta et fit arrêter ce personnage par les Grecs, toujours enchantés de trouver l'occasion d'humilier et de maltraiter les Juifs. Il résulta de ce conflit une sédition,
que notre texte semble qualifier de guerre. — Quant à la relégation
des Juifs dans un quartier séparé et d'une surveillance facile, c'est
là un détail nouveau, d'une réelle importance. Au temps de Philon
et de Josèphe, le *ghetto* n'existait pas à Alexandrie, ou du moins il
n'y avait pas de *ghetto* obligatoire, imposé. C'est à cet état de
choses que mit fin la mesure radicale ordonnée par Lupus, sans que
nous puissions savoir au juste l'emplacement et l'étendue du nouveau quartier assigné aux Juifs. Le fait n'en reste pas moins très
curieux, et sans doute nous avons ici le premier en date d'une
longue série de règlements analogues, qui devaient avoir sur les
destinées du judaïsme une influence si désastreuse. — Quelle fut
l'issue du débat contradictoire engagé devant le tribunal de l'empereur ? Nous ne saurions rien affirmer à cet égard, les réponses
impériales étant trop mutilées. » Quant à la date du papyrus,
M. Reinach écarte Trajan et Hadrien et propose de circonscrire le
débat entre les trois derniers Antonins, soit Antonin (138-161), soit
Marc-Aurèle (161-180), soit Commode (180-193) ; ses préférences
sont pour l'empereur Commode. — Voilà les résultats très dignes
d'intérêt que des fragments mutilés peuvent donner quand ils ont
eu la chance d'être successivement étudiés par des savants perspi-
caces et consciencieux ; je doute que si l'un de nos arrière-neveux,
quelque érudit de l'an 3500, voulait refaire l'histoire de quelque
échauffourée parisienne du xixe siècle, par exemple les récents

« troubles du quartier latin » au moyen d'un lambeau de l'*Intran-sigeant*, ou même du *Temps*, il s'en tirât, je ne dirai pas mieux, mais aussi bien. — Nous sommes redevables encore à M. Théodore Reinach de quelques pages substantielles sur une *Inscription juive* des environs de Constantinople [1] ; la *Revue* a reproduit également la préface large, précise, émue, qu'il a placée en tête du volume renfermant l'œuvre exégétique de notre regretté Isidore Loeb [2].

Je passe à son frère. M. Salomon Reinach a commenté et pré-cisé avec une solide érudition et une chaleur communicative, la récente publication d'un théologien protestant de l'Université de Berlin consacrée à *L'Accusation du meurtre rituel* [3]. C'est là, en vérité, un pénible sujet et le mieux serait de faire le silence sur ces calomnies aussi bêtes que malfaisantes, plus bêtes encore que mal-faisantes, si l'expérience n'avait établi qu'une accusation est d'au-tant plus susceptible de conséquences graves qu'elle prend son appui dans des imaginations malades et dans des cerveaux dé-traqués. Reprenons donc le couteau de l'opérateur et le fer rouge de l'exécuteur pour enlever ces chairs gâtées qui compromettent les membres sains, pour cautériser ces plaies, qu'un art perfide s'a-charne à aviver et à envenimer. « Un des traits caractéristiques de la religion israélite, écrivait Renan en 1883, est l'interdiction de faire servir le sang à la nourriture de l'homme. Cette précaution, excellente à une certaine époque pour inspirer le respect de la vie, a été conservée par le judaïsme avec un scrupule extrême, même à des époques et dans des états de civilisation où elle n'est plus qu'une gêne. Et l'on veut que l'Israélite zélé, qui mourrait de faim et souffrirait le martyre plutôt que de manger un morceau de viande qui n'a pas été saigné à blanc, se repaisse de sang dans un festin religieux ! Cela est monstrueux d'ineptie. » M. S. Reinach constate que la science impartiale a réuni tous les matériaux d'un jugement définitif, qui s'impose aux hommes les moins éclairés, les plus pré-venus, mais il est frappé de l'utilité qu'il y aurait à les disposer suivant un ordre strictement logique, selon un plan qu'il esquisse

[1] T. XXVI, p. 167.
[2] T. XXV, p. 265.
[3] T. XXV, p. 161.

en larges traits et qui comprendrait les chapitres suivants :
« I. Historique de l'accusation, portée d'abord contre les chrétiens
par les païens, puis par les chrétiens orthodoxes contre des chrétiens schismatiques, enfin par des chrétiens et des musulmans
fanatiques contre les Juifs. — II. Examen des textes du Talmud et
d'autres livres hébraïques, où la mauvaise foi a prétendu découvrir
la prescription du meurtre rituel. — III. Textes bibliques et autres
qui détruisent *a priori* cette accusation. — IV. Examen des principaux faits allégués, avec preuve de l'inanité de toutes les accusations qui ont pu être soumises à des tribunaux réguliers. —
V. Bulles des papes Innocent IV, Grégoire X, Martin V, Paul III,
dénonçant l'accusation du meurtre rituel comme une fausseté ;
témoignages conformes des savants chrétiens les plus illustres
(Delitzsch, Renan, Manning, etc.). — VI. Causes de l'extension
de ce préjugé, à savoir : la vieille superstition populaire touchant
l'efficacité du sang ; l'âpreté des haines religieuses, la convoitise
du bien d'autrui ; enfin, l'antisémitisme contemporain, que l'on a
dénommé avec tant de justesse *Le socialisme des imbéciles.* » J'in-
diquerai seulement à M. Reinach l'intérêt qu'il y aurait à traiter,
comme appendice à l'un de ces chapitres, du rôle que jouent les
sacrifices humains dans un grand nombre de religions anciennes,
notamment dans les religions sémitiques, auxquelles se rattachent
les origines du judaïsme.

M. Porgès étudie *Les relations hébraïques des persécutions des
Juifs pendant la première croisade* [1] ; ces pages forment le complément indispensable d'une récente publication allemande. M. David
Kaufmann publie, en l'accompagnant des documents originaux,
quelques pages sur *David Carcassoni et le rachat par la communauté
de Constantinople des Juifs faits prisonniers durant la persécution de
Chmielnicky* [2]. C'est là un touchant épisode, qu'il valait la peine de
faire revivre sous nos yeux. « Jusqu'ici, remarque très justement
M. Kaufmann, l'histoire juive s'est trop attachée à la peinture des
souffrances des Israélites et, par suite, elle a négligé le côté glo-

---

[1] T. XXV, p. 181, et t. XXVI, p. 183.
[2] T. XXV, p. 202.

rieux du tableau, les actes de dévouement et de charité que ces souffrances ont suscités. On vit succéder à la passivité des uns en face du martyre le spectacle de la sympathie de tous les autres, de leur dévouement efficace et prêt à tous les sacrifices. » Le même savant a refait l'histoire de *La Famille de Yehiel de Pise* [1], en l'accompagnant de documents inédits ; ce fut là une des familles juives les plus importantes et les plus illustres de l'Italie. Il dispute également à l'oubli la figure de *Tranquillo Vita Corcos, bienfaiteur de la Communauté de Carpentras* [2]. Une contribution beaucoup plus importante, que je me borne pour le moment à indiquer, est la première partie d'une étude considérable consacrée à *Jacob Mantino*, avec ce sous-titre : *Une page de l'histoire de la Renaissance* [3]. M. Alphonse Lévy complète et rectifie nos connaissances sur un chapitre de l'histoire des Juifs en Allemagne, par ses importantes *Notes sur l'histoire des Juifs de Saxe* [4]. J'en relève avec plaisir la conclusion, qui est ferme et fière : « Depuis mille ans, les Juifs de Saxe se sont avancés peu à peu des ténèbres vers la lumière. Aujourd'hui, on leur conteste de nouveau une partie de leurs droits, mais c'est un temps d'arrêt dans la marche du progrès, qui ne durera pas. Comme l'a déjà dit en 1844 M. de Mayer, dans la chambre des députés saxons, en citant la parole de Grégoire : La grande question est finalement celle de savoir si les Juifs sont des hommes. » M. Cardozo de Béthencourt a continué de nous faire part des richesses qui constituent *Le trésor des Juifs Sephardim* [5]. M. Franco nous donne d'utiles renseignements sur *Les Juifs de l'empire ottoman au XIX⁰ siècle* [6] ; il a eu à sa disposition de nombreux documents judéo-espagnols. M. Israël Lévi expose la situation des *Juifs de Candie de 1380 à 1485* [7]. M. Epstein rétablit contre M. J. Müller certains points de la vie de *Meschoullam ben*

[1] T. XXVI, p. 83 et 220.
[2] T. XXVI, p. 268.
[3] T. XXVII, p. 30.
[4] T. XXV, p. 217, et t. XXVI, p. 250.
[5] T. XXV, p. 235, et t. XXVI, p. 240.
[6] T. XXVI, p. 111.
[7] T. XXVI, p. 198.

Calonymos [1]. M. Paul Grunebaum traite des *Juifs d'Orient d'après les géographes et les voyageurs* [2]. M. Kayserling nous a fourni deux courtes *Notes sur l'histoire des Juifs en Espagne* [3].

II

La *Revue* vous semblera-t-elle avoir dérogé à ses habitudes parce qu'elle a entrepris la publication des *Réflexions sur les Juifs* [4] dues à notre regretté confrère Isidore Loeb? Notre conviction est que vous serez unanimes à nous approuver, de même que les membres du comité de rédaction ont été unanimes à considérer que nous accomplissions de la sorte, à la fois une œuvre de haute opportunité et un devoir de pieux et amical respect. Ce travail, qui touche à la philosophie de l'histoire, nous paraît devoir rester comme un document contemporain d'une incomparable valeur, à laquelle la mort a donné la consécration suprême en y imposant le sceau que nul ne peut briser. Vous y avez déjà retrouvé cette parfaite élégance de forme, qui était la marque distinctive des moindres œuvres sorties de la plume de notre ami, à plus forte raison de ses productions de longue haleine. Vous n'y admirerez pas moins cette solidité de démonstration, qui s'appuie à la fois sur la connaissance des faits et sur leur exacte appréciation. Vos souvenirs se reporteront avec attendrissement sur l'homme modeste et éminent qui est l'une des gloires les plus pures du judaïsme français. Vous lui deviez beaucoup ; et voici que mort il vous parle encore : *defunctus adhuc loquitur*. De la tombe une voix sort, qui continue de plaider votre cause, comme la cause éternelle de la justice et du droit, comme la cause contre laquelle il n'y a point de prescription.

Par une association d'idées toute naturelle, permettez-moi de placer ici la mention des *Tables des vingt-cinq premiers volumes de la*

[1] T. XXVII, p. 83.
[2] T. XXVII, p. 121.
[3] T. XXVII, p. 148.
[4] T. XXVII, p. 1.

Revue des Eludes juives [1]. Aucun nom n'y paraît plus souvent que celui de Loeb ; à elles seules, elles contiennent le témoignage éloquent de la part exceptionnelle qu'il a prise dans votre œuvre, soit comme auteur, soit comme président du comité de publication. Ces tables, qui contiennent une table des matières rangées d'après l'ordre alphabétique des auteurs et une table des matières rangée d'après l'ordre alphabétique des matières, et se terminent par une table des titres hébreux, ne remplissent pas moins de 72 pages. Elles rendront de grands services aux travailleurs en les guidant au milieu des richesses déjà réunies pour une meilleure intelligence de l'histoire et de la littérature du judaïsme ; votre comité étudie s'il y a lieu de les compléter dès maintenant par la rédaction d'un index détaillé et dans quelles conditions ce travail devrait être entrepris.

M. Mayer Lambert s'attaque avec une ardeur que sert son érudition linguistique, tantôt à de délicats problèmes d'exégèse, tantôt à de grosses questions de grammaire. Je signale ses *Notes exégétiques* [2], son importante étude sur *Le Vav conversif* [3], ses remarques sur *Les Points-Voyelles en hébreu* [4], sa note sur *Le futur qal des verbes à première radicale vav, noun ou aleph* [5], son compte rendu des *Etymologische Studien* de Barth [6]. Ce n'est pas que M. Lambert réussisse toujours à convaincre tout le monde ; témoin une *Réplique,* signée du nom autorisé de M. L. Wogue [7]. En tout cas, il a rendu un homme heureux par sa vive attaque contre le *vav* conversif ou consécutif, comme qu'on l'appelle, et cet homme vous n'avez pas besoin de le chercher bien loin ; c'est celui qui a l'honneur de porter la parole devant vous. Eh bien ! vous l'avouerai-je, sans oser m'engager en personne dans un combat pour lequel je me sentais insuffisamment armé, je ne laissais pas de maudire tout bas ce *vav conversif* (préférez-vous que je l'appelle *consécutif ?*) qui me

---

[1] Fascicule, avec pagination spéciale, joint au t. XXV.
[2] T. XXV, p 246, et XXVI, p. 277.
[3] T. XXVI, p. 47.
[4] T. XXVI, p. 274.
[5] T. XXVII, p. 136.
[6] T. XXVII, p. 150.
[7] T. XXV, p. 263.

semble une définition empirique d'un usage commode, mais sur lequel les traducteurs s'appuient pour fausser sans le moindre scrupule les rapports si délicats des temps. Il en résulte de déplorables libertés, que je tiens pour incompatibles avec les obligations d'une traduction précise ; l'hébreu, qui manque des ressources que met à notre disposition l'ingénieux mariage des modes et des temps, réalisé dans les langues modernes, y supplée par des procédés très simples, mais qui, sous leur aspect rudimentaire, se prêtent admirablement aux nuances les plus délicates. Eh bien ! c'est le génie même de la syntaxe hébraïque que l'on fausse et que l'on compromet en édictant cette règle, que « la même forme verbale qui sert de passé exprime le futur, lorsqu'elle est précédée de la conjonction *vav* et que, inversement, la forme employée pour le futur prend l'acception du parfait, quand elle est précédée de la même conjonction. » Je le répète, les traducteurs n'ont vu qu'une chose dans cette règle, à savoir qu'on peut mettre à peu près indifféremment le présent et le passé à la place du futur, le futur à la place du présent ou du passé, et ils ne se font pas faute de faire fléchir les textes au gré de leurs commodités ou de leurs préférences. Je suis reconnaissant aux grammairiens qui entreprennent de faire un peu de lumière dans ce chaos ; ce que nous appelons *présent* (les Allemands, *perfectum*) n'est d'ailleurs pas un vrai *présent*, puisque nous sommes obligés de le traduire constamment par le passé indéfini, l'imparfait et le plus-que-parfait ; ce que nous appelons futur (les Allemands, *imperfectum*) n'est pas davantage un *futur* proprement dit, puisque nous sommes obligés à tout propos de le rendre par le passé défini. J'appliqué, en ce qui me concerne, ma méthode révolutionnaire aux textes où je rencontre le plus nettement exprimée l'opposition du passé et du futur, et il me paraît que je m'en tire sans trop de peine, en dépit des grammairiens qui ont inventé le *vav conversif* et de ceux qui ont transformé ledit *vav* en un *vav consécutif*. Ces derniers, pour le dire en passant, me font l'effet de gens qui ont soupçonné une grosse erreur, mais n'ont pas eu le courage, en l'attaquant de front, d'aller jusqu'au bout de leur opinion.

M. Israël Lévi, dont le cœur est excellent, se préoccupe beaucoup du sort des défunts. Tantôt il se demande *Si les morts ont conscience de ce qui se passe ici-bas* [1], tantôt s'inquiète des mesures prises pour assurer *Le repos sabbatique des âmes damnées* [2]. La comparaison qu'il fait de tel passage du Talmud avec l'argumentation de saint Augustin, ne laisse pas d'être piquante. Voici un exemple des faits qui préoccupaient le grand théologien. « Etant à Milan, nous avons, rapporte-t-il, entendu raconter qu'un créancier, voulant réclamer une dette, se présenta, avec la reconnaissance d'un défunt, devant son fils, qui ignorait que son père l'eût payée, et que ce jeune homme fut vivement attristé et étonné que son père ne lui en eût rien dit, quoiqu'il eût fait son testament. Comme il était tourmenté de cette affaire, son père lui apparut dans son sommeil et lui indiqua l'endroit où était le papier qui annulait la reconnaissance. Le jeune homme trouve ce papier, le montre au créancier dont il repousse la demande injuste et reprend le billet qui n'avait pas été rendu à son père quand il paya la dette. On pense alors que l'âme de cet homme s'est mise en peine pour son fils, qu'elle est venue l'avertir pendant son sommeil de ce qu'il ne savait pas pour le tirer d'une grande inquiétude. » Vous retrouverez encore le nom de notre dévoué confrère en tête des *Revues bibliographiques des 4º trimestre 1892 et 1ᵉʳ trimestre 1893 et du 3ᵉ trimestre 1893* [3]. Il a signé le compte rendu du *Livre d'Enoch, fragments grecs découverts à Akhmîn* [4] et des *Neue Beiträge zur semitischen Sagenkunde* [5]; c'est à ses soins que vous êtes également redevables des *Chroniques* [6], qui vous renseignent sur les faits récents intéressant la science du judaïsme.

M. Joseph Derenbourg a fait une infidélité de quelques instants à Saadia, dont il poursuit la magistrale publication, pour nous donner une courte notice sur *Un livre inconnu de R. Bahia ben Joseph* [7]. M. Moïse Schwab a décrit un *Rituel hébreu manuscrit*, appartenant

[1] T. XXVI, p. 69.
[2] T. XXVI, p. 131.
[3] T. XXVI, p. 139 et p. 285.
[4] T XXVI, p. 146.
[5] T. XXVI, p. 298.
[6] T. XXVI, p. 154 et p 316.
[7] T. XXV, p. 248.

à la bibliothèque municipale de Cambrai [1]. M. Kayserling nous
fait savoir que la tradition des bonnes relations entre juifs et lions
ne s'est pas perdue depuis les temps du prophète Daniel et, dans sa
note intitulée *Des Juifs gardiens de lions* [2], il relate comme quoi
la fosse aux lions installée dans le vieux château des Maures de
Saragosse était placée, au xiv⁴ siècle, sous la surveillance des Juifs.
M. Immanuel Lœw nous a donné d'utiles notes de *Lexicographie rabbinique* [3]. M. Hirschfeld a répliqué [4] aux observations présentées
par M. Bacher sur son *Arabic Chrestomathy ;* cette défense a fourni
à M. Bacher l'occasion de reprendre et de préciser plusieurs de ses
critiques précédentes [5] ; M. Epstein a apprécié [6] la récente publication allemande de MM. Müller et Kaufmann de la lettre d'un rabbi
égyptien au Gaon Salomon ben Jehuda. M. Kayserling a fourni une
note sur les documents intéressant le judaïsme à l'Exposition historique européenne de Madrid [7].

M. W. Bacher revient, dans une *Etude de lexicographie talmudique* [8], sur une vieille controverse relative au terme obscur *matara*,
qui se lit aux Lamentations. M. Epstein prend la défense du *Yalkout
Schimeoni* [9] contre le Yalkout-ha-Makhiri, qu'on prétend lui opposer. M. Hartwig Derenbourg étudie, d'après une inscription découverte à Sendjîrlî, un personnage royal qu'il restitue ainsi : *Pinamou, fils de Kartl* [10] ; ces noms, dont il discute l'étymologie et la
composition, devraient se traduire, le premier par « l homme à la
bouche charmante », le second par « l'élu du dieu Il ». Si le ramage
ressemblait au plumage, j'entends, si les noms étaient l'expression
sincère des qualités personnelles, voilà assurément deux princes
dont vous aimeriez approfondir la connaissance. Ne vous y fiez
pas trop toutefois ; notre savant confrère serait le premier à vous

[1] T. XXV, p. 250.
[2] T. XXV, p. 255.
[3] T. XXV, p. 256.
[4] T. XXV, p. 260.
[5] T. XXVI, p. 310.
[6] T. XXV, p. 272.
[7] T. XXV, p. 276.
[8] T. XXVI, p. 63.
[9] T. XXVI, p. 75.
[10] T. XXVI, p. 135.

avertir que de si belles apparences sont parfois trompeuses, sans
compter que, en ces matières d'étymologie, quelque rigueur qu'on
apporte dans ses explications, rien ne garantit qu'un autre épigra-
phiste n'attribue à Pinamou et à Karil une signification moins flat-
teuse. M. Alexandre Kohut répond, sous la rubrique *Correspondance* [1], à des observations critiques présentées par M. Lœw sur son
Aruch completum. Le regretté Senior Sachs s'est attaqué à un curieux
problème, qui est *Le titre du livre des Macchabées* [2]. Il paraitrait que
ces livres, d'après une déclaration d'Origène que cite, d'une part,
Eusèbe et, de l'autre, S. Jérôme étaient désignés en hébreu par les
mots *Sarbet Sarbanéel*. Quel sens leur attribuer ? Le premier mot
étant, selon toutes les apparences, l'araméen *sharbith* équivalent de
l'hébreu *shébeth*, bâton, sceptre, tribu, famille, généalogie, nous
commencerons à dissiper les ténèbres de cette appellation en lisant :
« La famille » ou « la généalogie de Sarbanéel ». De la forme *Sar-
qanéel* on passe, sans difficulté, à la forme *Sarabel*, équivalente à
Sarabiah. D'autre part, les Hasmonéens se rattachent à la famille
sacerdotale de *Yehoyarib,* qui doit être identifiée à la famille de
Merayot, l'une et l'autre de ces expressions offrant d'ailleurs le
même sens et pouvant se traduire par *celui avec qui Dieu dispute,
celui qui dispute avec Dieu, se révolte contre Dieu.* Or *Sarabel* est
exactement la traduction araméenne de l'hébreu *Yoyarib* (alias
Yaribel). Nous en conclurons volontiers que *Sarabel* est le nom pa-
tronymique de la famille des Hasmonéens. Cette ingénieuse explication trouve sa confirmation dans un autre passage du premier
livre des Macchabées, qui est resté jusqu'à présent une *crux inter-
pretum*. M. Neumann étudie l'*Influence de Raschi et d'autres commentateurs juifs sur les Postillæ perpetuæ de Nicolas de Lyre* [3]. Ce
sont là des recherches d'un grand intérêt et de récents travaux
publiés en Allemagne avaient soulevé de curieux problèmes, sans
peut-être les résoudre d'une façon décisive. « Dans cette étude,
s'exprime M. Neumann, nous nous proposons de montrer dans
quelle mesure l'exégète Nicolas de Lyre s'est inspiré de Raschi et

[1] T. XXVI, p. 152.
[2] T. XXVI, p. 161.
[3] T. XXVI, p. 172

des autres commentateurs juifs dans ses célèbres *Postillæ perpetuæ*
(1293-1332). Nous nous attacherons surtout à examiner attentive-
ment les passages des commentaires qui permettent de faire ressortir les caractères distinctifs de l'esprit de Raschi et de l'exégèse
de Lyre. A ce point de vue particulier, les commentaires de ces
deux auteurs sur les Psaumes offrent des matériaux très riches
parce que, de l'avis des personnes compétentes, ce sont là leurs
meilleurs ouvrages. » M. A. Epstein publie et commente *Une lettre
d'Abraham ha-Yakhini à Nathan Gazati* [1]. C'est un fort curieux
document relatif au pseudo-Messie Sabbataï Cevi. Il fait connaître
une aventure galante dudit Sabbataï, qui provoqua de violentes
discussions ; il s'agit de l'enlèvement d'une fiancée. L'auteur de la
lettre nous fait savoir que « cet épisode, qui eut lieu à Constantinople en 1666, causa une vive surexcitation parmi les Juifs de
cette ville et produisit de nombreuses défections parmi les partisans
de Sabbataï. Abraham lui-même (c'est le nom du correspondant)
s'en étonne, tout en déclarant qu'il n'a aucun doute sur la correction de la conduite de Sabbataï, qui, pour lui, est le vrai Messie.
Mais il ne peut s'empêcher d'exprimer sa surprise que le Messie
accomplisse des actes qui égarent la foule et l'éloignent de lui. »
M. Besredka propose, par la simple transposition du *lamed*, de transformer le terme difficilement explicable *halikot* [2] qui se lit à Habacuc III, 6, en *hékalot, les palais,* ce qui donne un sens excellent ;
il propose la même lecture dans quelques passages des Psaumes
et de Jérémie. M. W. Bacher relève *Une allusion à l'histoire contemporaine dans l'Arouch de R. Nathan* [3]. M. Moïse Schwab a
retrouvé, dans un manuscrit hébreu de la Bibliothèque nationale,
Un épisode de l'histoire des Juifs en Espagne [4], et M. Kayserling
publie, d'après un manuscrit écrit en Italie et conservé à la bibliothèque épiscopale de Tolède, *Un chant nuptial* [5], de courte
étendue. M. W. Bacher donne un compte rendu du *Midrasch Sa-*

---

[1] T. XXVI, p. 269.
[2] T. XXVI, p. 279.
[3] T. XXVI, p. 280.
[4] T XXVI, p 281.
[5] T. XXVI, p. 283.

muel [1], récemment édité par M. Salomon Buber, qui contient une série de précieuses indications.

M. G. Sacerdote étudie *Le livre de l'algèbre et le problème des asymptotes de Simon Motot* [2] dans des pages très érudites, que je signale à l'attention des spécialistes. Sans entrer dans le fond de son travail, j'emprunte à l'auteur les indications suivantes : « On a constaté depuis longtemps que les Juifs du moyen-âge ont rendu un grand service à la philosophie et à la science en servant d'intermédiaires entre les civilisations arabe et chrétienne. Ce furent surtout les Juifs d'Espagne et de la France méridionale qui s'acquittèrent de ce rôle avec éclat, faisant connaitre par des traductions les œuvres des savants arabes, ou publiant des travaux originaux ; ce mouvement s'étendit alors de ce pays dans d'autres régions. Quoiqu'on ait déjà beaucoup écrit sur ce sujet, nous n'avons pas encore une histoire complète des travaux scientifiques des Juifs. — C'est le désir de fournir un chapitre à cette future histoire qui m'a engagé à tirer de la poussière, où ils sont ensevelis depuis quatre siècles, deux ouvrages inconnus d'un mathématicien juif. Ils n'enrichiront certes pas le domaine des sciences mathématiques modernes, mais ils méritent quand même d'être publiés, ne fût-ce que pour tirer de l'oubli le nom de l'auteur qui, s'il ne brille pas au premier rang parmi les mathématiciens, ne manque pourtant pas de valeur. Du reste, pour préparer les matériaux d'une histoire des sciences chez les Juifs, rien, à mon avis, ne doit être négligé, et les plus petits écrivains, comme les plus grands, doivent être pris en considération. » Vous approuverez certainement ce dessein ; en s'appliquant à des recherches laborieuses et délicates, qui ne peuvent être appréciées que dans un cercle restreint de travailleurs, M. Sacerdote reconstitue, avec autant de sûreté que de modestie, un chapitre intéressant de l'histoire intellectuelle du Judaïsme. M. Schweinburg-Eibenschitz apporte également à l'histoire de votre passé un complément d'informations, qui n'est point dépourvu d'intérêt, en publiant *Le livre des Chrétiens et le livre des Juifs des du-*

[1] T. XXVI, p. 302.
[2] T. XXVII, p. 91.

chesses d'Autriche [1]. Il ne s'agit plus ici de mathématiques trans-
cendantes, mais de prêts et de banque. Je recommande les curieux
documents ici analysés à ceux que préoccupent les questions d'économie financière et qui s'inquiètent du retentissement des intérêts
de cet ordre sur les passions religieuses. Qui saura démêler les mobiles, de nature fort matérielle, qui se dérobent souvent et se dissi-
mulent sous une thèse d'apparence philosophique ?

> Qui veut noyer son chien, l'accuse de la rage,

a dit le fabuliste ; de même, de gros prêteurs chrétiens, ecclésiastiques ou laïques, désireux de se débarrasser de la concurrence du
Juif, beaucoup plus scrupuleux, beaucoup moins exigeant, dans ses
transactions, lui imputaient tous les crimes. « A aucune période de
l'histoire d'Autriche, dit M. Schweinburg, il n'y eut autant d'accusations de meurtre rituel et de profanations d'hosties qu'à cette
époque, où les usuriers ecclésiastiques et laïques se virent menacés
dans leur commerce. Cependant, toutes ces accusations restèrent
généralement sans effet, parce que le peuple autrichien tenait à
vivre en paix avec ses concitoyens juifs, qui lui ressemblaient par
la langue, les habitudes et l'attachement au pays. » M. W. Bacher
étudie *Une ancienne altération de texte dans le Talmud* [2]. M. David
de Gunzbourg, sous le titre *Notes diverses* [3], communique des observations sur plusieurs points curieux ; l'une a trait au chiffre du
pseudo-Messie Sabbataï Cevi, dont je vous entretenais tout à
l'heure, l'autre à un talisman arabe, une troisième à un point soulevé dans l'étude consacrée par M. Théodore Reinach à une inscription juive des environs de Constantinople. Enfin, M. A. Epstein
a consacré au *Midrasch Aggada sur le Pentateuque* [4], édité pour la
première fois par M. Salomon Buber, un compte-rendu détaillé,
contenant d'intéressantes observations critiques.

.*.

[1] T. XXVII, p. 106.
[2] T. XXVII, p. 141.
[3] T. XXVII, p. 144.
[4] T. XXVII, p. 153.

Mesdames, Messieurs,

J'ai l'habitude, à la fin de ce rapport annuel, que j'ai l'honneur de vous présenter aujourd'hui pour la quatrième fois, d'attirer votre attention sur une considération d'un ordre général, qui, élevant votre pensée au-dessus des détails techniques et parfois un peu ingrats dont ma tâche consiste à vous entretenir, fasse ressortir à vos yeux l'utilité et, pourquoi hésiterais-je à le dire ? la grandeur de notre œuvre commune. L'année dernière, j'avais la satisfaction de vous dire que, dans l'apparition du vingt-cinquième tome de la *Revue des Études Juives*, nous étions en droit de saluer l'achèvement de la première assise que nous élevons à l'histoire politique, littéraire et religieuse du judaïsme depuis ses origines jusqu'à nos jours. Aujourd'hui que nous avons entamé le second étage, malgré tant de deuils et de préoccupations, malgré tant d'obstacles, dont une pieuse obstination nous a permis de triompher, je voudrais résumer les impressions de ce jour et je ne puis mieux le faire qu'en me reportant à la conférence si fine et si forte que M. Maurice Bloch consacrait au mois de mai dernier à l'*Œuvre scolaire des Juifs français depuis 1789*[1]. Que ces temps sont près de nous et cependant qu'ils en sont loin ! Vous vous efforciez de mettre les écoles juives au premier rang et vous parveniez à en faire un modèle, dont les pédagogues les plus autorisés vantaient l'excellence. Aujourd'hui, l'on ne veut plus des écoles portant l'étiquette confessionnelle, protestantes, catholiques ou juives ; on veut des écoles qui, à tous les degrés, primaire, secondaire, supérieur, soient exclusivement laïques et nationales. Est-ce donc que vous faisiez fausse route, non assurément ; mais c'est que les mêmes idées, selon le goût des temps, s'expriment sous des formes qui, à un regard superficiel, aux yeux d'un témoin insuffisamment renseigné, prennent l'apparence de la contradiction. Ce que vous vouliez, c'est développer l'instruction, technique, professionnelle, purement scientifique, chez vos coreligionnaires afin de les élever au niveau des établissements les plus renommés. La préoccupation dominante de

[1] *Actes et conférences*, p. xciii.

nos hommes politiques, depuis vingt ans, a été, pour leur part, de réaliser l'indépendance de l'Ecole à l'égard de l'Église, qui semblait
avoir mis la main sur le domaine de l'instruction générale et subordonner les méthodes de celle-ci à son objet spécial. Mais cela, Messieurs, c'est la loi même de la vie : action et réaction. S'ensuit-il que
l'idée religieuse doive être exclue de l'éducation, qu'entre la science
et la foi les temps modernes aient proclamé un divorce, dont les effets
doivent se propager et se transmettre avec une rigoureuse logique
du centre aux extrémités ? Non, mille fois non ; en même temps que
nous affirmons l'indépendance de l'école, nous maintenons qu'elle
trouve son appui le plus précieux dans la tradition librement interprétée. « Déclarés citoyens français par décret de la Constituante,
ainsi s'exprimait M. Maurice Bloch, les Juifs le sont encore devenus : — parce qu'ils ont fait de la langue française leur langue nationale ; — parce qu'ils ont conformé les programmes de leurs écoles
à tous les besoins de la patrie et à toutes les exigences des temps
modernes ; — parce qu'ils ont pris la part la plus active au relèvement moral et intellectuel de notre pays et qu'ils lui ont donné le
meilleur de leur cœur et de leur esprit ; — enfin, parce que Juifs et
Français ont ce grand caractère commun : Ils sont les champions
infatigables de la civilisation. »

A mon tour, je dirai : Nous sommes Français, et nous le sommes
d'autant plus, juifs, catholiques, protestants —, que nous mettons
au service de l'éducation nationale les trésors de la foi personnelle,
dont de glorieuses lignées d'ancêtres ont démontré la vertu et l'efficacité. Laissons donc s'apaiser les conflits du jour ; ayons confiance
dans l'avenir, qui mettra toute chose à sa place et qui autorisera
de nouveau l'instituteur à vanter la Bible devant nos écoliers, non
comme un instrument de servage, mais comme le plus admirable
outil de l'émancipation morale et intellectuelle.

SPINOZA

CONFÉRENCE FAITE A LA SOCIÉTÉ DES ÉTUDES JUIVES
LE 27 JANVIER 1894

Par M. René WORMS,

Agrégé de philosophie, auditeur au Conseil d'État.

————

Mesdames, Messieurs,

Les paroles, si aimables à mon égard, qu'a prononcées tout à
l'heure le savant éminent qui préside cette séance, en citant les
termes d'un des maîtres que j'ai le plus aimés, et les marques de
sympathique approbation par lesquelles vous avez bien voulu les
accueillir, m'ont touché vivement, et je dois tout d'abord l'en remercier et vous en remercier. Elles me rendent plus agréable
encore, mais peut-être aussi plus délicate, la tâche que j'ai assumée
et que je vais maintenant m'efforcer de remplir.

M. Vernes vous le disait, c'est le sort du judaïsme, comme de
presque toutes les grandes choses, d'être en butte à des attaques
passionnées. On le persécutait jadis ; aujourd'hui, lors même qu'on
ne le maltraite plus, on le calomnie. On prête au caractère juif les
défauts, les vices auxquels il répugne le plus ; on refuse à l'esprit
juif les qualités qui lui appartiennent évidemment. N'en prenons
qu'un exemple. Vous entendrez soutenir, non seulement par des
adversaires, mais même par des juges qui se prétendent impartiaux, que l'esprit juif a sans doute d'assez grandes facultés d'assimilation, mais qu'il n'a pas le don de l'invention. Il se pénètre

aisément, dit-on, des découvertes d'autrui ; mais par lui-même il
ne découvre rien. Cependant, a-t-on répondu, il a jadis inventé la
Bible, et c'était déjà bien quelque chose. Mais est-ce tout, Messieurs, et la Bible est-elle la seule grande œuvre qui soit sortie de
l'âme collective du judaïsme ? N'est-ce point une chose étrange de
nier le remarquable essor qu'en ce siècle même, des Juifs ont donné
à la science sous toutes ses formes, à l'art sous tous ses aspects, en
s'y montrant, à chaque pas, des créateurs ? Mais ce n'est point des
vivants que je veux vous entretenir. L'homme dont je dois vous
parler a été, plus que tous les autres, un prodigieux découvreur
d'idées. Il y a deux siècles qu'il n'est plus, mais sa trace dans le
domaine de la pensée est restée lumineuse, et ce qu'il y a de plus
grand dans la philosophie moderne procède de lui. Les découvertes
de métaphysique et de morale ne font pas assurément grand bruit
en ce monde. Elles sont pourtant parmi les plus essentielles : car
c'est de l'idée que l'homme se fait de lui-même, de la nature et de
Dieu, c'est de la conception qu'il a du bien et du devoir, que dépendent, avec sa conduite, la paix, le bonheur et le progrès des
sociétés. Or, à ces divers égards, nul n'a plus innové que Spinoza,
nul ne saurait être placé au-dessus de lui. Et sans crainte d'être
taxé de paradoxe, je viens affirmer que les idées sur lesquelles nous
vivons aujourd'hui dérivent en grande partie de son œuvre ; que
l'âme moderne, dans ses aspirations les plus nobles, n'a fait que
reprendre, sans toujours les égaler, les aspirations de Spinoza.

Rien pourtant qui ressemble moins, au premier abord, à l'esprit
moderne que l'esprit spinoziste. L'âme contemporaine est essentiellement inquiète. C'est peut-être la faute des événements politiques, qui ont depuis un siècle bouleversé l'ancienne société, sans
qu'on puisse savoir si des changements plus radicaux encore, si
des révolutions plus complètes, ne vont pas se produire d'un instant à l'autre. C'est peut-être aussi, plus simplement, le résultat
de l'apparition d'une foule de nouvelles doctrines, littéraires, morales, scientifiques, qui disputent les esprits aux antiques croyances
et se le disputent entre elles, y jetant ainsi la confusion et le
trouble. Ce qui est certain, c'est que toutes les convictions sont
ébranlées, toutes les consciences hésitantes. La preuve en est

que notre temps met au nombre de ses plus grands esprits des hommes dont la vie intellectuelle s'est passée dans un effort vers la vérité reconnu par eux-mêmes impuissant, et dont le principal mérite est d'avoir sincèrement avoué qu'ils ignoraient. Le type de ces sages modernes, c'est Ernest Renan. — Spinoza, en apparence, est tout le contraire. En lisant son grand ouvrage, celui qu'il a intitulé l'*Éthique,* on est frappé à chaque page de l'orgueil dogmatique de cet esprit, qui affirme sans hésitation aucune qu'il sait le dernier mot sur l'essence de Dieu et du monde, qui édifie un système de morale sur la pure logique, sans faire appel au sentiment et au cœur, en suivant uniquement ce qu'il nomme la raison, par une série de théorèmes déduits comme ceux des géomètres. L'attitude de l'esprit moderne dans la recherche de la vérité sur l'au-delà, c'est l'émotion et le doute ; or l'émotion et le doute semblent systématiquement bannis par Spinoza. Ce n'est là pourtant, Messieurs, qu'une apparence, ou plus exactement, ce n'est, chez notre auteur, qu'un but péniblement atteint, derrière lequel se devine la voie douloureuse qui y a conduit. Dans la dernière et la plus achevée de ses œuvres, Spinoza est parvenu à fixer ses solutions en une forme si définitive qu'elles se détachent, en quelque sorte, de lui pour vivre d'une vie objective et s'imposer à tous les esprits par leur évidence propre. Mais il n'y est arrivé, le début de son essai sur la Réforme de l'Entendement nous le prouve, qu'à travers l'hésitation et l'inquiétude. Il a cherché jadis les joies du monde, et c'est pour avoir dû reconnaître ce qu'elles ont de fragile et d'incomplet qu'il a été amené à se tourner vers le seul bien qui ne passe point et qui satisfasse l'âme entière. Tout ce que désirent les hommes, le pouvoir, la fortune, l'amour même, tout cela, s'est-il dit un jour, est une source de jalousies, de rivalités et d'infortunes incessantes. La passion qui nous y enchaîne fait notre tourment. Il faut donc y renoncer ; et si l'on peut continuer à s'attacher au monde, c'est par un amour purement intellectuel, c'est en l'aimant, non dans les fantômes passagers et discordants qui s'agitent à sa surface, mais dans l'essence éternelle et infinie qui en fait le fond et l'unité. Telle est la conclusion de Spinoza, qu'il n'a point atteinte sans trouble et sans déchirement, — mais à laquelle, dès qu'il l'eut formulée, il s'est attaché avec toutes les forces de la plus ardente conviction, et qu'il a exprimée dans son *Éthique* en une langue admirable. Voyons donc comment, de ce point de vue, il va aborder les grands problèmes qui nous préoccupent aujourd'hui. Sa position en face d'eux, nous pouvons la définir d'un mot : il a vu par avance les contradictions entre lesquelles nos esprits se débattent, et il a su en sortir, ou plutôt les concilier.

Quel est l'état actuel de la controverse, ouverte depuis bien des siècles, sur la cause première de l'univers et sur la Divinité? D'un côté, des hommes affranchis de tous les antiques préjugés affirment que le monde existe et dure par lui-même, et que l'hypothèse d'un Dieu créateur n'est plus nécessaire à la science. D'autre part, des croyants intrépides gardent aux dogmes de la personnalité divine et de la création une foi inébranlée. Spinoza est avec les premiers pour repousser les religions révélées ; mais il est avec les seconds pour maintenir la notion du divin dans le monde. A son avis, il n'y a point à chercher hors de l'univers un Être transcendant qui lui ait donné l'existence. Mais cependant toute la réalité du monde ne s'épuise pas dans les choses finies. Aucune d'elles n'a en soi-même sa raison d'être et sa fin. C'est leur ensemble, leur ensemble infini, avec ses lois éternelles, qui est l'Etre véritable, nécessaire et divin. Dieu, c'est donc la totalité des êtres, non pas les choses multiples et changeantes que nous voyons, mais la substance une et immuable dont toutes ne sont que des modes. Cette substance divine possède, entre autres attributs, ceux de l'étendue et de la pensée : elle se développe incessamment sous cette double forme, les transformations de la pensée ou de l'esprit étant toujours liées à celles de l'étendue ou de la matière. Ce développement même constitue l'évolution du monde, son résultat étant de faire apparaître dans la substance de nouveaux modes, qui sont les êtres finis, sans que pourtant leur source en soit tarie, sans que la substance infinie s'épuise par ses manifestations. Telle est, en deux mots, la métaphysique spinoziste. Elle admet par avance les idées sur lesquelles se fonde aujourd'hui la philosophie de la nature : évolution spontanée de l'univers, liaison de l'esprit et du corps. Elle est donc apte évidemment à s'accommoder de toute découverte nouvelle faite dans le champ de la science positive ; de celle-ci, elle peut accepter sans péril tous les résultats. Et cependant elle donne aussi satisfaction aux esprits religieux. Spinoza maintient en effet dans son système, non seulement le nom de la Divinité, mais la chose même. Pour être immanent à l'univers, son Dieu n'en est pas moins très réel. Il n'est pas personnel sans doute ; mais que signifie cette formule ? simplement ceci, que Dieu n'est pas conçu par Spinoza à l'image des hommes, qu'il n'a pas pour lui figure humaine. Or, c'est ce qu'admet toute religion un peu élevée. On peut dire que la conception panthéiste de Spinoza n'est que le dernier terme de la lutte contre l'anthropomorphisme, commencée par les docteurs juifs du moyen âge et si brillamment menée par le plus grand d'entre eux, Moïse Maïmonide. En somme, c'est par respect pour Dieu que Spinoza le dépouille des attributs humains et qu'il en arrive à lui refuser la personnalité et la liberté. Car véritablement nul esprit n'a été plus sincèrement religieux, plus épris du divin, plus ennemi de l'athéisme vulgaire, que cet adversaire des religions révélées. Au lieu de concentrer le caractère divin en un être suprasensible, il l'a répandu dans l'univers, il l'a attribué à tous les êtres. Mais cela même ne prouve-t-il pas qu'il était dominé, possédé par l'idée religieuse ? Sa religion assurément a un caractère tout à fait spécial ; elle ne ressemble à aucune autre. Pourtant, il est un mérite qu'on ne peut lui refuser, celui d'être éminemment poétique. Spinoza anime la nature, puisque, selon lui, à tout atome d'étendue correspond un atome de pensée. Bien plus, il la divinise, puisqu'il voit en elle la forme que revêt, pour se manifester à nous, la substance éternelle et infinie. Ainsi, pour lui, ce n'est pas seulement la vie, ni même la pensée, mais bien le souffle divin qui circule dans ce grand corps, considéré à cette date, même par Descartes, comme un mécanisme par soi-même inerte. Par là, Spinoza rompait avec les doctrines antérieures et préludait à ce culte de la nature qui devait trouver son plein épanouissement au xviii° siècle et dans le nôtre. Cette invention ne pourrait-elle point suffire, à elle seule, pour sauver son nom de l'oubli ?

Mais la philosophie de la nature, quoique occupant une large place dans son œuvre, n'était point ce qui le préoccupait le plus.

Il ne s'y était même adonné qu'afin d'en pouvoir tirer des conclusions en ce qui concerne la morale. Le bien de l'être humain est ce
qu'il veut avant toutes choses ; et c'est pour l'assurer qu'il a écrit
son *Éthique.* Aujourd'hui, Messieurs, nos moralistes se partagent
en deux grandes écoles : les uns — ce sont les utilitaires — estiment
qu'il y a lieu pour l'homme de ne rechercher qu'une seule chose :
son bonheur ; les autres, qui s'inspirent ou des morales religieuses
ou des doctrines de Kant, pensent, au contraire, qu'il existe un idéal
suprasensible, qui domine l'humanité, qui s'impose à notre conscience, et dont notre devoir est d'essayer de nous rapprocher. Spinoza,
ici encore, sait concilier les deux doctrines. Il part de la considération du bonheur individuel, admettant parfaitement qu'il n'y a rien
de si nécessaire et de si légitime pour chacun de nous que de chercher son bien et même de le chercher exclusivement. Seulement,
ce bien, il faut savoir où il réside. Or, il ne peut résider dans
aucune des choses qui opposent les hommes entre eux, puisque les
rivalités troublent le bonheur. Il ne peut donc être que dans les
choses qui unissent entre eux les hommes, c'est-à-dire dans l'intelligence et dans l'amour. Ainsi tout ce qui est passion doit être condamné, comme étant une cause de souffrances. Seule, la raison, qui
fait comprendre l'univers, et qui le fait aimer du véritable et pur
amour, mérite d'être cultivée. Le vrai bien pour l'homme, c'est donc
de devenir un être sans cesse plus complètement et plus hautement
raisonnable : c'est de comprendre de mieux en mieux l'inéluctable
nécessité des choses, c'est d'adhérer volontairement à l'ordre infran-
gible de l'univers ; et c'est aussi, par là-même, d'entrer chaque jour
davantage en communion avec ses semblables, en communion avec
la nature tout entière. Vous le voyez, Spinoza, parti de l'utilitarisme
en apparence le plus brutal, arrive peu à peu à des propositions
que revendiquent les morales les plus idéales et les plus désintéres-
sées. Et il le fait sans se rendre un seul instant infidèle à ses principes,
simplement en tirant de la notion qu'il a donnée de l'intérêt véritable
de l'homme tout ce qu'elle contient. De sorte qu'on ne sait vraiment
ce qu'il faut le plus admirer dans cette déduction : les conclusions si
élevées auxquelles elle aboutit, ou l'inflexible logique qui les a
tirées de prémisses si humbles et même si inquiétantes.

Cette conciliation, habile et rigoureuse à la fois, des systèmes moraux opposés, suffirait à faire la gloire d'un philosophe. Mais Spinoza a bien d'autres titres encore à la célébrité. On parle beaucoup, en ce temps, de la physiologie des passions : les recherches sur le mécanisme mental de l'amour et de la jalousie sont à la mode ; tel de nos romanciers s'est fait, par elles, une juste réputation. Mais, ce genre, M. Paul Bourget n'en est pas l'inventeur. Ainsi qu'il le reconnaît lui-même de bonne grâce, Spinoza en avait donné l'exemple dans son *Éthique*. Descartes n'avait fait qu'esquisser ces études en son Traité des Passions : Spinoza les a continuées et développées. « L'amour, a-t-il écrit, c'est la joie, accompagnée de l'idée d'une cause extérieure. Celui qui aime s'efforce nécessairement de se rendre présente et de conserver la chose qu'il aime. Celui qui se représente l'objet aimé comme saisi de joie ou de tristesse éprouvera ces mêmes affections..... Nous nous efforçons d'affirmer de nous-mêmes ou de ceux que nous aimons ce que nous imaginons leur devoir causer de la joie .... Si nous venons à imaginer que l'objet aimé se joigne à un autre par un lien d'amitié égal à celui qui nous l'enchaînait jusqu'alors sans partage, ou plus fort encore, nous éprouverons de la haine pour l'objet aimé et de l'envie pour notre rival. Cette haine pour l'objet -aimé, jointe à l'envie, est la jalousie..... La cruauté ou férocité est ce désir qui nous porte à faire du mal à celui que nous aimons et qui nous inspire de la pitié..... Mais la haine qui est complètement vaincue par l'amour devient de l'amour, et cet amour est plus fort que s'il n'avait pas été précédé par la haine. » Après avoir lu ces lignes, n'a-t-on pas quelque raison de dire que Spinoza avait dû éprouver ces passions qu'il a dépeintes en de tels traits? On l'a contesté pourtant. On a dit que, sans avoir passé par elles, il les avait si complètement étudiées chez autrui qu'il avait pu en rendre dans son œuvre la fidèle image. Cette explication, au reste, ferait plus d'honneur encore à Spinoza que la première : car il ne faut qu'une âme sensible et du talent pour éprouver une passion et pour la peindre exactement ; pour reconstruire, au contraire, avec une telle puissance d'impression un état d'esprit qu'on n'a pas connu soi-même, il faut véritablement du génie. — Et ce n'est pas tout encore : la philosophie de la nature, la morale, la psychologie ne se ressentent pas seules des découvertes de Spinoza. Ce grand esprit ne s'enfermait pas, comme on le croit trop souvent, dans des spéculations abstraites. Il savait s'intéresser à toutes choses, et la politique elle-même ne le laissait pas indifférent. De son temps — du temps de Louis XIV et de Bossuet — on était volontiers partisan du pouvoir absolu. Spinoza ne contredit pas à son principe, mais il apporte à ses applications des tempéraments. Le gouvernement, dit-il tout d'abord, n'a d'autre devoir que de se conserver lui-même. Mais, pour ce faire, il faut évidemment qu'il ne mécontente pas ses sujets. Il faut donc qu'il ne prétende pas s'ingérer dans leurs affaires privées, il faut notamment qu'il leur laisse la liberté de penser, de croire et de dire ce qui leur semble bon. Ainsi la tolérance la plus entière s'impose à lui. Parti en politique des principes de l'autoritarisme, Spinoza aboutit donc aux conclusions du libéralisme ; tout comme en éthique, parti des données de l'égoïsme, il était arrivé aux solutions de la morale désintéressée, altruiste et religieuse. C'est toujours la même méthode de large et logique conciliation. Or, ces doctrines libérales, ces théories tolérantes, étaient chose rare à l'époque. Spinoza peut-être a eu moins de mérite qu'un autre à y arriver, étant à la fois juif et citoyen d'une République — la Hollande — qui offrait aux proscrits de toutes les nations un généreux asile. Mais, du moins, il a la gloire de les avoir exposées le premier sous une forme remarquable, aussi concise que complète. — Novateur en politique, Spinoza l'est encore en exégèse. Pour montrer que ses théories ne heurtent point, comme on le prétendait, les enseignements traditionnels de la Bible, il a cherché à donner de ceux-ci une explication nouvelle. Il a appliqué aux récits bibliques la méthode qu'on appellera plus tard rationaliste. Faire abstraction, dans ces récits, de leur caractère « sacré »; n'y voir que des documents humains, écrits par des hommes, relatant l'histoire d'autres hommes ; traiter en un mot ces œuvres comme on traiterait celles d'un peuple étranger ; les considérer, non plus en croyant, mais en historien : tel est tout le secret de la méthode de Spinoza, qui devait être reprise en notre siècle avec tant d'éclat par les exégètes allemands et français. Ici donc, c'est toute une branche de la science que Spinoza a découverte. Et si son grand livre de l'*Éthique*, où sont exposées ses théories sur la nature et sur la morale, est un chef-d'œuvre incomparable, il ne faut pas oublier non plus que le *Traité Théologico-Politique* et le *Traité Politique*, où sont, pour la première fois, posés les principes du rationalisme en exégèse et développées en politique des théories du libéralisme, méritaient presque d'aussi grands éloges et n'ont point, en somme, exercé une moindre influence.

J'ai essayé, Messieurs, de vous présenter le développement de quelques-unes des idées de Spinoza. Mais ce qu'il faudrait pouvoir faire revivre devant vous, ce serait sa personne même, car rien ne donne une idée plus haute de la pensée de ce sage, que son existence. Il a vraiment vécu sa philosophie et sa morale, et cette vie est de tous points admirable. Je le disais il y a un moment, sa doctrine est une conciliation entre des vérités qui semblent s'exclure. Sa vie, pareillement, est une harmonie de vertus qui paraissent d'ordinaire n'aller point ensemble. Une qualité qu'on n'a jamais pu lui contester et que ses ennemis mêmes ont été forcés de louer en lui, c'est le désintéressement. Dans toutes les affaires d'argent où il se trouva mêlé — successions, associations, — il abandonna volontiers à autrui ce qui lui revenait le plus légitimement. Pour garder son indépendance, il ne voulut point obtenir une pension de Louis XIV, il refusa une chaire de l'Électeur Palatin. Les hommes éminents, quand ils ne recherchent pas la fortune, ne sont, dit-on, que plus avides de gloire. Spinoza fut aussi désintéressé à ce point de vue qu'à tout autre. N'ayant point publié l'*Éthique* pendant sa vie, il pria les plus intimes d'entre ses amis, qui lui demandaient la permission de l'éditer quand il ne serait plus, de n'en point du moins indiquer l'auteur. Il dédaignait donc la renommée, même pour sa mémoire, estimant que la vérité fait mieux son chemin toute seule, quand l'orgueil humain n'est point obligé, pour l'accueillir, de s'incliner devant celui qui l'a découverte. Il y eut là de sa part la plus touchante des abnégations : celle de l'homme qui sacrifie à sa pensée, plus que sa vie sans doute, l'honneur d'y attacher son souvenir. Mais à combien d'autres égards encore sa vie pourrait nous servir de modèle ! Il fit plusieurs

fois preuve d'un très grand courage, en face de ses adversaires
religieux, en face de ses adversaires politiques, en face de ses adversaires en philosophie. Mais jamais il ne les provoqua au combat :
j'ai horreur des rixes, écrivait-il. Et cet esprit qui n'hésita pas à
aller jusqu'au bout des affirmations en apparence les plus téméraires, quand il se crut dans le vrai, ne dit jamais un seul mot
dans le but d'attaquer qui que ce fût. Il se refusa toujours aux polémiques, non seulement pour les faire naître, mais pour les suivre,
pensant qu'il ne faut point s'en prendre aux personnalités, mais
apprécier les doctrines seules ; croyant que le meilleur moyen
d'établir le vrai n'est point d'insulter ceux qui le nient, mais d'en
donner chaque jour des preuves plus solides. — Il avait une foi
absolue dans les doctrines qui avaient fait l'apaisement de son
cœur et l'unité de son existence. Il se sentait certain de posséder le vrai. Et malgré cette assurance qui nous étonne un peu,
nous, habitués à douter de tant de choses, il avait le plus grand
respect pour la pensée d'autrui, fût-elle bien éloignée de la sienne.
Il engageait ses hôtes, protestants, à écouter et à méditer les sermons de leur pasteur ; il allait les entendre lui-même ; il répétait
volontiers qu'on peut faire son salut dans n'importe quelle foi. La
certitude dogmatique, chose remarquable, exemple presque unique,
n'allait point pour lui jusqu'à l'exclusivisme. Enfin, autre trait
caractéristique, cet homme, dont l'œuvre et la vie attestent
l'incomparable énergie, qui semble tout raison et tout volonté,
cet homme fut aussi doué d'une douceur infinie. Les plus fermes
penseurs des âges suivants, en étudiant ses œuvres, demeurèrent souvent confondus devant la sublimité de ce génie. Mais les
petites gens qui l'entouraient gardèrent longtemps la mémoire de la
singulière délicatesse de ce caractère. Son esprit embrassait dans
leur impérieuse unité les lois souveraines de l'univers, mais son
âme en même temps savait s'attendrir aux mille riens de l'existence
quotidienne. Vous avez vu, peut-être, Messieurs, l'an dernier, à
Paris, la statue qu'a faite de Spinoza un grand artiste, Marc An-
tokolsky. La figure du penseur est éclairée par une lueur de bonté.
Son œil semble contempler l'infini ; mais sa bouche s'entr'ouvre
dans un sourire indulgent et aimable, comme si, au moment où il

pensait au divin, il avait aperçu, jouant près de lui, quelqu'un des
enfants au milieu desquels il vivait, et envoyait à cette innocente
ardeur une affectueuse approbation. Tel est bien Spinoza, comme il
nous apparaît au travers de son œuvre, quand on corrige l'impression de ses grands livres dogmatiques par celle de ses lettres fa-
milières. Bon, affectueux, indulgent, il fut tout cela ; lui qui avait
dû rompre avec sa famille et sa religion, lui qui avait vu mourir ou
l'abandonner quelques-uns de ceux auxquels il s'était le plus attaché,
il s'était fait des raisons d'aimer tous ceux au contact desquels
s'écoulait son existence. Et c'est sans doute une des choses qui lui
font le plus honneur, qu'en lui, à la différence de ce que nous
voyons chez tant d'autres, l'esprit n'avait fait au cœur nul tort, et
que l'homme avait grandi de tout ce qui grandissait le penseur.

Messieurs, ni le génie, ni la vertu même ne suffisent à écarter
d'un homme l'animosité et le malheur. Spinoza connut, autant que
qui que ce soit, les tristesses de la vie. La hauteur de son esprit lui
fit des envieux parmi les philosophes de son temps, et il faut bien
avouer que les plus illustres d'entre eux, et ceux mêmes dont les
idées se rapprochèrent le plus des siennes, Malebranche, Leibniz,
parlèrent de lui avec un dédain qui n'était peut-être que de la
jalousie déguisée. L'indépendance de son caractère, d'autre part,
lui attira des persécutions. Se faisant de la Divinité une notion tout autre que la plupart de ses coreligionnaires, incapable de
se plier à un simulacre de pratiques lorsque la foi lui manquait, il
encourut la colère des chefs de la synagogue d'Amsterdam, à laquelle il appartenait. La communauté l'exclut un jour de son sein,
en prononçant contre lui de solennelles malédictions. Spinoza, qui
n'avait point cherché cette rupture, l'accueillit sans effroi : il avait
dans son esprit des consolations à tous les malheurs du dehors.
Plus tard, de même, lorsque l'assassinat de ses protecteurs, les
de Witt, lui eut créé auprès des nouveaux gouvernants de sa patrie
une situation difficile, il se refusa à rien faire pour les apaiser, et,
ne cachant pas ses regrets pour les morts, s'enferma dans une stu-
dieuse retraite. C'est qu'il estimait que les faveurs de la foule ne
valent pas la peine qu'on cherche à la convaincre, ni à plus forte

raison qu'on lui cède. Il se résigna donc volontiers à être, aussi bien en politique qu'en religion, isolé au milieu d'opinions hostiles. Sentant la vérité impuissante de son temps, il se réfugia dans la pensée qu'il lui restait l'avenir.

La postérité devait lui donner raison. A peine fut-il mort que, de tous les côtés, on rendit à sa mémoire l'hommage qu'elle méritait. Bayle fit un éloge enthousiaste de ses vertus. Les écrivains du XVIIIe siècle, Voltaire, les Encyclopédistes, sans comprendre fort exactement sa métaphysique, saluèrent avec respect sa grande figure, et reprirent, pour la faire triompher, une des idées qui lui avaient été les plus chères, l'idée de tolérance. Au début du siècle suivant, les penseurs qui illustrèrent la philosophie allemande, Fichte, Schelling, Hégel, remontèrent, par delà les enseignements de leur maître Kant, aux doctrines métaphysiques de Spinoza. Le panthéisme prit de nos jours, en Allemagne, en Angleterre, en Italie, en France même, un prodigieux essor, et cela sous l'influence de l'*Éthique*. La gloire de son auteur allait croissant. Lors du deux centième anniversaire de sa mort, ses admirateurs lui élevèrent, par souscription universelle, une statue à La Haye, et, à cette occasion, devant un prince de la maison de Hollande, en présence d'une assemblée qui comptait des illustrations de plus d'une sorte, Ernest Renan prononça un de ses plus merveilleux discours. Lui-même s'était inspiré, plus d'une fois, dans sa philosophie, des idées spinozistes, qu'on retrouve également dans l'œuvre de Taine, et aussi, quoique diversement interprétées, dans celles des plus notables penseurs de ce temps, Schopenhauer, Hartmann, Herbert Spencer. Tous les témoignages d'admiration venaient simultanément à Spinoza ; les philosophes se mettaient à son école, les savants déclaraient son œuvre conçue dans l'esprit de la science, les moralistes proposaient sa vie en modèle ; des poètes, Sully-Prudhomme entre autres, le célébraient dans leurs chants, des artistes éminents fixaient son image dans le bronze ou le marbre Le temps pour lui avait désarmé l'envie et fait taire la critique. Il ne lui restait plus qu'un succès à remporter, le plus difficile de tous à vrai dire. Nul, d'après un dicton populaire, n'est prophète en son pays. Ceux dont la notoriété s'impose à une nation, et presque à l'univers, ont sou-

vent peine à faire admettre leur supériorité dans le milieu même
dont ils sont sortis. Ainsi en fut-il longtemps pour Spinoza à l'é-
gard du judaïsme. On lui reprochait son abandon du culte traditionnel, on ne voulait voir en lui qu'un fils révolté, qu'un déserteur
de la synagogue. Mais cette prévention, à la longue, devait elle-
même s'effacer. Qu'il eût été exclu un jour de la communauté
d'Amsterdam, cela ne pouvait suffire à mettre Spinoza hors du judaïsme : car c'est un principe de cette religion qu'il n'y a point chez
elle d'autorité souveraine fixant immuablement le dogme et la foi, et
que ce qui a été décidé en un lieu et en un temps n'enchaîne pas la
liberté de ceux qui vivent ailleurs ou de ceux qui vivront plus tard.
Principe de force, évidemment, puisqu'il permet à la religion de
s'accommoder à des nécessités diverses et à des circonstances multiples, de se modifier sans secousse et de se transformer sans révolution. Ainsi, tandis qu'au XVIIᵉ siècle une communauté vit dans
les doctrines de Spinoza une atteinte au culte consacré, aujourd'hui,
au contraire, le judaïsme reconnaît sa propre inspiration dans cette
œuvre crue longtemps par lui hérétique. Cette doctrine, en effet.
qui subordonne tout à Dieu, qui annihile presque l'être humain devant l'être infini, ou qui, du moins, ne reconnaît au premier d'existence et de force que dans la mesure où il participe au second, cette
doctrine n'est-elle pas conforme au véritable esprit hébraïque? La
métaphysique juive n'a guère qu'un dogme : Dieu est un, et Dieu
est grand. La morale juive n'en a guère qu'un, elle aussi : aimer
Dieu par-dessus toutes choses. Or, ces deux dogmes, loin de les
contredire, Spinoza les proclame et en fait le centre de son système. Bien qu'il eût abandonné les pratiques de ses pères, en
somme il avait gardé leur esprit ; il en avait exprimé le meilleur
dans ses travaux, et de là vint en grande partie leur force. Il se
crut hors du judaïsme, et ses frères le crurent comme lui. Mais le
temps passa, effaçant les dissentiments accessoires, mettant en lumière les ressemblances fondamentales. De nos jours, le judaïsme
sait la part qu'il eut dans la pensée d'où sortit l'*Éthique*, et il s'en
montre justement fier. Le nom de Spinoza faillit être inscrit, il y a
peu d'années, dans une des synagogues parisiennes, parmi ceux
des grands hommes d'Israël [1]. L'hommage qu'aujourd'hui même

votre Société vient de lui rendre, en agréant Spinoza comme sujet
de cette conférence, l'accueil fait par vous, Messieurs, aux déve-
loppements auxquels ce sujet m'a entraîné, ne sont-ils pas le meilleur signe de la façon dont la partie la plus éclairée du judaïsme
considère aujourd'hui ce philosophe? Et sans doute il est difficile
de décider s'il est plus honorable pour Spinoza d'être loué en un
pareil lieu, ou pour le judaïsme d'y avoir admis son éloge. Mais,
en tout cas, à celui qui reçut la charge peu méritée de faire cet
éloge, vous permettrez de dire qu'il sent, plus vivement encore
qu'il ne saurait l'exprimer, tout l'honneur qu'il y a eu pour lui même
à rappeler, devant une assemblée composée comme celle-ci, le souvenir d'un si grand esprit et d'un si noble caractère.

[1] C'était du moins le désir qu'avait exprimé M. Daniel Osiris, aux libéralités
duquel est due la construction du temple de la rue Buffault.

Le gérant,
ISRAEL LÉVI.

On a déjà vu plus haut que la différence de religion n'est pas un obstacle à l'unité et au bon gouvernement d'un peuple. Mais on objecte que la religion juive, particulièrement, contribue à isoler les Juifs, à en faire de mauvais citoyens, peu attachés à leur pays, peu soumis aux lois, séparés des autres habitants, et d'une moralité douteuse dans leurs relations avec leurs concitoyens. On fonde ces assertions sur certains passages de la Bible ou du Talmud concernant le prêt à intérêt, l'usure, la doctrine du Messie, les relations des Juifs avec les non-juifs, et sur la stricte observation des pratiques religieuses concernant la nourriture, le mariage, les fêtes.

Il est parfaitement inutile de parler ici des pratiques religieuses des Israélites, des prescriptions relatives à leurs fêtes, à leur nourriture, aux mariages. Ce sont des détails d'intérieur qui n'ont aucune influence sur la vie publique. Les Juifs, dans certains pays, ne mangent pas avec les chrétiens. On sait que cette habitude n'implique absolument aucun sentiment d'éloignement pour les chrétiens, elle repose uniquement sur les prescriptions religieuses des Juifs concernant la préparation des aliments et surtout l'abattage des viandes. Ces prescriptions sont parfaitement innocentes, et si nous faisons remarquer qu'elles vont partout en s'affaiblissant, c'est uniquement pour constater un fait, non pour présenter une apologie absolument superflue. Là où elles existent encore dans toute leur force, les Juifs sont toujours heureux de voir des chré-

---

[1] Voyez t. XXVII, pages 1 et 161, et plus haut, p. 1.

tiens à leur table et ils s'asseoient volontiers à la table des chrétiens, si ceux-ci leur offrent des aliments préparés selon le rite
juif et qu'ils puissent prendre sans scrupule de conscience. Il n'y a
donc là absolument aucun préjugé contre les chrétiens. Peut-on
dire de même qu'il n'y a pas préjugé et haine contre les Juifs dans
les nombreuses prescriptions de la papauté et du droit canon qui
défendent aux chrétiens, clercs et laïques, de manger avec les
Juifs? Les prescriptions juives relatives à la nourriture paraissent avoir, du reste, une valeur hygiénique sérieuse, et beaucoup de personnes leur attribuent, en partie, certaines immuni-
tés biostatiques des Juifs, leur longévité relative, la résistance
qu'ils paraissent avoir opposée dans quelques circonstances aux
influences morbides. On prétend quelquefois que ces prescriptions
et d'autres pareilles sont l'indice d'une culture inférieure et d'un
état moral voisin de la barbarie. Il ne serait pas difficile, cependant, de trouver en usage, chez tous les peuples européens, des
prescriptions analogues. Qu'on lise, par exemple, les mande-
ments des évêques catholiques à l'ouverture du carême, on y
trouvera, sur ce qui est maigre ou ne l'est pas, sur les jours de
jeûne et de demi-jeûne, des dispositions semblables.

On parle des mariages que les Juifs font uniquement entre eux,
comme si, pour bénir un mariage mixte entre Juifs et chrétiens,
il était plus facile de trouver un prêtre catholique qu'un rabbin.
On oublie que naguère encore, dans plusieurs pays européens, la
loi civile défendait ces mariages, et le vote de la chambre des ma-
gnats de Hongrie, en décembre 1883, sur une proposition du gouvernement tendant à autoriser les mariages entre chrétiens et
Juifs, prouve suffisamment que les obstacles aux mariages
mixtes ne viennent pas toujours des Juifs.

Mais on insiste et on dit que la religion juive s'empare à ce
point de l'âme du Juif qu'elle règne sur lui sans partage et
forme son unique patrie. Ce sont évidemment des phrases creuses,
qui n'ont aucun sens. Nous avons déjà montré plus haut qu'il n'y
a absolument rien dans la religion juive qui puisse faire qu'un
Juif soit moins bon patriote qu'un chrétien. Il est presque ridicule
qu'il faille le dire. L'homme s'attache partout au pays où il est
né, c'est une loi naturelle ; il est impossible aux Juifs de s'y soustraire. Pourquoi et en quoi la religion israélite, en général, s'op-
poserait-elle, plutôt que toute autre religion, au développement
des sentiments patriotiques ? Personne ne pourrait le dire.

Ce qui vaut mieux, pour décider cette question, que tous
les textes et tous les raisonnements, c'est la conduite même

des Juifs, leur soumission aux lois, leur attachement à leurs souverains et à leurs pays, leur conduite à la guerre. Un député allemand, M. Seyffarth, disait au Reichstag allemand en 1880 : « Messieurs, je me suis rencontré en Suisse, en 1873, après la grande guerre, avec un Juif français qui était tellement français qu'il n'y avait pas moyen de s'entretenir avec lui de la guerre, et je puis vous affirmer que, dans ces temps remarquables, nos concitoyens juifs étaient de si bons patriotes allemands qu'ils ne l'ont cédé en rien aux autres patriotes de notre pays [1] ».

Le gouvernement prussien disait également dans un Mémoire soumis à la Diète unie de 1847 : « Les Juifs déclarent de tous côtés qu'ils appartiennent uniquement à l'État dans lequel ils sont nés ou se sont établis, comme leur unique patrie, on ne peut pas douter un instant de la sincérité de cette assertion [2]. »

Tous les gouvernements de tous les pays ont rendu le même hommage au patriotisme des Juifs. Leurs témoignages répondent victorieusement à ces accusations en l'air et véritablement absurdes.

On répète sans cesse : Le judaïsme rend les Juifs exclusifs, ils forment partout une nation à part, un État dans l'État, une société fermée, qui se mêle difficilement aux autres, qui se distingue par la langue, la façon de se vêtir, la manière de se comporter, et qui, enfin, forme une sorte de coterie où tous les membres se soutiennent les uns les autres à travers tous les pays, une espèce de franc-maçonnerie internationale, aussi secrète que redoutable [3].

Il est permis de négliger quelques-uns de ces reproches qui sont, en vérité, par trop puérils. Que peut faire à l'État la façon des Juifs de se vêtir ? Il est à souhaiter, sans doute, que les Juifs s'habillent partout comme le reste de la population, mais c'est une

---

[1] *Die Judenfrage, Verhandlungen des Preussischen Abgeordnetenhauses*, Berlin, 1880, p. 34.

[2] *Vollständige Verhandlungen*, Berlin, 1847, p. xvii. Macaulay disait : « L'homme d'État qui les traite (les Juifs) comme des étrangers et puis qui s'indigne de ce qu'ils ne partagent pas tous les sentiments des nationaux, est aussi déraisonnable que le tyran qui punissait leurs ancêtres parce qu'ils ne faisaient pas de briques sans paille. » (*Essais politiques*, p. 390.)

[3] Voir, par exemple, *Opinion de M. l'Evêque de Nancy* (La Fare), *Député de la Lorraine sur l'admissibilité des Juifs à la plénitude de l'état civil* (Paris, 1790), p. 2 à 3 : « On le voit constamment un peuple particulier et distinct... C'est un étranger... dont la religion, les mœurs, le régime physique et moral diffèrent essentiellement avec ceux de tout autre peuple. » *Ueber Judenthum und Juden, hauptsächlich in Rücksicht ihres Einflusses*, Nuremberg, 1795, p. 40, 42, 47 ; Rühs, d'après Cassel, p. 290 ; Bruno Bauer, *Die Judenfrage*, Brunswick, 1843, p. 104, 105.

misère de s'en occuper. Les Juifs s'habillent comme tout le monde dans tous les pays où ils ont été émancipés. Qui peut leur en vouloir, dans d'autres pays, de leur attachement à d'anciennes traditions qui datent de l'époque de leur esclavage ?

Si les Juifs ont un type à part, ce n'est vraiment pas leur faute, et cela ne fait tort à personne. Ce type n'est pas le même partout, il s'en faut. Un Juifs polonais, un Juif allemand ne ressemblent absolument pas à un Juif français, italien, ou turc, ou persan. M. Renan a pu dire, avec une grande apparence de raison, qu'il n'y a pas de type juif, mais des habitudes d'expression que la persécution a formées et que l'émancipation fera disparaître [1].

Les Juifs, dit-on, se soutiennent entre eux et à travers tous les pays. Ils sont bien obligés de le faire, puisqu'on les persécute partout. C'est leur honneur et leur devoir de se soutenir les uns les autres aussi longtemps qu'on les considérera comme étrangers et qu'on les rendra tous solidairement responsables des fautes de quelques-uns. Il serait monstrueux qu'ils ne le fissent pas. Ces relations plus intimes, louables en soi et absolument inoffensives, sont comme les relations qui existent entre les catholiques ou les protestants des divers pays. La solidarité qui unit les Juifs n'est pas une solidarité voulue, cherchée, souhaitée par eux, elle leur est imposée par la violence, elle existe malgré eux et contre eux, elle est un signe ou un reste d'oppression.

En réalité, ce ne sont pas les Juifs qui sont étroits et qui se séparent des chrétiens. Sans doute, la persécution les a isolés ; de là, dans divers pays, leur langue spéciale, leurs habitudes à part. Il faut du temps pour que cela cesse, il faut qu'on les reçoive dans la société d'où on les exclut, dans les écoles publiques, qui, dans certains pays, leur sont encore en partie fermées. La vérité est que l'esprit d'exclusion ne vient pas des Juifs, mais des chrétiens. Qu'est-ce que toutes les lois politiques du moyen âge et toutes les lois économiques sur les Juifs, sinon des lois d'exclusion? Qu'est-ce que les ghettos, sinon un monument d'intolérance chrétienne? Qu'est-ce, enfin, que cette question de race qui est soulevée aujourd'hui dans tous les écrits antisémitiques de l'Allemagne? Qu'est-ce que cette crainte, sans cesse exprimée, que les Juifs ne s'enrichissent aux dépens des chrétiens, ne s'emparent du commerce, de l'industrie, des terres, des maisons, à la place des chrétiens, n'occupent toutes les fonctions sociales de la magistrature, de l'enseignement, de l'admi-

[1] Renan, *Le Judaïsme comme race et comme religion*, p. 24 à 28.

nistration, toujours à la place de chrétiens ? N'est-il pas ridicule
et insensé de supposer que cinq cent mille Juifs vont être maîtres
de quarante-cinq millions d'Allemands, ou que quatre millions de
Juifs russes feront la loi à quatre-vingt millions de Russes? Cette
panique absurde qui s'empare des imaginations et leur fait voir,
sous un grossissement énorme, la fortune des Juifs [1], leur puissance financière et même leur intelligence, est le signe d'une véritable maladie. Il y a chez les chrétiens une susceptibilité ner-
veuse envers tout ce qui n'est pas chrétien. Ils sympathisent
profondément entre eux, ils éprouvent une répulsion incroyable,
en vain combattue par la civilisation, par la morale et la philosophie, envers tous les autres. Tout élément non chrétien, et principalement (pour les raisons exposées plus haut) tout élément
juif qui se trouve au milieu d'eux, y produit un malaise mystérieux
et des troubles singuliers. Si l'esprit d'exclusion, de jalousie, de
ligue est quelque part, il est là et non chez les Juifs.

Les Juifs demandent à être reçus dans l'alliance et l'affection
des chrétiens, les chrétiens les repoussent et ils crient à l'exclusivisme des Juifs ! Le pasteur Stœcker, qui est pourtant autorisé à
parler au nom du christianisme, a prononcé à la tribune du parlement un mot qui dit tout. A l'inauguration de la synagogue de
Nuremberg, le rabbin avait, dans son sermon, salué les autorités
chrétiennes de la ville qui assistaient à la cérémonie, et, dans un
naïf transport de lyrisme, il avait terminé ce sermon en envoyant
un baiser à l'humanité tout entière. Ce mouvement d'éloquence
peut être de mauvais goût, il part assurément d'un bon sentiment.
« Voilà qui est tout de même un peu fort, » s'écrie M. Stœcker [2].
L'aveu est franc, il est trop fort que le Juif prétende aimer le
chrétien ; mais qu'on ne parle plus alors de la tolérance chrétienne et de l'esprit exclusif des Juifs. Les rôles sont intervertis.
C'est la gloire éternelle des Juifs d'avoir les premiers rêvé l'unité
du genre humain et la fraternité universelle. Tandis que tous les
peuples de l'antiquité abhorraient l'étranger et l'appelaient barbare, le prophète de Jérusalem conviait tous les hommes à s'unir
dans l'amour de Dieu [3], l'imagination juive composait le tableau de
l'union des peuples et de la paix perpétuelle. « L'idée fondamentale
d'Israël, c'est l'annonce d'un avenir brillant pour l'humanité [4]...

---

[1] C'est probablement une illusion d'optique de ce genre qui a fait dire à Rigord et
répéter depuis à tous les historiens que les Juifs, sous Philippe-Auguste, possédaient
la moitié des maisons de la ville de Paris.

[2] *Die Judenfrage*, Berlin, 1880, p. 8.

[3] Isaïe, ch. II, verset 3.

[4] Renan, *Le Judaïsme comme race et comme religion*, p. 9.

Israël rêve un avenir de bonheur pour l'humanité, un royaume parfait, dont la capitale sera Jérusalem, où tous les peuples vien-dront rendre hommage à l'Éternel... Une telle idée n'a rien d'ethnographique, elle est universelle au plus haut degré [1]. » Les prophètes juifs, les grands créateurs religieux d'Israël, « avaient appelé l'unité future du genre humain dans la foi et le droit [2]. » C'est un non-sens d'accuser d'exclusivisme un peuple qui a en-fanté un pareil idéal. Cet idéal est déjà en germe dans la première page de la Bible. Tandis que nous entendons parler sans cesse de races diverses et de langues différentes, la Bible, dès l'origine, proclame l'unité de la race humaine, l'unité originelle de la langue. Tous les hommes sont fils d'Adam, tous les hommes sont frères. Voilà l'idée du Judaïsme sur les races. Unité à l'origine, unité finale à l'époque où la justice règnera sur la terre. Il n'y a point eu au monde de conception plus large de la fraternité humaine.

Est-ce bien sérieusement qu'on accuse la morale juive ? Il est incroyable qu'on ait à défendre contre les reproches d'immoralité une religion qui a donné la morale au monde chrétien et qui compte parmi ses monuments les plus anciens les deux tables de la loi. Là sont inscrits les grands principes qui sont devenus les fondements de la morale moderne. « Tu ne voleras point, » disent les dix commandements [3]. « Tu aimeras ton prochain comme toi-même, » c'est une parole de l'Ancien-Testament [4]. Un docteur de la loi, Hillel, a dit avant l'ère chrétienne : « Ne fais pas à autrui ce que tu ne veux pas qu'on te fasse [5]. » Il est vraiment superflu de prouver que la religion juive ne favorise pas l'usure. L'usurier est banni et flétri par le Talmud et la littérature rabbinique. « Qui observe la défense de prêter à intérêt aura part au royaume du ciel ; qui se met au-dessus de cette loi renonce au royaume du ciel [6]. » — « Le prêteur à intérêt amène et apporte des témoins, scribes, plumes et encre et atteste, en y mettant sa signature : un tel (ce prêteur) a renié le Dieu d'Israël [7]. » L'usurier est comparé aux brigands et aux assassins [8]. Les talmudistes vont si loin que, malgré le passage biblique connu qui permet aux Hébreux de

[1] Renan, ibid., p. 9-11.
[2] Renan, ibid., p. 24.
[3] Exode, xx, 13.
[4] Lévitique, xix, 18.
[5] Sabbat, 31 a.
[6] Baba Mecia, 61 b ; Sifra, Behar, ch. 6.
[7] Baba Mecia, 75 b.
[8] Ibid., 61 b.

prêter à intérêt à des étrangers, ils détournent le sens de ce passage et l'expliquent ainsi : « Tu peux payer (non faire payer) intérêt à un Juif [1], » et, en s'appuyant sur un verset des Psaumes,
un talmudiste dit même qu'il est défendu à un Juif de prendre intérêt d'un non-juif [2]. — « Qui s'enrichit par l'usure amasse pour
les pauvres [3]. » Voilà comment le Judaïsme favorise l'usure !

Il est vrai qu'il y a dans les écrits talmudiques un certain
nombre de prescriptions relatives aux *goyim* (étrangers, payens)
et qui ne sont pas toujours inspirées d'un grand esprit de charité.
Tout le monde sait que ce sont des mesures de circonstance, dic-
tées par la guerre, les nécessités de la défense, la douleur de la
défaite, les attaques continuelles des payens contre les Juifs, et on
est absolument dans le vrai quand on dit que ces passages ne s'appliquent pas aux chrétiens. Comment le pourraient-ils ? Les Juifs
babyloniens qui ont fait le Talmud répandu dans nos pays connaissaient à peine les chrétiens, ils n'ont assurément, dans leur
législation religieuse, jamais pensé à eux, mais aux payens, et à
quels payens ? aux Grecs d'Antiochus, aux Romains destructeurs
du Temple, compatriotes de Titus et d'Adrien, aux Mages intolé-
rants et fanatiques. Le Talmud est une œuvre ancienne ; demander
qu'il ressemble à une œuvre moderne, c'est demander une chose
absurde et impossible.

« N'est-il pas choquant qu'il y ait dans le Talmud des opinions
pareilles sur les relations des Juifs avec les non-juifs ? » Assurément, cela nous choque fort aujourd'hui, mais les talmudistes
étaient de leur temps et de leur pays. Très souvent, d'ailleurs, les
paroles blessantes du Talmud sont des paroles de douleur et d'indignation arrachées aux Juifs par les souffrances qu'ils endu-
raient. Lorsque Simon b. Yohaï, par exemple, s'écrie ; « Le meilleur des goyim, tue-le ! » il n'a pas le moins du monde l'intention
d'énoncer une règle de conduite éternelle, applicable à tous les
goyim, il a en vue les Romains du temps d'Adrien, il a sous les
yeux l'horrible spectacle de leurs cruautés et de leurs dévasta-
tions, il est dans le cas de légitime défense lorsqu'il s'écrie (car
c'est là le seul sens de ce mot) : « le meilleur des Romains, il faut
le tuer [4]. » Ces mots ou d'autres pareils sont des cris de guerre, ce
serait commettre la plus étrange erreur que de les prendre pour

---

[1] *Ibid.*, 70 b.
[2] *Maccot*, 24 a. Il est vrai que d'après Maïmonide (*Hilkhot malvé velové*) le passage
biblique signifie qu'on *doit* prendre intérêt d'un non-juif, mais son contemporain,
Abraham ben David, de Posquières, l'a immédiatement convaincu d'erreur. Sur toute
cette question, voir Kayserling, *Der Wucher und das Judenthum*, Budapest, 1882.
[3] *Ibid.*, 70b.
[4] *Revue des Etudes juives*, I (1880), p. 256-259.

des règles de conduite et des principes de morale. Un des plus grands talmudistes, R. Yohanan, n'a-t-il pas dit, sans plus de ménagement, des hommes du peuple juifs : « Un homme du peuple juif, déchire-le comme un poisson [1] ! » Ce sont des exagérations comme il y en a beaucoup d'autres dans le Talmud et qu'il serait ridicule de prendre à la lettre. « On comprendra de même quelques expressions un peu malsonnantes dont se servaient les Juifs du moyen âge pour désigner les objets vénérés par les chrétiens. Assurément, les chrétiens de cette époque n'étaient pas en reste, sur ce point, avec les Juifs, et les injures sans nombre dont ceux-ci étaient accablés étaient le moindre de leurs maux [2]. »

On dira peut-être : « Mais ces paroles ou ces lois des talmudistes concernant les *goyim* de leur temps, les Juifs du moyen âge n'étaient-ils pas tentés de les appliquer à leurs contemporains? » A coup sûr, il n'est pas impossible que dans les bas-fonds du Judaïsme, chez les esprits non cultivés, ces passages du Talmud, illustrés par la conduite des chrétiens envers les Juifs, n'aient laissé une certaine trace, mais la grande doctrine morale du Judaïsme les repoussait alors comme elle les a toujours repoussés [3]. Le Judaïsme aurait succombé mille fois sous la persécution, s'il n'avait été de tout temps une haute école de religion et de morale. Nous avons là-dessus le témoignage de R. Yehiel lui-même (rabbin de Paris sous saint Louis, 1240), et on ne saurait le récuser. A Nicolas Donin, qui prétend que les Juifs observent encore de son temps ces prescriptions talmudiques, il répond : « Il est dit qu'on » doit nourrir les pauvres des goyim comme les pauvres d'Israël, » qu'on doit saluer le premier un goy... qu'on doit visiter leurs » malades, comme les malades juifs, enterrer leurs morts, comme » les morts des Juifs... Tu sais, ajoute-t-il, que nous sommes » attachés de tout cœur à notre loi, combien d'entre nous ont été

---

[1] Talmud, *Peçahim*, 49 b.

[2] *Revue des Études juives*, I, 257.

[3] Où ne trouve-t-on pas des erreurs morales de ce genre ? On a quelquefois accusé les Juifs d'avoir une doctrine suivant laquelle ils ne seraient pas liés par leurs serments envers les païens (ou chrétiens, comme on disait). La fausseté de cette accusation a été suffisamment démontrée (voir Geiger, dans *Wissenschaft. Zeitschrift für jüdische Theologie*, II, p. 460). Qu'on lise, en revanche, les procès-verbaux du procès de Tisza-Eszlar (dans *Pester Lloyd*, *Abendblatt* du 6 juillet 1883), on verra que les défenseurs des Juifs sont obligés de supplier le président du tribunal d'avertir les témoins chrétiens qu'il faut dire la vérité même à l'égard d'un Juif. Qu'y a-t-il de plus caractéristique, pour les croyances d'un peuple ou au moins des classes nombreuses d'un peuple, qu'un conte populaire ? Dans le *Recueil des contes populaires slaves* publié par M. Louis Léger (Paris, 1882), il y en a un, le premier, où l'on voit des chrétiens de Seraievo, le brave Omer, la gentille Mirela, même le cadi turc, arracher indûment de l'argent à Issakar, s'applaudir d'avoir « attrapé le Juif ». Et ce Juif n'est autre qu'un ami d'Omer, à qui il a rendu un grand service.

» lapidés, brûlés, noyés, tués, égorgés pour la glorifier, et cepen-
» dant nous nous permettons de faire avec les chrétiens tout ce
» qu'elle nous défend de faire avec les goyim. Elle dit : « Trois
» jours avant les ides (fêtes) des goyim, vous n'aurez aucune rela-
» tion avec eux ; » eh bien ! va dans la rue des Juifs, tu verras
» combien d'entre eux font des affaires avec les chrétiens même
» le jour des fêtes chrétiennes ; il est dit : « On ne met pas de bête
» dans l'étable d'un goy, » et tous les jours nous vendons des
» bêtes aux chrétiens, nous faisons avec eux des associations et
» des affaires communes, etc. [1]. »

Nous avons un témoignage plus touchant encore. Ce même
Moïse de Coucy qui fut appelé à Paris, avec ses trois collègues,
pour défendre le Talmud contre Nicolas Donin, est l'auteur célèbre
d'un livre de morale religieuse appelé le *Grand livre des Préceptes,* livre écrit uniquement pour les Juifs et lu uniquement par
eux. Qu'on voie ce qu'il dit des relations des Juifs avec les chrétiens. « Ceux qui mentent aux chrétiens (*goyim* a ici ce sens) ou
» les volent sont considérés comme des profanateurs du nom de
» Dieu, car ils font que les chrétiens disent que les Israélites n'ont
» pas de loi, et il est écrit : Le reste d'Israël ne doit rien faire
» d'inique ni proférer de mensonge, ni avoir dans la bouche une
» parole trompeuse (Grand livre des Préceptes , édit. Venise,
» 1547, f° 6, col. 1). »

« Dans les relations commerciales , avec Juifs ou non-juifs,
» celui qui trompe sur le poids ou la mesure est coupable et est
» obligé de restituer le vol. Il est, de même, défendu de tromper
» les non-juifs dans les comptes, mais il faut faire attention de
» compter exactement avec eux, car il est écrit : « Il comptera
» avec son maître. »

« J'ai depuis longtemps prêché aux exilés d'Espagne et aux
» autres exilés d'Edom que maintenant, que l'exil se prolonge
» outre mesure, les Israélites doivent plus que jamais s'abstenir
» de toute iniquité et prendre en main le sceau de l'Eternel, qui
» est Vérité, et ne pas mentir ni à un Israélite ni à un goy et ne
» pas les tromper d'aucune façon. (Grand L. des Pr., f° 152,
» col. 2) [2]. » Voilà quelle était au XIII° siècle, dans la bouche d'un
rabbin français, la morale talmudique ou rabbinique.

Il est probable qu'aucune législation antique, contemporaine de
la Bible ou du Talmud, n'a été aussi bienveillante ni aussi sympathique envers les étrangers que la législation juive. Tout le monde

---

[1] *Revue des Études juives*, I, p. 256 à 259.
[2] *Ibid.*

connaît les prescriptions touchantes du Pentateuque sur la manière de traiter les étrangers, la recommandation faite à l'Hébreu
d'être humain et charitable envers eux, parce qu'il est dur de
vivre sur la terre étrangère, l'égalité de droits qui leur est accordée dans le partage des aumônes et devant la justice [1]. Le
Talmud et les rabbins n'ont jamais oublié ces prescriptions. « La
manière de traiter les étrangers chez les Israélites était plus humaine que dans les anciens temps à Rome [2]. » Voici comment les
Grecs traitaient les étrangers : « L'étranger, domicilié dans une
ville, ne pouvait ni être propriétaire, ni y hériter, ni tester, ni
faire un contrat d'aucune sorte, ni paraître devant les tribunaux
ordinaires des citoyens. A Athènes, s'il se trouvait créancier d'un
citoyen, il ne pouvait pas le poursuivre en justice pour le paiement de sa dette, la loi ne reconnaissant pas de contrat valable
pour lui [3]. »

« Le don du droit de cité à un étranger était une véritable violation des principes fondamentaux du culte national, et c'est pour
cela que la cité, à l'origine, en était si avare. Encore faut-il noter
que l'homme si péniblement admis comme citoyen ne pouvait être
ni archonte ni prêtre [4]. »

« L'étranger, n'ayant aucune part à la religion, n'avait aucun
droit. S'il avait commis un délit, il était traité comme l'esclave et puni sans forme de procès, la cité ne lui devant aucune
justice. Lorsqu'on est arrivé à sentir le besoin d'avoir une justice
pour l'étranger, il a fallu établir un tribunal exceptionnel. A
Rome, pour juger l'étranger, le préteur a dû se faire étranger
lui-même (prætor peregrinus). A Athènes, le juge des étrangers
a été le polémarque, c'est-à-dire le magistrat qui était chargé des
soins de la guerre et de toutes les relations avec l'ennemi. »

« Ni à Rome, ni à Athènes, l'étranger ne pouvait être propriétaire. Il ne pouvait pas se marier, du moins son mariage n'était
pas reconnu, et ses enfants étaient réputés bâtards. Il ne pouvait
pas faire un contrat avec un citoyen, du moins la loi ne reconnaissait à un tel contrat aucune valeur. A l'origine, il n'avait pas le
droit de faire le commerce. La loi romaine lui défendait d'hériter
d'un citoyen, et même à un citoyen d'hériter de lui. On poussait si
loin la rigueur de ce principe que, si un étranger obtenait le

---

[1] On peut consulter sur ce sujet toutes les encyclopédies bibliques, par exemp.e
celles de Wiener ou de Schenkel, qui sont répandues.
[2] Wiener, *Biblisches Realwœrterbuch*, article FREMDE, avec renvoi à Adam, *Römi-
sche Alterthümer*, I, 145.
[3] Fustel de Coulange, *La Cité antique*, 5e édition, Paris, 1874, p. 229-230.
[4] *Ibid.*, p. 233

droit de cité romaine sans que son fils, né avant cette époque, eût la même faveur, le fils devenait à l'égard du père un étranger et ne pouvait pas hériter de lui. La distinction entre citoyen et étranger était plus forte que le lien de nature entre père et fils [1]. »

Pour les Grecs, tout le monde le sait, du reste, les étrangers étaient des barbares. Les tribus asiatiques au milieu desquelles a été rédigé le Talmud de Babylone (celui qui a été adopté dans nos pays) avaient assurément les mêmes idées ou des idées plus fâcheuses encore envers les étrangers.

On a vu, au contraire, combien l'Ancien-Testament témoigne envers eux des sentiments les plus nobles et ce que pensaient même des rabbins du moyen âge de la législation talmudique envers les goyim. La différence est énorme et tout à l'avantage de la législation juive.

Mais aussi tout le monde se croit autorisé à parler du Talmud sans le connaître. Le Talmud est devenu le grand argument contre les Juifs, c'est là et dans la littérature rabbinique que les ennemis des Juifs ont toujours cherché leurs arguments. Malgré l'aridité de la question, il est impossible de l'éluder ici. Il faut que l'on sache ce que c'est que ce redoutable épouvantail.

Le Talmud est une œuvre collective, élaborée pendant cinq à six siècles (depuis un siècle environ avant l'ère chrétienne), et dont les éléments épars, sorte de notes de séances et de procès-verbaux de discussions rabbiniques, ont finalement été recueillis par des rédacteurs bénévoles. Ni ces discussions, qui ont eu lieu dans des écoles libres et indépendantes, ni cette rédaction finale n'ont aucun caractère officiel, aucune autorité religieuse n'a pu leur donner force obligatoire. Il n'existe aucune autorité de ce genre dans le Judaïsme, et, de plus, le Talmud ne se prêterait pas à remplir les fonctions de code religieux. C'est un procès-verbal fidèle où sont rapportées des opinions diverses et opposées. La pensée juive d'il y a dix-huit siècles s'y déroule dans toutes ses variétés, ses contradictions, ses exagérations et ses écarts individuels. On y trouve de tout, parce que toutes les opinions y sont rendues avec impartialité, du bon, du médiocre et du mauvais. On y trouve surtout l'esprit du temps, qui ne peut assurément être l'esprit de notre temps. La guerre faite aux Juifs par les rois syriens, par les Ro-

---

[1] *Ibid.*, p. 233. Dans la 10e édit., p. 230 : « Rome avait un préteur pour juger l'étranger, *prætor peregrinus.* »

mains, la destruction de Jérusalem, l'horrible persécution sous
Adrien avaient exalté, chez les Juifs, le sentiment national et la
haine contre leurs oppresseurs. Ils voulaient éviter toutes relations avec les payens, rompre avec leurs ennemis. C'étaient les
idées du temps. On ne peut demander aux talmudistes d'être supérieurs à leur époque et à leurs contemporains. L'humanité a marché depuis, elle a fait des progrès, elle en fera encore. Le
xxe siècle trouvera peut-être que le xixe siècle était un siècle
barbare, et le xixe siècle trouve, avec raison, que la guerre civile
en permanence, le jugement de Dieu, les ghettos, l'inquisition, les
bûchers, n'étaient pas précisément les signes d'une culture très
avancée. Il serait absurde de reprocher aux générations actuelles
les erreurs des générations précédentes ou les progrès des générations futures. Il serait injuste également de leur reprocher les
erreurs, les fautes, les excentricités de pensée de quelques individus, comme si tous en étaient responsables. C'est cependant ce
qu'on fait tous les jours aux Juifs pour le Talmud. Personne ne
trouve mauvais que, par exemple, pendant la guerre de la France
et de l'Allemagne, les journaux des deux pays aient été remplis
d'imprécations que se renvoyaient les deux nations, on trouve
mauvais qu'un Juif, au second siècle, voyant sa patrie inondée de
sang et foulée par les Romains, victime lui-même de la politique
cruelle des Romains, ait poussé contre eux un cri de colère et de
haine. Il paraît tout naturel que, dans la masse des idées qui sont
jetées tous les jours dans le public, il se débite, à côté d'excellentes choses, les plus grandes extravagances, mais il est impar-
donnable qu'un Juif ait dit autrefois une sottise, elle retombe sur
tous les Juifs de tous les temps. Personne ne s'avise de demander
que les monuments littéraires ou législatifs des Visigoths ou des
Francs ou des peuples plus anciens soient conformes aux idées
modernes, ou de s'indigner qu'ils ne le soient pas ; le Talmud seul
fait scandale et devient un sujet de déclamation. On ne peut pas
demander à une œuvre qui a maintenant quatorze siècles de
ressembler à une œuvre moderne. Il n'y a qu'un moyen d'être
équitable envers le Talmud et la littérature rabbinique, c'est de
les placer dans leur temps et dans leur milieu. Là seulement est
la vérité et l'équité.

On dit, il est vrai, que les Juifs eux-mêmes ne le prennent pas
ainsi, que le Talmud est devenu leur code et la règle de leurs actions et que toute parole qui s'y trouve a pour eux une autorité
incontestée. Il est parfaitement vrai que, jusqu'au commencement
de ce siècle, le Talmud a été, en grande partie (avec la Bible), le
guide moral et surtout religieux des Israélites de tous les pays,

mais il est absolument impossible qu'il l'ait été en toutes ses parties et sans qu'il s'y soit fait déjà, dès les premiers temps, un travail de triage qui a suivi les progrès de la civilisation. Il y a, dans
le Talmud, des parties de pure fantaisie, elles y occupent même
une grande place, il a fallu tout d'abord les séparer de la loi pratique. Il y a les opinions contradictoires, il a fallu décider entre
l'une et l'autre, rejeter l'une, adopter l'autre. Il y a la partie religieuse et la partie que l'on peut considérer comme philosophique, scientifique, historique et littéraire : l'autorité de la première a été reconnue, l'autorité de la seconde ne l'est pas. On
voit que le Talmud se divise en deux domaines bien distincts : la
partie obligatoire et la partie qui ne l'est pas. La frontière de
ces deux domaines n'est nullement tracée, ils entrent et s'enche-
vêtrent l'un dans l'autre, on ne sait où l'un finit et où l'autre commence. C'est pourquoi leurs limites ne sont pas fixes, elles varient
selon les temps, les lieux et les circonstances. L'une (la partie
obligatoire) peut aller en se rétrécissant tous les jours, l'autre
peut finir par s'étendre au Talmud tout entier. Ce qui paraissait
obligatoire du temps de saint Louis est devenu facultatif aujour-
d'hui. On peut être un excellent Juif à Paris en négligeant des
prescriptions talmudiques qui sont considérées comme obligatoires
à Constantinople. Il n'y a point de Synagogue, point de Concile,
point de Sanhédrin pour décider ces questions ou imposer leur
autorité. L'opinion est ici maîtresse absolue. Le Talmud et les
rabbins ont l'autorité que chaque génération, chaque pays veulent
bien leur accorder. Là est le secret de l'étonnante souplesse de la
religion israélite et de sa perfectibilité indéfinie. En fait, aucune
religion ne peut rester stationnaire, toutes les religions sont, malgré les apparences, dans une transformation perpétuelle ; qu'elles
le veuillent ou non, elles sont forcées de marcher avec le temps.
Mais, tandis que d'autres religions ont une Église officielle, qui
fixe les dogmes, arrête les formes religieuses et souvent les im-
mobilise, le Judaïsme peut se développer en toute liberté. Cette
religion, qu'on prétend être la plus stationnaire de toutes et
comme figée dans les formes du passé, est, au contraire, la plus
libre de toutes et la plus apte à se transformer. Aucun dogme, aucune Église ne l'enchaîne.

Cette liberté dont elle jouit a produit ses effets. Loin d'être
aveuglément attachés à tout ce qui se trouve dans le Talmud, les
Juifs ont commencé de bonne heure à transiger avec le Talmud,
et à l'accommoder aux nécessités de la vie. Le domaine où s'é-
tend son autorité a été rogné à tel point, que dans beaucoup de pays
il n'en reste presque rien. Il n'y a peut-être pas cinquante per-

sonnes en France ou en Angleterre qui sachent lire le Talmud, il
n'y en a pas une, ni dans ces pays ni dans aucun autre, qui conforme exactement sa vie et ses pensées aux prescriptions du Talmud, parce que, dans nos sociétés modernes, cela est absolument impossible. En Russie même, où il semble que le Talmud
soit encore cultivé par une plus grande partie de la population
juive, il y a des sectes entières (sans parler de celle des Caraïtes)
qui le méprisent et des milliers de Juifs qui, depuis longtemps, se
sont entièrement soustraits à ses lois.

Mais les autres ? Ceux-là ont suivi les progrès des temps. Ils
mettent dans le Talmud leurs idées, qu'ils ont puisées dans la
société où ils vivent et que la civilisation moderne a répandues
dans l'air. Ceux qui prétendent que les Juifs de nos jours appliquent aux chrétiens ce que le Talmud dit des anciens payens,
commettent une erreur ou un acte de malveillance. On a déjà vu
plus haut comment un rabbin français du XIII° siècle réfutait
cette erreur par les faits. Il est superflu de dire que les payens ne
sont pas les chrétiens, mais lors même qu'on supposerait que,
malgré les avertissements de tous les casuistes juifs [1], les basses
classes du Judaïsme fussent portées à les confondre, s'imaginera-
t-on que l'esprit du Judaïsme n'a pas changé depuis dix-huit siècles
par l'effet général des progrès de l'humanité ? Les payens eux-
mêmes ressusciteraient, que les Juifs de nos jours ne songeraient
pas un instant à leur appliquer les anciennes lois talmudiques.
C'est une profonde erreur de croire que les gens conforment leur
conduite à d'anciennes prescriptions, qui sont conservées dans
les livres par respect et vénération, mais que la conscience moderne a depuis longtemps dépassées. Personne ne s'avise de prétendre que les Anglais exécutent toutes les lois singulières qu'ils
n'ont pas rayées de leur législation, quoiqu'elles soient depuis
longtemps tombées en oubli. La morale juive, dans sa doctrine,
est admirable, la conduite morale des Juifs vaut ce que vaut celle

---

[1] On peut voir, sur ce point, les déclarations formelles insérées souvent dans les
manuels de casuistique juive. On trouvera le texte de déclarations pareilles (avec
traduction allemande) faites par des rabbins de Prague en 1767, en 1776, en 1785,
dans Karl Fischer, *Gutmeinung über den Talmud der Hebräer*, Vienne, 1883, p. 46
à 69. Ceux qui s'étonnent que les manuels de casuistique juive aient reproduit ces
prescriptions surannées, si elles n'avaient aucune application possible, et en tirent des
arguments contre les Juifs, oublient ou feignent d'ignorer que ces manuels n'ont pas
seulement un but pratique, mais qu'ils veulent servir également d'index ou de table
de matières pour les recherches scientifiques. Ce sont aussi bien des manuels d'archéologie et d'antiquités juives que des manuels de la vie pratique, et on y trouvera,
preuve manifeste de cette destination, à côté des prescriptions sur l'observation du
sabbat, applicables encore de nos jours, des règles pour la dîme, applicables uniquement dans les siècles passés, et à l'époque où subsistait encore le temple de
Jérusalem.

des chrétiens, ce que vaut la civilisation du pays où ils demeurent.
Quand même leurs anciens livres contiendraient les maximes les
plus dangereuses, ces maximes n'ont aucun effet. L'habitude, l'u-
sage, fait qu'on les supporte sans en être ni blessé ni impressionné,
elles sont d'une innocuité absolue. La Bible contient assurément
le récit de faits très immoraux, et personne n'a encore prétendu
que la lecture de la Bible soit immorale ou que les Anglais, qui
la lisent sans cesse, soient des gens plus immoraux que les autres.
En France, on ne craint pas de mettre entre les mains de tous
les enfants les contes de Perrault, qui contiennent des détails de
mœurs fort scabreux, ils ne choquent personne et ne font aucun mal. Du respect qu'on témoigne pour un livre, de la valeur
qu'on lui accorde comme monument historique, il ne résulte nullement qu'on admire tout ce qui s'y trouve ou qu'on prenne à la
lettre toutes les prescriptions qu'il contient. Tout dépend de la
manière de lire, du sens qu'on donne aux choses, de l'esprit qu'on
y met. Si les Juifs du xiiiᵉ siècle ont déjà répudié les prescriptions du Talmud relatives aux payens, comment veut-on qu'elles
aient encore cours chez les Juifs modernes? Les Juifs ne peuvent
pourtant pas détruire le Talmud, ils ne le connaissent presque
plus, ils lui ont appliqué, dans tout ce qui n'est pas d'ordre purement religieux, la loi qui atteint toutes les doctrines anciennes
que l'on vénère sans les suivre, la loi de la désuétude.

Il est clair, néanmoins, que les Juifs ont tous les défauts et tous
les vices. Il faut bien justifier, ne serait-ce que par un semblant
de prétexte, les persécutions qu'on leur inflige.

Il ne s'agit pas de savoir s'il y a, parmi les Juifs, des personnes
indélicates ou immorales (pourquoi et comment n'y en aurait-il pas
aussi bien qu'ailleurs?), ce qu'on prétend, c'est qu'il y a parmi
eux plus de personnes indélicates et immorales que parmi les
chrétiens. Tout en leur reconnaissant, il est vrai, certaines qualités particulières, plus communes chez eux, on a cru, à tort ou
à raison, remarquer chez eux aussi certains défauts particuliers,
qui seraient le fruit de l'oppression et qui, s'ils existent, s'effa-
ceront certainement sous un régime bienveillant.

« L'histoire nous prouve, dit Dohm, par plusieurs exemples,
comment l'oppression ou le traitement désavantageux d'une
classe d'hommes les gâte partout et les fait dégénérer, et comment la justice, l'humanité produisent partout leurs effets magni-
fiques [1]. » — « Le caractère moral des Juifs est comme celui de

---

[1] Dohm, *Ueber die bürgerliche Verbesserung der Juden*, Berlin, 1783, I, p. 93.

tous les hommes, capable de la culture la plus complète et de la moralité la plus déplorable, et l'influence de la situation extérieure se remarque ici très clairement[1]. »

Dans les débats de 1831, dans la chambre bavaroise, le rapporteur, M. Lang, disait à son tour : « L'oppression engendre la résistance ou démoralise. On ferme au Juif le chemin de l'honneur, il faut donc qu'il s'applique surtout à gagner de l'argent, parce que, par l'argent, il rend sa situation plus supportable... On a détruit l'humanité en eux (les Juifs), et on demande chez eux l'idéal d'un homme sur lequel l'oppression matérielle et morale ne doit avoir produit aucun effet[2].

» Ce qui fait du Juif un juif dans le mauvais sens du mot, c'est le traitement auquel le soumettent les chrétiens[3].

» Quiconque a jamais eu l'occasion, comme moi, dans une situation qui permet d'observer sur une large échelle l'application des lois d'exception dans des milliers de cas, pendant des années, sera d'accord avec moi que presque toujours celui que les lois atteignent est troublé dans sa vie, gêné dans ses efforts vers une amélioration morale, insulté par les autres et, par suite, très légitimement irrité, sans que l'État en tire le moindre avantage ou se protège par là contre le moindre inconvénient[4].

» Le comble de l'injustice est de reprocher aux Juifs des crimes que nous les forçons à commettre[5]. »

Il a été déjà parlé ici du célèbre passage de Macaulay sur les hommes aux cheveux roux. « Les Juifs anglais sont exactement ce que les a faits notre gouvernement, ils sont exactement ce qu'aurait été toute autre secte, toute autre classe d'hommes, traités comme ils l'ont été[6]. »

Tout le monde a, du reste, remarqué que les mêmes causes produisent partout et sur tous les peuples les mêmes effets. Dohm donne pour exemple les catholiques d'Irlande[7]. « Le Grec, disait un député bavarois en 1831, est, par l'oppression, devenu brigand et barbare ; on dit des Bohêmes qu'ils sont faux, sournois, mais ils ont été opprimés par les Allemands. En Orient, où l'on parle des chiens de chrétiens comme chez nous des chiens de Juifs, on reproche exactement aux chrétiens le caractère que nous reprochons

[1] *Ibid.*, p. 100.
[2] *Verhandlungen der bayerischen Kammer*, Munich, s. d., p. 12.
[3] *Ibid.*, p. 89, deputé Schulz.
[4] Streckfus, *Ueber das Verhältniss der Juden zu den christlichen Staaten*, Berlin, 1843, p. 2b.
[5] Grégoire, *Motion en faveur des Juifs*, Paris, 1789, p. 29.
[6] Macaulay, *Essais politiques*, p. 390.
[7] Dohm, *Ueber die bürgerliche Verbesserung*, I, p. 100.

aux Juifs [1]. » Il ne serait donc pas étonnant que les Juifs eussent des défauts spéciaux, contractés par suite de la persécution, le contraire aurait plutôt lieu de surprendre. En revanche, ils ont sûrement des qualités qu'on ne trouve ailleurs qu'à un moindre degré. En tout temps on a rendu hommage à la pureté de leurs mœurs [2], à l'union, à la beauté de la famille juive [3], à leur charité envers les Juifs et les chrétiens [4], à leur répugnance pour les actes de brutalité [5], à leur sobriété et à leur application au travail [6]. En partie, c'est la religion, la race, l'influence héréditaire qui ont engendré ces vertus, c'est en partie aussi l'oppression elle-même ou la surveillance défiante dont les Juifs sont l'objet. On a souvent remarqué que, dans tous les pays, les minorités politiques ou religieuses sont supérieures à bien des égards à la majorité. Elles n'y ont, si l'on veut, aucun mérite, leur situation les y oblige. Il faut évidemment qu'un Juif soit dix fois plus honnête qu'un chrétien, au moins en certains pays, pour que sa probité soit reconnue. On peut dire, sans être taxé d'exagération, que les Juifs ont mieux résisté que ne l'ont fait beaucoup d'autres au régime de la persécution et qu'ils n'en ont pas été avilis au même point. L'oppression a pu les courber, elle n'est point parvenue à les accabler. Il y a en eux un ressort moral qui a plié sans se briser jamais. « C'est un grand peuple que celui qui a souffert perpétuellement l'oppression sans jamais l'accepter. La nature humaine s'élève à souffrir ainsi [7]. »

Ce qui contribue à entretenir le préjugé contre les Juifs, c'est la malheureuse habitude d'attribuer à tous les Juifs les défauts de quelques-uns. Tout le monde sait que c'est l'usage : dès qu'un Juif commet quelque part un délit quelconque, tous les Juifs en sont responsables et sa faute devient la faute du Judaïsme tout entier. « Ou un Juif commettra des excès ou ne fera pas son devoir, nous le poursuivrons aussi bien que vous ; mais il ne faut pas que, pour des fautes individuelles, on fasse planer sur toute une partie de la population des soupçons qu'on ne peut aucunement prouver [8] ». Il n'y a aucune raison pour qu'il n'y ait pas des hommes

[1] *Verhandlungen der bayerischen Kammer*, p. 89.
[2] Voir, par exemple, Grégoire, *Motion en faveur des Juifs*, p. 24.
[3] Voir Renan, *Conférences d'Angleterre*, Paris, 1880, p. 59.
[4] *Die Judenfrage*, Berlin, 1880, p. 35.
[5] Jellinek, *Franzosen über Juden*, Vienne, 1880, p. 27 : « Ces pauvres Juifs... sont des gens très doux et très rangés... Si l'Europe était uniquement peuplée d'Israélites... on verrait peu d'attentats contre les personnes. »
[6] Voir, par exemple, *Verhandlungen der bayerischen Kammer*, p. 23, et *Ueber Judenthum und Juden*, p. 77.
[7] Ernest Havet, dans *Revue des Deux-Mondes*, tome 46, 1er août 1863, p. 594.
[8] *Die Judenfrage*, Berlin, 1880, p. 98 ; paroles du député Haenel.

indélicats, des voleurs, des usuriers, chez les Juifs aussi bien
qu'il y en a chez les chrétiens. Il est impossible qu'il n'y ait pas
des Juifs aussi bien que des chrétiens qui commettent des délits
ou des crimes, et il serait contraire au bon sens et à l'équité de
rendre tous les Juifs responsables des fautes de quelques-uns. Il y
a des chrétiens indignes, de quel droit exigerait-on qu'il n'y eût
point de Juifs indignes ?

Tout ce qu'on peut demander aux Juifs, c'est que leur moralité soit aussi haute que celle des chrétiens. On a vu plus haut ce
qu'il faut penser des reproches qu'on leur a adressés à ce sujet au
moyen âge et à quel point ces reproches étaient peu fondés [1]. De
nos jours, un exemple servira à montrer ce que signifient tous
ces reproches. On sait quel développement ont pris, dans ces dernières années, les falsifications des denrées alimentaires et des
boissons. On les compte par centaines, on en a composé des ré-
pertoires qui remplissent des volumes. Il est permis d'affirmer
que les Juifs n'ont qu'une très petite part ou aucune part à ces
inventions coupables. Il serait certainement ridicule de les attribuer soit à l'esprit du christianisme, soit aux chrétiens en général,
mais elles ne sont certainement pas une preuve que la moralité
chrétienne soit plus élevée que celle des Juifs [2]. Nous ne vou-
drions pas dire, à l'inverse, que la moralité juive soit supérieure
à celle des chrétiens, il faut cependant avouer que jusqu'à ce
jour, la statistique des crimes et des délits est très favorable aux
Israélites. Il est difficile, sans doute, d'avoir sur ce point une série d'observations régulières, les documents manquent. Nous en
produisons ici quelques-uns. On verra que la moralité juive s'y
présente sous un jour excellent.

I. **Prusse.** — La *Allgemeine preussische Staatszeitung* (Gazette officielle de l'État prussien), n° 195 de 1842, avait publié,
d'après des documents officiels, une statistique d'où il devait résulter que, dans les poursuites judiciaires, il y avait eu 1,997 Juifs
poursuivis pour un chiffre total de 77,786 poursuites, et que, les
Juifs formant le 77e de la population, le coefficient de leur criminalité était très élevé, mais il fut démontré que cette statistique
avait omis 162,447 délits où il était plus que probable que les Juifs

---

[1] Se rappeler le passage de M. Bardinet cité plus haut, et toute notre exposition
sur le commerce et l'usure des Juifs.

[2] Que l'on lise ce qu'un écrivain humoristique, il est vrai, et qu'il ne faudrait
pas prendre absolument à la lettre, dit, entre autres, des marchands de Londres
et de leur peu de probité (Max O'Rell, *John Bull et son île*, Paris, 1884, p. 66
et suiv.).

n'avaient aucune part, et que, d'un autre côté, les Juifs formaient la 72e partie de la population et non la 77e. Il en résultait qu'il y avait eu un total de 240,233 poursuites; par conséquent, les poursuites contre les Juifs, à criminalité égale, auraient pu être au nombre de 3,314. Elles n'étaient pourtant que de 1,997 I Le ministre de la justice, dans une lettre adressée à la communauté juive de Berlin, convint que ces explications étaient exactes et « qu'elles étaient dans la plus grande partie conformes aux faits [1] ».

II. **Prusse.** — *Renfermés dans la maison de correction* (*Zuchthaüser*) [2].

		1858.	1861.
Hommes. Sur 1,000 évangéliques......		0,85	0,84
— — catholiques.......		0,70	0,84
— — Juifs.............		0,67	0,53
Femmes. — évangéliques......		0,17	0,16
— — catholiques.......		0,15	0,15
— — Juifs.............		0,07	0,05

III. **Prusse.** — *Accusés devant les cours d'appel* (*Cour de Cologne exceptée* [3]).

	1864.	1865.	1866.
Pour crimes. Chrétiens.......	11,224	11,832	12,739
— Juifs............	123	122	140
Pour délits. Chrétiens.......	106,755	115,091	116,402
— Juifs............	1,506	1,428	1,459

D'où il résulte que le rapport des accusés juifs aux accusés chrétiens est, pour chacune de ces années :

	1864.	1865.	1866.
Pour crimes................	1/89	1/100	1/93
Pour délits................	1/74	1/84	1/82

Le rapport de la population juive à la population chrétienne est de 1 à 71.

---

[1] *Allgemeine Zeitung des Judenthums*, 1842, p. 491 ; *Berliner Zeitung*, 30 juillet 1842.

[2] *Allgemeine Zeitung des Judenthums*, 1866, p. 789.

[3] *Ibid.*, 1868, p. 270.

IV. **Prusse.** — D'après la statistique publiée par le ministre de l'Intérieur sur les établissements pénitentiaires de son ressort [1],

Sur 1,000 habitants de chacune des trois confessions ci-dessous, ont été condamnés à la détention dans les maisons de correction (*Zuchthaus*) :

ANNÉES.	ÉVANGÉLIQUES.	CATHOLIQUES.	JUIFS.
1872	0,24	0,27	0,19
1873	0,25	0,28	0,21
1874	0,24	0,30	0,24
1875	0,25	0,24	0,21
1876	0,28	0,33	0,24
1877-78	0,30	0,34	0,23
1878-79	0,32	0,36	0,32
1879-80	0,28	0,35	0,31
1880-81	0,31	0,39	0,27

Dans les mêmes maisons (*Zuchthäuser*), sont détenus en tout, sur mille habitants de chacune des trois confessions [2] :

ANNÉES.	ÉVANGÉLIQUES.	CATHOLIQUES.	JUIFS.
1872	0,93	1,02	0,68
1873	0,91	1,00	0,69
1874	0,92	1,03	0,73
1875	0,92	C,98	0,62
1876	0,90	1,00	0,65
1877-78	0,95	1,06	0,69
1878-79	0,99	1,14	0,82
1879-80	1,00	1,17	0,91
1880-81	0,98	1,19	0,86

Enfin, dans les prisons (*Gefængniss*) sont détenus, sur 1,000 habitants de chacune des trois confessions :

ANNÉES.	ÉVANGÉLIQUES.	CATHOLIQUES.	JUIFS.
1875	0,65	1,20	0,63
1876	0,70	1,42	0,74
1877-78	0,78	1,66	0,86
1878 79	0,90	1,86	1,15
1879-80	0,83	1,69	1,06
1880-81	0,92	1,82	0,99

[1] *Statistik der zum Ressort des Ministerium des Inneren gehörenden Straf- und Ge-fangenen-Anstalten*, Berlin (1881 ?).
[2] *Ibid.*

V. Prusse. — Dans les anciennes provinces de la Prusse, il y avait dans les années ci-dessous [1] :

Crimes.	1875,	1 accusé sur	1,518	chrétiens, sur	1,638	Juifs.
—	1876,	—	1,416	—	1,469	—
—	1877,	—	1,249	—	1,363	—
—	1878,	—	1,193	—	1,379	—
Délits.	1875,	—	140	—	139	—
—	1876,	—	436	—	145	—
—	1877,	—	120		141	
—	1878,	—	114		117	

VI. Wurtemberg. — En 1834-35, dans le Wurtemberg, la proportion des prisonniers enfermés dans les maisons de pénitence (*Strafanstalten*) était [2] :

1 Évangélique sur 509 habitants évangéliques ;
1 Catholique sur 465 habitants catholiques ;
1 Juif sur 769 habitants juifs.

La *Monatsschrift für die Justizpflege in Würtemberg*, tome VI, année 1841, dit :

« Le nombre des Israélites détenus est, en général, insignifiant. De 1827 à 1830, un seul Israélite a été enfermé dans la maison de correction ; à partir de 1830, pas un. Dans la maison de police, il n'y avait pas un seul Israélite au 31 décembre 1828, 1829, 1830 [3]... La durée de la détention dans les forteresses et maisons pénitentiaires a été plus longue pour les catholiques que pour les évangéliques, elle a été la moins longue pour les Juifs [4]. »

VII. Bavière. — Partout la criminalité juive est donc plus faible. Il en est de même en Bavière [5]. Dans ce pays, il y a eu *un condamné* :

En 1875,	sur	490	chrétiens, sur	510	Juifs et autres confessions.
1876,	—	366	—	468	—
1877,	—	270	—	397	
1878,	—	261	—	399	
1879,	—	316	—	497	

---

[1] Loewenfeld, *Die Wahrheit über der Juden Antheil am Verbrechen*, Berlin 1881, p 9-10.
[2] *Würtembergische Jahrbücher*, de l'Oberfinanzrath von Memmingen ; voir *Allgemeine Zeitung des Judenthums*, 1837, p. 17.
[3] *Wurt. Jahrb.*, *ibid.*, p. 478.
[4] *Ibid.*, p. 483. Voir *Allgemeine Zeitung des Judenthums*, 1843, p. 112.
[5] Lœwenfeld, p. 12.

VIII. — De même à Berlin, il y a eu un accusé pour crime [1] :

En 1875, sur 690 chrétiens, sur 1,229 Juifs.
1876, — 688 — 1,749 —
1877, — 564 — 1,467 —
1878, — 537 — 1,378 —

IX. Autriche. — Nous n'avons pu nous procurer que des tableaux incomplets pour la criminalité juive en Autriche. Avant de les donner, nous sommes obligé de les faire précéder d'un calcul de statistique sur les rapports de la population juive avec la population chrétienne.

D'après Schimmer [2], la population de l'empire (Hongrie non comprise) a été :

	1869.	1880.
Population juive...........	822,220	1,005,563
Autres confessions........	19,574,410	21,425,142
Total.......	20,396,630	22,430,705

D'où il résulte qu'il y a eu :

En 1869, 1 Juif sur 24,80 de population totale.
1880, — 20,008 —

Et si l'on fait, pour les années 1868 à 1880, sur lesquelles nous avons pu nous procurer des renseignements, une moyenne établie sur ces deux derniers chiffres, on trouvera, pour ces années, le rapport de la population juive à la population chrétienne tel qu'il est indiqué dans la dernière colonne du tableau ci-dessous.

La statistique des crimes, d'après des notes prises pour nous dans le *Statistiches Jahrbuch der œsterreichischen Monarchie* pour les années 1868 à 1873, donne les résultats suivants :

[1] *Ibid.*, p. 14.
[2] Schimmer, *Die Juden in Œsterreich nach der Zählung von 31. Dezember 1880*, Vienne, 1881, p. 17.

ANNÉES.	TOTAL DES CONDAMNÉS.	CONDAMNÉS JUIFS.	1 JUIF CONDAMNÉ SUR	POPULATION : 1 JUIF SUR
1868.....	25,311	813	30,70 condamnés.	25,68 habitants.
1869.....	25,665	722	35,50 —	25,23 —
1870.....	24,850	775	32,06 . —	24,80 —
1871.....	24,420	854	28,70 —	24,40 —
1872.....	26,374	846	31,10 —	23,92 —
1873.....	28,405	1,119	25,30 —	23,52 —
1874.....	27,421	1,070	25,60 —	22,64 —
1875.....	29,467	1,228	23,40 —	22,18 —
1876.....	30,423 .	1,386	21,90 —	21,76 —
1877.....	31,943	1,228	26,00 —	21,31 —
1878.....	30.762	1,206	25,50 —	20,88 —
1879.....	28,392	1,117	25,40 —	20,44 —
1880.....	31,935	1,286	24,80 —	20,00 —

X. **Italie.** — La statistique officielle publiée par la direction générale des prisons donne pour le 31 décembre 1865 [1] :

> Prisonniers catholiques 7,708
> Prisonniers juifs 7

Or, d'après le recensement de 1871, la population totale de l'Italie est de 26,807,154 âmes, et la population juive de 25,356 âmes, c'est-à-dire que :

Sur 1,000 habitants il y a 12 Juifs :

Sur 7,715 prisonniers (7,708 + 7), le chiffre normal des prisonniers juifs serait de 9,2 ; le chiffre de 7 est donc inférieur à la moyenne.

XI. Du reste, en France, en Italie, en Angleterre, on n'a jamais entendu exprimer la moindre plainte sur la plus grande criminalité des Juifs.

En **Algérie,** devant les tribunaux de commerce, on a quelques renseignements sur le nombre de leurs contestations [2]. De 1830 au 30 septembre 1834, le tribunal de commerce d'Alger a jugé 389 eu-

---

[1] Cf. Flaminio Servi, *Gli Israeliti d'Europa*, Turin, 1871, p. 291-292.
[2] *Archives israélites*, 1843, p. 106.

ropéens, 37 Israélites, c'est-à-dire que les contestations juives
forment 1/12 des contestations, tandis que la population juive est
égale à la moitié de celle des Européens.

En 1840, le même tribunal de commerce d'Alger a jugé 835 contestations d'Européens, 74 contestations de Juifs ; à Oran, 387 procès européens, 164 procès juifs; or, la population européenne est,
à Oran, de 4,379 âmes, la population israélite de 3,192 âmes.

Là où il a été possible d'avoir des renseignements, la statistique
des crimes et délits, en Algérie, donne les mêmes résultats [1].

D'octobre 1834 au 31 décembre 1837, à Alger, on a 66 Européens accusés pour crime, 11 accusés israélites (se rappeler que
le nombre des Israélites est ici la moitié des habitants européens).
En police correctionnelle et en simple police comparaissent
1,568 européens, 396 juifs. En 1839, aucun Israélite n'a paru sur
les bancs de la police correctionnelle. En 1840, devant le tribunal
supérieur, il a comparu :

	EUROPÉENS.	JUIFS.
En matière correctionnelle.........	332	46
En simple police..................	1,228	169

A Oran, où la population juive est presque égale à la population
européenne, il y a eu en tout (matière criminelle, correctionnelle
et de police) 248 Européens et 57 Israélites.

En 1840, il y a eu dans les maisons de détention :

	EUROPÉENS.	JUIFS.	POPULATION.
			1 Juif sur :
A Alger, condamnés....	118	11	2 Européens.
— acquittés......	16	3	
A Oran, condamnés....	28	3	1 Europ. environ.
— acquittés......	4	2	
A Bône, condamnés....	55	2	» —
— acquittés......	5	»	

La statistique judiciaire est donc partout des plus favorables
aux Israélites. Il y a des villes, telles que Berlin, où la supériorité des Juifs est écrasante [2]. Là où elle pourrait être moins satisfaisante (nous ne savons si elle l'est quelque part), les Juifs ont le
droit de réclamer l'indulgence pour les défauts que l'oppression

---

[1] Ibid., p. 236-237.
[2] Lœwenfeld, p. 14-15.

leur aurait donnés et qui disparaîtront sous un régime libéral. Il faut ajouter que dans les pays où il règne des préjugés contre les Juifs, le nombre des poursuites contre eux, et surtout des condamnations devant le jury, peut en être sensiblement altéré. Tout le monde sait, du reste, que généralement les Juifs ne se rendent pas coupables des crimes qui intéressent la vie et la sécurité des citoyens ou la tranquillité de l'État. Le jury prussien de 1880, par exemple, n'a pas condamné un seul Juif pour rébellion envers la force publique, émeute, violence, infanticide, avortement, empoisonnement, attentat à la liberté des personnes, tromperie prévue par l'article 265, attentats contre la sécurité des chemins de fer; le nombre des condamnés juifs, par le même jury et pendant la même année, pour attentat aux mœurs, meurtre, vol ou violence, incendie, est insignifiant. Les seuls condamnés que les Juifs de Prusse, en cette année, ont offert en grand nombre (sans cela leur criminalité eût été à peu près nulle) appartiennent à la catégorie des commerçants (banqueroute frauduleuse et faux serment), mais on a fait remarquer avec raison que ces délits sont uniquement des délits commis par des négociants. Un chrétien qui ne paie point ses dettes ne fait point de banqueroute, ni frauduleuse ni autre, s'il n'est pas commerçant, puisque la loi ne lui permet pas de faire banqueroute. S'il y avait proportionnellement autant de négociants chrétiens que de négociants juifs, on peut présumer que le chiffre de leurs banqueroutes serait le même, proportionnellement, que celui des banqueroutes juives. Pour être équitable, il faudrait ici, où s'applique une loi spéciale à une certaine profession, comparer non pas les chrétiens aux Juifs, mais les négociants chrétiens aux négociants juifs. Les résultats qu'on obtient, en Prusse, sur ce point spécial, ne sauraient, au reste, infirmer dans leur ensemble, les résultats que nous a donnés la statistique. Elle démontre que la criminalité des Juifs et leurs délits sont inférieurs à ceux des chrétiens. Il est impossible de mieux réfuter les accusations en l'air qu'on porte tous les jours contre eux et qui ne sont fondées que sur la malveillance et le préjugé.

ISIDORE LOEB.

(*La fin au prochain numéro.*)

אַשְׁרֵי ET אָשֵׁר.

Que signifie אֲשֶׁר, ce relatif pétrifié, indéclinable, indifférent au genre et au nombre, qui ne tient même pas lieu de pronom et ne peut s'en passer? Qu'est-ce que cette particule isolée au sein des langues congénères et marquée néanmoins du sceau de la trilittéralité parfaite, qui est le signe distinctif de leur complet épanouissement? Et, si elle appartient à une période de formation postérieure à la division tranchée des idiomes, comment se fait-il qu'elle n'ait pas d'attaches visibles en hébreu, où elle joue un rôle si marqué?

אֲשֶׁר correspond exactement, au point de vue étymologique et phonétique, à l'araméen אֲתַר — lieu, endroit; en arabe, le ת aspiré donne le ث couronné de trois points : أَثَر, qui a le sens général de marque, trace, empreinte, sens dérivé, comme le montre suffisamment la comparaison avec le radical syriaque et comme en témoignent, d'ailleurs, des expressions dans le genre de : ولقيته (LA, V, 65 : والأثرة للجدب والحال غير المرضية), ou de : أثرة (, اى اول كل شيء : LA, ib. : آثرا ما وأثرَ ذاتِ يدين وذى يدين وذى أثير) lesquelles restent en dehors de l'acception affirmée par l'usage ordinaire. Les inscriptions de Zendjirli, qui, en conformité avec la règle énoncée par M. Sachau : « Je älter das Aramäische ist, um so mehr gleicht es dem Hebräischen », nous reportent à une époque où les dialectes araméens ne s'étaient pas encore fort éloignés de l'hébreu, nous fournissent : 1° l'une en l'honneur de Hadad, deux fois באשר [1], à la ligne 27, et une fois באשרה [2] à la l. 32 (Mittheil. aus d. Or. Samml., Heft XI, facsimile par M. Euting), et 2° l'autre à la mémoire de Panammu, לאשר (ib., p. 77), sans que, pour le dernier cas, le ר soit bien

[1] Dans l'endroit.
[2] Dans son endroit.

assuré. MM. Sachau (*l. c.*) et D.-H. Müller (*Die Allsemit. Inschr. von Sendschirli*, p. 8, 21, 22, 54) [1] ont tous deux spontanément songé à אֲתַר ; M. Müller rappelle encore l'assyrien *asru* et, transcrivant de plus l'arabe أثَر, ajoute : « Im Hebr. durch מקום verdrängt. » Observation judicieuse, mais à compléter par la remarque que nous avons conservé le mot, du moins dans le substantif אֲשֶׁר passé à l'état de particule relative.

Le cas n'en est pas unique dans la linguistique comparée : les Chinois ont eu recours au même artifice, lorsqu'ils ont pris *so*, *lieu, place, endroit*, dans un sens relatif pour dire *que, où*[2] ; les Malais n'ont pas agi autrement, ce qui leur attire une véhémente apostrophe de la part d'un professeur de la Suisse allemande [3], — « wenn ungekehrt hie und da das Malajische auf grobsinnliche Art das relative und attributive *jari* mit *tampat* « Ort, Stelle » ersetzt » — tandis que je n'y vois pas tant de mal.

D'autres idiomes. dédaignant le mot concret, font appel à la particule qui le remplace dans les interrogations ou dans les propositions relatives. L'Allemand dit : *wer* (= *wo er*), et même, dans certaines provinces, *wo* : Der Mann, wo (= den) ich sah [4]. M. Th. Korsch, professeur à l'Université de Moscou, dans une étude magistrale sur les procédés en cours dans les langues indo–européennes (ainsi qu'en arabe et en turc) pour exprimer la dépendance des propositions relatives [5], parle aussi de l'emploi en serbe de *djé* (donnez au *j* la valeur qu'il a en allemand et en polonais), *où*, à la place du français *qui*; il cite le recueil des poésies en grec vulgaire de Passow pour prouver l'emploi identique de τοῦ chez les descendants des Hellènes [6]. Traduisez en hébreu le tour (Passow, 315, 5) :

Ἡ Ζερβοπούλα, τοῦ λάμπουν τὰ μανίκια της, — vous aurez exactement : זֶרְבְּפֻלָּה אֲשֶׁר יַזְהִירוּ זְרוֹעוֹת כְּתָנְתָּהּ ; ou prenez (Passow, 467, 2) : Τὸ κάτεργον, τοῦ περπατεῖ, ne sera-ce point : הָאֳנִיָּה אֲשֶׁר תָּשׂוּחַ ?

Je relève dans le *Neugriechischer Parnass* d'Antonio Maranaki, I, Athènes, 1877 : Σὰν κρίνο τοῦ μαράθηκε καὶ γέρνει πρὸς τὸ χῶμα (livraison 1re, p. 38), et Τ'ἀηδόνι πώκλαψε γλυκὰ μιὰ μέρα τὴ

---

[1] Ajoutez dans le glossaire, *s. v.* אֲשֶׁרֵי, le renvoi : H., 32 — aux deux citations : P 18 et H 27.

[2] Misteli, *Charakteristik d. Hauptsächlichsten Typen d. Sprachaues*, p. 188-189.

[3] *Ib.*, p. 9.

[4] *Ib.*, p. 189.

[5] Sposoby otnositelnago Podczinenia, *Glawa iz sravonitelnago sintaksisa*, Moscou, 1877.

[6] Voir surtout les pages 29 et 31 à 33.

σκλαβιά זינ (livr. 6ᵘ, p. 36). Ainsi contracté et apocopé, πού subit les conséquences de l'évolution naturelle qui a également allégé אֲשֶׁר en lui enlevant l'aspiration presque imperceptible du commencement, et en usant son *r* final au contact du ל : שֶׁלִּי, שֶׁלָּךְ, בְּשֶׁלְּמִי (Jonas, I, 7), à côté de לְמִי בַּאֲשֶׁר (*lb.*, I, 8), si bien qu'on en vint à dire : בְּנוֹ שֶׁל רַבִּי, expression hybride : *son fils, rapport à Rabbi un tel*, où של ר' est une explication du pronom anticipé ו־. Le *r* affaibli se fond dans les préfixes de l'aoriste : שֶׁיַּמֵּל, מֶשֶּׁתְּדוּר, dans la syllabe initiale du prétérit : שֶׁדִּבַּרְתִּי, שֶׁאָמַרְתִּי, — dans la première lettre d'un substantif : שֶׁמְּקָרֶה, d'un adverbe : שָׁם. Tout souvenir de l'origine de אֲשֶׁר s'étant effacé, on en étaya un relatif : הֲבִינַם מַה־שֶּׁיְּדַבְּרוּ, (dans notre liturgie), מַה־שֶּׁהָיָה, מַה־שֶּׁנַּעֲשָׂה (Eccl., i, 9), sans cesser d'écrire שֶׁיִּהְיוּ לָאַחֲרֹנִים et même עִם שֶׁיִּהְיוּ לָאַחֲרֹנָה (*lb.*, v. 11). Fruste et décharné, réduit à sa plus simple expression, notre אֲשֶׁר mériterait l'approbation de M. Misteli, qui veut [1] que : « auch für die Partikeln muss, wie für die Pronomina und Präpositionen, als geeigneste Form diejenige gelten, welche an ein Nomen oder Verbum gar nicht erinnert und auch nach den Lauten sich bequem handhaben lässt. » En dernière analyse nous rencontrons dans l'Ecclésiaste (iii, 18) שָׁהֶם au lieu du plus pesant שֶׁהֵם. Dans ces conditions, la redondance : בְּשֶׁל אֲשֶׁר (Eccl., viii, 17) n'est pas plus rébarbative que l'accouplement des trois monosyllabes *que ce que*.

M. Korsch a méconnu la construction hébraïque, à laquelle il consacre une seule phrase [2] : « Les Hébreux », dit-il, « n'ont nul moyen d'exprimer la dépendance relative en dehors de la particule 'asér, qui se place devant les pronoms personnels, ainsi que devant les pronoms et les adverbes démonstratifs, et leur communique un sens relatif, par exemple, avec le pronom de la 1ʳᵉ personne : Ani Jóseph 'axikhem 'aser mékhartem 'óth-i, *Je suis Joseph, votre frère, que vous avez vendu.* »

Une fois bien ancré dans sa signification actuelle, אֲשֶׁר, par un scrupule de clarté très légitime, perdit son acception primitive dans la langue de tous les jours et céda la place à un nom verbal מָקוֹם ; mais la racine ne périt point, et une variante, de forme passive, continua de servir d'équivalent à l'arabe أَثَر : תֹּמֵךְ אֲשֻׁרָי בְּמַעְגְּלוֹתֶיךָ בַּל־נָמוֹטוּ פְעָמָי (Ps., xvii, 5) est un verset remarquable

---

[1] *L. c.*, p. 21.
[2] *L. c.*, p. 36.

pour la précision des termes. — « Affermis », demande le psalmiste, « mes vestiges dans tes sentiers pour que mes pas ne
tremblent point. » אַשּׁוּרֵי — c'est l'adhésion des pieds au sol,
פְּעָמַי — ce sont les pieds eux-mêmes en mouvement; pour que la
démarche soit ferme et assurée, il faut que leur plante porte tout
entière sur la terre. Le même psaume, quelques versets plus loin
(v. 11), offre le mot אַשּׁוּרֵנוּ, que de mauvaises éditions convertissent
en אַשּׁוּרֵנוּ, mais il n'a rien à voir avec אַשֵּׁר, quoique à la vérité
ils puissent tous deux se réclamer d'une origine commune; dans
אַשּׁוּרֵנוּ je reconnais un mot de la famille de שׁוּר mur, et je suis
prêt à le rapprocher de אַשּׁוּר, le Dieu éponyme de l'Assyrie, dans
lequel on est en droit de soupçonner quelque parenté — logique,
non phonétique — avec notre צוּר : אֵין צוּר כֵּאלֹהֵינוּ ; je traduis : « Notre rempart ! maintenant qu'ils nous ont entourés, ils
visent à le mettre par terre », et pour ce, je m'appuie sur la présence de l'accent disjonctif *dehî,* qui *repousse* un mot sans violence, comme le *tevîr* en brise l'union avec les suivants, c'est-à-
dire sans le détacher complètement à l'instar d'un *rebʰiʿa* [1].

Mais nous avons à considérer si אַשְׁרֵי, qu'aujourd'hui on rend
volontiers par « heureux », ne se rapporte pas à אַשֵּׁר comme
πῶς à τοῦ. Loin de moi l'idée d'en faire un adjectif et de le comparer à l'arabe اشری, *riche, opulent,* que nous trouvons dans un
vers d'El-Komeït sur les Omeyyades (LA, XVIII, 119); ce serait
un décalque exact, si nous ne touchions du doigt les signes caractéristiques du pluriel à l'état construit dans בַּאַשְׁרֵיךְ et אַשְׁרֵיכֶם,
et, dépouillé du י final, le mot hébreu n'appartient plus à la
famille اشری. La rencontre est tout simplement fortuite, car les
deux radicaux اشری O. et I., se fondant en un seul, ont pour déterminant capital l'*humidité du sol* (en russe : *mat' zemlia
syraja*); c'est de là que proviennent les acceptions subsidiaires
de : 1° sous-sol (couche inférieure de terre). tombe; 2° Pléiades
(messagères de la pluie); 3° bienfaits répandus; 4° bien-être,
possession de nombreux troupeaux (due au manque de sécheresse),
opulence.

Cherchons ailleurs. Léa s'écrie à la naissance d'un fils de Zil-
pah : בְּאָשְׁרִי עִי אִשְּׁרוּנִי בָנוֹת ; Onkelos traduit : תושבחא et
ישבחונני; R. Saadia Gaon : בוצפי אן יצכני אלנסא [2], — ce qui re-

---

[1] Cf. Wickes, טעמי אמ״ת, Oxford, 1881, p. 17, et le Manuel du lecteur publié
par M. J. Derenbourg à Paris en 1871, p. 219.

[2] Voir la belle édition des Œuvres complètes dont le premier volume vient de
paraître par les soins du doyen de nos savants, M. J. Derenbourg, p. 46.

vient au même. On a cru plus tard devoir, dans בְּאָשְׁרִי, démêler
un substantif אֹשֶׁר, commode pour les amateurs d'allitération à
cause de sa grande ressemblance avec עֹשֶׁר et de l'agréable syn-
thèse « richesse et bonheur », tandis qu'il est régulièrement constitué sur le modèle de בְּעָמְדִי et de בְּדָלְיִי, dont l'un se résoud en
עֲמֹד et l'autre en דְּלִי. Je dis donc que בְּאָשְׁרִי a pour point de départ : אָשֻׁר, et pour sens : A ma place ! avec une nuance de joie
et d'orgueil qui perce bien dans la suite de la phrase, qu'on pourrait rendre librement par : que de jeunes femmes (puellae) voudraient être à ma place ! Léa sous-entend : « *Que je suis fière
et contente d'être* à ma place » ; y a-t-il là plus d'équivoque
que lorsque nous disons : Bonjour, et que nous pensons : je vous
souhaite bien le bonjour ; ou lorsque nous crions : victoire, et
que nos amis comprennent que nous avons remporté la victoire ;
ou encore lorsque des hérauts clament : Place, persuadés que
tout le monde se rangera et fera place ; *ô bonheur !* représente
toute la phrase : quel bonheur m'est échu là en partage !

אַשְׁרֵי n'est que le pluriel du même terme, employé par hyperbole en s'adressant aux autres ; aussi l'expression הִנֵּה אַשְׁרֵי אֱנוֹשׁ
(Job, v, 17) est-elle parfaitement juste, en dépit des exégètes qui
veulent supprimer הִנֵּה comme déplacé devant אַשְׁרֵי. Un vieux
grammairien espagnol (Moïse Giqatilla, si je ne me trompe),
dont l'ouvrage פתח דברי a été publié par Elie Lévita à Venise, en
5310, dans son recueil intitulé הדקדוקים, dit textuellement : אשרי
מלה סמוכה והיא נכבדת להפליג מן כל המלות בשבת האדם על
מעלותיו הנכבדות ומדותיו הנחמדות לרוב חכמה וחסידות. Ne di-
rait-on pas qu'il a choisi exprès ses termes בשבת, מעלותיו ? L'i-
diome rabbinique a étendu l'emploi de אַשְׁרֵי à la 1re personne
d'une façon très caractéristique pour notre interprétation et qui
cadre admirablement avec le texte du vieil Espagnol : אשראי שאני
אִשְׁרוּנִי למעלה מזה (Midrasch Tehillim, Ps. 84). La forme pi'el :
(Gen., xxx, 13) et וַיְאַשְׁרוּהָ (Prov., xxxi, 28), exprime l'*emploi
du mot* אַשְׁרֵי *à propos de quelqu'un*, comme cela ressort clairement du passage de Yerouschalmi, *Soucca*, ch. iii, f° 54, 1re col. en
haut : בעטרה לשונות של טבח נאמר כפר תילים כאישור בניצוח
c'est-, בניגון בשיר במזמור בהשכל ברינה בתודה בתפילה בברכה
à-dire les psaumes commencent par אשרי, למנצח, שיר,
. ברכי, תפלה, הודו, רננו, משכיל, מזמור, בננינות

Tous les mots talmudiques qui se ramènent à la racine אשר et
signifient consolider, confirmer, affirmer, doivent, par contre, se
ranger autour de אֲשׁוּר et viennent à l'appui de notre interpréta-

tion du v. 11 du Ps. xvii. Quant à אַשּׁוּר, que Levy (*N. hebr. Lex.*, I, p. 181) voulait identifier avec un terme persan et une racine arabe, Fleischer l'a rendu avec raison (*ib.*, p. 283-284) à l'hébreu; mais il ne se prononce pas entre אַשּׁוּר et אַשּׁוּר, car les deux lui sont indifférents; tout, cependant, milite en faveur du premier, et le אסור הייא de *Schabb.*, 119 a, est l'équivalent de notre: *marche, en avant,* — comme on dirait en petit-russien: *marsh haj-da.*

Et pour ce qui est du nom propre אָשֵׁר, qui a provoqué l'exclamation de Léa, il me semble s'adapter parfaitement à l'arabe أَثِير (*choisi,* c'est-à-dire, au fond, *marqué du sceau de l'élection*), et qui est devenu, lui aussi, un nom propre, illustré par le grand historien اِبن الأثير; quant au sens, il pourrait bien être, en connexion directe avec אֲשֶׁר : *situé, placé,* — naturellement, *haut* ou *au plus haut,* de même que *grade* entraîne avec soi l'idée d'un rang relativement élevé dans la hiérarchie, et comme *sostojanie* (en russe) signifie à la fois situation et richesse; la fortune, produit du hasard, ne se prend-elle pas aussi en bonne part, tout en n'y étant déterminée par rien? יוּסַף, souhait de succès, ne laisse-t-il pas sous-entendre le terme même de prospérité qu'il vient d'éveiller? Ou préférez-vous penser à l'empreinte sur le sol et voir dans אָשֵׁר l'équivalent de : *marqué, prédestiné,* élu, comme dans أَثِير? Peu importe, — il n'en est pas moins avéré que אָשֵׁר, voulant dire *endroit,* est la source d'où découlent אַשּׁוּר, אֲשֶׁר et אַשְׁרֵי. La forme même de אָשֵׁר n'est pas étrangère à l'hébreu; la langue archaïque a transmis aux générations postérieures קָנָה, דְּלִי, וְלָד. L'auteur que nous avons cité plus haut trouve aussi un pendant à אשרי : אחלי אחלי אדוני ענין תפלה; מגזרת ויחל מסרה והיא מלת בפלס אשר; il va sans dire que nous devons, dans אַחֲלַי (= utinam), reconnaître le suffixe de la 1ʳᵉ personne accolé à l'état construit pluriel : mes supplications, ce qui éclate jusqu'à l'évidence dans Ps., cxix, 5 : אַחֲלַי יִכֹּנוּ דְרָכָי, où il est muni du dehi.

Il y aurait encore beaucoup d'idées à développer sur les questions qui se rattachent directement ou indirectement à notre sujet, par exemple, sur les prépositions עֲדֵי, בְּלִי, אַחֲרֵי, sur אַשּׁוּרִית [1] et d'autres points encore; mais cela déplacerait le centre

---

[1] La célèbre controverse de Yer. *Meg.* (71, col. 2, en bas) a été tranchée par Abr. ibn Ezra dans son צחות d'une façon très sensée; du reste, l'opposition de רעץ et אשרורית אשורית montre bien qu'il s'agit d'une écriture rangée, alignée et présen-

de gravité de nos recherches, et je crois avoir assez clairement
établi mon opinion pour que le lecteur tire de lui-même toutes les
conclusions qu'elle comporte. Je ne me dissimule pas néanmoins
la faiblesse de mes investigations, forcément incomplètes, vu le
manque total de livres, de concordances et de dictionnaires dans
le village que j'habite,

¹. והקורא ידינני לכף זכות

Mohilna, 26/8 décembre 1893.

DAVID GUNZBOURG.

---

tant comme l'aspect d'un mur aux assises de briques régulières. — Il reste à examiner quels sont les points de contact entre אשר et ישר; il est certain que les deux
racines se côtoient et se pénètrent, l'*alef* = *hamza* versant surtout dans le *yod* = *ya*.

¹ Depuis que j'ai écrit ces lignes, j'ai eu entre les mains l'ouvrage posthume du
regretté W. Wright sur la grammaire comparée des langues sémitiques; il y a recueilli certains rapprochements qui forment le point de départ de mes réflexions.

RELATIONS DU MARQUIS DE LANGALLERIE AVEC LES JUIFS

NOTAMMENT AVEC ALEXANDRE SUSSKIND D'AMSTERDAM

Quoique l'on ait pris toute sorte de mesures pour empêcher les Juifs de jouer quelque rôle historique dans les grands événements du monde, ils ont quand même apporté un certain concours à cette partie de l'histoire qui est restée anonyme. Sans doute, la littérature juive n'offre que de rares documents sur l'histoire universelle, moins rares, toutefois, qu'on ne le pense généralement ; mais, en tous les temps, les Juifs ont vu de si près les événements de l'histoire, petits ou grands, qu'ils auraient pu fournir les renseignements les plus précieux. Ce furent surtout les relations de quelques Juifs isolés avec certains grands hommes, vrais agents et héros de l'histoire, qui les firent assister de très près à des faits et à des mouvements qui semblaient avoir été complètement inconnus des Juifs. Et il ne s'agissait pas toujours de financiers et de médecins ; c'étaient parfois d'humbles Juifs, de condition médiocre, qui, par leur dévouement intelligent, leur fidélité, leur habileté, leur connaissance des hommes, étaient autorisés à vivre dans un commerce si familier avec les grands de la terre, avec les personnages influents de l'histoire, que nous devons regretter, dans l'intérêt de la vérité historique, de ne pouvoir obtenir de ce côté aucune information.

Je faisais de nouveau ces réflexions, qui m'étaient venues déjà si souvent à l'esprit, lorsque je découvris, à la Bibliothèque de la Cour de Vienne, un manuscrit ignoré, 11, 263 (Rec. 1254), cahier de notes relié en parchemin et ayant appartenu à un Juif d'Amsterdam, nommé Alexandre Süsskind. A la suite de toute sorte d'indications commerciales et de lettres en hébreu, il s'y trouve le texte d'un contrat passé entre le marquis de Langallerie, qui y figure avec tous ses titres, et l'ambassadeur du sultan, à l'effet d'expulser le Pape de Rome.

Qui était ce singulier marquis qui nourrissait des plans si aventureux ? A la suite de quelles circonstances l'instituteur juif, dont on savait seulement jusqu'alors qu'il s'était occupé de grammaire hébraïque, s'est-il trouvé mêlé à des événements aussi étranges ?

Le nom de messire Philippe de Gentil, marquis de Langallerie, chevalier seigneur de la Motte-Charante, Tonne-Boutonne et Biron, lieutenant de Roy et premier Baron de la province de Xaintonges, pour ne citer que quelques-uns de ses titres, était aussi populaire dans les vingt premières années du siècle passé qu'il est peu connu aujourd'hui. Il était né en 1650, issu d'une vieille et noble famille de France, à la Motte, dans l'Angoumois, et, après avoir été, comme tant d'autres de ses contemporains, destiné à l'état ecclésiastique, il embrassa inopinément la carrière militaire. Au grand étonnement des siens, le marquis, à l'âge de dix-huit ans, tua d'un coup de pistolet un chevalier épris de sa mère, dont il voulait venger l'honneur[1] ; il reçut ainsi le baptême du feu, qui décida de son sort. Entré dans l'armée de Louis XIV, il conquit rapidement ses grades militaires, et fut promu lieutenant-général, grâce à sa bravoure et surtout à la protection de sa toute-puissante bienfaitrice, Mme de Maintenon. Mais celle-ci le prit plus tard en aversion; il n'hésita alors pas un instant, malgré ses 32 campagnes[2], malgré l'amitié que lui témoignaient les illustres maréchaux Catinat et Vendôme, à prendre du service chez l'empereur, qui l'admit dans son armée avec le titre de *feldmarschall*. Tandis que, sur l'ordre de Louis XIV, il était pendu en effigie pour avoir déserté, — ainsi que le rapporte Duclos dans ses *Mémoires*[3] —, il combattait sur les champs de bataille de la Haute-Italie, sous les ordres du prince Eugène de Savoie, en qualité de général de cavalerie autrichien. La délivrance de Turin (7 septembre 1706), qui paraissait devoir lier pour toujours la destinée de Langallerie au drapeau de l'Autriche, fut, au contraire, pour l'infatigable aventurier, l'origine de nouvelles péripéties. Alors que la part qu'il avait prise à la victoire de Turin, sur laquelle les recherches de l'état-major d'Autriche ont fait aujourd'hui la lumière[4], n'était pas plus grande que celle de tout autre chef nommé par le prince Eugène dans son

---

[1] *Mémoires du marquis de Langallerie* (La Haye, 1743), p. 10.

[2] Guillot de Marcilly, *Relation historique et théologique d'un voyage en Hollande* (Paris, 1719), p. 16.

[3] *Nouvelle collection des mémoires pour servir à l'Histoire de la France*, 3e série, X, 488, n° 4. Dans le *Manifeste de Philippe de Gentil*, écrit par lui-même en 1706 (Cologne, 1707), il indique les raisons pour lesquelles il a quitté la France.

[4] *Feldzüge des Prinzen Eugen von Savoyen*, 1re série, t. VIII ; *Spanischer Successionskrieg*, *Feldzug 1706*, 251-70.

rapport à l'empereur Joseph I[er][1], il s'en attribua à lui seul tout le
mérite et parla du fait d'armes de Turin comme de son triomphe
personnel[2]; c'est ainsi qu'il prévint contre lui l'homme le plus
puissant d'Autriche, le prince Eugène. Il resta pourtant dans
l'armée jusqu'à l'hiver de l'année 1709 ; mais, las des procédés
d'Eugène à son égard, il désira se rendre sur le théâtre de la lutte
en Flandre. Présenté à l'empereur à Vienne, il apprit qu'à la
cour d'Autriche, comme autrefois à la cour de France, il était
devenu désagréable, insupportable. A l'exemple des anciens condottieri, il se dirigea en 1710 sur Dresde pour tenter de nouveau
la fortune des armes dans l'armée du prince-électeur Auguste,
qui cherchait à reconquérir le trône de Pologne, qu'il avait
perdu. Auguste l'accueillit, sans avoir pour le moment un emploi
à lui offrir.

Vers cette époque, nous le voyons, pour la première fois, en relation avec des Juifs. Avait-il noué ces rapports à la cour de
Dresde, où le *Résident* polonais Berend Lehmann de Halberstadt[3], le financier d'Auguste le Fort de Saxe, jouissait d'une très
grande influence, ou l'avait-il déjà fait auparavant? Langallerie
avait à Stettin un ami juif, protecteur dévoué, qui, par suite
d'une erreur commise dans la lecture de son ms., porte dans ses
Mémoires le nom de Lezena[4], je suppose, au lieu de Lehmann.
Cet ami l'accueillit dans sa maison, jusqu'à l'époque où il fut
appelé sous les drapeaux : là, il fit la connaissance d'une amie de
la jeune fille de la maison, qu'il épousa plus tard en secondes
noces. A la nouvelle de la mort de l'empereur Joseph Ier, il partit
pour Vienne, avec l'aide de la bourse de son ami, pour réclamer
à la Cour une somme de près d'un demi-million de florins, qui
lui était due depuis de longues années. Mais son ennemi, le prince
Eugène, était à la tête du conseil de guerre, à la Cour. Le temps
n'avait pas calmé la colère du prince, et les sollicitations de Langallerie vinrent échouer devant son inébranlable volonté. Déses-

---

[1] *Spanischer Successionskrieg*, p. 269.

[2] *Mémoires du marquis de Langallerie*, p. 360 : « Cette victoire que je puis sans
façon nommer la mienne ». Cf. p. 376-77 et p. 416 et suiv., ou Osman Aga lui demande la description de la bataille de Turin, et où Langallerie ajoute . « Cette circonstance me fit entendre qu'on l'avait informé que j'avois été le principal acteur
de cette tragédie, unique dans son espèce. »

[3] Cf. Kaufmann, *Samson Wertheimer*, p. 85, note 1.

[4] *Mémoires*, p. 381 : « Un Juif de Stétin en Poméranie, que j'ose qualifier de mon
bon ami... me répondit sans délai, que je lui ferois un sensible plaisir d'aller passer
chez lui le temps de mon attente. » — P. 382 : « Lezana, c'est le nom de mon ami. »
— P. 388 : « Mon ami Lezana, sur qui j'avois toujours compté avec raison, me prêta
sa bourse. »

péré, il prit la résolution d'assassiner son tout-puissant adversaire[1], mais il se ravisa et retourna à Dresde; Auguste le Fort lui
confia (1712) le commandement au siège de Stade. Il n'occupa
cette situation brillante que peu de temps. Auguste, rétabli sur le
trône de Pologne, l'avait placé, il est vrai, à la tête de ses régi-
ments en Lithuanie, mais Langallerie comprit qu'en temps de
paix il ne trouverait pas l'occasion d'employer son activité : il fit
ses adieux.

Après avoir successivement changé trois fois de patrie, Langallerie prit le parti désespéré d'embrasser une nouvelle religion et
de se mettre à la disposition d'un prince protestant[2]. Sa femme,
réformée, issue d'une famille de réfugiés, de très ancienne noblesse, aida de toutes ses forces à cette conversion[3], obtenue par
l'entremise du célèbre pasteur et prédicateur de Berlin, Isaac
Beausobre[4]. Après avoir échoué dans sa tentative de prendre du
service en Prusse, Langallerie s'adressa à la Cour de Hesse-Cassel : là, il pouvait espérer entrer, avec les troupes hessoises, au
service d'un prince étranger. Le prince de Hesse-Cassel l'accueillit avec amabilité, mais, au bout de trois semaines, Langallerie
n'avait pas encore reçu le commandement pour lequel il avait
déjà prêté serment. Il commençait de subir les funestes conséquences de sa vie aventureuse.

Peut-être sont-ce ses entretiens théologiques avec Beausobre
qui firent de lui un adversaire du catholicisme, et qui inspi-
rèrent au soldat belliqueux, à l'ancien chef militaire, des visées
religieuses ; bref, le soldat était retourné à l'état ecclésiastique de
sa jeunesse, le condottiere allait devenir le fondateur d'une religion. En effet, Langallerie ne songeait à rien moins qu'à prêcher
au monde une nouvelle foi; il voulait que l'État fût fondé seulement sur la parole de Dieu, sur la révélation, mais qu'on ne tînt
plus aucun compte des commentaires et des explications, en un
mot, de tout ce qui émanait des hommes. La conséquence était
que prêtres et avocats seraient supprimés[5]. Il donna le titre éclatant de *Théocratie du Verbe divin* à ce système nuageux, dont

[1] P. 389 : « Je me résolus de le tuer de quelque manière qu'il me fût possible. »
[2] *Mémoires*, p. 398.
[3] Marcilly, *l. c.*, p. 17, indique le dimanche 19 juillet 1711 comme date de la conversion de Langallerie, qui eut lieu à Francfort-sur-l'Oder. La date de 1714 des *Mémoires*, p. 403, est certainement fausse.
[4] *Allgemeine deutsche Biographie*, II, p. 195.
[5] P. 410 : « Je prétendois qu'il n'y eût dans ma nouvelle République d'autre
Règle et d'autre Loi que la seule Parole de Dieu prise à la lettre : de sorte que je
proscrivois Prêtres, Juges, Avocats, Commentaires, Gloses, Interprétations et toutes
les Lois des hommes. »

on apercevait à peine les contours. Jusqu'alors, il était le seul
sujet, mais aussi le souverain du nouvel État, le seul adepte,
mais aussi le chef spirituel de la nouvelle religion; il donnait ainsi
satisfaction à son ambition toujours déçue. Mais s'il tourna ses regards vers les cercles juifs, c'était bien plus en vue d'obtenir les
ressources nécessaires à sa nouvelle entreprise que pour opérer
des conversions. Déjà avant son triste voyage à la Cour de Hesse-
Cassel, il s'était lié avec des Juifs de Francfort–sur–le–Mein, qui,
à l'en croire, l'auraient accueilli à bras ouverts. Il reçut, paraît-
il, lui et sa famille, l'hospitalité la plus cordiale dans la maison
de l'un des plus riches membres de la communauté juive, il reçut
à plusieurs reprises la visite des Juifs les plus estimés, qui le
prièrent d'exposer sa nouvelle doctrine, dont ils avaient déjà entendu parler par les gens de Stettin. Une bourse de 20,000 florins
allemands qu'on lui offrit lui paraissait être la preuve la plus évidente que ses idées étaient embrassées avec enthousiasme. Cruellement déçu dans ses espérances, il se dirigea vers Francfort-sur-
le-Mein, dès son retour de Cassel [1]. Il y avait au Ghetto de Francfort un homme considéré, Joseph Later ou Latere, appellation
qu'il devait peut-être à l'enseigne de sa maison : « à l'échelle » [2].
Celui-ci découvrit, paraît-il, dans le prénom de Langallerie,
Philippe-Ange, l'indice qu'il était l'ange qui, selon la prédiction
du prophète Baruch, devait rétablir un jour l'empire juif. Bien des
gens ajoutèrent foi à ce pronostic. Langallerie, lui aussi, partagea
à la fin leur croyance [3].

[1] P. 405 : « J'avois fait un Système pour réûnir toutes les Sociétés Religieuse
sous un même Gouvernement ; et je ne doutois pas que les Juifs ne fussent les premiers à l'adopter. Mon ami Lezana, Juif de Stettin, a qui je l'avais souvent déve-
lopé, l'avoit fort approuvé et m'avoit même aidé de ses conseils. Tout m'en faisoit
espérer l'heureux Etablissement. C'est pourquoi je voulois voir les plus considérables
Juifs de Francfort, qui en étoient déjà prévenus depuis assez longtemps, pour avoir
eu celui de faire leurs Réflexions. Dès qu'ils eurent appris mon arrivée dans cette
ville, un des plus riches d'entr'eux vint m'offrir sa Maison et ne voulut jamais souffrir que je logeasse dans l'auberge où j'étois descendu du chariot de poste avec toute
ma famille. Il fallut céder à ses politesses pressantes. Je fus à peine arrivé chez lui,
que je reçus une foule de visites des plus apparens de cette Nation. Quoiqu'ils eussent
connoissance de mon projet, ils me prioient de les entretenir comme s'ils eussent pu
en être mieux instruits par moi-même. Je les satisfis avec une complaisance, qui les
charma et, pour me mettre en état de travailler efficacement à remplir leur espérance,
ils me firent une bourse d'environ vingt mille Florins d'Allemagne ».

[2] S. Schudt, *Jüdische Merckwürdigkeiten*, III, p 151. Par exemple, sur l'épitaphe
n° 550 de Francfort-sur-le-Mein, je trouve, en 1760, Telzche, fille de défunt ליב
לאמר.

[3] P. 410 : « J'étais fondé sur les Dispositions que j'avais trouvées dans les Juifs de
cette Ville. Un d'entr'eux, nommé Joseph Later ou Lateré, trouva le moien de flatter
leurs espérances et la mienne. Cet homme, fort considéré dans sa Nation, aiant appris
que je m'appelais Philippe Ange de Langallery, osa avancer que j'étais cet *Ange* que

Au milieu de ces heureuses circonstances, qui ouvraient son cœur à l'espérance, Langallerie se souvint en temps opportun d'un de ses proches qu'il croyait apte à devenir l'instrument de ses plans. Il s'appelait René-Godefroi-Louis-Ernest-Joseph Le Hachard, landgrave de Linange, prince du Saint-Empire et de Chabanais, duc d'Angelpont, et, pour la même raison que Langallerie, il avait déserté la France. On voulait lui donner une éducation ecclésiastique, mais il se convertit à la religion réformée, et entra dans l'armée de Pierre le Grand, au service de la Russie. Le nouveau fondateur de religion comptait sur le concours de ce parent pour achever plus rapidement son œuvre. Il invita donc Linange à venir à Amsterdam, où il serait initié à la nouvelle doctrine, et où, avec le titre de second adepte, il était sûr d'occuper le plus haut rang après le chef. Langallerie tourna de nouveau ses regards et ses espérances du côté des Juifs et des richesses de la communauté d'Amsterdam. Après avoir épuisé depuis longtemps ses ressources, il aurait obtenu des Juifs de Francfort-sur-le-Mein une nouvelle somme d'argent pour son voyage à Amsterdam. L'accueil qu'il reçut chez les Juifs d'Amsterdam ne paraît pas avoir été de nature à lui donner beaucoup d'espoir. Il trouva chez un certain Limier une force intellectuelle assez grande pour mûrir son système si vague et lui donner une forme [1]. Sur ces entrefaites, Linange arriva aussi à Amsterdam, mais dans un état si lamentable, que le nouvel apôtre inspira pendant un moment à Langallerie une certaine inquiétude [2].

Il se produisit alors une circonstance qui rendit tout son courage à Langallerie. Un envoyé extraordinaire de la Porte, nommé Osman Aga, se trouvait en ce temps à La Haye pour réclamer aux États généraux un vaisseau de Constantinople, qui avait été capturé par les Hollandais [3]. Les deux condottieri s'avisèrent de se présenter devant l'ambassadeur turc à La Haye, et de lui exposer le plan qu'ils avaient conçu de fonder un nouvel État doté d'une nouvelle religion. Chose étonnante! Osman qui, au début se tint sur la réserve, s'intéressa, à la fin, aux élucubrations de ces aventuriers, et procura même à ces fous le moyen de se présenter aux yeux du peuple dans une attitude imposante. C'est aussi à cette époque que naquirent des relations suivies entre

le prophète Baruch avoit dit devoir rétablir le Roiaume d'Israël. Ses Confrères l'espérèrent parce qu'ils le souhaitoient : et je commençai à le croire fermement moimême.»

[1] P. 413 et suiv.
[2] P. 414.
[3] P. 415.

Langallerie et le philosophe et théologien français Guillot de
Marcilly, qui était venu visiter la Hollande. Ce jeune et fougueux
catholique, qui brûlait du désir d'opérer des conversions, cares-
sait l'espoir, à Amsterdam, de ramener dans le giron de l'église
romaine le célèbre déserteur de la France et du Catholicisme, et
cela, à la grande colère des réfugiés français réformés, établis
en Hollande. Langallerie, qui avait la manie de conclure des traités retentissants, où il énumérait tous ses titres, s'engagea, sur sa
parole d'honneur, en vertu d un contrat en bonne et due forme,
à retourner à la foi catholique dès que Marcilly l'aurait convaincu de son erreur [1]. Les longues controverses et correspon-
dances théologiques où Langallerie attaquait le catholicisme et
où Marcilly le défendait savamment, n'eurent d'autre résultat
que la composition d'un ouvrage, la relation historique et théologique que Marcilly écrivit sur son voyage en Hollande, et dont
Louis XIV agréa la dédicace. Malgré des négociations et un
échange de correspondance qui durèrent plus de quatre mois,
jusqu'à la fin d'août de l'année 1715, Langallerie fut obligé de demander à Marcilly de le relever de ses engagements, car les
pourparlers avec une puissance étrangère, la Turquie, occupaient
alors toutes ses pensées, et bientôt il allait pouvoir entrer en
scène, muni des prérogatives auxquelles lui donnaient droit sa
naissance et son passé [2]. Au lieu de ces oiseuses discussions théologiques, il voyait s'ouvrir un nouveau champ d'activité pour
ses aptitudes militaires : il ne s'agissait plus d'idées obscures, de
chimères, mais de projets dont l'exécution pouvait avoir une
influence considérable sur la marche de l'histoire et qui ne pouvaient être réalisés que les armes à la main. Les négociations avec
le Chiaoux de la Porte et l'approbation que le projet rencontra
à Constantinople amenèrent bientôt la conclusion d'un traité,
d'une part entre les deux vieux condottieri, Langallerie, général
en chef de la nouvelle *Théocratie du Verbe divin*, et Linange,
Grand-Amiral, et de l'autre, Osman Aga, représentant du Sultan.
L'entreprise qu'ils avaient conçue d'un commun accord stupéfia
d'abord le monde chrétien, puis l'égaya bientôt après. Ils se proposaient, en effet, tout uniment de chasser le Pape de la ville
éternelle et de détrôner, en même temps que le chef de la chrétienté, la chrétienté elle-même. Le Sultan devait tenir prêts dix
mille cavaliers et cinquante vaisseaux de guerre, qui, placés
sous le commandement des deux héros, devaient donner Rome à la

---

[1] *Relation*, p. 20 et suiv.
[2] *Ibid.*, p. 420, 444.

Turquie. Cette ville une fois conquise, le Sultan octroierait à nos vainqueurs certaines îles et provinces, qu'ils gouverneraient en souverains et où ils pourraient fonder en toute sécurité le nouvel État du Verbe divin.

Le traité fut signé à La Haye le 25 du mois Dsul Hedja [1] de l'année mahométane 1123, mais le dernier mot n'était pas encore dit. Le souverain, à Constantinople, devait, avant tout, entendre la lecture de ce traité de leur propre bouche. Le caractère aventureux de cette entreprise ne pouvait être dépassé que par l'extravagance des moyens imaginés pour la mettre à exécution. La Porte devait leur donner un port dans l'archipel grec, dont ils feraient un port libre, un refuge pour tous les pirates et brigands qui menaçaient alors la sécurité sur mer et s'étaient établis jusque dans l'île de Madagascar. Linange avait probablement conclu des conventions avec les pirates, pendant qu'il était encore à Saint-Pétersbourg et à Archangel [2]. Les pirates consentaient à venir avec soixante vaisseaux de guerre au secours de la nouvelle entreprise. Un second expédient, encore plus chimérique, était de vouloir s'emparer de l'église de Lorette, où étaient amassés et restaient sans emploi des trésors considérables, fait que ces esprits pieux considéraient comme un crime de lèse-économie nationale. Dix mille personnes devaient envahir l'Italie, en se déguisant en ouvriers, artisans, mendiants, pèlerins, voyageurs, et se donner rendez-vous près de Lorette. La flotte prêterait son concours à ce coup de main, de sorte que le succès serait certain et qu'on pourrait s'emparer de cet immense réservoir de richesses sans éveiller le moindre soupçon [3].

Déjà, avant la conclusion du traité, et alors qu'il n'était encore qu'en perspective, Langallerie avait fait part à un Juif très considéré de La Haye de la bonne marche des négociations [4]. L'affaire terminée, il fit connaître immédiatement ses plans aux Juifs [5].

---

[1] P. 424-30. C'est par erreur que les *Mémoires* appellent ce mois (p. 430) *Silhexzi*.

[2] P. 431-33.

[3] P. 433 et suiv.

[4] P. 421 : « Sortant de son hôtel (de l'hôtel d'Osman Aga), j'allais voir un des premiers Juifs de La Haye, pour lui apprendre le bon train que prenoient nos Affaires. »

[5] P. 430 : « Dès que l'Expédition authentique nous en fut faite, nous nous appliquâmes à en faire usage pour achever de persuader les Juifs, qui étaient déjà ébranlés de la solidité de notre Projet. Nos efforts ne furent point vains. Ils s'engagèrent avec nous à en favoriser l'Exécution promettant d'employer en temps et lieu les Trésors qu'ils réservent et augmentent tous les jours pour se procurer la liberté, qu'un faux zèle leur ravit. Nous en reçûmes des avances. »

Marcilly fraya, lui aussi, avec les Juifs d'Amsterdam ; il assista même à une cérémonie de circoncision dans une des plus riches maisons (p. 81 et ailleurs encore) :

Ceux-ci n'hésitèrent plus à soutenir l'œuvre, eux aussi, et à offrir de l'argent; d'après Langallerie, ils tinrent tout de suite une partie de leurs promesses.

Nous nous sommes rapporté jusqu'ici, dans notre récit des relations étranges entre Langallerie et les Juifs, au témoignage de ses *Mémoires;* mais l'authenticité n'en est nullement prouvée, car plus d'un les tient pour un écrit apocryphe composé sous le nom de Langallerie [1]. Les noms juifs qu'il mentionne ne peuvent pas être identifiés, les détails de son récit sont invraisemblables. Qu'est-ce qui aurait pu pousser les Juifs, et en si grand nombre, à poursuivre une chimère et à sacrifier leur fortune aux rêves d'un homme qui méritait d'être considéré comme un simple fou? Ses lubies théologiques devaient les laisser indifférents, sinon leur répugner. Les plans politiques dont il n'avait encore laissé rien soupçonner à Francfort-sur-le-Mein n'offraient aucune chance de succès et présentaient un danger trop manifeste pour que les Juifs, restés étrangers à toute politique dans le cours de leur si triste histoire, aient consenti à se compromettre dans une si ridicule entreprise. Il est arrivé ici ce qui arrive dans toutes les relations de ce genre, c'est qu'un simple grain de vérité historique a produit toute une moisson d'inventions et de légendes. Il est probable que quelques Juifs, liés d'amitié avec Langallerie, ont soutenu son entreprise pour des raisons commerciales, mais nullement par suite de considérations confessionnelles ou politiques. Voilà à quoi semble se réduire le récit des *Mémoires*.

C'est aussi à ce point de vue qu'il faut sans doute envisager les relations d'Alexandre Süsskind avec Langallerie. Le cahier de notes de Süsskind est, jusqu'ici, la seule source qui nous renseigne sur la participation d'un Juif à ce mouvement aventureux. Süsskind était originaire de Metz, où son père Samuel Sanvel exerçait les fonctions d'assesseur du rabbinat [2]. C'est là qu'il acquit sa science hébraïque et rabbinique, ainsi que sa connaissance du français, qui lui permit d'occuper un emploi dans le commerce. Il paraît s'être essayé, au début, dans la carrière scientifique, car nous le trouvons à Leyde en 1708; là, il élabora [3] un exposé hébreu de la Kab-

---

[1] rapporte qu'il a trouvé Langallerie dans la synagogue (*ib.*, p. 72); il dit encore, que le cimetière de Douverkerk, sans doute d'Ouderkerk, sur l'Amstel, était le seul et unique champ de repos pour les familles juives répandues en Hollande, dont le nombre dépassait 20,000 (p. 91).

[1] *Nouvelle biographie générale*, t. XIX, p. 384.

[2] Dans la préface de son דרך הקודש, il se nomme : אלכסנדר זיסקינד בלא"א מ"ו מוהר"ר שמואל ז"ל שהיה ד"ין מצויין בק"ק מיץ. Sur le titre du livre, nous lisons le nom en toutes lettres : שמואל זנוויל.

[3] Wolf, *Bibliotheca hebraica*, t. III, n° 308 c.

bale en vingt-deux chapitres, sous le titre de ראשית חכמה, pour
Philippe Ouseel[1], connu par ses travaux sur les accents hébreux,
et qui professait alors à l'Université de Francfort-sur-l'Oder. De
Leyde Alexandre semble être passé au service du Résident polonais
à Halberstadt, Berend Lehmann, à titre de secrétaire, traducteur
et caissier, comme l'atteste l'acte de renonciation en faveur de
Linange[2]. Il se peut qu'en cette qualité il ait représenté à Amsterdam les intérêts de cette grande maison de commerce. En tout
cas, c'est dans cette ville qu'il entra en communication avec Langallerie et Linange. Ses dispositions pour la science ainsi que ses
aptitudes financières le déterminèrent à se lier avec ces aventuriers, alors en vogue. La preuve qu'Alexandre Süsskind s'intéressait vivement à tous les mouvements religieux, c'est qu'il nous a
conservé la copie des lettres de R. Gabriel Eskeles, de Nikols-
bourg, et de R. Samuel Aboab, de Venise, contre Chajjun, et les a
insérées en 1713 dans son cahier de notes[3] : ses convictions le
rangeaient évidemment du côté de R. Cevi Aschkenasi et contre
les tendances séditieuses du représentant sabbatien Chajjun. La
connaissance de la langue française rendit probablement à Süsskind son commerce plus facile avec les chevaliers français, avec
lesquels il entretint les relations les plus étroites. Une lettre que
tous deux lui adressèrent de La Haye, le 25 avril 1716, nous
montre que son père, qui vivait encore à cette époque, et son
frère, étaient, eux aussi, en rapports intimes avec eux. Les motifs
qui attachaient Alexandre à ces aventuriers n'étaient pas désinté-
ressés, comme le prouve l'acte de cession fait le 6 mai 1716 devant
le notaire Marolles à Amsterdam[4]. En vertu de cet acte, l'ancien
secrétaire de Berend Lehmann renonçait aux créances qu'il avait
sur ce dernier en faveur du landgrave de Leiningen, grand-amiral
de la *Théocratie du Verbe divin*, c'est-à-dire en faveur de Linange. Lehmann devait à Alexandre la somme de 25,360 florins
hollandais. Linange se chargeait de réaliser cette créance et devenait ainsi débiteur d'Alexandre pour cette somme. Alexandre
contribua aussi à l'équipement des deux chevaliers, qui avaient
désormais à se préoccuper de se présenter à la hauteur de leur
nouvelle situation. Dans son cahier de notes, où il a soin de nommer Langallerie avec tous ses titres, il rapporte qu'il a acquis[5] de
Manassé Mendès Da Costa, au prix de 500 florins hollandais, deux

[1] Steinschneider, *Bibliographisches Handbuch*, p. 106.
[2] Voir *Pièces justificatives*, n° 4.
[3] Voir Kaufmann, החוקר, éd. Fuchs, II, p. 8 et suiv.
[4] Voir *Pièces justificatives*, n° 4.
[5] *Ibid.*, n° 5.

cruches en cuivre avec tous les accessoires au profit de Son Excellence le prince de Chabanais et du landgrave de Leiningen.

Mais voici un fait qui, mieux que tous ces détails, montre le vrai caractère des étroites relations qui liaient Langallerie, Linange et Alexandre Süsskind. Le cahier de notes du grammairien et correspondant juif contient la copie d'une traduction authentique d'un traité secret conclu entre les deux fondateurs de religion et l'homme d'Etat turc, et, chose ignorée jusqu'aujourd'hui donne aussi une idée de la nouvelle Cour qui devait être organisée [1]. Bien que la copie de ce traité nous soit parvenue sous une forme souvent défectueuse, en dépit des lacunes et de l'inexactitude de la traduction, tout porte à croire que cette copie a bien pour source l'original, lequel, d'après l'indication des *Mémoires*, devait avoir été rédigé en langue italienne.

La copie du plan de l'organisation de la Cour de la nouvelle Théocratie, plan qui avait été achevé dès le 9 mai 1716, enrichit de quelques traits le tableau que nous possédions déjà. Elle nous apprend qu'en dehors des deux chefs, un troisième fut élevé à la dignité de sénéchal et que ces trois chefs représentaient l'unité sous l'image de la trinité. Nos fondateurs de religion et d'Etat s'entendaient mieux sur le côté terrestre de leur affaire que sur le côté céleste, et si leur Cour avait été organisée selon leurs vœux, elle aurait pu rivaliser avec celle de tout autre prince. Je ne veux pas en dire plus long que mes sources, mais je ne puis m'empêcher de supposer que notre Alexandre Süsskind a été, dès le début, désigné comme trésorier de la nouvelle Théocratie; il se peut même qu'il ait été nommé. Ce choix fut, d'ailleurs, arrêté dans le quatrième article du projet de la fondation de la nouvelle Cour, et la résidence d'Alexandre fut fixée à Amsterdam. Il n'est question des Juifs, dans la convention avec la Turquie, que dans le huitième article, qui leur accordait leur établissement et le libre exercice de leur culte dans les Etats du Sultan, sans leur imposer aucune taxe spéciale. C'est là le seul fait, la seule conséquence historique des relations si étroites que Langallerie prétend avoir entretenues avec les Juifs de nombreuses communautés.

Est-il besoin de dire comment finit cette comédie ? Le dénouement ne pouvait être que lamentable. Auparavant, un voyage avait été décidé en Allemagne pour communiquer aux personnages influents la conclusion de ce traité retentissant [2]. On s'embarqua à Brême ; là, Langallerie se sépara de Linange pour se diriger sur Hambourg par la grande route nationale. Mais Langallerie fut

[1] *Pièces justificatives*, nº 3.
[2] *Mémoires*, p. 434.

saisi par les soldats de l'empereur et fait prisonnier à Stade[1],
ville que jadis, comme général d'Auguste, il avait fait incendier et
réduire en cendres; sa suite, composée d'environ douze personnes,
fut laissée en liberté. Langallerie fut transféré à Vienne, avec
son valet de chambre suisse, Mulher, traduit comme ancien feld-
maréchal autrichien devant le conseil de guerre de la Cour et incarcéré[2]. Son plan dirigé contre le Pape fut découvert et étouffé
dès qu'apparut la première fumée du feu avec lequel il avait joué.
Une tentative de fuite, appuyée par le comte de Bonneval, son
ami, échoua[3]; il fut réintégré dans sa prison, et à partir de ce
moment, pas un mot, pas une plainte ne s'échappa de ses lèvres.
Il persista à refuser toute nourriture : on lui en fit prendre par
force, jusqu'à ce que la mort vint l'arracher, le 20 juin 1717, à
ses douleurs et à ses souvenirs[4]. Le conseil de guerre consentit à
le laisser enterrer avec les honneurs militaires. Linange fut arrêté
à Aurich, dans la Frise orientale, et traîné jusqu'à Vienne, où il
fut enfermé dans la maison dite « du vacarme », où il languit dans
la misère, avec des vauriens qui n'essayèrent jamais d'inscrire
leur nom dans l'histoire; puis on le relâcha avec sa suite[5].

Alexandre Süsskind, corrigé de ses erreurs, semble avoir renoncé à la politique et au commerce et être retourné à la littérature juive. On le rencontre, dès la fin de l'année 1716, à Zell, dans
la maison d'Isaac Wetzlar, travaillant à la traduction[6] d'Adolphe
Théobald Overbeck, auteur d'un ouvrage sur la double clef de l'ac-
centuation hébraïque, qui venait de paraître à Brunswick, en 1716.
Après les rêves bizarres auxquels son âme s'était attachée pendant quelque temps, il allait trouver repos et consolation dans les
travaux de son enfance. En 1718 il publia à Cœthen sa *Grammaire hébraïque*, דרך הקדש, qui offre le témoignage incontestable de ses vastes connaissances, de l'élévation de ses vues, de
l'élégance de son style, de son esprit cultivé[7]. Cet ouvrage complet, écrit en hébreu, renferme un appendice en langue judéo-
allemande. Le rabbin de Dessau, Joseph-Isaac ben Gerson, loue
Alexandre, dans son approbation datée de lundi 16 Tébet 5478

---

[1] Le *Journal* de Langallerie cesse à Stade le 13 juin 1716, dans les mss. 6968,
6971, 6972 et 6966 de la bibliothèque de la Cour de Vienne (voir *Tabulæ codicum ma-
nuscriptorum in bibliotheca Vindobonensi*, V, p. 82).

[2] P. 435 et suiv.

[3] P. 445 et suiv.

[4] P. 448. Marcilly, p. 446, indique le 18 septembre 1717, comme date de la mort
de Langallerie.

[5] P. 442.

[6] Manuscrits d'Oxford, 1501, 3°.

[7] Luzzatto, *Prolegomena*.

(20 décembre 1717) comme un grand grammairien et un talmudiste éminent. Son ami, Moïse di Gaves, de Naerden, dans une lettre hébraïque qu'il lui adressa et qui est conservée dans le cahier de notes, le qualifie de « héros sur le champ de bataille de la Tora ». Alexandre Süsskind se consacra aussi à une autre tâche, qui fait de lui le précurseur de Moïse Landau et d'Arsène Darmsteter : il essaya d'expliquer les gloses françaises qui se rencontrent dans le Commentaire sur la Bible et le Talmud de Raschi et des tosafistes [1] ; rien n'est resté de ses explications. A la fin de sa préface, il exprime sa gratitude aux communautés de Halle et de Halberstadt qui l'ont encouragé en actes et en paroles à publier sa grammaire.

On se demandera peut-être comment le cahier de notes du marchand juif d'Amsterdam se trouve à la bibliothèque de la Cour impériale de Vienne. Je ne saurais rien affirmer à ce sujet. Peut-être Alexandre Süsskind faisait-il partie de la suite de Langallerie arrêtée à Stade, et, dans ce cas, on peut supposer que son cahier de notes a été confisqué avec les papiers et les pièces de ses compagnons [2].

DAVID KAUFMANN.

PIÈCES JUSTIFICATIVES.

TRAITÉ DE LANGALLERIE AVEC OSMAN AGA.

Le tres grand et Le tres puissant empereur des turcs Coronné du soleille et de la lune etc.

Ayant fait choix de nous Osman Aga estre ambassadeur vers sa hautesse La république de hollande.

Lorsque nous avons esté à la hay en hollande nous y avons eü plusieurs fois conférence, en premier lieu auec le très puissant et sérénissime Le landgrav de linange, prince de lempire Romain et de

---

[1] Préface du דרך הקודש.

[2] Une lettre du 16 janvier 1894 du conservateur de la bibliothèque impériale de la Cour de Vienne, M. le Dr Alfred Göldlin de Tiefenau, m'informe, en effet, que les manuscrits de Langallerie, nos 6966-6976 et 10777, ainsi que le cahier de notes d'Alexandre Süsskind, furent confisqués à leur arrestation et envoyés à la Cour impériale de Vienne ; ils ont été, depuis, conservés à la bibliothèque de la Cour.

chabanois grand general de la theocratie du verbe divin et en second lieu ave[c] le tres puissant Le tres excellent seigneur marquis
de lengallerie grand marechal de la meme theocratie, lesquels nous
ayant assuré qu'ils estoient dans le dessein de faire contre le pape
de rome, conjointement le très puissant empereur des turcs ils nous
ont fait voir quils ont des moyens admirables pour aider les musulmans tant par mere que par terre afin que le tres grand tres puissant emp : des t : se rendent bien tost le maitre de rome et que pour
cette effect ils veillent aller se rendre a constantinople avec tous
leurs familles et comme nous auons ordre expres du tres gr : et tres
p : emp : des t : de fauoriser ces deux seigneurs vizir et admiral nous
jurons par mahomet et promettons de la part du tres grand et tres
puissant emp : des t : tout ce qui est contenu dans le douzieme [1] article suivant et en faueure des dits seigneurs susdit.

ARTICLE 1.

quand ils arriverons a constantinople on leurs fera une reception
tres honorable.

ARTICLE 2.

ont leurs assignera des logements dans la dite ville et des habitations en la campagne convenable a leurs qualité et a leurs rang.

ARTICLE 3.

ils y viverons en toute lib[er]té de conscience et demeurerons auec
toutes leurs familles sans estre aucunement inquieté ny eux ny les
personnes de leurs suittes.

ARTICLE 4.

eux leurs familles et touttes Les personnes de leurs suittes seront deffrayez aux despends du tres gr : et tres puiss : emp : des t :
pandant six années entieres et consecutives.

ARTICLE 5.

ils jouiront de tous les immunité franchises et privileges que lon
accordent aux souverains etrangers et a leurs ambassadeurs quand
ils sejournent dans les etats des puissances auec lesquelles ils sont
amis et confederé.

ARTICLE 6.

dabord qu'ils seront arrivé a constantinople le tres gr : et tres
puiss : emp : des t : leurs donnera une ordre par escris pour lever
equiper assembler exercer et discipliner a leurs manieres ou bon

[1] = XII.

leurs semblera un corps de dix mille cauaillers francois et de la religion reformé et pour faire construir et armer aussi à leurs maniere
cinquante vessaux qui feront la guerre sous leurs commandement
contre le pape.

ARTICLE 7

en faueure de la bonne volonté et des moyens extraordinaires que
nous auons veu que ces deux genereaux ont pour rendre des tres im-
portans services au Tres grand et tres puiss : emp : des turcs, ont
donnera La liberté a tous les esclaues qui se trouveront de la religion
reformé a condition que ces esclaues feront la guerre contre le pape
de rome sous le commandement de ces deux genereaux.

ARTICLE 8.

de plus les chretiens qui voudront aller demeurer et s'establir
dans les estats du tres gr : et tres puiss : emp : des turcs auront une
entiere liberté de consience et d'exercices publiques de leurs religions sans payer aucun tribut ny meme les juiffes qui seront sous la
protection de ces deux genereaux.

ARTICLE 9.

dhabord que le tres gr : et tres p : emp : des t : sera maistre de rome
il donnera aux dits deux generaux a chacun d'eux des ils et provinces en toutes souveraineté et en tiltre de royauté dans l'oriant
pour en jouir eux et leurs heritiers et a perpetuité.

ARTICLE 10.

le tres grand et tres puissant empereur des turcs leur fera restituer tout ce qui leur apartiendra en europe et ailleurs et leurs donnera ce qui est marqué dans le dixieme et onzieme article de leurs
memoire.

ARTICLE ONZIÈME

nous osman bascha aga des aphis [1] et de la mere declarons atous
qui leurs apartiendra que les dit seigneurs Le marquis de langalerie
et Le landgrave de linnange sont des apresent sous La protection
amis et confesderez du tres gr : et tres p : emp : des turcs.

ARTICLE 12.

cest pour quoy nous prions tous rois et princes potentats qui
sont nos amis et alliez leurs officiers genereaux et touts autre de favoriser les deux susdit genereaux et de ne donner aucun empeche-

Au lieu de ce mot le texte des mémoires, p. 428, 429, a toujours : Spatus.

ment aeux ny aleurs familles ny a toutes les personnes de leurs
suittes qui irons ou par mere ou par terre dans les estat du tres
grand et tres puissant emp : des turcs ordonnons atous musulmans
et a tous qui sont sujets du tres grand et tres puissant emp : des
turcs quil aye a respecter les deux genereaux susdits et tout qui
leurs apartiendra car c'est la volonté du tres grand et tres p : emp :
des turcs aux quelles ils auront a respondre sur leurs testes s'il
est fait la moindre insulte et dommage ou préjudice par eux aux
deux susdits grands princes et genereaux qui sont amis et confederé en tres gr : et tres puiss : emp : des turcs.

en foye de quoy nous osman basha aga des aphis et de la mere
et ambassadeurs du tres gr : et tres p : emp : des t : couronné du so-
leile et de la lune, etc. auons signé de notre main le present escris
et apposé nostre scele pour plus grand tesmoignage de verité et afin-
que tous le contenue de notre presant escris soit executé, c'est la
volonté du tres gr : et tres puiss : emp : des turcs nous le jurons par
mahomet au tres puiss : seigneur landgrav de linange prince de
lempire Romain et de Chabanois et au très exelent seigneurs Marquis
de langalerie amis et confederé du tres gr : et tres pui : emp : des
turcs telle est la cause de cette lettre escrite a la haye en hollande le 25 de la lune de zilhezzi l'an 1128, osman aga et selée de
son seau et confirmé par oliman secretaire de lambassadeur.

2.

f. 63.   la haye le 25 avril 1716

J'ay toujours veu mon cher Allexandre que vous estiez sincere
auec moy, vous ne m'en auriez mieux peu persuader que par les
deux lettres que S. A. mon neveu et moy venons de recevoir, mon
compagnon d'œuvre se transportera jusque a Amsterdam, pour voir
et pour examiner les affaires, a fond, afin que nous sachions posi-
tiuement aquoy nous entenir, je vous prie de continuer vos soins,
et de veiller auec dilligence sur tout ce qui peut auoir du rapport a
mes interrets, je vous salue.

Le grand Maréchal generalissime,
Marquis DELANGALLERIE.

P. S. — Nous venons encore de receuoir la chere votre seconde en
date du 24e avril, vous saurez en reponce, que votre frere n'a point
coutreuenu aux ordres de votre pere, que Nous saluons et a qui
vous remettrez la ci jncluse nous auons ausy receu celle de votre
frère lequel nous remercions de ses peines.

Le grand-Admiral generalissime, Landgrave, DE LINANGE,
prince de L'empire et de Chabanois.

Adressé : *A Monsieur Allexandre, A Amsterdam.*

MINUTE.

De l'Etat de la Maison de la Theocratie, A Amsterdam ce 9 May.
1716.

1. son E^{ce} le Grand Marechal Generalissime M. le Marquis de Langallerie.

2. son A. le G. A. Generalissime M. le Conte de Linange

3. son Ex^c le G. Senechal Generalissime M. de.....

Les trois susd. personnes sont si unies, et si resolue de se comporter selon l'ordre que la diuine providence les a inspirés, qu'ils se
regard[ent] des a p$\tilde{n}$t, et pour toutes leur vies, quoy que faible instrument, co$\tilde{m}$e des vaisseaux delection chargé en unité du Gouvernement de la Théocratie du verbe incarné en sorte pour representent
tous 3 par un embleme la $_{ste}$ Trinité un seul en 3 persones.

Et afin que les affaires de cette sainte maison se fassent en bon
ordre, Messeigneur ont trouvé bon d'auoir les persones suivantes
qui seront domestiques et comis de la Theocratie

4. Un Thresaurier General qui sera domicilié a Amsterdam, et qui
aura sous luy 3 tresorier ordinaire, qui deuront etre chacun a la
suite d'un des Genereaux

5. Econome General qui aura sous luy 3 Econome ordinaire dont
chacun aura son maitre en particulier

6. Un Ecuyer General qui en aura 3 dessous luy et qui sera
obligé, de luy rendre conte de leur administration et de suivre
chacun son General.

7. Un adjutant General qui en aura 12 dessous luy, desquels il
en aura 6 qui demeureront, ici auec luy, et les autres 6 seront au
service de M. S. dont chacun en aura 2 auec luy.

8. Un chancellier general, qui aura sous luy 6 secretaire ordinaire,
don chaque seigneur en aura 2 a sa suitte l'un pour les depeches
françaises, et l'autre pour les depeches des langues etrangeres.

9. 6 pages, dont 3 seront ausy aupres du Grand Ecuyer, et les
autres 3 seront a la suitte des seigneurs

10. 18 valet de pied portant la liurée de la Théocratie, dont 9 seront dans le Noviciat chez le Grand Ecuyer, et les autres 9 seront a
la suitte des mes seigneurs.

11. 6 Cochers et 6 postilons, dont la moitié sera pareillement sous
le Comendement du grand Ecuyer.

12. 6 palfrenier dont 3 demeureront ici, et les autres seront a la
suitte de Mes seigneurs.

13. Une compagnie de 100 ho$\tilde{m}$e a cheual pour la garde de mes
Seig^r de meme que pour leur escorte en cas de besoin laquelle compagnie sera comandée par un Lieut.-Colonel, 1 Capitaine, 1 lieutenant, et un cornete, il y aura aussy 4 marecheaux de logis.

14. Un supreme Maitre d'hotel qui en aura 6 pour luy, dont 3 resteront ici, et les autres 3 suivront Les E. E.

15. Un supreme Cuisinier, auec 6 chefs de cuisine et 6 aide de cuisine.

16. servantes de cuisine, auec 24 Marmitons

17. 6 blanchisseuses

18. 6 Tailleurs.

4.

Nous René Godefroi Louis Ernest Joseph Le Hachard, par la grace de Dieu Landgrave de Linange, Prince du St-Empire et de Chabanois, Duc d'Angelpont etc, grand amiral generalissime des armées navales de la Theocratie du Verbe divin, avons accepté le transport à nous fait par le Sieur Alexandre Suskindt ci-devant Sécretaire Interprête et Caissier de Mons' Berend Lehman Resident de Sa M. Le Roi de Pologne, au Cercle de la basse Saxe, passé par devant de Marolles Notaire à Amsterdam Le 6 mai de la presente année 1716. et tous les droits noms et actions à nous cédées, et transportées par led! Sieur Cédant, pour poursuivre en notre nom et comme chose à nous dûe et recouvrer dudit Sieur Resident susnommé le païement de la somme de douze mille six cens quatre vingt virdales valant chacune trois marcs Lubs [1] ou deux florins d'Hollande, à quoi se montrent les prétentions dudit Sieur Cedant contre ledit sieur Resident pour les salaires de ses susdites charges, de laquelle somme ou partie d'icelle, nous prometons tenir compte audit Sieur Cedant, selon le recouvrement que nous en ferai, en vertu du transport qu'il nous en a fait. a Amsterdam ce 9° mai 1710. Signé de nôtre main et cacheté de nos armes.

Le grand Amiral-generalissime Landgrave de Linange prince de L'empire et de Chabanois.

5.

f. 8 a.

אייר גיקוייסט פון מנשה מינדש דאקושטי סאר אוררדרי פון זיינה
הורך פירשטליכה דוריך לייכט פרינס פון שאבאנאיס און לנדגראף פון
להיניגין ב' קופרי קאנין מיט דיא אפיטין און אל דאש צוגיהערציל
בעד ח"ק זה'.

6.

f. 9 a.

Marquis de langallerie Seigneur delamott Charante de Biron et de la ville terre et Barronnie de thonné Bonrhoné premier Baron

[1] De Lûbeck.

et lieutenant du Roy de la province de xaintonge cy-devand lieutenant generalle des armées de france le chevalier de L'ordre
Royal et militaire de St-Louis, ensuite generale de la cavallerie de
Lempereur d'Allemagne puis feeldmarchals de Saxe administrateur
de la Starostie de Kazogne Coronelle de deux Regiments et general
de la cavallerie de troupes etrangers.

R. G. L. E. J. Le H par la grace de Dieu [1].

7.

יום ג' י"ד חשון התע"ה נארדין.

אשא עיני אל ההרים ומראש הררי קדם אקרא שלום וריוח והצלח
לאלופי ומיודעי אהוב למעלה ונחמד למטה הה"ר אלכסנדר זיסקינט
ממיץ יצו י"א ר"ד י[2].

אחרי אשר כבדתני בספרך אשר שלחת אלי ע"י מונסיע דאז קוסטי
שמחתי כמוצא שלום רב וכאשר יגילו בחלקם שלל ותעלוזנה כליותי
כראותי היה השלום באהליך והבריות כמך שורדת ושוכנת תהלות
לאל גם אתנו בריאים וזריזים לקבל מצוותיך ובעודני חי אחלה
פני אל רם יפתח לך ארץ אוצרו הטוב ויהיו משכנותיך בטח ונוה
שאנן :

זעירה דמן חבריה
משה די גאריש.

קבלתי ביום ו' עט"ק חי[3] חשון תע"ה
והשבתי יום הנ"ל.

Adresse :

לק"ק אמשרדם יעא
ליד הגביר גיבור במלחמה במלחמתה של תורה בתלמוד ובמקרא:
הה"ר אלכסנדר זיסקינט ממיץ יצ"ו
מק"ק נערדין[4] יעא.

---

[1] C'est certainement le commencement des titres et l'abréviation des noms pas
achevés de René Godefroi Louis Ernest Joseph le Hachard par la grâce de Dieu
[Landgrave de Linange].

[2] Peut-être abréviation de Prov., 1, 7 : יראת ה' ראשית דעת.

[3] C'est une erreur par inadvertance, car le vendredi fut le 17 Tébét.

[4] Naerden en Hollande.

LE SÉFER SÉKHEL TOB .

ABRÉGÉ DE GRAMMAIRE HÉBRAIQUE DE MOÏSE QIMHI

Abraham de Balmes attribue à Moïse Qimhi le *Séfer Sékhel Tob*, et il cite dans sa grammaire, *Miqné Abraham*, un passage de ce traité sur l'usage des noms de descendance. Les bibliographes ont suivi presque tous son autorité. Mais on ne connaissait de ce livre qu'un seul manuscrit, qui avait appartenu à Reuchlin, qui le légua à la bibliothèque de Durlach, d'où ensuite il a passé dans celle de Carlsruhe.

C'est sur la connaissance de ce seul manuscrit que L. Dukes [1], le premier, et, après lui, A. Geiger [2] ont démontré que c'est par erreur qu'on avait attribué ce livre à Moïse Qimhi. Leurs arguments semblaient très concluants.

Dans le manuscrit de Carlsruhe sont cités plusieurs grammairiens, parmi lesquels Moïse Qimhi lui-même et Menahem, fils de R. Siméon, que l'auteur appelle son oncle, et qui, à son tour, cite plusieurs fois Moïse Qimhi dans ses ouvrages. D'autre part, le passage cité par Abraham de Balmes ne se trouve pas dans le manuscrit de Carlsruhe. Donc, concluait Geiger, le *Séfer Sékhel Tob* n'est pas de Moïse Qimhi, mais d'un autre Moïse, car ce nom se trouve au commencement du livre, et celui-ci a vécu plus tard.

Mon savant collègue M. Fausto Lasinio a le mérite d'avoir signalé, le premier, l'existence à Florence, dans la Bibliothèque *Medicea-Laurenziana*, d'un manuscrit du *Sékhel Tob*. Dans la *ZDMG.* (XXVI, p. 807), il a donné une notice sur le manuscrit DXXXIV, à présent n° 121, désigné par Assemani, et ensuite par Biscioni, seulement par le titre vague de : *Institutiones grammaticæ hebraicæ, auctore incognito.* Il a fait connaître que les premières 75 feuilles contiennent le *Pétah Debarai*, qui a été plu-

---

[1] *Qontrès hammasoret*, p. 66.
[2] *Ozar Nechmad*, II, p. 19 et suiv.

sieurs fois édité ; qu'à la page 76 commence un autre livre de grammaire, précisément le *Sékhel Tob* de Moïse Qimhi, et que les dernières pages sont un fragment sur le *daguésch*, le *mappiq*, etc., mais d'un autre auteur.

A. Geiger, dans le même recueil (*ZDMG.*, XXVII, p. 152, 53), reconnaissant l'importance de la découverte de Lasinio et devinant qu'elle pouvait modifier ses conclusions sur l'auteur du *Sékhel Tob*, l'engageait à achever l'œuvre qu'il avait commencée. Mais Lasinio, absorbé par ses études arabes et d'autres travaux, n'a pas eu le loisir de s'occuper de cette question de littérature rabbinique.

M. B. Meyer, rabbin à Thann, en Alsace, m'ayant prié, il y a quelques mois, de collationner pour lui le manuscrit de Florence avec une copie du manuscrit de Carlsruhe, qu'il se propose de publier, j'eus ainsi l'occasion d'acquérir la certitude que les deux manuscrits ne renferment pas le même ouvrage, et que celui de Florence contient le vrai *Sékhel Tob* de Moïse Qimhi.

Les objections de Dukes et de Geiger, valables pour le manuscrit de Carlsruhe, tombent devant le manuscrit de Florence. Dans celui-ci il n'y a aucune citation d'autres grammairiens ; Moïse Qimhi n'est pas une seule fois mentionné. Seulement en tête du dernier paragraphe, on lit les mots : אמר משה קמחי הצעיר, « *Moïse Qimhi le petit a dit* », qui ne sont pas une citation, mais la formule adoptée par les auteurs arabes et juifs du moyen âge au commencement ou à la fin de leurs ouvrages, et qui tenait lieu de frontispice. L'épithète הצעיר [1], *le petit*, est un titre d'humilité que se donnait l'auteur, et dont on n'usait jamais à l'égard des autres. Le passage mentionné par Abraham de Balmes se trouve précisément dans le manuscrit de Florence, où l'on explique l'usage des noms de descendance. Enfin, et c'est l'argument le plus concluant, à la dernière page, à propos des mots מְקַלְלוֹנִי (Jérémie, xv, 10) et חוֹסְףָ (Proverbes, xxx, 6), on lit : כאשר פרשתי בפירוש משלי, « ainsi que je l'ai expliqué dans le commentaire sur les Proverbes. » L'explication veut démontrer que les verbes en question dérivent d'une double racine. Ce n'est pas ici le lieu d'examiner si cette explication est juste ou erronée. Il s'agit de voir si cette explication se trouve dans le commentaire de Moïse Qimhi sur les Proverbes ; si elle s'y trouve, la question est tranchée.

J'ai prié mon ancien élève, M. Leonello Modona, sous-bibliothécaire à Parme, de me transcrire le passage du commentaire sur

---

[1] D'ailleurs, on sait que les Qimhi portaient le surnom français de Maître Petit.

les Proverbes, qui est dans la *de-Rossiana*, n° 694, et voici ce passage :

אל תוסף, אדקדק במלה הזאת טרם אכנס בפי' כי היא קשה
בדקדוק. ואו,' כי מצאנו בלשונינו המורכבים על דרכים רבים ולא
אזכיר מהם לבד הראויין לעזר לי על מלת אל תוסף. יש מלה אחת
מורכבת משרשים שנים כמו י'ט'ב ו'ט'ו'ב, וכן ודהשיבוחים מן שוב
וישב, וכן וייטם, מן יטם ושים, ואין לתמוה על הסגול כי כן ויקם,
ויטל שאול בסגול, ונפל עי"ן הפועל בהתחבר עליהם הו"ו הפתוח
ובסורו מהם יאמר' יקם יגל בצרי, גם כן כן יטם וישב עי"ן
הפועל למקומו במשך הצרי, גם כן מקללוני מורכב מן קלה
וקלל' ודהו"ו לעד בו"ו שלו, והעד על מקלל אביו, ובמקום אחר
מקלה אביו ודהטע' אחד, כן מלת יחדיו מורכבת מן יחד וחדה כדרך
מקללוני, והעד הנאמן על זה אל יחד בימי שנה שנמשך תחת היו"ד
ס"א הפועל ונרגש הדלת כדרך ויחד יתרו, גם איננו מעניינו,
ועל זה הדרך באה מלת אל תוסף מורכבת מן יסף וסמה מן ספות
חטאת כי טעם אחד להם. ודהעד עליו שוא שתחת הס"מך ודהפ"א,
ודהמורכבת היא מן תוסף ומן תסף שדהוא ע"מ ירד ישט, זהו מעגל
ישר ודהדבר אשר יכשר במלת אל תוסף'.

Après la lecture de ce passage, on ne peut plus avoir aucun doute : Abraham de Balmes disait vrai en attribuant le *Sékhel Tob* à Moïse Qimhi, et nous le possédons dans le manuscrit de Florence. On doit encore observer que la phrase : זהו מעגל ישר ודהדבר אשר יכשר, se retrouve à peu près dans le *Sékhel Tob* à propos de la forme verbale *hithpa'el*, au sujet de laquelle, après en avoir donné la signification, l'auteur ajoute : זהו אורח ישר ואשר בעיני יכשר. Cette conformité d'expressions est un autre témoignage de l'identité de l'auteur.

Comment expliquer alors la différence de notre ms. avec celui de Carlsruhe ? Si je dois en juger d'après la copie que M. Meyer m'a envoyée, voici ce que j'en pense. Nous n'avons pas ici deux rédactions diverses du même ouvrage, comme il arrive souvent, mais deux ouvrages tout à fait différents. Le manuscrit de Carlsruhe contient seulement un petit fragment du commencement du *Sékhel Tob* ; tout le restant est un autre ouvrage, une compilation de grammaire de plusieurs auteurs. Mais, comme, entre les fragments du *Sékhel Tob* et cette compilation, manquent plusieurs

---

[1] La même explication de ce mot très irrégulier est donnée par David Qimhi dans son commentaire sur Jérémie et dans le *Mikhlol*.

[2] Ce passage n'est pas dans le commentaire sur les Proverbes publié sous le nom d'Ibn Ezra dans les Bibles rabbiniques, et que les critiques modernes ont revendiqué pour Moïse Qimhi. Mais cela ne prouve rien contre ma thèse. Déjà Geiger avait observé que le commentaire a été, en plusieurs endroits, abrégé par les éditeurs.

pages, on a faussement supposé qu'elles appartenaient au même livre. L'erreur apparaît évidente dans la comparaison des deux manuscrits. Il y a, sans doute, dans celui de Carlsruhe quelques passages conformes à ceux qu'on lit dans celui de Florence ; mais la conformité de quelques passages n'est pas l'identité de l'ouvrage, surtout si l'un des deux mss. n'est qu'un travail de compilation. Cette compilation postérieure est le manuscrit de Carlsruhe, qui n'est pas un ouvrage montrant une unité de conception et de développement, mais un ensemble de morceaux divers, ainsi que le prouvent les nombreuses citations d'autres auteurs.

Le livre original est donc notre manuscrit, dans lequel, comme nous l'avons dit, on ne retrouve pas une seule citation. Et, tandis que dans celui-ci, le nom de Moïse Qimhi apparaît seulement à la fin comme celui de l'auteur, dans l'autre il ne figure pas, et il est cité plusieurs fois dans le cours de l'ouvrage. La conclusion à tirer de ces observations n'est pas douteuse.

M. Meyer pense publier le manuscrit de Carlsruhe, et par cette publication mes assertions seront tout à fait démontrées. Mais afin que les éléments de la question soient connus complètement des hébraïsants, je crois faire une œuvre utile, pour vider cette question, en éditant le manuscrit de Florence. Je dois cependant de la reconnaissance à M. Meyer, qui m'a donné occasion de faire cette étude.

Sans doute, cette petite grammaire n'a pas une haute valeur. Elle contient des principes erronés qui étaient communs aux grammairiens juifs du moyen âge, dont on ne peut pas exiger l'exactitude de la science moderne. La grammaire aussi, comme toute autre branche du savoir humain, a fait d'immenses progrès. Le Sékhel Tob n'est pas même une grammaire complète, car l'auteur n'y traite ni des lettres, ni des voyelles, ni des accents. Mais si on la compare à l'autre grammaire du même auteur, מהלך שבילי הדעת, qui a été publiée plusieurs fois, on la trouvera très supérieure. Peut-être même en est-elle un complément. Dans le מהלך שבילי הדעת, on parle, quoique avec beaucoup de brièveté, de sujets qu'on ne retrouve pas dans le Sékhel Tob ; et, par contre, dans celui-ci, la théorie des noms, des particules et des verbes est plus développée. Il est très probable, comme Geiger l'avait déjà pensé, que Moïse Qimhi écrivit ces petits traités pour ses élèves, d'autant plus que dans le Sékhel Tob, on trouve au commencement des diverses parties le mot « שאלת, tu as demandé », ce qui semble s'adresser personnellement à un élève qui aurait demandé des explications.

Cette publication pourra servir à l'histoire de la grammaire

chez les Juifs. On verra que plusieurs idées attribuées à David
Qimhi doivent être rapportées à son frère aîné Moïse. Et si Geiger jugeait avec raison que le מהלך שבילי הדעת ne valait pas la
peine d'être publié, peut-être n'en dira-t-on pas autant du *Sékhel Tob*.

Le manuscrit d'où je l'ai tiré, de la page 75 à la page 93 v°.,
est écrit dans un beau caractère rabbinique espagnol, mais il
y a plusieurs fautes de copiste, que j'ai tâché de corriger en
donnant mes raisons dans les quelques notes que j'ai ajoutées au
texte. A la fin du manuscrit, qui semble du XVI° siècle, se trouve
le nom de דומיניקו ירושלמי en hébreu, mais d'une autre main, et,
en italien, « *Dominico gerosolomitano* », avec la date 1619. Ce
doit être le nom du possesseur du manuscrit à cette date.

Il n'y a presque jamais les voyelles. J'ai cru devoir les ajouter
dans tous les mots où elles me semblaient nécessaires à l'intelligence du texte. Quant à celles qui se trouvaient dans le manuscrit, même si elles peuvent sembler superflues, je les ai reproduites ; j'ai ajouté aussi les citations des passages bibliques.

Florence, mars 1894.

DAVID CASTELLI.

P. S. — Au moment de renvoyer les épreuves à la Direction de
la *Revue*, j'ai eu l'occasion de parler de cet écrit avec mon ami
M. S.-H. Margulies, rabbin de la communauté de Florence. Il m'a
appris qu'il avait étudié le même manuscrit du *Sékhel Tob* pour
M. Schwarz Mor, qui a publié en hongrois une étude intitulée
Mozes Kimchi (Budapest, 1893, p. 23-26). Il prouve l'authenticité
du *Sékhel Tob*, d'après les renseignements communiqués par
M. Margulies, et, naturellement, ses arguments sont en partie les
mêmes que les miens. Je crois de mon devoir de faire connaître
cette rencontre pour l'amour de la vérité et pour rester fidèle au
principe : *cuique suum*. D'ailleurs, la publication du texte du
Sékhel Tob a toujours la même utilité.

ספר שכל טוב

לתקן ולאזן, שפת עברים האזן, תשו דעתך גרזן, עצי עצורת
לחטוב ¹ לדעת הלשון, תנה דקדק ראשון, ראה ופקח אישון, בספר־

¹ J'ai corrigé תשו et לחטוב, qu'on lit avec la suite jusqu'aux mots שכל טוב,
dans le פתח דברי (Venise, 1526), page 128 b. Dans notre ms. on lit לב טוב et תשום.

שכל טוב, יעזור אלהה לעבדו, יצרוף כשעיר לדשא, יבין בדרכי
לשוני, נ״ב תעלומות ידשא', אליו יכונן תהלה, תערב כקר״בֹן ואשה,
זכרו יסאר אשר יודיע דרכיו למשה.

החפץ לדעת תוצאות לשון הקודש, פקח עיני לבבך, וראה והבן
בדבר כי שפת העברים נארגת על עשרים ושתים אותיות, הדברים
המיוסדים עליהם היו לג' ראשים, ראש אחד שם, והשני מלת,
והשלישי פעל, ועתה אודיעך אותם למחלקותם, שים לבך והתבונן
דרכיהם, כי שכל טוב יתן חן.

חלק השם.

שאלת מה הוא השם וכמה חלקיו. תדע ותשכל כי השם איננו,
רק הוא מושם על כל דבר להיות סימן לאשר יזכירהו ויקראהו,
ואות ומופת לשומעו ולרואהו, להבין העצם הנדבר במספר בלשון,
והנה השם ככלי ומקום לעצם ונעלם בזכירתו כי כאשר יסופר בלתי השם
נמצא העצם נסתר ונעלם בדיבור ההזכרד, ע״כ השם הנושא
המקריים בדרך קצרה לא על דרך התכונה, כי אם מקרה בחבור
אותיות השם. אין רי״ש אל״ף וא״ו מראובן ושי״ן מ״ם ע״ז משמעון
מורים על העצם ולא על המקרה רק הם לאות, אבל העצם הוא
נושא המקרה באמת, וכאשר השם מושם בעצם במקומו
אז יושמו המקריים בו בדברות הלשון, אכן למראה הלב והזין
העצם הוא נושא המקרה כי הוא קדמון לו והמקרה מתחדש
בו, אבל השם כולל שניהם, ופעם נדבר השם על העצם לבדו
ומקרהו מפורש לבדו, באמרו יעקב תם, משה עניו, שלמה חכם,
יוסף יפה תואר. ושמות הדברים הם נמצאים על סבעה חלקים
שימם על לבביך.

הראשון. מצאנו שם מושם על דבר לאורת שיתבונן האדם בדבר
כשאמרנו ארץ', ושמים, רוח ומים, דשא, עשב, שמש, ירח,
וכוכבים, כסף, וזהב, בדיל, ועופרת, שור, ושה. אלה וכל דומיהם
דבקים שם בשם, באמרנו ארץ חטה (דברים ח' ח') שמי ה' (איכה
ג' כ״ב), יין חלבון (יחזקאל כ״ז י״ח), בגד צמר (ויקרא ר״ג מ״ז), ידק
עשב (בראש' א' ר'), וכן לכלם. ופעם יחסר הנסמך בדרך קצרה
כמו טורים אבן (שמות כ״ח י״ז), סיגים כסף (יחזק' כ״ב י״ח), אלים צמר
(מלכים ב' ג' ד'), אמרים אמת לשולחיך (משלי כ״ב כ״א), הָאָרֶץ
הכנעני (בראש' נ' י״א), הָאָרֹון הברירת (יהושע ג' י״ד), והתבונת
בהם טורים טורי אבן. וכן לכל דומיהם ורבים כמוהם, וכל
משכיל יוכל למלאות החסרון כפי הענין. ויאמר מהם בלשון רבים
בגדים, שורים, גמלים, וכן לכלם. והשמות מצאנום דבקים עם

אותיות הקנין, ורצוני לומר קנין שהאדם קונה בהם הדבר לעצמו
או מקנהו לאחר, והקנייגים הם ג' לבד ליחיד, הא' נסתר, והב'
נמצא, והג' המדבר בעד עצמו. והדמיון מן דבר, באמרנו מן
דבר, דברו, דברך, דברי. הוא"ו בדברו סימן הנסתר שאינגו¹ עם
המדבר, דברך הכ"ף נכח הנדבר הנמצא, דברי היו"ד סימן הקונה
בעצמו. גם כן הם ג' לרבים, מן דבר יאמר דברם, דברכם,
דברנו, מ"ם דברם לנסתרים, דברכם הכ"ף ומה"ם נכח הנדברים
הנמצאים, דברנו הנו"ן והוא"ו סימן הקונים לעצמם. וכן בלשון
נקבה הם שלשה באמרנו דברה, דברך, דברי, ה"א דברה תחת
וא"ו דברו מתחלפים זה בזה כי הם בסדר כתיבתם¹ וקרובים במספרם,
דברך בצר"י ושו"א תחת הכ"ף, דברי שוד¹ לזכר ולנקבה, והכלל
כל דבר שהיחיד מדבר בעדו או מדברים בעדם הנקבות נשתוות
עמהם לעולם בשמות ובמלין ובפעלים, ובלשון רבים דברן, דברכן,
דברנו, דברן, דברן לנסתרות, לנמצאות דברכן, והנונ"ן בשנידם מתחלפים
במ"ם בעבור כי הם משרתות והן ערובין יחד בסדר כתיבתן
וקרובין במספרן:

והאותיות הנוספות בראש השם סימנן ה'א'מ'נ'ת'י וכאשר תמצא
שם באחת מהם ההוא יקרא שם כבד כמו הצלחה, אזרוע, משמר,
נפתוח, תפארת, יעקב, והמשרתות בראש השם סימן שלהם ה'ש'כ'ל
ב'מ'ו, מן דבר יאמר הדבר, שדבר, כדבר, לדבר, בדבר, מדבר,
ודבר, וכן כל לשון הדרומה לנזכרים בראש החלק, ויש שם מחובר
בלשון רבים לא ימצא ממנו יחיד באמרנו מים, צהרים, רחים,
שמים, ויש שם שהוא מורדת על כלל שהוא כולל פרטיו ואיננו
בסימן הרבים, כמחנה, וגוי, קהל, ועדה, גם יש שם פעם כלל
והוא יקרא שם המין, ופעם פרט, כצאן בהמה, וכן איש, אדם,
אנוש, ורבים כן.

השני שם עצם אדם, כאדם, שת, אנוש, קינן, מהללאל, זה
השם נמצא פרט ולא יתחבר אל הכלל, והוא נבדל מכל שם בחמשה
דברים. לא ידבק באותיות הקנין, ולא יחידד נסמך שם העצם על
זולתו, כי יש בית בית הלחמי (שמואל א' י"ו א') הוא שם מתיחס
אל בית לחם, וכן מאשר המכמתת (יהושע י"ז ז') איננו סמוך כי
מ"ם השרות עומד במקום ב' או י' היחס נופל וטעמו המכמתתי,
ואיננו מספר בלשון רבים, ולא ימצא ממנו פועל עבר או עתיד
זולתי מתיהדים (אסתר ח' י"ז) מן יהודה המחובר מן יה אודה,
ולא יכנס ה"א הדעת עליו כי ויברא אלהים את האדם (בראשית
א' כ"ז), הארונה היבוסי (שמואל ב' כ"ד י"ו) שמות התואר הם
והה"א לעד, ויש שם מחובר משנים כראובן, ויהודה, וישבכר,
משלם תיבות ירובעל, ומחברתו מן ירב בו הבעל, וכן ירבשת
(שמואל ב' י"א כ"א), גם שם העיר הוא פרט אבל מצאנוהו דבק

<hr />

¹ Les mots סימן הנסתר sont répétés une autre fois après שאינגו; je les
ai omis.

² Le mot תיבותם, qu'on lit dans le ms., est certainement une faute de copiste;
j'ai corrigé כתיבתם, qu'on lit quelques lignes plus loin.

באחר, אמרו ער מואב (במדבר כ"א כ"ח), ועל דעתי כן הוא שני
אריאל מואב, (שמואל ב' כג' כ'), שם מקום, יהיו פירדושו שני
גבורי אריאל, ובסמיכות מלת שני הספיק הכתוב והחסיר הנסמך
כאשר מצאנו ושכורת ולא מיין (ישעיה כ"א כ"א), כמזרקי היין
(עמוס ו' ז'), בחסרון מלה, ואיננו כן ארון אֶחָד (מלכים ב' י"ב י') כי
מלת אחד¹ רמז לאיש הנותן הארון והיודע הלוקח, ויתכן שני אריאל
מלאכים, והמלה שם כולל פרטיו כמחנה, וקהל, וכמהן הן אראלם
צעקו חוצה (ישעיה ל"ג ז'), והדומה לער מואב בסמיכה קדש נפולי
(שופטים ד' ו'), קדש ברנע (במדבר ל"ד ד'), בית לחם יהודה (רות
א' א'), צען מצרים (במדבר י"ג כ"ב), יבש גלעד (שופטים כ"א ח'),
מנצפה גלעד (שם י"א כ"ט), ורבים כן. אבל לא ישתנו תנועות זה
השם בהתדבקו בזולתו להבדיל בינו לשם דבר, ושם מקום נבדל
בג' דרכים איננו דבק באותיות הקנין, ולא נמצא בלשון רבים ולא
יאמר פעל עבר או עתיד רק ה"א הדעת יכנס עליו באמרנו בַּהֲרקוֹד
(שופטים ח' י'), בַּסְפִּירֹת (ויקרא כ"ג מ"ג)², בַּמַסָּד (דברים ו' י"ו),
כי הדגש מורה על הה"א, וכן רבים:

השלישי שם היחס שמתחס לו שם העצם אל שם כללי, ורצוני
לאמר ששם כללי נקרא על הרבים באמרו אברם העברי (בראשית
י"ד י"ג), מרדכי היהודי (אסתר ה' י"ג), והאדם בהיות שני לראשון
איננו מתחיס עליו, לא יקרא ראובן ישראל בעבור היות שם עצם
הראשון נבדל מן הדבקות ומן הסמיכות אבל מן הד' ומעלה
מתיחס אליו בהיות הב' והג' ממוצעים בין הראשון והד' באמרנו
הלא אהרן אחיך הלוי (שמות ד' י"ד), והטעם שנולד לויוצא ירך
לוי, והנה השני והשלישי מעוט הכלל ובהם שם הכלל, כן
מצאנוהו להתיחס אל שם הכלל ולשם פרט, ואין ראיתך ממלת ויפתח
הגלעדי (שופטים י"א א'), כי הוא מתיחס לעירו לא לגלעד אביו,
אבל שם עיר ושם דבר שאינם נבדלין מן הדבקים והסמיכות השני
לו מתיחס אליו כאמרנו חכלילי (בראשית מ"ט י"ב), אדמוני (שם
כ"ה כ"ה), שהם מתיחסים אל חכלילות ואל אדמון, וכן חפשי (דברים
ט"ו י"ב), ערירי (בראשית ט"ו ב'), וכמו הם פלאי (שופטים י"ג י"ח),
שמתיחס אל הפלאים, וזה השם נמצא בלשון רבים באמרנו יהודים,
עברים, ובה"א הידיעה המצרי, ובה"א החתימה האפרתי אתה (שופטים
י"ב ה'):

הרביעי שם מושם על מִקרָה כמו חכמה, ותבונה, הוללות,
וסכלות, כח, וגבורה, שיבה, וזקנה, שחרות, וילדות, ונערות,
צדקה, ורשע, עון, ואשמה, מות, וחיים, הם וכל דומיהם יקראו
שם מקרה דבק בעצם, והם יסמכו ללשון רבים, וידבקו בזולתם.
ויכנס ה"א הידיעה וה"א החתימה, וימצא מהם פועלים וידבקו
באותיות הקנין:

---

1 Le mot ארוז manque dans le ms., mais il faut le suppléer. D'ailleurs, la même
explication de ce passage est donnée par David Qimhi dans son commentaire.

² Notre auteur considère ce nom comme un nom de lieu, en se référant à Exode,
XII, 37. Mais généralement on entend ce mot dans le sens de *cabanes, tabernacles*.

החמישי שם תואר כי שם העצם תואר משם מקרה, ע"כ יקרא שם
תואר או שם מדה: כמו שלמדה חכם, שהוא מתואר מחכמה, והתואר
ביניני בזמן שכבר עבר או בזמן עומד, באמרנו הוא היה גבור ציד
(בראשית י' ט'). כי הוא יורד על זמן מלחמה[1] מורה על זמן
עומד תמיד וכן אויל, כסיל, מלך, עבד, לבן, אדמדם, נער, זקן,
וכל הדומה להם הם תואר. ויש תואר במקום פועל כמו מיד עשוק
(ירמיה כ"ב ג'), אשרו חמוץ (ישעיה א' י"ז), ושבח אני (קהלת ד' ב'),
ריסח חמס (תהלים כ"ז י"ב), וכלם יסמכו לסימן הדברים הרבים
ולאותיות הקנין וידבקו באחרים ויכנס עליהם ה"א הדעת והתימדה
ריש פועלים מהם:
השישי הוא שם הפועל כי הפועלים שהם מקרים נגזרים ממנו
והוא השם האמתי כי הוא השיעור והמחשבה טרם היות המעשה,
באמרנו שמר תשמרון (דברים ו' י"ז), הנה שם הפועל קודם תשמרון,
והוא טרם השמירה, וממנו יצאו הפועלים והשמורה ע"כ יקרא
אמתי. אבל עם הפועל מאמר המצוה כמו שמער שמוע, וראו ראה
(ישעיה ו' ט'), או הפועל בתוספרה וא"ו אז יהירה הפועל האחרון,
כמו ויברך ברך אתכם (יהושע כ"ד י'), וילך הלוך (בראשית כ"ו י"ג),
רבא בא ושטף (דניאל י"א י'), גם מצאנו זה השם מתואר משם א'
באמרנו טוב זמרה (תהלים קמ"ז א'), טוב תתי (בראשית כ"ט י"ט),
טוב אמור לך (משלי כ"ה ז'). וזה השם בעבור שטעמו כטעם שם
דבר יעדנהו העברים עם הפועלים העומדים אע"פ שהוא מן
היוצאים, כמו גנב יגנב (שמות כ"ב י"א), הנה גנוב מן הפעל
היוצא ויגנב מן הפועל עומד, וכן נשא ינשא (ירמיה י' ה'), אם
שרף ישרף (שמות כ"ב י"א), והפך זה עד תומי אותם בידו (ירמיה
כ"ז ז'), הנה הוא כדמות יוצא, וכמהו אין לו, והדרך הישר
לעברים, ואינם חושבים בשם הפועל בין עומד בין יוצא, כי הוא
נוטה לשם דבר והוא מקור לפעלים היוצאים והעומדים, גם יבוא
שם דבר תחתיו כמו וּלְמֶגַּע אֶרֶץ הַפַּחֲנֹות (במדבר י' ב'), וַאֲכַלְתָּם
לַחְמְכֶם לָשׂבַע (ויקרא כ"ו ה'), ורבים כן:
השביעי שם מספר מושם על שם עצם בדרך קצרה לא על דרך
תכונה באמרנו ראובן אחד, והנה שם ראובן אינו דבר, כי הוא באות
וסימן לעצם, רק הגוף הוא האחד, והנה מספר האחדים מא' עד
י'. ומצאנו א' בלשון רבים כמו אחדים (בראשית י"א א'), ומג' עד
ט' אינם נמצאים בלשון רבים להבדיל ביניהם ובין הכללים שהם
שלשים, ארבעים, עד תשעים, שטעמם שלש עשיריות, ארבע
עשיריות, כי עשרה אם הוא כלל לאחדים הוא שם כא' לכללם, ע"כ
מצאנו בלשון רבות כמו שרי עשרות (שמות י"ח כ"ה), ואם ישאל
איש מה הפרש בין עשרים לעשרות, נשיבהו כי עשרים ב' עשרות
בכלל א', וב' עשרות הן עשרות הן כאחדים, וטעמם זה שר עשרה זה שר
עשרה. ועל כן לא נאמר עֶשְׂרַיִם, כְּסְנָיִם, אַלְפַּיִם, רְבוֹתַיִם, כי מאד

---

¹ Le sens de ce passage est obscur pour moi, et il semble y avoir quelque erreur dans le manuscrit, mais je ne sais pas le corriger.

ואלף ורבבה הם כאחדים לכללים, ועשרים אם הוא כלל לשני
עשרות הוא כפל' טעם המספר למעלה ממנו כאחד ועשרים,
ושנים ועשרים ע"כ לא אמ' עֶשְׂרִים כְּמָאתַיִם : ובלשון נקבה יאמר
אחת, ויש אומרים שהמלה חסרה דל"ח וכן שתים חסרה נו"ן
שנים, ולפי דעתי הם שתי לשונות אחד לזכר ואחד לנקבה, ג"כ
שנים לזכרים ושתים לנקבות, וכן לשתי עשרה כמו אמ"ר' זה
אומר בכה וזה אומר בכה, ומשלשה עד עשרה בה"א לזכרים
ולא ה"א לנקבות הפך רוב השמות זולתי שמנה שהוא נקוד בסגול
לנקבה הפך נחי הלמ"ד, אבל מנוי הי"ן מצאנו שנים כמוהו, וְלָמָה
בתוך ביתו (זכריה ה' ד'), וְהָהוּרָה תבקע אפעה (ישעיה נ"ט ה') . וכל
המספרים עד עשרה מתיחסים אל מספרם, יאמר ראשון מתיחס אל
האחד שהוא ראשון אליו, וכן שני, שלישי מתיחסים לחשבון שנים,
שלשה, שהם ראשונים אליהם, ועל זה הדרך רביעי, חמישי, עד
עשירי לבד, ואלה שמות דבקים בזולתם. אַחַד עַבְדֵי אֲדֹנִי (מלכים
ב' י"ח כ"ד) ולעולם פתוח כלו, וכן שני אנשים (שמות ב' י"ג), שלשת
הֵנְסֵת (יהושע י"ז י"א), עֶשְׂרֶת בני המן (אסתר ט' י"ר) . ומצינו שם
תואר ממקצתם כמו משנה למלך (שם י' ג'), השליש אשר למלך
(מלכים ב' ז' ב'), ומצינו שם תואר על שלשים ועל רביעים (שמות
כ' ה'), גם מקצתם נצמדים לאותיות הקנין להקנות המספר על
האחדים באמרו צאו שלשתכם וַיֵּצְאוּ שלשתם (במדבר י"ב ד') ויפלו
שבעתם (שמואל ב' כ"א ט')׳, והילדים האלה ארבעתם (דניאל
א' י"ז) . זה המספר עם אותיות הקנין הדבקים על האחדים המסוררים
בחשבון ומשלימים מספרם, ואין כן ותאכל אותך וארץ חמישיך
ותאכל אותו וארץ חמישיו (מלכים ב' א' ו') כי הכ"ף ההוא"ו מקנה
המספר לאחד, וכן לא יתכן לומר עם המשרתים מעשרים עד
תשעים אם לא נמצאו זולתי חמישיך חמישיו . ומאלה השמות מצאנו
פעלים מן האחד התאורי הימיני (יחזקאל כ"א כ"א), ותעמו התחברי
מן האחדים, שנים, שני ריששנו (מלכים א' י"ח ל"ג), ומן שלשה שַלֵשׁוּ
וַיְשַׁלֵשׁוּ, מארבעה רבוע יהיה (שמות כ"ח ו') . ומחמשה וחמש את
ארץ מצרים (בראשית מ"א ל"ד), שטעמו יקח החומש, ג"כ ושמיתם
את האיפה (יחזקאל מ"ה י"ג), עשר תעשר (דברים י"ד כ"ב), אבל אין
חלק לשבעה ושמנה ותשעה בפעלים, וְאֵן נכון לדבר מהם פעל
אחר שלא נמצא, ומעלות הי', והאלף בלשון זכרים, ומעלות מאזה
ורבבה בלשון נקבות, ויש מאלף ורבבה פעלים כמו צאננו מאליפות
מרובבות (תהלים קמ"ד י"ג) :

חלק המלה.

שאלת מהו המלה וכמה חלקיה; בינה שמעה זאת כי מלות

1 Dans le ms. כסר, qui ne donnerait aucun sens acceptable.
2 Je ne saurais trouver aucun sens à ces mots.
3 C'est la leçon du keri, mais dans le ketib on lit : « שביעתים ».

הענייינים אינם מקרה רק הם ככלים מחוברים, על כן אינם תכלית
וסוף לדברים זולתי אין, ולא בעבור שהם תכלית לכל יש, רק
ה' הטוב יכפר בעד הוא חסר מלות אלה. והנה המלין הם סבות
הפעלים עם השמות הדברים ומבדילין בין הפעולות ובין הפועלים
ונסמכו עליהם השמות כי הם ככלים המחברים זה אל זה באמרם
משוש את רצין (ישעיה ח' ו'), שנסמך אל מלת אֵת המורה אל
העצם, וכן' כברכת מים וייני היא (נחום ב' ט'), והפך זה מי
פסע יעקב מי במורת יהודה (מיכה א' ה'), וכן מקום לא ידע אל
(איוב י"ח כ"א) כמשוש את רצין, ואל תתמה איך יסמוך על מלת
לא כי אם אינו דבר ומורה על מגרעת הוא דבר בלשון ובדבור
על כן נסמך עליו, וכן מכרת בלתי סרה (ישעיה י"ד ו'), וכבר אמרו
חכמי הדעת כי כל דבר ב' יש ואין, והאין אינו דבר כי אם
בדברת הלשון:

. וחלקי המלין נמצאים על ה' דרכים; האחד יש מלין מורות על
תוספת ענין כמו אף מי אמר אלהים (בראשית ג' א'), גם צאנכם
גם בקרכם (שמות י"ב ל"ב), ופעם שניהם יחד כמו ואף גם זאת
בהיותם (ויקרא כ"ו מ"ד). ויש לחסרון כמו אך ארץ זה לא תאכלו
(שם י"א ד') רק אתה לא תבנה הבית (מלכים א' ח' י"ט), ויש
לחזוק הטעם באמרנו כי כה אמר ה' (עמוס ה' ד'), אשר אמר ה'
(במדבר י' כ"ט), אמנם ה' (מלכים ב' י' ט'), אבל שרה אשתך
(בראשית י"ז י"ט), ואולם בעבור זאת העמדתיך (שמות ט' י"ו),
לולי ה' צבאות (ישעיה א' ט'), אכן נודע הדבר (שמות ב' י"ד),
ויש מהם לתנאי כמו לו לו הקשבת למצותי (ישעיה מ"ח י"ח), אולי
יעשה (הושע ח' ז'), פן תאכל (דברים ח' י"ב), ויש על מקורות כמו
פתע פתאום, ויש פירוס ותחנה, כמו אנה ה' (דניאל ט' ד'), בי
אדוני (בראשית מ"ג כ'), כל אלה אינם סמוכים לאותיות המשרתים
בסוף המלים ואין מהם פעלים בעבור שאינם מקרה, כי כל פעל
מקרה יוצא מדבר אל אחר, או עומד בעצמו כאשר אפרט:

השני. יש מלים מורים על עצם דברי ודבקים עם המשרתים
שדהם סימן הפעולים כאמרנו מן יש, ישנו, ישך, ישי, אם לא
נמצא, ולרבים ישהם, ישכם, ישנו, אם לא נמצא, וכן כל,
כלו, כלך, כלי, רמן ארת, אותי, אותו, אותך, אותו, ולרבים אותם,
אתכם, אותנו, ולעולם את עם הפעול כמו את השמים ואת הארץ
(בראשית א' א'), ופעם נגרע ארת כמו בן יכבד אב (מלאכי א' ו'),
ורב יעבוד צעיר (בראשית כ"ה כ"ג), והפעול אחרון לעולם זולתי
אבנים שחקו מים (איוב י"ד י"ט), עיר חובה אט (ישעיה ס"ד א'),
ויברא את הפעל ואת מלכינו שרנו כהננו ואבותינו לא עשו תורתך
(נחמיה ט' ל"ד)³, ובא הארי ואת הדוב (שמואל א' י"ז ל"ד), וכן על,
אל, בגלל³, למען, בער, לבד עם סימן הפעולים, גם כן מלות בין,

---

¹ Dans le ms. il y a les mots : משמרתי אותר que j'ai omis, car je ne peux en
comprendre le sens ; c'est probablement une faute de copiste.

² Ce passage biblique n'est pas exactement cité dans le ms.

³ J'ai corrigé en בגלל le mot' בכלל, qui n'est pas de l'hébreu biblique.

בתוך, נצמדים עם אותיות המשרתים באמרנו בינו, בינך, ביני,

בינם, ביניכם, בינינו, בתוכו, בתוכך, בתוכי, בתוכם, בתוככם,

בתוכנו :

השלישי יש מלין מורים על מגרעת שם דבר וזמן ומקום, או

פעל באמרנו לא, אל, בל, ובתוספת יו"ד בלי, וכן אפס כמוני

(ישעיה מ"ו ט'), ויתחברו שנים כא' באמרנו המבלי אין קברים

במצרים (שמות י"ד י"א), ומלת אין היא לבדה נצמדת עם

המשרתים, כמו איננו, אינך, אינם, אינכם, והמדברים בעצמם

לא מצאנו מזה כי מלת אנחנו מצטרפת בעד המדברים בעצמם או על

דרך סברה, איננו כרפיון, ויש מלין טעמן חוץ, באמרנו זולתי פָּלֵב

בֶּן יְפוּנֶה (דברים א' ל"ו), בִּלְעֲדֵי אֲחֻזָּה (איוב ל"ד ל"ב), ויש בְּמָקום

לא עד בִּלְתִּי שָמַיִם לא יקיצו (איוב י"ד י"ב), והם נצמדים עם

המשרתים אותיות הקנין :

הרביעי. יש מלים מורים על שאלת מקום וזמן ודבר סְאֵין

נודעים, באמרו מה זה (שמות ד' ב'), מי זה (ישעיה ס"ג א'), האיש

הלזה (בראשית כ"ד ס"א), אָנָה תלך (בראשית ל"ב י"ח), ובחסרון

ה"א אן הלכתם (שמואל א' י' י"ד), מתי תעשה (תהלים קי"ט

ס"ד), מאין לי בשר (במדבר י"א י"ג), איזה הם (זכריה א' ה'), אי

מזה באת (בראשית ר"ו ח'), בחסרון ה"א, איך אתנך אפרים (הושע

י"א ח'), ובה"א איכה אשא לבדי (דברים א' י"ב), ובכפל כ"ף איככה

אוכל (אסתר ח' ו'). אלה לא יתחברו עם המשרתים זולתי איזה,

שנאמר עם שנים כנויים נעלם ונמצא בין לדבים בין ליחיד, אַיּוֹ,

אַיֵּךְ, אַיָם, אַיֶּכֶם, אבל המדברים בעדם אין צורך כי אין שאלה

מזה על המדבר בעצמו :

החמישי יש מלין מורים על הודעת מקום וזמן ודבר הנורדים[1]

כמו פה עמוד (דברים ה' ל"א), כה תעשה להם (במדבר ח' ז'), ויסב

שם (ירמיה ל"ו י"ו), ובתוספת ה"א שמה, וכן להודעה, הארץ

הלזו (יחזקאל ל"ו ל"ה), הנער הלז (זכריה ב' ח') וכן עם זו יצרתי

לי (ישעיה מ"ג כ"א) ולנקבה בחלום ועדותי זו אלמדם (תהלים קל"ב

י"ב), ואל"ף זאת תחת וא"ו, וכן עתה תראה (שמות ו' א'), אל נא

רפה נא לה (במדבר י"ב י"ג), פעם בחוץ (משלי ז' י"ב), שלש פעמים

(שמות כ"ג י"ז), אז אמרתי (תהלים מ' ח'), ועוד להודיעת הזמן

ומקום ודבר כמו הנה, וזאת המלה מצטרפת באמרנו הנר, הנך,

הנני, הנם, הנכם, רק בהפסק יאמר הננו הנני בדגש, גם יאמר

מלת אלה על רבים נמצאים או רבות, אלה הדברים (דברים א' א'),

הימים האלה (אסתר ט' כ"ח), ובחסרון ה"א האנשים האל (בראשית

י"ט ח'), וזאת המלה נשתוה לזכרים ולנקבות, גם יאמר על

היחיד הנמצא זה היום (תהלים קי"ח כ"ד), זה הדבר (שמות י"ד

י"ב), במקום הזה. ובעבור הנעלם שאינו נמצא עם המדבר יאמר

הוא היום, הוא הדבר, במקום ההוא, ולנקבה בחרק. ולא אדע

למה זה כי כל הכנויים הם הולכים דרך הפעלים זולתי מלת היא

---

¹ J'ai corrigé en הנוֹעֲדִים le mot הנורדים.

והיתה ראויה להיות בקמ֫ץ על דרך פעלה, ולרבים הם או המד, לנקבות
הן או הנד, והיחיד המדבר בעדו אני או אנכי והם שני לשונות
ליחיד, ויאמר֫ מן אני בעבור הנמצא אתה, רנ֫ר֫ן אני נבלע בתי֫ר,
העד אנך מלכא (דניאל ב' ל"א), ובחסרון ה"א ואת תדבר אלינו
(דברים ה' כ"ז), כדרך הנקבה, ולרבים אתם, ולמדברים בעדם אין
צורך כי מלת אנחנו מצטרפת לרבים, והאומרים אנו אין אנו נכון
כי צריך להיות בשתי נוני"ן, והנה כתוב בירמיה (מ"ב ו') אשר
אנחנו שולחים אותך, כתוב אנו להורות כי יש מדברים כן, וקרי
אנחנו להורות כי הוא האמת, וכן עֲדֵי ליחיד לבדו כי מלת עם
היא מצטרפת ליחיד ולרבים, ויאמר עמי, עמך, ולרבים עמם,
עמכם, עמנו, כן מלת אנחנו לרבים בלבד ולא יאמר מהמד יחיד
ובחסרון אל"ף נחנו, וכן להודיעד דבר לפניו, אחריו, תחתיו, נגדך:

ואותיות הענין הבאות עם הפעלים הם ארבע וסימנם ב'כ'ל'ם.
הבי"ת יאמר עם סימן הפעלים שהם שלשת ליחיד בו, פי, או
פך בהפסק, ולרבים בם, או במו או בהם, בכם, בנו, וכן לנקבת
בך, בה, לרבות בכן, בהן, והנותרים כזכרים, ויש אומרים כי
יש בי"ת תחת[1] מ"ם כמלת בבשר ובלחם (ויקרא ח' ל"ב), ולפי דעתי
כי הענין חסר וכן הוא הנותר בשלחן הבשר, וכמוהו לחמו בלחמי
ושתו ביין מסכתי (משלי ט' ה'), רפ' בשלחן לחמי ושתו בכוס יין
מסכתי.

הכ"ף איננו נצמד לבדו עם הכנויים כי מצאנוהו בתוספת מ"ם ןא"ו,
אבל עם הפעולים בעצמם והכף יספק באמרנו כעם ככוהן כעבד כאדוניו
(ישעיה כ"ד ב'): והדרך הראשון נודע באמרנו כמו הרה תקריב ללדת
(שם כ"ד ב'), ואולם נהגו העברים לדבר כן שלא ידמה כ"ף עם סימן
המדבר בעדו למלת כי תאמר בלבבך (דברים ז' יז), שֶׁאֵין היו"ד סימן
המדבר בעדו, ואמרו כמהו, כמוך, כמוני, ולרבים כמוהם, כמוכם,
כמונו, ולכח הנקבה לא נמצא, ועל דרך הסברא נאמר כָּמוֹך
בשו"א, או כמוכי כמו בתוככי מצרים (תהלים קל"ה ט').

הלמ"ד מצאנו על שני דרכים, הא' דבק עם הפעולים באמרנו לראובן
ליהודה, ויש אומרים כי ימצא נוסף הלמ"ד הרגו לאבנר (שמואל
ב' ג' ל'), והשלישי לאבשלום (ד"ה א' ג' ב'), ולפי דעתי כי הלמ"ד
מורה על העצם ודבק בו, ובאמרנו הרגו אבנר, השלישי אבשלום,
הוא דרך קצרה כי אבנר ואבשלום הוא שם העצם ואיננו דבר
ולא מקריד רק העצם יהרג ויכנס במספר, והוא מקבל המקריד
ובאמרנו הרגו לאבנר הוא הנכון באמת, כי הלמ"ד מורה על העצם
מקבל ההרג ורצונו לומר הרגו לעצם אבנר, וכן לסחון מלך
האמורי ולעוג מלך הבשן (תהל קל"ו י"ט כ'), וכן ולאדם לא מצא
עזר כנגדו (בראשית ב' כ'), ורבים כהם וכלם נכוחים למבין,
העד על זה שתמצא שם דבר סמוך אל אות שרות בעבור שהוא
מורה על העצם באמרם נַהֲם ככפיר (משלי י"ט י"ב), הַשֹּׁכְנִי

---

[1] Les deux mots תחת בית manquent dans le ms., mais il semble qu'il faut les ajouter.

באהלים (שופטים ח' י"א). כל חוסי בך (תהלים ה' י"ב), הרי בגלבע
(שמואל ב' א' כ"א), משליכי ביאר חכרת (ישעיה י"ט ח'), כשמחת
בקציר (שם ט' ג'), באחרת מעיניך (ש"ה ד' ט'), חמרת מיין (הושע
ז' ה'), שנרת לעיני (תהלים קל"ב ד'), מימין לבירת (יחזקאל י' ג')
ארהבי לנום (ישעיה נ"ו י'), מצפון לעי (יהושע ח' י"א), והעד מלמעלה
ומלמטה, כי המ"ם בהם סמוך על אות שירות ורבים כן, והדרך שני לו,
לך, לו, ולרבים להם, לכם, לנו, ונשתתו הנקבות עם הזכרים באות לך
בהיותו לך בהפסק כמו מה אפעל לך (איוב ז' כ') הנה הוא לך כסות
עינים (בראשית כ' י"ר), וכן אוֹתָך הבא בהפסק הטעם, זולתי
צויתי אוֹתָהָ (שמות כ"ט ל"ה) שנמצאה בו תכונת הנפסק והמורדבק.

המ"ם גם כן נהגו העברים להוסיף עליו נו"ן שלא ידמה המדבר
בעדו למלת מי ומי ההולכים (שמות י' ח'), ואמרו שעו מני (ישעיה
כ"ב ד'), מנהו (תהלים ס"ח כ"ד), ובכפל המ"ם ונהנ"ן למדברר בערו
אמרו ממני, ולנגרע ממנו והנכון ממנה, ממך, מכם, מהם, גם
למדברים בעדם ממנו והראוי ממננו, ולהקל מעל הלשון אמרו ממנו
על דרך היחיד, והעניין מבדיל בין זה לזה:

חלק הפעלים.

שאלת על הפעלים מה הם וכמה חלקים הם: האזינה תבינה
כי כל הפעלים הם מקרים דבקים בעצם ונסמכים עליו כי העצם
הוא יסוד המקרה ולא יהיה זה מבלעדי זה וכל הפעלים אשר
יקראו מקרה הם על ד' דרכים נמצאים:

האחד יש סעל עומד בעצם הפועל ואיננו יוצא מן עצם לדבק
באחר, באומרנו שמחתי בישועתך (שמואל א' ב' א'), ויגל יעקב (תהלים
י"ד ז'), ורם לבבך (דברים ח' י"ב), וכן ישב, ירד, עמד, הלך, אבד
ורבים כהם, כלם יקראו פעלים עומדים בעבור היות העמדת
המקרה ההוא בעצם הפועל, והוא בדמות פעול, ומלת השכוני
באהלים (שופטים ח' י"א) לעד כי השוכן והשכון לאחרים.

השני יש פועל יוצא מן העצם ויפרד ממנו ודבק בעצם הפעול
בלעדיו באומרו אברהם הוליד את יצחק (בראשית כ"ה י"ט), ורב
יעבוד צעיר (שם כ"ה), ברא אלהים אדם (דברים ד' ל"ב), והפעול
לעולם אחרון זולתי מעט כמו אבנים שחקו מים (איוב י"ד י"ט),
מים תבערה אש (ישעיה ס"ד א') ואלא שמום ראשונים כי הטעם
ידוע, אך יש סועל שלא יפרד מעצם הפועל והוא דבוק בפעול כמו
ראיתי פניך (בראשית ל"ג י'), והנה ראות העין עומד בפועל ודבק
במקצתו בפעול הראוי ואין כן לכל הפעלים.

השלישי יש סעל נפרד מהעצם ודבק עם עצם פועלים כמו
ערום כסת בגד (יחזקאל י"ח י"ו), הנה הבגד והערום סניהם
פעולים, אבל הערום הוא הפעול האמתי, וכן וילבישוהו בגדים (זכריה
ג' ה'), וכמוהם אשר אתה מראה בהר (שמות כ"ה מ') פעול, כי
השם הוא המראה, ותבנית המנורה מראה שהוא פעול האמתי, רק

משה בעבור שהוא מקבל תבנית המראה הוא כדמות פעול,
ורבים כהם:

הרביעי יש פועל יוצא משני פועלים והפועל א'. באמרנו וה'
האמירך היום (דברים כ"ו י"ח). הנה המאמר א' ורצוני לומר מסבב
האמירה, והאומר א' זולתו והמאמר פעול, וכן המאכילך מן (שם
ח' י"ו), ואויביו ירדף חשך (נחום א' ח), הש"י מרדף, וחחשך רודף,
והאויבים רדופים, אבל הפועל השני הוא כדמות פעול לראשון כי
הוא המקבל סבת הדבר: והכלל לא יתכן פועל מבלתי פועל על דרך
ד' דברים שהזכרתי, רק יש פועל מאלה שהוא כלל כולל פרטיו
באמרנו תקראנד מלחמד (שמות א' י'), יפרו ישע (ישעיה מ"ה ח),
והטעם כל ישע וישע עד היותם רבים. והפך זה על צד תאמננה
(שם ס' ד') שמשקלה תפעלנה, וכי יתן מים (ויקרא י"א ל"ח),
מחשבות בעצה תכון (משלי כ' י"ח), ורבים כאלה: כבר הודעתיך
מה הם הפועלים ואודיעך כמה חלקיהם.

שער חלקי הפעלים.

הפעלים הם ב' חלקים נפרדים לו' ראשים ועומדים על ד' פנים
שהם ח': האחד מב' חלקים הוא הפועל שכבר היה ועבר והוא יפרד
לג' באמרנו פעל ופעל ופעול, אלה נקראים פועלים עוברים אבל
יש הפרש שלשתם, כי פעל נפתח העי"ן או קמ"ץ, או פָּעוֹל, או
פָּעֵל, אלה ג' ד' ראשים אחדים לבנין א' הם ענין שכבר היה ועבר
על העצם ההוא, והפועל בצרי או פועיל בחלק כמו תומיך גורלי
(תהלים י"ו ה'), והוא בינוני בזמן בין שכבר היה הזמן או שהוא עומד,
והענין יורה עליו באמרנו הוא היה זמן שעבר, הנה הוא עושה מלאכה
זמן עומד, והפעול כמו כן הוא בינוני, והעד עושר שמור לבעליו
(קהלת ה' י"ב), והפועל מורה עליו אם הזמן עבר או עומד, והפועל
שכבר עבר ואיננו בינוני הוא מדובר כנגד ג' יחידים נסתר נמצא
ומדובר בעדו והם פָּעַל, פָּעַלְתָּ, פָּעַלְתִּי, והרבים הם נבנים על שלשתם
נוסף הוא"ו בסוף פעל להורות על הרבים נסתרים, ונוסף מ"ם על
סעל"ת להורות על הנמצאים, וסר סימן המדבר בעדו ונוסף נו"ן וא"ו
תחתיו להורות על המדברים בעדם, והם פָּעֲלוּ, פְּעַלְתֶּם, פָּעַלְנוּ, וכן
לנקבות, אבל בג' משתנות והם פָּעֲלָה, פָּעַלְתְּ, פָּעַלְתֶּן, והשרידים
נשתוות עם הזכרים והם פָּעֲלוּ, פְּעַלְתִּי, פָּעַלְנוּ הנה הם שנים עשר:

השני הוא הפעל אשר עדין לא היה והוא עתיד להיות ונפרד
לג' ראשים באמרנו פָּעוּל ושאר העתידים, אבל יש הבדל ביניהם כי
מלת פָּעוּל או פָּעַל, אָדָב אַתָּה (הושע ג' ה') בעבור אות גרון הוא
מאמר המצוה ליחיד הנמצא ונוסף בסופו וא"ו להורות על הרבים,
והנקבות משתנות מהזכרים באמרנו פַּעֲלִי ליחידה, פְּעַלְנָה לרבות.
ופָּעוּל הוא הנקרא שם הפועל כי הוא שם מקרד ואיננו שם עצם,
והוא כולל נקבות וזכרים ודבק עם כל הפעולים עוברים והעתידים.
וכאשר רצו העברים להורות העתידות ודבר כנגד ג' יחידים הנסתר

והנמצא והמדבר בעדו עם י"ב הוסיפו בראש אלף להורות על המדבר
בעדו (ויו"ד על הנסתר ות"ו על הנמצא)[1] והם אָפְעַל, יְפְעַל, תְּפְעַל,
והנו"ן לרבים נְפְעַל, והוסיפו וא"ו על השרידים ואמרו יְפְעַלוּ תְּפְעָלוּ,
והנקבות משתנות בג' פועלים מהזכרים הנסתרת והנמצאת גם
הנסתרות והנמצאות[2] באמרנו תְּפְעַל תִּפְעֲלִי תִּפְעַלְנָה, ונשתוות בשנים
הנותרים הזכרים והנקבות, ואבורת כל בנין שלם טרם היותם דבקים
עם תולדותיהם המורות על הפעלים הם כמספר נתיבות החכמה
ומספרם ל"ב[3] זולתי המשתווים כי בה' נשתוו הזכרים עם הנקבות
בג' עוברים ובשנים העתידים ואין צֹרֶךְ להזכירם פעמים במספרם:
והארבעה פנים שהם ח' הנזכרים למעלה הם ד' במינים אשר
עליהם נבנים החלקים האלה, ואלה שמותם : פָּעַל הקל, וּפְעֵל
הרגוש, וְהִפְעִיל הנוסף, וּפוֹעֵל המרובע, אבל נְפְעַל וְהִתְפַּעֵל וּפֻעַל
וְהָפְעַל הם דבקים בעליונים, כי הם פעולים והראשונים פועלים אין
צורך לאלה:

(A suivre.)

[1] Les mots entre parenthèses ne sont pas dans le ms., mais il faut sans doute les ajouter.

[2] Le mot לשלשה après גם et le mot גם après והנמצאות qu'on retrouve dans le ms. semblent superflus et rendent confus tout ce passage.

[3] Cette même allusion au *Sefer Yeçira* se retrouve aussi chez David Qimhi dans le *Miklol*.

LE LIVRE DE L'ALGÈBRE

ET LE PROBLÈME DES ASYMPTOTES DE SIMON MOTOT

(SUITE [1])

II

LE PROBLÈME DES ASYMPTOTES.

Dans les pages magistrales qu'il a consacrées, dans son « Guide des Egarés », au système des Motécallemîn, Maïmonide s'étend surtout sur la théorie du *possible*, énoncée dans la dixième proposition, qu'il appelle « la base de la science du calâm [2] ». Le *possible*, d'après ces philosophes arabes, « ne doit pas être considéré au point de vue de la conformité de l'être avec telle idée »; en d'autres termes, « tout ce qu'on peut s'imaginer est possible (que la réalité y soit conforme ou non), et tout ce qu'on ne saurait s'imaginer est impossible [3] ».

Telle est l'idée que les Motécallemîn avaient du *possible*. Moïse ben Maïmoun, après l'avoir exposée, la réfute longuement en distinguant l'action de l'imagination de celle de l'intelligence, et il a recours aux sciences mathématiques, « si instructives pour nous », pour prouver qu'il y a certaines choses que l'homme ne peut nullement se figurer par l'imagination, et dont on peut cependant démontrer la réalité.

Une de ces choses qui existent, mais que l'imagination ne saurait nullement concevoir, est justement la ligne asymptote, que nous trouvons pour la première fois dans les œuvres d'Apollonius de Perge.

---

[1] Voir *Revue des Études juives*, tome XXVII, p. 91.
[2] Moïse ben Maïmoun, *Le Guide des Egarés*, trad. de l'arabe par S. Munk, Paris, 1856, t. I, p. 400.
[3] *Ibid.*, 376 et 404.

Etant donné une hyperbole, on peut tirer du centre de cette courbe une ligne droite qui ne se rencontre jamais avec la section conique, même si toutes les deux sont prolongées à l'infini, et quoiqu'elles se rapprochent toujours l'une de l'autre à mesure qu'elles sont prolongées. C'est cette ligne droite qu'Apollonius appelle « asymptote », et les théorèmes relatifs aux propriétés de cette ligne forment la partie la plus considérable du deuxième livre de son traité.

Ce théorème, qui formule une des plus belles propriétés des sections coniques trouvées par Apollonius, a excité l'attention de plusieurs mathématiciens, et l'un d'eux n'a pas hésité à le qualifier d' « admirable[1] ». Maïmonide, qui l'a connu, sans doute, par les versions arabes du « Livre des cônes » d'Apollonius[2], en a été également frappé, et en le citant comme exemple des choses qui existent et que cependant on ne peut pas se figurer, il a fourni à quelques savants juifs l'occasion d'en faire un important objet d'étude[3].

Motot même a certainement conçu l'idée de son ouvrage en lisant le *Moré Neboukhim*. Il n'en dit rien, mais il énonce la question dans les termes mêmes employés par Samuel ibn Tibbon dans sa version hébraïque. Du reste, il semble bien improbable qu'il ait étudié les œuvres d'Apollonius, qui n'ont commencé à être connues en Occident que vers la moitié du xve siècle, et dont la première traduction latine, bien défectueuse, de Memus, ne parut

---

[1] Fr. Baroccius, *Admirandum illud geometricum problema*, Venise, 1586.

[2] Quoiqu'il ne dise rien de l'auteur, Maïmonide cite lui-même le deuxième livre des coniques, où il a pris ce problème. Quant aux versions arabes des œuvres du grand mathématicien grec, il y en avait plusieurs, et c'est à elles que nous sommes redevables d'en connaître maintenant sept livres, et non pas uniquement les quatre premiers, qui nous sont parvenus dans leur langue originale. Voir l'édition que Halley en a faite, Oxford, 1710. Voir encore Wenrich, *De auctorum græcorum versionibus*, p. 198 et suiv.

[3] Baroccius, dans l'œuvre citée, donne la version latine des travaux écrits sur ce problème par deux Juifs, mais il se trompe sur le nom des auteurs. La première de ces études, dont une traduction italienne d'un certain *Joseph Scalit* a été imprimée à Mantoue en 1550, est de R. Mosché b. Abraham Provençal. Mais Baroccius l'attribue à R. Mosché de Narbonne (p. 209 ; voir encore Steinschneider, *Catal. Bodl.*, p. 1983); ce qui n'est pas exact, a moins qu'il ait voulu rendre en latin le mot « provençal » par l'ancienne dénomination de la Provence (Gallia Narbonensis). Dans ce cas, il faut avouer que, d'après sa traduction, il serait bien facile de se tromper et d'attribuer cette œuvre au commentateur connu d'Averroës, d'Avicenne et de Maïmonide. La deuxième étude sur le problème des asymptotes, traduite également en latin par Baroccius (p. 259 et suiv.), est celle de Profiat Duran, le commentateur du *Moré Neboukhim*, connu sous le nom d'*Efodi*. Baroccius attribue son ouvrage à un autre commentateur du *Moré*, R. Samtob (Schem Tob ben Joseph b. Schem Tob), il a été peut-être induit en erreur par cette circonstance qu'il s'est servi de l'édition de Sabionetta, où les commentaires de ces deux rabbins sont à droite et à gauche de la page, et il les a confondus l'un avec l'autre.

qu'en 1537. Peut-être aussi a-t-il eu le désir d'étudier ce problème en lisant la solution que l'Efodi en avait déjà donnée vers 1400 dans son commentaire. Mais, s'il l'a connue, il faut avouer qu'elle ne lui a servi que de stimulant, car il procède tout différemment, et sa démonstration a un caractère complètement original. Il a même été très vraisemblablement l'inspirateur d'un autre mathématicien juif, qui s'est également occupé de ce problème. Mosché Provençal, dont j'ai eu l'occasion de parler plus haut dans une note, dit, en effet, que ce n'est pas par ses propres réflexions qu'il a été convaincu de la possibilité de tirer les lignes asymptotes, mais par l'étude qu'il a faite d'une très courte démonstration d'un autre auteur [1]. A mon avis, cet auteur est Motot, car Provençal était rabbin à Mantoue, et Motot a vécu, lui aussi, dans une ville de la région lombardo-vénitienne. Du reste, il suffit de comparer entre elles leurs démonstrations pour se convaincre que l'une a inspiré l'autre. Mais je me bornerai ici à dire quelques mots du seul travail de Motot.

Son ouvrage se compose de deux parties, dont la première n'est qu'une introduction à la vraie solution du problème. L'auteur explique, dans les deux premières propositions, les propriétés des ordonnées abaissées de plusieurs points d'une section conique (hyperbole) sur son axe. Puis il essaie de prouver que cette hyperbole pourrait bien être la courbe qui se prête au cas particulier dont il s'agit. Il s'en sert, en effet, et il prend, en outre, comme ligne droite, la ligne qui joint le centre de l'hyperbole à l'extrémité d'une longueur, égale à la moitié du diamètre, prise sur la tangente au sommet. De l'hyperbole il tire sur son axe plusieurs perpendiculaires qu'il prolonge de l'autre côté jusqu'à rencontrer la droite [2], et, en s'appuyant sur les propositions 5 et 6 du deuxième livre d'Euclide, il démontre par l'absurde que ces deux lignes ne se rencontreront jamais, quoique prolongées à l'infini. C'est là la première des propriétés de ces deux lignes. Il va prouver tout de suite la deuxième, à savoir qu'elles se rapprochent toujours à mesure qu'elles sont prolongées, en abaissant de la ligne courbe, et précisément des points où elle est coupée par les ordonnées, des perpendiculaires sur la ligne droite, et en tenant compte des propriétés des ordonnées qu'il a déjà expliquées dans la deuxième proposition.

Cela démontré, la possibilité de résoudre le problème est donc

---

[1] Voir ce qu'il dit au commencement de son ouvrage, qui est devenu maintenant très rare, et qu'on trouve ordinairement relié avec le *Moré Neboukhim*, éd. Sabionetta, 1553; voir encore Steinschneider, *Die hebr. Uebersetzungen*, p. 426, et *Cat. Bodl.*, l. c.

[2] Voir la onzième figure.

certaine, et Motot va droit à son but. Il trace sur un cône quelconque une hyberbole, et il construit le problème de la même manière qu'auparavant, en appuyant ses démonstrations sur les
propriétés du paramètre et sur ce qu'il vient de prouver dans les
prémisses. Cette seconde partie, qui est la vraie solution du problème, pourrait paraître une répétition de la première, mais il n'en
est rien.

La démonstration que l'auteur donne dans les prémisses pour
les rapports entre les carrés des ordonnées et les rectangles cons-
truits sur l'entière conterminale et le segment de conterminale
compris dans le cône, ne peut servir que pour le cas où cette
courbe est tracée sur un cône rectangulaire. Cela est vrai également des démonstrations suivantes. Avec les propriétés auxquelles
une construction comme la première peut donner lieu (le paramètre égal à la moitié du diamètre, les ordonnées égales respectivement au segment de conterminale compris dans le cône, plus la
moitié du diamètre, etc.), Motot prouve chaque particularité avec
les détails les plus circonstanciés. Mais cette démonstration aussi
n'est juste que dans le cas où l'on a pris un cône rectangulaire
comme base de la construction.

Jusqu'à présent donc, Motot a voulu prouver qu'il est possible
de résoudre le problème : cette possibilité étant maintenant hors
de doute, l'auteur va construire, dans la deuxième partie, les
asymptotes de l'hyperbole.

Les premières propositions nous offrent une construction dont
les éléments fournissent comme base principale une hyperbole ;
mais Motot ne dit rien, dans les prémisses, de la nature de cette
courbe, qui n'acquiert jamais une réalité. Il reconnaît seulement
que cette ligne, avec les propriétés qu'il vient d'expliquer, est la
courbe qu'il cherche. Et alors il la trace dans un cône quelconque,
en déterminant mieux sa nature, et il appuie ses démonstrations
sur ce qu'il vient de prouver, mais principalement sur les propriétés constantes de cette section et de son paramètre.

Il aurait bien pu, après les deux premières propositions — où
il explique les propriétés des ordonnées, — réunir les autres prémisses à la deuxième partie et nous présenter tout de suite un
cas général de résolution ; son travail se présenterait sous une
forme plus simple. Mais il n'y a rien à dire contre sa méthode, et,
dans tout le travail, il se montre complètement maître de la matière qu'il veut traiter. Malgré les difficultés que cette étude aura
sans doute présentées pour lui, il procède toujours avec précision
et sûreté. Faute d'expressions propres dans la langue hébraïque,
il est obligé d'employer de longues circonlocutions ; ce qui pro-

duit parfois une certaine obscurité. Mais cela ne diminue presque
en rien la valeur de l'ensemble du travail, qui est généralement,
et surtout dans la deuxième partie, d'une clarté et d'une élégance
remarquables.

Tels sont les deux ouvrages que j'ai cru utile de faire connaître.
Quoique Motot ait inventé les équations pures de troisième et
quatrième degré et les équations dérivatives du second degré,
et résolu d'une façon ingénieuse le problème des asymptotes,
ses travaux n'auraient pas fait faire un pas considérable aux
sciences mathématiques, même s'ils avaient pu franchir le cercle
étroit où ils restaient nécessairement enfermés à cause de la
langue dans laquelle ils étaient écrits, et aussi par suite de l'intention même de l'auteur. Mais pour nous, qui étudions les différentes manifestations de la pensée juive, ils ont leur importance, ils viennent s'ajouter aux nombreux documents qui
prouvent l'intérêt que les Juifs prenaient aux études scientifiques. Pour ce qui regarde particulièrement Motot, il s'y révèle,
comme je l'ai déjà dit, profond connaisseur des sciences mathématiques.

Disons maintenant un mot de la partie en quelque sorte extérieure, de la forme des deux ouvrages. Ils n'emploient pas de
signes pour la désignation des opérations arithmétiques ; ces dernières sont indiquées, comme chez tous les mathématiciens juifs et
chrétiens de ce temps, par des termes spéciaux. Les nombres
sont toujours exprimés par des mots ou par des lettres numé-
riques. Une seule fois, on rencontre des chiffres, c'est dans la
figure de la neuvième proposition du calcul des radicaux ; mais je
crois qu'ils sont dus à un copiste. Les figures géométriques sont
tracées avec beaucoup de négligence, surtout dans le problème
des asymptotes, où, comme l'on verra, il est bien difficile quelquefois de savoir ce qu'elles sont destinées à représenter. Quant à la
terminologie, elle est restée la même que chez les premiers mathématiciens juifs, quoique le « Livre de l'algèbre » et le problème des asymptotes ne présentent naturellement plus le même
caractère philosophique que les œuvres d'Ibn Ezra, de Lévi ben
Gerson et d'autres encore. Plusieurs des termes employés ont la
même valeur que dans la Bible ou les livres rabbiniques ; mais la
plupart ont acquis un nouveau sens chez les premiers mathématiciens juifs, qui, ayant étudié les sciences dans les livres arabes,
en firent des traductions littérales et donnèrent ainsi à certains
mots hébreux une nouvelle signification.

Voici cette terminologie :

אֶחָד — 1° Un, premier; — 2° Unité ou nombre d'unités, nombre entier; plur. אֲחָדִים. Voir מספר et la note 2 à la page 236.

דָּבָר — Chose. Ce mot est employé pour indiquer la première puissance de l'inconnue et la racine d'une équation, comme l'arabe شيء, dont il est la traduction. Voir ci-après, page 235, note 3.

הִכָּאָה (נכה, hiph. הכה, frapper) — Multiplication. On le rencontre une seule fois chez notre auteur, qui emploie ordinairement le mot כפל. Il est la traduction du mot ضرب, frapper, qui était employé par les Arabes dans le sens de « multiplier », ضرب في.

זָוִית — Angle (arabe زاوية) ; זָוִית נִצָּבָה — Angle droit ; חַדָּה — Angle aigu.

(חָבַר) — Pi'el חִבֵּר — Additionner.

חָדַד — Être aigu : 1° זָוִית חַדָּה — Angle aigu ; 2° מְחוּדָּד ou מְחוּדָּד נִצַב הַזָּוִיוֹת — Cône rectangulaire ; 3° מְחוּדָּד מְעוּגָּל — Cône [1].

חָסַר — 1° Pi'el חִסֵּר — Soustraire ; 2° חִסָּרוֹן — Manque, faute. Mathém. : Quantité négative. Cf. le grec λεῖψις. Ainsi, le traducteur de Diophante [2], à propos de la proposition « λεῖψις ἐπὶ λεῖψιν πολλαπλασιασθεῖσα ποιεῖ ὕπαρξιν », dit : « Abundantiam et defectum vertere poteramus. » De même, les Arabes ont ناقص, de نقص « manquer, faire faute ».

חֶשְׁבּוֹן — Calcul.

חָתַךְ (couper) — 1° חָתוּךְ — Section (conique) ; 2° חָתוּךְ מְשׁוּתָּף — Section commune.

יַחַס — Rapport, proportion ; מִסְפָּרִים מִתְיַחֲסִים — Nombres proportionnels. Les mathématiciens et les philosophes juifs l'ont employé dans ce sens, parce qu'ils ont traduit à la lettre le mot arabe نسب, qui originairement exprime, comme יחס, l'idée de généalogie, origine, etc. On trouve encore bien souvent chez les autres mathématiciens l'expression ערך.

יָתַר (excéder). — 1° יוֹתֵר, après un nombre, indique qu'il est positif ou qu'il doit être additionné avec un autre; 2° יִתְרוֹן — Excès. Mathém.: Quantité positive. Cf. le grec ὕπαρξις et ci-des-

---

[1] Dans la version du *Moré* faite par Samuel ibn Tibbon, à l'endroit où Motot a pris l'énonciation du problème des asymptotes, au lieu de מחודד, on lit חרוט, qui est le mot arabe مخروط; la même expression (חרוט) se trouve dans le ms. 46 de Vienne.

[2] Diophantis Alex. Arithmeticorum Liber I, Defin. IX. Paris, 1621. J'ai toujours employé les termes *positif* et *négatif*; mais on ne peut pas reconnaître, dans les théorèmes expliqués par Motot, s'il avait déjà une notion exacte de ce qu'est une quantité négative.

sus, au mot חסרון. De même, les Arabes emploient le mot زِيَادَة, de زَاد, augmenter, excéder [1].

כָּפַל — Doubler ; 1° Elever à la deuxième puissance ; 2° dans le sens de multiplier (subst. כֶּפֶל, avec עַל ou בְּ), on le rencontre chez les premiers mathématiciens juifs, qui ont traduit le mot arabe ضَعف « doubler », qui est employé à la 3° forme pour « multiplier ». Ainsi Ibn Moûçâ dit que, dans la multiplication, on doit doubler l'un des deux nombres, etc., يضاعف احد العددين (voir œuvr. cit., *Revue*, t. XXVII, 96). De même Johannes Hispalensis dit : « Necesse est omni numero qui multiplicatur in aliquo quolibet numero ut *duplicetur* unus ex iis... (voir l'éd. faite par Boncompagni, Rome, 1857, p. 10, et l'étude de Steinschneider sur Ibn Ezra dans la *Zeitschr. für Mathem. und Physik*, Leipzig, 1880, p. 106).

לִימּוּד — Théorème.

מֵיתָר — Corde (d'un arc).

מְמַשֵּׁשׁ — Tangente.

מִסְפָּר — Nombre. Voir ci-après la note à la page 236.

מְעֻקָּב — Cube. On le rencontre dans ce sens chez tous les mathématiciens juifs, et Ibn Ezra veut trouver une relation entre ce mot et le *talon* (עקב), parce que ce dernier est rond [2]. Les Juifs l'ont pris des Arabes, qui emploient le même mot كعب pour indiquer le *cube* et le *talon*. Quant à la relation entre ces deux idées, il faut la chercher dans la forme cubique de la partie postérieure du pied des animaux fissipèdes (voir Dozy, *Suppl. au Dictionn. ar.*, II, p. 474).

מְעֻקָּם — Courbe.

מְרֻבָּע — Carré, en arithmétique comme en géométrie. Quant au mot *censo*, que Motot dit avoir traduit par מרבע, voir ci-après p. 236.

מַרְכֵּז — Centre. Ar. مركز.

מְשׁוּלָשׁ — Triangle. Voir שלש.

נִכְחִי — Parallèle, adj.

נְקֻדָּה — Point.

עֲגוּלָה, עָגוֹל ; [עֵגֶל] — Cercle, circonférence.

עָלָה — Monter ; עוֹלֶה — Résultat, produit, le montant.

עַמּוּד — Perpendiculaire. Ar. عمود.

צָחוּת — Moins. Après un nombre il indique que ce nombre est négatif ה' צחות = — 5.

צֵלָע — Côté.

---

[1] Voir Ibn Moûçâ. *l. c.*, p. 15 du texte arabe.

[2] Steinschneider, *Ibn Ezra*, p. 91 et p. 109, où il cite aussi le mot קעב.

קַו — Ligne.

קוׄטֶר — Diamètre. Ar. قطر.

קָצֵב — Définir, séparer; 1° מִסְפָּר קָצוּב — Nombre défini;
2° קְצֻבָה — Somme fixée [1].

רֹאׄשׄ — Sommet.

רֹוׄשֶׁם ou רוֹשֶׁם הַתְּמוּנָה — Gnomon; littéral. « signe de la figure ». Cf. le grec γνώμων, qui exprime originairement la même idée.

שָׁאַר — Rester; נִשְׁאָר — Le reste (d'une soustraction).

שָׂבָר (שִׂבּוּר?) — Surface. Voir Steinschneider, *Ibn Esra*, p. 97, note 142, et p. 106, note 180.

שֶׂטַח — 1° Plan. Ar. سطح ; 2° שֶׂטַח נְצֵב הַזָּוִיוׄת — Rectangle;
3° שֶׂטַח הַמְחוּדָּד — Surface du cône.

שׁלׄשׁ; 1° Pi'el שִׁלֵּשׁ — Élever à la troisième puissance;
2° מְשֻׁלָּשׁ — Triangle.

שָׁנָה — Doubler; élever à la deuxième puissance.

שׁוֹרֶשׁ — Racine; מרבע — Racine carrée; מעקב — Racine cubique. Il est, en outre, employé pour indiquer la première puissance de l'inconnue et la solution d'une équation. Dans ces deux cas, il a la même valeur que דבר.

תּוׄסֶפֶת — Quantité positive.

תּוׄשֶׁבֶת — Base.

G. SACERDOTE.

LE LIVRE DE L'ALGÈBRE [2]

PAR SIMON MOTOT.

Après avoir adressé des louanges à Dieu, dont le nom béni est glorieux et éclaire chaque discours et action (que son nom élevé et grand soit béni et exalté), je commence et je dis :

Tu dois savoir que les Chrétiens prennent, dans le calcul de l'algèbre, une partie du problème dont ils ne connaissent pas la valeur, et, dans leur calcul, ils font de cette partie une chose entière, qu'ils appellent *cosa* (chose) [3], voulant exprimer par ce mot deux idées,

---

[1] Voir *Zebahim*, 10b, et Levy, *Wörterb*.

[2] Le titre hébreu de l'ouvrage est : ספר האלזיברא לר׳ שמעון מוטוט. Dans le ms. de Parme on lit : כללי מחשבון האלגיברא. Je suis heureux de saisir cette occasion pour remercier M. Lionello Modona, qui a bien voulu me donner des renseignements sur ce manuscrit.

[3] Les mathématiciens du moyen âge indiquaient par les mots *res* et *cosa* (chose)

celle de chose entière et celle de chose cachée, que nous ne connaissons pas.

J'en agirai de même, moi aussi, dans la présente traduction, et je
l'appellerai *dabhar* (chose). Ils appellent *censo*[1] la multiplication d'une
chose par elle-même. J'ai demandé à leurs grammairiens la signification de ce mot, et ils m'ont dit qu'il désigne un nombre défini, mais
ce qu'ils entendent par ce nombre défini, nous ne le savons pas.
Comme je n'ai pas trouvé dans notre langue un terme qui ait une
telle signification, et que je n'ai pas voulu être prolixe en l'exprimant
par deux mots, ni introduire un nouveau mot dans notre langue, je
l'ai appelé *mérouba'* (carré), puisque telle est sa nature. Ils appellent
censo de censo (carré du carré) la multiplication du carré par lui-
même, et moi je l'appellerai *merouba' ha-merouba'*. Ils appellent *cubo*
(cube) le nombre *me'ouqab* et *cubo de cubo* (cube du cube) le *me'ouqab*
ha-me'ouqab; enfin, les *numeri*[2] (nombres) sont les unités de quantité, comme ils ont l'habitude de les appeler partout.

Après cette préface, je vais parler de l'étude des radicaux, qu'il
faut connaître avant les théorèmes du calcul de l'algèbre, et je les expliquerai dans la mesure de mes forces. Et maintenant je commence.

I

Si tu veux multiplier la racine d'un nombre connu par la racine
d'un autre nombre, multiplie l'un des deux nombres par l'autre, et
la racine du produit est ce que tu cherchais. Pour te le faire mieux
comprendre, je vais te donner un exemple : Veux-tu multiplier la
racine du nombre 5 par la racine du nombre 12, multiplie 5 par 12;
tu auras 60. La racine de 60 est ce que tu voulais connaître.

II

Veux-tu maintenant multiplier la racine d'un nombre connu par

la première puissance de l'inconnue, qu'ils appelaient aussi *radix*, *radice* (racine).
Léonard, dans son *Abbacus* (page 410), dit : « Pone pro maiori parte radicem,
quam appellabis rem. » Ces mots sont la traduction littérale, faite par les Européens, des mots arabes ﺀﻰﺷ (chose) et ﺟﺬﺭ (racine), qui étaient employés par
les Arabes dans le même sens. Ainsi Mohammed ben Moûçà écrit (page 15) :
ﺗﻀﺮﺏ ﺍﻻ ﺷﻴﺎﻩ ﻭﻫﻮ ﺍﻟﺠﺬﺭ « multiplie les choses, c'est-à-dire les racines », et Ibn
Khaldoûn en donne cette explication dans ses Prolégomènes : « Le premier de
ces degrés est la *chose*, parce que toute inconnue (en tant qu'elle est cachée)
est une chose. On l'appelle aussi *racine*, parce qu'on obtient, en multipliant ce
degré par lui-même, le second degré. » (Voir la traduction de ce chapitre donnée
par M. Wœpcke, dans ses « Recherches sur plusieurs ouvrages de Léonard de
Pise », Rome, 1859, p. 6.)

[1] Le mot *censo* doit aussi son origine à l'arabe, car les Occidentaux ont traduit
littéralement le mot ﻣﺎﻝ (richesses, possessions) employé par les Arabes pour
désigner le carré.

[2] Nous verrons dans les premiers théorèmes algébriques que Motot emploie avec
le même sens les mots מספר et אחד pour désigner l'unité. De même, les Arabes
se servent du même mot عدد pour indiquer le nombre entier ou nombre d'unités et encore l'équivalent de l'unité.

un nombre connu, élève le nombre au carré en le multipliant par lui-même, puis multiplie l'un des carrés par l'autre, et la racine du produit est ce que tu voulais connaître. Ex. : Tu veux multiplier la racine du nombre 7 par le nombre 3. Élève 3 au carré; c'est 9. Multiplie ensuite 7 par 9, tu auras 63. La racine de 63 est ce que l'on cherchait, car la raison du carré avec le carré est la deuxième puissance de celle du côté avec le côté. C'est pourquoi, il faut multiplier le carré de 7 par le produit de 3 par lui-même, selon la onzième proposition du huitième livre d'Euclide.

III

Et si tu veux multiplier une racine cubique donnée par une racine cubique donnée, multiplie l'un des cubes par l'autre, et la racine cubique du produit est ce que tu voulais. Ex. : Tu veux multiplier la racine cubique de 5 par la racine cubique de 6. Multiplie 5 par 6 ; tu auras 30. La racine cubique de 30 est ce que l'on cherchait.

IV

Pour multiplier une racine cubique donnée par un nombre connu, élève le nombre au cube et multiplie l'un des cubes par l'autre, et la racine cubique du produit est ce que tu voulais. Ex. : Tu veux multiplier la racine cubique de 5 par le nombre 3. Élève 3 au cube ; c'est 27. Multiplie ensuite 5 par 27, tu auras 135. La racine cubique de 135 est ce que l'on cherchait, et cela parce que la raison du cube au cube est la troisième puissance de la raison du côté au côté, selon la douzième proposition du huitième livre d'Euclide.

V

Et si tu veux multiplier une racine cubique donnée par une racine carrée donnée, élève le carré au cube et le cube au carré. Par cette opération tu as rendu égaux les exposants des radicaux et fait de chacune d'elles une racine carrée d'une racine cubique [1]. Multiplie ensuite l'un par l'autre (les nombres sous les radicaux) et la racine carrée de la racine cubique du produit est ce que tu cherchais. Pour que tu comprennes, je vais te donner un exemple avec des carrés et des cubes parfaits. Supposons que tu veuilles multiplier la racine carrée de 9, qui est 3, par la racine cubique de 8, qui est 2. On sait qu'en multipliant 3 par 2, on a 6 : voilà ce que l'on cherchait. D'après la méthode que nous avons indiquée, il faut élever 9 au cube, qui est 729, et 8 au carré, qui est 64. La multiplication de 64 par 729 donne 46,656. La racine carrée de la racine cubique de 46,656 est ce que l'on cherchait.

[1] C'est-à-dire : $\sqrt[2]{9} \times \sqrt[3]{8} = \sqrt[3]{\sqrt[2]{9^3}} \times \sqrt[2]{\sqrt[3]{8^2}} = \sqrt[3 \times 2]{9^3 \times 8^2}$.

Pour rendre notre démonstration plus claire, nous désignerons par
un nombre le résultat cherché, et la chose est possible, puisque les
nombres que nous avons choisis pour notre exemple sont des
nombres qui ont une racine. Ainsi nous dirons : la racine cubique
de 46,656 est 36 et la racine carrée de 36 est 6. On voit donc que le
nombre 6 est le nombre cherché, comme nous avons dit d'abord.
Cette démonstration est intelligible pour celui qui comprend les démonstrations des théorèmes précédents.

VI

Et si tu veux multiplier la racine d'une racine carrée donnée par
la racine d'une racine carrée donnée, multiplie l'un des carrés par
l'autre, et la racine de la racine du produit est ce que tu cherchais.
Ex. : Tu veux multiplier la racine de la racine carrée de 4 par la racine de la racine carrée de 7. Multiplie 4 par 7; c'est 28. La racine de
la racine carrée de 28 est ce que l'on cherchait.

VII

Et si tu veux multiplier la racine d'une racine carrée donnée par
un nombre connu, élève le nombre au carré et son carré ou carré,
et multiplie l'un par l'autre[1]. La racine de la racine du produit est
le résultat cherché. Ex. : Tu veux multiplier la racine de la racine
carrée de 5 par le nombre 2. Elève 2 au carré, qui est 4, et 4 au carré
qui est 16. Multiplie 5 par 16 ; c'est 80. La racine de la racine carrée
de 80 est ce que tu voulais.

VIII

Et si tu veux multiplier une racine cubique donnée par la racine
d'une racine carrée donnée, élève le cube au carré et son carré au
carré ; puis élève le carré au cube[2]. Avec cette opération tu as rendu
égaux les exposants des radicaux et fait de chacun d'eux la racine
de la racine carrée d'une racine cubique. Multiplie ensuite l'un par
l'autre (les nombres sous les radicaux), et la racine de la racine carrée de la racine cubique du produit est ce que tu voulais. Ex. : Tu
veux multiplier la racine cubique de 3 par la racine de la racine
carrée[3] de 4. Elève le cube, qui est 3, au carré, qui est 9, et 9 au
carré, qui est 81, puis élève 4 au cube, qui est 64. Multiplie 81 par 64,

[1] C'est-a-dire cette quatrième puissance par le nombre qui est sous le radical.
[2] C'est-à-dire :

$$\sqrt[3]{3} \times \sqrt[2]{\sqrt[2]{4}} = \sqrt[2]{\sqrt[2]{\sqrt[3]{3^4}}} \times \sqrt[3]{\sqrt[2]{\sqrt[2]{4^3}}} = \sqrt[4\times 3]{3^4} \cdot \sqrt{4^3}.$$

[3] Le ms. a שרש מעקב « racine cubique »; mais une note marginale récente
(de feu M. S.-D. Luzzatto ?) a corrigé en בירבע.

et tu auras 5184. La racine de la racine carrée de la racine cubique de 5184 est ce que tu voulais.

IX

Et si tu veux multiplier le nombre 5 et la racine du nombre 6 par eux-mêmes, opère ainsi : multiplie 5 par lui-même, tu auras 25, puis multiplie la racine de 6 par elle-même ; tu auras 6. En tout, 31 ; garde-les [1]. Ensuite, multiplie le nombre 5 par la racine de 6, deux fois, de la manière suivante : d'abord multiplie le nombre 5 par la racine de 6 en élevant 5 au carré, qui est 25, puis multiplie 25 par 6 ; tu auras 150. La racine de 150 est le produit de la multiplication du nombre 5 par la racine du nombre 6. Multiplie ensuite la racine de 150 par le nombre 2, parce que tu la veux deux fois. Elève 2 au carré, qui est 4, et multiple 4 par 150 ; tu auras 600. Alors le nombre 31, que tu avais gardé [2], et la racine du nombre 600, additionnés, sont ce que tu voulais savoir.

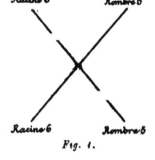

Fig. 1.

Pour le faire mieux comprendre, je vais représenter la figure de la multiplication, et je conduirai de chacun des nombres qui sont dans la figure des lignes allant aux nombres par lesquels on doit multiplier (*fig. 1*).

X

Veux-tu multiplier la racine de 32 moins le nombre 3 par elle-même, élève d'abord 3 au carré qui est 9, puis multiplie la racine de 32 moins la racine de 9 [3] par elle-même ; ou aura 32. Multiplie ensuite *moins* racine de 9 par elle-même, tu auras *plus* 9, car tu dois savoir qu'en multipliant une quantité négative par une quantité négative, on a une quantité positive, comme je l'expliquerai. Additionne 9 avec 32, tu auras 41. Garde-les. Puis multiplie la racine de 32 par *moins* racine de 9, deux fois, comme je l'ai indiqué ci-dessus. On aura *moins* racine de 1152, car en multipliant un nombre quelconque ou une grandeur quelconque qui soit négative, on a toujours un résultat négatif. Tu diras donc que le nombre 41 que tu as gardé, moins la racine de 1152, est ce qu'on cherchait.

---

[1] Cette expression est très fréquente chez les mathématiciens du moyen âge, qui l'emploient pour appeler l'attention sur le résultat de la première partie de la résolution d'un problème. On lit ainsi chez Paciuolo : « E questa re sempre observa ; e salua, etc. »

[2] Le ms. a אמרת « tu avais dit », mais je préfère lire שמרת, car on parle ici du nombre 31, que l'auteur avait dit ci-dessus de *garder*. Voir la note précédente.

[3] Ainsi le manuscrit ; mais les mots « moins la racine de 9 » sont de trop.

XI

Et si tu veux multiplier la racine de 48 et la racine de 40 par la racine de 48 moins la racine de 40, multiplie d'abord la racine de 48 par elle-même ; cela fait 48. Puis multiplie *plus* racine de 40 par *moins* racine de 40 ; tu auras *moins* 40. Retranche-les de 48, il restera 38. Multiplie ensuite la racine de 48 par *plus* racine de 40 ; on aura *plus* racine de 480. Tu as donc 38 et *plus* racine de 480. Enfin, multiplie la racine de 48 par *moins* racine de 40 : cela donne *moins* racine de 480. Retranche alors ce résultat de 38 et *plus* racine de 480 ; il te restera le nombre 38. C'est là ce qu'on cherchait.

Je vais maintenant t'indiquer la règle générale. La multiplication d'un nombre quelconque par une quantité positive donne une quantité positive, et la multiplication d'un nombre quelconque par une quantité négative donne une quantité négative[1]. La multiplication d'une quantité positive par une quantité positive donne une quantité positive, la multiplication d'une quantité positive par une quantité négative donne une quantité négative, et la multiplication d'une quantité négative par une quantité négative donne une quantité positive, comme nous l'avons dit précédemment.

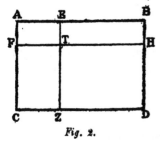

Fig. 2.

Pour faire cette démonstration, nous tracerons une figure et nous donnerons un exemple avec des nombres (*fig. 2*).

Supposons que nous voulions multiplier le nombre 12 moins le nombre 4 par le nombre 8 moins le nombre 2. Nous tracerons la figure en conséquence.

Soit le rectangle A B C D, dont le côté A B est de douze mesures et le côté A C de 8 mesures.

Retranchons du côté A B le segment A E équivalent à 4 mesures, et du côté A C retranchons le segment A F équivalent à deux mesures. Conduisons du point E la ligne E Z parallèle aux lignes A C et B D, et du point F conduisons la ligne F H parallèle aux lignes A B, C D. Elles se couperont dans le rectangle au point T, et elles le partageront en quatre rectangles, le rectangle T C, le rectangle T A et le rectangle T B. Nous appellerons l'ensemble de ces trois rectangles *gnomon*[2]. Quant au quatrième rectangle T D, nous l'appellerons *inconnue*, car les nombres de sa surface sont équivalents au nombre cherché, qui résulte de la multiplication des nombres mentionnés. Comme tu vois, il n'est pas besoin de s'arrêter longuement à cette démonstration.

---

[1] Voy. la note ci-dessus à page 233, à propos des quantités négatives.

[2] L'expression hébraïque est רושם התמונה « signe de la figure » ; c'est la traduction littérale du mot grec γνώμων.

A présent, multiplions les nombres mentionnés l'un par l'autre selon la méthode déjà indiquée. Commençons par multiplier 12 par 8 ; on aura 96, représenté par la surface de tout le rectangle A D. Multiplions maintenant 12 par *moins* 2 : on aura *moins* 24, représenté par la surface du rectangle TA et du rectangle TB. Multiplions ensuite le nombre 8 par le nombre *moins* 4 : on aura *moins* 32 représenté par la surface du rectangle T A et du rectangle T C. En additionnant 24 avec 32 on aura 56, représenté par la surface du gnomon et la surface du rectangle TA additionnées ensemble. Et si nous soustrayons ces surfaces de la surface de tout le rectangle A D, qui est 96, il restera le rectangle TD, que l'on cherche, moins le rectangle T A. Garde-le ; et pour finir de multiplier les nombres mentionnés, tu multiplieras *moins* 2 par *moins* 4, et tu auras 8, comme le nombre de la surface du rectangle A T ; il faut l'ajouter à ce que tu as gardé pour avoir en entier le rectangle T D, que l'on cherche. C'est pourquoi on dira que la multiplication d'une quantité négative par une quantité négative donne une quantité positive. Et pour te le rendre intelligible, je représenterai encore la figure de la multiplication de la manière dont je l'ai déjà représentée dans le cas précédent (*fig.* 3).

Fig. 3.

XII

Si tu veux additionner, par exemple, la racine de 12 avec la racine de 48, multiplie 12 par 48 ; tu auras 576, dont la racine est 24. Prends-la deux fois et tu auras 48. Ajoute à 48 les deux carrés, qui sont 12 et 48, tu as 108. La racine de 108 est ce qu'on cherchait.

Pour le prouver, nous réunirons le côté du carré 12 et le côté du carré 48 sur une droite, et ils seront alors les deux segments d'une ligne droite. Or, on a déjà expliqué dans la quatrième proposition du deuxième livre d'Euclide que si une ligne droite est coupée en deux parties, à volonté, le carré de la droite entière est équivalent aux carrés des deux segments et au double du rectangle construit sur les deux segments. Après avoir multiplié les deux carrés l'un par l'autre, la racine du produit, qui est 576, est équivalente au rectangle construit sur les deux segments. En prenant deux fois ce produit, nous aurons le double du rectangle construit sur les deux segments. Ajoutons les deux carrés, et nous aurons le carré de la ligne entière. Sa racine est ce qu'on cherchait.

XIII

Si tu veux additionner la racine de 8 avec la racine de 19, multiplie 8 par 19 ; le produit est 152, qui n'a pas de racine. Prends deux fois la racine de 152 de la manière suivante : multiplie 152 par 4, et tu auras la racine de 608 [1]. Garde-les. Additionne les deux carrés qui sont 8 et 19, tu auras 27. Tu peux dire que la racine du total de 27 additionné avec la racine de 608 est ce que l'on cherchait. On comprend la démonstration de ce théorème par le théorème précédent.

XIV

Pour additionner la racine cubique de 96 avec la racine cubique de 324, prends la plus grande commune mesure de ces deux nombres ; c'est 12. Divise 96 par ce nombre ; le quotient est 8. Divise ensuite 324 par ce même nombre ; tu auras 27. Voilà que 96 est 8 parties de 27 du nombre 324 $\left(\frac{8}{27} \text{ de } 324 \right)$. Prends la racine cubique des 8 parties de 27 $\left(\frac{8}{27} \right)$; c'est $\frac{2}{3}$.

Ainsi la racine cubique de 96 est 2 parties de 3 de la racine cubique de 324. Additionne 2 et 3, le total est 5 ; nous avons donc additionné les deux racines des deux cubes et l'on a eu 5. Elève ensuite 5 au cube ; c'est 125. Nous avons donc le cube des parties des deux racines des deux cubes réunies. Garde-le. A présent, pour connaître la valeur de chacune de ces 125 (parties), c'est-à-dire dans quelle mesure sont contenus en elles le premier cube 96 et le second cube 324, procède ainsi. Prends une des cinq parties mentionnées, elle sera nécessairement la racine cube de 96 ; élève une moitié au cube et tu auras un huitième. Donc le cube de la première partie est un huitième du nombre 96, qui est 12. Multiplie 12 par 125, que tu as gardé, le produit sera 1500. La racine cubique de 1500 est ce qu'on cherchait.

Voilà que selon mon habitude, en te guidant sur les pas justes à méditer sur ce calcul d'une manière scientifique, je t'en ai donné la démonstration.

XV

Pour diviser la racine de 30 par la racine de 6, divise 30 par 6 ; le quotient sera 5, et sa racine est ce que l'on cherchait. Et cela, parce que la raison du carré au carré est comme la deuxième puissance de la raison du côté au côté.

XVI

Et si tu veux diviser le nombre 20 par la racine de 10, élève 20 au carré ; c'est 400. Divise 400 par 10, et tu auras 40. La racine de 40 est ce qu'on cherchait.

Je veux maintenant exposer un théorème qui, si tu y réfléchis, te fera comprendre aussi les démonstrations des deux théorèmes qui suivent.

[1] Le ms. a : multiplie la racine de 152 par 4 et tu auras la racine de 608.

XVII

Si tu veux multiplier, par exemple, la racine de 8, moins la racine de 4, par la racine de 8 plus la racine de 4, retranche 4 de 8 ; il restera 4, et le nombre 4 qui reste est ce qu'on cherchait. Pour te faire mieux comprendre cette opération, nous représenterons la figure de la multiplication (*fig. 4*), et nous multiplierons les nombres par la méthode connue. Commençons par multiplier la racine de 8 par la racine de 8 ; le produit est 8. Multiplions ensuite la racine de 8 par *plus* la racine de 4 ; le produit sera *plus* la racine de 32. Nous avons donc le nombre 8 et la racine de 32, garde-les. Nous finirons notre calcul en multipliant *plus*

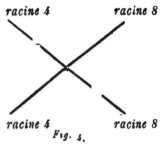

racine 4   *racine 8*

racine 4   *racine 8*

Fig. 4.

racine de 4 par *moins* racine de 4 ; le produit sera *moins* 4. En multipliant ensuite la racine de 8 par *moins* la racine de 4, on aura *moins* la racine de 32. A présent, soustrayons du nombre 8 et de la racine de 32, que nous avons gardés, le nombre 4 et la racine de 32, il restera le nombre 4, comme nous l'avons dit : c'est ce qu'on cherchait. On peut aussi dire que la racine de 16 est ce qu'on cherchait.

XVIII

Et si tu veux multiplier la racine de 8 *moins* la racine de 4 par deux autres racines, de sorte que le resultat soit la racine de 64 et non pas la racine de 16 [1], divise 64 par 16 ; tu auras 4. A présent, multiplie 4 par 8 ; le produit est 32. Multiplie ensuite 4 par 4 ; tu auras 16. Il faut alors les multiplier par la racine de 32 et la racine de 16 ; le résultat sera la racine de 64. Cela est facile à comprendre.

XIX

Pour diviser la racine de 64 par la racine de 8 moins la racine de 4, retranche 4 de 8 et il te restera 4 ; multiplie le reste 4 par lui-même, tu auras 16. Divise 64 par 16, le quotient est 4. Multiplie alors ce quotient 4 par 8 et tu auras 32. Multiplie ensuite ce 4 par le 4 dont tu dois soustraire la racine de la racine de 8, et tu auras 16. La racine de 32 et la racine de 16 additionnées ensemble seront ce que l'on cherchait. On suit pour ce théorème la même marche que pour le théorème precédent, car le dividende est toujours égal au produit que l'on obtient en multipliant le nombre résultant de la division par le diviseur.

---

[1] C'est-à-dire, le carré du premier terme du binome, et non pas le carré du deuxième, comme il resulterait de la multiplication de $(\sqrt{8} - \sqrt{4}) \times (\sqrt{8} + \sqrt{4})$, qui est expliquée dans le théorème précédent.

XX

De même, si tu veux diviser la racine de 64 par la racine de 8 plus
la racine de 4, retranche d'abord 4 de 8; il te restera 4. Multiplie le
reste 4 par lui-même; tu auras 16. Divise 64 par 16; c'est 4. A présent, multiplie ce 4 qui provient de la division par 8; le produit
est 32. Multiplie aussi 4 par 4, et tu auras 16. La racine de 32 moins
la racine de 16 est donc le résultat donné par la division. Ainsi tu
vois que ce théorème implique les mêmes opérations que le théorème
précédent; seulement, au lieu de dire, comme dans le théorème précédent, que ce que l'on cherche est la racine de 32 plus la racine
de 16, tu dis, dans ce théorème-ci, que c'est la racine de 32 moins la
racine de 16.

XXI

Pour diviser le nombre 3 par la racine de 8 plus le nombre 2, ou
par la racine de 8 moins le nombre 2, élève 8 au carré, qui est 64,
puis élève 2 au carré qui est 4. On revient ainsi aux deux théorèmes
précédents.

XXII

Et si tu veux diviser la racine carrée de 6 par la racine cubique de
10, élève 6 au cube qui est 216, et élève 10 au carré qui est 100. Par
cette opération tu as rendu égaux les exposants des radicaux et fait
de chacun d'eux une racine carrée d'une racine cubique. Divise
alors 216 par 100, tu auras 2 et 4 parties de 25. La racine carrée
de la racine cubique de 2 et 4 parties de 25 est ce qu'on cherchait.

XXIII

Et si tu veux diviser la racine cubique de 5 par la racine de la
racine carrée de 8, élève 5 au carré du carré, qui est 625, puis élève 8
au cube qui est 512. Tu as donc rendu égaux les exposants des radicaux. Divise 625 par 512, et tu auras 1 et 113 parties de 512. Ainsi
donc, la racine de la racine carrée de la racine cubique de 1 et 113
parties de 512 est ce qu'on cherchait.

XXIV

Pour soustraire, par exemple, la racine de 8 de la racine de 18,
multiplie 8 par 18; le produit est 144. Extrais la racine, qui est 12,
et double-la : tu auras 24. Additionne 8 et 18; le total est 26. Retranche 24 de 26, il te restera 2. La racine de 2 est ce que tu
cherchais.

Pour en faire la démonstration, il faut que je t'apprenne que si une

ligne droite est coupée, à volonté, en deux segments, les carrés des
deux segments sont équivalents à deux fois le rectangle compris par
les deux segments, et au carré de la différence entre le plus grand et
le plus petit segment.

Soit la ligne droite A B (*fig.* 5), coupée, à volonté, au point C. Retranchons encore de la ligne A C le seg-
ment A Z, égal à la ligne C B, qui est le
petit segment. Restera la ligne Z C, qui
est le surplus du grand segment sur le
petit. Or Je dis que le double du rectangle
formé par les lignes A C, C B, et le carré
de Z C, additionnés ensemble, seront équivalents aux deux carrés de A C et C B
réunis.

Construisons sur la ligne A C le carré
A C D E, et sur la ligne C B le carré
C B H F, et du point Z menons la ligne
Z I parallèle aux deux lignes A D, C E,

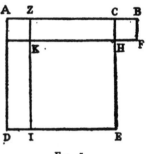

Fig. 5.

et prolongeons la ligne F H, selon sa direction, jusqu'à ce qu'elle
rencontre la ligne Z I au point K. Puisque la ligne C B est égale
à la ligne A Z, la ligne Z B sera égale à la ligne A C, qui est le
grand segment, et la ligne B F à la ligne C B, qui est le petit segment. Donc le rectangle B K est égal au rectangle formé par les
deux lignes A C, C B, qui sont les deux segments de la ligne entière. De même, puisque la ligne A D est égale à la ligne A C, et la
ligne A Z est égale à la ligne C B, le rectangle Z D sera lui aussi égal
au rectangle compris par les lignes A C, C B. Donc les deux rectangles K B, Z D sont équivalents au double du rectangle compris par
les deux lignes A C, C B, et le rectangle K E qui reste des deux
carrés des deux segments est un carré égal au carré de Z C, qui est
le surplus du grand segment sur le petit segment, puisque la ligne
K H est égale à la ligne Z C, et la ligne E H, qui est son second côté,
est, de même, égale à la ligne Z C, puisqu'elle est le surplus de
la ligne C E, qui est égale au grand segment, sur la ligne C H, qui est
égale au petit segment. Donc, les deux carrés de A C et C B réunis
sont équivalents aux deux rectangles B K et Z D, dont chacun est
égal au rectangle compris par les lignes A C, C B, qui sont les deux
segments de la ligne, et au carré K E qui est égal au carré de Z C, qui
est le surplus du grand segment sur le petit segment réunis. C'est là
ce que nous voulions démontrer.

Nous donnerons maintenant un exemple avec des nombres. Soit la
ligne A B le côté d'un carré dont la surface est 18, et le segment A C
le côté d'un carré dont la surface est 8, qui est le carré A E. Quand
nous aurons multiplié 8 par 18, la racine du produit sera équivalente au rectangle compris par les deux segments. Et quand nous
aurons retranché 24, qui est deux fois 12, racine de 144, de 26, qui
est la surface des deux carrés, il restera le carré du surplus du

grand segment sur le petit segment, et sa racine est ce qu'on cherchait.

Et maintenant, au nom de Celui qui est vénéré parmi les nations, je commencerai à parler des théorèmes du calcul algébrique, et je les expliquerai selon ma faible intelligence. Mais avant de commencer, je vais exposer clairement quelques explications préliminaires et je dirai : Tu dois comprendre et savoir que le rapport du carré du carré aux cubes est comme le rapport du cube au carré, et comme le rapport du carré à la chose (racine)[1], et comme le rapport de la chose (racine) à l'unité, parce que le nombre des unités qui sont dans une chose (racine) est comme le nombre des choses qui sont dans un carré[2], et comme le nombre des carrés qui sont dans un cube, et comme le nombre des cubes qui sont dans un carré du carré.

Et toi, garde bien cette proposition dans ta mémoire, car tu auras besoin de t'en souvenir dans les démonstrations des théorèmes suivants.

Je commence :

(*A suivre.*)

---

[1] Sur le mot *chose*, voyez ci-dessus l'article דבר dans la terminologie, à la fin de mon introduction à cette étude, et l'explication que Motot en donne au commencement du livre de l'algèbre (page 235).

[2] Voy. Leonardus Pisanus, *l. c.*, I, p. 407 : « Quot radices equantur censui, tot unitates sunt in radicem census. »

DOCUMENTS

SUR

LES JUIFS DE WIENER–NEUSTADT

Les adversaires des Juifs répètent sur tous les tons et à tout propos que les Juifs ne sont que des étrangers en Europe et doivent, par conséquent, être soumis à des lois d'exception. On a déjà démontré pour d'autres pays, et on peut le prouver pour l'Autriche, que c'est là un mensonge historique. En effet, toutes les sources attestent qu'il y avait déjà des Juifs en Autriche du temps des Carolingiens [1]. Les familles des Babenberg et des Habsbourg accordèrent même de grands honneurs et de nombreux privilèges à des argentiers et à des banquiers juifs. Un hasard nous a mis en possession d'un ms. de 1453, dont le contenu, légalisé par l'autorité judiciaire, prouve que, vers la fin du moyen âge, les Juifs occupaient encore un quartier spécial à Neustadt avec une administration autonome.

C'est seulement par les recherches des historiens modernes que nous connaissons aujourd'hui les livres fonciers des temps passés. Les premières descriptions de biens-fonds se trouvent dans les *Hub-bücher* (livres d'arpentage), qui contiennent, sous une forme très concise, le nom, la situation et le revenu des immeubles affermés. Au xiv⁰ siècle, on inscrivait tous les immeubles dans un livre spécial, nommé *livre foncier*, en raison de ce qu'il indiquait les possessions immobilières des seigneurs et les changements de propriétaire. La plupart de ces livres fonciers furent tenus en langue latine, mais, au xiv⁰ siècle, on commença à faire usage

[1] Voir *Urkundenbuch von Oberœsterreich*, II, 54-56; *Die Zollordnung von Raffelstädten*, anno 903-905.

de la langue allemande mi-littéraire dans les documents judiciaires. Ceux qui, au moyen âge, tenaient les livres fonciers étaient
très scrupuleux, comme nous l'avons déjà montré dans un article
précédent [1] ; ils avaient toujours soin d'indiquer la confession des
possesseurs de biens-fonds. Quand le propriétaire était catholique,
il jouissait de tous les bénéfices que lui conférait son droit de cité
et de bourgeoisie, et, pour l'immatriculer, il suffisait de mettre la
simple qualification de bourgeois ou d'indiquer son métier. Il en
était tout autrement quand le possesseur de biens fonciers était
juif. A défaut du nom de famille, il fallait ajouter au nom du propriétaire juif le nom de son père et souvent encore l'indication de
sa ville natale ou de sa résidence antérieure. C'est à cette circonstance que nous devons maint renseignement sur divers pays et
leurs habitants.

On peut être désagréablement impressionné en voyant que les
livres fonciers du moyen âge font toujours ressortir la qualité de
juif de certains propriétaires. Mais il faut bien se dire qu'il n'y a là
aucune intention injurieuse, que c'est pour indiquer, entre autres,
que le propriétaire, par cela même qu'il est juif, n'a pas de nom
de famille. Aux xiie, xiiie, xive siècles, il n'est pas encore question de mesures spéciales à prendre contre les propriétaires juifs
de biens-fonds. Au xve siècle seulement commencèrent à se manifester des préventions produites par la différence de religion.
C'est qu'à ce moment naquit cette conception que l'unique propriétaire du monde était l'Etat chrétien, et que tous les autres habitants étaient seulement tolérés et pouvaient à l'occasion être
chassés. Les employés chargés de tenir le livre foncier durent
compter avec cette nouvelle conception, qui, désormais, allait prévaloir partout. A première vue, il pourrait paraître singulier
qu'on appelle l'attention, dans ces inscriptions, sur la religion des
propriétaires d'immeubles, car la possession d'une maison, par
exemple, n'a rien à voir avec les questions confessionnelles. Mais
à cette époque où florissaient les corporations et autres institutions surannées, on élevait des barrières partout. Le ghetto juif
était séparé des quartiers chrétiens ; il fallait donc aussi inscrire
séparément, dans le livre foncier, les propriétaires juifs et les propriétaires chrétiens. C'est ainsi que naquit le livre foncier juif des
villes privilégiées. Grâce aux recherches que nous avons faites sur
les exilés de la communauté juive de Vienne de l'an 1420, nous
avons réussi à découvrir un de ces « livres fonciers des Juifs. » Il
se trouve dans un livre foncier très épais, composé de trois vo-

---

[1] Voir *Revue*, XXVII, 106 suiv.

lumes, dont la partie relative aux Juifs porte le titre de *Liber Judæorum a. d. 1453.*

Ce document, écrit sur du papier ordinairement employé pour
les pièces de ce genre à la fin du moyen âge, contient environ
130 inscriptions administratives de maisons, jardins, boucheries,
hôpitaux, corps-de-garde, etc. Chaque maison, chaque jardin y est
décrit avec ses limites et dépendances, avec l'indication du mode
d'acquisition, du montant de la vente, du chiffre de la contribution
foncière et de toutes les servitudes, et cela d'une façon si précise
que toute contestation sur les limites était rendue impossible.
L'écriture employée est tantôt une belle gothique, tantôt une cursive un peu négligée, et presque entièrement de la même main.
Toute la vie des habitants du ghetto est dépeinte en termes très
simples dans ce document, qui nous donne des détails très circonstanciés sur les faits et gestes du quartier juif de cette époque.
Mais avant d'examiner en détail ce livre foncier juif, il me paraît
utile de donner quelques renseignements sur les Juifs de cette
partie de l'Autriche.

Le 24 mai 1420, tous les Juifs de la Basse-Autriche furent incar-
cérés, leurs biens furent confisqués, et ils durent chercher un refuge dans les pays voisins. L'année suivante, deux cents Juifs
furent brûlés sur un bûcher érigé sur le « pré aux oies » d'Erd-
berg (faubourg de Vienne). On n'a pas encore retrouvé les actes
de procédure relatifs à cet autodafé, il n'en reste qu'un seul document, le libellé du jugement [1]. D'après cette pièce, les Juifs auraient encouru ce châtiment pour avoir profané une hostie. Mais le
duc d'Autriche a-t-il réellement expulsé ses sujets juifs uniquement
à cause de ce prétendu sacrilège ? Après de longues recherches,
nous avons découvert de nombreux documents qui nous font supposer que cette expulsion eut lieu pour des motifs tout différents.
En effet, parmi les dix mille titres de créance antérieurs à 1421,
cinq cents environ appartenaient à des Juifs, et on trouva sans
doute que le moyen le plus expéditif de payer les dettes était de
faire disparaître les créanciers.

Mais longtemps avant 1420, il y avait déjà des Juifs à Wiener-
Neustadt, comme le prouvent six anciennes pierres tumulaires,
encore parfaitement conservées dans le mur de cette ville. La plus
ancienne de ces pierres tumulaires porte la date du 25 sivan 5045
(= 19 juin 1285), et la plus récente celle du 18 élloul 5149 (= 9 septembre 1389). Il est singulier qu'il ne reste pas de pierre tumulaire

---

[1] Wertheimer, *Die Juden in Œsterreich*, I, 19, 60 suiv., et J. E. Schlager,
Wiener Skizzen, II, 227 suiv.

d'une date postérieure, puisqu'il est établi par des documents que les Juifs possédèrent de grands immeubles à Wiener-Neustadt de 1420 à 1496. Il semble que, lors de l'expulsion des Juifs en 1497, la fureur populaire n'épargna pas même le cimetière juif; on voulait faire disparaître entièrement les Juifs de la ville. Cet incident douloureux de la vie des Juifs de Wiener-Neustadt a été oublié; peu à peu les Juifs sont revenus dans cette ville, qui est redevenue aujourd'hui une importante cité industrielle et, parmi ses 40,000 habitants, compte 70 à 80 familles juives. Le monument le plus intéressant qui nous reste des Juifs de cette ville est, sans contredit, ce « recueil d'archives des Juifs », que nous avons trouvé dans cette ville et qui permet de reconnaître, grâce à 130 inscriptions légalisées, l'étendue, la forme et la population du ghetto juif de Wiener-Neustadt. Ce document se trouve aujourd'hui dans les archives communales de cette ville et forme la première partie d'un gros ms. in-folio de 652 feuilles, contenant des inscriptions de garanties de l'an 1453 à 1645, des legs de l'an 1455 à 1538 et des lettres de gage de 1592 à 1645. Du folio 640 à 652, sous le titre de *Liber Judœorum 1453*, cent trente inscriptions de garanties sont notées très explicitement. Les inscriptions étaient ainsi formulées : 1° *ut litera imperatoris sonat*, quand il s'agissait d'un rescrit impérial adressé à celui qui tenait le livre foncier ; 2° *ut litera Judenbrief, Kaufbrief, Wechselbrief sonat*, sur la présentation d'un document administratif et d'où il ressortait comment le nouveau propriétaire avait acquis la maison ou le bien-fonds ; 3° *jussu consulum*, ou bien *jussu Burgermeister*, sur l'ordre des représentants de la Commune, qui, dans certaines circonstances, recevait du souverain des biens-fonds à répartir et qui en vendait parfois une partie aux habitants juifs. La première immatriculation est datée du 8 mai 1453 (Eritag u. Floriani), et la dernière inscription de garantie est datée du 15 mai 1515 (vendredi avant la Pentecôte). Le fait que les Juifs possédaient déjà avant 1453 des immeubles à Wiener-Neustadt est prouvé par le n° 1, où il est dit que la maison concédée confine, d'un côté, à la synagogue et, de l'autre, à une maison voisine appartenant à un Juif (*der Morchel judin haws*). Au n° 2, il est déjà fait mention d'une rue des Juifs. Le n° 10 parle de l'officiant des Juifs (Cantor) et du bain de purification des Juifs. Le n° 13 décrit une grande maison qui était « autrefois le tribunal ». Au n° 15, il est question d'une maison confinant au poste de police. Le n° 32 mentionne la concession d'une écurie et le n° 56 parle, à la date de 1471, d'une nouvelle rue des Juifs. Le n° 69 décrit la situation du cimetière juif (Judengarten). A partir du n° 121, le nom du propriétaire est déjà accompagné quelquefois de la mention : « établi ici autrefois ». Et, de fait, en 1496, un mandat impérial fut proclamé en Styrie, Carinthie et Carniole ainsi qu'à Wiener-Neustadt et à Neunkirchen, enjoignant aux Juifs de ces contrées de quitter le pays avant le jour des Rois de l'année suivante. Les habitants de Wiener-Neustadt n'exécutèrent pas très promptement cet ordre impérial, car, dans ce livre des Juifs, il y a encore des inscriptions de ventes faites par des Juifs ou à des Juifs jusqu'à l'an 1513. Au n° 125, le 14 mai de l'an 1498, il est dit, à propos d'un héritage, que du « *temps des Juifs* », le bien se composait de trois parts. Il est probable qu'après 1498, il n'y avait plus de Juifs résidant à Wiener-Neustadt. A partir de cette date, on trouve des transactions en vue de la reprise des biens des Juifs. Le n° 129 et le n° 130 mentionnent encore deux concessions concernant des Juifs étrangers (Neussedlitz et Eisenstadt).

Après avoir expulsé inexorablement ses Juifs, la commune de Wiener-Neustadt paraît avoir reçu en cadeau de l'empereur toutes leurs maisons et acquis d'eux quelques pièces de terre. Jusqu'à présent, il n'a pas été possible de retrouver dans les archives de cette ville le moindre document concernant ces faits. Il est, d'ailleurs, fort surprenant qu'il existe encore dans cette ville des documents aussi anciens, car il y eut à Wiener-Neustadt des incendies si considérables que c'est miracle que les pièces anciennes n'aient pas toutes disparu dans les archives.

Il est assez remarquable que, dans ces inscriptions, on indique le plus souvent la résidence antérieure des Juifs. Les villes autrichiennes citées sont : Klosterneubourg, Neunkirchen, Herzogenbourg, Bruck-sur-la-Leithe. Les villes de Styrie qui y sont mentionnées sont : Graetz, Judenbourg, Marbourg, Rohitsch, Radkersbourg et Knittelfeld. Parmi les localités de la Carniole, on cite Laibach, et, parmi les villes hongroises, Presbourg, Œdenbourg, Eisenstadt et Ofen. Comme villes allemandes on cite : Passau, Ratisbonne et Chemnitz, et, en fait de villes de la Bohême, Prague et Eger. Comme on voit, les Juifs de Wiener-Neustadt étaient originaires de diverses contrées.

A notre grand regret, nous n'avons pas pu découvrir tous les documents antérieurs mentionnés dans ce recueil, et il semble qu'ils aient été perdus. Il n'existe dans les archives de Wiener-Neustadt que huit documents hébreux, dont sept appartiennent à ce livre des Juifs, et le huitième, du 22 juin 1383, est un titre de créance, qui, comme on le reconnaît déjà par la date, n'a aucun rapport avec le livre des Juifs. Il résulte de la comparaison que nous avons faite de ces documents hébreux avec les inscriptions que les premiers étaient les documents originaux destinés au secrétaire du livre foncier pour qu'il pût exécuter les inscriptions. Ces documents originaux, publiés ici en appendice, doivent, en conséquence, être incorporés dans le *Judenbuch* de la manière suivante :

Document   I au folio 650 *b*, n° 114.

  —   II   —   649 *b*, n° 102 [1].

  —   III   —   649 *b*, n° 103.

  —   IV   —   640 *a*, n° 8.

            ou 649 *b*, n° 102.

  —   V   —   647 *a*, n°ˢ 79, 80, 81.

  —   VI   —   647 *b*, n°ˢ 84 et 86.

  —   VII   —   640 *a*, n° 4.

A partir de 1510, on constate que les Juifs autrichiens ne pouvaient plus ni prêter sur des biens-fonds ni en acquérir. Dans les *Panthaidings* autrichiens, on commence, à cette date, à recommander, tous les ans, aux bourgeois et aux artisans chrétiens de ne recevoir aucun prêt des Juifs sur des biens-fonds. A partir de cette époque, il fut interdit aux Juifs de posséder en Autriche la moindre parcelle du sol [2]. Jusqu'en 1848, l'Autriche resta fidèle à ces principes. Sous le règne bienfaisant de l'empereur François-Joseph, cette loi fut abolie, et, dans tous les pays héréditaires de l'Autriche, les Juifs peuvent posséder des immeubles.

Pour terminer, je voudrais encore faire remarquer qu'en Autriche le mot *Judenbuch*, « livre des Juifs », a un sens tout autre qu'en Allemagne. En ce pays, durant le moyen âge, le *Judenbuch* est un véritable registre de créances, où le tribunal fait inscrire les dettes des chrétiens et où l'on décrit en même temps, d'une façon précise, le gage du prêt. Les documents du moyen âge font souvent cette mention : « comme il est écrit dans le *Judenpuech* ». Mais nous savons seulement par le *Liber Judaeorum* de Wiener-Neustadt que le « livre des Juifs » était, en Autriche, un livre uniquement destiné à enregistrer les possessions foncières des Juifs [3].

---

[1] Ce document II peut aussi se rapporter à f° 640 *a*, n° 8.

[2] Cette interdiction ne s'appliquait ni aux ghettos juifs de l'Autriche ni aux possessions des Juifs de la cour impériale (*Hofjuden*).

[3] Sous le rapport de l'ancienneté et de la richesse du contenu, ce document rare n'est surpassé que par le *Judenschreinsbuch* de la cure de Saint-Laurent de Cologne, publié par MM. Stern et Honiger.

Nous essaierons d'utiliser, dans un travail ultérieur, les nombreux matériaux contenus dans ce « livre des Juifs », et qui nous aideront, avec d'autres documents, à étudier la vie, le commerce, les relations, l'organisation des communautés des Juifs et à expliquer les noms mentionnés dans ces 130 inscriptions. En attendant, ce *Liber Judæorum* peut être considéré comme une nouvelle source pour l'histoire des Juifs et un souvenir de cette époque malheureuse dont Isserl de Neustadt disait dans ses Consultations (*Teroumat Haddéschen*, nᵒ 309) que les « Juifs n'y pouvaient exercer d'autre profession que le commerce d'argent [1] ».

Vienne.

S. SCHWEINBURG-EIBENSCHITZ.

APPENDICE.

DOCUMENTS EN CARACTÈRES HÉBRAÏQUES SE RAPPORTANT AU LIVRE DES JUIFS.

Document I, se rapportant au fᵒ 650 *b*, nᵒ 114, du *Judenbuch*. C'est une quittance en hébreu du juif Liephart donnant main-levée à Hans Part Schuester de l'hypothèque sur la maison de Lemplein le juif. Liephart le juif atteste que Hans Part Schuester a payé l'hypothèque prise sur la maison de Lemplein (entre 1491 et 1497).

Au *verso*, en cursive très lisible :

איך ליעפהארט יוד בקען דאז דער האט פארט שוסטער פירגע־ל

---

[1] Comme ce n'est pas le but de notre travail de fournir une biographie complète de l'auteur du *Teroumat Haddéschen*, nous renvoyons aux excellents articles sur Isserl de Neustadt que M. A. Berliner a publiés, en 1869, dans la *Monatsschrift* de Frankel-Grätz. M. Güdemann a également parlé d'Isserl de Neustadt et de son temps dans les 2ᵉ et 3ᵉ volumes de sa *Geschichte des Erziehungswesens bei den Juden*. Tous deux ont commenté d'une façon très exacte les mêmes matériaux. Pour le lecteur attentif, les noms singuliers mentionnés dans notre livre foncier deviendront clairs s'il songe que la communauté juive de Wiener-Neustadt était composée de membres venus de différentes principautés, surtout d'exilés de la Basse-Autriche qui avaient été les témoins des persécutions les plus terribles.

צו דער ניאוסטאט אוף דען זאטץ דז לעבל יודען הויז בעצאלם
האט אונד איסט אידם דער אויזצוג פירפאס גזגט דאז זאלל אידם
אונד זיינען ערבען אן שאדען זיין דאז גלאב זיך ליטפהארט אין
גענגנווערטיקייט דז ערבארען רוויזען העררן גאספארן הולצער
דיאצייט גרונדההרר טרייליך אונד אונגפאלרליך .
נכתב יום ג' טבת נאום ציכריל .

Document II, se rapportant au f° 649 *b*, n° 102, et au f° 640, n° 8, du *Judenbuch*.
Au *verso* : Der Mindl judin Gemacht brief. Mindl, veuve de R. Yitzhak bar Elya-
kim, jure devant le collège rabbinique qu'elle n'a rien reçu de son mari sur son
douaire, et reçoit en échange la maison que son mari a laissée (2 avril 1462).

במותב תלתא הוינא אתת לקדמינא מרת מינדל אלמנת הנדיב
ר' יצחק ב"ר אליקים ז"ל ורצתה ליטבע על כתובתה ולגבותה
בב"ד וכן כשינו השבענו אותה בשבועת התורד, ובנקיטרת חפץ על
דעתינו ועל דעת המקום ב"ה שתגידה לנו כל מה שהניח לה בעלה
ז"ל ושלא תכחש לנו דבר וגם שלא בדבריה מרמה ושלא נתנה בעלה
במתנה לבד כדרך הנשים וגם שלא התפיס לה בעלה צררי ושלא
קבלה שום דבר בכתובתה ושאלנו אותה מה שהניח לה בין מקרקעי
בין מטלטלי או מזומני והגיד לנו בשבועתה הנ"ל והערכנו אותה
בשומארא ב"ד ולא הגיע הכל לסך כתובתה לכן נתננו והגבהנו לה
הבית שהניח לה בעלה וכל מה טבידה בכ זובתה והשבעת דלעיל
והובכי דלעיל וגטידה דלעיל נעשה בציווי ב"ד החשוב מ/ה/ר/ר/י'
כ"ץ שמיענו אותנו ב"ד על כך ומה שנעשה היום ביום ו' ב' אייד
ר"כ"ב לפ"ק .
חתמנו לעדות ולראייה והכל שריר וקיים .

יצחק ב"ר אבי העזרי זלה"ה

משה ב"ר יהושע שלי"ט | ישיבת ב"ר דלעיל נעשה על פי
נאום יוזמן כהן .

שלמה ב"ר יחזקאל שלי"ט

Document III, se rapportant au ף 649, n° 103, du *Judenbuch*. Au *verso* :
Acte de douaire remis à Krondl, la juive, veuve de Hayyim fils de Hoschua, au sujet
de la maison de son mari. — Texte hébreu du document identique au Document II.
Différences : 1° nom de la femme, מרת קרוניל בת ר' נפתלי ז"ל אלמנת ;
והגבהנו לה השטר חוב ,l'objet de la remise 2° ר' חיים ב"ר יהושע ;
המגיד חמישים זהובים הגריך שהניח לה בעלה; 3° vérificateurs et asses-
seurs du tribunal et date du jugement (22 mai 1488) :

נעשה בציווי בד"ה ר' אליקים בן מהר"ר קלונימוס .
ומה שנעשה היום ביום ה' י"ב .סיון ר"מ"ח לפ"ק הכל שריד
וקיים .

יצחק ב"ר אבי העזרי זלה"ה
אברהם במהר"ר אהרון יונה זצ"ל
שמואל במהר"ר קלונימוס זצ"ל .

Document IV, se rapportant au ꜰ 640 *a* et 649 *a*, nᵒˢ 8 et 102 (du 19 juin 1467).

Au *verso* : Acte de vente entre Hayyim fils de Hoschua, le juif, et sa sœur Mindl, la juive.

זכרון עדות שהיתה בפנינו בשישי בשבת בשמה עשר יום לחודש
תמוז ס'ה'א אלפים ומאתים ועשרים ושבע ל"ע למ' ש"מ כאן בעיר
ניאושטט איך אמרה לנו מרת מינדל בת ר' משה ז"ל הוו עלי עדים
וקנו מאתי בכל לשון של זכות וכתבו וחתמו והנו לו לאחי ר' חיים
ב"ר יהושע ז"ל להיות בידו לזכות ולראייה מחמת שרציתי ברצון
נפשי ובדעתה חפיצה ודהנני מודה בפניכם היום בג"ג ו'א' דלא בהסתאה
סנטלתי וקבלתי מן אחי ר' חיים הנ"ל חמישים זהובים אדומים
כולם מטבע הגרייך טובה ותקולה והם עלי בהלוואה ושטו וקבלתי
עלי לפורעם לו מתי שיתבעם ממני ומעכשיו נתתי לו ארבע אמות קרקע
בחצרי במחנה גמורה ואגבן הרשות והשלטתיו ומניתי אותו אפוטראפא
על כל נכסי וקרקעי ומטלטלי מוחזקין ודאין כל כל בעלי חובות
שלי הן מולין הן ערלים לגבות מהם כל הזהובין הנ"ל מתי
שירצה עד גמירדה בין בפני בין שלא בפני מן כל שפר ארג נכסין
וקנינין דאית לי תחות כל שמיא דקנאי ודעתיד א' ל' ב' נכסין
דאית להון אחריורת ודל' לה' אחר' כול' יה' אח' וערב' למיפרע מנהון
שטר חוב זה בחיי ובמותי ואפילו מן גלימא דעל כת' מן יומא
ד' ול' רי' לו כוח ורשות ול' ה' מכ' לסוף אותי ולהוציא ממני כל
הזהובים הנ"ל בכל ב"ד שירצה בין בדינא יש' בין בדא"ה וכל
מה שיוציא על ידה כדי לכוף אותי וכל ההחזיקות שיקבל על כחה
קבלתי עלי כמו כן לפרוע לו והיא נאמן לומר וכל הבא מכחו בלא
חרם ובלא שבועה ובלא שום אלה בעולם כמה הוציא על כחו וכמה
חזיקות קבל על כחו וכ' זמן ששטר חוב זה ישנו תחת ידו או
מי"ד מכחו בדלא קריעה ובדלא כוחם עליו שובר אז איני נאמן
לומר ול' ה' מכחו ששטר זה פרוע או מזויף הוא או כולו או
מקצתו אלה א' ה' מכ' נאמנים ליגבא השטר בלא ח' ובל' שב' ודי'
שום אלה שבעולם וכל הוצאות והחזיקות עד גמירא וכל מי שיבא
מארבע רוח' טבע' בין ברשות בין שלא ברשות שיקום וייהגר
ויטען ויירעער ויישתעי דינא בהדירה או עם דאתי מחמת כולם
יה' ד' בטלין ומב' לא שר' ולא קי' רח' כת' הנ' ש' ב' מ' וכט' אחר
מלבד שלא לעשות לו מהם שוברין לא בדינא ישראל ולא האומורת
וכל מודעי דמבטלין בהין מודעי ואחרורף שטר חוב זה קבלתי עלי
ועל יורשי' אחרי כחו' כל שטרי חוב דנהג' בישראל ה'כ'ח'ד'כ'ז'ד'כ
דשטרי וכל הכת' בשטר זה בשינוי לחין יהי נסמך לזכורת אחי ר'
חיים הנ"ל והטעון אחריו כטוען אחר' מב"ד ותמיד י' ב' ה' על
העליונדה והטוען אחריו ת' י' על ההתחונה וכל ד' דלעיל נעשדה בב"ד
חשוב וכתיקון חכ' וכהל' המועיל לקנינא מן מרת מינדל בת ר' משה
ז"ל הנ"ל לר' חיים ב"ר יהושע ז"ל בין לחזיקות ולהוצאות בכל מה
דכתוב לעיל במנא דכשר למקנא ביה [מ' בפניכם כמו טיפה רוב
דבינו חטי רין קיומידהרן] והכל שריר וקיים.

יוסף ב"ר מנחם הכהן ז"ל

יוסף ב"ר יהודא ש"ל"י"ט.

Document V, se rapportant au f° 647 *a*, n°ˢ 79, 80, 81 (du 23 janvier 1480).
D'après ce document, Moïse, fils du martyr Isaac, assure à Cémah, Vile·n et
Jona, enfants de sa fille Blumel, la propriété de la créance qu'il a sur Caspar
Seevelder.

Au .*verso* : Des Muschel juden Uebergabbrief :

אנחנו עדים החת"מ מעידים שבא לפנינו מהר"ר משה בן הקדוש
הר"ר יצחק ואמר לנו הוו עלי עדים וקנו ממני בקנין אגב סודר
וכתבו בכל לשון של זכות ויפוי כות ובכל אופן הם' ואף חתמ'
ותנו להם לשלשה ילדים יוצאי חלציה של בתי מרת פלומל ואיל"
הן מ' צמח מ' ויליין ור' יונה לזכות ולראייה ולעדות מחמת
טרציתי ברצון נפשי ובדעת שלימה ומיושבת והנני מודה בפניכם
כמודה בבד"ח על טענת חברו הודאת גמורה שרירא וקיימא
ואמיתית דלא להשתאה ודלא למיהדר ביה מין יומא דין ולעולם
שהחיוביה שחייב לי הארמאי גשפר זיפעלדער הם של שלושה ילדים
של בתי הנ"ל מ' צמח מ' ויליין ור' יונה הנ"ל וקנה להם החובות
הנ"ל וכל שיעבדיהון ולזכותו להם בכל אופן שאמרו חז"ל וכל מי
סיבא מארבע רוחות העולם בן ובת א' וא' ק' ור' יה' ואר' א'
ג' ו' ח' ד' ב' וד' ד"ב שיקום וההגדת ויוטען ו' ד' עם השלשה
ילדים של בתי הנ"ל לבטול כוח שטר אודיתא וזכותא בין בכולו
בין במקצתו י' ד' ב' ומ' ל' ט' ול' ק' מ' כח' ה' ט' ב"א ולא
ישתעו דבריו בישראל ול' ב"ד ה' וכל טענותיו יהיו כטעון אחד מ"ב
חשובין דל' ל' להם ש' ד' ובכל מקום יהא ידי המחזיקים שטר אודירת
זה וזכותא דא על העליונה לידי הם' בכ' או במוק' על התחתונה
ועוד אמר מהר"ר משה הנ"ל ב"ע ח"מ שטר אודיתא וזכותא דא
כתבודו בשוקא וחתמוהו בברא כי היכי דלא ל' כמלתא דטמירתא
אלא גלוי ומפורסם יה' לכל וכוח שטר אודיתא וזכותא דא
לא יפסל ולא יגרע ביה לשון אות או תיבה או חיסור לבין אות
או תיבה או מ' מ' ט' מ' וטטטש וגמגום לא קרע בבית דין דח'
אדרבה יהא בחזקת כוח לשלשה ילדים של בתי הנ"ל ובפנינו
עדים ח"מ ביטל מהר"ר משה כל מודעי או שעתיד הוא למסור
על שטר אודיתא וזכותא הנ"ל קיבל עליו מוהר"ר משה הנ"ל כח
כל שט' איר' וזכ' דנהיגי בישראל העטוין כ"ח/ז'/ל'/ה'/ר'/כ'/ר'/כ'/ד'/ט'/ט'
וקנינא מן מהר"ר משה בן הקדוש הר"ר יצחק הנ"ל למרת צמח
ולמרת ויליין ולר' יונה הנ"ל כמבואר לעיל כל מה דכתוב
ומפורש לעיל במנא דכשר למיקנא ביה [ומיושבת אינו ליכר ו'
העברת קולמוס העליונה טטטט בין כל ומודעי] וחתמנו היום
באחד בשבת אחד עשר יום לחודש שבט סנה ר"מ לפ"ק [הכל
שריר וקיים.]

פסח ב"ר שמואל שלי"ט

יוסף בהר"ר יהודא שלי"ט.

Document VI, se rapportant au f° 647, n°ˢ 84 et 86 (du 25 février 1484). On lit, dans ce document, que Moïse, fils de Jonathan, de Presbourg, nomme pour son petit-fils Joseph, âgé de moins de dix ans, un tuteur chargé d'administrer toute la fortune que lui a laissée Obadia.

Tuteur : Rabbi Simon bar Yitshak, de Wiener-Neustadt ; testateur : Rabbi Obadia ben Rabbi Mosché, héritier : le mineur Joseph ben Rabbi Obadia de Wiener-Neustadt.

Au *verso* : Pouvoir donné par Joseph le juif à Simon Liephart :

זכרון עדות שהיתה בפנינו עדים ח"מ ברביעי בשבת בתשעה
ועשרים יום לחודש אדר הראשון שנת ה"א ומאתאים וארבעים
וארבע ל"ע למ' שא' מו' כאן מתא בעיר פרישפורק איך בא לפנינו
ר' משה ב"ר יהונתן ז"ל ואמר' לנו הוו עלי עדים וקנו ממני בקנין
גמור אגב סודר וכתבו ובכל לשון של זכות וחתמו ותנו ליד חמי ר'
שמעון ב"ר יצחק להיות בידו וביד באי כחו לעדות ולזכות ולראיה
איך שרציתי ברצון נפשי בלי אונס כלל כי אם בלב שלם ובנפש
חפיצה וכד' שלימה ומיושו ׳הנני מודה בפניכם בהודאה גמורה
כמודה בפני בד"ח דלא בהשטאה דלא להט' ודלא למיהדר ביה
מן יו' דנן ולעו' ומעכשיו אני נותן לחמי ר' שמעון הנ"ל ארבע
אמות קרקע בחצרי במתנת בריא ולא במתנת ס"מ ואגבן ואגב
קנין סודר הנ"ל אני ערכה ממנה את חמי ר' שמעון הנ"ל להיות
מורשה ואפיטראפסא ואנטלאר ובעל דין שלי על כל הזכות ותביעות
ויפוי כוח שיש לי מחמת אחריות נכסים עזבון ר' עובדיה ב"ר
מנחם ז"ל שנפלו לבני בני ר' יוסף ש"י ועדיין לא הגיע לעשר שנים
והנני ממנה אותו מורשה ואפיטראפסא ואנטלאר ובעל דין על כל
אותם נכסין עזבון דר' עובדיה הנ"ל הן כסף הן זהב כסף קרקעות
ספרים ומטלטלין כל מה שהוא ובכל מקום שהוא ובי דמי שהן
הן איש או הן אשה קטון הן גדול על כל הטענות וערעורים שיש
לי עליהם או שיש להם עלי יכול חמי ר' שמעון הנ"ל לדון
ולערער עמהם או לפשר עמהם ויהיו במקומי ידו כידי פין כפי
דברי כדברי ועש' כעש' ויכול חמי ר' שמעון הנ"ל לדרוש ולחקור
ביד מי מונחים נכסי עזובין ר' עובדיה הנ"ל בכל מנין ואופן שירצה
הן להכריז בב"ה קול אל זה וחפם ע"י עמהם בכל דרך שיוכל
חמי ר' שמעון הנ"ל לדרוש ולחקור היטב ביד מי מונחים נכסים
עזובין הנ"ל ומאז לדין ולערער עם המחזקים בכל ענין הן בד"י הן
בד"ה הכוח והרשות בידו ויכול חמי ר' שמעון הנ"ל ליקבע הזמן
ולבטל זמן, ולאחוורתא אחוראתא ולזכדה זכותו ולאתאר מאתאתו
וכל מה שיעשה יהא עשוי ואין לי לומר' לתקוני ולא לעוותי
וכך אמר ר' משה הנ"ל בפנינו עדים ח"מ שטר הרשאה זו כתבו
בשוקא וחתמ' בברא כי היכי דלא הווי כמילתא דטמירתא אלא גלוי
ומפורסם לכל ושטר הרשאה זו לא יפסל כחו ולא יגרע לא
מחמת חיסור' לשון תיבה או אות ולא מחמת יותר שום טשטוש
או נדנד או גרר או מחק או טיפה די' מ' התפליות עליו או קרע
שאינו קרע ב"ד ולא מחמת שום לשון דאישתמע לתרי אפי אלא

הכל יהא נדרש ונדור לזכות לייפוי כוח ממחזיק שטר הרשאה
ולעולם יד בעל השטר העליונה והמערער עליו ידו על התחתונה
וכך אמר לנו ר' משה הנ"ל הנני מבטל בפניכם כל מודעי ומודעי
דמודעי ומודעי דנפקי מגו מודעי עד כל סוף כל מודעי דמודעי
שמסרתי כבר או שעתיד אני למסור על שטר הרשאה זו כולם ביטלתם
בפניכם היום בכל לישנא דאמר' רבנן דמבטלין בהון מודעות
ואחריות שטר הרשאה זו קבלתי עלי ועל יורשי אחרי כחומר
כל שטרי הרשאות העשוין בישראל כ"ח ד' כ' ו' כ' דשטרי
וקנינא מן ר' משה ב"ר יהונתן הנ"ל לחתמיו ר' שמעון ב"ר יצחק
הנ"ל בכל מה דכתוב ומפורש לעיל' במנא דכשר למיקנא ביה
[העברת קולמוס דעל עובדיה מ' באת מטוטטטרת דין קריומידהון]
 והכל שריר וקיים.

אליקים במהר"ר קלונימוס זצ"ל
המכונה וייבלין חתן מודהר"ר חיים ז"ל הי"ז
יודדן' במהר"ר שלמה ז"ל ה"ה המכונה ליברמן.
הועתק אות באות מגוף הכתב [העברת קולמוס בפניכם דין קריום
ה' העתקה זו ההועתקה מגוף הרשאה] הכל שריר וקיים.
תנחום בן מדהרי"ל זצ"ל
אברהם ב"ר תנחום שלי"ט.

Document VII, se rapportant au f⁰ 640, n⁰ 4 (du 22 août 1440), et indiquant que la femme Selda, fille de Hiskiyya, et son époux, Hayyim, fils de Berakhia, de Marbourg, ont vendu pour 45 « livres de Vienne », à Mordekhaï, fils de Berakhia, leur part d'une maison sise à Wiener-Neustadt :

זכרון עדות שהיתה בפנינו בחמישי בשבת בשלושה ועשרים
יום לחודש אלול שנת ה'א ומאתים ל"ע למ' שא' מונין כאן
בעיר מרפורק איך שבאתה לפנינו מרת זעלדא בת ר' חזקיה והדר
בעלה ר' חיים ב"ר ברכיה ז"ל ואמרו לנו הוו עלינו עדים וקנו
מאתנו בכל לשון של זכות וכתבו וחתמו ותנו לאחי ר' מרדכי ב"ר
ברכיה ז"ל וזוג' ולוור' להיות בידם וביד הבא מכוחם לזכות
ולראייה מחמת שרצינו ברצון נפשינו שלא באונס אלא בלב שלם
ובנפש חפיצה ובדעת שלומדה והננו מודים בפניכם היום בהודאה
גמורה באמ' ואמ' שלא בהשתאה שנטלנו וקבלנו מן אחי ר' מרדכי
רמן זוגתו הנ"ל חמש וארבעים ליטרא פשיטים כולם מעות ויינאר
ובהם מכרנו להם כל חלקינו בבית העומד בעיר ניאושטט בחוב
היהודים וכל השייך לו המצאין במצריו למטה בשטר זה עם
מוצ' ועם מובי ועם פתחין וחלו' וחדר' ועליו ועם כל הגגין
שעליו הן של עצים הן של אבנים הן של ברזל ועם כל הזכות
שים לנו בו והרי כל חלקינו בבית הנ"ל וכל השייך לו הנל מהיום
בחזקתם עומקא ורומא מתהום ארעא ועד רום רקיעא וקבלנו
עלינו מהיום לפצות ולהדיח ולסלק מעליהם כל דין טענה וערעור
ולהעמיד בידם מכירה זו בשופי וקנינין דאית לנו תחת כל
שמיא דקנים ודעתיד אנו למיקניא ביד נכסין דאית להון אחריות

ודלית להון אחריות כולהון, יהון אחראין וערבאין ומשועבדים
לצוריך פצוי מכירדה זו הנ"ל ולא נשתייר לנו מדמי המכירדה זו
הנ"ל לא עליהם ולא על יורשיהם לא משוה זוז למעלה ולא משוה
זוז למטה לפי שנתפרענו מדם הכל עד גמירא ומכירדה זו שמכרנו
להם מכירדה עלמין מכירדת גמורדה חתוכה חלוטה שרירא וקיימא
ודלא להשנא ודלא למיהדר ביד מין יומא דנן ולעולם ויהא
להם כוח ורשות במכירדה זו הנ"ל להוריש ולהנחיל להשכין
ולהחליף להשכיר ולמכור וליתן במתנה ולעשות בידה ככל מדה
שירצו ואינש לא ימחה מכירדה מידם ואילו הן מצדי הבירה והחצר
והכל השייך לו מצד מזרח מקצת הרשות הרבים ומקצת ביתה
החרמנת מרגריט נאטרין מצד מערב ביתו של ר' שלום ב"ר גרשון
ז"ל מצד צפון חריצרת חורבה של ר' שלום הנ"ל מקצת גימה של
החרמנת הנ"ל ומצד דרום רחוב היהודים ובתוך המצרים הללו לא
שייכו לנו ולא ליורשינו ולא הבא מכוח כלום כי הכל מכרנו
להם כמבואר לעיל וכל מי שיבא מארבע רוחות העולם בן ובת
אח ואחות קרוב ורחוק יורש או נוחל יהודי וארמאי אוכל נכסינו
ופורע חובותינו דאתי ברשותינו ודאתי דלא ברס' דיקום ויהגרת
ויטעון ויערער וישתעי דינא עם ר' מרדכי אחי וזוגתו הנ"ל או
עם הבא מכוחם מחמת מכירדה זו הנ"כ כדי לדוחקם ולסלקם
הימינו יהיו דבריו בטלין ומבטלין ולא שריירן ולא קיימין ותשובין
כחרס הנשבר שאין בו ממש וכטוען אחר מעשה ב"ד דלא למיעבד
ביה דינא לא בדינא ישראל ולא בדינא האומורת וכל מודעי ו' ד'
ו' דכ' מג' מ' עד סוף כל מודעי דמ' שמסרנו כבר ושאנו עתידין
למסור על שטר מכירדה זו ופיצוצי זה הכל קבלנו עלינו ועל יורשינו
אחרינו כחומר כל שטרי מכירדה ופיצוצין דנהגין בישראל העשוין
כתיקון חז"ל דלא כאסמכתא ודלא כטופסי דשטרי וקנינא מן מרת
זעלדא בת ר' חזקידה ומן בעלדה ר' חיים ב"ר ברכידה הנ"ל לר'
מרדכי אחיו ב"ר ברכידה ז"ל הנ"ל ולזוג' וליורש' הנ"ל.

[ניאושטט דעל המחק ים סחומדה היהודים דעל המחוק ו' מתהום
דביני חטאי ארעא דעל המחק א' רסמיא דעל המחוק סתומדה
ושלום דעל המחוק ב"ר גרשון ז"ל מצד צפון מקצת חורבה של רב
שלום הנ"ל דביני חטאי א' כדמבואר דעל המחוק מכירדה המחוק דין
קיומידהון] והכל שריר וקיים.

הועתק אות באות מגרף הכתב
יוסף ב"ר נחמן שלי"ט
ברוך ב"ר מרדכי שלי"ט.

II

INSCRIPTIONS DE PIERRES TUMULAIRES EXISTANT ENCORE
A WIENER-NEUSTADT.

‎אככה' במסתרים [] ואקונן במדרים [] והספד אעורה [] וקנים אגבורתי []
‎על כלי חמדה [] אסר אני אבדה' [] זוגתי מרת חנה בת ה"ר יעקוב
‎שהלכה' לעולמה' בכ'ה' לסיון ביום ג', שנת מ'ו' לפרט לאלף ה'שישי'
‎ת'ה'א נ'צ'ב'ה' א'ס'.

Je pleure en silence et je gémis en secret, et j'éveille ma douleur pour pleurer
amèrement le joyau que j'ai perdu, mon épouse Hanna, fille de Rabbi Jacob, partie
pour l'autre monde le 25 sivan, le mardi, en l'an 5046 (= 1286).

Que son âme jouisse de la béatitude éternelle. Amen, sélah.

2.

‎זאת מצבת קבורת מ' גוטה אשת ר' שלום שהלכה' לעולמה
‎כ'ה' לאב שנת מח לפרט לאלף ה'שישי' לבריאת עולם ת'נ'צ'ב'ה'
‎א'א'ס'.

Ceci est le monument funéraire de dame Guta, épouse de Rabbi Schalom, partie
pour un monde meilleur le 25 ab de l'an 5048 (= 1288).

Que son âme jouisse de la béatitude éternelle. Amen, sélah.

3.

‎אש יגעוני קדחה' רעיוני ריתחה' ליבי ישוטם במרקחה יומם
‎אקרה' לבכיה' ולילה' לא דומיה' ואזכרה' ואהמיה' אלה' ואורידה'
‎נדיר ודו' על מות לבן חמודות ר' שמריה' בני יקיר לי שמחת' גלי
‎אסר לוקח מאתי בשבת ה' לתמוז ונקבר ביום א' ע'ג'מ' לאלף ה'שישי'
‎ר'ת'נ'צ'ב'ה' אמן סלה.

Un feu dévorant embrase mes pensées, trouble mon cœur, et me tourmente. Le
jour, je crie au milieu des pleurs, et la nuit je ne goûte pas de repos, et quand je
pense à lui, je gémis et me lamente. Aho! weahi! ounhi! wahhi! ainsi je gémis
sur la mort de mon fils chéri Rabbi Schemariah, la joie de ma destinée, qui m'a été
enlevé le samedi 5 tammouz et a été enterré le dimanche, l'an 5113 (= 1353).

Que son âme jouisse de la béatitude éternelle. Amen, sélah.

4.

‎אזעק ממהי מרוב צרה' ביום צוקה' וצרה' כי נפלה' עטרת'

ראש בפטירת אבי אבן מצב לאורח ולצרך הוצב ובכן אמי משים
תצבי וייחומים הייינו ואין אב ולבנו נפשו תדאב כי כארן בא
נאמן בית והיה לשמם ושירח והודו כזית ר' יחזקאל ב'מ'ה'ר'ר
אבי סינטר בשברת ונקבר ביום א' יז לכסליו בשנת [רב כבד —
ויהי ל'מ"ס עובד] ק'כ' לפרט לאלף הטשימי ת'נ'צ'ב'ד'ה' ע'ש'צ'ב'ע'
אמן סלח.

Je répands des plaintes amères, accablé par le chagrin au jour du malheur et du
deuil, car la couronne de ma tête est tombée par la mort de mon père Que ce monument soit le signe éternel de ma douleur, la leçon de ma vie. Nous voici orphelins, car il n'est plus, et l'âme de son fils est attristée ; car il n'est plus, le vaillant
chef de famille, et la maison est dévastée, la maison de celui dont le mérite égalait
celui de l'olivier. Rabbi Yeheskiel, fils du rabbin et maître (Awi Esri?) qui mourut
le samedi et fut enterré le dimanche 17 kislev de l'an 5130 (= 1369).

Que son âme repose avec les bienheureux dans le paradis. Amen, sélah.

5.

רתת אחזתני ותרגז בטני ורוחי הציקתני הביא על בעל נעורי
תסמר ,מפחד בלשיר אשר גוע פתאום מאוהלי ערבה שמחת גלי
במורה בעלי ר' ישראל בן מ'ו'ה'ר יהונתן ביום ה' י"ח אלול נ'ט'מ'ן
לפק ו'ח'נ'צ'ב'ד'ה'.

Un frisson me saisit, mon corps tremble, mon esprit s'évanouit et je suis prise de
terreur à cause de la mort de mon jeune époux Rabbi Israël, fils de Rabbi Jonathan, disparu subitement de ma demeure et emportant avec lui toute joie. Le jeudi
18 éloul 5149 (= 1389).

Que son âme repose avec les heureux au paradis.

6.

אלי עזרי אש נעדר בנות החן תילו לנד ועל שלוי אשר נאסף
והוזנח הה תמללנה לשונם תלמוד קינה לדור דורים ותבכמה מקורי
עין יפות עין לחברתני ותדמענה מרת תירנקא בת ר' יצחק אשת
ר' יונה שהלכה לעולמה ביום ה' בכ"ד ימימת לירח מרחשון שנת
ק'י'א' לאלף הטשימי ת'נ'צ'ב'ד'ה' ע'ש'צ'ב'ע' א'א'א' ס'ס'ס'.

Filles[1] de la grâce, entonnez des élégies, car l'épouse a quitté la maison. A cause
de mon repos qui ne reviendra plus, poussez des ah et des hélas pour moi! Ré-
pandez des plaintes en chœur, laissez couler vos larmes, de sorte que la postérité pleure encore au sujet de ce que nous perdons, dame Tirnke, fille de Rabbi
Jitzchak, épouse de Rabbi Jonah, qui mourut le jeudi 24 heschvan 5111 (= 1351).

Que son âme repose avec les bienheureux dans le paradis Amen, amen, amen,
sélah, sélah, sélah.

---

[1] Cette traduction n'est pas littérale, c'est une imitation poétique de l'hébreu; elle
est ainsi aux archives de Wiener-Neustadt.

III

LIBER JUDÆORUM.

N° 1, fol. 640 a. 1453, 8 mai. — Isserl der morchel Judin sun und Guetel s. Hausfrawe, Chajim hoschuas sun und Krondl s. Hausfrawe sind nutz und gewer kommen ains haus hie gelegen i. Mynerbrüderviertail am Egk zenächst der morchel judin haus und der Judenschuel, servit 3 Pfg. gr. et non plus, das sey ihne und ihren Erben kauft habent von unserem allergnädigsten herrn den Römischen Kaiser Friedrich, ut litera imperatoris sonat. Actum am Eritag nach Floriani anno domini 53, 8/5.

N° 2. 1455, 1 juillet. — Muschrat Jud Jakleins sun von Klosterneuburg i. n. u. g. k. 1 h. h. g. i. d. Judengassen zenächst des Hirschen juden h. u. muschleins h. und Knophlaichs h., servit 5 Pfg. gr. et n. pl. daz yhm sein schwäher Kyfling jud u. s. Erben [geben habend], ut litera Judæorum sonat. Actum am Eritag vor Udalrici 55.

N° 3. 1455, 1 juillet. — Berman Jud des wölfleins sun von Marburg i. n. u. g. k. 1 h. und Kellers h. gel. i. d. Judeng. zenächst hirschens h. u. muschrats des Juden h., servit 1 Pfg. gr. et n. pl. daz er ihm und seyn Erben von dem Muschrat Juden um 36 Pfund kauft hat nach inhaltung des judischen briefs.
Actum am Eritag vor Udalrici 1455.

N° 4. 1455, 1 juillet. — Merchel Werachs sun i. n. u. g. k. 1 h. hie gel. i. d. Judeng. zenächt am Egk zenächst Friedrich Kellner u. Thomans des marschalks schaffer und stoszet hinten an Salman judin h. servit 12 Pfg. gr. et n. pl. daz er ihm und s. Erben kauft hat, ut litera sonat kaufbrief.
Actum am Freitag Ulricitag 1455.

N° 5. 1455, 1 juillet. — Leb jud Abrahams sun i. n. u. g. k. 1 h. hie gel. i. d. Judeng. zenächst Lesir des Juden h. u. Aschir Pinhas des Juden h., servit 6 Pfg. gr. et n. pl. daz sey ihm und s. Erb. von Lesir Juden kauft habend ut judenbrief sonat.
Actum am Freitag Ulrici 1455.

N° 6. 1455, 11 juillet. — Freudman hetschl und Radochna uxor s. n. u. g. k. 1 h. hie gel. m. B. V. zenächst Jacob Rosenauer h. u. maister hannsen arzt h., serv. 3 Pfg. gr. et n. pl. daz sey ihm und ihr. beiden Erben kauft habent.
Actum am Freitag vor margaretha 1455.

Nº 7. 1455, 11 juil. — Josef Knophlach Jud und hendl uxor s. n. u. g. k. 1 h. hie gel. i. m. B. V. zenächst Hirschen Juden h. u. Hanna, zemach geschwistred h., serv. 6 Pfg. et n. pl. daz sey ihm und ihr. Erben kauft habent.

Actum Freitag vor Margaretha 1455.

Nº 8. 1455, 11 juil. — Mindl judin Isaks von Reditsch wittib i. n. u. g. k. 1/8 h. hie gel. am Egk zenächst Lesirs h. u. nachman Smarleins juden von Krembs sune h., servit daz thail 3 helbling gr. et n. pl. ,

Actum freitag vor Margaretha 1455.

Nº 9, fol. 640 b. 1455, 23 juil. — Mendl Jud von Neunkirchen u. Josef arons aidem u. Nachamah s. Hausfrawe s. n. u. g. k 1 h. hie gel. i. M. B. V. zenächst Gechl Peks h. u. Jacob Knittelfelder h., servit 6 Pfg. gr. et n. pl. daz sey ihm und ihr. Erb. gekauft hab. und gethailet nach laut ihres judenbriefs.

Actum octavo die Divisionis apostolorum 1455.

Nº 10. 1455, 25 juil. — Schalom Jud Abraham sankmeisters sun i. n. u. g. k. mit willen u. wissen Trostlein des Juden seines Bruders 1 h. hie gel. in der Judengassenschuel zenächst der Judentuckhaus u. der Mindl judin h mit (servitut) seiner durchfahrt in die andere Gassen servit 3 gr. pf. et n. pl. daz er von s. Vater erbt hat.

Actum die Jacobi im Schnitt 1455.

Nº 11. 1455, 25 juil. — Aron Jud u. s. Sohn Jakor u. uxor Aronis Chaja s. n. u. g. k. 1 h. hie gel. i. d. Judenschuelgassen zenächst der Judentuckhaus u. Schaloms juden h. mit (servitut) seiner Durchfahrt in die hintern Gassen, servit 3 Pfg. gr. et n. pl. daz er ihm und ihren Erben von Schalom Juden kauft habend nach inhaltung ains judenbriefs.

Actum am St. Jacobstag i. Schnitt 1455.

Nº 12. 1455, 25 juil. — Mirjam Hisserleins wittib von Neunkirchen i. n. u. g. k. ainesh. hie gel. i. d. neuen Judengassen zenächst Arons judenh. (durchfahrt) u. Mindl judinh., servit 3 Pfg. g. et n. pl. daz sy ihm und ihren Erben kauft hat, ut litera judæorum sonat.

Actum ut supra.

Nº 13. 1455, 25 juil. — Juda Jud von Pressburg i. n. u. g. k. 1 h. hie gel. i. d. neuen Judengassen, daz vorzeiten das Gerichtshaus gewesen mit dem Gasslein darneben, zenächst des Pesach juden h. u. des Rosenauerb, servit 9 Pfg. gr. u. n. pl. doch das daz wazzer durch das benante haus rynne als von alters herkomen ist. Daz an ihm u. s. Erben kam mit wechsl von uns. allergn. herrn dem Röm. Kayser, ut litera imperatoris sonat.

Actum die Jacobi in Schn. 1455.

N• **14**. 1455, 26 août. — Nachmann Jud Trostmanns sun i. n.
u. g. k. 1 h. hie gel. i. m. B. V. daz hinten u. vorn sein Auszgang hat
zenächst Juda Judensh. u. Freudman des juden hatschleins sunh , ser
vit 6 Pfg. gr. et non pl., daz an ihm und s. Erben mit wechsel kommen ist von Jacoben Rosenauern, ut litera sonat.

Actum Eritag vor Augustinitag 1455.

Nº **15**, fol. 644 *a*. 1455, 26 août. — Nachmann Jud Trostmanns
sun i. n. u. g. k. 1 h. hie gelegen i. m. B. V. zenächst maister Conrad
Zimmermannsh. u. zenächst der Schergstuben servit 3 Pfg. gr. et n.
pl. daz er ihm u. s. Erben kauft hat, ut litera sonat kaufbrief.

Actum am Eritag vor Augustini 1455.

Nº **16**. 1455, 17 octobre. — Petsak Jud i. n. u. g. k. einer öden hie
gel. zenächst der Schergstuben u. Jörgen Glasers h., servit 3 Pfg. gr.
et n. pl. daz ihm u. s. Erben uns. allergn. h. d. Röm. Kayser geben
hat, ut litera imperatoris sonat.

Actum feria sexta post Galli 1455.

(*A suivre.*)

NAPOLÉON IER

ET LA RÉUNION DU GRAND SANHÉDRIN

« En revenant d'Austerlitz, dit le baron de Barante [1], l'Empereur s'était arrêté à Strasbourg, il y entendit de vives plaintes contre les Juifs. L'opinion populaire s'était soulevée contre l'usure qu'ils pratiquaient ; un grand nombre de propriétaires et de cultivateurs étaient grevés d'énormes dettes usuraires, ils avaient reconnu des capitaux qui étaient au-dessus des sommes qui leur avaient été prêtées. On disait que plus de la moitié des propriétés de l'Alsace étaient frappées d'hypothèques pour le compte des Juifs. L'Empereur promit de mettre ordre à un si grand abus et arriva à Paris avec la conviction qu'un tel état de choses ne pouvait être toléré. »

Pelet de la Lozère précise encore davantage [2]. La fermentation en Alsace était grande contre les Juifs. Ils envahissaient, disait-on, toutes les professions de brocanteurs et de marchands ; ils ruinaient les cultivateurs par l'usure et les expropriations ; ils seraient bientôt propriétaires de toute l'Alsace. On parlait dans les cabarets de les massacrer. Les négociants d'une classe élevée n'étaient pas exempts eux-mêmes de cette irritation. Le tribunal de commerce de Strasbourg se plaignait d'avoir eu à juger de l'an IX à l'an XI pour 800,000 francs de créances en faveur des Juifs. — Dans le discours qu'il tint à la séance du Conseil d'État, le 30 avril 1806, l'Empereur dit explicitement d'où il tenait ces accusations : « Les chrétiens d'Alsace et le préfet de Strasbourg m'ont porté beaucoup de plaintes contre les Juifs lors de mon passage dans cette ville. » Ne le dirait-il pas, qu'il serait facile de le reconnaître à tel des arguments qu'il invoque pour justifier les

---

[1] *Souvenirs du baron de Barante*, t. I (1890), p. 149.
[2] *Opinions de Napoléon*, Paris, 1833, p. 211 et suiv.

mesures qu'il propose : « Les Juifs autrefois ne pouvaient pas
même coucher à Strasbourg... »

Ces plaintes, à en croire un rapport adressé à l'Empereur par
le maréchal Kellermann, à la date du 23 juillet 1806, postérieurement, par conséquent, au retour à Paris de Napoléon [1], étaient
d'une gravité effrayante : Les Juifs prêtaient à 75 %; le produit
des expropriations forcées s'élevait à 1,500,000 francs, et, sur cette
somme, les Juifs figuraient pour les 6/7; leurs créances hypothécaires depuis l'an VII jusqu'au 1er janvier 1806 se montaient
à 21,000,000 de francs ; en outre, ils étaient possesseurs de
10,000,000 de créances, enfin, ils avaient acquis à vil prix les
biens des cultivateurs en 1793 et les leur avaient ensuite revendus
si chèrement, que, n'ayant pu en être payés intégralement, ils en
étaient devenus une seconde fois propriétaires. Pour ceux qui se
rappellent encore la misère de la grande masse des Juifs d'Alsace
au commencement de ce siècle, ces plaintes soulèvent un problème insoluble. En tout cas, il n'est pas téméraire d'y voir la
suite de la lutte soutenue avec acharnement par les habitants
de Strasbourg contre l'admission des Juifs au titre de citoyens
français. On se rappelle les efforts épiques de la municipalité
strasbourgeoise pour empêcher Cerfbeer et ses coreligionnaires
d'entrer dans la ville : le roi Louis XVI lui-même avait dû se
heurter à cette résistance opiniâtre. Quand éclate la Révolution,
la « commune tout entière de la ville de Strasbourg présente une
adresse à l'Assemblée nationale », se signale par sa crainte de
voir adopter la pétition des Juifs. Lorsque ceux de Bordeaux
et d'Avignon sont déclarés citoyens (1790), elle fait entendre
qu'elle ne veut pas de mesure semblable en faveur de ceux d'Alsace. On sait également le rôle joué par la députation de l'Alsace,
en particulier Rewbel, dans les débats sur l'affranchissement des
Juifs. Battus par l'Assemblée, les Strasbourgeois essayèrent de
prendre leur revanche sous l'Empire ; ils n'invoquèrent pas seulement des raisons qui touchaient à leurs intérêts, ils dirent « qu'il
serait dangereux de laisser tomber les clefs de la France, Strasbourg et l'Alsace, entre les mains d'une population d'espions qui
ne sont point attachés au pays. » Ces paroles prononcées au Conseil d'État par Napoléon étaient vraisemblablement l'écho de celles
qu'il entendit à Strasbourg. Chose remarquable, comme en 1780,
lors de l'affaire des *fausses quittances*, ces plaintes mêmes eurent
un résultat que n'en attendaient pas leurs auteurs : elles provoquèrent un débat qui termina définitivement l'ère des discussions

1 Voir Fauchille, *La question juive en France sous le premier Empire.*

touchant l'existence des Juifs en France ; il n'est pas même
.jusqu'aux préventions de Napoléon qui n'aient servi à la consécration décisive des principes de la Révolution.

La Révolution avait reconnu que les Israélites ne formaient pas
un corps de nation, mais uniquement une confession religieuse ;
que, du moment qu'ils renonçaient à toute espérance nationale et
sollicitaient le titre de citoyens actifs, leur origine ou leur religion
ne devait pas être un obstacle à leur entrée dans la société française ; mais des doutes subsistaient encore dans les esprits, la
forte minorité qui s'était opposée si longtemps à l'adoption de la
pétition des Juifs ne s'était pas évanouie sans laisser de traces. La
réunion du Grand Sanhédrin proclama solennellement la pensée
des Juifs.

Comment de ses premiers projets de rigueur contre les Israélites, Napoléon arriva-t-il à l'idée de convoquer cette assemblée,
par quelles phases passa sa pensée, et quelles furent les causes
de la transformation qui s'opéra dans son esprit, c'est ce que
les *Mémoires du Chancelier Pasquier*, qui viennent d'être publiés par son petit-fils, M. le duc d'Audiffret-Pasquier, nous révèlent mieux qu'on ne l'avait encore fait [1]. Mieux que les *Souvenirs du Baron de Barante* [2] et que les notes de Pelet de la
Lozère, ils nous font pénétrer dans les coulisses de cette histoire.

Le baron de Barante, qui faisait ses débuts comme auditeur au
Conseil d'État, ne pouvait que peindre la physionomie des débats
auxquels prit part l'empereur au sein de cette assemblée, et on
sait avec quelle fidélité il a reproduit les scènes violentes qui mar-
quèrent ces discussions. Pelet de la Lozère, qui faisait partie du
Conseil, s'est borné à analyser les discours de l'empereur, gazant
les paroles si vives qui lui échappèrent ; ces résumés doivent être
confrontés avec la relation de Barante, qui les éclaire et leur rend
la vie. Pasquier est un témoin d'un autre poids, singulièrement
plus intéressant, parce qu'il a joué, dans cette affaire, un rôle
actif, de premier plan. La sincérité qui respire dans ses *Mémoires*
est un garant qu'il ne se vante pas, d'ailleurs le baron de Barante
confirme ses assertions : il faut donc admirer et louer l'habileté
politique qu'il sut déployer, avec Portalis, pour tourner la pensée
de Napoléon et le persuader de la hauteur de ses conceptions

---

[1] Paris, 1893, t. I, p. 270 et suiv.

[2] L'extrait de ces *Souvenirs* se rapportant à cet épisode a été inséré par Guizot dans
la *Revue des Deux-Mondes*, t. LXX, 1867, p. 18 (Graetz s'est imaginé que c'étaient
les souvenirs de Guizot). On ne sait quelle règle a suivi l'éditeur de ces mémoires ;
la comparaison de son texte avec celui de Guizot montre des divergences extraordinaires. Celui de Guizot est bien meilleur.

généreuses. Lui et son collègue Portalis, malgré l'hostilité de Molé, firent croire à leur redoutable souverain, dont l'hostilité contre les Juifs s'était manifestée avec éclat et qui n'aimait pas la contradiction, qu'en réunissant une assemblée des juifs, « il voulait faire sortir de ce qui n'avait d'abord été considéré que comme une mesure de rigueur, *un grand acte politique.* » Cette preuve de courage n'étonne pas de celui qui, plus tard, lorsque Napoléon chassa brutalement Portalis du Conseil [1], osa prendre la défense de son ami (p. 443).

Ce n'est pas seulement la pensée des juges des juifs que le chancelier Pasquier nous montre ainsi à nu, ses Souvenirs font revivre la physionomie des juifs aussi, mieux que nous la connaissions jusqu'ici. Le rôle de Furtado, que les procès-verbaux officiels des séances avaient grossi, est remis au point, quoi de plus piquant que les confidences dont il nous a conservé l'écho ! Nous reproduisons ici *in-extenso* ce chapitre des Mémoires de Pasquier, qui est un document précieux pour l'histoire juive.

ISRAEL LÉVI.

EXTRAIT DES MÉMOIRES DU CHANCELIER PASQUIER

La première occasion où se signala la confiance que l'Empereur était disposé à accorder aux maîtres des requêtes fut celle d'une discussion relative à l'existence des Juifs et à la conduite qu'ils tenaient dans les provinces où leur nombre était le plus considérable. On les accusait, non sans motifs, d'avoir depuis quelques années, et surtout en Alsace, poussé l'usure à un tel point que, s'ils conservaient la faculté de réaliser entièrement leurs créances, ils seraient propriétaires de la meilleure partie des terres de cette province. Leur blâmable et traditionnelle industrie s'était plus particulièrement exercée sur la classe des cultivateurs, et elle avait été singulièrement favorisée par les temps difficiles que les petits propriétaires avaient eu à traverser, et surtout par les charges extraordinaires qu'une guerre continuelle avait fait peser sur les départements de la frontière du Rhin.

Un décret impérial, en date du 31 mai [2], avait déjà suspendu pour une année l'effet des poursuites exercées par ces impitoyables créanciers ; mais cette mesure provisoire n'avait été adoptée que pour donner le temps et le moyen de statuer sur tous les droits, en parfaite connaissance de cause. C'était une mesure arbitraire puisque,

[1] « Sortez, monsieur, que je ne vous voie jamais devant mes yeux », p. 444.
[2] Lisez 30 mai.

sans entendre les parties intéressées, on avait confondu dans une même réprobation les titres de quelque nature qu'ils fussent, sans distinction de leur origine juste ou injuste, par cela seul qu'ils appartenaient à une certaine classe de citoyens français. Et comment refuser aux Juifs cette qualification ? Elle leur appartenait aux termes de lois rendues depuis la Révolution ; ils en supportaient toutes les charges, notamment celle du service militaire. Ils cherchaient bien à se soustraire à la conscription, profitant de ce que, pendant longtemps, aucun registre n'avait été tenu régulièrement pour constater leur naissance ; la plupart d'entre eux avait évité de faire, devant les municipalités, les déclarations prescrites à cet égard. Enfin, le défaut de noms patronymiques, inusités parmi eux, les servait merveilleusement, lorsqu'il s'agissait de former les contingents. Mais ces difficultés avaient été surmontées, lorsque l'Empereur crut devoir prendre la résolution de suspendre leurs créances.

Cette mesure fut, dans le Conseil d'État, l'occasion d'une assez vive controverse ; la section de l'intérieur, chargée de préparer le décret, s'y était montrée peu favorable ; son président surtout, M. Regnaud de Saint-Jean d'Angély [1], en avait combattu la proposition comme contraire aux principes du droit civil et comme portant atteinte à la liberté des cultes ; cette liberté n'était-elle pas, en effet, manifestement violée du moment où un citoyen, par cela seul qu'il professait la religion juive, se trouvait privé de quelques-uns des avantages de la loi commune ? Pour M. Regnaud, protéger les Juifs n'était pas seulement faire acte de justice, mais encore se mettre en garde contre les prêtres catholiques, objet particulier de ses méfiances.

Par une inclination toute contraire, il s'était trouvé que le jeune auditeur chargé dans la même section du travail préparatoire de cette affaire n'avait pas craint de se prononcer avec une grande chaleur pour les mesures réclamées contre les Juifs. L'Empereur ne l'avait point ignoré, et la bienveillance qu'il portait à cet auditeur, c'était M. Molé, s'en était sensiblement accrue. Le jour où la discussion s'ouvrit dans le Conseil, il lui fit la faveur tout à fait insolite de lui accorder la parole, et ordonna l'impression de son rapport [2].

---

[1] C'est lui qui présidait l'Assemblée nationale le 27 septembre 1791 et qui fit proclamer que les Juifs jouiraient en France des droits de citoyens actifs.

[2] Les souvenirs de Pasquier sur ces débats ne sont pas aussi précis ni abondants que ceux du baron de Barante. Il ne sera pas mauvais de les confronter avec ceux de son jeune collègue : « Il soumit la question à l'examen du Conseil d'État. On commença à parler de cette affaire dans le public. Le *Mercure* inséra un article de M. de Bonald sur les Juifs et leur situation parmi les peuples chrétiens. Ses opinions intolérantes éclataient naturellement dans cette étude superficielle et déclamatoire. La section de l'intérieur, à laquelle M. Molé et plusieurs d'entre nous venaient d'être attachés, eut d'abord à s'en occuper. M. Regnaud de Saint-Jean-d'Angély la présidait. Il chargea M. Molé de faire un rapport. Pour les hommes politiques et les légistes, il ne semblait pas qu'il y eût difficulté ni matière d'un doute. Aucune disposition légale n'autorisait à établir la moindre différence entre les citoyens professant une religion quelconque. S'enquérir de la croyance d'un créancier pour décider s'il

Le décret portant sursis fut ensuite rédigé conformément aux idées qu'il y avait émises, mais il fut en outre statué qu'une assemblée de Juifs, habitant le territoire français, serait convoquée le 15 juillet suivant, dans la ville de Paris.

Les membres de cette assemblée, au nombre porté dans un tableau annexé au décret, devaient être désignés par les préfets et choisis parmi les rabbins, les propriétaires et les autres Juifs les plus distingués par leurs lumières et leur probité. L'Empereur devait faire connaître ses intentions à cette assemblée par une commission spécialement nommée à cet effet. Les membres de cette commission seraient en même temps chargés de recueillir les vœux qui pourraient être émis sur les moyens les plus expédients pour rappeler parmi les Juifs l'exercice des arts, des professions utiles, et pour remplacer ainsi, par une honnête industrie, les ressources blâmables auxquelles beaucoup d'entre eux se livraient de père en fils, depuis des siècles.

Lorsqu'il s'agit un peu plus tard de nommer les commissaires, la première pensée de l'Empereur se fixa sur M. Molé. Cette marque de confiance lui était naturellement acquise par le rôle qu'il avait déjà joué dans l'affaire ; et, en effet, outre ce que nous avons déjà raconté du rapport qu'il avait lu dans le Conseil, l'Empereur lui avait encore commandé un travail sous le titre de : *Recherches sur l'état politique et religieux des Juifs depuis Moïse jusqu'au temps présent*.

avait le droit d'être payé était une étrange idée, aussi contraire aux principes qu'aux mœurs actuelles. A la grande surprise des conseillers, M. Molé, simple auditeur de vingt-cinq ans, conclut à la nécessité de soumettre les Juifs a des lois d'exception, du moins en ce qui touchait les transactions d'intérêt privé. Les conseillers accueillirent son rapport avec dédain et sourire ; ils n'y voyaient qu'un article littéraire, une inspiration de la coterie antiphilosophique de MM. de Fontanes et de Bonald. M. Molé n'en fut nullement déconcerté. Il n'y eut pas de discussion, tous, hormis le rapporteur, étant du même avis.

La question devait ensuite être portée devant tout le conseil. M. Regnaud exposa sommairement l'opinion de la section et ne crut pas nécessaire de soutenir un avis universel. M. Beugnot, nommé récemment conseiller et qui n'avait pas encore pris la parole, estima l'occasion bonne pour son début. Il traita son sujet à fond, avec beaucoup de raison et de talent, et rencontra l'approbation générale. L'empereur, d'une opinion contraire à celle qui se dessinait, attachait une grande importance à cette affaire. L'archichancelier déclara donc nécessaire de reprendre la discussion un jour où Napoléon présiderait. M. Regnaud pria M. Beugnot d'être rapporteur, pour mieux expliquer et défendre la pensée du Conseil. La séance fut tenue à Saint-Cloud. M. Beugnot, qui parlait pour la première fois devant l'empereur, et que son succès enivrait un peu, se montra cette fois emphatique et prétentieux, enfin tout ce qu'il fallait ne pas être au Conseil, où la discussion était un entretien de gens d'affaires, sans recherches, sans besoin d'effets. On voyait que Napoléon était impatienté. Il y eut surtout une certaine phrase, où M. Beugnot appelait une mesure qui serait prise contre les Juifs « une bataille perdue dans les champs de la justice », qui parut ridicule.

Quand il eut fini, l'empereur avec une verve et une vivacité plus marquées qu'à l'ordinaire, répliqua au discours de M. Beugnot, tantôt avec raillerie, tantôt avec colère ; il protesta contre les théories, contre les principes généraux et absolus, contre les hommes pour qui les faits n'étaient rien, qui sacrifiaient la réalité aux abstractions. Il releva avec amertume la malheureuse phrase de la bataille perdue, et s'animant

Ce travail ne s'était pas fait attendre, et il avait été inséré en entier au *Moniteur* où il occupait dix-huit colonnes ; c'était un acte d'accusation contre la nation juive, dans lequel il était établi que l'usure n'était point née des malheurs du peuple juif, ainsi qu'on avait trop souvent affecté de le croire, qu'elle était non seulement tolérée, mais même commandée par la loi de Moïse et par les principaux Docteurs qui l'avaient interprétée ; que cette prescription de la part du législateur hébreu avait eu pour objet de compléter la séparation entre son peuple et les autres nations ; que dès lors on devait regarder le vice de l'usure comme inhérent au caractère de tout vrai Juif, et comme tellement enraciné que nulle puissance au monde ne parviendrait jamais à l'en extirper.

Les deux autres commissaires furent pris parmi les maîtres de requêtes : M. Portalis, fils du ministre des cultes, fut nommé le second, et moi le troisième. Lorsque nous eûmes à prendre connaissance de nos instructions, il nous fut impossible (je parle pour M. Portalis et pour moi) de ne pas croire que la pensée tout entière de l'Empereur n'avait pas été pénétrée, qu'elle avait échappé à M. Molé et au Conseil d'État; qu'il voulait évidemment faire sortir, de ce qui n'avait d'abord été considéré que comme une mesure de rigueur, un grand acte de politique. Il ne s'agissait, en effet, de rien moins, d'après les documents qui nous furent remis [1], que de savoir

de plus en plus, il en vint à jurer, ce qui, à ma connaissance, ne lui est jamais arrivé au Conseil. Puis il termina en disant : Je sais que l'auditeur qui a fait le premier rapport n'était pas de cet avis, je veux l'entendre. M. Molé se leva, lut son travail et commença une discussion qui ne pouvait guère avoir de liberté.

M. Regnaud défendit assez courageusement l'opinion commune et même celle de M. Beugnot.

M. de Ségur risqua aussi quelques paroles : Je ne vois pas ce que l'on ferait ! murmura-t-il.

L'empereur se radoucit et tout se termina par la résolution de procéder à une enquête sur l'état des Juifs en France et sur leurs habitudes concernant l'usure. On composa la commission de trois maîtres de requêtes : MM. Portalis, Pasquier et Molé, à qui ce titre fut en même temps conféré. On chargea les préfets des départements où il existait une population juive de désigner des rabbins ou autres coreligionnaires considérables qui viendraient fournir des renseignements à la commission. M. Pasquier eut à les recueillir. Pour la première fois, on connut la situation des Israélites, la division de leurs sectes, leur hiérarchie, leurs règlements. Le mémoire de M. Pasquier fut très instructif; cette enquête avait été faite avec tolérance et impartialité. L'empereur, calme, en était venu à l'idée très sage que le culte juif devait être officiellement autorisé. Un décret impérial, pour donner quelque satisfaction aux plaintes de l'Alsace, prescrivit des dispositions transitoires et une sorte de vérification qui ne mettait point à l'avenir les créanciers juifs hors du droit commun. Puis on convoqua, pour réglementer l'exercice de ce culte, un grand Sanhédrin. En résumé, toute cette affaire, commencée dans un moment d'irritation malveillante et d'intolérance, se termina par une reconnaissance solennelle des rabbins et des synagogues, par une éclatante confirmation de l'égalité civique des Israélites.

[1] Ces documents sont-ils les *instructions données aux Commissaires* ou les notes adressées à M. de Champagny et que Baude, conseiller d'État, avait copiées en 1813 (*Archives israélites*, 1841, p. 138 et suiv.) ? Il est difficile de le décider, car les dates de Baude sont fausses. Ces notes et instructions répondent bien à l'idée que Pasquier et Portalis fils croyaient y découvrir.

des Juifs eux-mêmes si leur religion leur permettait d'accepter réellement la qualité de citoyen dans le pays où on consentirait à les accueillir comme tels ; si cette religion ne contenait pas des prescriptions qui leur rendaient impossible ou au moins très difficile une complète soumission aux lois, si on pouvait, enfin, faire tourner au profit de la société tout entière la fortune, l'industrie, les talents d'une population qui, jusqu'alors, s'était tenue vis à-vis d'elle dans un état d'inimitié manifeste.

En considérant les choses sous ce point de vue, il y avait nécessité de faire subir aux Juifs un solennel examen, d'abord sur ce qu'ils croyaient permis, et ensuite sur ce qu'ils croyaient défendu. Devait-on tenir pour certain que la loi de Moïse permit aux Juifs d'exercer l'usure envers tous ceux qui ne professaient pas leur culte ? Pouvaient-ils renoncer à cette faculté là où l'usure était interdite par les lois du pays? Leurs docteurs, leurs rabbins pouvaient-ils garantir sur ce point leur obéissance ? Le service militaire pouvait-il se concilier avec plusieurs observances de leur culte, comme celle du sabbat, par exemple, et celle de certains jeûnes et de l'abstinence de certains aliments? Pouvait-on se flatter qu'ils consentissent sincèrement à prendre rang dans les armées françaises, toutes les fois qu'ils y seraient appelés par la loi ?

Ces deux difficultés étaient les principales à résoudre, et elles peuvent donner une idée du parti que l'Empereur espérait tirer d'une assemblée jusque-là sans exemple dans les annales du monde, depuis la dispersion de leurs tribus, après la prise de Jérusalem et la destruction du Temple par Titus. Cette assemblée, qui a passé presque inaperçue, était donc dans la réalité une grande conception, et si ses résultats n'ont pas suffisamment répondu à l'idée qu'on s'en était formée, si elle n'a laissé de son existence que des traces peu profondes, il le faut attribuer principalement à la succession rapide d'événements qui ont absorbé l'attention publique ; et, pourtant, c'était un spectacle bien intéressant que ces discussions dans une réunion d'hommes ardemment dévoués à une religion dont le véritable esprit est si peu connu, animés de sentiments si différents de ceux qui dirigent les nations chrétiennes. On leur demandait d'examiner sérieusement jusqu'à quel point ils pouvaient, en surmontant leurs habitudes les plus enracinées, prendre rang dans le monde moderne, et participer, sans blesser leur conscience, aux avantages de la civilisation européenne.

Je me livrai donc avec beaucoup d'ardeur aux soins si inattendus qui m'étaient confiés. Au moment où je trace ces lignes, le souvenir de ce premier pas vers la connaissance des hautes affaires humaines est encore pour moi plein d'intérêt. La politique du conquérant avait certainement inspiré Bonaparte dans cette entreprise. En cherchant, avec ce qu'il y avait de plus éclairé dans la race juive, les moyens de la tirer de l'abjection dans laquelle elle languissait depuis tant de siècles, il s'était dit probablement qu'un tel bienfait atta-

.cherait à jamais cette race à sa fortune et que partout où elle était
répandue, il trouverait des auxiliaires disposés à seconder ses projets. Il allait entreprendre une nouvelle invasion en Allemagne qui
devait le conduire à travers la Pologne et dans les pays voisins, où
les affaires alors se traitaient presque exclusivement par l'intermédiaire des Juifs; il était donc naturel de penser que nuls auxiliaires
ne pouvaient être plus utiles que ceux-la, et par conséquent plus nécessaires à acquérir.

Telle était sans doute la disposition de son esprit, lorsque sont in-
tervenus les décrets impériaux qui, dans le courant de l'année 1808,
ont statué sur l'organisation religieuse et sur l'exercice des droits
civils et politiques des Juifs dans toute l'étendue de l'Empire.

Mais bientôt le général victorieux ne tarda pas à croire que, marchant à la tête de l'armée et de la nation française, il ne lui fallait
d'autres auxiliaires que son épée, qu'elle lui suffisait pour disposer
du sort de l'Europe, depuis les rives de la Néva jusqu'aux colonnes
d'Hercule. L'affaire des Juifs eut pour lui moins d'intérêt.

M. Molé, étant le premier dans l'ordre de la nomination, fut sans
contestation élu président de la Commission. Le discours qu'il prononça à l'ouverture de l'assemblée, le 29 juillet, était très hostile aux
Juifs et n'était pas fait pour leur donner confiance dans les dispositions du gouvernement. Le choix des membres de l'Assemblée (ils
étaient au nombre de 112) avait été confié, comme je l'ai dit, aux
préfets des départements dans lesquels les Juifs étaient assez nombreux pour que leur existence eût une réelle importance. C'était
d'abord dans les départements de l'Est, du Midi, notamment celui
qui avait Avignon pour chef-lieu, puis le département de la Seine, et
ensuite celui de la Gironde.

Les préfets avaient choisi, comme on devait s'y attendre, les Israélites les plus considérés, et aussi ceux qu'ils avaient supposés les
plus accommodants. C'était principalement parmi ceux de Bordeaux
qu'on avait espéré de trouver et plus de lumières et les moyens d'influence dont on pourrait user avec le plus de sécurité. Ces Juifs,
généralement connus sous la dénomination de « Juifs portugais »,
étaient censés descendre de la nombreuse colonie juive établie, depuis
des siècles, à l'embouchure du Tage.

Une des personnalités les plus marquantes était M. Furtado, négociant fort estimé de la Gironde; on le choisit pour président de l'Assemblée. Il fut bientôt avéré que les Juifs portugais étaient suspects
à tous leurs coreligionnaires, qui les considéraient comme des apos-
tats. Le président Furtado était plus qu'un autre en butte aux soupçons. On semblait croire qu'il ne tenait à sa religion que par ce sentiment de respect humain qui ne permet d'abandonner celle où l'on
est né que dans le cas où l'on serait entraîné par la plus forte des
convictions. Or, telle n'était pas la disposition d'esprit de M. Furtado,
l'indifférence philosophique faisait le fondement de ses opinions. Les
rabbins d'Alsace et ceux de l'ancien comtat d'Avignon, auxquels ap-

partenait le premier rang pour la science, disaient de leur président
qu'on voyait bien qu'il n'avait appris la Bible que dans Voltaire. Son
influence fut nulle sur une réunion d'hommes qu'animait la plus
profonde conviction religieuse. On les avait généralement supposés
uniquement occupés de leurs intérêts pécuniaires, ne tenant à leur
religion que par habitude, et surtout en raison des commodités
qu'elle accordait à leur conscience pour vivre aux dépens de tous les
pays qui les recevaient ou les souffraient. On se trouva en présence
d'hommes très supérieurs à la tourbe avec laquelle l'opinion générale les confondait. Très soigneusement instruits de leur religion et
de ses principes, ils étaient fortifiés dans l'attachement qu'ils lui
portaient par l'animadversion qu'elle attirait sur eux; leur esprit
très cultivé n'était étranger à aucune connaissance humaine. Il ne
fut donc plus permis de méconnaître l'existence d'une nation juive
dont jusqu'alors on n'avait aperçu que la lie, et qui, par le soin
qu'on avait apporté au choix des membres dont se composait l'assemblée, parlait un langage digne d'être écouté.

Les questions posées par l'Empereur furent examinées avec une
solennelle lenteur [1]. Cette hésitation ne pouvait manquer de lui dé-
plaire, et elle fut l'occasion de remontrances très vives de la part de
M. Molé. C'était aller directement contre le but que nous devions
nous proposer. Une circonstance, qui lui était personnelle, ajoutait
encore à l'horreur que les formes de son langage inspiraient à ceux
qu'il avait mission de ramener. On tenait assez généralement pour
certain que son arrière-grand'-mère, fille de Samuel Bernard, célèbre
financier de la fin du règne de Louis XIV, était d'origine juive, et il
n'était pas permis de douter que la grande fortune dont jouissait sa
famille ne vînt presque entièrement de cette alliance. A la vérité, il
prétendait que le judaïsme de Samuel Bernard était une pure fiction,
fondée sur le hasard d'un nom de baptême plus usité, en effet, chez
les Juifs que chez les chrétiens.

Au bout de quelques semaines, nous n'étions pas plus avancés
que le premier jour; outre les difficultés de la matière et même en
reconnaissant sur presque tous les points la justice des propositions
qui leur étaient faites, les plus éclairés, les plus influents de l'assemblée disaient aux commissaires que les déclarations qu'on leur
demandait n'étaient pas seulement embarrassantes pour eux et délicates pour leur conscience [2], mais qu'elles seraient encore, suivant

---

[1] Cette lenteur ne fut pas si solennelle que le dit Pasquier. C'est le 29 juillet que
Molé communiqua à l'Assemblée le questionnaire de Napoléon. Dans la même séance
fut nommée une commission de douze membres chargés de préparer les réponses et
de diriger la discussion. Les réponses furent discutées et votées les 4, 7 et 12 août. Le
17 septembre, Molé et ses deux collègues revenaient et informaient l'Assemblée du
projet de convoquer un grand Sanhédrin.

[2] C'est évidemment à la question des mariages mixtes que cette phrase fait allusion. Napoléon voulait que l'Assemblée reconnût la validité religieuse de ces mariages ; il demandait même que les rabbins recommandassent ces unions. (Note à
M. de Champagny, datée de Rambouillet, 13 mars 1806 ; cette date doit être inexacte.)

toute apparence, complètement inutiles; qu'ils n'avaient aucune
qualité pour commander l'obéissance à leurs coreligionnaires; que,
par cela même qu'ils avaient été choisis par le gouvernement, il n'é-
tait pas possible de les considérer comme les représentants de la nation juive, ayant droit de stipuler en son nom.

Plusieurs fois ils avaient prononcé le nom de l'ancienne réunion
de Docteurs connue sous la dénomination de *Grand Sanhédrin* ; cette
réunion, disaient-ils, aurait eu seule le droit de prononcer sur de
semblables matières, alors que le peuple juif était constitué en corps
de nation, et seule encore elle pouvait avoir qualité pour en connaître.

Lorsque les commissaires rendirent compte à l'Empereur de ces
observations, il n'hésita pas à s'emparer de l'idée, et bientôt on sut
qu'il se montrait très disposé à autoriser la convocation dans Paris
d'un grand Sanhédrin, composé autant que possible d'après les règles et suivant les formes imposées par la loi de Moïse. Son intention
était que toutes les synagogues de ses vastes Etats et même de l'Europe fussent invitées à envoyer soit des Docteurs pour faire partie
de ce Sanhédrin, soit des députés pour s'unir à l'assemblée déjà
existante et dont les travaux continueraient de marcher parallèlement à ceux de la réunion *doctorale* : alors, disait-il, on pourrait se
flatter d'avoir la représentation la plus légale tout à la fois de la religion et de la nation juive ; ce serait comme une résurrection de cette
nation, qui ne méconnaîtrait pas sans doute à quel point il lui importait de se rendre digne d'un si grand bienfait.

On installa des conférences pour préparer les questions qui seraient soumises au grand Sanhédrin ; ces réunions furent longues
et nombreuses. On y agita une foule de questions religieuses, historiques et politiques, dans lesquelles plusieurs rabbins déployèrent
des connaissances fort étendues, et quelquefois même, dans les matières qui touchaient à leur foi, une éloquence pleine de chaleur et
d'inspiration. Les rôles entre les commissaires restèrent distribués
comme ils l'avaient été précédemment : M. Molé, toujours menaçant ;
M. Portalis et moi, nous efforçant de ramener, par des formes plus
conciliantes, les esprits que notre impétueux collègue ne cessait de
cabrer. M. Portalis brillait déjà dans ces discussions par cette érudition sage, appuyée sur les meilleures autorités et pleine de bonne
foi, dont il a donné tant de preuves depuis. Cela faisait une impression d'autant plus grande sur ceux qu'il s'agissait de persuader, que
sa position, comme fils du ministre des cultes, semblait donner plus
de poids à ses paroles ; les commissaires étaient en général fort touchés du désir sincère que je leur témoignais de voir sortir de nos
débats un résultat véritablement utile pour eux [1].

Un jour, l'expansion de leur reconnaissance alla jusqu'à un point

---

[1] Le rapport de la commission chargée du règlement organique du culte mosaïque
constate « l'aménité, la bienveillance » des commissaires. Halphen, *Recueil des lois
concernant les Israélites*, p. 274.

qu'il me serait difficile d'oublier. C'était à la suite d'une des conférences où M. Molé avait été plus amer encore que de coutume et où
je m'étais efforcé de détruire le mauvais effet de quelques-unes de
ses paroles. Plusieurs d'entre eux vinrent me trouver le lendemain,
et, ne sachant comment m'exprimer leur gratitude, ils finirent par
m'assurer qu'avant qu'il fût six mois, il n'y aurait pas jusqu'à leurs
frères de la Chine qui ne sussent ce que tous les Juifs me devaient
de reconnaissance pour le bien que je leur voulais faire, et pour l'excellence de mes procédés envers eux.

Cette phrase m'a toujours semblé fort remarquable en ce qu'elle
manifeste jusqu'à quel point ces hommes, répandus sur la surface du
monde, à distances si grandes, vivant sous des cieux si différents, et
au milieu de mœurs dissemblables, conservent des rapports entre
eux, s'identifient aux intérêts les uns des autres et sont animés d'un
même esprit. En vérité, quand on compare les résultats de toutes les
législations anciennes et modernes avec ceux de la législation de
Moïse, on est frappé de stupéfaction en voyant combien la force des
liens politiques et religieux dont il a su enlacer son peuple a été
grande, puisqu'une dispersion de vingt siècles n'a pu les rompre. Ce
fut surtout dans les discussions relatives à l'usure que l'uniformité
des croyances juives se manifesta d'une manière frappante. Sur ce
point, la décision des docteurs et des rabbins ne fut pas un instant
douteuse ; contrairement à l'opinion émise dans le mémoire de
M. Molé, ils s'accordaient tous à regarder comme une injure immé-
ritée la supposition que l'usure exercée sur les étrangers était auto-
risée par la loi de Moïse... [1].

Il nous a été impossible de méconnaître, après tous les renseignements qui nous furent donnés, que les Juifs, si avides dans l'industrie qu'ils exercent, étaient toujours entre eux de la charité la plus
exemplaire ; que presque nulle part on n'en voyait qui fussent réduits à implorer d'autres secours que ceux de leurs coreligionnaires ;
que, pour ce qui n'était pas affaire de commerce, c'est-à-dire pour
tous les prêts qui avaient lieu de Juif à Juif, quand il s'agit de satisfaire aux besoins pressants de la vie de l'un d'eux, il était presque
sans exemple que les prêts portassent intérêt. Enfin, il nous fut affirmé de manière que nous n'en pussions douter que, lorsqu'un Juif
sans ressources personnelles avait une affaire pressante à suivre à
une grande distance du lieu qu'il habitait, il pouvait se présenter
chez le rabbin ou chez le principal personnage de la communauté
juive, et que, sur l'exposé de ses besoins, un certificat lui était délivré à l'aide duquel il pouvait traverser l'Europe jusqu'aux extrémités de l'Asie, accueilli et défrayé par les Juifs qui, de distance en
distance, se trouvaient sur son passage, et qui partout le traitaient,

---

[1] Ici un long paragraphe contenant les opinions des rabbins sur l'usure. Quoique
mis entre guillemets, ce morceau ne reproduit exactement ni les considérants de la
réponse de l'Assemblée, ni ceux de la décision du Sanhédrin.

non en pauvre qui arrache à la pitié un léger secours, mais en frère avec lequel on partage ce qu'on a.

Nos idées furent rectifiées également sur la nature et l'étendue des pouvoirs des rabbins. Comme nous insistions beaucoup sur l'étendue de ces pouvoirs et sur l'usage que nous les pressions d'en faire, dans la persuasion où nous étions que, donnés par Dieu même aux serviteurs du Temple, ils devaient avoir une autorité considérable sur l'esprit d'un peuple dont le gouvernement, sous beaucoup de rapports, pouvait être considéré comme théocratique, ils nous dirent que c'était une erreur qu'il leur importait de redresser. Ils établirent, d'une manière positive, et d'après les autorités les plus irrécusables, que toute filiation de la tribu de Lévi était entièrement perdue depuis la dernière dispersion ; que, dès lors, il n'existait plus parmi eux de sacerdoce, puisque le sacerdoce était inhérent à cette tribu, et qu'ainsi toute puissance sacerdotale était anéantie parmi eux. C'est sans doute un des faits les plus extraordinaires dans l'histoire de ce peuple si fidèle à ses souvenirs, si attaché à ses usages civils et religieux, que la perte absolue d'une filiation aussi précieuse et qui aurait dû être l'objet de précautions d'autant plus scrupuleuses qu'à sa conservation seule tenait la possibilité de remplir encore, à une époque quelconque, les plus saintes cérémonies du culte juif.

Qu'on suppose, en effet, le temple de Jérusalem rebâti, ce que doit toujours espérer tout bon Israélite, le sanctuaire de ce temple devrait rester inhabité, le sacrifice ne pourrait s'y accomplir, à moins qu'un miracle du Dieu qui a donné la loi Sainte sur le mont Sinaï ne vînt révéler les véritables descendants de cette tribu.

S'il n'y a plus de lévites, de prêtres, ni de pontifes, que sont donc les rabbins ? Pas autre chose que des docteurs acceptés par leurs coreligionnaires pour réciter des prières et accomplir certaines formalités religieuses et quelquefois judiciaires, pour lesquelles dans la Judée même et au temps où la loi était le mieux observée, les anciens de chaque famille étaient jugés suffisants. Considérés sous cet aspect, il est aisé de comprendre que l'influence de ces rabbins, fondée sur l'estime, ne peut rien obtenir que de la confiance, et comment il était impossible à ceux qui faisaient partie de notre assemblée de prétendre imposer leur avis par voie d'autorité. Une telle situation explique donc très suffisamment les ménagements qu'ils se crurent obligés de garder et qu'on n'avait pas d'abord compris.

Cette autorité des docteurs, la seule qui ait existé au milieu des Juifs, depuis leur dispersion, l'unique lien qui les tienne unis dans la foi, est un phénomène tout à fait digne d'attention. De cette autorité est sorti un supplément à la loi de Moïse, connu sous le nom de *Talmud* ; c'est un recueil assez indigeste composé d'interprétations, souvent fort hasardées, du texte sacré. Il a soulevé de nombreuses controverses et donne encore lieu à beaucoup de disputes, on lui attribue en grande partie le relâchement de la morale des Juifs. Les

rabbins, en général, faisaient peu de cas des *Talmudistes* ; tout en
reconnaissant le mérite de quelques-uns d'entre eux, ils paraissaient
les regarder comme fort dangereux.

On finit par obtenir de l'assemblée des réponses satisfaisantes à
toutes les questions qui lui avaient été adressées. Le 18 septembre,
les commissaires impériaux vinrent annoncer que Sa Majesté Impériale, voulant que ces réponses prissent aux yeux des Juifs de tous
les pays et de tous les siècles la plus grande autorité possible, elle
avait résolu de convoquer un grand Sanhédrin, dont les fonctions
consisteraient à convertir en décisions doctrinales les réponses déjà
rendues par l'assemblée provisoire, ainsi que celles qui pourraient
résulter de la continuation de ses travaux.

Cette communication fut reçue avec enthousiasme et, dans les
jours qui suivirent, toutes les mesures nécessaires pour obéir à la
nouvelle volonté de l'Empereur furent discutées, adoptées et exécutées avec autant de sincérité que d'empressement. Conformément à
l'ancien usage, le nombre des membres du grand Sanhédrin avait
été fixé à 71, sans compter son chef.

Tous les rabbins déjà siégeant dans l'assemblée, et ils étaient au
nombre de 17, furent appelés à en faire partie. On en demanda 29
autres aux synagogues de l'Empire français et du Royaume d'Italie ;
25 membres, enfin, devant être pris parmi les simples Israélites,
furent choisis par l'assemblée, dans son propre sein, au scrutin secret. Les lettres et instructions nécessaires furent aussitôt envoyées
aux synagogues françaises et italiennes.

L'assemblée adressa en même temps à tous ses coreligionnaires de
l'Europe une proclamation pour leur apprendre le merveilleux événement de la convocation d'un grand Sanhédrin et les engager à
s'entendre afin d'envoyer à Paris des hommes connus par leur sagesse, par leur amour de la vérité et de la justice. L'effet de cette
proclamation ne répondit point à ce qu'on en avait attendu, et il fut
à peu près nul dans les pays situés hors de l'Empire français, du
royaume d'Italie et de quelques contrées où l'influence française se
faisait sentir.

Restait à obtenir de l'assemblée qu'elle reconnût la nécessité d'une
organisation dans l'exercice de son culte, et il fallait l'amener à con.
courir à cette organisation. Or c'était l'entreprise qui devait lui ré.
pugner le plus, parce qu'il était impossible qu'elle ne s'aperçût pas
qu'il n'y en avait aucune où la soumission de ses coreligionnaires
fût plus difficile à obtenir. N'était-il pas sensible, en effet, que le
gouvernement ne manquerait pas de profiter de cette occasion pour
s'immiscer plus ou moins dans le régime intérieur des synagogues
et pour s'attribuer le droit de surveiller la conduite des rabbins ? Or,
aux yeux de ceux-ci, c'était, en quelque sorte, porter la main sur
l'Arche sainte.

Malgré toutes ces difficultés, augmentées par les dispositions peu
bienveillantes du président, il fallait cependant trouver une solu-

tion. Nous nous résolûmes, M. Portalis et moi, à une tentative qui
fut couronnée d'un plein succès. Etant assurés d'un jour où M. Molé
serait absent de Paris, nous en profitâmes pour réunir chez M. Portalis le plus grand nombre possible d'hommes influents, et là, après
une séance qui dura plus de six heures, nous parvînmes, à force de
bons raisonnements et de douces paroles, à leur faire adopter un
projet de règlement aussi bon que nous pouvions le désirer [1].

L'assemblée générale l'adopta peu de jours après. Un arrêté fut
pris en même temps pour supplier Sa Majesté Impériale de donner
sa sanction à ce règlement et de vouloir bien concourir au paye-
ment des rabbins ; on lui demandait encore, ce qui ne pouvait que
lui être très agréable, de daigner faire connaître aux autorités locales de l'Empire et du royaume d'Italie que son intention était
qu'elles se concertassent avec les consistoires pour achever de détruire l'éloignement que semblait avoir la jeunesse israélite pour le
noble métier des armes, et obtenir ainsi sa parfaite obéissance aux
lois de la conscription.

L'ouverture du grand Sanhédrin ne put avoir lieu que le 9 février 1807; les plus distingués, parmi les nouveaux élus, arrivèrent
presque tous du royaume d'Italie, notamment des provinces qui
avaient fait partie des anciens États vénitiens. Dès le 9 mars, on vit
paraître un acte, par lequel les docteurs de la loi et notables d'Israël
réunis faisaient connaître qu'ils s'étaient constitués en grand Sanhédrin, afin de trouver en eux les moyens et la force de rendre des
ordonnances religieuses conformes aux principes de leur sainte loi et
pouvant servir d'exemple et de règle à tous les Israélites. Ils déclaraient..... [2]

Il eût été difficile à quelque jurisconsulte et moraliste que ce fût de
développer cette dernière prescription avec plus de soin et de force.
Cet acte si énergiquement conçu avait été adopté à l'unanimité.
L'assemblée générale s'empressa de joindre à cet acte une adresse
à l'Empereur et un arrêté, destinés l'un et l'autre à en assurer et à
en compléter l'effet. Elle amena naturellement l'expression du vœu
que, rassurée par l'heureux effet que devait produire, pour la répres-
sion des abus, l'ensemble des décisions qui venaient d'être prises
d'une manière si imposante, Sa Majesté daignât considérer, dans
sa haute sagesse, s'il ne conviendrait pas de mettre un terme à la
suspension des actions hypothécaires, dans les départements frappés
par le décret du 30 mai, et si ce terme ne devait pas se rencontrer
avec l'expiration du sursis que ce décret avait prescrit.

Elle exprima donc le désir que Sa Majesté voulût bien prendre les
mesures qu'elle croirait les plus efficaces pour empêcher qu'à l'avenir quelques Israélites, au moyen des hypothèques qu'ils seraient
dans le cas de faire inscrire, ne portassent dans les fortunes des dé-

---

[1] C'est le règlement organique du 10 décembre 1806.
[2] Ici un résumé des déclarations du Sanhédrin.

sordres semblables à ceux dont on s'était plaint, et dont trop souvent la honte et le châtiment avaient rejailli sur tous leurs coreligionnaires. Jamais plus d'efforts n'avaient été tentés, avec des intentions plus franches et plus sincères, pour arriver à une réforme depuis si longtemps désirée par tous les esprits éclairés; mais jamais aussi une pareille occasion n'avait été offerte à la race juive depuis sa dispersion; bien des siècles peut-être s'écouleront avant .qu'il se produise une circonstance aussi favorable pour elle.

L'Empereur, détourné par des pensées politiques de l'affaire qui l'avait longtemps préoccupé, négligea de profiter des ouvertures qui lui furent faites. Un nouveau sursis vint s'ajouter à celui dont le décret du 30 mai 1806 avait frappé les créances juives; la notification qui en fût faite par une simple circulaire ministérielle jeta un grand découragement dans l'esprit de la population juive.

Suivant les ordres que nous avions reçus, le grand Sanhédrin fut dissous le 6 avril 1807; les projets de décret furent soumis à la discussion du Conseil d'Etat. Les idées de l'Empereur s'étaient modifiées dans un sens défavorable aux Juifs, sans doute par suite de l'impression produite sur lui par les populations juives de l'Allemagne et de la Pologne. Le système de M. Molé devait triompher, malgré les efforts de M. Portalis et les miens. Nous parvînmes cependant à faire sanctionner, sans y rien changer, le règlement que nous avions eu tant de peine à faire adopter pour l'organisation du culte juif et pour sa police intérieure dans l'étendue de l'Empire français et du royaume d'Italie.

Les dispositions destinées à régler les effets du sursis vinrent du quartier général de l'Empereur, après un long retard; elles étaient d'une sévérité qui, je ne crains pas de le dire, outrepassait toutes les règles de l'équité.

J'ai terminé ce que je voulais raconter sur ce singulier et intéressant épisode de mon début dans la carrière politique. Il fut très instructif, non pas seulement par les choses positives qu'il m'a mis dans le cas d'apprendre, mais encore par l'aperçu qu'il me donna sur la manière dont se suivaient ou se terminaient les affaires avec l'homme que le destin avait placé si haut au-dessus de nos têtes. Ce me fut un premier avertissement qu'il y avait plus d'incertitude et d'instabilité qu'on ne croyait dans ses plans et ses résolutions. Et cependant, ainsi qu'il n'appartient qu'au génie, ses idées, même fugitives, laissaient des traces profondes, il est resté de ce grand mouvement deux actes importants : l'organisation en France de la société juive et la déclaration doctrinale du grand Sanhédrin.

NOTES ET MÉLANGES

NOTES EXÉGÉTIQUES

I. *Psaume* xxxix, 6-7.

Ces deux versets présentent plusieurs difficultés, qui obligent d'admettre que nous n'avons plus sous les yeux le texte primitif, tel que l'avait rédigé le psalmiste. Nous allons essayer de rétablir le texte véritable, en montrant l'origine des fautes qui l'ont défiguré.

Dans la Bible Letteris les deux versets sont imprimés de la façon suivante :

הנה טפחות נתתה ימי וחלדי כאין נגדך אך כל הבל

כל אדם נצב סלה : אך בצלם יתהלך איש אך הבל

יהמיון יצבר ולא ידע מי אספם :

Le hasard veut que cette disposition du texte serve à résoudre quelques-unes des difficultés qu'on y rencontre. En effet, אך כל הבל se trouve au-dessus de אך הבל; or, אך הבל est justement ce qu'on attendrait à la place de אך כל הבל (cf. v. 12 et Graetz, *a. l.*). On est bien tenté de croire que אך הבל, dans le v. 7, n'est autre chose que la correction de אך כל הבל, mais la correction se sera malheureusement glissée dans le verset 7, au lieu de remplacer אך כל הבל dans le verset 6. Ensuite, נצב après כל אדם n'a aucun sens et ne se retrouve pas au verset 12. Ce mot est également au-dessus de יצבר, et la ressemblance des deux mots autorise à voir dans נצב la trace d'une dittographie de יצבר. Ce mot se sera introduit par erreur dans le verset 6 et aura plus tard été modifié de façon à s'accorder plus ou moins avec אדם. Enfin, au lieu de בצלם, le

sens exigerait בצלמות ¹ ; ce sont probablement les lettres ית du mot
יתהלך qui ont amené la perte de רת.

Il reste un mot très obscur, c'est יהמיון. Si on conservait la
phrase אך הבל יהמיון, on ne comprendrait pas pourquoi le verbe
est subitement mis au pluriel, et l'alliance de הבל avec le verbe
המה est bien étrange. De plus, on remarquera que יצבר n'a pas de
complément direct et que le suffixe de אספם ne se rapporte à rien
Si nous supprimons אך הבל, il ne reste qu'à admettre que
יהמיון est l'altération d'un ou plusieurs mots, qui devaient être le
complément direct de יצבר et auxquels se rapporte le suffixe de
אספם. On supposera donc quelque chose comme זהב והון, qui ont
pu, sans trop de difficulté, se transformer en יהמיון (י pour ז,
מ pour בו, et י pour ה).

En résumé, les deux versets se liraient :

הנה טפחות נתתה ימי וחלדי כאין נגדך אך הבל כל אדם סלה :
אך בצלמות יתהלך איש זהב והון יצבר ולא ידע מי אספם (ou יאספם).

« Voici que tu donnes à mes jours la longueur de quelques
paumes, et mon existence compte pour rien en face de toi. Tout
homme n'est qu'un souffle. Séla. — C'est dans l'obscurité que
chemine l'homme ; il amasse de l'or et des richesses, et ne sait pas
qui les recueillera. »

II. *Qohélet.*

Ch. i, 4. — Au lieu de לא יוכל איש לדבר, nous proposerions de
lire לא יכלה לשון לדבר : *La langue ne cesse de parler*, ce qui
s'accorderait bien avec le reste du verset.

Ibid., 18. — Ce verset ne nous paraît pas appartenir au texte
original de l'Ecclésiaste. Tout d'abord, les mots du verset précédent ידעתי שגם זה הוא רעיון רוח doivent être, comme partout ailleurs dans l'Ecclésiaste, une conclusion. Il n'est pas dans les habitudes de l'auteur d'ajouter à cette conclusion un motif. Mais il y
a plus, ce motif contraste étrangement avec les idées qu'exprime
Qohélet, à savoir : l'inutilité, la vanité des œuvres humaines.
Comment peut-on parler d'inutilité, là où il y a souffrance et
chagrins perpétuels? Et que signifierait le conseil de jouir tranquillement de la vie, si la vie n'est qu'une suite d'amertumes? Il
est admis qu'un sceptique peut se contredire, mais encore ne peut-

---

¹ Graetz corrige בצלם en כצל ; mais avec כצל on attendrait le verbe עבר au
lieu de התהלך.

il pas alléguer comme argument une chose absolument étrangère ou contraire à l'idée qu'il expose. Deux autres versets sont analogues à ɪ. 18, savoir : ɪɪ, 23 (jusqu'à לבו), et v, 16. On y trouve la même phraséologie ultra-pessimiste (מכאוב ne se trouve pas ailleurs dans l'Ecclésiaste). Ils sont aussi isolés, et, comme ɪ, 15, ils jurent étrangement avec le contexte. ɪɪ, 23 est d'autant plus suspect qu'il commence par כי, alors que les deux versets précédents commencent déjà par cette conjonction. Nous croyons que ces trois versets ont contribué beaucoup à obscurcir la pensée générale de Qohélet, en lui faisant dire tout juste l'opposé de la thèse qu'il développe dans tout son livre.

Ch. ɪɪ, 8. — שדה ושדות ne serait-il pas une variante de שרים ושרות? Les mots תענוגות אדם, étant un terme général, devraient clore la phrase.

Ibid., 12-17. — Il semble que ces versets, qui traitent de la sagesse, devraient faire la suite du chapitre ɪ, consacré au même sujet. Si on les place avant ɪɪ, 1, le paragraphe ɪɪ, 18 et suiv. (en excluant 23) se rattache très bien au verset ɪɪ, 11. Seulement, dans ce dernier verset, il faut expliquer פניתי אני בכל מעשי autrement qu'on ne le fait d'ordinaire. On traduit : *Je me suis tourné vers mes travaux*. Le sens est bien plus clair si on voit dans סנה ב׳ un synonyme de קרץ ב׳ : *se détourner de, renoncer à*, et si on traduit : *Je me suis dégoûté de tous mes travaux*. Nous expliquerions de même ופניתי, au verset 12, où il faudrait corriger אחרי המלך en אחרי למלך, et עשיתי en עשותו [1]. La phrase voudrait dire : J'ai renoncé à étudier la sagesse, la folie et la sottise, car que (sera) l'homme qui viendra régner après moi pour tout ce que j'ai accompli, c'est-à-dire qu'en fera-t-il? Pourra-t-il hériter de ma science?

Ch. ɪɪɪ, 18. — לְבָרָם, ponctué comme il l'est, ne peut guère être, dans l'idée des Massorètes, que le passé d'un verbe לבר. Le mot *labiru* existe en assyrien et signifie *ancien*. Si le mot לברם est exact, il faudra le traduire par *séparer, distinguer* (cf. עתיק, ancien, et עתק, détacher). Le sens du verset serait : *J'avais dit dans mon cœur au sujet des hommes : Dieu les a séparés* (des autres êtres), *et j'ai vu qu'ils ont le même sort que les animaux*. Les mots שהם בהמה המה להם sont évidemment corrompus : au lieu de שהם, il faut quelque chose comme שמקרה; המה paraît une dittographie de בהמה. — Dans le chapitre ɪx, 1, ולבור pourrait être aussi l'infinitif absolu de לבר.

---

[1] Cette dernière correction est de Graetz.

Ch. v, 6. — Il faut peut-être lire : הַחֲלוֹמוֹת [רֹב הָעִנְיָנִים] בְּרֹב כִּי
וְהַכֹּ[סִי]לִים מִדַּבְּרִים הַרְבֵּה. — Les versets 7-8 nous paraissent signifier : si tu vois des injustices se commettre sur la terre, ne t'é-
tonne pas de la chose, car les oppresseurs seront opprimés à leur
tour. (Tout n'a qu'un temps), mais la terre subsiste pendant tout
cela (cf. ı, 4), et un roi est à l'égard du champ comme un esclave (כעבד au lieu de נעבד). Le roi dépend de la terre et ne peut
la détruire.

Ch. vı, 3. — Les mots וְגַם קְבוּרָה לֹא הָיְתָה לּוֹ ne nous semblent pas
du tout à leur place et doivent être transportés au verset 5, après
וְשֶׁמֶשׁ לֹא רָאָה וְלֹא יָדַע. Le sort de l'avorton, qui n'a pas vu la lumière et qui n'a même pas un tombeau, est préférable à celui de
l'homme qui ne sait jamais se contenter de ce qu'il a. — Le verset 6 semble avoir le même sens que le verset 3. Si l'homme
vit longtemps, mais ne jouit pas du bonheur, c'est tout comme
s'il n'avait pas vécu. — *Ibid.,* 7. Au lieu de וּלֶעָבֵד יוֹדֵעַ, on attendrait מִן הֶעָנִי וְלֶעָשִׁיר, et au lieu de נגד il faudrait מִנֶּגֶד. Le sens serait : Qu'y a-t-il de plus pour le sage que pour le sot, pour le
riche que pour le pauvre, quand ils disparaissent de la face des
vivants ?

Ibid., 12. — On serait tenté de faire passer le *vav* de הַבְלוּ à חִיָּו,
et de traduire : Le nombre des jours de sa vie n'est qu'une vapeur,
et ses œuvres (וּמַעֲשָׂיו au lieu de וְיַעֲשֵׂם) sont comme une ombre,
car qui peut dire ce qui adviendra après lui sous le soleil ?

Ch. vıı, 16. — Lire בְּעֵינֵי אֵינֶנִּי au lieu de בְּעֵינָיו אֵינֶנּוּ. Qohélet dit
qu'il a passé les jours et les nuits à examiner ce qui se passe sur
la terre.

III. כֵּעֵת חַיָּה (*Gen.*, xvııı, 14).

Dans cette locution, le premier mot est difficile à expliquer au
point de vue de l'étymologie, le second au point de vue du sens.
L'embarras pour le mot עת ne vient pas de ce qu'on soit à court de
racines d'où on puisse le dériver; au contraire, on en a trouvé
beaucoup, mais aucune n'est certaine. Les uns font venir עת de
עדה « passer », d'autres de וער « destiner », d'autres encore de
ענה, en comparant l'araméen כִּעַן, כְּעֶנֶת, et l'assyrien *ênu, êttu*. Ces
étymologies sont admissibles, mais il en est une autre à laquelle,
que nous sachions, on n'a pas encore pensé, et qui vaut les autres,
si elle ne leur est pas préférable.

Le mot עת a comme équivalent, en araméen, זְמַן, que l'on trouve

même dans les derniers livres de la Bible. Au mot זמן se rattache
le verbe זַמֵן « préparer ». Or, on trouve (Prov., xxiv, 7; Job, xv,
28) un verbe עָתַד, qui a exactement le même sens que זַמֵן. N'est-
on pas amené, par suite du rapprochement de זְמָן avec עֵת, et de
זַמֵן avec עָתַד, à voir dans עת et dans עתד la même racine? עֵת serait pour עֶתְד, le daleth s'étant assimilé au tav. Cette étymologie
de עת aurait l'avantage de rattacher ce mot à une racine usitée en
hébreu, puisqu'à côté du verbe עתד, il y a aussi l'adjectif עתיד. Si
עת est du genre féminin, cela peut tenir à ce que le ת aura été pris
pour une terminaison féminine.

חיה est généralement considéré comme un adjectif qualifiant
עת : כעת חיה signifierait comme au temps vivant, c'est-à-dire
comme au temps qui revivra. Mais, tout d'abord, on attendrait
הַחַיָּה, puisque כעת est déterminé; ensuite, un temps qui vit ou qui
revit présente une image bien insolite en hébreu, où l'idée de vie
est appliquée à des êtres concrets, mais non à des termes abstraits.
Enfin, l'analogie de כעת מחר (Ex., ix, 18) [1] montre que חיה est un
adverbe qui signifie « l'année prochaine », comme מחר signifie
« le jour prochain ». Il est possible que חָיָה ne se rattache pas au
sens de חיה « vivre », mais à celui de l'arabe حوى « réunir, rassembler », et qu'il signifie un ensemble (de jours), un an. Quelle que
soit l'étymologie de חיה, il nous paraît certain que כעת חיה veut
dire à cette époque-ci en un an, et équivaut absolument à למועד
הזה בשנה האחרת (Gen., xvii, 21).

IV. העביר... לערים (Gen., xlvii, 21).

Les exégètes modernes (voir Dillmann, a. l.), s'appuyant sur
l'autorité des anciennes versions, veulent corriger le mot ...העביר
לערים du texte massorétique en העביר... לעבדים. Il est juste de reconnaître que l'interprétation ordinaire de ואת העם העביר אותו
לערים, d'après laquelle Joseph aurait fait passer les Égyptiens dans
les villes, ne se défend guère. Pourquoi cette émigration de tous
les Égyptiens, racontée en termes si concis? Quelle raison Joseph
avait-il de leur faire abandonner leurs champs? Si c'était pour
leur donner de la nourriture, outre que le verset ne serait pas à
sa place (comme le remarque Knobel), les Égyptiens n'avaient pas
besoin de l'ordre de Joseph pour venir dans les villes, la faim les
y aurait bien poussés. Enfin, לערים pour הערים אל est une irrégu-
larité peu admissible dans la Genèse. Mais la correction que l'on

[1] Cf. מחר כעת הזאת (Jos., xi, 6).

propose n'est pas non plus très satisfaisante : הֶעֱבִיד לַעֲבָדִים est un pléonasme inusité en hébreu. De plus, on comprend bien que les Egyptiens se déclarent les esclaves de Pharaon (v. 25); mais pouvait-on dire que Joseph ait réduit les Egyptiens à l'esclavage parce qu'ils avaient à payer un cinquième de leurs revenus ?

Nous croyons qu'on peut maintenir le texte massorétique. Seulement הֶעֱבִיר ne veut pas dire *forcer d'émigrer*, mais *faire défiler*, c'est-à-dire dénombrer, à peu près comme dans le verset de I Sam., XVI, 10 : וַיַּעֲבֵר יִשַׁי אֶת שִׁבְעַת בָּנָיו לִפְנֵי שְׁמוּאֵל; cf. עָבַר עַל הַפְּקֻדִים (Ex., XXXVIII, 26). לֶעָרִים ne signifie pas non plus *dans* les villes, mais *par* villes. Le verset raconte que Joseph fit le recensement du peuple par nomes d'un bout à l'autre de l'Egypte, afin d'acquérir leurs champs et d'établir la base de son impôt. Le verset est alors bien placé, et il n'y a plus de difficulté ni pour la grammaire ni pour le sens.

V. *Isaïe*, II, 6.

Dans ce verset, passablement obscur, les mots וּבְיַלְדֵי נָכְרִים יַשְׂפִּיקוּ sont particulièrement difficiles. On voit bien que le prophète reproche aux Israélites d'avoir adopté les coutumes superstitieuses des étrangers, mais pourquoi parle-t-il des fils des étrangers au lieu des étrangers eux-mêmes ? Ensuite יַשְׂפִּיקוּ paraît signifier *frapper des mains*, *applaudir* (cf. Job, XXVII, 23); comment comprendre ce complément בְיַלְדֵי avec la préposition בְ ? Au moyen d'une légère correction tout devient très clair; il n'y a qu'à supprimer le לַ de בְיַלְדֵי et à lire בִּידֵי. La phrase signifie : ils frappent (sous-entendu leurs mains) dans les mains des étrangers, c'est-à-dire ils font des conventions avec eux, ils les imitent. L'expression הַשְׂפֵּק בְּיַד פ׳ se retrouve dans le Talmud avec le sens d'*accorder quelque chose à quelqu'un*, comme dans la phrase bien connue : אֵין מַסְפִּיקִין בְּיָדוֹ לַעֲשׂוֹת תְּשׁוּבָה (Abot, v, 18). Après le mot הַשְׂפֵּק, on sous-entend le complément direct אֶת יָדוֹ, comme avec le verbe הֶחֱזִיק בְּ׳, qui veut dire : *fortifier sa main dans quelque chose*, c'est-à-dire saisir quelque chose.

MAYER LAMBERT.

LE NOM DE *NATRONAÏ* (נטרונאי)

Le nom de *Natronaï* ne se rencontre ni dans le Talmud ni dans le Midrasch. On le trouve pour la première fois sur la liste des plus anciens Gaonim, porté, au commencement du VIIIe siècle, par Natronaï ben Menahem, chef de l'école de Poumbedita. Dans la seconde moitié du VIIIe siècle, Natronaï ben Habibaï est un des candidats à la dignité d'exilarque, et, dans la seconde moitié du IXe siècle, Natronaï ben Hilaï est gaon de Sora et auteur de nombreuses consultations. Plus tard, ce nom est rarement usité. Dans l'histoire de la littérature juive du moyen âge, il est surtout connu parce qu'il fut porté par le père du célèbre Berakhya Nakdan. Zunz[1] mentionne encore un Natronaï ben Menahem, de France, cité dans un commentaire ms. du Pentateuque du XIIIe siècle.

Quelle est la signification et l'origine de ce nom? Dans son ouvrage sur les noms des Juifs, Zunz[2] se contente de le placer à la tête de sa liste des noms d'origine araméenne créés à l'époque post-talmudique, sans donner aucune explication. Je crois que le sens et l'origine en sont indiqués par une source ancienne.

L'une et l'autre *Pesikta*[3], rapportant une explication agadique donnée par Isaac Nappaha (de la fin du IIIe siècle) sur Exode, XII, 2 et suiv., disent : מי פורע לכם מאדום נטרונא, et appuient cette interprétation sur le passage d'Exode, XII, 6 : והיה לכם למשמרת. Ce qui signifie : « Qui tirera vengeance pour vous d'Edom[4] (Rome)? Natrôna ! » Ce mot désigne une personne, et la leçon de נטידורא adoptée par M. Buber, conformément au texte de plusieurs de ses mss.[5], provient de ce qu'on a voulu établir un rapport entre ce mot et le mot de משמרת d'Exode, XII, 6. On trouve, en effet, assez fréquemment, dans le Talmud de Babylone, le terme de נטידורא dans le sens de « surveillance »[6]. D'après Rappoport[7], qui parle de ce passage à la fin de son article sur אפטרתא, נטרונא serait

[1] *Zur Geschichte und Literatur*, p. 80.

[2] *Gesammelte Schriften*, II, 21.

[3] *Pesikta*, éd. Buber, 56 a ; *Pesikta rabbati*, ch. XV, vers la fin, et, dans l'édition Friedmann, 79 a.

[4] Le *Yalkout Schimôni*, I, 191, dit : ממלכות רביעית, du quatrième empire.

[5] La *Pesikta rabbati*, le *Yalkout* et le ms. d'Oxford de la *Pesikta* ont : נטרונא.

[6] Voir Lévy, *Neuhebraïsches Wörterbuch*, III, 383 b.

[7] *Erech Millin*, 179.

un des noms du Messie qu'on ne trouve pas ailleurs, mais il ne l'explique pas. Levy [1] fait dériver inutilement ce mot de l'arabe et le traduit par « aide, défenseur » ; il ajoute que ce mot, comme le syriaque מנטרנא, signifie peut-être « protecteur » et se rapporte à Dieu ou au Messie. Pour nous, il est hors de doute que נטרונא dérive du verbe araméen נטר (en hébreu, שמר) et qu'il désigne le Messie, car dans les passages analogues qui précèdent le nôtre, il est également question de sauveurs envoyés par Dieu. Ainsi : מי פורע לכם מידן בני, et מי פורע לכם ממדי מרדכי ואסתר חשמונאי, « Qui vous vengera des Mèdes (Perses) ? Mardochée et Esther. — Qui vous vengera des Grecs ? Les Hasmonéens. »

Mais pourquoi le Messie est-il appelé נטרונא ? Certainement pas comme *gardien*, car Dieu seul est le « gardien d'Israël » [2]. Mais le verbe נטר a également la signification spéciale d' « attendre », comme le prouvent les exemples cités par M. Levy (III, 383 a) : נטר עד למחר, « il attendit jusqu'au lendemain » (*Baba Batra*, 74 a); אגר נטר, « la récompense pour avoir attendu » (*Baba Mecia*, 65 a). Le verbe hébreu שמר, qui correspond à נטר, est aussi employé dans le sens d' « attendre ». Ainsi, on lit dans *Sanhédrin*, 63 b, d'après les variantes données par Rabbinowicz : ושם אלהים אחרים לא תזכירו שלא יאמר אדם לחברו שמור לי בצד עבודה זרה פלונית ואני אשמור לך בצד עבודה זרה פלונית. « *Vous ne prononcerez pas le nom des dieux étrangers*, c'est-à-dire que l'un ne dise pas à l'autre : Attends-moi près de telle idole, et moi, je t'attendrai près de telle idole. » Dans le passage parallèle de la Tosefta [3], au lieu de שמור לי et אשמור לך, on trouve le terme habituel המתן שומרת יבם, et ואמתין לך לי. Une expression usuelle est celle de « la veuve qui *attend* que son beau-frère l'épouse », expression rendue en araméen par איתתא דנטרא ליבם (Targoum sur Ruth, I, 13). On trouve aussi dans la Bible plusieurs passages qui deviennent plus clairs si l'on traduit שמר par « attendre » ; par exemple, שומרים לבקר (Psaumes, cxxx, 6); לא תשמר על חטאתי (Job, xiv, 16). Nous pouvons donc rendre נטרונא par « celui qui attend ». Mais pourquoi le Messie *attendu* est-il appelé « celui qui attend ? » Voici comment, à mon avis, s'explique cette singularité. D'après une légende bien connue [4], dont le héros est Josué ben Lévi, celui-ci demande au prophète Elie où il pourrait rencontrer le Messie; Elie lui répond : אפיתחא דרומי (la censure a fait mettre

[1] *Wörterbuch*, III, 384 a.

[2] שומר ישראל de Ps., cxxi, 4, est נָטָה, ר'.

[3] *Aboda Zara*, ch. vii; dans l'édition Zuckermandel, p. 470, l. 15.

[4] *Sanhédrin*, 98 a ; cf. mon *Agada der palästin. Amoräer*, I, 190.

אפירתא דקרתא). « à l'entrée de la ville de Rome ». Josué ben Lévi
trouve, en effet, le Messie à la place indiquée, au milieu de gens
pauvres et couverts de plaies et lui demande à quelle époque il
viendra. Il lui répond : היום, c'est-à-dire, par allusion à Ps. xcv,
7, « au jour où vous obéirez tous à la voix de l'Eternel », où vous
serez de nouveau dignes de devenir le peuple de Dieu et dignes de
la délivrance. Le sens de cette allégorie, inventée peut-être par
Josué ben Lévi lui-même, est suffisamment clair. Le Messie est
assis aux portes de Rome, attendant la chute de l'empire, qui doit
amener la délivrance, attendant aussi le jour où Israël sera
digne d'être sauvé. C'est donc avec raison que le Messie est appelé « celui qui attend ». Isaac Nappaha n'a pas créé arbitrairement cette désignation, elle doit son origine à la tendance qui se fit
jour dans la légende relative au Messie ; elle naquit dans le cercle
des Agadistes et fut probablement aussi connue du peuple. On
peut s'étonner que ce nom de *Natrona* désignant le Messie ne se
trouve pas encore ailleurs dans la partie de la littérature talmudique qui est parvenue jusqu'à nous, mais il n'est pas plus facile
d'expliquer cette particularité que d'expliquer pourquoi ce nom n'a
pas été employé comme nom de personne à l'époque des Amoraïm
aussi bien qu'à celle des Gaonim. Une chose pourtant peut être
considérée comme certaine, c'est que le nom de *Natronaï* est
une variante de la forme de Natrona [1], nom appliqué, comme
nous l'avons montré, au Messie. Du reste, l'usage de donner
aux enfants des noms consacrés au Messie remonte assez haut.
Ainsi, les noms si fréquents de מנחם, à l'époque des Tannaïtes,
et de נחמן, à l'époque des Amoraïm, étaient certainement usités
pour rappeler, par leur signification, le Messie, « le consola-
teur », ainsi que les נחמות, c'est-à-dire les consolations messianiques. On trouve même l'équivalent grec de מנחם dans le Talmud
de Jérusalem (*Teroumot*, xi, 2) ר' פריגורי דקיסרין, « R. Paregoros
(Παρήγορος) de Césarée [2] ». Donc, de même que dans les temps
plus anciens, on employait les noms de מנחם et de נחמן, dont l'un,
celui de מנחם, fut encore d'un usage très fréquent sous la forme
abrégée de מני *Mâni* [3], de même, du temps des Gaonim, on prenait le nom de Natronaï, dont la signification messianique était

---

[1] Cf. דוסאי et דוסא.

[2] Voir Zunz, *Gesammelte Schriften*, II, 9 ; Frankel, *Mebô Hayyerouschalmi*, 122 *a*.
On trouve encore plus tard ce nom grec. Abraham ibn Daud parle (הקבלה 'ס,
éd. Neubauer, 74) du savant talmudiste français ר' פריגורס, maître d'Isaac ibn Al-
balia, qui vécut au xi° siècle, et l'un des *Nakdanim* était le poète liturgique פריגורס
בן קלונימוס (Voir Zunz, *Zur Geschichte*, 113, et *Litteratursch..der synag. Poesie*,
341).

[3] C'était aussi le nom du fondateur du manichéisme.

certainement connue. On trouve encore en usage, à l'époque des Gaonim, un autre nom messianique bien connu, qui commence à apparaître à ce moment, celui de צמח (Zacharie, III, 8 ; VI, 12), *Cémah*, porté par plusieurs Gaonim du IXᵉ siècle. Déjà Zunz a signalé le caractère messianique de ce nom [1] et rappelé que les Caraïtes employaient même le nom de משיח, Messie, comme nom de personne ; par exemple, l'ancien exégète Hassan ben Maschiah. Le nom de מבשר, Mebasser, en usage du temps des Gaonim, a une origine analogue, et le nom de ישועה, devenu célèbre chez les Caraïtes, fait très vraisemblablement allusion au salut messianique, ainsi que le nom de נסים, Nissim, si connu dans l'histoire de la littérature juive, qui offre la forme assez étonnante d'un pluriel et fait probablement allusion aux miracles qu'opérera un jour le Messie.

Budapest, mars 1894.

W. BACHER.

TROIS EPISODES CONCERNANT LES JUIFS

TIRÉS DE LA CHRONIQUE SYRIAQUE DE DENYS DE TELL MAHRÉ

La quatrième partie, encore inédite, de la *Chronique* syriaque de Denys de Tell-Mahré [2] contient seulement trois passages concernant les Juifs.

Le premier a rapport à l'édit rendu par l'empereur Phocas, pour contraindre les Juifs de ses États à recevoir le baptême, et à la manière dont cet édit fut mis à exécution en Palestine.

Le second a trait à la prise de Césarée de Cappadoce, par Moslemah en 725, et le troisième raconte les fourberies dont les Israé-

---

[1] *Gesammelte Schriften*, II, 20.

[2] Denys de Tell-Mahré, patriarche des syriens Jacobites, mort en 845, nous a laissé une *Chronique* divisée en quatre parties qui s'étend du commencement du monde à l'an 774 de l'ère chrétienne. Le texte syriaque de la première et de la troisième partie a déjà été publié. Celui de la quatrième s'imprime actuellement, par mes soins, dans la *Bibliothèque de l'Ecole des Hautes-Etudes (section des sciences historiques et philologiques)*. — Voir, sur cet auteur, Bar-Hebraeus, *Chron. eccl.*, éd. Abbeloos, t. I, p. 343.386, Assemani, *Bibl. or.*, t. II, p. 96 et suiv., Wright, art. *Syriac literature* dans l'*Encyclopedia Britannica*, t. XXII, p. 845.

lites du Beth Schammâr furent victimes, vers l'an 735, de la part d'un imposteur chrétien, qui se présenta à eux comme étant Moïse.

J'ai pensé qu'il serait agréable pour ceux qui s'intéressent aux études juives de trouver réunis ici ces trois fragments perdus dans une longue chronique qui traite surtout de l'histoire ecclésiastique.

En voici la traduction intégrale et aussi fidèle que possible. Je l'ai accompagnée de quelques notes destinées à en faciliter l'intelligence, dans lesquelles les mots syriaques ont été transcrits en lettres hébraïques.

Paris, le 15 avril 1894.

Dʳ J.-B. Chabot.

I.

L'an 928[1], l'empereur Phocas ordonna que tous les Juifs placés sous sa domination reçussent le baptême.

Il envoya le préfet Georges[2] à Jérusalem et dans toute la Palestine pour les contraindre à recevoir le baptême. Celui-ci descendit [dans ce pays] et rassembla tous les Juifs de Jérusalem et des environs.

Les principaux d'entre eux étant entrés en sa présence il les interpella : « Etes-vous les serviteurs de l'empereur ? »

« Oui », répondirent-ils.

Il reprit : « Le Seigneur de la terre[3] ordonne que vous soyez baptisés. »

Ils gardèrent le silence et ne répondirent pas un mot.

Le préfet leur demanda : « Pourquoi ne dites-vous rien ? »

L'un des principaux d'entre eux, du nom de Jonas[4], répondit en disant : « Nous consentons à faire tout ce qu'ordonnera le Seigneur de la terre ; mais, pour la chose présente, nous ne pouvons la faire, car le temps du saint baptême n'est pas encore venu. »

Le préfet, en entendant ces paroles, entra dans une violente colère ; il se leva, frappa Jonas au visage, et dit aux Juifs : « Si vous

---

[1] L'an 928 des Séleucides correspond aux années 616-617 de l'ère chrétienne, mais la chronologie de Denys est fautive pour tout ce qui concerne la première moitié du vıı° siècle. Phocas régna de 602 à 610.

[2] גירורבי. Il y eut un personnage de ce nom qui fut préfet du prétoire sous le règne de Phocas. Il s'agit vraisemblablement de ce même personnage.

[3] מרא דארעא, titre qui faisait partie du protocole officiel des empereurs chrétiens de Byzance.

[4] יונא.

êtes serviteurs, pourquoi n'obéissez-vous pas à votre maître? » Puis,
il ordonna qu'ils fussent baptisés et les força tous, bon gré mal
gré, à recevoir le baptême [1].

II.

L'an 1040 [2], Néocésarée [3] fut prise par Moslemah [4], qui emmena
en captivité les habitants de cette cité, et les vendit en esclavage,
comme des bêtes, à l'exception cependant des Juifs, qui lui avaient
livré la ville.

Ceux-ci s'étaient rendus secrètement auprès de Moslemah et, après
avoir reçu sa parole, ils dirigèrent traîtreusement son entrée dans
la ville. Pour eux, il les fit captifs, mais ne les vendit point et les
emmena avec lui.

III.

A cette époque [5], il y eut dans la région occidentale [6] un séduc-
teur qui trompa et perdit un grand nombre de Juifs.

Satan, qui est pernicieux et malin dès l'origine, s'efforce toujours
de tromper les hommes (non pas seulement quelques-uns, mais tous
pareillement, quelle que soit leur race ou leur langue), en suggérant a
chacun ce qu'il sait lui être agréable et capable de l'induire en erreur. Il tire son nom de ses œuvres : « Satan, en effet, signifie adversaire. » Il ne néglige rien et ne cesse de troubler et de tromper
toutes les générations. Le courage ne lui fait jamais défaut, et il
n'abandonne jamais ses antiques méchancetés, qu'il inventa autrefois
contre le chef du genre humain pour le perdre.

Dans ce temps donc, un certain homme originaire du village de

[1] Plusieurs auteurs ecclésiastiques attribuent l'édit dont il est ici question à Héraclius. Cf. Baronius, *Ann. eccl.*, *ad an.* 614.

[2] Cette année correspond a l'an 729 de l'ere chrétienne. Le fait doit être placé en
725.

[3] Le texte porte bien Néocésarée, mais il s'agit, selon toute vraisemblance, de
Césarée de Cappadoce, prise par Moslemah en 725.

[4] Moslemah, célèbre capitaine arabe, fils du khalife Abd-el-Mélik, commanda les
armées musulmanes sous les règnes de ses frères, Walid Ier, Soliman, Yézid II et
Hescham. Il mourut en 739.

[5] C'est-à-dire, selon notre auteur, l'an 1046 des Séleucides, 734-735 de l'ère
chrétienne.

[6] Les termes *région orientale* et *région occidentale*, dans les écrivains jacobites, ne
doivent pas s'entendre d'une division géographique naturelle, mais ils font allusion
à la division de cette secte en deux grandes provinces ecclésiastiques dont l'une
était soumise au patriarche d'Antioche et l'autre au *maphrian* (ou métropolitain suprême) de Tagrit. Les pays compris dans la première formaient la région occidentale, ceux de la seconde la région orientale, sans égard à leur position géographique
respective.

Phalkat [1]; dans la région de Mardin [2], sortit de la Mésopotamie et s'en alla dans la contrée occidentale, du côté du Beth Schammâr [3].

Il eut accès dans la maison d'un des principaux d'entre les Juifs, mais, abusant de l'hospitalité qu'on lui donnait, il corrompit la fille de cet homme. Quand la chose fut connue des Juifs, ils le vouèrent a la mort. Mais, comme il était chrétien, ils lui infligèrent de cruels et longs supplices, pendant lesquels il trouva l'occasion de s'échapper de leurs mains.

Il songea dès lors à leur faire subir toute sorte de maux. Etant parti de là, il descendit au pays des Assyriens [4], où résident tous les maléfices des incantations. La, il s'adonna à la magie et aux artifices diaboliques. Il fit des progrès dans tous les arts mauvais et y passa maître.

Quittant alors ce lieu, il remonta dans la région du Beth Schammâr et dit aux Juifs : « Je suis Moïse, celui-là même qui fit autrefois sortir Israël de l'Egypte, qui fut avec eux par la mer et le désert pendant quarante ans. Je suis envoyé de nouveau pour le salut d'Israël et pour vous conduire au désert afin de vous introduire ensuite dans l'héritage de la terre promise. De même qu'autrefois Dieu renversa toutes les nations qui l'habitaient pour que vos pères en prissent possession, ainsi encore il les fera disparaître devant vous, pour que vous y entriez, que vous la possédiez comme auparavant, et que tous les Israélites dispersés soient reunis, selon ce qui est écrit [5] : « Il rassemble les dispersés d'Israël. »

Comme il leur tenait quotidiennement un tel langage et qu'il excitait constamment leur admiration par ses incantations, ils erraient à sa suite. Tantôt il les faisait circuler dans la montagne et leur faisait escalader des pics escarpés, où ils se tuaient ; tantôt il les engageait dans des grottes et des cavernes, où ils périssaient. Il leur fit ainsi beaucoup de mal, en tua et en fit périr un grand nombre. Il leur enleva aussi beaucoup d'or en leur persuadant par ses incantations qu'il les conduirait dans le désert.

Quand il fut rassasié des maux qu'il leur faisait souffrir journelle-

---

[1] פלחת. Ce nom désigne aussi un village de la Sophène (Land, *Anecd. syr.*, II, 225), qu'il faut sans doute distinguer du nôtre. Je ne trouve sur les cartes aucun lieu avec lequel on puisse identifier ce nom.

[2] מרדא. Ville de la province turque de Diarbekir, à 80 kilom. au sud de cette dernière. Les Juifs y ont une synagogue fort ancienne.

[3] בית שׁמריא. Région avoisinant la rive gauche de l'Euphrate, à la hauteur du 35e de lat. nord.

[4] בית ארמיא. Le mot ארמיא désigne les païens d'une manière générale, et spécialement les habitants de Harran. Mais on trouve l'expression בית ארמיא employée deux fois pour désigner le pays autour de Séleucie-Ctésiphon (Assemani, *Bibl. or.*, I, 354 et 358), je crois donc qu'il faut lui attribuer ici le même sens, exigé, d'ailleurs, par le contexte. On *descendait*, en effet, du Beth Schammâr pour aller dans cette région.

[5] Is., LVI, 8.

ment, il les fascina par ses artifices, leur enleva tout leur or et tout
ce qu'ils possédaient et s'enfuit dans son pays.

Les Juifs, revenus à eux-mêmes et voyant le mal qu'il leur avait
fait souffrir, le poursuivirent aux quatre coins du monde, interro-
geant et s'informant de lui. L'ayant enfin découvert, ils le condui-
sirent à l'émir des croyants, Hescham[1], qui, finalement, le fit cru-
cifier.

Il mourut ainsi, et Dieu lui donna de la sorte la récompense qu'il
méritait.

LE SIGNE DISTINCTIF DES JUIFS AU MAGHREB

Les recherches de MM. Ulysse Robert[2] et Is. Loeb[3] ont élucidé
la question de la marque distinctive imposée aux Juifs pendant
le moyen âge. A leurs travaux, qui n'ont porté que sur l'Occident
chrétien, on pourrait joindre quelques renseignements qui ont
trait à ce qui se passait en Orient et dont une partie a été déjà
recueillie par S. de Sacy[4].

Remarquons, d'ailleurs, en passant, que le port de certains
signes spéciaux est antérieur, au moins en Orient, au XIIIe siècle
de l'ère chrétienne, puisque les ordonnances du khalife fatimide
Hakem à ce sujet remontent à 395 de l'hégire (1004–5 de J.-C.) et
qu'elles ne paraissent pas être de son invention[5]. La nature du

---

[1] Hescham, khalife de la dynastie des Ommiades, qui régna de 724 à 743.

[2] *Revue des Études juives*, t. VI, p. 81 ; VII, p. 94.

[3] *Ibid.*, VI, p. 268.

[4] *Chrestomathie arabe*, 2ᵉ éd., I, p. 97, 144 et 181 ; *Exposé de la religion des Druses*, I, p. CCCIX, CCCXXX, CCCLX, CCCLXVIII, CCCXCVIII.

[5] On lit, par exemple, dans Ibn-el-Athîr (texte arabe, VII, p. 34 ; ce passage parait figurer aussi dans Nowaïri, voir Dozy, *Vêtements*, p. 436 ; Weil, *Gesch. der
Khalifen*, II, 355) : « En 233 (25 juillet 849), le Khalife El-Motawakkel enjoignit
aux tributaires [juifs et chrétiens] d'employer des *tayleçân* jaunes, de porter des
ceintures spéciales (*sonnâr*), de garnir d'étriers en bois leurs selles, à l'arrière desquelles ils devaient placer deux boules, de marquer le vêtement de leurs esclaves à
l'aide de deux morceaux d'étoffe, chacun ayant sa couleur propre et différente de
celle du vêtement, et de quatre doigts de long ; en outre, leurs femmes ne pouvaient
sortir que vêtues d'un *izâr* jaune. Défense leur fut faite de porter des ceintures-
bourses (*mintak*) ; la destruction de leurs temples d'origine récente fut ordonnée, on
préleva la dîme sur leurs habitations, et les portes de leurs maisons furent marquées de figures de démons taillées dans du bois. Il fut défendu de recourir dorénat-
vant à leurs services dans les administrations publiques, aucun musulman ne put
plus leur donner l'enseignement, l'exhibition de la croix à la fête des Rameaux ainsi

sujet traité par l'illustre savant a fait qu'il s'est borné à parler de
l'Égypte, et Munk [1] a pu y ajouter un complément utile en traduisant un passage arabe relatif au Maghreb et à l'Espagne. Il peut
être rapproché de ce que rapporte M. U. Robert que, vers 1320,
« le roi de Grenade Ismaïl Abul-Walid ibn Abu Saïd ben Faraj,
qui régna de 1315 à 1326, imposa aux Juifs de ses états, à l'exemple des rois chrétiens ses voisins, un signe pour les distinguer
des musulmans. » Voici en quels termes s'exprime Abd el-Wâhid
Merrâkechi [2] :

« Vers la fin de son règne, Aboû Yoûsof [Almançoûr l'Almohade, 1184-1199 de J.-C.] ordonna aux Juifs habitant le Maghreb
de se différencier du reste de la population par une mise particulière, consistant en vêtements bleu foncé, pourvus de manches si
larges qu'elles tombaient jusqu'aux pieds, et, au lieu de turban,
en une calotte de la plus vilaine forme qu'on aurait prise pour un
bât et qui descendait jusqu'au-dessous des oreilles. Ce costume
devint celui de tous les Juifs du Maghreb et le resta jusqu'à la fin
du règne de ce prince et au commencement de celui de son fils
Aboû Abd Allâh. Celui-ci le modifia à la suite des démarches de
toute sorte faites par les Juifs, qui recoururent à l'intercession
de tous ceux qu'ils croyaient pouvoir leur être utiles. Aboû Abd
Allâh leur fit porter des vêtements et des turbans jaunes, et tel
est le costume qu'ils portent encore en la présente année 621
[1224 de J.-C.]. »

On voit que ces renseignements suffisamment explicites ont
trait à un costume particulier, dont la tradition paraît s'être jusqu'à un certain point gardée dans l'Algérie même devenue française. Il existe, d'ailleurs, encore un mot employé de nos jours

que son usage sur la voie publique (?) furent interdits ; enfin, leurs tombes ne purent
plus dépasser le niveau du sol. Ces instructions furent envoyées dans toutes les
parties de l'empire. » Le mot *taylesân* désigne les extrémités, retombant sur les
épaules, de la mousseline du turban ou de la coiffure. Le *zonnâr* est une ceinture
spéciale imposée en pays musulman aux infidèles et destinée à les faire reconnaître,
elle se compose de nombreuses cordelettes de diverses couleurs et se porte à la taille
(glose de Ça'idi au commentaire de Kharachi, t. II, p. 446). L'*izâr* ou *haïk* est le
grand voile de laine ou d'étoffe légère qui enveloppe la femme de la tête aux pieds.
Le *mintak* est la ceinture de cuir ou d'étoffe dont on se ceint la taille et destinée à
renfermer des espèces (voir les commentaires de Sidi Khalil *ad* p. 59, l. 1 ; ce n'est
donc pas, comme le dit Dozy, *Vêtements*, p. 420, « toujours une ceinture d'or ou
d'argent »). Voici, d'ailleurs, la prescription de la loi telle que la formule Khalil (texte,
p. 78 : cf. trad. Perron, II, 296) : « Il est défendu au tributaire [juif ou chrétien,
soumis de gré ou de force] de monter à cheval ou à mulet, d'employer la selle, de
prendre le milieu de la chaussée ; il doit porter un vêtement distinctif; il est châtié
s'il quitte son *sonnâr*. »

[1] *Journal asiatique*, 1842, t. II, p. 40.
[2] *Histoire des Almohades*, trad. fr. (Alger, Jourdan, 1893), p. 264.

exclusivement pour désigner le turban noir ou bleu foncé qui sert de coiffure aux Juifs indigènes [1].

L'ordonnance de l'Almohade Almançoûr ne fut pas observée bien longtemps dans toute sa rigueur, ainsi que Merrâkechi nous le dit lui-même. Il est probable qu'on ne tarda pas à revenir à ce qui, vraisemblablement, constituait l'état antérieur des choses, je veux dire au port d'un simple signe distinctif, qui, en Egypte, était jaune ou noir et portait le nom de *ghiyâr* [2]. Aucun texte, à ma connaissance, ne permet de déterminer quelle en était la couleur au Maghreb ; mais le nom qui lui était donné, celui de *chekla*, était tout différent et ne figure, d'ailleurs, du moins avec l'acception dont il s'agit, dans aucun dictionnaire [3]. Ce mot est employé à plusieurs reprises par des auteurs maghrebins. Ainsi Zerkechi [4] relate en ces termes le décret d'Almançoûr dont il a été question : « En 595 (commence le 2 nov. 1198) Almançoûr ordonna aux Juifs d'employer la *chekla* (*bi 'amali 'ch-cheklati*) ; il arrêta que leurs tuniques (*k'amiç*) auraient une coudée de long sur autant de large, et qu'ils porteraient des burnous et des bonnets bleus. » Ailleurs [5], il nous apprend que « en 648 (comm. 4 avril 1250), la *chekla* fut imposée aux Juifs de Tunis », renseignement que nous retrouvons aussi dans Ibn Aboû Dinâr Kayrawâni [6] : « En 648, la *chekla* fut imposée aux Juifs, qui furent soumis à des humiliations de plus en plus grandes. » J'ai, en outre, recueilli un dicton rimé et injurieux encore en usage à Ténès, où, d'ailleurs, on ignore maintenant le sens exact à attacher au mot *chekla* : « O juif, homme à la *chekla*, mon père t'a donné un coup de pied, car il t'a trouvé une perle dans la main ; puissent ton père et le père de ton grand-père être maudits ! » Notons, enfin, que ce mot, sous la forme diminutive, se retrouve dans le nom Bou-chekila, dont l'origine ne me paraît pas dou-

---

[1] Le mot *zmâla* ou *zemla* (voir Dictionnaire Beaussier ; Dozy, *Supplément*). On trouve des renseignements plus détaillés dans le travail de M. A. Cahen, *Les Juifs dans l'Afrique septentrionale*, notamment pp. 179 et 205 (année 1867 du *Recueil des notices de la Société archéologique de Constantine*).

[2] *Chrestomathie* de Sacy (I, p. 55 du texte, 146 et 181 des notes).

[3] Un indigène instruit et consciencieux que j'ai interrogé a ce sujet m'a dit que ce signe, différent d'après les régions, consiste, entre autres choses, en ce que le juif devait se raser la tête en respectant les cheveux qui couvrent les tempes.

[4] *Ta'rîkh ed-dawlateyn*, éd. de Tunis, p. 11, ligne 20.

[5] *Ibid.*, p. 25, ligne 17.

[6] *Kitâb el-mou'nis fî akhbâr ifrîk'iyya wa-toûnis*, éd. de Tunis, p. 128, l. 4. La trad. Pellissier-Rémusat (dans l'*Exploration scientifique de l'Algérie*, où les erreurs sont innombrables, paraît rapporter cela à l'année 651 (voir P. 224, où l'on trouve cette version : « Sous ce règne, les Juifs eurent beaucoup à souffrir. On leur fit éprouver des avanies sans nombre. »)

·teuse, encore porté actuellement par une famille israélite de ·Constantine.

J'ajoute ici quelques passages tirés d'auteurs arabes et intéressant l'histoire des Juifs au Maghreb.

En 424, Aboù 'l-Kemâl l'Ifrenide, prince de Châla (l'ancienne Salé au Maroc), s'empara de Fez, où il dépouilla les Juifs de toutes leurs richesses, en tua plus de six mille et livra leurs femmes à ses soldats [1].

D'après Edrisi, « Aghmât Aylân (au pied de l'Atlas et non loin de Merrâkech ou Maroc) est belle, riche et habitée exclusivement par des Juifs. Ali b. Yoûsof l'Almoravide leur avait défendu de s'établir à Maroc et même d'y passer la nuit sous peine des châtiments les plus sévères. Il leur est permis d'y entrer le jour, mais seulement pour les affaires et les services dont leur nation s'occupe spécialement; quant à ceux qu'on y trouve après le coucher du soleil, leur vie et leurs biens sont à la merci de tout le monde. Par conséquent, les Juifs se gardent bien de contrevenir à ce règlement [2] ».

A la date du 27 ramadân 869 (comm. 2 sept. 1464), une insurrection éclata à Fez contre le sultan mérinide Abd el-Hakk b. Aboù Sa'îd, qui fut exécuté avec son premier ministre, le juif Hâroûn, en même temps que les Juifs de la ville furent massacrés. « Abd el-Hakk, après avoir été comme tenu en tutelle par les Benoû Watâs, qui depuis de longues années dirigeaient toutes les affaires de l'État, songea à recouvrer son indépendance, et, par suite, arrêta la plupart des Benoû Watâs et s'empara de leurs biens, tandis que les autres prenaient la fuite. Devenu son propre maître, il s'occupa lui-même des affaires et fit des expéditions à la tête de son camp. Pour le remplacer pendant ses absences, il laissa le juif Hâroûn, qui administrait à Fez les affaires des musulmans, jugeait leurs différends et était, par suite, une cause d'humiliation pour eux. L'impression ainsi produite sur le peuple était considérable, si bien que, le sultan étant un jour sorti avec son camp pour rétablir le calme dans les provinces et poursuivre les Benoû Watâs, qui s'étaient emparés, entre autres places, de Tanger et de Tâzâ, une entente s'établit avec le *mizwâr* des chérifs,

---

[1] *Histoire des Berbères* d'Ibn Khaldoun, trad. fr., III, 222; voir aussi II, p. 354; *Kartâs*, texte, p. 69.

[2] *Description de l'Afrique et de l'Espagne par Edrisi*, éd. Dozy et de Goeje, p. 79-80. Edrisi termina son livre en 548 (comm. 28 mars 1153), mais le retoucha ensuite. Ali b. Yoûsof régna de 500 à 537 (1106-1142 de J.-C.). Par contre, dans la ville espagnole de Lucena, le faubourg était occupé par les musulmans, à qui les Juifs, installés dans l'intérieur même des fortifications, refusaient l'entrée (*Ibid.*, p. 252).

et une émeute éclata contre les Juifs de Fez, qu'on massacra.
Mais les insurgés avaient à craindre le sultan et son premier ministre Hâroûn, et ils tinrent la ville jusqu'au jour où ce prince
rentra avec un petit nombre d'hommes ; alors on les arrêta, lui et
Hâroûn, et on les exécuta [1]. »

Kayrawâni, voulant dépeindre d'un mot l'ardeur mise, en 1091
(comm. 1er fév. 1680), par les Tunisiens à poursuivre la tribu
nomade des Ouled Sâïd, dont les brigandages les éprouvaient de
temps immémorial, nous dit que les individus originaires de cette
tribu aimaient mieux se dire Juifs que d'avouer leur véritable
origine [2].

On trouve dans le *Dîwân el-inchâ* (ms. arabe de Paris n° 1573
de l'A. F., aux fol. 140 et 303) des détails relatifs principalement
à l'historique des sectes karaïte et rabbanite. L'absence presque
complète des points diacritiques rend un peu difficile l'usage de
cet exemplaire d'un ouvrage intéressant à plus d'un titre, où sont
exposées les connaissances nécessaires aux *kâteb* ou employés
de chancellerie.

E. FAGNAN.

---

[1] Zerkechi, p. 141 de l'éd. citée. On trouve dans le ms. de cette chronique porté
sous le n° 852 sup. arabe (= n° 1874 du Cat. imprimé de la Bibliothèque nationale),
au fol. 103 v°, cette annotation marginale : « Ce Hâroûn est le frère d'Aboû Djenâh
(puissent-ils être maudits l'un et l'autre !) ; il a supprimé les aumônes distribuées aux
ulémas pour les attribuer à ses coreligionnaires pauvres. »

[2] Édition citée, p. 253, ligne 14.

BIBLIOGRAPHIE

REVUE BIBLIOGRAPHIQUE

1er SEMESTRE 1894.

(Les indications en français qui suivent les titres hébreux ne sont pas de l'auteur du livre, mais de l'auteur de la bibliographie, à moins qu'elles ne soient entre guillemets.)

1. *Ouvrages hébreux.*

ס' אמת ליעקב Novelles sur la nomenclature des lois et principes formulés par Maïmonide, par Saül Eliézer Rabinowitsch. Odessa, impr. Belinsan, 1893; in-8° de 104 p.

אפרים קוה Traduction hébraïque de « Dichter u. Kaufmann » de Berthold Auerbach, par Tawiow. Varsovie, impr. Weinstadt, 1893; in-8° de 288 p. (Publication de la Société Ahiasaf.)

ברייתא דמעשי בראשית Baraita de maase bereschit, h. e. mundi intra sex dies creationis narratio quam aramaice scripsit Arzelai bar Bargelai, nunc primum edidit, illustravit, etc. Lazarus Goldschmidt. Strasbourg, impr. Engelhard, 1894; in-8° de 44 p.

En parcourant ce singulier opuscule, je me demandais, en riant, si l'éditeur était un naïf ou un mauvais plaisant. Naïf, il faudrait l'être, avec une intrépidité rare, pour intituler *baraïta* un texte araméen — araméen d'une espèce *sui generis*, d'ailleurs — qui cite l'Apocalypse, par exemple. Plus naïf encore, pour lancer une telle découverte, sans dire où se trouve le manuscrit de ce texte fameux. Mauvais plaisant, car il faut un raffinement d'ironie pour commettre une fraude dans laquelle on a glissé à dessein les moyens de la faire éclater. Il paraît cependant que c'est cette dernière supposition qui est exacte. A quoi bon un pareil pétard ? A attirer l'attention du public sur l'auteur ? Étrange ambition ! Nous n'avions pas une très haute opinion du traducteur hébreu du Livre d'Enoch ; dorénavant, M. G. pourra publier les travaux les plus remarquables et les plus originaux, nous n'ouvrirons même plus ses ouvrages, voilà tout ce qu'il aura gagné à cette gaminerie.

ס' גבעת שאול Géographie de la Palestine, par S. Hornstein. Vienne, 1893 in-8° de 101 p.

דניאל דירונדה Daniel Deronda, roman de Georges Eliot, traduit de l'anglais par D. Frischmann. Varsoyie, impr. Schuldberg, 1893; in-8° de 774 p. (Publication de la Société Ahiasaf).

ס' זכות אבות Commentaire sur les Pirkè Abot, par Menahem Nathan Auerbach. Jérusalem, impr. Isaac Nahum Lévi, 1894; in-f° de 77 ff.

חיים ומות Deux élégies sur la vie et la mort d'Adolphe Jellinck, par Abr. Kohen Kaplan. Cracovie, impr. Fischer, 1894; in-8o de 20 p.

חליפות החיים Roman, par Aron Mirsky. Vienne, A. Fanto, 1894; pet. in-8o de 71 p.

חללי המקרים Roman, par Aron Mirsky. Vienne, impr. Knöpflmacher, 1894; pet. in-8° de 64 p.

ס' חסידים Das Buch der Frommen nach der Rezension in Cod. de Rossi, n° 1133, zum ersten Male hersgg. u. mit Anmerkungen versehen von Jehuda Wistinetzki. III. Lieferung (Schluss). Berlin, impr. Itzkowski, 1893; in-8° de p. 259 à 537 (Publication de la Société M'kize Nirdamim).

> Le volume se termine par une table des matières et une concordance entre les n°° des paragraphes de cette édition avec ceux de l'édition de Bologne. Nous aurions désiré également un index des matières, car ou sait le désordre qui règne dans cet ouvrage. Nous espérions aussi que l'éditeur instituerait une comparaison entre cette édition et l'édition ordinaire pour en montrer la valeur critique et les lumières nouvelles qu'elle apporte sur l'auteur et la situation des Israélites a cette époque. L'excellent travail de M. Güdemann a déjà fait ressortir l'intérêt qui s'attache à ce document naïf et sincère, miroir des idées populaires et rabbiniques du temps ; mais il est loin d'avoir épuisé la question, et nous attendons toujours l'écrivain, bien informé, qui, avec les traits de toute sorte répandus dans ce précieux recueil, tracera le tableau de cette epoque troublée.

החשמונאים « Les Asmonéens, drame en cinq actes, en prose, tiré du roman The first of the Maccabees d'Isaac M. Wise, par le docteur Bliden, traduction par I. Epstein ». Jérusalem, impr. Luncz, 1893 ; in-8o de 112 p.

ס' חתם סופר Novelles sur le Talmud, Pesahim, 2e partie, par Moïse Sofer, ed. par Aron Simha Blumenthal. Jerusalem, impr. Isaac Lévi, 1893; in-f° de 50 ff.

ילקוט המכירי The Yalkut on Isaiah of Machir b. Abba Mari (saec. XII ; edited for the first time from an unique ms. of the library of Leyden and annotated by I. Spira. Berlin [Vienne, Lippe], 1894; in-8° de vii + xxx + 258 p.

> Que M. S. s'exagère l'importance de cette publication, on le comprend aisément ; mais on ne s'explique pas pourquoi, l'édition portant la date de 1894, il n'a pas pris connaissance de l'article de M. Epstein paru en 1893 dans notre Revue (1893, t. XXVI, 75) et consacre a cet ouvrage. Il n'aurait plus parlé de xiie siècle pour l'âge de ce recueil et de son antériorité sur le Yalkout Schimoni. J'ajoute qu'il lui aurait suffi de comparer les leçons des deux Yalkout pour s'apercevoir immédiatement de la fragilité de l'hypothèse de M. Gaster. Quant à la façon dont cet ouvrage est édité, elle est loin de valoir celle de M. Buber, le maître dans l'art de présenter les pro-

duits de cette littérature. M. S. s'est borné à reproduire diplomatiquement
le ms. unique de Leyde, sans l'eclairer par les passages parallèles, sans
commentaire ni comparaisons. Ce sont des matériaux qu'il livre bruts aux
travailleurs. M. S. s'est contenté de placer en tête du volume (système
peu commode) les références aux sources. Il faut le remercier de sa peine,
mais regretter qu'elle n ait pas été plus grande.

ירושלים Jerusalem. Jahrbuch zur Beförderung einer wissenschaftlich ge-
nauen Kenntniss des jetzigen u. des alten Palästinas, hrsgg. von A. M.
Luncz. IV. Jahrgang, 5652-1892. Jérusalem, impr. Luncz [Francfort, libr.
Kauffmann], 1892; in-8º de 104 + 236 p.

La date de publication est certainement fictive puisque certains articles
portent celle de 1893. Cet Annuaire renferme, comme les précédents, de
bons travaux ; citons, entre autres : Partie hébraïque, Joseph Halévy,
Noms de villes de Pale-tine; D. Kaufmann, Contribution à l'histoire de la
Communauté askenazite de Jérusalem ; Jacob Reifmann, Hommes célèbres
qui ont vécu à Jérusalem et en Palestine, A. Harkavy, L'entrée d'Alexandre
a Jerusalem, d'après un ms. du roman d'Alexandre, — Lettres relatives à
la Palestine de la fin du xviii⁰ siècle ; Flore de la Palestine, par l'éditeur ;
Recension de l'ouvrage Ahavat Sion (traduction de l'article de M. Simonsen
paru dans cette Revue); D. Jelin, Légendes musulmanes sur l'Histoire
sainte ; Lois organiques du culte israélite dans l empire ottoman ; Revue de
l'année en Palestine. Partie allemande : M. Steinschneider, Jüd. Schriften
zur Geogr. Palästinas ; D.. Kaufmann, Hyerosolymitanische Stiftung ; C.
Schick, Archäologische Entdeckungen in Jerusalem in den letzten 3 Jahren.

ישראל גולה, 2ᵉ livre : מוצאי גולה Histoire des Israelites expulsés d'Espagne, par Saül Pinhas Rabinowitz. 1ʳᵉ-5ᵉ livraisons. Varsovie, Schuldberg, 1894 ; in-8º de p. 1-142 (Publication de la Société Ahiasaf).

מבוא להסדר עולם רבה Introduction à la chronique « Seder Olam Rabba »,
par Beer Ratner. 1ʳᵉ partie. Vilna, impr. Romm, 1894; in-8º de 162 p.

C'est la première fois que nous rencontrons le nom de M. R Est-ce un
débutant ? En ce cas, il ne faut pas lui ménager nos félicitations; voila une
nouvelle recrue pour les études d'histoire littéraire dont il est permis de
beaucoup attendre. Il a été formé à bonne école ; il n'a pas la suffisance de
croire que le monde a commencé avec lui ; il connait les travaux de ses devanciers et sait les utiliser ou les contredire ; enfin, et surtout, son érudition talmudique est parfaite : peu de textes, assurément, qui devaient entrer
dans le débat lui ont échappé. Nous ne sommes pas toujours d'accord avec
lui sur les conclusions qu'il tire de ces textes, on va le voir tout de suite, mais
nos critiques mêmes seront un témoignage de l'estime dans laquelle nous
tenons cette œuvre de premier ordre. — Avant de publier à nouveau, mais
cette fois à l'aide de nombreux mss., la fameuse chronique attribuée à R.
Yosé, M. R. s'est proposé, dans cette introduction, d'en fixer, mieux
qu'on ne l'avait fait jusqu'ici, l'état civil. R. Yosé est-il vraiment l'auteur
du Sèder Olam, comme le prétend, dans le Talmud, R. Yohanan ? Cette
assertion du rabbin palestinien est corroborée par l'identité de beaucoup de
passages de la chronique avec les opinions attribuées nommément au célèbre
Tanna. Par contre, cette identité lait place à une contrad·ction absolue en
d'autres endroits : c'est l'opinion des adversaires de R. Yosé qui est enre-
gistrée seule dans la chronique. Bien plus, les dires de rabbins postérieurs
même à R. Yohanan y ont trouvé accès. Cette singularité prouve, pour
M. R., que le texte actuel a reçu beaucoup d'interpolations; ainsi s'expliqueraient aussi les contradictions relevées plus haut. Et, en fait, certains
textes anciens sont encore indemnes de ces additions. Autre objection : parfois ce sont des Amoraïm qui disent comme de leur chef ce qui se lit dans
le Sèder Olam. La réponse est facile : rien de plus fréquent que ces

oublis. D'ailleurs, ajouterons-nous, dans le domaine de la *agada*, les rabbins se laissent facilement duper par leurs réminiscences ou même réinventent à leur insu ce qui a été déjà dit par leurs devanciers. — Donc l'assertion de R. Yohanan doit être ainsi interprétée : *en général*, c'est R. Yosé qui est l'auteur du S. O., sans que, pour cela, d'ailleurs, il ait lui-même mis par écrit le noyau de cette chronique. — Le Talmud de Babylone n'admet pas l'opinion de R. Yohanan, il ignore ou combat cette information historique, car tantôt il oppose le S. O. à Yosé, tantôt il attribue à celui-ci des assertions différentes de celles du S. O. Souvent même il cherche à découvrir quelle était l'opinion de Yosé. Or, s'il s'était rallié au principe formulé par R. Yohanan, l'hésitation n'eût pas été possible, puisque le S. O. aurait levé immédiatement tous les doutes. Au reste, R. Yosé, dans les passages consignés dans le Talmud, oublie lui-même de se référer à ses propres paroles, insérées dans le Sèder Olam. Et même, il rapporte dans le Talmud certains faits historiques qui ne figurent pas dans la chronique. Le Talmud de Jérusalem ne s'est pas plus enchainé que celui de Babylone à la règle de R. Yohanan. — Le S. O. n'est donc que *grosso modo* l'œuvre de R. Yosé. — A quelle époque a été écrite cette chronique ? Le *Munhig* et le *Schaaré Sion* semblent la considérer comme contemporaine des petits traités talmudiques, מסכתות קטנות, œuvres de la période des Gaonim (vers le VIII° siècle). Le *Schalschélet Hakkabbala* prétend que l'auteur s'est servi du Talmud et des Midraschim et a vécu trois générations après R. Juda le Saint (au IV° siècle). Le Rema affirme que Joseph Tob Elem (France, X° siècle) en est le rédacteur. Zunz, enfin, assigne à la composition dernière du S. O. la date précise de 806. M. R. soumet à une critique sévère ces diverses hypothèses et il a beau jeu a en montrer l'insuffisance. La sienne vaut-elle mieux ? Pour lui, toutes se heurtent à ce fait brutal que la Mischna déjà a mis à profit le S. O. Ici, croyons-nous, M. R. s est départi de la rigueur scientifique dont il avait fait preuve dans les pages précédentes. Evidemment, la Mischna se rencontre souvent avec le S. O, mais qu'est-ce que cela prouve ? Le S. O. est, en grande partie, un livre midraschique. Or, le Midrasch, de bonne heure, est tombé dans le domaine public ; il ne suffit pas qu'un midrasch se rencontre dans deux écrits pour qu'il y ait entre eux un lien de parenté. La *Sapience* est farcie d'agadot qui se retrouvent plusieurs siècles plus tard, sous le nom de certains docteurs, Tannaïm ou Amoraïm ; ces rabbins ont-ils, pour cela, lu cet apocryphe ? — En outre, quand Zunz, par exemple, voyait, dans notre chronique, une œuvre du IX° siècle, il savait tout aussi bien que M. R. que le rédacteur n'avait pas inventé de toutes pièces les différents paragraphes de cet opuscule: il savait aussi que le Talmud lui-même parle déjà du S. O. ; ce qu'il voulait dire, c'est que le S. O., sous sa forme actuelle, composé de morceaux de toute nature, ne représente pas fidèlement l'œuvre prétendue de R. Yosé et n'a reçu sa forme définitive que très tardivement. La conclusion, et c'est là ce qui importe surtout, c'est qu'on ne sait jamais si toutes les assertions du livre sont de R. Yosé et, par conséquent, remontent au II° siècle, comme on le croit d'ordinaire! Le *Tanna de Be Eliahou* est déjà mentionné dans le Talmud, il renferme certains passages qui, dans ce recueil, portent le titre de *Tanna de B. E.*, et cependant il n'est personne qui aujourd'hui se laisse tromper par cette supercherie ; l'auteur, qui a vécu plusieurs siècles après la clôture du Talmud, a eu grand soin, naturellement, d'arborer ces textes qui pouvaient faire croire a l'antiquité de sa production. Or, le problème se pose de la même façon pour le S. O., ces coïncidences qu'on remarque dans la Mischna provoquent la même question : est-ce la Mischna qui a copié le S. O., ou celui-ci la Mischna, ou ont-ils, l'un et l'autre, puisé dans le même fond ? Pour se décider, il faudrait trouver dans la manière, le style, l'esprit du S. O., des particularités caractéristiques, et c'est justement ce qui manque. Notez que l'idée de l'existence d'un S. O. avant la Mischna ne nous semble pas invraisemblable; mais dans l'état actuel du livre, nous ignorons si toutes les parties appartiennent à la couche primitive, et, par conséquent, aucune des assertions du livre ne représente avec certitude l'opinion d'un docteur des premiers siècles de l'ère chrétienne : on ne peut s'en servir, pour la chronologie des idees, qu'avec la plus grande circonspection. — M. R. fait valoir encore d'autres arguments : Rabba cite une fois une opinion qui se lit dans le S. O. comme étant une *baraïta* : preuve que le S. O. existait déjà. La preuve n'est pas plus concluante que celle que M. R. tire de la Mischna. Il ne faut pas s'imaginer que la Mischna ne renferme que des decisions juridiques : elle a donné accès à nombre d'interpretations exégétiques, à des recits, a des traditions historiques, bref à la agada. Et ce qui est vrai de la Mischna ne l'est pas moins des baraïtot. Par consequent, Rabba pouvait très bien citer une baraïta semblable pour le fond et la forme à un paragraphe du S. O., sans pour cela viser expressément cet ouvrage. — Mais, continue M. R., le Talmud de Babylone cite sous son nom le Sèder Olam. Sans doute, ce témoignage nous assure de l'existence du Sèder Olam, mais il ne donne pas la certitude de l'identité de cet ancien texte avec le nôtre, et encore une fois c'est là ce qui nous intéresse le plus. Il est vrai que le Talmud mentionne parfois le S. O. sous cette rubrique : « R. Yosé dit... » ou « Dans une baraïta, R. Yosé dit .. ». Le malheur est que souvent, malgre la même formule, le Sèder Olam ne concorde pas avec l'opinion de R. Yosé. Les autres formules comme : « C'est une tradition », se retourneraient plutôt contre l'attribution à R. Yosé de ces traditions. — Prendre le *Sifra de Adam ha-rischon*, dont il est parlé dans le Talmud, pour un des sous-titres du Sèder Olam, c'est se jouer un peu du public. Ce livre, pour les talmudistes eux-mêmes, n'a jamais existé; c'est la chronique que Dieu a révélée à Adam et qui contenait jusqu'aux noms des docteurs célèbres posterieurs à R. Yosé. — M. R. croit avoir découvert un texte qui établit victorieusement que le S. O. était écrit déjà au temps des Amoraïm. Il est ainsi conçu : « ... *Il fit des recherches et trouva* qu'il est dit dans une baraïta (suit un passage du S. O.) » Mais M. R. est assez versé dans la phraséologie talmudique pour savoir que l'expression : « Il fit des recherches et trouva » ne s'emploie pas nécessairement pour des recherches faites dans un *livre*, elle est usitée même dans le cas où il s'agit d'une simple baraïta qui ne figure dans aucun des recueils de baraïtot connus — Somme toute, M. R. veut trop prouver; il faut confesser notre perplexité, qui reste toujours la même devant cet opuscule dont la date de la dernière rédaction seule peut être fixée approximativement. — Dans un chapitre suivant, M. R. recherche dans quelle mesure les deux Talmuds et les Midraschim halachiques et agadiques ont utilisé le S. O. Cette étude, faite avec le plus grand soin, est très instructive. On y voit que c'est le Talmud de Babylone qui, seul, cite par son nom le S. O. ; il en mentionne plus de 150 passages. Le Talmud de Jérusalem en ignore le nom et ne se rencontre avec notre chronique que rarement. La *Mekhilta* en agit de même, elle ne rapporte pas à R. Yosé les passages qui se lisent dans le S. O.; d'autre part, elle contredit souvent, sans le dire, le S. O. Par contre, la *Tosefta* l'utilise nombre de fois et fréquemment met sous le nom de R. Yosé ses emprunts. Le *Sifra* et le *Sifré* s'en inspirent souvent également, mais jamais ne mentionnent à ce propos R. Yosé. Quant aux Midraschim agadiques, ils ne s'en servent que rarement et semblent ne l'avoir pas eu sous les yeux. Quelles conclusions tirer de ces observations ? C'est ce qu'on ne voit pas bien. — Quel est le redacteur du S. O. ? Cette question, M. R. croit pouvoir la résoudre : c'est R. Yohanan lui-même. Et cela pour diverses raisons : 1° beaucoup d'opinions du S. O sont attribuées par le Talmud à R. Yohanan ; 2° beaucoup d'opinions de ce docteur se rencontrent avec celles du S. O., donc la chronique lui était familière (l'argument est peu péremptoire); 3° une explication d'un passage se trouvant dans le S. O. est attribuée dans le Talmud de Babylone à R. Yohanan, et dans celui de Jérusalem elle est insérée dans la baraïta elle-même; 4° certains paragraphes sont dits avoir été rapportés par R. Yohanan au nom de R. Yosé ; 5° une fois le Talmud corrobore une baraïta (= S. O.) par une opinion de

R. Yohanan; ce serait un contre-sens historique si le Talmud n'admettait
pas que R. Yohanan est le rédacteur de la chronique; 6⁰ un docteur est dit
avoir enseigné devant R. Yohanan un passage du S. O. Ce serait un des
Amoraïm qui auraient rapporté la baraïta du S. O. devant R. Yohanan;
7⁰ un dire de ce docteur serait même entré dans la Mischna. — Malgré
son assurance, M. R. est pris d'un doute, car R. Yohanan, quelquefois dans
le Talmud, n'est pas d'accord avec le S. O. Qu'a cela ne tienne : c'est qu'il
conservait son indépendance. — Ne sont-ce pas là des toiles d'araignées ?
— Le chapitre suivant fait honneur a la bonne foi de l'auteur, c'est l'énumération de tous les passages du Talmud et des Midraschim qui montrent
que le S. Ó. leur était inconnu ou qu'ils ne l'avaient pas sous les yeux. Tel
docteur s'en inspire parfois, et d'autres fois paraît l'ignorer. Bien plus, notre
chronique n'était pas entre les mains de beaucoup de Gaonim. Cela rend
le problème plus obscur. D'autre part, les leçons du Talmud sont loin de
s'accorder toujours avec l'édition du S. O.; M. R. le montre avec une abondance remarquable. Qu'en conclure, sinon que le S O. actuel est l'œuvre
de plusieurs générations, qui ont ajouté successivement au fond primitif, que
la période de mue a duré pour lui très longtemps et que, jusqu'à plus
ample informé, il sera interdit de tabler sur le texte actuel du S Ó. comme
sur un document du IIᵉ siècle — Le chap. x est consacré aux sources
du S. O. — Ce n'est pas sérieusement que M. R. croit que l'auteur a
utilisé des ouvrages comme les « Guerres de l'Eternel » ou le « Sèfer
Hayyaschar » dont parle la Bible. Les rencontres curieuses qu'il signale
entre le S. C. et Josèphe, Philon, les Jubilés, prouvent seulement, ce que
nous savions déjà, que le Midrasch a commencé de bonne heure : il suffit
de lire les apocryphes pour s'en convaincre. — Nous n'analyserons pas les
derniers chapitres, qui traitent des lacunes et additions qui sont corrigées
par les manuscrits, de la valeur des mss dont se sont servis les anciens,
en particulier l'auteur du Yalkout Schimoni, des commentaires perdus ou
existants sur le S. O. — En resumé, ce travail, très complet, plein d'érudition, représente un effort considérable et un essai des plus heureux. Le
succès a-t-il répondu à un labeur si méritoire? Nous ne le croyons pas ; nous
avouons, pour nous, n'être pas encore convaincu, mais nous avouerons,
avec non moins de franchise, que les motifs de nos doutes nous ont été
fournis par la richesse des matériaux utiles rassemblés, avec une probité
scientifique digne d'éloges, par M. R. Aussi sommes-nous persuadé que
l'edition qui suivra cette introduction, et que nous attendons avec impa-
tience, sera à la hauteur des exigences de la science et sera faite avec
méthode et critique.

מגלת אסתר avec les commentaires de Raschi et d'Alscheikh, le Toldot
Ahron et un commentaire de Chaïm Knoller. Przemysl, imp. Zupnik,
Knoller et Hammerschmidt, 1894; in-8⁰ de 172 p.

מחברת מליצה ושיר « Mahberet Recueil de compositions hébraïques en
prose et en vers par J. Halévy ». Paris-Jerusalem [Paris, Leroux],
1894; in-8⁰ de 101 + 220 p.

מגנזי ישראל בפריס « Tresors d'Israël à Paris. Recueil comprenant une
série de textes et de memoires relatives (sic) à l'histoire des Israélites
émanant de rabbins et de savants d'autrefois, copiés... par Isidore Goldblum ». 1ʳᵉ partie. Vienne, impr. Knœpflmacher, 1894, in-8⁰ de 80 p.

מחזור ויטרי Machzor Vitry nach der Handschrift im British Museum (Cod.
add. n⁰ 27,200 u. 27,201), zum ersten Male hersgg. u. mit Anmerkungen
versehen von S. Hurwitz. V. Lieferung (Schluss). Berlin, impr. Itzkowski,
1893; in-8⁰ de p. 647-801 (Publication de la Société M'kize Nirdamim).

L'éditeur annonce que l'an prochain il publiera une introduction à cet
ouvrage.

ס' מנחת זכרון Novelles talmudiques sur le traité Kroubin par Wolf Bäer Schif, publiées par Mardochée Rubinstein. Cracovie, impr. Fischer, 1894; in-r° de 182 p.

ס' המעלות Das Buch der Grade von Schemtob b. Joseph Ibn Falaquera, nach Handschriften hrsgg. u mit einer Einleitung versehen von Dr Ludwig Venetianer. Berlin, S. Calvary, 1894; in-8° de XVII + 84 p.

> C'est se rendre la tâche trop facile que d'éditer un texte de cette nature, où, à chaque page, l'auteur cite « les philosophes » ou « un philosophe », sans s'inquiéter de déterminer l'identité de l'auteur visé par ces termes vagues. Cette lacune est d'autant plus regrettable que la morale de Schemtob ibn Falaquera n'est intéressante que par son impersonnalité ; comme on le devine, c'est l'enseignement d'Aristote appuyé sur la Bible.

מעשה שושן Commentaire sur la Bible par Ascher Schoschan. Varsovie, impr. Schuldberg, 1893; in-4° de 140 p.

ס' מתת-יה Notes diverses sur le Midrasch Rabba par Mattatias Straschoun, avec la biographie de l'auteur et le recueil de ses articles, par Schalom Fladirmacher Vilna, impr. Romm, 1893; in-8° de 82 + 156 p.

נוה שלום Neve Scialom. Consuetudini e costumi rituali, deliberazioni e statuti di successione in uso nella communita israelitica di Alessandria e nelle altre universita dell' Egitto, raccolti e commentati da E. B. Hazan. Alexandrie, impr. Farah Haim Mizrahi, 1893; in-80 de 59 ff.

ס' ניב שפתים Rhétorique et poétique hébraïques par Juda Steinberg. Berditscheff, impr. Scheftel, 1893; in-8° de 127 p.

ס' כדר הלמוד Manuel de lecture, d'écriture et de grammaire hébraïques à l'usage des Israélites russes et allemands, par Mardochée Jacob Haber. Vilna, impr. Romm, 1894; in-8° de 144 p.

פנינת אברהם Pninas Abraham « La perla di Abramo ». Carme secondo la leggenda di un celebre Tanaita del Talmud di M. I. Brettholz. Drohobycz, impr. Zupnik, 1893 ; in-8° de XII + 18 + 12 p.

קבץ על יד Sammelband kleiner Beiträge aus Handschriften mitgetheilt von D. Kaufmann, S. Sachs u. Halberstam, H. Brody, A. Berliner, M. Steinschneider. Jahrgang, 1893. Berlin [Kauffmann, à Francfort], 1893 ; in-8° de 24 + IV + 44 + 32 + 23 p. (Publication de la Société M'kize Nirdamim).

> Renferme : 1° Extraits du Mémorial de la communauté de Worms (registre des décès), par D. Kaufmann; 2° Corrections et commentaire au « Oheb Naschim » de Yedaya Penini de Béziers; Azharot de Salomon b. Gabirol ; Notes sur les Consultations de Raschi et de ses maîtres insérées en tête du Hofes Matmonim, par feu Senior Sachs; 3° Lettre de R. Joseph b. Tanhum Yerusalmi à David b. Abraham, fils de Maïmonide; Extrait du « Sefer Hamousar » de Zacharia b. Saadia b. Jacob Aldahri, du Yémen ; deux pièces poétiques d'un R. Saadia b. Joseph; introduction de R. Isaac b. Salomon b. Abi Saboula à son commentaire sur le Cantique des Cantiques, publiés par H. Brody ; 4° Divers sur les Juifs de Rome, par A. Berliner; 5° Introduction de R. Salomon ibn Ayoub à sa traduction du Livre des préceptes de Maïmonide, par M. Steinschneider.

קרות היהודים בספרד Histoire des Juifs d'Espagne par Friedberg, d'après Graetz, Kayserling, etc. Varsovie, impr. Schuldberg, 1893; in-8° de 316 p. (Publication de la Société Ahiasaf).

ס' שו"ת באר יצחק Consultations d'Isaac, rabbin de Posen, éd. par Lazar Pollak Vienne, impr. A. Fanto, 1894 ; in-8° de 15 + 40 p.

שער שמעון Hebräische Dichtungen von Simon Bacher aus den gedruckten Schriften u. dem handschriftlichen Nachlasse des verewigten Verfassers ausgewählt u. herausgg. von seinem Sohne Wilhelm Bacher. I. Theil. Original Dichtungen, voran geht : Eine Biographie des Verfassers u. ein chronologisches Verzeichniss seiner Gedichte. II. Theil. Uebersetzungen aus dem Deutschen u. Ungarischen. III Th. Lessing's Nathan der Weise, hebr. Vienne, Ch. D. Lippe, 1894 ; in-8° de xxxvi + 256 + 230 + 266 p.

ס' שיעורי תורת התקנות Die Institutionen des Judenthums nach der in den talmudischen Quellen... von Rabb. Moses Bloch. II. Band, I. Theil. Budapest, J. Sternberg, 1894 ; in-8° de 327 p.

ס' השרשים Sepher Haschoraschim. Wurzelwörterbuch der hebräischen Sprache von Abulwalïd Merwân Ibn Ganâh (R. Jona), aus dem Arabischen ın's Hebräische übersetzt von Jchuda Ibn Tibbon, zum ersten Male hersgg. von Dr Wilhelm Bacher. I. Heft. Berlin, impr. Itzkowsky, 1893; in-8° de 144 p· (Publication de la Société M'kize Nirdamim).

2 *Ouvrages en langues modernes.*

Annuaire des Archives israélites pour l'an du monde 5655, par H. Prague. Paris, au bureau des Archives israélites, [1894] ; in-12 de 116 p.

> Contient, outre une Revue de l'année par H. Prague, Nos Petits-Maîtres, par Léon Kahn ; Un mariage après Austerlitz, par J. Lehmann.

BACHMANN (Johannes). Alttestamentliche Untersuchungen. Berlin, S. Calvary, 1894 ; in-8° de 112 + xxxviii p.

> Renferme les chapitres suivants: 1° Zur Textkritik des Propheten Hosea (i-vii); 2° Was heisst Sélâh ? 3° Zur Textkritik des Propheten Jesaia (i + xv); 4° Zu Luther's hebräischer Handbibel; 5° Kaleb oder Maleachi ? L'auteur de ce volume, qui avait déjà publié nombre d'études d'exégèse biblique, vient de mourir dans sa 33e année.

BASSET (René). Les Apocryphes éthiopiens traduits en français. III. L'Ascension d'Isaïe. Paris, libr. de l'Art indépendant, 1894 ; in-8° de 59 p.

BEER (G.). Individual- und Gemeindepsalmen. Ein Beitrag zur Erklärung des Psalters. Marbourg, Elwert, 1894 ; in-8° de ci + 92 p.

BENZINGER (J). Hebräische Archäologie. Fribourg en Brisgau, Mohr, 1894; in-8° de xx + 515 p. + une carte de la Palestine (6e partie du Grundriss der theolog. Wissenschaften).

BICKELL (Gustav). Beiträge zur semitischen Metrik I. Das alphabetische Lied in Nahum I 2 — II 3. Vienne, Tempsky, 1894; in-8° de 12 p. (Extrait des Sitzungsberichte der kais. Akademie der Wissensch. in Wien, philos.-histor. Classe, Bd. cxxxi)

BICKELL (Gustav). Das Buch Job nach Anleitung der Strophik u. der Septuaginta auf seine ursprungliche Form zurückgeführt u. im Versmasse des Urtextes übersetzt. Vienne, Carl Gerold fils, 1894 ; in-8° de 68 p.

BILLERBECK (A.). Susa. Eine Studie zur alten Geschichte Westasiens. Leipzig, Hinrichs, 1893, in-8o de 184 p.

Études (Les' bibliques. L'Encyclique et les catholiques anglais et americains. Paris, Grasilier, 1894 ; in-8o de 71 p.

> Traduction d'un article de la Contemporary Review signé « L'auteur de la Politique du Pape », et précédée d'une Lettre a un vicaire général, par un catholique français. L'auteur ne se déclare pas satisfait de l'Encyclique *Providentissimus* et raille les enseignements du Souverain Pontife.

FLUEGEL (Maurice). Spirit of the biblical legislation in parallel with Talmud, moralists, casuists, New Testament, ancien and modern law, especially the social and political institutions. Baltimore, press of the Sun Book and Job printing office, 1893 ; in-8o de VI + 248p.

FRIEDLANDER (M.). Zur Entstehungsgeschichte des Christenthums. Ein Excurs von der Septuaginta zum Evangelium. Vienne, Holder, 1894 ; in-8° de 172 p.

GELBHAUS (S.). Die Targumliteratur, vergleichend agadisch u. kritisch philologisch beleuchtet. I. Heft. Francfort, Kauffmann, 1893 ; in-8o de IV + 90 p.

GRAETZ (H.). History of the Jews. Vol. III. From the revolt against the Zendik to the capture of St Jean d'Acre by the Mahometans. Philadelphie, Jewish Publication Society of America, 1894 ; in-8° de VIII + 675 p.

GREEN (William-Henry). Die Feste der Hebräer in ihrer Beziehung auf die modernen kritischen Hypothesen über den Pentateuch. Aus dem Englischen übers. von Otto Becher. Gütersloh, Bertelsmann, 1894 ; in-8° de VII + 304 p.

GRÜNWALD (M.). Spinoza- Jude? Francfort, impr. Brönner, 1894 ; in-8° de 16 p. (Sonderabdruck aus Rabbiner Dr A. Brüll's popularwissenschaftliche Monatsblätter, 14. Jahrgg.).

GUTSCHMID (A. von). Kleine Schriften hrsgg. von F. Rühl. 4. Band . Schriften zur griechischen Geschichte u. Literatur. Leipzig, Teubner, 1893 ; in-8° de 631 p.

> Contient les articles suivants qui intéressent nos études : Sur les titres des rois hellénistes (p. 107-122); Index fontium Herodoti (p. 145-187); Coup d'œil sur le contenu des Oracles sibyllins (p. 222-278) ; Le *Contre Apion* de Josèphe (p. 336-589).

HOFFMANN (D.). Der Schulchan-Aruch u. die Rabbinen über das Verhältniss der Juden zu Andersgläubigen. Zweite vermehrte u. verbesserte Auflage. Berlin, Jüdische Presse, 1894 ; in-8° de XII + 234 p.

Jahresbericht des jüdisch- theologischen Seminars Fraenckel'scher Stiftung. Voran geht : Reime u. Gedichte des Abraham Ibn Esra Bd. II : Gottesdienstliche Poesie, von David Rosin. Breslau, Schlesische Buchdruckerei, 1894; in-8° de IV + 48 + xv p.

Jüdische Litteratur (Die) seit Abschluss des Kanons. Eine prosaische u. poetische Anthologie, hrsgg. von J. Winter u. Aug. Wünsche. 7e Livraison, t. II : Die Sprachwissenschaft. Die Bibelexegese (W. Bacher), p. 177-272. — 8e Livraison : Die Bibelexegese (fin); Die rabbinische

Litteratur (A. Kaminka), p. 273-368 — 9e Livraison : Die rabbin. Litte-
ratur (fin), p. 369 464. — 10e Livraison, t. III : Die poetische Litteratur
(A. Sulzbach), P. 1-96 — 11e Livraison, t I : Die Midraschim (les édi-
teurs et T. Fürst), p 369-448. — 12e Livraison, t. III : Die poetische
Litteratur (fin), p 97-192 — 13e Livraison, t. I : Die Midraschim (les
éditeurs), p. 449-544. — 14e Livraison, t. II : Die halachistiche Litteratur
(S. Back), p. 465-560. — 15e Livraison, t. III : Die jüdische Mystik u.
Kabbala (Philipp Bloch), p. 193-288 — 16e Livraison, t. III : Geschichte,
Geographie u. Reiselitteratur (A. Lewin), p. 289-384. — 17e Livraison,
t. I : Die Midraschim. Die kleinen Tractate (les éditeurs), p. 545-640. —
18e Livraison, t. I : Die kleinen Midraschim, Nachträge, Titel, Inhalts-
verzeichniss (les éditeurs), p. 641-696 + i-xvi; t. II : Die halachistische
Litteratur (suite), p. 561-592. — 19e Livraison, t. III : Geschichte, etc.,
p. 385-380. Treves, Sigmund Mayer, 1892-1894; in-8°.

KAUFMANN (David). R. Jaïr Chajjim Bacharach (1638-1702) u. seine Ahnen.
Trèves, Sigmund Mayer, 1894; in-8° de viii + 139 p.

KAUFMANN (H. E.). Die Anwendung des Buches Hiob in der rabbinischen
Agadah. I Th. Die tannait. Inspiration von Hillel bis Chija nach Schuleu
geordnet. Francfort, Kauffmann, 1893 ; in-8° de 43 p.

KOHN (S.). Die Sabbatharier in Siebenbürgen, ihre Geschichte, Literatur
u. Dogmatik, mit besondere Berücksicht. .des Lebens u. der Schriften
des Reichskanzlers Sim Pechi. Budapest, Singer et Wolfner, 1894;
in-8° de 296 p.

KOHUT (Rev. Alexander). The hebrew Scriptures : what they have wrought
for mankind (A lecture delivered before the World's Parliament of Religions at Chicago, Sept. 16. 1893). S. l. n. d., 18 p. (Tirage à part de la
Menorah).

LEDERER (P.). Hebräische u. chaldäische Abbreviaturen, welche in dem
talmudischen Schriftthume u. in den Werken der hebr. Litteratur vor-
kommen. Gesammelt, alphabetisch geordnet, ins Deutsche übersetzt u.
erläutert. Francfort, Kauffmann, 1893 ; in-8° de 48 p.

LÉMANN (l'abbé Joseph). Napoléon Ier et les Israélites. La prépondérance
juive. Paris, Lecoffre, 1894; in-8° de 362 p.

> Un de ces livres qu'on n'analyse pas. Comment analyser des prosopopées
> et toutes les figures démodées de la vieille rhétorique ? Avertissons charita-
> blement nos lecteurs qu'ils chercheraient en vain dans ce gros volume le
> moindre document qui ne courre déjà les rues. M. l'abbé L. s'est borné à
> lire l'ouvrage de Fauchille, les pièces de Baude, l'extrait de Barante donné
> par Guizot, les *Opinions de Napoléon* de Pelet de la Lozère. Il a pris con-
> naissance, à la fin, des Mémoires de Pasquier, mais, ce document le gênant
> beaucoup, parce qu'il détruisait sa construction, M. l'abbé L. s'est bien
> gardé de l'utiliser.

LEVIN (S.). Versuch einer hebräischen Synonymik. I. Die intransitiven
Verba der Bewegung. I. Hälfte. Berlin, Calvary, 1894; in-8° de 49 p.

LIDZBARSKI (M.). De propheticis quæ dicuntur legendis arabicis. Prolegomena. Leipzig, 1893; in-8° de 64 p. [Berlin, Mayer et Muller].

> Enfin, voici un savant qui, prenant en pitié notre ignorance en matière
> d'histoire littéraire, nous éclaire sur l'âge et la succession des écrivains

musulmans qui ont traité des légendes bibliques empruntées aux Juifs. M. L. s'occupe, en outre, de la manière dont ces fictions sont passées des Juifs aux Musulmans. C'est un excellent travail indispensable à ceux qui étudient ce sujet.

[NATHANEL IBN YESHAYA.] Light of Shade and Lamp of Wisdom, being hebrew-arabic homilies, described, annotated and abstracted by Rev. Alexander Kohut. New-York, impr. A Ginsberg. 1894 ; in-8° de 137 p.

NETELER (B.). Stellung der alttestamentlichen Zeitrechnung in der altorientalischen Geschichte. 5. Untersuchung der Zeitverhältnisse des babylon. Exils. Munster, Theissing, 1893; in-8° de 19 p.

NOSSIG (Alfred). Die Sozialhygiene der Juden u des altorientalischen Völkerkreises. Stuttgart, Leipzig, Berlin, Vienne, Deutsche Verlags-Anstalt, 1894; in-8o de XII + 152 p. (Separat-Abdruck aus « Einfuhrung in das Studium der sozialen Hygiene »).

NOWACK (W.). Lehrbuch der hebräischen Archäologie. 2 vol. Fribourg en Brisgau, Mohr; in-8° de XV + 396 + VIII + 323 p.

PENEL-BEAUFIN. Législation generale du culte israélite en France, en Algerie et dans les colonies. Paris, Giard et Briere, 1894, in-18 de 280 p.

RENAN (Ernest). Histoire du peuple d'Israël. Tome V et dernier. Paris, Calmann-Lévy, 1893; in-8° de 431 p

RENAN (Ernest). Les écrivains juifs français du XIVᵉ siècle. Paris, impr. nationale, 1893 ; in-4° de XVIII + 469 p. (Extrait de l'histoire littéraire de la France, t. XXXI).

> Nous n'avons pas le temps d apprécier comme nous le voudrions cet important ouvrage qui clôt si dignement l'H stoire littéraire des Juifs français et qui est dû, comme on sait, a l'activité infatigable de M. Neubauer ; nous le ferons dans le prochain numéro.

RODKINSON (M.-L.). The Pentateuch. its languages and its characters. Chicago, Bloch, 1894; in-8° de 38 p

SCHMIDT (W.). De Flavii Iosephi elocutione observationes criticæ. Leipzig, Teubner, 1894; in-8° de 110 p

SCHWABE. Die Genussbestimmung des Nomens im bibl. Hebräisch Iéna, Pohle, 1894 ; in-8° de 82 p.

SMITH (G.-A.). The historical geography of the Holy Land, especially in relation to the history of Israel and of the early Church. Londres, Hodder, 1894 ; in 8° de 710 p. + 6 cartes.

STEINSCHNEIDER (Moritz). Die hebræischen Uebersetzungen des Mittelalters u. die Juden als Dolmetscher Ein Boitrag zur Literaturgeschichte des Mittelalters, meist nach handschriftlichen Quellen. Berlin, Bibliogr. Bureau, 1893; in-8° de XXXIV + 1,077 p.

> « Voilà le fruit d'un demi-siècle de labeur », dit l'auteur dans la courte introduction de cet ouvrage colossal. Une chose étonne, c'est qu'un demi-siècle ait suffi à un seul homme pour venir à bout d'une entreprise si gigantesque, et quand on se rappelle les innombrables et magistrales études publiées sans relâche par M. S. pendant ce laps de temps et qui auraient pu épuiser l'activité d'une légion de savants, quand on songe aussi aux misères de tout ordre qu'a dû traverser le prince de la bibliographie hébraïque,

on reste confondu devant une telle puissance de travail, qu'expliquent seuls
l'ardente passion de la science et l'amour désintéressé du Judaïsme. —
On sait, depuis Jourdain et Munk, le rôle joue au moyen âge par les Juifs
dans la propagation de la science grecque, qu'ils avaient reçue des Arabes.
Ils ont été, comme on l'a dit, les rouliers littéraires de l'Occident. Ce sont
ces services rendus à la civilisation par leurs traductions que M. S. s'est
proposé de montrer dans une étude d'ensemble ; mais comme les considérations générales et les conclusions hâtives n'ont jamais été de son goût, au
lieu de se contenter des travaux de ses devanciers ou de jugements super-
ficiels, il a voulu reprendre un à un tous les matériaux devant servir à
cette construction et les soumettre a une critique patiente et sévère. Et, en
même temps qu'il mettait ainsi en relief ou restreignait le rôle des Juifs, il
traçait un des plus beaux chapitres de leur histoire littéraire. Après ce
tableau, il ne sera plus permis qu'aux ignorants de s'imaginer les Juifs au
moyen âge comme enfermés dans une muraille de Chine, isolés du mouvement intellectuel et scientifique. Dans les jours de prospérité et même
d'épreuve, quand ils croyaient à la durée de leur situation pénible, comme
lorsqu'il leur fallait quitter une terre inhospitalière, les Juifs n'ont jamais
cessé de penser et d'écrire et même de s'intéresser à tout ce qui intéressait
leurs contemporains ; les malheurs et les persécutions, qu'exploitaient l'ignorance et le fanatisme des âmes croyantes, ne les ont pas détournés du culte
de la science. Les humanistes de la Renaissance, qui vivaient fraternelle-
ment avec eux, ont reconnu en eux, ce qu'ils étaient depuis cinq siècles au
moins, des concitoyens dans la Republique universelle des lettres et des
sciences. — Voici le plan suivi par M. S. dans l'étude de ces traductions.
D'abord, rangés par ordre alphabétique, les auteurs dont les écrits ont été
traduits en hebreu, notice substantielle sur eux et leurs ouvrages, indication, quand il y a lieu, des traductions non-hébraïques, puis traductions
juives, étude complète et détaillée de ces versions, répercussion de ces traductions sur la littérature, ouvrages qui s'en inspirent ou les mentionnent ;
commentaires sur ces traductions dus à des Juifs, enfin liste de *tous* les mss.
et éditions de ces traductions, avec tous les renseignements bibliographiques désirables. Pareille description pour les commentaires de ces ouvrages quand ils ont été l'objet d'une traduction hebraïque. Un tel programme, admirablement rempli, aurait suffi à plus d'un. Plus ambitieux,
M. S. a appliqué le même système, non seulement aux traductions hébraïques des ouvrages arabes, mais encore à toutes celles qui nous sont restées,
en quelque langue qu'ait été l'original, et même à celles des ouvrages *juifs*.
— Les matières sont distribuées dans l'ordre suivant : 1° Encyclopédies ;
2° Introductions aux sciences ; 3° Philosophie, physique, métaphysique,
morale, logique, théologie ; 4° Mathématiques, astronomie ; 5° Médecine ;
6° Divers, œuvres d'imagination, littérature caraïte. Un dernier chapitre
est consacré aux Juifs traducteurs (non en hébreu) et interprètes. Enfin,
pour s'orienter dans cette forêt, plusieurs *index*, à l'aspect rébarbatif, mais
d'un prix inestimable : 1° Titres hébreux ; 2° Titres arabes ; 3° Mots
hébreux ; 4° Mots arabes ; 5° Noms propres et matières ; 6° Liste des traducteurs par ordre chronologique ; 7° Traductions anonymes ; 8° Nomenclature des mss. utilisés. — Il faut avoir soi-même peiné quelques années
au défrichement d'un coin du vaste domaine exploré par M. S. pour
apprécier l'immensité des recherches qui sont résumées dans chacun des
chapitres de ce gros volume, le soin minutieux qui a présidé à ces investigations et la richesse merveilleuse des connaissances qui s'y déploie. Aucun des travaux qui depuis cinquante ans ont été consacrés ou qui ont
touché incidemment aux matières de son programme n'a échappé à l'attention de M. S. ni n'a été négligé par lui. Aussi sera-t-il impossible de reprendre l'étude d'un des nombreux problèmes soulevés ou résolus dans ce
volume sans tenir grand compte de l'opinion — toujours documentée — de
ce pionnier infatigable. On ne sera pas toujours d'accord avec lui ; mais à
ses contradicteurs M. S. pourra répondre, avec Samson : « Si vous n'aviez

pas labouré avec ma genisse. . » Mais quel trésor pour les savants futurs
et comme il sera désormais facile, en toutes les matières traitées dans ce
manuel, d'être érudit... *cum libro!* Assurément, quelques réserves s'im-
posent devant cette œuvre, comme devant toute œuvre humaine ; il serait
loisible de critiquer l'abus des points d'exclamation ironiques motivés par
des vétilles, l'âpreté de la censure et le manque de légèreté dans la distribution des reproches, l'excès des références oiseuses, qui revelent le travers du bibliographe vidant ses cartons de fiches. Nous pourrions, ne serait-
ce que dans le long chapitre que M. S. a bien voulu dédier à nos travaux, redresser certaines assertions, compléter ses renseignements. Mais
nous craindrions d'atténuer l'expression de notre reconnaissance et de notre
admiration devant ce monument de science. Par ce beau travail, M. S. a
mérité le prix de l'Académie des Inscriptions et Belles-lettres ; il a bien
mérité aussi du Judaïsme et de la science juive, dont il est et restera l'honneur. Ce n'est pas, nous l'espérons bien, la fin, mais le couronnement
d'une noble carrière ; c'est comme le testament d'une époque héroïque.

Stentzel (Arthur). Weltschöpfung, Sintfluth u. Gott. Die Urüberlieferun-
   gen auf Grund der Naturwissenschaft. Brunswick, Rauert et Rocco,
   1894 ; in-8° de 183 p.

Wahl (Maurice). De regina Berenice. Thèse. Paris, Paul Dupont, 1893,
   in-8o de vi + 80 p.

Winckler (H.) Altorientalische Forschungen. I. Das syrische Land Jaudi
   u. der angebliche Azarja von Juda ; ...die Gideonerzählungen ; ...Ein-
   zelnes (choses bibliques). Leipzig, Pfeiffer, 1893; in-8° de 107 p.

3. *Publications pouvant servir à l'histoire du Judaïsme moderne.*

Antisemiten-Hammer. Eine Anthologie aus der Weltlitteratur. Mit einem
   Vorwort von Prof. Dr Jacob Moleschott u. einer Einleitung von Joseph
   Schrattenholz. Düsseldorf, Lintz, 1894 ; in-8° de 648 + xviii p.

Chmerkin (Xavier). Les Juifs et les Allemands en Russie. Paris, impr.
   Alcan-Lévy, 1893 ; in-8° de 38 p.

Dembo (D^r méd. J.-A.). Das Schächten im Vergleich mit anderen Schlacht-
   methoden, vom Standpunkte der Humanität u. Hygiene. Leipzig, H. Ros-
   koschny, 1894 ; in-8° de 116 p.

Eusebio Gonzalez y Mendoza (Don). Voyages en Orient. Les Juifs et les
   etrangers en Roumanie. Traduit de l'espagnol par Jules Flamerie. Nancy,
   Sidot, 1894; in-18 de 98 p.

Frank (Dr Friedr.). Die Schächtfrage vor der bayerischen Volksvertre-
   tung. 2e édit. Würzbourg, impr. Leo Woerl, 1894 ; in-8o de 46 p.

Goitein (H.). Die Bibel über den Wert des Lebens. Ein Vortrag. Francfort, J. Kauffmann, 1894 ; in-8° de 30 p.

Judaism at the World's Parliament of religions, comprising the papers on
   Judaism read at the Parliament, at the Jewish denominational Congress
   and at the Jewish Presentation. Cincinnati, Robert Clarke, 1894 , in-8°
   de xi + 418 p. (Publication de l' « Union of American Hebrew Congre-
   gations »).

LAZARE (Bernard). L'antisémitisme, son histoire et ses causes. Paris, Léon
Chailley, 1894 ; in-8° de VII-420 p.

> Nous donnerons, dans le prochain fascicule, un compte rendu détaillé de
> cet ouvrage.

LIMOUSIN (Charles-M.). La Judée en Europe, étude biblique, linguistique
et « antisémitique ». Paris, Chamuel, 1894 ; in-8° de XXXVI p.

PORGES (N.). Gedächtnissrede auf den verewigten D' Adolf Jellinek ges-.
torben am 28. December 1893. Leipzig, impr. Liebes et Teichtner, 1894 ;
in-8° de 15 p.

ZÖLLNER (F.). Beiträge zur deutschen Judenfrage mit akademischen Ara-
besken als Unterlagen zu einer Reform der deutschen Universitäten,
hrsgg. von Moritz Wirth. Leipzig, Mutze, 1894 ; in-8° de XXXIII + 755 p.

4. Périodiques.

Archives israélites (Paris, hebdomadaire). 55° année, 1894. = = N° 1.
Kimosch : La nationalité française et les Juifs (fin, n° 2). = = N° 2. Jel-
linek (voir encore n° 3). — Le judaïsme irlandais. = = N° 3. Daniel
Lévy : Les Israélites aux Etats-Unis (suite, n°s 5, 7, 10, 14). = = N° 4.
I. Goldblum : Les Israelites de Neustadt et Elia Bachour (suite, n° 11).
= = N° 8. Jacques Schaky : Quelques notes sur les us et coutumes des
Israelites de Constantinople. = = N° 10. Ginsbourger : Une mystifica-
tion litteraire (La baraïta de Maassé Bereschit). = = N° 24. Léon Kahn :
Etudes historiques : Les Juifs de Paris au XVIII° siècle, d'après les
archives de la lieutenance de police (suite, n°s 25, 26).

Jüdisches Litteratur-Blatt (Magdebourg, hebdomadaire). 23° année,
1894. = = N° 1. B. K. : Ein Rundschreiben über Antisemiten u. Philo-
semiten. — James Mew . Die Hölle in der hebr. Literatur (suite, n°s 2, 3,
4, 5). = = N° 3. R : Erklärung der schwierigen Stolle Deuteron., XXXIII,
21. = = N° 5. B. Königsberger : Zur modernen Pentateuchkritik (suite,
n°s 6, 7). — J. Hamburger : Der Anarchismus u. das Judenthum (fin,
n° 6). = = N° 7. M. Grünewald : Spanisch-jüdische Familiennamen
(suite, n° 8). = = N° 9. Krakauer : Eine alte literarische Mystification
(Baraïta de Maase Bereschit, voir notre compte-rendu). = = N° 11.
S. Mandl : Das Anathema im alttestamentlichen Schrifttum (suite, n°s 12,
13, 14). = = N° 13. Adolf Kohut : Errinnerungen an Ludwig August
Frankl (suite, n° 14). = = N° 16.17. Ludwig Pick : Die Bibelkritik u. die
Halakha. — Singer : Rösel'-s Juden-u. Christenverfolgung bis in' die
ersten Jahrhunderte des Mittelalters. = = N° 18. David Kaufmann :
D' Joseph Perles' wissenschaftliche Leistungen. — Goldfahn : Buber's
neueste Midrasch-Edition u. der Lekab Tob des R. Tobia (suite, n°s 19, 20,
21, 22, 23, 24, 25). = = N° 19. S. Kohn : Bibel, hebr. Sprache u. Judenthum im Zeitalter der Reformation (suite, n°s 20, 21, 22).

The Menorah (New-York, mensuel). T. XXVI, 1894. = = N° 1. A letter
of the sailors of the caravel « Pinta ». — A. Blum : Prejudices of the Ro-
mans against the jewish religion (suite, n°s 2, 3, 4, 6). = = N° 2 Rudolph
Grossmann : Juda Ha-Levi. — Stephen S. Wise et Kayserling : Adolf Jellinek. = = N° 3. R. Grossman : Shylock and Nathan the Wise. = =

Nº 4 Maurice H. Harris : Is proselytism a duty of Judaism ? — Silverman : The origin and significance of Easter. — George A. Kohut : Ludwig August Frankl. = = Nº 6. Rev. Dʳ Alexander Kohut.

Monatsschrift für Geschichte und Wissenschaft des Judenthums (Breslau), 38ᵉ année, 1894. = = Janvier. Ad. Büchler : Die Bedeutung von *Arayot* in Chagiga III u. Megilla IV, 10 (*fin*). — S Krauss : R. Eleasar ben R. Simeon als römischer Befehlshaber. — Leo Bardowicz : Das allmähliche Ueberhandnehmen der matres lectionis im Bibeltexte u. das rabbin. Verbot die Defectiva plene zu schreiben (*fin*). — J. Bassfreund : Ueber ein Midrasch-Fragment in der Stadt-Bibliothek zu Trier (*fin*, nº de février, analogue au Tanhouma). — M. Steinschneider : Miscellen (*suite*, nº de mai). — D. Kaufmann : Der Sturm der Tarnogroder Conföderirten auf Posen am 25. Juli 1716. = = Février. S. Horwitz : Beiträge zur Erklärung schwieriger Talmud-Stellen. — Louis Hausdorff : Zur Geschichte der Targumim nach talmud. Quellen (*suite*, nᵒˢ de mars et avril). — Moriz Popper : Zur Geschichte der Juden in Kolin (Böhmen) im 14. Jahrhundert. — D. Kaufmann : Zu Abraham Abigdors *Segoulat Melachim*. — Albert Wolf : Eine unbekannte jüd. Medaille (portrait d'Elias Delatas et de sa mère Rica, 1552). = = Mars. Moritz Perlitz : Ein Brief Elijah Levita's an Sebastian Münster. — H. Redisch : Einiges zur Kalenderkunde. — A. Frankl : Die Folgen des österreichischen Erbfolgekrieges für die Juden Kremsiers (*fin*, nº d'avril). = = Avril. J. Fürst : Zur Erklärung griechischer Lehnwörter in Talmud u. Midrasch (*suite*, nº de mai). — M. Friedlænder : Die beiden Systeme der hebr. Vocal-u. Accentzeichen. — M. Brann : Das zweite Martyrium von Neuss. — D. Kaufmann : Der Grabstein von Heinrich Heine's Grossmutter Sarla von Goldern. = = Mai. Buchholz : Die Tossafisten als Methodologen (*suite*, nº de juin). — H. Hirschfeld : Die Handschriften Dʳ L. Lœwe's (*fin*, nº de juin). — M. Popper : Beiträge zur Geschichte der Juden in Prag (*suite*, nº de juin). = = Juin. D. Feuchtwang : Noch einmal die erste halachische Controverse. — Alexander Kohut : Die im Midrasch hagadol enthaltenen Perikopen-Gedichte. Ein Beitrage zur Poesie der Juden in Yemen. — D. Rosin : Berichtigungen u. Zusätze zu meiner Schrift : Reime u. Gedichte des Abraham ibn Esra. — D. Kaufmann : Die Märtyrer des Pösinger Autodafés von 1529.

Israelitische Monatsschrift (supplément de la Jüdische Presse, Berlin). 1894. = = Nº 1. L. Cohen : Zur Chronologie. — Grünwald : Jüdische Familiennamen. = = Nº 2. J. Dembo : Die Schechita-Vorschriften im Lichte der modernen Medizin (*suite*, nº 3). = = Nº 3. Heinrich Brody : Offener Brief an Herrn Prof. M. Hartmann. Zugleich eine Besprechung seines Buches « Die hebräische Verskunst » (*suite*, nᵒˢ 4, 5). = = Nº 4. D. Hoffmann : Die « Söhne » in der Pessach-Haggada. = = Nº 5. Isidor M. Schwab : Schechita u. Speisegesetze.

Die Neuzeit (Vienne, hebdomad.) 34ᵉ année, 1894. = = Nº 1. Die Leichenfeier für Dʳ Jellinek. — Aus der Geschichte der Gemeinde Kremsier (*fin*, nº 2). = = Nº 2. Dʳ Adolf Jellinek (voir encore nᵒˢ 3, 7). = = Nº 10. Dʳ Josef Perles. = = Nº 11. Ludwig August Frankl. = — Nº 14 Emanuel Baumgarten : Aus dem Leben von Leopold Zunz. = = Nº 17. Albert Löw : Zur Geschichte des mährisch-schlesischen Landes-Rabbinates in Nikolsburg. = = Nº 18. M. H. Friedländer : Moses Mendelssohn, der hervorragendste Apologet des 18. Jahrhunderts (*suite*, n°s 19, 20, 21, 23, 24, 25). = = N° 25. Dr Alexander Kohut.

The Jewish quarterly Review (Londres) Tome VI, 1894. = = N° 22, janvier. S. Krauss : The Jews in the works of the church Fathers. — Oswald John Simon : Reformed Judaism. — G. H. Skipwith : The second Jeremiah. — David Fay : Miss Smith, a protest. — J Abrahams et C. G. Montefiore : Miss Smith, notes in reply. — A. P. Bender : Beliefs, rites and customs of the Jews, connected with death, burial and mourning. — Neubauer : The Ἐç Hayyim. — Critical notices. — Neubauer : Joseph Al-Ashkar; The mss. of the late Mose Lattes. = = N° 23, avril. S. Schechter : Some aspects of rabbinic theology. — C. G. Montefiore : First impressions of Paul. — David Rosin : The meaning of the mnemonic formular for the radical and servile letters in hebrew. — J Abrahams : Joseph Zabara and his « Book of delight ». — Miss Löwy : M. Leo Errera on the Jews of Russia — Critical notices. — G. H. Skipwith : On the structure of the Book of Micah; note on the second Jeremiah. — C. G. Montefiore : A note on inspiration. — S J. Halberstam : Responsum concerning scholars captured by Ibn Rumalis.

Revue de l'histoire des religions (Paris, bimestriel). 14e année, 1893. = = Septembre-octobre. Lucien Dollfus : Les Muzarabes (ce qui est dit des Juifs est bien faible). — G. Bouet-Maury : Le Parlement des religions à Chicago (*fin*, n° de novembre decembre). = = Novembre-décembre. Albert Réville : Les Hérodes et le rêve hérodien. — Philippe Berger : Ernest Renan et la chaire d'hébreu au College de France.

Revue sémitique (Paris, trimestriel). 2^u année, 1894. = = Janvier. J. Halévy : Recherches bibliques, notes pour l'interprétation des Psaumes (*suite*, n° d'avril, Ps. vii). — La correspondance d'Aménophis III et d'Aménophis IV (*suite*, n° d'avril). — Deux inscriptions hétéennes de Zindjirli (*fin*). = = Avril. J. Halévy : Yavan. — S. Karppe : Mélanges de critique biblique et d'assyriologie (La fête du Nouvel An). — J. Halévy : Balthasar et Darius le Mède.

Zeitschrift für die altlestamentliche Wissenschaft (Giessen, semestriel). 14° annee, 1894. = = N° 1. S. Silberstein : Ueber den Ursprung der im Codex Alexandrinus u. Vaticanus des dritten Königsbuches der alexandrinischen Ueberselzung überlieferten Textgestalt (*fin*). — Löhr : Der Sprachgebrauch des Buches der Klagelieder. — Löhr : Sind Thr. IV u. V makkabäisch? — Gaster : Die Unterschiedslosigkeit zwischen Pathah u. Segol. — Pinkuss : Die syrische Uebersetzung der Proverbien. — Cheyne : Malachi and the Nabataeans. — Holzinger : Erwiderung. — Schlatter : Die Bene parizim bei Daniel, xi, 14. — Bacher : Bemerkungen zum Hajjug-Bruchstücke.

Allgemeine Zeitung des Judenthums (Berlin, hebdomadaire). 58e année, 1894. = = N° 1. Adolf Jellinek. — Wilhelm Klemperer : Voltaire und die Juden (*suite*. n°s 2 et 3). = = N° 2. Bernhard Stern : Dr Adolf Jellinek. = = N° 3. Ludwig Pick : Der Einfluss der Zehnzahl u. der Siebenzahl auf das Judenthum. = = N° 4. N. Samter : Ein christlicher Prediger als Märtyrer des Judenthums (Nicolas Antoine de Briey, en Lorraine) (*fin*, n° 5). = = N° 5. M. Friedeberg : Die Synagogengemeinde zu

Königsberg in Preussen. = = N° 6. M. Hartmann : Muhammed u. die Juden (*suite*, n°ˢ 7, 8, 9). = = N° 7. M. Kayserling : Eugenia Pavia-Gentilomo-Fortis. = = N° 8. M. Friedeberg : Die Bedeutung der Juden für den deutsch-russischen Grenzhandel. = = N° 10. W. Klemperer : Beiträge zur vergleichenden Gnomologie (*suite*, n°ˢ 13, 15, 20). = = N° 11. Rahel (Varnhagen) und die Juden. = = N° 12. H. Steinthal : Die jüdischen Melodien (*suite*, n° 13). = = N° 14. Max Grünfeld Die Juden im Kaukasus (*suite*, n° 15). = = N° 15. G. K. Erinnerungen an Leopold Zunz (*suite*, n°ˢ 17, 20). = = N° 17. A. Berliner : Randbemerkungen zu dem Vortrage über « Die jüdischen Melodien » (*suite*, n°ˢ 18, 19, 22). = = N° 18. Opet : Zur Kulturgeschichte der Juden im Mittelalter. — Saul R. Landau : Jüdische Rechtswissenschaft (*suite*, n°ˢ 19, 21). = = N° 19. Ludwig Geiger : Zur Charakteristik David Friedländer's (*suite*, n°ˢ 20, 21). = = N° 23. Hermann Cohen : Zum Prioritätstreit über das Gebot der Nächstenliebe.

5. *Notes et extraits divers.*

= = Notre cher Président, M. Théodore Reinach, a fait paraître dans la *Revue des Études grecques* (1894, p. 52 et suiv.) une étude qui est un petit chef-d'œuvre de science et de bon sens. C'est le fameux précepte de saint Luc : *Mutuum date nihil inde sperantes*, qui en fait l'objet. On sait que le droit canon invoque ce verset de l'Évangile pour défendre le prêt à intérêt et on sait aussi l'influence de cette prohibition sur la destinée des Juifs au moyen âge. Or, que veut dire le texte ? On traduit communément : Prêtez sans en rien espérer, c'est-à-dire sans espoir de rétribution. Or, le mot ἀπελπίζοντες ne signifie pas autre chose que « désespérer ». Toutes les interprétations qu'on a voulu donner de ce terme se heurtent à la grammaire ou à la raison. Si on lit le contexte de notre verset, on voit que la pensée ne peut être que celle-ci : Prêtez sans espoir d'être remboursés. Ce sens s'impose La leçon était donc αντελπιζοντες, dont l'aspect graphique ressemble beaucoup à ἀπελπίζοντες. « Fatale bévue, dit M. Th. Reinach, qui transformait un précepte de charité idéal — trop idéal pour être dangereux — en une prohibition plus limitée, et en apparence plus réalisable, destinée à prendre dans le Code civil de l'Église une importance aussi funeste aux chrétiens, condamnés à la misère, qu'aux Juifs, condamnés à l'usure ».

= = Dans la séance du 19 janvier 1894 de l'Académie des Inscriptions et Belles-lettres, M. Clermont-Ganneau a lu un mémoire sur une inscription latine qu'il a découverte à Bettir. Cette inscription, très fruste, est gravée sur un rocher au débouché d'un aqueduc antique. Elle se compose de cinq et peut-être de six lignes, et contient les noms de deux centurions qui commandaient des détachements de la cinquième légion Macédonienne et de la onzième légion Claudienne. Ces troupes avaient été appelées en Palestine au moment de l'insurrection de Barcochebas Après l'écrasement des Juifs, ces détachements avaient été laissés en garnison à Bettir, point d'une grande importance stratégique, puisqu'il commande une des routes qui mènent de Jérusalem à la Méditerranée. (Le chemin de fer y a une station aujourd'hui). Cette découverte apporte un argument de plus en faveur de l'identité de la Bettir des Arabes avec

le Beitar des Juifs. M. C.-G. rappelle, à ce propos, ce que.relate également le Baedeker, qu'une terrasse de cette localité, qui est couverte de
ruines, porte le nom de *Khirbet-el-Yehoud*, « ruine des Juifs ».

= = Notre savant collaborateur, M Kayserling, fait dans les *Jahresberichten
der Geschichtewissenschaft* (Berlin, R Gaertner, in-8") le dépouillement
des travaux consacrés à l'histoire et à la littérature des Juifs depuis la
ruine de Jérusalem. Nous avons sous les yeux le rapport de 1893, qui
roule sur les publications de l'année 1892 93 C'est à peu près complet,
mais un peu sec Celui de Lotz sur l'histoire et la littérature des Hébreux
est plus développé et résume bien les travaux dont il rend compte.

= = Dans le t. XXII des *Actes de la Société philologique*, M. l'abbé Bargès
donne une liste de mots grecs qu'il considère d'origine hébraïque, phé-
nicienne et araméenne, ou qu'il suppose d origine égyptienne Ce n'est
qu'un « fragment d'un dictionnaire étymologique de la langue grecque ».
M. S.

= = Les *Actes du 8e congrès international des orientalistes*, 1893, contiennent
les travaux suivants qui méritent d'être signales : J. Halévy, *L'état de la
Palestine avant l'Exode* ; A. Dedekin, *The expedition of Pharaoh Shishak
against Palestine and especially against Jerusalem* ; G Klein, *Ueber das Buch
Judith.*

= = Dans le *Jewish Chronicle*, du 5 janvier 1894, M D. Davis a publié un
intéressant document relatif à un juif dont le roi d'Angleterre, Edouard II,
aurait demandé la venue dans ses Etats après l'expulsion de 1290. Voici
cette pièce : « R. nobili viro J. duci Brabant, Lotric et Limburg comiti,
ac fratri suo Karissimo Salutem et Sincere dilectionis affectum. Cum
rogaverimus Magistrum Eliam Judeum in terra vestra commorantem
quod ad nos in Angliam accedat nobiscum super quibusdam negotiis
nos tangentibus locuturum. Vos rogamus quatenus eidem Elie veniendi
ad Angliam nostris precibus licentiam concedatis. Datum ut supra December X, anno III (1309-10). » M. Davis ne sait pas qui est ce Maître
Elie; pour satisfaire sa curiosité, il n'avait qu'à lire l'article de son
compatriote, M. Joseph Jacobs, que nous avons publié dans notre
Revue (XVIII, 256 et suiv.). Mais Maître Elie, qui, d'après M. Jacobs,
était né au commencement du xiii° siècle, aurait été presque centenaire
en 1309 ?

= = Il s'est fondé à Varsovie, sous le nom de « Ahiasaf », un comptoir
d'éditions hébraïques appelé à rendre de grands services. Ses publications. faites avec beaucoup de goût et de soin, se proposent de vulgariser
parmi les Israélites, particulièrement de Russie, la connaissance de l'hébreu, de l'histoire et de la littérature juives, et les œuvres les plus remarquables (œuvres d'imagination ou de science) écrites dans les langues
étrangères. Les premières qui aient paru nous font bien augurer de l'a-
venir et révèlent des préoccupations très méritoires. Les travailleurs
attachés à cette entreprise, pleins d'ardeur et de dévouement, sont ou
des savants dont l'éloge n'est plus à faire, comme M. Harkavy, notre
excellent collaborateur, M. S. P. Rabinowitz, le distingué traducteur
de l'Histoire des Juifs de Graetz, ou des nouveaux-venus dans le domaine
de la science ou de la littérature qui font preuve de savoir et d'intelligence. Ont déjà paru : Chants de Juda Hallévi, édités, avec notes, par

A. Harkavy ; Hay Gaon, par Weiss ; R. Salomon Scharbit Hazaav, par David Cahna ; R. Dounasch b. Labrat, par le même : Abraham ibn Ezra, par le même ; Histoire des Juifs d'Espagne, par Friedeberg ; Daniel Deronda, trad de D. Frischmann ; Ephraïm Kuh. trad. de Tawiow ; Calendrier pour l'année 1894. En ccurs de publication : Les exilés d'Espagne, par Rabinowitz Sous presse : 2e partie de Juda Hallévi et d'Abraham ibn Ezra ; L'éducation d'Herbert Spencer, trad. de Dawidowitsch.

== La Revue hébraïque dont nous annoncions récemment l'apparition prochaine vient de voir le jour. Elle est intitulée ממזרח וממערב (titre allemand : « *Mimisrach Umimaarabh Hebr. Monatschrift für Literatur u. Wissenschaft*, hrsgg. von Ruben Brainin »). Elle est editee chez Fanto, à Vienne, Autriche Comme nous le disions, c'est une sorte de *Revue des Deux-Mondes*, ouverte, non seulement aux études juives mais à tous les essais littéraires et scientifiques, et aux œuvres d'imagination. Le seul lien qui unisse ces articles variés est la langue dans laquelle ils sont ecrits. Elle se propose, au moyen de la langue hébraïque, de repandre chez les Israélites des connaissances générales, et de remettre en honneur la culture de l hébreu. N'est-ce pas un faux calcul ? Qu'un recueil d'études consacrées au passé d'Israël soit rédigé dans cette langue, nous le comprenons s'adressant à un public spécial. familiarise avec l'hébreu, il a chance d'être lu par tous les savants qui s'intéressent à ces études et même par les simples amateurs de cette langue, nombreux en Russie, par exemple Mais quel interêt, pour ce public, à lire dans cet idiome des essais sur Nitzsche ou Tolstoï ? Ce serait bon pour les Israélites qui sont étrangers à toute culture europeenne, mais ceux-là seront-ils préparés à goûter ces pages ? Qu'on multiplie autant qu'on veut les périodiques hébreux, il n'en restera pas moins que tous les savants et tous les hommes de lettres juifs continueront à produire le fruit de leurs recherches ou de leur imagination dans la langue de leur pays, persuadés que par ce canal seulement ils arriveront à la notoriété Un mathématicien, un médecin, un historien, un philosophe ne se condamneront jamais à enfermer leurs decouvertes, leurs conceptions, ou leurs inventions, dans un moule qui les cantonnerait dans un cercle restreint et les empêcherait d'entrer dans la circulation générale. D'autant plus que ce ne sera qu'au prix de tours de force qu'on habillera à l'hébraïque ce monde d'idées et de choses qui n'ont d'expression ni dans la Bible, ni dans le Talmud. — Quelle que soit l'illusion du Directeur de cette Revue, nous ne l'en félicitons pas moins de sa généreuse entreprise. — Le premier numéro ne manque pas d'intérêt même au point de vue des études historiques sur le Judaïsme Notons seulement les articles suivants : Weiss, Commencement des etudes critiques chez les Juifs russes ; J. S. Bloch, R. Akiba et R. Ismaël ; D. H Müller, Origine de l'expression biblique « élever la corne » (*Corne* signifierait les boucles de cheveux qu'on relevait en houppes pour effrayer l'ennemi) ; D Kaufmann, Elégies d Immanuel Frances, avec une introduction , A. Epstein, Le cantique d'Abraham, d'apres les ecrits rabbiniques. Entre autres articles littéraires, il faut citer une poésie hébraïque de notre ami M. Joseph Halévy.

== L'excellent annuaire hébreu dirigé par M. Sokolow, le *Haasif*, qui avait cessé de paraître depuis 1889, vient de revoir le jour. Comme les précédents, il renferme des articles d'actualité, de fantaisie et de science, mais il s'est débarrassé de tout le matériel spécial aux annuaires et qui n'avait d'ailleurs qu'un intérêt restreint. Nous y relèverons particulierement : Coup d'œil sur les colonies juives en Palestine ; une très complète nécrologie des savants israélites morts depuis cinq ans ; une bonne biographie d'Abraham ibn Ezra, par Bernfeld ; une note de M. Kaufmann sur l'incendie de Worms et la reconstruction de la synagogue de cette ville ; une biographie de MM. Zadoc Kahn, Jellinek, Güdemann, Kayserling et Reifmann ; une traduction de « Sefardim » de M. Kayserling. Cet annuaire mérite les plus chaleureux encouragements. Il est curieux d'entendre les plaintes qui, partout, déplorent le déclin de l'hébreu : jamais, comme on le voit, on n'a tant ecrit en cette langue.

═ ═ Tandis que les périodiques juifs rédigés en hébreu augmentent et se développent, ceux qui sont écrits dans les langues européennes peu à peu s'éclipsent : il paraît que le *Magazin* de M. Berliner est mort. En tout cas, de toute l'année, il n'a pas encore été publié un fascicule.

═ ═ La *Revue Hispanique*, publiée par M. R. Foulché Delbosc (1re année, n° 1 ; mars 1894) contient (p. 21-23) un article tres instructif de M. Foulché-Delbosc sur la *Transcription hispano-hébraïque*, et (p. 69-72) une *Poésie inédite de Rodrigo Cota*. Cota, fils de Lopez Fernandez Cota ou Juan Fernandez Cota de Toledo, qui occupa des charges publiques jusqu'en 1450, juif baptisé et poete renommé, était parent de Diego Arias Davila, juif baptisé comme lui même et « contador mayor del reino de Castilla ». Celui-ci avait deux fils : Pedrarias ═ Pedro Arias, l'aîné, successeur de son père, épousa Maria de Mendoza, petite-fille de D. Iñigo Lopez de Mendoza et parente de Pedro Gonçalez de Mendoza, cardinal d'Espagne. Les noces eurent lieu à Ségovie ; mais Rodrigo Cota ne fut pas invité. Irrité de cette offense, il regala le cardinal d'un épithalame plein d'ironie, qui renferme des allusions à l'origine juive du fiancé :

> Volvamos a nuestro hecho
> es un mançevo sin mal
> de muy honrado *cahal*
> arrendador de cohecho.
> De un agüelo Avenzuzen
> y del otro Abenamias
> de la madre Sophomias
> del padre todo Cohen.
> Ah ! Judi hi del Açaque
> el que va y viene de Valencia
> hace cuenta con Maguaque
> con hervor y con homencia.

> *Kayserling.*

═ ═ La *Société des Études juives* a perdu cette année plusieurs de ses collaborateurs les plus distingués, qui étaient un honneur pour le Judaïsme par leur science et leur caractère : MM. Joseph Perles, Marco Mortara et Alexandre Kohut. Nous leur consacrerons, dans le prochain numéro, une notice bio-bibliographique.

ISRAEL LÉVI.

Le gérant,
ISRAEL LÉVI.

TABLE DES MATIÈRES

BIBLIOGRAPHIE.

ACTES ET CONFÉRENCES.

FIN.

VERSAILLES, IMPRIMERIE CERF ET Cie, 59, RUE DUPLESSIS.

LISTE DES MEMBRES

DE LA

SOCIÉTÉ DES ÉTUDES JUIVES

PENDANT L'ANNÉE 1893.

Membres fondateurs [1].

1 CAMONDO (feu le comte A. de).
2 CAMONDO (feu le comte N. de).
3 GUNZBURG (le baron David de), boulevard des Gardes-à-
Cheval, 17, Saint-Pétersbourg.
4 GUNZBURG (le baron Horace de), Saint-Pétersbourg.
5 LÉVY-CRÉMIEUX (feu).
6 POLIACOFF (feu Samuel de).
7 ROTHSCHILD (feu la baronne douairière de).
8 ROTHSCHILD (le baron Henri de), avenue de Friedland, 38.
9 ROTHSCHILD (feu le baron James de).

Membres perpétuels [2].

10 ALBERT (feu E.-J.).
11 BARDAC (Noël), rue de Provence, 43 [3].
12 BISCHOFFSHEIM (Raphaël), député, rue Taitbout, 3.
13 CAHEN D'ANVERS (feu le comte).

[1] Les Membres fondateurs ont versé un minimum de 1,000 francs.
[2] Les Membres perpétuels ont versé 400 francs une fois pour toutes.
[3] Les Sociétaires dont le nom n'est pas suivi de la mention d'une ville de -
meurent à Paris.

ACT. ET CONF.

14 CAMONDO (le comte Moïse de), rue de Monceau, 61.

15 DREYFUS (feu Nestor).

16 FRIEDLAND, Wassili Ostrow, lig. 12, n° 7, Saint-Pétersbourg.

17 GOLDSCHMIDT (S.-H.), rond-point des Champs-Élysées, 6.

18 HECHT (Étienne), rue Lepeletier, 19.

19 HIRSCH (feu le baron Lucien de).

20 KANN (Jacques-Edmond), avenue du Bois-de-Boulogne, 58.

21 KOHN (Édouard), rue Blanche, 49.

22 LAZARD (A.), boulevard Poissonnière, 17.

23 LÉVY (feu Calmann).

24 MONTEFIORE (Claude), Portman Square, 18, Londres.

25 OPPENHEIM (feu Joseph).

26 PENHA (Immanuel de la), rue de Provence, 46.

27 PENHA (M. de la), rue Tronchet, 15.

28 RATISBONNE (Fernand), rue Rabelais, 2.

29 REINACH (Hermann-Joseph), rue de Berlin, 31.

30 ROTHSCHILD (le baron Adolphe de), rue de Monceau.

31 TROTEUX (Léon), rue de Mexico, 1, le Havre.

Membres souscripteurs [1].

32 ADLER (Rev. Dr Hermann), Chief Rabbi, 6 Craven Hill, Hyde
   Park, Londres.

33 ALBERT-LÉVY, professeur a l'École municipale de chimie et de
   physique, rue de Médicis, 5.

34 ALDROPHE (Alfred), architecte, avenue Malakoff, 7.

35 ALEXANDRE DUMAS, membre de l'Académie française, rue
   Ampère, 11.

36 ALLATINI, Salonique.

37 ALLIANCE ISRAÉLITE UNIVERSELLE, 35, r. de Trévise (**175 fr.**).

38 ALLIANZ (Israelitische), I. Weihburggasse, 10, Vienne, Autriche.

39 ARON, rue Lebrun, 30.

---

[1] La cotisation des Membres souscripteurs est de 25 francs par an, sauf pour
ceux dont le nom est suivi d'une indication spéciale

40 ASTRUC, grand rabbin, avenue de Léopold Wiener, Watermael,
Belgique

41 BACHER (Dr Wilhelm), professeur au Séminaire israélite, Lin-
dengasse, 25, Budapest.

42 BAMBERGER, rabbin, Kœnigsberg.

43 BASCH, rue Rodier, 62.

44 BECHMANN (E.-G.), place de l'Alma, 1.

45 BECHMANN (J.-L.), rue de la Chaussée d'Antin, 45.

46 BECK (Dr), rabbin, Bucharest.

47 BENEL, rue de Sfax, 1.

48 BERNHARD (Mlle Pauline), rue de Lisbonne, 24.

49 BICKART-SÉE, boulevard Malesherbes, 101.

50 BLOCH (Armand), grand rabbin de Belgique, Bruxelles.

51 BLOCH (Camille), archiviste du département, Carcassonne.

52 BLOCH (Emmanuel), rue des Petites-Ecuries, 55.

53 BLOCH (Félix), rabbin, Pau.

54 BLOCH (Isaac), grand rabbin, Nancy.

55 BLOCH (Maurice), boulevard Bourdon, 13.

56 BLOCH (Moïse), rabbin, Versailles.

57 BLOCH (Philippe), rabbin, Posen.

58 BLOCQ (Mathieu), Toul.

59 BLUM (Rev. A.), Los Angelos, Californie.

60 BLUM (Victor), le Havre.

61 BLUMENSTEIN, rabbin, Luxembourg, Luxembourg.

62 BOUCRIS (Haïm), rue de Médee, Alger.

63 BRUHL (David), rue de Châteaudun, 57.

64 BRUHL (Paul), rue de Châteaudun, 57.

65 BRUNSCHWICG (Léon), avocat, 18, rue Lafayette, Nantes.

66 CAHEN (Abraham), grand rabbin, rue Vauquelin, 9.

67 CAHEN (Albert), rue Condorcet, 53.

68 CAHEN (Gustave), avoué, rue des Petits-Champs, 61.

69 CAHEN D'ANVERS (Albert), rue de Grenelle, 118.

70 CAHEN D'ANVERS (Louis), rue Bassano, 2.

71 CATTAUI (Elie), rue Lafayette, 14.

72 CATTAUI (Joseph-Aslan), ingénieur, le Caire.

73 CERF (Hippolyte), rue Française, 8.

74 CERF (Léopold), éditeur, rue Duplessis, 59, Versailles.

75 CERF (Louis), rue Française, 8.

76 CHWOLSON (Daniel), professeur de langues orientales, rue
     Wassili Ostrov, 7. ligne 12, Saint-Pétersbourg

77 COHEN (Isaac-Joseph), rue Lafayette, 75.

78 COHN (Léon), préfet de la Haute-Garonne, Toulouse.

79 CONSISTOIRE CENTRAL DES ISRAÉLITES DE FRANCE, rue de la
     Victoire, 44.

80 CONSISTOIRE ISRAÉLITE DE BELGIQUE, rue du Manège, 19,
     Bruxelles.

81 CONSISTOIRE ISRAÉLITE DE BORDEAUX, rue Honoré-Tessier, 7,
     Bordeaux.

82 CONSISTOIRE ISRAÉLITE DE LORRAINE, Metz.

83 CONSISTOIRE ISRAÉLITE DE MARSEILLE.

84 CONSISTOIRE ISRAÉLITE D'ORAN.

85 CONSISTOIRE ISRAÉLITE DE PARIS, rue Saint-Georges, 17
     (**200 fr.**).

86 DALSACE (Gobert), rue Rougemont, 6.

87 DARMESTETER (James), professeur au Collège de France, bou-
     levard Latour-Maubourg, 18.

88 DEBRÉ (Simon), rabbin, avenue Philippe-le-Boucher, 5 *bis*,
     Neuilly sur-Seine.

89 DELVAILLE (Dʳ Camille), Bayonne.

90 DERENBOURG (Hartwig), directeur-adjoint à l'Ecole des Hautes-
     Etudes, rue de la Victoire, 56.

91 DERENBOURG (Joseph), membre de l'Institut, directeur- adjoint
     a l'Ecole des Hautes-Études, rue de Dunkerque, 27.

92 DREYFUS (Abraham), rue Boulainvilliers, 43

93 DREYFUS (Anatole), rue de Trévise, 28.

94 DREYFUS (H.-L), rabbin, Saverne.

95 DREYFUS (Henri), faubourg Saint-Martin, 162.

96 DREYFUS (L.), avenue des Champs-Élysées, 77.

97 DREYFUS (René), rue de Monceau, 81.

98 DREYFUS (Tony), rue de Monceau, 83.

99 DREYFUSS (Jacques-H.), grand rabbin de Paris, rue de la Victoire, 12.

100 DUVAL (Rubens), rue de Sontay, 11.

101 ÉCOLE ISRAÉLITE, Livourne.

102 EICHTHAL (Eugène d'), boulevard Haussmann, 144.

103 EISSLER, rabbin, Klausenbourg, Autriche-Hongrie.

104 ENGELMANN, rue de Maubeuge, 16.

105 EPHRAÏM (Armand), rue La Bruyère, 49.

106 EPHRUSSI (Jules), place des Etats-Unis, 2.

107 EPSTEIN, Grilparzerstr., 11, Vienne.

108 ERRERA (Léo), professeur à l'Université, place Stéphanie, 1, Bruxelles.

109 FELDMANN (Armand), avocat, rue d'Isly, 8.

110 FISCHER (Dr Julius), Raab, Moravie.

111 FITA (Rév. P. Fidel), membre de l'Académie royale d'histoire, Calle Isabella la Catholica, Madrid.

112 FOULD (Léon), faubourg Poissonnière, 30.

113 FRANCK (E.), Beyrouth.

114 FUERST (Dr), rabbin, Mannheim.

115 GAUTIER (Lucien), professeur de théologie, Lausanne.

116 GERSON (M.-A.), rabbin, Dijon.

117 GHIRON, grand rabbin, Turin.

118 GIAVI, Nanterre.

119 GOEJE (J. de), professeur à l'Université, Leyde.

120 GOLDSCHMIDT (Édouard de), boulevard Haussmann, 153.

121 GOMMÈS (Armand), rue Chégaray, 33, Bayonne.

122 GOTTHEIL (Richard), professeur au Columbia-College, New-York.

123 GROSS (Dr Heinrich), rabbin, Augsbourg.

124 GRUNEBAUM (Paul), rue de Courcelles, 73.

125 GUBBAY, boulevard Malesherbes, 165.

126 GUDEMANN (Dr), rabbin, Vienne.

127 HADAMARD (David), rue de Châteaudun, 53.

128 HAGUENAU (David), rabbin, faubourg Poissonnière, 40.

129 HALBERSTAM (S -J.), Bielitz, Autriche-Hongrie.

130 HALÉVY (Ludovic), membre de l'Académie française, rue de Douai, 22.

131 HALFON (Mme S.), faubourg Saint-Honoré, 215 (**50 fr.**).

132 HAMMERSCHLAG, II, Ferdinandstr., 23, Vienne.

133 HARKAVY (Albert), bibliothécaire, Saint-Pétersbourg.

134 HAYEM (Julien), avenue de Villiers, 63 (**40 fr.**).

135 HEINE-FURTADO (Mme), rue de Monceau, 28 (**100 fr.**).

136 HERRMANN (Joseph), rabbin, Reims.

137 HERZOG (Dr), rabbin, Kaposwar, Autriche-Hongrie.

138 HERZOG (Henri), ingénieur des ponts et chaussées, Guéret.

139 HEYMANN (Alfred), avenue de l'Opéra, 20.

140 HIRSCH (Joseph), ingénieur en chef des ponts et chaussées, rue de Castiglione, 1.

141 ISCH-WAHL (Dr), cité Trévise, 26.

142 ISRAELSOHN (J.), Gorochowaja 25, log. 13, Saint-Pétersbourg.

143 INSTITUTO SUPERIORE, sezione di filologia e filosofia, Florence.

144 JACOBSOHN (Hugo), Kupferschmiedstr., 44, Breslau.

145 JASTROW (Dr M.), rabbin, Philadelphie.

146 JELLINEK (feu le Dr Adolphe).

147 JOURDA, directeur de l'Orphelinat de Rothschild, rue de Lamblardie, 7.

148 JUDITH MONTEFIORE COLLEGE, Ramsgate, Angleterre.

149 KAHN (Jacques), secrétaire général du Consistoire israélite de Paris, rue Larochefoucauld, 35.

150 KAHN (Salomon), boulevard Baile, 172, Marseille.

151 KAHN (Zadoc), grand rabbin du Consistoire central des Israélites de France, rue Saint-Georges, 17.

152 KAMINKA (Dr), rabbin-prédicateur, Prague.

153 KANN (Mme), avenue du Bois de Boulogne, 58.

154 KAUFMANN (Dr David), professeur au Séminaire israélite, Andrassystr., 20, Budapest.

155 KESPI, rue René-Caillé, Alger.

156 KINSBOURG (Paul), rue de Cléry, 5.

157 KLOTZ (Eugène), place des Victoires, 2.

158 KLOTZ (Victor), avenue Montaigne, 51.

159 KOHN (Georges), rue Ampère, 30.

160 KOHUT (Rév. Dr Alexander), New-York.

161 KOMITET SYNAGOGI na Tlomackiem, Varsovie.

162 KOKOVTSOFF (Paul de), Ismailowsky Polk 3, rotte M. 11, log. 7, Saint-Pétersbourg.

163 LAJEUNESSE (Jules), rue Cadet, 17.

164 LAMBERT (Abraham), avoué, rue Saint-Dizier, 17, Nancy.

165 LAMBERT (Eliézer), avocat, rue Baudin, 26.

166 LAMBERT (Mayer), professeur au Séminaire israélite, rue Guy-Patin, 5.

167 LASSUDRIE, rue Laffitte, 21.

168 LAZARD (Lucien), archiviste-paléographe, r. Rochechouart, 49.

169 LEHMANN (Joseph), grand rabbin, directeur du Séminaire israélite, rue Vauquelin, 9.

170 LEHMANN (Mathias), rue Taitbout, 29.

171 LEHMANN (Samuel), rue de Provence, 23.

172 LÉON (Xavier), boulevard Haussmann, 127.

173 LÉON D'ISAAC JAÏS, rue Henri-Martin, 17, Alger.

174 LEVAILLANT, trésorier général de la Haute-Loire, Saint-Etienne.

175 LEVEN (Emile), rue de Trévise, 35.

176 LEVEN (Léon), rue de Trévise, 37.

177 LEVEN (Louis), rue de Phalsbourg, 18.

178 LEVEN (Dr Manuel), avenue des Champs-Élysées, 63.

179 LEVEN (Narcisse), avocat, rue de Trévise, 45.

180 LEVEN (Stanislas), conseiller général de la Seine, rue Miromesnil, 18.

181 LÉVI (Israël), rabbin, professeur au Séminaire israélite, rue Condorcet, 60.

182 Lévi (Sylvain), prof. à la Sorbonne, place Saint-Michel, 3.

183 Lévy (Alfred), grand rabbin, Lyon.

184 Lévy (Paul-Calmann), rue Auber, 3.

185 Lévy (Charles), Colmar.

186 Lévy (Daniel), Poststr. 1351, San Francisco.

187 Lévy (Émile), grand rabbin, Bayonne.

188 Lévy (Aron-Emmanuel), rue Marrier, 19, Fontainebleau.

189 Lévy (Jacques), grand rabbin, Constantine.

190 Lévy (Léon), rue Logelbach, 2.

191 Lévy (Raphaël), rabbin, rue d'Angoulême, 6.

192 Lévy (Ruben), instituteur de l'Alliance israélite, à Damas.

193 Lévy-Bruhl (Lucien), professeur de philosophie au Lycée Louis-le-Grand, rue Montalivet, 8.

194 Lévylier, ancien sous-préfet, rue Vignon, 9.

195 Lœwenstein (Dr), rabbin, Mosbach, Allemagne.

196 Lœwenstein (MM.), rue Lepeletier, 24.

197 Lœvy (A.), 100, Sutherland Gardens, Londres.

198 Lœw (Dr Immanuel), rabbin, Szegedin.

199 Lyon-Cahen (Charles), professeur à la Faculté de droit, rue Soufflot, 13.

200 Mannheim (Charles-Léon), rue Saint-Georges, 7.

201 Marcus (Saniel), Smyrne.

202 Matthews (H. J.), Upper Rock Gardens, 45, Brighton.

203 May (Mme), place de l'Industrie, 22, Bruxelles.

204 Mayer (Ernest), boulevard Malesherbes, 60.

205 Mayer (Félix), rabbin, Valenciennes.

206 Mayer (Gaston), avocat à la Cour de Cassation, avenue Montaigne, 3.

207 Mayer (Henri), professeur au lycée Condorcet, rue Miromesnil, 18.

208 Mayer (Michel), rabbin, place des Vosges, 14.

209 Mayrargues (Alfred), boulevard Malesherbes, 103.

210 Meiss, rabbin, Nice.

211 Merzbach (Bernard), rue Richer, 17.

212 Meyer (Dr Edouard), boulevard Haussmann, 73.

213 MOCATTA (Frédéric - D), Connaught Place, 9, Londres (**50 fr.**).

214 MODONA (Leonello), sous-bibliothécaire de la Bibliothèque royale, Parme.

215 MONTEFIORE (Mosé), ministre-officiant, rue Rochechouart, 72.

216 MORTARA (feu Marco).

217 NETTER (Dr Arnold), boulevard Saint-Germain, 129.

218 NEUBAUER (Adolphe), bibliothécaire a la Bodléienne, Oxford.

219 NEUMANN (D^r), rabbin, Gross-Kanisza Autriche-Hongrie.

220 NEYMARCK (Alfred), rue Vignon, 18.

221 OCHS (Alphonse), rue Chauchat, 22.

222 OPPENHEIM (P.-M.), rue Taitbout, 11 (**50 fr.**).

223 OPPENHEIMER (Joseph-Maurice), rue Lepeletier, 7.

224 OPPERT (Jules), membre de l'Institut, professeur au Collège de France, rue de Sfax, 2.

225 OULMAN (Camille), rue de Grammont, 30.

226 OUVERLEAUX (Émile), conservateur de la Bibliothèque royale, Bruxelles.

227 PÉREIRE (Gustave), rue de la Victoire, 69.

228 PERLES (feu J.).

229 PERRÉAU (le chevalier), bibliothécaire royal, Parme.

230 PINTUS (J.), rue de Londres, 46.

231 PORGÈS (Charles), rue de Berry, 25 (**40 fr**).

232 PROPPER (S.), rue Volney, 4.

233 RAGOSNY, à la Compagnie générale, rue Taitbout, 62.

234 REINACH (Joseph), député, avenue Van Dyck, 6.

235 REINACH (Salomon), ancien élève de l'Ecole d'Athènes, con - servateur-adjoint du musée de Saint-Germain, rue de Lisbonne, 38.

236 REINACH (Théodore), docteur en droit et ès-lettres, rue Mu- rillo, 26.

237 RHEIMS (Isidore), rue de Saint-Pétersbourg, 7.

238 Robert (Charles), rue des Dames, 12, Rennes.

239 Rodrigues (Hippolyte), rue de la Victoire, 14.

240 Rosenthal (le baron de), Heerengracht, 500, Amsterdam.

241 Rothschild (le baron Alphonse de), membre de l'Institut, rue Saint-Florentin, 2 (**400 fr.**).

242 Rothschild (le baron Arthur de), rue du Faubourg-Saint-Honoré, 33 (**400 fr.**).

243 Rothschild (le baron Edmond de), rue du Faubourg-Saint-Honoré, 41 (**400 fr.**).

244 Rothschild (le baron Gustave de), avenue Marigny, 23 (**400 fr.**).

245 Rothschild (la baronne James de), avenue Friedland, 38 (**50 fr**).

246 Rothschild (M\ème la baronne Nathaniel de), faubourg Saint-Honoré, 33 (**100 fr.**).

247 Rothschild (baron Edouard de), 2, rue Saint-Florentin (**150 fr.**).

248 Rozelaar (Lévie-Abraham), Sarfatistraat, 30, Amsterdam.

249 Ruff, rabbin, Verdun.

250 Sack (Israël), Commercialbank, Minsk.

251 Sadoun (Ruben), rue du Chêne, 4, Alger.

252 Saint-Paul (Georges), maître des requêtes au Conseil d'État, place des Etats-Unis, 8.

253 Salomon (Alexis), rue Croix-des-Petits-Champs, 38.

254 Schafier (D\r), rue de Trévise, 41.

255 Scheid (Elie), rue Saint-Claude, 1.

256 Schreiner (Martin), rabbin, Lindenstr., 48, Berlin.

257 Schuhl (Moïse), grand rabbin, Vesoul.

258 Schuhl (Moïse), rue Bergère, 29.

259 Schwab (Moïse), bibliothécaire de la Bibliothèque nationale, cité Trévise, 14.

260 Schweisch (feu)

261 Sèches, rabbin, Saint-Etienne.

262 Sée (Camille), conseiller d'Etat, avenue des Champs-Elysées, 65.

263 Sée (Eugène), préfet de la Haute-Vienne, Limoges.

264 Simon (Joseph), instituteur, Nimes.

265 Simonsen, grand rabbin, Copenhague.

266 Sonnenfeld (Dr), rue de l'Elysée, 2.

267 Spire, ancien notaire, rue d'Alliance, 12, Nancy.

268 Stein (L.), professeur de philosophie à l'Université, Zurich.

269 Stern (René), boulevard Haussmann, 154.

270 Straus (Emile), avocat à la Cour d'appel, boulevard Haussmann, 134.

271 Sulzberger, Chestnut Street, Philadelphie.

272 Taub, rue Lafayette, 10.

273 Ulmann (Emile), rue Boccador, 7.

274 Vernes (Maurice), directeur-adjoint a l'Ecole des Hautes-Etudes, rue Notre-Dame-des-Champs, 97 *bis*.

275 Vidal-Naquet, président du Consistoire israélite, Marseille.

276 Vogelstein (Dr), rabbin, Stettin.

277 Voorsanger (Dr), California str , 2318, San Francisco.

278 Weill (Dr Anselme), rue Saint-Lazare, 101.

279 Weill (Emmanuel), rue Taitbout, 8.

280 Weill (Emmanuel), rabbin, rue Condorcet, 53.

281 Weill (Georges), rue des Francs-Bourgeois, 13.

282 Weill (Isaac), grand rabbin, Strasbourg.

283 Weill (Moïse), grand rabbin, Alger.

284 Weill (Vite), rue de Lancry, 17.

285 Weisweiller (Charles), rue Lafayette, 36.

286 Wertheimer, grand rabbin, Genève.

287 Weyl (Jonas), grand rabbin, Marseille.

288 Wiener (Jacques), président du Consistoire israélite de Belgique, rue de la Loi, 63, Bruxelles.

289 Wilmersdœrfer (Max), consul général de Saxe, Munich.

290 Winter (David), avenue des Champs-Elysées, 152.

291 Wogue (Lazare), grand rabbin, professeur au Séminaire israélite, rue de Trévise, 35.

292 WOLF, rabbin, La Chaux-de-Fonds, Suisse.

293 ZIEGEL et ENGELMANN, rue de la Tour-d'Auvergne, 34.

2!4 ZIMMELS (feu le D^r).

MEMBRES DU CONSEIL
PENDANT L'ANNÉE 1893.

Président d'honneur : M. le baron Alphonse de ROTHSCHILD ;
Président : M. Hartwig DERENBOURG ;
Vice-présidents : MM. Théodore REINACH et Abraham CAHEN ;
Trésorier : M. Moïse SCHWAB ;
Secrétaires : MM. Albert CAHEN et Maurice VERNES ;

MM. ALBERT-LÉVY, ASTRUC, Léopold CERF, James DARMES-TETER, J. DERENBOURG, Armand EPHRAÏM, Édouard de GOLDS·CHMIDT, J.-H. DREYFUSS, Rubens DUVAL, Zadoc KAHN, Lucien LAZARD, Joseph LEHMANN, Sylvain LÉVI, Michel MAYER, Jules OPPERT, Salomon REINACH, baron Henri de ROTHSCHILD, VERNES.

MEMBRES DU CONSEIL
POUR L'ANNÉE 1894.

Président d'honneur : M le baron Alphonse de ROTHSCHILD ;
Président : M. Théodore REINACH ;
Vice-présidents : MM. Abraham CAHEN et Maurice VERNES ;
Trésorier : M. Moïse SCHWAB ;
Secrétaires : MM. Lucien LAZARD et Maurice BLOCH ;

MM. ALBERT-LÉVY, ASTRUC, Albert CAHEN, L. CERF, James DARMESTETER, Hartwig DERENBOURG, Joseph DERENBOURG, Edouard de GOLDSCHMIDT, J -H. DREYFUSS, Rubens DUVAL, Zadoc KAHN, Mayer LAMBERT, Joseph LEHMANN, Sylvain LÉVI, Michel MAYER, Jules OPPERT, Salomon REINACH, baron Henri de ROTHSCHILD.

VERSAILLES. — IMPRIMERIE CERF ET Cie, 59, RUE DUPLESSIS.

REVUE

DES

ÉTUDES JUIVES

VERSAILLES

CERF ET Cie, IMPRIMEURS

59, RUE DUPLESSIS, 59

REVUE

DES

ÉTUDES JUIVES

PUBLICATION TRIMESTRIELLE
DE LA SOCIÉTÉ DES ÉTUDES JUIVES

TOME VINGT-NEUVIÈME

PARIS

A LA LIBRAIRIE A. DURLACHER

83 bis, RUE LAFAYETTE

1894

RÉFLEXIONS SUR LES JUIFS

(SUITE ET FIN [1]).

V

MENUS REPROCHES.

Reproches contradicloires, calomnies ; le service militaire.

Faut-il maintenant passer en revue tous les menus reproches qu'on a faits aux Juifs ? Œuvre difficile et fastidieuse ! Aucune absurdité ni aucune contradiction ne coûtent à leurs adversaires, tout est bon pour les accabler.

Tantôt ce sont des accusations en l'air, des phrases toutes faites qui traînent partout, que tout le monde répète machinalement, qui ne reposent sur aucun fait, sur aucune expérience directe [2]. Tantôt ce sont des assertions contradictoires et qui se combattent entre elles. Tantôt, enfin, ce sont des calomnies si évidentes ou des exagérations si monstrueuses, qu'elles ne peuvent tromper que les gens simples et incapables de réfléchir. Il est impossible d'imaginer une sottise qui n'ait été dite sur les Juifs. Que l'on lise, par exemple, Schudt, Eisenmenger, ou simplement cette Sentinelle contre les Juifs écrite en 1673 par un religieux espagnol [3]. Les Juifs y sont présomptueux, menteurs, traîtres, comparés à des chiens, vile canaille, superstitieux, ennemis capitaux des chré-

---

[1] Voir t. XXVII, pages 1 et 161, et t. XXVIII, p. 1 et 161.

[2] « On va jusqu'à produire à la tribune de telles accusations en l'air contre les Juifs ! » dit le député Hänel au Reichstag, *Die Judenfrage* (1880), p. 17. Et le député Richter dit : « Ce que je trouve de plus blâmable, c'est cette façon d'émettre des assertions qui ne sont fondées sur aucun fait, des accusations générales qui déclarent que certains vices se trouvent chez un plus grand nombre de Juifs que de chrétiens... Vous parlez de la presse juive ?... Récemment on a parlé de la *Gazette de Posen*, on l'a attaquée comme un organe juif. Messieurs, ni l'éditeur, ni un seul rédacteur de la *Gazette de Posen* n'est Juif. » (*Ibid.*, p. 96 et 99)

[3] *Revue des Études juives*, V, p. 289; VI, p. 112 et suiv.

tiens et de la religion, chrétienne, remuants, vaniteux, séditieux, semence de discorde ; les uns naissent avec une queue, d'autres ont des règles comme les femmes, d'autres ne peuvent cracher. Tous sont malpropres, sentent mauvais, ont l'haleine fétide [1]. Et l'auteur cite ses autorités. Il n'invente pas, il répète ce qu'on dit et ce qu'on pense autour de lui, ce que des centaines d'autres ont dit avant lui et répéteront après lui. Ce sont les rêves d'une imagination hallucinée. Il y a des esprits chez qui la haine des Juifs est poussée jusqu'au délire.

Une des raisons pour lesquelles ces billevesées trouvent quelque crédit dans le public, c'est que l'on s'imagine sans cesse qu'il se passe chez les Juifs toute sorte de mystères. Leur littérature sacrée ou profane, leurs pratiques religieuses, sont entourées d'une sorte de vénération superstitieuse. On en est encore à l'opinion du moyen âge, pour laquelle les Juifs, et surtout les médecins juifs, étaient des sorciers ; les mathématiciens juifs, des astrologues ; les livres juifs, des grimoires cabalistiques ; les rites juifs, des pratiques de magie. Il est certain que quelques-uns des préjugés répandus contre les Juifs, par exemple celui de l'accusation dite du sang (prétendu usage de sang chrétien pour la Pâque juive), viennent en partie de cette habitude de voir partout, chez les Juifs, des secrets abominables [2]. Habitude commode, du reste, et qui dispense de rechercher la vérité. Les Juifs ne peuvent pas dire ni imprimer un mot sans qu'on y voie des sous-entendus, des projets cachés, des intentions perverses ! Il y a des Sociétés juives dont tous les actes sont publics, dont toutes les résolutions sont immédiatement livrées à la presse par milliers d'exemplaires, elles ne continuent pas moins d'être traitées de sociétés secrètes, il circule sur leur compte mille folies, des auteurs sérieux colportent la légende qui se fait autour d'elles, personne ne

---

[1] Voir, sur cette question, *Les Juifs d'Alsace doivent-ils être admis au droit des citoyens actifs ?* 1790, p. 91. Sur la prétendue haleine fétide des Juifs de Rome, au temps de Martial et d'Ammien, voir Joël, *Blicke in die Religionsgeschichte zu Anfang des zweiten christlichen Jahrhundert*, 2ᵉ partie, Breslau, 1883, p. 130 et suiv., où il est démontré que cette sotte légende repose sur une faute d'écriture (*fœtens* ou *fetens*, comme on écrivait au moyen âge, au lieu de *petens*). Il circulait, au moyen âge, une « Relation des douze tribus juives, dans ce que chacune a fait de mal au Christ et la punition qu'elles en subissent jusqu'à ce jour. » La tribu de Ruben a fait Jésus prisonnier, c'est pourquoi tout ce qu'elle touche se flétrit. La tribu de Siméon a planté la croix, c'est pourquoi les Juifs qui en descendent ont des plaies aux mains et aux pieds d'où coule le sang. La tribu de Dan a crié : « Que son sang retombe sur nos têtes », c'est pourquoi, tous les mois, des plaies se déclarent sur le corps des Juifs de cette tribu et il en sort une puanteur affreuse. Schudt, en 1714, n'a pas craint de reproduire sérieusement ces commérages (Schudt, *Jüdische Denkwürdigkeiten*, livre VI, p. 345).

[2] Voir Oort, *Der Ursprung der Blutbeschuldigung gegen die Juden*, Leyde et Leipzig, 1883.

s'avise de lire leurs statuts et de prendre connaissance de leurs procès-verbaux. Chaque société juive conspire contre les chrétiens, chaque administration juive rêve la conquête du monde. Toutes ont des projets ténébreux qui font frémir [1].

Il y aurait un chapitre curieux à faire rien qu'en opposant les uns aux autres les reproches que l'on fait aux Juifs. C'est un amas de contradictions. Pour les uns, les Juifs sont absolument incapables ; pour les autres, ils ne sont que trop intelligents, ils arrivent à tout, accaparent toutes les positions élevées ou lucratives. Tantôt ils ne sont pas assez cultivés, tantôt ils le sont trop, il y a trop d'élèves juifs dans les écoles primaires, dans les lycées, dans les universités. Ils sont tour à tour, et selon les nécessités de la polémique, paresseux ou d'une activité dévorante, avares ou prodigues, rampants ou orgueilleux ; leurs qualités même les plus incontestées sont tournées en ridicule, leur bienfaisance est de la vanité ; leur sobriété, ladrerie ou impuissance.

En veut-on des preuves ? Elles abondent.

D'après Bruno Bauer, par exemple, les Juifs ne sont absolument bons à rien [2]. « Ils sont abâtardis, on ne peut les régénérer », disait-on aux oreilles de l'abbé Grégoire [3]. Et d'autre part : Les Juifs vont tout accaparer, ils vont avoir toutes les terres (c'était le grand cri en Alsace), tous les capitaux sont entre leurs mains. A Nancy, pendant la Révolution, « les uns prétendirent que les Juifs étaient les accapareurs du blé, d'autres, qu'ils s'entendaient trop, qu'ils achetaient les plus belles maisons et que bientôt ils possèderaient toute la ville. Un des séditieux ajouta (en parlant à l'évêque) : Si nous venions à vous perdre, nous verrions un Juif devenir notre évêque [4]. » Cette crainte superstitieuse du Juif hante également tous les antisémites allemands, il en a été question sans cesse aux débats du Parlement allemand de 1880 si souvent cités dans ce travail. Soixante-dix Allemands tremblent devant un Juif [5] !

---

[1] Que n'a-t-on pas dit, par exemple, sur le *Kahal* de Russie, simple administration de la communauté juive ?

[2] Bruno Bauer, *Die Judenfrage*, Braunschweig, 1843, p. 9-10. Dühring développe le même thème.

[3] Abbé Grégoire, *Motion en faveur des Juifs*, p. 17.

[4] Discours de La Fare, évêque de Nancy, à l'Assemblée nationale, séance du 23 décembre 1789, au *Moniteur*.

[5] Voir encore Freund, *Zur Judenfrage in Deutschland*, Berlin, 1843, p. 40 : « On a mis en avant, pour les exclure, leur infériorité intellectuelle... » ; *Debatten des rheinischen Landtags über die Emanzipation der Juden*, Berlin, 1843, p. 38 : « La race juive est douée de grandes capacités intellectuelles, elle est rusée, perspicace et intelligente. »

Les Juifs ne sont pas civilisés. « Nous avons exclu les Juifs, parce qu'ils ne sont pas civilisés [1]. » Dans un des débats publics qui ont eu lieu en Allemagne, un orateur est même allé jusqu'à donner comme preuve de leur état d'infériorité une pratique religieuse comme on en trouve dans toutes les religions. Et il disait : « Quel profit l'État peut-il attendre de telles gens [2] ! » Ecoutez maintenant la thèse contraire : « Les Juifs, disait le député Virchow devant le Parlement, en 1880, auront beau employer les moyens les plus légaux, ils n'échapperont pas aux reproches. Permettez-moi de vous citer, pour appuyer mon dire, un court passage d'une brochure qu'a publiée un homme que vous connaissez bien, et qui se trouve ici (en Allemagne), à la tête de l'agitation antisémitique. L'auteur parle du nombre croissant des élèves juifs dans les écoles, surtout dans les écoles supérieures, et il dit : « Un tel désir de perfectionnement social et de culture supérieure mérite en soi les plus grands éloges; mais à nous il impose un combat énergique pour l'exisence. Si Israël continue à s'élever dans cette direction, il nous dépassera de beaucoup. » Si un père de famille envoie ses enfants à l'école et les fait instruire, et que ses enfants sont supérieurs plus tard à d'autres enfants qui n'ont rien appris, vous êtes bien obligés de reconnaître que c'est une noble façon de lutter. En fait, je ne sais pas comment on pourrait mieux s'y prendre pour progresser. N'est-ce pas, en effet, la manière la plus élevée et la plus louable contre laquelle personne ne devrait élever d'objection ?... Reprocher aux Juifs leur culture et la faire servir de prétexte à ce que Darwin appelle le combat pour l'existence, c'est faire cesser tout développement pacifique, c'est rendre impossible toute paix que de reprocher au père d'envoyer ses enfants aux écoles supérieures [3]. » Et le député israélite Loewe ajoutait : « Vous reprochez constamment aux Juifs de ne pas être à votre hauteur, mais vous oubliez, vous qui auriez le temps d'étudier l'histoire, l'existence que vos ancêtres obligeaient les Juifs de mener pendant des siècles... Et lorsque les Juifs essaient de sortir, par leur propre effort et par un travail calme et régulier, du bourbier dans lequel les avaient enfoncés les siècles précédents, vous leur reprochez de chercher à s'élever trop haut ! Messieurs, nous voyons ce que veulent nos adversaires, ils ne nous blâmeraient jamais

---

[1] Lips, *Ueber die künftige Stellung der Juden*, Erlangen, 1819, p. 60 : « Nous avons exclu les Juifs parce qu'ils ne sont pas civilisés, et nous les laissons sans éducation parce qu'ils sont exclus. »

[2] Chambre des trois Etats, séance du 15 juin 1847, dans *Vollständige Verhandlungen*, Berlin, 1847, p. 226.

[3] *Die Judenfrage* (1880), p. 52.

de ne pas nous soucier de nos coreligionnaires et nous réaliserions leurs plus ardents vœux en laissant croupir les malheureux Juifs dans l'ignorance ! Alors, au moins, ils auraient le droit de se montrer sévères envers cette race [1]. »

On entend dire sans cesse : les Juifs sont avares, parcimonieux, économes. Les uns les en louent, d'autres les en blâment, selon l'humeur et l'occasion [2]. L'avarice des Juifs est devenue légendaire, mais, si, par hasard, ils font des dépenses de luxe, on entend crier contre la vanité des Juifs et leur désir de paraître. « Les diamants, les habits de soie, les galons, les dentelles d'or et de fil, les satins et les velours ne sont pas rares parmi leurs femmes [3]... Ils sont généralement continents et sobres, et quoique ces vertus soient communes à l'avarice, loin d'en affaiblir ici le mérite, nous observons que, par une bizarrerie morale assez remarquable, ils nous surpassent en ce point et semblent appuyer des actions iniques sur les bases les plus solides de la probité [4]. » — « La sobriété, dit un autre, est une vertu toute relative, elle n'en est même pas une quand elle a pour origine, comme chez les Juifs, une sale ladrerie... Des Juifs devenus riches ne le cèdent à aucun dissipateur chrétien en grossières et vaniteuses prodigalités [5]. » Explique qui pourra ces contradictions ! Pour faire pièce aux Juifs, l'ivrognerie même devient une qualité : « Henrici a reproché aux Juifs de ne pouvoir rien supporter, les avocats des Juifs font valoir, au contraire, la sobriété et l'économie de leurs clients. La vérité est que, si l'excès de la fantaisie et la force de notre constitution nous conduisent quelquefois, nous autres Germains, à boire un verre de trop, ce vice est si intimement lié à nos qualités, que nous ne voulons pas souhaiter d'en être débarrassés [6]. » — « Chaque fois, dit le député Seyffarth, que j'ai fait appel à la générosité d'un Juif, j'ai trouvé un cœur compatissant et une main

---

[1] *Die Judenfrage* (1880), p. 143 et 146.

[2] Voir, par exemple, le docteur Lagneau, dans ses *Remarques à propos du dénombrement de la population sur quelques différences démographiques présentées par les catholiques, les protestants, les israélites*, Paris, 1882, p. 10 : « Leur sobriété parfois exagérée par suite de la parcimonie. » Comparez, *Les Juifs d'Alsace doivent-ils être admis*, etc., p. 28 (avarice).

[3] *Les Juifs d'Alsace doivent-ils être admis*, etc., p. 117-119.

[4] *Ibid.*

[5] Rühs, *Die Rechte des Christenthums und des deutschen Volkes*, Berlin, 1816, p. 71.

[6] Fœrster, *Das Verhältniss des modernen Judenthums zur deutschen Kunst*, Berlin, 1881, p. 57, note 7. Comparez, dans un sens tout opposé, Ewald, *Ideen über die nöthige Organisation der Israeliten in christlichen Staaten*, Carlsruhe, 1816, p. 161 : « Il faut également avouer que certaines vertus comme la sobriété, la modération, l'amour de la famille, se rencontrent plus souvent chez les Juifs que les soi-disant chrétiens. »

largement ouverte, et cette générosité, je ne l'oublierai jamais. Et certes, ils n'ont pas agi ainsi dans l'intention de se faire valoir, car le plus souvent ils me disaient qu'ils voulaient rester anonymes[1]. »

Veut-on d'autres témoignages ? Que l'on prenne, par exemple, la liste d'une souscription publique pour une œuvre de charité publiée par quelque journal de Paris, on y trouvera toujours les Juifs au premier rang. Un Israélite anglais était, en 1830, membre de toutes les sociétés de bienfaisance de Londres[2]. Lorsque, en 1875, la ville de Toulouse fut ravagée par une inondation, la plus forte souscription donnée pour les victimes du désastre fut celle d'Adolphe Crémieux[3]. Une autre fois, Adolphe Crémieux, prié par un curé de plaider contre un chrétien qui, après avoir offert un ciboire à l'église, avait retiré le don, commença par remplacer le ciboire à ses frais[4]. Le Juif Touro, à la Nouvelle-Orléans, rachète pour 20,000 dollars un presbytère chrétien vendu à l'encan et le restitue à la communauté chrétienne[5]. Le Juif Antoine Lupez Suasso prête au roi de Hollande Guillaume III deux millions de florins, disant : « Si vous êtes malheureux, je consens à les perdre[6]. » — « Dans les derniers temps (fin du XVIII° siècle), plusieurs Juifs portugais de Bordeaux avaient formé des établissements à Saint-Domingue, où ils étaient négociants, armateurs et planteurs. MM. Raba, de Bordeaux, avaient une grande maison de commerce au cap Français[7]. » — « La famille Gradis, à Bordeaux, soutint les colonies affligées par la famine. Boulainvilliers observe qu'ils ont été d'un grand secours aux Alsaciens pendant les guerres du siècle dernier ; ils ont fait, pendant la famine en Alsace, le sacrifice de 36,000 livres sur le prix du blé[8]. » Cerfberr, de Strasbourg, au siècle dernier, obtint du roi des lettres de naturalité « pour services rendus à l'armée et à l'utilité publique et pour le zèle dont il est animé pour le bien de l'État et dont il a donné des preuves pendant la disette qui s'est fait sentir en Alsace pendant les années 1770 et 1771[9] ». L'évêque La

[1] *Die Judenfrage* (1880), p. 35.

[2] *Verhandlungen im grossbritannischen Parlamente*, 1830, p. 45 et 46.

[3] *Archives israélites*, 1875, p. 419 et 546.

[4] Journal *La France*, 2 juillet 1883.

[5] Moser, *Die Juden und ihre Wünsche*, Stuttgart, 1828, p. 122.

[6] *Mémoires de Brandebourg*, tome II, d'après la *Monatsschrift* de Graetz, XVII, p. 214.

[7] *Notice sur l'état des Israélites en France, en réponse à des questions proposées*, Paris, 1821, p. 54 (Rédigée sur la demande du gouvernement russe).

[8] Grégoire, *Motion*, p. 23 et 24.

[9] *Consultation pour MM. les Préteur, Consul et Magistrat de Strasbourg, concer-*

Fare, l'adversaire de l'émancipation des Juifs, disait en 1789 à l'Assemblée nationale : « Qu'il me soit permis, Messieurs, de payer à quelques Juifs, distingués par leurs lumières et leurs qualités personnelles, le tribut d'éloges qui leur est dû... Ces Juifs estimables ont rendu à la ville de Nancy qu'ils habitent et à la Lorraine entière des services importants [1]. »

Il va sans dire que nous ne choisissons pas ces faits ou ces témoignages, entre mille autres, pour en tirer la moindre vanité. Il faut bien répondre aux accusations. Et qu'on ne dise pas que les Juifs de France ou d'Angleterre ou d'Allemagne ne sont pas comme les autres, que si tous les Juifs étaient comme eux, tout serait facile, l'émancipation des Juifs ne souffrirait aucune difficulté. On a vu plus haut qu'on a dit exactement contre les Juifs de ces pays, avant l'émancipation, ce qu'on reproche aujourd'hui aux Juifs d'autres pays! « Une complète culture des Juifs n'est possible que par la complète égalité des Juifs dans l'État, et si on n'émousse pas chez eux les sentiments de l'honneur et de la vertu, comme on l'a fait jusqu'ici, en les repoussant grossièrement... On demande au Juif vertu, honneur, civilisation, et on ne lui reconnaît ni honneur, ni vertu, on le traite comme le plus déchu des hommes [2]. »

Les Juifs détestent le travail, c'est le défaut de la race, tous les sémites sont des paresseux et tous les Juifs sont des sémites. Et cependant ces Juifs menacent de vaincre tous leurs concurrents sur le terrain social et économique! Ils ne veulent pas travailler, ils ne le peuvent pas, leur samedi, leurs fêtes religieuses les en empêchent, ils chôment la moitié de l'année [3]. « Les Juifs ont des fêtes nombreuses et longues, leur jour de sabbat leur fait perdre le vendredi et le samedi de chaque semaine, leur anniversaire de la destruction de Jérusalem, leurs Pâques, et plusieurs autres, n'en finissent pas, et leur font chômer au moins encore cinquante jours dans l'année... Cette oisiveté de la moitié de leur vie, jointe aux impressions de leurs préjugés et au penchant qui porte tous les hommes à la paresse, quand ils peuvent exister sans travail, produit l'habitude qui les livre à la fainéantise le reste de leur existence [4]. »

nant les lettres patentes du mois de mars 1775 dont le sieur Cerf Berr, Juif, demande l'enregistrement, Strasbourg, 1786, p. 50.
[1] Opinion de M. l'Évêque de Nancy sur l'admissibilité des Juifs à la plénitude de l'état-civil et des droits de citoyens actifs, 1789, p. 5.
[2] Verhandlungen der bayer. Kammer, etc., p. 37, paroles du rapporteur Lang.
[3] Les Juifs d'Alsace doivent-ils être admis au droit de citoyens actifs ? Paris, 1790, p. 46, 68, 69.
[4] Ibid., p. 117 à 119.

Mais le véritable mal ne serait-il pas plutôt que le Juif est trop
laborieux? Il faudrait pourtant s'entendre. « L'objection tirée du
chômage du sabbat est singulièrement en opposition avec un argument mis en avant par une nombreuse classe de chrétiens, qui
prétendent prendre en mains les intérêts des ouvriers et veulent
les protéger contre la concurrence remuante des Juifs, car ce
serait en réalité un grand désavantage pour les Juifs, à l'égard
des chrétiens, que d'être obligés de chômer deux jours de la semaine et de perdre, par conséquent, sept semaines entières par
an, ce que les chrétiens devraient accepter *utiliter* [1]. »

On parle ici de l'influence de la race. Si jamais un peuple a été
de sang arien, c'est le peuple grec. Voici ce que dit des Grecs un
auteur qui les aime et qui a longtemps vécu parmi eux [2] : « Le
Grec n'est pas cultivateur ; son rêve c'est d'aller à la ville, à la tête
d'une petite boutique, et de gagner beaucoup d'argent sans beaucoup de peine... Ses instincts mercantiles se révoltent contre le
labeur incertain et vague de la campagne... Ce n'est pas par inin-
telligence que le paysan se refuse à travailler et à préparer le sol
pour lui faire rendre tout ce qu'on en peut tirer, mais seulement
par paresse [3]. Les Grecs, sous prétexte de religion, chôment trois
jours par semaine [4]. — Si les Grecs méprisaient moins l'agriculture [5]... — Quand on songe à la quantité de terres en friche qui
existent dans le royaume..., on regrette tant de richesses laissées
improductives par la paresse des habitants, qui redoutent le travail
suivi [6]. »

L'auteur signale encore chez les Grecs d'autres défauts qu'on
reproche aux Juifs : « La sobriété (quel défaut !) n'est pas tant une
nécessité imposée par le climat qu'une des qualités de la race [7]. »
— « Quand on juge le caractère de la masse du peuple grec, il
faut, en bonne justice, tenir compte des influences d'en haut. Tout
rusés, égoïstes, menteurs, cupides, qu'ils se montrent, leurs vices
ne leur viennent pas d'eux-mêmes, mais leur sont inoculés par les
classes les plus élevées et jusqu'au plus élevé de leurs supérieurs [8]. » Que voulons-nous prouver par cette citation? Absolument rien contre le peuple grec, mais uniquement que le sang et

---

[1] Ersch et Grüber, article *Judenemancipation*, p. 297-298.
[2] H. Bell, *Trois années en Grèce*, Paris, 1881.
[3] P. 83.
[4] P. 134.
[5] P. 136.
[6] P. 140.
[7] P. 149.
[8] P. 194. On peut lire aussi dans le *Konversations Lexicon* de Meyer, article *Rus-
sisches Reich*, 3e édit., vol. XIII, p. 899, le jugement passionné sur les Russes.

la race ne jouent aucun rôle dans ces questions. L'influence historique est dominante. Il y a longtemps qu'on a comparé le sort des Grecs à celui des Juifs et, en général, au sort de tous les opprimés [1]. On leur fait à tous les mêmes reproches, vrais ou non, et les opprimés ont toujours tort.

Les Juifs sont bas, rampants, timorés, tout le monde le sait, on l'a répété sur tous les tons. « Ils sont trop susceptibles, s'écrie un autre, et crient dès qu'on leur marche sur les cors [2]. » Leur orgueil est immense. « Le peuple juif veut être tout, il se prétend unique, universel [3]. » — « Cet orgueil s'explique par la situation particulière qu'ils ont occupée pendant si longtemps... Ils ont exagéré leur valeur, parce que leur conscience leur a affirmé qu'on ne les estimait pas à leur valeur [4], » ou plutôt parce qu'ils ont été constamment attaqués et calomniés. L'apologie a été pour eux une nécessité, elle leur a été imposée et elle a suivi chez eux, comme partout, les lois du genre qui la poussent toujours aux extrêmes. Les Juifs n'ont jamais dit d'eux-mêmes tout le bien qu'en ont dit des chrétiens, jamais ils ne se sont vantés comme les vante par exemple, au parlement anglais, en 1833, l'archevêque de Cantorbéry, qui était cependant opposé à leur émancipation complète [5], ou le Père Lacordaire, en 1847, dans ses conférences de Notre-Dame [6]. Et qui donc, dans ce monde, n'a pas fait plus ou moins son apologie avec les exagérations qui en sont inséparables ? Quelle est la nation, la race qui ne se vante pas d'être la première du monde ? Les Allemands ont-ils assez raillé les Français de vouloir être « la grande nation [7] » et ne sont-ils pas, à leur tour, la nation élue, chargée d'une mission providentielle ? Il faut prendre pour ce qu'elles valent ces illusions dont personne n'est entièrement dupe, et qui paraissent nécessaires à l'humanité. Elles élèvent et fortifient les cœurs. Le chauvinisme n'est point particulier aux Juifs, ils n'ont inventé ni le mot ni la chose, il est de tous les temps et de tous les pays. C'est un sentiment noble en soi et qui conduit aux nobles actions. Celui qui a une haute opinion

---

[1] Par exemple aux catholiques d'Irlande. Voir *Debatten des Rheinischen Landtags*, p. 21, paroles du rapporteur.

[2] *Die Judenfrage* (1880), p. 27.

[3] Bruno Bauer, *Die Judenfrage* (1843), p. 39.

[4] Ewald, *Ideen*, p. 161.

[5] *Verhandlungen des englischen Parlaments im Jahre 1833 über die Emancipation der Juden*, Altona, 1833, p. 49.

[6] *Univers israélite*, 1847, p. 6.

[7] C'est au point que le *Konversations Lexicon* de Meyer s'en montre encore blessé (Leipzig, 3e édit., article *Frankreich*, VIIIe vol., 1876, p. 17.)

de lui-même fera tout ce qu'il pourra pour l'inspirer aux autres et
pour mériter leur estime.

On parle de la mauvaise foi des Juifs envers les chrétiens, on
oublie que, durant tout le moyen âge, il a fallu faire des lois spéciales pour garantir les Juifs contre la mauvaise foi ou la haine
des chrétiens ou de leurs débiteurs chrétiens. Le plus souvent le
témoignage des chrétiens contre les Juifs n'était valable que s'il
était corroboré par des témoignages juifs. Dans ce célèbre privilège accordé aux Juifs d'Autriche en 1244 et qui a servi de modèle
à beaucoup d'autres pays allemands, l'article 1er stipule que « dans
toute affaire concernant une propriété mobilière ou immobilière
ou une question criminelle touchant la personne ou la chose du
Juif, aucun chrétien ne sera admis en témoignage, mais il faut un
chrétien et un Juif [1]. » Il en était de même en Espagne [2]. Dans les
affaires récentes de Tisza-Eszlar, la femme Czerès, qui, auparavant, n'avait rien su de ce qui s'était passé ni pu apporter aucun
témoignage, se rappelle tout à coup qu'elle a vu un fait qui ferait
croire à la culpabilité des Juifs, et, interrogée au tribunal sur ce
singulier réveil de sa mémoire, elle répond : « A Tisza-Eszlar on
disait que les chrétiens vont perdre (le procès) et que les Juifs ga-
gneront. Cela m'excita à sauver mon âme de l'enfer, et c'est pour
cela que j'allai (porter témoignage) chez le juge [3]. » Qu'on se rappelle aussi ce que nous avons déjà dit plus haut sur cette question et sur les sentiments de moralité du bas peuple envers les
Juifs [4].

« Certes, messieurs, dit le député Seyffarth devant le parlement
allemand en 1880, l'usure est honteuse, mais n'y a-t-il que des
usuriers juifs? il y a aussi des usuriers très chrétiens [5]. »

Tandis que les chrétiens ont pris part à toutes les spéculations
qui ont été si funestes à l'Allemagne, « c'est un juif, Lasker, qui a
le premier, dans cette maison (au Parlement), arraché le masque
à cette spéculation qui s'était répandue dans les cercles (chrétiens)
les plus élevés [6]. »

---

[1] Stobbe, *Die Juden in Deutschland*, Brunswick, 1866, p. 297.

[2] Voir, par exemple, Amador de los Rios, *Historia de los Judios de España*, I, 255,
339, 441, 420. Il faut dire cependant que certaines idées théoriques ou le désir de
favoriser le commerce et les affaires de banque des Juifs ont eu quelque influence sur
cette législation. Voir Stobbe, *ibid.*, p. 148.

[3] *Pesther Lloyd*, n° du 10 juillet 1883.

[4] Voir *Revue*, t. XXVII, p. 18 et suiv.

[5] *Die Judenfrage* (1880), p. 98.

[6] *Ibid.*, p. 97. Il faut lire toute cette page où sont désignés les spéculateurs chrétiens qui avaient amené la débâcle financière.

« Si la loi (sur l'acquisition des terres par les Juifs) est maintenue, on la tournera avec le concours des chrétiens [1]. »

Les Juifs haïssent les chrétiens ? « Sache être chrétien, dit Luther,
et ne doute pas que, après le diable, tu n'as pas d'ennemi plus
acharné qu'un vrai Juif qui veut être véritablement un Juif. Je veux
donner mon conseil sincère ! Que l'on mette le feu à toutes les
synagogues et que ce que le feu ne consumera pas soit couvert de
terre [2]. » Comparez ces douceurs aux paroles suivantes adressées
par Adolphe Crémieux aux membres de l'*Alliance israélite universelle* : « Vous êtes Juifs et il s'agit de protéger les Juifs. Si une
persécution s'élevait contre les chrétiens, je vous dirais : courons
en aide aux chrétiens [3]. »

Les Juifs, dit-on, sont unis entre eux et penchent toujours d'un
même côté. Cela est si vrai que, par exemple, dans le Reichstag
de la Confédération du Nord, les députés juifs étaient partagés,
comme suit : le Dr Rée, de Hambourg, était de la gauche ; Lasker
et Reichenheim, du parti libéral-national ; M. de Rothschild, de la
droite [4].

« Vous avez aussi des Juifs qui portent vos armes, disait le député Rickert, en 1880, au parti conservateur du Parlement allemand, et ce sont des champions remarquables. On a déjà nommé
Stahl et Léo (sans compter Rothschild). Messieurs, qu'aurait été
votre parti sans Stahl ? Ce sont les Juifs qui vous ont élaboré votre
programme. Ainsi, messieurs, un peu plus de respect pour ces
compatriotes et concitoyens [5]. »

Nous ne saurions mieux terminer ces considérations qu'en citant ici une page d'un écrivain suisse qui confirme tout ce que
nous avons dit de la contradiction et de l'iniquité des reproches
adressés aux Juifs [6] :

« Il suffit qu'il y ait parmi nous des Juifs aisés ou riches, pour
qu'on dise : le Juif a tout l'argent, la question sociale est la question juive. On ne connaît pas, on ne veut pas connaître le Juif
indigent, le Juif mendiant. Il est vrai que ce dernier ne s'adresse
qu'à ses coreligionnaires, qui ont incontestablement une organisation de la bienfaisance bien supérieure à celle des chrétiens,

---

[1] Streckfuss. p. 47
[2] Buchholz, *Ueber die Aufnahme der Jüd. Glaubensgenossen zum Bürgerrecht*, Leipzig, 1816, p. 49.
[3] *Bulletin de l'Alliance israélite universelle*, 1er semestre 1873, p. 30.
[4] *Allgemeine Zeitung des Judenthums*, 1867, p. 336.
[5] *Die Judenfrage* (1880), p. 164.
[6] Reichenbach, *Nach der Hatz*, Zurich, 1881, p. 54-56.

quoique ceux-ci vantent sans cesse leur charité et leur amour du prochain.

» Le Juif fait le petit commerce, il est mal habillé, se contente, pour la subsistance de sa journée, d'un morceau de pain et d'un verre d'eau ? Aussitôt on montre au doigt le Juif crasseux, le Juif déguenillé, le Juif avare ; car il est Juif, donc il doit avoir beaucoup d'argent, il a chez lui des trésors, mais il est trop avare pour mettre un vêtement décent ou se procurer une nourriture convenable.

» Le Juif s'habille à la moderne, se promène à pied ou en voiture, sa femme pare les enfants et les envoie à la promenade ? On lui reproche de se mettre en avant, de s'exhiber et se pavaner dans son orgueil, pour prouver au monde qu'il a du bien au soleil et qu'il est à son aise.

» Le Juif est-il commerçant, négociant en gros, fait-il des affaires de banque ou de bourse ? Il est accusé de ne savoir exercer aucun autre métier, d'être né pour l'usure, de dominer le commerce et la bourse. Tous les malheurs qui arrivent, la faute en est à lui.

» Il étudie, se consacre à la science ? On crie qu'il veut prendre d'assaut toutes les situations, il n'y a plus une carrière qu'il n'envahisse. S'occupe-t-il de droit ou de médecine ? Il est censé faire de ces études une affaire de spéculation pour gagner gros ou arriver haut. Un jurisconsulte éminent, qui se targue de mœurs parfaitement chrétiennes, a même proposé, dans un journal, d'agir envers les Juifs, dans la magistrature, comme agit envers eux le corps des officiers [1] ; toute la magistrature doit décider chaque fois s'il faut recevoir ou non les jeunes magistrats juifs.

» Si le Juif est homme de lettres, aussitôt on dit qu'il domine la presse, se mêle de choses qui ne le regardent pas, corrompt la littérature courante, empoisonne l'opinion publique, abaisse tout idéal, etc.

» Le Juif se fait artiste ? Il va sans dire que l'art aussitôt dégénère et tombe en décadence.

» Le Juif fonde des fabriques et s'occupe d'industrie ? Aussitôt et naturellement il est la sangsue par excellence, le bourreau des ouvriers ; la question sociale est la question juive. Il est bien entendu que la marchandise juive ne vaut jamais rien.

» Se fait-il artisan ? Mais qu'est-ce que le Juif peut entendre aux professions manuelles ? Faut-il qu'il se glisse encore parmi

---

[1] Le corps des officiers allemands rend très difficile aux Juifs l'accès des hauts grades militaires.

les gâcheurs du métier ! Ces Juifs gâtent tout ce qu'ils touchent !

» Le Juif est-il réservé? il est raillé et traité de lâche ; fait-il valoir ses droits, en parle-t-il avec assurance? il a de la présomption. Plus d'un Juif de l'ancienne génération a mieux aimé se taire et se laisser moquer. Le fils sait, au contraire, qu'il a les mêmes droits que les autres citoyens et il veut en faire usage. S'il arrive, par hasard, qu'il les soutienne avec plus de force que ne le souhaite son adversaire ou qu'il ne conviendrait, n'oublions pas que pendant longtemps il a été obligé de se taire. Du reste, les gens sans éducation seuls sont importuns ; un homme bien élevé, qu'il soit Juif ou chrétien, sait toujours observer les convenances.

» Mais il est singulier que le chrétien voie d'un œil tout spécial tout ce que fait le Juif. Une ville où la dixième partie de la population est juive est censée fourmiller de Juifs; un chrétien qui rencontre six familles juives à la promenade dit que la promenade est remplie de Juifs. Il ne voit pas que les Juifs y sont en minorité, il ne voit que les Juifs, et il les voit d'un regard que la haine rend perçant. Son concitoyen chrétien a beau se rendre coupable des plus graves fautes, cuver son eau-de-vie au milieu de la rue, le manteau de la charité chrétienne couvre tout. La moindre défaillance du Juif est, au contraire, remarquée, publiée à son de trompe. Il est absolument faux d'alléguer des motifs à la haine du chrétien contre le Juif, le seul motif est qu'il est Juif. On blâmerait peut-être, à coup sûr on ne haïrait pas tout autre qui se rendrait coupable des mêmes fautes que le Juif... Bref, quoi que puisse faire ou dire le Juif, ce ne sera jamais bien aux yeux du chrétien borné, ce chrétien fût-il professeur. Il ne peut pas sentir le Juif, cela suffit. »

« En général, dit le même auteur, ils (les Juifs) sont cause de tout, c'est d'eux que vient tout le mal qui arrive aujourd'hui dans l'empire allemand [1]. »

Voici enfin un dernier reproche. On a dit : les Juifs n'ont pas le courage militaire ; s'ils étaient introduits dans les armées, les soldats en seraient indignés [2].

Ici encore la légende est en parfaite contradiction avec les

---

[1] Reichenbach, p. 33.
[2] Voir, par exemple, *Opinion de M. l'Évêque de Nancy sur l'admissibilité des Juifs* (Paris, 1789 ?) p. 3 ; Salomon, *Briefe an Herrn Anton Theodor Hartmann*, Altona, 1835, p. 46 ; *Notice sur l'état des israélites en France*, Paris, 1821, p. 81 : « Les Juifs ne peuvent pas devenir soldats, parce qu'aucun soldat ne voudra, par sentiment d'honneur, servir avec eux. » Voir *Kœnnen die Juden... in ihrer jetzigen Verfassung bleiben*, Berlin, 1803, p. 61.

faits. Il ne serait pas étonnant, sans doute, que les Juifs, après les horribles persécutions du moyen âge, fussent devenus timorés. Le même phénomène s'est produit partout chez les populations opprimées. Il y a aux environs de Bagdad des villages où la population entière est syrienne et parle encore la vieille langue syriaque ; mais les uns sont musulmans et ont le pouvoir, les autres sont chrétiens et opprimés. « S'il y a quelque chose de dissemblable au monde, dit M. Renan, c'est le chrétien et le musulman en Syrie : le chrétien, qui est la créature la plus timide du monde, le musulman, qui a l'habitude de porter les armes et de dominer[1]. » A propos de l'émotion qui a eu lieu à Beyrouth vers la fin de 1882, quelqu'un écrivit à M. Renan : « S'il y avait eu là un enfant musulman avec un sabre, il aurait pu tuer mille chrétiens[2]. » Cette timidité que les Juifs modernes ont montrée quelquefois s'explique donc parfaitement. C'est le résultat des nécessités sociales qui ont pesé sur les Juifs pendant des siècles, non un phénomène de race[3]. Bien des personnes se sont étonnées, en France, que les Juifs de Russie se soient laissé maltraiter sans résistance, dans les années 1882 et 1883, par les émeutiers, cette attitude leur a fait tort dans l'opinion de nos pays ; mais le Juif des pays orientaux n'est pas seulement arrêté par l'habitude d'être maltraité et de recevoir des coups, il l'est encore par la certitude qu'il a d'être finalement subjugué par le nombre, d'exciter jusqu'au paroxysme la fureur des assaillants, de faire retomber ailleurs, sur d'autres coreligionnaires, plus faibles et moins en état de se défendre, la peine de sa résistance. Il sait que si, dans ces pays, personne ne s'émeut au spectacle d'un Juif tué par un chrétien, la mort d'un chrétien par la main d'un Juif soulèverait des colères épouvantables. Qu'y a-t-il d'étonnant que, dans ces circonstances, sa main soit arrêtée et son courage paralysé ?

Il est superflu d'aller chercher dans la Bible des preuves du courage des Juifs, d'évoquer le nom des Macchabées ou de rappeler le célèbre siège de Jérusalem, le soulèvement des Juifs de la Cyrénaïque, sous Trajan (116), celui de la Palestine sous Adrien (132-135). Même au moyen âge, les Juifs sont restés fidèles aux traditions de bravoure de leurs ancêtres. Il a été parlé plus haut des tribus juives de l'Arabie qui avaient partout des châteaux-forts et des lignes de défense redoutées (vie et viie siècles). Au xiie siècle, Benjamin de Tudèle a rencontré des tribus militaires

---

[1] Renan, *Le judaïsme comme race et comme religion*, p. 27.
[2] *Ibid.*, 27.
[3] *Ibid.*, 28.

juives à Théma ou Tehama [1] (dans le Khorassan), à Aden [2]. C'est lui qui raconte l'histoire si connue des tribus juives du pays d'Asserbeidjan conduites à la guerre par David Alroy (vers 1160) [3], celle des tribus guerrières établies dans les monts Nisabor et qui obéissaient à un prince juif, Joseph Amarkala [4].

Dans nos pays, les Juifs ont également et de tout temps donné de remarquables exemples de courage. Tout le monde connaît l'admirable défense des Juifs de Naples contre Bélisaire (en 536), où ils se montrèrent bien supérieurs aux Goths avec lesquels ils combattaient [5]. Sous le roi visigoth Egica (694), des Juifs gardaient les défilés des Pyrénées [6]. Les Juifs aidèrent par les armes Childéric dans sa guerre contre le roi Wamba [7] ; ils prirent une grande part au siège d'Arles (508), dans la guerre entre Clovis et les troupes de Théodoric [8]. Près de Tarragone, en Espagne, il y avait une forteresse appelée Fort des Juifs [9]. Lorsque les Arabes envahirent l'Espagne, il y avait parmi eux des Juifs à qui ils confièrent la garde des villes conquises [10]. Plus tard, lors de l'invasion en Espagne de l'Almoravide Youssouf ibn Tschoufin (1086), 40,000 Juifs combattirent parmi les soldats d'Alphonse VI de Castille, à Zalaca, et ils se battirent avec tant de bravoure que leurs cadavres jonchèrent le champ de bataille [11]. Sous Alphonse VIII le Noble (1166-1214), les Juifs de Castille se battent également (1195) contre les Arabes [12]. Alphonse X (1252-1284) récompensa, en leur distribuant des terres, les Juifs qui s'étaient battus dans l'armée conduite par lui contre Séville à l'époque où il était encore prince héritier [13]. Lorsque Don Pèdre-le-Cruel eut à soutenir une guerre contre Henri de Transtamare, les Juifs, en sujets fidèles, défendirent le roi avec la plus grande énergie, à Tolède, à Briviesca et autres lieux [14]. Enfin, après l'expulsion des Juifs d'Espagne, en 1492, ceux d'entre eux qui s'étaient réfugiés en Turquie enseignèrent aux Turcs « la fabrication des armes à

---

[1] *Voyages de Rabbi Benjamin fils de Tudèle*, Amsterdam, 1734, p. 168.
[2] *Voyages*, p. 220.
[3] *Ibid.*, p. 179; Graetz, VI, 290.
[4] *Ibid.*, p. 191 et suiv. ; Graetz, IV, 294.
[5] Procope, *De bello gothico*, I, 9, p. 45.
[6] 17e concile de Tolède, ch. VIII.
[7] Amador, I, 97. Cf. Cassel, p. 63, 2e col.
[8] Cyprianus, *Vita Cæsaris* ; Graetz, V, 56.
[9] Graetz, V, 68.
[10] *Ibid.*, p. 170-171.
[11] Amador, I, 185.
[12] Graetz, VI, 229.
[13] *Ibid.*, VII, 136.
[14] *Ibid.*, VII, 423 ; Amador, II, 224 et 252.

feu, des canons, de la poudre [1] ». Les Juifs de Worms, au
XIe siècle, prirent les armes, avec leurs concitoyens chrétiens,
pour défendre l'empereur Henri IV contre le pape [2]. On connaît la
célèbre défense que firent les Juifs d'Ofen contre les troupes allemandes en 1688 et où ils se battirent plus bravement encore que
les Turcs [3].

Et les Juifs modernes ? Que n'a-t-on pas dit de leur lâcheté, de
l'impossibilité d'en faire des soldats et de les incorporer dans les
armées, de la résistance même que rencontrerait leur enrôlement
chez des soldats chrétiens ? Il était impossible de s'attendre à
trouver chez eux, sans doute, après huit siècles d'oppression, le
courage et la bravoure. L'impossible est devenu vrai, l'incroyable
s'est réalisé. On ne saurait assez s'en étonner. Les témoignages
sur ce point sont unanimes et éclatants. Déjà au lendemain de
l'émancipation des Juifs français, on vantait leur esprit militaire.
A Paris, à Bordeaux, ils entraient avec empressement dans la
milice nationale, et plusieurs d'entre eux avaient obtenu le grade
de capitaine [4]. « Un assez grand nombre d'entre eux (des Juifs
français) ont servi avec honneur dans les armées françaises, plusieurs de ces militaires se sont distingués par leur bravoure et
leurs talents, ils ont mérité d'être promus à des grades d'officiers
dans l'infanterie, la cavalerie, l'artillerie [5]. » — On dit qu'à Wa-
terloo, 52 officiers français juifs sont tombés sur le champ de bataille [6]. — « L'armée compte des Israélites distingués, disait
en 1830 Augustin Périer à la Chambre des députés [7]. » — L'amiral
Verhuell, quoique adversaire de l'émancipation des Juifs, conve-
nait que « l'armée a compté dans ses rangs plusieurs braves de
cette nation [8] ». Le ministre Mérilhou, enfin, disait : « Sous les
drapeaux de nos phalanges immortelles... ils ont, en un quart de
siècle, donné parmi nous le plus noble démenti aux calomnies de
leurs oppresseurs [9]. » Le témoignage le plus éclatant a été donné

[1] Graetz, IX, 32.
[2] Ibid , VI, 88.
[3] Schudt, *Jüdische Denkwürdigkeiten*, livre IV, chap. 5, p. 117. Se rappeler encore
les généraux juifs, sous les Ptolémées, à Alexandrie ; la résistance des Juifs contre
Héraclius, à Jérusalem ; celle des Juifs de l'Asie contre Julien ; les soldats juifs de
l'armée anglaise de Bombay ; Wertheimer, *Die Juden in Oesterreich*, II, 80 ; *Isr.
Annalen*, 1841, n° 9. Rappelons aussi la défense des Juifs de Prague contre les Sué-
dois, en 1648 ; Graetz, X, 50.
[4] Grégoire, *Motion*, Paris, 1789, p. 34. L'auteur dit aussi que les Juifs brillèrent
à l'attaque de Port-Mahon, *ib.*, p. 35.
[5] *Notice sur l'État des Israélites en France*, p. 82.
[6] Ewald, *Der Geist des Christenthums*, Carlsruhe, 1817, p. 88.
[7] Halphen, p. 396.
[8] *Ibid.*, p. 447.
[9] *Ibid.*, p. 429.

par le général Chassé [1] aux soldats juifs de Hollande qui ont été sous son commandement, en 1830, dans la citadelle d'Anvers. En Allemagne, tout le monde sait avec quelle ardeur patriotique les Juifs se sont enrôlés volontairement dans les armées au commencement de ce siècle, après les victoires de Napoléon Ier. Tous les écrivains de l'époque leur ont rendu justice, le chancelier prince de Hardenberg écrivait, à ce sujet, le 4 janvier 1815, au comte de Grote, à Hambourg : « L'histoire de notre dernière guerre contre la France a démontré que, par leur fidèle attachement, ils (les Juifs) sont devenus dignes de l'État qui les a accueillis. Les jeunes gens israélites ont été les compagnons d'armes de leurs concitoyens chrétiens, et nous avons à citer parmi eux des exemples de véritable héroïsme et du plus louable mépris des dangers de la guerre [2]. » On compte qu'il y a eu, à cette époque, en Allemagne, un volontaire juif sur 18 Juifs valides et en âge de porter les armes, le premier soldat qui obtint la croix de fer fut un Juif nommé Gunzbourg, plusieurs autres volontaires juifs furent décorés ou nommés lieutenants, entre autres le futur officier d'état-major Burg, plus tard capitaine (Hauptmann) d'artillerie et professeur à l'école d'artillerie de Berlin [3]. Dans les pièces annexes au Mémoire présenté en 1847 par le gouvernement prussien à la diète unie, le ministère disait [4] : « On a noté comme bonne leur conduite (celle des Juifs) aux 2e et 3e corps d'armée, et on a remarqué que plusieurs d'entre eux se sont particulièrement distingués dans le service. Au 7e corps d'armée, on leur a rendu le témoignage qu'ils se sont courageusement comportés en face de l'ennemi, et le commandant général du 1er corps a fait leur éloge pour services rendus à la guerre. On a encore remarqué, au 2e corps, qu'il n'est pas rare de rencontrer des conscrits juifs plus instruits que leurs camarades chrétiens. Enfin, le commandant du 8e corps déclare indiscutable la réalité des qualités morales des Juifs pour le service militaire. »

Le mémoire concluait par ces mots :

« Considérant que les Juifs ont été appelés au service militaire, comme les chrétiens, par l'ordonnance royale du 9 février 1813 et la loi du 3 septembre 1814 ; qu'ils ne sont pas inférieurs, dans le danger, aux habitants chrétiens, et qu'ils ont participé à la dé-

---

[1] Dans Pinner, *Offenes Sendschreiben*, p. 36. « Il y a quelques années (avant 1790), dans un célèbre combat entre Anglais et Hollandais, un Juif portugais déploya un grand courage. » Dans *Pétition des Juifs établis en France adressée à l'Assemblée nationale le 28 janvier 1790*, Paris, 1790, p. 66.

[2] Geitel, *Gesuch der Bekenner des jüdischen Glaubens*, Braunschweig, 1831, p. 71.

[3] *Vollständige Verhandlungen*, p. 457.458.

[4] Reproduit dans *Allgemeine Zeitung des Judenthums*, 1847, p. 355.

fense de la patrie ; qu'ils ont mérité la reconnaissance pour leur
conduite pendant la guerre de l'indépendance, et qu'en temps de
paix ils se sont toujours montrés amis de la tranquillité et de la
paix [1]... »

Et après la guerre de 1870, un député allemand, Træger, disait
au Reichstag, après beaucoup d'autres de ses collègues : « On a
parlé des Juifs qui avaient combattu avec tant de vaillance dans
les rangs prussiens pendant la guerre de la délivrance (1812). Je
vous demande, messieurs, s'il n'y a pas de souvenirs plus récents
pour vous. Avons-nous accordé la croix de fer et les distinctions
aux combattants de la grande guerre avec cette mention spéciale :
Pour les juifs et pour les chrétiens, et ne savons-nous pas que
sous ce signe sacré, où que nous le trouvions, bat un cœur vaillant, prêt à répandre son sang pour la patrie? Quel est le droit le
plus élevé que vous puissiez accorder à un homme, la plus grande
estime que vous puissiez lui témoigner? C'est de le juger digne de
donner sa vie pour son idée. A celui à qui vous permettez de
mourir pour la patrie, vous avez octroyé par cela même un droit
d'honneur qui éclipse, par sa grandeur, tous les autres droits. Les
Juifs ont rendu de grands services avec leur épée comme par
leurs sacrifices d'argent [2]. »

Veut-on une preuve frappante de l'esprit militaire des Juifs et
des services distingués qu'ils rendent dans les armées? Nous
avons fait relever les noms de tous les officiers juifs de l'armée
française en 1882 [3]. Si l'on réfléchit que les Juifs forment à peine
le 400ᵉ de la population générale de la France (environ 90,000,
avec les Juifs de l'Algérie, sur 36 millions), on sera confondu de
voir le contingent qu'ils fournissent à l'armée. Il y a parmi ces
officiers deux généraux de division (le général Sée et le général
Lambert, et ce dernier s'est élevé à ce grade en passant par tous
les échelons inférieurs depuis celui de simple soldat), 3 généraux
de brigade (B. Abraham, G. Brissac, E.-A. Lévy), 5 colonels,
9 lieutenants-colonels, 12 chefs de bataillon d'infanterie, 4 chefs
de bataillon du génie, 5 chefs d'escadron de cavalerie, 4 chefs
d'escadron d'artillerie, 90 capitaines de diverses armes, 89 lieutenants, 104 sous-lieutenants [4]. A tous les grades, le nombre des

---

[1] *Allgemeine Zeitung des Judenthums*, 1847, p. 355.
[2] *Die Judenfrage* (1880), p. 64
[3] *Annuaire de l'armée française pour 1883*, Paris 1883. L'*Annuaire* ne contient
aucune indication relative au culte, mais on reconnaît les Juifs aux noms qu'ils portent, et quoique ce ne soit pas un signe infaillible, il y a de grandes chances pour
que notre relevé ne contienne que peu d'erreurs. Nous n'avons, du reste, tenu aucun
compte des noms qui nous ont paru douteux.
[4] Le tableau complet des officiers comprend, si nous ne nous trompons, 100 géné-

Juifs est considérable relativement à la population juive. Toute considération est superflue à côté de ces chiffres.

VI

CONCLUSION.

Rôle des Juifs dans les pays modernes, services rendus.

Nous arrêtons ici ces réflexions que l'on pourrait développer à l'infini. Nous croyons qu'il résulte suffisamment de tout ce qui précède que les lois d'exclusion contre les Juifs ne sont justifiées par rien et ne peuvent que nuire à la société entière ; que l'émancipation des Juifs, au contraire, est moins encore un bienfait pour eux que pour l'État. On a vu quels services les Juifs du moyen âge ont rendus au monde européen en lui enseignant le commerce et l'art d'employer les capitaux amassés par le travail. Dans les pays neufs surtout et moins cultivés, ils peuvent continuer aujourd'hui à jouer ce rôle utile et dont profitent toutes les classes de la société, mais surtout le paysan. « Est-ce que le Juif qui achète à l'agriculture les produits de la Russie pour les reporter à l'étranger, d'où il importe en échange du fer, des machines, des produits chimiques ou d'autres articles, n'est pas un membre de la société aussi utile et aussi digne de respect que n'importe quel citoyen ? Est-ce que les agriculteurs pourraient aussi se charger du rôle de l'exportateur et de l'importateur, peut-être aussi du banquier, puisque dans les affaires de ce genre il faut aussi recourir aux services du banquier ? C'est grâce à la concurrence parmi les acheteurs intermédiaires juifs que les grands propriétaires fonciers et les paysans cultivateurs peuvent vendre leurs produits à des prix très rémunérateurs [1]. » — « Quand les Juifs pourront s'établir partout où le besoin de la concurrence existe, la société russe toute entière en profitera, les produits agricoles destinés à l'exportation auront une valeur beaucoup plus grande dans les contrées les plus éloignées de la Russie, tandis que les prix des articles d'importation diminueront sensiblement. Donnez

---

raux de division en activité (*ibid.*, p. 67), 200 généraux de brigade (p. 71), et, dans l'infanterie, 167 colonels (p. 223), 183 lieutenants-colonels (p. 230), 966 chefs de bataillon (p. 248), 4,262 capitaines (p. 292), 3,428 lieutenants (p. 324) et 2,587 sous-lieutenants (p. 349).

[1] *Économiste français*, n° du 4 juin 1881.

au paysan-cultivateur les ressources nécessaires pour vivre d'une récolte à l'autre, et vous verrez ce même paysan, au lieu de se livrer à la paresse et à la boisson, s'occuper de sa terre, qui produira infiniment plus qu'elle ne produit actuellement [1]. »

Ce qui mérite également d'être signalé, c'est le concours que les Juifs prêtent à l'industrie et le développement qu'elle peut recevoir, dans certains pays, par leur travail. Si l'on doutait de leur action utile, quelques citations suffiront, nous les choisissons de préférence dans le passé.

La *Notice en réponse à des questions proposées*, de l'an 1821, cite, entre autres Juifs remarquables : Olry Hayem Worms, ancien adjoint au maire (dans un arrondissement) à Paris, propriétaire d'une filature de coton à Romilly ; Baruch-Weil, fabricant de porcelaines à Paris ; Furtado jeune, armateur à Bayonne ; Moïse May, à Neufchâteau, qui avait obtenu en 1807 une médaille d'encouragement de la Société d'agriculture de Paris [2]. La première fabrique de crayons en Angleterre a été fondée par un Juif à Liverpool [3]. Rohrer, en 1805, dans son Essai sur les habitants juifs de la monarchie autrichienne [4], donne une idée de l'utilité des Juifs, ou plutôt de leur nécessité en Gallicie. « Ils sont, dit-il, les forgerons, les charrons, les savetiers, les tailleurs de ce pays. » A Prague, déjà avant 1842, on trouvait des tailleurs de pierre, des charpentiers juifs, et beaucoup de Juifs avaient été employés comme ouvriers à la construction du pont de Beraun [5]. En Hongrie et en Gallicie, les Juifs, à la même époque, avaient fait monter à des millions les produits manufacturés de ces provinces, principalement le commerce de la laine [6]. Depuis 1782, il leur est permis, dans ces régions, d'avoir des fabriques où l'on travaille la soie, le coton, la laine, les cuirs ; la seule fabrique à vapeur de chocolat existant en 1842, une des plus grandes raffineries de sucre, le premier moulin à vapeur fondé par actions, ont été créés par les Juifs [7]. Les grandes fabriques juives de Bohême,

---

[1] *Économiste français*. Parmi les Français décorés, le 11 et le 13 juillet 1883, de l'ordre de la Légion d'honneur, se trouvent M. Dreyfus, de Marseille, pour son grand commerce de grains (probablement avec la Russie), et M. Bensimon, de Marseille, pour ses exportations. Le nombre total des décorés de cette branche est de trente-cinq (*Journal officiel* du 11 et du 13 juillet 1883). Sur les quatre commissaires français à l'exposition d'Amsterdam de 1883, il y avait deux commissaires israélites.

[2] P. 89 à 91

[3] Wertheimer, *Die Juden in Oesterreich*, Leipzig, 1842, II, p. 26.

[4] *Versuch über die jüd. Bewohner der österr. Monarchie.*

[5] Wertheimer, II, 27.

[6] *Ibid.*, II, 55.

[7] *Ibid.*, II, 60.

celles des Porgès, des Jérusalem, des Epstein, sont célèbres. On trouve aussi dans ce pays des fabriques fondées par les Juifs pour le coton, le cuir, l'huile, le raffinage du sucre, à une époque où les fabriques étaient rares [1]. Une fabrique de poix a été fondée par un Juif à Trieste en 1787; une fabrique de savon, par Anselme Finzi, en 1808, laquelle obtint plus tard le titre de fabrique nationale [2]. On trouvera beaucoup d'autres renseignements très intéressants sur l'industrie des Juifs d'Autriche-Hongrie, dans les Annuaires de Wertheimer [3]. Les exemples qui précèdent suffisent, et il serait fastidieux de les prolonger.

Les Juifs de Bohême, dit un avocat des Juifs en 1831, sont connus par leurs fabriques de lin et de coton imprimés ; à Prague, les frères Koppeln et Beer Porgès occupent 300 ouvriers ; Przisram fils et Jérusalem, 300 ouvriers ; les frères Epstein et Duratzin, ensemble 400 ouvriers ; Philippe, à Karlskrona, occupe 600 ouvriers dans la fabrication des toiles à voiles, etc. [4]. Dans le duché de Bade, M. d'Eichthal emploie 300 à 400 ouvriers à la fabrication des armes et des machines à tisser [5]. Dans la Prusse, il y a des Juifs qui sont fabricants de soie (Leser et Cie, à Elberfeld, par exemple), d'impressions sur coton, ou qui ont des raffineries de sucre, des fabriques de cuir, etc. [6].

On peut lire des détails du même genre sur les Israélites d'Autriche-Hongrie récompensés à l'exposition de Londres de 1862, dans l'Annuaire de Wertheimer pour l'année 1863-64 [7]. Nous n'avons pas pu nous procurer des renseignements précis sur l'activité industrielle et commerciale des Juifs actuels en Allemagne, il n'y a pas de doute qu'elle ne soit très grande et très utile. En Autriche-Hongrie, tout le monde sait quels services éclatants les Juifs ont rendus, de nos jours, dans l'industrie meunière, dans celle de la levure de bière, dans la fabrication des bois courbés. Il résulte d'un relevé qui a été fait en 1883, qu'il y avait alors, parmi les Juifs de cette ville, 3,806 ouvriers industriels, 400 directeurs d'industries ou industriels. On compte parmi ces derniers des fabricants d'étoffes de soie, de laine, de coton, de velours, de

---

[1] Wertheimer, II, 61.
[2] Ibid., II, 61.
[3] Jahrbücher für Israeliten, Vienne, 1854, p. 3 et suiv.; 1855, p. 177 et suiv. 1856, p. 74 et suiv. ; 1857, p. 160 et suiv. ; 1858, p. 278 et suiv. , 1860, p. 122; 1861, p. 102.
[4] Sulamith, I, II, 223 ; VI, II, 421.
[5] Ibid., VI, II, 37.
[6] Ibid., VI, II, 186. Comparez, sur tous ces faits, Geitel, Gesuch, etc., p. 44 à 46.
[7] Vienne, 1864, p. 176 et suiv.

toile, de draps, de cuirs, de savons et bougies, de chaussures, des tisseurs, des métallurgistes, etc. Dans la chambre de commerce de Vienne en 1883, il y avait 16 Juifs. Un relevé que nous avons fait faire, d'après le dictionnaire des adresses de Paris (dictionnaire Botin) de l'année 1883, et suivant la méthode appliquée plus haut à l'Annuaire militaire, donne, pour les fabricants israélites de Paris les résultats suivants : 1 armateur, 4 fabricants de balance, 2 fabricants de batistes, 1 fabricant de becs de gaz, 3 fabricants de berceaux, 2 fabricants de meubles en bois courbé, 1 fabricant de boucles, 14 fabricants de bronze, 1 fondeur en bronze blanc, 4 fabricants de brosses, 1 fabricant de cachemires des Indes, 1 cambreur, 1 fabricant de caoutchouc, 2 fabricants de chasubles, 5 fabricants de chaudronnerie, 17 fabricants de chaussures, 10 fabricants de chemises, 2 fabricants de coffres-forts, 3 cordiers, 6 corroyeurs, 2 fabricants de corsets, 10 fabricants de cotons et de tissus, 4 fabricants de couleurs, 6 fabricants de cristaux, 21 fabricants de dentelles, 15 dessinateurs industriels, 1 fabricant d'appareils pour la distillerie, 8 fabricants de doublures, 14 fabricants de draps, 13 ébénistes, 5 fabricants de faïences, 2 fabricants de fil, 2 fondeurs d'or, 2 fondeurs en bronze, 1 maître de forges, 1 fabricant d'appareils à gaz, 4 fabricants de glaces, 8 graveurs sur acier, 2 graveurs sur camées, 1 graveur en caractères, 12 graveurs sur métaux, 22 horlogers, 8 imprimeurs, 19 imprimeurs lithographes, 23 imprimeurs en taille-douce, 1 fabricant d'instruments de musique, 4 fabricants de maroquin, 3 mégisseurs, 3 monteurs en bronze, 5 fabricants de papier, 3 fabricants de parapluies, 19 fabricants de peausserie, 8 fabricants de peignes, 5 peintres décorateurs en porcelaine, 10 fabricants de portefeuilles, 2 fabricants de porte-plumes, 7 relieurs, 6 fabricants de savon, 5 facteurs de pianos, 6 fabricants de pipes, 25 plumassiers, 3 fabricants de porcelaines, 7 sculpteurs statuaires, 3 sculpteurs ornemanistes, 2 serruriers, 6 fabricants de sièges, 4 fabricants de sommiers élastiques, 2 fabricants de sucre, 7 tabletiers, 7 tailleurs en diamants, 30 tapissiers, 3 tourneurs sur métaux, 1 tréfileur, 1 fabricant de tuiles, 1 fabricant de vis, 2 fabricants de voitures.

On trouvera dans diverses publications [1] les noms des Israélites italiens récompensés aux expositions industrielles de Vienne, 1863 et 1873; de Padoue, 1869 ; de Paris 1878 ; de Milan, 1881.

---

[1] *Vessillo israelitico*, 1881, p. 237 ; *Educatore israelitico*, année III, p. 311; 1854, p. 122, 251; 1855, p. 285; 1857, p. 216, 249, 282; *Catalogo ufficiale de la esposizione industriale italiana de Milano*, 1881.

Parmi les récompensés, se trouvent des fabricants de soufre, de bronze, de tourbe, de racine brûlée, de riz travaillé, de chanvre, de fils de coton, de soie, de laine, de toile, de pelleterie, de vins, d'alcools, de poterie, de dentelles, de meubles, de produits chimiques, etc. ; quelques-uns ont reçu des récompenses pour l'économie agricole, forestière et horticole.

Il nous sera permis de ne pas nous arrêter à prouver que les Juifs peuvent rendre des services dans toutes les fonctions sociales. Ce n'est pas sérieusement que l'on parle de l'infériorité intellectuelle des Juifs. Tout le monde sait qu'ils tiennent, dans nos pays, une place honorable dans les lettres, les sciences, les beaux-arts, la justice, l'administration ; on en trouve en France à l'Institut, au Collège de France, à la Sorbonne, à l'École des hautes études, à l'École normale supérieure, dans les lycées, à l'École de médecine, à la Cour de cassation, dans les ministères, au Sénat, à la Chambre des députés, au conseil municipal de Paris, etc. Il en est de même en Angleterre, en Italie, en Belgique, en Hollande, et, en partie, en Allemagne et en Autriche-Hongrie. Le plus haut magistrat d'Angleterre, le master of the rolls était naguère encore Sir George Jessel, qui vient de mourir il y a quelques mois et à qui tous les journaux anglais ont accordé des témoignages unanimes de regrets [1]. Que l'on lise également les éloges funèbres accordés par les organes du gouvernement et par tous les journaux de Belgique au sénateur J.-R. Bischoffsheim à Bruxelles [2]. Ou bien encore que l'on voie la part que le public anglais a prise à l'anniversaire célébré en 1883 par Sir Moses Montefiore et auquel le *Times* en particulier s'est si largement associé [3]. Ces faits ont d'autant plus de valeur que les Juifs sont obligés de se distinguer davantage pour arriver à ces hautes positions. « Si un Juif devenait député, disait en 1847, à la diète unie, le député von Sancken, il mériterait plus de confiance que les autres, puisque les chrétiens, sans cela, n'auraient pas voté pour lui [4]. »

Nous ne saurions assez le répéter, la vraie cause des persécutions ou des récriminations contre les Juifs, ce ne sont ni leurs défauts vrais ou prétendus, ni leur prodigalité ou leur avarice, ni leur richesse ou leur pauvreté, ni leur application au travail ou leur paresse, ni leur moralité ou leur immoralité, ni la force

[1] *Jewish Chronicle*, de Londres, 23 mars 1883.
[2] *Indépendance belge* et *Écho du Parlement*, numéros du 9 février 1883.
[3] *Times* des 23 et 24 novembre 1883.
[4] Voir, par exemple, *Vollständige Verhandlungen*, p. 233.

ou la médiocrité de leur intelligence, elle est uniquement dans l'esprit d'exclusion des populations chrétiennes et l'impuissance où elles ont été jusqu'à ce jour, au moins dans certains pays, et malgré de très sérieux efforts pour lutter contre cet entraînement irréfléchi, de considérer véritablement les Israélites comme des nationaux. Il y a là un sentiment d'une ténacité incroyable et dont la civilisation moderne n'a pas encore pu triompher partout. Ce n'est pas le sentiment de la race, qui a été vaincu depuis longtemps, dans nos sociétés modernes, et presque effacé par le sentiment des nationalités. Nous l'avons déjà dit, si on fait la guerre aux Juifs au nom de la race, toutes ces récriminations contre eux sont vraiment superflues, il n'y a qu'à les exterminer, en attendant que, sous le même prétexte, les autres races, à leur tour, s'exterminent entre elles. Il est impossible d'imaginer aucune raison pour que cette haine de race, si elle n'est pas plus fictive que réelle, s'arrête justement aux Juifs ; si l'esprit d'exclusion doit frapper les Juifs, il doit frapper aussi les autres races, et si l'idée de race est assez large pour comprendre tant de races différentes, elle doit comprendre aussi la race juive. La meilleure preuve que la race n'est pour rien, ou pour bien peu de chose, dans cette guerre qu'on fait aux Juifs, c'est que la réconciliation commence dès que le Juif passe au christianisme. L'Espagne compte probablement par centaines de mille des hommes de race juive ; ils sont chrétiens, cela suffit, et personne ne pense à les inquiéter. Il ne peut pas y avoir le moindre doute que si les Juifs européens s'étaient fait baptiser, toute cette lutte contre eux serait maintenant éteinte et il en resterait à peine le souvenir.

La vraie cause de l'antipathie des chrétiens envers les Juifs n'est donc pas dans la race, mais dans la religion. L'idée de la race séparerait et disloquerait les nations européennes, c'est par l'idée religieuse, quelque confuse et éteinte qu'elle soit chez certaines personnes, que les chrétiens sympathisent entre eux et repoussent l'élément juif. Si on ne s'obstinait pas à considérer les Juifs comme des étrangers, la question juive n'existerait pas. Lorsqu'on avance que la question juive est une question économique et non religieuse, on ne dit pas autre chose. Qu'est-ce que ces paniques qu'on feint d'éprouver devant les Juifs, ces cris contre leur richesse, ces craintes qu'ils ne s'emparent de la fortune publique, qu'ils n'envahissent toutes les fonctions de l'État ? Si les Juifs étaient considérés comme des compatriotes, ces plaintes n'auraient pas de sens. Il n'y a pas de raison pour qu'il ne fût pas permis aux Juifs d'être riches, s'ils l'étaient réellement ; leur fortune ne peut que profiter à toutes les classes de la société. Il n'y a pas de raison pour qu'ils ne remplissent pas les fonctions publiques, pourvu qu'ils les remplissent bien, conformément aux intérêts de l'État. Mais si les Juifs sont considérés comme des étrangers, tout change. Leur fortune est un vol fait aux chrétiens, les places qu'ils occupent sont usurpées sur les chrétiens. Dans ses heures de détresse, tout chrétien qui souffre peut penser qu'il serait sauvé s'il tenait l'argent des Juifs, tout chrétien qui préférerait l'oisiveté au travail peut rêver de posséder les trésors imaginaires des Juifs. C'est en ce sens que la question juive est une question économique ou sociale, c'est en ce sens qu'elle l'a déjà été vers la fin du moyen âge. A un certain point de vue, la cause des persécutions contre les Juifs, à cette époque, a été bien plutôt sociale que religieuse, nous l'avons montré plus haut. Les classes moyennes, en naissant, ont voulu d'abord s'emparer du commerce des Juifs, puis de leurs biens. Cette révolution n'allait pas sans violences, aussi aucune autre époque de l'histoire juive ne présente-t-elle une pareille suite d'expulsions et de massacres[1]. Le fanatisme paraît y avoir bien moins de part que l'intérêt, c'est que l'un est la cause en partie obscure et cachée, l'autre le but apparent. Au fond cependant et dans le repli secret, la religion est la vraie coupable. Le préjugé religieux contre les Juifs a engendré le préjugé économique. Le préjugé religieux serait à peu près inoffensif aujourd'hui, s'il ne trouvait à sa suite le préjugé économique, qui est terrible ; mais sans le préjugé religieux, le préjugé économique n'existerait pas. Les Juifs sont des étrangers, non point parce qu'ils sont des étrangers, car ils ne le sont pas, mais parce qu'ils sont de religion juive. Ce sentiment qui tend à les exclure de la grande famille nationale est la cause de l'envie qu'on leur porte, et cette envie, si peu justifiée, est toute la question antisémitique. « Les préjugés du peuple contre les Juifs ne sont que trop connus. De temps à autre, ils ont des explosions violentes... Avaient-ils mérité cette malveillance par des manœuvres coupables, des monopoles, des entreprises contraires aux intérêts du peuple ? Non, Messieurs, le reproche le plus grave qui leur fut fait était de s'étendre trop dans les provinces (d'Alsace et de Lorraine), d'acquérir des maisons, des terres, des privilèges que les anciennes lois ne leur donnaient pas[2]. » Le député Virchow a dit à son tour : « En examinant toute cette agitation de plus près, on reconnaît qu'elle est produite par les plus viles passions. *En première ligne il faut placer l'envie*[3]. »

---

[1] Voir Roscher, *l. c.*
[2] *Opinion de M. l'évêque de Nancy*, p. 7.
[3] *Die Judenfrage* (1880), p. 52.

Au lieu de nourrir et d'encourager ce sentiment bas, les populations chrétiennes doivent lutter d'activité et de patience avec les Juifs. Cette libre concurrence, digne d'hommes civilisés, profitera aux uns et aux autres et surtout à l'État. « Voulez-vous dire que le Juif est plus actif, plus intelligent ou plus frugal ? Dans ce cas, le chrétien doit le prendre pour modèle, le public ne peut que gagner à cette concurrence [1]. » Voilà le remède aux maux dont on se plaint et dont les Juifs sont la victime et non la cause. Les lois d'exclusion et de défiance sont impuissantes à faire le bien, ce sont des lois de guerre, c'est le désordre à perpétuité. Ces lois sont moins funestes encore à ceux qu'elles frappent qu'à ceux qu'elles prétendent protéger. L'État qui les décrète pour sa prétendue sécurité en est la première victime. L'ordre et la prospérité de l'État sont dans le travail libre, la concurrence pacifique des intérêts, le respect des uns pour les autres, l'union de tous dans un même sentiment fraternel. Là est la solution du problème de la paix sociale. Là aussi et là seulement sont la justice et l'équité. Les peuples qui persécutent les Juifs ont à se demander s'ils veulent être des peuples civilisés ou s'ils veulent retourner à la barbarie, si le droit est pour eux un principe vivant ou une formule creuse, si les doctrines morales qu'ils professent sont vérité ou mensonge, si l'idéal de l'humanité est le règne de la justice et de la charité ou le règne des appétits sauvages. Tous ces cris contre les Juifs ne sont que des déclamations faites pour tromper le public ou pour se tromper soi-même et couvrir de faux prétextes des passions inavouables. Le procédé est connu, c'est l'éternelle hypocrisie de l'iniquité. Les Juifs ont le droit de demander qu'on leur fasse grâce de cette comédie. Il n'y a pas de milieu : ou il faut reconnaître aux Juifs tous les droits de l'homme, ou il faut avouer franchement que la force brutale seule gouverne le monde et que la justice est un mot.

Isidore Loeb.

---

[1] *Verhandlungen der bayerischen Kammer*, p. 23, paroles du rapporteur Lang.

NOUVELLES RECHERCHES GÉOGRAPHIQUES
SUR LA PALESTINE

I. — LE TERRITOIRE DE DAN D'APRÈS LE LIVRE DE JOSUÉ.

Les frontières septentrionale et orientale.

Le territoire primitivement dévolu à la tribu de Dan est défini comme il suit par le livre de Josué (XIX, 40 46) :

> A la tribu des fils de Dan, divisés par familles, échut le septième lot. Ils eurent pour frontière Çorea, Eschtaol, Ir-Schémesch, Schaalabbin, Ayyalon, Yitla, Élon, Timna, Eqron, Éltequé, Guibbeton, Baalat, Yehoud, Benê-Beraq, Gat-Rimmon, Mê-hayyarqon, Raqqon, avec le territoire qui est en face de Yafo.

Ce passage du livre de Josué ne fait connaître que des jalons de la frontière septentrionale du territoire de Dan, — les possessions de cette tribu étant bornées au sud par le territoire de Juda, dont les limites sont décrites dans un passage précédent du document biblique —. Ces jalons sont, d'ailleurs, énumérés dans l'ordre même suivant lequel ils se présentent à celui qui parcourt la frontière, en allant de l'est à l'ouest et du sud au nord.

Pour s'en convaincre, il suffit de se reporter au texte, souvent cité, d'une inscription de Sennahérib [1] :

> Dans le cours de mon expédition, les cités de Bêt-Dagon (Bit Daganna), Joppé (Jaappuù), Benê-Berak (Banaaibarka), Azuru, villes de Zedek (roi d'Ascalon), qui ne m'avaient pas rendu hommage, je les

---

[1] *Records of the Past*, I, p. 38 ; Oppert, *Mémoire sur les rapports de l'Egypte et de l'Assyrie dans l'antiquité*, p. 547 du tome VIII des *Mémoires présentés à l'Académie des Inscriptions, par divers savants*.

attaquai, pris et mis à sac. Les chefs des prêtres, les nobles et le
peuple d'Ekron (Amkarruna), qui avaient enchaîné Padiah, leur roi
respectueux de la foi et de la puissance d'Assour, pour le livrer à
Ezéchias, roi de Juda, et avaient manifesté leur impiété, furent terri-
fiés. Les rois d'Egypte accoururent à leur aide avec leurs archers,
leurs chars, leurs chevaux d'Éthiopie, avec des troupes innombrables ; dans les environs de la ville d'Altakou, ils ordonnèrent
devant moi leur bataille et essayèrent leurs armes. Avec l'appui
d'Assour, mon seigneur, je les combattis et les mis en fuite. Les
conducteurs des chars et les fils du roi d'Egypte, ainsi que les conducteurs des chars du roi de Meroë, au fort du combat devinrent
mes prisonniers. La ville d'Altakou et la ville de Tamna (Taamnaa),
je les attaquai, les pris et les mis à sac. Puis j'approchai de la ville
d'Ekron.

Les Assyriens, en marche vers le sud, abordèrent d'abord
quatre localités : Beit Dagana, Iappuu, Banaabarka, Azuru, lesquelles correspondent manifestement à Beitdejan, sur la route de
Jaffa à Ludd, à Jaffa, la Yafo biblique, à Ibn-Ibrak [1], à Yazûr,
'Αζωρ des Septante, toutes localités voisines les unes des autres —
le groupement donné par le texte assyrien est bien celui qu'indique le texte biblique ; il suffit de substituer un *daleth* à un *resch*
dans le nom de Raqqon, de voir dans Banaabarka, contrairement
à la Vulgate, une seule localité, et de remplacer, avec les Septante, Iehoud par Yazûr.

Après le sac de ces quatre localités, les Assyriens marchèrent
sur Amkarruna, Eqron, que le savant Robinson a retrouvé au
village d'Akir [2], situé entre Asdod et Ludd [3].

Mais avant d'atteindre Eqron, les Assyriens se heurtèrent aux
forces ennemies, près d'Altakou, l'Eltéqué biblique, dont le nom
semble se retrouver sous une forme corrompue au Tell el Batikh,
qui se dresse au nord d'Akir ; puis, ils prirent Tamna, le Timna
du livre de Josué, dont le site doit conséquemment être cherché
entre Tell el Batikh et Akir et pourrait fort bien correspondre
au Kh. Selmeh.

Il est curieux de constater qu'en remontant vers le nord la
route suivie par les Assyriens, on rencontre les localités dans
l'ordre suivi par le texte biblique. Cette remarque a une grande
importance, car elle va permettre de préciser, dans une certaine
mesure, la position, restée vague, de certains points.

---

[1] De Saulcy, *Dictionnaire topographique de la Terre sainte*, p. 53, et Guérin,
Judée, II, p. 68, voudraient placer Benè Berak dans la région d'Esdûd à Burkah.
[2] Guérin, *Judée*, II, p. 36,
[3] D'après un petit géographe grec, cité par Roland (*Palestina*, p. 509), Eqron se
trouvait effectivement entre Asdod et Lydda.

La frontière de Dan, à partir de Beit Dejan ou Irdagon, contournait le territoire de Joppé (Jaffa); elle gagnait Gathrimmon, localité distincte de Gath, la métropole philistine, et qui paraît devoir être cherchée à Yazûr ou dans les environs de Selmeh, sur les collines, à l'est de Jaffa. Puis, elle se dirigeait sur Ibn Ibrak (Benè-Beraq) et el Yehudieh. Plus loin, elle s'infléchissait vers le sud pour atteindre Tell el Batik (Eltéqué).

Mais, auparavant, elle traversait une région dans laquelle doivent être cherchés les sites de Baalat et de Guibbeton. La signification de ce dernier nom [1] conduit, d'ailleurs, à tourner les yeux vers la région montagneuse. On est ainsí amené à proposer de placer Baalat au Khirbet Balâtah, situé à l'est d'El Yehudieh, sur la rive méridionale de l'oued Deir Ballût, et à prendre en considération l'identification, proposée par Conder, de Guibetton avec Kibbiah, située au sud-ouest-sud du Kh. Balâtah [2]. Entre Kibbiah et Tell el Batikh, au sud-est de Ludd, se trouve le Mukâm en Neby Dân, qui semble un vestige de l'ancienne occupation du pays par les Danites.

Au-delà de Tell el Batikh, la frontière se prolongeait vers le sud en contournant le territoire de l'ancienne Gezer, retrouvée par M. Clément-Ganneau au Tell Jezar; elle passait par Akir (l'ancienne Eqron) et gagnait l'oued el Khalil, qui borde, au sud, le massif montagneux de Tell Jezar, et remonte vers Yalo (l'ancienne Ayyalon).

L'ordre géographique dans lequel sont énumérées les localités danites conduit donc, comme l'inscription assyrienne précitée, à repousser l'identification généralement admise de Timna avec le village de Tibna, situé au sud de l'oued es Sûrâr; mais, tandis que la succession des événements de la campagne de Sennahérib amène à placer l'ancienne Timna au Kh. Selmeh, l'analyse du livre de Josué ferait donner la préférence au Kh. Umm Kelkhah.

Cette analyse porte également à rattacher Elon et Yitla au bassin de l'oued el Khalil.

Au delà de Yalo, la frontière courait au sud par Selebin, Σαλαμίν des Septante (aujourd'hui Kh. Deir Sellâm), Ir Schémesch, Eschtaol et Çorea.

Les emplacements de ces deux dernières localités sont connus. Çorea était sur la route d'Eleutheropolis (Beit Djibrin) à Nicopolis (Amouas), à dix milles d'Eleutheropolis [3], proche d'une loca-

---

[1] *Gabathon sublimitas eorum vel collis mœroris.* De Lagarde, *Onomastica sacra*, p. 28.
[2] On pourrait également songer aux ruines de Ras el Akra et du Kh. Dathrah.
[3] De Lagarde, *Onom. sacra*, p. 151 et 293.

lité appelée par S. Jérôme, Cafar Sorec[1]; à ces données correspondent Surah et le Kh. Surik, situés au nord de l'oued es Sûrâr.
Eschthaol était très voisin de Çorea, puisque le livre des Juges[2],
pour préciser l'emplacement du tombeau de Samson, le place
entre Çorea et Eschthaol: d'après la succession observée dans
l'énumération des villes danites, Eschtaol devait être au nord de
Çorea, à Eshua[3] ou au Kh. Aslin.

Quant au site d'Ir Schémesch, il doit être cherché entre le Kh.
Aslin et le Kh. Deir Sellâm.

La frontière méridionale.

Le territoire des Danites était borné, au sud, par les possessions de la tribu de Juda. La frontière commune à Dan et à Juda
est ainsi décrite par le livre de Josué (xv, 10-11) :

« .....à Kessalon, descendait à Bèt-Schemésch, gagnait Timna,
touchait le dos d'Eqron au nord, atteignait Schikkeron, de là le mont
Baala, puis Yabneèl et se terminait à la mer. »

Les localités citées sont donc les suivantes :

1° Cheslon, dont l'identification avec Kesla n'est contestée par
personne ;

2° Beth Sames, situé, d'après Eusèbe[4], sur la route d'Eleutheropolis (Beit Djibrin) à Nicopolis (Amouas), à dix milles d'Eleutheropolis, et dès lors placé à Ain-Schems ;

3° et 4° Timna et Eqron, dont les emplacements ont été précédemment précisés ;

5° Sechrona ;

6° le mont Baala ;

Et, enfin, 7° Yebneèl, que l'on s'accorde à placer à Iabneh.

En reportant ces données sur la carte, on obtient une frontière
très vraisemblable, englobant l'oued el Mutluk, descendant l'oued
es Sûrâr — jusqu'à la rencontre de l'oued el Khalil, et, de là,
courant droit sur Iabneh, en laissant Akir au nord et en franchissant la chaîne de collines qui se dresse sur le bord de l'oued
Bahlas.

Cette chaîne, par suite, correspondrait au mont Baâla : mais
on ne sait quel emplacement assigner à Sechrona, qui, d'après le
texte biblique précité, devait se trouver à l'est de ces collines.

[1] De Lagarde, *Onom. sacra*, p. 153.
[2] Juges, xvi, 31.
[3] Guérin, *Judée*, III, p. 324-326.
[4] De Lagarde, *Onom. sacra*, p. 237.

II. — LE TERRITOIRE DE BENJAMIN, D'APRÈS LE LIVRE DE JOSUÉ.

La frontière septentrionale.

La frontière septentrionale de Benjamin est tracée comme il suit par le livre de Josué (xviii, 12-14) :

Au nord, leur limite, partant du Jourdain, s'élevait sur les hauteurs septentrionales de Jéricho, gagnait la montagne à l'ouest et atteignait le désert de Beth Avèn. De là, elle passait à Louz, vers les collines de cette ville au sud, — c'est aujourd'hui Bethel ; — elle descendait à Atroth-Addar, sur la montagne qui est au sud de Beth-Horon-la-Basse. De là, la frontière tournait à l'ouest, au sud de la hauteur qui est en face de Beth-Horon au midi, et aboutissait à Qiryath-Iearim, bourg des fils de Juda. Voilà pour l'Occident.

Ce texte doit être rapproché de la description, donnée au chapitre xvi, 1-7, du même livre de Josué, du territoire dévolu aux fils de Joseph :

Le lot qui échut aux fils de Joseph partait du Jourdain, près de Jéricho, — des eaux de Jéricho à l'est — montait de là au plateau de Bethel, allait de Bethel a Louz, traversait le territoire de l'Arkite de Ataroth, descendait à l'occident, vers la frontière de l'Iaphlétite, jusqu'au territoire de Beth-Horon-la-Basse, et jusqu'a Guézer, pour aboutir à la mer.
Tel fut le pays dont prirent possession les fils de Joseph, Manassé et Ephraïm.
Voici le territoire des enfants d'Ephraïm, distribué par familles : leur frontière à l'est fut Atroth-Addar jusqu'a Beth-Horon-la-Haute. Elle atteignait à l'occident Mikmethath vers le nord, tournait à l'orient vers Thaanath-Schilo, passait a l'est jusqu'a Ianoah. De là, elle descendait à Ataroth et à Naara, tournait à Jéricho et aboutissait au Jourdain.

Le point de départ de la frontière, sur la rive droite du Jourdain, devait vraisemblablement correspondre à un accident de terrain bien caractéristique ; à défaut de tell, ce ne pouvait être qu'une embouchure de rivière, soit celle de l'oued Nûeiàmeh, soit celle de l'oued el Aujah, située plus au nord. Comme dans la bande de terrain découpée dans la plaine du Jourdain par ces cours d'eau se trouve la double ruine de Kh. es Sumrah, correspondant manifestement à la ville benjamite de Samaraïm [1], cette embouchure ne saurait être autre que celle de l'oued el Aujah.

---

[1] Josué, xviii, 22.

D'autre part, Eusèbe [1] nous apprend que Naaratha, ville d'Ephraïm [2], se trouvait à cinq milles de Jéricho. L'historien Josèphe [3] nous fait, en outre, connaître que le territoire de cette ville était fertilisé par des eaux abondantes, dont une partie fut détournée, par Archelaüs, pour l'arrosage des *palmaria* des environs de Jéricho. Les ruines de cet aqueduc subsistent encore : la canalisation partait de l'Aïn el Aujah, suivait le lit de l'oued jusqu'au Kh. el Aujâh el Foka, puis, s'en détachant, constituait le Kanat Mûsa actuel, qui court, au sud-est, vers Jéricho. Les eaux abondantes, arrosant le territoire de Naaratha, ne pouvaient donc être que les eaux de l'oued el Aujah, et c'est sur les bords de ce ruisseau qu'on doit chercher le site de Naaratha. Bien qu'il faille s'éloigner du Kh. Kakoun, la Jéricho hérodienne, un peu plus que l'indique Josèphe (7 1/2 milles au lieu de 5), on placera Naaratha aux ruines signalées par M. Guérin [4] sur la rive gauche de l'oued el Aujah, près du Kh. el Aùjah et Tahtani.

Par suite, l'oued el Aûjah, dans la partie inférieure de son cours, tout au moins, servait de frontière à Benjamin. Il semble naturel de penser qu'il devait en être de même dans la partie supérieure, ce qui conduirait à assigner à Benjamin une véritable frontière scientifique, passant par Kefr Malik et Tell Asûr, et se prolongeant sur Beitin, par la crête étroite qui partage les eaux coulant au Jourdain et celles qui descendent à la Méditerranée.

Cette induction n'est nullement infirmée par les textes bibliques relatifs aux localités de Benjamin et d'Ephraïm.

Beitin correspond à Bethel, placé par Eusèbe [5] et S. Jérôme [6] à gauche de la voie conduisant de Néapolis à Ælia, à douze milles d'Ælia : telle est bien la distance de Beitin à Jérusalem. Luza n'est pas, d'ailleurs, une localité distincte de Bethel, comme on pourrait le supposer par un passage du livre de Josué [7] ; mais c'est le premier nom porté par Bethel [8].

La ville de Haï, que prit Josué, se trouvait au levant de Bethel et à faible distance [9] ; une hauteur s'élevait entre ces deux localités [3]. Malgré ces renseignements, on n'est pas arrivé à se

---

[1] De Lagarde, *Onom. sacra*, p. 283.
[2] I Chron , vii, 28.
[3] Josèphe, *Antiq, Jud.*, l. XVIII, c. xv.
[4] Guérin, *Samarie*, I, p. 227.
[5] De Lagarde, *Onom. sacra*, p. 83.
[6] *Ibid.*, p. 209.
[7] Josué, xvi, 2.
[8] Genèse, xxviii, 19 ; Josué, xviii, 13.
[9] Genèse, xii, 8 ; Josué, vii, 2.
[10] Genèse, xii, 8.

mettre d'accord sur son emplacement exact : Robinson [1] et M. Guérin [2] veulent le chercher au Kh. Koudeireh, Conder au Kh. el
Hayan ; mais ces deux ruines sont si voisines l'une de l'autre, que
le géographe ne saurait s'attarder à discuter les arguments présentés de part et d'autre.

A l'orient de Haï, s'étendait le désert de Bethavén [3]. Ce désert
tirait-il son nom d'une localité? on l'a nié, confondant Bethavèn
et Bethel, et perdant ainsi de vue le passage décisif du Livre de
Josué [4] : « Haï, qui est près de Bethavén, à l'est de Bethel ».
L'existence de Bethavén doit donc être admise. Cette localité s'é-
levait dans la région du Kh. Kilia [5], si tant est qu'il faille en chercher les ruines ailleurs qu'au Kh. Kilia.

Dans le même district de Benjamin, se trouvait une localité
d'Afra, Εφραθα, à laquelle S. Jérôme consacre la notice suivante :
« Afra, in tribu Benjamin et est hodie vicus Efrem in quinto mi-
liario Bethelis ad orientem respiciens [6]. »

A quatre milles et demi, au nord-est de Beitin, se trouve le village de Thayebeh, dont le nom arabe est la traduction du mot
hébreu Ephrata, « la bonne », et qui a été identifié par Robinson
avec Afra, l'Εφραθα des Septante.

D'un autre côté, la ligne-frontière indiquée passe bien à l'extrémité méridionale du défilé aboutissant à Seilun, l'ancienne
Schilo, comme on pouvait l'augurer par la signification attribuée
par le Talmud [7] à Thanath Schilo, *Seuil de Schilo*. Entre Kefr
Malik et les ruines voisines d'Aïn ès Samieh [8] existent, d'ailleurs,
les mêmes relations de position qu'entre Ianoah et Atharoth
d'Ephraïm.

La ligne de partage des eaux sur laquelle s'élève Beitin laisse,
à l'occident, les villages d'Et-Tireh et d'Aïn Arik, dont les noms
rappellent l'Archi Ataroth de Josué [9] ; plus loin, le Kh. Mahmeh
conserve sous une forme à peine corrompue le nom de Machme-
thath. La position de Beth-Horon-bas (aujourd'hui Beit ûr et Tahta)
est connue ; Ataroth Addar était placé sur la montagne au sud
de cette localité [10] et se retrouve conséquemment au Kh. Darieh.

[1] Robinson, *Biblical Researches*, I, p. 575.
[2] Guérin, *Judée*, III, p. 57-59.
[3] Josué, XVIII, 12.
[4] Josué, VII. 2.
[5] Guérin, *Samarie*, I, p. 215.
[6] De Lagarde, *Onom. sacra*, p. 94.
[7] Neubauer, *La Géographie du Talmud*, p. 159.
[8] Guérin, *Samarie*, II, p. 210-212.
[9] Josué, XVI, 2.
[10] Josué, XVIII, 13.

De ces observations, il semble résulter que la frontière suivait
la crête occidentale du plateau de Benjamin, et, plus loin, la voie
romaine qui mène à Beit ûr et Foka et Beit ûr et Tahta.

La frontière méridionale entre Jérusalem et le Jourdain.

Le livre de Josué nous a transmis deux descriptions de son
tracé. Voici la première (xv, 5_8) :

> ...La frontière du nord (de Juda) prenait à la langue de la Mer de
> sel, à l'embouchure du Jourdain, montait à la limite de Beth-Hogla,
> passait au nord à Beth-haaraba, s'élevait jusqu'aux confins de la
> *pierre de Bohan*, fils de Ruben ; puis jusqu'au territoire de Debir,
> depuis la pointe de Akor ; au nord, la frontière tournait vers le Guil-
> gal, en face de la rampe d'Adoummim, au sud de la vallée ; elle al-
> lait de là aux eaux de En-Schémesch pour aboutir à Ên-Roguel. Elle
> s'élevait ensuite vers le val de Bèn-Hinnom, au sud de la hauteur où
> est planté l'Ieboussite, — c'est Jérusalem.

La seconde (xviii, 16_19) énumérait les localités dans l'ordre
inverse :

> ...(La frontière) traversait Guê-Hinnom, vers l'épaule de l'Iebous-
> site, au sud s'inclinait jusqu'à En-Roguel. Son tracé, allant au nord,
> gagnait En-Schémesch, atteignait le district qui est en face de la
> montée d'Adoummim, descendait à la Pierre de Bohan, fils de Ruben.
> Elle passait sur la hauteur qui est au nord de la plaine, dans la-
> quelle, du reste, elle plongeait. Elle se dirigeait vers l'épaule de Beth-
> Hogla, au nord, et aboutissait a la langue septentrionale du Iam-
> Hammélah, à l'extrémité sud du Jourdain.

Voici quelques renseignements sur les localités visées par ces
descriptions :

La bourgade benjamite de Beth Hogla a été placée par M. Guérin [1] à Kasr Hadjlah, par M. de Saulcy [2] à Aïn Hadjlah, à 1 k. 5
au nord-est de Kasr Hadjlah. Cette dernière opinion semble préférable ; il est, en effet, rationnel d'attribuer à la localité antique
un site voisin d'une source. Au demeurant, l'incertitude qui subsiste est sans influence sur le tracé de la frontière.

La montée d'Adoummim est le Ma'alleh Adoummim ; les ruines
du poste militaire signalé sur la route de Jérusalem à Jéricho près
de cette rampe par Eusèbe et S. Jérôme [3] existent encore au Ka-

---

[1] Guérin, *Samarie*, t. I, p. 53_63.
[2] De Saulcy, *Voyage en Syrie et autour de la mer Morte*, t. II, p. 149_150.
[3] *Onom. sacra*, éd. de Lagarde, p. 92 et 219_220.

la'at ed Demm, et l'oued que suit cette route au sortir de la plaine est appelé Telât ed Dumm.

Cette montée était placée au sud de la vallée (φαραξ) d'Achor, qui, dès lors, s'identifie avec l'oued el Kelt[1].

La Jéricho de Josué a été fixée au Tell es Sultân, près de la belle source d'Aïn es Sultan, d'après les renseignements qui nous ont été transmis par l'historien Josèphe. « Auprès de Jéricho est une source abondante et qui est éminemment propre à arroser et à fertiliser la terre. Elle jaillit du sol à côté de l'ancienne ville qui fut la première des villes des Chananéens que Josué, fils de Nave, chef des Hébreux, conquit par la force[2]. » Sous le règne d'Achab, roi d'Israël, et d'Asa, roi de Juda, Jéricho fut reconstruite par Hiel de Bethel[3] ; ce serait, d'après Eusèbe[4], la Jéricho hérodienne, la Jéricho de l'Evangile, que l'on place au Kh. Kakoun au sud de l'oued el Kelt. D'après cet auteur, « elle fut à son tour renversée lors du siège de Jérusalem, à cause de la perfidie de ses habitants, et une troisième ville fut plus tard bâtie, laquelle existe encore. » Ce paraît être la Eriha actuelle.

Guilgal, d'après les textes précités, était vis-à-vis la montée d'Adoummim : le livre de Josué le place à l'est de la première Jéricho[5]; l'historien Josèphe[6] fixe à 10 stades (1,840 m.) sa distance à cette ville, et à 50 stades sa distance au Jourdain. Tell Djeljoul, étant à 6 kil., soit 30 stades, de Tell es Sultân, et à 6 k. 5, soit 35 stades, du Jourdain, ne satisfait pas à ces données et doit être écarté, malgré la similitude de nom. De son côté, S. Jérôme[7] fixe à 2 milles la distance de Guilgal à Jéricho, mais on ne sait de quelle Jéricho il parle. Est-ce de la troisième Jéricho, de Eriha ? alors le Khel Mefjir, situé au nord-est de Tell es Sultan, à 10 stades de ce lieu et à 2 milles de Eriha, répondrait aux coordonnées de Guilgal. Mais cette ruine se trouve à 7 k. 300 du Jourdain, et n'est pas en face de la rampe d'Adoummim. Il faut donc admettre que S. Jérôme a visé, dans le passage en question de son *Onomasticon*, la Jéricho hérodienne ; l'on reconnaît, dès lors, que le Tell derb el Habasch, situé au sud-est et à distance convenable de Tell es Sultân, répond à toutes les données du problème, et doit être identifié avec le Guilgal.

---

[1] L'article d'Eusèbe, plaçant Achor au nord de Jéricho (*Onom. sacra*, p. 217), est très exact, s'il s'agit de la Jéricho hérodienne.
[2] *Guerre des Juifs*, l. IV, c. VIII, § 3.
[3] I Rois, XVI, 34.
[4] *Onom. sacra*, p. 265.
[5] Josué, IV, 19.
[6] *Ant. Jud.*, l. V, c. I, § 4.
[7] *Onom. sac.*, p. 126.

Entre Beth Hogla et la montée d'Adoummim, le tracé de la frontière passait par ou près Beth haaraba, la pierre de Bohan et Debera : on ignore l'emplacement de ces localités ; l'une des deux premières devait se trouver au Rujm et Mogheifir, au nord-ouest d'Aïn Hadjlah. L'existence de Debera est, d'ailleurs, problématique : Eusèbe et S. Jérôme ne font pas mention de Debera, qui ne figure pas davantage dans la version des Septante.

La fontaine Aïn Haud, sur la route de Jérusalem à Eriha, passe généralement pour l'En-Schémesch biblique. A l'appui de cette opinion, on peut invoquer le nom Arak es Shems attribué à une grotte que l'on rencontre sur les hauteurs qui bordent un peu plus bas le ravin d'Aïn Haud.

Auprès d'En Roguel se trouvait la pierre de Zaholeth[1]. La découverte de cette pierre à Siloam a permis à M. Clermont-Ganneau[2] de prouver l'identité d'En Roguel et de la *Fontaine de la Vierge* ; la description de la frontière de Benjamin corrobore cette opinion.

Enfin, Gué-Hinnom, le val d'Hinnom, est l'oued ed Rabâbi, qui enveloppe la ville de Jérusalem au sud et à l'ouest.

L'ancienne voie de Jérusalem à Jéricho franchissait la montagne des Oliviers[3] ; elle avait été, nous apprend Epiphane[4], établie bien plus par la nature que par la main de l'homme. Dans ces conditions, on peut la prendre comme frontière des deux tribus de Benjamin et de Juda, sans s'écarter beaucoup de la vérité. Dans la vallée du Jourdain, à partir du pied de la rampe d'Adoummim, cette frontière devait courir parallèlement au lit de l'oued el Kelt jusqu'au point où le ruisseau se grossit des eaux de la fontaine voisine de Tell es Sulthan, et de là se dirige, sinon sur le Rujm et Mogheifir, du moins sur le Kasr Hajleh, pour aboutir à la langue de terre qui accompagne dans la mer Morte les eaux du Jourdain.

Avant d'achever la délimitation du territoire de Benjamin, il paraît utile de préciser les sites respectifs de différentes localités attribuées, à tort ou à raison, à cette tribu :

Gabaa de Benjamin, Mikmasch et Rama.

L'on considère volontiers comme hors de conteste les identifi-

[1] I Rois, I, 9.
[2] *Quaterly statements*, 1886, p. 54.
[3] II Sam., xv, 30.
[4] Epiph., l. I, t. III, *Hær.*, XLII ; Reland, *Palæstina*, p. 407.

cations d'El Djib avec Gibeon, de Djeba avec la Gabaa de Benjamin, d'Er Ram avec Rama, et l'on part de ces données pour bâtir toute une géographie de Benjamin. Mais bientôt l'on se heurte à des difficultés que l'on cherche en vain à résoudre. Aussi semble-t-il nécessaire d'asseoir d'abord la discussion sur des bases réellement indiscutables.

La multiplicité des *Geba* bibliques rend le problème très ardu. On n'en compte pas moins de quatre dans la tribu de Benjamin, Gabaa, Guibéon, Guibeath-Saül et Guéba, en dépit du vague de certains textes. Le passage d'Isaïe : « Ils traversent le défilé, ils gîtent à Guéba, Rama est consternée, Guibeat-Saül prend la fuite [1] », permet de conclure à l'existence simultanée de Gabaa de Benjamin et de Guibeath-Saül.

Gabaa de Benjamin est, d'ailleurs, bien distincte de Guibéon, comme le prouvent les deux textes suivants :

1er texte : « Les Bené-Guibbar, 95 ; les Bené-Bethléhem, 123 ; les gens de Netopha, 56 ; les gens d'Anathoth, 128 ; les Bené-Azmaveth, 42 ; les Bené-Qiryath-Arim, Kephyra et Beéroth, 743 ; les Bené-Rama et Guaba, 621 [2]. »

2e texte : « Les Bené-Guibéon, 95 ; les gens de Bethléhem et de Netopha, 188 ; les gens d'Anathoth, 128 ; les gens de Beth-Azmaveth, 42 ; les gens de Qiryath-Ieârim, Kephira et Beéroth, 743 ; les gens de Rama et de Guéba, 621 [3]. »

De même, Guibéon se différencie nettement de Guibeath-Saül ; s'il en avait été autrement, on ne s'expliquerait pas l'ardeur apportée par Saül à l'extermination des Guibéonites, descendant des premiers possesseurs du sol, les Emorites [4]. Au lieu de les frapper impitoyablement, il eût dû les ménager, du moins à certaines heures critiques de son règne. D'autre part, les Guibéonites n'auraient pas demandé à prendre sept membres de la famille de Saül en spécifiant qu'ils seraient pendus dans Guibea de Saül. Guibéon et Guibeath Saül doivent, par suite, avoir été deux villes distinctes.

Parmi les villes lévitiques de Benjamin [5] figurent Guibéon et Guéba : cette dernière ville ne saurait être confondue avec Gabaa de Benjamin, puisque, s'il en avait été ainsi, le lévite d'Ephraïm aurait trouvé facilement un asile parmi les gens de sa tribu, et l'on n'aurait pas, en tout cas, rendu Benjamin responsable des

[1] Isaïe, x, 29.
[2] Esdras, ii, 20-26.
[3] Néh., vii, 25-30.
[4] II Sam., xxi, 2.
[5] Josué, xxi, 17.

crimes commis par des gens d'une autre tribu; elle ne saurait
davantage être confondue avec Guibeath-Saül, Saül étant d'une
famille benjamite, laquelle devait résider dans une ville benjamite.
La Gueba lévitique doit donc être différenciée des trois autres
villes précitées.

Ce premier aperçu demande à être complété par la recherche
de tous les détails propres à caractériser le site de chacune de ces
localités. — C'est l'étude qu'on va entreprendre tout d'abord pour
Gabaa de Benjamin.

. Le livre Ier de Samuel, dans les chapitres XIII et XIV, contient
le récit fort instructif de la première campagne de Saül contre les
Philistins. Le chef hébreu, ayant réuni trois mille hommes, s'installa avec deux mille à Mikmasch et sur la montagne de Bethel ; il
en posta mille autres sous le commandement de son fils Jonathan
à Gabaa de Benjamin ; le reste du peuple formait la réserve. Ces
dispositions prises, Jonathan donna le signal de la révolte contre
les Philistins, en brisant une stèle élevée par eux à Gabaa. Après
ce premier acte d'hostilité, les Hébreux, loin de prendre l'offen-
sive, se préparèrent à résister aux bandes philistines, et Saül
convoqua, à cet effet, tout le peuple à Guilgal.

Cet exposé conduit à assigner aux troupes de couverture de
Saül des positions naturellement fortes. Or, est-ce bien là le caractère d'une ligne menée par les localités actuelles de Beitin,
Mukhmâs et Jeba? Au point de vue militaire, évidemment non.
La ligne de défense aurait été entrecoupée de ravins profonds
descendant du plateau de Benjamin à la vallée du Jourdain.
Beitin est bien sur le plateau, mais Mukhmâs et Jeba sont assis
sur les pentes mêmes des contreforts qui s'en détachent. Les
communications entre les trois localités sont des plus malaisées,
de telle sorte que ces postes eussent été, en réalité, isolés les
uns des autres, et hors d'état de se prêter un mutuel appui. La
véritable position militaire est sur la crête occidentale du plateau
de Benjamin, l'aile droite à Beitin, la gauche à El Djib, le centre
à hauteur du Khirbet Mahmeh ; El Djib commande les têtes des
Oueds Selman et El Keikabeh ; le Khirbet Mahmeh est perché sur
une hauteur qui s'avance à l'ouest du plateau de Benjamin entre
l'Oued es Sunt au nord et l'oued el Rueisch au midi, et maîtrise
ces deux vallées. Sans doute, le Khirbet Mahmeh constitue un
poste avancé de la ligne de défense; mais cette situation même
justifie l'évacuation de Mikmasch par les Hébreux à l'arrivée de
l'armée philistine, sa réoccupation par les avant-postes philistins,

et enfin la concentration de la défense à Gabaa de Benjamin.

Les rochers qui hérissent les pentes méridionales du massif du Kh. Mahmeh en rendent l'accès fort difficile en venant d'El Djib; le terrain se présente donc dans les conditions signalées par le récit biblique.

A l'encontre de ces considérations on pourrait mettre en avant le passage du 1er livre de Samuel [1] précisant la position de Mikmasch : « Mikmasch, en avant de Bethavén. » Mais l'argument tombe si l'on se refère à la leçon des Septante : Μαχμᾶς ἐξ ἐναντίας Βαιθωρῶν κατὰ νότου.

La fameuse prédiction d'Isaïe sur l'invasion assyrienne confirme les déductions qui viennent d'être tirées du récit de la campagne de Saül contre les Philistins (x, 28-32) :

Il marche sur Ayyat, traverse Migron ; à Mikmasch il dépose ses bagages. Ils traversent le passage, Guéba est l'endroit où ils passent la nuit. Rama est consternée, Guibeat-Saül prend la fuite. Fais retentir ta voix, fille de Gallim, prends garde, Laïscha, et toi, malheureuse Anathoth. Madmèna se met en mouvement, les habitants de Guébim se fortifient. Ce jour encore, il reste à Nob, il agite sa main vers la montagne de la fille de Sion, la colline de Jérusalem.

S'il fallait s'en rapporter aux partisans des anciennes identifications, Sennahérib se serait dirigé, de la vallée du Jourdain, sur Jérusalem, et, au lieu de suivre la route naturelle par Sichem, Bethel et le plateau de Benjamin, il aurait été chercher un terrain des plus accidentés, augmentant, comme à plaisir, les difficultés de sa marche. Or, il n'est venu ni par le nord, ni par l'est : Les documents assyriens établissent, d'une façon très nette, que dans sa troisième campagne, il suivit la route de la côte; le corps secondaire, envoyé par lui contre Jérusalem, fut détaché du gros de ses forces, maintenues sur le littoral.

Il faut donc ou renoncer aux identifications actuellement admises, ou déclarer qu'Isaïe s'est montré un faux prophète en annonçant l'arrivée de l'armée assyrienne par le nord-est, quand l'invasion s'est produite réellement par la route de l'ouest. On ne saurait, dans ce cas, qu'admirer les scrupules des docteurs, qui nous auraient transmis fidèlement, comme prophétie, un texte démenti par tous les événements. Mais il suffit de placer Mikmasch au Kh. Mahmeh, Gabaa à El Djib, pour rétablir l'accord entre le texte d'Isaïe et les documents assyriens.

---

[1] XIII, 5.

D'ailleurs, la distance du Kh. Mahmeh à Jérusalem est de neuf milles romains; c'est la distance, indiquée par Eusèbe, entre Machmas et Ælia [1]. Ce passage d'Eusèbe établit, en outre, l'existence, dans le voisinage de Mikmasch, d'une localité du nom de Rama : il confirme, à cet égard, le texte précité d'Isaïe. De nombreux textes achèvent de prouver la proximité de Rama et de Gabaa de Benjamin :

Faites entendre le schofar à Gabaa, la trompette à Rama (Osée, v, 8). Les habitants de Rama et de Gabaa sont six cent vingt et un ; les habitants de Mikmas, cent vingt-deux (Esdras, ii, 26-27).

Même passage dans Néhémie, vii, 30-31.

Le lévite, se rendant de Bethléhem à la montagne d'Ephraïm, répond à son serviteur, qui lui conseille de s'arrêter, à la tombée du jour, à Iebous : « Je n'entrerai pas dans une ville étrangère, qui n'est pas aux enfants d'Israël, mais j'irai jusqu'à Gabaa ; nous nous arrêterons en ce lieu ou à Rama [2]. »

De tous ces textes, on conclura que Rama était placée près d'El Djib, sur la route de Jérusalem et, comme son nom l'indique, sur une hauteur.

Le site de Neby Samouil répond seul à toutes ces données. Il se présente sous la forme d'un piton isolé dominant de 100-130 mètres le plateau de Benjamin : à cheval sur le bord de la route de Samarie à Jérusalem, il constituait une position militaire d'une grande valeur. Aussi s'explique-t-on que le roi d'Israël, Baasa, s'en soit emparé et ait voulu en faire une forteresse menaçant Jérusalem. « Baasa, roi d'Israël, monta contre Juda, et bâtit Rama, afin que personne ne pût ni sortir ni entrer vers Assa, roi de Juda [3]. » Lorsque Baasa dut suspendre les travaux et courir à la frontière septentrionale d'Israël, attaquée par le roi de Damas, Assa s'empressa de démolir les ouvrages laissés inachevés et d'employer les pierres et les bois à fortifier Gabaa de Benjamin et Mispé. — Détail qui met de nouveau en évidence la proximité de Rama et de Gabaa.

Enfin, la position de Rama fut occupée par l'armée babylonienne qui vint assiéger Jérusalem, à en juger par le titre pris par Nabouzardan de « chef des gardes de Rama [4] ».

[1] De Lagarde, *Onom. sacra*, p. 280.
[2] Juges, xix, 12-13.
[3] 1 Rois, xv, 17.
[4] Jérémie, xl, 1.

Ramathaïm-Sophim.

Il résulte des considérations précédentes que Neby Samouil ne saurait plus être identifié avec Ramathaïm, la patrie de Samuel. Cette opinion était, d'ailleurs, en désaccord manifeste avec le début fort explicite du premier livre de Samuel : « Il y avait un homme de Ramathaïm-Sophim, en la montagne d'Ephraïm, dont le nom était El-qana, fils d'Ieroham, fils d'Elihou, fils de Tohou, fils de Çouph l'Ephratite. » Ce passage ne laisse aucun doute sur la convenance de diriger les recherches vers la montagne d'Ephraïm.

Les textes bibliques qui ont trait à Ramathaïm sont, d'ailleurs, peu nombreux :

« Chaque année, Samuel faisait sa tournée à Bethel, à Guilgal, à Miçpa, et jugeait le peuple en tous ces lieux. Il retournait ensuite à Rama, où était sa maison ; il y jugeait le peuple et avait bâti là un autel à Iahvé [1]. »

Lorsque David s'enfuit de sa maison, pour échapper aux gens de Saül, il alla chercher un refuge à Rama, auprès de Samuel, et se rendit avec lui aux Naïoth. Les émissaires envoyés à la poursuite de David n'ayant pas réussi dans leur entreprise, le roi hébreu « prit lui-même la route de Rama. Arrivé au grand puits de Sekou, il demanda : où sont Samuel et David ? — Aux Naïoth de Rama, lui répondit-on [2]. »

De ce récit, on peut tirer deux conclusions :

1º Rama était un nom de pays et non un nom de localité, de telle sorte que le lieu de naissance de Samuel ne devait pas s'appeler Ramathaïm, mais plutôt Sophim. Cette déduction se base, du reste, sur une note de l'*Onomasticon* d'Eusèbe : Σωφείμ. ἐν ὄρει Ἐφραΐμ τῆς Ἀρμαθάμ [3].

2º Sur la route menant de Gibeath Saül, résidence habituelle du roi hébreu, aujourd'hui Tell et Foul, à Rama, on rencontrait un lieu dit Sekou, où il y avait de l'eau.

Cette route pouvait fort bien correspondre à la voie antique allant de Mejdel Jaba (jadis Antipatris) à Beitin (anciennement Bethel) ; or celle-ci passe auprès du village d'Oumm Suffah, qui rappelle à la fois le nom du chef de la famille de Samuel et celui de Sophim. Ce village a été visité par M. Guérin [4], qui lui consacre

---

[1] I Sam., vii, 16–17.
[2] I Sam., xix, 22.
[3] De Lagarde, *Onom. sacra*, p. 295.
[4] Guérin, *Samarie*, II, 109.

la notice suivante : « Nous gravissons la colline, dont le sommet est occupé par le village d'*Oumm Saffa*. Ce village renferme 300 habitants. Il a dû succéder à une localité antique, comme le prouvent les matériaux employés dans les constructions de quelques maisons et plusieurs tronçons de colonne épars sur le sol. Une source abondante, appelée *Aïn Oum Saffa*, fournit aux besoins des habitants. Ils vénèrent, sous une Koubbeh, les restes de *Neby Hanan*. »

Si l'on se dirige d'Oumm Suffa au Kh. Tell et Foul par la voie antique, on passe non loin d'un lieu dit *Ayûn es Saky*.

L'identification de Ramathaïm-Sophim avec Oumm Suffa paraît donc devoir être à tous égards admise.

GASTON MARMIER.

(*A suivre.*)

LA COMMÉMORATION DES AMES

DANS LE JUDAÏSME

I. L'intervention des vivants en faveur des morts est un des
actes de foi qui s'observent dès les premiers âges de l'histoire :
sépulture, offrandes aux défunts, prières et dons à leur intention,
nombre de rites semblables qui se retrouvent sous toutes les la-
titudes et dans tous les temps attestent le souci qu'ont eu les mortels du sort des trépassés. A notre avis, les idées qui ont enfanté
ce culte remontent à cette époque préhistorique où se sont éla-
borées ces conceptions vagues et consolantes dont l'écho retentit
encore dans les esprits qui se croient le mieux affranchis de
toute superstition. C'est dire aussi que l'assertion, devenue dans
certains milieux un article du *credo* scientifique, que les Juifs ont
ignoré l'idée d'une vie d'outre-tombe, ne résiste pas aux faits. L'é-
rection seule des tombeaux est une protestation contre une pareille hypothèse. On a le tort de prétendre retracer l'histoire des
idées à l'aide de la littérature seule, comme si les lettres étaient
le miroir exact et total des consciences. Les monuments et les
rites sont des témoins autrement sûrs, d'autant plus instructifs
qu'ils évoquent une antiquité plus haute dont ils sont les vestiges, parfois vivants, parfois fossiles. Les croyances eschatolo-
giques, chez les Juifs comme chez les autres peuples, ont pu
varier avec le temps, s'enrichir ou s'appauvrir, s'altérer ou se
modifier ; elles ont pu, à certaines phases de leur cours, provo-
quer des résistances et des luttes, tantôt combattues, tantôt consacrées par la théologie officielle ou les classes dirigeantes, tantôt
abandonnées à la théologie populaire et clandestine ; mais vouloir
remonter à la source même de la croyance, en dater à jour fixe
la naissance, quelle illusion ! Seules les formes dans lesquelles se
sont enfermées ces conceptions, le culte par lequel elles se sont

traduites offrent matière à une histoire, car ici l'action des circonstances est sensible. Telle idée qui sommeillait, tout d'un coup
s'est réveillée sous l'étincelle d'une rencontre imprévue ; telle
croyance qui ne s'était pas encore résolue en un rite, et qui
s'ignorait presque, s'est reconnue et affirmée devant des rites
étrangers jaillis d'un foyer commun de sentiments. Plus la foi
était ardente et plus elle était indifférente à la crainte de l'imitation, croyant retrouver dans son emprunt un héritage paternel,
parce qu'il répondait à des aspirations impérieuses et irrésistibles.

Les rites juifs qui ont pour objet le bonheur ou le salut des
morts, si on excepte ceux qui touchent à la sépulture, ne sont
pas nombreux ; ils peuvent se réduire à deux : prières et aumônes
en leur faveur, et ces deux pratiques se mêlent généralement. Ces
prières sont de deux sortes : le *Kaddisch*, qui est une partie de
l'office, et la commémoration des âmes [1]. L'histoire du Kaddisch
a souvent été écrite, il n'en est pas de même de celle de la commémoration ; c'est la tâche que nous allons entreprendre. Notre
ignorance présente nous oblige à négliger, pour cette fois, l'étude
de la *haschkaba*, en usage chez les Sefardim ; la chose est de
peu d'importance, car cette prière est certainement d'introduction
plus récente que la commémoration des âmes.

II. Et d'abord, quelle est la formule de cette commémoration?
La plus ancienne dont les documents fassent mention est celle qui
a été conservée dans les *Memorbuch*. On sait qu'on appelle ainsi
les registres dans lesquels étaient inscrits les noms des martyrs et
personnages remarquables dont le souvenir était évoqué à certains jours de l'année. Ces mémoriaux, comme le révèle leur titre,
étaient en usage dans les communautés allemandes. Voici sous
quelle forme les fidèles rappelaient devant Dieu la mémoire de ces
défunts :

יזכור אלהים נשמת פלוני בן פלוני... עם נשמת אברהם יצחק
ויעקב... בשכר זה תהא נשמתו צרורה בצרור החיים עם שאר צדיקים
שבגן עדן אמן.

« Que Dieu se souvienne de l'âme d'un tel, fils d'un tel, avec
l'âme d'Abraham, d'Isaac et de Jacob (ici la mention des mérites
du défunt). Qu'en récompense de ses mérites, son âme soit liée
dans le faisceau de la vie avec les autres justes qui sont dans le
Paradis. Amen. »

Quand le défunt était une femme, on ajoutait aux noms des patriarches ceux de Sara, Rebecca, Rachel et Léa.

---

[1] Nous ne parlerons pas des prières qui se disent sur la tombe des défunts : elles
n'ont jamais atteint à la dignité d'un rite proprement dit.

Dans les *Memorbuch*, les premières personnes qui ont eu l'honneur de ce *memento* sont les martyrs qui ont succombé pendant les croisades de 1096 et 1146, ou en d'autres circonstances, comme à Blois ; ou bien les rabbins célèbres, comme Gerson, Raschi, R. Tam, Méir de Rothenbourg ; ou encore ceux qui avaient sauvé leurs frères d'un danger ; enfin, les bienfaiteurs des communautés[1]. On prit aussi l'habitude de traduire cette prière dans la langue populaire parlée dans le nord-est de la France, et, comme on le sait, de l'autre côté du Rhin. Cette version nous a été conservée dans le Memorbuch de Mayence écrit en Allemagne, en 1296, par Isaac fils de Samuel de Meiningen[2]. Dans le rituel du Comtat Venaissin, qui s'inspire d'un paragraphe du *Colbo*[3], le jour de Simhat Tora, on disait : « Que celui qui a béni Abraham, Isaac et Jacob... bénisse tous ceux, hommes et femmes, qui ont voué une offrande... ; que, s'ils sont morts, leur âme soit liée dans le faisceau de la vie et que Dieu, dans sa miséricorde, leur fasse partager le sort des justes dans le Paradis. Amen ».

Ces formules étaient récitées au temple, pendant l'office, par le ministre-officiant, vraisemblablement. C'est pour que les fidèles pussent s'associer avec plus de ferveur à cette oraison que fut traduite en langue populaire celle qui se lit dans le Memorbuch de Mayence. Cependant, au moins d'après le témoignage du *Sèfer Hasidim*, il y avait tel cas particulier où la prière n'était pas récitée par le ministre-officiant. L'auteur de ce traité de morale ascétique prescrit, en effet, à ceux qui ont reçu un don fait par un défunt pour la commémoration de son âme, de dire la formule suivante, pendant toute l'année de deuil : « Que le Miséricordieux pardonne, en faveur du bien que m'a fait un tel, fils d'un tel, que son péché soit effacé, que son âme repose avec bonheur dans le lot des justes, et que son esprit réside dans l'héritage des bons ». Puis il récite le verset : « Le Miséricordieux pardonne le péché et ne détruit pas, » etc.[4]

Toutefois il est bon de noter que cet auteur est le seul à entrer

---

[1] Basnage, t. IX, p. 743 (nouv. édit.), dit des Israélites espagnols réfugiés en Hollande : « Afin d'honorer la Mémoire de ces Martyrs (de l'Inquisition), on en conserve un Catalogue. Les Juifs ont négligé longtemps ces Dyptiques de leurs Martyrs, dont les noms meritaient mieux de passer à la postérité que ceux de quelques Docteurs cabbalistes, mais on le fait présentement du moins en quelques lieux. » Il renvoie, en note, a Barrios, *Gouverno popular Judaico*, p. 42 ; Menasseh, *Esperança d'Israel*, p. 99.

[2] *Revue*, t. IV, 5 et suiv.

[3] Abrégé, comme on le sait, du *Orhot Hayyim* d'Aron Haccohen de Lunel. Voir Renan-Neubauer, *Les Écrivains juifs français du quatorzième siècle*, p. 123.

[4] § 242-357 de la nouvelle édition des Mekize Nirdamim.

dans ces détails et à régler ces cas particuliers[1] ; les codes officiels n'ont pas adopté cette règlementation, pas plus, d'ailleurs,
qu'ils n'ont prescrit une formule spéciale de commémoration.

Aujourd'hui, dans beaucoup de communautés, la commémoration des défunts se fait par les fidèles eux-mêmes, à certains jours
de l'année, quand il s'agit de leurs parents ou proches.

III. A la commémoration des morts se joint généralement une
offrande faite en faveur des pauvres ou des institutions chari-
tables et religieuses de la communauté. Mais l'usage de faire des
aumônes en faveur des morts est plus ancien que celui de la commémoration, puisqu'il est déjà signalé par Scherira Gaon (ix⁰ siècle) et Nissim Gaon. Pendant longtemps même ces deux coutumes ne furent pas liées. Ni le *Mahzor Vitry*, ni le *Rokéah*, ni le
Mordekhaï[2] n'établissent encore entre elles de relations ; c'est le
Colbo qui le premier les unit. Nous verrons plus loin comment
s'est vraisemblablement opérée cette jonction.

IV. Au témoignage des plus anciens textes, cette cérémonie était
célébrée tous les samedis, mais uniquement en mémoire des défunts d'un mérite exceptionnel, tels que ceux qui eurent l'honneur de figurer d'abord dans les Memorbuch[3]. Pour certains
martyrs, morts pendant une persécution, la commémoration était
fixée au jour anniversaire de l'événement malheureux. Ainsi,
d'après le Memorbuch de Mayence, la cérémonie a lieu pour
deux martyrs le 7⁰ jour de Pâque, et pour ceux de Prague le
8⁰ jour de cette fête. Dans le *Schiboullé Hallékel*, l'usage est
établi pour tous les sabbats et pour tous les défunts, en général[4].
C'est en se fondant sur l'autorité de cet ouvrage et sur celle des

---

[1] Voir encore § 241.356, où l'auteur fixe les jours où la prière doit être dite après
la première année de deuil : c'est à toutes les néoménies, et, d'après la version
de la nouvelle édition, à toutes les fêtes. Voir aussi §§ 1042 et 1092 de cette
édition.

[2] Fin du xiii⁰ siècle, Allemagne.

[3] Le *Mahzor Vitry*, p. 173, ne parle que des savants illustres et de ceux qui ont
institué des mesures religieuses, des bienfaiteurs des communautés et de ceux en
faveur desquels ont été faites des donations.

[4] Cidkiyya s'exprime ainsi (§ 81, p. 59 de l'éd. Buber) : « Après la lecture de
la Haftara, il est d'usage de commémorer les morts. D'après mon frère, R. Benjamin, cette coutume s'explique comme suit : Comme c'est un jour de repos même
pour les morts, il est juste de rappeler leur nom pour le repos et la bénédiction et
de prier pour eux. » R. Benjamin est seul à motiver si gauchement cet usage; si
les morts jouissent du repos le samedi, la prière serait plus opportune les autres
jours Ce rabbin s'est vraisemblablement trompé sur un passage inséré dans le
Mahzor Vitry, p. 113, où, à propos de l'usage des orphelins de faire la prière publique ou de dire Kaddisch le *samedi soir*, il est question du repos accordé aux morts
le samedi.

הגהות מרדכי (Gloses sur l'ouvrage de Mardochée ben Hillel) que R. Moïse Isserlès l'a inséré dans ses additions au *Schoulhan Aroukh*[1].

Jacob Lévi Möllin (Maharil) donne une règle nouvelle : la cérémonie a lieu tous les samedis en faveur de ceux qui sont décédés dans la semaine.

Certains casuistes assignent à cet usage le jour de Kippour, où la commémoration doit se faire après la lecture de la Haftara. Ici, sans aucun doute, l'introduction de ce rite est due à une confusion qui saute aux yeux : la commémoration a été entraînée par l'habitude de vouer en ce jour des offrandes en faveur des trépassés[2]. Cette habitude est déjà consacrée dans le *Mahzor Vitry* (p. 392), qui ajoute même qu'en Allemagne c'était ce jour seulement que les fidèles vouaient des offrandes en faveur des morts. Il proteste, à plusieurs reprises, contre l'usage de le faire aussi le jour de Matnat Yad[3] (8e jour de Pâque, 2e jour de Schebouot, Schemini-Acéret). Ce jour-là, dit-il, les offrandes doivent se faire uniquement à l'intention des vivants, car il ne faut pas s'affliger en pensant aux morts[4]. Cette protestation n'a pas enrayé cet usage, qui s'est perpétué, toujours à la faveur d'une confusion : les aumônes consacrées ce jour-là à l'intention des vivants ont appelé les aumônes en faveur des défunts, et ces offrandes, à leur tour, ont appelé à leur suite la commémoration. Encore faut-il remarquer que ce rite n'est signalé par aucun des décisionnaires attitrés ; il semble venir de la Pologne et n'avoir pas pénétré en Allemagne, car les Rituels de prières imprimés dans ce pays le passent sous silence.

V. Il est donc facile de reconstituer l'histoire de cet usage. Dès le temps des Gaonim, avant le xe siècle, existait la coutume de

---

[1] Glose sur *Orah Hayyim*, § 284 : « Il est d'usage, après la lecture de la Loi, de commémorer les morts,... mais tout dépend de la coutume. » — Par quelle voie ce rite a-t-il passé au Yémen, c'est ce que ne nous permet pas de déterminer l'histoire encore si obscure de la liturgie de ce pays. Il n'est pas impossible que les Juifs yéménites aient simplement adopté l'usage des Sefardim, car la formule qu'ils emploient est celle de la haschkaba (מנוחה נכונה).

[2] R. Jacob Weill fonde l'institution d'une expiation des péchés des morts le jour de Kippour sur le pluriel du mot כפורים : ce pluriel prouve, dit-il, que c'est un jour d'expiation pour les vivants et pour les morts. Le *Colbo* (§ 70) dit que la cérémonie de la commémoration des morts en ce jour-là a pour but de briser le cœur des fidèles. L'auteur du *Rokéah* (§ 218) appuie l'usage des aumônes en ce jour sur le rapprochement des versets 10 et 12 du ch. xxx de l'Exode, son exégèse est bien boiteuse.

[3] Ni le *Tour*, ni le *Bet Yosef*, ni Moïse Isserlès ne parlent de la commémoration des âmes pour ce jour.

[4] P. 309, 345.

vouer des aumônes en faveur des morts. Mais ce n'est qu'après la première ou la deuxième croisade que, dans les pays rhénans, on commença à rappeler, pendant l'office, le souvenir des défunts qui avaient mérité cet honneur exceptionnel. Cette prière se récitait tous les samedis ou, dans certains cas, au jour anniversaire de la mort des martyrs. Cette habitude fut généralisée ; en certaines régions la prière fut dite tous les samedis en faveur même des trépassés qui n'avaient pas de titre à cette mention exceptionnelle. En d'autres contrées, elle fut réservée aux jours où la consécration d'aumônes est recommandée ; de là son institution à la solennité de Kippour et à celle de Matnat Yad.

Dès la fin du xive siècle, l'usage s'était si profondément implanté, au moins en Autriche, que des lois nouvelles déterminent les cas exceptionnels où il doit être enfreint. D'après Abraham Klausner et Jacob Lévi Möllin (Maharil), la commémoration n'a pas lieu le samedi qui précède la néoménie, sauf si le décès s'est produit dans la semaine, ni les quatre samedis extraordinaires (ארבע פרשיות) avant Pâque[1].

VI. La croyance en l'efficacité de l'intervention des vivants en faveur des morts se manifeste-t-elle dans la littérature ou dans le culte avant l'établissement du rite de la commémoration, et l'usage découle-t-il d'anciennes observances pieuses dont il serait la transformation?

Des savants modernes ont cru pouvoir répondre affirmativement à cette double question, en montrant les antécédents de notre rite et dans une pratique du culte analogue, qui se constaterait déjà au iie'siècle avant notre ère, et dans les principes formulés par les docteurs du Talmud.

Notre rite, dit-on[2], peut se recommander d'un exemple fameux rapporté par le IIe livre des Macchabées (ch. xii, xxxix et suiv.). Le texte mérite d'être reproduit *in extenso* :

39. Le lendemain les gens de Juda vinrent relever les cadavres, comme cela était devenu nécessaire, et se mirent en devoir de les ensevelir avec leurs parents dans les tombeaux de leurs pères. A cette occasion, ils trouvèrent sous les tuniques de chacun de ceux qui avaient péri des objets consacrés provenant des idoles de Iamnia, chose défendue aux Israélites par la loi. Alors ils comprirent que c'était pour cette cause qu'ils avaient été tués ; ils louèrent tous le Seigneur, le juste juge, qui révèle ce qui est caché, et se mirent à

---

[1] *Minhàguim* de Jacob Lévi Möllin, éd. Crémone, 1566, 3 *a*, 26 *b*, 74 *a*.

[2] Hamburger, *Real-Encyclopädie*, p. 1108.

faire des supplications pour que cette transgression fut complètement effacée, et le noble Juda exhorta ses gens à s'abstenir d'un pareil péché, puisqu'ils avaient sous les yeux les conséquences de la
faute de ceux qui avaient péri. 43. Ensuite, il fit faire une collecte
parmi tout son monde, et envoya deux mille drachmes à Jérusalem,
pour les employer à un sacrifice expiatoire. C'était une belle et
louable action, en ce qu'il songeait à la résurrection. Car, s'il n'avait
pas espéré que ceux qui avaient été tués ressusciteraient, il aurait
été superflu et ridicule de prier pour les morts. Mais, considérant
qu'il est réservé une belle récompense à ceux qui meurent pieux, il
eut cette sainte et pieuse pensée, par suite de laquelle il fit faire
l'expiation pour les morts, afin de leur obtenir l'absolution de leur
péché

Le fait raconté dans ce récit est-il avéré ? C'est ce que nous
n'avons pas à rechercher, quelque suspect que soit, aux yeux des
critiques les moins prévenus, l'auteur du IIe livre des Macchabées,
qui vivait en Egypte. Même authentique, cet épisode ne prouve
rien de ce que l'historien veut lui faire dire. Si Juda Macchabée a
ordonné un tel sacrifice, c'est vraisemblablement parce qu'au souvenir de la désobéissance d'Akhan, il a craint pour son armée.
Ce sacrifice fut un sacrifice *expiatoire*, destiné, non à racheter la
faute des défunts pour leur salut d'outre-tombe, mais à prévenir
la réversibilité de ce crime sur les troupes. Le commentaire du
narrateur atteste seulement les idées d'un Juif d'Alexandrie ou de
Cyrène, mais ne représente aucunement celles des Palestiniens,
et ce serait singulièrement s'aventurer que, sur la foi d'un tel
témoignage, reconstituer le culte du temple de Jérusalem. Encore longtemps après, les codes sacerdotaux, conservés dans la
Mischna, ignorent l'existence de pareils sacrifices ; les rabbins ne
les connaissent pas davantage. Or, les Pharisiens, qui professaient
la doctrine de la résurrection, auraient été heureux de l'arme que
leur eût fournie l'institution de ces sacrifices, s'ils avaient eu cette
destination, pour triompher des Sadducéens. Qu'auraient pu répondre les prêtres de cette secte à un argument tiré d'un rite
observé dans le temple ? Si leurs adversaires ont négligé cette
arme, c'est assurément parce qu'il n'a jamais été offert sur l'autel de Jérusalem de sacrifices à l'intention des défunts. Dira-t-on
que le livre des Macchabées, importé en Palestine, a eu assez
de prestige pour y implanter un nouveau rite funéraire ? La supposition ne se soutient pas un instant. Tout au moins, l'idée
qu'il exprime se sera-t-elle introduite à la faveur de l'autorité
dont il jouissait ? Mais cette autorité du livre alexandrin est des
plus problématiques ; si, comme nous le verrons, elle a été accep-

tée par les premiers chrétiens, qui parlaient grec, elle fut nulle
sur les rabbins. L'idée d'une expiation opérée par les vivants
au profit des morts aurait-elle passé, avec le livre, en Palestine,
que des vestiges en seraient certainement restés dans le Talmud
ou le Midrasch.

VII. Ces vestiges, on a cru les découvrir et on en a tiré cette
conclusion que la croyance était déjà admise par les Talmudistes.
Que faut-il en penser ? Pour nous en assurer, examinons le texte
sur lequel on s'appuie.

Voici la question traitée dans ce passage (*Horayot*, 6 *a*). Il est
dit dans Ezra, VIII, 35 : « Ceux qui revinrent de captivité, les enfants de l'exil, offrirent des holocaustes au Dieu d'Israël, à savoir
douze taureaux pour tout Israël, quatre-vingt-seize béliers,
soixante-dix-sept agneaux et douze boucs pour le péché, le tout
en holocauste à l'Eternel. » D'après Rabbi Juda, ces sacrifices
furent offerts par les Israélites comme expiation du crime de
l'idolâtrie, crime, ajoute Samuel, dont les Juifs se rendirent coupables sous Ezéchias.

Ce texte, prétend-on, prouve que les docteurs du Talmud admettaient le principe de l'intercession des vivants en faveur des
morts [1]. Il faudrait, pour cela, que, dans la pensée des rabbins,
ces sacrifices eussent été destinés à l'expiation des coupables défunts. Or, si, au lieu de détacher ce passage du Talmud de son
contexte, on avait étudié, même superficiellement, le chapitre
auquel il appartient, il aurait été impossible de se tromper aussi

---

[1] M. Hamburger, *Real-Encyclopädie*, p. 1108, *s. v. Seelenfeier*, dit en propres
termes : « La Guemara babylonienne d'Horajoth déduit aussi de Deut., XXI, 9 que
les morts peuvent être pardonnés par des sacrifices. Les douze sacrifices de péché
mentionnés dans Ezra, VIII, 35, et offerts par les Juifs qui revinrent de Babylonie
avec Ezra, devaient expier le péché de l'idolâtrie commis au temps d'Ezechias, bien
que cette génération fût morte depuis longtemps. » M. Hamburger ajoute à ces singulières conclusions d'autres renseignements historiques : « Le Jalamdenou (*sic*) va
plus loin et parle de la commémoration des âmes le sabbat. » Il est impossible d'ac-
cumuler plus d'erreurs dans une seule proposition. Où donc M. Hamburger a-t-il
lu cet extrait du *Yelamdenou* ? Aurait-il donc découvert ce fameux Midrasch, qui est
perdu ? Non, mais trouvant le passage qu'il invoque dans le *Tanhouma* (section *Haa-
zinou*), et établissant, sans crier gare, l'équation *Tanhouma = Yelamdènou*, ce qui est
souvent faux, il remplace *Tanhouma* par *Yelamdénou*. Or, le plus beau de l'affaire,
c'est que ce texte n'est même pas dans le *Tanhouma*, il est dans une addition de
l'édition de Mantoue de cet ouvrage, addition que l'éditeur a bien pris soin de
présenter comme telle. Il eût, d'ailleurs, suffi de voir ce passage invoquer d'autres
livres (la *Pesikta* entre autres) pour reconnaître l'interpolation. Si de telles légèretés
doivent être critiquées, en general, combien ne sont-elles pas fâcheuses dans un
article d'Encyclopedie, où les savants, non prévenus, vont chercher les derniers et
indiscutables resultats de la science ? M. K. Kohler, qui traite si cavalièrement l'illustre Zunz, avant de le condamner d'un trait de plume, aurait bien fait de ne pas
trop s'en fier à M. Hamburger. *Monatsschrift*, XXXVII (1893), p. 489.

grossièrement. Le Talmud traite, dans ce chapitre, du sacrifice prescrit par le Lévitique, iv, 13, à l'assemblée d'Israël dans le cas d'un péché commis par elle involontairement. Ce sacrifice, est-il besoin de le dire ? avait pour but de prévenir la réversibilité de la faute, et non d'amnistier les coupables. Quand donc, à ce propos, le Talmud parle des holocaustes offerts par les exilés revenus en Judée, il prétend seulement que les Israélites se conformèrent alors à la loi du Lévitique, mais il est loin de penser au sort des coupables déjà morts. D'ailleurs, le Talmud n'attribue une telle destination à ces sacrifices que parce que, justement, le nombre des taureaux immolés en cette circonstance s'accorde avec le principe, formulé dans la Mischna, que tout péché commis par erreur, c'est-à-dire *sur une fausse décision du Bet-Dîn*, par toute la communauté d'Israël, composée de *douze* tribus, nécessite un sacrifice de *douze* taureaux.

Que reste-t-il maintenant de ce bel échafaudage ?

VIII. Ce n'est pas à dire que les Talmudistes aient été réfractaires ou étrangers à l'idée de l'intercession efficace des vivants en faveur des défunts. S'ils ne parlent pas, dans le texte que nous venons de discuter, d'une expiation par des *sacrifices* offerts par les vivants en faveur des morts, certains rabbins laissent entendre parfois que la croyance en l'utilité des *prières* dans ces cas ne leur paraît pas inadmissible. Volontiers, ils font intercéder utilement des héros bibliques en faveur de coupables trépassés. Moïse, d'après R. Samuel b. Nahman, ou Hannah, selon R. Josué ben Lévi, aurait, par sa prière, tiré du Scheol les Korahides[1]. David, à en croire un autre rabbin, en s'écriant huit fois, après la mort d'Absalon . « O mon fils », l'aurait fait remonter du septième cercle de l'Enfer et entrer dans le monde des heureux[2]. Les casuistes citent l'histoire d'Elischa, qui, si elle ne prouve pas ce qu'ils veulent, montre, tout au moins, que les rabbins ad-

---

· [1] J. *Sanhédrin*, 29 c.

[2] *Sota*, 10 b. Cité par l'auteur du *Rokéah*, § 217 — On peut encore invoquer ce texte de *Kiddouschin*, 31 b : Une baraïta dit : Le fils doit honorer son père après sa mort ; par exemple, s'il rapporte une de ses opinions, il ne doit pas dire · Ainsi a parlé mon père, mais : Ainsi a parlé Monsieur mon père, *que je sois l'expiation de sa couche* (de son âme). Le Talmud souligne le sens de cette dernière phrase en ajoutant : Ces mots doivent être dits dans les douze mois qui suivent le décès (durée extrême du séjour des Israélites dans le Guéhinnom) , mais, passé ce temps, on se sert de la formule : « Son souvenir pour la bénédiction pour la vie du monde futur. » La formule : « Que je sois l'expiation de sa couche » (הריני כפרת משכבו) était, d'ailleurs, de pure politesse. C'est ainsi que R. Simon b. Lakisch disait : Que je sois l'expiation de Rabbi Hiyya et de ses fils ! Raschi fait justement observer, à ce propos, que c'est une simple expression laudative. *Soucca*, 20 a.

mettaient l'utilité de l'intercession des *défunts* en faveur des *défunts* [1].

IX. Les rabbins du moyen âge ont cru découvrir un texte talmudique plus favorable à leur thèse. Il est ainsi conçu (*Sifrè*, fin de la section *Schofetim*) : Le Pentateuque déclare que lorsqu'un cadavre est trouvé dans la campagne et que l'assassin est inconnu, les anciens de la localité la plus rapprochée doivent immoler une génisse en disant : « Pardonne à ton peuple que tu as sauvé ». Par les mots : « Pardonne à ton peuple », dit le *Sifrè*, les anciens pensaient aux vivants, et par les mots : « que tu as sauvé », aux défunts. « Preuve, ajoute-t-il, que les morts ont besoin d'expiation. Aussi le meurtrier pèche-t-il jusqu'à ceux qui sortirent d'Égypte (la responsabilité remonte jusqu'à cette génération). » Ainsi, cérémonie et prière *expiatoires*, voilà, en toutes lettres, le prototype de l'institution ultérieure des prières et des aumônes en faveur des défunts.

Nous n'épiloguerons pas sur le sens véritable de ce passage, qui n'a, d'ailleurs, pas la portée que lui ont assignée par la suite les casuistes. Qu'on lise *Horayot*, 6 *a*, qui invoque justement ce texte du *Sifrè*, et on verra que, d'après les docteurs du Talmud, cette cérémonie expiatoire n'est pas du tout célébrée pour le salut des défunts, mais uniquement pour celui des vivants. Le *Sifrè*, d'après un de ces docteurs, veut simplement dire que la cérémonie expiatoire dégage la responsabilité de la génération présente, non seulement pour le crime actuel, mais pour ceux

---

[1] D'après le Talmud de Jérusalem, un feu céleste étant descendu pour consumer le tombeau d'Elischa, Rabbi Méir, son disciple, étendit son manteau sur le sépulcre, en disant ces mots, qui sont la paraphrase des paroles de Boaz à Ruth : « Repose cette nuit, c'est-à-dire en ce monde, et au matin, c'est-à-dire dans le monde futur, si le Bon (Dieu) veut te libérer, tu seras libéré ; sinon ce sera moi qui le ferai. » Aussitôt le feu s'éteignit (j. *Haguiga*, 77 *c*). D'après le Talmud de Babylone, Rabbi Méir s'exprima ainsi : « Il vaut mieux qu'il soit puni et entre dans le monde futur. Quand je serai mort, je ferai monter de la fumée de son tombeau. Enfin, après la mort de R. Méir, la fumée monta du tombeau d'Elischa. Puis le Talmud ajoute : « Rabbi Yohanan dit : ... Quand je mourrai, j'éteindrai la fumée de son tombeau ». Ces récits, d'ailleurs, n'ont d'autre but que de rehausser le mérite des rabbins renommés et montrer leur puissance même sur Dieu. C'est, d'ailleurs, ce qu'expriment très bien ces mots qui suivent le dernier passage que nous venons de lire : מיאה עליה ההוא ספדנא אפילו שומר הפתח לא עמד לפניך רבינו « Dans une oraison funèbre, faite sur la mort de R. Yohanan, quelqu'un dit : « Même le gardien de la porte ne te résista pas, ô notre maître. » L'auteur du *Rokéah* essaie de rattacher le rite de la commémoration a cette histoire. — *Sabbat*, 152 *a*, rapporte une historiette d'après laquelle R. Juda reçut les remerciements d'un défunt, mort sans laisser de famille, pour avoir été, sept jours durant, s'asseoir au lieu du décès. Par cet acte, le rabbin avait fait plaisir a ce malheureux. Mais cette histoire, comme celle de R. Akiba et du damné, montre seulement la vertu des rites funéraires, qui n'ont rien de commun avec les prières pour le salut des morts.

qui ont pu être commis par les générations antérieures « jusqu'à celle qui sortit d'Egypte ».

Certains casuistes ont cherché à rendre plus explicite ce passage du *Sifrè*, en l'enrichissant d'une glose qui consacrait le principe dont ils voulaient à toute force retrouver l'énoncé dans l'antiquité la plus lointaine. R. Senior Cohen Cédék disait : J'ai appris qu'il est écrit dans un Midrasch : « Pardonne à ton peuple », c'est-à-dire aux vivants, « que tu as sauvé », c'est-à-dire aux morts, *lesquels sont pardonnés par l'argent* (les aumônes) *des vivants*. Mais ce rabbin lui-même protestait contre cette addition, en soutenant, comme Abigdor Cohen Cédek, que le *Sifrè* n'avait certainement pas pensé à cette sorte d'expiation (*Schiboullé Halléket*, éd. Buber, p. 60).

Ces correcteurs naïfs ont senti que, même dans leur interprétation, dont nous avons reconnu la faiblesse, ce texte ne se présentait pas avec la solennité requise et n'avait que trop les apparences d'une fantaisie rétrospective ; une règle générale formulant le principe qui peut, à la rigueur, se déduire de ce commentaire midraschique revêtait une autre autorité. Et, à la vérité, il fallait que cette règle — si règle il y avait — manquât de prestige aux yeux des docteurs du Talmud pour ne leur suggérer aucune prescription rituelle touchant le culte des morts. En cela, d'ailleurs, les rabbins paraissent avoir été en harmonie avec le peuple, qui, dans le même temps, n'a connu ni pratiqué aucun usage de cette nature.

X. Fait remarquable, ce sont des Gaonim, les chefs religieux d'une époque réputée pour sa crédulité et qui eux-mêmes n'ont jamais fait montre d'un rationalisme intempérant, ce sont Scherira, Nissim, Haï, les plus illustres représentants de l'école traditionaliste, qui protestent contre l'introduction des pratiques pieuses qui pouvaient se recommander de l'autorité du *Sifrè* [1]. La coutume s'était déjà répandue de prier et de distribuer des aumônes pour le salut des défunts. Scherira s'élève contre cette coutume en disant que tous les justes du monde auraient beau prier et accomplir les plus belles œuvres de charité, le coupable n'en serait pas innocenté [2]. Nissim entre déjà en composition avec la pratique, qui, sans doute, s'était généralisée et avait été admise par des rabbins : sa protestation est plus timide, il se borne à restreindre la portée de l'intercession des vivants. « Il n'est pas d'u-

---

1 Interprété comme nous l'avons dit.

2 קובץ ש׳ר׳ה ישן, Constantinople, 1516.

sage, dit-il, de prier en faveur des méchants pour qu'ils jouissent du même sort que les justes, car ce serait œuvre vaine. Si les *Sages* ont parlé de prière en faveur des pécheurs, ils ne lui ont attribué que le pouvoir d'alléger la punition [1] ». Haï s'approprie les termes mêmes de Scherira, mais il concède cependant que les prières et œuvres de charité des gens de mérite ne sont pas dépourvues d'efficacité. Quant aux prières des pauvres, il n'est pas sûr de leur utilité [2]. L'auteur du *Tannia* (§ 16) [3] connaît cette protestation des Gaonim, tout en n'osant pas s'y joindre. Par contre, Abraham bar Hiyya, au XIIe siècle, ne cache pas son opposition à cette institution, même quand prières et aumônes sont un acte de piété filiale, destiné au salut des parents [4]. Ainsi, en Afrique et en Espagne, se perpétue une sorte d'hostilité, tantôt franche, tantôt craintive, à l'égard de ce nouvel usage ; ainsi aussi se manifeste le peu de crédit accordé au texte du *Sifrè*, considéré, à tort d'ailleurs, par les casuistes comme le fondement de ce rite.

XI. En Europe, l'Espagne exceptée, aucun doute ni sur l'efficacité de l'intervention humaine en faveur des morts, ni sur l'autorité du *Sifrè*, qui en formule censément le principe. Un nouvel appui venait, d'ailleurs, en corroborer la force, celui de la *Pesikta Rabbati*, qui déclare que, descendu dans la Géhenne, l'homme peut en remonter, quand on prie pour lui [5]. Les auteurs qui le citaient [6] ignoraient vraisemblablement que ce Midrasch est l'œuvre d'un occidental, Italien ou Byzantin, qui n'a pas vécu avant le IXe siècle. Peu, d'ailleurs, leur eût importé ; mais, pour nous, il

[1] Extrait du *Meguillat Setarim*, cité par le *Séfer Hasidim*, § 605 = 30 de la nouvelle édition.

[2] Cité par Aron Haccohen, de Lunel, *Orhot Hayyim*, 107. Il n'est pas nécessaire de supposer une confusion de cet auteur, qui aurait pris R. Haï pour Scherira ou Nissim, car les Gaonim ne se gênaient pas pour reprendre à leur compte les opinions et même les termes de leurs devanciers. Ainsi en agissait aussi la chancellerie pontificale.

[3] Abréviateur du *Schiboullé Halléket*, qui a vécu probablement, comme son maître, en Italie.

[4] הגיון הנפש, Leipzig, 1860, p. 32 : « Celui qui croit que les prières de ses enfants ou amis lui serviront se trompe, de l'avis de tous les hommes de sens, car la Tora et les Docteurs n'ont parlé que de l'action de la vertu ou de l'iniquité des hommes sur leurs descendants, mais la Tora ne dit jamais que l'œuvre d'un vivant puisse être utile à un mort, sauf dans le cas de restitution d'un vol. »

[5] *Pesikta rabbati*, édit. Friedmann, p 95 *b*, Bahia, dans son כד הקמח, *s. v.* ראש השנה, le cite sans presque aucune variante sur ce point. La version est différente dans le *Mahzor Vitry* et le *Orhot Hayyim* d'Aron Haccohen. D'après leur leçon, la *Pesikta* s'inspirerait du texte du *Sifrè*.

[6] R. Aron Haccohen de Lunel, *Orhot Hayyim*, 107, mentionne ce passage comme provenant du Talmud de Jérusalem. Ce n'est pas qu'il ne connaisse pas la *Pesikta*, puisqu'il l'invoque ensuite à l'appui de la croyance en l'efficacité des aumônes. Sa version, en partie analogue à la nôtre, est la même que celle du *Mahzor Vitry*.

ne sera pas inutile de constater que c'est en Occident encore, et à l'époque des Gaonim seulement, que nous trouvons les premières traces et de la consécration du principe de l'intercession des vivants en faveur des morts, au moyen des prières et des aumônes, et de l'énoncé formel de la doctrine.

XII. Ainsi, institution des prières et aumônes en faveur des défunts et institution de la commémoration des âmes ne se rattachent d'une manière assurée ni à aucun texte, ni à aucun usage antérieur à la période des Gaonim, et quand on les y a rattachées, ce n'est que bien après qu'elles s'étaient imposées par l'usage. Le principe qui les justifiait, tout en n'étant pas antipathique à l'esprit des docteurs, et encore est-ce plus vrai des agadistes que des halachistes, n'était pas encore formulé avec assez de netteté, ni n'avait peut-être pas assez pris conscience de lui-même, pour engendrer de nouveaux rites.

Or, tandis qu'apparaît si tard chez les Juifs ce culte mortuaire, dès les premiers siècles de notre ère il est déjà constitué dans le Christianisme, et, au IVᵉ siècle, saint Augustin peut parler, à ce sujet, de *la pratique universelle de l'Eglise* et de *la tradition des ancêtres* : sacrifice de la messe, prières, aumônes, commémoration des morts, au temps de l'évêque d'Hippone, figurent dans la liturgie. Et, sur ce point, l'Eglise latine et l'Eglise grecque s'accordent parfaitement. Il n'entre pas dans notre plan d'étudier l'histoire de ces pratiques pieuses dans le Christianisme ; peu nous importe de savoir si ce culte a commencé d'être célébré pour les saints, les martyrs et les apôtres seulement[1], si c'est seulement à l'occasion des visites qu'on faisait annuellement sur la tombe des martyrs que les chrétiens, pour la première fois, intercédèrent en faveur des morts, enfin, du sacrifice de la messe, de la prière, ou des aumônes, lequel de ces usages a inauguré cette nouvelle liturgie ; il nous suffit de constater l'existence de ces coutumes pieuses dès avant le IVᵉ siècle[2]. Tertullien (IIᵉ siècle) dit déjà, d'une manière très explicite, qu'on offrait un sacrifice pour les morts (*De monog.*, x) : « Tous les ans, dit-il, aux jours *natalices*, nous faisons des oblations » (*De corona militis,* ch. III). Saint Cyprien (IIIᵉ siècle), en parlant des martyrs, s'exprime ainsi : « Nous offrons toujours des sacrifices pour eux, c'est-à-dire en leur honneur, toutes les fois que nous célébrons les passions des martyrs et leur commémoration anniversaire » (*Epist.*, XXXIV). Il prescrit à son clergé de noter avec soin les jours où le

---

[1] Les plus anciens textes semblent donner raison à cette conjecture.
[2] Voir *Encyclopédie des sciences religieuses, s. v. Messe.*

martyrs sortent de cette vie et de lui en donner avis, « afin que nous puissions célébrer ici des oblations et des sacrifices en leur commémoration » (*Epist.*, xxxvii). Ce n'est pas seulement en faveur des martyrs qu'étaient observés ces rites ; déjà au témoignage de Tertullien, des oblations étaient faites pour tous les morts à leur jour anniversaire (*ibid.*). S. Epiphane (ive siècle) reproche à Aetius de nier que le saint sacrifice doive être offert pour les défunts [1]. Saint Cyrille de Jérusalem (milieu du ive siècle) enseigne aux nouveaux baptisés la nécessité de prier pour les morts dans la Liturgie qu'il leur explique. « Nous prions, dit-il, pour tous ceux qui sont sortis de ce monde, dans notre communion, croyant que leurs âmes reçoivent un très grand soulagement des prières qu'on offre pour eux dans le saint et redoutable sacrifice de l'autel » (5° catachèse). Saint Augustin revient fréquemment sur ce sujet : « Il n'en est pas ainsi des prières de la sainte Eglise, du sacrifice de notre salut et des aumônes que l'on fait pour les morts ; nul doute que tous ces secours ne leur obtiennent d'être traités du Seigneur avec plus d'indulgence que ne l'ont mérité leurs péchés. En effet, c'est la tradition de nos pères et la pratique universelle de l'Eglise de prier pour ceux qui sont morts dans la communion du corps et du sang de Jésus-Christ et d'en faire mémoire au lieu prescrit, dans le sacrifice qui est offert pour eux aussi bien que pour les vivants. Qui peut douter encore que les œuvres de charité que l'on fait à leur intention ne leur soient aussi avantageuses que les prières qui sont pleines de fruits pour eux? » (Sermons, clxxii, ch. ii). — « Il n'y a de profitable pour eux que ce que nous demandons véritablement à Dieu, soit au saint sacrifice de l'autel, soit par les sacrifices de nos prières et de nos aumônes » (*De cura gerenda pro mortuis*, ch. xviii).

XIII. L'Eglise avait besoin d'une autorité scripturaire pour légitimer ces usages ; elle ne trouva pas de texte plus explicite que le passage du IIe livre des Macchabées que nous avons cité plus haut [2]. Destinée singulière, ce récit, orné des réflexions de l'auteur, devait rester ignoré des Juifs, quoique écrit par un Juif, tandis qu'il devait exercer une influence profonde sur la liturgie chrétienne. C'est que l'Eglise fit entrer ce livre dans le Canon biblique, tandis que la Synagogue lui refusa, si elle le connut, les titres à cet honneur ; c'est surtout que le Christianisme, par son origine même, se trouvait en affinité de sentiments et d'aspirations plus grande que le Judaïsme avec ce théologien juif nourri

---

[1] Martigny, *Dictionnaire des antiquités chrétiennes*, p. 403.
[2] Voir, entre autres, saint Augustin, *De cura gerenda pro mortuis*, ch. i.

des enseignements des Grecs. Peut-être l'harmonie des situations, entre l'écrivain alexandrin et les Pères de l'Eglise, a-t-elle été plus significative encore. Il n'est pas invraisemblable que l'auteur du II⁰ livre des Macchabées ait attribué au sacrifice de Juda Macchabée la destination que nous savons, inspiré par la vue des sacrifices funéraires qui étaient prescrits par le rituel grec. Or, l'Eglise a eu à s'accommoder, là aussi, des usages païens qu'elle ne pouvait extirper. Saint Augustin l'atteste avec éclat, dans une consultation qu'il adresse à l'évêque Valère : « Mais puisque ces ivrogneries, ces somptueux festins dans les cimetières sont regardés par le peuple ignorant et charnel non seulement comme un honneur rendu aux martyrs, mais aussi comme une consolation pour les morts, il sera facile, à mon avis, de détourner de ces honteux désordres, en s'appuyant, pour les défendre, sur l'autorité de l'Ecriture. Comme il est vrai, cependant, que les offrandes faites pour les âmes des défunts sont pour elles un soulagement, que, du moins, ces offrandes soient modestes et sans faste. Qu'on y fasse participer avec empressement et sans orgueil tous ceux qui le désirent et qu'on n'en fasse pas un sujet de trafic. Si, par dévotion, c'est une offrande d'argent que l'on veut faire, il faut distribuer immédiatement cet argent aux pauvres. Ainsi le peuple ne croira pas qu'on veuille lui faire oublier ce qu'il doit à la mémoire de ceux qui lui sont chers (ce qui pourrait être pour lui le sujet d'une grande douleur), et l'Eglise ne verra plus se célébrer dans son sein ce qui est contraire à la décence et à la piété » (Lettre XXII⁰, 6).

XIV. Les théologiens chrétiens avaient quelque peine à concilier la croyance en l'efficacité de l'intervention humaine en faveur des défunts avec l'idée de la justice divine ; sous ce rapport encore, saint Augustin est un témoin curieux des scrupules intellectuels des chefs de l'Eglise, forcés de compter avec les mœurs, et nous allons le voir parler comme plus tard s'exprimeront les Gaonim dont il a été question plus haut : « Il est donc certain que tous ces secours sont utiles aux morts, mais à ceux d'entre eux dont la vie sur la terre a rendu efficaces pour eux ces secours après leur mort. Car, pour ceux qui sortent de ce monde sans la foi, qui opère par la charité, et sans les sacrements de l'Eglise, c'est en vain que leurs proches et leurs amis leur rendent ces devoirs de piété, puisqu'ils n'en ont point eu le gage pendant leur vie, et que, n'ayant pas reçu ou ayant reçu en vain la grâce de Dieu, ils se sont amassé, non pas un trésor de miséricorde, mais un trésor de colère. Les morts n'acquièrent donc pas de nouveaux mérites lorsque leurs proches font pour eux de bonnes œuvres ; mais ces bonnes œuvres sont comme une suite de celles qu'ils ont faites eux-mêmes pendant leur vie. Car c'est la vie qu'ils ont menée ici bas qui leur mérite de profiter de ces secours après leur mort. Ainsi, chacun de nous ne trouvera après sa mort que ce qu'il aura mérité pendant sa vie » (Sermons, CLXXII, II, [1]). — « Encore faut-il dire que le saint sacrifice de l'autel et les sacrifices de nos prières et de nos aumônes ne sont pas utiles à tous ceux qui en sont l'objet, mais seulement à ceux qui pendant leur vie ont mérité qu'ils leur fussent utiles ; mais, comme nous ne savons pas faire le discernement, il faut les appliquer à tous ceux qui ont été régénérés, afin de n'omettre aucun de ceux qui peuvent et doivent en retirer quelque avantage » (*De cura gerenda pro mortuis, ibid.*). Bien certainement les Gaonim n'ont pas lu saint Augustin, c'est la même situation d'esprit qui leur a suggéré les mêmes réserves.

XV. Si l'usage des prières et des aumônes offertes à l'intention des défunts était général dans l'Eglise chrétienne, celui de la commémoration des âmes ne l'était pas moins. Le *memento* est, comme chez les Israélites, la formule de l'oraison prononcée par le prêtre, soit en faveur des martyrs et des saints, soit en faveur des simples fidèles [2]. Déjà au IV° siècle se rencontrent des *diptyques*, ou tables pliées en deux, sur lesquels étaient écrits les noms des personnes pour lesquelles était récitée la messe ou la commémoration. Chose remarquable, comme nous l'avons observé pour les Mémoriaux juifs, sur ces diptyques étaient inscrits en première ligne les noms de tous les évêques célèbres qui avaient gouverné l'Eglise où le dyptique devait être lu On y ajoutait ceux des évêques étrangers qui avaient laissé une grande réputation de sainteté, puis ceux des bienfaiteurs. Quant aux martyrs, leurs

---

[1] L'auteur du *Rokéah* (§ 217) s'exprime à peu près dans les mêmes termes : « En quoi, dit-il, l'offrande faite, le jour de Kippour, en faveur des morts leur sert-elle ? Dieu sonde les cœurs des vivants et des morts ; si ce mort, de son vivant, était charitable, ou si, pauvre, il était bon, ces aumônes ont quelque efficacité, car les vivants peuvent demander un adoucissement aux peines des trépassés. Mais, si c'est en faveur d'un méchant, cette charité est vaine. » Il ajoute — ce qui se lit aussi dans saint Augustin — : « En outre, les aumônes sont faites à l'intention des morts, parce que les justes intercèdent en faveur de leurs descendants. »

[2] Voici, d'après Pierre le Brun, la formule du *Memento* · « Memento etiam, Domine, famulorum famularumque tuarum N. et N. qui nos præcesserunt cum signo fidei et dormiunt in somno pacis. » Puis, le prêtre ajoute : « Ipsis, Domine, et omnibus in Christo quiescentibus locum refrigerii, lucis et pacis, ut indulgeas, deprecamur, per eumdem Christum Dominum nostrum. Amen. » Pierre le Brun, *Explication littérale, historique et dogmatique des prières et des cérémonies de la Messe*, Paris, 1726, t. I, p. 523.

noms figurent dans les plus anciens diptyques qui aient été conservés. Plus tard, on inséra, à la suite de ces noms illustres, ceux des prêtres, des diacres, des clercs, et, enfin, des laïques et des femmes. Le célébrant priait en faveur de ces défunts dans les termes suivants : « *Horum omnium animabus dona requiem, Dominator Domine Deus noster, in sanctis tuis tabernaculis* [1]. » On appelait cette oraison *oratio post nomina*, ou *super diptycha* [2].

XVI. Du rapprochement que nous venons d'établir ne se dégaget-il pas un enseignement ou plutôt un renseignement historique sur la naissance du rite de la commémoration des âmes chez les Juifs, comme de l'usage des prières et aumônes à l'intention des trépassés ? Evidemment la chronologie n'est pas toujours un criterium certain, mais l'absence de tout antécédent à l'institution de ces rites juifs, qui nous avait arrêtés jusqu'ici, ne conduit-elle pas à faire supposer, avec beaucoup de vraisemblance, que les Israélites ont été, sans le savoir probablement, les imitateurs des chrétiens ? Ils devaient d'autant moins se défendre de cet emprunt que la croyance-mère de ces usages pieux n'était pas pour eux une nouveauté. Le peuple, qui paraît ici avoir été l'ouvrier de cette innovation, au moins pour les prières et aumônes, pouvait de bonne foi se laisser séduire par l'exemple en restant fidèle à la doctrine du Judaïsme, car il y retrouvait l'écho d'idées qui lui étaient sympathiques. Sa conscience était mûre pour l'appropriation de la croyance et des rites. Le monothéisme et le spiritualisme juifs se gardaient, d'ailleurs, de toute contamination, en repoussant tout ce qui contenait encore le résidu du paganisme, ou en évoquait le souvenir, comme le mot de sacrifice. En effet, tandis que prières, aumônes et commémoration des âmes ont leur correspondant dans la liturgie juive, il n'est rien qui y rappelle même de loin la mention des morts au « sacrifice » de la messe. Même devenue partie de l'office, la commémoration des morts y a toujours été hors cadre et n'a jamais été incorporée dans les prières traditionnelles.

Il n'est pas jusqu'à la géographie qui ne confirme cette hypothèse, car c'est en Europe, dans les pays chrétiens, ainsi que nous l'avons vu, que l'emprunt s'est produit sans résistance, tandis que dans les régions de l'Islamisme et de la science, des protestations non équivoques se faisaient entendre.

---

[1] Martigny, *ibid.*, p. 213.
[2] *Ibid.*, voir encore *s. v. Nécrologes*. Ces diptyques sont devenus à la longue de véritables registres mortuaires. Ainsi des Mémoriaux juifs.

XVII. En résumé, deux croyances, l'une vague, sans contours bien définis, sans rites qui la traduisent, l'autre, nette, consciente d'elle-même, exprimée par des usages religieux, se rencontrent : la plus molle subit sans peine l'empreinte de la plus ferme ; de là les rites qu'en réalité, elle lui emprunte. Pour les prières et aumônes, l'introduction s'en fit d'une manière obscure et naturelle, il ne fallait pas de causes occasionnelles pour la motiver ; pour la commémoration des âmes, il fallut un événement tragique pour en faire naître l'usage, c'est le sang des martyrs des croisades qui brusqua l'inauguration du rite, et peu à peu des martyrs aux grands hommes, des grands hommes aux bienfaiteurs, des bienfaiteurs aux simples fidèles, tous les Israélites décédés reçurent le secours de cette prière. Mais cette prière garda toujours la marque de sa nouveauté relative, elle ne parvint pas à se fixer d'une manière définitive et à prendre une place de premier rang dans le rituel des prières, constitué avant sa naissance. De nos jours, où le culte des morts gagne en ferveur ce que perd la piété, où la fidélité à la mémoire des parents devient une sorte de religion qui éclipse un peu l'autre, on ne s'étonnera pas que la cérémonie de la commémoration, au moins au jour de Kippour, se revête d'une solennité et d'un prestige sans cesse grandissants.

ISRAEL LÉVI.

RECHERCHES SUR LE SÈFER YECIRA

(SUITE ET FIN [1])

IV

STYLE.

Le style de l'auteur du S. Yecira diffère notablement de celui
des anciens mystiques; il est concis, sobre, tel qu'il convient pour
un ouvrage didactique, et il évite l'accumulation des synonymes.
On y trouve une certaine chaleur, sans qu'il ait ce caractère exta-
tique commun au langage des livres des *Hèkhalot*. Notre auteur,
tout en affirmant que son système cosmologique est d'une vérité
absolue, le donne comme le résultat des réflexions d'Abraham, et
non comme une révélation. Sa langue est celle dont se sert la
Mischna quand elle classifie et qu'elle met ses matériaux en ordre;
on ne la retrouve plus dans la littérature rabbinique postérieure [1].
Le S. Yecira contient aussi de nombreuses expressions originales [3]. Notre auteur considère les racines de l'hébreu comme uni-
litères ou bilitères. Ainsi, pour lui, dans אויר ou אור, « air », le א
seul représente la racine, dans אש, « feu », le ש; de יצר il forme le
parfait צר, avec suppression du י. On sait que cette conception
linguistique était celle de tous les anciens grammairiens jusqu'à

---

[1] Voir *Revue*, XXVIII, p. 95.

[2] M. Lambert (*Commentaire sur le Sèfer Yecira*, p. 11) trouve une ressemblance
entre les petites Massekhtot et le S. Yecira et voit dans cette ressemblance une preuve
que ce dernier ouvrage est de date relativement récente. Mais ces Massekhtot n'ont
pas été composées à l'imitation de la Mischna, elles contiennent réellement des sentences de Tannaïtes; le S. Yecira, au contraire, n'est pas un recueil, mais un travail
original, et, par conséquent, sa ressemblance avec la Mischna est très surprenante.

[3] Zunz (*Ges. Werke*, II, 175) a eu tort de dire que « cet ouvrage est rempli d'expressions néo-hébraïques, sans un seul terme qui lui soit particulier. »

Hayyoudj, qui, le premier, admit les racines trilitères. La Bible elle-même croit à la bilitéralité des racines, puisqu'elle fait dériver קַיִן de קָנָה (Gen., iv, 1) et נֹחַ de נִחַם (ibid., v, 29) [1]. Même remarque pour les anciens docteurs, qui définissent le זָקֵן : זֶה קָנָה (חכמה) (Sifra sur Lévitique, xix, 32), et Jonathan, qui traduit כִּי הִנֵּה יוֹצֵר הָרִים וּבֹרֵא רוּחַ (Amos, iv, 13) de la façon suivante [2] : הָרֵי הוּא אִתְגְּלֵי דְּצָר טוּרַיָּא וּבָרָא רוּחָא; donc lui aussi met צר pour יצר. Ainsi dans Sanhédrin, 91 a : אֶחָד יוֹצֵר מִ"ן הַמֵּתִים... אַ"ל מִ"ן הַמֵּתִים צָר מִן הַטִּיט לֹא כָּל שֶׁכֵּן [3].

On remarque dans le S. Yecira quelques mots pris dans un sens tout spécial et qui prouvent la haute antiquité de cet ouvrage. Ainsi la racine חקק a le sens de « créer », tandis qu'elle signifie d'habitude « tailler, graver. » A l'origine, les racines יצר et ברא désignaient aussi un travail mécanique. Le passage suivant : וּברא אֵת עוֹלָמוֹ בִּשְׁלֹשָׁה סְפָרִים בְּסֵפֶר וּסְפָר וְסִפּוּר est obscur, mais on ne doit certainement pas y voir, par allusion à la métaphysique d'Aristote [4], l'intelligence, la conception et l'objet conçu, car l'ouvrage ne parle pas une seule fois de ces trois catégories. L'explication la plus vraisemblable est celle de Donnolo, qui dit que le S. Yecira fait allusion aux trois groupes de lettres avec lesquels le monde a été créé (שְׁלֹשׁ אֲמִירוֹת ז' כְּפוּלוֹת י"ב פְּשׁוּטוֹת).

מִילָה, dans les mots בְּמִילַת הַלָּשׁוֹן וּבִמִילַת הַמָּעוֹר (I, 3), signifie « la partie molle », comme dans le passage de Sifrè sur Deut., § 122 : שֶׁאֵין רוֹצְעִין אֶלָּא בְמִילָה, où il s'agit du lobe de l'oreille. נֶפֶשׁ a le sens de « corps » (voir Franck, La Kabbale, 2e éd., 57), comme dans ces mots syriaques · מִזְדְּרַע פַּגְרָא נַפְשָׁנְיָא קָאֵם פַּגְרָא רוּחָנְיָא (I Corinthiens, xv, 44). On trouve encore des traces de ce sens dans le Talmud (Schabbat, 129 a), mais plus tard ce mot désigna l'âme. Il est à remarquer que dans les mots וְצַר בָּהֶם נֶפֶשׁ כָּל הַיְצוּר וְנֶפֶשׁ כָּל הֶעָתִיד לָצוּר (II, 2), נֶפֶשׁ semble signifier « substance, matière ». Dans le passage נִמְצָא כָּל הַיְצוּר וְכָל הַדִּבּוּר יוֹצֵא בְּשֵׁם אֶחָד (II, 5) et dans שֵׁם אֶחָד (II, 6), שֵׁם signifie « façon, manière », comme chez les

---

[1] Renan, Histoire générale des langues sémitiques, 5e édition, p. 126.

[2] Telle est la leçon de l'édition princeps et de l'édition de Lagarde.

[3] C'est sans raison aucune que M. Lambert dit (p. III). « Par là, il révèle une certaine affinité avec la littérature des Pioutim, dont il adopte même la grammaire en employant, comme le fait remarquer Saadja, le mot צָץ pour יצר. » Cette grammaire est plus ancienne que les Payṭanim que nous connaissons Du reste, צָץ peut dériver de צוּר. comme le dit Barzilai (Commentaire, p 240) : וְצַר בָּהֶם כּוֹכָבִים בְּעוֹלָמוֹ... וְצַר בָּהֶם פֵּרִ' כְּמוֹ וַיְצַר וְיֵשׁ אוֹמְרִים וְצַר מִלְּשׁוֹן צוּרָה.

[4] Franck, La Kabbale, 2e éd., p 58. M. Franck lui-même est d'avis qu'une telle allusion à Aristote n'est pas à sa place dans notre ouvrage, et il considère ce passage comme une interpolation. Mais comme ce passage se trouve dans toutes les recensions, il ne peut pas être regardé comme une addition postérieure.

anciens docteurs (השם מן לא ou השם מן אינו). Plus tard, ce mot n'a gardé ce sens que dans l'expression כשם. Le mot גויה (III, 4, et *passim*) ne signifie ni « corps », comme en hébreu, ni « ventre », comme en syriaque, il désigne la partie spéciale du corps qui contient les poumons, organe de la respiration. On comprend ainsi ces mots : גויה נברא מרוח

V

LE DRAGON (תלי) [1].

Le mot תלי désigne d'habitude le dragon en tant que personnification des nœuds de la lune. Les anciens Grecs et Romains ne connaissaient pas ce dragon, que nous nommerons *dragon lunaire*. Les Indiens le firent connaître aux Arabes, d'où il passa dans les ouvrages des astronomes plus modernes. Les Grecs et les Romains ne donnaient le nom de dragon qu'à la constellation du nord; je l'appellerai *dragon polaire*. A mon avis, תלי, dans le S. Yecira, ne peut pas désigner le dragon lunaire [2]. On y lit, en effet (VI, 2), que le monde est gouverné par le תלי, l'année (le temps) par la sphère, et le corps humain par le cœur. Plus loin, cet ouvrage compare le *teli* à un roi assis sur son trône, la sphère à un roi habitant son pays, le cœur à un roi faisant la guerre. On voit donc que le *teli* est considéré comme plus stable et plus important que la sphère; par conséquent, il ne peut pas désigner les nœuds de la lune qui montent et descendent. Il n'est pas possible non plus de regarder le dragon lunaire comme dirigeant le monde. Je me range donc à l'opinion du commentateur qui voit dans le *teli* du S. Yecira l'axe du monde [3], et j'ajoute que le dragon polaire symbolise le pôle septentrional de l'axe du monde.

Dans le système géocentrique, l'axe du monde était censé se trouver au milieu de la terre et se prolonger jusqu'au ciel. Autour de cet axe se mouvait l'univers, que les anciens se représentaient sous la forme d'une boule à laquelle étaient attachés

---

[1] Voir Steinschneider, *Magazin für die Literatur des Auslandes*, 1845, p. 320, et l'article de M Harkavy sur תלי־אתלריא, ou ce savant identifie notre תלי avec le mot syriaque אתליא, « éclipse de soleil ou de lune » Mais אתליא répond certainement au mot assyrien *atalû*, qui signifie également eclipse (v. Schrader, *KAT*, 2e éd., p 538), tandis que תלי semble avoir une autre racine.

[2] Au début de cette étude, ch II, j'ai suivi l'opinion dominante.

[3] Cf. Barzilai, *Commentaire*, p. 209 et 259, *Kousari*, IV, 25. Voir aussi D. Kasse sur le *Kousari*, *l. c.*

les corps célestes. Des deux pôles de l'axe on ne peut voir que le pôle septentrional. On croyait que le pôle nord de la boule céleste était une étoile placée au nord et restant toujours à la même place (d'après Eudoxe et Eratosthène), mais on n'était pas d'accord laquelle des étoiles du nord était l'étoile polaire. Pour Homère et Eudoxe [1], c'est la grande Ourse; Aratus [2] considère la grande et la petite Ourse comme étoiles polaires, et le cosmographe Manilius [3] partage son avis. Enfin, d'après Manéthon [4] et les Arabes [5], le pôle est une étoile de la constellation de la petite Ourse. Pour les Chinois [6], le pôle est une étoile située dans le Dragon; ils la qualifient de reine. Telle est aussi l'opinion de Vitruve [7] et d'autres [8]. Il semble que c'est pour cette raison qu'on portait volontiers l'image d'un dragon comme amulette. Des écrivains grecs et romains rapportent, en effet, qu'à côté du soleil et de la lune, on gravait aussi un dragon sur les amulettes [9].

Les Juifs aussi admettaient que l'axe du monde passait par le milieu de la terre et avait le dragon comme pôle septentrional. Ils croyaient même que ce dragon est déjà mentionné dans ce passage de Job, xxvi, 13 : חללה ידו נחש ברח. Symmachus traduit ces mots ainsi : τὸν ὄφιν τὸν συγκλείοντα; il entend sans doute par là « un verrou qui ferme ». Dans Isaïe, xxvii, 1, Aquila traduit aussi ברח par μοχλός, « verrou, poutre transversale », et les Septante rendent les mots הארץ בריחה (Jonas, ii, 7) par μοχλοι. Les anciens voyaient donc dans נחש ברח l'axe du monde, qui coupe la terre comme une traverse, et le dragon, en tant que personnification de cet axe, était appelé תלי. La Baraïta de Samuel dit expressément (ch. I) : נחש בריח זה התלי. Dans Pirkè de R. Eliéser, le נחש ברח est l'axe de la terre. Aussi lit-on dans le chap. ix : בחמישי השריץ מן המים לויתן נחש בריח, מדורו במים התחתונים ובין שני כנפיריו הבריח התיכון של ארץ עומד. On trouve le même passage dans le Midrasch Konen [10]. C'est certainement ce dragon représentant

---

[1] Voir Ideler, Sternnamen, p. 8-9.

[2] Phaenomena, vers 20 et suiv.

[3] Astronomicon, I, vers 275-284.

[4] Delambre, Histoire de l'astronomie ancienne, I, 82.

[5] Kazwini, Cosmographie (en allemand, par Ethée), I, 62.

[6] Bailly, Histoire de l'astronomie ancienne, I, 120 et 274.

[7] Ideler, l. c., p. 9.

[8] Voir Bailly, l. c., p. 427.

[9] Voir Sachs, Beiträge, II, 116. La Mischna aussi (Aboda Zara, III, 3) compte צורת חמה, צורת לבנה avec צורת דרקון. Pour ce passage, Maïmonide fait remarquer avec raison que les païens veneraient l'image du dragon parce qu'elle représentait à leurs yeux une certaine partie des pôles célestes. Il dit aussi qu'un astrologue qu'il connaissait voulait identifier le dragon de la Mischna avec le dragon lunaire.

[10] Jellinek, Beth ha-Midrasch, II, 26.

laxe du monde que notre S. Yecira désigne par le mot תלי, et voilà pourquoi il lui assigne un rang si important dans l'univers. Tel était probablement à l'origine le sens de תלי[1], et c'est seulement après que la conception du dragon lunaire eut pénétré dans les milieux juifs que ce mot prit d'autres significations et finalement celle de dragon lunaire.

Dans la Baraïta de Samuel (composée au plus tard au VIII° siècle)[2], le sens primitif de תלי n'est pas encore complètement oublié. On y lit, en effet, à la première page : « Au nord, le chariot (la grande Ourse) met en mouvement (משרת) le *teli*, celui-ci met en mouvement le zodiaque, qui met en mouvement la sphère (גלגל) » Ici, le *teli* désigne encore une constellation boréale voisine de l'Ourse qui met en mouvement le zodiaque ; c'est, par conséquent, le dragon septentrional. Il est vrai que cette Baraïta considère la grande Ourse, et non pas le *teli*, comme le principal moteur des corps célestes, mais elle continue à qualifier le *teli* de roi (התלי כמלך ועגלה המנהיג). Déjà, d'après l'auteur de cette Baraïta, le *teli* est regardé comme la cause des éclipses, dirigeant le soleil par les mouvements de sa tête et la lune par ceux de sa queue, mais son principal rôle consiste à mouvoir le zodiaque, dont six signes sont attachés à sa tête et six à sa queue.

Dans un ouvrage du IX° siècle, le *teli* est également mentionné comme cause d'une éclipse de soleil[3].

Donnolo, dans le S. Yecira, définit le *teli* comme la Baraïta; il ajoute que le *teli* se trouve dans le ciel central, c'est-à-dire dans le ciel du soleil, que les corps célestes y sont attachés les uns au-dessus de lui, les autres au-dessous, qu'il est formé de feu et d'eau et qu'il est invisible[4].

Saadia (I, 4) traduit תלי par גוזהר et entend par là les points d'intersection du soleil avec le zodiaque (solstice) et ceux de la lune avec l'orbite du soleil. Il fait remarquer, en outre, que le תלי ne désigne pas une constellation semblable à un dragon, mais les nœuds du soleil et de la lune[5]. Les commentateurs et

---

[1] Peut-être est-il identique avec le mot rabbinique תלא, תלוי, dans le sens de « piquet, anse ». Voir *Aruch, s. v.* תל.

[2] Voir Zunz, dans *Hebr. Bibliographie*, V, 18.

[3] *Seder Tannaim we-Amoraim*, dans le *Kerem Chemed*, IV, 187, imprimé aussi avec le מבוא התלמוד de Joseph Aknín, p. 28 : ובו ביום בלע התלי את הירח [l. השמש]. ונראו כוכבים ביום. Zunz, dans *Hebr. Bibliogr.*, V, 16, compare à ce passage les mots de jer. *Rosch Haschana*, I, 4 קדמור מן אירחבלע מיד. Mais là il est question de la disparition de la lune devant R Ahoun.

[4] *Hakmoni*, éd. Castelli, p. 79. Cf. les extraits du commentaire de Donnolo sur la Baraïta de Samuel dans Karo (*Monatsschrift*, 1857, p. 271-272, et 1858, p. 260 et 348-351) et *Raziel*, éd. Amsterdam, 18 et 19.

[5] D'après la traduction hébraïque, qui est ainsi conçue dans le ms. Munich, n° 92 :

les écrivains postérieurs expliquent ordinairement חלי par « dragon lunaire » [1].

VI

LA COSMOLOGIE ASTROLOGIQUE.

Le S. Yecira donne place dans sa cosmogonie à tout un ensemble
de croyances astrologiques. Donc, avant de m'occuper de la doctrine de la création, je vais exposer les conceptions astrologiques
de notre livre et les comparer avec les systèmes des astrologues,
autant que me le permettent mes connaissances dans ce domaine
si obscur. Le S. Yecira résume ainsi la doctrine de la création : Un (Dieu) au-dessus de trois (substances fondamentales),
trois au-dessus de sept (planètes, etc.), sept au-dessus de douze
(signes du zodiaque, etc.) [2]. Nous allons parler de ces 3, 7 et 12,
mais nous ferons d'abord remarquer que, d'après le S. Yecira,
ces objets ont été créés par les lettres correspondant à leurs
attributs.

De l'esprit de Dieu émana d'abord l'esprit (רוח), qui donna naissance à l'eau, laquelle produisit le feu. A l'origine, ces trois substances étaient de nature idéale, et elles ne devinrent des réalités
que par l'aide des trois lettres fondamentales אמש (voir ci-dessus,
chap. II). De même que ces trois lettres forment les sons princi-

---

ופרשתי תלי גלגל גדול מתחלק לשנים, והם גלגל הכוכבים וגלגל
השמש. לפי שקפוי גלגל השמש נוטה מקפוי גלגל המזלות כ"ה (כ"ג .I.
מעלה ובעלות במחשבותינו שהשני גלגלים אחד מהם כפוי על חבירו
מכריח הכורח (I) לחתכם לשני נקודות אחת לעומת אחרת, ותקרי
אחרת מהם המתהפך הקיצי. והאחרת המתהפך הסתוי. וכן מתחלק
גלגל השמש לשתי נקודות, כלומר לשני חלקים זה לעומת זה ויקרא
מקום כל נקודה מהם תלי, אלא שאחרת נקרא הראש והאחרת הזנב,
וזה פי' למדה נקרא שמו תנין. ואינו לא כוכב ולא חנין ולא זולתו,
ולא נקרא כן אלא מפני סבובו ועקמומיתו ופיתולו בהיות עגול אחד
צפון והאחד דרום. וגם העברייים כך קראום באמרם ברוחו שמים
שפרה חללה ידו נחש בריח. Saadia s'exprime dans les mêmes termes d'après
Barzilaï, p. 209. L'original arabe n'est pas clair, mais les traductions hébraïques ne
donnent pas d'autre sens que celui que j'ai indiqué. M. Lambert a compris Saadia
autrement (*Commentaire*, p 52) et y a ajouté des additions inutiles. Dans l'introduction à son livre *Emounot*, Saadia mentionne le préjugé de la foule qui croit que l'é-
clipse est produite par le dragon qui avale la lune.

[1] Voir Harkavy, חלי־אתליא.

[2] אחד על גבי שלשה, שלשה על גבי שבעה, שבעה על גבי שנים
עשר (VI, 3).

paux de la langue, de même l'eau, l'air et le feu sont les trois substances fondamentales, la matière dont a été créé le *Cosmos*. Le Cosmos se compose du monde, de l'année (le temps) et du corps (l'homme), et dans chacune de ces trois catégories on trouve les substances fondamentales. Dans le monde, l'eau forma la terre, le feu produisit le ciel, et l'esprit donna naissance à l'air, qui se trouve entre l'eau et le ciel. Dans l'année, l'hiver correspond à l'eau, l'été au feu, la période de pluie (רויה) à l'air. Le ventre de l'homme est de l'eau, sa tête est du feu, et sa poitrine, placée entre le ventre et la tête, est de l'air.

Ce système adopté par l'auteur du S. Yecira, et d'après lequel la matière est divisée en trois classes, est très ancien. Lydus le fait remonter aux Chaldéens [1]. On le trouve aussi exposé dans Manilius [2]. Sur ce point, comme sur beaucoup d'autres [3], les livres Clémentins se rencontrent d'une façon surprenante avec le S. Yecira. Ainsi, d'après les homélies, Dieu peut se modifier à volonté par la force mystérieuse de l'esprit qui réside en lui, puisqu'il a même accordé à l'éther la faculté de se changer en humidité, en eau, et que l'eau se solidifie pour devenir pierre et terre, qui, par le frottement, produisent le feu. Par des modifications (τροπή) successives, l'air se change également en eau et en feu et l'humidité devient une substance de nature opposée [4]. On lit aussi dans le Midrasch rabba sur Exode, ch. xv : ג׳ בריות קדמו את העולם : המים והרוח והאש. המים הרו וילדו אפלה... « Trois créations ont précédé le monde, celles de l'eau, de l'esprit et du feu. Les eaux conçurent et enfantèrent l'obscurité... » Le Midrasch fait observer avec raison que cette opinion est en contradiction avec la Bible, qui place en premier lieu la création du ciel et de la terre [5]. Cette conception est conforme à celle des anciens, qui admettaient que les nuages étaient de l'air condensé [6], et que, par conséquent, l'air pouvait produire de l'eau. On croyait aussi que l'eau peut se

---

[1] Dans l'ouvrage *De Mensibus*, II, 7, cité dans Movers, I, 285.

[2] *Astronomicon*, I, vers 147-161. Comparez surtout les vers suivants :
> Ignis in aethereas volucer se sustulit auras...
> Proximus in tenuis descendit spiritus auras,
> Aeraque extendit *medium* per inania mundi...
> Tertia sors undas stravit fluctusque natantis
> Aequora perfudit toto nascentia ponto...

[3] M. Graetz, dans son *Gnosticismus und Judenthum*, a signalé de nombreuses analogies.

[4] Lehmann, *Die Clementinischen Schriften*, p 431.

[5] Ce Midrasch dit : הרבה מעשים כתב משה בתורה סתומים עמד דוד ופרשם. אנו מוצאים במעשה בראשית משברא שמים וארץ ברא אור... ודוד פרשו מאחר שברא אור ברא שמים.

[6] Kopp, *Geschichte der Chemie*, III, 188.

changer en terre ou en roche, comme le prouve le mot χρυσταλλος (glace)[1], et même en feu, comme l'expliquent Donnolo[2] et, d'une autre manière, les Clémentins.

Nous avons vu que l'auteur du S. Yecira ne divise l'année qu'en trois saisons. Il n'est pas l'inventeur de cette division, on la trouve chez les Babyloniens[3], les Égyptiens[4] et les anciens Indiens[5].

A propos des trois substances dont il a été question plus haut, le S. Yecira dit : « Des trois chacune est à part », c'est-à-dire que les trois substances n'ont aucun rapport entre elles.

Les sept lettres à prononciation double servirent à créer dans le monde les sept planètes, dans l'année les sept jours, et dans l'homme les sept ouvertures (deux yeux, deux oreilles, deux narines et une bouche)[6]. Le S. Yecira place la création des sept planètes avant celle des douze signes du zodiaque, auxquels elles sont bien supérieures (שבעה על גבי טנים עשר). C'est que les planètes jouent un rôle considérable en astrologie. D'après les astrologues, la destinée de l'homme est, en effet, influencée par l'action combinée des signes du zodiaque et des planètes. Pourtant, l'influence de ces dernières est prépondérante, car, en leur qualité d'astres mobiles, elles se rapprochent tantôt du zodiaque, tantôt de la terre, à laquelle elles transmettent alors l'action du zodiaque. En outre, l'influence du ciel sur la terre varie avec la situation des planètes, qui deviennent ainsi les intermédiaires de l'influence céleste et la cause des changements, tandis que les signes du zodiaque, étant des étoiles fixes, produisent toujours les mêmes effets[7]. C'est pourquoi les planètes méritent la préférence que le S. Yecira leur accorde.

Les planètes, qui engendrent les changements, ont été créées par les sept lettres doubles parce que la prononciation tantôt douce et tantôt dure de ces lettres est le symbole de la mutabilité : תבנית רך וקשה.... כפולות שדן תמורות (IV, 1). Les sept jours de la semaine ont également été créés par ces sept lettres doubles parce que le temps amène les changements. Ces sept jours sont répartis entre les sept planètes directrices du temps. Enfin, dans

---

[1] Kopp, *Geschichte der Chemie*, III, 253.

[2] *Hakmoni*, éd. Castelli, 28.

[3] Nicomaque, dans Lydus, IV, 36; cf. Movers, I, 189.

[4] Maspero, *Histoire* (trad. en allemand par Pietschmann), p. 56 et 76.

[5] Zimmer, *Altindisches Leben*, 372.

[6] IV, 4. Les mots ... רומדן חקק שבעה רקיעים, שבעה ארמות paraissent avoir été interpolés plus tard. Les astrologues grecs et latins connaissent déjà sept contrées.

[7] Dieterici, *Philosophie der Araber*, I, 184.

l'homme, les sept ouvertures (שערים) de la tête ont été créées avec les sept lettres doubles, parce que ces organes mettent l'homme en communication avec le monde extérieur, de même que les planètes mettent en communication le ciel et la terre. Ces organes sont subordonnés aux planètes, l'œil droit à Saturne, l'œil gauche à Jupiter, etc. (IV, 5 suiv.). Les anciens astrologues aussi avaient placé ces organes sous l'influence des planètes [1]. Le nombre 7, dit le S. Yecira (IV, 3), est ainsi partagé : 3 contre 3 et 1 au milieu. Ce 1 se rapporte à Mercure, qui est changeant, pendant que les autres planètes ont un caractère de stabilité; le soleil, Jupiter et Saturne, par exemple, sont des étoiles diurnes, la lune, Mars et Vénus, des étoiles du soir, tandis que Mercure apparaît tantôt le jour, tantôt la nuit [2].

Les douze lettres simples servirent à créer, dans le monde, les douze signes du zodiaque, dont l'action sur la terre reste toujours la même; dans l'année, elles produisirent les douze mois, plus stables que les jours et dépendants, par suite de la marche du soleil, des signes du zodiaque; dans l'homme, elles donnèrent naissance à ces organes qui dirigent le corps (מנהיגים) et accomplissent leurs fonctions à l'intérieur, indépendamment du monde extérieur. Ces organes sont donc subordonnés, comme d'après les anciens astrologues [3], aux douze signes du zodiaque.

« Douze, dit le S. Yecira (VI, 3), sont rangés en bataille : trois amis, trois ennemis, trois vivifient et trois tuent ». Je ferai remarquer, à propos de ce passage, que les astrologues divisaient le zodiaque en quatre trigones et attribuaient à chaque groupe de trois signes des qualités spéciales, les uns se combattant, les autres ayant des affinités l'un avec l'autre [4].

---

[1] Firmicus, *Matheseos libri VIII*, l. II, c. 10. Cf. Chwolson, *Szabier*, II, 253, et Pipper, *Mythologie der christlichen Kunst*. II, 281, Les « frères de la pureté » subordonnent aux planètes le cœur, la rate, la bile, etc. (voir Dieterici, *Naturanschauung*, 155 et suiv.). Mais les plus anciens astrologues (Manilius, Firmicus), ainsi que le Sèfer Yecira, laissent ces organes au zodiaque; voir plus loin. La répartition astrologique des membres du corps humain parmi les corps célestes ne doit pas être confondue avec la comparaison établie par la philosophie entre le microcosme et le macrocosme. Pour l'énumération des organes il y a des variantes dans les diverses versions du S. Yecira.

[2] Uhlemann, *Grundzüge der Astronomie und Astrologie*, 68. Je ne sais pas si l'on a découvert aussi des rapports de ce genre entre les sept organes.

[3] Manilius, II, 456; Firmicus, II, c. 27. Voir, sur les מנהיגים, Sachs, dans הירונה, p. 45, et Zunz, *Literaturg.*, 609.

[4] Ptolmœus, *Quadripartitum*, I, 16.17, et משפטי הכבבים, au commencement. Cf. Delambre, *Histoire de l'astronomie ancienne*, II, 544; Manilius, II, vers 297; Pfaff, *Astrologie* (Nuremberg, 1816), p. 111. Eléazar Rokéah, dans le commentaire sur le S. Yecira, éd. Przemysl, 14c, dit אלו הם השונאים אש לעפר... ואוהבים אש לרוח. La Baraïta de Samuel indique quatre trigones (ch. 6); voir *H. B.*, IX, 175.

D'après le S. Yecira, le Cosmos est construit de la façon suivante. La matière est fournie par les trois substances fondamentales, qui ne s'allient pas entre elles chimiquement, comme dans le système des quatre éléments, mais se modifient physiquement. La force émane des 7 et des 12 corps célestes. Le Cosmos consiste ainsi en 22 parties, qui représentent l'alphabet de l'univers. On trouve en petit dans l'homme tout ce qui est dans le macrocosme. Aussi est-il soumis à l'influence des astres. Au-dessus du monde stable (la matière et les corps célestes) est placé le Dragon, תלי [1], au-dessus du temps (l'année) la sphère, גלגל, et au-dessus du corps, soumis aux diverses influences, le cœur [2]. Le Dragon ressemble donc à un roi assis sur son trône, la sphère à un roi qui voyage dans son pays et le cœur à un roi qui fait la guerre [3]. On voit que ce système repose sur les idées de l'astrologie naturelle ; il n'est question nulle part de l'astrologie judiciaire.

Il est à remarquer que notre livre ne s'occupe ni d'éthique ni de religion, mais on reconnaît pourtant que l'auteur n'admet dans la nature ni le bien ni le mal. Les combinaisons, les changements, les oppositions dans la nature [4] nous paraissent bons ou mauvais selon qu'ils nous sont profitables ou nuisibles, mais le bien en soi ou le mal en soi n'existent pas. Le S. Yecira avoue cependant que, par suite de la liberté morale de l'homme, le mal existe au point de vue éthique, et, par conséquent, il existe aussi une rémunération qui consiste en ce que la nature favorise le juste et se montre nuisible pour le méchant [5]. Mais on n'y trouve trace ni de vie future, ni de paradis, ni d'enfer. Sur ce point aussi notre livre ressemble étonnamment aux livres clémentins. Les homélies nient également l'existence du mal dans la nature, elles le considèrent simplement comme un contraire. Car dans la nature, tout se résout en contraires ; autrement, aucune vie ne serait possible.

---

[1] Sur le תלי, voir le chapitre précédent.

[2] וסקודין בתלי וגלגל ולב (VI, I).

[3] תלי בעולם כמלך על כסאו גלגל בשנה כמלך במדינה לב בגפט כמלך במלחמה (VI, 2).

[4] כללו של דבר מקצת אלו מצטרפין עם אלו, ואלו המורות אלו אלו כנגד אלו ואלו כנגד אלו ואם אין אלו אין אלו וכולם אדוקין בתלי גלגל ולב (2e recension, VI, 5). Ce passage fait sans doute allusion à la matière, aux planètes avec leurs המורות et aux signes du zodiaque placés les uns en face des autres.

[5] גם את כל חפץ זה לעומת זה עשה האלהים : טוב לעומת רע [רע לעומת טוב]. טוב מטוב, ורע מרע. הטוב מבחין את הרע, והרע מבחין את הטוב . טובה שמורה לטובים, ורעה שמורה לרעים (VI, 2).

L'homme seul est libre, et voilà pourquoi ses actions sont objectivement bonnes ou mauvaises [1].

Le S. Yeçira se rencontre aussi sur plusieurs points avec Bardesane. Ce gnostique enseignait [2] qu'au-dessus des sept planètes et des douze signes du zodiaque il y a « des substances contraires » (אנתיא), et que Ahamot se trouve comme mère au-dessus des sept et des douze, autrement dit au-dessus de ce qui est mobile et de ce qui est stable [3]. Les sept représentent sans doute l'élément mobile et les douze l'élément stable ; les premiers produisent les changements, les autres les contraires. Le « livre des lois des pays » attribué à Bardesane s'élève aussi contre le fatalisme enseigné par les astrologues et s'efforce de prouver l'existence du libre arbitre. D'après cet auteur, il existe d'abord une action de la nature, qui reste toujours la même ; ensuite, il y a le destin qui dépend des corps célestes et peut modifier l'action de la nature. La nature produit des faits, tels que la naissance, la mort naturelle ; du destin dépendent la santé, la maladie, etc. La nature comme le destin agissent sous la contrainte d'une force immuable, mais l'homme est libre de sa volonté et peut parfois annuler l'action du destin, tout en n'y réussissant pas toujours. Il a, du moins, le pouvoir de choisir le bien et d'éviter le mal. Il existe donc trois espèces d'actions : celle de la nature, qui est éternelle ; celle des corps célestes, qui peut modifier l'influence de la nature, et enfin celle de l'homme, qui est libre [4]. Cette conception était assez répandue [5], et le S. Yeçira se rencontre pour cette question avec les livres clémentins, Bardesane et le « livre des lois des pays ».

VII

LA CRÉATION.

La cosmogonie du S. Yeçira a pour fondements deux doctrines différentes de la création. La Bible admet la création *ex nihilo*, faite sur l'ordre de Dieu ; celui-ci a dit : « que cela soit », et cela

---

[1] D'après Uhlhorn, *Die Homilien und Recognitionen,* 198 et suiv. Les opposés dans la nature (syzygies) jouent, comme on sait, un rôle important dans la gnose; voir Uhlhorn, p. 186, et, pour le S. Yeçira, Graetz, *Gnosticismus,* p. 114.

[2] Ephrem, dans Hilgenfeld, *Ketzergeschichte,* p. 521.

[3] *Ibid.*

[4] Merx, *Bardesanes von Edessa,* p. 36 et suiv.

[5] Merx, *l. c.,* p. 88.

fut. D'après la théorie de l'émanation, le monde a été créé par des émanations de l'Être suprême ; l'esprit, par des gradations su c-cessives, est devenu de la matière. Aucune de ces deux théories ne contenta notre auteur ; l'esprit humain ne conçoit pas une création tirée du néant, et la doctrine de l'émanation exclut l'ac-tion divine de la création. Il choisit alors dans chaque système ce qui lui paraissait juste, et il construisit un système où, à côté de l'émanation, il admettait un créateur conscient. D'après lui, il y eut donc deux périodes dans l'œuvre de la création, d'abord l'éma-nation, ensuite une création faite avec intention. La création de la première période avait un caractère idéal, elle était la prépa-ration de la création réelle et ressemble, en partie, au monde des idées de Philon ; dans la deuxième période, le monde matériel fut créé. Pendant la première période, de l'esprit de Dieu sortirent les prototypes de la matière : d'abord celui de l'air, qui se chan-gea en eau, laquelle devint du feu (I, 10-12). Ce sont les prototypes des trois substances fondamentales d'où fut tiré le monde ; ils n'eurent de réalité que dans la seconde période. Ce fut aussi dans la première période que Dieu fixa l'étendue (I, 13), il « scella »[1] le haut, le bas, le devant (l'est), l'arrière (l'ouest), la droite (le sud) et la gauche (le nord). L'esprit de Dieu, les trois substances pri-mitives et les six directions de l'espace forment les dix *Sefirot*.

Les Sefirot sont, comme l'esprit de Dieu, de nature idéale et sont appelées des « nombres sans réalité », ספירות בלימה, car les nombres ne désignent pas l'être, mais les rapports d'un objet avec l'autre. De même que les nombres 2 à 10 dérivent de l'un, de même les 9 Sefirot dérivent de l'esprit unique de Dieu. Elles en viennent et y retournent, forment une chaîne fermée et y sont at-tachées comme la flamme est attachée à la braise[2]. L'esprit de Dieu est donc à la fois le point de départ et le point d'arrivée pour les Sefirot. Cette création n'est pas, à vrai dire, une émanation. Dans la théorie de l'émanation, l'esprit de Dieu descend par degrés jusqu'à devenir de la matière, et le dernier degré est le monde matériel, qui, après avoir descendu tant de degrés, est loin de res-sembler à Dieu. Dans le S. Yecira, il ne s'agit pas de degrés à descendre, mais de changements. L'esprit de Dieu se change en esprit idéal ou air, qui devient de l'eau et, par suite, du feu, et le

---

[1] On emploie ici l'expression חתם et non pas צר, parce que les étendues furent fixées, et non créées. Au sujet du mot חתם employé à propos des trois substances fondamentales, voir plus loin.

[2] I, 7 : עשר ספירות בלי מה נצרע סופן בתחלתן ותחלתן בסופן כשלהבת קשורה בגחלת שאדון יחיד ואין לו שני ולפני אחד מה אתה סופר.

dernier changement n'est pas plus éloigné de Dieu que le premier.

Les livres clémentins expriment les mêmes idées, car les homélies aussi modifient la doctrine de l'émanation et en font une théorie des changements, d'après laquelle les quatre οὐσίαι viennent de Dieu, qui n'est pas seulement l'ἀρχή de toutes choses, mais aussi la τελευτή à laquelle tout revient [1]. Nous avons déjà vu plus haut que, d'après les homélies, l'esprit de Dieu se change en air, celui-ci en eau, l'eau en rocher et en feu [2]. Ce sont là les quatre premières Sefirot du S. Yecira, qui se rencontre également d'une façon étonnante pour les six autres Sefirot avec les livres clémentins. Ce sont même ces derniers qui rendent compréhensibles le passage du S. Yecira. Clément dit que de Dieu, cœur de l'univers, partent les étendues infinies qui se dirigent, l'une en haut, l'autre en bas, celle-ci à droite, celle-là à gauche, l'une en avant et l'autre en arrière. Dirigeant son regard vers ces six étendues comme vers un nombre toujours égal, il achève le monde; il est le commencement et la fin, en lui s'achèvent les six phases infinies du temps et c'est de lui qu'elles reçoivent leur extension vers l'infini. C'est là le secret du nombre 7 [3]. On voit que ces six étendues sont celles du S. Yecira que Dieu scella de son nom divin [4].

Le premier chapitre traite de la création idéale de la première période, les chapitres suivants s'occupent de la création du monde matériel à l'aide des lettres. Tandis que les nombres expriment les rapports, les lettres ou les mots formés par ces lettres expriment la réalité des objets et ont servi, pour cette raison, à la création du monde réel. Comme on a vu précédemment (ch. i), les permutations des lettres furent employées par Dieu pour diverses opérations de la création. L'alphabet est divisé en trois classes. Les trois lettres principales donnèrent naissance aux substances fondamentales [5], auxquelles notre livre attribue déjà certaines qualités. Ainsi, le feu détruit, l'eau est bienfaisante [6]. Les lettres jouent

---

[1] Uhlhorn, *Die Homilien und Recognitionen des Clemens Romanus*, p. 181.

[2] *Ibid.*, 182.

[3] Hom., XVII, 9; voir Lehmann, *Die Clementinischen Schriften*, 377.

[4] Graetz, *Gnosticismus*, p. 113.

[5] III, 5 : שלש אמות אמ״ש חקקן .. וחתם בהם שלש אמות בעולם. Pour les lettres אמ״ש, presque tous les textes ont, non pas וצר, mais וחתם, parce que les trois substances fondamentales avaient déjà une existence idéale (voir ce que nous avons dit de l'emploi de חתם pour la création de l'espace). Pour les objets créés avec les sept lettres doubles (ch. iv) et les douze lettres simples (ch. v), on emploie le mot וצר parce qu'il s'agit là de créations véritables. Saadia a le mot צר même pour les lettres אמ״ש (V, 1), parce qu'il a réuni arbitrairement toutes les trois classes des lettres dans un même paragraphe et qu'il s'est servi invariablement du même terme צר pour toutes les lettres, même pour אמ״ש. Sur l'arrangement du S. Yecira par Saadia, voir *Monatsschrift*, XXXVIII, p. 119.

[6] Dans toutes les religions, l'eau jouait un grand rôle parce qu'elle purifie. Les

un rôle identique dans les systèmes de création de plusieurs gnostiques, notamment dans celui de Marc. Ils divisent également l'alphabet en classes, dont chacune représente une qualité spéciale d'un éon [1].

Telle est, en résumé, la cosmogonie du S. Yecira, qui, comme nous l'avons déjà fait observer, présente bien des analogies avec celle des clémentins et des gnostiques; en général, elle a dans son ensemble un caractère gnostique. Nous n'examinerons pas en ce moment s'il faut admettre une influence babylonienne [2] dans le système de notre livre avec ses triades comme dans maint autre système des gnostiques.

VIII

VALEUR DU SYSTÈME DU SÈFER YECIRA.

D'après nos idées modernes, la cosmogonie du S. Yecira est un tissu d'absurdités. L'auteur veut résoudre le problème de la création par des similitudes de nombre et des jeux de mots. Toutes les cosmologies mystiques tombent dans ce ridicule. Pourtant, si nous comparons le système de notre livre avec les inventions monstrueuses de la gnose, nous devons lui donner la préférence; il témoigne d'une certaine réflexion et est construit avec habileté. Quoique composé d'éléments hétérogènes, il présente une certaine unité, et il fait dériver le monde de Dieu sans tomber dans un grossier matérialisme ou dans l'idéalisme. Le monde émane en dernier lieu de Dieu sans qu'il devienne lui-même un dieu. C'est une œuvre de Dieu, créée, non par un être qui se trouve en dehors de Dieu, comme le logos, le démiurge, etc., mais par Dieu même. Le S. Yecira ne connaît pas les inventions fantastiques de la gnose et du mysticisme. La question de l'existence du mal, si fatale aux systèmes gnostiques, est écartée dans notre ouvrage, qui admet que le mal n'est qu'une conception subjective, mais n'existe pas réellement. L'homme est une partie du Cosmos, dont il ne se distingue en rien. Notre livre ne parle ni de l'âme, ni des devoirs de l'homme, ni de la rémunération. En général, il ne dit rien de la

---

Recognitiones (VI, 10) font aussi ressortir l'action bienfaisante de l'eau, en contraste avec la force destructive du feu.

[1] Voir Hilgenfeld, *Ketzergeschichte*, 370-372, et Graetz, *Gnosticismus*, p. 105.

[2] מקדלמוניררת, p. 40 suiv. Cf. la préface.

religion. Il déclare que son système existait avant la Bible ; aussi ne tient-il nul compte de ce livre, avec lequel il est en contradiction. Il est, du reste, à remarquer que le S. Yecira fait abstraction de toute religion, et c'est là un trait caractéristique, car dans toute la littérature théologique on ne trouve pas de cosmogonie qui se tienne ainsi en dehors de toute confession.

A la fin de son livre, l'auteur raconte qu'Abraham, après avoir beaucoup réfléchi et résolu le problème de la création de la façon indiquée dans cet ouvrage, le « maître de tout » apparut, le plaça dans son giron, le baisa au front et l'appela son ami. C'est manquer de modestie, car ce système ne mérite pas une si haute récompense. Il présente cependant un grand intérêt, et je le signale à l'attention des savants, qui réussiront peut-être à éclaircir plus d'un point encore obscur.

IX

DATE DE LA COMPOSITION DU SEFER YECIRA.

Dans l'antiquité, Abraham était regardé par les Juifs, les chrétiens et les païens comme un savant astrologue qui, par ses seules réflexions, conclut de la marche régulière des astres à l'existence d'un Créateur unique [1]. Il passait pour avoir écrit des ouvrages sur cette question [2]. C'est ce qui engagea notre auteur à attribuer à Abraham la paternité de son système cosmogonique. Au moyen âge, cela suffit pour faire croire sérieusement que le S. Yecira avait été composé par Abraham, quoique notre auteur ne le dise nulle part. D'autres attribuèrent notre ouvrage au tanna Akiba.

Les savants modernes sont loin de s'entendre sur la date de la composition de ce livre, les uns (Franck) le faisant remonter avant l'ère chrétienne et les autres le plaçant seulement au VIII° siècle de cette ère [3]. Ceux qui tenaient surtout compte du contenu de l'ouvrage (Franck, Graetz, Jellinek) lui assignaient une haute antiquité, tandis que les savants qui ne jugeaient que d'après la

---

[1] S. Beer, *Leben Abrahams*, p. 207. Les *Recognitiones* (1, 32) racontent qu'Abraham reconnut l'existence d'un créateur par la marche régulière des corps célestes, un ange acheva son instruction par des visions. Cf. le Coran, VI, 75-82.

[2] Firmicus prétend en avoir vus (IV, préface et ch. x).

[3] Ces opinions sont réunies dans Castelli, *Il Commento di Sabbatai Donnolo*, ch. III.

forme et la langue se croyaient obligés de le déclarer postérieur à la fondation de l'islamisme [1]. Nous avons démontré dans le cours de ce travail combien les preuves tirées de la langue sont faibles; la langue prouve plutôt le contraire.

Le livre ne contient pas une seule expression qui puisse en faire placer la composition à l'époque post-talmudique ; bien des termes, au contraire, indiquent une date assez ancienne (voir ch. IV). Il faut également tenir compte de ce fait que, dans le cours des siècles, mainte expression ancienne devenue incompréhensible a été remplacée par un mot plus moderne et qu'on a intercalé plus d'une addition ; déjà au x° siècle existaient différentes versions de ce livre. Il est vrai que la classification des lettres, que Zunz fait ressortir comme argument, n'est pas mentionnée dans le Talmud, mais il n'en est pas plus question à l'époque des premiers Gaonim, pendant laquelle ce livre aurait été composé.

Prend-on en considération le système exposé dans le S. Yecira, alors il faut en placer la composition dans les premiers siècles de l'ère chrétienne. Il ne peut, en effet, avoir été écrit que dans un temps où la spéculation s'occupait de la création du monde et où l'on émettait des idées analogues à celles de ce livre. L'usage fait par notre auteur de la doctrine de l'émanation, de l'astrologie et de la théorie des lettres pour construire son système, et les analogies de sa doctrine avec celle des livres clémentins, de Bardesane et d'autres gnostiques indiquent une époque où la théologie gnostique était en pleine activité. Aussi me paraît-il très probable que le S. Yecira a été écrit au II° siècle de l'ère chrétienne, temps où le gnosticisme pénétra dans les milieux juifs et conduisit plus d'un savant à l'hérésie, comme l'a prouvé M. Graetz dans son *Gnosticismus und Judenthum*. Mais, contrairement à l'opinion de M. Graetz, ce livre de tendance libérale et cosmopolite ne peut pas avoir été écrit par Akiba, ce docteur si fanatiquement pieux, il pourrait plutôt être attribué à l'hérétique Elischa ben Abouya surnommé *Ahèr*.

Les légendes relatives à Elischa se contredisent, mais il n'est pas étonnant qu'on ait imputé à ce renégat plus d'un méfait. Ce qui est certain, c'est qu'il étudia soigneusement la littérature hérétique (ספרי מינים), qu'il n'observait pas les lois cérémonielles et

---

[1] Zunz, *G. W.*, 2e éd., p. 175; Graetz, *Geschichte der Juden*, V, 315, dit : « D'abord j'avais placé la composition du *Sefer Yecira* à l'époque du gnosticisme, mais je suis revenu de cette opinion, à cause de plusieurs expressions de l'époque arabe employées dans cet ouvrage; à vrai dire, je ne sais plus quand il a été écrit. » Graetz s'est laissé induire en erreur par M. Steinschneider, qui fait dériver תלי de l'arabe; mais ni ce mot ni aucun autre du S. Yecira ne viennent de l'arabe.

ne croyait pas aux promesses de la Bible[1]. Il visitait souvent les écoles élémentaires pour exposer ses idées devant des élèves encore jeunes, car il partait de ce principe qu'on ne peut acquérir d'instruction sérieuse que dans la jeunesse, vu que les connaissances acquises à un âge avancé ressemblent à de l'encre blanche sur du mauvais papier (*Abot*, IV). Tous ces faits concorderaient bien avec les idées de l'auteur du S. Yecira, qui ne fait aucune mention de la religion et prend l'enseignement élémentaire (les permutations des lettres) comme point de départ de sa cosmogonie.

Voici les ouvrages de l'ancienne littérature rabbinique où l'on trouve des analogies avec le S. Yecira et son système :

1. *Haguiga*, 12a : תנא תהו קו ירוק... בהו .אלו אבנים המפולמות; ces mots se trouvent aussi dans la seconde recension du S. Yecira chez Saadia, IV, 6, et Donnolo, p. 40. Il n'est pas probable que l'auteur ait emprunté ce passage au Talmud, car il ne paraît rien savoir de cet ouvrage. Mais, comme ce passage manque dans la première version, il a peut-être été ajouté plus tard (voir Lambert, *Commentaire sur le Sèfer Yesira*, p. IV).

2. Dans *Berakhot*, 58a, Rab (IIIe siècle) parle des combinaisons de lettres par lesquelles le monde a été créé.

3. *Sanhédrin*, 65b et 67b, mentionne des הלכות יצירה avec lesquelles on aurait créé des êtres vivants. S'agit-il là de notre S. Yecira ? On lit dans *Haguiga*, 13a : רב יוסף הוה גמיר מעשה המרכבה, סבי דפומבדיתא הוו תנו במעשה בראשית. Les הלכות יצירה sont sans doute distinctes du מעשה בראשית.

4. On lit dans *Schemot rabba*, ch. XV : ג' בריות קדמו את העולם המים והרוח והאש... On fait remarquer que cette opinion n'est pas d'accord avec le récit biblique (voir plus haut, ch. VI). Ces trois substances fondamentales אמ"ש (sans la terre) sont également mentionnées dans le ch. XXIII : הכל מתגאין זה על זה : חשך מתגאה על התהום שהוא למעלה הימנו, והרוח מתגאה על המים שהוא למעלה הימנו, והאש מתגאה על הרוח שהוא למעלה הימנו, והשמים מתגאים על האש שהם למעלה הימנו, והקב"ה מתגאה על הכל הוי כי גאה גאה.

Le Midrasch rabba sur Schemot, à partir du ch. XV, est extrait du *Yelamdènou* (IV-Ve siècle ; voir מקדמוניות, p. 67), comme le prouvent les nombreux mots grecs qui ne sont pas usités ailleurs et se trouvent en quantité dans le ch. XV.

---

[1] Voir, sur *Ahèr*, *Haguiga*, 14 b.46, et Jeruschalmi *Haguiga*, II, 1.

5. *Hèkhalot*, ch. VII (dans *Bet ha-Midrasch*, II, 47) . ברא הקב״ה
...שט קצוות ופנה למעלה. Cf. S. Yecira, I, 13, *Ibidem*, V,
175 et 185 : ארתיות שנבראו בהן שמים וארץ, אותיות שנבראו בהן
ימים ונהרות. Voir ci-dessus au n° 2.

6. Baraïta de Samuel, ch. I : התלי כמלך (cf. S. Yecira, VI, 2); *ibidem*, ch. V : וכולן אדוקין בתלי וגלגל (cf. S. Yecira, 2ᵉ recension, VI, 6).

7. Eléazar Kalir (probablement du VIIIᵉ siècle) a utilisé le S. Yecira; voir Zunz, *Litgesch.*, p. 32.

Ces quelques citations prouvent, du moins, que le S. Yecira est
antérieur à l'Islamisme. Au xᵉ siècle, on le considérait déjà
comme très ancien et on en avait diverses versions, sur lesquelles Saadia, Donnolo et Jacob ben Nissim (Dounasch) écrivirent
des commentaires [1].

A. Epstein.

[1] Sur l'histoire du texte du S. Yecira, voir mes articles dans la *Monatsschrift*,
XXXVII. Sur un autre S. Yecira, postérieur au nôtre, voir mon article dans
החוקר, II, 1.

UNE

ANCIENNE LISTE DES NOMS GRECS DES PIERRES PRÉCIEUSES

RELATÉES DANS EXODE, XXVIII, 17-20

FRAGMENT DU MIDRASCH DE L'ÉCOLE D'ISMAEL
SUR LE LÉVITIQUE

M. Hoffmann a réuni un grand nombre d'explications traditionnelles qui peuvent être considérées comme les restes du Midrasch de l'école d'Ismaël sur le Lévitique, supplanté par le Midrasch de l'école d'Akiba [1]. A cette liste nous ajouterons une baraïta, d'ailleurs intéressante par le fond, qui nous a été conservée dans *Exode rabba*, compilation qui a recueilli tant d'anciens textes midraschiques. Cette baraïta est ainsi conçue [2] :

באיזו זכות היה אהרן נכנס לבית קדשי קדשים אמר רבי חנינא בנו של
רבי ישמעאל זכות המילה היתה נכנסת עמו שנאמר בזאת יבא אהרן זו
המילה כדא' זאת בריתי אשר תשמרו וכן הוא אומר בריתי היתה אתו החיים
והשלום ר' יצחק אומר זכות השבטים היתה נכנסת עמו שנאמר וזה הדבר
אשר תעשה להם מנין זה ר"ב [3] מה טעם שידא הקב"ה מסתכל בהם ובבגדי
כהן בכניסתו ביום הכפורים ונזכר לזכות השבטים׃

« Quel mérite protégeait Aron a son entrée dans le Saint des
Saints? R. Hanina, fils de R. Ismaël, répond : celui de la circoncision,
car il est dit : C'est avec *ceci* qu'Aron entrera, et le mot *ceci* désigne,
dans Gen., XVII, 40, la circoncision. D'ailleurs, il est écrit [4] : « Mon

---

[1] D. Hoffmann, *Zur Einleitung in die halachischen Midraschim*, 72 et suiv.
[2] *Exode rabba*, ch. XXXVIII, *in fine*.
[3] Suit la liste des douze pierres précieuses, qui débute par ces mots : ואלו הן
 י"ב אבנים שהיו נתונות על לבו של אהרן ועליהם שמות השבטים.
[4] Malachie, II, 5.

alliance (la circoncision) était avec lui : la vie et la paix. » R. Isaac
répond : celui des douze tribus, car il est dit [1] : « *Voici* (זה) ce que tu
leur feras », et la valeur numérique du mot זה (*voici*) est *douze* : Dieu,
voyant les douze pierres fixées sur le pectoral du grand-prêtre, lors
de l'entrée de celui-ci dans le Saint des Saints le jour des Expiations,
prenait en considération le mérite des douze tribus. »

Dans Exode rabba, cette discussion forme l'introduction du
chapitre consacré à l'installation d'Aron et de ses fils dans leurs
fonctions sacerdotales (Exode, xxix, 1), et c'est aux premiers mots
de ce chapitre que se rapporte la seconde explication (celle de
R. Isaac). Mais le véritable texte sur lequel roule la controverse est
celui de Lévitique, xvi, 3, comme le prouve la version de *Pesikta
rabbati*, où les deux parties de la discussion sont présentées séparément et font ainsi connaître la source commune où ont puisé
Exode rabba et Pesikta rabbati. Dans Pesikta rabbati on trouve,
en premier lieu, l'assertion de R. Isaac : בזאת יבוא אהרן אמר
ר' יצחק זכות השבטים היתה נכנסת עמו שנים עשר אבנים שדיו כתובות
על לבו של אהרן מה טעם שידא הקב״ה מסתכל בהם בכניסתו של אהרן
ביום הכפורים ומזכר לזכות השבטים שנאמר והאבנים האלה לזכרון ואין
זאת אלא שבטים שנ' כל אלה שבטי ישראל שנים עשר וזאת.

On le voit, l'interprétation de זה (Exode, xxix, 1) par sa valeur
numérique, interprétation naturelle, manque dans cette version,
qui la remplace par l'analogie établie entre זאת de Lévit., xvi, 3, et
זאת de Genèse, xlix, 28. Pour le reste, les deux versions concor-
dent aussi dans les termes [2]. L'explication de Hanina ben Ismaël,
qui se trouve en premier lieu dans Exode rabba, est placée dans
Pesikta rabbati après celle de R. Isaac, comme assertion distincte
(elle débute par les mots רבר אחר), et elle en est séparée par plusieurs autres explications. Elle est conçue presque littéralement
comme dans Exode rabba : בזאת יבוא אהרן אמר ר' חנינה בנו של
רבי ישמעאל זכות המילה היתה נכנסת עמו וזאת בריתי אשר תשמרו
וכתיב בריתי היתה אתו החיים והשלום.

Dans deux autres ouvrages midraschiques, la Pesikta di R. Kahana (éd. Buber, 167a) et Lévitique rabba, ch. xxi (§ 6, éd.
Vilna), à propos du texte בזאת יבוא אהרן de Lév., xvi, 3, on rapporte, entre autres explications, celle de l'agadiste palestinien
Youdan (ר' יודן), qui compte le זכות de la circoncision et celui des
douze tribus parmi les mérites qui protégeaient le grand-prêtre à
son entrée dans le Saint des Saints : ר' יודן סתר קריא בכהן גדול

---

[1] Exode, xxix, 1.

[2] Dans la Pesikta rabbati, il y a un passage nouveau : שנאמר והאבנים האלה
לזכרון C'est un résumé inexact des versets 21 et 29 du chapitre xxviii de
l'Exode.

בכניסתו לבית קדשי הקדשים בזכות מילה זאת בריתי . . בזכות שבטים
בזאת אשר דבר להם אביהם. Ici la baraïta, telle que nous la trouvons
dans Exode rabba et dans Pesikta rabb., où elle est divisée en
deux parties, a évidemment fourni à l'agadiste d'une époque postérieure les matériaux nécessaires pour sa combinaison. Il est, en
outre, à remarquer qu'en ce qui concerne les douze tribus, il utilise la version de Pesikta rabbati, c'est-à-dire l'explication de וזאת
de Gen., XLIX, 28.

Nous savons, toutefois, que les deux passages précités d'Exode
rabba et de Pes. rabb. contiennent un midrasch tannaïtique, et cela
par les noms des auteurs des explications agadiques qui s'y trouvent mentionnés. L'un d'eux, et ceci donne à la baraïta un intérêt
particulier, ne se retrouve nulle part ailleurs dans la littérature
traditionnelle : R. Hanina, fils de R. Ismaël. La manière dont est
indiqué le nom du père [1] montre qu'il s'agit ici d'un fils du célèbre
R. Ismaël ben Elischa. Nous n'avons qu'une seule indication sur
les fils d'Ismaël, le passage de *Moed Katon*, 28 b, qui relate leur
mort ; ici nous aurions aussi une assertion d'un des fils de ce docteur, assertion qui serait entrée dans un Midrasch provenant de
l'école de son père. Le passage, dans son contenu, porte aussi, en
quelque sorte, l'estampille d'Ismaël, car c'est d'Ismaël qu'émane
l'agada sur l'importance de la circoncision, aussi admise dans la
Mischna (*Nedarim*, III, fin ; *Mekhilta*, sur Exode, XVIII, 3) :
גדולה המילה ששלש עשרה בריתות נכרתו עליה.

Le nom de R. Isaac, dont l'assertion est opposée à celle de
Hanina b. Ismaël, confirme aussi l'opinion qu'il s'agit ici d'une
controverse empruntée au Midrasch de l'école d'Ismaël. Cet Isaac
est, en tout cas, identique avec le Tanna de ce nom dont les
dires, qui roulent pour la plupart sur l'exégèse halachique, ont été
conservés presque uniquement dans le Midrasch de l'école d'Ismaël (*Mekhilta* et *Sifrè* [2]). En outre, il est à remarquer que ses
paroles, dans la *Mekhilta* et le *Sifrè*, suivent le plus souvent celles
d'Ismaël ou d'un de ses disciples, Josia et Jonathan. Cette circonstance répond bien à la teneur de notre baraïta suivant Exode
rabba, où l'assertion d'Isaac est opposée à celle d'un fils d'Ismaël [3].

---

[1] ר' אליעזר בנו של ר' יוסי Cf. בן ישמעאל, et non בנו של ר' ישמעאל
הגלילי.

[2] Voir *Die Agada der Tannaïten*, II, 397, Hoffmann, *l. cit.*, 39.

[3] Peut-être ce Tanna de l'école d'Ismaël est-il identique avec Isaac b. Pinhas,
dont les paroles, dans *Abot di R Nathan*, ch. XXIX, fin, précèdent immédiatement
celles de Jonathan, le disciple d'Ismaël. Parmi ces assertions d'Isaac b. Pinhas, il en
est deux qui font ressortir la nécessité d'étudier à la fois les Halakhot (Mischna) et
le Midrasch. Ceci concorde avec le fait qu'Isaac, comme on l'a remarqué plus haut,

D'après cela, il n'est pas douteux que la discussion agadique
entre Hanina b. Ismaël et Isaac, d'après Exode rabba, ne soit un
reste du Midrasch de l'école d'Ismaël sur le Lévitique (xvi, 3).
Elle repose sur l'hypothèse que le mot בזאת contient une allusion
au mérite exceptionnel d'Israël, en vertu duquel le grand-prêtre
pouvait une fois par an pénétrer dans le Saint des Saints. Cette
discussion, à laquelle se rattachaient peut-être encore d'autres
explications du mot זאת, rappelle un passage de la *Mekhilta* (sur
Exode, xiv, 15, p. 29 *a* et *b* de l'éd. Friedmann) qui contient une
longue série d'opinions agadiques examinant en vertu de quel
mérite Dieu a fendu la mer pour le salut d'Israël. La série s'ouvre
par une assertion d'Ismaël, et parmi les divers motifs allégués,
nous trouvons aussi la circoncision et le mérite des douze tribus
(בזכות השבטים אני קורע להם את הים, בזכות המילה אני אקרע את הים).
Cette analogie confirme l'hypothèse que notre baraïta est issue de
l'école d'Ismaël. Il faut aussi faire remarquer que le Midrasch de
l'école d'Akiba sur le Lévitique (notre *Sifra*) n'a pas les explications du mot בזאת que nous avons citées.

Dans ce passage midraschique, au sujet duquel nous venons
d'établir la preuve qu'il provient de l'ancien Midrasch tannaïtique sur Lévitique, nous trouvons dans le corps de l'assertion
de R. Isaac une liste des douze pierres du pectoral du grand-
prêtre rangées dans l'ordre des douze tribus ou plutôt dans
l'ordre des douze fils de Jacob. Quoique le passage parallèle de
Pesikta rabbati ne contienne pas cette liste, nous n'avons pas
de raison de douter qu'elle n'ait fait partie originellement de
la baraïta. Elle forme un tout organique avec l'ensemble de
l'assertion de R. Isaac. Après les mots d'introduction déjà cités
plus haut, la liste commence avec cette suscription : וכסדר הזה היו
נתונות, et, la liste terminée, on retrouve les phrases finales contenues aussi dans Pesikta rabbati. L'ordre dans lequel sont nom-
mées les pierres est celui d'Exode, xxviii, 17-20 (et xxxix, 10-
13), et les dénominations étrangères appliquées dans cette liste
aux pierres doivent être considérées comme la traduction des
noms bibliques. L'ordre des tribus est le même que dans Exode,
i, 2, sauf que Benjamin est placé en dernier lieu, après Joseph [1].
Une liste analogue des noms des douze tribus combinés avec ceux
des pierres précieuses se trouve dans le Targoum sur le Cantique

---

a cultivé avec prédilection le domaine de l'exégèse halachique. Voir, pour plus de
détails, le début du v⁰ chapitre du II⁰ volume en préparation de mon *Agada der
palästinensischen Amoräer*.

[1] Cf. *Sota*, 36 *a-b*. Sur les divergences des diverses sources relatives à la suite
des tribus, voir Epstein, *Beiträge zur jüdischen Alterthumskunde*, I, 83-90.

des Cant., v, 14, et a été reproduite par Tobia ben Eliézer dans son commentaire du Pentateuque, *Lékah Tob*, sur Exode, xxix, 10; une autre existe dans *Nombres rabba* sur ii, 2 (ch. ii, § 7), où les drapeaux des douze tribus sont décrits en même temps que l'on indique la pierre du pectoral attribuée à chaque tribu[1]. Dans le Targoum du Cantique des Cant., les pierres sont désignées, pour la plupart, par des noms arabes, et, dans Nombres rabba, par les noms hébreux du texte biblique.

S'il est vrai, comme je le suppose, que la liste d'Exode rabba faisait partie à l'origine de l'assertion de R. Isaac, nous avons là une précieuse et ancienne explication des noms des pierres précieuses, explication se rapprochant le plus de celle des Septante. Les mots en question, altérés en partie par les copistes, n'ayant pu être expliqués jusqu'à présent d'une façon certaine, nous allons les étudier un à un et essayer d'en fixer la signification. Nous comparerons entre elles les traductions données par les Targoumim et la Peschito sur Exode, et nous y ajouterons la liste des douze pierres de l'Apocalypse (ch. xxi, versets 19-20), qui a certainement imité la liste des pierres du pectoral. Josèphe (Antiquités, III, 7, 5) et la Vulgate reproduisent simplement les noms des Septante[2].

1. Pierre de Ruben : שדרגנין (= אֹדֶם). Moussafia lit ici, avec raison, שרדנגין et prend ce mot pour le nom latin d'une pierre précieuse, *sardonyx*, sardoine. En effet, les Septante traduisent אֹדֶם par σάρδιον (Exode, xxviii, 17 ; xxxix, 10 ; Ezéchiel, xxviii, 13), tandis que Josèphe et l'Apocalypse donnent le mot σαρδόνυξ. Une forme dérivée de σαρδόνυξ est σαρδονύχιον, mot auquel K., VIII, 36 *b*, compare notre שרדנגין. Il faudrait alors admettre que שרדנגין est un adoucissement de שרדנכין. Mais peut-être la leçon originale était-elle שרדרגין, qui serait identique à σάρδιον, dont le ι = י s'est transformé en נ[3]. L., IV, 513 *b*, lit le mot, sans doute par suite d'une faute d'impression, שדרגזין, et émet l'hypothèse qu'il faut lire שמרגזין, « une espèce de *smaragd* (émeraude). » On a évidemment traduit אֹדֶם par σάρδιον parce que ce mot désigne une pierre *rouge*, la cornaline, nommée *sardion* d'après la ville de Sardes.

---

[1] Cf. le Targoum palestinien (Pseudo-Jonathan) sur Nombres, ii, 3, 10, 18, 25.

[2] Je mentionnerai les explications de Levy et Kohut par les lettres *L* et *K*, avec l'indication du volume et de la page. *L T* désignera le Dictionnaire de Levy sur les Targoumim.

[3] Voir des exemples de ce changement de lettres dans les mots empruntés au grec dans S. Krauss, *Magazin*, de Berliner, XX, 105, où, entre autres, est cité טרגינוס = Trajanus.

Les Targoumim et aussi la Peschito [1] le rendent par le mot araméen signifiant rouge (סמקן, סמקתא, סמוקא).

2. Pierre de Siméon : שימפוזין (= פטדה). Ni L. ni K. n'ont ce
mot, qui ne peut être expliqué qu'à l'aide d'une correction, d'ailleurs facile. Les deux premières lettres שי sont une corruption
de טו (ce qui arrive souvent, car le ו devient facilement י et le ט se
change aisément en ש). La forme טומפוזין n'est autre chose que
τοπάζιον, nom donné par les Septante à la seconde pierre. Le מ paraît avoir été intercalé devant le פ, comme cela a lieu dans סמבטירין
= σαββατίων, et סמפירינון = σαπφείρινον [2]. Peut-être le π, dans τοπάζιον, était-il prononcé fortement, ce qui amena l'intercalation de
מ (cf. l'insertion de נ, en araméen, dans des mots tels que מנדעא =
מדעא). Le second ו dans טומפוזין est l'équivalent de l'α dans τοπάζιον, ce qui arrive fréquemment pour les mots empruntés au grec
(cf. מוקדון = Μακεδών) [3]. La traduction de פטדה par topaze s'explique
par la similitude de son. La topaze étant une pierre d'un jaune
d'or, les Targoumim traduisent par ירוקא, ירקתא, ירקן ; le Targoum sur Job, xxviii, 19, dit מרגלא ירקא. D'après ces mots, il faut
peut-être ajouter, dans la Peschito sur Job, xxviii, 19, à מדגניתא
l'épithète de « jaune ». Dans Ezéchiel, xxviii, 13, la Peschito traduit
פטדה par קרכדנא, mot dont nous parlerons encore, tandis que P.
sur Exode rend פטדה, dans les deux passages, par זרגא, probablement synonyme du ירקא des Targoumim ; זרגא désigne la couleur
vineuse entre le rouge et le jaune safran (Payne-Smith, *Thesau-
rus*, col. 1154 ; Löw, *Aramäische Pflanzennamen*, 215).

3. Pierre de la tribu de Lévi : דייקינתין (= ברקת). L., I,
402 a, et K., III, 53 b, expliquent le mot à bon droit par ὑάκινθος [4].
Le nom de cette pierre se rencontre ailleurs dans la littérature
midraschique. Nous le trouvons, parmi les douze pierres, chez
Symmachus, qui traduit constamment תרשיש par ὑάκινθος [5], et
dans l'Apocalypse, où elle occupe la onzième place. D'après les
Septante, ce n'est pas l'hyacinthe, mais l'émeraude qui est l'équivalent de ברקת. Les Targoumim reproduisent le mot hébreu sous
la forme araméenne (ברקן, ברקתא, ברוקא), de même la Peschito

---

[1] Dans Ez., xxviii, 13, P. traduit אֹדֶם par סרדון = σάρδιον.

[2] Cf. d'autres exemples dans Schürer, *Theologische Abhandlungen* (Fribourg en
Brisgau, 1892), p. 52.

[3] Cf. *RÉJ.*, XXVI, 63.

[4] Au sujet de la transformation du son initial ר en דר, voir Krauss dans la *Byzantinische Zeitschrift*, II, 503. La traduction syrienne des Hexaples rend ὑάκινθος par
יוקנתא ; voir Field, *Hexapla*, sur Ezéchiel, i, 16, et x, 9. Dans Cantique des Cantiques, v, 14, il y a אוקינתון. Cf. Payne-Smith, col. 1584.

[5] Voir Field, *l. cit.*

(ברקא) ; Symmachus le traduit par le mot grec κεραύνιος [1]. L'idée de *pierre fulgurante* existait certainement dans l'esprit de ceux qui ont traduit par émeraude ou hyacinthe.

4. Pierre de la tribu de Juda : ברדינין (= נפך). Ce mot ne se retrouve nulle part ailleurs. Cependant, il est probable qu'on doit le lire ברדינון et qu'il est identique avec וורדינון, qui, d'après jer. *Demaï*, 22 b, est la traduction de שמן וורד, « huile de rose. » La transmutation des lettres initiales ב et ו est fréquente dans le langage palestinien (cf. בא = ווא = אבא). Comme nom de pierre précieuse, le mot signifie ῥόδινον « la rose ». Cette explication de L., I, 262 a, est préférable à celle de K., II, 186 b (πράσινος). Les Septante traduisent נפך par ἄνθραξ, ce que saint Jérôme traduit par *carbunculus*. L'anthrax ou carbunculus s'appelait aussi chez les Romains carchedonius [2] ; de là vient que dans l'ancien Targoum palestinien (Targoum des fragments) נפך est rendu par כרכדנא [3] (lire כרכדנא = carchedonius). Les deux autres Targoumim sur l'Exode et le Targoum sur Ezéchiel, xxviii, 13, rendent נפך par « émeraude. » Moussafia lit, dans Exode rabba, au lieu de ברדינון, כרכדון, sans doute sur la foi du Targoum palestinien, et nullement d'après un manuscrit.

5. Pierre de la tribu d'Issachar : סנפרינון (= ספיר). La traduction de l'hébreu ספיר par le nom grec identique se trouve aussi dans les Septante (σάπφειρος [4]). Chez les Juifs palestiniens, ce n'est pas le nom grec de la pierre lui-même qui fut adopté, mais son dérivé σαπφείρινον ; au lieu de redoubler le π, on intercala un מ (voir n° 2). Dans notre passage, on a mis exceptionnellement נ pour מ, trompé peut-être par l'analogie des mots étrangers commençant par 'סנ (סנקליטוס, סניגור, סנהדרין). Outre סמפירינון, on trouve aussi ספירינון (voir LT., II, 184 b) [5]. Le Targoum de Babylone (Onkelos sur Exode, xxviii et xxxix, et Targ. sur Ezéch., xxviii, 13) traduit ספיר par שבזיז. Ce mot ne se retrouve pas en dehors de la littérature des Targoumim (voir LT., II, 446 a-b). Ce n'est peut-être qu'une transformation populaire de ספיר.

6. Pierre de la tribu de Zabulon : אסמרגדין (= יהלום). C'est une forme, inusitée partout ailleurs, de אזמרגדין (formes latérales : אזמרגרא, זמרגד, אזמורד). Nous avons déjà fait la remarque que les

---

[1] Voir Field, sur Exode, xxviii, 20, d'après la 64° épître de saint Jérôme : « Symmachus dissentit in smaragdo ceraunium pro eo transferens. »

[2] Voir Sachs, *Beiträge*, I, 24 ; K., IV, 198 b.

[3] Egalement cité dans l'*Aroukh*, s. v. כדכד.

[4] Dans Josèphe, σάπφειρος a changé de place avec ἴασπις, qui suit.

[5] Le Targoum fragmentaire sur Exode, xxviii, 18, a סמפולרינא, mot dont il faut rapprocher le syriaque ספירלא.

Septante et les textes qui en dérivent traduisent par « émeraude »
le nom de la troisième pierre (ברקת). Onkelos et le Pseudo-
Jonathan sur Exode rendent le nom de la quatrième pierre (נפך)
par « émeraude. » Dans le Targoum fragmentaire sur Exode,
xxvIII, 19, la neuvième pierre (אחלמה) devient une émeraude.
On voit qu'il ne s'est pas établi à ce sujet de tradition fixe. En ce
qui concerne ידהלם, ce mot est traduit dans les Septante par ἴασπις.
Le Targoum fragmentaire a, par erreur, עין עגלא pour le nom de
la sixième pierre, et זמרגדין pour la neuvième. Comme le prouvent
les deux autres Targoumim et la Peschito, עין עגלא est la traduction du nom de la neuvième pierre ; זמרגדין occupe donc, dans le
Targoum fragmentaire, la place de עין עגלא. L'ancien Targoum
palestinien a donc traduit ידהלם par émeraude, et en cela notre
baraïta de l'école d'Ismaël est d'accord avec lui : c'est une nouvelle preuve de l'ancienneté de cette baraïta [1]. Le Pseudo-Jonathan traduit ידהלם par כדכודין. Ce mot ne me paraît pas identique
avec le כרכדנא employé par le Targoum fragmentaire pour le n° 4,
mais, comme je le crois, c'est le pluriel du כדכוד d'Isaïe, LIV,
12, et d'Ezéch., xxvII, 16. Or, il faut se rappeler que dans les
Septante, כדכוד, LIV, 12, est traduit par ἴασπις (de même, la Peschito, a. l., a איספון). Onkelos (et, par suite aussi, le Pseudo-Jonathan sur Nombres, II, 10) traduit ידהלם par סבהלום ; de même, le
Targoum sur Ez., xxvIII, 13. Ce mot, pas plus que le שבזיז mentionné plus haut, ne se retrouve nulle part ailleurs.

7. Pierre de la tribu de Dan : [= לשם] כוחלין [2]. Ce mot, qui
ne se retrouve plus comme nom d'une pierre précieuse (excepté
dans la liste du Targoum sur le Cantique des Cantiques, v. 14, où
le mot נפך est rendu par כוחלי), doit, d'après L., II, 314 b, et K.,
IV, 215 a, avoir du rapport avec le כוחלא, stibium (Kohol), et désigner une pierre de la couleur du stibium. Il est peu probable que
cela soit exact. Je propose une autre explication, qui s'appuie sur
le témoignage des Targoumim. Onkelos aussi bien que le Pseudo-
Jonathan traduisent לשם par קנכירין, קנכירי = κεγχριαῖον (LT.,
II, 372 b), c'est-à-dire une pierre de la grosseur d'un grain de
mil. Le mot ne se retrouve pas ailleurs, mais la Peschito aussi
traduit לשם par קנכנין, identique avec קנכירין, le ר s'étant changé
en נ. Par suite d'une autre transformation et d'une autre trans-

---

[1] La Peschito sur Ez., xxvIII, 13, traduit aussi ידהלום par זמרגדא, tandis que
dans les deux passages de l'Exode elle a נקעתא.

[2] On explique que cette pierre a été attribuée à la tribu de Dan à cause de la
similitude de son nom avec la ville de לשם (Josué, xix, 47 ; ailleurs ליש, dans
Juges, xvIII, 27), qui fut conquise par la tribu de Dan et appelée par elle Dan ;
voir Raschi sur Juges, xvIII, 27.

cription de x et χ (כ et ח, au lieu de ק et כ), le mot κεγχριαῖον ou κέγχρινον est devenu כנחלין, d'où, par une faute de copiste, כהחלין. Les Septante traduisent לשם par λιγύριον (Josèphe, λιγυρός ; Vulgate, ligurius), pierre de l'espèce de l'hyacinthe ; le Targoum fragmentaire a זוזין, mot qui ne se retrouve plus comme nom de pierre.

8. Pierre de la tribu de Nephtali : אבאטיס (= שבו). Déjà Moussafia lit correctement אכאטיס et le traduit par « agate » ; de même, L., I, 72 b, et K., I, 73 b. Ici, notre baraïta est de nouveau d'accord avec les Septante, qui traduisent שבו par ἀχάτης [1]. Le Targoum fragmentaire sur Exode, XXVIII, 19, traduit שבו par בירדלין (LT., I, 115 a), qu'il faut lire, en tout cas, בירדלין (= βηρύλλιον). La Peschito a קרכדנא (voir plus haut, n° 4), et Onkelos (et, à son exemple, le Pseudo-Jonathan) טרקיא « pierre de Thrace », et non « türkis », comme LT., I, 322 b, et K., IV, 95 b, l'admettent, contrairement à Moussafia, car türkis, en italien, turchese, en français, turquoise, est une dénomination moderne.

9. Pierre de la tribu de Gad : הימוסין (= אחלמה). Le mot ne se retrouve pas ailleurs. Moussafia lit הימיסירן, mais n'explique pas le mot. L., I, 465 b, l'explique par αἱματίτης « sanguine » ; K., III, 202 a, corrige en הימינטרן, qui serait identique à אמיינטרן, ἀμίαντος, amiante. A moins de le corriger, le mot est certainement inexplicable ; le mieux est d'admettre que le mot était originellement une transcription ou une altération de ἀμέθυστος, mot par lequel les Septante rendent שבו ; il y avait donc primitivement quelque chose comme אמטיסטרן. Peut-être le nom populaire de l'améthyste était-il עין עגלא, « œil de génisse », mot par lequel on traduit שבו dans les Targoumim et la Peschito.

10. Pierre de la tribu d'Aser : קרומטיסין (= תרשיש). Le mot ne se retrouve pas ailleurs (L., IV, 382 a, dit : « pierre de couleur, peut-être χρωμάτιον »; K. ne donne pas le mot). Les Septante ont χρυσόλιθος. Peut-être notre mot doit-il être ramené à cette dernière forme et était-il primitivement כרוסליטין [2]. Les Targoumim ont partout כרום ימא, expression qui ne se rencontre pas ailleurs et dont la première partie est, sans aucun doute, le grec χρῶμα, par conséquent, « couleur de la mer ». Cette explication repose naturellement sur le fait qu'on donnait à תרשיש la signification de « mer »; c'est ainsi qu'on peut aussi expliquer la traduction des Septante par « chrysolithe » si, ce qui est, d'ailleurs, douteux, il faut considérer cette pierre comme une pierre d'un vert transpa-

---

[1] Chez Josèphe, ἀχάτης a changé de place avec ἀμέθυστος, qui suit.
[2] Peut-être dans la Peschito sur Ezéch., XXVIII, 13, l'avant-dernière pierre קרוסטללוס doit-elle se lire קרוסליטוס (= כרוסליטוס).

rent. La Peschito conserve le terme hébreu תרשיש, ce que les
Septante font aussi parfois. Nous avons déjà fait remarquer plus
haut (n° 3) que Symmachus traduit תרשיש par ὑάκινθος.

11. Pierre de la tribu de Joseph : פראלוקין (=: שהם. Ce mot
ne se retrouve pas ailleurs. L., IV, 96 b, l'explique par λευκόν [1].
K., VI, 407 b, le rapproche, à tort, de פרוזג, mentionné dans la liste
du Targoum du Cantique et dans Tobia ben Eliézer. Il est probable que פראלוקין est le mot παράλευκον, « mélangé de blanc », ou
περίλευκον, « blanc tout à l'entour ou sur le bord ». Cette épithète
correspond à la description de l'onyx. Ainsi Riehm, dans son
Handwörterbuch des biblischen Alterthums, art. *Edelsteine* (col.
290 a), dit : « On donne le nom d'onyx à des chalcédoines ayant
un fond de diverses couleurs sombres ; la pierre a des parties
blanches ou, du moins, plus claires, parallèles à la surface. Ce
nom est surtout attribué à la pierre où des couches claires alter-
nent avec beaucoup de parties sombres, donnant une impression
de nuances harmonieuses. Il est aussi employé pour des pierres
où des taches sombres sont enchâssées par une ou plusieurs lignes
circulaires plus claires, de la forme d'un œil ». Les Septante, à la
vérité, traduisent שהם par βηρύλλιον et le mot ישפה, qui suit, par
ὀνύχιον [2], mais il résulte de Josèphe et de la Vulgate que c'est
le contraire qui est exact ; Josèphe traduit שהם par ὄνυξ et
ישפה par βήρυλλος ; la Vulgate a *onychius* et *beryllus*. Dans les
autres passages où on trouve שהם, les Septante traduisent diversement : Exode, xxviii, 9, et xxxv, 27, σμάραγδον ; *ibid.*, xxv, 7,
et xxxv, 9, σάρδιον ; Genèse, ii, 12, πράσινος. Dans Job seulement,
xxviii, 16, שהם est traduit par ὄνυξ. Il est remarquable que les
Targoumim aient traduit, dans la liste des douze pierres, le mot
שהם par béryl, c'est-à-dire conformément à l'interversion inexacte
des Septante. Onkelos a בורלא, le Targoum fragmentaire בורלחא,
qu'il faut sans doute remplacer par בורלהא, et le Pseudo–Jonathan
a בורלוות חלא ou (xxxix, 13) בורלת חלא, « béryl de sable ». La Peschito aussi traduit שהם par בריולא. Ailleurs aussi, les Targoumim
traduisent שהם par בורלא ou בורלין. Ainsi, Exode, xxv, 7 ; *ibid.*,
xxviii, 9 (où, dans le Pseudo-Jonathan, דכולא est une altération de
דבורלא) ; *ibid.*, xxxv, 9 ; *ibid.*, xxxv, 27 (où le Pseudo-Jonathan
a aussi בורלות חלא) ; Genèse, ii, 12 ; Job, xxviii, 16. La Peschito
a aussi partout בריולא. L'identification de שהם avec le béryl était
donc généralement adoptée.

12. Pierre de la tribu de Benjamin : מרגליטים (= ישפה). C'est
évidemment μαργαρίτης ou μαργαρῖτις. C'est le seul cas où l'expres-

[1] L. dit, par erreur : « pour le mot biblique ישפה », au lieu de שהם.
[2] De même les Septante sur Ezéch., xxviii, 13.

sion désignant la perle est ainsi écrite. Elle est ordinairement écrite מרגלית, מרגלייתא, מרגנייתא [1]. Dans notre liste, il ne s'agit naturellement pas de la perle, mais d'une pierre portant son nom (μαργαρίτης χερσαῖος, « perle du continent », valant trois fois le prix de l'or pur, d'après Arrien et Élien). Les Septante, comme il a été remarqué au n° 11, traduisent ישפה par béryl, d'après la version confirmée par Josèphe et la Vulgate. Le Targoum fragmentaire, c'est-à-dire le Targoum palestinien le plus ancien, est ici d'accord avec notre baraïta et traduit par מרגלייתא. Onkelos traduit par פנתירי (פנטירי), « pierre tachetée comme une panthère. » De même, la liste dans le Targoum sur le Cantique, v, 14, et sur Nombres, ii, 25, a le mot אפנטור. Le Pseudo-Jonathan combine à sa manière les deux traductions ; il a מרגנית אפנטורין. La Peschito maintient, comme pour תרשיש, le terme hébreu ישפה. Cependant, il faut noter que dans Ezéch., xxviii, 13, la Peschito nomme מרגנייתא la dernière pierre. Cela provient de ce que, parmi les pierres du pectoral, מרגנייתא est nommé comme étant la dernière pierre. Mais dans Ezéchiel, ישפה n'est pas à la fin de la liste.

Dans cette étude des diverses pierres du pectoral, je n'ai pas utilisé la liste du Targoum sur Cantique des Cant., v, 14, parce que celle-ci n'est pas conforme à la tradition exégétique primitive, mais, en vue des temps postérieurs, donne les noms des pierres d'après leur dénomination arabe. Le Targoum samaritain n'a pu être utilisé davantage pour établir l'ancienne tradition ; celui-ci, au lieu des noms des pierres, indique quatre couleurs et trois nuances différentes pour chacune, savoir : rouge (סמוק, סמק, סמקמק, סמקמקא), noir (חכום, חכם, חכמכם), vert ou jaune (ירקרק, ירק, ירוק), blanc (עואר, אבר, אברבר) [2].

Si maintenant nous reconstituons la liste des pierres précieuses mentionnées dans le fragment du Midrasch provenant de l'école d'Ismaël, d'après les identifications certaines ou probables que nous avons faites, nous aurons la série suivante :

1. σάρδιον. 2. τοπάζιον. 3. ὑάκινθος. 4. ῥόδινον. 5. σαπφείρινον. 6. σμάραγδος. 7. κέγχρινον (κεγχριαῖον). 8. ἀχάτης. 9. ἀμέθυστος. 10. χρυσόλιθος (?). 11. παράλευκον (= ὄνυξ, ὀνύχιον). 12. μαργαρίτης.

Les numéros 1, 2, 5, 6, 8, 9, 10 se trouvent aussi dans les Septante ; le n° 3 est confirmé par l'Apocalypse et par Symmachus ; les n°ˢ 7 et 12 se trouvent dans les Targoumim ; le n° 11 est identique au fond, sinon pour la forme, avec le terme usité dans les

[1] Le ט se trouve dans l'expression composée אולומרגליטין = ὁλομαργαρίτη; ; voir *Pesikta*, 4 b, et la remarque de Buber, *a. l.*

[2] Voir, dans Kohn, *ZDMG.*, XLVII, 654, les variantes de cette traduction samaritaine d'Exode, xxviii, 17-20.

Septante. Seul le n° 4 n'est pas confirmé par un autre texte[1]. En tout cas, il est hors de doute que la liste des noms grecs de pierres précieuses conservée dans Exode rabba n'est pas due à l'arbitraire d'un agadiste d'époque récente, mais provient d'une source ancienne, qui, pour la signification des pierres précieuses de la Bible, s'appuie sur l'ancienne tradition exégétique conservée dans les traductions grecques et araméennes de la Bible ainsi que dans l'Apocalypse. Comme fragment d'un Midrasch provenant de l'école d'Ismaël, cette liste fait connaître les opinions ayant eu cours en Palestine au milieu du II° siècle sur la signification des noms des pierres précieuses. Le témoignage de ce Midrasch est d'autant plus important que nous ne connaissons pas, pour ces noms, les traductions d'Aquila et de Theodotion et que nous n'avons la traduction de Symmachus que pour deux d'entre ces pierres.

Budapest, juin 1894.

W. BACHER.

---

[1] D'après la leçon de Moussafia seule, le n° 4 est identique avec le terme employé par l'Apocalypse, la Peschito et l'ancien Targoum palestinien.

ÉTUDES TALMUDIQUES

I

UNE MESURE RELIGIEUSE RELATIVE A LA MEZOUZA ET PRISE LORS DE PERSÉCUTIONS.

Le Talmud, en parlant des persécutions, emploie indifféremment le mot סכנה (danger) et le mot שמד (extermination), comme si ces deux termes étaient synonymes. Cela provient, sans nul doute, de ce que, pour le Talmud, à l'époque où les Juifs furent persécutés par les Grecs et les Romains, celui qui voulait observer sa religion était en danger de mort et que le peuple d'Israël était menacé d'extermination.

Les docteurs, au lendemain de la chute du Temple, comprirent que les Juifs ne pouvaient plus résister aux Romains. Alors, pour empêcher la destruction complète du peuple, ils décidèrent dans une grande assemblée, tenue à Lydda dans la maison d'un personnage nommé Nitza, que si un Israélite, sous menace de mort, était contraint de transgresser une loi négative de la Tora, il devait le faire pour sauver sa vie, mais que, plutôt que de se livrer à l'idolâtrie ou de se rendre coupable d'un inceste ou d'un meurtre [1], il devait se faire tuer. Cette assemblée, en prenant une telle décision au sujet des lois négatives, n'avait pas à délibérer sur les commandements positifs, qui sont bien moins rigoureux [2].

Cependant, pour certains commandements positifs, dont quelques-uns sont d'institution rabbinique, des prescriptions spéciales furent édictées par les docteurs, afin d'éviter les dangers qu'une ère de persécution pouvait faire naître. Ainsi une *baraïta* dit [3] :

[1] *Sanhédrin*, 74 a.
[2] Voir יד מלאכי, 515.
[3] *Tosefta Meguilla*, III. Voir *Menahot*, 32 b. Dans ce traité, après les mots רשל, בית מונבז המלך היו עושין כן בפונדקאות, il y a cette addition : « en

התולה מזוזתו בתוך סתחו סכנה ואין בה מצוה. נתנה במקל והלאה אחורי הדלת סכנה ואין בה מצוה ושל בית מונבז המלך היו עושין כן בפונדקאות : « Si quelqu'un suspend sa *mezouza* dans l'espace vide de la porte (entre les deux poteaux — et non sur le poteau de la porte, comme le prescrit la Tora), il y a danger, sans que le devoir soit accompli ; si l'on met la mezouza dans un bâton creux et qu'on la suspende derrière la porte, il y a danger sans que le devoir soit accompli. Quand la famille royale de Monabaze voyageait, elle avait l'habitude de faire ainsi dans les auberges où elle descendait. »

D'abord, de quel danger s'agit-il ici, et pourquoi la baraïta emploie-t-elle l'expression : « sans que le devoir soit accompli », au lieu de la formule ordinaire פסולה : « la mezouza est défectueuse ? »

D'après les commentateurs, la baraïta parle d'un danger matériel : la maison ne sera pas gardée des démons et des mauvais génies, si la mezouza n'est pas placée selon la prescription de la loi (sur le poteau de la porte); ou bien, si la mezouza se trouve dans un bâton derrière la porte, on pourra se blesser en se heurtant contre le bâton contenant la mezouza [1]. Mais il est fort peu probable que la mezouza soit considérée par la Mischna et la baraïta comme une amulette, ayant la vertu d'éloigner les démons. En effet, ni la Mischna, ni la baraïta, ni le Talmud de Jérusalem n'attribuent cette efficacité à la mezouza. Le Talmud de Jérusalem rapporte seulement l'historiette bien connue où Juda le Saint envoya une mezouza à Artaban, roi des Parthes, le dernier représentant de la dynastie des Arsacides (216-226), en lui disant que cet objet veillerait sur lui pendant son sommeil [2].

Cette anecdote prouve-t-elle que les Juifs palestiniens considéraient la mezouza comme une amulette ? En tout cas, elle ne peut témoigner de l'opinion de Juda le Saint, car au lieu de רבינו הקדוש, il faut lire רב (Rab), docteur babylonien qui fut l'ami d'Artaban [3], tandis que nulle part le Talmud ne dit que ce souverain ait été l'ami de Juda le Saint.

---

souvenir de la mezouza ». Le Talmud de Jérusalem (*Meguilla*, IV, 12) a la version זכר למזוזה ne s'y trouvent donc pas ; ושל בית מלוון היו עושין כן בפולמסיות les mots trouvent donc pas.

[1] Raschi et Tosafot, *Menahot*, 32 b.

[2] J. *Péa*, I, 1 ; Midrasch Rabba sur la Genèse, ch. xxxv. Les *Scheeltot* font suivre ce texte d'une addition : « Tout de suite un démon entra dans le corps de la fille d'Artaban. Comme aucun médecin ne pouvait la guérir, Artaban mit la mezouza sur la porte, le démon s'enfuit et Juda le Saint garda la perle ». Ce n'est qu'une interpolation, car le texte du Talmud de Jérusalem est rédigé en araméen et ce morceau est en hébreu.

[3] *Aboda Zara*, 10 b.

Il est vrai que la *Mekhilta*, en certains endroits, dit de la mezouza qu'elle préserve les maisons des mauvais génies, et cependant l'auteur de cet ouvrage, R. Ismaël, qui vivait à la fin du Iᵉʳ siècle et au commencement du IIᵉ, était palestinien [1]. Mais on sait que, si le premier rédacteur de la Mekhilla a été R. Ismaël, cet ouvrage n'en fut pas moins revu et remanié longtemps après la mort de son auteur, car elle rapporte les opinions de docteurs postérieurs à R. Ismaël. Bien plus, la Mekhilla ayant été, suivant M. Weiss[2], rédigée et mise en ordre par Rab en Babylonie, il est presque certain que des agadot et des idées babyloniennes y ont été introduites. Le passage relatif à la mezouza peut être une de ces additions.

Un autre passage du Talmud semble aussi donner à croire que les Palestiniens professaient cette opinion. Il est ainsi conçu : « Le prosélyte Onkelos, fils de Kalonymos, étant poursuivi, pour sa conversion, par les Romains et ayant été pris par eux, toucha une mezouza qu'il aperçut à la porte d'une maison devant laquelle il passait. Les Romains lui ayant demandé ce qu'il faisait, Onkelos leur fit à peu près la même réponse que Juda le Saint avait faite à Artaban : la mezouza possède la vertu rare de protéger les habitants de la maison [3]. » Mais ce récit peut, à la rigueur, prouver le contraire, car, ainsi que le suppose avec vraisemblance un commentateur, Onkelos lui-même pouvait ne pas attribuer une telle vertu à la mezouza ; c'était pour rehausser le peuple d'Israël aux yeux des Romains qu'il avait ainsi parlé [4], s'appropriant, pour la circonstance, l'opinion des Babyloniens, qui seuls, comme le dit formellement le Talmud babli, attribuaient cette efficacité à la mezouza [5]. D'ailleurs, l'anecdote, au moins sous sa forme présente, est d'origine babylonienne, témoin le nom d'Onkelos.

---

[1] *Mekhilta*, sect. Bo, ch. xi : והלא דברים קל וחומר ומה אם דם ......
פסח מצרים הקל שאינו אלא לשעה ואינו נוהג ביום ובלילה. ואינו נוהג
לדורות נאמר בו ולא יתן המשחית, מזוזה שהיא חמורה שיש בה
עשרה שמות מיוחדין ונוהגת ביום ובלילה ונוהגת לדורות על אחת כמה
וכמה שלא יתן המשחית אלא מי גרם עונותינו שנאמר כי עונותיכם היו
מבדילים ביניכם וביןֹ אלהיכם וחטאתיכם הסתירו מכם פנים משמוע.

[2] Introduction à son édition de la *Mekhilta*, Vienne, 1865.

[3] *Aboda Zara*, 11 a.

[4] Voir dans Maïmonide, מזוזה 'ה, ch. v, 4, le commentaire כסף משנה, qui dit au nom de R. Moïse Cohen, l'adversaire de Maïmonide sur le terrain de la Halakha : דבמסכת עבודה זרה (11 a) מהא דאמר אונקלוס לגונדא דרומאי כי הקב"ה עושה המזוזה לשמור ישראל מבחוץ. ויש לדחות דאונקלוס הוא דאמר להו לאחשובינהו לישראל.

[5] *Menahot*, 32 b : רב חנינא מסוריא אמר כי היכי דתינטריה ; voir aussi *Pesahim*, 4 b : מזוזה חובת הדר היא, d'après l'explication de Raschi. Cf. le même commentaire sur *Baba Mecia*, 102 b.

Les docteurs babyloniens eux-mêmes ne considéraient pas tous la mezouza comme une amulette, et ceux qui le croyaient savaient fort bien que la mezouza a pour but de rappeler à l'israélite ses devoirs envers Dieu. Mais ces docteurs, bien que n'y croyant pas eux-mêmes, ont laissé croire au public que la mezouza avait le pouvoir de protéger les maisons contre les démons, parce qu'à cette époque, comme cela ressort d'une parole de R. Nathan, qui était d'origine babylonienne [1], les Juifs de la Babylonie n'observaient pas bien le devoir de la mezouza. Comme, d'un autre côté, ils croyaient probablement, à cette époque, aux mauvais génies, il n'est pas impossible que plusieurs d'entre eux, pour se garder contre les démons, aient mis en usage les moyens employés par leurs dominateurs, les Guèbres ou Parsis, sectateurs de Zoroastre [2], et que les docteurs, pour empêcher les coutumes des païens de s'introduire chez les Israélites, n'aient pas mieux demandé que de faire croire que la mezouza avait plus d'efficacité que les amulettes.

Ainsi donc, ni la Mischna, ni la Tosefta, ni le Talmud de Jérusalem ne paraissent considérer la mezouza comme une amulette, et, par conséquent, le mot « danger » employé dans notre Tosefta ne peut nullement signifier le danger que les mauvais génies et les démons font courir aux hommes.

Quant à l'explication des tosafistes, qui prétendent que ce mot veut dire « danger de se blesser », si l'on met la mezouza dans un bâton creux derrière la porte, elle ne résiste pas à un examen sérieux. Il faut donc trouver une autre explication.

En plusieurs endroits, le Talmud montre que, même dans les temps les plus malheureux des persécutions religieuses, sous les Grecs et les Romains, les Israélites, menacés de mort s'ils accom-

---

[1] *Berakhot*, 47 *b* : תנו רבנן איזהו עם הארץ... רבי נתן אומר כל שאין מזוזה על פתחו. En plusieurs autres endroits, le Talmud exhorte à l'observation des teſilin, des çiçit et de la mezouza, ce qui laisse supposer que ces trois commandements étaient mal observés par les Juifs de la Babylonie.

[2] Voir *Yoma*, 11 *a*, où il est dit : Abaïa demanda à R. Safra : « Pourquoi ne met-on pas de mezouza sur les portes de la ville de Mahouza, dont la majorité des habitants est juive ? » Après différentes réponses de R. Safra, Abaïa lui-même répondit : « Parce qu'il y a danger à le faire. » Raschi explique que ce « danger » était que le roi pût croire à des sortilèges opérés par les Juifs dans cette ville. Mais, si l'on considère les moyens employés par les sectateurs de Zoroastre pour éloigner les mauvais génies de la maison, on peut dire que le « danger » n'était nullement dans l'apparence de sortilège, mais provenait de ce qu'en mettant la mezouza, qui contient l'affirmation de l'unité de Dieu, les Israélites pouvaient paraître protester contre la croyance dualiste des sectateurs de Zoroastre, qui dominait alors en Babylonie. Mettre des mezouzot aux portes d'une ville aussi importante que Mehouza, c'était exposer les Juifs de la Babylonie à un grand danger, surtout à l'époque du docteur Abaïa, c'est-à-dire sous Sapor II, qui n'était pas tendre pour les Juifs.

plissaient des devoirs religieux, employaient toute sorte de ruses
pour tromper la vigilance des persécuteurs.

1° On se servait de signes de ralliement pour l'accomplissement
des devoirs qui demandaient à être remplis en société. Ainsi une
baraïta dit : קול רחים בבורני שבוע הבן, אור הנר בברור
שם משתה שם שם משתה שם חיל : « Les moulins à mains résonnent-ils à
Bourni, c'est qu'il y a une circoncision ; voit-on la lumière briller
à Berour-Haïl, c'est qu'il y a un festin (de noce) [1]. » Ces signes de
ralliement, en usage pendant les persécutions, survécurent à ces
persécutions, probablement pour rappeler ces temps malheureux [2].

2° On correspondait, quand il le fallait, au moyen de phrases
ou de lettres énigmatiques. Lorsqu'on eut défendu de fixer la néoménie, Juda le Saint envoya secrètement Hiyya à En-Tob, en
le priant de lui faire savoir si sa mission était bien accomplie, et
cela par cette phrase énigmatique : דוד מלך ישראל חי וקיים. « Que
David, roi d'Israël, vive éternellement [3]. » De même, pendant les
persécutions religieuses qui eurent lieu sous Gallus (351-354), les
rabbins, pour informer les Babyloniens qu'ils avaient décidé de
déclarer l'année embolismique, leur envoyèrent une lettre analogue, afin de dépister les recherches [4].

3° On se servait parfois de procédés légaux, pour empêcher
les décrets iniques des persécuteurs d'être exécutés. Ainsi,
lorsque les Romains défendirent aux docteurs de donner l'investiture, menaçant de mort celui qui la donnerait et celui qui la re-
cevrait et condamnant à la destruction la ville et les alentours
de la ville où l'investiture serait donnée, Juda ben Baba, qui
voulait donner l'investiture à cinq docteurs, s'installa entre deux
hautes montagnes situées à égale distance des deux villes d'Ouscha et de Schefaram. Les Romains ne purent exécuter que la
première partie de leur décret [5].

4° Dans certains cas, le peuple, pour échapper aux persécutions,
avait la liberté d'enfreindre les prescriptions les plus antiques
des rabbins, tandis que les docteurs refusaient d'abolir ces institu-

[1] *Sanhédrin*, 32 b ; j. *Ketoubot*, I, 5 ; *Meguillat Taanit*, 6.
[2] J. *Ketoubot*, ibid. : אף כל פי שבטל השמד המנהג לא בטל...
[3] *Rosch Haschana*, 25 a. Pour nous, Juda le Saint faisait ainsi allusion à R. Hiyya,
qui était secrètement son adversaire (voir *Killaïm*, à la fin, *Horiot*, 11 b, et *Moëd
Katan*, 16 b). C'est pourquoi le Nassi, ne pouvant assister à la fixation de la néoménie
et R. Hiyya devant le remplacer, il lui donna comme mot d'ordre cette phrase significative : « Que les Patriarches (נשיאים), qui sont les descendants de David, vivent
éternellement », c'est-à-dire leur autorité existera toujours, ainsi que Dieu a assuré
à David et à ses descendants que leur trône durera à jamais, comme le soleil et la lune
(Psaumes, LXXXIX, 37-38), et personne ne pourra rien contre leur autorité.
[4] *Sanhédrin*, 12 a.
[5] *Ibid.*, 14 a.

tions, fût-ce momentanément. Ainsi, d'après une règle très ancienne, le mariage d'une vierge devait avoir lieu le quatrième jour
de la semaine, pour que, si le mari avait une accusation à porter
contre la jeune femme, il pût la formuler dès le lendemain devant
le tribunal, qui tenait régulièrement ses assises le jeudi [1]. Au dire
des rabbins, pendant les persécutions que les Grecs firent subir
aux Juifs à l'époque des Macchabées, un chef civil ou militaire usa du *jus primœ noctis* [2]; le peuple, pour éviter cette
souillure, changea le jour du mariage. Les rabbins ne s'oppose-
rent pas à cette modification, mais ils n'y donnèrent pas non plus
leur adhésion, ne voulant pas, même momentanément, abolir une
institution des docteurs consacrée par le temps [3].

5° Pour éviter des dangers pendant les persécutions, les docteurs
renoncèrent à une institution des plus importantes. Lorsqu'un
homme et une femme se présentaient devant le tribunal et demandaient le divorce, le scribe devait écrire l'acte de divorce, et les
témoins qui signaient cet acte devaient être sûrs de l'authenticité
de ces noms [4]. Cependant, comme cette formalité nécessitait des
recherches et que, pendant les persécutions, ces recherches auraient pu révéler aux agents de l'autorité qu'on voulait appliquer
la loi du divorce, les docteurs établirent que, pour le divorce,
il fallait, en ce qui concerne les noms, avoir confiance dans le dire
du mari [5].

6° Pour éviter un danger pendant les persécutions, les docteurs
abolissaient les défenses (גזירות) qu'ils avaient faites pour sauvegarder les préceptes de la Tora. Ainsi, ils avaient interdit de couvrir
les tentes élevées pour la fête des Tabernacles avec des planchettes

---

[1] Mischna *Ketoubot*, I, 1.

[2] *Ketoubot*, 3 *b*; jer. *ibid.*, I, 5; *Meguillat Taanit*, ch. vi.

[3] *Ketoubot*, *ibid.*

[4] *Baba Batra*, 167 *b*.

[5] *Guittin*, 66 *a* : תנא דבי רבי ישמעאל בשעת הסכנה כותבין ונותנין אף
על פי שאין מכירין. D'après Raschi, les mots בשעת הסכנה se rapportent à
un moribond, il est urgent que le divorce ait lieu tout de suite, car autrement la
femme pourrait rester abandonnée (עגונה). Dans ce cas, il est permis de faire l'acte
de divorce, sans vérifier les noms des intéressés. Mais si le Talmud parlait de ce
cas, il aurait employé le mot כמסוכן, qui sert habituellement à désigner un agoni-
sant, tandis que les mots בשעת הסכנה désignent ordinairement le danger provenant de persécutions religieuses. C'est sans doute pour cela que Maïmonide donne
ici aux mots בשעת הסכנה leur sens habituel. Voir סור"ת ב"ח החדשות citées
dans בשעת הסכנה, ch. cxx, § 15, qui dit : פתחי תשובה שולחן ערוך אבן העזר הגם
שרט"י פירלם בפרק המקבל בשעת הסכנה כגון שמסוכן למות ואם לא
עכשיו אימתי... גם הרמב"ם פ"ה מהל' גירושין (הל' ר"ב) כתב אמי
שהיה מושלך בבור שזה כשעה חסכנה נראה דמפרש בשעת הסכנה שלא
כהאיא דבמה מדליקין (שבת כ"א ב') ודהיינו לומר בשעת הגזירה שלא
היו רשאים לקיים המצות...

ayant la largeur de quatre palmes, parce que les tentes ainsi faites ressembleraient à la voûte d'une maison. Dans ce cas, il y a à craindre que les fidèles n'en viennent à annuler un précepte de la Tora : il n'y aurait guère de différence entre une maison et la *soucca*[1]. Pendant les persécutions, les docteurs permirent de couvrir ces tentes avec des planchettes de cette largeur, pour tromper la vigilance des persécuteurs[2].

7° Si une observance religieuse, devant être accomplie à jour fixe, exposait à un danger, les docteurs reculaient ce jour. Ainsi, pendant les persécutions qui eurent lieu du temps de R. Yohanan, chef de l'école de Tibériade (mort en 279), on ne put célébrer le Yom Kippour au jour fixé par la Tora, on l'ajourna et on le célébra un jour de sabbat[3]. Cette manière de procéder pour le Yom Kippour ne présentait pas un grand inconvénient, la célébration de ce jour ayant pour but la pénitence, qui pouvait se faire n'importe quel jour de l'année et produire le même effet, mais nous ne savons pas si l'on a agi ainsi à l'égard des autres préceptes de la Tora qui doivent être accomplis à jour fixe; le Talmud n'en dit rien.

8° Pour cause de danger aussi, les docteurs modifiaient parfois la forme des prescriptions religieuses. Tout le monde sait que la fête de Hanouka se célèbre pendant huit jours par des illuminations, en souvenir des victoires des Macchabées. Ces illuminations doivent se faire publiquement, et chacun doit placer les lumières à sa porte en dehors de la maison. Cependant, comme, pendant les persécutions religieuses, il y aurait eu danger à agir ainsi, on permit, pour tromper la vigilance des persécuteurs, d'allumer des lampes et de les mettre sur la table comme en temps ordinaire[4].

Nous sommes maintenant en mesure d'expliquer la baraïta relative à la mezouza. D'après ce que nous venons de voir, au temps des persécutions religieuses, sous les Grecs comme sous les Romains, les Juifs employaient toute sorte de ruses pour pouvoir accomplir les préceptes de la Tora et des docteurs. Il s'agit, dans notre baraïta, de l'époque des persécutions, alors que, pour tromper la surveillance des persécuteurs, l'Israélite qui voulait accomplir le précepte de la mezouza la mettait, non à sa place, sur le poteau de la porte, mais la suspendait dans l'espace vide de la porte, ou la plaçait dans un bâton creux qu'il suspendait derrière la porte. C'est au sujet de ce stratagème que la baraïta dit : « Le danger subsiste toujours », car les persécuteurs peuvent découvrir

[1] *Soucca*, 14 *a*.
[2] *Ibid.*
[3] *Houllin*, 101 *b*.
[4] *Schabbat*, 21 *b*.

ces ruses. Or, il est défendu de s'exposer à un danger, même à un
danger douteux et incertain; d'ailleurs, si l'on met la mezouza de
cette façon, on n'a même pas le mérite d'avoir accompli son devoir [1]. La baraïta défend donc d'employer de ces moyens pendant
les persécutions, pour que ceux qui en font usage ne croient pas
accomplir le précepte de la mezouza.

La baraïta ajoute : ‏ושל בית מונבז המלך היו עושין כן בפונדקאות‏
‏זכר למזוזה‏. Ce qui veut dire : bien que celui qui met la mezouza
dans l'espace vide de la porte ou dans un bâton creux n'ait accompli aucun devoir, la famille royale de Monabaze le faisait lorsqu'elle
était en voyage. Les mots ‏זכר למזוזה‏ « comme souvenir de la mezouza » se trouvent dans la version du Talmud babli. Comme nous
l'avons fait remarquer plus haut [2], ces mots ne se trouvent ni dans
la Tosefta, ni dans le Talmud de Jérusalem, où cette même baraïta
est citée, et l'on peut y voir une addition du Talmud babli pour expliquer pourquoi la famille royale de Monabaze agissait ainsi. Elle
savait qu'en posant la mezouza comme elle le faisait, elle n'accom-
plissait pas de prescription religieuse, d'autant moins que dans
une auberge, même si l'on y habite pendant trente jours, on est
dispensé d'y mettre une mezouza [3], mais elle le faisait pour avoir,
même en voyage, un souvenir de la mezouza. Ceux qui ont étudié
le Talmud savent qu'on y trouve quelquefois des baraïtot que les
rédacteurs ont modifiées ou augmentées.

Cette explication de notre baraïta fera mieux comprendre une
mischna sur le sens de laquelle les commentateurs ne sont pas
d'accord. Cette mischna dit [4] : ‏ומקל שיש בו בית קבול מזוזה‏
‏ומרגליורט הרי אלו טמאין‏ : « ...Un bâton dans lequel se trouve un
creux pour contenir une mezouza et une perle devient impur [5]. »
Simson de Sens croit qu'il s'agit, dans cette mischna, d'un moyen
employé par les fraudeurs de cette époque pour ne pas payer
l'impôt établi sur les perles; ils plaçaient alors dans le creux
d'un bâton une perle qu'ils recouvraient d'une mezouza. D'après
Maïmonide [6], il s'agit ici de deux choses différentes : d'un bâton
creux fait pour contenir une perle ou une mezouza. Mais, alors,
pourquoi mettre une mezouza dans un bâton ? Lipmann Heller
suppose, dans son commentaire, qu'il est possible qu'à l'époque de
la Mischna il y ait eu des Juifs qui portaient sur eux une mezouza.
Ils considéraient cela comme l'accomplissement d'un devoir et se

[1] Voir Tosafot sur *Meguilla*, 24 b.
[2] Voir n° 3.
[3] *Menahot*, 44 a.
[4] *Kélim*, xvii, 16.
[5] Etant un objet qui sert, il reçoit l'impureté.
[6] *Hilkhot Kélim*, ii.

croyaient ainsi protégés contre les mauvais génies [1]. Si ingénieuse que soit l'hypothèse de ce commentateur, elle n'a cependant aucune consistance. Nous avons vu, il est vrai, que la famille royale de Monabaze portait ainsi la mezouza, mais la baraïta a soin de nous faire remarquer qu'elle rapporte ce détail comme un fait exceptionnel; la Mischna n'établirait pas une halakha pour un fait exceptionnel accompli par une famille sans le consentement des docteurs [2]. Quant à la supposition de ce rabbin que, du temps des docteurs de la Mischna, certaines personnes portaient la mezouza pour se protéger contre les mauvais génies, nous croyons avoir démontré plus haut qu'en Palestine on ne croyait pas que la mezouza pouvait rendre un tel service.

Expliquons notre mischna comme la baraïta : pour nous, elle parle du temps des persécutions où l'on était obligé, pour tromper la vigilance des ennemis, de mettre la mezouza dans le creux d'un bâton, et c'est alors qu'a été instituée la halakha en vertu de laquelle un bâton creusé pour recevoir la mezouza devient impur s'il touche quelque chose d'impur. La Mischna et le Talmud portent témoignage que nombre de halakhot, institutions et défenses, ont été établies à l'occasion des persécutions, non seulement pour le présent, mais aussi pour l'avenir, afin de prévenir des cas semblables.

L. BANK.

---

[1] *Mischna*, *ibid.*, dans le commentaire *Tosefot Yom Tob*. Dans cette explication, la suite de la mischna יעל כולן אמר רבן יוחנן בן זכאי אורי מי אם אומר אורי לי אם לא אומר, re se rapporte qu'aux autres cas mentionnés dans la mischna.

[2] Voir Samuel Straschoun, dans ses annotations sur le Talmud (édition Vilna, 1886).

LE SÉFER SÉKHEL TOB

ABRÉGÉ DE GRAMMAIRE HÉBRAIQUE DE MOÏSE QIMHI

(SUITE ET FIN [1])

ספר שכל טוב

שער בפירוש הבניינים הד'

כל הפעולים שקולים כנגד פעל וכל אורת. נקרא בשם אותיותיו
ועתה התבונן בד' בניינים שהם שמונה, חצים הם טלמים משטרי
חלקיהם ומורים על מקרה העצם היוצא מארת הפועלים והם ראשים
לשרידים, חצים מורים על הפעולים המקבלים מקרה הפועל"ם ודבקים
בהם, ועתה אחלקם לארבע חלקים עם הדבקים :
האחד הוא בנין הקל ונקרא כן בעבור הולד נעלם בין הפ"א
והעי"ן, והוא נמלט מדגשות ואין בו אורת נוסף זולתי המוריים על
העתידים, ויש לו ד' ראשים כמו פָּעַל וּפָעֵל או חציו קמץ וחציו
פתח או כלו קמץ והוא המעט כמו אָרִידָה כמו שָׁאַג (עמוס ג' ח') שָׁפַט
ארת ישראל (שמואל א' ז' י"ז) וזולתי שָׁאַג שָׁפַט ארת ישראל, וזולתי
המופסקים שהם בקמ"ץ, והדבק אליו נקרא בנין נפעל זהו המקבל
מקרה הפועל מן הקל באמרנו מן שמר ובנביא נשמר (הושע י"ב
י"ד), ופעם המקרדה מאתו ודבק בו כי הפועל הוא הנפעל באמרנו
ועמשדה לא נטמר (שמואל ב' כ' י'), ולעולם יהיה פתוח אם לא
יעמוד על ההפסק, והבינונים קמוץ זולתי הנצמד לאחר באמרנו נָאֱמָן
רוּחַ (משלי י"א י"ג), ובגלל שהוא מקבל המקרדה אין בו פעול, והצווי

---

[1] Voyez Revue, tome XXVIII, p. 212.

[2] D'après la théorie d'un ancien grammairien, après la voyelle longue ou accen-
tuée devrait venir une lettre quiescente qu'on n'écrit pas, et qui reste occulte, נם
נעלם. Cf. Sèpher Zikkaron de J. Kimchi publié par W. Bacher, Berlin, 1888, p. 31 ;
Mirhlol, Venise, 1545, p. 2 b, 48 a ; Luzzatto, Hebraïsche Briefe, p. 1386.

והמקור סעם בתוספת ה"א להורות על הנו"ן הנופלת מאתו, כמו
הפָעַל, ופעם שלם באמרנו נָשְׁלוֹחַ (אסתר ג' י"ג), נָשׁאוֹל נִשְׁאַל (שמואל
א כ' כ"ח), נְכְסוֹף נְכְסַפָּת (בראשית ל"א ל'), נְדְמֹה נְדְמָה (הושע י'
י"ט). ואחרי הנוסמים דגש להורות על הנו"ן:

והשני בנין פָּעַל הדגוש יש לו ב' ראשים והם פָּעַל ופֻעַל, ואם
אינם נבלטים מאותיות הגרון יהיה פֵּעַל כמו בֵרַך את אדוני (בראשית
כ"ד ל"ה), ובֵרֶך ולא אשיבנה (במדבר כ"ג כ'), ויש מהם לא ישתנו
כמו בֵּעֵר רִחַם. ושם תאר מזה הבנין אִטֵּר, גִבֵּן, כמו הנני יסֵד בציון
אבן (ישעיה כ"ח י"ו), ושם דבר כִּפֵּר, אִכָּר. והבינוני והפָעוּל בתוספת
מ"ם. והצווי והמקור פַעֵל או פַעֵל או פֵּעֵל כמו פַלֵג לשונם (תהלים
נ"ה י'), יַלֵד יסרני יה (שם קי"ח י"ח), קַוֹּה קוִיתי (שם מ' ב'), ואם
עי"ן הפועל אות גרונית בקמ"ץ וקֹרֵב אותם (יחזקאל ל"ז י"ז) אבל
אם ה"א או חי"ת עי"ן הפועל יהיה פתוח כמו רַחֵם, ועל זה הדרך
העתידים ואותיורת אי"ת"ן בשׁוא אבל האל"ף בפתח ושׁוא. והדבק בו
ונמצא ממנו הוא הנקרא פֻעַל והוא המקבל מקרדה המפעל אם לא
נזכר ע"כ אין בו פוֹעֵל ואין צווי כי המצווה אינו נזכר רק יט
שם פוֹעַל הנקרא סבוב כאמרו גֻנֹב גֻנַבְתִּי (בראשית מ' ט"ו) ולעולם
הוא דגוש, עם אותיורת גרון ותבאנה אל קרבנה. ואם מצאנו לַקֻּח
(שופטים י"ז ב') אֻפַל (שמות ג' ב') עֻזָב (ישעיה ל"ב י"ד) ולא ימצא
המורה עליהם מסבב הפעולה נאמר על דרך הסברא אֻפַל, עֻזָב,
לֻקַּח מן הדבר הדגוש אם לא נמצא, וכן דעתי בכל הבנייניים להרחיב[1]
לשוננו ולא לקצר, וללמד מן הנמצא על מה שלא נמצא:

והשלישי הוא בנין הנוסף בה"א באמרנו הפעיל ואם אחר הה"א
אות גרונית תהיה הה"א בסגֹל, הֶאֱרִיך, הֶאֱרִיך, הֶעֱמִיד, והבינוני
בתוספת מ"ם ובחסרון ה"א זולתי מהוקצעות (יחזקאל מ"ו כ"ב), גם
הפועל אם אות גרונית אחר המ"ם יהיה אות המ"ם בקמ"ץ ופ"א הפעל
בקמ"ץ חטף באמרנו מָעֲמָד (תהלים ס"ט ג'), מֶאֲחָזִים (ד"ה ב' ט' י"ח), והצווי
בה"א רק העתידים חסרים זולתי יהושיע (שמואל א' י"ז מ"ז), ופעם שם
הפועל במשקל העביר באמרנו עת הדריכה (ירמיה נ"א ל"ג) עד השמידו
(דברים כ"ח מ"ח) ורבים כן. והדבק בו ויוצא מאתו ומקבל מקרדו הוא
בנין הֻפְעַל או הוֹפְעַל בחלם זִם אורת גרונירת אחר הה"א
באמרנו הֻעֲלָה על המזבח (שופטים ו' כ"ח) וכן לאמר הָעֳמַד,
הָחֳרַם, וכן יָעֳמַד חי (ויקרא י"ו י') או על דרך הָחֳלֵיתִי (ד"ה ב' י"ח
ל"ג) הקמ"ץ הא' מעמד והב' חטף כמו יָחֳרַם כל רכושו (עזרא י' ח')
ואין בו פוֹעֵל כי הוא כדמות פעול ואין בו צווי כי המצווה נגרע,
ושם הפועל בה"א באמרנו הָחָתֵל, הָמֻלֵח (יחזקאל י"ו ד'), רֻדָּה
וְהֻשְׁפֵּבָה (שם ל"ב י"ט), והעתידים בשׁורק ואם אחריהם אות גרונירת
יקראו כדרך סעול מן הפעיל:

והרביעי הוא בנין מרובע בחלם הפ"ה, ולא יקרא כן בגלל
השלמים רק בעבור הנחים, כי יודעתי המשקל פועלתי פועלתי, וכוננתי

[1] לַהֲרֹחִיב au lieu de להרחיב J'ai mis.

פְעַלְלְתִי, וְהוּא מֵאַרְבַּע אוֹתִיּוֹת ע״כ נִקְרָא מְרֻבָּע, וּמְעַט קָט מִצָּאנוּהוּ
בַּשְׁלֵמִים הֶעָבֵר בְּאָמְרֵנוּ אֶת הַנְּעָרִים יֻדַעְתִּי (שמואל א' כ״א ג'), יוֹשַׁבְתְּ
בַּלְּבָנוֹן (ירמיה כ״ב ל״ג), וְהַפֹּעַל בְּתוֹסֶפֶת מ״ם לַמְשׁוֹפְטֵי אֲתָחַנָּן (איוב
ט' ט״ו), מִלָּשְׁנִי בַסֵּתֶר רֵעֵהוּ (תהלים ק״א ה'), רַק הַצִּוּוּי וְהַפֹּעַל
נֶעְדָּרִים כִּי לֹא נִמְצְאוּ מֵהַשְּׁלֵמִים אֲבָל נִתְחַכַּם לָהֶם עַל פִּי נְחֵי הָעֵי״ן,
וְהַצִּוּוּי וְהֶעָבֵר מִשְׁקָל אֶחָד הֵם וְהָעֲתִידִים תְּאָכְלֵהוּ אִם לֹא נָפָח (איוב
כ' כ״ו) הַיְחָבְרְךָ כִּסֵּא הַוּוֹת (תהלים צ״ד כ') : וְהִדַּבֵּק בּוֹ וּמְקַבֵּל
מְקֹרֵהוּ הוּא בִּנְיַן הַתִּפְעַל אִם אֵינוֹ נִבְנֶה עַל תְּכוּנָה בְּנֵינוּ, וְהָעֵד הַנֶּאֱמָן
עַל דְּבָרִי כִּי כֵן הוּא, רָאֹה גַם רָאָה הַמְרֻבָּע מֵנְחֵי הָעֵי״ן כִּי הוּא
מוֹרֵד עַל הַפֹּעַל, וְכַאֲשֶׁר תַּחְפֹּץ לְהוֹרוֹת בּוֹ עַל הַפָּעוּל מִקֹּרֵהוּ הַפֹּעַל
תְּחַבְּרֵהוּ עִם בִּנְיַן הַתִּפְעַל בְּאָמְרֵנוּ עֲמֹד וְהִתְבּוֹנֵן נִפְלְאוֹת אֵל (איוב
ל״ז י״ד), מִתְעוֹרֵר לְהַחֲזִיק בָּךְ (ישעיה ס״ד ו'), זֶהוּ אֹרַח יָשָׁר וְאַשֵּׁר
בְּעֵינֵי יֹשֶׁר, וְעַתָּה שִׂים עֵינֶיךָ לַבְּנֵינִים, קָשְׁרֵם עַל לִבְּךָ וְשִׂימֵם
בְּחַדְרֵי תְבוּנָתֶךָ:

שַׁעַר לְד' בִּנְיָנִים שֶׁהֵם ח'.

אֵלֶּה הֵם הַפְעָלִים וְסֵדֶר כָּל בִּנְיָן שָׁלֵם : פָּעַל, פָּעַלְתָּ, פָּעַלְתִּי, פָּעֲלוּ,
פְּעַלְתֶּם, פָּעֲלְנוּ, פָּעֲלָה, פָּעַלְתְּ, פְּעַלְתָּן. הַבֵּינוֹנִי : פּוֹעֵל, פּוֹעֲלִים, פּוֹעֲלָה,
פּוֹעֲלוֹת. פָּעוּל : פָּעוּל, פְּעוּלִים, פְּעוּלָה, פְּעוּלוֹת. הַצִּוּוּי : פְּעֹל, פַּעֲלוּ,
פַּעֲלִי, פְּעַלְנָה. הַמָּקוֹר : פָּעוֹל אוֹ פְעֹל וּבְאוֹתִיּוֹת ב'כ'ל'מ : אִית״ן :
אֶפְעַל, יִפְעַל, תִּפְעַל, נִפְעַל, יִפְעֲלוּ, תִּפְעֲלוּ, תִּפְעַל תִּפְעֲלִי, תִּפְעַלְנָה,
לַנִּסְתָּרוֹת וְלַנִּמְצָאוֹת. אֵלֶּה הֵם אֵבוֹת הַפְעָלִים, וּבְהִתְחַבְּרָם עִם כָּל
תוֹלְדוֹתֵיהֶם סִימַן הַפְעָלִים יָחִיד מִסְפָּרָם . מָאתַיִם וְתִשְׁעִים וּשְׁנַיִם
זוּלָתֵי ה' הַנִּשְׁתַּוִּים . וְתֵדַע וְתַשְׂכִּיל כִּי כָל שֵׁם וּמִלָּה בְּהִתְחַבְּרָם עִם
אוֹתִיּוֹת הַקִּנְיָן יַעֲלֶה מִסְכְּרָם עַד י״ב . ג' לַיְּחִידִים, נִסְתָּר וְנִמְצָא, וּמְדַבֵּר
בְּעַדוֹ, וְהָרַבִּים שְׁלֹשָׁה, נִסְתָּרִים וְנִמְצָאִים וּמְדַבְּרִים בְּעַדָם ו' לַנְּקֵבוֹת
בֵּין יְחִידוֹת בֵּין רַבּוֹת עִם הַנִּשְׁתַּוִּים. אֲבָל הַפְעָלִים פַּעַם הֵם כְּמִסְפַּר
הַזֶּה י״ב, וּפַעַם יֶחְסְרוּ שְׁלִישִׁיתָם וְזֶה הַחִסָּרוֹן יָחִיד בַּעֲבוּר שֶׁאֵין
נָכוֹן בִּלְשׁוֹנֵנוּ לְחַבֵּר סִימַן הַפָּעוּל עִם סִימַן הַפֹּעַל יָחִיד וְרַבִּים וּשְׁנֵיהֶם
מְדַבְּרִים בְּעַדָם אוֹ סִימַן הַפֹּעַל וְהַפָּעוּל שְׁנֵיהֶם נִמְצָאִים, וְאִם
תִּמְצָא סֵפֶל בּוֹ' סְעוּלִים תְּדִינֵהוּ בּוֹ' עִם הַנִּשְׁתַּוִּים, וְאִם תִּמְצָאֵנוּ בּוֹ'
נִסְתָּרִים הֵם חֲסֵרִים, וְאִם י' הֵם י״ב עִם הַנִּשְׁתַּוִּים, וּבְטֶרֶם אֶעֶמְדָם
עַל מַתְכֻּנְתָם אוֹדִיעֲךָ אֵיךְ יָבוֹאֵם חִסָּרוֹן וְאַדְרִיכְךָ בְּדֶרֶךְ יְשָׁרָה:

שַׁעַר בְּבֵאוּר הַפּוֹעֲלִים עִם הַפְּעוּלִים לָדַעַת מָתַי יֶחְסְרוּ.

הִתְבּוֹנֵן תּוֹלְדוֹת הַפּוֹעֲלִים בְּהִתְחַבְּרָם עִם סִימַן הַפְּעוּלִים רַק
הַפּוֹעֲלִים הֵם עִם סִימַן הַפּוֹעֲלִים. סְעַל י״ב הֵם תוֹלְדוֹתָיו עִם הַנִּשְׁתַּוִּים
שֶׁהֵם פְּעָלַנִי פְּעָלָנוּ. פָּעַלְתְּ שְׁמוֹנָה[1] עִם הַנִּשְׁתַּוִּים, וְיֶחְסְרוּ ד' בֵּין

---

[1] J'ai cru nécessaire d'ajouter ce mot, qui manque dans le ms.

זכרים בין נקבות, כי לא יתכן לחבר סימן הפעולים הנמצאים עם
פעלת, גם פעלתך אין הב"ת סימן הפעול רק הוא כנוי הפועל
וטעמו פעלת לך. פעלתי זה נשתודה לזכר ולנקבה ויחסרו שנים
שהם פעלים ד', והם הנשתוים כי לא יתכן סימן הפעולים המדברים
בעדם עם פעלתי, גם פעלתיני איננו נמצא זולתי עם הפועל והעד
עשיתיני (יחזקאל כ"ט ג') וטעמו עשיתי לי, פעלו י"ב עם הנשתוים
וזה נשתודה לזכרים ולנקבה. פעלתם יחסרון ב' שהם ד', כי לא
יתכן כנוי הפעול הנמצא עם פעלתם רק פעלתכם הוא סימן הפועלים
וטעמו פעלתם לכם. פעלנו וזה נשתודה לזכרים ולנקבות ויפלו
מהם ב' שהם ד', והנגרעים הם הנשתוים כי לא יתכן לחבר סימן
הפעול המדבר בעדו עם פעלנו, רק פעלונונו הוא סימן הפועלים
וטעמו פעלנו לנו. פעלת י"ב עם הנשתוים. פָּעַלְתְּ עם הנשתוים
ויחסרון ב' שהם ד', כי לא יתכן לחבר סימן הפעולים הנמצאים עם
פָּעַלְתְּ רק פעלתיך הוא כנוי הפועלת וטעמו פעלת לך. פעלתן ח' עם
הנשתוים ויהיה זה מתחבר הפועלים כמו פעלתום כי וא"ו הרבים
יסירהו מדרך נשים, וכן פעלנו פעלו והדחסרים ב' ב' שהם ד' כדרך
פעלתם, ואם יהיה פעלתן מופרד מן הפעולים אז טוב. פועל י"ב
עם הנשתוים בסימן הפועלים. פועלים י"ב עם הנשתוים, פועלת
י"ב עם הנשתוים, פועלות י"ב עם הנשתוים. פעל ח' עם הנשתוים
ויחסרון ב' שהם ד', כי לא יתכן לחבר סימן הפעולים הנמצאים
יחיד ורבים עם פעל או פִּעֵל או פָּעַל כמו אֲהַב-אַשָּׁה (הושע ג' א'),
אֲהָבָה ותצרכרה (משכי ד' ו'), הפתוחים בגלל אות הגרון. פעלו ח'
עם הנשתוים ויחסרו שנים שהם ד' כי לא יתכן לחבר סימן הפעול
הנמצא עם פעלו בפּתח או בחֵרק או בקמץ חטף כמו שמרו, ושחטו
הפסח (שמורה י"ב כ"א), מָשְׁכוּ אותה (יחזקאל ל"ב כ'), פעלוכם הוא
כנוי הפעלים, וטעמו פעלו לכם ונכון להפרידם. פעלי שמנה עם
הנשתוים ויחסרו ב' שהם ד' כי לא יתכן לחבר סימן הפעולים
הנמצאים יחיד ורבים עם פעלי, פעולנדו או פעלנדה הם נפרדות
מן כנוי הפעולים. פעול הנקרא סבוב י"ב עם הנשתוים ופעם יהיה
עם כנוי הפעולים והענין מבדיל ביניהם כמו לא אָבָד יַבְמִי (דברים
כ"ה ז') כי היו"ד סימן הפעולה, ובדברי עמך [1] (שמות י"ט ט') בסימן הפועל
ויודע דקדיק הלשון יוכל לדעתם. אפעל ח' ויחסרון ב' שהם ד', כי
לא יתכן לחבר סימן הפעולים המדברים בעדם יחיד ורבים עם אפעל
או אפעול, וזה נשתודה לזכר ולנקבה והחסרים הם הנשתוים. יפעל
י"ב עם הנשתוים ויחסרון ב' שהם ד'. תפעל לזכר הנמצא ח' עם
הנשתוים ויחסרון ב' שהם ד', כי לא יתכן לחבר כנויי הפעולים
הנמצאים יחיד ורבים עם תפעל כי לא יתכן. תפעל הנקבה נסתרת
י"ב עם הכנויים כי הוא כנגד יפעל. תפעלי א' עם הנשתוים ויחסרון
כנויי הפעולים הנמצאים יחיד ורבים עם תפעלי כי לא יתכן רק
תפעליך סימן הפועלת וטעמו תפעלי לך, תפעלנה לעולם מופרדות:

---

[1] Dans le ms. : וּבְדַבֵּר אוֹתֵךְ, que j'ai corrigé selon le sens des mots qui
suivent.

עד כאן ביאור מספרם וחסרונם ועתה אצמידם על מערכותם ג' יחיד
וג' רבים וכן לנקבות:

זה השער לפעלים בהתחברם עם סימן הפעולים או
הפועלים על מתכונתם.

פעל, פעלו, פעלני, פעלם, פעלכם, פעלונו, פעלה, פעלך,
פעלן, פעלכן, וב' נשתוים שהם פעלני, פעלנו, פעלת, פעלתו,
פעלתני, פעלתם, פעלתנו, פעלתה, פעלתי, פעלתן, פעלתי או
פעלתיהו, פעלתיך, פעלתים, פעלתיכם, פעלתיה, פעלתיך, פעלתין
פעלתיכן .

פעלו, פעלוהו, פעלוך, פעלוני, פעלים, פעלוכם, פעלונו, פעלוה,
פעלוך, פעלון, פעלוכן .

פעלתם, פעלתוהו, פעלתוני, פעלתום, פעלתונו, פעלתוה,
פעלתון .

פעלנו, פעלנוהו, פעלנוך, פעלנום, פעלנוכם, פעלנוה, פעלנוך,
פעלנון, פעלנוכן .

פעלה, פעלתהו, פעלתך, פעלתני, פעלתם, פעלתכם, פעלתנו,
פעלתך לנקבת, פעלתיהו, פעלתיני, פעלתים, פעלתינו, פעלתיה, פעלתין,
פעלתן כדרך פעלתם.

פועל, פועלו, פועלהו, פועלך, פועלם, פועלי, פועלכם, פועלנו,
פועלה, פועלך, פועלן, פועלכן.

פועלים, פועליו, פועליך, פועלי, פועליהם, פועליכם, פועלינו,
פועליה, פועליך, פועליהן, פועליכן.

פועלה, פועלתו, פועלתך, פועלתי, פועלתם, פועלתכם, פועלתנו,
פועלתה, פועלתך, פועלתן, פועלתכן.

פועלות, פועלותיו, פועלותיך, פועלותי, פועלותיהם, פועלותיכם,
פועלותינו, פועלותיה, פועלותיך, פועלותיהן, פועלותיכן.

פעיל, פעולו, פעולך, פעולי, פעולם, פעולכם, פעולנו, פעולה,
פעולך, פעולן, פעולכן.

פעולים, פעוליו, פעוליך, פעולי, פעוליהם, פעוליכם, פעולינו,
פעוליה, פעוליך, פעוליהן, פעוליכן.

פעולה, פעולתו, פעולתך, פעולתי, פעולתם, פעולתכם, פעולתנו,
פעולתה, פעולתן, פעולתכן:

פעולות, פעולותיו, פעולותיך, פעולותי, פעולותם, פעולותיכם,
פעולותינו, פעולותיה, פעולותיך, פעולותן, פעולותיכן.

פעול, סעלהו, פעלני, ואם הוא פעל, נאמר פעלהו, פעלני, וכן
כלם, פעלם, פעלנו, פעלה, פעלן.

פעלו, פעלוהו, פעלוני, פעלום, פעלוה, פעלונו, פעלון.
פעלנה הן מופרידות.

פעול, פעלו, פעלך, פעלי, פעלם, פעלכם, פעלנו, פעלה,
פעלך, פעלן, פעלכן.

אפעל, אפעלהו או אפעלנו, אפעלך, אפעלם, אפעלכם, אפעלנו,
אפעלנה או אפעלה, אפעלך, אפעלן, אפעלכן.

יפעל, יפעלהו או יפעלנו, יפעלך, יפעלני, יפעלם, יפעלכם, יפעלנו,
יפעלה, יפעלך, יפעלן, יפעלכן.

תפעל, תפעלהו או תפעלנו, תפעלני, תפעלם, תפעלנו,
תפעלן.

נפעל, נפעלנו או נפעלהו, נפעלך, נפעלם, נפעלנה או נפעלה,
נפעלך, נפעלן, נפעלכן.

יפעלו, יפעלוהו, יפעלוך, יפעלוני, יפעלים, יפעלוכם, יפעלון.
תפעלו, תפעלום, תפעלוה, תפעלון.

תפעל לנסתרת תפעלהו, תפעלך, תפעלני, תפעלם, תפעלכם,
תפעלנו, תפעלנה או תפעלה, תפעלך, תפעלן, תפעלכן.
תפעלנה לעולם מופרדות.

כאלו דרכי הפועלים עם הפעולים, ועתה אעירך שאר הבניינים
על עמדם : וזה הדבק בבנין הקל בנין נפעל.
נְפְעַל נִפְעַלְתִּי וכו'.

הבינוני נפעל, ופעלים, הצווי הָפָעַל, הָפַּעֲלוּ, מקור הָפָעֵל, איה"ן
אָפַעֵל יִפָעֵל.

בנין פִּעֵל פֵּעֵל הדגוש, פֵּעֵל פְּעַלְתָּ פְּעַלְתִּי, הבנוני מְפַעֵל, הפעול מְפוּעָל,
הצווי פַּעֵל פַּעֲלוּ, מקור פַּעֵל, איה"ן אֲפַעֵל יְפַעֵל. והדבק בו בנין פּוּעַל
פּוּעַל פּוּעַלְתָּ, איה"ן אֲפוּעַל יְפוּעַל.

בנין הספעיל הְפְעִיל הִפְעַלְתָּ, בינוני מַפְעִיל מַפְעִילִים, ספעול מָפְעָל,
צווי הַפְעֵל, הַפְעִילוּ, מקור הַפְעֵל, איה"ן אַפְעִיל, יַפְעִיל. והדבק בו
בנין הָפְעַל הָפְעַל, הָפְעַלְתָּ, איה"ן אֻפְעַל יֻפְעַל:

בנין פועל מרובע, פּוֹעֵל פּוֹעַלְתָּ, בינוני מְפוֹעֵל, פעול מְפוֹעָל, הצווי
פּוֹעֵל, פּוֹעֲלוּ, מקור פּוֹעֵל איה"ן אֲפוֹעֵל, יְפוֹעֵל:

והדבק בו בנין התפעל התפעל, התפעל, התפעלת, בינוני מתפעל, צווי
התפעל, מקור התפעל, איהן אתפעל יתפעל, והדבק בו:

שער.

אין סעל סחורת משתי אותיות בעבור כי תחלת ניב שפתים נע
ותכליתה מח, ויש פועלים שנים ונח ביניהם, גם שלשים גם
מרובעים, ודם המעט, ויש מהם חסריב ורפים מאורת הפ"א והעי"ן
והלמ"ד, ואלה הם החסרים:

שער פועלי החסרון.

אותיות החסרון הם נו"ן' ורב חסרי הפ"א חסרונם אות נו"ן,
והם ב' בניינים שהם ד' עם הדבקים והשאר כשלמים, ובצווי
ובעתידים יראה חסרונם בבנין הקל, ובדבק אליו יראה החסרון

---

1 Il semble qu'on devrait ajouter : ירו"ד, ולמ"ד.

בעוברים, ובהפעיל הכבד הנוסף ובדבק בו יראה חסרונם בכל
בנייניהם, ואם א' מאלה נמצא בבנין הקל ומקרהו יוצא מאתו
ודבק בזולתו, אין צורך לאחד מן הכבדים שיוציאנו, כאמרנו נָגַשׁ,
נָדַר, נָטַע, נָצַר, ויש לו פעול, ואם הפעל דבק בעצם הפועל כאמרנו
נָשַׁל, נָגַשׁ, נָגַע, הנה א' מן הכבדים יוציאנו ואין בו פעול :

וזה מחכונת בנין הקל בין העומדים : נָגַשׁ, נָגְשָׁת, נָגַשְׁתִּי, נִגְשׁוּ,
צווי נְגַשׁ נְגַשׁ אַר גַּשׁ, גְּשׁוּ, בינוני נוֹגֵשׁ, נוֹגְשִׂים, רק גּוֹשׁוּ מגזרת פָּעוּל,
מקור גַּשׁ אַר גֶּשֶׁת, אית"ן אֶגַּשׁ, יִגַּשׁ, תִּגַּשׁ. בנין נפעל נִגַּשׁ, נַגַּשְׁתָּ,
נִגַּשְׁתִּי, בינוני נִגָּשׁ, נִגָּשִׂים, צווי הִנָּגֵשׁ, מקור הִנָּגֵשׁ, אית"ן אֶנָּגֵשׁ,
יִנָּגֵשׁ, תִּנָּגֵשׁ. בנין הפעיל הִגִּישׁ, הִגַּשְׁתָּ, בינוני מַגִּישׁ, פָּעוּל מוּגָשׁ, צווי
הַגֵּשׁ אַר הַגִּישׁוּ, הַגִּישׁוּ, מקור הַגֵּשׁ, אית"ן אַגִּישׁ, יַגִּישׁ, תַּגִּישׁ, בנין
הָפָעַל הוּגַּשׁ, הוּגַּשְׁתָּ, המקור הֻגַּשׁ, בְּהוּגַּשׁ, הוּגַשׁ, אית"ן אוּגַּשׁ, יֻגַּשׁ,
תֻּגַּשׁ וכן חסרי היו"ד ע"ז הדרך כמו יָצַק, אָצוּק, יִצֹּר, אֶצֹּר,
יֻצַּב, הֻצַּב.

שער נחי הפ"א מבעלי האל"ף.

נמצא ב' בנינים מבלתי הדבקים זולתו ונארכו בתוככם והשאר
כשלמים, ואם מבנין הקל הם פועלים עומדים דבקים בפעל אין
צורך לפעול וא' מן הכבדים יוצאים לאחר, ואם הם פועלים פעלים
יוצאים אל השני אין צווך לכבדים כאמרנו אמר, אכל, אחז, אזר,
ואם הפועל יוצא לשלישי א' מן הכבדים יוציאו באמרנו האכיל,
האחיז, האזיר, וזה מחכונתם בבנין הקל העומדים : אבד, אבדת,
אבדתי, בינוני אובד, אובדים, מקור אבוד, אית"ן אֹבַד, יֹאבַד,
תֹּאבַד, בנין הפעיל האביד, האבדת, האבדתי, בינוני מאבד, מאבידים,
פעול מָאבָד, מָאבדים, בצבור אות הגרון, צווי האבד אר האביד,
אית"ן אאביד, יאביד, תאביד. אינו נמצא מן הָפָעַל ולא מן המרובע,
התפעל התאכל, התאכלה.

שער נחי הפ"א מפעלי היו"ד.

אלה הם ב' בנינים שהם ד' עם הדבקים והשאר כשלמים, ואם
בבנין הקל נמצא פועל יוצא לאחר אין צורך לאחד מן הכבדים
כאמרנו יצר, יצק, יעץ, יסד, יעד, והדבק בו הוא מקבל מקרהו,
ואם המקרה עומד בעצם הפועל אחד מן הכבדים יוציאנו לאחר
כאמרנו ידע, ירד, ישב. ובנין הפעיל על שני דרכים האחד כמו
היטיב הילל, הידע מן ממרחק יידע (תהלים קל"ח ו'), רק צְנוּעַי יָדַע
מורה על הָפָעִל והראוי יהוֹדיע כאשר נפל מן המקרה העמידו תנועתו
תחת היו"ד, והדרך האחד נאמר במקומו כי הוא במקומו, וזה
מחכונת בנינים בפעל הקל ידע, ידעת, ידעתי, בינוני יודע, יודעים,
פעול ידוע, ידועים, צווי יְדַע אר דַע, דְּעוּ, מקור יָדוֹעַ, אית"ן אֵדַע,
יֵדַע, תֵּדַע. והדבק בו בנין נפעל נוֹדַע, נוֹדַעְתָּ, נוֹדַעַת, נוֹדַעְתִּי, נוֹדַעְתָּ, בינוני נוֹדָע,

נודעים, צווי הָוָדַע, הִוָדְעוּ, מקור הָוָדַע, אית״ן הִוָּדַע, יִוָּדַע, תִּוָּדַע,
בנין הפעיל הוֹדִיעַ, הוֹדַעְתָּ, הוֹדַעַת, בינוני מוֹדִיעַ, צווי הוֹדַע, הוֹדִיעֵנ,
אית״ן אוֹדִיעַ, יוֹדִיעַ, אָוֹדִיעַ, והדבק בו בנין הָפְעַל הוּדַע או הוּדַע,
הוּדַעְתָּ, ֶאֱוֹדַעְתִּי, אית״ן אוּדַע, יוּדַע, אֻוֹדַע, והדבק בו:

שַׁעַר נחי העי״ן.

האותיות הנחות מאלה הם אר״י וכשהם נעות[1] כן יִהְיֶה עם הקָמֵץ
אל״ף, ועם שֻרֻק וא״ו, ועם חֹלֶק יו״ד. ובנייניהם ג׳ שהם ז׳ עם
הדבקים בהם כי בנין ח׳ מרובע מורכב עם התפעל ופועל. וִיפֹעֵל
מהם הנח הראשון בנמצא ומדברים בעדם יִעוֹד ורבים בקל או
בנפעל ובכבד, אך בהָפְעַל הנה האמצעי יִפֹעֵל, ואם אחור ה״א הפעיל
ימצא אות גרונית ינקד הה״א בפתח באמרם הַעִידוֹתִי בְּכֶם הַיּוֹם
(דברים ד׳ כ״ו) ועל דרך הסברא נאמר האיצורה, החושׁׁוֹתִי, ההינמהו
מן ותהינו (שם א׳ מ״א). ובעתידים יפֹעֵל הנח בהיורת נר״ן נוסף בסוף
הנסתרים והנמצאים זולתי מן הנפעל. והעובר בבנין הקל עַל ג׳
דרכים הם על משקל פָּעַל, וָאוֹר לָכֶם (שמואל א׳ כ״ט י) במשקל
פָעל, מֵת הַיֶלֶד (שם ב׳ י״ב י״ח) במשקל פָּעֵל. ורֵט מן המחים שהם
יוצאים בקל ובכבד שָם הֵשִׂים, שָב הֵשִׁיב, ומהם יִהְיֶה הֹפְעוֹל שֹׁגֵם,
שׁוּב כמו הַצּוֹוּי וכן באמרם גִיל יָגִיל (משלי כ״ג כ״ד): ובנין הפעיל
על שני דרכים, האחד כמו הֵפֵר והוּא המעט, והשני תמצאנו
במקומו וזה במקומו.

בבנין הקל בן בנרַה, בנתי, בינוני בֵּן, בנים, פעול בון בונים,
צווי בֵּין, בינו, בֵּיני, בִּינָה, בינוני בֵן או בננה, מקורֵ בֵּין אית״ן אבין יבין
תבין והדבק בו. בנין נפעל נבון, נבונורה, נבונותי, נבונותי, צווי הבון,
הבונור, אית״ן אבון יבון, תבון. בנין הפעיל הנוסף הבין, הבינורה,
הבינותי, בינוני מבין, מבינים, פעול מוּבן מובנים, צווי הבן או
הבין, מקורֵ הביבן. אית״ן אבין, יבין, תבין, והדבק בו בנין הָפְעַל
הובן, הובנרה, הובנה, אית״ן אובן, יובן, תובן, בנין מרובע בונן,
בוננרַה, בוננתי, בינוני מבונן, מבוננים, צווי בונן, אית״ן אבונן,
יבונן, תבונן. והדבק בו בנין חתפעל התבונן, התבוננרת, התבוננתי,
בינוני מתבונן, מתבוננים. צווי התבונן, אית״ן אתבונן, יתבונן, אך
התבונן בפתח הוא מורכב מן פועל והתפעל.

שַׁעַר נחי הלמ״ד.

מאורה אל״ף אלה הם כשלמים, רק אין כח באדם להראורה

---

1 J'ai mis נעות au lieu de רעות qu'on lit dans le ms., répété aussi après le
mot יִהְיֶה, et j'ai ajouté la lettre אל״ף qui manque dans le ms., mais qui est
nécessaire.

הָאל"ף במוצא בסוף התיבות כשאר אותיות, אבל במקום השוא
יניחוהו ברוב יאמרו יאכל, ובאחד מהמלכים יניעוהו ברוב זולתי
קוראים אל ה' (תהלים צ"ט ו') ואחרים מלבד אלה:

ואלה נחי הלמ"ד מאורג דה"א, ובעניניהם ד' שהם ח' עם
הדבקים בהם, אך בנין מרובע לא מצאנוהו זולתי שוסתי (ישעיה
ר' ר"ג), ולא עכירוהו כי הוא במהכונת הפועלת עם הפעול והפעולה,
ע"כ התפעל ישאר לבדו. ופעם ינחלם ביר"ד הה"א הפעל מן הקל
ובפעלים אחרים, ודהצורו נקוד בצר"י, והנפעל עובר והנפעלת בקמ"ץ,
והעומד בסגול, ופעם יפעל ולא ימצא הה"א רק בעתידים ופעם
חסרים, והעומדת והנוספים תשלום להה"א הנופל באמרנו וינל יהודה
מעל אדמתו (מלכים ב' כ"ה כ"א). וזה בבנין הקל וכבד רק מן פעל
והַפְעַל לא נמצאו חסרים. וזה מתכונתם:

בבנין דיקל גָלָה, גָּלִיתִי, גָּלִיתָ, גָלִיתָ, בינוני גּוֹלָה, גּוֹלִים, סְעוּל
גָלוּי, גְלוּיִם, צווי גְּלֵה, גְלוּ, מקור גָּלוֹת, אית"ן אֶגְלֶה, יִגְלֶה,
תִּגְלֶה. והדבק בו בנין נפעל נִגְלָה, נִגְלֵיתָ, נִגְלֵיתִי, בינוני נִגְלָה,
נִגְלִים, צווי הִגָּלֵה או בחסרון הָגֵּל, הָגָלוֹ, מקור הִגָּלוֹת, אית"ן
אֶגָלֶה, יִגָלֶה, תִּגָלֶה ובחסרון ח"א אֶגֵל וּגֵל תִגֵּל.

בנין פִּעֵל הדגוש גִּלָּה, גִּלִּיתָ, גִּלִּיתִי, גִּלּוּ, בינוני מְגַלֶּה, מְגַלִּים,
סְעול מְגֻלֶּה, מְגֻלִּים, צווי גַּלֵּה, גַּלּוּ, מקור גַּלּוֹת או גַּלֶּה, אית"ן
אֲגַלֶּה, יְגַלֶּה, תְגַלֶּה, והדבק בו בנין פֻּעַל גֻלָּה, גֻּלֵּיתָ, גֻּלֵּיתִי, אית"ן
אֲגֻלֶּה, יְגֻלֶּה.

בנין הפעיל הִגְלָה, הִגְלֵיתָ, הִגְלֵיתִי, בינוני מַגְלֶה, מַגְלִים, סְעול
מֻגְלֶה, מֻגְלִים, צווי הַגְלֵה, הַגְלוּ, מקור הַגְלֵה או הַגְלוֹת, אית"ן
אֲגְלֶה, יַגְלֶה, תַּגְלֶה.

בנין התפעל הִתְגַּלָּה, הִתְגַּלֵּיתָ, הִתְגַּלֵּיתִי, בינוני מִתְגַלֶּה, מִתְגַלִּים,
צווי הִתְגַּלֵּה או בחסרון ה"א הִתְגַּל, הִתְגַּלּוּ, מקור הִתְגַּלּוֹת, אית"ן
אֶתְגַּלֶּה, יִתְגַּלֶּה, תִּתְגַלֶּה, נִתְגַלֶּה.

שער חסרי הפ"א ונחי הלמ"ד.

בעניניהם ב' שהם ד', ובקל ירא חסרונם בעתידים, ובדבק בו
בעוברים, ובכבד הנוסף ובדבק בו בכל בעניניהם, וזה מתכונתם: נָטָה,
נָטִיתָ, נָטִיתִי, בינוני נוֹטֶה, נוֹטִים, סעול נָטוּי, צווי נְטֵה, נְטוּ,
מקור נָטוֹת, אית"ן אֶטֶה תֵּטֶה וּגֵה תָּטֶה והדבק בו.

בנין נפעל נִטָּה, נִטֵּיתָ, נִטֵּיתִי, בינוני נִטֶּה, נִטִּים, צווי הִנָּטֵה
או בחסרון הַנֵּט, מקור הִנָּטוֹת, אית"ן אֶנָטֶה, יִנָטֶה או בחסרון
אֶנֵּט, יִנֵּט.

---

[1] Dans le texte massorétique ce mot est écrit שִׁשֵּׁתִי ; mais évidemment le שׁ
est au lieu du *sameck*, comme, d'ailleurs, on le voit dans quelques manuscrits.

[2] J'ai cru devoir corriger en רפעם le mot רפעל qu'on lit dans le manuscrit.

בנין הפעל הָטֵּה, הָטֵּיתָ, הָטֵּיתִי, בינוני מַטֶּה, מַטִּים, סְעוּל
מַטָּה, מַטִּים, צווי הַטֵּה או בחסרון הַט, מקור הַטּוֹת, אית"ן אַטֶּה,
יַטֶּה, חַטֶּה, והדבק בו בנין הָפְעַל, הָטָּה, הָטֵּיתָ, הָטֵּיתִי, אית"ן
אַטֶּה, יֻטָּה.

שער נחי הקצוות.

אלה הם הנחים כמו יגה, ודה, ינה, יעה, יפה, ירה ובנייניהם ב'
מבלעדי הדבקים, כי לא מצאתים, רק על דרך סברדת יבנו על
מתכונתם בקל ובכבד, רק הכבד הנוסף והדבק בו העוברים נשתווים
והעד הַגֵּה מן המסלה (שמואל ב' כ' י"ג), ויתכן להיות בשורק
וזה דרכם:

בבנין הקל. יָרָה, יָרִיתָ, יָרִיתִי, בינוני יוֹרֶה, יוֹרִים, סְעוּל
יָרוּי, יְרוּיִם, צווי יְרֵה, יְרוּ, מקור יָרֹה, יְרוֹת, אית"ן אִירֶה,
תִּירֶה, יִירֶה או בחסרון אִיר, יִיר, תִּיר, והדבק בו בנין נפעל
נוֹרָה, נוֹרֵיתָ, נוֹרֵיתִי, בינוני נוֹרֶה, נוֹרִים, צווי הִוָּרֵה או בחסרון
הִוָּר, מקור הִוָּרוֹת, אית"ן אִוָּרֶה, יִוָּרֶה, תִּוָּרֶה או בחסרון אִוָּר,
יִוָּר, תִּוָּר, בנין הפעיל הוֹרָה, הוֹרֵיתָ, הוֹרֵיתִי, בינוני מוֹרֶה,
מוֹרִים, סְעוּל מוֹרֶה, מוֹרִים, צווי הוֹרֵה, הוֹרֵג, מקור הוֹרוֹת, אית"ן
אוֹרֶה, יוֹרֶה או בחסרון אוֹר, יוֹר, והדבק בו בנין הָפְעַל הוֹרָה או
הוּרָה, הוֹרֵיתָ, הוּרֵיתִי, אית"ן אוֹרֶה יוֹרֶה תּוֹרֶה.

שער פעלי הכפל.

אלה הפעלים הם המדומים מהעי"ן והלמ"ד באים במחסור בנקור
להם כל עי"ניהם וידגש למ"ד הפעל ותשלם לחסרון. ובנייניהם ב'
שהם ד' והשאר כשלמים, והפועל העובר בבנין הקל ובנייניהם הנוסף
פתוח בעבור הדגשר עם הנמצא והמדובר בערו יחיד ורבים עם
הנסתרים ועם אותיות הקנין ידגש עם הלמ"ד, איננו אות גרונית, כמו
הַחְתַּתִּי (ירמיה מ"ט י'). ומהם נאמר הפעולים הפעלים יוצאים
בקל ובכבד כדרך נחי העי"ן, כאמרם וברותי מכם (יחזקאל כ' ל"ח)
הָבֵרוּ הַחִצִּים (ירמיה נ"א י"א), וגנותי (מלכים ב' י"ט ל"ד) יגן עליהם
(זכריה ט' ט"ו) ומהם נאמר הפעולים ברוח, גנון, כשלמים, או
בור, גון, חום מן תמם כנחי העי"ן, ואם הפעל בעצם הפועל נאמר
חת, קל, תם הכסף (בראשית מ"ז ח') חם לבי (תהלים ל"ט ד'). הכבד
הנוסף יוציאנו, ובנין נפעל העובר על ג' דרכים האחד על משקל נפעל
נקל, והשני על משקל נפעול נגולו כספר (ישעיה ל"ד ד') והשלישי
כדורנג נמסר (תהלים צ"ז ה'). וזה מתכונתם מן העומדים: בבנין הקל תַּם,
תַּמּוֹתָ, תַּמּוֹתִי, תַּמּוּ, בינוני תָּם, תַּמִּים, צווי תֹּם' תֹּמּוּ, אית"ן
אֶתֹּם, יָתֹם, תָּתֹם, והדבק בו בנין נפעל נָתַם או נַתַּם או נָתֹם
נְתַמּוֹתָ, נְתַמּוֹתִי, בינוני נָתַם, נְתַמִּים, צווי הִתֹּם, צווי הֵתַם או הִתַּם, הָתַּמּוּ,

אִיתָ"ן אָתָם, יָתָם, תָּתֵם אוֹ אֶתֵם, יֵתֵם, כַּאֲמָרָם אָז יֶהֱמָם (תהלים
י"ט י"ד), וַתֵּקַל גְּבִרְתָּהּ (בראשית י"ו ד').

בִּנְיַן הַפֹּעַל הַנּוֹסָף : הַהֵם אוֹ הַתֵּם, הַתֵּימוֹתָ, הַתִּימוֹתִי, כִּינוּנִי
מֵתָם, מְתִימִים, צַוּוּי הָתֵם, הָתֵּמוּ, אִיתָ"ן אַתֵּם, יַתֵּם, תַּתֵּם בדגש
אוֹ ברפה אָתֵם, תָּתֵם. וְהִדְבַּק בּוֹ בִּנְיַן הַפָּעֵל הֻתַּם, הִתַּמּוֹתָ,
הֻתַּמּוֹתִי, אִיתָ"ן אֻתַּם, יֻתַּם, תֻּתַּם, נַתַּם, יִתַּמּוּ, תִּתַּמּוּ, תִּתַּמִּי,
תִּתַּמֶּינָה :

אָמַר מֹשֶׁה קִמְחִי הַצָּעִיר כְּבָר שָׁלְמוּ וְתַמּוּ הַפְּעָלִים הַשְּׁלִישִׁיִּים
וְהַשְּׁנִיִּים בַּחֲלָקִים הַיְשָׁרִים הַנְּכוֹנִים כְּיַד אֱלֹהַי הַטּוֹבָה עָלַי, וְנִשְׁאֲרוּ
פְּעָלִים רְבִיעִים שֹׁרְשָׁם מֵאַרְבַּע אוֹתִיּוֹת, וּמְתֻכְּנָתָם נִמְצָא בְּבִנְיַן
הַכָּבֵד הַדָּגֵשׁ אִם אֵינָם דְּגוּשִׁים וְּדָבַק בּוֹ וּבְבִנְיַן הִתְפַּעֵל בְּאָמְרָם
מְכֻרְבָּל בִּמְעִיל (ד"ה א' ט"ו כ"ז), מִתְחָרֵד בָּאָרֶץ (ירמיה כ"ב ט"ז),
רֻטְפַשׁ בְּשָׂרוֹ (איוב ל"ג כ"ה), וְטָאטֵאתִיהָ (ישעיה י"ד כ"ד), וְאֶשְׁתּוֹחָה
(תהלים ה' ח') : גַּם יֵשׁ אֲחֵרִים רְבִיעִים מִסְפָּקִים שָׁוִים בְּמִשְׁקָל
וְלֹא נֵדַע שָׁרְשָׁם כַּאֲמָרָם וְשָׁעַע יוֹנֵק (ישעיה י"א ח'), כַּלְכֵּל אֶת
הַמֶּלֶךְ (שמואל א' י"ט ל"ג), וַיְפַרְפְּרֵנִי (איוב י"ו י"ב), עַרְעֵר תִּתְעַרְעַר
(ירמיה נ"א נ"ח), וַיִּתְמַרְמַר אֵלָיו (דניאל ח' ז'), יַעְלְעוּ דָם (איוב ל"ט
ל'), קִלְקֵל בַּחִצִּים (יחזקאל כ"א כ"ו), וְסִכְסַכְתִּי מִצְרַיִם (ישעיה ט' ב'),
וְגִלְגַּלְתִּיךָ מִן הַסְּלָעִים (ירמיה נ"א כ"ב), הַמְצַפְצְפִים (ישעיה ח' י"א),
תַּשְׁגַּשְׂגִּי (שם י"ז י"א), וְרַבִּים כָּאֵלֶּה. גַּם יֵשׁ חֲמִישִׁיִּים שֶׁנִּכְפָּל בָּהֶם
הָעֵי"ן וְהַלָּמֶ"ד פְּעָמִים, כַּאֲמָרָם סְנִי חֲמַרְמָרוּ מִנִּי בֶכִי (איוב י"ו י"ו),
יְפֵיפִיתָ מִבְּנֵי אָדָם (תהלים מ"ה ג'), כָּל אֵלֶּה נְכוֹחִים וִישָׁרִים וְכָל
מֵבִין מַהֲלְכֵי הַלָּשׁוֹן יוּכַל לָדַעַת מְתֻכְּנָתָם בִּנְיָנָם מֵהֶם וּמִן הַדּוֹמִים
אֲלֵיהֶם.

אַךְ אִם נִמְצָא מִלִּים נוֹטִים מִן הַיְשָׁרָה בְּהִתְרַכֵּב עִם הַפְּעוּלִים זֶה
עִם זֶה כַּאֲמָרָם מִשְׁתַּחֲוִיתֶם קָדְמָה לַשֶּׁמֶשׁ (יחזקאל ח' י"ו), מְקַנֶּנֶת
בָּאֲרָזִים (ירמיה כ"ב כ"ג), וְהַדּוֹמִים אֲלֵיהֶם, אוֹ בְּהִתְחַבֵּר ב' שֳׁרָשִׁים יַחַד,
כַּאֲמָרֵנוּ וְהוֹשַׁבְתִּים כִּי רְחַמְתִּים (זכריה י' ו'), וְהַטִּיבוּת מֵרֵאשׁוֹתֵיכֶם
(יחזקאל ל"ו י'), מְקַלְּלֹנִי (ירמיה ט"ו י'), אַל תּוֹסֵף אֶל דְּבָרָיו
(משלי ל' י'), כַּאֲשֶׁר פֵּרַשְׁתִּי בְּפֵרוּשׁ מִשְׁלֵי, גַּם בְּהִתְחַבֵּר שְׁנֵי בִנְיָנִים
לִהְיוֹת אֶחָד כְּמוֹ לֹא הִתְפָּקְדוּ (במדבר ב' ל"ג), נִגְאֲלוּ בַדָּם (איכה
ד' י"ד), וְלֹא נִתְבּוֹנֵן אֲלֵיהֶם וְנַעַזְבֵם נְטוּשִׁים כִּי הֵם הָלְכוּ אֳרָחוֹת
עֲקַלְקַלּוֹת, לֹא נְכוֹחוֹת, וֵאלֹהֵי הָרוּחוֹת יְבִינֵנוּ לִדְבַר צְחוֹת, וִיוֹרֵנוּ
חֵרוּת עַל הַלּוּחוֹת, כְּדִכְתִיב ה' חָפֵץ לְמַעַן צִדְקוֹ יַגְדִּיל תּוֹרָה וְיַאְדִּיר:

סֵפֶר שֵׂכֶל טוֹב נִשְׁלַם   שֶׁבַח לְבוֹרֵא עוֹלָם
בָּרוּךְ נֹתֵן   לִיעֵף כֹּחַ
וְלַאֲשֶׁ"ר

LE LIVRE DE L'ALGÈBRE

ET LE PROBLÈME DES ASYMPTOTES DE SIMON MOTOT

(SUITE ET FIN [1])

-

Quand les choses (racines [2]) sont égales aux unités (nombres), divise les unités (nombres) par les choses (racines), et ce qui résulte de la division est la chose (racine) [3] ; cela se comprend de soi-même.

Question. — Je veux diviser le nombre dix en deux parties de telle façon qu'en divisant une partie par l'autre, j'aie 5 comme quotient. Procède ainsi et dis : la partie par laquelle on va diviser est une chose (racine) et la partie qu'on va diviser est nécessairement cinq choses (racines), comme le nombre qui résulte de la division [4]. Les deux parties réunies sont donc six choses, et elles sont égales au nombre dix. Conformément au procédé mentionné dans ce théorème, il faut donc diviser le nombre 10 par 6, et il résultera de la division 1 et 2 tiers. Et la chose est ainsi.

II

Quand les carrés (censi) sont égaux aux unités, divise les unités par les carrés [5], et la racine de ce qui résulte de la division est la chose (racine) [6].

---

[1] Voir *Revue des Études juives*, tome XXVII, p. 91, et tome XXVIII, p. 228.

[2] Les mots que je mets entre parenthèse se trouvent dans le ms. au-dessus des mots correspondants. Quant à la relation entre *chose* et *racine* et *nombre* et *unité*, que Motot emploie dans le même sens, voy. t. XXVII, mes notes, p. 98 et 99.

[3] Je crois utile de transcrire chaque théorème sous sa forme moderne, afin qu'on puisse saisir immédiatement les procédés de notre auteur :

$$p\,x = q \qquad x = \frac{q}{p}.$$

[4] Le diviseur étant l'unité, le dividende est nécessairement égal au quotient, est 5, dans notre cas.

[5] C'est-à-dire par le coefficient des carrés.

[6] $a\,x^2 = q \qquad x = \sqrt{\dfrac{q}{a}}.$

Question. — Je veux trouver uu nombre tel qu'en en retranchant
un tiers, le carré du reste soit le nombre 20. Procède de cette façon ;
dis : Ce nombre dont les deux tiers sont la racine de 20, est une
chose. Multiplie ces deux tiers par eux-mêmes, et tu auras quatre
neuvièmes du carré du nombre entier que je veux trouver. Conformément à la méthode mentionnée dans ce théorème, il faut diviser le
nombre 20 par 4 neuvièmes ; le quotient est 45, qui est le carré de
tout le nombre. Sa racine est ce que tu cherchais.

III

Quand les carrés (censi) sont égaux aux choses (racines), divise les
choses (racines) par les carrés (censi)[1], et ce qui résulte de la division
est la chose (racine)[2]. Ce théorème suit la règle du premier, parce
que la raison du carré avec la chose est comme la raison de la chose
avec l'unité, comme nous l'avons établi dans la proposition. C'est
pourquoi, si un carré est égal à 3 choses, par exemple, une chose est
nécessairement égale à trois unités.

Question. — Je veux trouver un nombre tel qu'en en retranchant
un tiers, le reste soit la racine de tout le nombre entier. Procède de
cette façon ; dis : Deux tiers de ce nombre sont une chose. Donc
le nombre entier est une chose et une moitié. Donc une chose et une
moitié sont égales à un carré, et, d'après la règle déjà mentionnée, il
faut diviser 1 et une moitié par 1. On a comme résultat 1 et une
moitié. C'est là la chose, qui est deux tiers du nombre que tu veux
trouver. Donc le nombre entier est 2 et un quart.

IV

Quand les choses (racines) et les unités (nombres) sont égales aux
carrés (censi), divise les choses et les unités par les carrés[3]. Puis
divise par moitié le résultat de la division des choses, et multiplie la
moitié par elle-même. Ajoute le produit aux unités qui proviennent
de la division, extrais la racine du résultat et ajoute-la à la moitié
des choses qui résultent de la division. Le résultat est la chose[4].

Pour faire comprendre cette démonstration, nous ferons une figure
et nous prendrons un exemple avec des nombres (*fig. 6*).

Soit la ligne A B de 10 mesures, coupée à volonté au point E, et soit

---

[1] C'est-à-dire le coefficient des choses par le coefficient des carrés.

[2] $ax^2 = px \quad x = \dfrac{p}{a}$.

[3] C'est-à-dire par le coefficient.

[4] $ax^2 = px + q ; \dfrac{p}{a} \quad \dfrac{q}{a}; \left(\dfrac{p}{2a}\right)^2 + \dfrac{q}{a},$

$$x = \dfrac{p}{2a} + \sqrt{\left(\dfrac{p}{2a}\right)^2 + \dfrac{q}{a}}.$$

le segment A E de 8 mesures. Construisons sur A B le carré A B C D,
et du point E, menons dans ce carré la ligne E F parallèle aux
lignes A C, B D. Nous aurons le rectangle A F, qui vaut 8 choses
comme le nombre des mesures de la ligne A E
(car chacune des mesures de A E vaut une
chose dans le rectangle A F), et le rectangle
E D dont la surface est 20 mesures. Les deux
ensemble sont équivalents au carré A D. Prenons maintenant la ligne A E, qui est longue de
8 mesures, comme le nombre des choses. Partageons-la par moitié au point H, et ajoutons-y
la ligne E B. On a déjà démontré dans la sixième
proposition du deuxième livre d'Euclide que le
rectangle compris entre la ligne entière plus la

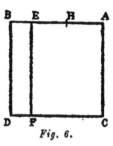

Fig. 6.

ligne ajoutée et entre la ligne ajoutée (ce qui est égal, dans notre
exemple, au rectangle E D dont la surface est 20)[1], tous les deux ensemble (et ils sont équivalents à 36) sont équivalents au carré de la
ligne composée de la moitié de la droite et de la droite ajoutée, qui
est, dans notre figure, la ligne H B.

C'est pourquoi, si tu prends la racine de 36, qui est 6, tu auras la
mesure de la ligne composée de la moitié de la ligne et de la droite
ajoutée, qui est la ligne H B. Ajoute la moitié des choses, qui est le
nombre 4, comme le nombre des mesures de la ligne A H ; tu auras
10 comme mesure de toute la ligne A B, côté du carré. C'est là la
chose.

Question. — Nous voulons trouver un nombre tel qu'en y ajoutant
28, il soit égal à deux fois son carré. Procède de cette façon ; dis : Ce
nombre est une chose, et quand nous y aurons ajouté 28, il sera
une chose et 28 unités, ce qui est égal à deux carrés. Alors, selon la
méthode mentionnée dans ce théorème, il faut diviser une chose et
28 unités par 2, qui est le nombre des carrés : on aura comme quotient la moitié de la chose et 14 unités. Prends la moitié de la moitié
de la chose qui provient de la division ; ce sera un quart de chose.
Multiplie-le par lui-même ; on aura une partie de 16. Ajoute cette
partie à 14, nombre des unités qui résultent de la division, et on aura
14 et une partie de 16. Prends sa racine qui est 3 et 3 quarts, et
ajoute-la à la moitié des choses résultant de la division, qui est un
quart de chose. Il en résultera 4. C'est là la chose.

Quand les carrés et les unités sont égaux aux choses, divise les
choses et les unités par les carrés ; puis divise par 2 le résultat de la
division des choses et multiplie la moitié par elle-même. Retranche

---

[1] Le copiste a évidemment oublié les mots « et le carré de la moitié de la ligne ».

du produit le nombre qui provient de la division des unites, extrais la racine du reste et ajoute-la à la moitié de ce qui résulte de la division des choses. Le résultat de ces opérations représente la chose [1].

Pour te faire comprendre cette démonstration, nous tracerons la figure (*fig.* 7) et nous prendrons un cas avec des nombres.

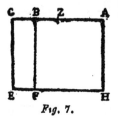

Fig. 7.

Soit la ligne droite A C de 8 mesures, partagée en deux parties égales au point Z : la ligne C Z aura 4 mesures. Partageons-la encore (la ligne A C) en deux parties inégales au point B, de façon que la ligne C B ait 2 mesures. Construisons sur la ligne A B le carré A B F H, et prolongeons la ligne H F jusqu'à E, de sorte que la ligne H E soit égale à la ligne A C, et menons la ligne C E. La surface du rectangle C F sera alors 12. Nous avons maintenant le carré A F et le rectangle C F, dont la surface a douze mesures. Les deux ensemble sont équivalents au rectangle A E, dont la surface est de 8 choses, parce que chacune des mesures de la ligne A C vaut une chose dans le rectangle A E. Or, d'après ce qui a été démontré dans la cinquième proposition du deuxième livre d'Euclide, le carré de A Z, qui est de quatre mesures, sera comme le nombre de la moitié des choses, et son carré est évidemment 16, c'est-à-dire équivalent au rectangle B E, qui est égal au rectangle compris entre les segments inégaux et dont la surface connue est 12, plus le carré de Z B, qui est compris entre les deux segments. Retranchons le rectangle B E, qui est 12, du carré de A Z qui est 16, il restera le carré de Z B, qui est connu. Prends la racine de ce carré et ajoute-la à la ligne A Z qui est la moitié des choses, on aura la ligne A B, connue, qui est le côté du carré. C'est ce que nous cherchions.

Question. — Un marchand va négocier avec un certain capital et il gagne 6. Il y retourne avec le capital et le gain, et il gagne dans la même proportion que la première fois. Il se trouve alors en possession de 27. Quel était son premier capital ? Procède de cette façon ; dis : Le premier capital est une chose. Cette chose, il l'a fait prospérer et en a fait une chose et 6 ; et, dans la même proportion, d'une chose et 6, il a fait 27. D'après celà, le rapport d'une chose à une chose plus 6 est égal au rapport d'une chose plus 6 à 27 unités. Nous avons donc trois grandeurs proportionnelles, et on a déjà démontré dans la dix-septième proposition du sixième livre d'Euclide, que la multiplication du premier par le dernier [2] est comme la mul-

---

[1] $ax^2 + q = px$; $\dfrac{p}{a}$ $\dfrac{q}{a}$; $\left(\dfrac{p}{2a}\right)^2 - \dfrac{q}{a}$,

$$x = \dfrac{p}{2a} + \sqrt{\left(\dfrac{p}{2a}\right)^2 - \dfrac{q}{a}}.$$

[2] C'est-à-dire des « extrêmes ».

tiplication du moyen par son semblable. En multipliant donc une chose, qui est le premier, par 27 unités qui est le dernier, on aura 27 choses. Multiplie ensuite une chose et 6, qui est le moyen, par lui-même, et tu auras le carré d'un, et 12 choses plus 36 unités. Retranche maintenant les 12 choses de ces deux grandeurs égales, et il restera 15, ce qui est égal au carré d'un et 36 unités. D'après la méthode que nous avons exposée dans ce théorème, il faut diviser 15, nombre des choses, et 36, nombre des unités, par 1, qui est le nombre du carré ; et il en résultera 15 choses et 36 unités. Puis, divise les choses par 2 ; on aura 7 et demie. Multiplie cette quantité par elle-même, et tu auras 56 et un quart. Retranche 36 unités, il restera 20 et un quart. Extrais la racine, qui est 4 et demi, et ajoute-la à la moitié des choses qui est 7 et demie. On aura 12. Voilà la chose qui est le premier capital.

VI

Quand les carrés et les choses sont égaux aux unités, divise les choses et les unités par les carrés, et divise par moitié le résultat de la division des choses, multiplie ensuite la moitié par elle-même. Ajoute ce produit à ce qui provient de la division des unités, et la racine du total, moins la moitié des choses qui proviennent de la division, est la chose [1].

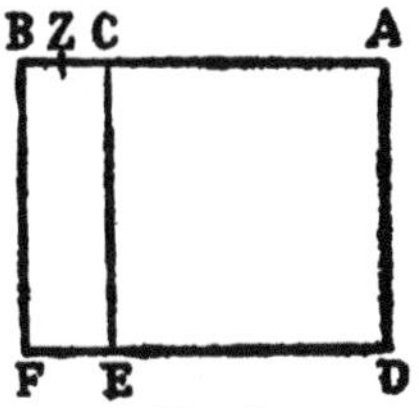

Pour t'en donner la démonstration, nous tracerons le carré A C E D (*fig. 8*), et nous lui ajouterons le rectangle B C E F, dont la surface connue est, par exemple, égale au nombre de deux choses. Les deux ensemble, je veux dire le carré et le rectangle, sont équivalents au nombre 48. La longueur du côté C B du rectangle C B E F est connue, elle est de deux mesures comme le nombre des choses. Maintenant, pour connaître la ligne A C, côté du carré, partageons la ligne B C en deux parties égales, au point Z. Nous aurons donc la ligne B C partagée par moitié à ce point Z. Ajoutons-lui la ligne A C. On a déjà expliqué dans la sixième proposition du deuxième livre d'Euclide que le rectangle compris entre une droite entière plus un segment ajouté, et entre ce segment ajouté (ce qui est égal, dans notre cas, au rectangle A F, dont la surface connue est 48), plus le carré de la moitié de la ligne (dont la surface connue est 1 : de sorte que les 2 ensemble sont équivalents à 49) sont équivalents au carré de la ligne composée de la moitié de la ligne et du segment ajouté, c'est-à-dire de A Z. C'est pourquoi, si tu extrais la

Fig. 8.

---

[1] $a x^2 + p x = q$; $\dfrac{p}{a}$ $\dfrac{q}{a}$; $\left(\dfrac{p}{2a}\right)^2 + \dfrac{q}{a}$,

$$x = \sqrt{\left(\dfrac{p}{2a}\right)^2 + \dfrac{q}{a}} - \dfrac{p}{2a}.$$

racine de 49, qui est 7, tu auras la ligne A Z. Retranche de 7 la moitié
de la ligne qui est C Z, qui est une mesure, il te restera la ligne A C
connue, qui est 6 mesures. C'est ce que nous voulions démontrer.

VII

Quand les cubes sont égaux aux unités, divise les unités par les
cubes et tu as ainsi le nombre des unités du cube [1]; sa racine cubique sera la chose. Cela se comprend facilement [2].

VIII

Quand les cubes sont égaux aux choses, divise les choses par les
cubes, et extrais la racine carrée du quotient ; tu auras la chose [3]. Ce
théorème est la conséquence du deuxième théorème, parce que le rapport du cube à la chose est égal à celui du carré à l'unité, ce qui ressort de l'explication [4]. C'est pourquoi, si, par ex., le cube d'un nombre
est égal à 9 choses, son carré sera nécessairement égal à 9 unités.

IX

Quand les carrés des carrés sont égaux aux unités, divise les unités par les carrés des carrés ; extrais la racine de la racine du quotient, et tu auras la chose [5]. Cela aussi se comprend de soi-même.

X

Quand les carrés des carrés sont égaux aux choses, divise les
choses par les carrés des carrés, et extrais la racine cubique du quotient ; tu auras la chose [6]. Ce théorème est une conséquence du
septième, parce que le rapport du carré du carré à la chose est égal
au rapport du cube à l'unité. Et cela peut être compris par l'explication.

---

[1] Le ms. a כאשר המעקבים שוים לאחדים תחלק האחדים למעקבים וככה
מספר אחרי המעקב ושרשו המעקבים הוא הדבר. Pareillement, selon une
aimable communication de M. le prof. Castelli, dans le ms. de Florence. Je lis
אחרי au lieu de אחרי, comme l'a suggéré M. le baron Carra de Vaux, à qui
j'adresse mes plus vifs remerciements pour d'autres conseils qu'il a bien voulu me
donner.

[2] $a x^3 = q; x = \sqrt[3]{\dfrac{q}{a}}.$

[3] $a x^3 = p x; x = \sqrt{\dfrac{p}{a}}.$

[4] C'est-à-dire de l'explication dont il a fait précéder les théorèmes algébriques.

[5] $a x^4 = q; x = \sqrt[4]{\dfrac{q}{a}}.$

[6] $a x^4 = p x, x = \sqrt[3]{\dfrac{p}{a}}.$

XI

Quand les carrés des carrés sont égaux aux carrés, divise les carrés par les carrés des carrés, et la racine du quotient est la chose[1]. Ce théorème est la conséquence du deuxième, parce que le rapport du carré du carré au carré est égal au rapport du carré à l'unité. Cela se comprend d'après l'explication.

XII

Quand les carrés des carrés sont égaux aux cubes, divise les cubes par les carrés des carrés, et le quotient est la chose[2]. Ce théorème est la conséquence du premier, parce que le rapport du carré du carré au cube est égal au rapport de la chose à l'unité, comme nous l'avons déjà dit dans l'explication.

XIII

Quand les cubes et les carrés sont égaux aux choses, divise les carrés et les choses par les cubes, et les carrés[3] qui proviennent de la division tu les diviseras par moitié. Multiplie la moitié par elle-même et ajoute (le produit) aux choses qui résultent de la division. La racine du résultat, moins la moitié des choses qui proviennent de la division, est la chose[4].

Ce théorème est la conséquence du sixième, parce que le rapport du cube et du carré à la chose est respectivement égal au rapport du carré et de la chose à l'unité, comme on l'a dit dans l'explication.

XIV

Quand les cubes et les choses sont égaux aux carrés, divise les choses et les carrés par les cubes. Divise par moitié le quotient de la division des carrés, et multiplie la moitié par elle-même. Retranche du résultat les choses qui proviennent de la division, et extrais la racine du reste. Ajoute-la à la moitié des carrés qui résultent de la di-

---

[1] $a x^4 = p x^2$; $x = \sqrt{\dfrac{p}{a}}$.

[2] $a x^4 = p x^3$; $= \dfrac{p}{a}$.

[3] Le ms. dit : והמעוקבים, « et les cubes ».

[4] $n x^3 + a x^2 = px$; $\dfrac{a}{n} \dfrac{p}{n}$; $\left(\dfrac{a}{2n}\right)^2 + \dfrac{p}{n}$.

$$x = \sqrt{\left(\dfrac{a}{2n}\right)^2 + \dfrac{p}{n}} - \dfrac{p}{2n}.$$

vision, et tu auras la chose [1]. Ce théorème est la conséquence du cinquième, parce que le rapport du cube et de la chose au carré est égal respectivement au rapport du carré et de l'unité à la chose. Cela peut être compris par l'explication.

XV

Quand les carrés et les choses sont égaux aux cubes, divise les carrés et les choses par les cubes. Divise par moitié le quotient de la division des carrés, et multiplie la moitié par elle-même. Ajoute le produit aux choses qui proviennent de la division et extrais la racine du résultat. Ajoute-la à la moitié des carrés qui résultent de la division, et tu as la chose [2].

Ce théorème est la conséquence du quatrième, parce que le rapport du carré et de la chose au cube est respectivement égal au rapport de la chose et de l'unité au carré.

FIN.

Voilà ce que j'ai cherché çà et là et trouvé, en fait de calculs du « livre de l'algèbre », dans les livres des chrétiens. Parmi ces théorèmes j'en ai imaginé beaucoup moi-même. Et tu dois savoir, mon cher et affectionné frère, *Mordekhaï* [3], fils de notre honorable maître Abraham Finzi (que sa mémoire soit bénie dans le monde futur) que l'auteur du livre a donné tous ces théorèmes dans son livre sans démonstration, à tel point que pas un de tous ceux qui l'étudient ne connaît la méthode du savant ni d'où il les a tirés. Et moi, ton frère, quand je t'ai vu ainsi que mon cher ami R. Juda, fils de notre honorable maître Joseph (que Dieu le garde et le fasse vivre), fils de notre honorable maître Abigdor (que sa mémoire soit bénie dans le monde futur), avides de connaître ce livre — et le connaisseur, pour être appelé tel, doit connaître les choses par les démonstrations — moi, j'ai dû réfléchir sur les démonstrations, pour accomplir votre volonté, et les écrire pour vous. Mais j'ai été bref pour deux raisons : la première parce que je me fie en votre intelligence divine qui plane

---

[1] $nx^3 + px = ax^2$; $\dfrac{a}{n} - \dfrac{p}{n}$; $\left(\dfrac{a}{2n}\right)^2 - \dfrac{p}{n}$,

$$x = \sqrt{\left(\dfrac{a}{2n}\right)^2 - \dfrac{p}{n}} + \dfrac{a}{2n}.$$

[2] $ax^2 + px = nx^3$; $\dfrac{a}{n}$ $\dfrac{p}{n}$; $\left(\dfrac{a}{2n}\right)^2 + \dfrac{p}{n}$,

$$x = \sqrt{\left(\dfrac{a}{2n}\right)^2 + \dfrac{p}{n}} + \dfrac{a}{2n}.$$

[3] L'auteur écrit après le nom de Mordekhaï les premières lettres du 10e verse du 53e chap. d'Isaïe : « Il verra de la postérité, ses jours seront prolongés, et ce que Dieu aime prospérera entre ses mains. »

sur la science; la deuxième, à cause des grandes préoccupations de mon âme et des tourments de mon corps, par suite des malheurs qui m'ont atteint, et de mes nombreuses [1] occupations dans la vie.

En tout cas, si, à cause de mon insuffisance et de la fatigue que ressentait mon esprit à s'arrêter longtemps aux démonstrations, quelque chose restera obscur pour l'un de vous, je suis prêt à ajouter des explications.

Je n'ai pas besoin d'en dire plus long. J'intercède auprès de Dieu pour qu'il laisse s'accomplir tous tes desseins [2], et pour que tes fontaines se répandent, sources de salut, amen, selon ta volonté et la volonté de ton frère affectionné et soumis, Schim'on, fils de notre honorable maître, le rabbin Mosché (que Dieu le garde et le fasse vivre), fils de notre honorable maître, le rabbin Schim'on Motot, que sa mémoire soit bénie dans le monde futur)

EXPLICATION RELATIVE A LA MANIERE DE TIRER DEUX LIGNES QUI NE SE RENCONTRENT PAS.

PAR R. SIMON MOTOT

Que sa mémoire soit bénie [3].

Nous voulons mener deux lignes de telle façon qu'il y ait entre elles, à leur point de départ, une certaine distance qui diminue à mesure qu'elles sont prolongées et qu'elles se rapprochent l'une de l'autre sans jamais se rencontrer, quoiqu'elles soient prolongées à l'infini et qu'elles se rapprochent à mesure qu'elles sont prolongées. De ces deux lignes, l'une est courbe et l'autre droite.

Démonstration. — Représentons un demi-cône sous la forme qu'Eu-

---

[1] L'expression hébraïque est empruntée à l'Ecclésiaste, VII, 29.

[2] Psaume, xx, 6.

[3] Voici le titre hébreu : באור הר' שמעון מוטוט ז"ל על יציאת ב' קוים נרצה להוציא שני קוים יהיה : L'explication commence ainsi שלא יפגשו בינידהם בתחלת יציאתם רחק אחד וכל אשר ירחקו יחסר הרחק ההוא ויקרב אחד מהם אל האחר ... Comme je l'ai déjà dit, je me suis servi du ms. 36 de la bibliothèque de Munich, qui est un précieux recueil d'œuvres mathématiques. M. Steinschneider en a déjà donné une courte description dans son Catalogue, et M. Schapira en a parlé un peu plus longuement dans son étude sur *Mischnat ha-middot*, que j'ai déjà eu l'occasion de citer page 92 du tome XXVII. Mais le ms., qui contient aussi des ouvrages inédits, me semble d'une telle importance qu'il est à désirer que quelqu'un en fasse une étude complète.

clide nous a indiquée dans l'introduction à son onzième livre, de
sorte que le côté qui reste immobile soit égal à l'autre côté qui tourne
autour de l'angle droit. Ce cône sera nécessairement rectangulaire.
Soit A B C (*fig.* 9 et *10*) avec l'angle B A C qui est droit. Partageons en

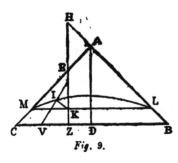

Fig. 9.

deux l'angle B A C par la ligne A D;
la ligne A D sera nécessairement perpendiculaire à la ligne B C. Imaginons[1] un plan qui coupe le cône selon
la ligne E Z parallèlement à la ligne
A D. Supposons la ligne E V la courbe
et la ligne E Z sa corde. Les lignes
A B, E Z ne sont pas parallèles, car
l'angle A B D est la moitié d'un angle
droit et l'angle E Z B est droit, puisque la ligne E Z est parallèle à la ligne
A D; donc, si nous prolongeons à l'infini les lignes A B, E Z, elles se
rencontreront nécessairement. Prolongeons-les hors du cône; elles se
toucheront au point H, et la ligne H E sera le diamètre. Divisons la
ligne E H en deux parties égales au point T; ce point sera appelé
« centre du diamètre[2] ». Conduisons de la ligne courbe, d'un point
pris à volonté, une perpendiculaire sur la ligne E Z : soit I K. Il est
évident que le produit de la ligne H K par E K est équivalent au carré
I K. En voici la preuve. Conduisons du point K une ligne parallèle à
la ligne B C : soit L M. Imaginons sur cette ligne un cercle qui passe
sur la surface du cône au point I. Il est évident que le rectangle L K
par K M est équivalent au carré de I K, conformément à la démonstration de la huitième proposition du sixième livre d'Euclide. Mais L K
est égale à H K, parce que l'angle H L K étant la moitié d'un droit
et l'angle L K H un droit, l'angle restant K H L sera la moitié d'un
droit. Donc L K et K H sont égales. Mais la ligne K M est égale à la
ligne E K, et cela pour la même raison. Donc le produit de H K par
E K est équivalent au carré de I K. Et cela peut être démontré pour
chaque perpendiculaire conduite d'un point quelconque de la ligne
courbe sur la ligne E Z. Donc le produit de la ligne H K par E K est
équivalent au carré I K ; ce que nous voulions démontrer.

Si, avec un plan, on coupe un cône[3] sur le triangle qui passe par
sa moitié, et si, de son sommet on prolonge, d'après une ligne droite,

---

[1] Je reproduis ici les figures telles que je les ai trouvées dans le manuscrit.

[2] Je traduis littéralement l'expression hébraïque מרכז הקוטר , quoiqu'elle ne
soit pas juste, car le diamètre ne peut pas avoir de centre.

[3] Le texte a מחורתך מעוגל, expression que je n'ai trouvée chez aucun autre mathématicien, et que je ne sais comment traduire. On ne pourrait le rendre que par
« segment de cercle » (*segment de cercle* est toujours rendu par חתיכת עגולה);
mais alors je ne comprendrais pas ce que l'auteur écrit. Je crois qu'il y a une faute
du copiste et qu'il faut lire מחודד מעוגל , expression par laquelle on désigne le
cône (rendu plus fréquemment par le seul mot מחודד). Je suis confirmé dans cette
opinion par la notice que M. le Dr S. Fuchs a bien voulu me communiquer sur le
ms. 46 de Vienne, où il a lu : כל חדרות עגול.

un de ses côtés (du triangle) jusqu'à un autre point, hors du cône, et
si, de plus, de ce point placé hors du cône, on tire une ligne droite
qui arrive dans le cône coupé, perpendiculairement à la base du
triangle ; et si sur des points, pris à volonté sur cette ligne, on tire
des perpendiculaires qui arrivent jusqu'à la surface du cône, je dis
que le rapport du rectangle compris entre cette ligne entière, tirée
du point qui est hors du cône jusqu'au pied d'une perpendiculaire
quelconque, et entre le segment de la ligne, qui est dans le cône jusqu'à la perpendiculaire, au carré de cette perpendiculaire, est égal
au rapport du rectangle compris entre la ligne qui va de ce même
point, hors du cône, jusqu'au pied d'une autre perpendiculaire, et
le segment de la ligne qui est dans le cône jusqu'à cette autre perpendiculaire, au carré de cette perpendiculaire [1]. En outre, chaque
perpendiculaire éloignée du point

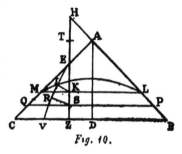

pris hors du cône est plus grande
qu'une perpendiculaire qui soit plus
près du même point.

Exemple. — Retraçons la même
figure (*fig.* 10), mais tirons une autre
perpendiculaire sur la ligne E Z,
d'un point quelconque pris sur la
ligne courbe. Soit la perpendiculaire R S, et du point S conduisons
une ligne parallèle à la ligne B C ;

Fig. 10.

soit Q S P. Nécessairement, comme nous l'avons dit dans la proposition précédente, le produit de la ligne H S par E S sera équivalent au carré de R S, et le produit de la

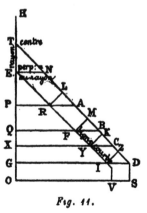

ligne H K par E K sera équivalent au
carré de I K. Donc le rapport de H K par
E K au carré I K est comme le rapport de
H S par E S au carré de R S. On fera la
même démonstration pour chaque perpendiculaire menée de cette façon sur la
ligne E Z : ce que nous voulions démontrer [2].

Puisqu'il en est ainsi, imaginons dans
le plan le diamètre H T E, indiqué à sa
place. Seulement construisons une autre
figure (*fig.* 11) pour que l'élève ne se
trompe pas. Prolongeons le diamètre à
l'infini, et du point E élevons, hors du

Fig. 11.

plan, une perpendiculaire ; soit E N, égale à la ligne E T, qui est la

---

[1] C'est-à-dire, pour nous servir de notre cas (*Fig.* 10) :
$$(HK \times EK) : \overline{IK}^2 = (HS \times ES) : \overline{RS}^2.$$

[2] L'auteur a oublié ici de démontrer la deuxième partie du théorème, c'est-à-
dire que I K est plus courte que R S.

moitié du diamètre. Menons à l'infini la ligne courbe, et du point T menons une ligne droite jusqu'au pied de la perpendiculaire E N, c'est-à-dire le point N; soit T N, et prolongeons-la à l'infini.

Nous disons qu'elles se rapprochent l'une de l'autre sans jamais se toucher, quoiqu'elles soient prolongées à l'infini et qu'elles se rapprochent à mesure qu'elles sont prolongées.

Démonstration. — De la ligne courbe menons à volonté des perpendiculaires sur le diamètre que nous avons tiré à l'infini; soit R P, F Q, Y X, I G. Conduisons toutes ces perpendiculaires hors du cône jusqu'à ce qu'elles se rejoignent avec la ligne droite que nous avons tirée du point T. Soit R A, F B, Y C, I D. Conduisons encore des points R, F, Y, I des perpendiculaires sur la ligne droite ; soit R L, F M, Y K, I Z. Nous dirons qu'on a partagé en deux parties égales la ligne droite, qui est II T E, et qu'on y a ajouté la ligne E P. Alors le produit de toute la ligne H P par la ligne E P, augmenté du carré de T E, sera équivalent au carré de la ligne T P[1]. Mais T P est égal à P A, parce que l'angle H P A étant droit et l'angle P T A étant la moitié d'un droit, la perpendiculaire E N ayant été conduite égale à E T, il restera l'angle P A T qui est la moitié d'un droit. C'est pourquoi P T sera égale à P A, puisque les angles à la base sont égaux. Et puisque la chose est ainsi, le produit de H P par E P, plus le carré de T E, sera équivalent au carré de la ligne P A, puisque cette dernière est égale à la ligne T P.

De plus, nous avons les lignes T P et P A qui sont égales ; supposons maintenant qu'elles se trouvent en ligne droite et partageons cette ligne en deux segments égaux au point P, et en deux segments inégaux au point R. Nécessairement le produit de la ligne T P R par la ligne R A, plus le carré de la ligne P R (qui est entre les deux points des segments) sera équivalent au carré de la ligne P A[2], qui est égal au carré de la ligne T P, comme nous l'avons démontré. Donc, le produit de H P par P E, augmenté du carré de T E, est équivalent au produit de la ligne T P R en R A, plus le carré de R P. Mais le produit de H P en E P est équivalent au carré de la ligne R P, comme nous l'avons démontré dans la proposition précédente. Supposons donc dans les deux (égalités) la même chose, c'est-à-dire du produit de la ligne T P R par la ligne R A, plus le carré R P, retranchons le carré de R P, et du produit de la ligne II P par E P plus le carré de T E, ce qui est équivalent au produit de la ligne T P R par R A plus le carré de R P, retranchons le produit de la ligne H P par E P, qui est équivalent au carré de R P. Il restera le produit de la ligne T P R par R A, équivalent au carré de T E. De cette manière, on prouvera que le produit de la ligne T Q F par F B est équivalent au carré de T E, de même on prouvera que le produit de la ligne T X Y par Y C est équivalent au carré de T E. On pourra prouver de même pour toutes les lignes

[1] Voir Euclide, II, 6.
[2] Euclide, II, 5.

menées dans le cône et hors du cône, de la façon dont tu as mené ces autres lignes. Et si tu prolonges la ligne courbe et la ligne droite à l'infini, elles ne se rencontreront pas, mais elles se rapprocheront toujours plus, et si elles se rencontraient, on aurait une absurdité. Supposons, en effet, qu'elles se rencontrent au point V sur la ligne O V. D'après ce que nous avons dit plus haut, le produit de la ligne H O par E O sera équivalent au carré de O V, et le produit de la ligne H O par E O, plus le carré de E T, sera équivalent au carré de T O. Mais le carré de T O est égal au carré de O V, parce que la ligne O V touche la ligne droite T N que nous avons prolongée, et elle est égale à la ligne T O, selon ce que nous avons démontré ci-dessus pour les autres lignes. On aurait donc le produit de la ligne H O par la ligne E O, plus le carré de T E, égal au produit de la ligne H O par E O, c'est-à-dire que le grand serait égal au petit, ce qui ne peut pas être. C'est pourquoi elles ne se rencontreront jamais, quoiqu'elles soient prolongées à l'infini. Ce que nous voulions démontrer.

Pour prouver que la ligne courbe et la ligne droite se rapprochent toujours à mesure qu'elles sont prolongées, nous dirons que la perpendiculaire R L est plus grande que la perpendiculaire F M, et la perpendiculaire F M plus grande que la perpendiculaire Y K, et la perpendiculaire Y K que la perpendiculaire I Z, d'après ce que nous avons démontré plus haut. Car le produit de T P R par R A est égal au carré du T E. Ainsi le produit de T Q F par F B est équivalent au carré de T E. Il en sera de même successivement de tous les autres. Donc le produit de la ligne T P R par la ligne R A sera égal au produit de la ligne ^{T}Q F par F B; et de même tous les autres qui se suivent ; ce que tu pourras comprendre par les premières propositions. Mais on sait que la ligne T P R est plus courte que la ligne T Q F et la ligne T Q F plus courte que la ligne T X Y, et ainsi de suite. En effet, la perpendiculaire P R est plus courte que la perpendiculaire Q F et la perpendiculaire Q F plus courte que la ligne X Y, et ainsi de toutes les autres, conformément à ce que nous avons indiqué dans la démonstration de la deuxième proposition[1]. Il est encore évident que la ligne T P est plus courte que la ligne T Q, et la ligne T Q plus courte que la ligne T X, et ainsi de suite. C'est pourquoi, la ligne T P R est plus courte que la ligne T Q F, et la ligne T Q F est plus courte que la ligne T X Y, et ainsi de toutes les autres. La ligne R A sera donc nécessairement plus longue que la ligne F B, et la ligne F B plus longue que la ligne Y C, et ainsi de suite. En effet, puisque les rectangles formés par les premières lignes et par leurs prolongements sont respectivement équivalents à un seul carré, et puisque la première des premières lignes est plus courte que la deuxième, et la deuxième plus courte que la troisième, le prolongement de la première sera forcément plus grand que le prolongement de la deuxième, et le prolongement de la deuxième plus grand que

---

[1] L'auteur l'a énoncé dans la deuxième proposition, mais ne l'a pas démontré.

celui de la troisième, et ainsi de suite [1]. Donc, la ligne R A sera plus
grande que la ligne F B et la ligne F B plus grande que la ligne Y C.
Sache encore d'après ce que nous avons établi dans les propositions
précédentes, que l'angle R A L est la moitié d'un droit, et l'angle
A L R est droit, car la ligne R L est perpendiculaire. Il restera l'angle
L R A, moitié d'un droit ; c'est pourquoi la perpendiculaire R L est
égale à la ligne L A. Le carré de R A est donc le double du carré de
R L. Nous dirons de même que le carré de F B est double du carré
de F M, et le carré de Y C est double du carré de Y K. Mais le carré de
R A est plus grand que le carré de F B, et le carré de F B est plus
grand que le carré de Y C, parce que la ligne R A est plus grande que
la ligne F B et la ligne F B est plus grande que la ligne Y C. Donc la
ligne R L sera nécessairement plus grande que la ligne F M et la ligne
F M plus grande que la ligne Y K, et ainsi de toutes les autres. Elles
se rapprocheront par conséquent de plus en plus à mesure qu'elles
seront prolongées. Mais nous avons déjà prouvé qu'elles ne se rencontreront pas, quoiqu'elles soient
prolongées à l'infini ; c'est ce que
nous voulions démontrer.

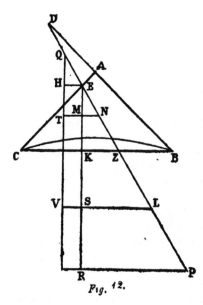

Fig. 12.

Après avoir fait comprendre ces
prémisses, nous allons expliquer
comment nous mènerons les deux
lignes, l'une droite et l'autre
courbe, dont nous avons parlé au
commencement. Soit le cône A B C
(*fig. 12*), qui a pour base le cercle
B C. Supposons qu'il soit coupé
par un plan qui passe par sa moitié en y formant le triangle A B C,
et prolongeons la ligne B A, selon
sa direction, jusqu'au point D, et
du point D menons la ligne D E Z
à la base B C. Du point E élevons
une perpendiculaire sur le triangle A B C ; soit la perpendiculaire
E H. Conduisons le plan D H E,
qui coupe le cône selon la ligne
E K ; la perpendiculaire E H sera tangente à la section E K, et le plan
D H E sera perpendiculaire au triangle A B C le long de la section
commune à lui et au plan du triangle A B C, c'est-à-dire sur la ligne
E Z. Si nous prolongeons à l'infini cette ligne (E Z), elle sera entre les
lignes A B, A C, si nous prolongeons (en même temps) les lignes A B,
A C à l'infini. La ligne E Z, prolongée à l'infini se trouvera toujours
dans le cône A B C, prolongé lui aussi à l'infini. Mais avec elle on

---

[1] Je me suis un peu éloigné, dans cette phrase, du texte hébreu, car une traduction littérale n'aurait pas été intelligible.

prolongera à l'infini aussi un plan, c'est-à-dire la continuation du plan D H E, et ce plan coupera la surface du cône selon une ligne infinie, et précisément selon la ligne E K avec laquelle il sera prolongé à l'infini. Or si deux points quelconques sont donnés sur la ligne E K, la ligne E K ne les joint pas en ligne droite. En effet ces deux points quelconques sont donnés sur le plan D H E, et le sommet du cône, qui est le point A, se trouve à l'extrémité de la surface (du cône). Mais les deux points ne sont pas opposés au sommet, et la droite qui les rejoint tombe dans le cône, donc la ligne E K qui est sur la surface du cône, ne va pas par droit selon ces deux points quelconques qui ont été pris sur elle. Donc la ligne E K est courbe.

Prenons sur cette ligne E K le point M, et menons de ce point une perpendiculaire sur le plan du triangle A B C, soit la perpendiculaire M N. Il est évident qu'elle tombera sur la section commune au plan D E H et au triangle A B C, laquelle est D Z. Elle tombera aussi sur la partie de cette ligne qui est dans le cône, parce qu'elle tombe à côté du point E, duquel on a tiré la perpendiculaire E H, tangente. Coupons par moitié la ligne D E au point Q, et donnons à la ligne E H une longueur telle que le rapport du rectangle qui résulte de D N par N E au carré de N M soit égal au rapport du carré de Q E au carré de E H. Conduisons Q H. Nous dirons que la ligne Q H et la courbe E K, tirées jusqu'à l'infini, ne se rencontreront jamais.

Démontrons qu'il n'est pas possible qu'elles se rencontrent. Supposons qu'elles se rencontrent au point R, et du point R abaissons une perpendiculaire sur la ligne D E; soit la perpendiculaire R P. Elle sera perpendiculaire au triangle A B C, et le rapport du rectangle D N par N E au carré N M est égal au rapport du rectangle D P par P E au carré de P R. Alors le rectangle D P par P E serait équivalent au carré de Q P [1]. Or cela n'est pas possible, car il a de plus le carré de E Q. La ligne Q H, donc, ne touchera pas la courbe E K, quoiqu'elles soient prolongées à l'infini.

Nous disons encore qu'elles se rapprochent à mesure qu'elles sont prolongées. Prolongeons la ligne N M jusqu'au point T, et après avoir pris sur la courbe E K un autre point, qui sera le point S, tirons la perpendiculaire S V. Le rapport du rectangle qui résulte de N D par N E au carré de N M est égal au rapport du carré de Q E au carré de E H et au rapport du carré de Q N au carré de N T. Et le rapport du surplus du carré de Q N sur le rectangle de D N par N E (qui est le carré de Q E) au surplus du carré de N T sur le carré de N M (qui est le carré de M T plus deux fois le rectangle M T en M N) est égal au rapport du carré Q E au carré de E H. Le carré de E H sera équivalent au carré de M T plus deux fois le produit de M T en M N. Il est

_____

[1] En effet, selon ce qu'on a démontré ci-dessus (page 123) on a

$$D P \times P E = \overline{R P}^2 \quad \text{et} \quad D P \times P E + \overline{E Q}^2 = \overline{P Q}^2.$$

Or, si on suppose que la courbe rencontre la droite au point R, on a P R = P Q, et, par conséquent, $D P \times P E = \overline{Q P}^2$.

donc évident que le carré de E H est équivalent au carré de V S plus deux fois le produit de V S en S L, et le carré de M T plus deux fois le produit de M T en M N est équivalent au carré de V S plus deux fois le produit de V S en S L. Mais la ligne M N est plus petite que S L ; donc la ligne M T est plus grande que la ligne V S. Par conséquent, la perpendiculaire élevée de M sur la ligne Q H est plus grande que la perpendiculaire élevée du point S. C'est pourquoi le point S est plus près de la ligne Q H que le point M. On fera la même démonstration pour chaque point qui se trouve sur la ligne courbe E K, tirée à l infini. C'est cela que nous voulions démontrer.

Complètement achevé. Louange au Dieu éternel.

LES JUIFS DE PRAGUE

PENDANT LA GUERRE DE TRENTE ANS

Depuis la fondation de la première Université allemande, sous la dynastie des princes de la maison de Luxembourg, la Bohême était devenue, pour ainsi dire, le cœur de l'Europe centrale et du mouvement intellectuel. Lors de la guerre des Hussites, on vit avec surprise une population de paysans se lever, sous la direction de chefs à qui l'enthousiasme donna du génie, pour la défense de la liberté de conscience et rejeter victorieusement hors des frontières du pays de nombreuses armées de croisés. Pour la première fois, l'Église était forcée de pactiser avec des hérétiques. L'amour de la liberté persista dans l'âme de ce peuple, et presque deux siècles après il devait encore attiser l'incendie qui embrasa l'Europe à peu près entière, nous voulons parler de la guerre de Trente Ans.

A Prague, d'où partit le premier signal de la guerre, la fameuse *défenestration*, et où devait se jouer aussi le dernier acte de ce drame, il existait à cette époque, une vieille et vénérable communauté juive. Quand l'insurrection éclata, elle comptait déjà un glorieux passé et pouvait citer avec fierté les noms de Lœwe ben Bezalel et de Mordechaï Meisel. Esquisser le tableau des vicissitudes de cette communauté juive durant cette époque féconde en calamités, tel qu'il ressort de documents originaux, tel est le but du présent travail [1].

---

[1] La plupart des documents utilisés ici sont empruntés aux archives municipales de Prague. Je remplis un agréable devoir en exprimant ma vive gratitude à M. Henri Solc, bourgmestre de Prague, ainsi qu'à l'archiviste de cette ville, M. Emler, qui m'ont prêté leur appui bienveillant dans mes recherches.

Insurrection de la Bohême. — Agrandissement du quartier juif de Prague. — Le gouverneur de la ville, le prince de Lichtenstein et Jacob Bassevi. — Le comte Albert Waldstein, duc de Friedland et sa fondation en faveur des enfants juifs baptisés.

L'insurrection éclata à Prague le 23 mai 1618. L'année suivante, les États de Bohême élurent pour roi de Bohême Frédéric V, du Palatinat, qui ne fut chassé du pays qu'après la bataille de la Montagne-Blanche, près de Prague, par l'empereur Ferdinand II. Ce fut une époque néfaste pour les Juifs. Lors de la *défenestration*, la foule hurlante s'était ruée sur le quartier juif, et un véritable pillage avait eu lieu [1]. Les mois suivants s'écoulèrent pour les Juifs dans la crainte et la terreur. Néanmoins, ils participèrent à la réception du *roi d'hiver*, Frédéric V, lors de son entrée solennelle dans Prague, le 23 octobre 1619. Ils y participèrent, il est vrai, d'une singulière façon. La population entière s'était rendue hors de la porte pour voir l'entrée du roi. Pendant ce temps, les Juifs restèrent dans les rues à titre de gardes, munis de seaux d'eau, de crainte que la ville abandonnée par la population n'eût à souffrir d'un incendie. Naturellement, les Juifs devaient avoir à cœur de se concilier les faveurs du nouveau prince, qui ne leur était pas précisément favorable. L'occasion n'allait pas tarder. Le 7 novembre eut lieu le couronnement du couple royal. Le lendemain, les délégués de la *juiverie de Prague* se présentèrent au château, porteurs de cadeaux. Ils offrirent au roi un bassin et une aiguière en argent, et à la reine, fille de Jacques Ier d'Angleterre, une coquille en forme de coupe contenant quarante ducats portugais ; au jeune fils du roi, le prince Henri-Frédéric, une chaîne d'or ; au prince Louis, frère du roi, un grand bol en argent, et de riches cadeaux aux seigneurs de la Cour.

Cependant ces libéralités ne servirent guère aux Juifs. Les

[1] Pour cet événement nous possédons une source juive intéressante dans la relation historique qui précède les deux élégies (*Selihot*) de R. Lipmann Heller (l'auteur des tosafot Yom-'Tob), composées précisément à l'occasion de la bataille de la Montagne-Blanche. Voir Kisch, *Die Prager Judenstadt während der Schlacht am weissen Berge*.

caisses du roi Frédéric furent bientôt vides ; les troupes qui tenaient la campagne contre l'Empereur réclamaient impérieu-
sement leur solde. Les États faisaient la sourde oreille. Ni la
noblesse, ni les bourgeois de Prague, qui voyaient peut-être déjà
pâlir l'étoile du « roi d'hiver », ne pouvaient se décider à accorder une augmentation de contributions. Les Juifs étaient là
comme dernière ressource. On résolut de leur extorquer une contribution énorme. En même temps qu'aux bourgeois de Prague, on
avait demandé aux Juifs un prêt. Comme ils invoquaient l'impossibilité où ils se trouvaient de l'accorder, on mit les scellés sur
leurs livres ainsi que sur leurs caisses de marchandises. Voyant
leur commerce entravé [1], les Juifs se déclarèrent prêts à payer
30,000 florins, à la condition toutefois d'obtenir un délai pour le
paiement. Mais, lorsque l'emprunt demandé aux bourgeois de
Prague eut échoué, on se crut libre de tout ménagement à l'égard
des Juifs et on résolut de fouiller leurs maisons, espérant y découvrir plus d'argent ou d'objets précieux. Pour ne pas faire
buisson creux, on résolut d'envahir les maisons des plus riches
d'entre eux pendant qu'ils seraient à la synagogue. Ce projet fut
exécuté un vendredi soir. On envoya des fonctionnaires sous la
direction du secrétaire de la guerre, Knod, à qui on donna une escorte de soldats. Cette fois le but fut atteint, car, dès le lendemain,
les Juifs, voyant qu'on n'userait d'aucun ménagement, entrèrent
en pourparlers et offrirent de verser, le mercredi suivant, 40,000
florins comptant ou en vaisselle d'argent, et, douze jours plus tard,
encore 10,000 florins. Lorsque le secrétaire Knod fit son rapport
au duc d'Anhalt au sujet du résultat de ses efforts, il dit qu'il
n'avait réussi que grâce aux supplices qu'il leur avait fait subir [2].
On se procura ainsi les ressources nécessaires pour payer aux
troupes leur arriéré de solde de trois mois. En présence de pareilles exactions, on comprend que les Juifs aient souhaité ardemment le retour des agents du fisc impérial [3]. Leur attente ne
devait pas être trop longue. L'armée de mercenaires, rassemblés
de tous côtés, du roi Frédéric recula devant les armées de la Ligue
catholique et les troupes espagnoles, réunies sous le commandement du duc Maximilien de Bavière, et, dès le 6 novembre, l'armée impériale se trouva sous les murs de la ville. La panique se
mit parmi les habitants. La bataille s'engagea le 8 novembre (1620).

[1] *Avisen aus Prag*, 14 juillet 1620, aux Arch. du royaume à Munich ; Gindely,
Gesch. des 30 j. Krieg, III, 143.
[2] Arch. de l'Etat à Munich : *Knod an Anhalt*, 26 juillet 1620 ; Arch. du royaume
à Munich : *Avisen aus Prag*, 26 juillet 1620 (2 lettres) et 3 août, Gindely, *l. cit.*
[3] Elégie de R. L. Heller.

Beaucoup de Juifs furent forcés de construire des retranche-
ments [1]. Après midi, l'issue de la bataille était décidée : les Impériaux étaient victorieux [2]. Le Roi et la Cour prirent la fuite. Le
lendemain, les troupes impériales firent leur entrée dans la partie
de la ville située sur la rive gauche de la Moldau. Les quartiers
situés sur la rive droite, la Neustadt et la Altstadt, avec le quartier juif, qui faisait partie de cette dernière, tinrent encore un
jour. Le mardi 10 novembre, ils durent se rendre à merci. On
peut s'imaginer la situation des Juifs pendant ces heures critiques.
Des détachements des troupes vaincues s'étaient rassemblés dans
le voisinage du quartier juif et semblaient disposés à le mettre au
pillage. Or, il fallait s'attendre à bien pis de la part des vainqueurs,
auxquels la ville, selon le droit de guerre alors en usage, appartenait tout entière, comme une proie sans défense. Heureusement
pour les Juifs, les choses devaient se passer autrement. L'empereur Ferdinand, instruit des dispositions favorables des Juifs à
son égard, et peut-être déterminé par d'autres influences, avait
adressé le 5 octobre 1620, quelques jours avant la bataille de la
Montagne-Blanche, deux lettres au commandant en chef de son
armée, le duc Maximilien de Bavière, dans lesquelles il le priait
d'user envers les Juifs des mêmes ménagements qu'envers les catholiques lors de sa marche en avant en Bohême, attendu que les
Juifs s'étaient prononcés plus ou moins ouvertement en faveur du
parti impérial [3]. Grâce à ces ordres de l'Empereur, les Juifs furent
épargnés lors du pillage de la ville, qui fut pendant plusieurs semaines livrée sans défense à une soldatesque furieuse. Aussitôt
après l'entrée des troupes impériales, le commandant en chef, le
comte Bouquoy, plaça des postes de garde devant les portes du
quartier juif, qui fut ainsi préservé d'une épouvantable catastrophe.

Le bruit que les Juifs seraient épargnés semble avoir été répandu avant la prise de la ville, car beaucoup de nobles protestants dont les biens étaient menacés de confiscation crurent que
le meilleur moyen de sauver leurs objets précieux était de les
mettre en dépôt dans le quartier juif. Mais cet expédient ne leur
servit à rien, car la chose s'ébruita, et les Juifs durent livrer aux
vainqueurs dix-sept caisses de vases d'or et d'argent qui n'étaient
pas leur propriété. Pleins de gratitude et de joie à cause de leur

---

[1] Voir la préface de cette élégie dans notre appendice.

[2] On sait qu'à cette bataille, l'armée victorieuse comptait parmi ses combattants le
philosophe français René Descartes.

[3] Arch. de la Moravie, lettre d'Elisabeth de Zierotin à Catherine de Zierotin ;
Gindely, *l. c.*

délivrance, les chefs de la communauté de Prague résolurent de perpétuer le souvenir du jour de l'entrée des troupes impériales, le 14 hesvan. C'est le Pourim de Prague. On y devait s'abstenir de boire et de manger jusqu'à la prière de *Minha* ; le reste de la soirée était consacré à des réjouissances. C'est à cette occasion que furent composées les *Selihot* de R. Lippmann Heller.

La faveur dont les Juifs jouissaient près de l'empereur devait les attirer en grand nombre à Prague. Jusqu'à la bataille de la Montagne-Blanche, il n'est question dans les documents que d'une *rue des Juifs*. Après cette bataille, il y eut un *Quartier juif*, la *Judenstadt*.

L'homme le plus influent de l'empire était alors le gouverneur de Prague, le prince Charles de Lichtenstein, plus tard duc de Silésie, l'*alter ego* de l'empereur, muni par celui-ci des pouvoirs les plus étendus. Un des premiers actes de l'administration impériale fut le jugement des protestants déclarés rebelles et la confiscation de leurs biens. Un grand bouleversement économique dans la valeur des propriétés résulta tant de ces confiscations que de la baisse des biens-fonds amenée par la guerre. C'est à propos de ces confiscations que nous voyons paraître pour la première fois Jacob Bassevi, qui joua à cette époque un si grand rôle. Par un décret du 11 mai 1622, le gouverneur, prince de Lichtenstein, lui fit don, au nom de l'empereur, de deux maisons sises dans la Vieille-Ville, appelée « les Trois-Puits », qui conduisait de la place de l'Eglise Saint-Nicolas à la *Judenstadt* et qui était échue au fisc. Il faut noter que c'était une propriété ayant appartenu à un chrétien qui passa ainsi aux mains d'un propriétaire juif.

Il ne nous est plus possible d'établir de quelle façon les Juifs avaient été instruits des dispositions favorables de l'Empereur à leur égard. En tout cas, ils profitèrent de la dépréciation des biens-fonds et sans doute aussi de la rareté générale de l'argent pour acquérir un grand nombre de maisons chrétiennes. Parmi les vendeurs, se trouve aussi le clergé paroissial de l'église de la Sainte-Croix. Les acheteurs, dont quelques-uns sont des personnages connus pour d'autres faits, méritent qu'on retienne leur nom. Nous les donnerons dans l'appendice.

Toutes les maisons acquises ainsi par les Juifs se trouvaient dans les trois paroisses de Saint-Nicolas, de Saint-Valentin et de l'église de la Sainte-Croix. Cependant, il semble qu'ils firent encore d'autres acquisitions. En effet, le rapport d'une commission impériale chargée d'examiner les maisons achetées par les Juifs mentionne beaucoup d'autres propriétés chrétiennes.

Le prix d'achat des maisons énumérées dans notre liste s'éleva à 57,465 *soixantaines* de gros. La famille Bassevi se rendit acquéreur de la plupart des maisons et des plus importantes ; presque le tiers de la somme totale, c'est-à-dire 14,225 *soixantaines*, fut déboursé par elle, sans compter les deux maisons reçues par donation.

Cependant les Juifs qui avaient acheté les maisons ne les possédaient pas encore légalement, car leur acquisition ne fut pas consignée immédiatement dans les livres fonciers. Ils prirent, il est vrai, possession des maisons, mais, quand arrivèrent des temps plus calmes, il fallut songer à s'en assurer la propriété, à cause de la vieille prohibition de posséder des biens-fonds en dehors du *ghetto*.

Le Conseil et la bourgeoisie n'étaient guère favorablement disposés à l'égard des Juifs, non seulement parce qu'ils voyaient en eux des concurrents, mais parce que les Juifs ne contribuaient pas aux charges municipales et payaient directement leurs impôts à la Chambre impériale. Par contre, le gouverneur impérial, le prince Charles de Lichtenstein, avait, comme nous le verrons plus loin, d'excellentes raisons pour être bien disposé à l'égard des Juifs, en général, et de Jacob Bassevi en particulier. En tout cas, les Juifs s'adressèrent à lui, et, le 30 mai 1623, il envoya un rescrit au bourgmestre et au Conseil de la Vieille-Ville de Prague, ordonnant de mettre les Juifs en possession des maisons achetées par eux [1]. Mais le Conseil n'était pas d'humeur à accorder sans autre difficulté un pareil accroissement de possessions et d'influence à ces Juifs qu'il haïssait. Il est hors de doute qu'il adressa d'abord une protestation au gouverneur. Celui-ci se vit dans l'obligation de nommer une commission chargée d'inspecter les maisons [2]. Les commissaires firent un rapport [3]. Les maisons étant situées dans la direction de la rue des Juifs et entourées, de deux côtés, de maisons juives, ils estimaient qu'il ne résulterait de leur acquisition par les Juifs aucun dommage pour les chrétiens. Quelques-unes d'entre elles étaient, il est vrai, situées au milieu de maisons chrétiennes, mais les commissaires exprimaient l'espoir que les Juifs sauraient s'y comporter convenablement. Ils ajoutaient que les Juifs avaient l'intention, au cas où ils seraient mis en possession des maisons, d'ériger quatre portes neuves dans la ville des chrétiens. Cette circonstance militait aussi en faveur d'un agrandissement important du rayon.

[1] Arch. municip. de Prague, *Lib. rer. memor.*, I (en tchèque).
[2] *Ibid.*, fasc. 104/1.
[3] *Ibid.*, et *Lib. rer. memor.*, p. 188.

Sur la foi de cette inspection, le gouverneur adressa au bourgmestre et au Conseil de la vieille ville de Prague un nouveau rescrit, daté du 16 juin 1623 [1]. « Les maisons devaient être remises en la possession des Juifs, et le droit de propriété des Juifs devait être inscrit dans les livres de la cité. Les maisons achetées par les Juifs devaient être exemptes de toutes charges municipales. » Le bourgmestre et le Conseil répondirent le lendemain, 17 juin [2], par une pétition, évidemment déjà préparée antérieurement, adressée à la Chambre impériale.

Les Juifs, disait cette pétition, allaient désormais pénétrer jusqu'au cœur de la ville. En plusieurs endroits, ils se sont frayé un accès vers la vieille ville et ils chercheront, de plus en plus, à s'emparer des maisons chrétiennes. Déjà ils possèdent environ 150 maisons de chrétiens. Dans la paroisse de la Sainte-Croix, les maisons les plus importantes sont déjà en leur pouvoir et il ne reste que quelques misérables maisons, sur le bord du fleuve, qui leur aient échappé ; même l'église du Saint-Esprit est déjà tout entourée de maisons juives.

Les Juifs refusent de payer des impôts pour ces maisons aux curés et aux clercs, et si un dommage survenait dans une de ces églises, il ne pourrait être réparé, les églises ayant été appauvries par les Juifs.

Le nombre des Juifs est déjà assez grand. Ils attirent à eux tout le commerce et réduisent les artisans chrétiens à la mendicité. Ils accaparent le bétail au préjudice des bouchers qui doivent fournir la ville de bonne viande. Si on leur laissait maintenant ce grand nombre de maisons, ils se multiplieraient encore davantage. Ils ne contribuent point aux redevances municipales et ils sont exempts de l'obligation de loger des soldats.

C'est avec une peine véritable qu'on voit les Juifs pénétrer jusqu'au cœur de cette ville, la capitale du royaume, la résidence de l'empereur romain et du roi de Bohême. Ce n'est pas pour ces contempteurs de la Sainte-Trinité que leurs aïeux ont bâti ces maisons. Or, quatre églises sont complètement entourées de maisons juives, Sainte-Croix, Saint-Esprit, Saint-Nicolas et Saint-Valentin, de sorte que les curés et les fidèles sont obligés de passer par la rue des Juifs, au sujet de la propreté et de l'odeur de laquelle le Conseil s'exprime en termes peu flatteurs. Il pourrait même arriver que les Juifs insultassent le Saint-Sacrement, car ils sont dix fois plus nombreux que les chrétiens et *possèdent*

---

[1] *Arch. municip. de Prague*, et *Lib. rer memor.*, p. 184 a.
[2] *Ibid.*, et *Lib. rer. memor.*, p. 179 a.

beaucoup plus de droits. Ce cas est déjà arrivé en 1389 [1].

Le Conseil a donc cru de son devoir de ne pas garder le silence en cette occurrence, ayant le sentiment de sa responsabilité envers la postérité.

Qu'il plaise donc à l'empereur de ne pas ratifier l'achat des maisons par les Juifs, et s'il devait le confirmer, que les Juifs soient tenus de payer les redevances de ces maisons envers la ville et le clergé.

Les conseillers ne paraissent cependant pas avoir fondé beaucoup d'espoir sur le résultat de leur démarche, car peu de jours après, le bourgmestre et le conseil remirent une nouvelle supplique à la chambre royale [2], dans laquelle ils se bornaient à protester contre le fait que les maisons achetées par les Juifs devaient être exemptées des charges municipales, qui retomberaient ainsi uniquement sur les chrétiens. Ils demandaient, en conséquence, que les redevances municipales et ecclésiastiques fussent portées dans le livre foncier comme attachées aux maisons.

Le gouverneur n'accepta point la proposition. Le 30 juin 1623 [3], il rendit un nouveau décret. Il mentionne la pétition des Juifs et constate qu'une commission a inspecté les maisons et a jugé qu'il n'est nullement préjudiciable aux intérêts de l'empereur ni de la ville de Prague de les céder aux Juifs. L'empereur a décidé d'approuver la vente, *les Juifs ayant offert de payer une somme importante à la caisse impériale pour subvenir aux frais de la guerre.* Les maisons devaient être remises en la possession des Juifs et exemptées de toutes les redevances municipales. Il était recommandé à toutes les autorités, sous peine d'encourir la disgrâce impériale, de protéger les Juifs dans leur possession.

On le voit, l'argument le plus puissant en faveur des Juifs, c'était le vide du trésor de guerre et l'empressement des Juifs à combler le déficit au moyen d'une somme exorbitante. D'ailleurs, les Juifs de Prague se montrèrent aussi dans d'autres occasions pleins de gratitude envers l'empereur Ferdinand II.

Le 11 avril 1623, Ferdinand II fit son entrée solennelle dans Prague, la capitale, désormais débarrassée de la présence des hérétiques protestants.

---

[1] Le copiste de la lettre consigne ici le chronogramme suivant :

M Semel tria C bis L XI removens
Pascha luce reus pernt tunc Judeus =

MCCCLXXXIX.

[2] 26 juin 1625, Arch. municip. de Prague ; *Lib. rer. memor.*, I, p. 183.

[3] *Ibid.; Lib. rer. mem.*, I, et fasc. 104.

Le 18 avril, les Juifs organisèrent en l'honneur de l'Empereur un cortège solennel [1].

En tête marchaient trois jeunes filles, dont une jouait du violon, la seconde du luth et la troisième de la guitare. Elles étaient suivies des Juifs marchant en rangs et revêtus de leurs habits du sabbat. Ensuite, venaient les bouchers juifs, vêtus de blanc, portant deux bannières, sur chacune desquelles étaient montés deux petits garçons. Ils étaient suivis du rabbin portant sur son bras le rouleau de la loi. Derrière lui, plusieurs Juifs portaient un baldaquin (Houppa), sous lequel on avait placé la Table des dix commandements. Les écoliers juifs chantaient des cantiques, et l'un d'eux portait un tableau d'argent sur lequel était inscrite en lettres d'or une adresse d'hommage à l'empereur. Le cortège s'arrêta en plusieurs endroits, et un des notables lut à haute voix cette adresse en langue allemande.

Les bourgeois firent encore une tentative pour enlever aux Juifs la possession des maisons, mais, en réalité, ils n'obtinrent qu'une concession peu importante. L'Empereur, obéissant évidemment à la pression du clergé, rendit un décret, à la date du 8 avril 1627 [2], ordonnant que les Juifs ne pourraient revendre les maisons nouvellement acquises à d'autres juifs, mais seulement à des chrétiens. En cas de contravention, les maisons reviendraient, pour deux tiers, à la chambre impériale et, pour un tiers, à la ville de Prague. Mais il semble que ce rescrit impérial resta lettre morte. Évidemment les Juifs se plaignirent de cette restriction imposée à leur droit de possession, et, par le privilège accordé aux Juifs de Prague à la date du 12 août 1627, l'empereur confirma, non seulement le rescrit sus-mentionné du 30 juin 1623, mais il y ajouta encore que les Juifs auraient la faculté de transmettre la propriété des maisons à leurs descendants.

Les Juifs de Prague avaient ainsi obtenu un accroissement important de leur territoire. Il est vrai que les bourgeois en gardèrent du ressentiment, et, lors de leur expulsion en 1744, l'acquisition de ces maisons, qui furent appelées désormais, du nom du gouverneur, les maisons de Lichtenstein, fut invoquée comme un grief contre les Juifs.

Essayons maintenant de découvrir le motif de cette faveur extraordinaire accordée à des Juifs à une des époques où l'Église se montrait si intolérante et où la devise *cujus regio illius reli-*

---

[1] Chronique de Jean Beckowsky, manuscrit du couvent de la Croix publié par le prof. Rezek.

[2] Arch. municip. de Prague, 104, en tchèque.

gto pouvait trouver son application. Comment se fit-il que les Juifs purent acquérir des propriétés de catholiques, tandis que des centaines de mille protestants de la Bohême et des pays Alpins étaient expulsés sans pitié de leurs maisons ?

Les contributions financières des Juifs ne peuvent expliquer à elles seules cette faveur, puisqu'il y avait moyen de tirer de l'argent des Juifs sans aller jusqu'à des concessions si larges. La question s'éclaire tout à fait si nous tournons notre attention vers les personnalités qui jouèrent le rôle principal, le gouverneur, prince de Lichtenstein, d'une part, et le juif Jacob Bassevi, d'autre part.

Jacob Bassevi (בת שבע) était issu d'une famille habitant Prague depuis longtemps, peut-être d'origine italienne. Cette famille était riche et considérée, et Jacob Bassevi eut de bonne heure l'occasion de se concilier les faveurs de la cour impériale. Dès l'an 1590, l'empereur Rodolphe II lui accorda le titre de juif de la cour, privilège qui fut confirmé par son successeur Mathias. Il était bien l'homme qu'il fallait pour entrer dans les projets formés par l'avide gouverneur qui voulait s'enrichir.

Au XVII° siècle, c'est plus encore l'altération des monnaies que la guerre elle-même qui a produit la misère et le désordre. Le véritable auteur de cette altération des monnaies, en ce qui concerne l'Autriche, fut le prince Charles de Lichtenstein [1].

Un des premiers actes de l'administration du gouverneur — il occupait ces fonctions depuis le 17 novembre 1620, c'est-à-dire peu de temps après la bataille de la Montagne-Blanche — fut un rescrit adressé aux directeurs de la fabrication des monnaies, les engageant à fabriquer avec chaque marc d'argent fin 37 fl. 38 kr., tandis que jusque-là on n'en tirait que 19 fl. 39 kr.

Or, pour s'en approprier le bénéfice et pour éviter tout arrêt dans la fabrication, le prince de Lichtenstein conclut un arrangement avec Jacob Bassevi, en vertu duquel celui-ci était tenu de livrer chaque semaine 2,000 marcs d'argent au prix de 25 fl. le marc. Bientôt il modifia cette ordonnance en ce sens que les directeurs des ateliers de monnayage pouvaient acheter à d'autres fournisseurs de l'argent au prix maximum de 22 fl., tandis qu'à Jacob Bassevi ils devaient payer 25 fl. [2]. De fait, c'était un mono-

---

[1] L'histoire de cette falsification des monnaies est traitée dans Newald, *Die lange Münse in Œsterreich*, dans *Numismat. Zeitsch.*, XIII ; Gindely, *Waldstein während seines ersten Generalats*, 1. Le procès qui fut entamé plus tard par le fisc impérial contre les héritiers du prince de Lichtenstein est reproduit d'après les documents originaux dans la *Neue freie Presse*, n°° 9301, 9302, 9303 (1890).

[2] On peut se faire une idée de l'importance des affaires de Bassevi en songeant qu'il livrait pour 50,000 fl. par semaine et que son gain était de 4 à 6,000 fl.

pole qui était créé en faveur de Bassevi. Le gouverneur recommanda même, dans un mémoire adressé à l'empereur [1], qu'il fût accordé à Bassevi une patente impériale pour qu'il pût acheter beaucoup d'argent et le livrer à la monnaie impériale. Par suite de la frappe en masse, le prix de l'argent augmenta tout naturellement. Déjà en septembre 1621, le prince de Lichtenstein ordonnait aux directeurs de la monnaie de payer à Bassevi 27 fl. pour le marc d'argent ; plus tard encore, le prix fut élevé à 29 fl. 1/2.

Mais pour s'approprier tout le bénéfice et exécuter la falsification des monnaies en grand, il fallait que les ateliers de monnaie de l'empire fussent préalablement placés entièrement sous la dépendance du prince de Lichtenstein. Dans ce but, il forma avec d'autres nobles influents une sorte de *consortium* dans lequel figurèrent, outre le prince de Lichtenstein, le comte Albert Waldstein, devenu plus tard duc de Friedland, le célèbre général des armées impériales, le comte Paul Michna, Jean de Witte et Jacob Bassevi. Jean de Witte était l'homme de paille du Consortium, Jacob Bassevi l'homme d'affaires [2].

Toutefois la proposition du prince de Lichtenstein, en date d'octobre 1621, de confier la direction de la Monnaie de Prague à Bassevi fut d'abord rejetée par l'empereur. Là-dessus, le prince de Lichtenstein fit à l'empereur les promesses les plus brillantes ; si on lui confiait l'entreprise du monnayage, les recettes de l'empereur doubleraient et tripleraient. Enfin, le 18 janvier 1622, une convention fut conclue accordant au Consortium la ferme du monnayage en Bohême et en Moravie pour un an, en échange de quoi l'empereur devait toucher six millions. Le Consortium obtint aussi la direction de la Monnaie de Silésie ; ce fut Jacob Bassevi qui la prit à ferme, par un contrat conclu avec le Père Christophorus, le confesseur de l'archiduc Charles.

Le Consortium déploya aussitôt une activité fiévreuse. L'exportation des métaux précieux fut défendue et les monnaies de bon poids se trouvant dans le pays furent accaparées et refondues pour en faire des monnaies de moindre valeur. La frappe eut lieu par masses, et, tant que le secret fut gardé, le bénéfice fut considérable. Naturellement le prix de l'argent haussa bientôt et le bénéfice diminua. Nous ne pouvons, dans le présent travail, suivre cette opération sur les monnaies jusque dans ses détails. En peu de temps, le pays fut inondé de monnaies dépréciées. Lorsque la

---

[1] Mémoire du 16 juillet 1621, Arch. du ministère des finances à Vienne ; Gindely, *l. c.*, I, 24.

[2] Newald, *l. c.*, p. 100.

période de concession fut écoulée, le Consortium refusa naturellement de reprendre la ferme. L'Empereur dut renoncer à la
frappe, le prix de l'argent étant devenu très élevé. Les thalers
frappés par le Consortium durent être retirés peu à peu au prix
net de l'argent. Beaucoup de gens perdirent ainsi une partie de
leur fortune. Les nobles associés du Consortium avaient mis aussitôt leurs bénéfices en sûreté en achetant des biens-fonds. Dans
le peuple se perpétua une tradition se rattachant précisément
au nom de Jacob Bassevi, dont la famille s'appelait aussi Schmie-
les : les thalers qui étaient alors en circulation furent appelés
Schmieles-thalers.

Néanmoins, le rôle que Bassevi joua dans le Consortium était
un rôle secondaire. Il avait, il est vrai, mission de procurer l'argent nécessaire pour la frappe, mais sa part dans les bénéfices
était faible. Bassevi seul fournit le quart de l'argent qui fut mon-
nayé, savoir : 145,353 marcs au prix de 6,750,389 florins. Il reçut
donc environ 46 florins par marc, tandis que le comte de
Waldstein, par exemple, reçut 569 florins, c'est-à-dire douze fois
autant. Mais, si Bassevi ne participa pas aux bénéfices dans la
même proportion que ses nobles associés, il jouit, en revanche,
de la faveur du Gouverneur et de la Cour.

Sur la proposition, sans doute, du prince de Lichtenstein, il fut
élevé au rang de la noblesse de l'empire romain et devint ainsi le
premier noble juif. En janvier 1622, l'Empereur lui conféra le
titre nobiliaire de Treuenberg et un blason représentant un lion
bleu avec huit étoiles rouges sur champ noir. En outre, le diplôme
de noblesse contenait encore beaucoup de privilèges, la liberté de
s'établir et de posséder dans tous les pays héréditaires de l'empire,
le droit de commercer partout, l'exonération de tout impôt et de
toute taxe et le droit d'avoir un oratoire particulier.

La considération dont jouit Bassevi rejaillit naturellement sur
toute la communauté, et c'est ce qui lui permit d'obtenir l'extension de son périmètre de résidence. Jacob Bassevi se montra digne
de sa position. Il était fort généreux, et même les pauvres de la
Palestine reçurent de lui des aumônes considérables. Le rabbin
Yomtob Lippmann Heller, auquel il était attaché par des liens
de parenté et qui avait été emprisonné en 1625, fut l'objet de
son appui efficace ; il contribua à sa rançon pour 2,000 florins.

Cependant l'astre de Bassevi ne tarda pas à s'éclipser. Son protecteur, le prince de Lichtenstein, était mort en 1627. Les héritiers du prince ne devaient pas être très bien disposés envers
Bassevi, celui-ci ayant en mains une créance de 60,000 thalers
reconnue par le prince de Lichtenstein. Un autre de ses protec-

teurs, le tout-puissant duc de Friedland, avait été destitué à la
diète électorale de Ratisbonne. Beaucoup durent craindre que
Bassevi ne les compromît ; dans la communauté juive aussi, Bassevi devait avoir plus d'un ennemi et d'un envieux. Il est impossible d'établir de quelle nature étaient les accusations qui furent
portées contre Bassevi ; une commission d'enquête fut instituée
spécialement pour les examiner. L'enquête ne donna pas de résultat. Le 18 septembre 1633, il parut un rescrit impérial portant
qu'en considération de la pétition très humble de Bassevi, des services rendus par lui et de l'intercession du duc de Friedland
(rentré en grâce), la commission d'enquête était suspendue et le
procès « étouffé ». Bassevi dut payer sa grâce de la perte de sa
fortune. Dès 1631, il quitta Prague et se rendit à Gitschin, dans le
domaine de son fidèle protecteur, le duc de Friedland. Le 2 mai
1634, Bassevi mourut à Jungbunzlau, et ses maisons ne tardèrent
pas à être mises à l'encan.

Nous trouvons parmi les protecteurs des Juifs quelques-unes
des personnalités les plus influentes des classes dominantes.
Toutefois, leur appui ne fut pas constant et absolu. C'est ainsi que
nous apparaît le rôle d'Albert Venceslas Eusèbe, comte de Waldstein, dans une affaire qui faillit amener une catastrophe pour
toute la communauté juive [1].

En l'an 1621, le comte de Waldstein remplissait les fonctions de
gouverneur impérial à Prague. En cette qualité, il défendit qu'aucun chrétien ou Juif achetât rien d'un soldat sans l'assentiment
de ses chefs. Le contrevenant à cette défense était menacé de la
peine de mort. Or, un Juif avait enfreint cette défense et avait
acheté d'un soldat des tapis de drap d'or qui avaient été volés.
Suivant l'usage de cette époque, chaque vol déclaré était publié
dans la synagogue et l'acquéreur éventuel était obligé de remettre
l'objet au *Schulklöpper*, c'est-à-dire au notaire de la communauté.
C'est aussi ce qui eut lieu dans l'espèce. Mais le gouverneur impérial ne se contenta pas de la remise des objets volés, il demanda
qu'on lui livrât l'acquéreur pour lui faire subir le châtiment
édicté. Le vaillant notaire, Hénoch *Schulklöpper*, qui seul connaissait le nom du malheureux, refusa énergiquement de le
nommer, invoquant le secret professionnel. Le gouverneur s'en

---

[1] Au sujet de cet événement nous avons trois relations : 1° le rapport officiel con-
signé dans les Archives de la ville de Prague, en tchèque, *Lib. rer. mem.*, I, p. 133,
dont il existe un extrait en allemand, fasc. 389, 38 ; 2° la relation du notaire de la
communauté de cette époque מגלת פורים הקלעים, publiée par Kisch, dans *Jubelschrift zum 70. Geburtstag des Prof. Graetz;* 3° une relation manuscrite du principal
intéressé, celui qui avait acheté les tapis volés.

prit donc au notaire. Le brave fonctionnaire fut emprisonné et menacé lui-même de la peine de mort. Dans la communauté juive on suivait cette affaire avec anxiété. Les administrateurs de la communauté adjurèrent l'acquéreur de se présenter spontanément pour empêcher que le notaire, qui était innocent, ne fût condamné à sa place. En même temps, on résolut d'offrir au gouverneur 10,000 florins, s'il consentait à ne pas réclamer de châtiment pour la violation de son édit. Etait-ce une idée personnelle du comte de Waldstein, qui voulait se mettre dans les bonnes grâces de l'ordre des Jésuites, alors tout-puissant, ou les Juifs avaient-ils su gagner à leur cause un des membres de la corporation? En tout cas, le comte de Waldstein résolut d'utiliser cette occasion pour manifester d'une façon éclatante son attachement à l'ordre des Jésuites et à l'Eglise.

Le 7 janvier 1622, le gouverneur manda près de lui deux délégués de toutes les corporations ecclésiastiques, deux membres du Conseil de la Cité et beaucoup de notables. Il fit également mander, par le prévôt du régiment, les anciens parmi les Juifs. Le comte leur exposa combien on pourrait sauver d'âmes en épargnant la vie de ce misérable Juif. Les dix mille florins devaient être acceptés des Juifs comme rançon et servir à une fondation, et les intérêts devaient servir à faire élever des néophytes juifs chez les Jésuites. Tous les assistants approuvèrent la proposition du gouverneur. Pour humilier les Juifs, le comte de Waldstein décida qu'ils porteraient publiquement l'argent dans des sacs, du château jusqu'à l'hôtel de ville de la Cité. Les administrateurs qui sont nommés à cette occasion sont : Jacob Munk, Isaïe Liberl [1], Joseph Rabi (sic), Michel Zrze(?), Isaïe Kaprik [2], Samuel Toez, Rabbi Enczko, Gentl Rolacz(?), Marcus Kreyczy, Hirsch Gyffen, et deux serviteurs, Jacob et Moïse.

Un acte de fondation et un contrat furent dressés entre le comte de Waldstein, la Cité de Prague et le collège des Jésuites. En l'honneur de l'église catholique romaine, en mémoire éternelle de son nom et de ses héritiers et de toute la famille, le comte de

---

[1] Il est nommé dans l'épitaphe de son fils : בשבת ה' תמוז בשלום יבא לך הנעלה כהרר יצהק בן האלוף המרומם הקצין הראש מהר"ר ישעי' ליברלש. Il était le beau-père de R. Naphtali Cohen de Lublin.

[2] Son épitaphe est ainsi conçue : יום א יט אלול שצ"ו לפק פה טמון כהרר ישעי' קערבליש בר נתן ז"ל המצבה הזארת למען תהיה לעדורת כי פה נקבר איש חמודורת ותהלתו נעלה בכונה גבאי היד בב"הכ האך"סול כמה שנה היה וגם היה כמה שנים ממונה חסיר בכל ענינים במעשים הגונים והיה יושב בין חכמים ונבונים ולעד עומדרת צדקתו. אמרר מר ובכי על פטירתו בה"צ נשמתו.

Waldstein fit la fondation de ces 10,000 florins rhénans à 60 kr. le florin. Le bourgmestre et le conseil de la Cité de Prague ainsi que tous leurs successeurs devaient être tenus de verser annuellement 600 florins au recteur du collège des Jésuites de Saint-Clément, Valentin Coronius, et à ses successeurs, comme intérêts de cette somme. Ce revenu devait servir à instruire dans ledit monastère des jeunes Juifs convertis au catholicisme et à de fervents catholiques. Cette fondation eut un sort singulier. Il semble qu'elle fut établie au moment où la monnaie dépréciée était en circulation. D'ailleurs, le comte de Waldstein était lui-même un des principaux membres du Consortium. L'argent qui servit à cette fondation était précisément de l'argent de mauvais aloi et, la dépréciation étant survenue, le capital tomba à 6,400 florins et les intérêts se trouvèrent réduits.

La fondation existait, mais les néophytes juifs ne se présentaient guère, de sorte que les Jésuites conclurent, en 1663, un contrat avec le Conseil de la Cité de Prague, stipulant qu'à défaut de jeunes Juifs convertis au christianisme, les enfants des patriciens de Prague devaient jouir des bienfaits de la fondation. Lors de la dissolution de l'ordre des Jésuites, le capital fut employé par l'empereur Joseph II à des buts d'intérêt général et forma une partie du capital de fondation de l'Institut polytechnique de Prague.

M. POPPER.

(*A suivre*).

NOTES SUR L'HISTOIRE DE LA FAMILLE « DE PISE »

ELIÉZER DE VOLTERRA.

L'élégie qu'Eliézer de Volterra fit composer par Beçalel de Sarteano sur la mort de Yehiel de Pise[1] nous apprend qu'Eliézer
était un gendre de celui qui fut l'objet de cet éloge si pompeux.
Beçalel, qui était sans doute originaire de cette même ville de
Sarteano[2], où naquit le poète misogyne Abraham de Sarteano,
n'a révélé sa qualité d'auteur du poème que dans la strophe finale,
où il a mis son prénom en acrostiche ; partout ailleurs il a laissé
sa muse parler au nom d'Eliézer. C'est vers le milieu du poème
que l'auteur révèle sa parenté avec Yehiel : il gémit sur la mort
de son beau-père, dont la présence était pour lui d'un secours
inappréciable. Ici la strophe reproduit aussi son nom, du moins en
partie, Eliézer.

Malgré toutes les hyperboles, l'invocation des planètes et des
légions d'anges, l'œuvre a un élan puissant et un souffle vraiment
poétique. Longtemps avant la mort de Yehiel, le poète a rêvé que
la nation juive s'appauvrit et perd son élite. C'était un sinistre
pressentiment. En effet, de noirs nuages s'amoncellent, le ciel est
en pleine effervescence, les sept planètes elles-mêmes avec les
douze constellations[3] qu'ils dirigent, toute l'armée céleste, les

---

[1] *Revue*, XXVI, 227-231.

[2] Steinschneider, Cat. de Munich, n° 312, 9°. Cf. Neubauer, *Isr. Letterbode* de
Roest, X.

[3] P. 227, dans la strophe 4, il faut, d'après le ms., lire הרומה חֶרֶד הִיךָ. A la strophe
13, contrairement au ms., au lieu de כּוֹכְבֵי נכוחה, il faut lire כּוֹכְבֵי נבוכה. De
même, dans la strophe 15, je corrige צדק דגים וקשת ; cf. Aldabi, שְׁבִילֵי אֱמוּנָה,
24 b (Riva di Trente). P. 228, str. 2, l. בי ריכלה ; str. 5, l. וּכְפֹר ; str. 12, l. חֲמַק.
Str. 13, מרב יגונו, ce qu'exige la rime des strophes suivantes. Strophe 16, au lieu
de נאכל, qui rime avec פל, il faut quelque chose comme נטפל, comme il faut
aussi changer אחור. A la strophe 17, au lieu de באורה, il faut peut-être lire בנורת.
P. 229, la str. 11 doit sans doute être corrigée ainsi : נֵס תמה עולה [עַל] כֹּל
מהלל. Str. 13, l. אל זה. Dans la str. 21, 4 mots סוג מין הבדל סגולה rappellent les 4 termes bien connus de la logique. Dans la dernière strophe, סאֵר,
au lieu de סאֵר, est une faute d'impression.

esprits des sphères se ruent au combat, se disputant la gloire de
recueillir l'âme de Yehiel de Pise. Le combat dura six mois : c'est
la durée que paraît avoir eu la maladie de l'excellent homme, qui
mourut le 10 février 1490: Le pays entier éclate en plaintes et en
gémissements. Non seulement ses enfants, ses fils et ses filles,
mais tous ceux qui avaient connu le défunt et joui de ses bienfaits, les veuves et les orphelins, les pauvres et les opprimés, dont
il fut le protecteur et le sauveur, arrosent le sol de leurs larmes.
Le deuil est général. Quoique tous soient atteints par ce malheur,
il semble pourtant au poète que c'est lui seul que cette perte ac-
cable, car il pleure le père de son épouse, son orgueil et son protecteur. Mais dans sa douleur, il entend des voix célestes consolantes et réconfortantes, les voix de tous les bienheureux qui
viennent à la rencontre du nouvel arrivant et lui dépeignent les
joies et la béatitude qui l'attendent pour le récompenser de ses
bienfaits. Le poète, lui aussi, proclamera donc bienheureux celui
qui est entré dans l'autre monde, revêtu de vêtements de gloire, et
pour qui ce qu'on appelle la mort et la fin signifient vie et durée.
La lutte des éléments dont se compose notre organisme, de la
constitution et de l'âge, est désormais finie pour lui. Qu'il soit
donc bienheureux, lui qui a été comme une bannière pour les vivants (est-ce peut-être une allusion à son nom de Nissim ?) et un
prodige parmi les morts. Bienheureux celui qui, avant de s'étein-
dre, a vu s'allumer deux foyers de lumière, les deux fils qu'il a
laissés, comme s'il avait voulu donner aux survivants une com-
pensation pour le tort que leur causera sa disparition ! Dans ses
rejetons, héritiers de ses vertus, il revit lui-même, et d'eux
sortira pour sa nation une double et impérissable félicité [1].

II

DANIEL DE PISE.

Parmi les plus chers souvenirs que David Reübeni avait em-

---

[1] P. 230, str. 2, il faut lire עֵם מֵי נֹחַ מִדְּהַר שֵׂם עֲלִית, car les rimes des strophes
suivantes l'exigent. La str. 12 a sûrement besoin de correction. Dans la str. 13,
מֵזֶּה et בְּבֹא sont une allusion à la locution composée à la manière arabe בְּזֶה
וּבְבָא, « pour ce monde et l'autre ». Dans la strophe 15, les rimes de la strophe
suivante indiquent qu'il faut lire [גַּז] וּבְכִנְפֵי רִשֻׁע, d'après Ps., xc, 10. Dans la str.
21, il faut lire הָיְיתָ לַחַיִּים נֵס לַמֵּתִים אֹרֹת, comme le porte le ms. Il ne manque
pas d'autres passages dans le poème qui auraient besoin d'être corrigés, mais je ne
voudrais pas me lancer dans des hypothèses, et je me suis borné à consigner les corrections sûres.

portés d'Italie, lui rappelant l'accueil qu'il avait trouvé près des
Juifs de ce pays, il y avait deux drapeaux en soie blanche, sur
l'un desquels était brodé le nom de son protecteur, Daniel de Pise,
et sur le second, le nom de son amphytrion, Yehiel de Pise.
Comme Reübeni le dit expressément, Daniel et Yehiel étaient cousins [1]. Mais tandis que nous n'étions pas réduits, en ce qui concerne Yehiel, au témoignage peu sûr de Reübeni seul, nous n'avions
jusqu'à présent aucun document historique permettant d'identifier
la personne de Daniel. Cependant, au risque de rendre la relation
de David extrêmement suspecte, il fallait retrouver une trace historique de l'homme qu'il nous présente, non seulement comme un
nomme savant et riche, mais comme ayant une haute situation
sociale, jouissant même d'une grande influence à la cour du pape,
où il avait ses entrées [2].

Dans un curieux acte de procédure qui vient d'être découvert
par M. David Castelli, de Florence [3], Daniel de Pise apparaît réellement au premier plan de la société juive de Rome, y jouissant
d'une considération telle que, d'un avis unanime, on lui confia
l'œuvre de la réforme de la constitution de la communauté.
Soixante électeurs de la communauté de Rome appartenant aux
trois corps des banquiers, des riches et de la classe moyenne, vo-
tèrent tous pour que Daniel de Pise fût chargé d'élaborer un nouveau statut de la communauté, que tous s'engagèrent à accepter
sans réserves [4]. On avait décidé de soumettre ce statut à l'appro-

---

[1] Voir Kaufmann, *Revue*, XXVI, 89, note 3. Voici comment David Reübeni s'exprime : ‏ועשיתי אחד מהם בשם הנשיא כמר׳ ר' דָּנִיאֵל מפִּיסָא אלופִי :‏
‏יגייא ודב' עשיתי בשם ר' יחיאל מפיסא יצו אשר עמדתי בביתו ששה‏
‏חדשים והוא אחיו השני לו‏. Cf. au sujet de ‏שני אח‏ = cousin, Zunz, *Ges.*
Schriften, III, 157, note 2, Berliner, *Magazin*, IV, 55.

[2] ‏וראיתי איש אחד ושמו היה ר' דניאל מפיסא שבא לפני האפיסיור‏
‏ועמד בבית סמוך לאפיפיור והוא עשיר ונכבד עד מאוד וחכם‏
‏ומקובל והסכמתי בלבי לקרא אותו ושלחתי בעדו ובא לפני אל‏
‏הבית ההוא ודברתי אתו ואמרתי לו אני רואה שאתה מכובד לפני‏
‏האפיפיור ולפני כל החשמוני' ואתה אדם גדול וחשוב ואני רוצה‏
‏שתהיה ביני ובין האפיפיור למלץ וליועץ ותראני הדרך הטובה‏
‏למען אהבת יי' ואהבת המלך יוסף אחי וע' זקניו ממדבר חבור ואהבת עמו‏
‏ישראל והקב"ה יעשה לך כבוד גדול יותר ממדה שהיה לך בעבור‏
‏עבדתי·· ואז אמרתי לו כל חדרי לבי והסודתו אשר אמר' לי המלך‏
‏יוסף אחי יצ"ו הכל גליתי אליו לא נשאר אלי דבר שלא הגדתי‏
‏לו כל רמיזורת וסודורת וזה עשיתי יען כי ראיתי אותו טוב וישר‏
‏בעיני אלהים ואדם ואמרתי לו אחרי כן סוד י"י לירואיו.

[3] *Archivio storico italiano*, Ser. V., tom. IX (1893), disp. 2.

[4] Pro parte vestra nobis expositum fuit vos nuper, cupientes præsertim circa re-
rum vestrarum administrationem vos in melius reformare, quendam Danielem Isaac
de Pisis ad dictam reformationem faciendam unanimi consensu elegistis ac deputastis

bation du pape. Le 12 décembre 1524, le pape Clément VII accorda son approbation à l'œuvre de Daniel de Pise. L'unanimité de l'élection aussi bien que la sage conception de ce statut, dont les 36 articles réglaient d'une façon approfondie tous les intérêts de la communauté, montrent que Daniel était un homme d'une haute valeur, à l'avis duquel la communauté la plus considérable de l'Italie se soumettait sans réserve. Sa qualité d'étranger, — sa résidence était à Florence — a dû le faire considérer comme d'autant plus apte à concilier les partis en présence et à agir avec plus d'impartialité.

C'était pendant l'année où David Reübeni séjourna à Rome. Nous savons maintenant ce qui, en dehors de ses autres affaires, obligeait surtout Daniel à prolonger son séjour à Rome. Si le document papal ne le désigne que comme un certain Daniel, cela doit d'autant moins nous induire en erreur au sujet de l'identité de l'ami florentin de David, qu'il est désigné expressément comme le fils d'Isaac de Pise, comme je l'avais supposé [1].

Cependant ce document ne se borne pas à nous éclairer d'une manière imprévue sur ce personnage principal de la relation de David Reübeni ; il confirme encore maint détail de son récit. Parmi les noms des signataires de l'acte d'élection de Daniel de Pise [2], représentants des Juifs romains et des Juifs immigrés, surnommés les Juifs ultramontains, plusieurs se retrouvent dans l'histoire de David. En premier lieu, Dott. Servadio Sforni et M. Raffaele de Camerino per gli Italiani. Nous y reconnaissons l'ancien rabbin de Rome, qui est ici qualifié également de médecin, et, dans l'autre nom, ce vieux Raffaël qui reçut David Reübeni comme hôte de sa maison à Rome. Sforno était venu chez David Reübeni avec trois autres membres de la communauté pour copier le bref papal qui lui était parvenu précisément par l'intermédiaire de Daniel de Pise, afin d'en perpétuer le souvenir. Isache Zarfadi pourrait être cet Isaac Zarfati que Clément VII, à cause des services éminents qu'il avait rendus dans l'art médical et de son érudition hébraïque, avait admis le 13 novembre 1530 parmi les hôtes de sa table, et auquel il accorda faculté pleine et entière d'exercer librement la médecine [3]. Un autre Zarfati, Joseph, est connu par

---

ac sibi ommem illam auctoritatem et amplam ac omnimodam facultatem et protestatem reformandi et statuendi quam vos habebatis et qomodolibet habere poteratis, dedistis et concessistis.

[1] *Revue, l. cit.*

[2] D'après une communication de M. Castelli à M. le rabbin S. Margulies, à Florence.

[3] Moritz Stern, *Urkundliche Beiträge über die Stellung der Päpste zu den Juden* n° 74.

l'histoire de David Reûbeni à Rome. Je n'hésite pas à l'identifier avec ce Joseph ben Samuel Zarfati à qui Clément VII confirma, à la date du 25 février 1524, les privilèges de son défunt père [1]. Samuel Zarfati devait être mort peu de temps auparavant, car nous trouvons Joseph encore dans la maison de sa mère, où se trouvaient aussi ses sœurs, parmi lesquelles Dinah, au moment où David Reubeni qui, à mon avis, le désigne expressément comme médecin [2], reçut de lui l'hospitalité et des soins médicaux [3]. Si ce témoignage inattendu nous instruit du rôle que Daniel de Pise a dû jouer à Rome et nous permet de mieux ajouter foi à ce qui nous est rapporté du crédit dont il aurait joui auprès de la cour papale, suivant le journal de David Reûbeni, il est permis aussi de penser que Daniel a dû jouir d'une haute considération parmi les Juifs de la Toscane et surtout en son lieu de résidence, Florence. Puissent de nouvelles découvertes nous apporter bientôt de nouveaux détails sur cet homme distingué.

III

ABRAHAM DE PISE A BOLOGNE.

Le manque presque absolu de renseignements sur la personnalité si éminente, selon le jugement de Guedalya Ibn Yahya, du petit-fils de Yehiel de Pise, donne une importance particulière à une notice, d'ailleurs fort sèche, que nous trouvons dans le rôle d'une taxe prélevée sur les Juifs d'Italie par le commissaire du

[1] *Ib.*, n° 69 ; cf. aussi n° 68

[2] Dans les mots הֶחָכָם, ר' יוֹסֵף הֶחָכָם צרפתי parait signifier « médecin », conformément à l'usage de la langue arabe (= אלחכים).

[3] וְעָמַדְתִּי בְּבֵיתוֹ ג' חדשים ועשה אלי כל ההוצאות וכל הצריך באהבה
וברצון ואחיותיו שרתו אותי ואמתם הזקנה מכל הצריך לי השם יברכם
והאכילו אותי ועשו רפואות מתחלפות הרבה וחממו לי עשבים ושמו על
רגלי העשבים ההם ליכות הרבד וחממו לי יין פעמים ורחצו רגלי
ועשו לי משיחות ולקחו לי זית וכלי גדול ונכנסתי באותו שמן זית
חם באותו כלי ד' פעמים ויצאתי מדשמן החם והייתי כונס במטה
טובה והיו מתחלפים הסדינים בכל פעם ופעם והייתי כמו מרה.
Parmi les autres signatures de l'acte electif de Daniel, le nom de Dattilo di Raffaele b. m. (= benedetta memoria) de Rieti parait correspondre à l'hébreu יוֹאָב בֶּן רְפָאֵל. Cf Perles, *Beiträge*, p. 192, et sur Joab de Rieti (au xv° siècle), Zunz, *Ges. Schriften*, III, 173 Salama delli Panzieri est un membre de la famille dont nous connaissons le cabbaliste Ephraim מפנצירי (cf. Steinschneider, Catalogue de Munich, p. 141) et Sabbataï Pansieri (Mortara, מזכרת חכמי איטליא, p. 47). Au sujet de Lazaro Tedesco, représentant des ultramontains, outre Joseph Aschkenasi, professeur du cardinal גוליר (voir Perles, *l. cit.*, 201, note 2), il faut encore mentionner un autre Aschkenasi de son temps vivant à Rome ; voir *Hebr. Bibliogr.*, XIV, 104.

pape Clément VII, en 1535[1]. De même qu'Innocent III décréta au
4e concile de Latran, en 1215, qu'il serait prélevé un vingtième des
revenus ecclésiastiques comme contribution à la croisade[2], ainsi, sous Clément VII, les Juifs durent payer un vingtième de leurs
revenus[3] entre les mains de Luca Thomasius comme taxe pour
la guerre contre les Turcs. A côté de la communauté de Bologne,
qui eut à fournir 1763 scudi et 5 1/2 julii, figurent encore spécialement sur la liste deux banquiers juifs de Bologne, Angelo de
le Schole et Abraham de Pisa, pour une contribution totale de
370 scudi. Nous trouvons ainsi le petit-fils de Yehiel de Pise
parmi les Juifs les plus imposés de l'Italie, et ce que Guedalya
rapporte de sa fortune se trouve ainsi confirmé.

Au sujet du poème adressé par Elia Bahour à Abraham (voir
Revue, XXVI, 238[4]) que j'ai trouvé aussi, mais sans titre, sous le
n° 118, dans un de mes manuscrits, petit recueil de poésies provenant d'Italie, à peu près conforme à celui de mon ami Halberstam, sans que j'y aie pu relever des variantes considérables,
je ferai observer qu'il paraît provenir de l'époque où Abraham n'avait pas encore de fils. En effet, je suis arrivé à expliquer le verset 6, qui restait seul obscur, en lisant לי au
lieu de לו : Elie souhaite à Abraham un fils sage. Comme le ms.
porte évidemment מליך, je lis le verset ainsi : הלואי יהי(ה) לי בן,
אשר הוא בן חכם ולא מלך כמו הוהם. Le sens de ce vers un peu
torturé par la rime est le suivant : Elia souhaite que le fils d'Abraham soit sage et non sot. Or, dans le verset de l'Ecclésiaste, iv, 13,
l'enfant sage et le roi sot sont opposés comme contraste. A cause
de la rime, Elia choisit comme type de roi sot le roi de Hébron,
Hoham, dont parle Josué, x, 3. Que le fils d'Abraham ne soit pas
un roi comme Hoham, c'est-à-dire un sot ! La ligne 10 doit être
lue, d'après la conjecture de M. Rosin, עמקי שפה חתים. Ben Bera-
chel הבוזי, c'est-à-dire le méprisable et l'Allemand, c'est ainsi que
s'intitule Elie aussi. וגם מוזהם, selon la variante de mon manuscrit, se rapporte aux Allemands, que les Italiens appelaient ailleurs
les « sales ». Or, Elia était Allemand.

David Kaufmann.

---

[1] Moritz Stern, *l. cit.*, n° 76, p. 77.

[2] Adolf Gottlieb, *Die päpstlichen Kreuzzug-Steuern des 13. Jahrhunderts* (Heili-
genstadt, 1892), p. 24.

[3] Et non de leur fortune, comme le croit Stern, *l. cit.*, 76.

[4] P. 239, la note 5 appartient à הם יקדשו ; mon manuscrit dit expressément :
יקר סוזה. Au sujet de la ligne 4, M. Rosin émet l'hypothèse qu'il faut lire
ainsi : בו כל אשר נמצא בכל כליהם, mais comme le ms. porte בכלהם, je lis,
d'après II Sam., xxiii, 16 : בכלהם « en tous ». Ma conjecture בין כך ובין כך est
confirmée par mon manuscrit. Dans la dernière ligne, il faut lire זמירד.

NOTES ET MÉLANGES

NOTES EXEGETIQUES

מבכרות צאנו ומחלבהן (*Gen.*, iv, 4).

On s'est demandé, à propos du mot ומחלבהן, si c'est un pluriel
ou un singulier, et s'il faut ponctuer le ב avec un *çèrè* ou un
scheva. Quoi qu'il en soit, le suffixe de ce mot mérite qu'on s'y
arrête à un autre point de vue. Les traducteurs et les exégètes,
anciens et modernes [1], s'accordent à rapporter ce suffixe à בכרות,
alors que, d'après la grammaire et la logique, il faut le rapporter
à צאנו. En effet, בכרות est le pluriel de בְּכוֹר, qui est du genre mas-
culin. On sait que la terminaison ות ne prouve absolument rien
pour le genre des substantifs [2]. Les noms de la forme פעול ont souvent le pluriel en ות ; ainsi רחוב, חלום, etc. Pour בכור, le pluriel
בכורים ne se trouve que dans des Psaumes de basse époque (cxxxv,
8; cxxxvi, 10), dans Néhémie, x, 37 (à côté de בכרות), et dans un
passage obscur d'Isaïe, xiv, 30, où le mot בכורי est probablement
dû à une altération du texte. Si le dictionnaire de Gesenius
(11e édition, par Mühlau-Wolck) donne בכרות, comme un féminin
pluriel, c'est en se fondant uniquement sur le passage de la Genèse. Le dictionnaire de Siegfried et Stade va plus loin et suppose
un adjectif בכורה, comme singulier de בכרות. Si cet adjectif existait, il serait le seul de son genre, car la forme פעול n'a pas de
féminin employé adjectivement. בכורה ne peut être qu'un substantif signifiant droit d'aînesse. Au contraire, צאן est régulièrement
traité comme un féminin pluriel (Gen., xxx, 37, 38, 42; Ex., xxi,

---

[1] Il y a une exception apparente. Le Targoum Onqelos, dans l'édition de Sabionète
(rééditée par M. Berliner, en 1884) a משמיניהון au lieu de משמנהון ou משמינידין, au lieu de
des éditions ordinaires et des manuscrits (cf. Merx, *Chrestomathia targumica*, p. 65).
Mais, si le Targoum avait réellement pensé que מחלבהן se rapporte a צאן, il l'aurait traduit par תרבא, « graisse », et non par שמין, « gras ».

[2] Voir *REJ.*, t. XXIV, p. 101.

37; I Sam., XVII, 29, etc., etc.). Donc, grammaticalement, חלבהן ne peut se rapporter qu'à צאנו.

L'erreur que nous signalons a naturellement rendu difficile l'explication du mot מחלבהן. Quand on rapporte le suffixe de ce mot à בכרות, on est obligé de voir dans le second mot, coordonné par le *vav*, une restriction du premier : *Abel apporta des premiers-nés de son troupeau, et, à savoir, de leur graisse.* Cette interprétation réduit singulièrement la générosité d'Abel. Ou bien, on explique חלב par *les meilleurs, les plus gras*, ce qui est bien forcé. Mais, une fois qu'on sait que חלבהן חלבהן égale חלב הצאן, toute difficulté disparaît. La Bible raconte qu'Abel a offert les premiers-nés de ses moutons (en entier) et la graisse des autres.

Mayer Lambert.

LE 33ᵉ JOUR DE L'OMER

On sait que depuis les temps les plus anciens, les Juifs considèrent les 34 jours qui s'écoulent entre le 1ᵉʳ Iyyar et le 5 Sivan comme des jours de deuil, pendant lesquels on laisse croître sa barbe et on ne se marie pas. D'après une tradition qui paraît authentique, ce deuil rappelle la défaite des partisans de Bar-Kokhba et la fin douloureuse de la dernière révolte des Juifs contre la puissance romaine. Ce furent surtout les disciples de R. Akiba qui prirent part à cette lutte désespérée et qui presque tous tombèrent sur le champ de bataille.

On a fini par interrompre ce deuil pendant un jour, le 33ᵉ jour de l'Omer, ou le 18 Iyyar. Pourquoi cette exception ? Les docteurs et surtout les kabbalistes l'ont motivée par le mariage de R. Siméon ben Yohaï, le prétendu auteur du Zohar. Je pense qu'il n'en est rien. Je viens déjà de faire observer que le nombre des jours de deuil est de 34. En divisant ce nombre en deux moitiés, on aura deux fois 17; or, si l'on a désiré, pour en abréger la durée, couper le deuil par un jour de liesse, il a fallu choisir, ou le dernier jour de la première moitié, c'est-à-dire le 17 Iyyar, ou le premier jour de la seconde moitié, savoir le 18. On s'est décidé pour le 18. Je n'aurais pas cru que nous eussions quelque chose d'analogue à la mi-Carême.

J. Derenbourg.

ENCORE LE MOT ΘΕΒΕΛΜΑΡΠΜΑΤΑ.

On se rappelle peut-être que j'ai essayé, dans la *Revue* [1], d'expliquer ce mot énigmatique de la Vision de saint Paul. Je ne demande pas mieux que d'accepter toute autre explication plus plausible que la mienne, mais celle que propose M. Gottheil [2] ne me paraît pas juste. S'appuyant sur mon hypothèse qu'il s'agit de deux mots syriaques, il veut lire טובודי למרימתא, expression qui signifierait à peu près : « heureuses les divinités ! » Il avoue pourtant qu'il ne comprend pas l'emploi du pluriel מרימתא. Et, de fait, il paraîtrait assez étrange que le roi David parlât de « divinités », au pluriel. Il n'est pas possible non plus d'accepter le mot טובודי, qui correspond au mot hébreu אשרי. Le mot אשרי est toujours suivi d'un nom de personne, mais jamais de celui de Dieu. Ainsi, on trouve אשרי האיש, אשרי העם, etc. A Dieu on applique l'épithète de ברוך, מהולל, etc. M. Gottheil a bien prévu cette objection, car il s'avise ensuite de comparer le mot syriaque טובודי au mot hébreu אֲהַלִי de II Rois, v, 3, ajoutant que la Peschitto traduit ainsi parce qu'elle fait dériver אהלי de la racine הלל. Malheureusement pour l'explication de M. G., le verset biblique en question n'a pas אהלי (avec un ה), mais אחלי (avec un ח).

D. SIMONSEN.

UN PRÉTENDU TALISMAN ARABE D'ORIGINE JUIVE

La figure publiée par M. David de Gunzbourg dans la *Revue* (t. XXVII, p. 145), sous le titre de : *Un talisman arabe*, est un carré magique sur lequel j'ai donné divers détails dans la *Zeitschrift der DMG.* (t. XXXI, année 1877, p. 339, note 73) et dans la *Zeitschrift des deutschen Palästinavereins* (t. VIII, p. 82, n. 8, et p. 90, n. 22), d'après *Ouseley's Oriental collections* (II, 341). M. Reinaud, que j'ai cité dans la *Zeitschrift d. DMG.*, donne ce

---

[1] T. XXVI, 135.
[2] *Ibid.*, XXVII, 273.

carré avec des lettres et des chiffres arabes [1] et renvoie en même temps [2] à la *Kabbala denudata* (I, 626) de Knorr von Rosenroth, où se trouve le carré ci-dessus avec des lettres hébraïques [3] :

En additionnant les chiffres représentés par les lettres des 3 × 3 champs par rangée horizontale, verticale ou diagonale, on trouve le total 15 ; le nombre 5 (ה) se trouve au milieu du carré et représente le chiffre du nom de Dieu. C'est peut-être pour cette raison que les Juifs affectionnaient particulièrement ce carré. Comme le prouvent le passage de Reinaud (p. 254) et d'autres citations que j'ai faites, ce talisman était célèbre et très répandu.

Le carré publié par M. de Gunzbourg se présente dans l'ouvrage original (*Wiener Zeitschrift für die Kunde des Morgenlandes*, VII, 238) avec les mots et lettres suivants (en arabe) :

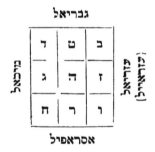

Ce carré qui, sauf le ר de la 3ᵉ ligne, mis incorrectement pour un א, ressemble en tout point à notre premier carré, est très probablement d'origine arabe. Cette supposition a en sa faveur les noms des quatre anges [4] placés aux quatre côtés et qui sont sou-

---

[1] Voir sa *Description des monuments musulmans du cabinet de M. le Duc de Blacas*, II, 252.

[2] *Ibidem*, 254.

[3] Dans ce passage de la *Kabbala denudata*, il est question, d'après l'ouvrage cabbalistique de אש׳ מצרף, d'un carré magique de ce genre gravé sur une lamelle de plomb avec allusion à une des 9 *sefirot* (חכמה) et à la planète Saturne. On rencontre ce même fait pour un carré magique en argent de 9 × 9 champs (p. 360 et 483). Dans le même ouvrage de Reinaud (p. 240 et 257) sont établis des rapports entre les métaux sur lesquels sont gravés les amulettes et les planètes ainsi que les jours de la semaine.

[4] Voir, à leur sujet, Kazwini, I, 56 et suiv.

vent mentionnés dans des catalogues, comme le montre M. Reinaud (p. 251). M. H. Hirschelfd aussi parle [1] d'un talisman conservé dans la section égyptienne du musée de Berlin qui porte
aux 4 côtés les mêmes quatre noms d'anges.

M. Grunbaum.

Note de la Rédaction. — M. Armand Bloch nous fait remarquer
également que le ר de ce carré magique doit être corrigé en א,
et que ce talisman est la solution d'un problème ou plutôt une
récréation mathématique classique : Dans les angles formés par
quatre droites qui se coupent, placer les neuf premiers chiffres
de manière à obtenir le total 15 en additionnant les nombres hori-
zontalement, verticalement et en diagonale. Pour cela, on inscrit
d'abord les chiffres pairs, de gauche à droite, en commençant par
le haut, dans les quatre champs extrêmes, puis, dans les cases
restées vides, les nombres impairs, de bas en haut, en allant de
droite à gauche. Ce qui donne :

2	9	4
7	5	3
6	1	8

UN ACROSTICHE DANS LE *MAHBÉRÉT*

DE MENAHEM BEN SAROUK

L'étude grammaticale que Menahem ben Sarouk a placée comme
introduction au commencement de son lexique contient une liste
d'homonymes [2]. Cette liste, comme d'autres listes données par
Menahem, est rangée par ordre alphabétique. Il y manque bien
plusieurs lettres de l'alphabet (ט et ן), parce que notre auteur ne
connaissait pas d'homonymes commençant par ces lettres, mais,
par contre, d'autres lettres sont répétées deux fois (ו, ז, ח, מ, ע, ש).
A la place du ס, il a donné des mots s'écrivant par שׂ, comme le

---

[1] *Beiträge zur Erklärung des Koran*, p. 94.

[2] מחברת מנחם, ed. Filipowski, Londres, 1854, p. 8.

font les auteurs de compositions liturgiques [1], et il indique comme
homonymes שֵׂעָר, « cheveu », et שַׂעַר (Job, xviii, 20), « horreur ». Après les exemples commençant par la lettre ת (הָקְצוּ de
Jérémie, vi, 3, et תקצו d'Ezéchiel, vii, 14), on trouve encore
quatre homonymes ajoutés comme appendice à la liste alphabétique.

Voici ces homonymes :

מנה אחת אפים (I Sam., I, 5) — מִי מנה עפר יעקב (Nombres, xxiii, 10).
נבל עטור (Ps., xxxiii, 2) — כל נבל ימלא יין (Jérémie, xiii, 12).
לעגי מעוג (Ps., xxxv, 16) — אם יש לי מעוג (I Rois, xvii, 12).
חלקת השדה (Genèse, xxxiii, 19) — חלקת צואריו (Genèse, xxvii, 15).

En examinant avec quelque attention ces quatre homonymes,
on remarquera que leurs lettres initiales forment le nom de l'auteur, si l'on change de place les deux derniers exemples. On a,
en effet :

מנה
נבל
חלקת
מעוג

Ces quatre mots donnent, par leurs premières lettres, le nom de
מנחם, Menahem. Il est possible que les deux derniers exemples
aient été mal placés par un copiste, mais peut-être aussi Menahem lui-même les a-t-il ainsi disposés pour laisser moins facilement reconnaître l'acrostiche de son nom. Il y a, du reste, réussi ;
car je ne sache pas qu'un seul savant qui s'est occupé de ce
Lexique, le plus ancien des ouvrages de ce genre, ait découvert
cet acrostiche. D'ailleurs, nous savons qu'une fois Menahem
ben Sarouk a si bien caché l'acrostiche de son nom, que seule
la perspicacité de S.-D. Luzzatto l'a pu découvrir : c'est dans
le petit poème placé en tête de la lettre que Menahem écrivit,
au nom de Hasdaï ibn Schaprout, à Joseph, roi des Khazars [2].
Comme Menahem n'a pas fait précéder son Mahbérét d'un
poème, il voulait, du moins, perpétuer son nom dans l'introduction de cet ouvrage; la liste alphabétique des homonymes lui en
fournit une excellente occasion. A l'exemple des paitanim, il
ajouta à la fin de cette liste les mots commençant par les lettres
de son nom. D'autres grammairiens insérèrent leurs noms parmi

---

[1] Ainsi, dans אל אדרן de la prière du samedi matin, שׂמחים בצאתם.
[2] Voir Kérem Chémed, VIII, 189, et Geiger, Das Judenthum und seine Geschichte, II, 182.

les signes mnémotechniques qu'ils indiquèrent pour les lettres
serviles, comme, par exemple, Dounasch, l'adversaire de Menahem, Salomon ibn Gabirol, Abraham ibn Ezra, Moïse Kimhi, Elia
Lévita. Nous pouvons admettre, avec Geiger[1], que c'est là une
vanité littéraire qui n'a rien de bien répréhensible.

W. BACHER.

MOTS ESPAGNOLS DANS LE *SCHIBBOLÈ HALLÉKÉT*

Les mots étrangers qui se rencontrent dans la littérature juive
du moyen âge et des temps modernes, principalement dans les
ouvrages rituels et les Consultations, sans parler des écrits historiques, appartiennent, pour la plupart, aux langues romanes.
M. Lœw a essayé d'expliquer les expressions étrangères contenues dans le *Schibbolè Hallékét*[2]. Comme le compilateur de cet
ouvrage rituel vécut en Italie, M. Lœw a été amené à considérer
presque tous ces mots étrangers comme italiens; aussi n'a-t-il pas
pu expliquer un grand nombre de ces termes. Nous reviendrons
prochainement sur ce sujet, pour le moment nous ne nous occu-
perons que des mots que M. Lœw a mal expliqués ou n'a pas
expliqués du tout.

הסחיז = אגוצר. Ce n'est pas le mot italien *agguzzare,* comme le
croit M. L., mais le mot espagnol *aguzar*, « rendre aigu » ; de
plus, le mot אגוזאדירא ne doit pas être lu *agguzzatore* — Zac-
cuto, étant espagnol, n'emploie pas de mots italiens —, mais
aguzadera, « pierre à aiguiser ».

אובלידש ou אובליאש, en espagnol *obleas.* Sorte de pâtisserie fort
mince.

ארג״א מת״א (Schibb. Hall., 94) = הוא שחוק, pas mentionné par
M. L. C'est le mot espagnol *ocha mala*, sorte de jeu de cartes

אורופימנטו ≈ כם סמיא. C'est le mot espagnol *oropimente*, « arsenic
jaune ». Raschi (Houllin, 88 *b*) explique זרניך par le mot français אורפימנ״ט, orpiment.

אינגלוטידורי. M. L. identifie ce mot avec *inghiottitore* ; c'est
l'ancien mot espagnol *englutidor*, du verbe *englutir*, « en-
gloutir ».

[1] Geiger, *l. c*, 94.
[2] *Revue des Ét juives*, XXVII, 239.

אינדיביאה. *Endibia* en espagnol. Plante qui ressemble beaucoup à la plante suivante.

אטכרולא ou אסקרולא (Schibb. Hall., p. 184). Il ne faut pas lire aspérule, mais *escarola*, « escarole, chicorée, laitue ».

אישקופא ou אישקובא. *Escoba* en espagnol, du verbe *escóbar*, « balayer ».

אלמוצא. Mot arabe et aussi espagnol, *almoza*, *almozala*, « couverture ».

אסקלא (Schibb. Hall., éd. Venise). *Escala*, « échelle ».

בשטיל (*ibid.*) ou בשטי. *Basle* en espagnol, mot qui a la même signification que סודירא (voir plus loin).

גרופלי ou גרופולי. *Girofle*.

גרמטיקא. M. Lœw dit : « gramatica, grammatical ». Mais que peut bien signifier *Endivia gramatica?* Dans le Schibb. Hall., éd. Venise, on lit רמטיקא. Il faut sans doute placer un א, et non un ג, devant le ר, et lire ארמטיקא, *aromatica*, « aromatique ».

טריפודי (éd. Venise). *Tripode*, « trépied ».

מוסקא. Ce n'est pas *muschio*, mais *musco*, « mousse », plante.

מרדעת פי' בגד שמשימין ע"ג בהמה תחת האוכף = סודירא. C'est *sudadero*, couverture pour les chevaux.

פויצטור. Probablement *punzador*, « celui qui pique ».

חרותא == פסא. *Pasa*, « séché » ; c'est du raisin sec.

צצים טקורים == קבריאוניש. *Cabriones*, « pièces de bois ».

קוסיר. *Coser* en espagnol, « coudre ».

קנדילש ou קנטילש. *Candiels*, mets fait avec des jaunes d'œufs, du sucre, du vin blanc, etc.

שופש. *Sopas*, « soupe, potage ».

M. KAYSERLING.

CHRONIQUE

Joseph Perlès. — Le 4 mars dernier est mort à Munich notre regretté collègue M. Joseph Perlès. Né le 26 décembre 1835 à Baja (Hongrie), M. Perlès était entré au Seminaire israélite de Breslau, où il eut pour maîtres des savants éminents, tels que Frankel, Graetz, Joel et Bernays. En même temps il poursuivait ses études classiques, montrant déjà un goût très vif pour la philologie. En 1858, il remporta le prix du Séminaire par son travail sur l'esprit du commentaire de Nahmanide sur le Pentateuque. L'année suivante il était reçu docteur en philosophie pour sa thèse intitulée : *Meleto-mata Peschitthoniana*. Mettant à profit ses connaissances linguistiques et talmudiques, il signalait la part de l'influence juive dans la traduction syriaque de la Bible ; ses conclusions, adoptées par la science, ont été le point de départ de nouvelles études qui les ont confirmées. Depuis ce temps, M. Perlès a montré le même parallélisme, si on peut ainsi s'exprimer, dans ses recherches, se vouant concurremment aux études philologiques et à l'histoire des Juifs du moyen âge. Dans l'une et l'autre de ces deux branches, il est devenu un maître incontesté, unissant la science des langues classiques et orientales a celles des choses juives. Ses études étymologiques sur la langue rabbinique ont jeté une vive lumière sur ce domaine encore si obscur et doivent compter parmi ses meilleurs travaux. Son activité scientifique, qui ne s'est jamais ralentie, comme en témoigne la liste de ses productions littéraires que nous donnons plus loin, ne faisait pas tort à son activité pastorale. Tour à tour rabbin à Posen en 1863 et à Munich en 1871, il acquit la réputation d'un excellent prédicateur et d'un administrateur de premier ordre. Il était aussi un des membres zélés du comité central l'*Alliance israélite universelle*. Voici la liste de ses travaux et articles :

Ueber den Geist des Commentars des R. Moses ben Nachman zum Pentateuch u. über sein Verhaltniss zum Pentateuch-Commentar Raschi's (*Monatsschrift*, 1858 et 1860) ; — Meletemata Peschitthoniana (Breslau, 1859) ; — Die jüdische Hochzeit in nachbiblischer Zeit (Leipzig, 1860 ; *Monatsschrift*, 1860) ; — R. Salomo ben Abraham b. Adereth, sein Leben u. seine Schriften (Breslau, 1863) ; — Geschichte der Juden in Posen (Breslau, 1865 ; *Monatsschrift*, 1864-5) ; — Zu dem chaldaischen Wörterbuch von D' Jacob Levy (*Monatsschrift*, 1866-7) ; — Urkunden zur Geschichte der jüdischen Provincial-Synoden in Palen (*Monatsschr.*, 1867) ; — David Cohen de Lara's rabbinisches Lexicon Kheter Khehunnah (Breslau, 1868; *Monatsschr.*, 1868) ; — Etymologische Studien zur Kunde der rabbinischen Spache u. Altertümer (Breslau, 1871; *Monatsschr.*, 1870); — Thron u. Circus des Königs Salomo (Breslau, 1872; *Monatsschr.*, 1872); — Zur rabbinischen Sprach- u. Sagenkunde (Breslau, 1873, *Monatsschr.*, 1872.3); — Das Memorbuch der Gemeinde Pfersee (*Monatsschr.*, 1873) ; — Die in einer Münchener Handschrift aufgefundene alteste lateinische Uebersetzung des Maimonidischen Führers (Breslau, 1875 ; *Monatsschr.*, 1875); — Eine neu erschlossene Quelle über Uriel Acosta (Krotoschin, 1877; *Monatsschr.*, 1877); — Bibliographische Mitteilungen aus München (*Monatsschr.*, 1876) ; — Das Buch Arugat Habbosem des Abraham ibn Asriel (Krotoschin, 1877; *Monatsschr.*, 1877); — Kalonymos ben Kalonymos' Sendschreiben an Joseph Caspi (Munich, 1879); — Etudes talmudiques (*Revue des Études juives*, III) ; — Beiträge zur Geschichte der hebräischen u. aramaischen Studien (Munich, 1884); — Les savants juifs a Florence à l'époque de Laurent de Medicis (*Revue*, XII) ; — Die Berner Handschrift des kleinen Aruch (*Jubelschrift zum 70. Geburtstage von Grätz*, Breslau, 1887) ; — באורי אונקלוס Scholien zum Targum Onkelos, aus dem Nachlass von S. B. Schefftel hrsgg. (Munich, 1888) ; — Ahron ben Gerson Aboulrabi ; La légende d'Asnath, femme de Joseph, fille de Dina (*Revue*, XXI-XXII); — Beitrage zur rabbinischen Spach- u. Alttertumskunde (Breslau, 1893 ; *Monatsschr.*, 1892-3); — Jüdisch-Byzantinische Beziehungen (*Byzantinische Zeitschrift*, II, 1893).

Marco Mortara. — Marco Mortara, qui est mort le 2 février dernier, était né en 1815 à Viadana. Il avait été un des premiers élèves de l'école rabbinique de Padoue, où il suivit les leçons de S.-D. Luzzatto, Reggio et Della Torre. A l'âge de vingt-un ans, il fut appelé aux fonctions sacerdotales dans cette ville, puis il occupa le siège rabbinique de Mantoue. Il y a quelque temps, on fêtait le jubilé de son ministère pastoral dans cette communauté. Le *Vessillo israelitico*, dans son numéro de juin 1886, a publié la liste de tous ses travaux. On y voit que son activité s'est surtout proposé de mettre en lumière les idées religieuses et morales du judaïsme et de concilier les données de la Bible avec celles de la science. Dans tous ses écrits, il fait preuve d'un esprit liberal et généreux. Ses incursions dans le domaine de la science pure n'ont pas toujours été sans profit; une de ses dernières productions, *Indice alfabetico dei rabbini e scrittori israeliti di cose giudaiche in Italia*, est un excellent instrument de travail. Sa collaboration aux divers journaux juifs a été très feconde.

Alexandre Kohut. — Alexandre Kohut, né à Felegyhaza (Hongrie), en 1841, et mort à New-York, le 22 avril de cette année, fut également un élève du Séminaire israélite de Breslau. Comme on le verra par la liste incomplète de ses travaux, que nous publions plus loin et que nous empruntons au récent rapport du séminaire de New-York, l'activité de notre regretté collaborateur était vraiment dévorante. Son nom restera attaché à l'édition nouvelle de l'*Aroukh*, œuvre colossale, dont l'utilité est incontestable. Ce qui fait l'unité de

la carrière scientifique de Kohut est sa recherche infatigable des
rapports du Parsisme et du Judaïsme. Il a eu le mérite, après Rappoport et Schorr, de reconnaître l'importance de ces relations. Peut-
être, ainsi qu'il arrive aux néophytes, a-t-il dépassé le but, comme
Schorr, de son côté (de même que, dans ses étymologies, il accordait
trop de place au vocabulaire persan), en tout cas il a eu le mérite de
poser le problème, s'il n'a pas eu toujours celui de le résoudre. Après
avoir été appelé successivement à diriger différentes communautés
de la Hongrie, en 1885 il fut elevé au poste de rabbin de la congrégation « Ahawat Chesed » à New-York. De ce jour date une nouvelle
période d'activité qu'on pourrait justement qualifier de fébrile. A
son instigation, un séminaire israélite se fonde à New-York, dont il
est la cheville ouvrière. Coup sur coup, il imprime dans les journaux
américains des articles variés, et remplit de ses mémoires les rapports du séminaire, qui lui doivent l'existence. Dans ses dernières
productions, il aborde un champ nouveau de recherches : la littérature judéo-arabe des Juifs du Yémen. Il laisse un fils, M. George
Alexander Kohut, qui paraît destiné à recueillir l'héritage scientifique de son père et qui a déjà acquis un certain renom en Amérique et dans l'Ancien Continent.

Voici la liste des travaux principaux d'Alexandre Kohut, outre
l'*Aruch Completum* (8 vol., Vienne, 1878-1892) : Ueber die jüdische
Angelologie u. Daemonologie in ihrer Abhangigkeit vom Parsismus
dans *Abhandlungen für die Kunde des Morgenlandes*, IV, Leipzig,
1866); — Was hat die talmudische Eschatologie aus dem Parsismus
aufgenommen (*Z. D. M. G*, XXI) ; — Die talmudisch-midraschische
Adamslegende in ihrer Rückbeziehung auf die persische Yima u.
Meshiasage (*ibid.*, XXV); — Die Namen der persischen u. babyloni-
schen Feste im Talmud (*Jeschurun*, de Kobak, VIII); — Kritische Be-
leuchtung der persischen Pentateuch-Uebersetzung des Jacob ben
Joseph Tavus, unter stetiger Rucksichtsnahme auf die altesten Bi-
belversionen (Leipzig, 1871); — Etwas über die Moral u. Abfassungs-
zeit des Buches Tobias (*Zeitschr. f. Wissensch. u Leb.*, de Geiger. X);
— Antiparsische Ausspruche im Deuterojesajas (*Z. D. M. G.*, XXX);
— The Zendavesta and the first eleven chapters of Genesis (*Jewish
Quarterly Review*, II, 1890) ; — Parsic and Jewish legends of the first
man (*ibid.*, III, 1891) ; — Talmudical Miscellanies (*ibid.*, III et IV) ; —
Mélanges talmudiques et midraschiques (*Revue des Études juives*,
XXII) ; — Les fêtes persanes et babyloniennes mentionnées dans les
Talmuds de Babylone et de Jérusalem (*ibid.*, XXIV); — Ist das
Schachspiel im Talmud genannt u. unter welchem Namen (*Z. D. M.
G.*, XLVI) ; — Haggadic elements in arabics legends (*Independent,
1891, Jüd. Literaturblatt*, 1891); — Zoroastrian legends and their biblical sources (*ibid.*); — Biblical legends from an ancient Yemen ms.
(*ibid.*) ; — The discovery of America in contemporaneous hebrew litteratur (*ibid.*, 1892); — Talmudic Parsic conceptions of the Seven-
Heavens (*Menorah*, 1894) ; — Discussions on Isaiah, ch. LII and LIII
from an unpublished ms. of the XVI century, with preliminary notes
on judaeo-polemic literature (1893) ; — Notes on a hitherto unknown
exegetical, theological and philosophical commentary on the Pentateuch composed by Aboo Mansûr al-Dhamari (New-York, 1892; annexe au 3ᵉ rapport du jewish theological Seminary de New-York) ; —

Die Hoschanot des Gaon R. Saadia (*Monatsschrift*, XXXVII); — Light of Shade and Lamp of Wisdom, being hebrew-arabic homilies composed by R. Nathanel ibn Yeshaya (New-York, 1894; annexe au 4e rapport du jew. theol. Sem.).

Le Zend-Avesta et la Bible. — On voit dans la liste des travaux de notre regretté collègue, M. Alexandre Kohut, la place qu'y occupent ses recherches sur le rapport des récits de l'Avesta avec ceux de la Genèse. L'analogie de ces deux textes avaient déjà beaucoup préoccupé Schorr et d'autres savants, et l'on sait les conclusions qu'elle leur a inspirées. Par malheur, ces érudits attaquaient le problème du dehors, forcés de s'en fier aux assertions des iranistes de profession, et ils étaient naturellement enclins à reculer dans l'antiquité la plus lointaine ce livre dont ils ignoraient l'histoire. La question vient d'être reprise par un maître dans la science de l'Avesta, M. James Darmesteter (*Zend-Avesta*, traduction, dans *Annales du Musée Guimet*, t. XXIV, p. LVII et suiv.). Nos lecteurs nous sauront gré de leur faire connaître la solution nouvelle donnée par notre éminent ami à ce problème :

« L'influence juive, dit-il, est non moins visible dans l'Avesta que l'influence néo-platonicienne : elle paraît, non dans la doctrine, mais dans les vues générales et dans la forme. »

« Le Pentateuque et l'Avesta sont les deux seuls livres religieux connus où la législation descend du ciel sur la terre dans une série d'entretiens entre le législateur et son Dieu... L'un et l'autre livre a pour objet l'histoire de la création et de l'humanité; et dans l'humanité, celle de la race supérieure; et dans cette race, celle de la religion vraie L'un et l'autre livre a pour objet de révéler au fidèle toutes les règles de la vie. »

Concordances particulières montrant l'unité de plan :

« Création du monde. — I. Jéhova crée le monde en six jours; il crée successivement la lumière, le ciel, la mer, la terre et les plantes, les luminaires du ciel, les animaux, l'homme. II. Ahura Mazda cree le monde en six périodes : il crée successivement le ciel, l'eau, la terre, les plantes, les animaux, l'homme.

Creation de l'homme. — I. L'humanité dans la Genèse descend tout entière d'un couple, homme et femme, Adam et Eve, le mot Adam lui-même signifiant homme. II. L'humanité dans l'Avesta descend tout entière d'un couple, homme et femme, *Mashya* et *Mashyana*; le mot Mashya lui-même signifiant homme.

Le péché commence sur terre avec le premier homme, avec Adam dans la Genèse, avec Mashya dans l'Avesta.

Le Déluge. — I. Jéhova veut détruire l'humanité perverse, afin de la renouveler; il amène le déluge, mais sauve un juste, Noé, avec sa famille et avec un couple de tous les animaux. Il lui fait construire une arche sur un plan qu'il lui donne : Noé s'y réfugie avec les siens, et, le déluge passé, il repeuple la terre. II. Au cours des temps, suivant l'Avesta, la terre doit être ravagée et dépeuplée par trois longs hivers envoyés par le sorcier Mahrkusha. Ahura, pour repeupler la terre, avec une humanité supérieure, fait construire par Yima Khshaeta, le roi juste, un palais souterrain, où il doit abriter les spécimens les plus beaux de la race humaine et de toutes les races animales et végétales. Quand les jours mauvais viendront et que la terre sera dépeuplée, les portes du Var s'ouvriront et une race meilleure repeuplera la terre.

Partage de la terre. — I. Noé a trois fils : Sem, Cham et Japhet, ancêtres des trois races qui se partagent le monde. II. Thraetaona, successeur et vengeur de Yima Khshaeta, a trois fils, entre lesquels il partage le monde : Airya reçoit l'Iran, centre de la terre ; Sairima reçoit l'Occident ; Tura reçoit l'Orient », etc.

« ...Nous arrivons au fait qui est le centre du Zoroastrisme, comme il est le centre du Judaïsme : la révélation. Zoroastre converse avec Ahura, comme Moïse avec Jéhovah ; sur la montagne des saints entretiens, comme Moïse sur le mont Sinaï. »

Pareille concordance dans « la préoccupation chronologique. Tous les faits de l'histoire du monde depuis les origines jusqu'à Zoroastre sont aussi exactement datés que l'histoire du monde jusqu'à Moïse. »

« Si l'on reprend un à un les divers points touchés, on voit que l'un et l'autre système est infiniment plus clair si c'est l'Iran qui a emprunté. Le déluge est tout Noé : si le déluge est emprunté de la Genèse à l'Avesta, tout Noé disparaît. Au contraire, dans l'histoire de Yima, la légende du déluge est une addition si inattendue qu'elle brise l'unité de la figure et que la légende populaire, ne sachant qu'en faire, l'a laissé tomber. »

« La Bible connaît trois races, et donne, par suite, trois fils à Noé, le père de la nouvelle humanité. L'Avesta connaît cinq races : Airya, Sairima, Tura, Saini, Dahi ; il partage pourtant le monde en trois parties, entre les trois fils de Thraetaona, parce que le modèle dont il s'inspire a divisé le monde en trois races. Si l'idée de ce partage était de lui, il aurait donné cinq fils à Thraetaona », etc.

« Autre différence : la création juive est l'œuvre d'une semaine : elle dure six jours suivis d'un jour de repos ; le récit, tendentiel, a pour objet de faire ressortir la sainteté du sabbat et de la fête hebdomadaire. L'Iran zoroastrien ne connaît pas la semaine : ses grandes fêtes sont les six fêtes de saison, les fêtes du Gahanbar. La création durera donc une année, les actes successifs de la création se répartiront entre les six Gahanbars, et la commémoration de l'œuvre accompli, au lieu de se faire en une fête pour les six actes, se fera en six fêtes distinctes pour chacun des six actes. »

« A quelle époque ont été faits ces emprunts à la doctrine juive et sous quelle forme ? »

M. Darmesteter croit que c'est aux premiers siècles de l'ère chrétienne où la propagande juive remporta le plus de succès dans le royaume Parthe.

ISRAEL LÉVI.

Le gérant,
ISRAEL LÉVI.

VERSAILLES, IMPRIMERIE CERF ET Cᶦᵉ, 59, RUE DUPLESSIS.

ÉRATURE DES P

Par ISIDORE LOEB

PRÉFACE DE THÉODORE REINACH

PRIX : 7 FR. 50

'NTE A LA LIBRAIRIE A. DURL

23 *bis*, RUE LAFAYETTE

S DU CALENDRIER

IS L'ÈRE CHRÉTIENNE JUSQU'AU XXX° SI

AVEC

ÇE DES DATES JUIVES ET DES DATES

NOTES ET MÉLANG

REVUE

DES

DES JUI

PUBLICATION TRIMESTRIELLE

LA SOCIÉTÉ DES ÉTUDES JUIVES

TOME XXIX

La Société des Études J
ux Rédacteurs de la Rev
cientifique, déclare qu'ell
esponsabilité des articles pu
out entière aux auteurs.

Les collaborateurs de la Revue q
e leurs articles sont priés de s'ad
rimerie Cerf et Cⁱᵉ, à Versailles.

NOUVELLES RECHERCHES GÉOGRAPHIQUES

SUR LA PALESTINE

(SUITE ET FIN [1])

Les villes guibéonites.

Après la prise de Haï, les habitants de Guibéon se présentèrent aux Hébreux, en se donnant pour habitants d'une terre lointaine, et conclurent avec eux un traité d'amitié ; mais les Hébreux apprirent bientôt que les gens de Guibéon étaient des voisins. « Se mettant en marche, ils atteignirent le troisième jour les bourgs de leurs nouveaux alliés. C'étaient Guibéon, Kephira, Beëroth, Qiriath-Yearim [2]. »

L'ordre suivi dans cette énumération paraît l'ordre même dans lequel les villes furent visitées par les enfants d'Israël ; Guibéon aurait donc été de ces quatre villes la plus rapprochée de Haï, Qiriath-Yearim la plus éloignée.

Pour déterminer les régions respectives dans lesquelles les sites de ces bourgs doivent être recherchés, il semble convenable de préciser tout d'abord les emplacements de Kephira et de Beëroth, qui se trouvaient au centre du territoire des villes confédérées.

Kephira.

M. Guérin a été assez heureux pour découvrir les ruines de Kephira dans les conditions relatées ci-après [3] :

Guidé par le cheikh du village, je fais l'ascension, vers le nord, de la montagne rocheuse au pied de laquelle Kathanneh est bâti. Au bout de vingt minutes de marche, par un sentier extrêmement roide,

---

[1] Voyez plus haut, p. 27.
[2] Josué, IX, 17.
[3] Guérin, *Judée*, I, p. 283-284.

le cheikh me fait remarquer dans les flancs supérieurs et méridionaux de la montagne, six grandes citernes antiques creusées dans le roc et revêtues autrefois d'un ciment très épais qui n'a pas encore complètement disparu. J'observe ensuite les traces d'un premier mur d'enceinte qui environnait une petite ville, détruite de fond en comble. Celle-ci m'est désignée sous le nom de *Khirbet Kefirah*. Le mur dont je viens de parler était construit avec des blocs d'un assez grand appareil, mais très mal taillés et quelques-uns bruts encore.

Plus haut, sur la partie culminante de la montagne, et en même temps de la ville, une seconde enceinte, plus petite et bâtie de la même manière, dont il est facile pareillement de suivre le périmètre, enfermait l'acropole ou la citadelle. On y remarque, comme sur l'emplacement de la ville proprement dite, les vestiges de constructions presque entièrement détruites... Les habitants de Kathanneh vénèrent, vers le nord-ouest, un *oualy* qui est dédié à la mémoire d'un santon qu'ils appellent *Cheikh Abou-Kafir*.

A propos de Kephira, M. Clermont-Ganneau a recueilli, dans son voyage de Jérusalem à Bir-el-Maïn, de la bouche d'un guide, l'observation que les fellahin prononcent « kefiré » par un kef et les gens de la ville « qafiré » par un qaf. « Si cette dernière particularité est exacte, ajoute-t-il, ce que je ne puis garantir, elle est fort importante, parce qu'elle permet d'adopter sans restriction l'identification, proposée par Robinson, de ce village avec la Chephira biblique, l'une des quatre cités gabaonites, identification à laquelle on pouvait reprocher d'admettre le cas si rare de la substitution au kaf hébreu d'un qaf arabe [1]. »

Beèroth.

L'*Onomasticon* de S. Jérôme [2] consacre à cette ville la notice suivante : « Beeroth sub colle Gabaon. Ostenditur hodieque villa ab Ælia pergentibus Neapolim in septimo lapide. » Partant de là, on a fait d'El Bireh l'ancienne Beèroth.

Mais Eusèbe [3] nous fournit un renseignement différent : « Βηρώθ. ὑπὸ τὴν Γαβαών. καὶ ἔστι νῦν κώμη πλησίον Αἰλίας κατιόντων ἐπὶ Νικόπολιν ἀπὸ ζ σημείων. » La distance de Beèroth à Jérusalem n'est pas modifiée, mais le site de la ville est reporté de la route de Neapolis, c'est-à-dire du Nord, dans la région de l'Est sur la route de Nicopolis. Procope de Gaza [4] confirme la donnée d'Eusèbe : « Vicus

---

[1] *Bulletin de la Société de Géographie*, mai 1877, p. 495.
[2] De Lagarde, *Onom. Sac.*, p. 103.
[3] *Ibid.*, p. 233.
[4] Reland, *Palæstina*, p. 501.

nunc est prope Æliam descendentibus Nicopolim ad septimum lapidem. »

On se rangera d'autant plus volontiers à l'avis d'Eusèbe et de Procope, que, selon la remarque de Reland [1], la position de Beèroth à El Bireh, c'est-à-dire dans les environs immédiats de la ville de Haï assiégée par les Hébreux, rendrait invraisemblable la créance accordée par Josué aux dires des délégués des villes guibéonites se donnant pour habitants d'une contrée éloignée.

Si l'on reporte sur la carte, dans la direction de Nicopolis, la distance de 7 milles, on tombe au Kiriet El Anab. On propose donc d'identifier cette localité avec Beèroth, et non pas avec Kiryath-Yearim, comme l'avait suggéré Robinson [2].

Guibéon.

On connaît maintenant la région occupée par la confédération des Guibéonites. Guibéon, ayant été visité tout d'abord par les Hébreux, devait se trouver au nord ou au nord-est du groupe Kephira-Beèroth. On peut essayer d'arriver à la détermination de son emplacement en utilisant les diverses indications de la Bible. Elle nous apprend tout d'abord que Guibéon était adossé à une haute colline. Ainsi, David livra sept membres de la famille de Saûl « aux Guibéonites, qui les pendirent sur la colline devant Iahvé [3] ». Ailleurs il est dit qu'au temps de Salomon, le peuple continuait de sacrifier sur les bamoth et que Salomon vint pareillement à Guibéon, « où se trouvait la grande bama », et qu'il offrit sur cet autel mille holocaustes [4]. Le second livre des Chroniques nous fournit même sur cette cérémonie quelques détails complémentaires : « Le roi, en ayant donné l'ordre à tout Israël, aux sars (chefs) de mille, aux centurions, aux schofetim (juges), aux princes de tout Israël, aux principaux des chefs de famille, tous ensemble se rendirent à la bama (haut lieu) de Guibéon, là où était le tabernacle d'Elohim, celui-là même qu'avait établi au désert Moïse, serviteur d'Iahvé..... L'autel d'airain..... était aussi en cet endroit (à Guibéon), devant le sanctuaire de cet Iahvé que venait consulter Salomon avec la réunion [du peuple]. Là, sur l'autel d'airain, attenant au tabernacle, Salomon fit des sacrifices ; il offrit mille holocaustes [5]. »

---

[1] Reland, *Palæstina*, p. 618.
[2] *Biblical Researches in Palestine*, t. II, p. 11 et 12.
[3] II Sam., xxi, 9.
[4] I Rois, iii, 2.4.
[5] II Chron., i, 2.7.

Epiphane [1] ajoute, à ce sujet, que le mont de Guibéon était la plus élevée de toutes les montagnes des environs de Jérusalem et qu'il était éloigné de 8 milles de la montagne des Oliviers.

Guibéon cependant n'était pas dépourvu d'eau. Il suffit, pour le prouver, de rappeler la rencontre d'Abner et de Joab près de l'étang ou piscine de Guibéon [2], laquelle donna lieu au fameux combat des Douze, et cette autre rencontre de Jean, fils de Caréah, et d'Ismaël, fils de Nethania, près des eaux de Guibéon [3].

Guibéon avait donné son nom à une vallée et à un désert : « Jehovah s'irritera comme dans la vallée de Gabaon, » s'écrie Isaïe [4]. Le récit du combat des Douze [5] nous apprend qu'au coucher du soleil Joab et Abischaï, poursuivant Abner, « atteignirent Guibeath-Amma, situé en face de Guiah, sur le chemin du désert de Guibéon. »

Guibéon était du temps de Josué une grande ville, d'importance égale à celle des villes royales, mais supérieure à celle de Haï [6].

De toutes ces données, la plus caractéristique est, sans contredit, celle qui est tirée du relief de la montagne voisine de Guibéon. M. Clermont-Ganneau, dans sa relation de voyage de Jérusalem à Bir-el-Maïn [7], cite le Djebel er Rahman comme la cime « la plus élevée de toute la contrée, sans en excepter Neby-Chamouil. Elle est située, d'après les renseignements recueillis sur place, au nord-est d'Abou-Ghoch, au sud-ouest de Beit-Sourik, à environ une heure (?) du premier village; on y jouit d'une vue immense sur tout le pays environnant ». Effectivement, la carte du *P. E. F.* [8] accuse les altitudes suivantes :

Neby Samouil.....................	2935	pieds anglais.
Hauteur voisine du Batn es Saïdeh...	2978	—
(Dj. er Rahman de M. Clermont-Ganneau.)		
Kefireh..........................	2510	—
Koubeibeh	2440	—
El Djib	2535	—
Jibia	2313	—

Cette dernière localité, où les explorateurs anglais signalent l'existence d'un ancien lieu sacré, et dont le nom présente une

[1] L. l, *adv. Hareses*, p. 394.
[2] II Sam., II, 13.
[3] Jérémie, XLI, 12.
[4] Isaïe, XXVIII, 21.
[5] II Sam., II, 24.
[6] Josué, X, 2.
[7] *Bulletin de la Société de Géographie*, mai 1877, p. 501-502.
[8] *Palestinal Exploration Fund.*

certaine similitude avec celui de Guibéon, doit donc être écartée, ainsi qu'El Djib. D'un autre côté, Neby Samouil est à vol d'oiseau à 5 1/2 milles romains du mont des Oliviers, tandis que la cime du Batn es Saïdeh en est exactement à 8 milles. On peut donc affirmer que c'est bien à cette dernière cime qu'Epiphane attribuait le nom de Guibéon. Et, comme au pied de cette montagne se trouve Kiriet el Anab, que l'on vient d'identifier avec Beèroth, l'on se trouve par là même avoir prouvé la parfaite exactitude de l'expression employée par S. Jérôme[1] : « Beeroth, sub colle Gibeon. »

Au pied du versant nord de la montagne, près du village de Biddou, deux voies romaines viennent se croiser. Il est naturel de penser que ces voies ont succédé à des voies plus antiques, et de chercher s'il n'existerait pas non loin de ce carrefour des ruines importantes. Cette exploration du pays nous amène au village d'El Koubeibeh. « Autrefois, écrit M. Guérin[2], c'était un bourg assez important, comme le prouve l'étendue des ruines dont le pourtour peut être évalué à mille huit cents mètres sur le plateau incliné qu'elles recouvrent. On remarque de tous côtés des pans de murs plus ou moins épais, restes de constructions renversées. Au point culminant du plateau, plusieurs citernes creusées dans le roc avoisinent d'anciennes carrières. Un peu plus bas est un *birket* ou bassin, aux trois quarts construit et creusé dans le roc sur certains points. Long de quarante-cinq pas et large de trente-cinq, il est aujourd'hui fort mal entretenu. » Le *birket* d'El Djib n'a que vingt-quatre pas sur quatorze.

On hésite cependant à placer Guibéon à El Koubeibeh, parce que ce village ne se trouve pas au carrefour même des voies romaines, qui a dû être établi dans un endroit important, et surtout parce qu'il se trouve à un peu plus de 11 kilomètres de Jérusalem, tandis que Guibéon était, d'après Josèphe[3], distant d'Ælia de 50 stades, soit un peu plus de 9 kilomètres. C'est le village de Biddou, voisin du carrefour de voies qui se trouve à pareille distance de Jérusalem : il faudrait donc placer en ce lieu l'antique Guibéor.

Qiriath-Yearim ou la ville des Forêts.

L'emplacement de cette ville a donné lieu à maintes controverses. Eusèbe et s. Jérôme[4] allaient le chercher sur la route

[1] De Lagarde, *Onom. Sac.*, p. 103.
[2] Guérin, *Judée*, I, p. 349.
[3] Josèphe, *Guerre des Juifs*, l. II, ch. xxxvii.
[4] De Lagarde, *Onom. Sac.*, p. 103 et 271.

d'Ælia (Jérusalem) à Diospolis, à 10 milles d'Ælia, au village de
Jarib (aujourd'hui Kh. el Jerabeh, à 10 1/2 milles romains de Jé-
rusalem) ; ils le reportaient donc au nord de Kesla (l'ancienne
Keslon), et méconnaissaient, par suite, l'indication du livre de
Josué qui conduirait à le chercher au sud-est : « Il incline vers
Baal, qui est Qiriath Yearim (la ville des forêts). La frontière
tourne de Baal vers l'ouest jusqu'au mont Sëïr ; elle passe près
de la montagne de Yearim, au nord, à Kesalon [1]. »

Le savant Robinson a voulu placer Qiriath-Yearim au Kiriet
el Anab, qui vient d'être identifié avec l'antique Beëroth.

Dans ces dernières années, le Rev. Henderson et le major
Conder [2] ont proposé le site du Kh. Erma ; M. Birch [3] leur a opposé celui de Soba. La question, comme on le voit, reste toujours
pendante. Il paraît néanmoins possible de restreindre et de circonscrire le champ des recherches.

Tout d'abord, Qiriath-Yearim, qui figure la dernière dans
l'ordre d'énumération des cités guibéonites, devait se trouver à
l'ouest ou au sud du groupe des trois autres villes ; et effectivement, tandis que Guibéon, Kephira et Beëroth échurent en partage à Benjamin, Qiriath-Yearim, tout en restant localité frontière, fut attribué à Juda.

Qiriath-Yearim doit être cherché, comme le remarque Josèphe [4],
à une faible distance de Beth Schémesch, à l'est, par conséquent,
d'Aïn Schems. En effet, lorsque les Philistins se décidèrent à restituer aux Hébreux l'arche d'alliance, les gens de Beth-Schè-
mesch « envoyèrent des messagers aux habitants de Qiriath-
Yearim avec ces mots : *Les Philistins ont fait revenir l'arche
d'Iahvé : descendez pour l'emmener chez vous*. Les gens de
Qiriath-Yearim vinrent et firent monter jusqu'à la maison d'Abi-
nabab, à Guibea, l'arche d'Iahvé [5] ».

Qiriath-Yearim était même plutôt au nord-est qu'au sud-est de
Beth-Schémesch, à en juger par le récit de l'exode des Danites [6] :
« Alors partirent de là, de Çorea et d'Eschthaol, six cents hommes
de la famille des Danites, ceints de leurs armes de guerre. Ils montèrent et campèrent à Qiriath-Yearim en Juda. Aussi appelèrent-
ils ce lieu Mahâné-Dan, nom qu'il porte aujourd'hui. Quittant
ensuite Qiriath-Yearim, ils gagnèrent la montagne d'Ephraïm. »

---

[1] Josué, xv, 9-10.
[2] *Palestine Exploration Fund, Quarterly Statements*, 1878, p. 19 et 196 ; 1879,
p. 95.
[3] *Ibid.*, 1882, p. 61.
[4] *Antiq. Jud.*, VI, 2.
[5] I Sam., vi, 21 ; vii, 1.
[6] Juges, xviii, 11-13.

Il faut toutefois se garder de placer Qiriath-Yearim trop au nord. Le récit de la translation de l'arche de Qiriath-Yearim à Ir-David[1] et le Psaume cxxxii, relatif à cette cérémonie, tendraient plutôt à en faire reporter le site vers le sud. Le Psalmiste, après avoir relaté le vœu de David d'offrir un tabernacle au Dieu de Jacob, s'exprime ainsi :

5. « Voici, nous l'avons entendue à Ephrata, nous l'avons trouvée dans la campagne boisée.

6. » Nous entrerons dans ses demeures, nous nous prosternerons là où s'appuient ses pieds.

7. » Lève-toi, Eternel, pour ton repos, toi et l'arche qui témoigne de ta force. »

Ce passage n'indique-t-il pas que, d'après le Psalmiste, David traversa la contrée d'Ephrata — l'*Ephrata regio Bethlehem* de s. Jérôme[2], Ἐφραθά χώρα Βηθλεὲμ d'Eusèbe[3] — qu'il trouva l'arche à Quiriath-Yearim, la ville des forêts, pénétra dans le tabernacle et, se prosternant, s'écria : « Lève-toi, Seigneur, de ton repos, toi et l'arche de ta sainteté ? » Le cortège dut donc suivre au retour la même route et passer, par conséquent, près de Bethléhem. Saül, quittant le prophète Samuel, était venu pareillement déboucher sur le territoire de Benjamin, au tombeau de Rachel[4], près de Bethléhem.

La translation de l'arche fut, comme on le sait, marquée par un incident. L'arche avait été placée à Baalé-Yehouda sur un chariot traîné par des bœufs ; ceux-ci glissèrent en arrivant dans Gorèn-Nakhon, et leur conducteur fut foudroyé au moment où il portait la main sur l'arche pour la soutenir. La route que les remarques précédentes ressuscitent a fort bien pu traverser le village de Djoura, dont le nom offre quelque analogie avec celui de Gorèn, et dont les abords difficiles[5] expliqueraient fort bien l'impuissance des bœufs à traîner le chariot.

Lorsque l'on pèse ces différentes données, on ne peut se décider à adhérer à la solution de M. Birch, ni à celle qu'ont proposée le Rév. Henderson et le major Conder. Il faut, pour résoudre le problème, mettre en ligne de nouveaux arguments tirés de l'emplacement de Maspha, localité voisine de Qiriath-Yearim, et du tracé de la frontière de Benjamin entre Jérusalem et Beth-Horon.

---

[1] II Sam., vi, 1-12.
[2] *Onom. Sac.*, éd. de Lagarde, p. 117.
[3] *Ibid.*, p. 252.
[4] I Sam., x, 2.
[5] « Descendu des hauteurs où s'élève Sathaf, je franchis l'oued Sathaf, puis je suis dans la direction du sud-est un sentier assez roide » menant à Aïn Djoura. Guérin, *Judée*, II, 5.

Maspha.

On a longuement disserté sur l'emplacement de Maspha, et peut-être n'est-on pas arrivé à élucider la question pour n'avoir pas tenu suffisamment compte des indications d'Eusèbe :

a) Μασσηφά. φυλῆς Ἰούδα, ἔνθα κατῴκει Ἰεφθαὲ, πλησίον τῆς Καριαθ-ιαρείμ, ἐν ᾗ καὶ ἡ κιβωτός ποτε κατέμεινεν, ἔνθα καὶ Σαμουὴλ ἐδίδαξεν. κεῖται καὶ ἐν Ἰερεμίᾳ[1].

b) Μασφά. φυλῆς Γάδ, Λευίταις ἀφωρισμένη. καὶ ἄλλη δέ ἐστι νῦν Μασ-σημὰ ἐν ὁρίοις Ἐλευθεροπόλεως ἐν βορείοις. ἔστι καὶ ἄλλη φυλῆς Ἰούδα ἀπιόντων εἰς Αἰλίαν[2].

c) Μασφά. φυλῆς Βενιαμίν[3].

S. Jérôme reproduit ces trois articles, mais en tronquant le second :

« Masfa, in tribu Gad, separata Levitis. Est autem et alia nunc Masfa in finibus Eleutheropoleos contra septentrionem pergentibus Æliam, pertinens ad tribum Judæ[4]. »

Il est facile de se rendre compte de l'erreur commise par S. Jérôme; la route d'Eleutheropolis à Ælia ne pouvait évidemment pas se diriger vers le nord.

Les indications d'Eusèbe ne sont pas davantage absolument exactes : Jephté était originaire de la Maspha de Gad[5], et Jérémie, ainsi qu'on va le voir, n'a visé que la Maspha de Benjamin. Néanmoins, on peut prendre le texte d'Eusèbe pour base de discussion ; ce qui amène à distinguer quatre localités portant le nom de Maspha :

1° Maspha en Galaad, au delà du fleuve, sur le territoire de Gad ;

2° Maspha de Juda[6], située au nord d'Eleutheropolis, l'*Alba Specula* des croisés, aujourd'hui Tell es Safy ;

3° Autre Maspha de Juda, sur la route d'Eleutheropolis (auj. Beit Djibrin) à Jérusalem, voisine de Qiriath-Yearim, où Samuel tenait des assises ;

4° Maspha de Benjamin[7].

---

[1] *Onom. Sac.*, éd. de Lagarde, p. 278.
[2] *Ibid.*, p. 279.
[3] *Ibid.*, p. 280.
[4] *Ibid.*, p. 139.
[5] Juges, xi, 11.
[6] Josué, xv, 38.
[7] Josué, xviii, 26.

Tous ceux qui ont pris pour guide s. Jérôme ont confondu ces deux dernières localités; pour les distinguer l'une de l'autre, pour bien définir leurs sites respectifs, il est nécessaire de passer en revue les différents textes qui se rapportent à l'une ou à l'autre.

Premier texte, relatif à la guerre contre les Philistins qui survint vingt ans après l'installation de l'arche à Qiriath-Yearim [1].

« Rassemblez tout Israël à Miçpa, dit Samuel, et je prierai pour » vous. Les enfants d'Israël se réunirent à Miçpa et puisèrent de » l'eau qu'ils répandirent devant Iahvé... A Miçpa, Samuel jugea » Israël. Les Philistins ayant appris que les ennemis s'étaient ras- » semblés à Miçpa, leurs Séranim montèrent vers Israël... Les Phi- » listins engagèrent la lutte contre Israël; mais Iahvé tonna de sa » grande voix en ce jour là contre les Philistins, et les débanda de » telle sorte qu'ils furent battus par les enfants d'Israël. S'élançant » de Miçpa, les vainqueurs poursuivirent les Philistins et les frap- » pèrent jusqu'au-dessous de Beth-Kar (βηθχωρ). Samuel prit une » pierre et la plaça entre Miçpa et Haschèn; après quoi, il l'appela » Eben-ha-ézer, en ajoutant : jusque-là Iahvè nous a secourus... » Chaque année, Samuel faisait sa tournée à Bethel, à Guilgal, à » Miçpa et jugeait le peuple en tous ces lieux. Il retournait ensuite » à Rama, où était sa maison et où il jugeait Israël. »

Il s'agit ici de la Miçpa n° 3, puisque Samuel y rendait ses juge-ments. Ces lieux d'assises étaient convenablement répartis sur le territoire; Guilgal, dans la vallée du Jourdain, était facilement accessible aux Hébreux d'au-delà du fleuve, Bethel aux tribus du nord (Rama était le tribunal ordinaire); Miçpa devait être à portée de Juda, à demi-séparé de Benjamin par le territoire in-dépendant de Iebous; le site indiqué par Eusèbe sur la route d'E-leutheropolis' se prêtait mieux à ces nécessités qu'un site placé au nord de Jérusalem, à Chafat [2], ou même à Neby Samouïl [3].

La Miçpa n° 3 avait des eaux assez abondantes pour suffire aux besoins d'une multitude.

Ebenezer avait été déjà le théâtre d'un engagement malheureux pour les Hébreux [4]; l'Onomasticon [5] le place dans le voisinage de Beth-Schémesch; et cette indication conduit à l'identifier avec le village de Déir-Aban, situé en face du débouché de l'oued es-Surar, l'une des principales routes d'invasion des Philistins.

---

[1] I Sam., vii, 5-7, 10-12, 16 et 17.
[2] Guérin, Judée, I, 395-402.
[3] Ibid., I, 363-384.
[4] I Sam., iv, 1.
[5] Onom. Sac., éd. de Lagarde, p. 96 et 226.

Deuxième texte, relatif à la première rencontre de Samuel et de Saül [1].

Saül avait été envoyé par son père à la recherche d'un troupeau d'ânesses. Il avait en vain exploré la montagne d'Ephraïm, visité le district de Salischa, fouillé le pays de Schalim, puis la terre d'Iemini. Parvenu au bout de deux à trois jours sur le territoire de Suph, découragé, songeant aux inquiétudes que son absence prolongée pouvait causer aux siens, il était prêt à abandonner ses recherches, lorsqu'un serviteur lui dit : « Mais il y a dans cette ville un homme d'Elohim fort considéré ; tout ce qu'il prédit s'accomplit ; rendons-nous là ; peut-être nous marquera-t-il le chemin que nous devons prendre. » Saül et son compagnon se rendirent à la ville où demeurait l'homme d'Elohim. Comme ils montaient par la rampe de la colline, ils rencontrèrent des jeunes filles qui sortaient pour puiser de l'eau : « Y a-t-il là un voyant, leur demandèrent-ils. — Oui, répondirent-elles ; là, devant vous ! hâtez-vous : aujourd'hui il est dans la ville, car le peuple sacrifie, en ce jour, sur la bama (haut lieu). A votre entrée dans le bourg, vous le trouverez avant qu'il monte à la bama pour le festin. Ils continuèrent leur route vers la ville. Au milieu de l'endroit, ils virent devant eux Samuel qui sortait pour monter à la bama. » Le lendemain matin, Samuel, après avoir oint Saül, lui dit : « Après m'avoir quitté, tu rencontreras deux hommes près du tombeau de Rachel, sur la frontière de Benjamin. Ils te diront : Elles sont retrouvées les ânesses que tu es allé chercher. Ton père a oublié les ânesses et s'inquiète de vous. »

Ainsi, la ville dans laquelle Saül rencontra Samuel était située à mi-côte d'une hauteur dont la cime était occupée par une bama. A ses pieds était une source ou puits où l'on allait chercher de l'eau. Ce site rappelle à plusieurs égards celui qui résulte pour Miçpa de l'analyse du premier texte.

Son nom n'est pas prononcé dans le récit qui vient d'être transcrit. On voit simplement par le contexte que c'était l'une des résidences de Samuel : il y séjournait au moins de temps à autre, puisqu'il y avait une demeure bien connue des habitants. C'était cependant un hôte de passage : « Aujourd'hui il est dans la ville, » disent les jeunes filles ; ce ne pouvait donc être Ramathaïm Sophim, comme l'avance Josèphe [2]. L'hésitation pourrait subsister entre Bethel, Guilgal et Miçpa de Juda, si les deux premières localités ne se trouvaient écartées par suite de leur éloignement du

[1] I Sam., ix et x.
[2] Josèphe, *Ant. Jud.*, l. VI, ch. v.

tombeau de Rachel ; par élimination, on arrive ainsi à fixer à Miçpa le théâtre de la rencontre de Samuel et de Saül.

La Bible est muette sur le nom de la localité, mais elle la place dans le territoire de Souph. Ce territoire n'aurait-il pas tiré son nom de la ville ? Cela n'est pas improbable, les mots Miçpa et Souph appartiennent à deux racines apparentées : ainsi la Miçpa n° 2 est identique à Tell es-Safy.

Les indications d'Eusèbe et de saint Jérôme ne s'écartent pas autant qu'on le croirait, de prime abord, de cette interprétation : Σείμ ἔνθα εὗρε Σαούλ τὸν Σαμουήλ, écrit Eusèbe [1], lisant sur le texte hébreu un *Mem* pour un *Pe*, comme il avait écrit Μασσημὰ pour Μασσηφὰ. « Stif ubi Samuel invenit Saulem », traduit, à son tour, saint Jérôme [2], écrivant Stif ou Tsif.

Troisième texte, relatif à la guerre de Baasa, roi d'Israël, contre Asa, roi de Juda.

« Le roi Asa convoqua tout Juda, sans excepter personne, afin d'enlever de Rama les pierres et le bois qu'avait assemblés Baasa pour bâtir, et avec ces matériaux le roi Asa construisit Gueba de Benjamin et Miçpa [3]. »

Baasa, ayant envahi le territoire du royaume de Juda, avait voulu organiser le massif de Rama (Neby Samouil), à quarante stades de Jérusalem, dit Josèphe, afin de commander l'entrée et la sortie de la capitale de Juda, et d'occuper solidement le plateau de Benjamin. L'attaque du roi de Damas l'ayant obligé à retirer ses troupes de Rama, Asa en profita pour démolir les fortifications élevées, et il utilisa les matériaux rassemblés par son ennemi pour fortifier deux localités voisines, Gueba de Benjamin, dont l'emplacement a été déterminé plus haut, et Miçpa.

Il s'agit évidemment ici de la Miçpa de Benjamin.

Quatrième texte, se rapportant à l'assassinat de Guedalia par Ismaël.

Nabuchodonosor, après la prise de Jérusalem, confia à Guedalia l'administration des territoires conquis : celui-ci s'établit à Miçpa. Il y fut traîtreusement assassiné par Ismaël, fils de Netha-nia ; tous les Juifs et Chaldéens résidant dans la même localité furent égorgés dans la même nuit. Le surlendemain du massacre,

---

[1] *Onom. Sac.*, éd. de Lagarde, I, p. 295.
[2] *Ib.*, I, p. 153 et II, p. 57. On adopte la version du manuscrit de Berlin : *Stif*, de préférence à celle des autres manuscrits : *Sthif*.
[3] 1 Rois, xv, 22. — Récit identique dans II Chron., xvi, 6, et Josèphe, *Antiq. Jud.*, l. VIII, ch. vi.

Ismaël, s'étant porté à la rencontre de quatre-vingts hommes de
Sichem, de Silo et de Samarie qui se rendaient au Temple avec des
offrandes, réussit à les attirer au milieu du bourg ; il les tua près
du puits construit jadis par Asa par mesure de précaution à l'é-
gard du roi Baasa, et précipita dedans leurs cadavres. Puis il prit
avec tous les captifs, les princesses royales et le menu peuple, le
chemin du pays d'Ammon. Cependant Jean, fils de Carèah, instruit de ces faits, s'étant mis à la tête de gens armés, courut à la
poursuite d'Ismaël et le joignit près de la grande citerne de Guibéon. Ismaël réussit à lui échapper, mais ceux qu'il entraînait
avec lui se rendirent avec joie à Jean, fils de Carèah. Tout ce
peuple, ainsi que les eunuques ramenés de Guibéon, furent
conduits à un village voisin de Bethléhem, puis acheminés vers
l'Egypte.

Ce récit, qui nous a été transmis avec force détails par un contemporain mêlé à tous ces événements, le prophète Jérémie [1], établit l'identité de la Miçpa de Guedalia et de celle d'Asa. Il signale
l'existence d'un puits au centre de la localité, et tend à faire assigner à Miçpa un site à l'ouest ou au sud de Guibéon ; ce qui concorde avec la place occupée par Miçpa, entre Beèroth et Kephira,
dans l'énumération des villes benjamites [2].

Cinquième texte, relatif à la reconstruction des murs de Jérusalem par Néhémie.

Néhémie, dans sa revue des chantiers installés sur tout le développement de l'enceinte de Jérusalem, fait à trois reprises différentes intervenir les gens de Miçpa. « La Porte Ieschana fut réparée par Yoyada ben-Passéah et Meschoullam ben-Bessodeya...
Près d'eux travaillaient Melatya le Guibéonite et Iadon le Mérono-
thite, les gens de Guibéon et de Miçpa, attenant au siège du péha
(gouverneur) d'au-delà du fleuve [3]. » « La Porte de la Fontaine fut
réparée par Schalloun, fils de Kol-Hozé, chef du cercle de Miçpa...
Il travailla aussi au mur de l'étang de Schélah, vers le jardin
royal jusqu'aux degrés descendant de la cité de David [4]. » « Plus
loin, ses frères, Bawai ben-Henadad, chef de l'autre moitié du
cercle de Qeïla ; à leur côté, Ezer ben Yéschoua, chef de Miçpa,
répara une seconde section, en face de la montée de l'arsenal, qui
est à l'angle [5] ».

[1] Jérémie, XL et XLI.
[2] Josué, XVIII, 25-26.
[3] Néh., III, 6.7.
[4] Ib., III, 15.
[5] Ib., III, 18-19.

Le premier passage se réfère à une section du mur septentrional de Jérusalem ; le second à la partie de l'enceinte de cette ville située à l'angle sud-ouest ; le troisième, enfin, au mur occidental de Ir-David. On remarque, de plus, que les gens ont été de préférence employés sur le chantier le plus rapproché de leur localité d'origine. Le premier passage s'applique manifestement à la Miçpa de Guedalia, siège d'un gouverneur assyrien, et localité voisine du Guibéon. Les deux derniers passages paraissent, au contraire, viser une Miçpa différente, résidence d'un chef de cercle et située au sud-ouest de Jérusalem.

Sixième texte, relatif à la défaite infligée à l'armée syrienne
par Juda Macchabée [1].

L'armée syrienne, forte de quarante mille hommes et de sept mille chevaux, était venue camper devant Emmaoum, dans la plaine ; l'ennemi tenait la citadelle de Ir David, lorsque Juda Macchabée appela les Juifs à la résistance. « Ceux-ci se rassemblèrent et vinrent à Massépha, près de Jérusalem, ancien lieu de prières pour Israël. » Juda, les ayant organisés en bandes, s'en fut à leur tête se poster au sud d'Emmaoum. Cependant Gorgias, l'un des chefs syriens, se porta, par une marche de nuit, avec cinq mille fantassins et mille cavaliers, contre le camp des Juifs ; il le trouva abandonné, et, croyant que les Juifs avaient fui devant lui, il se mit à battre la montagne. De son côté, Juda Macchabée, profitant de la faute qu'avait commise l'ennemi de s'affaiblir par un fort détachement, attaqua à l'aube le camp syrien d'Emmaoum, mit en fuite ceux qui l'occupaient, et après les avoir poursuivis jusqu'à Gazéra, fit faire volte-face à ses soldats pour lutter contre le détachement de Gorgias débouchant de la montagne.

Massépha, l'ancien lieu de prières, ne saurait être autre que notre Maspha n° 3 ; Emmaoum située dans la plaine, que l'ancienne Nicopolis, aujourd'hui Amouas. Massépha était dans une région montagneuse, et, pour se rendre d'Emmaoum à Massépha, l'on avait le choix entre plusieurs chemins. La distance entre les deux localités devait être assez faible, quinze à vingt kilomètres au plus, pour pouvoir être franchie par une forte troupe dans une marche de nuit.

Le site du Kharbet Shoufa près Akur répond bien à ces différentes conditions. Il se trouve à 10 kil. 7 à vol d'oiseau d'Amouas ; on peut se rendre du Kharbet Shoufa à Amouas, soit par une

---

[1] I Macch., III-IV.

succession de vallées en venant passer près d'Eshoua pour aborder
Amouas par le sud, — ce fut la route suivie par Juda Macchabée,
— soit par des sentiers franchissant la crête de Beit Mahsir, entre
Beit Mahsir et Saris, — c'est la route la plus directe, celle que
dut parcourir Gorgias.

Ce site satisfait, d'ailleurs, bien aux données révélées par l'analyse des textes qui ont été ci-dessus rappelés. Il commande par
son altitude (2697 pieds anglais) le pays à la ronde dans un rayon
de six kilomètres ; au pied de la hauteur se trouve la source
Aïn el-Judeideh.

Quant à la Miçpa de Benjamin, elle doit être cherchée à l'ouest
de Guibéon ; c'était, d'ailleurs, une ville importante à l'époque
assyrienne, puisqu'elle était devenue le siège du gouvernement.
Le site d'El Koubeibeh satisfait à ces deux données.

La frontière sud-ouest de Benjamin.

Voici la description qu'en donne le chapitre xv du livre de
Josué :

D'Èn-Roguel la frontière s'élevait vers le val de Ben-Hinnom, au
sud de la hauteur où est planté l'Ieboussite, — c'est Jérusalem. —
De là, la ligne de frontière montait vers le sommet de la colline qui
est en face de Guê-Hinnom, à l'ouest, à l'extrémité nord de la plaine
des Rephaïm. Elle allait ensuite du sommet de la montagne vers la
source des eaux de Nefthoah, coupait les bourgs du mont Ephron,
passait à Baala, — c'est Qiriath-Yearim. Elle tournait de Baala à
l'ouest vers la hauteur de Séir, traversait le dos de la montagne de
Yearim, au nord, c'est-à-dire à Kessalon, descendait à Beth-
Schémesch...

Ce texte manque de clarté, ou, du moins, il a été longtemps
mal interprété. On avait compris : « Cette frontière montera jusqu'au sommet de la montagne qui est vis-à-vis la vallée de Hinnom vers l'occident, et qui est à l'extrémité de la vallée des
Rephaïm vers le septentrion ; » au lieu de : « Cette frontière
montera jusqu'à la cime de la montagne qui regarde à l'ouest le
débouché de la vallée de Hinnom, laquelle vallée s'étend au nord
de la vallée des Rephaïm. »

L'on avait, en conséquence, fait décrire au tracé presque une
demi-circonférence autour de Jebous, et on l'avait dirigé sur
Lifta, dont on avait rapproché le nom de celui de la Nephtoah
biblique.

Eusèbe et s. Jérôme avaient, de leur côté, donné une autre interprétation au texte, qui les avait conduits, tout en proclamant

territoire de Benjamin la vallée de Rafaim [1], à la placer au nord
de Jérusalem [2].

Mais l'on ne saurait douter de leur erreur lorsqu'on rapproche
les indications qu'ils nous ont transmises des textes précis qui
fixent l'emplacement du tombeau de Rachel, sur le bord du chemin de Bethel à Bethléhem, proche Bethléhem [3], et sur la frontière de Benjamin [4], au point, par conséquent, où s'élève encore
aujourd'hui le Kubbet Rahil.

La vallée des Rephaïm correspond donc à la plaine d'El Bukeia,
que l'on traverse pour se rendre de Jérusalem à Bethléhem. Le
texte grec d'Eusèbe [5] spécifie, du reste, la forme topographique de
cette vallée, en employant, non pas le terme φαραξ réservé pour
une gorge, mais le mot 'Εμεκ, c'est-à-dire une large vallée cein-
turée de hauteurs, une sorte de fond de lac, tel que l'Amk des
environs d'Antioche. Les Septante accentuent encore le caractère
topographique de la vallée en se servant du mot γῆ, qui signifie,
en réalité, une plaine.

Il est maintenant acquis que la seconde des interprétations
données plus haut est la bonne, et que d'En Roguel la frontière
suivait les cimes enveloppant à l'est et au sud-est la plaine de
Rephaïm pour aboutir au tombeau de Rachel.

Entre ce monument et le village de Kesla, la frontière franchissait le mont *Sèir*, en chaldéen *Seghir*. L'existence, sur la chaîne
de hauteurs qui sépare le bassin supérieur de l'oued es-Sûrar de
la vallée de Kiriet el-Anab, d'une ruine dénommée Kh. Batn es-
Saghir, enlève toute hésitation sur l'emplacement du mont Sèir.
D'après cela, il faut chercher dans la région avoisinant Bethléhem
la fontaine des eaux de Nephtoah, qui nous paraît être la Netupha
de Néhémie et des Chroniques : « Les gens de Bethléhem et de
Netopha, cent quatre-vingt-huit [6]. » Les lévites de Netupha venaient chanter au Temple de Jérusalem [7]. Les Talmudistes ne se
sont pas trompés sur la région à laquelle appartenaient les eaux
de Nephtoah ; ces eaux correspondaient, pour eux, à la fontaine
d'Etam [8]. Il semble cependant préférable de songer aux belles
sources de l'oued el-Werd, Aïn Yalo et Aïn Hanniyeh.

[1] De Lagarde, *Onom Sac.*, p. 119 et 255.
[2] *Ibid.*, p. 147 et 288.
[3] Gen., xxxv, 19.
[4] 1 Sam., x, 2.
[5] De Lagarde, *Onom. Sac.*, p. 255.
[6] Néhém., vii, 26.
[7] II Chron., xii, 28.
[8] Neubauer, *Géographie du Talmud*, p. 146.

On propose donc de prolonger le tracé au delà du tombeau de Rachel par les hauteurs de la rive droite de l'oued Ahmed, en suivant une ligne de sept tells ou *Rujims* unique en Palestine : R. Attyeh, R. Afâneh, R. el Barish, R. (?), R. Tarûd, R. ed-Dúrîbeh, R. ed-Dir, pour arriver sur la cime de la montagne près du Kuriet S'aideh.

Cette hauteur correspondrait, par suite, au mont Ephron.

Mais sur quel point de la chaîne du Batn es-Saghireh convient-il de diriger le tracé ? Du texte biblique il ressort simplement que la frontière laissait à l'ouest Qiriath-Yearim avant d'atteindre le mont Séïr : l'emplacement attribué à Miçpa, localité de Juda voisine de Qiriath-Yearim, le fait, d'autre part, diriger à l'est du Kh. Shoufa. Cette observation réduit à 3 kilomètres de largeur la bande de terrain dans laquelle doit être cherché Qiriath-Yearim. L'hésitation n'est plus possible qu'entre Soba, Sétaf et Kh. el-Loz.

Passons donc en revue les renseignements que l'on possède sur chacune de ces localités.

Souba est une montagne isolée et de forme conique, couronnée à son sommet par une petite ville ; d'après M. Guérin [1], d'anciens blocs, bien équarris, engagés dans des constructions encore debout, démontreraient l'antiquité de cette localité. A l'extérieur de la ville, on remarque plusieurs tombeaux creusés dans le roc. Sur les pentes inférieures de la montagne se trouve une antique fontaine servant à l'alimentation des habitants de Souba. Cette particularité avait jadis conduit à penser que Souba correspondait à Ramathaïm-Sophim, ou, du moins, au théâtre de la première rencontre de Saül et de Samuel [2], idée reprise de nos jours par

---

[1] Guérin, *Judée*, I, p. 265-278.

[2] *Itinerarium Hierosolymitanum et Syriacum*, auctore Joanne Cotovico, Antuerpiæ MDCXIX. On y lit, p. 316 : « Mox ad pedem Montis substitimus, cui *Soba* nomen est, Ramatha Sophin, aut Ramathaïn Sophim olim dictus. Samuelis prophete patria. eius que tumulo celebris, atque ipso meridie, œstus et reficiendorum corporum caussâ in proximum Olivetum declinavimus; ubi iuxta fontem Saulis, limpidissimas et frigidissimas emittentem aquas, à vivâ scaturientes rupe, sub olearum umbrâ subsedimus, ac panè et aquâ paululum recreati, per horam unam atque alteram quievimus. Saulem nondum Regem, patris asinos quærentem, hoc loco Samuelem prophetam obviam habuisse, atque in Regem Israhel ab eo ibi unctum fuisse multorum opinio est. In montis apice insigne Delubrum est, Samuelis Prophetæ Monumento clarum, magnâ tamen ex parte collapsum et in barbarorum hodie Messitam versum; cui cohærent humiles aliquot domunculæ, Maurorum habitacula. Cum vero Prophetæ tumulum (cujus ossa in Thraciam translata scribit Hieronymus) atque oppidum ipsum invisendi desiderio teneremur, Mucharum ad oppidi Santonem à guardiano mitti curavimus, qui veniam peteret. Is re infectâ mox redit : recusasse Santonem refert, et illico abeundum nobis esse renunciat. Spe hac dejecti discedimus, ac cœptum prosequentes iter, ad meridiem fleximus. Aliquanto deinde viæ permenso spatio, ad montem venimus Machabœorum Monumentis insignem, Modin veteribus dictum; in cujus

Robinson [1]. Pour la réfuter, il suffit de rappeler que Ramathaïm-Sophim était une localité de la montagne d'Ephraïm. Une autre tradition locale plaçait, sinon à Souba même, du moins dans les environs [2], les tombeaux des Macchabées, retrouvés depuis par M. Guérin près d'El Medieh [3]. Enfin, les officiers de la *P. E. F.* ne signalent à Souba que des ruines médiévales.

Séthaf est assis sur les pentes d'une montagne, à la cime de laquelle on observe d'antiques carrières. Au bas du village jaillissent deux sources très abondantes, dont les eaux s'écoulent dans deux bassins carrés de douze pas de côté, qui passent pour des constructions antiques. A un niveau inférieur, deux autres sources sourdent de la montagne [4]. Sur ce village, il n'existe aucune tradition : personne n'a songé à lui appliquer la note de s. Jérôme : « Sthif ubi Samuhel invenit Saulem. »

Khirbet el-Loz offre plusieurs citernes creusées dans le roc et un petit birket, en partie maçonné et en partie creusé dans le roc, qui datent probablement de l'antiquité [5]. Les officiers de la *P. E. F.* y ont trouvé différentes ruines éparses sur une étendue de 400 mètres et sur les flancs de la colline une borne milliaire, vestige d'une voie antique venant sans doute d'Aïn Chems.

Ces renseignements militent assurément en faveur de l'identification de Qiriath-Yearim avec le Kh. el-Loz, mais il faut reconnaître qu'ils ne jettent pas sur la question une lueur décisive.

Un autre argument peut cependant être encore invoqué à l'appui de ces déductions. Le dernier groupe des villes de la région montagneuse de Juda ne comprenait que deux localités, à savoir : d'après l'hébreu, Qiryath-Baal, qui est Qiryath-Yearim et Harabba ; d'après le chaldéen, Kirijath-Baghal, qui est Kirjath-Iegharim et Haraba ; d'après le syriaque, Dacath et la ville de Baal, qui est la ville de Naarin ; d'après les Septante, Καριαθβαάλ, qui est la ville Ἰαριμ et Σωθηβᾶ. On peut s'étonner de trouver un groupe constitué par deux bourgs à côté de groupes englobant chacun un assez grand nombre de localités. En cherchant à justifier cette anomalie, on est conduit à penser que ce groupe devait

cacumine quina offendimus vetusti operis Monumenta, è durissimo saxo, atque in quadratum insurgentia opus, certo spatio inter se divisa. Inde viâ modo declivi, modo acclivi, difficilique ad locum quendam venimus ruderibus refertum, ab urbe distantem Hierosolymâ duo circiter millia passuum. »

[1] *Biblical Researches in Palestine*, t. II, p. 6-10.
[2] Guérin, *Judée*, II, p. 3.
[3] Guérin, *Samarie*, II, p. 404 et suiv.
[4] *Onom. Sac.*, éd. de Lagarde, p. 153.
[5] Guérin, *Judée*, II, p. 4-5.

correspondre à un territoire assez restreint limité au nord par la
frontière de Benjamin, au sud par un accident de terrain établissant une ligne de démarcation naturelle entre ce canton et le
canton voisin. Un simple coup d'œil jeté sur la carte montre que
cette ligne était constituée par la gorge étroite de l'oued es-Surar.
On a vu que Qiriath-Yearim était au nord de la coupure ; il devait
en être de même de la seconde ville. D'ailleurs, les Septante, en
nous transmettant la forme Σωθηϐᾶ, donnent à la discussion une
orientation nouvelle. Quelle modification cette forme a-t-elle
subie avec le temps? Est-elle devenue par contraction Sóba, ou
bien, par modification de la syllabe finale, Sethaf, comme ὄζιϐ des
Septante, Zib du syriaque, correspond à Ziph? Ce précédent nous
paraît décisif : Sethaf serait la Σωθηϐᾶ des Septante, l'antique
Harabba, et Qiriath-Yearim, dont il faut, d'autre part, chercher l'emplacement dans le voisinage du Kh. Shoufa, ne pourrait
être placée ailleurs qu'au Kh. el-Loz.

L'on est, par suite, entraîné à assigner à la frontière le tracé
suivant : elle laissait à l'ouest le Kuryet-Saïdeh et le Kh.-Kusur,
accédait à l'oued es-Surar par le ravin qui court au-dessous d'El-
Jurah, franchissait l'oued es-Surar, passait entre Sethaf et Soba,
se dirigeait sur le col à l'est du Kh.-Batn es-Saghireh, et se glis-
sait le long des hauteurs jusqu'à Kesla adossé au mont Jarin, dont
le nom nous a été conservé par la fontaine Aïn el-Jurun, qui sourd
sur le versant opposé à Kesla près de la ruine de Beit-Fajûs.

Après cette longue discussion du tracé de la frontière donné
par le ch. xv du Livre de Josué, il semble inutile de rappeler la
description plus concise de la même frontière que l'on trouve au
chapitre xviii du même livre. Cette description ne s'écarte de la
première que sur un point qui semble, d'ailleurs, inadmissible ;
partant de Qiriath-Yearim pour aboutir à En-Rogel, elle assigne
au tracé au-delà de Qiriyath-Yearim une direction vers la mer et
non vers l'est.

Il nous reste, enfin, à indiquer comment la frontière méridionale de Benjamin se rattachait à la frontière septentrionale. Le
livre de Josué est à cet égard bien laconique :

« La limite descendait à Atroth-Addar, sur la montagne qui
est au sud de Beth-Horon-la-Basse. De là, la frontière tournait à
l'ouest, au sud de la hauteur qui est en face de Beth-Horon au
midi et aboutissait à Qiryath-Baal, qui est aujourd'hui Qiryath-
Yearim, bourg des fils de Juda. »

Ce texte semble viser deux montagnes, toutes deux situées

au sud de Beth-Horon, l'une rapprochée, l'autre plus éloignée et débordant la première vers l'ouest. Cette dernière ne saurait différer de la crête qui court de Kuriet el-Anab à Beit-Mahsir à une altitude variant entre 2,300 et 2,000 pieds anglais. Du Khurbata ibn es-Seba, en marchant sur Beit-Mahsir, on devait donc longer de près la frontière, laquelle, contournant la montagne, rejoignait à Kesla la partie déjà étudiée du tracé.

Revue des villes benjamites.

Le livre de Josué répartit les villes benjamites en deux groupes.

Le premier groupe comprend douze localités : Jericho, Beth Hogla, Emeq-Qeçiç, Bethhaaraba, Cemaraïm, Bethel, Avim, Para, Ofra, Kefar-Ammona, Ofni, Guéba.

Ces noms sont à peu près exactement reproduits par les versions chaldéenne, syriaque et arabe. La version des Septante énumère treize noms, mais indique un total de douze localités; mais il saute aux yeux que la leçon Κεφιρὰ καὶ Μονὶ doit être rectifiée et ramenée à Κεφιραμονὶ; il faut toutefois remarquer que les Septante écrivent Ἐφραθὰ pour Ofra, qu'ils font suivre ce nom de celui de Καραφὰ et qu'en revanche, ils ne mentionnent pas Ofni.

Les cinq premières localités étaient situées dans la plaine du Jourdain : Jericho ou Tell es-Sultan, Beth Hogla près de Aïn Hajla, Bethhaaraba au nord-ouest d'Aïn Hajla, Cemaraïm à la double ruine appelée Khurbet es Sumrah, ainsi qu'il a été précédemment dit.

On a beaucoup disserté sur la position d'Emeq-Qeçiç, Ἀμεκασίς. M. de Saulcy a proposé [1] de reporter cette localité dans une vallée dénommée Oued Kâasis et située dans le voisinage de Bir-el-Haoudh; M. de Norof [2] a songé à l'identifier avec l'emplacement du couvent de Chuziba; l'un et l'autre sites doivent être, à notre avis, écartés, l'un comme trop éloigné des localités entre lesquelles le texte l'encadre, l'autre comme se trouvant dans « un horrible ravin déchiré », qui n'aurait jamais pu être caractérisé par l'emploi en hébreu du mot *Emeq*, en syriaque *Amac* et en chaldéen d'un terme correspondant au latin *planities*.

Le site d'Emeq-Qeçiç nous paraît, en conséquence, devoir être cherché dans la plaine, sur le bord d'un des cours d'eau descendant de la montagne : Tell el-Kos près Eriha paraît, à tous égards, convenir.

---

[1] De Saulcy, *Voyage en Syrie et autour de la Mer-Morte*, t. II, p. 140.
[2] *Pèlerinage en Terre-Sainte de l'higoumène russe Daniel*, traduit par M. de Norof, p. 45.

Jéricho semble avoir été la métropole de ce premier sous-groupe ; Haï, qui fut, après Jéricho, attaquée et détruite par Josué, a dû, au contraire, exercer sa domination sur les sept villes de de l'autre sous-groupe.

On a indiqué plus haut, plus ou moins exactement, les emplacements de Bethel, Avim et Ophra ; mais les renseignements manquent sur Para, Kefar Ammona et Ofni. On doit, toutefois, signaler dans une vallée profonde descendant au Jourdain les ruines du Khirbet Tell el-Farah, qui pourraient, d'après leur nom, correspondre, ainsi qu'on l'a proposé [1], à la Para benjamite. Entre le Kh. Attara et le Kh. Kefr Tas existe une grotte dont le nom de Mugharet umm-Ifnun pourrait être rapproché de celui d'Ofni. S'il en était ainsi, il faudrait voir dans Guéba, de la liste des villes bénjamites, non pas le Gabaa de Benjamin sur laquelle on a plus haut longuement disserté, mais la localité de Jeba, dont l'antiquité est attestée par des citernes et caveaux creusés dans le roc et par les vestiges d'un mur d'enceinte en gros blocs [2] ; on serait dès lors amené à constituer le second sous-groupe avec des localités assises sur les pentes du plateau descendant au Jourdain. Mais ce sont là de simples conjectures.

Le deuxième groupe des villes benjamites comprenait quatorze bourgs : Guibéon, Rama [3], Beëroth, Miçpé [4], Kefira [5], Moça, Réqem, Irpéel [6], Thareâla, Séla, Eleph [7], Jebous qui est Jérusalem, Guibeath, Quiryath Yearim [8] ; ou selon la version des Septante ; Γαϐαὼν, καὶ ʹΡαμὰ, καὶ Βεηρωθὰ, καὶ Μασσημὰ, καὶ Μιρὼν, καὶ ʼΑμωχή, καὶ Φιρά, καὶ Καφὰν, καὶ Ναχὰν, καὶ Σεληχὰν, καὶ Θαρεηλὰ, καὶ ʼΙεϐοῦς αὕτη ἐστὶν ʼΙερουσαλὴμ, καὶ Γαϐαὼθ, ʼΙάριμ.

On a indiqué plus haut les sites respectifs de Guibéon, de Rama, de Beëroth et de Miçpé. Les Septante remplacent sur leur liste Kefira par Μιρὼν, tandis qu'ils donnent le numéro sept à une localité Φιρά : il y a peut-être eu interversion des deux noms.

Moça, ʼΑμωχή, Amsa de saint Jérôme et d'Eusèbe, pourrait bien correspondre aux ruines appelées Kh. Beit Mizzeh, qui occupent la partie supérieure d'une haute colline, jonchée d'innombrables débris de poterie antique et couvert de matériaux de toute sorte,

---

[1] Guérin, *Judée*, III, p. 71.
[2] Guérin, *Judée*, III, p. 67.
[3] Version chaldéenne, *Ramatha*.
[4] Μασσημα des Septante.
[5] Hacephira, v. chald. ; *Chephira*, vers. syriaque ; *Kephira*, vers. arabe.
[6] *Raphaël*, v. syr. ; *Jarphaël*, v. ar.
[7] *Geôira*, v. syr.
[8] *Kiryath*, v. chald. et ar. ; *Cariathim*, v. syr.

et paraissent avoir été enfermées jadis dans une enceinte [1]. La Mischna mentionne cette localité sous le nom de Hamoça et nous apprend qu'on allait y prendre les saules pour la fête des Cabanes. La Guemara appelle Moça, *Colonia*, ce qui a conduit M. Neubauer à l'identifier avec Kolounieh [2].

Réqem, Ρεκέμ d'Eusèbe, Recem de saint Jérôme, n'est pas mentionné par les Septante, à moins qu'il ne corresponde au Μιρών dont il a été parlé. Deux localités voisines du Kh..Beit Mizzeh portent les noms de Beit Surik et de Kh. Múrân; d'après les officiers de la *P. E. F.*, Beit Surik serait un ancien site; il n'y aurait au Kh. Múrân que des traces de ruines.

Irpéel est appelé Ἰερήλ par Eusèbe, Ierfel, par saint Jérôme [3]; il n'est pas nommé par les Septante qui mentionnent en ses lieu et place les deux localités Καφάν, Ναχάν, dont la seconde rappelle le *Gorèn Nakhon* [4], où se produisit l'incident qui détermina le dépôt de l'arche dans la maison d'Obed Edom.

Thareála, la Therama d'Eusèbe et de saint Jérôme, figure au onzième rang sur la liste des Septante. Site inconnu.

Séla correspond, d'après l'ordre d'énumération, à Σεληχάν des Septante, et paraît identique à Hoçal mentionné dans les Talmuds comme ville fortifiée par Josué dans les possessions de la tribu de Benjamin [5].

Eleph, Ἄλφ d'Eusèbe. Site inconnu.

Jebous, c'est Jérusalem.

Guibeath Saül. La prophétie d'Isaïe sur la marche de Sennachérib établit la position de cette localité entre Rama et Jérusalem. Un passage de l'historien Josèphe [6] a permis à Robinson [7] d'en préciser l'emplacement. Dans ce texte il est dit que Titus, marchant sur Jérusalem, s'avança à travers la Samarie jusqu'à Gophna (aujourd'hui Djifna), qu'après y avoir passé la nuit, il quitta Gophna au point du jour, gagna d'une seule étape une vallée appelée en hébreu *vallée des Epines*, et campa près d'un village nommé Gabath Saoul, dont le nom signifie *Colline de Saül*, éloigné de Jérusalem d'environ trente stades. — Or, c'est à peu de chose près la distance de Jérusalem à Tell el-Foul.

On a invoqué bien à tort, à propos de Guibeath Saül, un passage de saint Jérôme relatif au pèlerinage de sainte Paule en Palestine :

[1] Guérin. *Judée*, I, p. 262.
[2] Neubauer, *La Géographie du Talmud*, p. 152.
[3] S. Jérôme explique comme il suit la signification de ce nom : « Ierfal dimisit deus »
[4] II Sam., vi, 6.
[5] Neubauer, *La Géographie du Talmud*, p. 152.
[6] *Guerre des Juifs*, l. V, ch. ii, 1.
[7] Robinson, *Biblical Researches in Palestine*, t. I, p. 577-579.

« Atque inde proficiscens ascendit Bethoron inferiorem et superio-
rem, urbes a Salomone conditas, sed varia postea bellorum tem-
pestate deletas, ad dexteram aspiciens Aialon et Gabaon, ubi
Jesus, filius Nave, contra quinque reges dimicans, soli imperavit
et lunæ... In Gabaa urbe, usque ad solum diruta, paululum sub-
stitit, recordata peccati ejus, et concubinæ in frusta divisæ, et
tribus Benjamin trecentos viros propter Apostolum reservatos.
Quid diu moror? ad lævam mausoleo Helenæ derelicto... ingressa
est Jerosolymam [1] ».

Les explications qui ont été données plus haut sur Gabaa de
Benjamin montrent que sainte Paule se rendit à Jérusalem en
passant par Beth Horon et el-Djib ; elle laissait évidemment sur sa
droite Ayalon et Guibéon.

Quiryat Yearim, 'Ιαρὶμ des Septante, Cariath d'Eusèbe et de
saint Jérôme, qui figure sur la liste des villes benjamites après
Guibeath Saül, semble à première vue, en avoir dépendu : Καριὰθ
πόλις ὑπὸ μητροπόλι Γαβαθά [2], « Cariath vicus qui sub Gaba metro-
poli fuit [3] » ; il devrait, s'il en était ainsi, se trouver dans le voisinage, peut-être à Kakul, qui passe pour un site antique.' On
hésite cependant à l'admettre, Guibeath Saül pouvant avoir été
la demeure du roi sans être pour cela métropole. Ce titre semble
plutôt désigner Guibéon ; mais comme la ville guibéonite de Quiryat Yearim est, d'autre part, attribuée à Juda, on doit écarter les
renseignements d'Eusèbe et de saint Jérôme, ou supposer l'existence de deux agglomérations voisines l'une de l'autre et portant
le même nom.

Les quatre villes lévitiques situées en Benjamin étaient Guibéon,
Guéba, Anathot, mentionné dans la prophétie d'Isaïe, aujourd'hui
Anata, et, enfin, Almon ou Allemeth, aujourd'hui Kh. Almit.

Gaston Marmier.

[1] *Hieronymi opera omnia*, t. I, p. 883, éd. Migne.
[2] *Onom. Sac.*, éd. de Lagarde, p. 270.
[3] *Id.*, p. 109.

LA SIBYLLE JUIVE

ET LES PARTIS RELIGIEUX DE LA DISPERSION

Aussi bien que le judaïsme palestinien, les Juifs du dehors avaient leurs sectes religieuses. Si la Palestine avait ses Pharisiens et ses Sadducéens, la *Diaspora* comptait un parti orthodoxe et national et un parti interprétant le texte sacré au point de vue philosophique et prêchant l'universalisme. Les nationalistes, comme leurs adversaires, aspiraient à assurer à leur doctrine la conquête du monde. Les uns étaient fermement convaincus que la religion universelle de l'avenir serait la religion nationale juive, avec le temple et le culte des sacrifices, tandis que les autres n'espéraient convertir l'humanité qu'en abolissant le culte national, trop assujettissant, et la loi cérémonielle, qui paralyse tout libre mouvement, afin de *dégager l'esprit de la doctrine mosaïque*. Lequel de ces deux partis avait les vues les plus claires et la notion la plus juste des besoins de l'époque? Nous le savons aujourd'hui par le christianisme paulinien.

Philon n'eût pas signalé d'une manière aussi précise l'existence de ces deux partis religieux de la Diaspora antérieurement au christianisme, qu'on le devinerait de reste. En effet, une méthode d'interprétation de la loi comme celle de l'alexandrinisme juif, « qui ne voyait dans les lois écrites que le symbole de doctrines spirituelles », devait faire naître nécessairement un parti allant jusqu'au bout, « qui rechercherait avec soin tous les symboles, mais *rejetterait complètement les lois écrites* [1] ».

Lorsque l'on essaie, comme Philon l'a fait lui-même, de donner à la loi un sens philosophique, en allant jusqu'à faire consister, par exemple, toute la sainteté du sabbat dans le *nombre sept*, « qui nous enseigne la force créatrice de l'incréé et l'inactivité naturelle de ce

---

[1] *De migr. Abr.*, 1, 450.

qui est créé », on arrive facilement à cette conclusion qu'il est permis
« d'abolir les prescriptions légales du sabbat [1] ». A quoi bon main-

[1] *Ibid.* Ici nous voyons clairement comment les judéo-alexandrins essayaient d'introduire dans le mosaïsme des idées étrangères, empruntées à la philosophie grecque.
Ce travail, qui n'était ni facile ni rapide à exécuter, n'a pas été commencé par Philon, comme on voudrait le faire croire aujourd'hui, mais il fut préparé longtemps
avant Philon par de savants Alexandrins; Philon n'eut plus qu'à cueillir le fruit déjà
mûr. Déjà Aristobule (Eusèbe, *Praep. evangel.*, XIII, ch. 12) interprétait le sabbat
philosophiquement, à la manière de Philon, en disant : « Ce jour peut être appelé la
première production de la lumière, qui embrasse toutes choses. » Ailleurs il dit
(*ibidem*) : « En outre, Dieu a sanctifié le *septième* jour comme le symbole de la raison
(λόγου), qui occupe la septième place dans notre être et qui nous aide à distinguer
les choses divines et les choses humaines. *C'est dans le nombre sept que se meut le
monde entier, tout ce qui vit et ce qui a été créé.* » Cette conception du sabbat a
donc été empruntée par Philon à ses prédécesseurs, parce qu'elle lui semblait établie
d'une façon inébranlable, et il la propageait à chaque occasion avec un véritable enthousiasme. Ainsi, dans *De Mundi opif.*, I, 21 : « Le Créateur conféra au septième
jour une dignité particulière en l'exaltant et en le sanctifiant, car il n'est pas seulement la fête d'une ville ou d'une contrée, mais la fête de l'univers. A mon avis, personne ne peut célébrer suffisamment le nombre *sept*, car sa valeur est au-dessus de
toute expression Mais, par cela même qu'il est supérieur à tout ce qui en a été dit,
nous ne pouvons pas le négliger, mais nous devons essayer d'enseigner ce qui en est
à la portée de notre entendement, quoiqu'il nous soit impossible d'en comprendre
toute la supériorité. » Et, *ib.*, 23 : « Il y a tant de sainteté dans la nature du nombre
sept, que celui-ci a une signification toute spéciale parmi les nombres de la décade.
En effet, parmi ceux-ci, les uns engendrent sans être engendrés ; les autres sont
engendrés et n'engendrent pas ; d'autres, enfin, engendrent et sont engendrés. Seul
le nombre sept est d'une espèce à part et ne rentre dans aucune de ces catégories...
C'est pourquoi, les philosophes comparent ce nombre à la déesse de la victoire, la
vierge qui n'a pas été enfantée et qui, selon la légende, est sortie du cerveau de
Jupiter. Mais les Pythagoriciens comparent ce nombre à la cause première. .. ; ceux
qui sont en état de donner un sens spirituel aux mots usuels appellent ce nombre le
nombre qui achève, parce que par lui tout est achevé. » Et, *ibid.*, 30 : « Le nombre
sept est honoré par les plus célèbres des Grecs et des Barbares qui se sont occupés
des sciences mathématiques, mais surtout par Moïse, l'ami de la vérité, qui en a signalé la beauté à la postérité en l'inscrivant dans les saintes tables de la Loi... »
Dans le *Leg. alleg.*, I, 46, il dit : « Dieu sanctifia le septième jour et le voua à la raison,
car la raison et la sainteté ont entre elles beaucoup d'affinité .. Les jours précédents
n'avaient évidemment rien de commun avec la raison, car ce qui n'est pas saint est
contraire à la raison, et seul ce qui est conforme à la raison est saint... Le verset
biblique : *Ceci est le livre de la formation du ciel et de la terre lorsqu'ils furent créés*,
signifie : « Ceci est la raison parfaite (τέλειος λόγος), déterminée selon les rapports
du nombre *sept*, le commencement de la formation de l'esprit et du monde réel, qui
ont été créés sur le type des idees. » De même, *Vita Mosis*, II, 167 : « Moïse a désigné comme saint le septième jour, dont sa perspicacité avait reconnu la beauté particulière, telle qu'elle était marquée dans le ciel et dans la création entière et pro-
clamée par la nature elle-même ; il trouvait que ce jour n'avait pas eu de mère et
qu'il n'avait pas été enfanté, que le Père seul l'avait créé et qu'il n'a pas été conçu. Il
vit qu'il était, non seulement splendide et sans mère, mais virginal, né sans mère, et
qu'il n'est pas même lui-même, ni résultat ni cause de faiblesse. Enfin, il reconnut,
après une réflexion attentive, qu'il était l'anniversaire de la création du monde... »
De même, dans le traité *De Vita contemplativa*, II, 481, il dit que les Thérapeutes
considéraient le sabbat comme sacré à cause du nombre *sept*, car ils savent « qu'il
est éternel et virginal ». Qu'on compare encore *De Septenario*, II, 281, et passim.
Dans tous ces passages et dans les passages similaires antérieurs à Philon, comme
nous l'avons constaté chez Aristobule, qui vivait un siècle et demi avant lui, toute la
sainteté du sabbat consiste uniquement dans le nombre sept, et le sabbat est toujours

tenir la célébration des solennités annuelles, si on doit les considérer « comme le symbole de la joie spirituelle [1] » ? Quel homme
intelligent pourra encore considérer la cérémonie sanglante de la
circoncision comme obligatoire, si celle-ci n'est que le symbole
« du renoncement à tout plaisir et de la suppression de toutes
les passions [2] », surtout si l'on songe que cette obligation était
le principal obstacle à la conversion des païens, qui formait la
préoccupation dominante des judéo-alexandrins ?

Le développement de la méthode d'interprétation allégorique,
telle qu'elle était pratiquée par le judéo-alexandrinisme, amenait
forcément la disparition de la Loi et des cérémonies, et ce n'était
pas Philon qui pouvait empêcher ce résultat, quand il exprimait
ces regrets mélancoliques : « Une fois qu'on a commencé à ébranler
les cérémonies saintes établies par des hommes supérieurs à ceux
d'aujourd'hui, pour s'attacher uniquement à leur signification in-
time, on finira par rejeter, pour la même raison, le *culte du
Temple* et beaucoup d'autres choses. Cependant, il est difficile
de blâmer fortement ceux qui renoncent à certaines coutumes,
sacrées pour la masse du peuple, parce qu'ils en ont reconnu la
signification philosophique [3]. »

Il est clair que cet appel au sens commun ne pouvait avoir
qu'une faible influence sur des hommes dont le zèle pour la conversion des gentils était beaucoup plus puissant que leur attachement aux formes religieuses, traditionnelles, quoiqu'elles
eussent été établies par les hommes les plus vénérés. Nous avons
déjà constaté que les Thérapeutes formaient un parti radical de ce

appelé le septième jour. D'après ce qui précède, il est difficile de comprendre pourquoi Lucius (*Die Thérapeuten*) prétend conclure du fait que les Thérapeutes célébraient le sabbat par respect pour le nombre sept, qu'ils n'étaient pas des Juifs. En
effet, il dit, p. 27 : « La monotonie de la vie des Thérapeutes, qui est attestée par le
fait que pendant six jours les solitaires ne dépassaient pas le seuil de leurs cellules,
n'était rompue que par la célébration du septième jour. Il est vraisemblable que, par
ce septième jour, il faut entendre le sabbat juif, mais cela n'est pas certain, car les
Thérapeutes célébraient ce jour, non comme sabbat, car ce mot ne se trouve jamais
dans le *De Vita contemplativa*, mais comme le septième jour, c'est-à-dire en l'honneur *du nombre sept*. » Et, *ibid.*, p. 175 : « La même ambiguïté voulue qui apparaît
fréquemment dans l'argumentation du *De Vita contemplativa* se retrouve aussi dans
ce que cet ouvrage dit de la célébration du *septième jour* : il n'a garde de présenter ce
jour comme étant le sabbat juif et de le désigner comme tel ; or, si les Thérapeutes
avaient été des Juifs et si Philon était l'auteur du *De Vita contemplativa*, ce mot
s'y trouverait sûrement... Au contraire, le septième jour est caractérisé comme une
fête particulière aux Thérapeutes, qui la célébraient en l'honneur du nombre sept... »
Nous avons déjà constaté que l'argumentation de Lucius est caduque, puisque le
véritable Philon et les autres judéo-alexandrins ne parlent, eux aussi, que du septième jour et de sa sainteté spéciale.

[1] *De migr. Abr., l. cit.*
[2] *Ibid.*
[3] Cf. Friedländer, *Zur Entstehungsgeschichte des Christenthums*, p. 95, 150 et s.

genre, qui s'efforçait de remplacer la loi mosaïque par l'allégorie
et passait par-dessus tous les usages religieux et nationaux pour
« arriver à la vérité toute nue ». En face de lui se dressait un
grand parti conservateur, qui, comme Philon, tout en abusant de
la méthode allégorique, voulait qu'on respectât les coutumes nationales et religieuses. La Sibylle juive nous présente, avec des
contours bien nets, ces deux partis de la Diaspora juive, les radicaux et les conservateurs. Examinons de plus près les IVe
et V[e] livres des Oracles sibyllins, composés tous deux à la même
époque, vers l'an 80 après J.-Ch., par des Juifs hellénisants de la
Diaspora [1], et nous y trouverons la trace de conceptions religieuses
foncièrement différentes.

L'auteur du IVe livre sibyllin est l'adversaire de tous les
temples et des sacrifices d'animaux. Selon lui, « Dieu ne choisit
pas comme résidence une pierre consacrée du temple, qui, étant
muette et sourde, est une honte douloureuse pour l'humanité [2]. »

---

[1] Voir Ewald, *Entstehung, Inh. u. Werth der Sibyll. Bücher*, p. 44 et s., p. 51 et s.
L'auteur du IVe livre vivait en Syrie ou en Asie-Mineure ; celui du Ve était un
Alexandrin. Quoique le IVe livre ne contienne pas la moindre allusion au christianisme et ne trahisse même pas la connaissance de son existence, la majorité des anciens critiques considéraient son auteur comme un chrétien, sans doute uniquement
parce que, contrairement aux autres sibyllistes juifs, il ne préconise pas le judaïsme
national et rejette le culte des sacrifices. Badt (*Urspr. Inhalt u. Text des IV. B. der
Sibyll. Orakel*, p. 15) a fait remarquer, avec raison, que beaucoup d'idées émises
dans ce livre sont en opposition directe avec les idées chrétiennes : chaque fois qu'il
est fait mention du jugement dernier, on fait ressortir que c'est *Dieu lui-même* qui y
présidera. Ainsi, au v. 40 il est dit : « Lorsque viendra, pour le monde et l'humanité,
le jugement que *Dieu lui-même* tiendra. » D'après le v. 180, Dieu lui-même fera revivre les ossements et les cendres des morts. Au v. 182, l'auteur répète encore une
fois que Dieu lui-même occupera le siège de justice. Il est évident que l'auteur
ignore la théorie chrétienne du retour de Jésus, et il n'est pas nécessaire d'admettre,
avec Badt, qu'il la combat. C'est à bon droit que Bleck (*Theol. Zeitsch.* de Schleier-
macher, I, Berlin, 1819, p. 441), Ewald (*l. cit.*), Lücke (*Einl. in die Offenb. Joh.*,
2e éd., p. 253), Hilgenfeld (*Zeitschr. für wiss. Theol.*, 1871, *Die jüdische Sibylle u.
der Essenismus*) ont considéré le passage : « Car il n'habite pas une pierre consacrée
dans un temple », comme la preuve que le Dieu de notre poète ne possède pas de
temple et qu'il est un ennemi du culte des sacrifices. Par contre, Badt et, à sa suite,
M. Schürer prétendent qu'ici on n'a pas voulu parler de temple juif, mais des
temples païens. Cette opinion est contredite par la netteté de l'opposition que le
poète fait aux temples en général. Il proclame heureux « ceux qui repoussent tous
les temples ». Quant à la figure incompréhensible des *pierres muettes*, on la comprend mieux quand on se rappelle son mépris pour les temples et ses paroles : « Dieu
ne peut être perçu ni mesuré par des yeux terrestres et ne peut, par conséquent,
être contenu dans des espaces bornés » (vers 8-17). Mais, même pour le cinquième
livre sibyllin, son origine juive est hors de doute. Reuss (*Die Gesch. der h. Schr.
A. T.*, p. 662) veut admettre, en raison des vers 256 et s., où Josué est identifié
avec le Christ, que l'auteur était chrétien. Mais ces quelques vers sont une interpolation postérieure due à une main chrétienne. Le caractère juif de ce livre est si manifeste que Fraenkel lui-même (*Monatsschrift*, 1875, p. 327) est obligé de lui reconnaître une origine juive.

[2] IV, 8 et s.

Pour lui, les hommes les plus heureux sont ceux « qui aiment
et adorent Dieu, avant de boire et manger, qui sont confiants
dans leur piété, mais nient *tous les temples et les autels, formés
de pierres insensibles qu'on asperge du sang d'êtres vivants* [1] ».
En dehors de ces violentes sorties contre le temple et les sacrifices, tout ce livre est une protestation contre les limites trop
étroites du judaïsme national. Pour lui, les justes sont ceux qui
rejettent le temple et les autels, qui aiment Dieu et ont des
sentiments purs. Cependant Badt essaie de prouver que le passage cité plus haut, même si on admet qu'il se rapporte aussi
au temple juif, exprime des idées bien *pharisaïques*, et qu'il n'est
pas nécessaire de penser, comme Ewald et Hilgenfeld, à un auteur
essénien. Il cite, à ce propos, une parole de Yohanan ben Zaccaï.
Celui-ci, en effet, en entendant (d'après *Abot di R. Nathan*,
ch. IV) son disciple Josué se lamenter devant le temple en ruines
et s'écrier : « Malheur à nous, c'est notre lieu expiatoire qui est
détruit ! » lui aurait répondu : « Tranquillise-toi, il nous reste un
moyen de salut qui vaut bien les sacrifices, car il est dit (Osée, VI, 6) :
c'est de l'amour et non des sacrifices que je demande. » S'appuyant
sur ces mots, Badt ajoute que, tout en n'admettant pas que ces vers
parlent seulement de temples et d'autels païens, on peut quand
même soutenir qu'ils reflétaient à cette époque les sentiments pharisaïques. Or, cela n'est pas si bien établi qu'il le croit. Autre
chose est de chercher l'auteur et les justes dont il parle dans
la vaste communauté des Esséniens, qui, effectivement, avaient
rompu de bonne heure avec le temple et le culte des sacrifices,
« parce qu'ils croyaient avoir de meilleurs moyens de purification »,
et qui, pour cette raison aussi, étaient exclus du temple de Jérusalem (Josèphe, *Antiq.*, XVIII, 1, 5) ; autre chose est d'admettre
comme auteur un Pharisien pour le seul motif que Yohanan
ben Zaccaï aurait laissé tomber de sa bouche une parole de consolation inspirée par un spectacle douloureux. — Badt paraît,
du reste, ne pas avoir remarqué que Yohanan, quoique le disciple le plus libéral de Hillel, ne pouvait renoncer au culte des
sacrifices aussi facilement que le laisserait croire ce soupir d'un
moment. En effet, d'après une source plus digne de foi, le même
Yohanan ben Zaccaï exprime ses vues sur l'importance des sacrifices pour Israël en ces termes : « La charité est pour les
nations ce que le sacrifice expiatoire est pour Israël, כשם שהחטאת
מכפרת על ישראל כך צדקה מכפרת על הגוים (*Baba Batra*, 10 *b*). » De
telles conceptions religieuses correspondent bien à la singulière

---

indifférence avec laquelle ce livre parle de la destruction, récente alors, de Jérusalem et du temple, événement dont le poète
ne se montre nullement affecté [1]. Il est ensuite question du
grand châtiment qui sera infligé par le fait de l'éruption du Vésuve. Toutefois, cette catastrophe n'est pas présentée comme le
châtiment de la destruction de Jérusalem, mais « parce qu'ils ont
exterminé la race des hommes pieux ». Le passage est ainsi
conçu : « Quand jaillira un jour du sol crevassé du pays italique
un feu qui s'élèvera vers le vaste ciel, consumera beaucoup de
cités et d'hommes et remplira l'air de cendres brûlantes..., re-
connaissez alors la colère du Dieu du Ciel, parce qu'on a exterminé la génération des hommes pieux [2]. »

La génération des pieux ! c'est là le pivot autour duquel tourne
tout le poème. Les hommes pieux sont proclamés heureux ; ils
continueront à séjourner dans une contrée fertile « quand le jugement viendra sur le monde ». Pour l'amour d'eux, s'ils sont
persécutés, Dieu exterminera toute la race humaine : « Si la
piété, la fidélité et la justice n'ont pas disparu parmi les hommes,
si on vit dans l'impiété et l'orgueil et si personne ne montre de
considération pour les hommes pieux, si, par une audace criminelle, on les extermine et si on souille ainsi ses mains de sang,
alors vous éprouverez que Dieu n'est plus clément, mais que, dans
l'ardeur de sa colère, il détruira toute la race des hommes. »
Tout le quatrième poème sibyllin — cela saute aux yeux — est
consacré à la louange et à la défense des « hommes pieux ». Mais
qui sont ces piétistes juifs ? Où faut-il les chercher ? Il ne peut être
question ici du peuple juif en général ; du reste, l'auteur ne manifeste pour celui-ci aucun intérêt. En effet, il se borne à relater que,
lors de la destruction de Jérusalem, « beaucoup de Juifs furent
tués [3] », tandis que, quelques vers plus loin, il déplore « que la *race
des hommes pieux* ait été anéantie en cet endroit [4] ». En outre, il
donne de ces *hommes pieux* une caractéristique exacte qui permet
de les reconnaître facilement : « Ils louent et bénissent Dieu avant
chaque repas, méprisent le temple et les sacrifices d'animaux,

[1] IV, 125 et s., où il est dit : « Il viendra en Syrie un général romain qui brûlera
le temple, tuera beaucoup d'habitants et dévastera le territoire judéen dans toute son
étendue. » Quelques vers plus haut, au vers 115, il est dit : « Une violente tempête de guerre se déchaînera sur Jérusalem, venant d'Italie, et détruira le grand
temple. »
[2] IV, 130-136, Εὐσεβέων ὅτι φῦλον ἀναίτιον ἐξολέκουσιν. Badt remarque aussi à ce
sujet (*l. cit.*, p. 15) : « L'éruption du Vésuve est interprétée comme le châtiment des
mauvais traitements infligés aux hommes pieux. »
[3] IV, 126, Σολύμων πολλοὺς δορὶ ἀνδροφονήσει.
[4] IV, 136.

qu'ils remplacent par d'autres purifications, des ablutions et des prières. » Tout à fait à la manière du Baptiste, il appelle les pécheurs à la pénitence et à la conversion : « Laissez les glaives, les gémissements, les meurtres et l'orgueil, et lavez tout le corps dans l'eau courante, les mains levées vers le ciel et demandant pardon pour les fautes du passé, et effacez votre impiété par la crainte de Dieu ; alors Dieu vous inspirera des sentiments meilleurs [1]. »

Tout autre est la tendance religieuse que représente l'auteur alexandrin du cinquième poème sibyllin. Il appartient au parti conservateur de la Diaspora juive, comme l'auteur du troisième livre, qui lui est antérieur de plus de deux siècles. Un vif attachement pour les sanctuaires nationaux et la stricte observance des prescriptions mosaïques, dont on essayait pourtant de pénétrer le sens spirituel, voilà ce qui caractérisait ce parti. Notre poète « était un hellénisant d'un esprit très cultivé, encore tout à fait dans le genre des vieux et célèbres hellénisants, qui, probablement, n'avait jamais vu le temple quand il était encore debout, mais qui avait pour son peuple et pour ses sanctuaires un amour ardent [2] ». Le cinquième poème sibyllin est écrit dans l'esprit du troisième et montre que la tendance religieuse représentée par ce dernier s'était maintenue intacte pendant l'intervalle de deux siècles qui les sépare. Dieu, le Temple, la loi mosaïque, voilà l'objectif de la religion qu'il prêche.

Le troisième poème sibyllin loue les Juifs de pratiquer la Loi divine [3]. Cette Loi, c'est Dieu qui l'a donnée au Sinaï, du haut du ciel, et il a inscrit sur deux tables tout ce qui est juste [4]. Si les Juifs n'observent pas la Loi du Dieu immortel, le sanctuaire s'écroulera [5]. « Mais toi, dit le poète, reste fermement attaché aux lois saintes du grand Dieu [6]... Alors le Temple de Dieu sera reconstruit [7]... Plus tard surgira une race sacrée d'hommes craignant Dieu, qui, selon la volonté du Très-Haut, rempliront le temple de libations et de parfums et d'hécatombes sacrées composées d'offrandes de taureaux gras... Ils seront heureux par leur justice, par la possession des lois du Très-Haut [8], et posséderont des cités et une terre fertile [9]... Mais les Phéniciens, les

---

[1] IV, 161-167, Θεὸς δὲ δώσει μετάνοιαν.
[2] Ewald, l. cit., p. 57.
[3] III, 246.
[4] III, 256 et s., τὸν νόμον οὐράνοθεν προδῶκε θεός.
[5] III, 274 et s.
[6] III, 283 et s., πιστεύων μεγάλοιο θεοῦ ἀθνοῖσι νόμοισιν.
[7] III, 290.
[8] III, 580, νόμου ὑψίστου λαχόντες.
[9] III, 573 et s.

Egyptiens, les Latins, les Grecs et beaucoup d'autres peuples, les
Perses et les Galates et toute l'Asie, qui transgressent la loi sainte
du Dieu immortel[1], seront cause que Dieu affligera tous les
hommes par des calamités, par la faim, par des souffrances et des
plaies, par la guerre, la peste, par des douleurs et des larmes[2]. »
Aux athées, la Sibylle crie de se convertir au Dieu unique et de
l'apaiser par des hécatombes de taureaux, des premiers-nés de
boucs et d'agneaux, afin qu'il ait compassion[3]. Aux Juifs la
Sibylle promet un avenir splendide ; ils vivront en sécurité près
du temple du Grand Dieu, se réjouissant des dons du Créateur,
qui les entourera de sa protection comme d'une muraille. Alors les
îles et toutes les cités proclameront la prédilection de l'Eternel
pour ces hommes. Car tout concourt à les protéger et les soutenir : le ciel, le soleil et la lune. Et en ce jour, la terre, la mère
nourricière, sautera d'allégresse, et de chaque bouche sortira,
comme un cantique, cette parole : « A genoux ! adorons tous le roi
immortel, le Dieu grand et tout-puissant. Envoyons au Temple,
car lui seul est le Maître. Méditons la loi du Très-Haut, car elle
est la plus équitable de toutes sur terre[4]. »

Enfin, notre Sibylle s'élève contre « la misérable Hellas » et, de
nouveau, fait allusion à l'époque messianique, où le Dieu immortel
gouvernera les hommes de toute la terre d'après une loi commune,
car lui-même est un Dieu unique et il n'en est point d'autre. Alors
il établira un empire éternel pour tous les hommes, lorsqu'il aura
donné sa Loi sainte aux hommes pieux. Et de toute la terre on
apportera à la maison du Dieu puissant de l'encens et des présents.
Et, à l'avenir, il n'y aura d'autre maison à rechercher parmi les
hommes que celle que Dieu donnera aux croyants[5].

Ainsi, d'après notre Sibylle, la religion universelle du règne
messianique comprendra la foi en un Dieu unique, « le culte des
sacrifices et la Loi ». Sans doute, ce que notre auteur conservateur
alexandrin comprend par « la Loi », dont il annonce qu'elle servira
de guide à tous les mortels[6], n'est pas comparable, même approximativement, au « fardeau de la loi » ainsi que le com-
prenaient les Pharisiens. S'ils s'étaient embarrassés d'une loi de
ce genre, nos convertisseurs alexandrins n'auraient guère eu plus
de succès dans leurs tentatives de conversion des païens que les

---

[1] III, 600, παραβάντες ἀθανάτοιο θεοῦ ἁγνὸν νόμον.
[2] III, 597 et s.
[3] III, 624 et s.
[4] III, 702 et s.
[5] III, 703-775.
[6] III, 195, Οἳ πάντεσσι βροτοῖσι βίου καθοδηγοὶ ἔσονται.

docteurs palestiniens. Du reste, notre Sibylle indique nettement le contenu de sa Loi. Elle ne s'occupe pas de la loi cérémonielle, mais de la loi morale de Moïse. D'après elle, le peuple juif se distingue des autres peuples par les caractères suivants : issu de la race d'hommes justes, il unit les bons sentiments aux bonnes œuvres [1], poursuivant la justice et la vertu, ennemi de la cupidité, scrupuleux pour les poids et mesures, respectant avec un soin religieux le bien d'autrui, n'essayant jamais de reculer les bornes du champ voisin, n'humiliant pas le pauvre et n'affligeant pas la veuve, mais leur prêtant assistance et leur laissant une part de la moisson; « il obéit ainsi à la loi de Dieu [2]. » Dans un autre passage, il est dit des Juifs : « C'est une race sainte d'hommes craignant Dieu, qui apportent au temple du Seigneur des sacrifices, qui vivent dans le respect de la justice et possèdent la Loi du Très-Haut. A eux seuls Dieu a mis au cœur l'esprit de prudence, de fidélité et de bonté. Ils n'adorent pas d'idoles, mais élèvent vers le ciel des mains pures, se lèvent de bon matin, font leurs ablutions, respectent, après Dieu, leurs parents et ont des mœurs chastes [3]. » Tel était le caractère du parti conservateur et national du judaïsme alexandrin.

L'auteur du cinquième poème sibyllin est un juif nationaliste du même genre, qui ne peut concevoir la religion universelle elle-même sans temple et sans sacrifices. Contrairement au poète du quatrième livre sibyllin, son collègue et contemporain, qui est indifférent à la destruction du sanctuaire et rejette le temple et les sacrifices, il professe un enthousiasme très vif pour ce culte et un amour brûlant pour le peuple juif, la terre de Judée et la ville de Jérusalem. Il célèbre le temple comme la « maison toujours florissante, la demeure de Dieu [4] que les saints ont construite et dont on espérait du fond du cœur qu'elle subsisterait toujours. Dieu y était honoré par des sacrifices et des hécatombes saintes [5]. » A l'époque messianique, où toutes les cités périront, « la ville préférée de Dieu brillera d'un éclat plus radieux que les étoiles, le soleil et la lune; elle sera ornée d'un temple saint, visible matériellement, beau et splendide..., d'une étendue immense, s'élevant jusque dans les nues, de sorte que tous les justes pourront contempler la gloire de Dieu. Du levant et du couchant,

---

[1] III, 218 et s.

III, 234-247.

[3] III, 573-595.

[4] V, 400 : Οἶκον ἀεὶ θάλλοντα, θεοῦ τηρήμονα ναόν. Le quatrième livre sibyllin enseigne, au contraire, que « Dieu n'habite pas de maison et ne peut être vu par l'œil d'un mortel, ni limité par lui » (IV, 8 et s.).

[5] V, 400 et s.

on célèbre la splendeur du Tout-Puissant... Alors est venu le temps des saints, où Dieu, le fondateur du temple puissant, réalisera tout cela [1]. » Dans l'avenir, cet appel retentira de la bouche des prêtres : « Allons, et construisons un beau et véritable temple à Dieu [2] ! » Non seulement en Judée, mais aussi « en Egypte il y aura un temple grand et saint, où le peuple choisi de Dieu offrira des sacrifices et auquel Dieu donnera une vie éternelle [3] ».

Notre Sibylle témoigne le même enthousiasme pour le peuple juif, la Terre-Sainte et Jérusalem. Jérusalem est, pour elle, « la ville des bienheureux [4] », « la ville puissante [5] », « la cité que Dieu aime [6] ». « La mer s'embrasera dans ses profondeurs, Babylone elle-même et la terre italique périront, parce que beaucoup de saints hébreux et le vrai temple périront par elles [7]. » Memphis, la cité autrefois puissante, éprouvera de grands malheurs, parce qu'elle a sévi contre « les oints du Seigneur » et causé du dommage aux « murailles bénies [8] ». « Le châtiment frappera les Bretons et les Gaulois, car ils ont commis des iniquités envers les enfants de Dieu [9]... Tous les hommes sont menacés de mort et de terreur, à cause de la grande cité et de la nation juste [10], qui, placée sous l'égide de la Providence, a toujours été sauvée... Lorsqu'un jour le royaume persan sera délivré de la guerre, des souffrances et de la peste, la race divine des Juifs bienheureux, qui habitent au milieu du pays, à l'entour de la cité sainte, s'élèvera... [11] ». Notre Sibylle arrive au comble de l'enthousiasme pour le peuple juif et la Judée quand elle leur adresse ces paroles de consolation : « Ne te tourmente plus le cœur, ne tourne plus l'épée contre ta poitrine, rejeton divin, fleur magnifique et uniquement aimée, lumière bienfaisante, ô chère Judée, et toi, cité resplendissante, célébrée par des hymnes. Tu ne verras plus les Hellènes fouler de leurs pas ton sol, sanctifié par l'esprit de lois

[1] V, 420-434.
[2] V, 493. Cf. ibid., 61 : καὶ ναὸς ἀληθής.
[3] V, 501 ; ibid., vers 506, la Sibylle prédit le châtiment encouru à cause de la destruction du temple d'Egypte : « Alors commencera l'iniquité, afin que tout s'accomplisse, car ils détruisirent le grand temple d'Egypte. Mais Dieu enverra contre eux une colère terrible, afin que tous les pervers et les méchants disparaissent ; il n'y aura plus de ménagement dans cette contrée... »
[4] V, 107.
[5] V, 154.
[6] V, 420.
[7] V, 161.
[8] V, 168, παῖδας, Θεοχρίστους... ἀνδράσι τοῖς ἀγαθοῖσιν. Cf. ibid., 483.
[9] V, 202, θεοῦ τέκνοις.
[10] V, 225 et s., εἵνεκα τῆς πόλεως; μεγάλης τε λαοῦ τε δικαίου.
[11] V, 247 et s.

équitables ; mais de zélés serviteurs te rendront honneur, et, avec de saintes hymnes, ils dresseront pour toi la table, multipliant les victimes et les prières... Seule la Terre Sainte des Hébreux produira tout cela, des rochers découlant du miel et du lait en abondance pour tous les justes, car, pieux et confiants, ils ont eu foi en Dieu, l'unique Créateur de toutes choses [1]. » Cet enthousiasme se manifeste aussi dans cette prière de notre Sibylle : « O Père céleste, veille sur la grande et fertile Judée, afin que nous observions tes commandements, car, dans ta grâce, tu as distingué, ô Seigneur, ce pays entre tous et tu as voulu qu'il apparaisse à tous comme l'objet de tes faveurs et de ta prédilection [2]. »

Un amour passionné pour le peuple juif, appelé par Dieu à de hautes destinées, et pour ses institutions nationales et religieuses créées pour durer éternellement, voilà ce qui éclate ici en termes éloquents. Si la « Loi » en elle-même n'est pas autant célébrée que dans le troisième livre, du moins en est-il fait souvent mention, tandis que l'auteur du quatrième livre sibyllin néglige d'en parler. Cela est tout naturel, car celui-ci a renoncé complètement au judaïsme national et à la loi cérémonielle, a proclamé indignes de Dieu le temple et les sacrifices, et, à leur place, préconise « d'autres purifications ». Les Judéens lui sont indifférents [3], et il se considère comme étranger au peuple juif. On peut difficilement s'imaginer un plus grand contraste entre l'enthousiasme du cinquième livre sibyllin et la froideur glaciale du quatrième pour tout ce qui est judéo-national. Et pourtant tous les deux sont l'œuvre de poètes juifs, contemporains et fils de la Diaspora !

Mais, si le judaïsme, en tant que nation, est indifférent à l'auteur du quatrième poème sibyllin, quels sont donc ces *hommes pieux* qui lui inspirent tant d'enthousiasme et en l'honneur desquels il semble avoir composé son œuvre ? La véritable solution de cette question a été donnée par Ewald. « Nous pouvons, dit-il, affirmer avec beaucoup de certitude que l'auteur appartenait à une sorte de secte essénienne qui s'était amalgamée avec les nouveaux adeptes du baptême pour former une classe de schismatiques, qu'on peut désigner aujourd'hui du nom ancien de *Hémérobaptistes*. L'aversion pour les sacrifices sanglants ainsı que l'insistance avec laquelle il est prescrit de prier avant tout boire et tout manger sont des idées bien esséniennes. Le même indice nous est fourni par le nom de « pieux » que se donnaient ces croyants célébrés par le poète, ainsi que par le terme de

---

[1] V, 260-285.
[2] V, 328 et s.
[3] Ewald, *l. cit.*, p. 46.

« piété » sous lequel ils désignaient eux-mêmes leur genre de vie.
Cependant, ces personnages n'étaient pas de purs Esséniens, ils
n'exigeaient aucune sorte d'isolement de la société, ni même le
célibat. La pénitence, dans toute son austère signification, les
bains fréquents dans l'eau courante et la crainte de l'arrivée
prochaine du jugement dernier, tels étaient pour eux les principes
fondamentaux de la piété. Or, ce sont les mêmes points que le
Baptiste prescrivait à tous, sans distinction, comme ayant une
importance capitale. Nous pouvons donc soutenir à bon droit que
notre poète a appartenu à une secte qui s'inspirait, dans son genre
de vie, des principes esséniens et des principes des baptistes [1]. »

Assurément, les « hommes pieux » dont il est question ici
n'étaient pas « de purs Esséniens », s'il faut entendre par là des
membres de l'ordre des Esséniens, tel que le représente Josèphe,
mais ils étaient sans doute des adeptes de la doctrine essénienne,
sans aller jusqu'à s'isoler de la société et à s'imposer le célibat.
Du reste, nous savons qu'il existait une classe d'Esséniens qui ne
rejetaient pas le mariage et qui ne renonçaient pas aux relations
sociales [2]. On sait que le juif alexandrin Apollos, qui devint plus
tard le zélé collaborateur de l'apôtre Paul, alla à travers la Diaspora juive, bien avant d'avoir eu connaissance de l'apparition de
Jésus, préchant l'abolition des lois, selon la méthode d'interprétation alexandrine, proclamant la doctrine du baptême, au point que
les Chrétiens paulinistes qui l'entendaient reconnaissaient dans sa
prédication l'évangile de Jésus et disaient qu'il n'y manquait que
l'annonce de l'arrivée du Messie, apparu en la personne de Jésus [3].
Notre Sibylle aussi, sans avoir encore été influencée par le christianisme, cherchait à faire des conversions grâce à la même méthode d'interprétation de l'Ecriture et par l'appel au baptême et à ·
la pénitence. Mais ce qui, naguère, avait été enseigné « dans les
cellules et le désert » et pratiqué dans les cercles fermés des Esséniens était répandu, depuis l'apparition du Baptiste, dans les
grandes masses populaires. La rupture avec le temple et les
sacrifices sanglants avait été consommée par les Esséniens longtemps avant la formation du christianisme, et ceux-ci y avaient
substitué d'autres purifications, telles que le baptême et la pénitence. Le christianisme primitif trouva donc ici aussi le terrain
déjà préparé dans la communauté même où il naquit [4].

[1] Ewald, *l. cit.*, p. 46 et s.
[2] Cf. Friedländer, *Zur Entstehungsgesch. des Christenth.*, p. 126 et s.
[3] Actes, XVIII, 24-28.
[4] Cf. Clem., *Recognit.*, I, 39 : Ut autem tempus adesse cœpit, quo id quod deesse
Moysis institutis diximus impleretur, et propheta quem præcinuerat, appareret, qui

L'évangile essénien prêchant « l'amour de Dieu, l'amour du prochain et l'amour de la vertu », avec le baptême pour symbole, avait formé une nombreuse communauté de « pieux ». Ses membres cherchèrent à réaliser dans le cercle étroit d'un ordre l'idéal de l'avenir messianique. Ils se disaient les « serviteurs de la paix », et ils avaient banni de leur communauté les armes de guerre et ceux qui les fabriquent. « Ils ignoraient le commerce, la profession d'aubergiste et la navigation, parce qu'ils voulaient éviter toute occasion de cupidité[1]... Chez eux, il n'y avait pas d'esclaves, tous étaient libres et se rendaient mutuellement service. Ils condamnaient les possesseurs d'esclaves, non seulement comme injustes parce qu'ils violaient l'égalité, mais aussi comme impies parce qu'ils supprimaient la loi de la nature, qui, pareille à une mère, a engendré et élevé tous les hommes de la même manière et en a fait de véritables frères, non pas en théorie, mais en pratique. Mais leur union a été détruite par la cupidité, la ruse et l'orgueil, défauts nés de la prospérité, qui ont transformé leur affection en inimitié et leur amour en haine... Aucun d'eux n'avait de maison lui appartenant en propre, mais la maison de chacun appartenait à tous... Tous avaient la même provision de vivres, leurs dépenses étaient communes ainsi que les vêtements et les aliments... Leurs repas communs et surtout le communisme qui régnait entre eux en toute chose étaient célébrés comme les signes d'une vie parfaite, très heureuse[2]. »

Une pareille existence, telle que la menaient véritablement les Esséniens, voilà ce que les prédictions messianiques de la Sibylle promettaient aux justes de l'époque messianique : « Il n'y aura plus sur terre ni guerre, ni bruit de bataille, ni famine, mais une grande paix règnera sur toute la terre, et jusqu'à la fin du temps l'amitié règnera entre les rois[3]. » L'auteur du deuxième livre sibyllin a encore retracé en traits plus accentués l'idéal essénien. Voici comment sont conçues ses prédictions messianiques : « La terre sera égale pour tous[4] ; il n'y aura plus de murailles et de barrières qui sépareront les hommes, la vie sera commune et la

eos primo per misericordiam dei moneret cessare a sacrificiis, et ne forte putaren cessantibus hostiis remissionem sibi non fieri peccatorum baptismaeis per aquam statuit, in quo ab omnibus peccatis invocato ejus nomine solverentur et de reliquo perfectam sequentis in immortalitate durarent, non pecudum sanguine sed sapientiæ de purificatione purgati.

[1] Comme ici Philon, Josèphe, *B. J.*, II, 8, 2-14, dit : « Ils méprisent la richesse et ont établi parmi eux un communisme admirable pour tous les biens. »

[2] Philon, *Qui omnis prob.*, livre II, 457-459.

[3] *Or. Sibyll.*, III, 750 et s.

[4] Γαῖα δ'ἴση πάντων.

richesse sera inutile [1]... Il n'y aura plus ni pauvres, ni riches, ni tyrans, ni esclaves, ni nobles, ni gens de basse condition, ni rois, ni maîtres, mais tous seront égaux [2]. » Ces vers sont sûrement empruntés à une Sibylle anté-chrétienne, qui écrivait à une époque où fleurissait encore la communauté essénienne, dont elle reproduit les idées.

Cette communauté de « pieux » fut exterminée durant la guerre contre Rome, qui se termina par la destruction du second temple. Elle, qui jusque-là détestait la guerre et préchait la paix, se jeta avec ardeur dans cette lutte contre Rome, qu'elle saluait comme le signal de l'approche du jugement dernier, devant être suivi de la paix éternelle [3]. Cette guerre lui apparaissait comme une guerre sainte « engendrée par les étoiles elles-mêmes et commandée par Dieu [4] ». La Sibylle dépeint la lutte suprême qu'elle voit approcher en esprit, en ces termes énergiques :

« Dans les étoiles je vis la menace du radieux soleil, et dans l'éclair la colère terrible de la lune : les étoiles enfantèrent le combat, Dieu commanda la bataille [5]. »

Dans cette lutte, la Communauté des hommes pieux, qui s'était beaucoup exposée, fut anéantie. Et c'est pourquoi « la colère de Dieu s'enflamme, et du sol crevassé de l'Italie un feu s'élance vers le ciel, qui réduit en cendres des villes nombreuses, détruisant beaucoup d'hommes et remplissant l'air de cendres brûlantes, parce qu'ils ont exterminé la race des hommes pieux [6] ».

Vienne.

M. FRIEDLÆNDER.

---

[1] Κοινοί τε βίου, καὶ πλοῦτος ἄμοιρος.

[2] *Or. Sibyll.*, II, 320-325. Cf. *Or. Sibyll.*, VIII, 209 et s. : « Sa vie et sa richesse seront la propriété commune de tous, la terre aussi sera commune pour tous, sans mur et sans barrière, et non pas divisée en parties, et produisant des fruits en abondance. »

[3] La plus ancienne Sibylle juive, longtemps avant l'ère chrétienne, a déjà annoncé l'approche de ce jugement divin qui frappera un jour les hommes, précédé *d'une guerre terrible*, « parce qu'ils ne reconnurent pas la loi et la justice de Dieu et parce qu'ils livrèrent sottement assaut au temple, le glaive à la main, c'est pourquoi Dieu jugera tous les hommes par la guerre, le glaive et le feu » (III, 686 et s.). — Ainsi, d'après le plus ancien oracle juif, Dieu lui-même inaugurera le jugement dernier par une guerre terrible, et cela surtout parce que les hommes n'observent pas la loi divine et, dans leur perversité, livrent assaut au temple. Et, à la fin du même livre sibyllin (III, 795-807), on indique le signe auquel on reconnaîtra facilement l'approche du jugement divin : « Dans le ciel étoilé, on verra, pendant la nuit, des glaives..., on apercevra dans les nues un combat furieux de fantassins et de cavaliers, telle est la fin que Dieu, qui habite le ciel, prépare pour la guerre. »

[4] *Or. Sibyll.*, V, 514 : Ἀστρα μάχην ὠδῖνε· θεὸς δὲ ἐπέτρεψε μάχεσθαι.

[5] V, 12 et suiv.

[6] IV, 130-136 : Εὐσεβέων ὅτι φῦλον ἀναίτιον ἐξολέκουσιν.

LA NATIVITÉ DE BEN SIRA

Pierre le Vénérable, bien avant Eisenmenger, s'était proposé de dévoiler les absurdités, mensonges et blasphèmes dont fourmille le Talmud, à ce qu'il paraît. Le célèbre abbé de Cluny (né vers 1093 et mort en 1156) n'avait pas seulement le goût des voyages, il était curieux des religions hétérodoxes et n'épargnait aucun soin pour les connaître, afin de mieux les pourfendre. Son humeur batailleuse lui inspira l'idée, remarquable pour le temps, de faire traduire le Coran, et lors d'un voyage en Espagne, en 1141, il mit à exécution son projet. Comment a-t-il eu vent de ces prétendues horreurs imputées au Talmud? Une fois, on croirait qu'il va nous révéler le secret de sa science, mais il se tire d'affaire par une feinte spirituelle et garde pour lui le mot du mystère « Tu te demandes avec étonnement, ô Judée, d'où moi, qui ne suis pas Juif, j'ai pu apprendre le nom du Talmud, d'où il est venu à mes oreilles, qui m'a dévoilé les secrets des Juifs et découvert vos choses les plus cachées? C'est, répondrai-je, ce Christ, oui, ce Christ que tu nies ; c'est la vérité qui a mis à nu ta fausseté, qui a étalé ton ignominie, elle qui dit : Rien de fermé qui ne sera révélé, rien de secret qui ne sera su » (Matthieu, x, 26).

Ce n'est pas, comme on le fera au siècle suivant, pour appeler les foudres du pouvoir ou de l'Église sur ce livre satanique, qu'il a composé son factum, c'est, il nous le dit lui-même, pour essayer d'amener les Juifs à la vérité, ou, tout au moins, retenir dans le christianisme les néophytes qui ont embrassé cette religion. Il ne se dissimule pas, d'ailleurs, le peu de succès que rencontreront ses polémiques : ils sont si rares ceux que la grâce divine sépare du troupeau voué à la perdition ! Dans ce but, il ramasse tout ce qui, dans le Talmud, lui paraît blasphématoire, monstrueux, fou, pour faire toucher du doigt aux Juifs la stupidité de leur entêtement. Le tout assaisonné d'injures grossières, d'invectives d'un goût douteux : animal, brute, jument, âne, sont les aménités qu'il

décoche couramment à son adversaire fictif. Ces épithètes d'un
si haut ragoût ne sont pas une règle du genre, elles tendent à
déconsidérer et à bafouer le juif aux yeux du chrétien ou du
néo-chrétien.

Parmi les insanités relevées par Pierre le Vénérable, il en est
une qui excite à juste titre son indignation et qu'il a honte de reproduire. Il reconnaît que cette fable ne se trouve pas dans le
Talmud, mais, dit-il, elle se lit dans un ouvrage qui n'a pas moins
d'autorité chez les Juifs.

Dans des termes que nous ne croyons pas utile de reproduire,
l'abbé de Cluny rapporte qu'au dire de cet ouvrage, la fille de
Jérémie, étant entrée dans l'eau où son père avait séjourné,
devint mère (ex spermate patris quod diu in aqua mansisset).
Puis :

Venit tempus pariendi, et peperit, et vocavit nomen ejus Bencera.
Hic mox ut natus est, loqui exorsus, panem calidum et carnem pin-
guissimam, butyrum et mel petiit. Quod cum mater miraretur : Cur,
inquit, talia petis, cum lac deberes accipere ? Magis, inquit, tales cibi
mihi placent quam lac tuum. Hoc sapientissimis hominibus cum
mater ejus ostenderet, et ad puerum videndum vocaret plurimos
conflictus disputationis inter se habentes, omnes devincebat puer.
Quod mater ejus magis stupens, ait : Quid est, fili, quod agis ? Unde
tibi tanta sapientia ? Unde tibi tot modi disputationis, cum litteras
non didiceris ? Filius sum, inquit, Jeremiæ. Quod qualiter acciderit,
narravit.

Un peu plus loin il ajoute : « ...adhuc istud unum ad eamdem
fabulam pertinens adjungo :

Audiens Nabuchodonosor hujus prædicti pueri tantam famam,
misit ad eum mille viros armatos, quorum unusquisque militem
unum deferebat super unguem digiti sui, volens cognoscere utrum
verum esset quod de eo ferebatur, et ut ad se veniret mandavit.
Qui venire renuit, sed leporem ad eum misit, et quæcumque ab eo
quærere volebat, vel interrogare in fronte leporis scripsit. Quod
videns Nabuchodonosor, hunc esse omnibus sapientiorem cognovit. »

Il termine par ces mots :

Hæc fabula licet non de Talmut, non tamen de minoris auctoritatis
libro, quam est Talmut apud Judeos, excerpta est [1].

---

[1] *Tractatus adversus Judæorum inveteratam duritiem*, Migne, *Patrol. lat.*,
t. CLXXXIX, col. 645 et 648.

Pierre le Vénérable cherche à nous en imposer : le livre dont il avait détaché cette étrange invention n'était pas revêtu, aux yeux des Juifs de son temps, de l'autorité qu'il veut bien dire. Par sa nature même, il se classait dans la série des ouvrages de fantaisie destinés seulement à amuser. Il était consulté au même titre que, chez les Chrétiens, par exemple, les *Dits de Salomon et de Marculfe*, ou la *Vie de Merlin*, avec lesquels, d'ailleurs, il offre plus d'une ressemblance. L'opuscule visé par l'abbé de Cluny, nous le connaissons, c'est l'*Alphabet de Ben Sira*[1].

On sait qu'il existe deux ouvrages de ce nom. Le premier en date, d'après Zunz[2], est une liste alphabétique de vingt-deux sentences rédigées en araméen. Chaque pensée y est commentée par des considérations et surtout des historiettes écrites en hébreu. L'autre devrait, à proprement parler, s'appeler le Roman de Ben Sira. C'est l'histoire du fils de Jérémie et de sa fille, qui, prophète comme son père, parle dès sa naissance, étonne immédiatement, par sa science universelle, ses maîtres, qui veulent lui apprendre l'alphabet; qui, sur le bruit de ses prodiges, est conduit à Nabuchodonosor, triomphe des épreuves auxquelles celui-ci le soumet, déjoue les complots de ses adversaires et finalement confond le roi par les réponses qu'il donne aux vingt-deux questions de celui-ci *de omni re scibili et quibusdam aliis*[3]. A pre-

---

[1] M. Steinschneider en a publié une édition critique en 1858 : *Alphabetum Siracidis utrumque cum expositione antiqua*, Berlin. Cette édition, faite d'après un ms. de Leyde, est entièrement conforme à un imprimé dont je possède des fragments et qui n'est pas signalé dans le *Catal. Bodl.* Il diffère des autres éditions par la présence du *Midrasch Petirat Moschè*, qui se trouve à la fin. C'est ce texte imprimé qu'a suivi Israël ben Abraham Cohen (entre 1627 et 1630 à Ferrare), copiste du ms. H. 3507, de la Bibliothèque de l'*Alliance israélite universelle*. Schorr était propriétaire d'un autre ms. qui offre beaucoup de variantes avec le texte de M. Steinschneider et surtout de nombreuses additions aux questions posées par Nabuchodonosor à Ben Sira. Une autre copie, enrichie d'additions nombreuses, a été décrite par M. N. Brüll dans ses *Jahrbücher für jüd. Geschichte u. Litteratur*, IX, p. 13.

[2] *Gottesd. Vorträge*, 2e éd., p. 111.

[3] C'est un pêle-mêle extravagant de devinettes curieuses formant, pour la plus grande part, une sorte de faune populaire. En voici quelques-unes : Comment le lièvre se rase-t-il ? combien y a-t-il d'espèces fruitières ? qui les a plantées ? comment guérir l'éternuement? pourquoi l'éternuement ? pourquoi sur le corps les pores sont-ils garnis de deux poils et sur la tête d'un seulement? pourquoi les mouches ont-elles été créées, pourquoi les guêpes et les araignées? pourquoi le bœuf n'a-t-il pas de poil sur le museau? pourquoi le chat se nourrit-il de préférence de souris ? pourquoi l'âne urine-t-il à l'endroit où un autre l'a devancé et pourquoi flaire-t-il ses excréments ? quelle est la cause de la haine entre le chien et le chat ? pourquoi le chien reconnaît-il son maître et pourquoi pas le chat ? pourquoi la souris a-t-elle une couture à la bouche ? pourquoi le corbeau marche-t-il en sautant ? pourquoi lance-t-il sa semence par le bec? pourquoi chaque animal terrestre a-t-il son représentant dans la mer à l'exception du renard ? pourquoi l'ange de la mort n'a-t-il pas pouvoir sur l'oiseau appelé Milham ? pourquoi l'aigle s'élève-t-il le plus haut vers le

mière vue, il semblerait que cet opuscule est la juxtaposition de deux livres analogues, se distinguant l'un par une liste des vingt-deux aphorismes cités par Ben Sira à son maître à propos de l'alphabet, l'autre par la solution des vingt-deux problèmes divers posés par Nabuchodonosor. Mais ces sortes de doublets étaient très fréquents dans les productions naïves du temps ; en outre, la seconde partie suppose nécessairement la première et est déjà citée sous le nom de Ben Sira par l'auteur de l'*Aroukh* au XIe siècle. C'est à ce deuxième Alphabet qu'est empruntée l'histoire contée par Pierre le Vénérable [1].

On est malheureusement à court de renseignements sur l'origine de cet opuscule. Sa patrie nous est jusqu'à présent inconnue ; de son âge, nous ne savons qu'une chose, c'est qu'il doit se placer entre le VIIIe et le XIe siècle, l'ouvrage étant cité par l'*Aroukh* [2]. Le texte de Pierre le Vénérable est même, après l'*Aroukh*, le premier témoignage de la diffusion de ce roman : il nous en atteste l'existence en France au XIIe siècle, vers 1140. C'est, d'ailleurs, à la même date qu'un auteur caraïte de Palestine, Juda Hadassi, cite un autre passage de ce petit livre [3].

Les lecteurs ordinaires du Talmud seront autant choqués que l'abbé de Cluny de l'indécence et de l'étrangeté de cette fiction qui répugnent au génie juif : on citerait difficilement un autre exemple d'une fable aussi obscène. Cette circonstance seule éveillerait déjà quelque doute sur l'origine purement juive de ce récit. Voyons si Pierre le Vénérable, par ignorance, n'a pas attribué aux Juifs la paternité d'une production qu'ils se sont bornés à remanier.

Un fait surprenant, qui a déjà frappé M. Steinschneider, est la

---

ciel ? On reconnaîtra sans peine dans le cadre de notre Ben Sira celui du fameux *Sidrach* (La fontaine de toutes les sciences du philosophe Sidrach), qui a été si populaire au moyen âge et qui, d'après M. G. Paris, aurait été composé à Lyon au XIIIe siècle. Sidrach, comme Ben Sira, a reçu de Dieu le don de toute science et il répond au roi mécréant Boctus, comme Ben Sira à Nabuchodonosor, sur une série de questions. M. Paris s'avance donc trop, à notre avis, en affirmant que « des Juifs purent fournir des matériaux à notre compilation, mais il n'y a jamais eu, à ce qu'il semble, de Sidrach hébreu. Le cadre et les questions paraissent avoir été composés en même temps par un clerc chrétien » (*Hist. littéraire de la France*, t. XXXI, p. 313). La citation de Pierre le Vénérable prouve que notre livre hébreu était connu de quelques chrétiens au moins, et cela en France dès le milieu du XIIe siècle. Si le clerc chrétien a remplacé Sira par Sidrach, c'est par cette fausse science qui veut corriger un nom peu connu par un autre plus célèbre.

[1] Si le texte de l'abbé de Cluny n'est pas un résumé, hypothèse très vraisemblable, il diffère de la version hébraïque en beaucoup de détails, de peu d'importance, il est vrai.

[2] *S. v.* פרדיס. C'est en s'appuyant sur cette citation, sans doute, que M. Immanuel Lœw dit que notre ouvrage est du XIe siècle (*Aram. Pflanzennamen*, p. 2).

[3] Steinschneider, *Catal. Bodl.*, col. 203.

ressemblance du récit de la Nativité de Ben Sira avec celui de la Nativité de Jésus d'après les Evangiles de l'Enfance[1]. Ben Sira joue le même rôle que le fils de Marie. Comme lui, il est conduit à un maître qui veut lui enseigner l'alphabet, et il le confond par sa science. La ressemblance est plus frappante encore quand on compare le texte hébreu avec les traditions arabes qui s'inspirent des Evangiles de l'Enfance. Dans ces derniers écrits, Jésus, pour convaincre d'ignorance son maître Zachée, lui demande ce que signifie chaque lettre, puis il lui expose les raisons mystiques de leur configuration. Dans les traditionnistes musulmans, comme Al-Kissaï, l'élève, à propos de chaque caractère, cite un principe théologique commençant par cette lettre. C'est la méthode que suit l'Alphabet, en remplaçant seulement les articles de foi par des sentences de morale, généralement ironiques.

Autre rencontre avec les traditions musulmanes : Ben Sira, qui est prophète, comme Jésus[2], du sein de sa mère, proteste de l'innocence de celle-ci, accusée faussement d'adultère, et, comme lui, il parle dès sa naissance[3].

Or, l'auteur de Ben Sira connaissait l'arabe, il le révèle lui-même en citant la traduction arabe d'un certain nombre de mots hébreux, et cela en copiant presque textuellement une classification des plantes qui se lit dans les auteurs musulmans. Ben Sira, en effet, pour convaincre Nabuchodonosor de son don de divination, lui révèle les trente sortes de fruits qui sont dans son jardin : il y en a dix dont l'extérieur seul se mange, dix autres dont l'intérieur et l'extérieur sont comestibles, dix autres, enfin, qui sont impropres à la consommation. Les arbres qui portent ces fruits proviennent du Paradis. Cette classification des arbres, comme l'a remarqué Schorr, se lit, il est vrai, déjà dans le Bundehesch. Mais ce n'est évidemment pas de cet ouvrage pehlevi que notre auteur l'a prise, car lui-même donne les noms arabes de ces espèces. Or, précisément, cette classification se trouve dans la Chronique de Tabari et les Prairies d'or de Masoudi, avec ce détail caractéristique que ces arbres ont été apportés à Adam du Paradis[4].

---

[1] Catal. Bodl., col. 203. Voir, sur ces Evangiles apocryphes, Hofmann (Rudolph). Das Leben Jesu nach den Apocryphen, Leipzig, 1851; Michel Nicolas, Etudes sur les Evangiles apocryphes, Paris, 1866. Certains de ces Evangiles, comme celui de Thomas, étaient déjà connus au IIe siècle (Michel Nicolas, p. 330).

[2] Coran, xix, 28-30; Tabari (trad. Zottemberg), I, p. 543.

[3] Ibid.

[4] Tabari, I, 84, il est vrai, ne reproduit que partiellement cette classification, mais elle se lit en entier dans les Prairies d'or de Masoudi (trad. Barbier de Meynard), I, p. 60 et suiv. : « Adam, chassé de son premier séjour, emporta une provi-

Si l'on poursuit les recherches dans ce sens, on reconnaît facilement d'autres emprunts faits par notre auteur aux traditions musulmanes. Pour lui, c'est Salomon qui est l'inventeur de la pâte épilatoire à base d'arsenic et de chaux : le roi d'Israël se servit de cet ingrédient quand il eut découvert que la reine de Saba avait des jambes velues. Or, et pour le fond et pour la forme, notre auteur se rencontre ici encore une fois avec Tabari [1].

Nous pourrions grossir ce chapitre des comparaisons ; les exemples que nous avons cités sont probants.

Il est un autre ordre de rapprochements qu'il convient de signaler. Schorr a déjà appelé l'attention sur l'analogie frappante de la fable du renard qui a oublié son cœur, telle qu'on la lit dans l'*Alphabet*, avec celle du singe qui a oublié son cœur, de la traduction arabe du Calila et Dimna [2] ; or, l'on sait qu'au témoignage de Haï, ce livre de contes et de fables était répandu chez les Juifs des pays musulmans.

Toutes ces coïncidences curieuses montrent les relations étroites qui unissent l'*Alphabet* à Tabari, auteur persan, et à l'athée persan, Ibn Mokafa, le traducteur de Calila et Dimna. Elles permettent déjà de resserrer le cercle où a dû vivre notre auteur : c'est tout vraisemblablement la Perse. Cette conclusion est confirmée par d'autres indices : il est question dans notre opuscule de talismans à noms cabbalistiques ; or, la patrie classique de ces superstitions est précisément la Perse. En outre, il est établi que l'Evangile de l'Enfance avait pénétré dans ce pays [3].

Toutes ces données se lient donc sans peine et forment un faisceau de coïncidences qu'on n'attribuera certainement pas au hasard. On sera donc autorisé à en tirer les conclusions suivantes : Un auteur juif de Perse, au courant des traditions musulmanes et, en particulier, de celles qui étaient relatives à l'enfance de Jésus, a transposé une de ces légendes en substituant Ben Sira au fils de Marie.

---

sion de froment et *trente* rameaux détachés des arbres fruitiers du Paradis. *Dix* de ces fruits ont une écorce : la noix, l'amande, l'aveline ou noisette, la pistache, le pavot, la chataigne, la grenade, la noix d'Inde, la banane et la noix de galle ; *dix* autres sont des fruits à noyaux, savoir : la pêche, l'abricot, la prune, la datte, la sorbe, le fruit du lotus, la nèfle, le jujube, le fruit du doum et du cerisier ; dix autres, enfin, dont la pulpe n'est recouverte ni d'une écorce ni d'une pelure et qui n'ont pas de noyaux, ce sont : la pomme, le coing, le raisin, la poire, la figue, la mûre, l'orange, le concombre, la courge et le melon. » C'est également comme Masoudi et Tabari que l'Alphabet dit que les aromates proviennent du Paradis.

[1] Tabari, 1. 442. M. Grünbaum renvoie, de son côté, à Zamahdjari et à Ibn el-Atir, *Neue Beiträge zur semitischen Sagenkunde*, p. 219.

[2] *Haluts*, VIII, 170.

[3] Voir Michel Nicolas, *Études sur les Évangiles apocryphes*, p. 350.

S'il en est ainsi, le récit de la naissance de Ben Sira s'expliquera aisément : c'est une autre transposition, plus ou moins élégante, celle d'un mythe qui a pour sujet un autre Messie, le Messie *persan*, Sosiosch. Sosiosch doit naître, lui aussi, d'une *vierge*, de la semence d'un *prophète* conservée dans l'*eau* d'un lac [1]. Le thème de ce mythe, évidemment, revient très souvent, sous des formes variées, en différents pays. M. James Darmesteter l'a signalé dans les Indes [2], l'antiquité grecque l'a choisi pour expliquer la naissance d'Aphrodite [3]. Mais dans aucune de ces versions l'analogie n'est aussi complète.

Il est vrai que le Talmud semble connaître un mythe de ce genre, ou plutôt admet la possibilité d'une semblable conception. Seulement le Talmud n'en parle qu'à un point de vue théorique, dans une question de jurisprudence, et il est absolument certain que notre récit n'en dérive pas [4]. D'ailleurs, l'auteur du récit juif, tout en démarquant soigneusement son emprunt, a livré la preuve de son procédé de composition. Une chose, en effet, doit surprendre, c'est que Jérémie, après avoir paru dans la première scène de l'histoire, s'évanouisse brusquement. L'auteur ne s'est même pas donné la peine d'expliquer sa disparition. Or, cette incohérence se comprend vite dès qu'on se rappelle le mythe de l'Avesta : c'est après un millénaire que naît Sosiosch. Au contraire, dans les Evangiles de l'Enfance et les traditions qui s'en inspirent, c'est devant le père putatif de Jésus que Marie est justifiée.

Ce n'est assurément pas dans l'Avesta que notre auteur juif a lu le mythe de Sosiosch, c'est vraisemblablement de la tradition orale qu'il la tenait, et, effectivement, on sait que la donnée primitive qui mettait en scène trois Messies successifs, naissant de la même façon, a fini par se simplifier et ne plus garder que le dernier, Sosiosch [5]. Mais peut-être sera-t-on plus près de la vérité encore en supposant que l'auteur du Ben Sira n'a rien emprunté aux Parsis restés fidèles à l'ancienne religion vaincue par l'Islam, mais qu'il s'est inspiré des écrivains *musulmans* qui ont traité des dogmes des Mages. Il a vraisemblablement existé des traités de polémique anti-parsique ou même des sortes de *Toldot*

---

[1] James Darmesteter, introduction à la traduction du *Zend Avesta*, t. III, p. LXXIX Annales du Musée Guimet, t. XXIV) ; voir aussi, *ibid.*, t. II, p. 521, note 112.

[2] Naissance de Vasishtra, d'Agestya, *Ormazd et Ahriman*, § 177.

[3] Preller, *Griech. Mythologie*, 3e éd., I, 275. Cf. aussi le mythe de la naissance d'Erichtonios.

[4] *Hugniga*, 14 b, fin, et 15 a.

[5] Voir J. Darmesteter, *Ormazd et Ahriman*.

Yeschou dans lesquels les Musulmans ridiculisaient les imaginations persanes. Malheureusement, à ma connaissance, aucune
œuvre de ce genre ne s'est conservée, et les savants que j'ai consultés sur ce point n'ont pu satisfaire ma curiosité. Peu importe,
d'ailleurs, le milieu où notre auteur a rencontré ce mythe, il
nous suffit, pour notre thèse, de l'avoir pris en flagrant délit de
plagiat. Un détail, au reste, confirme notre hypothèse, c'est le
lien qui est établi ainsi, d'une façon si singulière, entre Zoroastre et Jérémie. A première vue, le prophète d'Israël et le prophète de la Perse sont aux antipodes, mais, en fait, les Chrétiens
syriens comme les Musulmans les avaient rapprochés, en conver-
tissant Zoroastre en un disciple de Jérémie [1].

Du même coup, une foule de points obscurs s'éclaircissent dans
cet étrange roman. Si ce n'est qu'un amalgame des deux traditions arabes sur la nativité de Jésus et la naissance de Sosiosch,
on comprend tout le mal que se donne l'auteur juif pour rattacher Ben Sira à Jérémie. C'est ainsi qu'il est obligé de chercher, dans la valeur numérique des lettres du nom de Jérémie, la
preuve de la parenté du prophète avec ce pseudo-prophète inconnu
aux Juifs ; d'expliquer l'ordre alphabétique des sentences de Ben
Sira par l'exemple des Lamentations de Jérémie.

Pourquoi, maintenant, avoir pris Ben Sira pour le héros de cette
histoire, quelle raison de faire un tel sort à un moraliste dont la
tradition juive n'a conservé que quelques sentences et qui n'est
jamais entré dans le monde de l'aggada talmudique ? Il ne
faut pas chercher trop loin, supposer, par exemple, que le
nom complet de ce juif, *Jésus* ben Sira, s'était conservé par
miracle. C'est le nom Ben Sira qui a engendré le roman : il
faut, sur ce point, prendre au pied de la lettre l'assertion de l'auteur. Le mot Ben Sira offrant à l'oreille une certaine ressemblance avec Ben Zèra (*filius seminis*), il n'en fallait pas plus pour
donner une nouvelle vie à ce personnage tombé presque dans
l'oubli. Sans doute, ce calembour fait bon marché de la philologie,
car סירא et זרע n'ont qu'une analogie fortuite, mais un jeu de mots
n'a pas besoin d'être scientifique, et cette étymologie n'est pas plus
malheureuse que celle du nom du rabbin Zèra זירא (qui vient de
זעירא, le petit) par la même racine, et que l'auteur prétend avoir
recueillie, comme celle de Sira et de Papa, des traditions des
rabbins.

[1] Voir Richard Gottheil, *References to Zoroaster in Syriac and Arabic Literature*
extrait de *Classical studies in honour of Henry Drisler*), p. 28, qui cite, pour les auteurs syriens, Bar Bahlul, Ishodad de Hâdatha (vers 852), etc. Tabari, trad. Zotten-
berg, I, p. 499.

Si ces conclusions étaient admises, nous aurions ici un exemple de syncrétisme peu commun : on chercherait vainement
dans la littérature juive une transposition aussi curieuse de deux
légendes chrétienne et persane unies par un seul trait commun :
la naissance miraculeuse du héros. Notre roman serait la dernière
étape d'un mythe religieux devenu simple conte amusant, sous la
plume d'un écrivain éclectique de mauvais goût. Cette dernière
aventure n'est pas rare : c'est la destinée de beaucoup de légendes
sacrées.

ISRAEL LÉVI.

NOTES SUR LES JUIFS DANS L'ISLAM

I

On a déjà fait remarquer à plusieurs reprises que le contact du judaïsme avec d'autres religions, dans les premiers siècles de l'islamisme, produisit divers phénomènes. Tout d'abord, dans l'Asie antérieure, le triomphe de l'islamisme jeta dans les esprits un trouble profond, qui se manifesta par la formation de nombreuses sectes juives et musulmanes, écloses sous l'action d'un mélange de conceptions religieuses de toute provenance. Ce mouvement n'était pas seulement dû aux événements historiques de ce temps, mais aussi à d'autres raisons, comme le prouveront les observations suivantes.

Voici ce qu'on lit dans l'ouvrage manuscrit *Kitâb al-fark beyn al-firak*[1] , d'Abd-al-Kâhir al-Bagdâdi, consacré aux diverses sectes et écoles musulmanes :

Cette opinion[2] ainsi que celle de Ka'bî, qui avait prétendu que tout homme ayant confessé la foi mahométane était musulman, sont contredites par la doctrine des *isawiyya*, parmi les Juifs d'Ispahan. Ceux-ci admettent, en effet, les prophéties de notre prophète Mahomet et reconnaissent que tout ce qu'il a proclamé est vrai, mais ils croient qu'il n'a été envoyé que chez les Arabes, et non pas chez les enfants d'Israël. Ils disent aussi que Mahomet est l'envoyé de Dieu, et pourtant ils ne sont pas comptés parmi les sectes musulmanes.

[1] Ms. de la Bibliothèque royale de Berlin, Ahlwardt, n° 2800.
[2] Il est question, dans ce qui précède, de l'opinion de ceux qui admettaient que les infidèles qui, du temps de Mahomet, avaient seulement embrassé l'islamisme en apparence devaient également être considérés comme musulmans.

D'autres, qui appartiennent à la secte juive des *schdrakâniyya*, rapportent que leur chef, nommé Schârakân, aurait dit que Dieu a envoyé Mahomet auprès des Arabes et des autres hommes, à l'exception des Juifs. Il aurait aussi affirmé que le Coran est vrai et qu'il faut considérer comme obligations religieuses l'appel à la prière, la prière, les cinq époques de la prière, le jeûne du mois de Ramadhân et le pèlerinage à la Ka'ba, mais que ces pratiques ne sont prescrites qu'aux musulmans, et non aux Juifs, quoique plus d'un des schârakâniyya les observe volontairement. Ainsi les isawiyya, parmi les Juifs, et une partie des schârakâniyya reconnaissent qu'il n'y a pas de Dieu hormis Allah, que Mahomet est son envoyé et que sa religion est vraie, et, malgré tout, ils n'appartiennent pas à la communauté musulmane, parce qu'ils croient qu'ils ne sont pas liés par les prescriptions de l'islamisme.

On a déjà souvent parlé de la secte des isawiyya mentionnée dans le passage précité. Quant à la secte des schârakâniyya —, c'est ainsi que ce nom est ponctué dans le ms. —, elle est certainement identique avec les שארדגאניה mentionnés par Yéfet ben Ali [1] dans son commentaire sur le Pentateuque. En ajoutant les renseignements fournis par le passage que nous venons de citer aux remarques de Yéfet, nous voyons que, sous la pression des circonstances, la secte des schârakâniyya, non seulement acceptait Mahomet comme prophète et déniait aux pratiques juives tout caractère obligatoire en dehors de la Palestine, mais observait aussi, en partie, plusieurs usages musulmans.

On trouve aussi quelques renseignements sur les sectes juives et, en général, sur les Juifs, dans l'ouvrage de polémique écrit par Abou-l-Fadhl al-Mâlikî al-Su'udî contre le christianisme [2]. Nous ne relèverons que les détails suivants relatifs aux sectes juives ; les autres informations sont déjà connues.

« Parmi les Juifs, dit Abou-l-Fadhl, on trouve une secte appelée *al-Binjaminiyya*. Ce sont les partisans de Binjamîn, qui admettent l'unité de Dieu, mais croient que, parmi ses créatures, Dieu a un adversaire qui travaille contre lui et est l'auteur du mal ; ce n'est donc pas Dieu qui crée le mal. Il existe aussi une secte juive appelée *Malakiyya*, qui croit que le monde n'a pas été créé par Dieu, mais par un ange qui avait reçu de Dieu le pouvoir de mener à bien la création ; d'après cette secte, c'est cet ange qui parla à Moïse et divisa la mer Rouge. Le fondateur est Malik al-Sejdulânî, de la ville de Ramla. »

---

[1] Voir Pinsker, *Likkoutê Kadmoniyyot*, p. 26.
[2] *Disputatio pro religione Muhammedanorum adversus christianos*, éd. E. J. van den Ham, Leyde, 1890.

Les *Binjaminiyya* sont les partisans de Benjamin al-Nehâ-wendî, en supposant qu'il en ait réellement eu. Les écrivains ma-hométans ont, en effet, l'habitude de parler souvent des idées d'un seul individu comme si elles avaient appartenu à une secte en-tière, afin qu'ils retrouvent ainsi, pour le nombre de sectes, le chiffre indiqué par la tradition. En tout cas, il ressort des obser-vations d'Abou-l-Fadhl que, malgré son aversion pour les anthro-morphismes, Benjamin al-Nehâwendî n'était pas un penseur du genre des Motazales, mais un esprit extravagant formé par l'in-fluence perse. Les conceptions de Malik [1] dénotent aussi une in-fluence gnostique.

Abd-al-Kâhîr al-Bagdâdî, dans son ouvrage précité, montre que d'autres influences étrangères ont encore agi sur les esprits juifs. Nous savons déjà par le gaon Saadia [2] que la doctrine de la mé-tempsycose avait des partisans parmi les Juifs de son temps [3]. Al-Bagdâdî [4] nous apprend qu'il y avait des Juifs qui essayaient de prouver la métempsycose par les passages de Daniel relatifs à Nabuchodonosor (Daniel, iv).

II

LE DROIT DE SUCCESSION JUIF DANS LES PAYS MUSULMANS.

Pour se rendre un compte exact de la situation des Juifs et du judaïsme dans les pays de l'Islam, il importe de savoir dans quelle mesure les souverains musulmans prenaient en considération les institutions judiciaires purement juives. C'est pourquoi, il nous paraît intéressant de donner ici quelques indications sur le droit successoral juif dans ces régions.

Une tradition rapportée par Al-Buchârî [5] est ainsi conçue : « Le Prophète dit : le musulman ne peut pas hériter de l'infidèle, ni l'infidèle du musulman. » Cette prescription s'explique certaine-ment par ce fait que, d'après la conception musulmane, des rap-ports assez étroits pour justifier le droit de succession ne peuvent exister qu'entre sectateurs de la même religion. C'est cette même

[1] Ce personnage est certainement identique avec Malik Armalî mentionné dans Graetz, *Gesch. d. Juden*, V, 506.
[2] *Amânât*, éd. Landauer, 207.
[3] Voir W. Bacher, *Die Bibelexegese der jüd. Religionsphilosophen*, p. 41, note 4.
[4] Voir Appendice I.
[5] *Mawârith*, n° 25; Al-Tirmidhî, II, p. 13.

conception qui a fait décréter qu'un *zindik*, qui, d'après la remarque d'al-Kastalâni, n'appartient à aucun culte, ne peut ni
hériter ni avoir d'héritier. La même loi est applicable à un
Juif converti au christianisme, parce qu'il a renoncé à une religion qui lui assurait certains droits reconnus pour en embrasser
une autre à laquelle l'islamisme ne reconnaît pas les mêmes
droits. Un musulman se convertit-il, les biens qu'il a acquis après
sa conversion deviennent la propriété du fisc. Quant à la fortune
qu'il possédait déjà quand il était encore musulman, les jurisconsultes sont en désaccord sur ce qu'elle devient. D'après Schafîi, le
fisc se l'approprie également, tandis qu'Abou Hanîfa l'attribue
aux parents musulmans [1].

Mais s'il est vrai que mainte disposition judiciaire a été inspirée
par celte conception que le droit d'héritage dépend des croyances
religieuses, il n'est pas moins vrai que plus d'un pieux musulman ne renonçait parfois qu'avec regret à l'héritage d'un infidèle.
Aussi la tradition relative au droit de succession, qui naquit à
une époque où l'action de la religion était prépondérante, ren-
contra-t-elle peu à peu des contradicteurs. Sans doute, beaucoup
continuèrent à s'en tenir à l'ancienne loi, s'appuyant encore sur
une autre tradition qui défendait aux adeptes de deux religions
différentes d'hériter les uns des autres [2]; mais les novateurs
avaient également une tradition en leur faveur, à savoir que l'islamisme pouvait être développé, mais non amoindri [3]. Ils appli-
quaient cette sentence à la fortune des musulmans et en concluaient
qu'il leur était permis d'hériter d'un infidèle. Mouawiya engageait
les kâdis à se conformer à cette dernière manière de voir.

Il va sans dire que le fisc ne se désintéressait pas non plus de la
fortune des Juifs, et que sa conduite à leur égard, inspirée par les
fetwas des savants, variait souvent. Il est question de ces variations dans l'important et gros ouvrage *Al-tabakât al kubra* [4], de
Tâg al-Dîn al-Subkî. Celui-ci rapporte que les Juifs demandèrent à
Saladin qu'on prît en considération, dans toutes les affaires qui
les concernaient, leur droit coutumier [5] qu'appliqueraient leurs
chefs religieux. C'étaient, en effet, ces derniers qui jugeaient habi-

---

[1] Al-Kastalâni, au paragraphe *Fachr al-Dîn al-Râsi*, dans Mafâtih al-geyb, éd.
Boulacq, III, p. 229.

[2] Dans Al-Tirmidhî, II, p. 14 : לא יתוארח אהל מלתין.

[3] Il est possible que ce principe soit une modification de cette idée que la foi peut
être fortifiée, mais non affaiblie : אלאימאן יזיד ולא ינקץ (Iman, n° 34); Abou-l-
Leyth al-Samarkandi, *Bustân al-Arifin*, éd. du Caire, 1303, p. 187.

[4] Voir Appendice II.

[5] עאדה. Voir, pour ce terme, Goldzieher, *Die Zahiriten*, 206.

tuellement leurs différends, et les droits de succession étaient réglés chez eux par leurs propres lois, sans que nul étranger inter-
vînt. Se trouvait-il parmi les héritiers un mineur ou une personne
disparue, la part qui leur revenait était sauvegardée par les administrateurs juifs. Ils prièrent donc le sultan de les autoriser à conserver ces coutumes. Saladin invita alors les imâm à lui exposer,
dans un rapport, quelle suite pouvait être donnée à cette demande
d'après l'école de Mâlik et celle de Schafi. Le mâlikite Abou-l-Tâhir ben Auf al-Iskandarî et le schafîite Abou-l-Tâhir al-Salafî répondirent tous deux que les procès des Juifs et des chrétiens devaient être réglés par leurs propres juges chaque fois que les deux
parties sont d'accord à ce sujet. Le juge musulman n'avait à en
connaître que dans le cas où les parties se présenteraient devant
lui, et alors il jugerait conformément aux prescriptions du Coran [1].
De même, pour la part d'héritage revenant au mineur ou à la personne disparue, ce sont les chefs religieux des intéressés qui en
prendraient soin, et nullement les juges musulmans. Telle fut
l'avis des contemporains de Saladin. D'après Ibn al-Subkî, Mohamet al-Isbahânî n'admit pas cette manière de voir. Comme le rapporte son fils, il traita la question dans son livre *Kaschf al-
Ghoumma an mirâth ahl al-dhimma*, où il dénie, en général, à
Abou-l-Tâhir al-Salafî l'autorité nécessaire pour émettre un fetwa,
et déclare que la consultation précitée est absolument erronée. Il
composa son livre sur les droits d'héritage des *Ahl al-dhimma* à
l'occasion du fait suivant. Un Juif mourut, laissant une veuve et
trois filles. On demanda alors à Mohamet al-Isbahânî si le fisc
pouvait s'approprier l'héritage, à l'exception du huitième, destiné
à la veuve, et des deux tiers, destinés aux trois filles. En effet
d'après le Coran [2], deux tiers de la succession reviennent aux
filles, s'il y en a plus de deux, et un huitième à la veuve, le reste
appartient aux parents mâles du défunt. En l'absence de parents
mâles, le fisc paraît avoir réclamé ce reste. Il semble que ceux qui
adressèrent cette consultation à al-Isbahânî demandèrent s'il fallait étendre cette prescription aux Ahl al-dhimma. Celui-ci répondit affirmativement et écrivit alors l'ouvrage en question.

Ce livre rapporte aussi un fetwa d'Izz al-Dîn al-Kinânî, qui défend également au Trésor de se mêler des affaires de succession
des Ahl al-dhimma, dans le cas où les héritiers veulent se conformer, pour le partage de la succession, à leurs propres coutumes.
Al-Isbahânî n'est pas de cet avis. On ne peut même pas prétendre,

---

[1] Soura v, 46.

[2] Soura iv, versets 10-11. En expliquant ce passage, Mafâtîh, III, 224, rapporte
un récit qui est imité du passage de Nombres, xxvii, 1-11.

dit-il, qu'Al-Kinânî en décida ainsi parce qu'il s'agissait du cas
particulier d'un renégat, qui, d'après quelques jurisconsultes, ne
peut pas avoir des musulmans pour héritiers, ou parce que la succession ne devait revenir qu'aux parents très proches, car il n'é-
tait nullement question de tout cela dans la demande adressée à
Saladin. Il s'agissait simplement de savoir s'il fallait accepter la
prétention, émise par les héritiers, de régler la succession d'après
leurs lois particulières. Al-Kinânî répondit affirmativement, mais
al-Isbahânî déclare son opinion fausse.

On voit que s'il y avait des jurisconsultes qui étaient d'avis
de laisser les rabbins se prononcer d'après leurs lois dans les
affaires de succession des Juifs, d'autres prétendaient que les Juifs
devaient être soumis aux règles du droit successoral musulman et
déclaraient licite, dans certains cas, le prélèvement d'une part importante de l'héritage au bénéfice du Trésor.

Martin Schreiner.

APPENDICE.

Al-Bagdâdi.

F° 4 a.

והדא אלקיל מע קול אלכעבי פי תצריר אמה אלאסלאם ינתקץ בקול
אלעיסוריה מן יהוד אצבהאן פאנהם יקרון בנבוה נבינא מחמד צלע״ם ובאן
כל מא גא בה חק ולכנהם זעמוא אנה בעת אלי אלערב לא אלי בני
אסראייל וקאלוא איצא מחמד רסול אללה ומא הם מעדודין פי פרק
אלאסלאם וקום מן שארכאנידה אליהוד חכוא ען זעימהם אלמערוף
בשארכאן אנה קאל קאכ אן מחמד רסול אללה אלי אלערב ואלי סאיר אלנאס
מא כלא אליהוד ואנה קאל אן אלקראן חק וכדלך אלאדאן ואלאקאמה
ואלצלואת אלכמס וציאם שהר רמצאן וחג אלכעבה כל דלך חק גיר אנה
משרוע עלי אלמסלמין דון אליהוד ורבמא סעל דלך בעץ אלשארכאנידה
חטועא פהולא אלעיסוריה מן אליהוד מע טאיפה מן אלשארכאנידה קד
אקרוא בשהאדה אן לא אלה אלא אללה ואן מחמדא רסול אללה
ואקרוא באן דינה חק ומא הם מע דלך מן אמה אלאסלאם לקולהם באן
שריעה אלאסלאם לא תלזמהם.

Ibidem, f° 103 b.

וקאל בעץ אליהוד באלתנאסך וזעם אנהא וגד פי כתאב דאניאל אן
אללה תעאלי מסך בלך נצר פי סבע צור מן צור אלבהאים ואלסבאע
וערבה סידהא כלהא חם בעתה פי אכרהא מוחדא .

II

Ms. de Leyde, II, f° 151.

דכר אסתפתא וקע פי זמאן אלחאפט אבי טאהר . ומן בנא הדה
אלפתיא אן אליהוד קבחהם אללה רפעוא קצה אלי אלסלטאן צלאח
אלדין רחמה אללה אנהוא סידהא אן עאדתהם חל בגמל אמורהם עלי
מא יראה מקדם שריעתהם פהם יתחאכמון אליה ויתוארתון עלי חסב
שרעהם מן גיר אן יעתרצהם פי דלך מעתרץ ואן כאן פי אלורתה צגיר
אוגאיב כאן אלמחאכם על נציבהם מקדמהם וסראלהם חמל אלאמר עלי
אלעאדה סכתב אלסלטאן מא נצה לידכר אלסעאדה אלאימה וסקהם אללה
מא ענדהם עלי מדהב מאלך ואלשאפעי רצי אללה ענהמא סכתב אבו
טאהר אבן עוף אלאסכנדרי אלמאלכי וגמאעה . וכתב אלחאפט אבו
טאהר אלסלפי מא נצה : אלחכם בין אהל אלדמה אלי חאכמהם אלא
כאן מרציא באתפאק מנהם כלהם וליס לחאכם אלמסלמין אלנטר פי
דלך אלא אתאה אלפריקאן והו אלא מכיר כמא פי אלתנזיל פאן
גאוך פאחכם בינהם או אערץ ענהם ואמא מאל אלגאיב ואלטסל פהו מרדוד
אלי חכאמהם וליס לחאכם אלמסלמין פיה נטר אלא בער גרחה בבינה
עליה וכיאנה טאהרה ובאללה . וכתב אחמד בן מחמד אלאצבהאני קלת
וקד דכר אלשיך אלאמאם אלואלד רה הדה אלפתיא פי כתאבה אלמסמי
כשף אלגמה ען מירדאה אהל אלדמה וחכי כטוט אלגמאעה כלהם ודכר
אנה וקף עליה אחצרה לה בעץ אלשהוד ליסתפתיה פי הדא אלמעני קאל
אלואלד פאן כאנוא זורוה פהם גריקון פי אלחזויר ואלא פנחכלם עליה חם
תכלם עלי כלאם ואחד ראחד אלי אן אנתהי אלי אלסלפי פקאל ואמא אלסלפי
גליל ואלחאפט כביר ומא לה וללפתוי ומא ראיתה לה פתוי גיר הדה ומא ...
כאן ינבגי לה אן יכתב פאן לכל עמל רגאלא וקולה בתכייר אלחאכם פי
אלחכם בינהם הו אחד קולי אלשאפעי ולעלה למא באלאסכנדריה וליס
פיהא אלדיאך אלא מדהב מאלך ונטרד פי אלפקה קליל או מסקוד אעתקד
אן אלרגוע ענד אלשאפעיה אלתכייר כאלמאלכיה ואלצחיח ענד אלשאפעיה
וגוב אלחכם לקולה תעאלי ואן אחכם בינהם ממא אמר אללה וקולה
פי מאל אלגאיב ואלטסל לעלה תקליד וחסן טן במן קאלה מן אלמאלכיה
אמא אלשאפעיה אלדין מתמדהב במדאהבהם סלם יקל בד אחד מנהם
אנתהי . וסבב תצנף אלואלד רה הדא אלכתאב אנה וררדת עליה סתיא פי
דמי מאת ען זוגה וחלאא בנאת הל לוכיל בית אן ידעי במא בקי ען תמן
אלזוגה ותלתי אלבנאת סימא לביר אלמאל אלמסלמין ריחכם אלקאצי

בללך פכתב אן לה דלך וצנף פיה אלכתאב אלמדכור ודכר פיה אן
אלאסתחסתא רפע אלי אלשיך עז אלדין אבן אלכינאני עלי צורה אכרי והי
דמי מאת וכלף ורתה יכתועבון מיראתה עלי מקתצי שריעתהם מאראד
וכיל בית אלממל אלתערץ להם פכתב אבן אלכינאני ליס לוכיל בית
אלמאל אלתערץ ואלחאלה הדה. קאל אלשיך אלאמאם פאן כאן מסתנד
אלכינאני אלרד או תורית דוי אלארחאם פהו לם ידכר לה פי אלסראל
תעיין אלורתה באל קאלוא עלי מקתצי שריעתהם וגאז אן יכונוא ירון
תורית ורתה ואסתיעאבהם ממן יגמע אלמסלמון עלי עדם תוריתהם ראן
כאן מסתנדה פסאד בית אלממל פאלמתאכרון אנמא קאלוא דלך פי אלרד
ודוי אלארחאם והו לם יסאל ען דלך בל אטלק אלסאיל סואלה פשמל
דלך וגירה ואן כאן מסתנדה תקרירהם עלי מקתצי שרעהם פליס לה כלף
מן אלשאפעיה יקול בה קאל פגואבה כטא עלי כל תקדיר יפרץ קאל
וחצרת אלי פתיא עלידא כטוט אבבעה מן אלשאמיין באלנמל עלי מקתצי
מואריתהם קאל והו אטלאק לא ימכן חמלה עלי וגד מן וגוד אלצואב
אלא באן ירא אלא כלף ורתה מסתועבין במקתצי שריעה אלאסלאם
ולם יתראצוא אלימא פלא יתערץ אליהם פי קסמתהם ואטלאק תלך
אלפתאוי ואראדה הדה אלצורה אלכאצה כטא ותגהיל ואגרא באלנהל.

DEUX LETTRES DE SIMÉON BEN JOSEPH

(EN DURAN DE LUNEL)

Tout le monde connaît l'histoire de la lutte qui s'éleva, au commencement du xive siècle, dans les communautés juives du midi de la France, entre les partisans et les adversaires des études philosophiques. A l'instigation d'Abba Mari, de Lunel, Salomon ben Adret, de Barcelone, la plus haute autorité rabbinique du temps, intervint dans le débat, en se prononçant, après de longues tergiversations, contre ces études : l'excommunication fut lancée contre ceux qui étudieraient les sciences avant l'âge de vingt-cinq ans. Cette mesure provoqua une contre-manifestation; à Montpellier, l'excommunication fut lancée contre ceux qui s'opposeraient à ces études. On n'ignore pas que c'est Abba Mari, dans son *Minhat Kenaot*, qui nous a conservé les pièces de la première partie du débat, les lettres et pamphlets qui ont provoqué et suivi l'excommunication de Barcelone. Mais je ne puis renoncer à l'espoir qu'on ne finisse par découvrir la collection manuscrite des lettres et pamphlets relatifs à la contre-excommunication de Montpellier. Ces documents jetteraient une vive lumière sur l'histoire de la littérature et de la culture intellectuelle des Juifs du midi de la France, comme l'a fait le *Minhat Kenaot*. Nous savons qu'Abba Mari avait formé lui-même le projet de réunir dans une seconde collection l'histoire du mouvement déterminé par la contre-excommunication de Montpellier[1]. Il n'a sans doute pas été le seul à concevoir ce projet littéraire, car il est avéré que sa collection des écrits concernant l'excommunication de Barcelone n'a pas été unique non plus. Il semble, au contraire, que dans les

---

[1] *Minhat Kenaot*, éd. Bislıches, 176 : בפני שדעתינו לחברו בחבור אחד עם שאר הכתבים והקונדרסין אשר הגיע אלינו מגדולי ארץ פרפ[נ]יאן ועד מרסיליא כדי להיות לאות ולעדות לכל באר עולם··· וכשנהיה בשערי סגויזה בעז״ה נשתדל' לחבר הכל ולהיות הענין רשום בכתב אמרי ונכתב בספר.

deux principaux foyers de ce mouvement, à Montpellier comme à
Barcelone, on ait formé divers recueils contenant tous les documents relatifs à cette lutte. Nous savons même qu'à Perpignan,
Joseph ben Pinhas Hallévi, probablement fils du poète Don Vidal
Profet, avait pris à tâche, bien avant Abba Mari, de réunir tous
ces écrits [1]. Salomon ben Adret lui-même [2] prit soin de recueillir dans ses archives la collection à peu près complète des documents de ce différend. De même, son disciple, Simson b. Méïr de
Tolède [3], jeune homme de caractère énergique et ardent, qui avait
prêté un appui efficace à un petit-fils de Maïmonide (peut-être David b. Abraham [4]), en Castille et dans la Navarre, avait entrepris de
rassembler tous les documents intéressant la lutte où son maître
était engagé.

Une telle collection des écrits de polémique qui ont précédé et
suivi la contre-excommunication de Montpellier nous eût montré
au premier plan de l'action une personnalité qui est restée trop
dans l'ombre par suite de la perte de ces documents, je veux parler de Siméon ben Joseph En Duran de Lunel. En effet, dans la seconde partie de ces événements dramatiques, c'est Siméon ben
Joseph, bien plus qu'Abba Mari, qui joue le principal rôle. L'existence d'une collection de ce genre, où on rendait justice à l'œuvre
d'En Duran, est attestée par le remarquable fragment du ms.
d'Oxford 2218, 2° (Pococke, 2803), où nous trouvons trois écrits
composés par Siméon à l'occasion de cette lutte, si féconde en
incidents, et qui semblent empruntés à une collection manuscrite encore inconnue [5].

Ce fut le grand mérite de Siméon ben Joseph d'avoir osé réfuter, dans un écrit de polémique qui, du coup, illustra son nom, le
grand talmudiste de Perpignan, la plus haute autorité parmi les
Juifs du midi de la France, Menahem Méïri ou Don Vidal Salomon. De même que Yedaya Penini entreprit de rompre lui-même
une lance en faveur de la science et surtout de la philosophie, en
adressant sa fameuse lettre à Salomon ben Adret, ici c'est un talmudiste, armé de son érudition et paré de l'éclat de sa célébrité,
qui défend le Talmud contre le parti qui, à Montpellier, opposa
une contre-excommunication à l'édit anti-scientifique de Barce-

[1] *Ibid.*, n° 19, p. 59. Cf. Renan-Neubauer, *Les Rabbins français*, 662, 724
et suiv.
[2] *Ibid.*, n° 66, fin, p. 138 et 140.
[3] *Ibid.*, n°° 67 et 69, p. 138 et 140.
[4] Cf. H. Brody, מסתרים ממוני מטמוני, p. 8, dans קובץ על יד, IX.
[5] Voir la fin de ce fragment : נשלמה תשובת קונדרס החכם וטופס מאמריו בענין האדרבת.

lone. Il s'agissait d'affaiblir l'appui moral qui venait ainsi renforcer des adversaires. Abba Mari lui-même confia ce soin à son lieutenant Siméon b. Joseph, qui, dans sa réplique [1], intitulée « Pectoral », sut combattre pied à pied l'argumentation de Méïri et présenter la mesure prise par Ben Adret comme une œuvre de salut nécessaire.

La seconde lettre de Siméon, que je publie ici pour la première fois avec sa troisième lettre, montre aussi de quelle importance fut son intervention dans la question de la contre-excommunication de Montpellier. C'est seulement par cette lettre, adressée à Ben Adret, que nous apprenons que ce fut Siméon b. Joseph qui détermina Ben Adret et les co-signataires de son excommunication à se prononcer ouvertement et décidément contre les auteurs de l'excommunication de Montpellier et qui provoqua l'échange de ces nombreux écrits de polémique avec les auteurs de ce dernier édit. Il comprit qu'il fallait avant tout que Ben Adret affirmât catégoriquement son respect pour Maïmonide pour mettre à néant les malentendus réels ou intentionnels et les calomnies de ses adversaires. De même qu'au début de la controverse, les assertions injurieuses de Ben Adret sur Jacob b. Abba Mari Anatoli et son *Malmad* [2] avaient provoqué la colère des Tibbonides, ses parents, et de Jacob ben Makhir, de même on suscita des adversaires à l'excommunication de Barcelone en répandant le bruit qu'il était question de lutter contre Maïmonide et ses écrits [3]. Rien ne montre mieux la célébrité croissante du nom de Maïmonide dans le siècle qui suivit sa mort que ce simple fait, à savoir que la seule nouvelle d'une attaque possible contre Maïmonide suffit pour faire partir en guerre contre l'excommunication de Barcelone. En tête de la formule d'excommunication [4] qui de Montpellier fut opposée à celle de Barcelone, il fut dit, en conséquence, que tous ceux qui parleraient en termes irrévérencieux de Maïmonide et de ses écrits encourraient l'ana-

---

[1] וזמן משפט חתם, édité par nous dans la *Jubelschrift* de Zunz, תמארת שיבה, p. 142-174. Le fait que la lettre de Méïri ne se trouve pas dans le ms. du מנחת קנאות de l'Ospicio dei Neophiti de Rome, comme l'établit M. Neubauer dans *Jewish Quarterly Review*, IV, 698 et suiv., a déjà été mentionné par nous dans *Jubelschrift*, p. 149, note 29; j'ai publié moi même des corrections de mon édition dans les *Göttinger gelehrte Anzeigen*, 1885, n° 11, p. 457 et suiv.

[2] Cf. *Jubelschrift*, p. 148, note 27,

[3] Ben Adret, dans sa réponse à En Duran, מנחת קנאות, n° 89, p. 166, dit lui-même : ואשר החפיאו עלינו דברים לשבר את האזנים ולסמא את העינים כי דברנו ברב הגדול רמב"ם ז"ל וסטרדיו.

[4] Dans la lettre des six co-signataires de l'excommunication de Montpellier, *ibid.*, n° 78, p. 150, nous trouvons les mêmes termes que chez Siméon ben Joseph : מתח דברי החרם ההוא : כל אשר יטיח כלפי הרב מורה צדק החכם הגדול רמב"ם ז"ל.

thème. De même, la troisième disposition [1] de la formule d'excommunication semblait porter qu'on excommunierait tous ceux qui n'auraient pas permis à leurs enfants d'étudier la physique et la métaphysique avant leur 25ᵉ année. Vainement on avait fait une exception à Barcelone en faveur de Galien ou, comme on disait chez les Juifs de ces contrées, de Gamaliel [2], c'est-à-dire en faveur de la médecine. Le gouverneur de Montpellier voulait que l'étude des sciences continuât à favoriser, comme il le croyait, la conversion des Juifs au christianisme [3]. Jamais on n'avait envisagé auparavant à Montpellier la possibilité d'une excommunication. Du reste, il n'était permis d'excommunier qu'avec l'autorisation du roi [4]. Préalablement, il fallait aussi, selon le statut de la communauté, que l'unanimité des membres de l'Administration se fût prononcée à ce sujet; une seule voix protestataire suffisait pour annihiler l'excommunication [5]. Mais après l'excommunication de Barcelone, on ne tint pas compte du statut de la communauté, et, à la pensée qu'il s'agissait de lutter en faveur de Maïmonide, on fit violence aux représentants de la communauté. On s'était assuré l'autorisation des autorités en insinuant secrètement au gouverneur royal qu'il était dans l'intérêt bien entendu du christianisme de s'opposer à ces attaques du fanatisme judéo-hispanique [6]. Trois mois auparavant, les amis de la philosophie et de l'allégorie s'étaient déja réunis à Montpellier pour faire, en trois congrès philosophiques, des conférences publiques sur des écrits de métaphysique anciens et nouveaux [7]; c'était là une sorte de protestation contre leurs adversaires. Siméon ben Joseph et son parti avaient

[1] Je conclus cela du nᵒ 73, p. 142 . והאדרן ברוב יסרו לא הרשד אותם כ"א מן החרם השלישי.

[2] Voir Kaufmann, Die Sinne, p. 7, note 12, et Jubelschrift, p. 147, note 26.

[3] Minhat Kenaot, nᵒ 73, p. 142 . מפני שזה ידיד סבה ונעילת דלת שלא ישוב לדת הנוצרים שום יהודי.

[4] Ibid., nᵒ 50, p. 106, l. 14 : [ל. ולהלקות] ולא נתן לנו רשות לנדות ולהקלות רק ברשות אדונינו המלך.

[5] Ibid., nᵒ 73, p. 142 : ויש לנו הסכמה ידוע בכח חרם אפילו הברורים אינם רשאים לנדות ולהחרים ולגדור שום גדר כי אם בהסכמת כולם ואם' לדבר מצוה. De même, Siméon ben Joseph écrit à Ben Adret . להחרים שום אדם בלתי הסכמת כל הנאמנים אין לאל ידינו. Dans le nᵒ 73 du Minhat Kenaot, l. 2, je corrige אשר ימיל en ולא ידער et ולא ידע en ולא ידע; l. 4, ולא ידע; l. 9, אשר יציל en אשר יציל את בנו; l. 12, רוב הברורים en רוב הבחורים; שנתעצמו en שנתעצמו. Dans le Letterbode, IV, 160, M. Neubauer n'a indiqué aucune de ces rectifications.

[6] C'est ainsi que je comprends les paroles de Siméon ben Joseph : הטעימו לברים לא נתנו ליכתב כל שמעיר תצלנה אזנו.

[7] Cf. dans la lettre des Six, p. 150 : בית אל ימיר שבת בשבתו יעל(ה)(ה)[ר] בית אל להתעסק בנסתרות ובנגלות נער וזקן ויום ויום ידרושון. Voir Jubelschrift, p. 148, nᵒ 27.

cru devoir s'abstenir de protester. Mais maintenaat que ses adversaires procédaient à des mesures aussi illégales que dangereuses, il ne pouvait plus garder le silence, sous peine d'être accusé de mollesse. Ben Adret ne pouvait s'en tenir à l'excommunication qu'il avait prononcée; il devait proclamer l'édit de Montpellier nul et sans effet et s'associer à la contre-excommunication signée par environ 70 personnages influents de Montpellier, ayant à leur tête Abba Mari et Siméon ben Joseph. Une déclaration aussi nette de Ben Adret déterminerait beaucoup d'hésitants à adhérer à la contre-excommunication et à se ranger ouvertement du côté de Ben Adret et de ses amis. Dans un appendice, Siméon résume encore une fois les arguments propres à enlever à l'excommunication de Montpellier la moindre apparence de droit et de valeur.

De même que, seul avec ses cinq co-signataires[1], Siméon ben Joseph avait entrepris de soulever toutes les communautés, jusqu'à Barcelone, contre l'édit de Montpellier, de même il entra seul en lice pour amener Ben Adret et les gens de Barcelone à se prononcer contre leurs adversaires. Son appel ne resta pas sans écho. Ben Adret déclara, en effet, qu'il n'avait pas eu la moindre intention hostile contre Maïmonide et ses écrits, qu'il tenait en haute vénération[2], et il combattit l'excommunication de Montpellier en reproduisant en partie les arguments de Siméon[3]. Outre cette déclaration, directement adressée à la communauté de Montpellier, comme Siméon l'avait désiré, il parvint encore de Barcelone d'autres lettres, conçues dans le même sens. Ainsi, le beau-frère du prince Calonymos b. Todros de Narbonne, qui s'appelait Es Capat Malit ou Moïse ben Isaac Hallévi[4], écrivit en même temps à Abba Mari et à Siméon[5] et ensuite à Siméon tout seul[6]; Salomon

---

[1] Renan–Neubauer, p. 686, se trompe quand il dit : « Les trois derniers sont probablement des rabbins espagnols. » Il faut en excepter Ben Adret; voir *ibid.* Salomon ben Nehémia Avignon apparaît déjà avec les trois premiers signataires et les vingt-cinq de Montpellier.

[2] *Minhat Kenaot*, n° 82, et *Isr. Letterbode*, V, 53 et suiv.

[3] M. Neubauer, dans *Rabbins français*, p. 686, et *Letterbode*, V, 79, considère cette assertion de Ben Adret comme inédite, lorsqu'en réalité dans *Minhat Kenaot*, n° 83, p. 156, elle se trouve imprimée à partir de la ligne 14 ‫על אמור כמו מנדירכם‬, jusqu'à la fin de la page.

[4] Renan–Neubauer, *Rabbins français*, p. 726 et suiv.; cf. *Letterbode*, IV, 160.

[5] Dans *Minhat Kenaot*, n° 84, p. 160, au lieu de ‫ר' שמראל‬, il faut lire ‫ר' שמערן‬; cf. Renan–Neubauer, p. 687. Ici, les mots ‫בן כבוד הישיש הנעלה (לה') ר'‬ ‫יוסף ז"ל מרנמס"ליר‬ nous apprennent que Joseph, père de Siméon, était déjà mort à cette époque.

[6] *Ibid.*, n° 85, où le dernier mot de ‫ר' משה הלוי ירושלים‬ n'est qu'une répétition erronée du premier mot du début de la lettre ‫ירושלים הבנויה‬. On s'adresse à Siméon en ces termes : ‫בעל בעמינו גדול מרבן שמו אנכ[ד]רן‬ ‫דלרניל ר"ץ‬.

Gracian écrivit à En Duran, *alias* Siméon ben Joseph [1], et à En Astruc, *alias* Abba Mari, et Ben Adret lui-même écrivit à Siméon, à qui il s'adresse avec une respectueuse déférence [2].

Pendant cet échange de lettres, la communauté de Montpellier était devenue, presque sans s'en douter, la victime de l'édit de pros· cription préparé de longue main par Philippe-le-Bel. Dès 1293, par suite de la renonciation de Bérenger de Frédol, évêque de Maguelone, elle était passée au pouvoir de la France, du moins pour la partie des habitants juifs établis dans le quartier de Montpellieret [3]. Jayme de Majorque et Philippe-le-Bel y comptaient le même nombre de sujets. La protestation de Jayme [4] n'eut d'autre effet que de retarder de trois mois l'expulsion des Juifs de Montpellier. Les deux souverains, l'oncle et le neveu, s'étaient entendus rapidement, du moment qu'il s'agissait de partager les dépouilles des Juifs [5]. A l'époque où le sort des Juifs de Montpellier était encore indécis, il semble que Siméon b. Joseph émigra à Aix [6]. Peut-être Siméon ben Joseph se décida-t-il à se fixer à Aix parce qu'il professait les mêmes idées que le rabbin de cette ville, Abraham ben Joseph ben Abraham Barukh ibn Neriya [7], qui avait aussi engagé Ben Adret à lancer son excommunication [8]. Mais, en quittant Montpellier, il ne fit que devancer les autres habitants juifs, qui durent tous prendre le chemin de l'exil. Les plaintes des fugitifs parvinrent jusqu'à lui. Ayant appris qu'une grande partie de la communauté avait obtenu de la bienveillance de leur ancien seigneur, le roi de Majorque, le droit de s'établir à Perpignan, qui faisait partie de ses domaines, il ne put se résigner plus longtemps à rester dans sa retraite. La communauté de Montpellier, son génie, sa Muse ou, selon l'expression du poète juif, la colombe de Montpellier, lui apparut pour lui reprocher son infidélité avec des accents plaintifs.

---

[1] *Ibid.*, n° 87. Salomon Gracian est le חן משה בר שלמה du n° 83. Il s'adresse à Siméon en ces termes : הפטיש החזק החכם הנכבד הטוע הנצלה הוא אנדוראן דלוניל.

[2] *Ibid.*, n° 90 : חכם חרשים ונבון לחשים וקודש קדשים הטוע הנעלה והגדול מבצר עוז ומגדול אנדוראן דלוניל מונפשליר יעזרהו האל.

[3] Voir Kahn, *Revue*, XIX, 264, note 1, et Saige, *Les Juifs du Languedoc*, p. 102.

[4] *Ibid.*, 92, note 2.

[5] Voir le contrat de partage, *ibid.*, 312-14.

[6] *Minhat Kenaot*, n° 44, au lieu de מעיר דמים הנקרא אריגט, il faut lire מעיר דמים הנקרא איי"גט.

[7] *Ibid.*, p. 115 : בראש בעיר המים המכונה איי"גט כי שם לפנים קדושי ארץ ומיוחסים גדולים ונכבדים גם היום יושבים שם הכם גדול ותיק מרנא ורבנא ר' אברהם דאיי"גט. cf. Neubauer, *Revue d. Ét. juiv.*, XII, 87 et 91.

[8] *Ibid.*, n° 44.

Le souvenir des divisions intestines de la communauté l'engageait
bien à parler des causes de cette catastrophe, mais il n'osait proférer aucune parole de blâme quand il songeait aux terribles
épreuves auxquelles étaient exposés les malheureux exilés de
cette communauté, naguère si florissante. La pitié qu'il ressent
pour eux est d'autant plus grande qu'il n'y a aucune espérance
de salut. Toutes les communautés dont on aurait pu naguère solli-
citer l'appui étaient frappées du même coup. Lunel, autrefois
l'oracle de tous ceux qui étudiaient la Loi, le refuge de tous les
persécutés, n'existait plus comme communauté. La populeuse
communauté de Béziers, si renommée pour son érudition et sa
bienfaisance, avait disparu dans la catastrophe générale. Narbonne, cette ville qui fut naguère l'orgueil du judaïsme et le foyer
de la science juive, avait péri avec la maison de ses princes et
était vide de ses habitants. Alors le poète voit, comme dans un
tableau vivant, les exilés errant sans secours, mourant de faim sur
les chemins, jeunes et vieux, riches et pauvres. Troublé, éperdu,
il abaisse ses regards vers la terre, l'esprit tourmenté par mille
questions qu'il voudrait adresser au Destin. C'est encore la voix
de la colombe qui lui rend le sang-froid et le calme : « Il ne faut
pas essayer de pénétrer le secret des arrêts de la Providence :
sûrement c'est une faute qui a dû être expiée; seule une prière
fervente doit jaillir de tous les cœurs oppressés, pour que les
malheureux fugitifs soient de nouveau réunis et reviennent aux
sentiments de piété et aux mœurs pures de leurs pères, à l'étude
de la Loi, afin que leurs fautes leurs soient pardonnées et qu'ils
puissent rentrer dans leur patrie. » Pour rejoindre à Perpignan ses anciens frères d'armes, maintenant ses compagnons
d'infortune, Siméon ben Joseph est heureux de quitter sa nouvelle résidence d'Aix. Ceux-ci, espère-t-il, pourront facilement
lui assurer l'accès de cette ville, où naguère son père put se
croire en sûreté sous la protection du roi de Majorque[1]. Comme
une plainte sourde et comme un sanglot comprimé, résonne dans
sa missive le souvenir de l'émotion produite en lui par la lutte
engendrée par l'excommunication de Barcelone et celle de
Montpellier. Nous ne savons s'il rejoignit à Perpignan Abba Mari,
mais il est peut-être permis d'émettre l'hypothèse que dans le
procès en divorce d'un fils de Siméon ben Joseph, Bondia Duran[2],
Abba Mari figura comme président du tribunal rabbinique d'Arles.

---

[1] La traduction dans *Les Rabbins français*, p. 700 : « Où son père a enfin trouvé
un pouce de terre pour le lieu de son repos, » provient de ce que cet ouvrage a mal
compris la fin de la lettre de Siméon.

[2] Voir Neubauer, dans *Revue*, XII, 88-89.

La lettre d'En Duran à Menahem Méïri a été publiée par moi
pour la première fois dans la *Jubelschrift*, composée en l'honneur
du 90ᵉ anniversaire de Léopold Zunz. Je suis heureux de pouvoir
publier le reste des productions littéraires de Siméon ben Joseph
en cette année, qui, au 10 août, a marqué le centenaire de cet
écrivain.

DAVID KAUFMANN.

טופס כתב שלח דון דוראן דלוניל לרב הגדול מאור הגולה ר' שלמה
בן אדרת זלה"ה על העניז הנז'.

אריה שאג על נוהו ממעונתו יתן קולו. קול שאון מעיר נרדם
בחיק נכריה עבודתו וזר פעלו. קול אומר קרא אל אלהיך קום
לך דרך ארץ ישראל עבור בגבולו. קול קורא פנו דרך הרימו
מכשול מדרך הילך חשכים ואין נוגה לו. לא תהיה זאת לפוקה
לפני עור בעצו ישאל ובמקלו ירעם גבורותיו מי לא יתבונן מלך
הכבוד הרעים נתן קולו לפני חילו. בת קול יוצאת ואומרת שועלים
קטנים מחבלים יהרסו לעלות בהר ה' יראה ענן כבוד קשור
בראשו. אל יעפילו עוד ישמרו עלות בהר פן יתנגש עליהם ברעשו.
מי יבא אחרי המלך גוי לא יירא לגשת ונגוע בקצהו ומי מלאו לבו
לעשות ולא ישים אשם נפשו. גוי אשר חטא והתקצף במלכו ובאלהיו
ובפניו לא יענד כחשו. גוי מקדושים יפנה בהריסותיו ולא יעלה
באשו וצחנתו בעיני יושב הארץ להבאישו. אמת אחד הוא מלכנו.
מלך ישראל קול רעמך ורעם שרים קנאת ה' בלבם נשמע בארצנו.
לקול תתך המון דברי אלהים חיים נשא(ר)[נ]ו עינינו. אש קנאתך
בהוללים בערה בעצמותינו. אימרת מלך ודלת יראתו על סגינו
הסוב ועל צירתה. נשאנו אימיך נפונה כעיני עבד לרבו כשפחה ליד
גבירתה. קימו וקבלו ליד רעיונינו לבל יעשה כן במקומנו כתר
הצעירה לפני הבכירה. וכן רבים אשר אתנו הלא הם כתובי' על
ספר הישר אדננו אמרו נבנה על חומת הרב ט'רה. ככחינו אז
כחנו עתה למלחמת שמים מלחמתך לצאת ולבא. נכח ה' דרכנו
כל איש ממנו ישלך עליו יהבו. האמנם יצאו אנשים מקרבנו. וידיחו
את יושבי עירנו. להשמע דבר המלך ודתו קמו עמדו. ברעתם
ובכחשיהם יסתו בפיהם להסיר קצת מן הנמשכים אחריך. בחבלי
השוא משכו קצת לב ראשי עם הארץ לגלים יתעתדו.
וגדפת בעל המלמד בספרך. ועתה יוסיפו לחטוא אמרו הרשעת
ארץ פצמתה כנגד הרב הגדול מרנא ורבנא החכם רמב"ם ז"ל,
וספריו החצוני' בללת בלשונם יכזבו כי כמו בספרי יון אמרת
לגנוז עד הגבול יען משפט צדק האמונות נמצא שם מעות ומעקל.

משפטיך חרצת בספרי הרב קדם זכרו ספר מורה הנבוכים, גם במלֹע
מלך תקלֹל. גם אלה מעונים גנוזה בסברת חכמת האלהורֹת והטבע
בראשם. לא ישמע על סיני והאדמה לא תשם. אמרו אחינו שמאינו
מדינו' מי הוא שבא לרדותנו בתוך ביתנו. גם שב גם ישיש בנו.
וכי כביר מצאה ידינו. מה לו להראות גדלתו בפנינו. וילכו במועצו'
בשרירות לבם. וישימו בקרבם ארבם. גנבו דעת החכמים הגדולים
רוב נברֹרֹי בני קהלנו ולב קצת הראשים מיוחדים בעם מה מצאו
להם עוׁן אשר חטא חטאו בגיעם. ואלה דברי ברית חרמם בזבולם
ובתעתועם. ולמען יאמנו דבריהם כי שלח ידו מורנו עם אנשי מופת
היושבים לפניו במשיח ה' ר"מ וספריו. פתח דבריהם כל איש מבני
קהלינו אשר יטיח דברים כלפי מעלתו וחבוריו. וכל מוצֹיֹא דבה
על שום מחבֹר ספר סמכו אחריו. וכל מונע בנו מלמוד הטבע
והאלהורֹת וחכמת האומורֹת מחמרֹ שום גדר גדרו בפני קהלה אחרת.
אפֹי' הוא [פחור] מבן כ"ה פן תהיֹה האמֹת נעדרֹת. גם בטרם
נבין לשמועתך אדננו. ובטרם תקרב כל החרדֹה אלינו. החזיקו
המתנגדים בתרמיתם לדרוש בהמון מדי שבת בשבֹת. זה כמשלֹש
חדשים. ג' כתורֹת חוזרורֹת חלילֹה קוראים בספרים הראשונים
ישנים עם חדשים. ואנו ממעשיהם בושים. נעשינו עם יתר נכבֹדֹי
רוב הקהל כחרשים. אלה עשו והחרשנו לא הטינו אזן לדרשורֹת.
ולא חששנו למניֹנם ידענו החטאים בנמשותֹם. אם אולי נמחֹה בידם
לבלתֹי הסכֹם העיֹר לא נסתֹד ללכֹת באלֹה לדמנו יארובו בחרבם
עד שחתותם. אמנם על דבר החרם לא שקרינו בבריתֹך. נמסֹנו נשים
בכסֹנו לכבודֹך ולכבוד העדֹה הקדֹושה קהלתֹך. גוינו נתֹננו למכים
ושום לשונם. ולחיינו למורטים בגאותֹם וגאונֹם. גם אֹת האֹרֹי הֹכֹו
הֹדֹוֹכֹי' בחרב פיהם נדמֹה לעליֹון זה ינחמנו ממעשיהם קמנו ונתֹעודֹד.
והֹאצֹילֹים רוב נֹכֹבֹדֹי הֹקהל בתוכנו ורבים מאנשי הקהל הסכימו
עמנו לקנא לאלינֹו ולתורֹתֹו. לצאת בעֹקבות הרב נֹוֹצֹדֹו לשמור בריֹתֹו.
גֹֹערנו במחרֹימים ובנֹסֹכֹמים עֹמהם דֹברנו באזֹניהם, כי הֹפֹרו ברֹיֹת.
הֹאֹלֹוֹרֹת הֹמֹוֹסֹכֹמורֹת בֹבֹני קהלנו נֹכֹתֹב וֹנֹחֹתֹם בֹהם לבֹלֹתֹי הֹחֹרֹים
לֹדֹתֹו וֹלֹהֹלֹקֹוֹתֹו אם לֹא בֹהֹסֹכֹמֹת כֹל נֹברֹרֹי הֹקֹהֹל הֹלֹא בֹטֹנֹאֹתֹכֹם
מֹוֹסֹר ה' בֹזֹיֹתֹם דֹברי הֹסֹכֹמֹוֹתֹינו וֹאֹפֹ' לֹדֹבֹר מֹצֹוֹה לֹהֹחֹרֹים שֹום
אֹדֹם בֹלֹתֹי הֹסֹכֹמֹת כֹל הֹנֹאֹמֹנֹים אֹין לֹאֹל יֹדֹנֹו. עֹאֹכֹ"ו מֹקֹום שֹיֹש
חֹלֹול הֹשֹם וֹחֹלֹול הֹרֹב הֹגֹדֹול בֹנֹתֹיֹב הֹיֹוֹשֹר מֹדֹרֹיֹכֹנֹו. הֹרֹעֹוֹתֹם אֹשֹר
עֹשֹיֹתֹם. וֹאם בֹדֹעֹתֹכֹם לֹכֹלֹלֹנֹו בֹכֹלֹל הֹחֹרֹם הֹחֹרֹמֹתֹם. אֹדֹרֹבֹה לֹהֹוֹו
בֹשֹמֹתֹא בֹקֹלֹלֹת וֹבֹאֹרֹור אֹם שֹלֹא כֹדֹין אֹרֹהֹנֹו קֹלֹלֹתֹם: אֹין אֹנֹו
שֹמֹים עֹל לֹב קֹלֹלֹתֹכֹם, שֹלֹנֹו גֹדֹול מֹסֹלֹכֹם [1] וֹהֹיֹה ה' לֹדֹיֹן וֹלֹמֹשֹפֹט
נֹקֹרֹבֹה לֹפֹני כֹל חֹכֹם לֹמֹעֹן יֹשֹפֹט בֹיֹנֹינֹו בֹשֹלֹמֹי הֹרֹעֹה עֹל הֹאֹלֹה
וֹעֹל הֹשֹבֹועֹה, וֹהֹנֹה אֹנֹחֹנֹו מֹאֹלֹמֹים אֹלֹמֹי רֹאֹיֹוֹתֹינֹו הֹלֹא בֹסֹפֹרֹתֹנֹו
לֹפֹני כֹל יֹוֹדֹעֹי דֹת וֹדֹין אֹשֹר בֹקֹהֹלֹורֹת פֹרֹוֹבֹיֹנֹצֹיֹא דֹברי רֹבֹורֹת
בֹסֹעֹרֹינֹו וֹעֹצֹומֹותֹינֹו הֹגֹשֹנֹו לֹפֹנֹיֹהֹם וֹבֹכֹל לֹבֹבֹכֹם מֹלֹבֹבֹנֹו לֹבֹלֹתֹי
הֹסֹיֹג גֹבֹול הֹגֹבֹלֹת הֹאֹמֹ' אֹהֹוֹב יֹוֹתֹר בֹעֹינֹיהֹם. וֹגֹזֹרֹת מֹלֹך וֹסֹגֹנֹיֹו

---

[1] *Baba Mecia*, 84 a.

יענדו כענקים לגרגרותיהם . יורו משפטיך ותורתך בשעריהם , והיה
בעבור ספרך גלוי לכל העמים . הכל הולך אחר היחתו׳ לכונתך
הרצויה ומאמריך מקוימים . עתה אדוננו אם שדדים באו לך יצדקו
בדברם לאמר׳ לא פעלנו לא הטאנו נגד מעלתך דברים . יתנו עדיהם
הן הן עדי יחוד נתיחדו למרות עיני כבודך בדרשות וסרוץ גדריך
כאלו אינם גדרים . צא הלחם מלחמת מצוה התחלת בה גמור
יראת ה׳ טהורה מיד פריצים חללוה שמור . אם לעת כזאת
החרש תחריש . המאמין בה׳ לבד לדבר כן לא יחיש . וטמן רוקח
בידינו יבאיש . והיתה לנו השתיקה יפה מן הדבור . ופזור גויותינו
יותר מן החבור . אל יאמר בן הנכר על יינה של תורה ועל דברי
דודים ערבים בפגול הוא כי יבאש . והיתה כל הגלה כלה
כמדורת אש . הוי מתחתם כנגד המורדים והפושעים . תאלתך להם
בדיקש ריבים לנגעים . ראה אתה אבינו כי אין בכח המתנגדים
יד לבצר חומת תורתנו הקדושה מציב . אבל יום ויום עושים
כונים להעצוב . כי בספרי הפלוסופים ומחברי ספר בכל לב דרושים
מזהירים למנוע הנערים מן הטבע והאלהות יען כי גבהו ונפלאו
מהם רצים אחריהם ולא ישיגום . אולי יחטיאו הכונה וצללו במים
אדירים ויעלה בידם חרס . ולבבם ידמה ויחשוב כי הציצו ולא
נפגעו , ויודעים לטהר השרץ . ותשובתם בצדם תמיד אתם רואים
מכירי׳ וכופרי׳ ארסטו״ו ובן רש״ד יוכיחו , כי חכמות אלו אינם
ראויות לנערים , וכבר הסכימה דעת הרב לדעתם . ולמד זה
הקצפתם ובעברתכם ארץ נעתם . לא על המלך לבדו העוה לבכם ,
כי אם על השם היודע מצפוניכם . וסתרי רוע יצריכם משובן של
הנגלות לנו ולבנינו אנו למדים היש ה׳ בקרבכם . לחשנו להם ולא
אלחישו . ואת קדו׳ ישראל לא הקדישו . עוד ידם נטויה מחזיקים
ברמחים בחנית כחישתן , וקולמוסן יפטירו בשפה יניעו ראש עוסקין
בנמוסן , ועתה יבא נא דברך אדננו באזנידם והביטו אל מהם הנחמת
בעקבותיהם . ואולי על חטאיהם יתחרטו ולבבם להם יתאונן . ישימו
לה׳ כבוד יתנו לו תודה בהפישם חויא דרבנן׳ . יכירו וידעו כל
באי עולם כונתך הרצויה . כדי שלא יסמיכו על קיר נטוי גדר
הדחויה . הורם מה שידברו כי לא כנגד הרב מורה צדק נתכונת ולא
כנגד ספריו גדרת . רק כנגד ספרי יון בחכמת הטבע והאלהות החכמת
הארץ . להוציא מלבם של מוצאי דבה על מורנו ועל סעיתו ואם
ידענו שאינך צריך להתנצל׳ לפני חכמי הארץ ואצילידה כדי לביש
מי שאין לו דעת ולא תבונה, האמין לקול המלחשים ולנטות שלום
כנהר לכל יושביה ולמען ענותך תרבה באור מצותך רחבה למען
יחלצון ידידיך לשבטיך ידועים . ורמי הקומה גדועים . אין למערערים
פתחון פה רק בזאת הדבה ברואה [.l בדויה] גלוידה ומפורסמת היא
לעינים . ובסור הסבה לא ימצאון ידים ורגלים . ימהר אדני יחישה
מעשהו . אל הקהל חקה אחת ספרו הנכבד בנעם תארו יתארהו . יראו
שנאיו ויבשו , ומעטה כרימה ילבשו . ואל יחר לאדני בכתב הקהל

כתבניתו ראה ועשה כמוהו מראה בהר אל השריריים . למען ירוץ
כל קורא בשל רבים ובשל יחידים . ואל יתמה אדני בהגיע אליו כתב
המתנגדים ורבו חותמיו . כי אשר אתנו שלמים וכן רבים ואל תתאו
למטעמיו . כי' נפש מגדולי העיר או קרוב ירדו עבדיך הוסכם. והאדרבה
נכתב ונחתם. ויותר מהמה אשר אתם. הסכימו לדעתך מורנו ולבך תשית
לדעתם . ולולי הרכיבו כרת המתנגדים אנוש לראשונו' הוא המושל
השר הגדול הממומה מאת אדוננו המלך יר"ה הכניסו דבריהם לסניו .
הטעימו דברים לא נתנו ליכתב, כל שמעיו תצלנה אזניו . כי היום
רבו המסכימים עמנו יותר ויותר מאשר אתם. שפתנו אתנו שפת
הזכרות והיושר לא נעלמת מעיני כל חי עיניו בראשו . וכי מה עשה
הרב ובית דינו הגדול כלום עשו אלא למדליק אש ספרי היונים
לבד בגדישו . והוא נצר לא ימיש מתוך אהל התורה התמימ' והיא
קודמת לחכמתו כי היא חכמתו ובינתו . ממנה פנה ממנה יתד
תקועה במקום נאמן וממנה בהר קדש יסרדתו . וזמנו מוכיח שחכמים
ינגדוהו . וכי הפלוסופים הגבילוהו . לא נתחדשה תורה ולא נתחדשה
הלכה בקצה מצא בה הרב וגדר בה גדרי'. ורוח ישים בין עדר'
ובין עדר'. מי לנו בישראל גדול ממנו כי החכמות המ' תכלית
השלמו' האחרון . ובלבד שיקדים להם יראת החטא להיות לו
לחומה ולבצרון . אבי ראה גם ראה אירה האש והעצים. ואין מכבה
זולתי במימיך אנו שותים. יפוצו מעינותיך השקנו מי בארץ והבנים
מלקטים והאבות מבעריים באפך יהיו נכתמים וארוך ימים ושנות
חיים ושלום יוסיפו לך כנפשך שבעך ונפש עבד מעבדי אדני הקטנים
מקנא למעלתו ולתורתו : נרצע בדלתי אהבתו . אסיר תשוקתו . למלא
משאלות לבבו דורש ושואל כותב נחפז ללכת אחריו לבלתי סור
ממצותו . דוראן דלוני"ל :

חזה מעבר לכתב.

עיניך הרואות אדננו דברי ריבות בשערינו, רעת בני האדם רבה
לא שרדה הקנאה מבני עמנו והיא הסבה היא שעמדה לנו על דבר
החרם והאדרבה שכנגדנו חלוק עלינו, אומר כי רגלנו בשבכה אין
כח בידינו לאמר על המחרימים דבר כי רבים אשר אתם מאשר
אתנו ואף כי שלא כדין הוטל החרם אמרו הסכימו בו דעת רוב
מנין הקהל בין בדין בין שלא בדין כבר חל החרם והאדרבה בטל,
ותשובותינו בצדם כי אנחנו הרבים בסגולה, ועוד אחרת אף'
לדבריהם היכן מצינו הולכין אחר הרוב אם לא יהיו דנין אלו כנגד
אלו וכבר גנבו דעת הקהל ולב ב"ד הם רוב נברֵרי הקהל בהטילם
החרם, ועוד אחרת, כי החרם ההוא נעשה שלא כדין ואף' יסכימו
בו רוב הקהל ומעוטו חולקים המועטים נעשו מרובים כי הדין עמהם,
אמנם להוראת שעה כדי לעשות גדרים וסיגים מצינו שיש כח ביד
ב"ד לעשות שלא כדין שלא לעבור על ד"ת מנוֹנים והנה החרם

[1] Psaumes, LXVI, 12.
[2] Houllin, 110 a.

הזה נעשה לעקור ד"ת ולפרוץ חומת נטגבה ואתה אדננו ומורנו
ורבנו יבא נא דברך יאר עינינו ועיני כל העדה ואתה וביתך שלום
וכל אשר לך שלום, חתימה, לקדוש ה' מכובד הרב הגדול החכם
הכולל הישיש מרנא ורבנא ר' שלמה יצ"ו פרי צדיק יסוד עולם
הנעלה החכם ה"ר אברהם זלה"ה בן אדרת:

עוד לחכם הנעלה הנז' נ"ע בחדש טבת שנת ס"ז בהיותו אייגיש,
בשמעו אבדן מולדתו מולדת בית וגולדת חוץ שלחו פרפין"יאן לקרוביו
אשר גרשו מן ההר מונטפשל"ר והובאו שם במצורת המלך החסיד
הזקן מיורקא.

שמעתי בת קול יוצאת מהר חורב ה"ר האלי"ם מנהמ' כיונה.
מתרפקרת על דודה בעל נעוריה ידיו יסדו עז מבטה' ומבצר לאמונה
בנה. בנה בית ישראל והנה בית פרץ וצוחה ואבל ואניינה. נחפה
בקצף כנפיה מפני קשת ומלחמת הזמן מפני חרב ילדי יום טטנה.
אשר שתה אפרוחיה לארץ ואברתה בירכתי בור טמונה. מרחבת
על פני מימי יאורי מדבריה מבכה על בניה מאנה הנחם לא ידע את
מקומה נודרת מקנה. צר ומצוק רדפוה מצאוה השיגוה תיכלא
וערונא. תעמד ולא תכיר מראה לנגד עיניה אין דמות המונה.
ממעונתה תתן קולה מכרזת ואומרת אוי לד לעדכונה. אוי לו
לאב או לבנים שגלו מעל שלחנה. תשא בכי נהי המרורים תקרא
למספד ולזעקה להנים ולבנורת יענה. הוי ערבה כל שמחה והלך
וחעבור הרנה. קוראה לשחת והיא באה לרימה הרים ברסוה'
ורשותי מבוטלת לד ונחונד'. מי יתן מותי ואבאת אליד. ואהי'
מצע תחתי' עלי תולע אמונה'. בראותי ילדי מעשה ידי בקרבה ופסקו
ממני אנשי אמונ'. למה לי חיים טכ צער למה יחן בחוץ מלאכתי
נמס ונמבזה למשל ולשינינה. טוב מתי מחיי אל אראה ברכתי אל
אדע שכול לנפשי בטער כשלונה. השגחתי בבת קול ואומר אליה
למי את הנשקפה בעד חלוני המות כד היגון והדאגה מעל שכמך הטי
נא' על מי תרימי קול מי ירה החצי להעביר אבן פנתך היתה לראש
סנה. או מי נטה קו להשחירת חכמתך לכרות עצה. עץ הדעת
לעקור נטוע וכנת האמת אטר נטעה ימינה. אף היא תשיב אמריה
לי. מה תצעק אלי למה תגער בי ומה התלונה. בבני ישראל ראיתי
שערוריה ארץ רעשה שטן עמד על ימינה לשטנה. הר הגדול
מונטפשל"ר מאבניו חוצבו כמה מרגליות מקום לזהב, ההר חמד
אלהים בית זבול לו מכון לשבתו בנה. מוקף חומת הצדק והאמונה.
אזור חלציו עיר גבורים תורת חסד על לשונה. שם ירעה עגל
רוצה להניק' חכמות ברחובותיה תלנה. על משכנותיו עדרי חברים
רובצים מעשים את גויותידם במדרט תלמוד ומשנה. ושם ינוחו זאב
ונמר ירעו יחדיו ירבצו ילדיהן ואין מחריד אף ערטם רעננה. אחות
לנו קטנה יגרשון מבירת תינוגי' ביד עם צפרון נתנה. המה יעלו
בהר והיא יורדרת בסתר המדרגה התחתונה. לא נסתה כף רגלה

---

[1] Pesakim, 112 a.

הצג על דַאָרֶץ הרכה והעדינה . תלך ארחות עקלקלות במקום הרים
וגבעות עַרְטִילָא"ה וְלַאֲסִימָנָא מסאנָא[1] . ומה קולך באזני התפלא
תשים אשם נפשי תַאֲרוג תשאג על יגונה . אם תראה אותי לוקח מאתי
תפארת רום עיני לא אפגע אדם חולץ ארח נכונה . ופגע בי הארי
והדוב טרפים באפס כבשתי הקטנה . היעל אלה אֶתְאַפַּק אנוח
ליום צרה ואם תבא בי רננה . באבדן מולדרת בית ומולדרת חרץ
לשכים בעיני ולצדי צנינה . בחורי הכריעו בני ובנותי בשבירת חמס
ועושק במדינה . האוכלים למעדנים נדדים ללחם אֵיךְ נפש שבעה רזון
במשמנה . על במותי חלל שד ושבר בגבולי אם לעת כזא' לא אמרר
בבכי ולא יעלה בלבי טינא[2] . הלא מילדי העברים אתה ירדרת מן
ההר אל עמק ההלאה שמה חבלתך אמך שמה חבלה המהפכה את
נְעֲשֵׂי ידיך , ותינקך חלב מרירורת כאשר תניק אה בנה . מן גו אביך
גורשת ומחדר הורתך השכחת גמול מחלבה אין לך עליה שאר כסות
וענה . מה זו שתיקה שתהקרא עד כה ואד יעלה מן הארץ לעיניך
כעיטר הכבשן עשנה . למה לא תבכה למה תנוד אל החי הולך
למות מיהה משונה[.] ראיתיך היום איל מחריש לו גדל כנפי המדומה
ארך אבר הצרה קצר ההבנה . האם אֵין עזרתך בך והיא חברתך
ואשרת בריתך גְדֶרֶת הגינה . אם צרת הבת המהוללה חסודה ונאה
היוצאת מחלציך אחר הדלת והמזוזה שמרת זכרונה . איה איסרת
חכמיך ונבוניך ואיה בית נדיב אדניך היה לך למנה . ראה בירץ דוד
מלכך מלך ישראל . אדירו ומושלו וקריה נשגבה שם חנה . קריעה
ממלכותה מעליה גדע בחרי אף קרנה . שאל נא איסה אחיך רעים
אם ארץ מרעה הרזה היא אם שמנה . דך נא ראה העודם חיים
ואם לשערי מורת יצאו זקניך וסופטיך יודעי בינה . צא ולמד אנה
הלכו האנשים אנשי מופת רעיך בני בדיתך המה לך נושאים
לפניך הצנה . נגד אחינו הכר לך הכתנת הפסים אשר עליך , הפשיטורך
מדירי יום או בני סינ"א . תמשש בכל כליך , אם כלי קודש וְטָהָר'
ראה והבישה בהם בעין הבחינה . תבקשם והתמצאם כלי מורת וכלי
גולה אין קצה לתכונה . עקבורת משיחך המשוחים בשמן שטון המעלות
לא נודעו נסתרה דרכם לא שלטה בהו עינא . ואתה תשא בכדם
הגה והי האניה ואניה וקינה . איכה הוכל לראורת כבלע את הקדש
ומתו כל הצאן המקוטרורת לתורה ולהעודה אחריתן מרה כלענה . הר
המורידה נתק ממקומו , בא שמטו תשכן עליו עננה . ואתה תתיצב
נינגר , והנה האדון ה' הסיר מידך משען ומשענה . על מי חנוס
לעזרה . ואנה תלך ולמי אלה לפניך אן עין דעתך פונה . אם לבקערת
לג"ל שמשם יצתה הורא' לישראל עיר ה' שמה קריה נאמנה . מימי
קדם קדמתה מושב אלי"ם מושבה ;מעון הקדש מעונה . ארת העני
עמה העניקהו מברכרת' תשביע נפש נענה . שמט ירח עמד וירדום כבה
נרו בוסה החמה וחפרה הלבנה . הלא מצער היא ודאבון נפש לכל
רזאה יין ההנצל עדיה מעליה הורד לארץ גאונה . גם היא נאנחרת
סופקת כף על ירך וצרה עם חברותיה ונוהרה כסוכה בכרם וכמלונה .

[1] Sota, 8 b.
[2] Sanhédrin, 75 a.

אם אמרנו תבא העיר בדר"ש כל מבקש ה' דעת והורה יבקשו מפזה
מעין [.‏‎ם נחל] נובע מקור חכמה מעינ(ד)(ה]. בלחמה קדמה מדד לקראת
צמא עלו מימיה נאמני' היוצאי' מן הברכה העליונה. שמה יצא
בכל העולם נודע בשערים מעשה תקפה וגבור' מעלת' שיאה' לעב
הגיעה ורום המומה. הלא היא ברבת העוזבור עצובת רוח קדים
בבטנ', מימיה נהפכו לדם אין עוללות בכרמה אין יבול בגפנה.
שדדים באו לה עדות יסודה מעשיה לסתור ובנינה. שמא תאמר אלך
לי אל אחת מערי הממלכה שמה ישב כסאו' לבית עיר ואם בישראל
נרבונ"ה. והיה כי ירעב אכל תשבירני ואכלתי בלא כסף ובלא מחיר
לא יגרע מצדיק עינה. אשבעה מזי(ז)(ו] תמונרב חכמיה ומביניה עמודי
עולם אתענג כנהנה מזיו שכינה. גם עליה תעבור כוס חמר ה'
מלכה ושריה אין בקרבה שבט ומחוקק בין רגליה כרע נפל, שם
חלקת המלוכה נחלקה ושם היא ספונה. נכזבה תוחלתה ומחשבתה
מרעלת אבד חשבונה ומקולקלת מנינה. הנתקו מן העיר בקלון מגניה
וילכו בלא כח בלי חמלה וחנינה. נפשי יצאה בדברה רתח וזיע
אחזתני ואקרא בקול גדול ואזעק בקול גדול ואזעק זעקה גדולה ומרה
כי דברה עלי נכונה. ואהי בעיני כמתפתע ולבבי עם פושעים נמכד.
ותשוח עלי נפשי ודאגתי בידי נכונה. הייתי כגבר אין כאיש
שוגה ופתי כל רוח אין בקרבו לא דעת ולא תבונה. אבינה בעם
והנה רבים חלליו ועצומים הרוגיו נטושים על פני השדה ויש
(ר]‏‎[ו]רצאים אנה ואנה. ובשרי עלי יכאב וחרב מונחת על צאורי ויגורי
לקח ושנה. ע"כ נתתי פני ארצה ונפשי עלי תאבל ואומר אהה אדני
אלהי יכבדו בנים ולא אדע מי אבין לצער הגלות ולרעש ההמון
הרב ההולכת והנמחנה‏‎[ו]נה‏‎[ד'. אנה אוליך את חרסתי וראי יליגו לי
מידם אקח בשנה. יפטירו בשפה לאמר הלא כל הארץ לפניך אח
מבוער' ואם מהלקחת זרם ברד זרם מים כבירים שטפם עלה מורת
בחלונה. מטע ה' להתפאר כנצר נתעב קבורת חמור יקבר באחרת
הפתחים אל תחרנ גשן ואל תחרנ תאנה. נדיבי עמים פהם מצוירה
לעברי דרכים תמכו ידיהם מחזיק בפלך וחסר לחם הולכים ודלים ולא
שכב לבם ולא ראו שנה. נשים רחמניות יושבות על מלאת תגשנה
בשפחורב הנה וילדיהן ותשתחוינה לבשרת כדי פרנסתן אפי' פרנסרב
לינה. ואין מאסף אותן הביתה כי מבקשים להם תאנה. שב ויטיש
נער זקן ואיש שיבה לחטא כבן שנה. כטוב כחוטא יחדו יסופו
ראם מצאה קוצים ונאכל גדיש וזרועי גנה. ואיך אשא פני מי יתן
לי מהלכים בין העמדים אשר המה חיים עדנה. עוד אני מדבר בוכה
ומתאבל ואשמע אחרי קול דברים בנחת שפה ברורה שיחה שופכרב
ושונה. תשוב תנחמני מה לי ולך לכלות עינים ולאדיב נפש מד
נתאונן לחיי בני ומזונא‏‎². אם שאו ערים מאין יושב והאדמה תשם
סנה זיוה סנה הדרה כלה דשא' הירושה ודגנה. מה כחינו לאבכ
ולדאגה נדאג מחטאתינו הנשה בא לקחת את נשיו שמא יש לו עליו
מלוה ישנה. נחמשה דרכינו נפשטח ונצדיק עלינו ארנ הדין

¹ *Houllin,* 57 b.
² *Moëd Katan,* 28 a.

דלא עביד קב״ה דינא בלא דימא'. נתנה ראש ונשובה אל ה' לא
נמנע עצמנו מן הרחמים מן התפלה והתחנה, והשוב בעיניו יעשה
אנו אין לנו בהדי כבשא דרחמנא'. ויהי כי הרבתה לדבר היה דברי
אליה ברוכה את וברוך טעמך, ראוי' עצתך ונכוחה למבין והגונה.
בא ונשוט בעולם לא נירא כדמיר ארץ אף כי לא תוסף תת כחה
לנו צמרה ופשתה שקויה ושמנה. כי ירדוף הקורא תגרי אחרינו
נלכה נרדפה לדעת את ה' בימי בחורותינו ולעת זקנה. עוד העם
מזבדים את זבחיהם שתים וחגגים יחלקו ביום יאכלנו חרב
ובלילה קרח וצנה. אף שמעינו יערסו כל המבוכות נשכיל לאשורנו
לאחריתנו נבינה. על ה' נשליך יהבנו והוא ינחמנו ממעשינו ויסר
מעלינו אימרת מורא מוראה של מלכות אפה וחרונה. על זאת
יתפלל כל חסיד ועתה: אל אלה ואל ועד יאנח בנו ולארץ לא יפקד
את עונו. יקנא לתורה ולתושיה נדחה יביאה האהלה אהל אשר נטה
שם בראשונה. ולא יהיה נגף בבני ישראל ולא יהן המשחית לבא
אל ביום העדה הנעלבת הנגדודה הלחוצה והמעונה. והארץ משכלת
תרפא וה' יסלח לה יעביר פשעה וזדונה. לחבוש הנשברת והצולעה
והנדחה יקבץ והשיבה על כנה. ותהי זאת נחמתי עזבתי [m. נטשתי]
דבר אבלי הכבד ודאגתי לפרידה. הפריד ה' ביני ובין מאהבי נאמני
ארץ עיני העדה. שמא גרם החטא והבדל יבדיל מהם וישם בסד
רגלי ובמצודה. הרחיק מיודעי חדל להיורץ לי ארח ברגלי לא אבא
בקהלם פחד קראני ורעדה. אך הפעם אודה את ה' אכף כי אקדמנה
הוא יזכני לחזור בנעם פניהם אחסה תחת כנף חסדם אברת
החסידה. אראה בנחמת העיר שיאמרו כלילת יופי האבלה והשדודה.
בקרוב תבא נפשי לחדש בריץ כרותה בינינו להכין אותה ולסעדה.
אגורה באהלה עולמים במלאת כספי או מחוסר צדה. חוק ומשפט
חברתם אגדנו עטרות לי ענידה אחר ענידה. אתיצבה על מצפה
אהבתם על משמרת בריתם אמעודה. אנכי היום זה בעיריגיש אח
קרוב דבק אליהם ואם ירחק המקום, ורב הדרך בינ(ו)[י'] וביניהם מחיצה
ים וחרבה אינה מפסקת ארץ האהבה. גם אני ידעתי טוב לבבם לא
יפרישו מסך מבדיל לא יכיעו עצמם מן האחוה. צהה באתי לפניהם
אגיש עצמותי. ארץ אחר אנכי [מבקש] לפקוח עין השגחתם והמלחם
על אודותי. וקשר חזק נקשרו בו לא יותר מכללו כב"ר אדוננו המלך
ירום הודו ותנשא מלכותו. וחלק ונחלה. יהיה לי כם אחי ליושבים
באדמתם. גם אני נתושבי העיר אשר התהלכו אבותי לפניו ולפני
אדוננו המלכים הוריו. לא יצאו ממדינתו. וגלוי וידוע כי נפש אדני
אבי ז"ל צרורה בצרור חמלהו. ותחת כסא כבודי חקוקה צורתו.
דואג לדאגתכם. יזכה בנחמתכם. דורא"ן די לונ"יל:

נשלמה תשובת קונדרי"ס החכם ותופס מאמריו בענין האדרבד"ה
תהלה לאל חי:

---

1 *Berakhot*, 5 b.
2 *Ibid.*, 10 a.
3 I Sam., xxvi, 20, et j. *Ber.*, V, 9 c.

LES JUIFS D'ANGERS

ET DU PAYS ANGEVIN

S'il fallait en croire les extravagances de Pierre Leloger ou Le Loyer, démonographe français (1550-1634) qui obtint une charge de conseiller au présidial d'Angers, c'est d'une colonie juive, ou peu s'en faut, que les Angevins tireraient leur origine. Dans un livre rare et peu connu, *Edom ou les Colonies Idumeanes*, il cherche à prouver, en effet, que les descendants d'Ésaü, après bien des péripéties, sont venus se fixer dans le village d'Huillé, pays natal de l'auteur, et il prétend retrouver les traces de la vieille famille biblique dans les noms des moindres bourgades de l'Anjou, qu'il martyrise à plaisir au moyen d'anagrammes grotesques et d'étymologies tirées par les cheveux. Le livre n'en est pas moins piquant à parcourir, nous ne disons pas à lire, car il est d'une lecture pénible, et il faut un certain courage pour aller jusqu'à la fin [1].

Il serait difficile de fixer avec précision la date à laquelle on trouve pour la première fois trace des Juifs en Anjou, mais les sources juives fournissent d'assez nombreux renseignements sur les Juifs de cette province. On connaît le nom d'un rabbin de l'Anjou au XIe siècle [2]. C'était une des autorités talmudiques les plus importantes de France vers 1050. Il s'appelait R. Joseph ben Samuel Tob Elem (Bonfils) et avait le titre de rabbin des communautés du Limousin et de l'Anjou. S'il n'a rien créé d'original, du moins sut-il rédiger et propager de plus anciens recueils, les décisions de Yehoudaï Gaon et des consultations des Gaonim.

---

[1] *Edom ou les Colonies Idumeanes*, par Pierre Le Loyer, Conseiller au Siège presidial d'Angers. A Paris chez Nicolas Bvon, rüe S. Iacques, à l'Image S. Claude et de l'Homme Sauvage M.DC.XX — La Bibliothèque de Nantes en possède un bel exemplaire.

[2] Graetz, *Geschichte der Juden*, VI, p. 56.

Tob Elem était aussi poète liturgique, mais ses vers sont rabo-
teux et, par suite, peu poétiques. Auprès de lui, on nomme trois
frères, du Mans, à ce qu'on dit : Elie l'Ancien, Yekoutiel et Isaac,
fils de Menahem, dont les deux derniers devinrent des autorités
talmudiques à Orléans[1].

Il est question de R. Joseph Tob Elem dans la correspondance
contenue dans le *Séfer Hayyaschar* : « C'est la faiblesse des rab-
» bins de France, écrit, au cours d'une polémique, Rabbènou Tam
» à R. Meschoullam, et leur modestie qui ont amené la foule à
» t'écouter... Certes, beaucoup de rabbins sont sortis de ton pays
» (Narbonne), et ils n'ont pas induit en erreur les habitants de
» leurs villes. C'est ainsi qu'ont émigré R. Mosché Haddarschan
» et, à sa suite, R. Lévi, son frère, et R. Joseph Tob Elem, qui a
» dirigé le royaume du Limousin et d'Anjou, שהנהיג את המלכות
» לימודרג ואנזיוב ».

Les rabbins d'Anjou prirent part à un fameux synode qui se
tint au XII° siècle à l'imitation des conciles, bien qu'avec moins de
pompe. Ils étaient fort nombreux, puisqu'on n'y comptait pas
moins de cent cinquante rabbins de Troyes, d'Auxerre, de Reims,
de Paris, de Sens, de Dreux, de Lyon, de Carpentras, de la Normandie, de l'Aquitaine, de l'Anjou, du Poitou, de la Lorraine.
D'importantes résolutions y furent prises sous la présidence de
Samuel et de Jacob Tam, talmudistes remarquables et petits-fils
de Raschi : on interdit à tout Juif de citer un de ses coreligionnaires devant la justice du pays, à moins que son adversaire se
refusât à comparaître devant un tribunal juif. Il fut aussi défendu
à tout Juif de chercher à se faire confier, par les autorités du pays,
les fonctions de prévôt ou chef de la communauté, qu'il fallait ne
devoir qu'à l'élection de ses propres membres, le tout sous peine
d'excommunication. Défense aussi, sous la même peine, de dénoncer
et de trahir les coreligionnaires et les communautés dont les croisades menaçaient la sécurité. Enfin, on décida que la mesure
prise par Gerson de Metz contre la polygamie ne pourrait être
abolie que pour des motifs très graves et par une réunion d'au
moins cent rabbins venus de trois différentes régions, de l'Ile-de-
France, de la Normandie et de l'Anjou.

Un autre synode, tenu à Troyes ou à Reims, sous la présidence
de R. Tam (Jacob Tam), d'Isaac b. Baruck et de Menahem b. Pé-
reç de Joigny, imposa aux communautés de l'Ile-de-France, de
la Normandie, de l'Anjou et du Poitou de suivre comme lois les
résolutions du rabbinat de Narbonne[2].

[1] Cf., sur ce sujet, Luzzatto, *Bet-ha-Ozar*, p. 48, et Landshuth, *Amudé Aboda*, 96.
[2] Graetz, *Geschichte der Juden*, t. VI.

On cite un peu plus tard un auteur de gloses sur le Talmud, Samuel d'Anjou, élève d'Isaac l'ancien de Dampierre.

C'était, d'ailleurs, l'époque où, sous la domination anglaise qui embrassait une partie de l'ouest de la France et particulièrement le Maine et l'Anjou, les Juifs vécurent longtemps dans une heureuse tranquillité, que rien ne vint troubler.

En 1162, le pont de Saumur venait d'être construit en bois sur la Loire, en face de la ville, par les bourgeois et chevaliers qui avaient entrepris ce travail pour le salut de leurs âmes. Henri II, roi d'Angleterre, qui était en même temps duc de Normandie et d'Aquitaine et duc d'Anjou, ne put s'empêcher d'admirer l'œuvre de ses sujets et de les en féliciter. Mais ce pont allait réduire à néant les revenus que l'abbaye de Saint-Florent, transférée par Foulques de Jérusalem, comte d'Anjou, du château de Saumur au bord du Thouet, retirait du bac installé par les soins des moines sur la Loire à Saumur. Aussi les supplications ne se firent-elles pas longtemps attendre. Cédant aux prières de Froger-le-Petit, abbé de Saint-Florent, Henri II, par une charte [1] en date de 1162, prise avec l'assentiment des barons et probes hommes du souverain, conféra à l'abbaye le passage et le péage du pont et établit à perpétuité un tarif dont voici l'article concernant les Juifs :

Juif emportant ses gages ou conduisant soit un cheval, soit tout autre objet qu'il veut vendre, *un denier*. En cas de contestation, il sera cru sur son serment prêté d'après sa loi.

A titre de comparaison, disons que les bestiaux destinés à être vendus, ânes, bœufs, porcs, vaches, payaient également un denier par tête ; que celui qui portait lui-même ses marchandises ne payait rien, s'il n'était Juif ; que les objets appartenant aux moines, religieuses, chevaliers, clercs, sergens - fleffés, étaient exempts de tout péage, etc.

Combien y avait-il alors de Juifs dans le Saumurois ? Il serait difficile de le dire ; il n'en est pas moins intéressant de constater qu'en cas de contestation de la part du receveur, c'est le Juif qui était cru sur son serment prêté d'après la loi mosaïque.

---

[1] Archives Nationales. Trésor des Chartes. Titres originaux J. 178 et 179. — Archives de la préfecture de Maine-et-Loire : Livre Rouge de Saint-Florent, f° 24. — Livre d'Argent, f° 49 . .. Judei, si detulerint per pontem vadimonia sua ad vendendum, dabunt denarium unum. — Si non credetur Judeus, jurabit per legem suam et sic immunis transibit. — ...Interim Judei, si per pontem duxerent (sic) equum ad vendendum vel aliquod genus mercature, dabunt de costuma denarium unum. — Vidimus scellé du sceau de Guillaume d'Yssy en cire verte pendant sur double queue (Inventaire des Sceaux, n° 3048).

A quelques années de là, vers 1175, nouvelle charte de Henri II, laquelle établit les tarifs des péages que l'abbaye des femmes de Fontevrault avait le droit de lever, tant au passage des Ponts-de-Cé, que pour la traversée de Brissac [1].

Aux termes de cette charte [2], seuls ceux qui relevaient de l'abbaye et de la maison du comte d'Anjou étaient exempts de la taxe. Les autres payaient soit en se servant du pont, soit en passant la Loire en bateau.

A Beira autem Crescente usque ad Beiram Israel quicquid ex transverso aquæ transierit talem reddet consuetudinem qualem redderet si per pontem transiret.

Une seule ligne du tarif concerne les Juifs; elle est ainsi conçue :

« Judeus XII denarios ».

Mais l'entretien du pont *estoit chouse mout coustuse, dommageuse et perilleuse*, et, en janvier 1293, les religieuses, pour trois cents setiers de froment et soixante-dix livres de rente, abandonnent tous les droits énumérés par Henri II. C'était avec Charles III de Valois et sa femme Marguerite que se faisait cet échange, qui fut consacré par deux actes, à peu près identiques quant aux termes, et souscrits, l'un par l'abbesse de Fontevrault, l'autre par Charles et sa femme. Dans ces actes, parmi les pièces de terre octroyées aux religieuses, au moins quant à leurs revenus, figure « le tiers du Moulin au Juef », que les religieuses avaient acheté de Pierre et de Simon du Moulin au Juef, frères, et qui pouvait valoir seize sols de rente.

***

L'Anjou allait être réuni à la couronne de France. Dès 1204, l'ancien sénéchal d'Arthur de Bretagne, Guillaume des Roches, exécutait la sentence de confiscation qui rattachait l'Anjou au royaume : Philippe-Auguste l'avait investi du gouvernement héréditaire de l'Anjou, et, par un acte du mois d'août à Poitiers, Guillaume des Roches rendait hommage-lige au roi des droits qu'il exerçait sur la sénéchaussée d'Anjou, de Maine et de Touraine.

[1] Archives de la préfecture de Maine-et-Loire. Fontevraud Beaufort, *Carta regis Henrici de consuetudinibus Pontis Segii et Castelli de Brachesach.*

[2] Le texte latin de cette charte a été publié *in extenso* dans les *Archives d'Anjou* de Paul Marchegay, Angers, impr. Cosnier et Lachese, 1853, t. II, p. 255.

La déclaration suivante y figure :

Et si dominus rex fecerit demandam vel talliam in Xpistianis vel Judeis de senescallia Andegavensi Cenomanensi et Turonensi, illa demanda vel tallia levabitur per manum meam ad opus domini regis, per legitimum compotum et scriptum, sed ego de demanda vel tallia illa nichil habebo. De omnibus aliis, tam forisfactis quam expletis et serviciis que mihi fient, habebit dominus Francie duas partes et ego terciam.

**

La croisade prêchée dans le monde chrétien en 1235 par le pape Grégoire IX, et qui provoqua en Bretagne l'expulsion et le massacre des Juifs, eut son contre-coup en Anjou. Pour porter les fidèles à seconder ses vues, le pape avait promis indulgence plénière à quiconque prendrait la croix et favoriserait l'œuvre de la croisade. Il fit plus en mettant sous la protection de Saint-Pierre tous les biens des croisés et en défendant à tous créanciers, soit juifs, soit chrétiens, d'exiger d'eux aucune usure.

C'était déjà beaucoup, les croisés de Bretagne exigèrent davantage et demandèrent l'expulsion des Juifs. Non seulement il leur fut défendu de réclamer ce qui leur était dû, mais ils furent contraints de rendre les meubles et effets qui leur avaient été donnés en nantissement.

De l'expulsion au massacre il n'y avait qu'un pas, que les croisés bretons n'hésitèrent pas à franchir. L'Anjou était trop proche de la Bretagne pour ne pas se ressentir de cette persécution. Les Juifs chassés de Bretagne trouvèrent tout d'abord sur leur passage le pays d'Anjou. Leur arrivée en masse dut inquiéter les habitants quant à leurs intérêts matériels, c'étaient autant de concurrents nouveaux qui venaient leur disputer une clientèle qui, principes religieux à part, ne se préoccupait que d'acheter au mieux. Les excitations du clergé firent le reste, et c'est ainsi que les massacres se poursuivirent dans les marches limitrophes d'Anjou avec plus de violence peut-être encore que dans les marches bretonnes.

Le *Chronicum Britannicum* rapporte, en effet, qu' « en 1236, aussitôt après les fêtes de Pâques, les Jérosolomitains, alors très nombreux, ornés d'une croix sur leurs vêtements, crurent devoir, avant de partir pour la Terre-Sainte, mettre à mort les Juifs dans toute l'étendue de l'Anjou, de la Bretagne et du Poitou [1]. »

---

[1] *Chronicon Britannicum ex variis Chronicorum fragmentis in vetere collectione*

Ce fut un horrible massacre. Les croisés traitèrent les Juifs avec une férocité inouïe; ils les foulaient aux pieds de leurs chevaux, n'épargnant ni les enfants, ni les femmes enceintes, laissant les cadavres sans sépulture en pâture aux animaux sauvages et aux oiseaux de proie, détruisant les rouleaux sacrés, brûlant les habitations des Juifs, après s'être emparés de leurs richesses. Plus de trois mille périrent au cours de l'été 1236; il y en eut qui se donnèrent la mort, après avoir égorgé leurs propres enfants. Il y eut aussi des désertions, et plus de cinq cents embrassèrent le christianisme [1]. De nouveau, les survivants se plaignirent au pape des cruautés qu'ils avaient subies, et ces plaintes provoquèrent de la part de Grégoire IX une lettre aux princes de l'Eglise, à Bordeaux, à Angoulême et dans d'autres évéchés, ainsi qu'au roi de France Louis IX, pour leur signifier que l'Eglise ne souhaitait ni la destruction des Juifs, ni leur conversion par la force. Mais que pouvaient ces exhortations occasionnelles contre une exécration que l'Eglise elle-même avait entretenue contre les Juifs? Ils n'avaient qu'un seul moyen d'adoucir la rage de leurs vainqueurs : l'argent.

Est-ce à ces massacres que se rapporte l'*Elégie* de Salomon ben Joseph d'Avallon, qui se trouve en manuscrit à la bibliothèque de Hambourg, sur le martyre des Juifs d'Anjou et au sujet de laquelle Zunz s'exprime ainsi [2] : « אביעה מקרה קראני est consacré aux martyrs באניוש, contre lesquels la tempête éclata un vendredi du mois de tammouz. Rabbi Gerschom, Jacob, Chajim, Simson, Abraham, Asriel, Ephraïm, Isaac, Joseph, Jehuda et, en fait de femmes, Hanna, épouse de Gerschom, Esther, Miriam, Flora, Rosa, y sont désignés par leur nom. La Selicha, qui contient 29 strophes, se termine ainsi : תשא את ראש בני ישראל ». Ce qui est plus douteux, c'est le point de savoir si la persécution dont il est question dans cette pièce est celle des Pastoureaux ou la persécution qui éclata en France un siècle plus tard, et si אניוש signifie bien Anjou.

Que cette élégie se rapporte ou non aux Juifs d'Anjou, ce qui est hors de doute, ce sont les massacres de 1236 auxquels ne fut pas étranger un Juif renégat, Donin ou Dunin, de La Rochelle, qui, à l'instigation probable du clergé, excita la foule contre ses

---

mss. Ecclesiæ Nonnetensis repertis . MCCXXXVI, statim post Pascha Cruce signati Ierosolymitani qui tunc temporis multi erant, interfecerunt Judæos per totam Britaniam, Andegaviam et Pictaviam.

[1] A rapprocher des aveux du *Chronicon Britannicum* le Schebet Yehuda de R. Salomon ben Verga (traduction allemande de Wiener, p. 234), qui parle de 3,000 Juifs massacrés et de 500 qui se baptisèrent.

[2] *Literaturgeschichte der synagogalen Poesie*, p. 349.

anciens coreligionnaires et amena plus tard, quand fut apaisée la
fureur du meurtre, la saisie et la destruction par le feu des exemplaires du Talmud.

Déjà quelques années auparavant, le concile tenu en 1231 à
Château-Gontier, diocèse d'Angers, par l'archevêque de Tours et
ses suffragants, avait, dans l'article 33, qui a pour titre *Ne testi-
monia Judeorum contra christianos admittantur*, défendu aux
juges, sous peine de censure, d'admettre les Juifs en témoignage
contre les chrétiens. Le même concile défend aux Juifs de blas-
phémer et de faire quoi que ce soit de méprisant pour la foi chrétienne. Interdiction est faite aux seigneurs de les nommer à
aucune dignité, spécialement à celle de bailli [1].

Malgré cette défense, nous avons trouvé dans une charte hébraïque, en date de 1234, signée à Nantes et contenant quittance
de dette au prieur de Donges, la présence comme témoin d'Aron
bar David, indiqué dans la contre-partie latine de la dite charte
comme résidant à Segré [2].

Il est encore fait mention des Juifs dans un traité passé à
Angers, au mois de mars 1239, entre le duc Jean le Roux et Raoul
de Fougères, traité par lequel Raoul accordait au duc Jean sur
les Juifs la même juridiction qu'avait déjà le seigneur de Vitré [3].

Mais il faut croire que la persécution avait été en Anjou moins
cruelle qu'en Bretagne et que les Angevins, fidèles à leur renom de
douceur vantée déjà par Jules César (*Andegavi molles*), avaient
conservé des Juifs dans leur province ou y avaient toléré leur retour. Nous trouvons trace de leur présence dans une lettre adressée par Charles Ier d'Anjou, le 15 février 1271, au bailli d'Angers
pour les Juifs de la province et qui est datée d'un des deux palais
voisins de Foggia, où il résidait habituellement. Cette lettre
inédite, nous avons pu la faire copier aux *Archives royales* de
Naples, grâce à l'inépuisable complaisance de M. le commandeur
Bartolomeo Capasso, surintendant des Archives [4].

Il écrit au bailli d'Angers qu'à la suite des plaintes de tous ses
fidèles Juifs du comté d'Anjou, il a appris que, soumis à de nouvelles tracasseries, ils sont contraints, tant pour le passé que
dans l'avenir et malgré un ordre spécial, de porter un signe et que

---

[1] Le texte de ces décisions a été donné par M. Lucien Lazard dans son intéressant
travail sur les *Juifs de Touraine* (*Revue*, t. XVII, p. 215).

[2] *Les Juifs de Nantes et du pays nantais*, par Léon Brunschvicg (*Revue des Études
juives*, t. XIV).

[3] *Revue des Études juives* (*l. c.*).

[4] Registres Angevins de Naples, X, f° 146 v°, n° 6. Archivio di Stato in Napoli.
Voir *Pièces justificatives*, n° 1.

le bailli ne leur permet pas de faire sceller des sceaux de sa curie
les actes ou lettres rédigées pour constater les ventes de leurs
marchandises, selon l'habitude consacrée jusqu'alors, ce qui les
empêche, faute de cautions favorables, de pouvoir toucher ce qui
leur est dû. Ils ont ajouté dans leur plainte que, bien que plusieurs
personnes du comté se soient emparées, de leur propre autorité et
par la violence, d'héritages en grand nombre appartenant aux
Juifs et que certaines même soient tenues vis-à-vis d'eux, pour
diverses sommes d'argent, le bailli se serait cependant, malgré de
fréquentes requêtes de leur part, refusé à leur rendre justice à
ce sujet. Voulant que les personnes et les biens des Juifs, placés
comme sous sa protection, soient mis à l'abri de quelque injure que
ce soit, il lui mande de n'enfreindre en aucune manière l'usage observé par ses autres baillis, de ne rien innover contre eux, de ne
pas les forcer à porter un signe de ce genre, de ne pas les empêcher, ni souffrir qu'on les empêche de s'assurer des cautions utiles
pour la vente de leurs marchandises et d'obtenir le sceau de la
curie sur leurs contrats. Il lui recommande, au contraire, de contraindre les détenteurs de leurs biens et leurs débiteurs, quels
qu'ils soient, à leur restituer leurs héritages et à payer leurs
dettes sans intérêts, de façon qu'il ne reste aux Juifs aucun juste
sujet de plainte contre lui.

Une ordonnance concernant les Juifs d'Anjou, et inspirée par
les mêmes sentiments, fut signée le mois suivant, exactement le
3 mars 1271, à Anagni. Elle figure au même registre que la lettre
précédente, f⁰ 151, nᵒ 2 ¹.

Cette ordonnance, destinée à la curie et aux Juifs d'Anjou, est
adressée au bailli d'Anjou, aux officialités et aux autorités cons-
tituées du comté. Elle rappelle que les Juifs ont pris l'engagement de payer annuellement pendant huit ans, qui prendront fin
au jour de la Saint-Michel, la somme de dix sols tournois par tête,
homme ou femme, et c'est le bailli qui est chargé de cette percep-
tion. S'il est des Juifs trop pauvres pour acquitter cette taxe, la
communauté paiera jusqu'à concurrence de mille personnes ; il en
sera de même si le chiffre de mille Juifs n'est pas atteint : c'est
encore la communauté qui fera face au déficit.

Les Juifs avaient même promis, au-dessus de cette somme,
un supplément de deux cents livres tournois. L'ordonnance le
rappelle au bailli en l'invitant à exiger cette somme de la communauté.

Les documents que nous venons de publier ne sont pas sans

---

¹ Voir *Pièces justificatives*, nᵒ 2.

importance ; c'est une preuve de la lutte engagée entre l'autorité des comtes d'Anjou, relativement bienveillants pour les Juifs, qui étaient sans doute leurs banquiers et qu'ils considéraient comme leurs fidèles sujets, et les baillis circonvenus par les commerçants angevins, qui ne cachaient pas leur jalousie contre leurs concurrents. Forts de l'appui qu'ils trouvaient auprès de Charles Iᵉʳ, les Juifs ne craignirent pas de se plaindre à lui de ces fréquentes vexations de ces dénis de justice, et ils obtinrent d'abord la lettre du 15 février 1271, puis, en échange, ils se montrèrent disposés à assurer à leur protecteur des ressources financières qu'il était loin de dédaigner.

Quatre ans plus tard, à la date du 28 août 1275, nouvelles instructions signées à Lagopesole et qui, visant les précédentes ordonnances dont les baillis avaient malicieusement méconnu les dispositions et exagéré la portée, rappellent les conditions arrêtées avec la communauté juive d'Anjou.

Nous en avons trouvé le texte latin dans l'intéressant travail sur l'*Établissement de la maison d'Anjou dans le royaume de Naples d'après des documents nouveaux* du regretté M. André Joubert, qui s'était mis à notre service avec une extrême obligeance pour faciliter nos recherches.

De cet important document, il résulte à n'en pas douter — ce que les précédentes pièces laissaient pressentir — qu'il y avait depuis longtemps à Angers une importante communauté qui avait à sa tête, comme syndic et procureur (*sindicus et procurator universitatis judeorum*), un juif du nom de Moyse; que ce Moyse, accompagné de délégués, se présentait de temps à autre auprès de Charles d'Anjou pour défendre les intérêts de ses coreligionnaires contre les taxes dont ils étaient frappés ; que la population juive devait être relativement considérable, puisque les lettres et règlements qui la concernaient prévoyaient sans étonnement le cas où elle atteindrait et même dépasserait le nombre de *mille* individus ; qu'elle s'y était, pendant un certain temps et par ordre, distinguée des chrétiens par des signes extérieurs, sans doute une rouelle de drap jaune, que Charles d'Anjou, moyennant finances, l'autorisa à supprimer ; que les Juifs d'Angers payaient des redevances à la curie, représentée par le bailli d'Angers, et au roi, représenté tantôt par l'un, tantôt par l'autre de ses sujets, et que ces deux personnages s'efforçaient de percevoir les sommes les plus fortes, accumulant livres tournois sur *sols* et *sols* sur augustales ; que ces exactions, commencées du temps de Guillaume Morrier, se continuèrent sans doute sous son successeur Jean de Blenesco, tout professeur de droit qu'il était, et se fussent perpétuées sous

Geoffroy de Brézé, sans la lettre que Charles d'Anjou adressa à ce dernier et à Raoul de Vemarcio, ancien chanoine de Saint-Cloud, que le roi Charles Ier avait chargé de l'administration de ses droits en Anjou, en remplacement de Guillaume, doyen de Saint-Martin d'Angers; enfin, que le roi Charles Ier, quelque éloigné qu'il fût de l'Anjou, ne se désintéressait pas de ce qui s'y passait, et qu'il intervenait pour protéger, dans une certaine mesure, contre l'humiliation et la rapacité les Juifs qui ne craignaient pas de recourir à lui.

Cette situation relativement bonne ne dura pas longtemps : le 8 décembre 1288 parut, datée d'Angers, une ordonnance de Charles II, roi de Sicile et comte d'Anjou, qui expulsait les Juifs du Maine et de l'Anjou[1].

Il fallait purger le pays d'abominations odieuses à la divinité et à la foi chrétienne : sur de nombreux points du comté, les Juifs faisaient au milieu de la population chrétienne une propagande ouverte pour amener les gens de l'un et l'autre sexe à la pratique du Judaïsme. Ils se livraient à une usure perfide, dépouillant les chrétiens de leurs biens, meubles et immeubles, et les réduisant à une honteuse mendicité. Enfin, méfait plus horrible encore, ils avaient un commerce abominable avec beaucoup de femmes chrétiennes.

Aussi, Juifs et Juives, adultes, impubères, enfants à la mamelle, quelle que fût leur condition, leur lieu de naissance ou d'éducation, étaient chassés à tout jamais des comtés d'Anjou et du Maine — à tout jamais, voulait dire jusqu'à ce que le besoin d'argent les y fit rappeler. Ce fut Maurice VI, seigneur de Craon, sénéchal d'Anjou, que Charles II chargea de cette expulsion, en lui accordant trois sols à prendre par feu (*a quolibet foco tres solidos*) et six deniers par domestique à gages (*a quolibet serviente mercedem lucrante sex denariorum*). Nicolas, évêque d'Angers, Durand, évêque de Nantes, les chapitres de ces diocèses et ceux du Mans, de Poitiers ainsi que l'abbé de Saint-Martin de Tours avaient donné leur assentiment à cette triste exécution.

Charles II ne traitait pas avec la même rigueur les Juifs de tous ses États. La Constitution qu'il fit en 1297, en conformité du concile de Riez, pour les Juifs de Provence, dont il était le maître, comme roi de Naples, leur défendait d'avoir des domestiques de la religion chrétienne, d'exercer la profession de médecin, de chirurgien, de pharmacien, sous prétexte qu'ils en abusaient. Elle ordonnait aussi aux Juifs d'Avignon de porter sur leurs habits une

---

[1] Bibl. nat., collection de Dom Housseau, t. VII, n° 3362. Cité dans le texte latin par L. Lazard, dans les *Juifs de Touraine*.

pièce d'étoffe en rond, de couleur jaune, quand ils sortiraient dans la ville. C'étaient autant d'injustices et d'humiliations, mais ce n'était pas l'expulsion et la confiscation qui s'étaient pratiquées en Anjou [1].

Ils revinrent à Angers au cours du XIV° siècle, mais à des conditions rigoureuses. Ils durent habiter un quartier spécial, la juiverie, et porter un vêtement d'étoffe jaune, sur laquelle étaient tracées deux roues. Défense leur était faite de se baigner dans la Maine. Aucune femme juive ne pouvait confier ses enfants à des nourrices chrétiennes. Ils étaient placés sous la surveillance d'un moine. Le populaire, qui les tolérait à cause de leurs richesses, les haïssait pour le même motif et les fuyait comme des pestiférés, sauf quand il s'agissait de leur emprunter de l'argent. Tout Angevin convaincu d'avoir eu des relations avec une femme juive encourait la peine du feu [2].

* *
*

C'est vers la même époque, à quelques années de là, pendant que Charles III régnait en Anjou, que les Juifs d'Italie trouvèrent un protecteur bienveillant dans la personne d'un des plus puissants princes italiens, Robert d'Anjou, qui était roi de Naples, comte de Provence, vicaire général des Etats du pape et même vicaire de l'Empire. C'était un ami des sciences et des lettres, ainsi qu'un chaleureux admirateur de la littérature juive, ce qui l'amena naturellement à protéger les Juifs. Quelques érudits juifs étaient ses maîtres ou travaillaient avec lui à des écrits scientifiques ou théologiques [3].

Mais l'Anjou avait changé de maître. Philippe de Valois le donna en apanage à son fils Jean, qui le transmit à son tour à son fils Louis, après l'avoir transformé de comté en duché-pairie. Tant que Charles V vécut, son influence bienfaisante eut son contre-coup favorable dans l'ouest de la France, mais avec lui cessa la prépondérance des fils de Manessier de Vesoul. Louis I°ʳ, duc d'Anjou, consentit, à la vérité, moyennant finances, à confirmer tous les privilèges des Juifs de France (14 octobre 1380) et prolongea pour cinq nouvelles années leur autorisation de séjour.

[1] Petrineau des Noulis, *Histoire des rois de Sicile et de Naples des maisons d'Anjou*, Paris, 1707, in-4°.

[2] André Joubert, *Les invasions anglaises en Anjou aux XIV° et XV° siècles*, Angers, 1872, qui cite lui-même les Mémoires de Richemont.

[3] Graetz, *Geschichte der Juden*, t. VII, p. 283.

Mais sa protection n'allait pas bien loin ou plutôt, par son peu de sympathie, il fit des Juifs un objet de compassion et de pitié [1].

Ce n'était qu'une accalmie avant la tempête. Le 17 septembre 1394, Charles VI prononçait un arrêt d'exil contre tous les Juifs du royaume, condamnés encore une fois à quitter la France, quatre-vingt-dix ans après en avoir été proscrits par Philippe-le-Bel.

Ils disparaissent d'Anjou pendant quelques années, ou du moins n'en est-il pas fait mention pendant que cette malheureuse province sert de champ de bataille aux Anglais, maîtres, ou peu s'en faut, d'une partie de la France. A noter parmi les hommes d'armes qui servirent le mieux Jean V, duc de Bretagne, pendant qu'il faisait contre le duc d'Alençon le siège de Pouancé, en 1432, Dizabet le Juif, *escuier d'escurie* [2]. Quelle était l'origine de ce sobriquet?

Deux ans après, à la mort de Louis III, qui ne laissait pas d'enfants, l'Anjou échut à son frère René, personnage considérable, qui fut mêlé à toutes les grandes questions politiques de son temps et dont l'histoire touche ainsi de près à l'histoire générale. N'était-il pas tout à la fois duc de Lorraine, roi de Sicile, duc d'Anjou, comte de Provence, pair du royaume?

René d'Anjou mourut en 1480, mais, dès 1471, il avait abandonné son duché au roi de France, Louis XI, qui, deux ans plus tard, le réunit de nouveau, et cette fois définitivement, à la couronne [3].

*   *
*

Désormais nous ne rencontrerons plus que de loin en loin quelque mention relative à des Juifs isolés.

C'est, en 1601, le 13 septembre, l'acte de baptême de René, fils d'Abraham de Lévy et d'Hester de Lévy, « Juifs, demeurant en la » ville d'Avignon, dont ledit René de Lévy est aussi natif, estant » s'y d'avant Juif et de ladite lignée de Lévy [4] ».

Ce sont, d'ordinaire, et au XVIIIe siècle, des réclamations formulées par les corporations ou par les marchands contre une concurrence qui les gênait. Témoin le procès-verbal du 11 dé-

---

[1] *Geschichte der Juden*, t. VIII, p. 38.

[2] Dom Lobineau, *Preuves*. — An 1432, p. 590 et suiv.

[3] Villeneuve-Bargemont, *Histoire de René d'Anjou*, Paris, 1825. — Desessarts, t. VI, p. 375.

[4] Archives communales d'Angers, GG., 212-310 (Registres) in-f°.

cembre 1747, dressé contre deux Juifs, Lange et Petit, qui refusaient de soumettre leurs marchandises au contrôle des marchands drapiers [1].

C'est encore un procès-verbal, en date du 24 mai 1758, d'une séance du Conseil municipal d'Angers, qui interdit aux Juifs, pendant les foires, l'accès de la grande salle de la mairie [2].

A partir de là, nous ne retrouvons plus, jusqu'à la Révolution, rien qui concerne les Juifs dans l'histoire particulière d'Angers. Désormais leur existence se confond avec celle de la nation elle-même.

LÉON BRUNSCHVICG.

APPENDICE.

GÉOGRAPHIE JUIVE DE L'ANJOU.

Il résulte de ce qui précède que, dès le xive siècle, il existait à Angers une juiverie, d'où les Juifs ne pouvaient sortir sans porter la rouelle jaune. Cette juiverie était-elle située là où se trouve aujourd'hui la rue de la Juiverie? Nous ne le croyons pas. La rue de la Juiverie est, en effet, des plus excentriques, elle s'embranche obliquement sur une longue rue, appelée rue Saint-Léonard, qui part d'auprès du collège et se poursuit vers la campagne, de l'autre côté de la ligne du chemin de fer, dans le canton nord-est de la ville. Cette rue, qui aboutit, a son autre extrémité, sur la rue ou chemin des Mazières, est longue d'environ deux cents mètres. Les maisons y sont espacées et séparées les unes des autres par des jardins maraîchers entourés de murs, et, il y a peu de temps, c'était par des fossés et des douves qu'elles étaient séparées de la voie publique. Cette dernière n'a pas de trottoirs, elle n'est pas pavée, mais seulement empierrée.

Rien ne ressemble moins aux vestiges d'un ancien quartier juif. C'est une rue de commune rurale, malgré la présence de l'Ecole normale du département, et nous comprenons à merveille que d'excellents esprits se soient demandé s'il n'y avait pas, dans ce nom de Juiverie, la corruption d'un autre mot, suifferie, par exemple.

La rue de la Juiverie n'est cependant pas de percée récente : elle

---

[1] Archives départementales de Maine-et-Loire, corporations d'arts et métiers, E, 4413 (Registre), petit in-4°, 24 feuillets papier.

[2] Archives anciennes de la mairie d'Angers, BB, 118, f° 7.

est antérieure tout au moins à 1770, d'après les recensements de ce temps qui en indiquent tous les habitants comme passagers ou ouvriers. Actuellement, elle se termine, du côté impair, par le n° 35, du côté pair, par le n° 32.

*
* *

Il existe au sud de Segré, à huit cents mètres environ des fortifications anciennes de cette ville, qui fut au moyen âge une toute petite place forte et qui se trouva mêlée, à ce titre, à la guerre de Cent-Ans et à la Ligue, une tenue dite « les Juiveries ». Elle était anciennement située sur la commune de Saint-Gemmes-d'Andigné et elle s'y trouve encore, mais tout-à-fait sur les limites de Segré. Élevée dans une boucle formée par les rivières de l'Oudon et de la Werzei, elle était, en quelque sorte, isolée du centre des habitations et maintenue à l'écart.

D'après le maire de Segré, il est évident qu'une petite communauté juive a dû habiter là autrefois.

Au nord de Segré, à peu près à même distance hors des murs, se trouve une autre ferme dite la « Maladrerie », vestiges d'une vieille léproserie.

La situation, au sud et au nord de Segré, de ces deux fermes prouve qu'au moyen âge, on éloignait avec le même soin, des centres, les Juifs et les lépreux.

*
* *

À Baugé, il y a une rue des Juifs, mais c'est moins une rue qu'une impasse, qui appartient aux propriétaires riverains. La partie de la ville où se trouve cette ruelle dépendait autrefois du Vieil-Baugé, d'où elle en a été distraite vers 1855. Rien, dans les archives communales, ne justifie cette dénomination.

Il paraît certain qu'après la révocation de l'édit de Nantes, plusieurs familles juives ont habité Baugé dans le quartier Saint-Michel, absolument opposé, d'ailleurs, à celui dans lequel figure la rue des Juifs.

De la commune de Villebernier, qui fait partie du canton nord-est de Saumur, dont elle n'est séparée que par 5 kilomètres, dépendent plusieurs hameaux ou villages.

L'un de ces hameaux qui, en 1872, comptait quinze maisons' et trente-huit habitants, porte le nom de la Rue-Juive [1].

La Juiverie est un hameau de la commune de Jarzé.

------

[1] Célestin Port, *Dictionnaire historique, géographique et biographique de Maine-et-Loire*, Angers, t. II, 1876.

PIÈCES JUSTIFICATIVES.

Pro Judeis andegavie.

Scriptum est ballivo andegavie Ex parte omnium Judeorum comitatus andegavie nostrorum fidelium fuit nobis conquerendo monstratum quod tu eosdem judeos novis molestijs impetens ipsos compellis tam anterius quam posterius absque nostro speciali mandato signum portare neque permittis eorum instrumenta seu litteras confectas super venditionibus mercimoniorum suorum curie nostre sigillari sigillis prout hactenus bajulorum precessorum tuorum temporibus extitit consuetum. Propter quod eorum debita oportunis carentes cautelis nequeunt rehabere. Adiecerunt etiam in querela quod licet nonnulli de comitatu ipso quam plura bona hereditagia judeorum ipsorum auctoritate propria perviolenter occupaverint et quidam etiam in diversis pecunie summis teneantur eisdem tu tamen super his ab eis sepius requisitus denegas ipsis justitiam facere de premissis. Nos igitur qui personas et bona Judeorum ipsorum tanquam sub nostra protectione manentia volumus a quibuslibet injurijs illesa servari fidelitati tue districte precipiendo mandamus quatenus Judeis ipsis consuetudinem per alios nostros bajulos observatam nequaquam infringens nec contra eos aliquam faciens novitatem ipsos absque speciali mandato nostro ad portandum signum hujusmodi non compellas nec impedias vel impediri permittas quin oportune cautele super venditionem suarum conficiantur mercium et sigillo nostre curie sigillentur detemptores quoque bonorum suorum hereditagiorum nec non debitores quoscumque suos ad restituenda eis bona et solvenda debita usuris cessantibus omnino prout justum fuerit compellere non postponas, ita quod nulla eis de te justa maneat materia conquerendi. Datum in palatio vivarij Sancti Laurentij XV februarji.

II

Pro curie et Judeis Andegavie.

Ballivo Andegavie et universis Officialibus ac hominibus per comitatum Andegavie constitutis. Licet nuper vobis nostris sub certa forma dederimus licteris in mandatis, ut pro unoquoque Judeorum comitatus Andegavie utriusque sexus magno et parvo decem solidis turonensium singulis annis usque ad octo annos in festo beati Michaelis curie nostre solvantur, ita tamen quod tota huiusmodi pecunia colligatur per te Ballivum et secundum familiam suam in ea contribuat unusquisque. Si vero aliqui ita essent pauperes quod non potuissent solvere quantitatem pecunie supradicte comuniter colligatur quod restabit ab aliis ad solvendum, tali tamen condicione et pacto quod in predictorum Judeorum numero debent esse mille persone que dictos decem solidos turonensium proporcionaliter et distincte solvant prout dictum est usque ad terminum prelibatum, ac si in Judeorum ipsorum numero mille persone non forent, comunitas Judeorum dicti comitatus in solvendo pecuniam compleret defectum, quodque si essent plures quam mille de dicto comitatu sive de forensibus quod ab unaquaque personarum ipsarum, decem solidi turonensium exigerentur in termino supradicto. Dicti tamen Judei per nuntios suos nobis voluntarie promiserint ultra predictam summam pecunie in licteris ipsis contemptam singulis annis in predicto termino usque ad octo annos predictos ducentos turonensium libras fidelitati vestre precipiendo mandamus quatenus ultra summam huiusmodi pecunie contemptam in licteris ipsis predictas ducentas libras turonensium singulis annis usque ad dictos octo annos a festo beati Michaelis proximo preterito quas per te ballivum recolligi volumus et mandamus pro parte nostra exigere debeatis ab universitate predicta. Datum Agnanie IIJ° marcii xiiii Indictionis.

INSCRIPTIONS TUMULAIRES

DE LA BASSE-AUTRICHE

La *Revue* [1] a publié récemment six inscriptions tumulaires de
Wiener-Neustadt. L'éditeur de ces inscriptions les croyait sans
doute encore inconnues, mais c'est là une erreur. Elles ont été
publiées il y a longtemps, et sous une forme beaucoup plus correcte, par un ancien habitant de Wiener-Neustadt, feu M. H. Friedenthal, dans le recueil hébraïque כוכבי יצחק, livraison XXVIII,
p. 51. M. Simon Szanto a donné ensuite, dans la *Neuzeit* de
l'année 1862, p. 246, la traduction de ces inscriptions, qu'il a
fait précéder des observations suivantes :

M. de Camesina, conseiller impérial royal et Conservateur de
la Basse-Autriche, a fait savoir récemment qu'on avait de nouveau découvert à W.-Neustadt des inscriptions tumulaires juives.
A la suite de cette information, l'administration israélite de Vienne
s'est adressée au *bürgermeister* de W.-Neustadt, comme elle l'avait
fait il y a quelques années [2], dans une circonstance analogue, pour
obtenir l'autorisation de faire transporter ces pierres à Vienne. Le
bürgermeister a répondu à cette demande par un refus très poli, déclarant que la municipalité de W.-Neustadt savait apprécier la valeur
de ces monuments et était disposée à prendre des mesures pour la
conservation de ces antiquités, qui seront un ornement pour la ville.
Et, de fait, ces pierres ont été conservées avec un soin respectueux [3];

---

[1] T. XXVIII, p. 260.

[2] L.-A. Frankl, dans les *Inschriften des alten jüdischen Friedhofes in Wien,*
p. xxi, rapporte qu'à cette époque le prédicateur Mannheimer se rendit à W.-Neu-
stadt, d'ou il fit transporter ces pierres à Vienne ; elles furent placées dans l'ancien
cimetière juif situé dans le faubourg de Rossau. Les inscriptions de ces monuments
funéraires ont été publiées par M S.-G. Stern (*ibid.*, n°ˢ 703 et 704), mais d'une
façon inexacte et défectueuse.

[3] Elles ont été encastrées dans le mur de la ville, et, à l'endroit où elles se trouvent,
on a planté des saules pleureurs.

elles attestent quels progrès considérables la bourgeoisie de cette ville a faits dans la voie de la civilisation et combien elle est éloignée du vandalisme des siècles précédents, puisqu'elle manifeste d'une façon si éclatante et si honorable pour elle son respect pour les monuments du passé[1].

En outre, M. G. Brecher, médecin à Prossnitz, a publié 5 inscriptions tumulaires de W.-Neustadt dans le *Literaturblatt des Orients*, année 1847, p. 108 et 551. Enfin, M. Wendelin Böheim, dans la 2e édition de la *Chronik von Wiener-Neustadt*, II, p. 57 et suiv., de son père F.-K. Böheim, a donné la traduction allemande de 12 inscriptions juives de W.-Neustadt, dont 5 sont identiques à celles qui ont été reproduites dans la *Revue*. Ces diverses publications m'avaient fait renoncer dans le temps à achever un travail que j'avais déjà commencé. En effet, à cette époque, M. Semeleder[2], qui se rendit plus tard au Mexique en qualité de médecin de l'empereur Maximilien et y exerce encore aujourd'hui sa profession, vint me trouver, sur le conseil du prédicateur Mannheimer, et m'apporta 19 inscriptions, dont 18 de W.-Neustadt et 1 de Krems. C'est à lui que nous sommes redevables de ce que, lors des démolitions exécutées en 1846 sur l'emplacement de l'ancien cimetière juif de W.-Neustadt, toutes les pierres tumulaires juives n'ont pas été détruites ou vendues comme matériaux de construction et de ce que nous possédons au moins la copie des inscriptions gravées sur les pierres qu'il avait pu sauver à l'époque, mais qui ont également disparu.

M'étant rendu un peu plus tard à W.-Neustadt et à Krems pour comparer ma copie avec les inscriptions mêmes, j'admirai avec quelle exactitude M. Semeleder avait fait ce travail, quoique ne sachant pas l'hébreu. Peut-être même cette particularité fut-elle heureuse. Car si un israélite, sachant l'hébreu, avait fait cette copie, il se serait sans doute livré à des conjectures erronées là où l'inscription n'aurait pas présenté un sens clair, au moins pour le copiste. Or, c'est précisément parce que M. Semeleder a copié ces inscriptions d'une façon purement machinale, mais avec la plus scrupuleuse attention, qu'il a exécuté des copies qui sont de vrais fac-similes.

Je me disposais à faire connaître ces 19 inscriptions avec quelques autres que j'avais trouvées à W.-Neustadt et à Krems,

---

[1] En lisant ces mots, on ne peut s'empêcher de faire des réflexions douloureuses sur le mal causé par l'antisémitisme. La municipalité de W.-Neustadt oserait-elle encore témoigner aujourd'hui d'une telle vénération pour des monuments juifs?

[2] Et non Senneleder, comme écrivent Frankl, . c., et S. Deutsch, dans le *Literaturbl. d. Orients*, 1847, p. 474.

quand j'appris qu'elles avaient déjà été publiées en grande partie, et sous une forme assez correcte, dans l'*Orient* et le כוכבי יצחק. Je renonçai donc à mon projet, quoique j'eusse pu indiquer quelques corrections de détail. Depuis, j'ai été informé que ces pierres s'effritent de plus en plus et que les inscriptions deviennent de moins en moins lisibles. Il me paraît donc bon de publier les inscriptions que j'ai entre les mains et qui ont été copiées à un moment où les pierres étaient encore en bon état. Je ferai remarquer, en outre, que parmi les 24 inscriptions que je vais publier, 3 concernent des martyrs [1].

Le mot *Sem* indiquera les inscriptions copiées par M. Semeleder, et les lettres *Hg* celles que j'ai copiées moi-même.

S. HAMMERSCHLAG.

1: SEM.

Fragment. — De toute l'inscription, écrite en grands caractères, grossièrement exécutés, on ne peut plus lire que les mots suivants :

זאת מצבת... שמחה עלי בשנת... אלף.

2. SEM.

On a trouvé cette pierre dans la *Breite Strasse*, 113, à W.-Neustadt. Les caractères de cette inscription ressemblent à ceux du n° 1.

האבן הזאת אשר שמתי מצבה לראש אהרן בר משה שר[2] שהלך
לעולמו[3] ביום ה' לשבת בשנת תתקצ"ו לפרט ליל ה' אדר[4] תהא נפשו
צרורה בצרור החיים עם הצדיקים בגן עדן מ... תהא כ..ת[5].

---

[1] M. D. Kaufmann, de Budapest, vient de m'informer que M. Pollak, rabbin à Oldenbourg, a publié en 1892, sous le titre de *A Zsidok Bécs-Ujhelyen*, un ouvrage sur W.-Neustadt, où il donne les clichés photographiques des inscriptions publiées dans la *Revue* (XXVIII, 260) sous les n° 1 à 4, et le texte de l'inscription n° 5. En outre, cet ouvrage contient tous les documents publiés dans la *Revue, l. c.*

[2] Ces deux lettres, qui se trouvent à la fin d'une ligne, devaient certainement former le commencement du premier mot de la ligne suivante (שהלך), mais comme il n'y avait plus assez de place pour achever le mot, on a récrit tout le mot à la ligne suivante.

[3] Ce mot peut aussi être lu לשלום.

[4] Le 5 Adar 4996 était un mercredi. Il se présente donc deux hypothèses : ou bien les mots ליל ה' אדר signifient « la nuit qui suit le 5 Adar » et qui, par conséquent, fait déjà partie du jour suivant, c'est-à-dire du jeudi, ou bien il faut lire ביום ד' לשבת, et non pas ביום ה', et admettre que le trait détaché du ד provient de l'effritement de la pierre. Mais, comme la copie a été faite avec beaucoup de soin, j'incline pour la première hypothèse.

[5] Peut-être ces trois derniers mots doivent-ils être lus : מיתתו תהא כפרתו (cf. Zunz, *Zur Geschichte*, 333), ou מנוחתו תהא כבוד (*ibid.*, 345).

3. Sem.

Cette inscription a été publiée dans l'*Orient*, 1847, p. 109, mais avec des lacunes et des inexactitudes. Les caractères en sont mal faits. M. Semeleder, qui copia cette inscription le 8 décembre 1858, fit alors remarquer que l'autre partie de la pierre était enfoncée dans le sol. Mais on voit par les derniers mots que l'inscription copiée est sûrement complète.

עיני¹ נוטפות מר, והוקע בלבי מסמר בפטי[רת] אבי ר' אברם בהר¹
יצחק א'² ד' ימי[ם] באב שנת טיבה³ לפרט מעט ורעים היו ימ[יו] יצא
בכי טוב ונכנס לעדן בכי טוב אמ[ן].

4. Hg.

האבן הזאת אשר שמתי מצבה לראש מרת פרומלא שהלכה לעולמה
בסנת כ"ב לאלף שיש¹ השישי בד' לכסליו יו' א' ת'[נ]'צ'ב'ה' אמן סלה.

5. Sem.

האבן הזאת הוקם לראש ר' עזריאל ב"ר יהוידע הכהן שהלך
לעולמו בא' לניסן ביו"ד שנת מ"ו¹ לפרט לאלף שיש (sic) ת'נ'צ'ב'ה'.

6. Sem⁶.

אבכה במסתרים, ואקונן בחדרים, והספד אעירה⁷ וקינים אגבירה על
כלי חמדה, אשר מני נאבדה³ זוגתי מרת חנה בת הר' יצקב שהלכה
לעולמה בכ"ה לסיון ביו"ג, שנת מ"ו⁹ לפרט לאלף שישי¹⁰ תהא נ'צ'ב'ה' א"ס.

---

¹ Et non pas עמב"י, comme le suppose M. Brecher. La formule על משכבו בשלום ינוח n'était pas mise au commencement de l'épitaphe.

² Ce n'est certainement pas אללי לי, comme le croit M. Brecher; peut-être א"מ = אשר מת.

³ Il est difficile de déterminer exactement la date. Les derniers mots de l'inscription montrent que le décès et l'enterrement ont eu lieu un mardi, כי טוב. Mais ni dans l'année 5026, ni en 5022, dans le cas où l'on lit טובה, le 4 Ab n'était tombé un mardi. On n'est pas plus avancé en lisant ח' ימים, « le 8 ab », au lieu de ד' ימים. C'est seulement en lisant ב' ימים, « le 2 ab », que l'indication de mardi convient pour 5026, טיבה.

⁴ Dittographie à la fin de la ligne.

⁵ On pourrait aussi lire בך. Mais, comme, en cette année, le 1er nissan était un mardi, on est probablement plus près de la vérité en admettant qu'à la dernière lettre de ביו"ד un trait a disparu et qu'il faut lire ביו"ה; les indications sont alors conformes au calendrier.

⁶ Publiée dans la *Revue*, l., c., n° 1.

⁷ Et non pas אעורה, comme on lit dans la *Revue*, l. c., 260.

⁸ Et non pas אשר אני אבדתי (*Revue*, l. c.), car ce serait contraire à la langue hébraïque. En effet, אבד ne signifie pas « perdre », mais « être perdu ». De plus, comme c'est l'époux qui a fait l'inscription, il n'aurait pas pu dire אבדה, au féminin. D'ailleurs, ce qui prouve que ma copie est exacte, c'est que M. Friedenthal a lu de la même façon (voir כוכבי יצחק, l. c.).

⁹ Les indications relatives à la date présentent des difficultés. La lecture de ביו"ג est certaine, mais en 5046, le 25 sivan était un mercredi, et un lundi en 5047, de sorte qu'il ne sert à rien de lire מז au lieu de מו. La seule solution de la difficulté est de considérer le trait détaché du ה dans בכ"ה comme un effet de l'effritement de la pierre et de lire בכ"ד.

¹⁰ Il faut lire ainsi, et non pas השישי.

7. Sem.

Identique à l'inscription n° 2 de la *Revue* (*l. c.*, 260).

8. Sem.

Fragment.

... הנרדף שנהרג ביום ב' ד' לסיון ונקבר ביום ג' בערב העצרת ¹ שנת
ס"ג לאלף הששם (sic) בב' ינקום הש' ³ דמו לעיני[נו] ות'נ'צ'ב'ה א'א'ס'ס'ס.

9. Sem ⁴.

הנרדף שנהרג ביום ב' ד' לסיון ונקבר ביום ג' בערב העצרת ס"ג לאלף
הששי.

10. Sem.

Fragment.

...ביום ו' שנת ס"ו לפרט ת'נ'צ'ב'ה א"ס.

11. Hg.

Fragment.

...בת הר"ר יעקב אשת הר"ר רחם שהלכה לעולמה כ' לאייר ק"א לפרט
ביו' ג' ות'נ'צ'ב'ה א'א'א ס'ס'ס.

12. Hg.

האבן הזאת אשר שמתי מצבה לראש ר' שמחה בר' אליקים הנהרג על
לא חמס בכפו ונקבר ביום א' כ"ה לכסלו בשנת ו'י'צ'א לפרט הס' ינקו' דמו
במהרה בימינו ת'נ'צ'ב'ה.

13. Sem ⁵.

עמודי רום רופפו מוסדי תבל ⁶ זולעפו ⁶ חרס וסהר פנידם חפו, כסיל
וכימה ראשם כפפו, וידי עם קדש רפו בגויעת מה"ר יצחק שנתבקש לשחק
בשה"ג ⁷ ו' לאב ⁸ יום ב' שנת ע'ל'ט לבר' ה' לבריא'.

---

¹ M. Brecher a lu à tort שבועות.
² במהרה בימינו = ב"ב.
³ השם.
⁴ Imprimée avec des lacunes par M. Stern, *l. c.*
⁵ La pierre où se trouve cette inscription a été transportée plus tard à Vienne et placée dans l'ancien cimetière de Rossau. Cf. Frankl, *Inschriften*, *l. c.*, et Stern, *l. c.*, p. 123, où la copie de cette inscription présente des lacunes. On trouve une meilleure copie, quoique encore défectueuse, dans *Orient*, 1847, p. 551.
⁶ Cf. Zunz, *Synagog. Poesie*, p. 417.
⁷ D'après M. Brecher, בעיר חדשה גדולה; on pourrait aussi lire בעֲרֶוּתֵינוּ הגדולים.
⁸ Comme la lecture de על"ט pour l'année est certaine et qu'on ne peut guère avoir de doute sur la lecture de ב יום ', il n'est pas possible qu'il y ait eu ו ou ו ; il faut lire ד', אב « le 4 ab », qui, en 5109, était un lundi.

14. Sem [1].

A propos de cette inscription, M. Semeleder dit . « Elle existait encore en 1856, mais, depuis, la pierre a été brisée et jetée. »

אורי לי על כלי חמדה אשר מני נאבדהי בתי הנעימה כקציעה וימימה[3] מרת ייאודין' אשת ר' דוד בר מחם... ' אשרל נע משברי הובלה לקבר נע[רב] שבת ט"ו לאב ש' שנת ע'ל'ט לפרט וח'נ'צ'ב'ה א'א'א ס"ס.

15. Sem [8].

אלי עזרי ' אשר נעדר בנות החן תיילילנה" ועל שלוי אשר נאסף והוזנח הה תמללנה לשונם תלמד" קינה לדור דורים ותבכינה מקור" עין יפורת עין לחברתי" ותדמענה מרת תירנקא בת ר' יצחק אשר ר' יונה שהלכה לעולמה ביום ה'"' בכ"ד ימים לירח מרחשון שנת קי"א לאלף הששישי תהא נשמתה צרורה בצרור החיים עם שאר צדיקי עולם בגן עדן אמן א"א סלה ס"ס".

16. Sem [16].

אם יגוני" קחחה, רעיוני... " רוחחה לבי" ישים" כמרקחה יומם אקרא" לבכיה, ולילה לא דומיה ואזכרה ואהמיה אהה אויה ונהי נהיה" על מור לבן" חמודות ה' שמרידה בני יקיר לי שמחה גילי אשר לוקח מאתי בשברה ה' לתמוז ונקבר ביום א' ע'ג'ם לאלף הששי וח'נ'צ'ב'ה אמן סלה.

---

[1] Publiée dans *Orient*, 1847, p. 551.
[3] La même formule qu'au n° 6.
[3] Cf. Job, xlii, 14.
[4] Ce nom, comme le dit avec raison M. Brecher, répond à יהרודית.
[5] Ici se trouve à la fin de la ligne une lettre illisible.
[6] M. Brecher lit a tort בזעק שבר.
[7] Dittographie à la fin de la ligne.
[8] Publiée dans *Revue*, l. c , n° 6.
[9] Allusion à Genèse, ii, 18.
[10] Et non תילו לנה, comme le dit *Revue*, l. c., ce qui ne donnerait aucun sens.
[11] Et non תלמור (*ibid*.).
[12] Et non מקרור (*ibid.*).
[13] Et non לחברתני (*ibid.*).
[14] La date exige une rectification. En 5111, le 24 heschvan était un mercredi; il faut donc lire ביום ד' et considérer le trait à peine perceptible du ה comme une petite éraflure de la pierre.
[15] Cette formule finale n'est pas abrégée, comme semble l'indiquer la *Revue*, l. c.
[16] Publiée dans *Revue*, l. c.. n° 3.
[17] Et non רגעוני, comme dans *Revue*, l. c., n° 3.
[18] Ici manque un mot qui est illisible sur la pierre.
[19] Et non ליבר (*ibid.*).
[20] Et non ישום (*ibid*).
[21] Et non אקרה (*ibid.*).
[22] Et non רהי (*ibid.*).
[23] Allusion a Ps., ix, 1.

17. Sem.

Fragment.

‮...ובטן ממי מרים תצב ונפש דוד ונענה הכאב לחדש זיו אסו‭[‬ר נהפך‬

‮לרעה כחדש אב : בתשעה לחדש בערב תאלממה‭[1]‬ שפתי רננות וקול ערב :‬

‮ונזלו עינינו מי בכיה כרביבים : ביום שלשי בהיותינו כואבים‭[2]‬ : וקול ענות‬

‮נשמע : וחומרת‭[3]‬ לביבינו (sic) הוריד כטל דמע : למות מורינו אבינו ר'‬

‮אלישמע : והשיגורנו יגון ואנחה ונס ששון ושמחה בן הנכבד ר' ברוך : ידי‬

‮מכירך ברוך : להושיבו עם מדיבים בשלחן ערוך : וליום שכלו אריך‬

‮והיתה‭[‬ר‭]‬ נפשו כגן רטוב ובצרור‭[‬ו‭]‬ החיים י'ל'י'ן ב'ט'ו'ב אמן אמן אמן‬

‮סלה סלה.‬

18. Sem.

‮אפעה כיונה להרבות קינה על גבירה נאמנה במשאה ובמחנה בגופה‬

‮ובממונה בכל עת ובכל עונה בכל פינה ופינה נעימה וברה אוצר כלי חמדה‬

‮מרת אמנו רבקה בת ר' רוחם עטירת (sic) ראשינו יופי כלילתינו ויקרת‬

‮פארתינו שנפט‭[‬רה‭]‬ ביו' ה' ר' ימי‭[‬ל‭]‬ם לאדר הראשון ק'כ'ה ל' ות'נ'צ'ב'ה.‬

19. Sem [4].

‮אזעק מרה‭[5]‬ מרוב צרה ביום צוקה וצרה שנפלה‭[6]‬ עטרת ראשי‭[7]‬‬

‮בפטירת אבי אבי‭[8]‬ אבן מצב לאות לציון‭[9]‬ חוצב ובטן ממי מרים חצב‭[10]‬‬

‮ויתאומים (sic)‭[‬ ‭]‬ הריני ואין אב ולכן נפשי תדאב‭[11]‬ כי בארץ בא נאמן ביה‬

‮ודיה לשמיר ושית‭[13]‬ והודו כזית ר' יחזקא‭[‬ל‭]‬ במה"ר חבי‭[14]‬ שנפטר בשבת‬

‮ונקבר יום א' י"ו כסליו‭[15]‬ בשנת רב כבד וידי למס עובד‭[16]‬ ק"ל לא‭[‬י‭]‬לף (sic)‬

‮השישי חנצב"ה ע"ש צ'ב'ע אמן סלה.‬

[1] Ce mot est incertain, parce qu'il est à peine lisible; on pourrait aussi lire ‮חדלו.‬

[2] Allusion à Genèse, xxxiv, 25.

[3] Si l'on pouvait faire ici une conjecture, je préférerais lire ‮ורלמות.‬

[4] Publiée dans *Revue, l. c.*, n° 4.

[5] Et non ‮מנהי,‬ comme dans *Revue, l. c.*, n° 4.

[6] Et non ‮כי נפלה‬ (*ibid*).

[7] Et non ‮ראש‬ (*ibid.*).

[8] Il faut deux fois ‮אבי,‬ et non une seule fois (*ibid.*).

[9] Et non ‮לציר‬ (*ibid.*).

[10] Le texte donné par la *Revue, l. c*, n'a aucun sens. Ces mots font allusion à Nombres, v, 22:

[11] Et non ‮רייתרמים‬ (*ibid.*).

[12] Et non ‮ולבנר נפשו תדאב‬ (*ibid.*).

[13] Et non ‮לשמם ושית‬ (*ibid.*); cf. Isaïe, v, 6.

[14] Il faut sûrement lire ‮וחביה,‬ et non pas ‮אבי‬ (*ibid.*).

[15] La date a besoin d'être rectifiée. Dans l'année 5130, le 16 kislev était un vendredi. Comme la lecture de ‮ק"ל‬ et ‮א' יום‬ est certaine, il faut lire ‮ר"ז‬ et considérer le 17 kislev comme le jour du décès.

[16] Quoique le mot ‮למס‬ ne soit pas surmonté de points dans le fac-simile, il désigne certainement quand même l'année. Peut-être cette partie de l'inscription fait-elle aussi allusion à l'interprétation midraschique du passage de Genèse, xlix, 12, ‮ורם‬ ‮עול של תורה,‬ ou le Midrasch ajoute : ‮שכמו לסבול.‬

20. Hᴳ.

La pierre se trouvait à Krems, dans le jardin du couvent des demoiselles anglaises.

אהא [אז]כֿ¹ על סטירת פעגין² בת ר' יוסף שהלכה לעולמה ו' בכסליו
ה' קד״ם לפר' ביום ב' תנצב״ה.

21. Sᴇᴍ ³.

רתת אחזתני ותרגז בטני ורוחי הציקתני⁴ על בעל נעורי חסמר משחד
בסרי גוע פתאום מאוהלי ערבה שמחת גילי במות בעלי ר' ישראל
בן הר' יהונתן ביו' ה' י״ח אלול נ״ט״מ״ן⁵ ותנצ״א׳ב׳ה.

22. Sᴇᴍ.

הורם מעמים קול נעימים הרים עוקר בסברות וטעמים משיב
מלחמה שערה ישב אהל בחשיכה כאורה ולב חכמה לארץ נדמה ולבש
קדרות כסיל וכימה בירח האיתנים נשמע יללה ספוד מרד וצעקה
גדולה כי בארץ חלקת ספונה לגביר שאמו׳ הה״ר יומה הנל גר׳ ב מזהר
חיים זכה ליום שכ[לו] חיים כ״ח בתשרי בליל שבת רוחו מנו נשבת
ע״צ ל״פ תנצ״ב׳ה.

23. Hᴳ.

Fragment.

כאן ספונה זקינה הגונה מרת גיטל בת ר' שמעון אשת הר״ר יצחק
אשר נאספה לעמה.

24. Sᴇᴍ.

Cette pierre est encastrée dans un mur de l'église des Piaristes à Krems. Le sculpteur avait d'abord gravé six lignes à une extrémité de la pierre, puis il a brisé cette partie et a recommencé l'inscription à l'autre extrémité.

לקינתי יעוררו יודעי יליל וקינה ואשה על רעות[ה] גם בהוגיון תבכנה
ועם בבכי מר אתמרמרנא ואהי כמו תנין[ם] ובת יענה לתנות דה ונהי
ביום כבה מאורינו ומורינו ודבר⁶ והוא הרב ר' נחמיה בר רבי יעקב

---

¹ Pour les deux premières lettres de ce mot on ne peut faire que des conjectures.
² Ce mot pourrait aussi être lu פעכץ.
³ Publiée dans *Revue, l. c.,* nº 5.
⁴ Le mot הביא rapporté ici par *Revue, l. c.,* nº 5, ne se trouve pas dans la copie, et, du reste, il ne donnerait aucun sens.
⁵ Et non pas כטמן, comme le dit à tort le כוכבי יצחק, *l. c.*
⁶ Il y a là certainement un mot altéré. Peut-être faut-il lire איש אמונה, ce qui aurait précisément rimé avec ספונה.
⁷ Les deux mots sont ainsi dans la copie, mais je ne sais pas ce qu'ils signifient.
⁸ C'est peut-être le mot du Talmud דַּבָּר, « guide ».

וכברי אשר גוע ביו' ראשון בטבר‏ת‏י ב״ב ונקבר, גביר‏ נכבד ומ‏/ה/ר‏'ו‏'י
במלאכר‏ת דת וספר ס‏'ס‏'ו‏'ד‏'ו יהיה בהוי אדון ודוי הודו וכבודו דמעות חלו
עיני אשר ראו כביר ידו ויצא הוד ופינה ויהי יציאתו לרושם ובשעריים
שמו נודע בתוך כל אנשי שם‏ ואל‏ זאר‏ת אבכה בעת‏'‏ ‏‏ במר רוחי צוחה
ספוק ירך וגם כף ה‏'ר‏'ב י‏'ג‏'ו‏'ן ו‏'א‏'נ‏'ח‏'ה לפרט ת‏'נ‏'צ‏'ב‏'ה .

---

[1] J'ignore ce que peut signifier ici ce mot. Comme il y a un trait au-dessus du ק du mot ‏יעקב‏, le ב de ce mot fait peut-être partie du mot suivant. Il est vrai que ce deuxième mot ne serait pas plus clair. Peut-être aussi faut-il lire ‏וְנִכְבָּר‏ (Ps., xviii, 27); ce qui conviendrait pour la rime, mais serait bien incorrect au point de vue de la langue.   •

[2] ‏ב״ב‏ = ‏בשבת‏ ‏ב‏'. D'après les *Tafeln sur Verwandlung jüdischer und christlicher Zeitangaben* de Jahn, la date indiquée serait exacte, mais non pas d'après les *Tables du calendrier juif* de Loeb. J'ai consulté sur ce point un homme compétent, qui m'a dit que c'est l'indication de Jahn qui est exacte.

[3] Cf. Proverbes, xxii, 29. En tout cas, ce mot est un néologisme assez risqué. C'est peut-être pour cette raison qu'il est surmonté de points.

[4] M. Semeleder a placé un astérisque au-dessus de ce mot pour indiquer qu'il est douteux. C'est peut-être ‏וְאַף‏, peut-être aussi ‏וְכַף‏.

LES JUIFS DE BÉDARRIDES

Outre les quatre carrières comtadines connues sous le nom de « Arba Kehilot », il existait encore dans les États français du Saint-Siège, au moyen âge et jusque dans les temps modernes, un certain nombre de petites communautés israélites soumises, elles aussi, à l'autorité du pape ou de ses représentants. Plus encore que leurs grandes sœurs, et à cause même de leur moindre importance, ces petites communautés jouirent très longtemps des traditions de tolérance et de douceur léguées par les souverains pontifes, vécurent en parfaite harmonie avec les populations chrétiennes, se livrant au commerce et à l'agriculture, et faisant le prêt à intérêt, et les Israélites d'Avignon. de Carpentras, de l'Isle et de Cavaillon étaient déjà enfermés dans les carrières, obligés de porter le bonnet jaune, que leurs coreligionnaires des environs étaient encore à l'abri de ces humiliations.

Cependant la réaction qui se produisit à la fin du xvᵉ siècle contre les Juifs des « Arba Kehilot » devait fatalement les atteindre également. Aussi voyons-nous au xviᵉ et au xviiᵉ siècle disparaître peu à peu toutes ces petites communautés juives. Celle de Monteux fut expulsée dès l'année 1570 [1] ; Valréas, Bollène, Sainte-Cécile, Bonnieux perdirent aussi à la même époque leurs rares adeptes de la religion de Moïse ; ceux de Caderousse ne furent chassés qu'en 1690. Tous ces malheureux durent se retirer dans les quatre carrières d'Avignon et du Comtat où, séparés du reste de la population, ils n'étaient plus un danger pour les âmes chrétiennes.

Une des plus intéressantes de ces petites communautés fut assurément celle de la petite ville de Bédarrides et de son terroir, Châteauneuf et Gigognan. Elle fut chassée à son tour en 1694. Les archives de Vaucluse [2] contiennent un certain nombre de

---

[1] Invent. de Monteux, B–B, 4.
[2] Arch. de Vaucluse, G, 146, fᵒˢ 125, 135, 206, 213, 235, et passim. Nous remer-

documents relatifs à cette expulsion, grâce auxquels nous essayerons d'esquisser quelques traits de son histoire.

Ce n'est guère que vers la fin du xvie siècle que s'ouvrit pour les Juifs de Bédarrides l'ère des difficultés. Jusque là, ils étaient relativement heureux, se livraient paisiblement au commerce des mulets et des draps et, selon la coutume, prêtaient de l'argent à intérêt. Comme leurs coreligionnaires des grandes juiveries, ayant la faculté d'acquérir des immeubles, ils en avaient largement profité, car quelques-uns d'entre eux comptaient parmi les plus gros propriétaires ruraux, et la fortune de certaines familles consistait presque exclusivement en terres et en vignobles.

Il est difficile de dire quelle fut l'importance numérique de la communauté de Bédarrides ; aucun document ne nous renseigne sur ce sujet. Elle devait cependant contenir au moins une vingtaine de familles, car la communauté avait sa synagogue[1], son cimetière, grand de deux eminées et pour lequel elle payait à l'archevêque d'Avignon une redevance de quatre écus d'or à chaque fête de Noël[2].

Nous ne sommes pas mieux renseignés sur l'origine de cette communauté. A entendre les Israélites, leur établissement à Bédarrides est aussi ancien que celui des Juifs des carrières et remonte à « un temps immémorial ». Mais leurs noms seuls nous sont une preuve que, pour se mettre à l'abri de la concurrence, ils ont quitté successivement, probablement au xiiie et au xive siècle, les grandes juiveries afin d'exercer leur trafic dans des centres moins fréquentés par leurs coreligionnaires. Les Israélites de Bédarrides présentent, en effet, cette particularité qu'ils portent à côté de leur prénom hébraïque le nom de deux villes : celui d'une carrière, sans doute berceau de leur famille, et celui de Bédarrides. Ainsi, nous trouvons dans les minutes des notaires les noms de Josué de Cavaillon, juif de Bédarrides, Abraham de Carpentras, juif de Bédarrides, etc. On pourrait multiplier les exemples, jamais on ne rencontrerait le nom hébreu immédiatement suivi de la mention de juif de Bédarrides.

Les Juifs de Bédarrides comme leurs coreligionnaires des carrières avaient à supporter des charges très lourdes. Outre le cens qu'ils payaient pour leur cimetière et qui s'élevait, comme nous l'avons dit, à quatre écus d'or, chaque chef de famille devait encore à l'archevêque pour « capage, sauvegarde, mazan et saga-

cions M. Duhamel, le distingué archiviste de Vaucluse, d'avoir bien voulu guider notre inexpérience dans la lecture de quelques-uns de ces documents.

[1] Voir Raynaldi, *anno* 1320 et 1321.
[2] Arch. d'Avignon, G, 149, fo 841.

tage » une somme annuelle de dix-huit sols [1]. En plus, ils étaient
astreints à certaines corvées. Ils étaient tenus de veiller au por-
tail, de monter la garde sur la grande tour du château, de faire le
guet en temps de passage des gens d'armes, ce qui n'était pas rare
à cette époque troublée. Ils se faisaient, en général, dispenser de
ces charges en versant une certaine somme au fisc. Aussi, ces
différentes redevances furent-elles à certains moments si nombreuses que nous voyons un jour quelques Juifs de Bédarrides,
uniquement pour s'y soustraire, s'enfuir de leur ville et s'établir
sur le territoire de Sarrians, au grand déplaisir des habitants de
cette commune [2] ; une autre fois, les impôts qu'on leur demande
leur paraissent si excessifs et si arbitraires qu'ils refusent purement et simplement de les payer. La ville délègue alors un de ses
consuls auprès des autorités d'Avignon, et le représentant du
pape, pour mettre un terme à ces contestations continuelles, fixa
d'une façon définitive à quarante-huit livres le montant de la
somme due par les Juifs en dehors des tailles et autres impositions
qui leur étaient communes avec les autres habitants [3].

Cependant, malgré ces redevances de toute nature, le sort des
Israélites de Bédarrides fut bien meilleur que celui de leurs frères
des carrières. Perdue au milieu de la population chrétienne dans
une ville assez éloignée du pouvoir central, les quelques Juifs de
Bédarrides devaient tenir bien peu de place dans les préoccupations des évêques et des légats, d'autant plus que leur nombre
restreint devait paraître aussi inoffensif pour les âmes catholiques que peu productif pour le fisc. Pendant longtemps donc ils
n'attirèrent pas, d'une façon particulière, l'attention de l'Église, qui
ne les comprit pas dans les mesures de rigueur qu'elle prit contre
leurs coreligionnaires des carrières à la fin du xve et dans la
première moitié du xvie siècle.

Sur ces derniers, ils avaient encore un autre avantage, dû uniquement à la situation topographique et politique de leur lieu de
résidence. Bédarrides, au point de vue géographique, était en
dehors du Comtat et n'en a jamais fait partie ; c'était un fief de
l'évêque d'Avignon, qui, à côté de ses autres titres, portait celui
de seigneur temporel des lieux de Bédarrides, Châteauneuf et
Gigognan ; il avait le droit de nommer les officiers municipaux.
Mais, malgré cela, la ville avait su garder une très grande indépendance et formait une sorte de république, très jalouse de ses
droits, gouvernée par des consuls qu'elle élisait elle-même. —

[1] Arch. de Vaucluse, G, 149, f°s 841 et 842.
[2] Arch. de Sarrians, B-B, 3.
[3] Invent. de Bédarrides, G-G, 40.

Chaque fois donc qu'un pape ou l'un de ses représentants lançait quelque bulle ou ordonnance contre les Juifs d'Avignon ou du Comtat-Venaissin, ceux de Bédarrides démontraient, texte en main, qu'ils étaient citoyens de leur ville et que, comme tels, ils jouissaient de certains privilèges qui les mettaient en dehors et au-dessus de la loi qui frappaient leurs malheureux coreligionnaires. Cette tactique leur réussissait d'autant mieux qu'elle faisait de leur cause la cause même de leur ville, flattait l'amour-propre des consuls et provoquait l'intervention de ces magistrats en faveur de leurs concitoyens israélites [1]. Aussi, pendant près d'un siècle, échappent-ils aux mesures oppressives qui atteignent les car-rières. Les papes Paul IV et Pie V, pour les faire rentrer dans la loi commune, leur avaient fait notifier, il est vrai, les constitu-tions qu'ils avaient préparées contre les Juifs des États pontificaux. Mais après une requête présentée au nom de leur communauté par Jacob et David Vitalis, Abraham de Cavaillon, requête dans laquelle ils avaient fait l'historique de leurs privilèges, protesté avec énergie contre toute assimilation avec les Juifs des carrières, le cardinal d'Armagnac, contrairement aux intentions des souve-rains pontifes, leur maintint toutes leurs libertés. Un peu plus tard, l'archevêque Grimaldi les confirme, à son tour, et après comme avant les constitutions de Paul IV et de Pie V, les Juifs de Bédarrides continuèrent à vivre au milieu de la population chré-tienne, à posséder des biens immeubles et, ce qui est plus surpre-nant, à se coiffer du chapeau noir. Sans doute, on les força (bien que la mesure fût assez mollement appliquée [2]) à coudre sur leur vête-ment un morceau d'étoffe rouge, *quandam peliam cerulei coloris*, mais c'était là une très grande faveur, car pendant plus de deux siècles, les Juifs d'Avignon lutteront sans pouvoir obtenir l'auto-risation de substituer la pièce de drap au chapeau jaune.

Malheureusement pour les Israélites de Bédarrides, cette situa-tion privilégiée ne pouvait durer. Ils avaient beau invoquer en faveur de leurs libertés le témoignage de plusieurs siècles de tolé-rance, se mettre sous la protection des lois de leur cité, protester contre toute assimilation avec leurs coreligionnaires des Ghettos, leur présence au milieu des chrétiens n'en était pas moins devenue aux yeux de l'Église un scandale insupportable. D'ailleurs, leur sort contrastait trop avec celui de leurs frères des carrières, et les

---

[1] Invent. de Bédarrides, G-G, 40.
[2] Arch. de Vaucluse, G, 146, f° 125. Remise par le procureur fiscal de la Cour de Bédarrides à Léo et Nathado Cavaillon de la peine qu'ils avaient encourue pour enfreinte de la prescription dudit lieu de porter sur leurs habits une marque de drap rouge.

évêques, en reconnaissant dans un siècle d'intolérance les privilèges des Juifs de Bédarrides, auraient paru se servir de deux poids et deux mesures et condamner leur propre conduite à Avignon et dans les villes du Comtat. Aussi ne faut-il pas s'étonner de voir les successeurs du cardinal d'Armagnac et de l'archevêque Grimaldi ne tenir aucun compte de leurs décisions. Dès 1593, François-Marie Tarusius, archevêque d'Avignon, souverain temporel de Bédarrides, Châteauneuf et Gigognan, dans une lettre adressée à Jehan Alby, notaire apostolique, exprimait son mécontentement de voir les Juifs de ces lieux « commettre plusieurs grandes usures sur ses sujets, posséder des biens immeubles, trafiquer publiquement de grains, tenir lucre prohibé, ne pas porter le bonnet jaune comme les Juifs de la présente cité (Avignon) et Comtat de Venaisain, au grand mépris des bulles et constitutions apostoliques, scandale et détriment des chrétiens ». et comme conclusion, ordonnait audit notaire « de saisir le plus diligemment que faire se pourra les livres qu'il trouvera en leur pouvoir et écrits en hébreu, de vérifier s'ils sont au nombre des prohibés, ainsi tous avis et écritures publiques, papiers et documents ». Pareillement de « saisir tous les grains ou autres fruits, biens, meubles et immeubles, noms, droits et actions appartenant aux dits Juifs sous due obligation....... Et ne trouvant pas les dits Juifs porter le bonnet jaune, les faire constituer prisonniers dans les prisons closes dudit Bédarrides pour illec être détenus jusqu'à ce que autrement soit dit [1] ».

Cette ordonnance eut un commencement d'exécution. Les Juifs furent arrêtés en masse, leurs biens et livres saisis et mis sous séquestre, et ils subirent, à tour de rôle, plusieurs interrogatoires. On leur rappela les prescriptions des bulles, on leur reprocha de pratiquer l'usure, de recouvrer des dettes décennales (au bout de dix ans, il y avait prescription pour les créances des Juifs des États pontificaux), de posséder des biens immeubles et, enfin, de s'affranchir du bonnet jaune. Eux, de leur côté, protestent avec indignation contre l'accusation d'usure, prétendent avoir d'excellents rapports avec les chrétiens [2] ; les vignes leur servent à faire du vin selon la loi juive ; quant aux autres défenses contenues dans les bulles, elles n'ont jamais été dirigées contre eux. Cependant, pour ne pas résister à la volonté de Monseigneur, ils sont tout disposés à s'y soumettre et à se coiffer du bonnet jaune [3].

---

[1] Arch. d'Avignon, G, 146, f° 206.
[2] Ains leur font tous les plaisirs qu'ils peuvent.
[3] Arch. d'Avignon, G, 146, f°˙ 213 et 228, à 238. Interrogatoires de Jacob Vidal et Josué de Cavaillon, juifs de Bédarrides.

Sur cette promesse, on les relaxe des maisons d'arrêt où ils
étaient détenus, et on leur accorde un mois pour apporter de plus
amples justications.

C'en était fait des libertés et des privilèges des Juifs de Bédarrides ; mais ils n'étaient pas encore arrivés au bout de leurs peines.
La congrégation du Saint-Office s'installa bientôt au palais épis-
copal d'Avignon. Poussée par l'intolérance, le fanatisme, le désir
de faire des prosélytes, elle infligea à ces malheureux toutes les
humiliations et toutes les souffrances physiques et morales jusqu'au jour où elle les chassa définitivement de leur cité pour les
entasser, eux aussi, dans les immondes et étroites carrières. En
attendant, aucun nouveau Juif ne pouvait plus s'installer à Bédarrides sans une autorisation préalable ; et, dès 1662, Louis Suarès,
prévôt de la métropole, ne présenta même plus à l'archevêque les
requêtes qui lui étaient adressées en ce sens, parce que, dit-il dans
une lettre à frère Dominique, « Monseigneur tient à l'application
stricte des bulles pontificales et lui recommande d'en surveiller
avec soin l'exécution, de n'épargner aucun Juif, car ils portent
malheur partout [1]. » Aussi, le digne prévôt redouble-t-il de rigueur.
La ville de Bédarrides ne possède point de carrière ; qu'à cela ne
tienne ! on en fera une de chaque maison juive. C'est dans leur
propre demeure qu'on emprisonne les Israélites les dimanches et
jours de fêtes jusqu'après la fin des offices. En même temps, leurs
débiteurs de mauvaise foi, enhardis par la situation lamentable où
se trouvaient les Juifs, nient leurs dettes ou prétendent qu'il y a
prescription ; et les malheureux, pour ne pas perdre leurs créances,
en sont réduits à implorer la protection de leur persécuteur et à
demander à l'archevêque lui-même une ordonnance qui force
les habitants de Bédarrides à faire enregistrer leurs dettes et
obligations au gref de la ville. Ne pouvant plus les tromper,
leurs débiteurs demandèrent alors leur expulsion. Ce fut en vain
que le viguier et les consuls de Bédarrides plaidèrent la cause
de leurs Juifs, montrant les services qu'ils avaient rendus à
la ville et à l'archevêque lui-même, en vain qu'ils nommèrent
quelques familles juives parmi les plus anciennes et les plus
honorables de leur cité, leur séjour à Bédarrides n'était plus
possible.

Le 20 janvier 1694, le vice-légat d'Avignon, sur la proposition
du cardinal Cybo, préfet de la sacrée congrégation du Saint-
Office, rendit une ordonnance qui bannissait de leur ville les Juifs
de Bédarrides, et leur laissait la faculté de se retirer dans une des

Arch. de Vaucluse, G, 149, f° 748.

carrières du Comtat. C'est là qu'ils resteront enfermés jusqu'au jour où la Révolution française viendra les délivrer.

J. BAUER.

PIÈCES JUSTIFICATIVES.

I

Ut vobis domino commissario ab Illustrissimo, Reverendissimo domino archiepiscopo Avenionensis specialiter deputato constet et appareat Hebreos locorum Bitturitarum et Castrinovi absolvendos esse et liberandos a petitionibus egregii domini advocati fiscalis dicti archiepiscopatus respectu assertæ confiscationis bonorum suorum immobilium et præthensæ declarationis pænarum, contra dictos Judeos, parte dictorum Hebreorum, dicuntur et deducuntur sequentes quibus apparebit eosdem Hebreos cum sint parati parere præceptis superiorum, nullam incurrisse pænam, nec confiscationis petitæ locum esse, sed tanquam innocentes definitive relaxandos et eo respectu dicto domino advocato fiscali imponendum esse perpetuum silentium.

1. Protestando semper quod non fuerunt intentiones contravenire præceptis et mandatis superiorum.

2. Imprimis demonstratur, parte dictorum Hebreorum qualiter dicti Hebrei et eorum antecessores, habitatores loci Bitturitarum a uno, quinque, decem, viginti et triginti, quadraginta, centum et ducentum annis et alias a tempore immoriali et sub certis privilegiis, libertatibus et consuetudinibus tolerati sunt et fuerunt.

3. Item quod etiam a tempore constitutionum Pauli quarti et Pie quinti pontificum maximorum, contra Judeos terrarum et ecclesiarum atque ita etiam Avenionensis et comitatus Venayssini edictarum, dicti Hebrei Biturritarum et Castrinovi sunt et fuerunt tollerati in suis consuetudinibus, privilegiis et libertatibus per illustrissimos et sanctissimos archiepiscopatos tempore existentes.

4. Præsertim quia dicta loca Biturritarum et Castrinovi sunt et fuerunt semper habita distincta et separata a toto comitatu Venayssini cum dictorum locorum idem Illustrissimus et Sanctissimus dominus Archiepiscopus sit dominus.

5. Item quod insequendo vestigia antecessorum, semper licuit dictis Hebreis per dictos Illustrissimos Archiepiscopos habitare, vivere et manere in dictis locis, juxta eorum privilegia, libertates et consuetudines et prout hactenus ipsi et ceteri Judei illuc accedentes vixerunt et vivere consueverunt.

6. Item quod inter alia privilegia illis competentia, dicti Hebrei a quinque, decem, viginti, triginta, quinquaginta et centum annis et a tempore hominum memoriam excedente et pendente toto dicto tempore ad hoc usque tempus exclusive, et per ea tempora fuerunt in pacifica et quieta possessione possedendi bona immobilia in dictis locis et eorum territoriis tanquam veri domini sive quasi dictorum bonorum immobilium habiti sunt fructus, percipiendo, colendo, locando et cetera agendo, quod fieri non posset nisi a veris dominis.

7. Nam etiam a predito tempore tolerati fuerunt defere pileum nigrum palam et publice absque contradictione quorumcumque.

8. Ac propterea nunquam fuerunt pro astrictis habitis et ligatis ordinationibus et rescriptis quibus comprehensi sunt Judei Avenionis et comitatus Venayssini.

9. Sed discrimen differentia seu distinctio semper fuit habita, tenta et reputata notorie a Judeis Avenionis et dicti Comitatus Venayssini quæmadmodum et loca Biturritarum et Castrinovi sunt etiam distincta et separata a Comitatu.

10. Ad quod clarius et magis specialiter demonstrandum ponitur preter dictam antiquam et inveteratam consuetudinem nihilominus pro majori corroboratione præfatæ consuetudinis et inverteratæ observantiæ prædicti Hebrei speciali privilegio et ordinatione Illustrissimorum et Reverendissimorum pro tempore Archiepiscoporum sive eorum Vicariorum, fuerunt manutenuti et conservati in eorum libertatibus, privilégiis, consuetudinibus et præsertim eis omnibus libertatibus de quibus in actis, ut apparet ex confirmatione facta per quondam Reverendissimum Johanem Petrum de Fortagnier quondam bon. mem. Illust^{mo} et R^{mo} domini Cardinalis de Farnezo vicarium generalem, anno domini millesimo quingentesimo sexagesimo et die decima sexta mensis septembris in actis producta.

11. Ad hæc ad ostendendum Hebreos dictorum locorum Biturritorum et Castrinovi semper habuisse et habere quedam privilegia ac nonnullas libertates competentes ceteris Hebreis Avenionis et Comitatus Venayssini fuit semper observatum ; quod dicti Hebrei Biturritarum et Castrinovi possent deffere pileum nigrum dummodo defferent quondam petiam ex panno cerulei coloris, prout inter alia appareat actis sumptis per magistrum Paberanum notarium publicum et secretarium curiæ dicti archiepiscopatui anno domini millesimo quingentesimo-quinquagesimo nono et die in eis contenta manifeste distinctionem et separationem intra dictos Judeos denotat.

12. Inde factum fuit ut magis innotescerent libertates et privilegia dictorum Hebreorum Biturritarum et Castrinovi quod ordinatum extiterit in favorem affatorum Hebreorum quod si dicti Hebrei difficerent in delatione dictæ petie cerulei coloris quod non possint incurrere aliam pænam quam solutionis unius solidi, ut apparet de dicta ordinatione actis sumptis per quondam magistrum Rostagnum Bausenqui notarium publicum, graffarium, dum viveret curiæ

dicti loci Bituritarum anno domini millesimo quinque quinquage-
simo nono et die decima mensis septembris in actis producta.

43. Denuo cum dicti Hebrei porrexissent præces Illustrissimo et
Reverendissimo domino Cardinali d'Arminiaco, archiepiscopo, dum
viveret Avenionensi supplicando qualiter vellet privilegia, libertates,
consuetudines inveteratas, eisdem competentes conservare et quatenus opus est confirmare, nonobstantibus intimationibus et notifi-
cationibus ac præceptis quibusvis bullis, constitutionibus, ordinationibus, statutis et aliis quibuscumque in contrarium.

44. Tandem novissime per eumdem Illustrissimum Reverendissimum dominum archiepiscopum fuit rescriptum, concessum et
mandatum dictis Hebreis sicut per predecessores archiepiscopi tole-
ratum fuerat, nonobstantibus prædictis omnibus bullis et constitutionibus summorum pontificorum, ut constat de dictis rescriptis in
actis curiæ ordinariæ dicti loci Biturritarum extractis, per magistrum Nicolaum Ribouton, notarium publicum et graffarium dicti loci
anno domini millesimo quingeatem octuagesimo primo et die vige-
sima octobris in actis productis.

45. Item quod insequendo ejus rescriptum, dicti Hebrei semper
fuerunt manutenuti in possessione bonorum suorum immobilium et
delationis pilei nigri ac aliorum suorum privilegorum palam, publice
et notorie.

46. Item ponitur in facto qualiter post obitum et decessum dicti
quondam bonæ memoriæ Illustrissimi et Reverendissimi domini
Cardinali d'Arminiaco, archiepiscopi Avenionensis fuit promisus per
summum dominum nostrum papam, tunc temporis existentem, de
dicto archiepiscopatu quondam bonæ memoriæ Illustrissimus, Re-
verendisimus Guinaldi quod pro notorio deducitur.

47. Item quod dictus Illustrissimus dominus de Grimaldi Archiepiscopus fuit a sanctissimo domino nostro papa tunc temporis
existente, deputatus Vicelegatus et archiepiscopus manebat in presenti civitate Avenionensi.

48. Item quod pendente tempore sui archiepiscopatus prædicto
Reverendissimo domino archiepiscopo nec non ejus vicario generali
officiali advocato fiscali et procuratione et quolibet eorum scientibus,
videntibus, passientibus, tolerantibus et consentientibus ab initio
dicti ejus archiepiscopatus usque in diem ejus obitus et pendente
dicto tempore, dicti Hebrei semper possederunt bona eorum immobilia, tanquam domini vel quasi, fructus percipiendo, colendo, locando et cetera agendo quæ solent fieri a veris dominis, palam, publice et notorie.

49. Item etiam pendente dicto tempore, dicti Hebrei detulerunt
pileum nigrum juxta concessiones et libertates illis per Illustrissimos et Reverendissimos, pro tempore, archiepiscopos ejus antecessores, tributas, neci non manutenuti semper fuerunt et conservati in
suis omnibus privilegiis et libertatibus, palam, publice, pacifie et
quieta.

20. Item quod hujusmodi vetustissima tolerantia et patientia superiorum in sua et quieta possessione habet vim decreti, privilegii et concessionis.

21. Item quod, ex juris dispositionis, tolerantia principis habet vim pontificii consensus

22. Et quod fuit factum, sciente et non contradicente superiore, censetur esse factum mandato superioris et quando princeps patitur aliquid observari et in observatione deduci, est proinde ac si induxisset.

23. Diffuse per decimum Cons. 124 m. 16 lib. 3o et observantia inducta videntibus passientibus officialibus principis, videtur inducta et magis deliberata voluntate principis et ejus consensu et per eumdem dicto Cons. 20 et ex tali observantia prescribitur, etiam contra principem concurrente ejus scientia ut per Bart. Inn. et alios in — L. si publicamus § In vectigalibus folo de Publica et Bal. de consuetudinibus quos refert decimo in dicto Cons. 124 m. 17, v. 3o etc.

24. Nec obstant ex adverso, parte egregii domini advocati fiscalis deducta, imprimisque dicuntur de publicatione qui a posito contra veri prejudicium quod publicatio facta in urbe afficeret omnes id intelligeretur quantum ad observationem bullæ non autem quantum ad incurrendam pænam assertam postquam acquiescunt et acquiescere se offerunt pro mandatis Illustrissimi Domini archiepiscopi.

25. Item non obstat quod dicitur tolerantiam non posse noscere successoribus quia contrarium superius fuit demonstratum cum probatum fuerit tollerantiam inducere consuetudinem etiam contra superiores ex dicto Cons. Deciani.

26. Præterea multa pretendutur continere in dictis billis quæ ignorantur cum dictarum brullarum non fuerit data communicatio et non creditur quod pæna aliqua sit imposita etiam contra Judeos Comitatus Venayssini quod magis est si intra tempus per superiores prefixum bona mobilia distraxerint.

27. Item quod supradicta deducuntur ad fines demonstrandi dictos Judeos nullam incurrisse pænam et esse demonstrandum qualiter fuit antea observatum offerendo, prout semper obtulerunt se paratos obedire præceptis suorum superiorum et nullo modo contravenire præceptis Illustrimi domini archiepiscopi quemadmodum paruerunt precepto facto eisdem de deferendo pileum vulgo dictum *jaune.*

28. Quotiescumque decernentur alia precepta per eumdem Illustrissimum dominum archiepiscopum, sunt parati obedire illis.

29. Item quod quæis causa etiam levissima excusat a pæna, dolo et culpa.

30. Quare concludendo prout superius conclusum fuit, petiunt ordinari eos et quemlibet eorum absolvendos ac relaxandos, sine expensis, implorando officium vestrum, salvo jure, etc.

Original : Archiv. de Vaucluse, G. 146, folo 260.

II

L'an mil six cent nonante-quatre et le vingt du mois de janvier, Mgr. Illustrissime et Révérendissime vice-légat d'Avignon, ayant reçu une lettre de Mgr. Illustrissime cardinal Cibo, préfet de la Sacrée Congrégation du Saint-Office de Rome, en date du vingt-huit novembre dernier, par laquelle Son Eminence lui a fait savoir que la dite Sacrée Congrégation du Saint-Office avait déterminé que les Juifs et Juives qui habitaient à Bédarrides, Châteauneuf et autres lieux du Comtat, où il n'y a point de juiverie, s'en devront retirer avec leurs familles dans le délai qui leur serait assigné, pour ramasser leur dettes et effets et vendre leurs propriétés, en leur laissant la liberte d'aller demeurer dans une des juiveries qui sont dans cet État ; pour raison de quoi la dite Eminence aurait pareillement écrit aux dits Illustrissime et Réverendissime archevêque de cette ville et évêque de Carpentras et au Révérendissime père Inquisiteur pour regler ledit délai. Lesquels auraient été du sentiment de le fixer à trois mois pour le regard de ceux qui ont des biens stables et à deux mois pour tous les autres. En exécution de laquelle délibération par la dite Sacrée Congrégation et pour le meilleur et le plus parfait accomodement de la volonté d'icelle, Mgr. Illustrissime vice-légat, après avoir sur ce ouï M. l'avocat et procureur général de notre Saint-Père en cette cité et légation d'Avignon, a ordonné et ordonne à tous et chacun des Juifs et Juives qui habitent aux dits lieux de Bédarrides, Châteauneuf et autres lieux du Comtat Venaissin où il n'y a point de juiverie qu'ils, et chacun d'eux, aient à sortir desdits lieux et s'en retirer, dans le temps de trois mois, à l'égard de ceux qui ont des biens stables, et dans le temps de deux mois à l'égard de tous les autres, à compter du jour que les présentes seront publiées aux dits lieux ; lesquels délais, ladite seigneurie leur a respectueusement assignés, pour vendre leurs propriétés et ramasser leurs dettes et autres effets qu'ils ont dans les dits lieux, sans y pouvoir jamais revenir pour y habiter, ni pouvoir y posséder des biens stables, à peine d'en être chassés et mis dehors, par force, incontinant après les dits temps passés et de perte et confiscation de leurs biens stables et autres peines portées par les bulles, constitutions des Saints Pontifes et règlements faits par les seigneurs cardinaux, légats et vice-légats de cette légation [.......] que les Juifs doivent observer à peine d'être punis comme désobéissants. L'observance desquelles bulles, constitutions, règlements et ordres sur ce fait, Mgr. Illustrissime a voulu et veut que les Juifs qui habitent dans Bédarrides, Châteauneuf et autres villes où il n'y a point de juiverie soient tenus, comme il leur enjoint très expressément, sous les peines (indiquées) encourables dès que ledit délai, à eux assigné, sera expiré, sans qu'ils, ni aucun d'eux, puissent s'en dispenser ni rien faire au contraire, sous quelque prétexte, ni pour quelque raison que ce soit ou puisse être, laissant néanmoins mondit seigneur Illustrissime aux dits Juifs et Juives la liberté de se retirer et habiter dans celle des juiveries de cet État qu'il voudront choisir, suivant la volonté de ladite Sacrée Congrégation. Et pour obvier a tous les abus et artifices que la malice des dits Juifs leur pourrait suggérer, pour éluder ou différer l'effet de ce qui a été ordonné par la dite Sacrée Congrégation, la dite seigneurie Illustrissime a enjoint et mandé aux dits Juifs et Juives de venir déclarer aux actes de cet archevêché dans quinze jours, après la publication des présentes, tous les biens stables qu'ils et chacun d'eux possèdent respectivement, et le lieu où ils sont situés avec leurs confronts, à peine de désobéissance et de confiscation desdits biens encourable sans autre déclaration ou *ipso facto* le dit temps passé. Comme pareillement la dite Seigneurie Illustrissime leur a ordonné et ordonne que quand ils auront vendu les dits biens qu'ils ont et possèdent respectivement à Bédarrides, Châteauneuf et autres lieux du Comtat, ils aient de venir déclarer à qu'ils auront fait la vente, le prix d'icelle, l'an et le jour, et le nom du notaire qui aura reçu les actes, sous la même peine que dessus. Faisons en outre, en tant que de besoin, très expresses inhibitions et défenses, à toutes les personnes à quelque grade, qualité et condition qu'elles soient, sans nul excepter, de prêter le nom aux dits Juifs et Juives, pour raison de la vente qu'ils doivent faire de leurs dits biens et à tous notaires de recevoir tels contrats simulés et aux personnes qui auront connaissance de les venir pareillement déclarer, à peine de désobéissance et des peines portées par les bulles, règlements et ordonnances et encore, à l'égard des Juifs, de la perte des dits biens, toutes les dites peines *ipso facto* encourables sans autre déclaration. Voulant et ordonnant, en outre, Mgr. Illustrissime que la publication des présentes qui sera faite par cri public et affixion de copie d'icelle dans les dits lieux, serve de personnelle intimation, toutes choses faisant au contraire nonobstant, auxquelles Sa Seigneurie Illustrissime a suffisamment dérogé et déroge, décernant, pour l'exécution des présentes, tous mandats et autres provisions nécessaires.

Signé : DELPHINUS prolegatus.

Original : Archiv. de Vaucluse, G. 269.

UNE CONFISCATION DE LIVRES HÉBREUX

A PRAGUE

Ce fait se produisit à la fin du xvii siècle, à l'instigation d'un père jésuite, Wolfgang Preissler, professeur de théologie et d'hébreu à l'université de Prague. A cette époque, il n'était pas rare de voir des prêtres catholiques assister aux sermons des rabbins, dans les synagogues, parfois sur un ordre venu de Rome, pour s'assurer que le prédicateur ne parlait pas contre l'Eglise. C'est ce que fit également Wolfgang Preissler pendant assez longtemps. Entendit-il réellement quelque assertion hasardée contre sa religion ou agit-il par pur fanatisme, toujours est-il qu'un beau jour, il envoya un rapport à l'archevêque de Prague pour dénoncer les blasphèmes proférés contre le catholicisme dans les sermons des rabbins et pour demander la confiscation des livres talmudiques et cabbalistiques. Le 7 décembre 1693, l'archevêque transmit au président de la chancellerie de la cour un long mémoire où il affirmait que « l'enseignement empoisonné » puisé par les rabbins dans le Talmud et l' « En Yakow » était dangereux pour l'autorité des pouvoirs civil et religieux et qu'il était urgent de mettre fin à cette situation, en interdisant aux rabbins de prêcher et en confisquant tous les ouvrages talmudiques et cabbalistiques, pour les soumettre à une sérieuse enquête. En outre, les prédicateurs devaient faire examiner le manuscrit de leurs sermons par un prêtre catholique avant de les prononcer. Dès le 14 décembre 1693, la chancellerie invita le juge de la vieille ville de Prague à rechercher secrètement les livres hébreux et à faire envahir un jour brusquement le Bêt-Hammidrasch et la synagogue des Juifs de Prague pour confisquer tous les ouvrages qu'on y trouverait. Des

D'après des documents originaux des archives impériales et royales de Vienne.

mesures devaient être prises pour qu'aucun sermon hébreu ne fût prononcé avant d'avoir été préalablement examiné par le jésuite Preissler.

Le juge royal Georges-Louis Kutschera d'Osterbourg s'empressa d'exécuter l'ordre qu'il avait reçu. On s'empara d'environ 200 ouvrages, mais le père jésuite était incapable d'en faire le catalogue. Il y en eut une bonne moitié dont il ne sut même pas indiquer exactement le titre. D'après le principe adopté à Rome, il répartit ces livres en cinq catégories. Dans la première catégorie il plaça les ouvrages de Cabbale, et, parmi eux, les traités de Baba Kamma et de Sanhédrin ! La deuxième catégorie comprenait tous les commentaires de la Bible, qui, d'après le père jésuite, méritaient tous d'être détruits, parce que leurs explications « encourageaient la sottise juive ». Il citait particulièrement l'interprétation de Genèse, XLIX, 10, d'Isaïe, VII, 10, et de Psaumes, CIX, qui s'écartait naturellement de l'interprétation chrétienne. La troisième catégorie comprenait tous les livres de prières, les quatre *Tourim*, le *Schoulhan Aroukh*, etc. Preissler reprochait à ces derniers de montrer du dédain pour la justice chrétienne, et il cite, entre autres, le chap. XXVI du *Hoschèn Mischpat*, où les rabbins, dit-il, appellent toute sorte de malédictions sur ceux qui auraient recours à un tribunal chrétien. Dans la quatrième classe étaient rangés Aboda Zara, Eben Ezer, Semag et Semak, les Schaalot Tschoubot. Enfin, la cinquième classe comprenait le Mahzor, le Sèfer Schemoth, Cémah Cédék ; les Consultations Schaarè Yosef, les Consultations *Krakoviensis*, livres où il faudrait effacer, dit Preissler, les passages qui sont blasphématoires pour le christianisme.

A cette époque, la communauté juive de Prague était administrée par les personnes suivantes : Israël Duschesnes, Moyses Abeles, Joachimb Todros, Aron Reitzeles, Moyses Buntzel, Abraham Gunsbourg, Baruch Oschners, Abraham Neugroeschl et Loebel Wehle. Ils envoyèrent une adresse à la chancellerie pour protester contre les mesures prises à l'égard des Juifs de Prague, niant qu'aucun des livres confisqués contînt le moindre blasphème contre la religion catholique et demandant qu'en tout cas, ces livres fussent examinés par des savants chrétiens étrangers, et non par le jésuite Preissler. Ils affirmaient également que leurs rabbins ne leur parlaient, dans leurs sermons, que d'exégèse biblique et de morale, les engageant à fréquenter assidûment le temple et à ne pas faire de mal, mais ne proféraient jamais aucune parole malveillante contre l'Eglise et ses représentants. Il était, du reste, impossible de soumettre ces sermons à la censure

du père jésuite trois jours avant la prédication, comme il le demandait, vu que le prédicateur qui devait parler le samedi n'é-
tait habituellement prévenu de « l'honneur qu'il aurait de prêcher [1] » que le jeudi ou le vendredi. Du reste, ces prédicateurs,
dont les fonctions étaient gratuites, n'avaient ni le temps ni les
capacités nécessaires pour mettre leurs sermons par écrit, et la
communauté ne possédait pas assez de ressources pour payer un
secrétaire spécial. De plus, laisser les membres de la communauté
sans enseignement moral et sans livres, c'était les priver de toute
direction et les pousser au mal.

A la suite de cette démarche, la chancellerie de la cour de
Bohême informa l'archevêque que, s'il n'avait pas d'objections à
formuler, elle serait d'avis de rendre les livres confisqués et d'autoriser de nouveau la prédication dans les synagogues. Le prélat
répondit qu'il serait nécessaire avant tout que les Juifs de Prague fussent appelés à soutenir une controverse avec Preissler
pour s'expliquer sur les passages incriminés des livres confisqués.
La communauté de Prague remit alors un nouveau mémoire à la
chancellerie pour réfuter l'idée d'une *disputation* publique. Les
motifs invoqués par le mémoire sont assez intéressants. D'abord,
disent-ils, le jésuite Preissler n'a ni la compétence ni l'impartialité voulues pour se prononcer dans cette affaire, car il a donné
des preuves nombreuses de son ignorance en hébreu et en chaldéen. Il faudrait avoir recours aux professeurs chrétiens de Leyde,
Bâle, Leipzig et Wittemberg, qui sont vraiment compétents *in
rebus theologiæ mosaicæ*. Du reste, jusqu'à présent Preissler n'a
pas indiqué avec précision les prétendus passages blasphématoires; qu'il commence donc par les faire connaître. Une chose
est certaine, c'est que les commentateurs hébreux s'efforcent seulement de faire comprendre le texte de la Bible, mais ne songent
pas un instant aux chrétiens et, par conséquent, n'ont nullement
l'intention de dire du mal d'eux ou de leur religion. La défense
faite par les papes d'étudier ces livres ne s'appliquait qu'aux
chrétiens pour les empêcher de se convertir au judaïsme, mais ils
n'avaient pas en vue les Juifs, puisqu'ils leur permettaient de les
réimprimer. Il existait bien des livres de polémique contre le
christianisme, mais ils ont disparu, et, en tout cas, il ne s'en trouve
pas parmi les livres confisqués ; autrement, la censure, faite par
des chrétiens, n'en aurait pas autorisé l'impression.

Preissler a fait encore des observations au sujet de certaines
pratiques religieuses, telles que la cérémonie accomplie en pleine

[1] *Mechabéd sein.*

rue à chaque néoménie ; mais tout cela n'a rien à voir avec la confiscation des livres. D'ailleurs, Preissler se trompe absolument sur
le sens de ces pratiques, qu'il déclare absurdes. Il reproche aussi
aux Juifs de proclamer d'avance non valables, à la veille de Yom
Kippour, tous les serments qu'ils pourraient être appelés à prêter
dans le courant de l'année. C'est encore une erreur, car le Déca-
logue et d'autres textes sacrés défendent sévèrement le parjure et
les faux serments. Même remarque au sujet de l'usure que, d'après
le père jésuite, les Juifs pourraient exercer à l'égard des chrétiens.
Il est vrai que le Pentateuque permet de prêter aux étrangers,
mais le mot « étranger » ne peut pas s'appliquer aux chrétiens,
qui n'existaient pas encore à cette époque ; il s'agit de païens dans
ce passage, comme dans tous les passages de la Bible qui contiennent le mot גוי ou נכרי. D'ailleurs, le texte sacré ne parle pas
d'usure, mais de simple intérêt.

Il n'est pas plus vrai que les Juifs maudissent l'empereur et
l'empire romain ; ils prient, au contraire, pour son salut chaque
samedi, conformément à la prescription du prophète Jérémie et
des docteurs du Talmud. Comme conclusion, les Juifs renouvel-
lent leur demande que la chancellerie de Bohême leur fasse rendre
les livres confisqués et autorise de nouveau la prédication dans
les temples.

Irrité de cette plaidoirie, le père jésuite demande que l'auteur
soit appelé à comparaître devant le tribunal de l'inquisition et,
après avoir affirmé « qu'avec l'aide de lexiques et de grammaires »,
il serait parfaitement capable d'expliquer les passages incriminés
des livres confisqués, il revient longuement sur ses premières accusations. Nouvelle réfutation de la part des représentants de la
communauté juive de Prague, qui forcément se répètent, comme le
père jésuite. Ils insistent un peu plus longuement, dans cette réplique, sur l'argument qu'ils ont déjà produit une première fois, à
savoir que tous les ouvrages déclarés nuisibles par Preissler ont
été réimprimés récemment à Venise, Padoue, Ferrare, Mantoue,
Metz, Francfort-sur-Mein, Bâle, Cracovie, Lublin et même
Prague, avec la permission d'autorités ecclésiastiques qui étaient
au moins aussi compétentes que leur accusateur, et ils renou-
vellent la proposition de soumettre ces ouvrages à des savants
chrétiens impartiaux, en rappelant que, du reste, leurs privilèges
leur permettent le libre exercice de leur culte, ce que les agissements du père jésuite, s'ils réussissaient, leur rendraient impossible.

Le président de la Chambre impériale de Vienne demanda des
informations sur cette affaire à la chancellerie de Prague, qui, à

la date du 19 mai 1696, répondit que les mesures dont se plai-
gnaient les Juifs avaient été réellement prises contre eux, mais
qu'il était désirable de les maintenir puisqu'elles avaient pour but,
d'après Preissler et l'archevêché, de défendre la religion catholique. La commission de la chancellerie de la cour à Vienne rendit alors, le 6 juillet 1696, un décret où il était dit que les Juifs,
n'ayant pas réfuté d'une façon satisfaisante les objections soule-
vées par Preissler, avaient un délai de six semaines pour y répondre. Pourtant on ne pouvait ni interdire à leurs rabbins de
prêcher ni obliger les prédicateurs à soumettre leurs sermons à
un examen préalable; que Preissler ou son suppléant assiste à la
prédication et signale ensuite aux autorités compétentes les passages hostiles à l'Eglise !

Cette décision n'était pas du goût du père jésuite. Une troisième
fois, il formule son réquisitoire contre les Juifs, et il y ajoute une
copie de la liste des livres confisqués ainsi que de certaines bulles,
pour prouver que ces livres avaient été réellement condamnés par
les papes. Il termine par ce dilemne : ou bien les papes se sont
trompés en condamnant des livres inoffensifs, ou les Juifs mentent
en affirmant que ces livres ne contiennent rien de blâmable.
Aux trente premiers chefs d'accusation, il en ajoute ensuite sept
autres, qui répètent les mêmes reproches étranges adressés si
fréquemment, dans ces sortes de réquisitoire, aux Juifs. Il demande naturellement le maintien des mesures prises à son instigation. La chancellerie de Vienne persista dans sa première
décision et chargea la chancellerie de Prague de l'exécution
du décret du 6 juillet 1696. Voici le sens approximatif de ce
décret :

« Après avoir pris connaissance des mémoires présentés par les
deux parties, la chancellerie de la cour trouve que, ni d'un côté ni
de l'autre, on n'a produit d'arguments probants. De plus, des
Juifs très considérés de Vienne ont affirmé sur leur fortune et leur
vie que les livres confisqués ne contiennent aucune parole bles-
sante contre le catholicisme ou l'empire et que, si la communauté
de Prague a décliné la proposition d'une controverse publique,
c'est qu'elle sait que le père jésuite Preissler ne comprend pas bien
la langue hébraïque. Pour éclaircir cette question, il faudrait donc
soumettre les ouvrages incriminés à des juges compétents. Quant
à la prédication, il est impossible de l'interdire, car les Juifs paient
des impôts à l'Etat, ils sont tolérés et, par conséquent, ils ont le
droit de pratiquer leur culte; on ne peut donc rien changer à leurs
usages religieux. Ils encourraient un châtiment rigoureux si, dans
leurs prédications, ils blasphémaient la religion catholique ou

parlaient contre l'empire. Donc, satisfaction sera donnée en partie aux Juifs et au père jésuite : les livres resteront confisqués, mais la prédication ne sera pas interdite. »

Nous ferons connaître ailleurs comment les livres confisqués furent examinés et quel fut le résultat de cette enquête, mais dès maintenant nous tenons à déclarer que les courtiers juifs de la cour, Wertheimber et Oppenheimber, intervinrent d'une façon énergique pour empêcher le père jésuite Preissler de nuire à leurs coreligionnaires.

Vienne.

S. Schweinburg-Eibenschitz.

DOCUMENTS

SUR

LES JUIFS DE WIENER-NEUSTADT

(SUITE [1])

III

LIBER JUDÆORUM (suite).

N° **17**. 1456, 2 janv. — Isak Welhel Jud i. n. u. g. k. 1 h. hie gel.
i. M. B. V. in d. hintern Judengassen zenächst friedreichs des Köllners Stadel u. merchel des Juden h. mit sampt der alten chuchen,
servit 6 Pfg. gr. et non plus, daz er ihm u. s. Erben von Thoman Gre-
nawer kauft hat.
Actum feria sexta ante trium regum 1456.

N° **18**. 1456, 21 mai. — Manusch Jud von Neunkirchen i. n. u. g.
k. 1 h. hie gel. i. m. B. V. i. d. hintern Judengassen zenächst Friedrich Köllners Stadel u. merchlsh. mit sampt der alten chuchen, servit 6 Pfg. gr. et non pl. daz er ihm und seyn Erb. von Welhel Juden
kauft hat.
Actum Freitag post Pentecoste 1456.

N° **19**. 1456, 21 mai. — Isserl des Morchlin Juden sun u. Guet ls.
Hausfrawe s. n. u. g. k. 1 h. hie gel. i. M. B. V. am Egk zwischen
Merchels h. u. der Judenschuel, servit 3 Pfg. et n. pl. daz sey
ihm u. ihr. Erb. kauft hab. von uns. allergn. h. u. Kayser.
Actum Freitag post Pentecoste 1456.

N° **20**. 1456, 18 juin. — Nachmann Trostmanns Juden sun i. n.
u. g. k. 1 h. hie gel. i. m. B. V. i. d. Judengassen zenächst Pinchas

[1] Voir *Revue*, XXVIII, p. 247.

Juden h. u. Friedreich Kelners Stadel u. unzt (gränzt ?) an die ben. Kucheln des obg. Pinchas Juden h., servit 6 Pfg et n. pl. daz er kauft hat von Chunrad Jörger, ut litera sonat.

Actum Freitag post viti 1456.

Nº **21.** 1456, 7 juillet. — Merchl Jud von Passau Chajim hoschuas juden sun und Michel Jud von Chaynitz [Schweidnitz?] s. n. u. g. k. 1 h. hie gel. i. m. B. V. zenächst Freudmans juden h. u. weiland Baldaufs h. zenächst der Merchl juden Kinder h. u. Lienharts Tennigers h , servit 6 Pfg. gr. et n. pl daz er kauft hat von hans Gerer Wundarzt, ut litera judenbrief sonat.

Actum mittichen post Udalrici 1456.

Nº **22.** 1456, 10 sept. — Kaym Judas juden sun i. n. u. g. k. 1 h. hie geleg. zenächst Nachmann Trostmans Juden sun u. weilland maister haus artz h., servit 3 Pfg. gr. u. n. pl. (kauf.).

Actum post mariae nativ. virg. 1456.

Nº **23,** fol. 641 *b.* 1456, 7 juillet. — Morchl Jud von Passau u. Qualma uxor s. n. u. g. k. 1/2 h. hie geleg. i. m. B. V. zenächst Freudmaus Juden h. u. weiland Baldaufs h., der Merchl Kinder h. u. Tanningers h., servit 6 pfg. gr. et n. pl. (kauf).

Actum am Mittichen nach Udalrici 1456.

Nº **24.** 1456, 7 juillet. — Kaym hoschuas juden sun u. Michel von Chaynitz s. n. u g. k. 1/2 h. 1. m B. V. zenächst Freudmans Juden h. (utsupra nº 23), servit 6 pfg. gr. et n. pl. (kauf).

Actum Mittichen post Udalrici 1456.

Nº **25.** 1456, 5 oct. — Freudmann Jud hetschls sun i. n. u. g. k. ains thail aines h. hie gel. i. d. Judeng. zenächst Knoblachs h. Zc-machs h. und henachs h., servit 3 pfg. gr. n. pl. durch Kauf vou Josef Knophlach juden, ut litera judenbrief sonat.

Actum am Eritag n. Francisci 1456.

Nº **26.** 1457, 8 janv. — Muschl Jud von Herzogenburg u. Josef Knophlach beide Juden von der Neustadt s. n. u. g. k. 1 h. hie gel. i. m. B. V. zenächst Juda von Prebsburg h. u. Nachmann Trostmanus sun h., servit 3 Pfg. gr. et n. pl. durch Kauf von Pesach Juden.

Actum Freitag ante St. Julientag 1457.

Nº **27.** 1457, 1 août. — Josef Knoblach Jud u. Muschrat Jud s. n. u. g. k. ains gartens hie gel. 1. m. B. V. zenächst Mendls h., Merchls Kinder h. u. untzt an Jacob Knittelfelders s., servit 1 Pfg. gr. et u. pl. daz sey kauf habent von obg. Jacob Knittelfelder.

Actum in die Katena Petri 1457.

Nº **28.** 1457, 11 mars. — Majer Jud u. Suszel s. Hausfrawe s. n. u. g. k. 1 h. hie geleg. i. m. B. V. zenächst maister Chunrad Zi-

mermanns h., Juda von Pressburgs h., servit 3 Pfg. gr. et non pl.
durch Kauf von Nachmann Juden Trostmanns sun umb 100 Pfund ut
litera judenbrief sonat.
Actum Freitag vor Gregori Papæ 1457.

N° **29**, fol. 642 *a*. 1457, 11 mars. — Isak Welhel Jud ı. n. u. g.
k. 1 h. hie geleg. ı. m. B. V. daz hinten u. vorn s. Auzgang hat
zenächst Juda Judens h. u. Freudmann hetschleins sun h., servit
6 Pfg. gr. et n. pl. durch Kauf von Nachmann Trostmanns sun
umb 110 Pfund, ut litera judenbrief sonat. ,
Actum, Freitag vor Gregori 1457.

N° **30**. 1457, 17 mai. — Jäkel von Laibach u. Ziona uxor s. n.
u. g. k. 1 h. hie gel. i. m. B. V. zenächst Hirschleins juden h. u.
Kyfleins juden h., servit 4 pfg. gr. et n. pl. durch Kauf von Kaspar
Guttentager umb 110 Pfund.
Actum Eritag n. Pancratzium 1457.

N° **31**. 1457, 9 décembre. — Hoschua Jud und Zlawa uxor s. n. u.
g. k. 1/2 h. hie gel. i. d. hintern Judengassen am Egk zenachst Chun-
raden Zimmermanns h. und Wenzel Heckhel h. servit 3 pfg. gr. et n.
pl. durch Kauf von seyn. Schwäher Koppl Jud.
Actum am Freitag n. Nicolai 1457.

N° **32**. 1458, 17 mars. — Isserl Jud der Morchlin sun i. n. u. g. k.
ains gem. Stadels gel. hie i. m. B. V. zenächst Manuschs h. und
Trostmanns h. etwann gewesen ein öden Trostleins juden. durch
Kauf von Isserl ut litera imp. sonat.
Actum Freitag vor Judica 1458.

N° **33**. 1458, 24 février. — Hekel Jud des Trostleins sun i. n. u. g.
k. 1 h. hie gel. i. d. Judeng. zenächst des Muschraten h. und Wolf-
lein h. servit 12 pfg. gr. et n. pl. ut litera imp. sonat.
Actum Freitag post diem Petri 1458.

N° **34** [1]. 1497. 17 avril. — Abraham und Cheskel des Trostel Juden
süne haben beweist mit Liephart und Aram die Juden, daz Kephel
des Abraham und Trostel seyn pruder ir rechter Vater gewesen und
obbeschr. haws mit Erbschaft an sy kommen ist.
Actum am Montag post Jubilatæ 1497.

N° **35**, fol. 642 *b*. 1459, 8 juin. — Liephart Jud und Guetel s. hausfrawe und Symon Jud ir sun und Täubel uxor s. n. u. g. k. 1 h. hie
gel. i. m. B. V. zenächst Mayers h. und weiland Kefels von Œden-
burg h. servit 6 pf. gr. et n. pl. durch Kauf Jussu Bürgermeister und
Rath.
Actum Freitag post Erasmum 1459.

[1] Addition au n° 33.

Nº 36. 1459, 24 juillet. — Jona Jud et uxor Püntlein und Hirsch der Jud s. n. u. g. k. ains Kellers hie gel. i. d. Judeng. zenächst Hirschels h. und Muschrats h. durch Kauf von Bermann Jud Wolfleins sun von Marbourg um 40 pfund, ut litera judenbrief sonat.
Actum Eritag vor Jacobi 1459.

Nº 37. 1460, 10 juin. — Hirsch Jud Hirschleins sun i. n. u. g. k. 1 h. hie gel. i. d. Judeng. zenachst Muschrats Judin h. servit 1 pfg. gr. et n. pl. durch Kauf von Jona und Puntlein uxor.
Actum Eritag ante Antoni 1460.

Nº 38. 1461, 24 octobre. — Kaym Jud Judas sun i. n. u. g. k. 1. h. hie gel i. m. B. V. zenächst Jacoben des Rosenawers h. der Landseyt zen chst servit 3 pf. gr. et n. pl. durch Kauf von Burger Simon Waldner. Nach geschaft unseres allerg. herrn des Römischen Kaysers.
Actum Eritag vor Aindlef 1000 Maidentag 1461.

Nº 39, fol. 643 a. 1461, 11 décembre. — Mendl Jud von Neunkirchen i. n. u. g. k. 1/2 h. hie gel. i. m. B. V. zenächst Jacob Knittelfelders h. uud Josef Arams Aydem h. servit 3 pfg. gr. et non pl. durch Kauf von Josef Arams Aydem ut litera Judenprief sonat.
Actum Freitag vor Lucie 1461.

Nº 40. 1461, même date. — Josef Arons Aydem et uxor Nechamah s. n. u. g. k. 1/2 h. hie gel. i. m. B. V. zenachst Mendl Juden von Neunkirchens h. des himmelbergers h. und Gerl des peckhen h. kauft mit obbem. Mendl und nachmals thailt, ut litera Judenbrief sonat.
Actum Freitag vor Lucie 1461.

Nº 41. 1461, même date. — Lesir Jud der Jung. Mändels sun von Neunkirchen et uxor Sarah s. n. u. g. k. 1/2 h. hie gel. i. m. B. V. (utsupra nº 39) durch Kauf von Mendel s. Vater, servit 2 pfg. gr. et non pl.
Actum Freitag vor Lucie 1461.

Nº 42. 1461, 18 décembre. — Muschrat Jud Jäkleins sun von Klosterneuburg et uxor Hindl Isaks von Ofen Tochter s. n. u. g. k. 1 h. hie gel. i. d. Judeng. zenachst Hirschels h., Muschels h. und Knophlachs h. ausgenommen ains Kellers, servit 5 pfg. gr. et n. pl.
Actum Freitag ante Thomæ apl. 1461.

Nº 43[1]. 1489, 6 novembre. — Hendel weiland Muschrats Juden Jäkleins sun von Klosterneuburgs wittib hat vermacht irem sune Freudmann et uxor Sarah des Smoyels von Eger tochter 1/4 h. hie

---

[1] Addition au nº 42.

gel. i. der Judeng. zenächst des Hirschen Juden h. und Muschleins
h. und Knoflachs h., servit 5 pfg. gr. et n. pl.
Actum Freitag vor Martini Ep. 1489.

N° **44**, fol. 643 *b*. 1463, 13 mai. — Morchel Jud von Passau et
Oualma uxor s. n. u. g. k 1/2 Hofmark hie gel. i. m. B. V. zenächst
sein selbst u. Jacob Ochsenhalters h., servit 3 helbling gr. et n. pl.
durch Kauf von Ludwig Seyz Riemer et uxor Margareth.
Actum Freitag nach Pankraztag 1463.

N° **45**. 1463, 27 mai. — Ofadjah Jud hie zu der Neustadt gesessen
i. n. u. g. k. 1/2 h. hie gel. i. m. B. V. zenächst weiland Jacob Knittelfelders h. und Josef Arams Aydem h., servit 3 pfg. gr. et n. pl.
1 thail ererbt von Lesir den Jung Mändel von Neunkirchens pruder
und 1 thail kauft von Sarah wittib obbem. Lesirs.
Actum Freitag n. St. Urbanstag 1463.

N° **46**. 1464, 11 septembre. — Salomon Jud von Sachsen und Guetel s. hausfrawe s. n. u. g. k. 1 h. hie gel i. m. B. V. zenächst Jacob
Knittelfelders h. u. Hans Hofstettners h. am Egk, servit 3 pfg. gr. et
n. pl. durch Kauf vons Hans Jacob et uxor anna.
Actum Eritag post nativ. Mariae virg. 1464.

N° **47**. 1464, 7 décembre. — Muschel Jud Jäckels sun von Juden-
burg i. n. u. g. k. 1/2 h. hie gel. i. d. Judengassen zenächst Hetschleins und Trostleins h., servit 6 pfg. et n. pl. durch Erbschaft und
Geldschuld von Jacob den Juden den Pauer sein schweher.
Actum Freitag nach St. Nicolas 1464.

N° **48**, fol. 644 *a*, 1464, même date. — David Jud Jacob des Pauern
juden aidem allhie zu der Neustadt et uxor Goldl s. n. u. g. k. 1/2 h.
h. g. i. d. Judeng. zenächst Hetschleins des juden h. und Trostls h.,
servit 6 pfg. gr. et n. pl. durch Erbthail von Jacob Juden den Pauer
s. schweher.
Actum am Freitag nach St. Nicolast. 1464.

N° **49**. 1465, 13 août. — Maisterl jud et uxor Zaya Ruchama s. n.
u. g. k. 1/2 h. hie gel. i. m. B. V. i. d. hintern Judeng. zenächst
Friedreichs Kellners Stadel und Merchels juden h. mit servitut der
alten Kuchen, servit 6 pfg. durch übergab von Manusch juden von
Neunkirchen s. Vater.
Actum Eritag nach Laurenti 1465.

N° **50**. 1466, 11 mars. — Isserl von Neustadt und Leb Jud Abrahams sun et uxor Jachant s. n. u. g. k. 1 h. hie gel. i. d. Judeng. zenächst Lesirs und Aschers Juden h., servit 2 pfg. gr. et n. pl. durch
Kauf von Hans Berchtold.
Actum Eritag n. Suntag letare 1466.

Addition[1] *au* n° *50.* — Leb und uxor Jachant habent ihren thail verkauft an Isserln ut litera judenbrief sonat.

Actum Freitag vor dem heiligen Pfingsttag 1470 (8 juin).

N° **51**[1]. 1466, 10 juin. — Schalom und Gerl Brüder allhie zu der Neustadt s. n. u. g. k. 1 h. hie gel. i. d. neuen Judengassen zenächst Arams Juden durchfahrt und der Mindel judin h., servit 3 pfg. gr. et n. pl. durch übergab von Mirjam Isserls wittib von Neunkirchen.

Actum Eritag vor St. Veitstag 1466.

Addition au n° *51.* — Schalom von Neustadt i. n. u. g. k. 1/2 h. hie gel. (ut supra n° 51) durch Erbthail von s. Bruder Gerl.

Actum Freitag vor Oculisuntag 1474 (11 mars).

Mirjam Isserls von Neunkirchen wittib i. n. u. g. k. 1/2 h. (ut supra n° 51) durch Erbthail von Schalom irem sune.

Actum Freitag ante Oculi 1474.

N° **52**, fol. 644 b. 1469, 14 mars. — Smärl der jud des Knoflach juden suu i. n. u. g. k. 1 h. hie gel. i. d. Judeng. zenächst Knoflachs h., Zemachs h. und Henochs h., servit 3 pfg. gr. et n. pl. durch Kauf von Freudmann des Hetschl juden sune, doch habent Zemach und Henach ir aus- und einfahrtgerechtigkeit nach ihren notdurften.

Actum Eritag nach letare 1469.

N° **53**. 1471, 10 mai. — Kaym und Elachan geprüder juden allhie zu der Neustadt s. n. u. g. k. ains thail ains h. hie gel. i. m. B. V. zenächst Freudmans h. und weiland Baldaufs g., zenächst Merl judin kinder h. und Lienhart tanningers h., servit 3 pfg. gr. et n. pl. durch Kauf von Michel jud von Kaynitz.

Actum Freitag vor St. Pankratz 1471.

N° **54**. 1471, 16 août. — Ruchama des juden Judas wittib von Pressburg und ire kinder Esther und Jachant s. n. u. g. k. ains thail ains haws i. d. n. Judeng. daz vor zeiten daz Gerichtshaws gewesen mit sampt dem gäzzlein darneben, zenächst Pesachs h. und Rosenauers h.. servit (ganz) 9 pfg. gr. et n. pl. doch daz das wazzer durch daz benannte haws rynne alz von alters herkommen ist durch Kauf ut litera judenbrief sonat.

Actum Freitag post Assumpt. Mariae 1471.

N° **55**. 1471, même date. — Kaym Juda des alten Juda von Press-

---

[1] Cette addition pourrait faire croire que l'auteur du *Teroumat Haddischèn*, Isserl de Neustadt, a vécu jusqu'en 1470 ; mais le n° 51 prouve que sa femme était veuve le 10 juin 1466. Isserl est donc mort entre le 11 mars et le 10 juin de cette année.

[2] Le n° 51 montre que Miriam, la veuve d'Isserl, habitait la ville de Neunkirchen. Il semble donc en résulter qu'Isserl épousa cette femme après la mort de sa première femme Schöndlin. C'est ainsi qu'on s'explique les paroles de l'auteur du *Lêkêt Toschèr*, ms. de la bibliothèque de Munich. (Voir Berliner et Güdemann, *l. c.*) : « La ville de Neunkirchen, éloignée de Wiener-Neustadt d'une demi-heure, fut vraisemblablement le dernier domicile d'Isserl, auteur du *Teroumat Haddischèn*. »

burg sun i. n. u. g. k. ains h. (ut supra n° 54) durch Erbthail und ab-
lösung seiner Brüder Isak, Schalom, Moise und Isserlein, ut litera
Judenbrief sonat.
Actum Freitag post assump. Mariae 1471.

N° 56. 1471, même date. — Maister Aron Merher Jud zu der Neustadt Nechama seine hausfrawe s. n. u. g. k. ains thail ains h. hie
gel. zu der Neustadt i. d. Judeng. (ut supra n° 54) durch Kauf ut litera judenbrief sonat von Ruchama Esther, Jachant und Kaym judas
juden sun von Pressburg.
Actum Freitag post assumpt. Mariae 1471.

N° 57. 1472, 20 octobre. — Abraham David Sachsens sun hie gesessen zu der Neustadt i. n. u. g. k. 1/6 h. hie gel. i. d. Judeng. zenachst David Juden Pauerns aidem h. und Leben des Juden h., servit 1 Hebling gr. et n. pl. Durch übergab von seinem Steufvater,
Rachel s. Mutter und Esther sein Schwester.
Actum Eritag n. Lucie 1472.

N° 58. 1473, 27 août. — Nechama Tennenchels Juden Tochter des
alten Hatschels Aidem i. n. u. g. k. 1/6 h. hie gel. i. d. Judeng. (ut
supra n° 57), servit 1 Helbling gr. et n. pl. durch Kauf von Aschir dem
Juden, ut litera Judenbrief sonat.
Actum am Freitag vor Augustini 1473.

N° 59. 1474, 2 mars. — Hanna Esther und Krassel geschwistred,
weiland Jäkel von Làibachs Töchter s. n. u. g. k. 1/2 h. hie gel. i. m.
B. V. zenachst Hirschens h. und des Kefel juden h., servit 2 pfg. gr.
et n. pl. durch Erbthail von obbem. vater derselb.
Actum Mittichen nach Sunntag Invocavit 1474.

N° 60, fol. 645 b. 1474, même date. — Ascher Jud den man Gasz-
riel nennet et uxor Esther, Tochter Jäkels von Laibach s. n. u, g. k.
1 h. hie gel. (ut supra n° 59), servit 4 pfg. gr. et n. pl. 1/2 haws durch
übergab von Ziona wittib Jäkels von Laibach und 1/2 haws durch
Kauf von Hanna, Esther und Krassel obbem. Zionas Töchter.
Actum am Mittichen nach Invocavit 1474.

N° 61. 1474, 11 mars. — Racherl, Hakym und Weirach geprüder,
die des Nachmanns Trostmanns juden süne sind s. n. u. g. k. 1 h.
hie gel. i. m. B. V. i. d. Judeng. zenachst Pinchas juden h. und
Friedreich Köllners Stadel, servit 6 pfg. gr. et n. pl. durch Erbthail
von ihr. vater Nachmann.
Actum Freitag vor Sunntag oculi 1474.

Addition au n° 61. — Racherl jud hat sein thail sein prüdern Hakim und Weirach übergeben nach Satz Isserls Gerstl sein schwe-
hers und Isak Welhels Gechels schwager.

N° 62. 1474, 11 mars. — Hakim und Weirach geprüder s. n. u. g. k.

4 h: hie gel. i. m. B. V. (ut supra n° 64) 2/3 haws Erbthail von seyr
vater und 4/3 haws von seyr prüder Racherl.

Actum Freitag vor Oculi suntag 1474.

N° 63. 1474, même date. — David Jud Abrams sun von Marburg i.
n. u. g. k. 4/2 h. hie gel. i. m. B. V. i. d. Judeng. (ut supra n°° 61
et 62) darch Kauf von Hakym Juden weiland Nachmanns sun.

Actum Freitag vor Oculi 1474.

N° 64. 1474, 27 avril. — Cheskija, Elia und Isak geprüder der
Muschrat judin süne wittib Salmanns von Marburg s. n. u. g. k. 4 h.
hie gel. i. d. Judeng. am Egk beim Vischerthor zenächst Eysleins h.,
servit 12 pfg. gr. et n. pl. sampt den hintern thail zusampt den hof
alz er dieselben stock mit der hinterthur geht uber an die Mauergas-
sen enhalb durch Erbthail von Muschrat judin ihr Mutter.

Actum Mittichen nach St. Markstag 1474.

N° 65, fol. 646 a. 1474, 27 avril. — Hadasz Judin Isaks Juden von
Radkersburgs Tochter der Salmanin Enenchel Arams Juden von
Radkersburg hausfrawe i. n. u. g. k. 4/3 h. hie gel. (ut supra n° 64)
denselben 4/3 h. sy von Isak Juden ihrem vater ererbt hat.

Actum Mittichen nach St. Markstag 1474.

N° 66. 1474, 27 avril. — Judel, Lowel und Isak süne des Elias von
Marburg s. n. u. g. k. 4/3 h. i. d. Judeng. am Egk (ut supra n° 64)
durch Erbthail vom vater Elias.

Actum Mittichen n. St. Markstag 1474.

Addition au n° 66. — Judel sun Elias von Marburg und Schalom
Hirschels sun s. n. u. g. k. 4/3 h. (ut supra) durch Kauf von Aram
und Hadass von Radkersburg, ut litera judenkaufbrief sonat.

Actum Mittichen nach St. Markstag 1474.

N° 67. 1474, 21 juin. — Mandl jud von Neunkirchen i. n. u. g. k.
4/2 h. hie gel. enhalb weiland Jacob Knittelfelders h. und zenächst
Josef Arams aidem h. i. m. B. V., servit 3 pf. gr. et n. pl. durch übergab von Ofadja s. sune.

Actum Eritag vor Achaz 1474.

N° 68. 1474, même date. — Tworl Isaks Juden Maisterleins sun
tochter und Hulda Ofadja Judens tochter s. n. u. g. k. 4/2 h. hie gel.
i. m. B. V. (ut supra n° 67) daz ihne Mandel jud von Neunkirchen
übergeben.

Actum Eritag vor Achaz 1474.

N° 69, fol. 646 b. 1475, 2 mai. — Die Judenzech allhie i. n. u. g. k.
ains gartens hie gel. im m. B. V. zenächst Mändels juden h.. der
Morchlin kinder h. und Jacob Knittelfelders h., servit 1 pf. gr. et n.
pl. mit Kauf durch Josef Knoflach juden und Muschrat den Juden.

Actum am Sigmundstag 1475.

N° **70**. 1476, 10 septembre. — Hagim Jud Hoschuas juden sun i. n.
u. g. k. 1/8 h. hie gel. am Egk zenächst der Isserlin von Neunkirchen
haws und Schalom Trostls pruder h , servit 3 pf. gr. et n. pl. mit
Erbthail von Mindl judin Isaks von Reditsch wittib s. schwester.
Actum Eritag post nat. Mariae 1476.

N° **71**. 1476, même date. — David Jud Arams sun von Marburg i. n.
u. g. k. 1 h. hie gel. i. m. B. V. zenächst Isserls Stadel und der
Mändl judin h., servit 6 pf. gr. et n. pl. mit Kauf von Hagim und
Weirach des Trostmanns weil. Nachmanns Trostmanns süne ut li-
tera aufsandbrief von Weirach sonat.
Actum Eritag post nativit. Mariae 1476.

Addition au n° 71. — Dasselb haws hat David versatzt umb 40 ung.
Goldgulden an Sarah Isserlin Judin und ihr Erben.
Actum Eritag vor Lucie 1480 (12 décembre).

N° **72**. 1477, 29 avril. — Smoyel von Passau ut Tuschel uxor s. n.
u. g. k. 1 h. hie gel. i. m. B. V. zenächst Hagim Hoschuas H. und
Hirschls garten, servit 9 pfg. gr. et n. pl. mit Kauf von Morchel und
Oualma uxor von Passau.
Actum Eritag ante Philippi et Jacobi 1477.

N° **73**. 1478, 21 décembre. — Judel Jud Elias von Marburg sun i. n.
u. g. k. 1/3 h. hie gel. am Egk beim vischerthor (ut supra n° 65) mit
Kayser Friedrichs Secrethandgschrift beim Grundpuech gelegen.
Actum Montag nach St. Thomas von Kandelberg 1478.

N° **74**. 1478, 14 juillet. — Jacob Jud Josef Knoflachs und Hendl
uxoris sun i. n. u. g. k. 1 h. hie gel. i. m. B. V. zenächst des Hirschen h. und Hannas h. und Zemach h. geschwistred, servit 6 pfg.
gr. et n. pl. 1/2 haws mit Erbthail von s. vater nach freundschafts-
beweis mit s. Bruder Smärl und 1/2 h. mit übergab von s. Bruder
Smärl.
Actum Eritag post Margaretha. Virg. 1478.

N° **75**, fol. 647 a. 1478, 25 aoùt. — Abraham Hatschel et uxor Machla
s. n. u g. k. 1/2 h. hie gel. i. d. Judeng. zenächst Nachmanns von
pruck an der Laitha h. und Abraham Sankmeisters h., servit 3 pfg.
gr. et n. pl. mit morgengabbrief von Jacob Hatschleins des Juden sun
s. pruder.
Actum Eritag post Barth. apl. 1478.

N° **76**. 1478, 25 aoùt. — Rösel wittib Jacob des Juden Hatschleius
sune i. n. u. g. k. 1/2 h. hie gel. i. d. Judeng. zenächst Nachmanns
Juden von Bruck an der Leitach h. und Abrahams Sankmeisters h.
servit 3 pfg. gr. et n. pl. Vermorgengabt von ihr. obbem. Mann.
Actum. Eritag post Barthol apost. 1478.

N° **77**. 1478, 15 septembre. — Gaila wittib Pirchans des Lesirs von

der Freinstadt sun und ihre Kinder : Israel benant Zerter, Juda, Tha-
mar s. n. u. g. k. zwaier thail ains haws hie gel. i. m. B. V. zenächst
Hirschleins h. und Ascher benant Gaszriels h., servit 8 pfg. gr. et n.
pl. 1 thail als morgengab an Gaila und 1 thail Erbschaft.
Actum Eritag post Exalt. crucis 1478.

N° **78**. 1479, 9 juin. — Samuel der Jung Liepharts Juden sun et
uxor Malka s. n. u. g. k. ains thail ains haws hie gel. i. d. n. Judeng.
(ut supra n° 54) mit Kauf von Maister Aron Merher u. Nachamah s.
hausfrawe.
Actum am Gottsleichnamsabend 1479.

N° **79** [1]. 1480, 11 avril. — Muschl Jud von Herzogenburg i. n. u. g.
k. ains haws hie gel. i. d. Judeng. zenächst hinten an Wentzla Hekhel
Schmidts h. und zenächst der Judenspital, servit 3 pfg. gr. et n. pl.
durch spruch und geltschuld von weiland Caspar Seevelder und s.
Erben.
Actum Eritag n. Suntag Quasimodo 1480.

N° **80**. 1480, 11 avril.—Abraham Jud von Regensburg hie gesessen
aidem Muschls von Herzogenburg i. n. u. g. k. 1 h. hie gel. in der
Judeng. (n° 79 ut supra) mit übergab von obbem. Muschel s.
schweher.
Actum Eritag n. Suntag Quasimodo 1480.

N° **81** 1480, même date. — Wela, Zemach und Janah geschwistred
des Abraham Juden von Regensburg Kinder s. n. u. g. k. 1 h. hie
gel. (ut supra n° 79) mit übergab an sey von ihrem vater Abraham.
Actum Eritag n. Sunntag Quasimodo 1480.

N° **82**. 1481, 17 août. — Schalom Hirschel jud i. n. u. g. k. 1 h. hie
gel. i. m. B. V. daz hinten und vorn sein Ausgang hat, zenächst Kaym
Judas h. und Liepharts h., servit 6 pfg. gr. et n. pl. mit Kauf von
Isak Welhel den Juden.
Actum Freitag post assumpt. Mariae virg. 1481.

N° **83**. 1482, 25 juin.—Abraham David von Sachsen Judens sun hie
gesessen hat vermacht 1/2 h. aus s. dritthail h. hie gel. i. der Judeng.
zenächst David des Juden des Pauern h. aidem und Leben des Juden
h., servit 1 Helbling gr. et n. pl., 1/2 thail an Namy s. hausfrawe alzo
welches vor dem andern mit tod abgehet sol obbem. h. geval-
len seyn.
Actum Eritag post Joh. Bapt. 1482.

(A suivre.)

TEXTE DE LA LETTRE ADRESSÉE PAR LES FRANKISTES

AUX COMMMUNAUTÉS JUIVES DE BOHÊME

Dans son intéressante monographie intitulée *Frank und die Frankisten*, Breslau, 1868, M. Graetz a montré au grand jour les fraudes si dangereuses dont usaient Frank (décédé en 1757) et ses adeptes et a appuyé ses assertions par la publication de nouveaux documents authentiques. Parmi les pièces hébraïques relatives aux mystifications opérées par les partisans de Frank. on trouve une lettre écrite à l'encre rouge [1] et datée de 1800, que les Frankistes adressèrent aux Juifs de Prague et d'autres communautés, et dont Peter Beer a publié une traduction allemande dans sa *Geschichte alter religiösen Sekten der Juden* (Brünn, 1823, t. II, 329-339). Eléazar Fleckeles, assesseur du rabbinat de Prague en ce temps, dans l'introduction de son sermon contre les Frankistes [2], parle aussi de lettres à l'encre rouge répandues par ces sectaires, en cite deux extraits et y fait de fréquentes allusions dans le cours de son sermon.

Dans cette introduction, Fleckeles dit, entre autres, à propos de ces lettres : אבל זה שנתים ימים על עם ה' סוד מעריםים.. ושלחו אגרות זרות סוררות בכל עיירות. « Depuis deux ans, ils agissent avec ruse à l'égard du peuple de Dieu,... ils ont envoyé dans toutes les villes des lettres étranges et impies. » Fleckeles écrivit seulement en 1800 [3] la préface de son sermon, prononcé en septembre 1799, car il y parle d'un autre sermon prononcé ערב ראש חדש שבט תק"ס = 26 janvier 1800. Ces lettres auraient donc été répandues dès 1798. Or, la lettre traduite par Peter Beer appelle l'année 1800 « l'année courante » (*ibid.*, 334, 1. 8 d'en bas); c'est donc en cette année qu'elle aurait été écrite. Et pourtant l'identité de la lettre de 1800 traduite par Peter Beer et celle de 1798 mentionnée par Fleckeles est certaine; seulement, cette dernière ne devait sûrement pas désigner l'année 1800 par les mots השנה

---

[1] La couleur rouge (אדום en hebreu) fait allusion à la religion chrétienne (לה אדום), recommandée dans cette lettre.

[2] Publie à Prague, en 1880, sous le titre de קונטרס אהבת דוד.

[3] M Graetz. p. 87, note 3, dit à tort : fin de l année 1799 De même son assertion (p. 84) que Fleckeles prêcha contre les Frankistes avant le nouvel-an juif 1798 est erronee.

הזאת. Du reste, cette contradiction apparente s'explique facilement. De 1798 à 1800, les Frankistes inondèrent les communautés
juives des exemplaires de la fameuse lettre écrite à l'encre rouge,
qui annonçait de nombreuses révolutions pour l'année 1800 [1]. Il va
sans dire que dans les lettres répandues en 1800, cette année ne
pouvait plus être appelée « l'année future », mais devint « l'année
présente » ; cette légère variante se comprend donc sans peine.

L'original hébreu, traduit en allemand par P. Beer passe pour
avoir été perdu depuis ce moment. Un hasard m'a mis en possession d'une copie scrupuleusement exacte de ce document. Mon
grand-père, Joseph Hirsch, décédé à Prague en 1870 dans un âge
très avancé, qui savait admirablement l'hébreu, avait réuni avec
un zèle consciencieux nombre d'anciens documents hébreux, originaux ou copiés. Parmi ces pièces, j'ai trouvé une copie de la lettre
des Frankistes qu'il avait écrite avec le plus grand soin de sa main
et à l'encre rouge. Comme on le reconnaît facilement, l'intervalle
laissé entre les mots et le nombre de pages et de lignes sont absolument les mêmes dans la copie que dans l'original. Nous savons
donc que cette lettre était formée de 2 feuilles in-f°, dont deux
pages et demie étaient remplies. Nous croyons ajouter un document intéressant à la série des pièces déjà connues relatives aux
agissements de la secte des Frankistes, en publiant ici cette lettre :

מי שהשלום שלו ישים עליכם ברכה ושלום לכל בית ישראל המפוזרים
במדינת פיהם.

אהובינו בית ישראל! תדעו [2] בהיות שהאדון הק' שלנו בעודינו [3]
יושב בתראא דרונו בטשענסטאחאב כתב מכתב קדשו לעיר בראד וז"ל.
שמעו אלי אבירי לב הרחוקים מצדקה הנלוזים בארחותם מי בכם
ירא־ ה' לשמוע בקול קול קורא במדבר העמים וני לכון כד יתער אריד
רברבא למפקד לאיילתא כתיב כי לא יעשה ה' אלקים דבר כ"א גלה
סודו ואם אחון בנין לקב"ה האיך לא נתגלה לכון מה שהיה גסוף יומייא
בעיתים הלכו ברם הראטונות הנה באו וחדשות אני מגיד מראשיתה אחרית
שלכון יאות למבכי ולמעבד הספדא על יושבי קראקא וסביבותיה והיליכו
חגרו שקים ספדו בחוצות כי אט יצאה מחשבון עוונותם ותאכל עיר איזה
לחרב ואיזה לרעב לדבר ולשבי נבלתם כדומן כ"פ האדמה והכלבים
ילקקו את דמם וסערת ה' חימה יצאת מתחולל על ראש רשעים יחול
ותיקוד עד תאול תחתית והיה הנס מפני החרב יפול אל הפחת ולכון
יאות למבכי ולמעבד הספדא עליהון, ברם להון יאות למבכי ולמעבד
הספדא על יושבי קהילתכם וסביבותיכם ואתיא אומא מסרהבא

<hr />

[1] Cf. Fleckeles, préface : והנה ידעתי כאשר המה נשתגער על שנה זו (תק"ס)
ברמזים רזים נלוזים.

[2] Dans l'introduction du sermon qu'il prononça contre les Frankistes, Eléazar
Fleckeles raille l'incorrection et le manque d'élégance de cette phrase.

[3] Lire בעודנו.

אומא בני אדומה, קול קריב בעקו מלכא לקביל מלכא יתבררו
ויתלבנו ודהרשיעו רשעים ולא יבינו כל רשעים והמשכילים יבינו שכל
מי שיהיה לו ניצוץ מזרע אר"ו' מוכרח לילך בדת הק' של אדום, ומי
שיקבל הדת באהבה ינצל מכולם ויזכה לכל המחמות הנאמרים בישעי'
ובשאר נביאים.

ברצוני היה להרחיב הדיבור ברם די למבין ולחכימא ברמיזא
ואסיים בחיים.

יעקב יוזף פרענק.

זה נכתב בשנת ת'ק'כ'ז' ובשנת ת'ק'כ'ח' שהי'
עודינו ג"כ ישב בטשענסטעכאב כתב אגרת
שני לכלל יהודים וז"ל.

קל קלא דקלייא אתער מעילא לתתא אכן
פתיחין עייניו הוויניו גלגלא אסחר מעילא לכמה
סטריו דעלמא קל נעימותא אתער מעילא לתתא

אתערו נימיו דמיכיו דשינתא בחוריכון ולא ידעיו במה מסתכליו, ולא
חמאו כתימיו ארדינו בדין דלבא נימיו ולא ידעיו אורייתא קיימת קמיידהו
ולא משגיחין ולא ידעין במה מסכליו חמאו ולא חמאו, אורייתא רמאת
קליה אסתכלו טפשיו פתחו עייניו ותנדעון לית מאן דמשגיח ולית מאן
דירכיו אודניה, עד מה תהון בגו חשוכא דרעותייכו, ואסתכלו למנדע
ואתגלי לכון נהורא דנהיר בזמנא וכו' הלא חכמים אתם וידעתם היטב
איך לאגחא קרבא בקשתא כשמושכין הקשת לאט אינו יורה למרחוק,
אבל כשמושכין הקשת בכח וכשמניחים אז הולך החץ למרחוק מאוד,
כן תדעו שעתה ג"כ הולך לאט, ותדעו כי יתחילו עיתים שתשכחו נשיכם
ובניכם מפני הגזירה תהיה מה', לבדו טכל הקסריות וכל המלכי': אפי'
מלכי' פריד': וכל הדוכסי' וכל השרי' וכל העולם ישנאו אתכם מאוד
כשיראו את יהודי יפיקו עליו ציצא דרוקא' והענג יזהפך לכם לנגע ויבראו
צרות אשר לא היו עדיין בעולם.

אתם חושבים שאני כותב לכם כמו באגרת הראשון שלא נתקיים
עדיין, לא כן, כי אגרת הראשון היה המעורר ואגרת הזה יהי' לכם
המורה שעתיד להיות בעולם בכל המדינות דהיינו פולין גדול וקטן ליטא
רייסן כולו ארץ הגר וארץ וואלאכיי ומולטיין וארץ קדר וכל מדינות
ישמעאל וארץ צרפה ואשכנז ומדינות פרייסן ובכל המקומות שיש שם
יהודים, ווי ווי על העת הזאת שיש בדרזה (?) להיות עליכם ועל נשיכם
ובניכם, אותו שבבית ימותו בבית, ואותן שבשדה ימותו בשדה, והכלבים
יגררו אותם, ומה שעתיד להיות על העולם איני יכול לכתוב לכם כל כך
ולחכימא ברמיזא, ואם הייתי רוצה לכתוב לכם כל כך בפרטיות לא
יספיק הנייר.

---

[1] אברהם יצחק ויעקב.

[2] Lire המלכי'.

[3] Lire פריד' = פרידריך, Frédéric-le-Grand.

[4] Eléazar Fleckeles se moque de ce passage dans la préface de son sermon contre
les Frankistes.

[5] Lire peut-être, בה רעה.

והנני מודיע לכם שבכלחי אפשרי להיות שום אופן בעולם עד שהתורה
משה יתמלא שיכנסו בדת הק' של אדום כמו שמצינו שיעקב הבטיח לעשו
יעבור נא אדוני וכו' עד אשר אבוא אל אדוני שעירה וכמ"ש במשדה וישלח
משדה מלאכי' וגו' מי שיהיה מזרע אי"ו מוכרח לילך בזה הדת הק' של אדום
ואתא מרבבות עי"ז קודש מדריא כד מטא ולאות (י') ¹ קץ מטא אתעביד
קטטא והורא חסף טינא ואצבעורת רגלייא מנהון פרזלא ומנהון חסף
מן קצת מלכותא להוי תקיפא ומינה תהוי תבירא ואני אומר לכם
שהחלש יכה את הגבור ולו חכמו ישכילו זאת מיד יבינו לאחריתם
ותם שמו הק'.

יעקב יוזף פרענק.

גם בצאתו מטשענסטעהאב בשנת תקלג"ל
שלח אותנו החתומים למטה לכמה עיירות כמו
ללובלין ללבוב ולברוד ולשאר עיירות בשליחות
ממיני להודיע לכל יראי ה' למען ידעו שיבוא עת
שיוכרחו כל היהודים להשמר כי הגזירה היא מה' לבדו יהיה באיזה
אופן שיהיה מי שיבוא בצילא דמהימנותא לבית אלהי יעקב יהיה אל
יעקב בעזרו שלא יאבד כולמות כי בצלו נחיה בגוים ואתם אל תתלוצצו
סן יחזקו מוסרכם².

ועתה אדובינו בית ישראל הנני מודיעים לכם ממה שחנן ה' אותנו
שבשנד הזאת תקס"ל יהי' עת צרה ליהודים שיקוים הכל מכל החבלים
שכתב לכם במכתב קדשו ועל זארת דאבה לבינו כי איך נוכל לראות
ברעה אשר ימצא את עמינו ובאבדון מולדתינו, ועלינו הדבר מוטל להודיע
לכם האזהרה האחרונה לעשות ולקיים מה שכתב לכם במכתבי קדשו כי
עוד יש תקוה לאחריתכם.

ותדעו שבא העת הזאת לעשורת לד"ו הפרו תורתיך וגם זה שאהז"ל עד
שתתהפך כל המלכות וכו' כוכו הסף לבן ראז הוא טהור ומשרתיו
טהורים כמבואר בס' צרור המור¹ והגיע העת שהדבטיח יעקב שאבוא
אל אדוני שעירה, כי עדיין לא מצינו שהלך עד ערת הזאת שהאדון הק'
שלנו שהוא יעקב שלימא דכולא המובחר שבאבורת בגין דאחיד בתרין
סטרין, והוא המבריח מן הקצה עד קצה האחרון ואהרון חביב אשר על
כפר יקום לאמור קום בתולו(ר)ת ישראל ובודאי לא מת והוא שהוליך אותנו
בדרך אמת בדרת הק' של אדום, כי מי שהוא מזרע אי"ו מוכרח לילך
בדרכיהם כי המד הורו הדרך שילכו בו בניהם בסוף יומייא כמו אברהם
שהלך למצרים ויצחק ויעקב לאבימלך ויעקב המובחר שבאבורת יצא מב"ש⁴
נפיק מכללא דמהימנותא מכללא דערעא⁵ דישראל וילך חרנד

---

¹ Lire peut-être, ולעת
² יחזקו מוסריכם Lire

³ Voir צרור המור, Lév. XIII, 13 : ואמרו אין בן דוד בא עד שתתהפך
המלכות כלה למינות מאי קרא כולו הפך לבן טהור הוא. רמזו בזה כי
כשבני העולם נהפכו במעשיהם ויצאו לתרבות רעה עד שנהפך הלבן וחזר
לאדום אז טהור הוא ומשרתיו טהורים שהו משחו. מבאר שבע

⁴ .מבאר שבע
⁵ דארעא. Lire

לרשו אחרא כמבו' בזוהר כי דווקא בדוכתא בישא מכולא תמן
תשכח פורקנא ' כמבואר בזוהר ושם הגיע לבאר' ומצא שם את
רחל וגילל ארת האבן מעפ"י הבאר, ובא ללבן ועבד אצלו ובדר
חולקי' וגזבי' ואח"כ הלך לעתר אבל לא גמר בעת הזאת כי אף שגילל
את האבן אבל עדיין והשיבו את האבן לא הלך לטעירה, כי כל זד' היה
רק הזמנה להורות הדרך איך שילך יעקב שלימא דכולהו בסוף רומייא ,
כמ"ש בזוהר יעקב קדמאה שלים בתראה שלים בכולא והוא יגמור
הכל כמ"ש בזוהר עד דייונא ב"ג בגונה דאדם ואתתא כגוונה דחוד ויצקיטו
ויחכימו ליה וכו' ואנחנו מחויבי' לילך בדרכיו כי ישרים דרכי ה' צדיקי'
ילכו בם וכו' ואף שבכאן הוא משא דומה ולבא לפומא לא גלי' אבל
כתיב והולכתי עורים בדרך לא ידעו ובנתיבות לא יבינו אדריכם אשים
מחשך לפניהם לאור ומעקשים למישור ובכאן הוא יעקב אוקיר לידך
למצרים וגו' ומכאן יהי' ה' בצאתך נטעיר בצעדך משדה אדום וכו' וגם
מי זד' בא מאדום כדאיתא בתנא דבי אליה שלעתיד יבקטו המלאכים
את ה' דים אמר לא בי הוא הוא אמר אין עמדי ודיכן ימצאו
אותי באדום שנא' מי זד' בא מאדום ומי שילך אחריו בדרת הק' הזד'
וידבק א"ע בבית יעקב ויחסה בצילו כמ"ש בצילו מחידת בגוים וכמ"ש לכו
ונעלה אל הר ה' אל בית אלהי יעקב ויורינו מדרכיו ונלכה באורחותיו
כי אורח חיים הם למוצאיהם יזכו להיות מן הדביקים בד' כמ"ש ובקשרת
משם את ה' אלהיך ומצאת משם דייקא כי מגו חשוכא אתיידע נהורא '
וכמ"ש גם כי אשב בחשך ה' אור לי ותזכו מהר לכל הנחמות שהבטיח
לנו ע"י עבדיו הנביאים ומי שיבוא אל ' בית יעקב בודאי ימצא הבאר'
מים חיים.

אהובינו ברת ישראל תדעו אם דיינו רוצים לכתוב לכם בפרטיות
לא יספיק הנייר רק כתבנו מעט הכמוס ותן לחכם ויחכם עוד כי בכל
התנ"ך ובכל הספרים הקדמונים תמצאו שהאמת אתנו ותדעו נאמנה כי
לא דבר רק הוא דוק ותשכח . אם תאבו לשמוע דברינו אלד לעשות
ולקיים מה שכתב לכם במכתב קדשו ואל יעקב ידיד בעזריכם
ויסמרכם מכל הרעות ומכל החבלים ותזכו להאכילכם נחלת יעקב
חזלה בלי מצרים ויהיה טוב לכם כל ימי עולם ואסיים בחיים .

פראנצישעק וואלאווסקי הנק' מקדם שלמה בן אלישע שור מראהטין
מיכאל וואלאווסקי הנק' מקדם נתן נטע בן אלישע שור מראהטין
ייענדרזי ' דעמבאווסקי הנקרא מקדם ירוחם בן חניני' ליפמן
מטשארניקאזיץ .

On nous permettra de traduire ici le contenu de ces lettres :

Que le Dieu de la paix accorde paix et bonheur à la maison d'Israël
disséminée en Bohême ! Israélites bienaimés, sachez que notre sei-

---

[1] Ce passage est cité par Eléazar Fleckeles, 19 b.
[2] Cité par Fleckeles, 25 a.
[3] Non pas Henri Jemerdsky, comme le croit M. Peter Beer, mais Jedrzy (André) Dembowski.

gneur (Frank), quand il était établi a la porte meridionale de
Tschenstechow, a envoyé à Brody le message suivant :

Ecoutez ma voix, hommes au cœur orgueilleux, qui êtes éloignés
de la vertu et marchez dans des voies tortueuses ! Qui craint assez
Dieu parmi vous pour écouter les paroles de celui qui prêche dans
le désert des peuples? Malheur à vous si le lion puissant se réveille
et se souvient de l'agneau ! Il est dit que l'Eternel n'accomplit rien
sans avoir dévoilé son secret. Si vous êtes vraiment les enfants de
Dieu, pourquoi ne vous a-t-il pas fait connaître ce qui arrivera à la
fin des jours, c'est-à-dire dans le temps present. Les premiers événements annoncés se sont réellement produits, et Je vous annonce de
nouveaux événements. Je vous déclare dès le début que vous devez
pleurer et gémir sur les habitants de Cracovie et des environs.
Couvrez-vous de cilice et lamentez-vous, car, par suite de leurs
nombreux péchés, un feu jaillira et dévorera la ville ; le glaive, la
famine et la peste exerceront leurs ravages, il y aura des captifs,
les cadavres joncheront le sol et les chiens lécheront le sang. Dieu
enverra une tempête furieuse qui s'abattra sur les méchants et
ébranlera jusqu'aux profondeurs de l'abime. Quiconque se sauvera
devant le glaive tombera dans la fosse. Pleurez donc sur eux ! et
qu'eux aussi pleurent sur votre communauté ! Une nation fière a
paru, les descendants d'Edom, la guerre pousse un roi contre l'autre, les hommes seront purifiés et deviendront blancs, les impies
seront condamnés. Tous les mechants ne comprendront pas, mais
les sages comprendront que les descendants d'Abraham, d'Isaac et de
Jacob seront forcés d'embrasser la religion édomite. Celui qui accepte
cette religion avec amour sera délivré de tout mal et méritera les
bénédictions promises par Isaïe et les autres prophetes. Je pourrais
encore parler longuement, mais l'homme intelligent comprend par
allusion.

Signé : Jacob-Joseph Frank.

Voilà ce qu'il écrivit en 5527 (1767). En 5528 (1768), quand il
était encore à Tschenstechow, il adressa cette seconde lettre aux
Israélites :

La plus retentissante d'entre les voix s'est fait entendre du haut
en bas. Sous nos yeux, la roue s'est mise en mouvement du haut
dans tous les sens, et une voix melodieuse appelle du haut en bas.
Réveillez-vous, vous qui dormez dans vos trous, qui ne comprenez
pas, vous qui ne voyez ni n'entendez, dont le cœur est bouché!
Vous êtes endormis et ne comprenez pas la Loi placée devant vous;
vous regardez sans voir. Cette Loi vous crie : Ouvrez les yeux, sots,
et comprenez! Mais personne ne fait attention, personne ne prête
l'oreille. Jusqu'à quand resterez-vous volontairement dans les ténèbres ? Tâchez de savoir, et alors une lumière brillera pour vous
à son heure. Vous êtes intelligents et vous savez bien comme on

utilise l'arc dans la bataille. L'arc est-il tendu trop faiblement, la
flèche ne va pas loin, mais s'il est tendu avec force, la flèche vole au
loin. Jusqu'à présent, Dieu n'a agi que mollement, mais des temps
viendront où vous oublierez femmes et enfants à cause du châtiment envoyé par l'Eternel. Empereurs et rois, même le royaume de
Frédéric, tous les ducs, tous les princes, tous vous haïront. Quiconque verra un Juif, l'outragera. Vous serez atteints par des
souffrances inconnues... La première lettre a été un avertissement,
mais la présente vous apprend ce qui se produira dans la grande et
la petite Pologne, en Lithuanie, en Russie, en Hongrie, dans la Va-
lachie et la Moldavie, dans la Tartarie, en Turquie, en France, en
Allemagne, en Prusse et dans tous les pays habités par des Juifs...
Je vous fais aussi savoir que cela ne pourra pas être autrement,
jusqu'à ce que la loi de Moïse soit accomplie, c'est-à-dire qu'ils
soient entrés dans la religion d'Edom... Ceux qui descendent
d'Abraham, d'Isaac et de Jacob embrasseront forcément la sainte
religion d'Edom et ils atteindront ainsi la sainteté.....

Signé : JACOB-JOSEPH FRANK.

En partant de Tschenstechow en 5533 (1773), il nous envoya dans
plusieurs villes, à Lublin, Lemberg, Brody, etc., pour annoncer à
tous les pieux qu'un temps viendra où tous les Juifs seront obligés
de se faire baptiser, parce que telle est la volonté de Dieu. Celui qui
s'abritera à l'ombre du représentant fidèle du Dieu de Jacob sera
protégé par le Dieu de Jacob et il ne perdra pas les deux mondes,
car nous vivons à son ombre parmi les nations. Et vous, ne raillez
pas pour que vos chaînes ne soient pas rendues plus fortes.

Nos chers coreligionnaires, nous vous informons qu'en cette année
5560 (1800), des malheurs atteindront les Israélites... Il est donc de
notre devoir de vous avertir une dernière fois pour que vous suiviez
les conseils que le saint vous a donnés dans ses lettres... Sachez que
le temps est venu où il faut abolir la loi pour l'honneur de Dieu et
où se sont réalisés les signes précurseurs qui, selon nos sages,
annoncent la venue du Messie. Il est venu le temps dont Jacob a
parlé en disant qu'il se rendra auprès de son maître à Séïr. Il n'a
pas pu tenir sa promesse, jusqu'à l'heure actuelle où notre saint
maître (Jacob Frank) la réalise à sa place, car il est le Jacob parfait,
l'élu parmi les patriarches, parce qu'il se trouve des deux côtés (le
judaïsme et le christianisme)... Il n'est certainement pas mort, il
nous dirige dans le chemin de la vérité, vers la loi sainte d'Edom...
Il est de notre devoir de marcher dans ses voies, car les chemins de
l'Eternel sont droits et les justes y marchent.

Ont signé : Francischek Wolowsky, ci-devant Schelomo ben
Elischa Schor de Rohatin ; Michel Wolowsky, ci-devant Nathan ben
Elischa Schor de Rohatin ; Jedrsy Dembowky, ci-devant Yerouham
ben Hanania Lipmann de Tscharnikosnitz.

PORGÈS.

NOTES EXÉGÉTIQUES

Psaumes, CI, 2.

Ce verset, d'après le texte massorétique, se traduit ainsi : « Je considère le chemin droit. Quand viendras-tu vers moi ? Je marche dans l'intégrité de mon cœur au milieu de ma maison. » Les commentateurs voient dans les mots : « Quand viendras-tu vers moi ? » une invocation à Dieu, et les critiques modernes, ne trouvant aucun rapport entre cette phrase et la précédente, supposent une lacune. La fin du verset n'est pas moins étrange que le commencement, car ce n'est généralement pas dans sa maison que l'on marche : on y demeure, et l'on marche sur la route. Le texte n'est cependant pas dans un état aussi désespéré qu'il le paraît au premier abord ; il suffit, pour en retrouver le sens, de consulter les versets 6 et 7 du même psaume, qui sont parfaitement clairs : « Mes yeux (sont tournés) vers les (hommes) loyaux de la terre, afin qu'ils demeurent auprès de moi; celui qui marche dans le chemin droit, lui me servira. — Celui qui pratique la tromperie ne demeurera pas au milieu de ma maison; celui qui profère des mensonges ne subsistera pas devant mes yeux. » L'idée générale du psaume est que le roi attire les bons et écarte les méchants. La grande ressemblance du verset 6 avec le verset 2 nous porte à croire qu'il en est la simple répétition. Il faut donc corriger le verset 2 de manière à ce qu'il réponde exactement au verset 6. ‏אשכילה ב׳‎ du verset 2 équivaut évidemment à ‏עיני ב׳‎ du verset 6. Pour retrouver dans ‏בדרך תמים‎ l'équivalent de ‏נאמני‎ ‏ארץ‎, on pourrait mettre ‏בהלך בדרך תמים‎, comme dans 6 *b* ; mais, à cause du rythme, il est préférable de changer ‏בדרך‎ en ‏בהלך‎ ; ‏הלך תמים‎ se rencontre Ps., LXXXIV, 12, et Prov., XXVIII, 18.

מתי תבוא אלי devant répondre à לשבת עמדי, il suffira de changer
תבוא en יבוא. Pour conformer 2 b à 6 b, il faut lire מתהלך au lieu
de אתהלך et, au lieu de לב י[שב],לבבי בקרב ביתי; ישב בקרב se retrouve
dans 7 a. Le verset 2 rectifié est donc :

אשכילה בדהלך תמים מתי יבוא אלי
מתהלך בתם לבב ישב בקרב ביתי

et se traduit : « Je considère celui qui va (dans le chemin) droit;
quand viendra-t-il vers moi? Celui qui marche dans l'intégrité du
cœur demeurera au milieu de ma maison. »

MAYER LAMBERT.

LE MOT ARAMÉEN סמתר

Dans ses *Beitræge zum aramæischen Wœrterbuch* publiés
dans la *Zeitschrift für Assyriologie*, t. IX, p. 6, nº 15, M. Sieg-
mund Frænkel traite du mot סמתר, dans lequel il cherche un mot
grec, mais sans arriver à un résultat satisfaisant. On peut,
croyons-nous, préciser le sens exact de ce mot et en déterminer
l'origine en examinant de près quelques-uns des passages où il se
trouve. Nathan bar Yehiel, dans son *Aroukh*, cite deux passages
du Talmud Babli : le premier, dans le traité de *Baba Mecia*, 107 b,
est ainsi conçu : עבדי להו סמתר וחיי, « on leur fait un *samtêr* et ils
revivent ». Nathan remarque que quelques manuscrits, au lieu de
סמתר, portent סמא « médicament »; c'est, en effet, la leçon du
texte imprimé. Le commentaire du Talmud explique qu'il s'agit
du suc d'une plante ayant la vertu de rejoindre les bords d'une
blessure : סם דמחבר בשר חתוכה ומן העשבים הוא. Dans le second
passage, *Baba Batra*, 74 b, on lit : ההוא עשבא סמתרי הוה, « cette
plante était le *samtêr* ». L'orthographe סמתרי a son importance;
elle représente, en effet, l'ancienne forme du nom de cet ingrédient
répondant au syriaque סמתרין, ou, écrit en deux mots, סם תרין
« l'ingrédient des deux », l'un des noms du sang-dragon, résine
fournie par le *calamus draco*, qui avait la vertu de cicatriser les
blessures. C'est à cette vertu spécifique que le remède devait son
second nom syriaque סם סימא, « le remède du glaive », tandis que

son troisième nom, דמא דתנינא, « le sang du dragon », répondait
au latin *sanguis draconis* et à notre sang-dragon (voir sur ces
mots : *La chimie au moyen âge*, par M. Berthelot, t. II, 42, 12 ;
252, 10 d'en bas ; le *Lexique* de Bar Bahloul, 579, 14 ; 1337, 6 ;
1360, 14 [1] ; *Notes de lexicographie syriaque et arabe* dans le
Journal asiatique, IX⁰ série, t. II, p 324).

La traduction de סם תריץ par « l'ingrédient des deux » est confirmée par le synonyme arabe *dam el-akhouain* « le sang des deux
frères », qui est l'équivalent du syriaque. Voici ce que rapporte
à ce sujet Ibn Baitar, éd. Leclerc, n⁰ 882 : « *Dam el-akhouain*,
sang-dragon. C'est le *dam et-tinnin* (le sang du dragon), le *dam
eth-tha'bân* (même sens). — ABOU HANIFA : Le sang-dragon est
une gomme rouge qui vient de Socotora, l'île qui fournit l'aloès
socotorin et qu'on emploie contre les plaies. C'est l'*aïda'* des auteurs. On lui donne aussi le nom de *chaïyân*. — MASSIH : Il est
froid au troisième degré et astringent. — EL-BASRY : Le sang-
dragon convient pour les blessures faites par les épées et autres
instruments pareils. Il cicatrise les plaies récentes et sai-
gnantes... » Le mot *chaïyân*, qui signifie « les deux choses » et
qui répond au syriaque *sam treïn* et à l'arabe *dam el-akhouain*,
semble indiquer que ce remède était composé de deux ingrédients,
mais nous n'avons trouvé aucun indice de cette composition
dans les différents auteurs que nous avons consultés [2]. Un autre
synonyme que l'on rencontre dans les anciens poètes arabes est
'andam, que M. Nœldeke a expliqué par *'aïn dam*, « source de
sang [3] ».

Il est évident que le סמתר ou סמתרי du Talmud est le sang-
dragon et que ce mot est bien sémitique ; סמתר est apocopé de
סמתרי et doit être lu *samtêr*, la voyelle finale de *samtrê* ayant
rétrogradé dans l'intérieur du mot. Cette prononciation est justifiée par le Targoum de Job, v, 18 : ארום הוא מיתי כיבא ומעל,
סמתירא, traduisant l'hébreu כי הוא יכאיב ויחבש, « c'est lui qui blesse
et qui cicatrise (les blessures) » De ce substantif est dérivé le
verbe סמתר, « cicatriser », dans le Targoum de Job, xxxiv, 17,
יסמתר = hébreu יחבוש.

Cette résine était non seulement astringente, mais aussi odori-

---

[1] Bar Bahloul et Bar Sérapion ont confondu cette plante avec la *sideritis* et l'*achilleios* de Dioscoride ; voir Ibn Baitar, éd. du Dʳ Leclerc, nᵒˢ 218, 882, 1596, 1981 ; Immanuel Lœw, *Aramæische Pflanzennamen*, nᵒ 218, p. 274.

[2] Pour l'arabe, voir, outre les citations ci-dessus indiquées, *La chimie au moyen âge*, t. II, p. 83, 16 et *pénult*

[3] Dans les *Aramæische Pflanzennamen* de M. Immanuel Lœw, p. 424. Les commentateurs expliquaient que l'*andam* était le nom d'une plante répandant une li-
queur rouge que l'on comparait avec le sang d'une blessure récente.

férante, et elle était employée comme onguent pour parfumer, comme on le voit par le Targoum d'Esther, ii, 3, סמתר ממהדהון = hébreu תמרקידן ; ii, 9, סמתר רבותהא = héb. תמרוקיה. Dans Esther, ii, 12, סמתורי נשיא et סמתורידהון rendent l'hébreu מרוקידהון et תמוירקי הנשים. On a considéré סמתורי comme le pluriel d'un singulier סמתור, autre forme de סמתר ; mais, comme ce singulier ne se rencontre nulle part, nous croyons que c'est à tort, et que סמתורי n'est autre chose que l'infinitif du verbe סמתר dans le sens de « oindre, parfumer », et signifie « l'onction, l'action de parfumer ».

RUBENS DUVAL.

REMARQUES SUR LE PETAH DEBARAÏ

GRAMMAIRE HÉBRAÏQUE ANONYME

ET SUR LE SEKHEL TOB DE MOÏSE KIMHI

Dans une des dernières livraisons de la *Revue* (nº 56), la grammaire anonyme מתח דברי est citée par deux de nos savants collaborateurs. M. David de Gunzbourg croit y trouver des traces de ses idées sur l'origine du mot אשרי [1]. A ce propos, il conjecture que l'auteur de cet intéressant ouvrage ne serait autre que le célèbre grammairien espagnol Moïse ibn Gicatilla. Ce serait là un nouveau nom qui viendrait s'ajouter à l'importante série des grammairiens auxquels le *Pétah Debaraï* a été attribué. Malheureusement, M. de Gunzbourg néglige de nous révéler les fondements de son hypothèse. A mon avis, il serait difficile de l'asseoir sur des preuves sérieuses. Le *Pétah Debaraï* cite Abraham ibn Ezra nominativement, et, s'il ne nomme pas David Kimhi, il l'a certainement utilisé [2]. Cet ouvrage n'a donc pas été écrit avant le milieu du xiiiᵉ siècle, et, par suite, il est postérieur de presque deux siècles à Moïse ibn Gicatilla.

La seconde mention de notre grammaire est faite par M. David

[1] T. XXVIII, 190.
[2] Cf. *Revue*, t. X, 141-144.

Castelli, qui soulève enfin le voile qui cachait l'ouvrage grammatical שכל טוב. Désormais cette grammaire sera connue dans toute son étendue, grâce à la publication du manuscrit de Florence faite par M. Castelli, et on ne doutera plus qu'elle ne soit l'œuvre de Moïse Kimhi. M. Castelli soutient que le ms. ne désigne Moïse Kimhi qu'une fois comme l'auteur, au commencement du dernier paragraphe : אמר משה קמחי הצעיר. Mais il n'a pas remarqué que les lignes rimées de l'introduction renferment déjà une allusion évidente au nom de Moïse Kimhi. Comme ces lignes rimées se divisent en deux strophes de rime et de mètre différents, l'éditeur aurait dû séparer ces deux pièces et rendre sensible, par l'impression, leur forme de vers. C'est ce que nous allons faire, en ponctuant le texte :

תִּשּׂוּ בַּעְתְּךָ גְּרְזָן עֵצִי עֲצוֹת לַחְטֹב	לְחַפֵּן וּלְאַזֵּן שְׂפַח עֲבָרִים הַאָזֵן
רָאֵה וּפְקַח אִישׁוֹן בְּסֵפֶר שֵׂכֶל טִיב	לְדֵעָה' הַלָשׁוֹן תִּכֶּן דְּקַדּוּק' רָאשׁוֹן
יַעֲרוֹף כִּשָּׂעִיר לְרָשָׁא	יַעֲזוֹר אֱלוֹהַּ לְעַבְדּוּ
נִיב תַּעֲלוּמוֹת יָקְשָׁה	יָבִין בְּדַרְכֵּי לְשׁוֹנוּ
תֶּעֱרַב כְּקָרְבָּן וְאִשָּׁה	אֵלָיו יְכוֹנֵן תְּהִלָּה
דִּיעַ דְּרָכָיו לְמשֶׁה	זִכְרוֹ יְפָאֵר אֲשֶׁר יָדָ־

Au lieu de יקשה, deuxième ligne de la seconde strophe, M. Castelli veut lire יִדְשָׁא, mais à cette correction s'oppose la rime (שָׁה— et non שָׁא) et le mètre (– – ◡ | – – ◡ | – –, en lisant de droite à gauche). Le piel de קשה se trouve dans Gen., xxxv, 16 : וַתְּקַשׁ.

La seconde strophe se traduit donc ainsi : « Que Dieu vienne en aide à son serviteur ; [que son secours] s'étende sur lui comme la pluie (שָׂעִיר, singulier de שְׂעִירִם, Deut., xxxii, 2) sur l'herbe, afin qu'il comprenne les voies de sa langue, du langage contenant de graves secrets [3] (c'est-à-dire la langue hébraïque, ניב, d'après Isaïe, lvii, 19). Vers Lui il adresse un cantique ; qu'Il daigne l'agréer comme un sacrifice et un holocauste. Il glorifie son nom (le nom de Dieu), Lui qui révéla ses lois à Moïse. » Les mots de la fin : יודיע דרכיו למשה sont empruntés à Ps., ciii, 7, et contiennent évidemment le nom de l'auteur, « Moïse [Kimhi] » [4]; de même, la première strophe se termine par le nom de l'ouvrage שכל טוב. Moïse Kimhi suivait ainsi l'exemple de son père Joseph, qui com-

---

[1] C'est ainsi qu'il faut lire, au lieu de לדיעת.

[2] M. Castelli a mis à tort דקדק.

[3] הפליא עצה הגדיל est construit, à peu près, comme תעלומות יקשה תושיה, Isaïe, xxviii, 29. C'est une proposition relative se rapportant a ניב, qui se rattache lui-même à לשונו.

[4] M. Schwarz, dans l'étude qu'il a publiée en hongrois, et que M. Castelli mentionne aussi (p. 216), a déjà signalé ce point (p. 24).

posa aussi, en guise d'introduction à sa grammaire, deux petits
poèmes de mètre et de rime différents, qui se terminent, l'un par
le nom du livre (ספר הזכרון), l'autre par le nom de l'auteur (בן
קמחי)[1]. Il ne doit pas paraître surprenant que les poèmes d'introduction du fils soient de plus faible étendue que ceux du père.
Celui-ci était plus écrivain et bien plus fécond que son fils aîné[2].

La première strophe de l'introduction du *Sèkhel Tob* de Moïse
Kimhi se trouve aussi, comme M. Castelli le remarque (p. 216), à
la fin du Pétah Debaraï (128 b de l'édition de Venise, הקדוקים,
1546). Seulement, à la fin, au lieu des mots בספר שכל טוב, il y a
ותמצא שכל טוב. Ce changement, qui imite un passage de Prov., III,
4, devenait nécessaire, du moment que ces vers étaient détournés
de leur destination première et transposés du commencement du
שכל טוב à la fin d'un autre ouvrage grammatical[3]. Dans l'édition
de Constantinople (1515), ces vers manquent à la fin du Pétah
Debaraï[4], et vraisemblablement aussi dans la première édition
(Naples, 1492). Peut-être ont-ils été ajoutés par Elia Lévita, avec
la modification indiquée, à la fin de la grammaire anonyme. Il est
possible que le manuscrit florentin utilisé par M. Castelli permette
d'expliquer comment Lévita y fut amené. En effet, comme M. Castelli nous l'apprend (p. 213), dans ce manuscrit le Sèkhel Tob est
précédé du Pétah Debaraï, de sorte que la première strophe de l'introduction de la grammaire de Moïse Kimhi suit immédiatement
la fin du Pétah Debaraï. Si Lévita a eu entre les mains un manuscrit semblable ou peut-être justement le manuscrit conservé à
Florence, on comprend aisément qu'il ait pris les vers de l'introduction du שכל טוב pour la fin du Pétah Debaraï.

Des exemples de mêmes additions à la fin des chapitres du
Pétah Debaraï sont aussi fournis par un manuscrit de cet ouvrage
que j'ai eu l'occasion de voir l'été dernier (1894). Ces additions ont
déjà été signalées par M. S.-J. Halberstam, à qui ce manuscrit
avait appartenu, dans le Catalogue de ses manuscrits hébreux
(קהלת שלמה, Vienne, 1890, p. 16, n° 124)[5]. Ces additions sont peu
importantes, tandis que le manuscrit renferme une grande
lacune.

---

[1] Voir mon édition du *Sèfer Zikkaron* (Berlin, 1888).

[2] Même comme forme de la strophe, les deux petits poèmes d'introduction de Moïse
Kimhi se rattachent à ceux de Joseph. Ainsi, celui-ci emploie la forme apocopée אֲשֶׁר,
et Moïse a le terme תָּשׁוּר.

[3] Cf. un cas analogue que j'ai mentionné dans mon *Abraham Ibn Esra als Gram-
matiker*, p. 17, note 77 a.

[4] Voir M. Schwarz, *Kimchi Mozes élete és munkái*, p. 24, note 3.

[5] הוא ספר פתח דברי הנדפס אך פה נמצא עוד באמצע וגם בסוף שלא
נדפס עדיין.

Durant mon séjour à Ramsgate, j'ai eu occasion, grâce à l'obligeance de M. Hirschfeld, d'examiner quelques-uns des manuscrits de M. Halberstam, qui se trouvent maintenant dans la bibliothèque du collège Montefiore, et, entre autres, la copie du Pétah Debaraï, intitulé faussement sur la couverture מאמר לשון למודים שקל הקדש‎ [1].

Je vais consigner ici les remarques faites pendant cet examen, malheureusement trop rapide, du manuscrit. L'appendice qui se trouve dans le Pétah Debaraï de l'édition de 1546 (129 a_131 b; voir Steinschneider, *Catal. Bodl.*, nᵒ 4021) manque dans ce ms., comme dans la première édition ; on n'y trouve pas non plus les vers du Sèkhel Tob dont il vient d'être question et que l'édition de 1546 reproduit. Au lieu de la formule finale תם ונשלם הפירוש מן הכנויים‎, on y lit, à la fin : חם ונשלם שבח לבורא עולם‎. Suit ce postscriptum de l'auteur de la copie : וכתבתיו וסיימתיו בי"ו לחדש תמוז רל"ג מן האלף הששי בשנת ע"ו לימי חיי ה' למען רחמיו יזכה זרעי וזרע זרעי להגות בו ובשאר סתרי הקדש אכי"ר פק"י‎. Le copiste était donc âgé de soixante-seize ans au moment où il termina cette copie, le 16 tammouz 5233 (1473). Son nom se trouve en acrostiche dans la prière en prose qui suit :

מֹוֹשׁיע רם ונשא
שֹׁוֹכן בשמי עלייה
הֹרם קרן שה סזורה
מֹהרה תמהלם אל נוה קדשך
רֹנן ירננו וישמחו בנאות ארצך
חֹוֹסן ישועה ועוז תנה אל עבדיך
שֹׁכן את ישראל בירושלם הר קדשך
וֹאז נגילה ונרננה ונשמחה בישועתך
נֹראה עין בעין בשובך אל הדום רגליך
חזקינו ואמצינו והראינו בביארת הגואל אני חרירי וזרע זרעי כן יעשה
האל ולי אני משה עבדך תנה עזרה לכלכלני...

Le nom indiqué en acrostiche est donc משה מרחשון‎.

Je ne connais pas d'autre exemple de l'emploi du nom de mois מרחשון‎ comme nom de personne ou nom de famille. Il existe un nom analogue, celui de Tammouzâ (jer. *Meguilla*, 75 b : יהודה בר תמוזה‎), du IIIᵉ siècle de l'ère chrétienne, qui est certainement

---

[1] Ce sont les noms de la grammaire de David ibn Yahya et d'une poétique anonyme qui parurent ensemble à Constantinople, en 1506. Peut-être la couverture appartenait-elle originellement au manuscrit des deux ouvrages susnommés. On y trouve encore cette indication : מירורשי אליעזר ריקרטי זצ"ל‎. Sur Joseph Schalit Ricchetti ben Eliézer, voir Steinschneider, *Cat. Bodl.*, nᵒ 5998.

emprunté au nom du mois, et non, comme le croit Zunz[1], au nom de la divinité.

La grande lacune qu'offre notre manuscrit, et dont nous avons fait mention, concerne le chapitre sur les formes verbales composées, מלות מורכבות. Ce chapitre, qui, dans l'édition de 1546, occupe les feuilles 117 *b* à 120 *b*, manque dans le manuscrit. Il est impossible de décider si cette omission est intentionnelle, ou si ce chapitre ne manquait pas également dans le manuscrit sur lequel le nôtre a été copié. Cette dernière hypothèse paraît la plus plausible. En effet, le chapitre en question n'est pas à sa place exacte, qui serait à la fin du principal chapitre sur les verbes (106 *a*), plutôt qu'à la fin du chapitre sur les particules. En outre, le contenu de ce chapitre est déjà traité, quoique d'une manière brève, à la fin du chapitre sur les verbes à racine entière (74 *a*-75 *a*) : ומצאנו מלות מורכבות. Ce chapitre ne fait donc pas partie intégrante du Pétah Debaraï, mais est une simple addition; j'ignore s'il se trouve déjà dans les premières éditions.

A la fin du chapitre sur les verbes à racine complète, le manuscrit a cette formule rimée : תמו השלמים תהלה לרם על רמים, et, au commencement du chapitre suivant, ועתה אחל להראותך הנחים (75 *a*, l. 10 de l'édition) ; le manuscrit a en plus : בעזרת סומך לכל הנופלים והחסרים והכפולים.

Le chapitre principal sur les verbes se termine simplement dans l'édition (106 *a*) par תמו הפעלים; ensuite vient la suscription du chapitre principal traitant des noms, שער השמות. Le ms. dit : תמו פעלים כלם תהלה לאלהים חיים ומלך עולם ובעזרת נותן עוז והעצומות אחל שער השמות.

Une formule rimée du même genre sépare, dans le ms., le chapitre principal traitant des noms du chapitre traitant des particules (107 *b*) : תם שער השמות תהלה לבונה עולמות ובעזרת נורא התהלות אחל שער המלות. Ce dernier chapitre, dans l'édition, se termine par cette sentence : תמו המלות תהלה לאל אשר לו נתכנו עלילות. Au lieu de ces mots, le ms. porte : תמו המלות ולאל אשר עזרני אתן התהלות ובעזרת אלהים חיים אחל לכתוב הכנויים. Le chapitre des suffixes pronominaux, qui débute par ces mots, se termine dans le ms. par cette remarque : תמו הכנויים בארבעה הבניינים אשר בהם נמצאים לא בזולתם.

Une comparaison plus attentive du ms. avec l'édition nous fournirait encore beaucoup de divergences de détail. J'en ai noté quelques-unes. Le premier chapitre, dans le ms., commence ainsi : דע כי כל לשון האדם נחלק, ce qui est plus correct que la version de

l'édition (57 a) : ‏דע כי כל דברי האדם נחלק‏. Dans les paradigmes des
suffixes pronominaux du verbe, 120 b-126 b, le ms., quand il cite
des formes rares, donne des exemples. Ainsi, le commencement est ainsi conçu : ‏בנין פעל קל פעל פעלו כמו ושמרו כרועה עדרו‏
‏או פעלהו.‏

La particule ‏אֲבָל‏ est expliquée dans l'édition (108 a) de la manière suivante : ‏מלה משמטת לַאֲמַת הענין במקום אמנם‏, et dans le
ms. : ‏מלה משמטרת לאמרת הדבר כמו אמנם.‏

Une différence qui se présente très fréquemment entre le ms. et
l'édition, c'est que, dans celle-ci, les paradigmes, les formes de
mots et les passages bibliques cités sont ponctués, tandis que dans
le manuscrit il n'y a jamais de ponctuation.

Pour terminer, j'ajouterai encore une remarque au sujet du
fragment du Sèkhel Tob édité par M. Castelli. Elle concerne la
division originale du nom en sept espèces (p. 217-221) et celle
des particules en cinq espèces (p. 222-223). Les deux clas-
sifications se trouvent avec les mêmes termes et les mêmes
exemples, sous une forme abrégée, dans le fragment grammatical
que j'ai publié, il y a quelques années, dans cette *Revue* (t. XX,
142 et suiv.), d'après un ms. de M. Epstein. Le même ms. contient
aussi une rédaction plus écourtée, sans doute plus ancienne, du
Mahalakh Schebilè Haddaat de Moïse Kimhi, que j'ai également
analysée ici (t. XXI, 281-285). Le fragment précité, comme je l'ai
remarqué (XX, 142), est de la même main que les notes marginn-
nales relatives au *Mahalakh*, dans le ms. de M. Epstein. En tout
cas, ce fragment est un extrait du Sèkhel Tob. L'auteur de ces
notes marginales jugea bon de remplir une page vide — la page du
manuscrit précédant immédiatement le Mahalakh — avec cet extrait, parce que la division du nom et des particules qui s'y trouve
diffère de celle du Mahalakh. Il savait probablement aussi que le
Mahalakh et le Sèkhel Tob sont du même auteur.

Budapest, septembre 1894.

W. BACHER.

R. ELIEZER B. JOSEPH ET LE MARTYRE DE CHINON

(27 AOUT 1321)

Après les massacres des Juifs par les Pastoureaux, en 1320, dans le midi de la France, l'année 1321 vit dans le Nord des atrocités encore plus lamentables. Comme s'il s'était agi d'exterminer complètement les Juifs, qu'on avait rappelés en 1315, le Nord [1] se joignit au Midi. Une peste sévissait alors. Il fallait conjurer le sort ; il fallait, selon la croyance du moyen âge, immoler une victime aux puissances irritées. Il fallait trouver le coupable, cause de cette grande mortalité, et là où il y avait des Juifs, les coupables ne faisaient pas défaut. L'imagination confondait tous ceux que le moyen âge excluait de son sein : Juifs et lépreux avaient dû s'entendre pour se venger de la société chrétienne.

Les lépreux n'avaient rien à perdre. Avec quelle facilité ne devait-on pas trouver parmi ces parias du moyen âge un misérable prêt à dire tout ce qu'on voulait ! On eut donc bientôt fait de saisir dans le domaine du Sire de Parthenay, en Poitou, un de ces malheureux, qui se prétendait chargé par les Juifs d'empoisonner les puits. Ce sont, traits pour traits, les mêmes accusations que la torture a fait naître et qui se sont reproduites à travers tout le moyen âge jusqu'aux temps modernes. Maintenant qu'on avait ce qu'on voulait, on commença de plus belle à égorger les Juifs, à les piller et à incendier leurs maisons.

Le gouvernement laissa faire, il semble même avoir encouragé ce déchaînement, car le fisc y trouvait son compte. Au peuple, on accorda le droit de massacre ; quant aux biens, le roi se les adjugea. Le 11 juin 1321, un jeudi, on incarcéra toute la communauté de Tours. Quatre jours après, le Parlement avait déjà rendu l'arrêt : les Juifs, pour prix de leur forfait, devaient payer 100,000 livres parisis ou 150,000 livres tournois. Malgré cela, tout péril n'était pas écarté. Le procès des Juifs suivit tranquillement son cours, ou, plus exactement, commença de s'instruire. En effet, le 21 juillet 1321, les baillis et sénéchaux reçurent l'ordre de s'occuper de cette affaire d'empoisonnement [2].

---

[1] רזאת שנית הורוד על הורוד מצפון תפתח, dit Kalonymos b. Kalonymos à la fin de son אבן בחן. Cf. mss. d'Oxford, n° 448 (Catal. Neubauer, p. 96).

[2] Lucien Lazard, *Revue*, XVII, 220.

Une des scènes les plus horribles de cette tragédie fut le supplice des Juifs de Chinon brûlés vifs, dont le souvenir s'est gravé dans l'esprit des contemporains si profondément que les chroniques françaises en parlent [1].

Dans un îlot, près du pont qui conduit de la ville au faubourg Saint-Jacques, on creusa une fosse où l'on réunit ces malheureux, pour allumer un bûcher sur leurs têtes et les livrer ainsi aux flammes. Cent soixante personnes (et non pas huit, comme le veut Graetz, VII, 299), sans doute toute la population juive de Chinon, innocentes de tout crime, furent immolées, au milieu du concours joyeux d'une foule en délire. Ceux que l'épouvante poussait hors de la fosse, une barbare soldatesque les rejetait dans les flammes, de sorte qu'aucun des condamnés n'échappa [2].

Est-il bien vrai que cet affreux événement n'ait eu aucun écho dans la littérature juive? Est-il possible que cette littérature, qui, d'habitude, conserve fidèlement le souvenir des martyrs, n'ait rien retenu du martyre de Chinon? Comment un souvenir qui a trouvé place dans les chroniques chrétiennes même n'aurait-il laissé aucune trace dans la littérature juive?

On a méconnu jusqu'ici un témoignage qui, non seulement parle des martyrs de Chinon, mais encore nous donne le jour où cet autodafé eut lieu. Du même coup nous savons quels hommes périrent et que, parmi ceux qui tombèrent, il en fut qu'on pleura, non pas seulement comme coreligionnaires, mais comme maîtres et chefs de leurs communautés et comme lumières du judaïsme.

Estori Farhi, victime de l'expulsion des Juifs de France en 1306, le géographe qui avait étudié les antiquités de la Palestine, a gardé, dans son ouvrage [3] rédigé en Terre-Sainte (1322),

---

[1] *Recueil des historiens de la France*, XXI : Girard de Frachet, 56 : Judæi quoque plurimi ad instantiam quorum haec maleficia procurata fuerunt, sine quacunque differentia sunt combusti, maxime in Aquitania [Unde et in bailliva Turonensi, in quodam castro regis quod dicitur *Chinon*, una die] octies viginti Judaeorum sexus promiscui comburuntur: alii quidem ditiores reservati; nec ab ipsis centum quinquaginta millia librarum dicitur habuisse. Cf. Jean de Saint-Victor, *ibid.*, 672. L'histoire de l'alliance du roi de Grenade avec les Juifs, Girard de Frachet, 56, EE la tient de Jean de Saint-Victor, 674 A.

[2] Voir *Revue*, VI, 314.

[3] כפתור ופרח, éd. Edelmann, p. 36 : הבאתי זה מדברי רוח הקדוש מורי
כי עגמה נפשי לקדושתו ולנשרפים בגזרתו על דבר אמת היתה שריפת
גוף ונשמה קירמ° יום שני אכ (.ו.) ב' אל' = אלול] הכסא אחח פני כסא
היו בחטאינו מאד מהרוגי לוד קדושים כלם מסֵר כלם צדיקים מי יתן
בספר ויחקקו ספרי המלך מלכו של עולם לפניו יתנו עדיהם ויצדקו
הוי עורני ברית דת משה עברית שנפרעין מן העידית והידים ידי
עשיו עושה שלום במרומיו יאמר די לצרותידן ושלום יעשה לנו.
Zunz, *Literaturgeschichte*, 363, croit pouvoir traduire יום שני אל הכסא par « au 2e jour du nouvel-an ». D'abord, le chiffre de l'année manque, ensuite ces mots ne signifient pas cela en hébreu.

le souvenir de la catastrophe de Chinon : il suffit de le lire
comme il faut, pour y voir une source historique de cet événement. Il raconte donc que son maître, R. Eliézer b. Joseph, succomba, avec beaucoup d'autres, sous les coups de l'infâme Esaü,
dans les flammes du bûcher de Chinon. Le *trône* = א״הכס‎ =
5081 (1321), ainsi s'appelle dans le langage de la Chronostique
l'année où le 2 Eloul, fut commis ce crime. Le trône, c'est le
lieu où, les âmes des martyrs s'assemblent autour de la majesté
de Dieu. Ainsi, dans cette langue symbolique, l'année 1321 était
marquée et prédestinée comme l'année de l'effroyable martyre.
C'est le 2 Eloul, c'est-à-dire le jeudi 27 août 1321, que la communauté de Chinon subit le supplice. Et déjà en 1322, au moment
de terminer son ouvrage, Estori Farhi était informé de la triste
nouvelle.

Le pasteur tomba à la tête de son troupeau. Eliézer b. Joseph
était le chef illustre de cette école de Chinon qui, de tout temps,
avait joui de la plus haute autorité auprès des Juifs de France.
La famille d'Eliézer avait hérité de la gloire du grand-père[1],
Nathanel l'Ancien de Chinon, qui brilla parmi les Tosafistes.
Trois frères, tous estimés comme rabbins, Eliézer, Jacob et Nathanel, continuèrent les savantes traditions de la maison[2]. Leur
sœur[3] avait épousé R. Péréç b. Elia, un des plus célèbres talmudistes, l'auteur de nombreuses tosafot sur le Talmud. Le renom
des frères s'était répandu jusqu'en Allemagne et en Espagne. R
Salomon b. Adret et R. Méir de Rothenbourg correspondaient
avec R. Eliézer de Chinon[4]. Nathanel était connu encore comme
poète liturgique, et quelques-unes de ses pièces nous sont parvenues[5].

C'est à l'école de R. Eliézer b. Joseph, de Chinon, qu'Estori
Farhi avait acquis ses profondes connaissances talmudiques, que
pénétrait un grand esprit scientifique. Aussi n'oublia-t-il pas son
maître, même à l'étranger. Il ne se contenta pas de puiser dans
ses ouvrages[6], il fut en correspondance avec lui[7] et le consultait
comme un oracle, assuré de trouver chez lui la solution de toutes
les questions obscures et ardues.

---

[1] Zunz, *Zur Geschichte*, 54 ; Kaufmann, *Revue*, IV, 221 ; Gross, *ibid.*, VI, 185,
note 1.

[2] Zunz, *Literaturgeschichte*, 363 ; Gross, *Monatsschrift*, XVIII, 453, note 1.

[3] Zunz, *Zur Geschichte*, 41.

[4] Perles, *R. Salomo b. Abraham b. Adereth*, 10.

[5] Zunz, *Literaturgeschichte*, 363 ; cf. ציון‎, éd. Zupnik, I, 22 ; Neubauer-Renan,
Les écrivains juifs français, p. 12.

[6] Voir son livre, f° 5 a, et préface, p. x.

[7] Voir son livre, f° 17 : כתב אלי מהר קדש מה״ר אליעזר זק״ל בתשובה‎·

Quel déchirement ne dut-il pas éprouver quand il apprit de quelle façon son vieux maître était mort, et comment, après une existence toute de piété et d'étude, il avait fini ses jours dans le martyre ? Il résolut de lui consacrer un souvenir dans son livre.

R. Eliézer de Chinon ne mourut donc pas en 1306, comme on l'a cru jusqu'ici sur la foi de Graetz [1].

Quinze mille Juifs d'après Salomon ibn Verga [2], cinq mille selon Joseph Haccohen [3], moururent en France comme martyrs cette année-là. L'histoire de Chinon n'est donc qu'un épisode de cette lugubre histoire, si toutefois nous devons en croire ces relations, qui paraissent suspectes.

On dirait, d'ailleurs, que cette époque s'est appliquée à détruire tout vestige de cet événement ; en effet, on n'a pu rien retrouver des ordres, pièces et arrêts de ce temps. « Plus tard, dit M. Lucien Lazard [4], sentit-elle (la royauté) le rôle odieux qu'elle avait joué dans cette affaire ? Il serait téméraire de l'affirmer. Mais les registres de la chancellerie ne contiennent pas un seul des ordres qui furent donnés à l'occasion de ce drame. » Salomon ibn Verga donne raison à la conjecture de notre collaborateur. Dans son récit, défectueux et contesté, de la persécution des lépreux, il ne manque pas d'insister sur ce point, que le roi reconnut bientôt l'inanité de l'accusation et commença d'avoir honte de sa justice irresponsable. De là la couleur de conversion sous laquelle on essaie de représenter cette persécution.

Le besoin de justifier ces massacres a donné naissance, comme l'on sait, à d'autres falsifications [5]. M. Lazard a déjà fait remarquer que les lettres des rois de Grenade et de Tunis aux Juifs, trahissent le faussaire par leur date du 3 juillet 1321. Les victimes de cette terrible calomnie ont commencé à expier le crime qui leur était imputé, bien avant que leur fussent parvenues et même adressées les lettres qui devaient les pousser à ce méfait. Quand les faussaires se mirent à confectionner les lettres imaginaires des rois de Grenade et de Tunis, on avait déjà oublié les dates de ces effroyables événements. C'est un renseignement perdu dans un ouvrage hébreu qui remplit cette lacune.

DAVID KAUFMANN.

---

[1] VII, 287. Cette erreur est reproduite par M. Gross, l. c., XVIII, 435.
[2] Schévet Jehouda, éd. M. Wiener, 86, n° 43.
[3] Emek Habacha, éd. M. Wiener, p. 50.
[4] L. c., 221.
[5] Ibid., 219, note 6, et 221 ; Archives nationales, Layette, 427, n° 18.

BIBLIOGRAPHIE

Textes d'auteurs grecs et latins relatifs au Judaïsme, réunis, traduits et annotés par Theodore REINACH. Paris, Ernest Leroux, 1895 ; in-8° de. XXII + 376 p. (Publication de la *Société des Études juives*) [1].

Nous venons de réunir dans un volume, qui paraît sous les auspices de la Société des Études juives, tout ce que les auteurs grecs et romains ont écrit d'essentiel sur le judaïsme, son histoire, ses mœurs, ses croyances et son pays d'origine. Ces textes ne remontent pas plus haut que la conquête d'Alexandre, pour les Grecs, et l'époque de Cicéron, pour les Romains ; toutes les allusions aux Juifs qu'on a prétendu découvrir dans la littérature antérieure ne reposent que sur des erreurs d'interprétation ou des falsifications. Mais à partir de ces dates, le judaïsme a tenu une place considérable dans les préoccupations des historiens, des philosophes, des polémistes, des satiriques ; il n'y a presque pas un écrivain célèbre qui n'ait été amené à y toucher au moins incidemment ; même après le naufrage qui a englouti la plus grande partie de la littérature antique, nous avons pu recueillir sans peine, sur ce sujet, plus de deux cents extraits, appartenant à plus de cent auteurs différents.

Une pareille collection de témoignages est déjà intéressante par le nombre ; elle ne l'est pas moins par les enseignements qu'elle renferme.

D'une part, pour plusieurs chapitres de l'histoire politique des Juifs, les auteurs païens sont notre seule ou notre principale source d'information. L'historiographie juive, on le sait, s'arrête avec Néhémie pour ne reprendre, d'une manière d'ailleurs fort intermittente, qu'avec les livres des *Macchabées*, l'*Ambassade* de Philon, la *Guerre judaïque* de Josèphe. Pour le reste des quatre siècles qui s'étendent depuis la conquête d'Alexandre jusqu'à la grande rébellion contre Rome, Josèphe, dans ses *Antiquités*, n'a guère fait que transcrire ou arranger des sources païennes : histoires générales comme celles d'Agatharchide, de Polybe, de Posidonius, de Strabon, de Nicolas de Damas ; monographies comme la *Vie d'Hérode* par Ptolémée. Plusieurs parties de cette longue histoire étaient traitées, en outre, de première

[1] Extrait de la préface.

ou de seconde main, par des écrivains que Josèphe n'a pas connus
ou n'a pas pu connaître. Leur témoignage, si tardif ou si fragmentaire qu'il soit, est important à recueillir ; il sert à compléter et à
contrôler celui des auteurs dépouillés dans les livres XII à XX des
Antiquités. A plus forte raison, à partir de l'époque où s'arrête
Josèphe, est-ce aux auteurs païens et aux chroniqueurs chrétiens
qui les ont utilisés qu'il faut recourir pour reconstituer tant bien
que mal les annales du judaïsme dispersé. Ce travail de marquetterie
est laborieux, souvent ingrat ; il n'en est pas moins indispensable,
et l'on pourra voir, en parcourant notre volume, qu'il nous a fourni,
même après tant de recherches antérieures, des résultats nouveaux
et intéressants.

La seconde utilité que présente notre compilation est de permettre
de suivre pas à pas, génération par génération, pendant six siècles,
les variations de l'opinion gréco-romaine au sujet des Juifs. Les destinées des peuples, comme celles des individus, résultent en grande
partie des sympathies ou des antipathies qu'ils éveillent autour
d'eux ; cela est surtout vrai d'une nation, comme les Juifs, qui a été
réduite depuis tant de siècles à un état de subordination politique
telle que sa prospérité, sa liberté, son existence même dépendaient
du bon ou du mauvais vouloir de ses maîtres ou de ses voisins.
L'historien qui recherche les causes des événements doit donc se
demander, avant tout, quelle idée se sont formée des Juifs, à un
moment donné, les peuples avec lesquels ils se sont trouvés en
contact : les opinions dictent les sentiments, les sentiments, tôt ou
tard, se traduisent par des faits. Déterminer ce que les Grecs et les
Romains ont pensé des Juifs, c'est expliquer le traitement qu'ils
leur ont fait subir. Il y a plus : les opinions des anciens sur le
judaïsme, en même temps que leur système de gouvernement à son
égard, ont passé en partie, avec tout le legs de la civilisation antique, à l'Église chrétienne et aux États modernes. L'étude de ces
opinions contribue ainsi à éclaircir tout un développement historique
qui se prolonge jusqu'à nos jours. Telle phrase méprisante de Tacite,
telle accusation de Posidonius ou de Molon trouve encore aujourd'hui
son écho dans la polémique courante ; Apion ressuscité écrit de gros
pamphlets et de petits journaux, et le préjugé, mis en circulation il
y a deux mille ans, suggère encore des lois d'exception dans tel
pays et fait des victimes dans tel autre.

Il est vrai que les textes littéraires ne nous donnent directement
que l'opinion des lettrés, c'est-à-dire d'une classe d'hommes généralement recrutée dans l'aristocratie de naissance, d'éducation et de
fortune. Or, l'écart est grand quelquefois entre les appréciations de
philosophes, de professeurs et de grands seigneurs sur une religion de petites gens et d'affranchis, et les sentiments qu'elle inspire aux classes inférieures et moyennes de la société. Cela est si
vrai que, tandis que la littérature antique s'est le plus souvent
montrée défavorable, surtout méprisante, aux Juifs, le judaïsme n'a

cessé de faire des prosélytes dans le menu peuple de Rome et de la
Grèce, principalement parmi les femmes, les esclaves, les demi-civi-
lisés. Mais ce travail sourd et actif de propagande, qui parfois, d'ailleurs, visait plus haut et gagnait jusqu'aux marches du trône, ce
sont encore les documents littéraires qui nous le font entrevoir. Au
surplus, sur bien des points, l'opinion des lettrés n'a fait que refléter
les préjugés du vulgaire ; sur d'autres elle a contribué à les engendrer ; à tous égards, on le voit, elle est donc utile à consulter.

C'est une erreur de croire qu'elle ait été dès l'origine et unifor-
mément hostile aux Juifs. Il y avait dans le judaïsme des côtés qui
ne pouvaient manquer de lui concilier l'intérêt, la sympathie même
des lettrés. Presque tous étaient libres-penseurs et conduits par la
réflexion philosophique à une sorte de vague monothéisme ou de
panthéisme, qui se conciliait en pratique, mais non en théorie, avec le
polythéisme vulgaire. Comment n'auraient-ils pas salué avec respect
une race d'hommes qui, par le seul effet de l'évolution religieuse,
était arrivée à une conception de la divinité et de ses rapports avec
le monde, à la fois si élevée et si analogue a celle de la philosophie
hellénique ? La simplicité et la pureté morale des croyances des
Juifs, l'austère grandeur de leur culte spiritualiste, leur étude cons-
tante et passionnée de la Loi, qui, à un examen superficiel, se confondait avec la spéculation métaphysique, tout cela excita d'abord au
plus haut degré la curiosité, l'admiration des philosophes grecs. Ces
sentiments se traduisent surtout dans les plus anciens témoignages
qui nous soient parvenus à ce sujet, ceux des observateurs formés
à l'école d'Aristote. C'est Théophraste qui traite les Juifs de « peuple
de philosophes » : le jour, s'entretenant de la divinité, la nuit, con-
templant les étoiles. C'est Cléarque qui les fait descendre des gym-
nosophistes de l'Inde. C'est Mégasthène qui retrouve chez eux toutes
les opinions des anciens physiologues ioniens. Hécatée d'Abdère lui-
même, qui, écrivant en Égypte, formule déjà quelques réserves, rend
hommage au dieu juif et à la loi mosaïque. Bien plus tard encore,
Strabon, écho de Posidonius, n'a que des éloges pour la théodicée de
Moïse et de ses premiers successeurs, dont il fait — sans doute sur
la foi d'une apologie juive *ad usum gentilium* — de véritables stoï-
ciens. Des appréciations du même genre se rencontrent dans la littérature romaine : Varron loue le culte sans images, dont il retrouve
l'analogie dans l'ancienne religion romaine ; même Tacite, malgré
son injustice passionnée envers le judaïsme, trouve des paroles élo-
quentes pour « ce dieu unique, suprême, éternel, que les Juifs révè-
rent par la seule intelligence et dont ils proscrivent toute représentation. »

Mais si le principe de la religion juive ne pouvait que lui valoir
respect et sympathie, d'autres traits de la physionomie morale du judaïsme n'ont pas tardé à détruire cette bonne impression. Ils peuvent
se résumer en deux grands chefs d'accusation : particularisme religieux, particularisme social.

Particularisme religieux. Personne ne trouve à redire que les Juifs aient leur dieu national, lui vouent un culte fervent, le préfèrent même aux dieux des autres peuples : c'est dans l'ordre, chaque État, chaque nation en fait autant. Mais pourquoi vont-ils jusqu'à nier l'existence des autres divinités ? pourquoi, dans les villes grecques où ils ont reçu droit de bourgeoisie, refusent-ils d'adorer, comme tout le monde, les dieux de la cité ? pourquoi, chez eux, renversent-ils les autels et les statues des dieux de l'Olympe, tandis qu'ils interdisent aux gentils l'accès de leur propre sanctuaire ? Les philosophes qui, au fond du cœur, ne croient guère à l'existence des divinités populaires, ont appris, depuis Anaxagore et Socrate, à faire extérieurement bon ménage avec elles ; de quel droit les Juifs se montrent-ils plus philosophes que les philosophes ? Passe encore s'ils se contentaient de vénérer exclusivement, mais discrètement, le dieu unique, le dieu de tout le monde : mais par un excès d'orgueil, que rien ne justifie, ils se sont avisés de faire, de ce dieu universel, en même temps le dieu particulier de leur race ; il est leur découverte, leur monopole, leur chose ; ils veulent l'imposer aux autres nations, avec les formes toutes locales, toutes nationales qu'a revêtues son culte à Jérusalem. Bien plus, au lieu de se féliciter modestement des rencontres fortuites entre leur religion et la philosophie des Grecs, ils prétendent que toute la sagesse hellénique est dérivée de leur Pentateuque : Platon, Aristote, Zénon deviennent les plagiaires de Moïse ! Cette dernière prétention pousse à bout l'amour-propre de l'hellénisme, qui n'entend pas se laisser donner la leçon par une petite tribu de barbares, née d'hier, et dont personne n'avait entendu parler avant Alexandre. A l'amour-propre provoqué se joignent le patriotisme et le loyalisme offensés, lorsque, par une conséquence naturelle de leur monothéisme intransigeant, les Juifs refusent de prendre part au culte des empereurs divinisés : ici le particularisme religieux prend des allures de révolte et de trahison.

Tel est donc le premier grand grief de la littérature contre les Juifs : le mépris des dieux — *gens contumelia numinum insignis* — confondu volontiers avec l'athéisme, l'impiété. Pour Apion, les Juifs sont bel et bien des athées, et c'est sous cette désignation que tombe, à une certaine époque de la législation romaine, le crime de « judaïsme ».

L'autre face du particularisme juif est le particularisme social. Leur loi religieuse est en même temps une loi morale, hygiénique, civile, politique ; elle enveloppe toute leur vie dans un réseau d'observances singulières qui non seulement les différencient des autres peuples, mais encore les en séparent presque absolument dans l'existence quotidienne. Cet isolement social des Juifs, isolement, disait-on, voulu et créé par Moïse, est aux yeux des lettrés une absurdité et un crime. Volontiers ils répètent, comme l'Haman du livre d'*Esther* : « Il y a un certain peuple dispersé parmi les peuples par toutes les provinces de ton royaume, et qui se tient à part, dont les lois sont différentes de celles de tous les peuples, et qui n'observent point les lois du roi : il n'est pas bon qu'il en soit ainsi. » Par une curieuse, mais bien humaine contradiction, les lettrés grecs, avec un orgueil hellénique très exalté, n'en prêchent pas moins l'effacement de toutes les distinctions de mœurs, la fusion des races, l'unification morale du monde, pourvu qu'elle se fasse sous les auspices de l'hellénisme. Les Juifs, de leur côté, ont exactement la même ambition ; mais comme ils ne sont encore, comparés aux Hellènes et aux hellénisants, qu'une faible minorité, en attendant que le monde se convertisse à leur loi — loi, croyance, mœurs, ne font qu'un dans la conception de cette époque — ils veulent au moins sauvegarder leur individualité et mettre leur pureté religieuse à l'abri de toute atteinte. De là ces barrières jalouses dont ils s'entourent, barrières d'autant plus hautes que l'expérience leur a appris les séductions de la civilisation grecque et les dangers qu'elle fait courir à la foi juive dès que la « haie des pratiques » s'est abaissée devant elle.

Ainsi, cette seconde forme du particularisme juif dérive, en définitive, de la première, car la communauté de vie chez les anciens se manifestait surtout par la communauté des actes religieux, la religion était partout, se mêlait à toute chose ; pour ne pas transgresser leur loi religieuse, il fallait donc que les Juifs résidant à l'étranger se tinssent à l'écart de tout, ou peu s'en faut. Or, la fatalité de leur histoire les ayant dispersés à travers tant de pays, cette abstention systématique, dont les Grecs et les Romains ne pénétraient pas le véritable motif, rendait Israël encore bien plus impopulaire que l'exclusivisme de sa foi religieuse ; elle se traduisait, en effet, dans le commerce journalier, par mille petits faits sensibles, par le refus de manger avec les païens, de prendre part à leurs jeux, à leurs exercices, comme aussi de servir sous leurs étendards, par l'autonomie juridique, par les mariages séparés. Partout où des colonies juives un peu nombreuses s'étaient établies, volontairement ou non, au milieu de populations grecques ou hellénisées, les Juifs prenaient et gardaient fatalement une physionomie exotique. Ils avaient beau parler, écrire le grec, s'organiser à la grecque : leur solidarité étroite, leur isolement social et légal, dont la malignité s'exagérait, d'ailleurs, la portée et les conséquences, les posait et les opposait, vis-à-vis des Grecs et des Romains, comme des étrangers, « plus éloignés de nous, dit Philostrate, que Suse, Bactres ou l'Inde. » Les Grecs les détestaient d'autant plus cordialement que, seuls de tous les barbares (si l'on excepte leurs cousins les Phéniciens, bien vite hellénisés), ils montraient de réelles aptitudes commerciales, et que ces rivaux s'étaient fait accorder par les rois macédoniens, par les empereurs romains, des privilèges équivalant à ceux des Hellènes : ils étaient citoyens grecs à Alexandrie, à Antioche, à Éphèse ; citoyens romains — par l'effet de l'affranchissement — à Rome et ailleurs. L'indignation jalouse contre ces concurrents, qui s'obstinaient à faire bande à part, s'exprima, en pratique, par des conflits incessants, dans la littérature par un flot d'épithètes injurieuses qui se résument toutes dans le reproche de singularité, d'insociabilité (ἀμιξία), de vie fermée, contraire à l'hospitalité. Ce reproche, qui paraît d'abord chez Hécatée d'Abdère, se répète sous des formes multiples jusqu'aux derniers temps de la littérature païenne, jusqu'à l'empereur Julien, jusqu'à Rutilius Namatianus. Avec une exagération manifeste, on en fait le crime de misanthropie, de haine du genre humain, qui sera reproduit contre le christianisme naissant. Au point de vue un peu plus étroit, l'adoption de la loi juive équivaut, aux yeux des Romains, au rejet de la loi, de la nationalité romaine : c'est un crime de lèse-patrie, en même temps que de lèse-religion. De là les constitutions impériales qui répriment sévèrement la propagande juive, de là l'indignation qu'excitent ces « vaincus qui veulent faire la loi aux vainqueurs » chez tous les écrivains attachés aux fortes traditions de la vieille Rome, Cicéron comme Sénèque, Tacite comme Juvénal.

Telles sont les deux grandes sources des mauvais sentiments qui ont régné dans l'antiquité contre les Juifs, et en même temps des persécutions, très intermittentes d'ailleurs, qu'ils ont subies de la part des peuples ou des gouvernements. Tout le reste n'est qu'accessoire et secondaire : ni l'antisémitisme de race, invention des pédants modernes, ni l'antisémitisme économique, produit de la législation du moyen âge et du mouvement financier contemporain, ni l'intolérance religieuse n'ont joué, quoi qu'on en ait dit, un rôle appréciable à l'époque gréco-romaine. Seulement, une fois l'aversion contre une classe d'hommes créée et enracinée par un motif quelconque, dans l'objet haï tout devient haïssable ; l'opinion préconçue donne naissance ou crédit à des fables, à des calomnies, qui contribuent, à leur tour, à la généraliser et à la fortifier, quelquefois même survivent à ses véritables causes. Le Juif, dans l'antiquité, n'a pas échappé à cette loi fatale ; il a été, là aussi, « le pelé, le galeux d'où venait tout le mal ». Les diffamations variées, plus ou moins répandues, dont il est la cible, ont un lieu d'origine bien marqué : Alexandrie. Là se forma, en effet, la première grande colonie juive, là se dessina pour la première fois l'opposition entre le judaïsme et l'hellénisme, en même temps que se produisaient les premières tentatives de pénétration réciproque. L'antijudaïsme devait s'y développer d'autant plus rapidement que les Égyptiens, vivant en bons termes avec les Grecs, nourrissaient d'anciennes rancunes contre les Juifs, qui méprisaient publiquement les superstitions égyptiennes et racontaient avec orgueil comment, au temps de Moïse, le peuple élu avait triomphé de ses oppresseurs.

Il est très remarquable que la première attaque caractérisée de la littérature grecque contre les Juifs se rencontre dans l'ouvrage historique d'un prêtre égyptien hellénisé, Manéthon : c'est la contre-partie du récit hébreu de l'Exode. Cette faible invention des « impurs » et des « lépreux », bannis par un Aménophis ou un Bocchoris, et devenus, après mille aventures, le peuple juif, paraît être née dans les sacristies égyptiennes ; Manéthon l'a plutôt accueillie qu'imaginée, car on en découvre déjà des traces chez son devancier Hécatée d'Abdère. Elle a fait une prodigieuse fortune : on la retrouve, sous des formes diverses, et agrémentée chaque fois de détails nouveaux, chez Posidonius, Chœrémon, Lysimaque, Apion. Les auteurs romains, qui, même en matière d'antisémitisme, sont les élèves dociles des Grecs, l'ont scrupuleusement reproduite et préférée aux autres versions, non moins ineptes d'ailleurs, de l'origine du peuple hébreu. Le reste de l'histoire juive, très mal connu, n'est pas mieux traité : il se résume en une succession de grands prêtres qui ont fomenté la superstition, et de tyrans qui ont pratiqué le brigandage et le massacre.

Après avoir ridiculisé l'origine des Juifs, on s'attaque à leur présent : rien n'y est épargné. Leur physique d'abord : ils sont très sujets à la lèpre et à la gale ; Moïse doit son surnom d'*Alpha* aux dartres dont il était couvert ; le nom même du sabbat vient d'un ulcère dont les Juifs ont souffert dans le désert ; la crainte des maladies cutanées explique l'abstinence de la viande de porc. Les Juifs sont sales, ils sentent mauvais à cause des jeûnes répétés. Leur intelligence ensuite : ils sont abrutis, selon Marc-Aurèle, insensés, suivant Molon, les plus ineptes de tous les barbares ; jamais ils n'ont produit d'homme remarquable dans les arts ou les sciences ; leur civilisation est rudimentaire, empruntée et de fraîche date. Enfin leur caractère : on leur prête les défauts les plus contradictoires, servilité, esprit de sédition, entêtement, colère furieuse, témérité, couardise. Tacite leur reproche la débauche — *projectissima ad libidinem gens*, — Hadrien l'avarice. Ils sont brigands, accapareurs, mendiants, marchands de sortilèges, ramasseurs d'épaves. Leurs lois ne leur enseignent que des vices et ils les pratiquent par religion ; à peine veut-on bien leur accorder quelques vertus de famille, l'amour de leurs enfants et le soin qu'ils mettent à les élever, puis aussi quelques coutumes de charité envers les animaux. Mais, en somme, c'est une race scélérate, exécrable, le rebut et la lie de toutes les nations.

La religion même des Juifs, qui devrait trouver grâce devant des penseurs, est enveloppée dans la condamnation générale. C'est une « superstition barbare », une coutume « absurde et sordide », un amas d'impostures grossières, imaginées par un charlatan, Moïse, dont on fait tantôt un scribe ou un prêtre égyptien, tantôt même une femme, Môsô. Ces hallucinations mensongères sont bonnes tout au plus pour des enfants, des rustres. Le dieu des Juifs se confond avec le ciel ou les nuages ; c'est une sorte de Sabazius ou de Bacchus morose, ou je ne sais quelle vague entité qui échappe à la définition. Parmi les pratiques religieuses, on connaît surtout le sabbat, la circoncision et les lois alimentaires, particulièrement l'abstinence de la viande de porc ; ces usages, souvent mal compris (on s'obstine, par exemple, à faire du sabbat un jeûne), sont l'objet de vingt conjectures bizarres et fournissent le thème d'inépuisables plaisanteries.

Mais il ne suffit pas de tourner en dérision les cérémonies réelles des Juifs : on leur en attribue encore d'imaginaires, naturellement sanguinaires ou grotesques. C'est ici surtout que la fantaisie malveillante des pamphlétaires alexandrins, favorisée par le mystère dont les Juifs entouraient le culte du sanctuaire, s'est donné libre carrière. Les Juifs, dit-on, professent pour l'âne une vénération singulière, soit parce qu'il est l'animal sacré de leur ancêtre Typhon, soit parce qu'un troupeau d'ânes leur a révélé la source qui les a sauvés dans le désert ; aussi ont-ils placé dans leur temple une tête d'âne en or ou la statue de Moïse monté sur un âne : c'est là le grand secret, le mystère du « saint des saints ». Ceci n'est que risible ; voici qui est odieux : tous les ans, suivant Apion, tous les sept ans, suivant Damocrite, ils capturent un Grec, l'immolent à leur dieu après l'avoir engraissé et se nourrissent de ses entrailles ; c'est à cette occasion qu'ils prêtent le monstrueux serment de ne vouloir de bien à aucun étranger, principalement aux Grecs. Tel est le premier germe de l'accusation du meurtre rituel qui a fait couler au moyen âge tant de sang innocent. Le christianisme n'aurait pas dû oublier que cette calomnie, aussi bien que celle du culte de l'âne, ne lui avait pas été épargnée à son origine.

On voit, par ce bref résumé, la physionomie, le genre d'intérêt que présentent les fragments réunis dans notre volume. La vérité y est comme noyée dans la fable, la médisance et la haine y sont plus largement représentées que la bienveillance ou l'impartialité. C'est une lecture agaçante, parfois pénible, mais profitable, car l'histoire des préjugés est une partie, et non des moins notables, de l'histoire de l'esprit humain. Tout, d'ailleurs, n'est pas préjugé, erreur ou calomnie dans ce que les anciens ont dit des Juifs, et leurs critiques même peuvent être utiles à méditer. En constatant l'ancienneté et la persistance de certains griefs, l'historien philosophe sera tenté d'y démêler une part de vérité. Et le spectacle des malentendus d'autrefois achèvera de démontrer, même aux yeux des plus timides, qu'il y a eu pour Israël affranchi une véritable nécessité, en même temps qu'un devoir, de concilier la fidélité à sa tradition religieuse — son honneur devant l'histoire — avec l'assimilation morale et extérieure la plus complète à ses concitoyens d'autres cultes. Une pareille entreprise était impossible ou périlleuse dans la société antique ou féodale, où les pratiques religieuses enveloppaient et pénétraient, en quelque sorte, tous les actes de la vie politique et civile ; dans une société sécularisée, comme celle qui est sortie de la Révolution, elle n'offre plus ni danger, ni difficulté sérieuse. Aussi a-t-elle partout réussi, là, du moins, où des causes extérieures n'ont pas retardé et ne retardent pas encore cette inévitable évolution.

Théodore Reinach.

Das Buch der Schöpfung, nach den sämmtlichen Recensionen möglichst kritisch redigirter Text, nebst Uebersetzung, Varianten, Anmerkungen, Erklärungen und einer ausführlichen Einleitung, von Lazarus GOLDSCHMIDT. Francfort, 1894, in-8°.

Le *Séfer Yeçira*, qui doit surtout sa renommée aux Cabbalistes, est plus que jamais à l'ordre du jour. En outre des études intéressantes de M. Epstein [1], ces dernières années ont vu publier les principaux commentaires du Livre de la Création, ceux de Sabbataï Donolo, d'Eléazar de Worms, de Juda ben Barzillaï et de Saadia. Comme tous ces commentaires contiennnent le texte même du Séfer Yeçira, il est devenu plus facile d'en faire une édition critique. C'est la tâche qu'a entreprise M. Lazarus Goldschmidt; seulement M. G. a eu le tort de ne pas utiliser les manuscrits, sous prétexte qu'ils offraient des leçons encore plus corrompues que les éditions, et des éditions mêmes M. G. n'a mis à profit que les deux textes de l'édition de Mantoue, celui de Loria et celui de Saadia. M. G. a essayé de rétablir le texte véritable du Séfer Yeçira, en en élaguant toutes les additions et interpolations, et s'est tiré de ce travail délicat en considérant comme ajouté tout ce qui ne se trouvait pas dans les quatre textes qu'il a choisis. Ce procédé n'est pas toujours suffisant. Ainsi, dès le premier paragraphe on remarque que חקק et ברא font double emploi. M. G. ne s'en est pas aperçu, parce que les deux mots se trouvent dans tous les textes. On aimerait aussi avoir quelques renseignements sur l'origine et la nature des additions supposées. M. G. a imprimé en gros caractères le texte authentique et en petits caractères les parties douteuses et a ponctué le tout [2]; il n'a pas ponctué ce qui lui semblait ne pas être autre chose que des gloses explicatives.

M. G. a traduit le Séfer Yeçira, et il y aurait mainte observation à faire sur sa traduction. Par exemple, on admettra difficilement l'interprétation que M. G. donne de סבר וסבר וסבור, en lisant : סָפָר וסֹפָר וסָפּוּר. Comme le second ספר ne porte dans aucun texte de ו après le ס, on ne peut pas lire כֹּפֶר. Ensuite, que signifie « compte, compteur et compté » ? M. G. ne le dit pas. On fera bien de s'en tenir à l'explication de Saadia, qui lit : סֵפָר וסֹפָר וְסָפּוּר, et traduit : « l'écriture, le nombre et la parole ». Tout au plus vaudrait-il mieux intervertir les deux premiers mots. Le Séfer Yeçira

---

[1] Voir *Revue*, XXVIII, 95.

[2] La ponctuation est quelquefois inexacte. Il faut lire שֶׁלְּכָךְ (I, 8), au lieu de שֶׁלְּכָּךְ, יְצוּר (II, 2), au lieu de יְצוּר, כְּתַפֵּט... מְאָרִיר (II 6), au lieu de מְאָרִיר... כְּתֹפֵט, etc. Il aurait mieux valu supprimer certaines *matres lectionis*, inutiles quand on ponctue, comme dans גִּילָה (VI, 15) pour גִּלָּה.

veut expliquer la création au moyen des nombres et des lettres écrites et prononcées. Quant à l'expression ספרים שלשה, elle est presque intraduisible, car elle signifie littéralement : trois *s/r* (le *s⁶/ᵃr*, le *sᵉ/ᵉr* et le *sⁱ/ᵒᵘr*). — M. G. aurait dû aussi expliquer ce qu'il entend par *Grundbuchstaben*, etc.

M. G. a fait précéder le texte d'une introduction étendue, où il étudie l'âge, le contenu, le texte, l'histoire et la bibliographie du Séfer Yeçira.

En ce qui concerne la date du livre, M. G. croit pouvoir la reculer à deux siècles avant l'ère chrétienne ; malheureusement, il n'apporte pas d'arguments nouveaux pour prouver cette thèse. Les deux citations connues du Talmud de Jérusalem (*Sanhedrin*, VII, 19) et de Babylone (*Sanhedrin*, 65 *b* et 67 *b*) n'ont aucune valeur. Le mot ספר יצירה ne se trouve pas dans le Talmud de Jérusalem, et l'on ne voit pas comment notre Séfer Yeçira aurait pu servir à faire des miracles. Là surtout où M. G. pousse trop loin l'amour du paradoxe, c'est quand il soutient que le Séfer Yeçira est écrit en hébreu biblique. Si un texte où l'on rencontre des mots comme אוֹתִיּוֹת, דבור, בינתים, סִמָּן, אויר, אֵלּו, לכך, בֵּרוּר, מילה, אמצע, מִכַּוֶנֶת, מכאן ואילך, רָאיה, עבדרות n'appartient pas à la langue du Talmud, il faut renoncer à distinguer l'hébreu de la Mischna de celui des Ecritures. Et, d'ailleurs, si Saadia, au lieu de faire remonter la rédaction du Séfer Yeçira à Abraham, croit devoir l'attribuer aux *Tannaïm*, c'est pour la seule et unique raison que le Séfer Yeçira est écrit dans le dialecte talmudique.

M. G. a tout à fait raison de ne voir dans ce livre ni une œuvre philosophique ou gnostique, ni une élucubration cabbalistique au sens postérieur du mot. C'est une simple explication de la création du monde par le système décimal et les groupes de lettres de l'alphabet hébreu. Quant aux rapports avec la cosmogonie babylonienne, M. G. fait des réserves qu'il aurait pu accentuer. Les connaissances cosmographiques de l'auteur du Séfer Yeçira ne sont pas telles qu'il ait dû faire appel à la science chaldéenne pour le composer. Nous doutons que la comparaison de la cosmogonie du Séfer Yeçira avec les théories chaldéennes et indiennes aboutisse à quelque résultat.

P. 23-24 M. G. expose les lignes principales de cette cosmogonie, mais son résumé manque de clarté. On y voit, par exemple, que les vingt-deux lettres ont été créées avec l'air, et que les trois éléments, l'air, l'eau et le feu, ont été créés avec les trois lettres principales. L'auteur du Séfer Yeçira n'a pas pu se contredire à ce point. En réalité, il dit (I, 10) que les lettres ont été tracées dans le souffle רוח, qui n'est peut-être pas identique avec l'air אויר (cf. III, 4). En tout cas, si la contradiction est dans le Séfer Yeçira, il aurait fallu l'approfondir.

Dans le troisième chapitre de son introduction, M. G. traite des différentes versions du Séfer Yeçira. M. G. n'est pas tendre pour le

texte de Saadia, et il accuse le Gaon de manquer de sens critique.
Cela peut arriver aux meilleures personnes, mais Saadia a l'excuse
d'être né en 892. D'après M. G., le texte de Saadia est de tous le plus
mauvais et le plus corrompu. Or, *tous*, chez M. G., se réduit à *deux*,
puisque le second texte de l'édition de Mantoue est aussi un texte
saadianique, et que celui de Loria ne se distingue du premier texte
de cette édition que par des additions cabbalistiques. Il est à remarquer que le texte de Saadia se rapproche beaucoup de celui de Donolo ; seulement, Donolo suit l'ordre qu'on retrouve dans les éditions
ordinaires.

La question de l'ordre primitif du texte du Séfer Yeçira n'est pas
encore résolue. M. G. dit que le texte de Saadia est sans aucun
ordre systématique. C'est pourtant suivre un plan que de donner
dans chaque chapitre un paragraphe sur les nombres, un sur les
lettres principales, un sur les lettres doubles, un sur les lettres
simples et une conclusion. Il est vrai que certains paragraphes, chez
Saadia, ne se trouvent pas a leur place ; mais l'arrangement général
n'en subsiste pas moins. Les textes ordinaires sont défectueux, au
moins en un point : la cosmogonie y est découpée en morceaux (I, 9-
13 ; II, 6 ; III, 8-10 ; IV, 8-14 ; V, 7-18) ; chez Saadia, au contraire, elle
se suit (ch. IV, en supprimant 3-5 ; V et VI, moins le commencement).
De plus, si l'ordre primitif est celui du texte de Saadia, on comprend
que l'on ait trouvé plus commode de réunir tout ce qui est relatif
aux dix nombres, puis ce qui se rapporte aux trois lettres principales et ainsi de suite. Mais, si Saadia avait eu sous les yeux le texte
ordinaire, pourquoi se serait-il avisé d'en changer l'ordre ?

M. Epstein (*Monatsschrift*, t. XXXIII, p. 119) a, il est vrai, voulu
démontrer que Saadia a opéré ce bouleversement du texte. L'autorité qui s'attache aux opinions de M. Epstein nous oblige à reprendre la question, et l'on ne nous en voudra pas si, à l'occasion du
livre de M. G., nous reproduisons et examinons, l'un après l'autre,
les arguments dont M. Epstein a étayé sa thèse : « Saadia, dit-il,
insiste a la fin de son introduction sur ce que le Séfer Yeçira n'a
pas été écrit par Abraham, mais seulement plus tard. Par là, Saadia
veut justifier son procédé ; a une œuvre qui s'est conservée longtemps oralement et n'a été rédigée que tard, on peut plutôt se permettre de faire des changements. »

Voyons si les termes de Saadia mènent à la conclusion qu'en tire
M. Epstein. Saadia s'exprime ainsi : « Nous dirons que les Anciens ont transmis que ce livre a été composé par Abraham, notre
père, comme cela est expliqué à la fin : *Et lorsqu'Abraham, notre
père, l'eut compris, Dieu se révéla à lui.* Mais ils ne disent pas qu'il
ait employé les termes mêmes de ce livre, tels qu'ils sont présentement, ils disent seulement qu'il a réussi à tirer ces idées de son
intelligence, et il lui est venu à l'esprit que les nombres et les lettres
étaient les origines des choses, comme nous l'expliquerons ; il a
donc connu (ces idées) pour lui-même et les a enseignées aux mono-

théistes qui étaient avec lui. Elles se sont toujours transmises dans notre peuple, sans être écrites, comme la Mischna a été transmise sans être écrite, et même une partie de la Bible est restée de longues années à l'état de tradition non écrite, comme *les Proverbes de Salomon qu'ont rédigés les gens d'Ezéchias, roi de Juda.* Lorsqu'est arrivé le temps où les docteurs de la nation se sont réunis, qu'ils se sont occupés des questions de la Mischna, les ont exprimées par des mots qui leur étaient propres et les ont rédigées, ils ont agi de la même façon pour ce livre ou pour ce qui se rapprochait des idées de ce livre, et il en est résulté ces divisions des paragraphes et cet ordre dans l'exposé. »

Voilà ce que dit Saadia. Y a-t-il là le moindre indice que le Gaon ait remanié le Séfer Yeçira ? Se serait-il permis de bouleverser la Mischna, ou les Proverbes des gens d'Ezéchias, qu'il met sur la même ligne que le Séfer Yeçira ? Saadia attribue formellement le texte du Séfer Yeçira aux docteurs du Talmud. S'il en avait arrangé l'ordre selon sa fantaisie (*nach seinem Gutdünken*), il faudrait qu'il eût sciemment déguisé la vérité en attribuant aux Tannaïm sa propre rédaction. On a vu plus haut la raison pour laquelle Saadia les considère comme les rédacteurs de ce livre.

« Nous comprenons par là, continue M. Epstein, pourquoi S. a dû faire précéder ses explications du texte tout entier. Lui-même dit : ואחר שהגיע האומר להתחיל ולפרט זה הספר מסכים אני ליסדהו הלכה הלכה עד תומה¹ ואחר כן אפרשהו לפי שאינו רב המציאות וגם רוב העולם אין בקיאין בו פן יפול בו טנוי וחלוף. ונאמר תחלה שהוא שמנה פרקים כל אחד מהם יש לו ענין ובאיר².

M. Epstein a cité la traduction hébraïque contenue dans le manuscrit de Munich au lieu de l'original, dont voici la traduction : « Et puisque nous en sommes arrivé à commenter le texte du livre, nous croyons bon de transcrire chaque paragraphe intégralement et ensuite nous l'expliquerons (le paragraphe) ; car ce livre n'est pas un livre répandu et, en outre, un grand nombre de gens ne le comprennent pas ; (nous ferons ainsi) afin qu'il n'y entre pas d'altération ni d'erreur, et nous dirons, pour commencer, qu'il se compose de huit chapitres ou sections, chacun sur un sujet spécial². »

L'auteur de la traduction hébraïque, au lieu de rapporter les suffixes de נסברהא et עלי תמאמהא au mot הלכה, « paragraphe », a lu, par erreur, נסרה et אלי אלתמאמה et a rapporté le suffixe ה au mot כתאב « livre ». Saadia dit qu'il donne le texte intégral de chaque *halakha* avant de l'expliquer ; il ne dit pas du tout qu'il établira le texte entier du livre avant de le commenter. Quant au mot נתבה = ליסדהו, qui, d'après M. E., signifie « fixieren », il peut tout aussi bien

---

¹ La copie que nous avions du manuscrit de Munich portait עד תומו, ce qui doit être le texte qu'avait M. Epstein ; autrement il n'y aurait pas eu moyen de se tromper sur le sens de la phrase.

² Le mot ובאיר = ובראן se rapporte à ce qui suit.

signifier transcrire, mettre sur le papier. אהבת est employé très
souvent ainsi par Saadia et se trouve, avec ce sens, dans tous les
dictionnaires arabes. Il ne résulte donc nullement de ce passage
que Saadia ait fixé, c'est-à-dire arrangé et remanié le texte.

« S. passe sous silence, ici, la principale raison pour laquelle il lui
a fallu fixer le texte ; mais, à un autre endroit, il la laisse voir clairement. On sait que la version de Saadia place le paragraphe sur
les lettres au milieu de celui de la seconde Sephira, tandis que dans
toutes les autres versions, les Sephirot et les lettres sont soigneusement séparées. Saadia s'efforce de justifier ce nouvel arrangement
et en donne la raison. Il écrit, sur IV, 2 : שתים רוח מרוח...ובזה
האויר נהיה המאמר ויסודרו בו העשרים ושתים אותיות ועשר ספירות
ובם צויירו צורות הנפשות וכל הנמצא. ולפי׳ אספם אליהם באומר
ההלכה השליטית. [Traduction, d'après l'arabe : Deuxièmement
(Dieu) a créé un air du premier air... C'est dans cet air que s'est
produite la volonté (divine) et qu'elle a tracé les vingt-deux lettres
et les dix nombres, images des personnes et de tout être ; c'est
pourquoi (l'auteur) a joint les (lettres) aux (nombres) en disant :
dans le troisième paragraphe]. »

On ne voit pas là non plus que ces paroles révèlent le remanie-
ment que le texte aurait subi. Saadia a bien vu que les créations
tirées des dix nombres n'auraient pas dû être coupées en deux parties, et que les paragraphes 3-5 n'étaient pas à leur place. Il tâche
de justifier comme il peut *l'auteur* du livre ; mais cela même
prouve que ce n'est pas lui qui a arrangé volontairement le texte de
cette façon.

« Les innovations de Saadia concernant l'ordre du texte du Séfer
Yeçira furent peu approuvées. Dounasch les reproche à S. en disant : והרבה [ר׳ סעדיה] להכניס דברים אחרים אינם מעניני סברת
קובץ עקר הספר ומיסדו, לכך ראיתי לעזוב מה שבידי מזולת ספר
זה ולהתעסק בפירושו ולגלות מה שצפן בו קובצו [קובצו l.] ואוספר
הראשון שנד רב סעדיה ז״ל בעניניהם והמקומות אשר טעד במו.
Ici Dounasch atteste assez clairement que Saadia s'est permis de
faire des changements au Séfer Yeçira et qu'il y a ajouté des interpolations. »

Voici la traduction du passage cité par M. Epstein, d'après la
version hébraïque ; on n'a plus malheureusement l'original arabe
du commentaire de Dounasch :

« Saadia a fréquemment introduit des choses étrangères qui n'ont
pas de rapport avec la pensée de l'auteur et rédacteur du livre. C'est
pourquoi j'ai trouvé bon de laisser ce que j'ai entre les mains en
dehors de ce livre, et de m'occuper à l'expliquer et à révéler ce que
le premier auteur et rédacteur y a mis et dont Saadia a altéré les
idées. Les endroits où Saadia s'est trompé sont... »

Dans ce passage, Dounasch a évidemment en vue la manière par
trop philosophique dont Saadia commente le Séfer Yeçira. Le Gaon
a introduit dans le livre des idées que l'auteur n'a jamais eues. C'est

là ce que Dounasch lui reproche, mais il n'est pas du tout question
d'altérations que S. aurait fait subir au texte.

« Pour faire mieux comprendre Dounasch, rappelons qu'il avait
primitivement l'intention d'adapter son commentaire à la version de
Saadia, pour pouvoir réfuter Saadia point par point. Il y renonça
ensuite, et écrivit son commentaire d'après la version courante.
Dounasch le raconte, à la fin de son commentaire, de la manière
suivante : רבקודם לכן התחלנו לפרש ספר זה בנסחא זולת זאת הנסחא
ובארנו בו מאמר רב סעדיה ז"ל פרק אחר פרק... ובראותי כי הולך
הענין ומתארך חכט (חלטנו l.) ממנו ונעזבנהו ונקצר הענין כפי מרה
ראיתי בספרנו זה . [Auparavant, nous avions commencé à commenter ce livre dans une autre version que celle-ci, et nous avions
expliqué les paroles de Saadia, chapitre par chapitre... Mais, ayant
vu que la matière s'allongeait, nous avons coupé court, et nous y
avons renoncé. Nous avons abrégé la matière, comme j'ai cru bon de
le faire dans notre livre présent]. »

On voit que Dounasch a trouvé trop long de suivre Saadia chapitre par chapitre, mais nullement qu'il lui reproche d'avoir changé
son texte.

« Barzillaï aussi blâme la version de Saadia avec ses huit chapitres. P. 105, il dit : וספר יצירה המצוי היום אצלנו בנוסחאות א"ע"פ
שיש קצת נוסחאות שמערבבין אותו אבל ברב הנוסחאות הוא חלוק לחמשה
פרקים. [Quant au Séfer Yeçira, qui est répandu chez nous dans
(différentes) versions, bien que quelques textes en changent l'ordre,
dans la plupart des textes, il est divisé en cinq chapitres]. Cf. aussi,
p. 138 et 221. P. 213, Barzillaï dit de nouveau : ומצאנו בספר שאמרו
עליו שנעתק מדברי רבינו סעדיה ז"ל ללשון הקדש — ואע"פי שלא מצאנו
אותו הספר פסקותיו כל הסדר. [Nous trouvons dans le livre, qui, à
ce qu'on dit, est la traduction des paroles de Saadia en hébreu —
bien que nous n'ayons pas trouvé les paragraphes de ce livre dans
l'ordre (habituel)].

S'il y a, dans ces passages, un blâme adressé au texte de Saadia, ce blâme n'est pas très sévère. Barzillaï constate simplement
que l'ordre du texte de Saadia n'est pas celui des textes ordinaires.

« Des déclarations de Dounasch et de Barzillaï, il résulte que le
texte de Saadia doit sa naissance à ce Gaon. »

Des passages cités, cette conclusion ne ressort pas suffisamment.

« S'il y avait eu une telle version avant Saadia, elle serait arrivée
à l'un ou à l'autre commentateur. »

Ceci est un argument *a silentio* qui n'est pas décisif. On sait
qu'une fois un texte adopté, les autres disparaissent facilement. Si
le texte de Saadia n'avait pas fait corps avec son commentaire, il
est probable que nous ne l'aurions pas conservé du tout. De plus, il
semble résulter du premier passage de Barzillaï que le texte de
Saadia n'était pas le seul de son genre.

« Un coup d'œil sur la version de Saadia suffit pour voir qu'il ne
peut pas être la rédaction primitive du Séfer Yeçira. » Nous avons

nous-même déclaré que le texte de Saadia est altéré, mais l'autre texte nous paraît l'être encore davantage.

« (Le texte de Saadia) est une combinaison artificielle de sujets qui sont, d'après le système de ce livre, très éloignés les uns des autres, et rappelle les combinaisons ingénieuses, mais inexactes, de Saadia dans ses traductions des Écritures saintes. »

Comme il ne s'agit, dans toute cette affaire, que de l'ordre dans lequel doivent être rangés les paragraphes d'un livre extrêmement court, les différents sujets qui y sont traités ne peuvent pas être bien éloignés les uns des autres.

« Nous savons maintenant ce que nous avons à penser de la version de Saadia. C'est une création manquée de Saadia et nullement *l'ordre primitif, le texte le plus ancien*, comme M. Lambert voudrait le représenter. »

Nous ne tenons pas essentiellement à sauver l'honneur du texte de Saadia, et dès que nous aurons des preuves convaincantes que c'est une invention du Gaon, nous l'admettrons très volontiers En attendant, nous conservons l'opinion que nous avons émise dans notre introduction au Séfer Yeçira de Saadia.

Revenons au livre de M. Goldschmidt. Les deux chapitres qu'il consacre à l'histoire et à la bibliographie du Séfer Yeçira sont un répertoire instructif. Nous remarquerons seulement que l'édition du commentaire d'Eléazar de Worms, que M. G. dit avoir vue citée dans un catalogue, a paru à Prezemysl, en 1883, et nous relèverons un *lapsus* singulier que M. G. a commis (p. 37) en parlant du Séfer Yeçira de Saadia. M. G. écrit que, d'après certains bibliographes, Saadia aurait traduit en arabe le Séfer Yeçira, mais que cette traduction manque dans l'édition Lambert. Or, cette traduction s'y trouve pour les quatre premiers chapitres, et Saadia, à la fin du quatrième, dit qu'il a trouvé inutile de traduire les quatre derniers chapitres, qui ne font que répéter ce qui précède.

MAYER LAMBERT.

Sifrè Suta... Arrangé pour la première fois d'après le Midrasch Haggadol ms., le Yalkout Schimeoni et d'autres ouvrages, accompagné de notes et précédé d'une introduction, par B. KŒNIGSBERGER. 1re livraison. Francfort-sur-Mein, I. Kaufmann, 1894.

Il existait jusqu'au XVIe siècle un midrasch halachique sur les Nombres, qui était désigné, entre autres, sous le titre de *Sifrè Zouta*. Ce midrasch émane de l'école d'Akiba, tandis que notre *Sifrè* sur les Nombres provient de l'école d'Ismaël. Le Sifrè Zouta, si important pour l'étude de l'exégèse des Tannaïtes, s'est perdu ; on n'en possède plus que des fragments, disséminés dans le Yalkout et plusieurs autres ouvrages imprimés et manuscrits. M. Kœnigsberger a entrepris de réunir et d'expliquer ces fragments. Outre les sources connues, il utilise pour son travail les midraschim mss. du Yémen, qui contiennent de nombreux passages du Sifrè Zouta. La première livraison renferme le Sifrè Zouta sur la première et une partie de la deuxième péricope des Nombres, avec des notes. L'introduction sera publiée plus tard.

Nous remercions M. K. de nous faire connaître cet ouvrage important, qui appartient à la période anté-talmudique. Dès la première livraison, il prouve, comme nous l'avons, du reste, déjà vu par ses travaux antérieurs, qu'il connaît parfaitement la littérature rabbinique. Il explique dans des notes très intéressantes les termes techniques employés par le Sifrè Zouta dans les discussions halachiques, et qui ne se sont conservés en partie que dans des manuscrits. Voir, par exemple, p. 5, la note 15 sur אמרת. M. K. cite également les passages parallèles et en traite longuement. A mon avis, il se laisse pourtant parfois entraîner dans des discussions inutiles. 1 *b*, note 5, il oppose à une déduction halachique du Sifrè Zouta une assertion de l'Aggada et il s'efforce de faire disparaître la contradiction. Mais il a tort de prendre l'Aggada au sérieux et de ne pas se souvenir de cette ancienne règle, très judicieuse : אין למדין לא מחוך הלכות ולא מתוך הגדות (jer. *Haguiga*, I). Ibn Ezra a dit dans un cas pareil רסוף דבר ¹. אמרו הגאונים על הדרש אין מקשין בו ולא ממנו. Du reste, l'objection de M. K. en elle-même n'est pas sérieuse. Si, d'après l'Aggada mentionnée, les Israélites furent guéris de toutes leurs infirmités physiques quand ils se trouvèrent au pied du mont Sinaï, nous savons aussi par la même source que ce miracle cessa dès qu'ils eurent fait le veau d'or. Ils furent de nouveau atteints d'infirmités quand ils eurent péché : כיון שעשו אותו מעשה של עגל הזרו למומן (Midrasch rabba sur Nombres, ch. VII, 1, et passages parallèles). Le Sifrè Zouta avait donc le droit de supposer que plus tard, au moment du recensement du peuple, il y avait de nouveau des חגרין et des סומן. — D'après le Sifrè Zouta (1 *b*), il y a une différence, pour le sens, entre קרואי העדה (Nombres, I, 15), où le *queri* est avec ו, et קריאי העדה (*ibid.*, XXVI, 9), où le *queri* est avec י. Mais, pour le Sifrè Z., cette différence ne provient pas, comme le croit M. K. (note 10), de ce que la forme du *vav* et celle du *yod* sont différentes, mais de ce que le Sifrè Z. considère קרואי comme passif et קריאי comme un actif, à l'instar des formes נגיד, נביא. Cf. *Zeitschrift* de Geiger, II, 160, et Fuchs, *Studien über... Ibn Balâm*, p. VIII.

Nous souhaitons, pour terminer, que M. K. publie très prochainement les livraisons suivantes, ainsi que l'introduction.

A. EPSTEIN.

---

¹ Commentaire abrégé sur Exode, éd. Presbourg, p. 8. Cf. תשובות הגאונים, éd. Harkavy, p. 179 et 370.

ADDITIONS ET RECTIFICATIONS

T. XXIII, 142. — Jacob ben Joseph Cohen de Castellazzo signa le 10 février 1595, en qualité de témoin, l'acte de mariage de Giustina, fille de
Grassin Cantarini, avec Moïse ben Menahem Cohn d'Asolo. Il signe : יעקב
בכמ״ר יוציפא כהן איש קשטילאץ (voir Marco D′ Ozimo, *Narrazione della
strage compita nel 1547 contro gli Ebrei d'Asolo e cenni biografici della famiglia
Coen-Cantarini*, Casale, 1875, p. 106, *n. l.*). Le nom de סורזינא tire peut-
être son origine de la localité de Soresina, près de Crémone. Comme Jacob
ben Yucipa était de la Bohême, il habitait peut-être Kosteletz. Pour
קאסטליץ, considéré comme nom de famille, voir S. Hock, *Die Familien
Prags*, 302 et suiv. — *D. Kaufmann.*

T. XXV, p. 113. — La supplique de la communauté de Rome à Pie V
a déjà été publiée par moi dans *Le Saint-Siège et les Juifs*, Paris, 1891,
p. 315 — *Rodocanachi.*

T. XXVIII, 204. — Le *Theatrum europaeum*, de l'année 1716, t. XXI,
100 *a*-101 *b*, rapporte que Langallerie fut arrêté à Stade et le prétendu
comte de Linange à Aurich. Comme Langallerie fut arrêté le 14 juin, on
s'explique pourquoi son journal s'interrompt à la date du 13 juin (p. 204,
note 1). Ce même *Theatrum* donne aussi la traduction allemande des douze
articles de la convention conclue avec Osman Aga (p 206-208,); il raconte
que, lors de l'instruction de leur procès à Vienne, les deux inculpés furent
considérés comme un peu fous, mais qu'on les garda quand même en prison
pour voir ce qui adviendrait d'eux. — *D. Kaufmann.*

T. XXIX, 84, l. 3. — Je me suis trompé en disant que ni Levy ni Kohut
ne donnent, dans leurs lexiques, le mot שימפורזין. Levy (IV, 521 *b*) indique
le mot שומפורזין, mais ne l'explique pas. Kohut (VIII, 41 *b*) donne שימפורזין
et propose également de lire טרומפוזין = τοπάζιον. — *W. Bacher.*

Le gérant,

ISRAEL LÉVI.

TABLE DES MATIÈRES

ARTICLES DE FOND.

NOTES ET MÉLANGES.

BIBLIOGRAPHIE.

FIN.

Lightning Source UK Ltd.
Milton Keynes UK
UKHW020617221118
332785UK00011B/1177/P